제3판

민사소송법 강의

이무상

진 원 사

일러두기

1976.12.14. 76다1488. [228]

* 대법원 1976. 12. 14. 선고 76다1488 판결
* 법학전문대학원연합회 선정 '민사소송법표준판례' 228번

(*2016. 법원직)

* 2016년 법원 9급공무원 공개경쟁채용시험 법원사무직렬 기출문제(정답문항)

제3판 머리말

COVID-19 사태가 3년차에 들어선다. 아직 직접 대면하여 얼굴을 보지 못한 19학번 새내기 들이 3학년이 되어 올해부터 민사소송법을 공부하게 된다. 이제는 사태가 진정되어 강의실에서 직접 학생들과 얼굴을 마주보고 소통하는 강의가 이루어질 수 있으면 좋겠다.

제3판을 간행함에 있어서 우선, 법학전문대학원연합회에서 선정한 '민사소송법표준판례' 369개를 모두 검토하여 그 내용을 대부분 반영하는 등 판례의 인용을 좀 더 풍부하게 하였다. 또한, 어려운 문장을 가다듬고 이해하기 어려운 부분을 보충 설명하는 등 독자들이 좀 더 쉽게 이 책의 내용을 이해할 수 있도록 노력했다. 아울러, 소송상화해의 법적 성격 등 학설의 논란이 있는 부분에 대하여 몇 군데 간략하게나마 사견을 제시하고자 하였으며, 대법원판례에 대하여도 필요한 곳에서 약간의 의견을 개진하였다. 나아가, 제2판의 내용을 업데이트하여 2021년의 영상재판제도 도입을 위한 민사소송법개정 내용과, 대법원판결, 법원공무원시험 기출문제 등을 추가하여 반영하였음은 당연하다.

한강 변으로 희끗희끗 잔설이 남아 있고 공기는 아직 차지만, 내리쬐는 햇살은 이미 봄이다. 개정된 제3판으로 학생들과 마주할 생각을 하니 마음이 설렌다. 좀 더 쉽게, 좀 더 깊게 민사소송법을 이해하는데 이 책이 도움이 되기를 바라는 마음은 한결같다.

제3판의 출간도 여전히 양희원 과장님과 류재현 부장님의 덕분이며, 두 분께 감사드린다. 아울러 독자들께도 감사드린다. 이 책이 모습을 갖춰가는 것은 이 책을 꼼꼼히 읽어 주시는 독자들 덕분이다.

2022. 2. 5.

저 자

제2판 머리말

민사소송법 강의 초판에 이어 제2판을 출간하게 되어 기쁘다.

제2판에서는, 초판의 오류를 수정하고 전반적으로 설명이 미진한 부분을 보완함과 아울러 개정된 법령과 최근의 판례를 반영하였으며, 연습문제를 추가하여 민사소송법의 법리에 대한 심화학습에 도움이 되도록 하였고, 변론조서·화해조서·소변경신청서·반소장 등 실무서식을 추가하여 민사소송의 법리를 실무와 연계하여 쉽게 이해할 수 있도록 하였으며, 아울러 정보통신기술의 발달과 세계화로 요약되는 사회현상의 변화에 대응하여 민사소송법이 발전해가는 모습을 이해할 수 있도록 전자소송과 국제민사소송에 대한 설명을 보완하였다.

학생들이 좀 더 쉽게, 좀 더 깊게 민사소송법을 이해하는데 이 책이 조금이나마 도움이 될 수 있으면 좋겠다.

제2판의 출간을 위하여 애써주신 양희원 과장님과 류재현 부장님께 감사드린다.

2021. 2. 23.

저 자

머 리 말

단국대학교에서 민사소송법을 강의한지 10여년이 넘었다. 가독성이 떨어지는 '강의안'으로 공부를 해온 수강생들에 대한 미안함을 덜기 위한 것이 이 책 출간의 가장 큰 이유이다. 학생들이 민사소송법을 이해하는데 이 책이 조금이나마 보탬이 되었으면 좋겠다.

훌륭한 교과서들이 많이 간행되어 있는 마당에 한권의 책을 더 내는 것에 대해 주저함이 있었다. 변론주의에 있어서 주요사실, 권리자백, 승계인에 대한 기판력의 확장 등에서 그 동안의 학설과 다른 독자적인 설명을 시도한 점, 비교법적으로 이해할 수 있도록 프랑스민사소송법에 대한 약간의 소개를 곁들인 점, 법원공무원시험의 기출문제를 본문에 표시함으로써 학생들이 공부를 함에 있어서 주의를 환기할 수 있도록 한 점 등 나름대로 이 책의 특색이 있다고 생각하여 출간을 결심했다.

누군가의 도움이 없이는 아무것도 할 수 없다는 것을 새삼 느끼며 도움을 주신 모든 분들께 감사드리며, 난삽한 '강의안'을 한권이 책으로 나오도록 애써주신 진원사의 양진수 사장님과 양희원 과장 그리고 편집을 담당해 준 류재현 부장에게도 감사드린다.

2020. 2. 20.

저 자

주요 참고문헌

[국내서]

강현중,	민사소송법(제6판)	2004.
김홍규·강태원(김/강),	민사소송법(제2판)	2011.
김홍엽,	민사소송법(제8판)	2019.
박재완,	민사소송법강의(제3판)	2019.
석광현,	국제민사소송법	2012.
송상현·박익환(송/박),	민사소송법(신정7판)	2014.
이시윤,	신민사소송법(제13판)	2019.
전병서,	강의민사소송법	2019.
정동윤·유병현·김경욱(정/유/김),	민사소송법(제7판)	2019.
한충수,	민사소송법(제2판)	2018.
호문혁,	민사소송법(제13판)	2016.
김능환·민일영 편집대표,	주석 민사소송법(Ⅰ~Ⅶ)	2012.
법원행정처,	법원실무제요 민사소송(Ⅰ~Ⅲ)	2014.
Othmar Jauernig(김홍규 역),	독일민사소송법	1992.

[국외서]

伊藤眞,	民事訴訟法(第3版 3訂版)	2007.
新堂幸司,	新民事訴訟法(第4版)	2008.
Graham C. Lilly,	LAW OF EVIDENCE	1996.
STEVEN L. Emanuel,	CIVIL PROCEDURE	1996.
Hervé Croze,	Procédure civil	2016.
Serge Guinchard et alii,	Procédure civil(32 edition)	2014.
Yves Strickler,	Procédure civil(6 edition)	2016.

목 차

제1편 민사소송법 서론 1

제 4 편 법 원 123

제3장 당사자능력 / 182

제4장 당사자적격 / 189

제5장 소송능력·변론능력 / 202

제4장 심리의 여러 원칙 / 301

제7편 증 거 법 337

제1장 총 설 / 339

제2장 재 심 / 582

제 10 편 복합소송 595

제 11 편 간이절차 725

제1편 민사소송법 서론

제1장 실체법과 절차법

제2장 민사소송

제3장 소송외의 분쟁해결제도

제4장 민사소송법

제5장 민사소송절차의 개요

제1장 실체법과 절차법

1. 권리에 대한 분쟁과 절차법 1-1

(문) 甲은 도로를 횡단하다가 乙이 운전하는 차에 받혀 다리가 골절되는 상해를 입었다.

1) 이러한 경우 甲은 乙에 대하여 어떠한 실체법상 권리를 갖게 되는가?

2) 甲의 권리는 어떻게 확정되며 실현될 수 있는가?

3) 절차법에 의하여 뒷받침 될 수 없는 실체법상의 권리는 현실적으로 어떤 의미가 있는가? 실체법상 권리가 있음에도 절차법적으로 그러한 권리를 인정받지 못하게 된 경우 법의 이념으로서 정의가 실현된 것인가?

1) 위 사례에서 甲은 실체법인 민법 제750조 (고의 또는 과실로 인한 위법행위로 타인에게 손해를 가한 자는 그 손해를 배상할 책임이 있다)가 정하는 바에 따라 乙에 대해서 손해배상청구권을 갖게 된다. 甲과 乙이 문제된 사실에 대하여 일치된 인식과 기억을 하고 있고, 실체법에 대하여 완전한 지식이 있으며, 실체법상의 권리·의무에 따라서 행동하는 완전한 사람들이라면 甲과 乙 사이에는 법적인 분쟁이 생기지 않을 것이다. 사고가 나는 순간 실체법에 의하여 乙이 甲에게 지급해야할 손해배상금이 정해지는 것이고,[1] 甲과 乙은 실체법에 따라 정해진 권리를 행사하고 의무를 이행할 것이기 때문이다.

2) 이처럼 사회구성원 모두가 완전한 사람들이라면 법적인 분쟁은 있을 수 없고 분쟁을 해결하고 권리를 실현하는 절차법은 불필요하게 될 것이다. 그러나 현실사회에서는 사실에 대하여 일치된 인식과 기억을 하고 실체법상의 권리·의무의 존재에 대하여 일치된 견해에 이르는 것이 쉽지 않다. 교통사고에 있어서 운전자의 고의 또는 과실이 있는지, 과실 비율이 얼마인지, 교통사고로 인한 손해를 어디까지 인정할 것인지, 그 구체적이 금액은 얼마인지 등에 대한 일치된 견해에 도달하는 것은 거의 불가능하다. 악의로 의무 있는 자가 의무를 부인하거나, 권리 없는 자가 권리를 주장하기도 한다. 이러한 경우 당사자 사이에 법(권리)적인 분쟁이 생기게 되며, 이러한 분쟁에 대하여

1) 편의상 법적결정론에 따라 설명하는 것이고, 이러한 법적결정론에 대해서는 비판적 견해도 있다.

중립적인 제3자로서 국가가 구체적인 사실관계에 대하여 실체법을 적용하여 그에 따른 권리관계를 확정하고, 필요한 경우 인정된 권리를 강제로 실현해 주는 절차법이 필요하다.[2)]

1-2 2. 자력구제에서 국가제도로

1) 사인 간의 실체법상 권리의무에 대하여 분쟁이 생기는 경우, 가장 먼저 생각할 수 있는 것은 실체법상의 권리자에 의한 자력구제를 허용하는 것이다. 실체법상 권리자는 스스로의 힘으로 자신의 권리를 실현하는 것이 허용되므로 간단하게 권리를 실현할 수 있다(예컨대 소유권자는 소유권에 분쟁이 있는 물건을 타인으로부터 자력으로 침탈하여도 그 것이 위법행위가 되지 않는다). 그러나 이는 가장 원시적인 권리실현 방법으로서 그러한 방법을 통해서는 법적 평화나 권리자의 권리실현이 보장되지 않는다.

2) 오늘날 대부분의 법제도에서 권리를 실현함에 있어 자력구제는 원칙적으로 금지된다(예외적으로 물건의 점유권자에게는 자력구제가 허용된다; 민법 209조). 자력구제에 갈음하여 국가가 사인간의 분쟁이 생긴 구체적 사안에 대하여 실체법을 적용하여 분쟁을 해결하고 권리자의 권리를 실현해 줌으로써 사법질서를 유지하는 절차를 법으로 정하게 되었다. 그 대표적인 것이 민사소송법과 민사집행법이다.

1-3 3. 절차기본권(절차기본법)

1) 법적 생활관계의 각 영역마다 그에 해당하는 구체적 법률관계를 규율하는 실체법이 있다. 범죄와 형벌에 대하여 규정하는 형법, 각종 행정행위의 요건과 효과를 규정하는 행정작용법, 사법상의 권리의 요건과 효과 등에 대해서 규정하는 민법과 상법, 기본권의 내용과 효력 등을 규정하는 헌법, 노동자와 사용자의 권리와 의무를 규율하는 노동법 등은 모두 실체법이다. 그러나, 그러한 실체법에 따른 법률관계(권리·의무)에 대하여 분쟁이 생기는 경우 그러한 분쟁을 해결하고 실체법이 인정하는 권리를 확정하고 실현하는 절차법이 없으면 실체법은 현실세계에서 아무런 기능을 하지 못한다. 각 영역에서 법률관계를 규율하는 실체법은 그에 상응하는 절차법을 필연적으로 동반하여야 한다. 범죄의 성립여부에 대하여 분쟁이 생기는 경우 범죄를 인정하고 범죄자에게

---

2) 법의 역사를 보면 처음부터 실체법과 절차법이 명확히 구분되어 있었던 것은 아니다. 고대 로마사법에서는 실체법과 절차법이 엄격히 구분되지 않았으며 실체법상의 권리는 법원에 어떤 것을 청구할 수 있는 소권(actio)의 형식으로 존재하였다. 개념적으로는 실체법이 선행하고 절차법이 그 뒤를 받쳐주는 형태이지만, 역사적으로 실체법이 먼저 발전하고 그 후 절차법이 발전해 온 것은 아니다.

형벌을 부과하는 절차법으로서의 형사소송법, 행정작용의 위법성 등에 대해서 분쟁이 생기는 경우 그에 대해 판단하여 행정작용의 효력을 배제하거나 공법상의 권리의무 등에 대해서 확인하는 절차법으로서의 행정소송법이 필수적이다. 마찬가지로 민사소송법, 헌법소송법, 노동소송법 등도 민법, 헌법, 노동법등 실체법에 필연적으로 동반되어야 하는 절차법이다. 상이한 실체법이 규율하는 각 영역에서 그에 관련한 분쟁을 해결하는 절차법도 그 특성에 맞게 각기 상이한 내용으로 규정된다.

2) 각 영역에서 상이한 내용으로 규정된 개별절차법은 상위법인 헌법에 근거하는 것이다. 헌법상 모든 국민은 헌법과 법률이 정한 법관에 의하여 법률에 의한 재판을 받을 권리(헌법 27조 1항)를 가지며, 모든 국민은 신속한 재판을 받을 권리(헌법 27조 3항 전단)를 가진다. 이와 같은 헌법상의 권리를 절차기본권이라고 한다. 헌법에 근거하여 제정되는 개별절차법은 헌법이 보장하는 국민의 절차기본권을 침해하는 것이어서는 안 된다. 헌법상 기본권으로 보장되는 절차기본권은 절차기본법을 통해서 실현될 수 있다. 개별실체법이 최고규범인 헌법 아래에 존재하며 헌법이 보장하는 국민의 기본권을 구체화하는 것과 마찬가지로 개별절차법도 헌법이 보장하는 국민의 절차기본권을 구체화하는 것이다. 실정법으로서의 개별절차법을 관통하는 절차기본법의 모습을 구체적으로 그려내는 것이 소송법학의 임무이다.

제2장 민사소송

1-4 ## 1. 민사소송의 의의

사법(私法)상의 법률관계(권리의무관계)에 대하여 분쟁이 생기는 경우 법원이 관여하여 판결을 통하여 당사자 사이의 분쟁을 해결하고 사법상의 권리(법)를 선언하는 절차가 민사소송이다. 독립되고 공정한 제3자로서의 법원이 관여한다는 점과, 법원이 실체법을 대전제로 하고 법적 절차에 의하여 인정된 사실을 소전제로 하여 구체적 사안에 대한 법적 결론을 끌어내는 법적삼단논법의 논리적 구조를 갖는다는 점이 민사소송의 핵심요소이다.

1-5 ## 2. 제3자로서의 법원(법관)

법적 분쟁의 당사자가 자율적으로 분쟁을 해결하지 못하는 경우 당사자로부터 독립되어 있고 불편부당한 제3자의 개입이 필요하다. 당사자 사이의 법적 분쟁에 있어서 이러한 제3자로서 역할을 하는 것이 법원(法院 judge)이다. 법을 해석하고 적용하는 사법(司法 justice)의 주체로서 구체적 사건에 있어서 무엇이 법인지를 선언하는 법원은 독립성이 생명이다("법관은 헌법과 법률에 의하여 그 양심에 따라 독립하여 심판한다." 헌법 103조). 민사소송은 법원이 당사자 사이의 법적 분쟁에 개입하여 분쟁을 해결하고 사법(私法)상의 권리를 실현시키는 절차이다.

3. 법적삼단논법에 따른 판결

1-6 ### (1) 판결의 논리과정

1) 실체법규범은 법률요건과 법률효과로 구성된다. 예컨대, 불법행위에 따른 손해배상책임(민법 750조)을 규정하는 실체법규범은 그 요건이 "(누구라도) 고의 또는 과실로 인하여 타인에게 손해를 가한 경우"라고 규정되며, 그 효과는 "그 손해를 배상할 책임이 있다"라는 형식으로 구성된다. 이러한 법규범을 대전제로 하여 손해배상을 받고자 하는 사람은 대전제가 되는 법규범의 요건에 해당하는 구체적 사실(누가 언제 어디에서 구체적으로 어떤 고의 또는 과실로 누구에게 어떠한 손해를 가하였는가)을 주장하고 증명하여야

한다. 법규범의 요건에 포섭될 수 있는 구체적 사실이 주장되고 증명되면 법원은 법규범의 효과에 해당하는 구체적 결론으로서 "피고는 원고에게 금ㅇㅇㅇ원의 손해배상금을 지급하라"는 판결을 하게 되는 것이다.

법규 (민법 750조)	요건 : ② (누구라도) 고의 또는 과실로 인한 위법행위로 타인에게 손해를 가한 경우	효과 : ③ 그 손해를 배상할 책임이 있다
사실 → 법적결론	① 甲은 한눈팔고 운전하다가 자동차로 乙을 충격하여 乙에게 치료비 1000만원의 상해를 입혔다.	④ 甲은 乙에게 1000만원을 배상할 책임이 있다

2) 위와 같이 ①⇒②⇒③⇒④로 이어지는 판결의 논리과정은, 사실의 존재에 대한 진술, 사실의 법적성질결정(qualification juridique), 사실을 법규에 포섭, 포섭결과에 따른 법적 효과의 연역, 판결의 선고라는 단계를 거친다.

(2) 법적삼단논법 1-7

1) 민사소송은 법원의 판결을 통해서 법적 분쟁을 해결하는 절차이다. 법을 연역적(演繹的) 방법으로 이해하는 대륙법계 국가에서는 고전적으로 판결은 논리적으로 법적 삼단논법(syllogisme judiciaire)의 구조를 가지며, 그러한 논리과정을 거친 판결을 통하여 구체적 사건에서 법이 실현된다고 이해한다. 법적삼단논법은 대전제와 소전제라는 두 개의 명제를 통하여 새로운 명제로서 결론을 이끌어 내는 논리상의 삼단논법의 하나로서, 대전제로서의 법규범에 소전제로서의 사실을 포섭시켜 법적 결론을 이끌어 내는 논리과정이다(예컨대, 대전제로서 돈을 빌린 사람은 갚아야 한다는 법규범이 인정되고, 소전제로서 乙이 甲으로부터 돈을 빌렸다는 사실이 인정되면, 법적삼단논법에 따라 乙은 甲에게 돈을 갚아야 한다는 법적 결론이 도출되는 것이다).

	3단논법	법적삼단논법
대전제	모든 사람은 죽는다.	법규범(돈을 빌린 사람은, 갚아야 한다)
소전제	소크라테스는 사람이다.	구체적 사실(甲은 乙로부터 백만원을 빌렸다)
결 론	그러므로 소크라테스는 죽는다.	재판(甲은 乙에게 백만원을 갚아야 한다)

2) 민사소송을 고전적인 견해에 따라 법적삼단논법의 논리구조를 통하여 보면, 법원은 스스로 대전제가 되는 실체법규범을 탐색하여 구체화하고, 당사자는 그러한 대전제에 포섭될 수 있는 구체적 사실을 소전제로서 민사소송법이 정하는 절차에 따라 주장하고 증명하며, 법원은 그 결과에 따른 법적 결론으로서 판결을 선고하는 구조가 된다. 민사소송을 이와 같이 기본적으로 법적삼단논법의 논리구조 속에서 파악하면 쉽게 이해할 수 있다.

1-8 **(3) 법적삼단논법 모델의 한계 및 유용성**

판결과정을 단순한 법적삼단논법으로 설명하는 것에 대한 다양한 비판은 오래 전부터 있었다. 특히 오늘날 재판 실무에서 보다 실용적인 것으로 평가받는 영미법의 영향으로, 엄격한 삼단논법의 논리구조에 따라 소송을 이해하는 고전적인 방법은 흔들리고 있다. 또한 삼단논법은 판사의 구체적 작업을 축소한 이미지일 뿐이며 실제 판결에 이르는 과정은 훨씬 복잡하고 어렵다는 점에 비추어 보더라도 법적삼단논법 모델에는 한계가 있다. 그럼에도 민사소송법의 입문자들로서는 고전적인 법적삼단논법의 논리 구조 속에서 민사소송법을 바라보고 이해하는 것은 매우 도움이 된다.

1-9 **4. 민사소송제도의 목적**

1) 민사소송제도의 목적에 관하여는 사권보호설, 분쟁해결설, 사법질서유지설 등이 있다. 민사소송제도의 목적을 무엇이라고 보느냐에 따라 구체적인 소송법규의 해석이 달라지므로 역사적으로 이러한 근본적인 문제에 대한 논의가 있어왔다(예컨대, 법원이 판단하기에는 원고에게 어떠한 권리가 있을 것 같음에도 불구하고 원고가 자신의 권리를 제대로 주장하지 못하는 경우, 법원은 원고에게 주장하여야 할 사항에 대하여 어느 범위에서 석명을 하여야 하는지가 변론주의라는 소송법원칙과 관련하여 문제가 된다. 이러한 경우 소송의 목적을 사법상의 권리보호로 보느냐 분쟁해결로 보느냐 사법질서유지로 보느냐 하는 기본적 관점에 따라서 변론주의의 한계, 석명의 범위 등에 대한 해석이 달라질 것이다).

2) 민사소송제도도 국가의 입장에서는 사법질서유지에 그 목적이 있다고 할 수 있으나, 사법질서유지는 모든 법제도의 목적이며 민사소송제도에만 특유한 것이라고 할 수 없으므로 사법질서유지설은 한계가 있다. 민사소송제도가 분쟁해결의 기능을 하는 점은 분명하나 분쟁해결을 위한 제도에는 민사소송 이외에도 조정, 중재제도 등 소송 외의 분쟁해결제도가 있는 점에 비추어 볼 때 분쟁해결을 민사소송제도의 목적이라고 할 수도 없다. 사권보호, 분쟁해결, 사법질서유지 가운데 어느 하나만을 독립된 민사소송

의 목적이라고 하기는 어려운 측면이 있으나, 민사소송제도의 고유의 목적은 무엇보다 사권보호에 그 중점이 있다고 생각한다.[3)]

5. 민사소송의 이상 1-10

제1조 (민사소송의 이상과 신의성실의 원칙) ① 법원은 소송절차가 공정(*공평과 적정)하고 신속하며 경제적으로 진행되도록 노력하여야 한다.
② 당사자와 소송관계인은 신의에 따라 성실하게 소송을 수행하여야 한다.

(1) 적정(適正)

실체법상 권리 있는 자를 이기게 하고 권리 없는 자를 지게 하는 것을 적정이라고 한다. 절차법은 실체법의 구현을 위하여 존재가치를 갖는 것이므로 민사소송법의 가장 큰 이상은 적정이라고 할 수 있다.

(2) 공평(公平)

소송에서 원고와 피고를 대등하게 취급하는 것을 공평이라고 한다.

Tu ne favoriseras pas l'indigent dans son procès. Do not show favoritism to a poor man in his lawsuit. (EXODUS 23. 3) 소송에서 영세민이라고 해서 우대해서는 안 된다(출애굽기 23. 3).

(영세민에 대해서 실체법적으로 배려하는 것을 금하는 취지가 아니라, 소송에서는 소송법 고유의 이념에 따라 양당사자를 공평하게 취급하여야 한다는 뜻으로 해석된다)

(3) 신속(迅速)

모든 국민은 신속한 재판을 받을 권리를 가진다(헌법 27조 3항). '권리보호의 지연은 권리보호의 거절과 같은 것'이라는 법언도 소송에서의 신속의 이상을 말하는 것이다.

Il soit statué dans un délai raisonnable sur les contestatuion en matière civil(art.6 CEDH)
유럽인권협약 6조: 민사사건에서 분쟁에 대하여 합리적인 기간 안에 판정하여야 한다.

조예(趙豫)가 송강수령(松江守令)으로 있을 때, 언제나 송자(訟者)가 있으면 급한 사건이 아닌 이상 내일 오라고 했다. 처음에는 모두 그를 비웃어 "송강태수명일(松江太守明日)"이란 동요까지 생겼지만, 성이 나서 제소하러 온 자도 하룻밤 자면서 곰곰이 생각하는 동안 화도 풀려서 제소를 포기하는 경우가 많았다(목민심서, 형전육조, 청송(聽訟)).
(다산은 조예의 사례를 통하여 판결을 통한 분쟁의 해결이 최선이 아니고, 소송에 있어서 신속만이 이상이 아니라는 것을 말하고 있다.)

---

3) 호문혁, p.9.

(4) 경제(經濟)

소송비용이 소송을 통해 얻게 되는 경제적 이익보다 큰 경우 민사소송제도는 활용되지 않을 것이다.

> **(문)** 소액사건의 경우 소송경제를 위하여 소송절차를 간이하게 하는 것이 국민의 재판받을 권리에 대한 침해인가?

1-11

6. 민사소송과 신의성실의 원칙

민사소송법 제1조 제2항은 "당사자와 소송관계인은 신의에 따라 성실하게 소송을 수행하여야 한다."는 민사소송에서의 신의성실의 원칙을 규정하고 있다. 신의성실의 원칙은 구체적으로 아래와 같이 4가지의 형태로 발현된다고 일반적으로 이해한다.

(1) 소송상태의 부당형성금지

"변호사 甲과 乙 사찰이, 소송위임계약으로 인하여 생기는 일체 소송은 전주지방법원을 관할 법원으로 하기로 합의하였는데, 甲이 乙 사찰을 상대로 소송위임계약에 따른 성공보수금 지급 청구 소송을 제기하면서 乙 사찰의 대표단체인 丙 재단을 공동피고로 추가하여 丙 재단의 주소지를 관할하는 서울중앙지방법원에 소를 제기한 사안에서, 乙 사찰은 종단에 등록을 마친 사찰로서 독자적인 권리능력과 당사자능력을 가지고, 乙 사찰의 甲에 대한 소송위임약정에 따른 성공보수금 채무에 관하여 丙 재단이 당연히 연대채무를 부담하게 되는 것은 아니며, 법률전문가인 甲으로서는 이러한 점을 잘 알고 있었다고 보아야 할 것인데, 甲이 위 소송을 제기하면서 丙 재단을 공동피고로 추가한 것은 실제로는 丙 재단을 상대로 성공보수금을 청구할 의도는 없으면서도 단지 丙 재단의 주소지를 관할하는 서울중앙지방법원에 관할권을 생기게 하기 위함이라고 할 것이고, 따라서 甲의 위와 같은 행위는 관할선택권의 남용으로서 신의칙에 위반하여 허용될 수 없으므로 관련 재판적에 관한 민사소송법 제25조는 적용이 배제되어 서울중앙지방법원에는 甲의 乙 사찰에 대한 청구에 관하여 관할권이 인정되지 않는다."고 한 사례가 있다.[4)]

(2) 소송상 금반언원칙

"매매계약의 무효 또는 해제를 주장하면서 그 매매대금의 반환을 구하는 소를 제기

---

4) 2011. 9.29. 2011마62. [1]

하고 그 소송 계속 중에 이중의 이득을 얻으려는 목적으로 매매계약이 유효함을 주장하여 그 이행을 구하는 별도의 소를 제기한 경우라든지, 원고와 피고 사이에 매매계약을 무효 또는 해제로 하기로 하는 합의가 있었거나, 원고가 피고에게 매매계약에 기한 소유권이전등기청구를 하지 않는다는 신뢰를 부여하는 행위를 하였고 피고가 이를 신뢰할 정당한 이유가 있음에도 이를 위반하여 매매계약의 이행을 구하는 소를 제기한 경우 등, 특별한 사정이 있는 때에는, 그러한 원고의 소제기는 신의칙에 위반되는 것으로 허용될 수 없을 것“이다.[5] 소송을 제기한 후 협상을 하여 더 이상 소송을 제기하지 아니하기로 합의하고서도 그에 위반하여 제기한 소이므로 부적법한 소라고 한 사례도 있다.[6] 무효인 공정증서상에 집행채무자로 표시된 자가 그 공정증서를 채무명의로 한 경매절차가 진행되고 있는 동안에 공정증서의 무효를 일체 주장 하지 않고 오히려 공정증서가 유효임을 전제로 변제를 주장하여 경락허가결정에 대한 항고절차를 취하였고 경락허가결정확정 후에 경락대금까지 배당받았다면, 집행채무자로 표시된 자는 경락인에 대하여 그 공정증서가 유효하다는 신뢰를 부여한 것으로서 객관적으로 보아 경락인으로서는 이와 같은 신뢰를 갖는 것이 상당하다고 할 것이므로, 그 후 경락인에 대하여 공정증서의 무효임을 이유로 이에 기하여 이루어진 강제경매도 무효라고 주장하는 것은 금반언 및 신의칙에 위반되는 것이라고 보아야 한다는 판례도 있다.[7]

(3) 소권의 실효

실효의 원칙이라 함은 권리자가 장기간에 걸쳐 그 권리를 행사하지 아니함에 따라 그 의무자인 상대방이 더 이상 권리자가 권리를 행사하지 아니할 것으로 신뢰할 만한 정당한 기대를 가지게 된 경우에 새삼스럽게 권리자가 그 권리를 행사하는 것은 법질서 전체를 지배하는 신의성실의 원칙에 위반되어 허용되지 아니한다는 것을 의미한다. 항소권과 같은 소송법상의 권리에 대하여도 이러한 원칙은 적용될 수 있다.[8] 근로자들이 면직된 후 바로 퇴직금을 청구하여 수령하고, 9년 후 1980년 해직공무원의보상등에관한특별조치법 소정의 보상금까지 수령하였다면 그후 면직처분무효확인의 소를 제기함은 허용되지 않는다고 한 사례가 있다.[9]

---

5) 2005.12.23. 2004다55698.
6) 1993. 5.14. 92다21760. [2]
7) 1992. 7.28. 92다7726. [8]
8) 1996. 7.30. 94다51840. [4]
9) 1992. 5.26. 92다3670. [5]

(4) 소권의 남용금지

판례는, "주식양도인이 양수인에게 주권을 교부할 의무를 이행하지 않고 그 후의 임시주주총회결의의 부존재확인청구를 하는 것은, 주권교부의무를 불이행한 자가 오히려 그 의무불이행상태를 권리로 주장함을 전제로 하는 것으로서 신의성실의 원칙에 반하는 소권의 행사"라고 하고,[10] "최종심인 대법원에서 수회에 걸쳐 같은 이유를 들어 재심 청구를 기각하였음에도 이미 배척된 이유를 들어 최종 재심판결에 대하여 다시 재심 청구를 거듭하는 것은 법률상 이유 없는 청구로 받아들일 수 없음이 명백한데도 계속 소송을 제기함으로써 상대방을 괴롭히는 결과가 되고, 나아가 사법 인력의 불필요한 소모와 사법 기능의 혼란과 마비를 조성하는 것으로서 소권을 남용하는 것에 해당되어 허용될 수 없다"고 하였다.[11] 일정한 경우 공동소송참가가 소권의 남용에 해당한다고 한 사례도 있다.[12]

---

10) 1991.12.13. 90다카1158.
11) 1997.12.23. 96재다226. [6]
12) 1988.10.11. 87다카113. [7]

제3장 대체적 분쟁해결(Alternative Dispute Resolution : ADR) 1-12

사적 법률관계에 대하여 분쟁이 있는 경우 반드시 법원이 관여하여 분쟁당사자 중 어느 편의 주장이 옳고 그름을 법에 따라 재판하는 소송을 통해서만 분쟁을 해결할 수 있는 것이 아니다. 분쟁을 종국적으로 해결하는 절차에는 소송의 방식 말고도 당사자의 상호 양보와 자율을 중시하는 재판상화해, 조정, 중재 등의 방식에 의한 대체적 분쟁해결(Alternative Dispute Resolution:ADR)이 있다.[13]

1. 재판상화해 1-13

재판상화해란 당사자가 분쟁에 관하여 서로 양보하여 합의된 내용을 법원에 진술하면 법원이 합의된 내용을 조서로 작성하여 거기에 확정된 판결과 같은 효력을 부여함으로써 소송을 종료하는 것을 말한다. 민사소송법은 소송상화해(225조, 231조, 220조)와 제소전화해(385조)라는 두 가지 방식의 재판상화해에 대하여 규정하고 있다(⇒ 상세한 것은 8-74 참조).

2. 민사조정 1-14

1) 민사에 관한 분쟁을 간이한 절차에 따라 당사자 사이의 상호 양해를 통하여 상식을 바탕으로 실정에 맞게 해결함을 목적으로 하는 제도가 민사조정제도이다. 민사조정을 규율하기 위해 민사조정법이 제정되었다(1조). 민사에 관한 분쟁의 당사자는 법원에 조정을 신청할 수 있고(2조), 수소법원은 필요하다고 인정하면 사건을 조정에 회부할 수 있다(6조). 조정담담판사는 스스로 조정을 하거나, 상임으로 조정에 관한 사무를 처리하는 조정위원 또는 조정위원회로 하여금 조정을 하게 할 수 있다(7조).

---

13) 프랑스에서는 제3자의 재판이 아니라 당사자의 합의를 통하여 분쟁을 해결하는 방식을 분쟁의 우호적 해결(la résolution amiable des différends)이라고 한다.

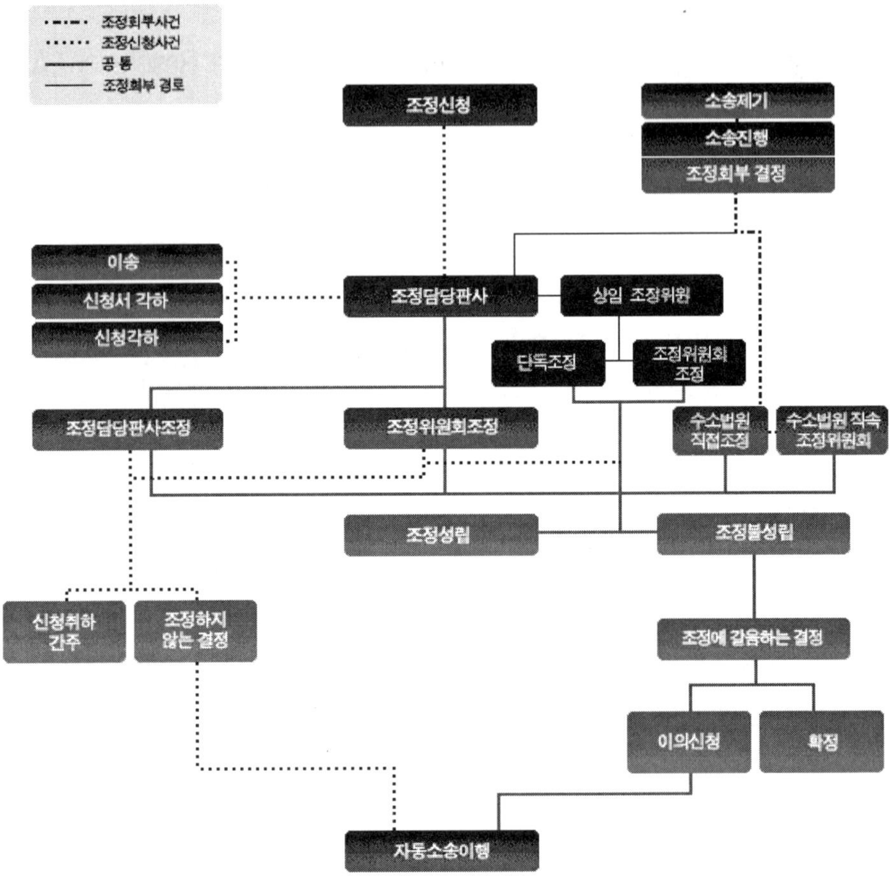

(대법원 홈페이지 참조)

2) 조정사건은 조정담당판사가 처리하도록 되어 있고, 조정담당판사는 스스로 조정을 하거나 조정위원회로 하여금 이를 하게 할 수 있다. 조정절차를 진행한 결과 사건의 성질상 조정을 함에 적당하지 아니하다고 인정하거나 당사자가 부당한 목적으로 조정신청을 한 것임을 인정하는 때에는 조정을 하지 아니하는 결정으로 사건을 종결시킬 수 있고, 이 결정에 대해서는 불복할 수 없다. 당사자 사이에 합의가 성립되지 않는 경우에는 조정 불성립으로 조서에 기재하고 사건을 종결하게 되는데, 이때에는 상당한 이유가 없는 한 직권으로 조정에 갈음하는 결정을 하여야 한다. 조정에 갈음하는 결정에 대해서는 그 조서정본을 송달받은 날부터 2주일 이내에 이의신청을 할 수 있고, 적법한 이의신청이 있으면 소송으로 이행된다. 당사자 사이에 합의가 성립된 경우에는 합의된 사항을 조서에 기재하게 되면 확정판결과 동일한 효력을 가지게 된다.

3) 조정에는 위와 같이 민사조정법에 따라 법원이 주체가 되어 실시하는 법원조정 이외에도, 각종 특별법에 따라 행정위원회가 주체가 되어 실시하는 행정위원회 조정도 있다. 예컨대 환경분쟁조정위원회(환경분쟁조정법 4조)에 의한 공해피해, 층간소음분쟁 조정이나, 의료분쟁조정위원회(의료사고 피해구제 및 의료분쟁 조정 등에 관한 법률 19조)에 의한 의료분쟁 조정 등이 그것이다.

4) 조정을 실시한 결과 양 당사자가 분쟁에 대한 합의에 이르게 되면 법원의 판결 없이 분쟁이 해결될 수 있으나, 조정에도 불구하고 합의에 이르지 못하면 결국 법원의 판결에 의하여 분쟁을 해결하게 된다는데 조정에 의한 분쟁해결의 한계가 있다.

3. 중 재 1-15

1) 고도로 전문화된 영역에서의 법적 분쟁을 법원에서의 소송을 통하여 해결하는 것은 비능률적이고 적절하지 않은 경우가 많다. 그러한 경우 분쟁의 당사자가 미리 법원이 아닌 제3의 기관의 판정에 따라 분쟁을 해결하기로 약정하고 그에 따라 분쟁을 해결하도록 하는 것이 합리적이다. 이와 같이 당사자 간의 합의로 사법상의 분쟁을 법원의 재판에 의하지 아니하고 중재인의 판정에 의하여 해결하는 절차를 중재라고 한다(중재법 3조 1호). 중재는 중재인이 하는 일종의 사적재판이다.

2) 중재를 통한 분쟁의 해결은 중재합의를 요소로 한다. 중재합의란 일정한 법률관계에 관하여 당사자 간에 이미 발생하였거나 앞으로 발생할 수 있는 분쟁의 전부 또는 일부를 중재에 의하여 해결하도록 하는 당사자 간의 합의를 말한다(중재법 3조 2항). 중재합의는 독립된 합의 또는 계약에 중재조항을 포함하는 형식으로 할 수 있으며, 서면으로 하여야 한다(8조 1항). 중재합의의 대상인 분쟁에 대하여 소가 제기된 경우 피고가 중재합의가 있다고 항변하면 법원은 그 소를 각하하여야 한다(9조 1항). 중재합의의 당사자는 중재절차의 개시 전 또는 진행 중에 법원에 보전처분을 신청할 수 있다(10조). 이 규정은 중재판정의 실효성을 확보하기 위해 중재합의의 대상인 분쟁에 관하여 중재판정이 있기 전에 현상 변경을 막거나 다툼이 있는 권리관계에 끼칠 현저한 손해나 급박한 위험 등을 피하기 위하여 법원에 보전처분을 신청할 수 있도록 한 것이므로 이 규정을 근거로 중재합의의 부존재나 무효 등을 이유로 법원에 중재절차의 정지를 구하는 가처분신청을 할 수는 없다.[14)]

3) 중재판정부의 중재판정은 법원의 확정판결과 동일한 효력을 가진다(35조). 중재판

14) 2018. 2. 2. 2017마6087.

정에 대한 불복은 일정한 경우에 한하여 법원에 '중재판정 취소의 소'를 제기하는 방법으로만 할 수 있다(36조). 중재판정에 기초한 집행은 당사자의 신청에 따라 법원에서 집행결정으로 이를 허가하여야 할 수 있다(37조 1항).

4) 국제상거래에서 발생하는 분쟁을 소송을 통해서 해결하는 데에는 많은 시간과 비용이 소요되므로, 다양한 국제중재기관의 중재를 통한 분쟁의 해결을 도모할 필요가 더욱 커진다. 중재법은 국내외 상사분쟁을 공정·신속하게 해결하고 국제거래질서를 확립하기 위하여 산업통상자원부장관이 지정하는 상사중재를 시행하는 대한상사중재원(The Korean Commercial Arbitration Board, KCAB)을 상설중재기관으로 허용하고 있다(중재법 40조). 대한상사중재원은 자체의 중재규칙을 마련하여 운영하나 독점적인 중재기관의 지위를 갖는 것은 아니다. 국제상사중재의 대표적인 중재기관으로는 파리에 본부를 둔 국제상업회의소중재재판소(The International Court of Arbitration of the International Chamber of Commerce), 런던국제중재재판소(London Court of International Arbitration, LCIA), 미국중재협회국제분쟁해결센터(Amerian Arbitration Asociation International Center for Dispite Resolution, AAA-ICDR), 싱가포르국제중재센터(Singapore International Arbitration Center, SIAC) 등이 있으며, 이들 중재기관은 각자의 중재규칙을 가지고 그에 따라 중재절차를 진행하고 있다. 중재합의의 당사자는 중재지와 중재기관, 중재규칙의 선택을 중재합의에 포함하여야 한다.[15)]

[대한상사중재원의 중재절차]

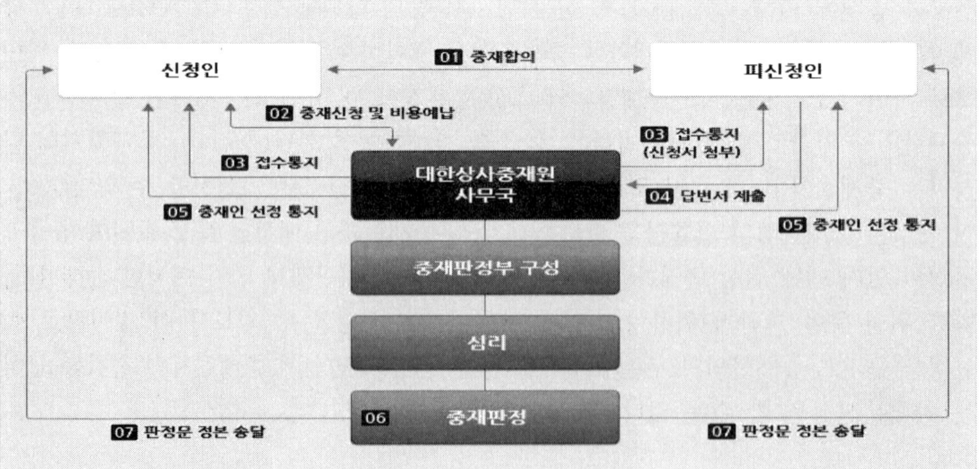

(대한상사중재원 홈페이지 참조)

15) 김갑유 대표집필, 「중재실무강의」, 박영사, 2012, p.109.

제4장 민사소송법

1. 민사소송법의 의의 1-16

1) 실질적 의미의 민사소송법은 실질적으로 민사소송에 관하여 규율하는 법 전체를 말한다. 이에는 형식적 의미의 민사소송법(단행법률) 뿐만 아니라 민사집행법, 소송촉진등에관한특례법, 상고심절차특례법, 중재법, 법원조직법, 소액사건심판법 등 민사소송과 관련된 다른 법률 및 불문법이 모두 포함된다.

2) 사권에 대하여 분쟁이 생기는 경우 국가기관이 분쟁을 관념적으로 해결하고 사권을 실현하는 절차가 민사소송인바, 민사소송절차는 판결절차와 집행절차로 이분화 된다. 구민사소송법(1960. 7. 1. 시행)은 독일민사소송법의 영향으로 민사소송법이라는 단행법률 안에 강제집행에 관한 규정(제7편)을 두고 있었으나, 전문 개정된 신민사소송법(2002. 7. 1. 시행)은 판결절차에 관해서만 규정하고 강제집행에 관하여는 민사집행법이라는 별도의 단행법률로 규정한다.

3) 민사소송법은 대표적인 절차법으로서 모든 절차법의 기본법적인 성격을 갖는다. 행정소송법, 가사소송법, 헌법재판소법 등 다른 절차법은 민사소송법에 대한 특별법적인 성격을 갖으며 특별한 규정이 없으면 민사소송법의 규정을 준용한다.

〈행정소송법〉

제8조 (법적용예) ② 행정소송에 관하여 이 법에 특별한 규정이 없는 사항에 대하여는 법원조직법과 민사소송법 및 민사집행법의 규정을 준용한다.

〈가사소송법〉

제12조 (적용 법률) 가사소송 절차에 관하여는 이 법에 특별한 규정이 있는 경우를 제외하고는 「민사소송법」에 따른다.

〈헌법재판소법〉

제40조 (준용규정) ① 헌법재판소의 심판절차에 관하여는 이 법에 특별한 규정이 있는 경우를 제외하고는 헌법재판의 성질에 반하지 아니하는 한도에서 민사소송에 관한 법령을 준용한다. 이 경우 탄핵

심판의 경우에는 형사소송에 관한 법령을 준용하고, 권한쟁의심판 및 헌법소원심판의 경우에는 「행정소송법」을 함께 준용한다.

1-17 ## 2. 민사소송법의 연혁(역사)

(1) 법과 제도의 역사성

사회의 법과 제도는 변화하는 것이다. 현재의 법과 제도는 그것을 역사성 속에서 이해할 때 제대로 이해할 수 있는 것이며, 따라서 그 역사에 대한 이해가 필요하다. 우리 민사소송법은 우리나라의 전통적인 법체계를 계승 발전시킨 것이 아니라 주로 독일 민사소송법을 일제를 통하여 계수한 것이다. 그러나 독일의 민사소송법 또한 고유의 게르만 민사소송법에 주로 로마 민사소송법적인 요소를 계수하여 성립한 것이므로 우리 민사소송법을 깊이 있게 이해하기 위해서는 로마 민사소송법과 게르만 민사소송법에 대한 법제사적 이해도 필요하다. 오늘날은 미국 민사소송법의 영향으로 우리 민사소송법에 미국법적인 요소가 많이 도입되고 있다. 비록 근대화 과정에서 우리의 전통법에 기초를 두고 외국의 선진 민사소송법을 계수하고자 하는 주도적인 노력이 성공을 거두지는 못하였으나, 앞으로 우리 민사소송법을 더욱 가다듬어 보다 선진화되고 세계화된 민사소송법으로 만들어가야 할 책무가 현재의 우리에게 있다. 이하에서는 조선시대 이후의 우리 민사소송법에 대하여 간단히 살펴보기로 한다.[16)]

(2) 조선시대 이후 민사소송법

1) 조선시대[17)]

근대적 삼권분립이 없었으므로 국가의 행정기관이 사법(司法)적 재판을 관장하였다. 중앙집권적, 전제적 통치기구 아래에서 사법적·행정적 통치는 직접적이건 간접적이건 궁극적으로 국왕으로부터 권한이 부여되고 국왕에 의하여 자유로이 임면되는 관료에 의해서 행해졌다. 관료기구의 말단은 주·부·군·현이며, 수령인 목사·부사·군수·현령·현감이 일체의 사송과 태형 이하의 형사사건을 직결하였다. 수령은 원칙적으로 양반관료이며, 행정과 사법에 대한 경험과 지식의 습득을 요하였으나 그렇지 못한 경우가 많았으므로 구체적인 실무는 아전이 담당하였다. 사송은 형방을 경유해야 했기 때문에 아전의 판결에 대한 영향은 대단한 것이었다. 그러나 관에서는 소송하기 전에 먼저 향촌 내부에서 논의를 거치도록 하고 가능한 그 손에서 타협 조정될 수 있도록 권장하였다.

16) 한국 민사소송법에 대한 통사적 설명은, 이무상, “한국 민사소송법의 근대화와 전개”, 단국대학교 법학논총(45권 4호), 2021.12. 참조.

17) 주로 박병호, 「한국의 법」, 세종대왕기념사업회, 1999. 참조.

향촌 내에서의 문제해결은 직월(直月), 약정(約正)을 거치도록 되어 있었다. 향촌 내에서 분쟁의 조정자 역할을 하는 직월, 약정의 위치는 향약 규정에 따라 차이가 있으나, 대체적으로 그들이 곡직을 판별하여 소송을 그치게 하고 곡직이 분명한데도 소송을 그치지 않으면 회의하여 벌을 준다든지, 향약에서 결단하기가 어려운 것은 관에 아뢰어 판결한다는 역할은 대동소이했다. 개개인의 경제적 이해관계가 달려 있는 전답, 노비에 관한 분쟁은 향촌내부에서 조정하는 것에 한계가 있었으며, 소송인들은 향촌의 중재역할을 거부하고 수령에게 소장을 접수하여 법의 판결을 기대하였다.

사족중심의 자치기구에 의지하지 않고 수령에게로 직소하는 경향을 보이면서 수령에게 일차소송을 제기하고 그 결과가 만족스럽지 못하면 관찰사에게 2차 소송인 의송(議訟)을 제기하였다. 관찰사 밑에는 검률(檢律)과 아전인 형방서리(刑房胥吏)가 관찰사를 보좌했다. 관찰사는 이를 직접 판결하지 않고 수령으로부터 보고 받은 분쟁사실과 판결이유에 대해 나름대로의 사실과 증거에 대한 조사를 수령에게 지시하면 수령은 이에 따라 다시 판결을 내렸다. 그러나 이에 대해서도 여전히 승복하지 않는 경우는 형조에 상소할 수 있었다.[18]

형조는 법률·형사소송·민사소송을 관장하며, 사법행정의 감독기관인 동시에 수령이 관장하는 일반사건의 상소심으로서 합의제로 재판하였다. 따로 노비송을 관장하는 장예원이 있었으나 영조 40년(1775) 형조에 합병되었다. 형조와 함께 사헌부도 상소심의 역할을 했다. 그런데 사헌부는 원래 행정규찰과 시정논핵(是正論劾) 등 일종의 검찰사무를 관장하였을 뿐 재판기관은 아니었다. 사헌부는 사건 그 자체의 심리를 하지 않고 재판관을 규탄하면 이 규탄에 따라 왕의 명령에 의해서 지정된 관청 또는 관리가 재판하였다. 한성부는 수도의 일반행정기관인 동시에 사법기관이지만 한성부 이외의 토지·가옥에 관한 사건 및 소송에 관하여는 전국에 걸쳐 관할권을 갖는 초심이었으나 실제로는 재심도 하여 본래의 심급관할을 넘어 형조와 대등한 기관이 되었다. 이상의 기구 위에 모든 권한의 근원인 국왕이 있으며, 국왕에 대한 상소를 상언이라 하였다. 이와 같이 재판권은 일반행정기관에서 관장하나 그 기구 및 심급구조는 법전상 명확히 되어 있었으며, 이에 반하는 경우는 월소(越訴)라고 해서 수리하지 않았으므로, 수령-감사-형조 또는 사헌부-상언(국왕)의 순서를 밟아야 했다.

2) 개화기 민사소송법

1894. 6. 25. 동학농민전쟁과 청일전쟁의 와중에서 조선정부는 개혁을 위해 초정부

---

18) 조선전기 사찬(私撰) 소송법서의 간행과 소송이론의 발전에 관한 상세한 것은 임상혁, 「조선전기 민사소송과 소송이론의 전개」, 서울대학교 대학원 박사학위 논문, 2000. 참조.

적 회의 기관인 군국기무처를 설치하였다. 군국기무처가 공포한 법령에 의하여 사법제도에 큰 변화가 일어났다. 1894. 6. 28.「각아문관제」의안에서 종전의 형조를 폐지하고 법무아문을 설치하였는데, 법무아문은 사법행정과 경찰, 사면 등을 관장하며, 향후 설치될 고등법원 이하 각 지방재판소를 감독하고 사법인사와 민사·형사재판사무를 담당하게 되었다. 법무아문의 설치에 이어 1894. 7. 2. 각 관청, 군문, 궁의 범인 체포를 금하고 사법관의 재판절차에 의하지 않고는 형벌을 과하지 못하도록 하며, 형사보통사건의 재판권을 법무아문에 속하게 하고, 대소관의 공죄는 의금부를 의금사로 개칭하여 법무아문에 속하게 하여 이를 관장하게 하는 등의 의안을 결의하였다. 같은 해 12. 16. 지방의 재판을 제외하고 한성부에서는 의금사를 법무아문권설재판소로 개칭하여 형사보통사건의 재판을 전담하게 함으로써 법무아문 자체는 순수한 행정관청으로 되었다. 비록 법령의 선언적 차원에 불과하기는 하지만, 이렇게 먼저 중앙에서 사법권이 행정권으로부터 형식상 분리의 첫 발을 딛게 되며, 재판소라는 새로운 명칭과 제도가 탄생하게 되었다.

그 후 갑신정변 때 망명한 박영효 등이 1894. 11. 21. 연립내각을 발족시키고 군국기무처를 대신한 중추원을 설치하여 내정개혁을 추진하였다. 고종은 개혁을 만방에 공포하기 위하여 1894. 12. 12. 홍범 14조를 반포하였다. 그 다음 해인 1895. 3. 25. 법률 제1호로 「재판소구성법」이 제정 공포가 되어 비로소 신재판소제도가 창설되었다.[19] 재판소를 지방재판소, 한성 및 개항장재판소, 순회재판소, 고등재판소(1899. 평리원으로 개칭), 특별법원의 5종으로 하였다. 그러나, 당시 한성재판소 이외에 각급 재판소는 독립된 장소나 건물에 설치되지 못하였으며 「재판소구성법」에서도 개항재판소와 지방재판소, 순회재판소에 관한 규정은 별도의 칙령이 정해질 때까지 시행하지 않고 개혁이전의 방식에 따라 재판을 진행하도록 하였다.[20] 고등재판소는 별도의 건물 없이 법부에서 임시 개정하는 것으로 하였고 특별법원 역시 법부대신의 지시에 의해 개정하는 임시적인 기구로 존재할 뿐이었다. 지방재판소도 각도의 감영 또는 부군청(府郡廳)에, 개항장 재판소는 각 府廳舍 내에 附置 하였음에 불과하였고, 재판소구성법에는 판사·검사·서기·정리 등의 직원 및 이들의 직무를 규정하는 등 근대적인 모습을 갖추었으나, 판사도 관찰사 또는 부윤·군수로 하여금 겸임하게 하였으므로 명칭만 바꾸었을 뿐 제

19) 재판소구성법 공포와 같은 날 법관양성소규정이 칙령 제 49호로 공포되었고, 1895. 11. 10. 함태영 외 47명의 1회 졸업생이 배출되어 각 재판소의 판·검사에 임용되었다.

20) 한성재판소는 재판소구성법에 의하여 설치된 우리나라 최초의 근대식 재판소라고 할 것인데, 1895.4.15. 법부령 제1호에 의해 법무아문권설재판소가 있던 자리인 현 종각 사거리 제일은행 본점자리에 설치되었다고 한다(法院史 20쪽). 그 때까지 한성부에서 수리한 민사·형사 사건으로 아직 판결이 내려지지 않은 사건들은 모두 한성재판소로 이관하도록 하였다.

도의 실질은 전통적 제도 그대로였다.[21]

1896. 2. 11. 아관파천으로 집권한 친러내각은 위와 같은 갑오·을미기의 개혁 입법을 거의 무효화 하고, 전국 23부를 13도로 개편하고 각 도에 관찰사를 둠으로서 개혁 이전과 유사한 제도로 바꾸었다. 법제사적으로 이 시기(1896. 1.~1905. 12.)를 복고기라고 한다.[22] 다른 지방재판소나 개항장 재판소의 경우 지방관이 판사를 겸임한 데 반해 한성재판소는 별도로 임명되는 판사에 의해 재판이 이루어지고 재판소 건물도 독립적으로 마련하여 행정권과 사법권의 분리라는 측면에서 중요한 발전을 이루었으나, 1898. 9. 한성판윤이 수반판사, 한성소윤이 판사를 겸임하도록 되어 행정과 사법이 다시 형식상 혼합된 형태로 바뀌었다. 이러한 가운데 1905. 을사늑약으로 보호정치가 시작되자 일본인들이 법부의 사법행정사무에 관여하게 되었는데, 평리원 이하의 주요 재판소에 판검사보좌관을 배치하였으며, 1907. 법부차관을 일본인으로 임명하는 등 한국 법부의 실권을 장악하였다. 1909. 10. 「한국의 사법 및 감옥사무를 일본정부에 위탁하는 건에 관한 각서」에 의하여 일본 재판소인 통감부재판소가 개설되었고, 대한제국의 각급 재판소는 법부와 함께 모두 폐지되었다.

재판소구성법 공포 이후 1895. 4. 29. 법부령 제3호로 제정된 「民刑訴訟規程」은 사법제도 근대화 과정에서 제정된 민사·형사소송에 관한 최초의 절차법이다. 이를 계기로 우리나라는 비로소 민사사건과 형사사건을 형식적으로 구분하여 재판하는 근대적 재판절차를 가지게 된다. 여기에는 민사와 형사에 관한 내용이 동시에 규정되어 있는바, 민사 재판에 관하여 소장 및 답변서의 작성요령과 증거제시의 절차는 물론, 미성년의 대소방법, 대인에 의한 소송위탁, 변론기록의 작성방법, 판결서 작성요령 및 선고 방법, 상소기간 등에 관한 내용이 포함되어 있다. 위 「민형소송규정」은 민사소송에 관하여 25개, 형사소송에 관하여는 19개 조문만을 둔 소략한 법률이었다. 그 뒤 1908. 7. 13. 법률 제13호로 「民刑事訴訟規則」을 제정하였는데, 이는 통칙 62개조, 민사소송에 관하여는 79개조, 형사소송에 관하여는 29개조를 둔 비교적 구색을 갖춘 법률이었다. 이 규칙에는 소가·관할·대리소송·비용·화해·취하·압류·집행절차·가압류·가처분 등 민사소송 및 민사 집행에 관한 절차규정이 망라되어 있어 당시의 가장 중요한 민사절차법이었다.[23]

---

21) 박병호, 「韓國法制史攷」, 법문사, 1974. p.312.
22) 정긍식, 「한국근대법사고」, 박영사, 2002. p.43.
23) 개화기 민사소송법의 상세한 것은 손경찬, 「개화기 민사재판제도에 관한 연구」, 서울대학교 법학박사학위 논문, 2015. 참조.

3) 일제강점기 민사소송법

1910. 8. 29. 국권을 상실한 이후 1912. 조선민사령이 공포될 때까지는 대체로 종전의 민형소송규칙에 의하여 민사재판제도가 운영되었다. 일제는 한일 합병 후 1912. 3. 18. 조선총독부제령 제7호로 「조선민사령」을 공포하여 그 제1조에 의하여 민사소송에 관하여 주로 일본 민사소송법을 의용 하였으며, 그 제16조부터 제72조에 의하여 조선의 사정에 맞게 부분적으로 수정하여 시행하였다. 조선민사령에 의하여 의용된 일본 민사소송법은 1877년의 독일통일민사소송법전(Civilprozessordnung, CPO)을 번역적으로 계수한 것이다.[24]

(3) 대한민국 민사소송법의 제정과 개정

1948. 대한민국 정부가 수립된 뒤에도 1960. 4. 4. 법률 제547호로서 민사소송법이 제정되기까지 조선민사령에 의한 의용민사소송법이 시행되었다. 우리나라 정부가 수립된 직후인 1948. 9.에 법전편찬위원회 직제를 공포하고, 그해 12. 민사소송법분과위원회에서 민사소송법요강을 작성하였다. 초안의 기초는 1951. 11.에 완성되었고, 이를 1953. 1.에 정부가 국회의 법안으로 제출하였다. 이 법안은 여러 차례의 폐안과 재제안의 우여곡절 끝에 1959. 12. 국회에서 통과되어, 1960. 4. 4. 법률 제547호로 공포되어 같은 해 7. 1.부터 시행되게 되었다. 민사소송법은 형식상은 새로 제정한 법률이나 그 실질에 있어서는 의용 민사소송법의 개정에 불과하였다. 이는 일제가 물러간 뒤 학자와 실무가가 극소수에 불과한 당시의 사정으로는 부득이한 감이 있다. 위와 같이 제정된 민사소송법은 그 후 몇 차례의 중요한 개정을 거쳐, 2002. 7. 1.부터 전문개정 된 오늘날의 민사소송법이 시행되게 되었다.[25]

3. 민사소송법의 적용범위

1-18 ### (1) 시간적 적용범위

실체법의 경우 법률불소급의 원칙(헌법 13조 2항)이 적용되나, 절차법인 민사소송법은 신법우선주의에 따른다.

부칙 〈제6626호, 2002.1.26.〉

제1조 (시행일) 이 법은 2002년 7월 1일부터 시행한다.

---

24) 우리 민사소송법의 뿌리가 된 독일민사소송법의 연혁에 대해서는 호문혁, 「민사소송법」(제13판), p.10 이하 참조.

25) 우리 민사소송법 개정의 구체적 내용에 대해서는 이시윤, 「신민사소송법」(제13판), p.47 이하 참조.

제2조 (계속사건에 대한 경과조치) 이 법은 특별한 규정이 없으면 이 법 시행 당시 법원에 계속 중인 사건에도 적용한다. 다만, 이 법 시행 전의 소송행위의 효력에는 영향을 미치지 아니한다.

제3조 (법 적용의 시간적 범위) 이 법은 이 법 시행 이전에 생긴 사항에도 적용한다. 다만, 종전의 규정에 따라 생긴 효력에는 영향을 미치지 아니한다.

(2) 장소적 적용범위 1-19

1) 소송은 법정지법(lex fori)에 따르는 것이 원칙이므로, 대한민국의 법원에서 하는 민사소송은 법정지법인 대한민국 민사소송법에 따른다. 우리나라 법원에서 심리되는 사건은 당사자가 외국인인지, 준거법이 외국법인지 불문하고 우리나라 민사소송법이 적용된다. 외국법원에서 심리하는 사건은 법정지법인 그 나라의 소송법에 따르지만, 그 곳에서 행한 소송행위가 우리나라에서 효력을 가지려면 우리나라 소송법에 따라 적법한 것이어야 한다.

2) 외국의 사법기관에 촉탁하여 송달이나 증거조사를 하는 경우, 외국의 사법기관은 그 나라의 소송법에 따라 송달이나 증거조사를 실시하는데, 외국에서 시행한 증거조사 등이 그 나라의 법률에 어긋나더라도 그것이 우리나라 민사소송법에 어긋나지 아니하면 우리나라에서 그 효력이 인정된다(296조).

4. 국제민사소송법 1-20

1) 국제적인 요소가 있는 민사절차에서 발생하는 절차법적인 문제를 규율하는 법규의 총체를 강학상 국제민사소송법이라고 한다.[26] 국제재판관할(국제사법 2조), 외국판결의 승인(민사소송법 217조) 및 외국판결의 집행(민사집행법 27조), 국제송달, 국제증거조사, 국제적 소송경합 등이 국제민사소송법의 주요내용이다.

2) 국제민사소송법은 주로 국제사법(國際私法)의 영역에서 다루어지고 있으나, 사회현상이 고도로 국제화되고 있는 오늘날 민사소송법을 공부함에 있어서도 국제민사소송법에 대한 이해가 점차 중요해진다. 형식적 의미의 민사소송법은 그 안에 국제민사소송법의 몇몇 중요한 규정을 두고 있어(4조, 57조, 191조, 217조, 296조 등) 국제민사소송법의 주요한 법원이 된다. 그 자세한 내용은 관련된 곳에서 설명한다.

제4조 (대사·공사 등의 보통재판적)
대사(대사)·공사(공사), 그 밖에 외국의 재판권 행사대상에서 제외되는 대한민국 국민이 제3조의 규

---

26) 석광현, 「국제민사소송법」, 박영사, 2012, p.1.

정에 따른 보통재판적이 없는 경우에는 이들의 보통재판적은 대법원이 있는 곳으로 한다.

제57조 (외국인의 소송능력에 대한 특별규정)

외국인은 그의 본국법에 따르면 소송능력이 없는 경우라도 대한민국의 법률에 따라 소송능력이 있는 경우에는 소송능력이 있는 것으로 본다.

제191조 (외국에서 하는 송달의 방법)

외국에서 하여야 하는 송달은 재판장이 그 나라에 주재하는 대한민국의 대사·공사·영사 또는 그 나라의 관할 공공기관에 촉탁한다.

제217조 (외국재판의 승인)

① 외국법원의 확정판결 또는 이와 동일한 효력이 인정되는 재판(이하 "확정재판등"이라 한다)은 다음 각호의 요건을 모두 갖추어야 승인된다. 〈개정 2014.5.20〉

1. 대한민국의 법령 또는 조약에 따른 국제재판관할의 원칙상 그 외국법원의 국제재판관할권이 인정될 것
2. 패소한 피고가 소장 또는 이에 준하는 서면 및 기일통지서나 명령을 적법한 방식에 따라 방어에 필요한 시간여유를 두고 송달받았거나(공시송달이나 이와 비슷한 송달에 의한 경우를 제외한다) 송달받지 아니하였더라도 소송에 응하였을 것
3. 그 확정재판등의 내용 및 소송절차에 비추어 그 확정재판등의 승인이 대한민국의 선량한 풍속이나 그 밖의 사회질서에 어긋나지 아니할 것
4. 상호보증이 있거나 대한민국과 그 외국법원이 속하는 국가에 있어 확정재판등의 승인요건이 현저히 균형을 상실하지 아니하고 중요한 점에서 실질적으로 차이가 없을 것

② 법원은 제1항의 요건이 충족되었는지에 관하여 직권으로 조사하여야 한다. 〈신설 2014.5.20.〉

제296조 (외국에서 시행하는 증거조사)

① 외국에서 시행할 증거조사는 그 나라에 주재하는 대한민국 대사·공사·영사 또는 그 나라의 관할 공공기관에 촉탁한다.

② 외국에서 시행한 증거조사는 그 나라의 법률에 어긋나더라도 이 법에 어긋나지 아니하면 효력을 가진다.

제5장 민사소송절차의 개요

(문) 甲이 乙에게 1999. 1. 1. 돈 2,000만원을 1개월간의 기간을 정하여 차용하여 주었다. 乙은 甲으로부터 위와 같은 돈을 차용한 사실이 없다고 주장하며 甲에게 위 돈을 갚지 않는다. 1-21

1) 甲은 서울에 거주하고 乙은 부산에 거주한다. 어디에 소(訴)를 제기하여야 하는가? (민소 2, 3, 8, 18조)

2) 소는 어떤 방식으로 제기하는가? 소장에는 무슨 내용을 기재하는가? (민소 248, 249조 참조)

3) 소장을 접수한 법원은 어떤 절차를 거쳐 양 당사자의 주장을 듣는가? (민소 254, 255, 256, 258, 279, 282, 287조 참조)

4) 당사자는 어떻게 법원에 자신의 주장을 하는가? (민소 134, 272, 273, 274조 참조)

5) 법원은 어떻게 재판을 진행시켜 쟁점을 명확히 하는가? (민소 135, 136, 137조 참조)

6) 당사자는 어떻게 자신이 주장하는 사실을 증명하며, 법원은 어떻게 당사자의 주장을 판단하는가? (민소 288, 289, 290, 303, 312, 327, 343, 357, 364, 367, 202조 참조)

7) 법원은 어떤 방식으로 다툼에 대하여 판단을 하는가? (민소 198, 199, 205, 206, 208, 210조 참조)

8) 판결은 언제 확정되고, 확정 판결은 어떤 효력을 갖는가? (민소 396, 422, 216, 218조 참조)

9) 확정된 판결에 용인할 수 없는 중대한 흠결이 있는 경우는 어떻게 바로 잡는가? (민소 451, 455, 461조)

10) 2,000만원의 지급을 명하는 판결이 확정되었음에도 乙이 甲에게 2,000만원을 갚지 않고 있다. 甲은 어떤 조치를 취할 수 있는가? (민집 24, 30, 78, 145조 참조)

11) 乙이 책임재산을 전부 일실하는 경우 甲은 2,000만원의 지급을 명하는 판결에 기하여 금전채권의 만족을 얻을 수 있는가? 甲이 자신의 금전채권의 만족을 확보할 수 있는 방법은? (민법 356, 406조, 민집 276조 등 참조)

민사소송법은 소의 제기에서부터 심리를 거쳐 판결의 확정에 이르는 절차(Process)를 규율하는 법이다. 절차법인 민사소송법을 이해하기 위해서는 실체법상의 권리가 보전처분, 민사소송, 강제집행을 통하여 실현되는 절차 전체의 흐름을 이해하는 것이 필요하다.

1. 소(訴)의 제기

1-22 (1) 소제기의 준비와 보전처분

민사소송절차는 원고가 피고를 상대로 법원에 소를 제기함으로써 시작된다. 소란 원고가 피고를 상대로 법원에 하는 다툼 있는 사항에 대한 재판의 신청을 말한다. 소의 제기는 소장을 작성하여 법원에 제출함으로써 한다. 소장을 작성하거나 법원에서 변론 등 소송행위를 하기 위해서는 민사소송법이 규정하는 절차에 따라야 하므로 민사소송법 지식이 필요하다. 당사자는 스스로의 힘으로 소송을 수행할 것인지 아니면 변호사의 도움을 받을 것인지를 결정하여야 한다. 변호사의 도움을 받기 위해서는 변호사와 소송대리를 위한 위임계약을 체결하여야 한다. 다툼 있는 사실관계에 대해서는 필요한 경우 입증이 필요하므로 사전에 증거방법에 대하여 검토하고 준비를 해야 한다.

한편, 채권자가 소송을 통하여 승소판결을 받기까지는 통상적으로 상당한 시간이 걸리며 승소판결을 받더라도 인정받은 권리를 집행기관을 통하여 강제집행하여 실현하기까지는 상당한 시일이 걸리므로 소를 제기하기 전 또는 소제기와 동시에 향후 권리의 집행을 보전하기 위하여 잠정적인 보전처분을 할 필요가 있다. 보전처분을 하지 않고 소를 제기하더라도 그 소가 부적법한 소가 되지는 않으나, 후에 승소 판결을 받더라도 집행대상이 일실되어 집행을 하지 못하는 위험이 따르게 된다. 그 권리가 금전채권인 경우에는 채무자의 책임재산에 대한 가압류를 할 필요가 있고 금전 이외의 채권인 경우 가처분을 할 필요가 있다. 가압류는 금전채권이나 금전으로 환산할 수 있는 채권에 관하여 장래 그 집행을 보전하려는 목적으로 미리 채무자의 재산을 압류하여 채무자가 처분하지 못하도록 하는 제도이며, 가처분은 비금전채권의 집행을 보전하기 위하여 인정되는 제도이다. 이러한 보전처분의 절차는 민사집행법에 정해져 있다(민사집행법 제4편 보전처분 참조).

1-23

부동산가압류신청서

수입인지 10,000원

채 권 자 (이름) (주민등록번호 -)
(주소)

채 무 자 (이름) (주민등록번호 -)
(주소)

신 청 취 지

채무자 소유의 별지 목록 기재 부동산을 가압류한다는 결정을 구함
청구채권(피보전권리)의 내용 20○○. ○. ○.자 대여금
청구금액 금 5,000만 원

신 청 이 유

1. 피보전권리
   ………………………………
2. 보전의 필요성
   ………………………………

소 명 방 법

1. 부동산등기사항증명서
2. 차용증

20 . . .

채권자 (날인 또는 서명)
(연락처 :)

서울중앙지방법원 귀중

(별지목록)

가압류할 부동산

1. 서울 종로구 청운동 100
   대 200㎡
2. 위 지상
   시멘트블럭조 기와지붕 단층 주택
   50㎡ 끝.

(2) 소장의 작성제출

제248조 (소제기의 방식)
제249조 (소장의 기재사항)

1-24

소 장

원 고 :

피 고 :

대여금청구의 소

청 구 취 지

피고는 원고에게 금 20,000,000원 및 이에 대하여 20○○. ○. ○.부터 이 사건 소장 부본 송달일 까지는 연 5%의, 그 다음날부터 다 갚는 날까지는 연 12%의 각 비율에 의한 돈을 지급하라.

소송비용은 피고의 부담으로 한다.

위 제1항은 가집행할 수 있다. 라는 판결을 구합니다.

청 구 원 인

……………………………………

증 거 방 법

……………………………………

첨 부 서 류

……………………………………

20○○. ○. ○.

위 원고 ○ ○ ○ 인

서울중앙지방법원 귀중

(3) 소장심사와 부본송달 1-25

사법행정 : 접수 → 전산입력 및 기록의 편성 → 사건번호 및 사건명 부여 → 사건의 배당

제254조 (재판장의 소장심사권)
제255조 (소장부본의 송달)

(4) 피고의 답변서 제출 1-26

제256조 (답변서의 제출의무)
제257조 (변론 없이 하는 판결)

답 변 서 1-27

사건번호 20○○ 가합 ○○○ 대여금청구의 소

원고 :

피고 :

위 사건에 관하여 피고의 소송대리인은 다음과 같이 답변합니다.

청구취지에 대한 답변

원고의 청구를 모두 기각한다.
소송비용은 원고의 부담으로 한다. 라는 판결을 구합니다.

청구원인에 대한 답변

....

20○○. ○. ○.

위 피고 소송대리인 변호사 ○ ○ ○ 인

서울중앙지방법원 귀중

1-28 2. 심리 및 변론

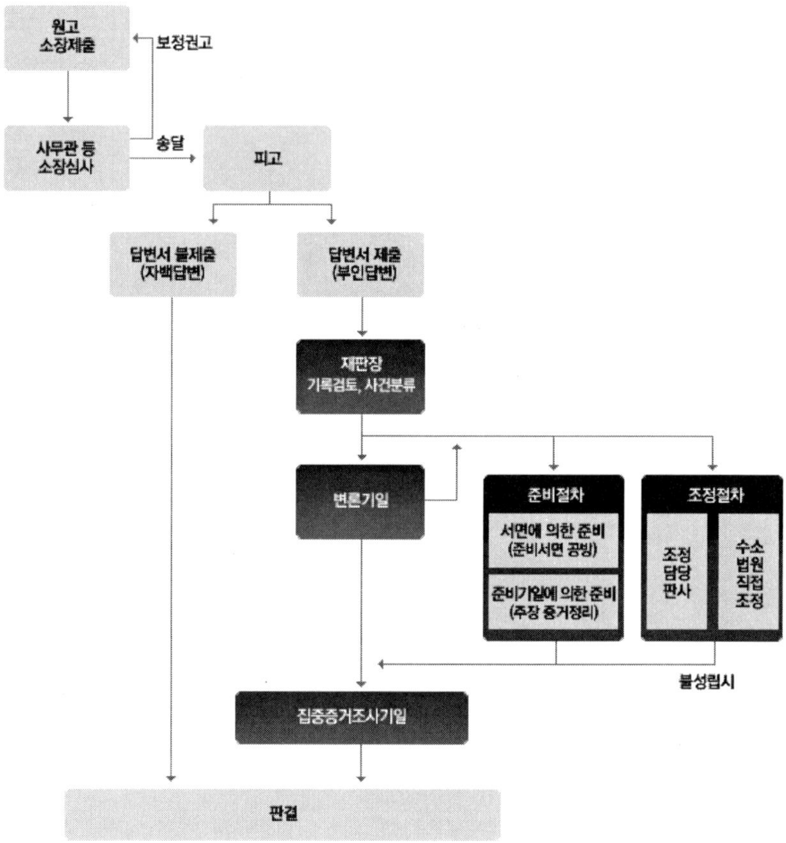

1-29 민사소송법 아래에서의 사건관리 및 심리구조의 개요를 설명하면 다음과 같다.[27)]

우선 소장이 접수되면 간단한 심사를 하여 특별한 형식적 하자가 없는 한 그 부본을 즉시 상대방에게 송달하고 30일 이내에 답변서를 제출하도록 최고한다. 그 단계에서 소장이 송달불능이 되면 주소보정명령을 하고 결국 공시송달로 처리될 사건은 공시송달 신청, 공시송달의 실행 및 관련 증거신청을 기일 전에 모두 마치도록 한 다음 곧바로 제1회 변론기일을 지정하여 변론종결이 되도록 운영한다. 피고에게 소장이 송달된 경우에는, 답변서 제출기한이 만료된 직후 재판장이 사건기록을 검토하여 처리방향을 결정하게 되는데 그 때까지 답변서가 제출되었는지 여부에 따라 절차진행은 전혀 다른 궤도를 따라가게 된다. 먼저 기한 내에 답변서가 제출되지 않았거나 자백 취지의 답변

---

27) 인터넷 대한민국법원 〉 사법부소개 〉 법원의 직무 〉 민사재판에서 따옴

서가 제출된 경우에는 일단 무변론판결 대상 사건으로 분류된다.

다음, 피고가 기한 내에 부인하는 취지의 답변서를 제출하여 원고청구를 다투는 경우에는, 재판장은 바로 기록을 검토하고 사건을 분류하여 심리방향을 결정한다.

원칙적으로 재판장은 가능한 최단기간 안의 날로 제1회 변론기일을 지정하여 양쪽 당사자가 법관을 조기에 대면할 수 있도록 한다. 제1회 변론기일은 쌍방 당사자 본인이 법관 면전에서 사건의 쟁점을 확인하고 상호 반박하는 기회를 가짐으로써 구술주의의 정신을 구현하는 절차이다. 이를 통하여 양쪽 당사자 본인의 주장과 호소를 할 만큼 하게하고, 재판부도 공개된 법정에서의 구술심리 과정을 통하여 투명하게 심증을 형성함으로써, 재판에 대한 신뢰와 만족도를 높이는 방향으로 운영하고자 하는 것이다. 이처럼 제1회 변론기일을 통하여 양쪽 당사자가 서로 다투는 점이 무엇인지 미리 분명하게 밝혀지면, 그 이후의 증거신청과 조사는 그와 같이 확인된 쟁점에 한정하여 집중적으로 이루어질 수 있게 된다.

한편 재판장은 사건분류의 단계 또는 제1회 변론기일 이후의 단계에서, 당해 사건을 준비절차에 회부할 수 있다. 이는 양쪽 당사자의 주장내용이나 증거관계가 매우 복잡하여, 별도의 준비절차를 통하여 주장과 증거를 정리하고 앞으로의 심리계획을 수립하는 것이 필요하다고 판단하는 경우에 이루어진다. 준비절차는 양쪽 당사자가 서로 준비서면을 주고받거나(서면에 의한 준비절차), 법원에서 만나 주장과 증거를 정리하는 방법(준비기일에 의한 준비절차)으로 진행된다.

앞서 본 변론기일 등의 절차가 진행되는 과정에서 쌍방 당사자는 준비서면에 의한 주장의 제출과 더불어 그 주장을 뒷받침하는 증거신청 및 증거의 현출을 모두 마쳐야 한다. 따라서 관련 서증은 원칙적으로 준비서면에 첨부하여 제출하여야 하고, 문서송부촉탁, 사실조회, 검증·감정신청과 그 촉탁은 물론 증인신청까지도 모두 이 단계에서 마치는 것을 원칙으로 한다.

증거조사기일에는 원칙적으로 사건에 관련된 쌍방의 증인 및 당사자신문 대상자 전원을 한꺼번에 집중적으로 신문하고, 신문을 마친 사건은 그로부터 단기간 내에 판결을 선고하는 구조로 운영한다.

그리고 당사자 쌍방이 다투는 사건에 대해서는 위와 같은 절차진행의 과정 중 어느 단계에서든 화해권고결정이나 조정제도를 활용하여 분쟁의 화해적 해결을 시도하는 것을 지향한다.

3. 판결의 선고 및 확정

1-30

서울중앙지방법원
제○○민사부
판 결

사 건 20○○ 가합 ○○○ 대여금청구의 소
원 고 :
피 고 :

변론종결 20○○. ○. ○.
판결선고 20○○. ○. ○.

주 문

피고는 원고에게 금 15,000,000원 및 이에 대하여 20○○. ○. ○.부터 20○○.○. ○.까지는 연 5%의, 그 다음날부터 다 갚는 날까지는 연 12%의 각 비율에 의한 돈을 지급하라.

소송비용은 이를 3분하여 그 2는 피고가 부담하고 그 1은 원고가 부담한다.

위 제1항은 가집행할 수 있다.

원고의 나머지 청구를 기각한다.

청 구 취 지

……………………………

이 유

……………………………

20○○. ○. ○.

재판장 판사 (서명) (날인)
판사 (서명) (날인)
판사 (서명) (날인)

4. 강제집행 1-31

1) 판결은 그 내용에 따라 확인판결, 이행판결, 형성판결로 나뉜다. 이행판결이 확정되었음에도 채무자가 판결의 내용에 따른 이행을 하지 않는 경우 국가가 힘으로 그 내용을 실현시키는 강제집행이 필요하다. 민사소송법은 확정판결에 이르기까지의 절차를 규정한 법이고, 확정판결의 강제집행에 대해서는 따로 민사집행법이 규율한다.

2) 금전채권의 이행판결(손해배상판결 등)에 기한 강제집행은 채무자의 책임재산에 대한 압류-현금화-배당을 통하여 이루어진다. 예컨대, 채무자 소유의 부동산에 대해 강제집행을 하려면 아래와 같은 강제경매신청을 하여야 한다. 강제경매신청에 따라 집행기관이 부동산을 압류하여 매각한 후 매각대금을 채권자에게 배당함으로써 채권자를 만족시키는 자세한 절차는 민사집행법에 규정되어 있다.

부동산강제경매신청 1-32

채 권 자 ○○○(주민등록번호)
○○시 ○○구 ○○로 ○○(우편번호 ○○○○○)
전화·휴대폰번호 :
팩스번호, 전자우편(e-mail)주소 :

채 무 자 ○○○(주민등록번호)
○○시 ○○구 ○○로 ○○(우편번호 ○○○○○)
전화·휴대폰번호 :
팩스번호, 전자우편(e-mail)주소 :

청 구 금 액

금 ○○○원 및 이에 대한 20○○. ○. ○.부터 다 갚는 날까지 연 ○○%의 비율에 의한 이자 및 지연손해금

집행권원의 표시

채권자의 채무자에 대한 ○○지방법원 20○○. ○. ○. 선고 20○○가단○○○ 손해배상(자)청구사건의 집행력 있는 판결정본

경매할 부동산의 표시

별지목록 기재와 같음.

신 청 취 지

1. 채권자의 채무자에 대한 위 청구금액의 변제에 충당하기 위하여 별지목록 기재 부동산에 대한 강제경매절차를 개시한다.
2. 채권자를 위하여 별지목록 기재 부동산을 압류한다.

라는 재판을 구합니다.

신 청 이 유

1. 채권자는 채무자에 대하여 위 집행권원의 집행력 있는 판결정본에 의한 금 ○○○원 및 이에 대한 이에 대한 20○○. ○. ○.부터 다 갚는 날까지 연 ○○%의 비율에 의한 이자 및 지연손해금채권을 가지고 있습니다.
2. 그런데 채무자는 위 채무를 지금까지 이행하지 않고 있습니다.
3. 따라서 채권자는 위 채권의 변제에 충당하기 위하여 채무자소유의 별지목록 기재 부동산에 대하여 강제경매를 신청합니다.

첨 부 서 류

1. 집행력 있는 판결정본	1통
1. 판결정본송달증명원	1통
1. 부동산등기사항증명서	1통
1. 건축물대장등본	1통
1. 토지대장등본	1통
1. 주민등록표등본(채권자의 것)	1통
1. 등록세·지방교육세영수필확인서, 영수필통지서	각 1통
1. 집행비용예납서	1통
1. 이해관계인목록	2통
1. 부동산목록	30통
1. 송달료납부서	1통

20○○. ○. ○.

위 채권자 ○○○ (서명 또는 날인)

○○지방법원 귀중

기본개념 및 용어 1-33

ㅇ 소(訴) : 원고가 법원에 소송상 청구의 당부에 대하여 심판을 신청하는 것.

ㅇ 소송(訴訟) : 소의 제기에 의하여 개시되어 판결의 확정에 의하여 종료되기까지의 진행(process).

ㅇ 소송상 청구(= 소송물) : 소송에서 심판의 대상이 되는 원고의 실체법상의 권리 또는 법률관계의 주장(주로 청구취지를 통하여 특정된다).

ㅇ 소송행위 : 행위주체의 의사표시를 기초로 하여 그 의사표시에 따른 소송법적인 법률효과가 인정되는 소송법상의 법률요건(법률행위)을 강학상 소송행위라고 한다. 소의 제기, 변론, 증거의 신청, 소의 취하 등이 당사자의 소송행위이고 소송의 지휘, 판결 등이 법원의 소송행위이다. 민법 총칙에 법률행위에 관한 규정을 따로 두고 있는 것과는 달리 민사소송법에 따로 소송행위에 관한 일반적인 규정은 없다.

ㅇ 변론 : 당사자가 법원에서 말로 사실상·법률상 주장을 하고 증거를 신청하는 등 공격과 방어를 하는 것을 말한다.

ㅇ 소송자료 : 심리를 통하여 얻어지는 사실자료(당사자가 주장하는 사실)와 증거자료(증거방법에 대한 증거조사의 결과)를 아울러 지칭하는 말.

ㅇ 심리 : 소가 적법한지(소송요건), 소송상 청구가 이유 있는지(본안) 여부에 관한 소송자료를 수집하기 위하여 법원과 당사자에 의하여 진행되는 일련의 과정.

ㅇ 판결 : 소송요건이나 본안에 대하여 엄격한 형식에 따라 하는 법원의 재판(소송법적 효력을 갖는 법원의 판단행위)을 말한다. 민사소송법은 판결을 하기 위한 절차법이다. 법원의 재판에는 판결뿐만 아니라 결정, 명령 형식의 재판도 있다.

ㅇ 판결의 확정 : 판결에 대하여 더이상 통상의 절차(상소절차)로는 다툴 수 없는 상태에 이른 것을 판결의 확정이라고 한다. 확정된 판결에 대해서도 판결에 이르는 과정에서 타인의 범죄행위가 개입된 경우 등 법이 정하는 특별한 사정이 있는 경우에는 비상의 불복절차인 재심의 소를 제기할 수 있다.

ㅇ 기판력 : 확정된 판결이 후소 법원에 대하여 갖는 구속력을 말한다. 판결이 확정된 후 동일한 당사자가 동일한 내용의 소를 제기하는 경우 후소를 담당하는 법원은 확정판결의 기판력에 구속된다.

제 2 편 소의 제기와 소송물

소송(訴訟)은 법원에 소(訴)를 제기함으로써 시작된다. 본 편에서는 소의 의의 및 종류, 소장의 작성에 대해서 설명하고(제1장), 소를 통하여 특정되는 심판의 대상으로서의 소송물에 대하여 살펴본 후(제2장), 소제기의 절차법적·실체법적 효과(제3장)에 대해서 살펴본다. 아울러 소송비용과 소송구조에 대해서 간단히 검토한다(제4장).

제1장 소(訴)

1절 소의 의의

1. 소의 개념 및 요소 2-1

1) 소(訴, Klage, action, complaint)란 원고가 법원에 대하여 피고와의 관계에 있어서 일정한 권리 또는 법률관계의 주장(= 소송상청구)을 하면서 그 당부에 대하여 심판(심리 및 판결)을 신청하는 것을 말한다. 소의 제기에 의하여 1심 소송이 개시된다.

2) 소는 법원에 대한 심판의 신청이며, 소에는 원고와 피고, 소송상청구(소송물)를 특정하여야 한다. 법원, 당사자, 소송상청구를 소의 3요소라고 한다.

2. 소와 구별하여야 할 개념 2-2

(1) 소송상청구(prozessualer Anspruch)

1) 소송상청구란 소에서 심판의 대상이 되는 원고의 피고에 대한 일정한 실체법상 권리 또는 법률관계의 주장(소송의 객체, 소송물)을 말한다.[1] 소송상청구는 소에 의하여 특정되며, 소송에 있어서 심판의 대상이 된다. 소와 소송상청구는 불가분의 관계에 있으며, 소송상청구가 없는 소를 생각할 수 없고 소가 없는 소송상청구도 있을 수 없다. 예컨대, 금전지급청구의 소에서 청구취지는 "'피고는 원고에게 금 5,000만원을 지급하라'는 '판결을 구합니다.'" 라고 기재한다. 여기에서 '피고는 원고에게 금 5,000만원을 지급하라'는 부분이 심판이 대상인 소송상청구이며, 원고가 피고를 상대로 법원에 그러한 '판결을 구하는 것'이 재판의 신청으로서 소이다.

일정한 요건을 갖추면 여러 개의 소송상청구를 하나의 소로써 제기할 수 있다(253조: 이를 청구의 병합이라고 한다. 상세는 ⇒ 10-3). 소송상청구는 소의 3요소 중의 하나에 불과하며, 소의 3요소에는 소송상청구 이외에도 당사자와 법원이 포함된다.

---

1) 소송물에 대한 실체법설에 따른 설명이다(소송물이론에 대한 상세는 ⇒ 2-20). 이하의 설명은 실체법설의 입장에 따른다.

2) 관련하여, 소의 취하와 청구(소송상청구)의 포기, 청구권의 포기를 비교하여 이해할 필요가 있다. 소의 취하(266조)(상세한 것은 ⇒ 8-66)란 재판의 신청(소)을 철회하는 것을 말한다. 소를 취하하면 소송상청구에 대한 재판의 신청이 철회된 것이므로 법원은 소송상청구의 당부에 대하여 재판할 필요가 없으며, 재판을 해서도 안 된다. 소를 취하하여 소송상청구에 대하여 아무런 재판도 없이 소송이 종료되는 경우 원고는 원칙적으로 다시 소를 제기하여 소송상청구에 대한 재판을 신청할 수 있다. 청구의 포기(220조)(상세한 것은 ⇒ 8-82)란 원고가 소송 중에 법원에서 소송상청구(실체법상의 권리 또는 법률관계의 주장)를 포기하는 것을 말한다. 원고가 청구를 포기하면 법원은 청구포기조서를 작성하며, 소송은 종료가 된다. 청구포기조서가 작성되면 청구기각판결이 확정된 것과 같은 효력이 생기며, 소송법상의 효과로서 기판력이 생기므로 다시 동일한 내용의 소송상청구를 할 수 없게 된다. 이처럼 청구의 포기는 법원에 대한 소송행위로서 소송법상의 법률효과(기판력)가 생기는 점에서, 사법(私法)상의 법률행위인 청구권의 포기와 다르다. 청구권의 포기는 법원에 대한 소송행위가 아니라 당사자 사이의 법률행위에 불과하므로 소송법적인 효력이 생기지 않고 그 효력에 대하여 다툼이 생기는 경우 법원에 소를 제기하여 다툴 수 있다.

(2) 소　송

소송이란 소로써 개시되어 판결의 확정(또는 소의 취하, 청구의 포기·인락, 소송상 화해) 등으로 종료되기까지의 심판절차 내지는 과정을 말한다. 흔히 '소송을 제기 한다'고 말하는데 이는 엄밀히 보면 적절하지 않은 표현이며 '소를 제기 한다'는 것이 정확한 표현이다. 소를 제기하면 소송이 시작되는 것이다. 소의 3요소인 당사자, 법원, 소송상청구는 소송의 3요소이기도 하다.

3. 소와 소송요건

원고는 소를 제기하여 소송상청구의 당부에 대한 심판을 신청한다. 법원이 소송상청구의 당부에 대한 심판을 하기 위해서는 일정한 요건을 갖추어야 하는데 이를 소송요건이라고 한다(⇒ 3-1). 법원은 먼저 소가 소송요건을 갖춘 적법한 소인지를 심리하여 이를 갖추지 못한 경우(부적법한 소) 소각하(訴却下)의 판결을 한다. 소가 소송요건을 갖춘 경우 소송상청구의 당부에 대하여 심리하여 청구가 이유 있으면 청구인용(請求認容), 청구가 이유 없으면 청구기각(請求棄却)의 판결을 한다. 소가 적법한 것으로 인정되어 소송상청구에 대하여 심판받을 수 있으려면 당사자에 관한 소송요건, 법원에 관한 소송요건, 소송상청구(소송물)에 관한 소송요건 등을 갖추어야 한다(상세한 것은 ⇒ 3-3).

2절 소의 종류 2-3

1) 소는 여러 기준에 따라 다양하게 분류할 수 있다. 소송의 주체나 객체의 수에 의하여 단일의 소, 병합의 소, 소제기의 시기에 따라 독립의 소와 소송중의 소 등으로 분류할 수 있는데 이에 대해서는 각 해당부분(⇒ 10편 복합소송)에서 설명하기로 한다.

2) 소는 그 내용에 따라 이행의 소, 확인의 소, 형성의 소로 분류된다. 소의 내용은 주로 소송상청구(소송물)의 내용에 의하여 결정되므로, 소는 소송상청구의 내용(구제형식 포함)에 따라 위와 같이 분류된다고 할 수 있다. 소를 그 내용에 따라 위와 같이 분류하는 것은 이론이나 실제에 있어서 매우 중요하다. 오늘날 소를 이행의 소, 확인의 소, 형성의 소로 분류하여 이해하는 것은 독일법을 계수한 우리나라와 일본에서 당연시 된다. 그러나 역사적으로 보면 로마법 시대에는 실체법과 절차법이 명확히 구분되지 않은 상태에서 실체법상의 청구권의 발현인 악시오(actio)라는 형식의 이행의 소만 인정되었다. 19세기 이후에 법원에 의한 법률관계의 유권적 확인만으로도 분쟁이 유효하게 해결될 수 있다는 점이 인식되면서 확인의 소가 인정되기 시작하였고, 20세기로 들어서면서 형성의 소가 하나의 유형으로 인정되게 되었다.

3) 세 종류의 소는 소의 이익이나 소송물, 판결의 효력 등에서 중요한 차이가 있으므로 세 종류의 소를 구별하여 이해하는 것은 이론적으로 중요하다. 또한 구체적인 사법(私法)상의 분쟁에 대하여, 원고로서 어떤 내용의 소를 제기하는 것이 권리를 실현하고 분쟁을 종국적으로 해결하는데 최선의 방법인지를 판단하는 것은 실제적으로도 매우 중요하다. 당사자 사이의 법률적 분쟁에 대하여 어떤 종류의 소를 제기하는 것이 분쟁을 가장 효율적으로 해결하고 권리를 실효성 있게 실현할 수 있을 지를 판단하는 것은 실제에 있어서 쉬운 일이 아니다. 그에 대한 결정 및 선택권은 원고에게 있다.

(예문 1) 甲과 乙은 형제지간이다. 甲은 망부 丙으로부터 건물을 증여받아 소유하고 있다. 그런데 丙이 사망하자 그 건물을 점유 사용하고 있는 乙이 그 건물에 대한 소유권을 주장하여 甲과 乙 사이에 건물의 소유권에 관한 분쟁이 생겼다. 甲은 이러한 경우 법원에 어떠한 내용의 소를 제기할 수 있는가?

[甲은 건물에 대한 소유권(지배권)이 있고, 乙에 대하여 소유권에 기한 소유물반환채권(청구권)이 있다. 甲은 乙로 하여금 건물을 당분간 사용하도록 하되 자신이 소유권자임을 분명히 해두고 싶은 경우라면 乙을 상대로 다툼이 된 소유권의 확인을 구하는 소(확인의 소)를 제기할

수 있고, 소유물에 대한 방해를 배제하고 직접 사용 수익하기를 원하면 소유물반환청구권을 소송상 행사하여 乙을 상대로 건물인도청구의 소(이행의 소)를 제기할 수도 있다.]

(예문 2) 甲은 자기가 소유하는 건물에 대하여 乙과 임대차 계약을 체결하고 乙로 하여금 점유 사용하도록 하였다. 그런데 임차인 乙이 임차한 건물에 대한 임료를 지급하지 않는다. 甲은 乙과의 임대차계약을 해지하고, 乙로부터 건물을 인도 받고자 한다. 이 경우 甲은 어떠한 내용의 소를 제기할 수 있는가?

[甲은 건물에 대하여 소유권(지배권)이 있고, 乙에 대하여 임료지급채권(청구권)이 있으며, 임차인의 채무불이행에 따른 임대차계약 해지권(형성권)이 있다. 甲이 임대차계약을 해지하는 경우 乙에 대하여 건물에 대한 반환채권(청구권)이 생긴다. 乙이 건물에 대한 임료를 지급하지 않을 뿐 소유권(지배권)을 다투지 않는다면 甲이 乙을 상대로 소유권확인의 소를 제기하는 것은 의미가 없다. 甲은 乙을 상대로 임료지급청구의 소(이행의 소)를 제기할 수 있다. 그러나, 乙이 아무런 책임재산도 없다면 승소 판결을 받더라도 강제집행을 통하여 금전채권의 만족을 얻을 수 없으므로 그러한 소는 적절하지 않다. 이러한 경우에는 해지권(형성권)에 기하여 임대차계약을 해지하고 계약해지에 따른 원상회복으로서 건물반환채권(청구권)을 소송에서 주장하면서 건물반환청구의 소(이행의 소)를 제기하여 승소판결을 받은 후, 강제집행을 통하여 권리를 실현하는 것이 가장 적절한 방법이다. 계약해지권은 상대방에 대한 의사표시를 통하여 행사할 수 있는 형성권이며 소송상 행사할 수 있는 형성권이 아니므로, 소송외에서 계약해지의 의사표시를 한 후 해지의 효과로 발생하는 원상회복청구권을 소송에서 주장하면서 건물반환청구의 소(이행의 소)를 제기하여야 하지 계약해지의 소(형성의 소)를 제기하여서는 안 된다는 점이 아래에서 설명하는 이혼의 소(형성의 소)와 다른 점을 유의해야 한다.]

(예문 3) 甲과 乙은 부부지간이다. 甲은 乙의 부정한 행위를 알게 되었고 이를 이유로 이혼하고자 한다. 甲은 乙에 대하여 법원에 어떠한 내용으로 소를 제기하여야 하는가?

[부부의 일방이 의무를 위반하여 부정한 행위를 하면 상대방은 재판상이혼권(형성권)이 생긴다(민법 840조). 이러한 재판상이혼권은 소송을 통하여 행사할 수 있는 형성권으로서 이를 행사하기 위해서는 법원에 이혼의 소(형성의 소)를 제기하여야 한다(이에 반하여 계약 해지권은 상대방에 대한 의사표시로 행사할 수 있는 형성권이고 재판상 행사할 수 있는 형성권이 아니므로 계약해지권을 행사하기 위하여 계약해지의 소라는 형성의 소를 제기하는 것은 허용되지 않는다). 이혼의 소라는 형성의 소에서 원고 승소판결이 확정되면 그 순간 이혼이라는 법률관계가 형성된다. 이혼의 소를 통하여 이혼이라는 법률관계가 형성되지 않으면 재산분할청구를 할 수 없다.]

2-4 1. 이행의 소

1) 이행의 소란 원고가 피고에 대한 실체법상의 청구권을 주장하면서 그 이행을 명하는 판결을 하여줄 것을 소송상청구의 내용으로 하는 소를 말한다(예컨대, 피고에 대한

대여금반환청구권을 주장하면서 '피고는 원고에게 금 ○○○원을 지급하라'는 판결을 구하는 소, 소유권에 기한 소유물반환청구권을 주장하면서 '피고는 원고에게 ○○건물을 인도하라'는 판결을 구하는 소, 소유권에 기한 방해배제청구권을 주장하면서 '피고는 ○○토지상의 ○○건물을 철거하라'는 판결을 구하는 소).

2) 이행의 소에는 현재이행의 소와 장래이행의 소가 있다. 이행기가 도래한 이행청구권이 소송상청구로 주장되는 경우가 현재의 이행의 소이고, 아직 이행기가 도래하지 아니한 이행청구권이 소송상청구로 주장되는 경우가 장래의 이행의 소이다(상세는 ⇒ 3-22 참조).

3) 확정된 이행판결은 이행청구권의 존재에 대하여 기판력이 생기고 판결 주문중의 이행명령을 실현하기 위하여 집행력이 인정된다. 가집행선고부 이행판결(상세는 ⇒ 8-18)인 경우에는 확정 전에도 집행력이 생긴다. 이행의 소에서 청구를 기각하는 판결은 이행명령이 없으므로 집행력이 인정되지 않으며, 확정되면 이행청구권의 부존재를 확인하는 기판력이 생긴다.

2. 확인의 소 2-5

1) 확인의 소란 분쟁의 대상이 된 권리 또는 법률관계에 대하여 확인의 이익이 있는 원고가 그 존재 또는 부존재의 확인을 구하는 소를 말한다. 존재확인을 구하는 경우를 적극적 확인의 소라고 하고, 부존재확인을 구하는 경우를 소극적 확인의 소라고 한다.

2) 확인의 대상은 권리 또는 법률관계에 한정되는 것이 원칙이며 단순한 사실관계의 확인을 구하는 것은 허용되지 않는다. 다만, 법률관계를 증명하는 서면인 증서가 작성명의인에 의하여 진정으로 작성되었는지 여부에 대하여는, 그 것이 사실관계의 확인을 구하는 것이지만, 예외적으로 확인의 소를 제기할 수 있다(제250조). (상세는 ⇒ 3-27 참조)

3) 확인의 소에 대한 본안판결은 청구를 인용하는 판결이나 기각하는 하는 판결 모두 확인판결이다. 확인판결의 기판력에 의해 청구의 내용인 특정한 권리관계의 존재 또는 부존재가 확정된다. 분쟁해결 기능의 측면에서 이행소송과 비교해보면 확인소송은 분쟁의 기본이 되는 권리관계의 존부를 판결로 확정함으로써 분쟁을 포괄적이고 근본적으로 해결하는 기능이 있다. 또한 권리에 대하여 현실의 침해가 생기지 않은 단계에서도 권리에 대한 불안을 제거하기 위한 확인소송을 제기하는 것이 인정되는바, 확인소송은 이와 같이 법적불안해소의 기능이 있다. 그러나 확인판결은 집행력이 없으므로, 확인판결이 확정된 경우에도 그 확정된 권리에 대한 침해가 있으면 다시 그 침해에

대하여 방해배제의 이행의 소 또는 손해배상의 이행의 소를 제기하여야 강제집행을 할 수 있다는 한계도 있다.

4) 예컨대, 부동산의 소유권에 대하여 다툼이 생긴 경우에, 이행의 소를 통해서는 상대방이 소유권(지배권)을 침해한 후에 비로소 소유권의 침해에 따른 방해배제청구권(청구권)의 소송상 행사로서 "피고는 원고에게 부동산을 인도하라" 또는 "피고는 원고에게 원인 없이 경료한 소유권이전등기를 말소하라"라고 청구하거나, 소유권침해에 따른 손해배상청구권의 소송상 행사로서 "피고는 원고에게 금 ○○○원을 지급하라"라고 개별적인 소송상청구를 할 수 있을 뿐이다. 그러나 확인의 소를 통해서는 그와 같은 침해행위가 있기 전이라도 개별적 청구권의 기초가 되는 소유권(지배권) 자체에 대한 확인판결을 받아 소유권에 관한 분쟁을 근본적으로 해결할 수 있다. 또한, 상속에 기하여 특정상속재산을 반환하라는 이행소송의 판결은 특정상속재산의 반환의무에 대해서만 판결의 효력이 미치고, 상속에 기한 다른 상속재산에 대해서는 효력이 미치지 않으므로 다른 상속재산과 관련해서는 별개로 소를 제기하여야 하나, 상속권의 존재에 대하여 확인판결을 받게 되면 모든 상속재산에 대한 법적 분쟁이 포괄적으로 해결될 수 있다.

그러나 "부동산은 원고의 소유임을 확인한다."라는 확인판결은 피고에 대하여 집행력이 없고 분쟁을 관념적으로 해결하는 데 그치므로, 그러한 판결이 확정되었음에도 피고가 이를 무시하고 여전히 원고의 소유권을 부인하며 소유권침해행위를 하는 경우 확인판결만으로는 피고의 소유권침해행위를 강제적으로 제지할 수 없으며, 별도로 다시 소유권침해에 대하여 방해배제청구권이나 손해배상청구권에 기한 이행의 소를 통하여 이행판결을 받은 후 강제집행을 하여야 한다.

2-6 3. 형성의 소

형성의 소는 판결에 의하여 일정한 법률관계의 변동(형성)을 목적으로 하는 소이다. 형성의 소를 통하여 형성요건의 존재를 확정하는 동시에 새로운 법률관계를 발생하게 하거나 기존의 법률관계를 변경·소멸하게 하는 등 법률관계를 형성할 수 있다. 이행의 소를 통하여 실체법상의 청구권을 실현할 수 있는 것처럼 형성의 소를 통하여 실체법상의 형성권을 실현할 수 있다. 형성의 소는 세 가지로 분류된다.

2-7 (1) 실체법상 형성의 소

실체법상의 형성권은 일방적 의사표시만으로 행사할 수 있는 것(해제권, 해지권, 취소권, 상계권, 우선매수청구권 등)과 법원의 판결에 의하여 행사할 수 있는 것(혼인취소권, 주주총회결의취소권, 이혼청구권 등)이 있는데, 법원의 판결에 의하여 행사할 수 있는 형성권을 행사하기 위한 소를 실체법상 형성의 소라고 한다. 혼인취소의 소, 재판상 이혼의 소(가사소송법 22조), 주주총회결의 취소의 소(상법 376조) 등이 이에 해당한다.

(2) 소송법상 형성의 소 2-8

소송법상의 법률관계의 변동을 목적으로 하는 소를 말한다. 이미 확정된 판결 내용의 변경을 구하는 정기금 판결에 대한 변경의 소(252조), 확정판결을 취소하고 새로운 판결을 구하는 재심의 소(451조), 집행력이 있는 집행권원의 집행력을 부인하기 위한 청구이의의 소(민사집행법 44조) 등이 중요한 소송법상의 형성의 소이다.

(3) 형식적 형성의 소 2-9

권리관계의 형성을 목적으로 하지만 구체적으로 어떠한 내용의 권리관계를 형성할 것인가를 법관의 재량에 맡기고 있는 형태의 소를 형식적 형성의 소라고 한다. 형식적으로는 당사자 대립구도의 소송사건이지만 실질적으로는 법원이 당사자의 주장 내용이나 범위에 기속되지 않고 재량으로 판단하는 비송사건에 해당된다. 공유물분할의 소(민법 269조), 경계확정의 소, 지료·차임증감청구의 소(민법 286조, 628조) 등이 이에 해당한다(⇒ 6-81(2)).

4. 성격에 대해 논란이 있는 소

사해행위 취소의 소와 주주총회결의부존재·무효확인의 소의 성격에 대해서는 논란이 있다.

(1) 사해행위취소의 소(채권자취소의 소) 2-10

〈민 법〉

제406조 (채권자취소권)

① 채무자가 채권자를 해함을 알고 재산권을 목적으로 한 법률행위를 한 때에는 채권자는 그 취소 및 원상회복을 법원에 청구할 수 있다. 그러나 그 행위로 인하여 이익을 받은 자나 전득한 자가 그 행위 또는 전득당시에 채권자를 해함을 알지 못한 경우에는 그러하지 아니하다.

② 전항의 소는 채권자가 취소원인을 안 날로부터 1년, 법률행위 있은 날로부터 5년 내에 제기하여야 한다.

제407조 (채권자취소의 효력)

전조의 규정에 의한 취소와 원상회복은 모든 채권자의 이익을 위하여 그 효력이 있다.

채권자가 원고가 되어 사해행위의 취소 및 원상회복을 청구하는 소를 사해행위취소의 소라고 한다. 사해행위취소의 소의 성질에 대해서는 형성소송설, 이행소송설, 이행소송과 형성소송이 결합된 것이라는 병합설 등 다양한 견해가 있다. 판례에 의하면, 채권자가 채무자를 피고로 하는 것이 아니라 수익자나 전득자를 피고로 소를 제기하여야 하며,[2] 사해행위의 취소는 법원에 소를 제기하는 방법으로 청구할 수 있을 뿐 소송상의 공격방어방법으로 주장할 수는 없으며,[3] 채권자가 전득자를 상대로 채권자취소권을 행사하기 위해서는, 채무자와 수익자 사이의 사해행위의 취소를 소송상 공격방법의 주장이 아닌 법원에 소를 제기하는 방법으로 청구해야 하며, 비록 채권자가 수익자를 상대로 사해행위의 취소를 구하는 소를 이미 제기하여 채무자와 수익자 사이의 법률행위를 취소하는 내용의 판결을 선고받아 확정되었더라도 그 판결의 효력은 그 소송의 피고가 아닌 전득자에게는 미칠 수 없는 것이므로, 채권자가 그 소송과는 별도로 전득자에 대하여 채권자취소권을 행사하여 원상회복을 구하기 위해서는 전득자에 대한 관계에 있어서 채무자와 수익자 사이의 사해행위를 취소하는 청구를 하지 않으면 아니 된다고 한다.[4] 또한, 채권자취소소송에서 피보전권리가 바뀌거나, 취소대상행위의 법적성질에 대한 주장이 달라져도 소송물의 동일성은 유지되며,[5][6] 채권자취소권의 요건을 갖춘 수인의 채권자가 제기한 사해행위취소소송들은 채권자들이 각자 자기 고유의 권리를 행사하는 것이므로 이들 소는 중복제소에 해당하지 않는다고 한다.[7]

2-11 (2) 주주총회결의 무효 및 부존재확인의 소

〈상 법〉

제376조 (결의취소의 소)

① 총회의 소집절차 또는 결의방법이 법령 또는 정관에 위반하거나 현저하게 불공정한 때 또는 그 결의의 내용이 정관에 위반한 때에는 주주·이사 또는 감사는 결의의 날로부터 2월내에 결의취소의 소를 제기할 수 있다.

② 제186조 내지 제188조, <u>제190조 본문</u>과 제191조의 규정은 제1항의 소에 준용한다.

제380조 (결의무효 및 부존재확인의 소)

제186조 내지 제188조, <u>제190조 본문</u>, 제191조, 제377조와 제378조의 규정은 총회의 결의의 내용이 법령에 위반한 것을 이유로 하여 결의무효의 확인을 청구하는 소와 총회의 소집절차 또는 결의방법에 총회결의가 존재한다고 볼 수 없을 정도의 중대한 하자가 있는 것을 이유로 하여 결의부존재의 확인을 청구하는 소에 이를 준용한다.

---

2) 2004. 8.30. 2004다21923; 2014.12.11. 2011다49783.
3) 1998. 3.13. 95다48599,48605.
4) 2005. 6. 9. 2004다17535.
5) 2012. 7. 5. 2010다80503.
6) 2005. 3.25. 2004다10985.
7) 2014. 8.20. 2014다28114.

제190조 (판결의 효력)

설립무효의 판결 또는 설립취소의 판결은 제3자에 대하여도 그 효력이 있다.(*편면적 대세효). 그러나 판결확정 전에 생긴 회사와 사원 및 제3자간의 권리의무에 영향을 미치지 아니한다.

주주총회결의취소의 소(상법 376조)가 형성의 소임에는 의문이 없다. 이에 반해 주주총회결의무효 및 부존재확인의 소의 법적 성격에 대하여는 형성소송설과 확인소송설로 견해가 갈린다. 이를 확인소송으로 보면 주주총회결의의 무효 및 부존재를 주장하기 위해 따로 소를 제기하지 않고 다른 소송에서 선결문제로 주장할 수 있게 되나(예컨대 주주총회에서 선임한 이사가 회사를 대표하여 한 법률행위의 효력을 다투는 소를 제기하면서 그 소에서 그 이사에 대한 선임결의를 한 주주총회의 무효 또는 부존재를 주장하는 것), 형성소송으로 보면 반드시 따로 주주총회결의 무효 또는 부존재확인의 소를 제기하여야 한다. 형성소송설은 결의무효 및 부존재확인의 소는 결의취소의 소와 마찬가지로 판결의 효력에 있어서 대세효가 있고(상법 380조가 190조 본문 준용), 흠이 있는 결의의 효력을 제거한다는 목적 내지 이익이 같으므로, 단체법상의 획일적 법률관계 형성을 위하여 결의취소의 소와 같이 형성소송으로 보아야 한다고 한다.[8] 이에 반하여 확인소송설은 법문상 확인의 소로 되어 있고, 결의무효 및 부존재확인의 소는 결의취소의 소와는 달리 제소권자 및 제소기간의 제한을 두지 않고 있으며, 소급효가 있는 점(1995. 개정시 상법 380조가 190조 단서 준용배제) 등에 비추어 확인소송으로 보아야 한다는 것이다.[9] 판례는, 주주총회결의의 효력이 그 회사 아닌 제3자 사이의 소송에 있어 선결문제로 된 경우에는 당사자는 언제든지 당해 소송에서 주주총회결의가 처음부터 무효 또는 부존재하다고 다투어 주장할 수 있는 것이고, 반드시 먼저 회사를 상대로 제소하여야만 하는 것은 아니라면서,[10] 확인소송설의 입장을 취하고 있다.

3절 소장의 작성 2-12

소는 소장(訴狀)을 작성하여 1심법원에 제출함으로써 제기한다(248조). 소장의 기재사항이 무엇이고 구체적으로 어떻게 작성할 것인가는 이론적이나 실무적으로 중요한 의미가 있다.

---

8) 이시윤, p.205; 한충수, p169.
9) 강현중, p.282; 김홍엽, p.236.
10) 1992. 9.22. 91다5365. [45]

2-13 1. 소장의 기재사항

제249조 (소장의 기재사항) ① 소장에는 당사자와 법정대리인, 청구의 취지와 원인을 적어야 한다.
② 소장에는 준비서면에 관한 규정을 준용한다.

제274조 (준비서면의 기재사항) ① 준비서면에는 다음 각호의 사항을 적고, 당사자 또는 대리인이 기명날인 또는 서명한다.
1. 당사자의 성명·명칭 또는 상호와 주소
2. 대리인의 성명과 주소
3. 사건의 표시
4. 공격 또는 방어의 방법
5. 상대방의 청구와 공격 또는 방어의 방법에 대한 진술
6. 덧붙인 서류의 표시
7. 작성한 날짜
8. 법원의 표시

② 제1항 제4호 및 제5호의 사항에 대하여는 사실상 주장을 증명하기 위한 증거방법과 상대방의 증거방법에 대한 의견을 함께 적어야 한다.

(1) 필수적 기재사항

소장에는 당사자와 법정대리인, 청구의 취지와 원인을 적어야 한다(249조 1항). 이를 필수적 기재사항이라고 한다. 소장에 기재된 당사자를 기초로 하여 당사자가 확정되며, 청구취지와 청구원인에 의하여 재판의 대상인 소송물이 확정된다. 소장을 법원에 제출함으로써 소송의 3요소인 당사자, 법원, 소송물이 모두 정해진다.

2-14 1) 당사자와 법정대리인

(가) 당사자는 소송의 3요소 중의 하나이다(⇒ 제5편 당사자). 당사자의 표시는 원고와 피고가 누구인지 타인과 구별 할 수 있도록 특정하여 표시하여야 한다. 소장송달의 편의를 위하여 준비서면에 기재하여야 할 사항인 당사자의 주소(274조 1항)도 반드시 기재하여야 한다. 일정한 자격에 의하여 당사자가 된 경우에는 그 자격을 함께 기재하여야 한다(예컨대, 甲의 파산관재인 乙). 당사자는 소장의 기재를 기초로 하여 확정되며 이에 터잡아 재판권, 당사자능력, 당사자적격, 토지관할 등의 유무가 가려지기 때문에 신중하게 기재하여야 한다. 당사자의 동일성을 벗어나지 않는 범위에서 당사자표시정정(⇒ 5-9)은 자유롭게 허용되지만, 동일성을 벗어나는 당사자변경(⇒ 10-131)은 법이 특별히 허용하는 경우에 한하여 인정된다.

(나) 당사자가 소송무능력자(⇒ 5-38)일 때에는 반드시 법정대리인을 표시하여야 한다. 당사자가 법인, 기타 권리능력 없는 사단이나 재단인 때에는 법정대리인에 준하여

그 대표자나 관리인을 기재하여야 한다(64조, 249조 1항). 법정대리인의 기재는 당사자의 특정과는 관계가 없으므로 소장에 이를 기재하지 않았다든가 잘못 기재하여도 뒤에 보충하거나 변경할 수 있다.

2) 청구의 취지와 원인

㈎ 청구취지 2-15

청구취지는 청구원인과 더불어 소의 핵심적 요소인 소송상청구(소송물)를 결정하는 사항이다. 청구취지는 원고가 어떠한 내용(구제형식 포함)의 판결을 구하는가를 밝히는 소의 핵심부분이다. 청구취지는 청구인용판결의 주문에 대응하며, 소가 산정의 기준이 되고, 사물관할과 상소이익의 유무를 판단하는 기준이 된다. 청구취지는 판결의 확정적인 신청이어야 하며, 판결의 기한부 신청이나 조건부 신청은 원칙적으로 적법한 청구취지가 될 수 없다(예컨대, '피고는 원고에게 금 1억원을 지급하라'는 판결을 1년 후에 해 줄 것을 구합니다). 청구의 예비적 병합(⇒ 10-11), 예비적 반소(⇒ 10-43), 소의 주관적 예비적 병합(⇒ 10-76) 등의 경우에는 법률이 명문으로 이를 허용하므로 예외적으로 적법한 청구취지로서 허용이 된다. 그러나 기한부 청구권, 조건부 청구권을 소송상청구로 하는 판결의 확정적 신청은 적법한 청구취지가 될 수 있다(예컨대, "피고는 원고로부터 1억원을 지급받는 것을 조건으로(또는 1년 후) 원고에게 별지목록기재 부동산에 대한 소유권이전등기절차를 이행하라"는 판결을 구하는 것은 적법하다).

㈏ 청구원인

청구원인이란 원고가 청구취지에서 주장한 것을 인정받기 위하여 필요한 사실을 말한다. 청구원인은 후에 내려지는 청구인용판결의 이유에 대응한다. 원고는 청구취지에서 권리 또는 법률관계를 주장하여야 하고, 청구원인에 그러한 청구취지를 이유 있게 하는 근거가 되는 구체적 사실을 적시하여야 한다. 법원은 증거에 의하여 청구원인사실이 인정되는지 여부를 판단하고, 인정된 사실에 법규범을 적용하여 청구취지가 타당한지 여부에 대하여 판단한다.

(2) 권고적 기재사항

소장은 준비서면으로서의 역할도 겸하는 것이므로, 소장에는 준비서면에 관한 규정을 준용한다(249조 2항). 따라서 소장에는 공격 또는 방어방법, 상대방의 청구와 공격 또는 방어방법에 대한 진술 등 준비서면의 기재사항으로 되어 있는 사항을 기재한다(274조). 그러나 민사소송법이 적시제출주의를 취하고 있음(146조)(⇒ 6-113)에 비추어 이는 신속한 쟁점정리를 위한 권고적 성격을 갖는 것이라고 해석할 것이다.

2. 청구취지와 청구원인의 작성방법

(1) 총 설

1) 청구취지와 청구원인을 작성하는 것은 소장 작성의 핵심을 이룬다. 과거 사법연수원의 민사실무교육의 중요한 부분이었고, 오늘날에도 민사소송 실무교육에서 여전히 중요한 위치를 차지한다. 민사실체법과 민사소송법이론(소송물, 처분권주의, 변론주의 등)에 대한 이해가 뒷받침 되어야 제대로 된 청구취지와 청구원인을 작성할 수 있다.

2) 민사소송은 기본적으로 법적삼단논법의 논리구조를 갖는다고 할 수 있는바, 청구원인은 법적삼단논법에서 소전제를 구성하는 사실에 해당한다.

[소송의 3단계]

제1단계	대전제 탐색 및 구체화	법적 분쟁의 관련 법규범 탐색·구체화
제2단계	소전제 확정	법적 분쟁의 사실관계 확정
제3단계	결론	법규범을 사실관계에 적용하여 결론 도출

(예) 대전제로서 돈을 빌린 사람은 이를 갚아야 한다는 법규범이 인정되고, 소전제로서 乙이 甲으로부터 돈을 빌렸다는 사실인 인정되면 乙은 甲에게 돈을 갚아야 한다는 제3의 명제로서 결론이 도출되는 것이다.

○ 대전제(법규범) : 소비대차는 당사자 일방이 금전의 소유권을 상대방에게 이전할 것을 약정하고 상대방은 그와 같은 금액을 반환할 것을 약정함으로써 그 효력이 있다(민법 598조). 차주는 약정시기에 차용물과 같은 금액을 반환하여야 한다(민법 603조).

○ 소전제(법규범에 포섭되는 사실) : 乙은 2016. 1. 1. 甲으로부터 금 1억원을 1년 후에 갚기로 하고 빌렸다. 그 후 1년이 지났다.

○ 결론(구체적 법률효과)

乙(차주)은 甲(대주)에게 2017. 1. 1.(이행기)에 금 1억원(차용물과 같은 금액)을 반환하여야 한다.

(위와 같은 법적 결론을 기초로 원고가 신청하는 구제형식(소의 종류)에 따라 판결이 내려지게 된다)

- 이행의 소: 乙은 甲에게 2017. 1. 1.에 금 1억원을 지급하라.
- 확인의 소: 乙은 甲에게 2017. 1. 1.에 금 1억원을 지급할 의무가 있음을 확인한다.

3) 원고는 법적삼단논법의 결론을 청구취지에 표시하며, 결론인 구체적 법률효과를 기초로 자신이 원하는 구제형식(소의 종류)에 따라 청구취지를 작성한다. 그러나 원고가 소를 통하여 그러한 결론만을 주장한다면 법원은 원고가 주장하는 결론이 타당한 것인지를 판단할 수가 없다. 그러한 결론은 삼단논법의 대전제와 소전제를 통하여 도출되는 것이다. 대전제로서의 법규범의 존재와 내용에 대해서는 법원이 잘 알고 있으므로, 원고는 소전제로서 법규범의 요건(법률요건)에 대응하는(포섭될 수 있는) 구체적 사실(주요사실)만을 주장하면 되는 것이다. 이와 같이 원고가 청구취지와 같은 내용의 판결을 받기 위하여 소를 통하여 주장하여야 하는 사실을 청구원인이라고 한다.

(2) 청구취지의 작성 2-16

1) 청구취지를 기재하기 위해서는 먼저 ① 주장하는 실체법상의 권리 또는 법률관계(소송물)와, ② 구제형식(소의 종류)을 정하여야 한다.[11] 대개는 주장하는 실체법상의 권리 또는 법률관계에 따라 그에 적합한 구제형식이 정해진다(예컨대, 실체법상 청구권을 주장하는 경우에는 이행의 소, 지배권이나 법률관계의 존부에 대해 분쟁이 생긴 경우는 확인의 소, 소송상 행사할 수 있는 실체법상 형성권의 행사를 위해서는 형성의 소가 적합한 구제형식이 된다).

2) 청구취지는 재판의 대상인 소송물이 드러나는 핵심적인 부분이므로, 원고가 구하는 판결의 종류와 내용을 구체적이고 간단명료하게 표시하여야 한다. 이행의 소의 경우는 장차 집행권원(판결)이 되어 강제집행에 의하여 실현될 피고의 의무가 청구취지에 구체적으로 특정되어야 한다. 확인의 소에 있어서는 확인의 대상이 되는 권리관계를 특정하여 기재하여야 한다.[12] 형성의 소에 있어서는 판결을 통하여 형성될 법률관계의 내용을 특정하여 기재하여야 한다.

3) 실무상 청구취지 기재례 2-17

구제형식(소의 종류)에 따라 청구취지의 어미가 달라지는 것을 유념해야 한다.

㈎ 이행의 소

"피고는 원고에게 5,000만원을 지급하라." "피고는 원고에게 5,000원 및 이에 대하여 2016. 1. 1.부터 소장 부본 송달일까지는 연 5%의, 그 다음날부터 다 갚는 날까지는 연 12%의 비율에 의한 돈을 지급하라." (금전지급청구의 소 : 청구의 내용불문하고 지급해야 할 금액만을 표시한다)

---

11) 박재완, p.122. ①②를 합쳐서 이를 소송물이라고 하는 경우도 있다.
12) 확인의 소에서는 청구취지 자체가 소송물이 된다고 하는 것이 일반적이다.

"피고는 원고에게 별지목록(별지목록에는 부동산 등기부의 표제부에 기재된 사항을 적시한다)기재 건물을 인도하라." (특정물인도청구의 소)

"피고는 원고에게 별지목록기재 부동산에 관하여 2016. 3. 3.자 매매를 원인으로 한 소유권이전등기절차를 이행하라." (소유권이전등기청구의 소)

(나) 확인의 소

"원고의 피고에 대한 1995년 4월 15일에 체결한 금전소비대차계약에 기한 채무는 (1,000만원을 초과하여서는) 부존재 함을 확인한다." (채무부존재확인의 소)

"별지목록기재 건물은 원고의 소유임을 확인한다." (소유권확인의 소)

"원고를 매도인, 피고를 매수인으로 하여 2016. 2. 2.자로 작성된 별지사본과 같은 매매계약서는 진정하게 성립된 것이 아님을 확인한다." (증서진부확인의 소)

(다) 형성의 소

"원고와 피고는 이혼한다." (이혼청구의 소)

"피고의 2009년 12월 20일자 주주총회 결의는 이를 취소한다." (주주총회결의 취소의 소)

"피고의 원고에 대한 ㅇㅇ법원 2016.3.3.선고2016가합33호 판결에 기초한 강제집행은 이를 불허한다." (청구이의의 소)

실무상 소장의 청구취지 란에는 부수적 판결사항인 소송비용에 대한 재판과 가집행선고의 신청을 함께 기재하는 것이 일반적이다(예컨대, 청구취지 / 1. 피고는 원고에게 금 1억원을 지급하라. / 2. 소송비용은 피고의 부담으로 한다. / 3. 위 제1항은 가집행할 수 있다./ 는 판결을 구합니다. 라고 기재한다).

2-18 **(3) 청구원인의 작성**

1) 요건대응사실(주요사실)

법규범의 존재와 내용에 대해서는 법원이 잘 알고 있으므로, 이를 청구원인에 기재할 필요는 없다. 청구원인은 법적 결론인 청구취지를 이유 있게 하는 소전제로서의 사실만 기재하면 되며, 대전제가 되는 법규의 법률요건에 대응하는 사실(주요사실)만을 기재하면 된다. 법률요건과 관계없는 사실(일반적으로 간접사실이라고 한다)은 원칙적으로 소장에 기재할 필요가 없다.

2) 권리발생사실

청구원인에는 권리발생의 법률요건에 대응하는 권리발생사실을 기재한다. 피고가 주장할 것이 명백한 방어방법을 반박하기 위하여 필요한 사실도 모두 소장에 필수적으로 기재하여야 하는가에 대해서는 견해가 갈린다. 권리발생사실 뿐만 아니라 방어방법을 반박하기 위한 사실 등 원고가 승소하기 위하여 필요한 사실을 모두 기재하여야 한다는 견해를 이유기재설(사실기재설)이라고 하고, 제소당시에 청구취지와 더불어 소송물(소송상청구, 재판의 대상)을 특정할 수 있는 정도로 권리발생 사실만을 기재하면 된다는 견해를 식별설(동일인식설)이라고 한다. 사실기재설은 소송자료제출에 대하여 동시제출주의를 취하던 시대에 주장되었던 견해이다. 오늘날 우리 민사소송법은 적시제출주의(146조)(⇒ 6-113)를 취하고 있으므로 식별설(동일인식설)이 이론적으로 타당하며, 그것이 오늘날의 통설이다. 식별설은 다시 소송물에 관한 구소송물이론과 신소송물이론의 입장(⇒ 2-20)에 따라 구식별설과 신식별설로 나뉜다.

3) 민사소송규칙은 소장의 청구원인에는 ① 청구를 뒷받침하는 구체적 사실, ② 피고가 주장할 것이 명백한 방어방법에 대한 구체적인 진술, ③ 입증이 필요한 사실에 대한 증거방법을 기재하여야 한다고 규정하였다(민소규 62조 : 본조신설 2007.11.28.). 청구원인에 '② 피고가 주장할 것이 명백한 방어방법에 대한 구체적인 진술'을 기재하도록 함으로써 이유기재설의 입장을 취한 것처럼 보인다. 그러나, 민사소송법이 적시제출주의를 취하고 있는 점에 비추어 볼 때, 소장에 ②③을 기재하여야 한다는 것은 신속한 소송진행을 위한 권고사항이라고 해석할 것이고, 청구원인에 ②③을 기재하지 않았다고 하더라도 이를 부적법한 소장이라고 각하할 수는 없을 것이다.[13] 민사소송규칙으로 소장에 ②를 기재하도록 규정한 것은 피고가 주장할 것이 명백한 방어방법에 대한 원고의 구체적인 진술을 기재하지 않는 경우 법원의 쟁점파악이 불필요하게 지연되는 것을 방지하기 위한 실제적인 필요 때문이다.

4) 청구원인을 기재함에 있어 반드시 법률적인 용어를 사용할 필요는 없다. 당사자가 사실을 주장함에 사용한 법률용어에 법원이 기속되는 것도 아니다. 당사자는 일상적인 언어로 구체적인 사실을 주장하면 된다. 당사자가 주장한 사실에 대하여 법을 해석·적용하여 법적 결론으로서 판결을 하는 것은 법원의 임무이고 법원의 전권이므로 적용하여야 할 법조문을 원고가 소장에 기재할 필요는 없다(형사소송법 254조 3항 4호에 공소장에는 적용법조를 필수적으로 기재하여야 한다고 규정한 것과 다르다).

13) 같은 취지, 한충수, p.228.

(연습) 소장을 작성하시오.

이원고 : 서울 서초구 서초동 123
김피고 : 천안 쌍용동 456

원고와 피고는 대학 동기 동창생이다. 원고와 피고는 평소 가깝게 지내며 서로 필요한 경우 돈을 빌려주고 돈을 빌려 쓰기도 하는 등 금전 거래 관계를 해왔다. 원고는 2020. 3. 1.경 피고와 천안시 대흥동 소재 맛나 식당에서 식사를 하던 중 피고로부터 피고의 딸이 심장판막증으로 대전 성모병원에서 치료를 받고 있는데 경제 형편이 어려우니 급히 돈을 1,000만원만 빌려 달라는 부탁을 받았다. 피고는 아내와 상의하여 돈을 마련해 보겠다고 대답하고 헤어졌다. 그 후 원고는 원고의 처와 함께 2020. 3. 7. 10:00경 피고의 딸이 입원해 있는 서울 영등포구 성모병원 305호 실에서 병문안을 하면서 피고에게 금 1,000만원을 100만원권 수표 9장과 현금 100만원으로 빌려주었다. 원고는 피고에게 원고도 돈을 쓸데가 있으니 1개월 후에 갚아 달라고 했다. 피고는 고맙다고 하면서 1개월 후에 틀림없이 변제하겠다고 약속하였다. 원고는 1개월 후인 2020. 4. 7. 10:00경 피고로부터 전화를 받았다. 피고는 전화를 통하여 원고에게 1년 전에 원고가 피고로부터 금 3,000만원을 사업상 급하다고 하면서 빌려간 후 2,000만원만 변제를 하고 1,000만원은 아직 변제하지 않았던 것이 있는데, 피고의 원고에 대한 위 차용금 반환채권으로 원고의 피고에 대한 차용금채권에 대하여 상계한다고 말하였다. 그러나 원고가 기억하기로는 사업자금 차용한 돈은 이미 전부 변제된 것이라, 원고는 피고의 주장이 터무니없는 것이라고 화를 내며 전화를 끊었다. 원고는 피고에 대하여 1,000만원의 지급을 청구하는 내용증명 우편을 발송하였으나, 피고가 이를 이행하지 않자 법원에 소를 제기하기로 마음을 먹었다.

제2장 소 송 물

1절 소송물의 의의 2-19

1) 소송에 있어서 심판의 대상이 되는 당사자의 소송상청구(prozessualer Anspruch)[14]를 소송물(Streitgegenstand)이라고 한다. 소송물은 원고가 법원에 대하여 피고와의 관계에서 분쟁의 대상이 된 권리 또는 법률관계에 대하여 일정한 판결을 해 줄 것을 요청함에 있어서 그 내용(목적)이 되는 것을 말한다. 당사자는 소의 제기를 통하여 소송물의 당부에 대한 판결을 신청하게 된다. 소송물은 소장에 기재된 청구취지 내지는 청구원인에 의하여 특정된다.

2) 어떤 기준에 의하여 소송물의 동일성을 식별할 것인가의 문제가 중요하다. 소송물의 동일성을 기초로 하여 중복된 소제기의 금지(259조)(⇒ 2-41), 청구의 변경(262조)(⇒ 10-23), 기판력의 객관적 범위(216조)(⇒ 8-46), 재소금지(267조)(⇒ 8-70) 등 소송법상의 중요제도에 있어서 그 해당 여부가 결정되므로 소송물의 동일성 식별은 소송절차 전반에 걸쳐 중요한 의의를 갖는다. 소송물은 성문 민사소송법에는 이에 대한 개념규정이 없고 학설에 의하여 인정되는 개념으로서, 소송물의 동일성 식별기준을 중심으로 하여 소송물에 대한 다양한 학설이 전개되고 있다.

2절 소송물에 관한 이론 2-20

어떤 기준에 의하여 소송물(소송상청구)의 동일성을 인정할 것인가가 문제가 되는 바

14) 소송에 있어서 심판의 대상을 소송상청구, 또는 간단히 청구(25조, 27조, 253조 참조)라고 부르는 것은 우리 민사소송법의 모법이 된 1877년의 독일 민사소송법(CPO)의 규정에서 유래한다. 당시에는 소송의 대상을 실체법상의 청구권(Ansprouch)과 명확히 구분하지 않고 Ansprouch라는 용어로 규정하였는데 그것이 '청구'라는 용어로 번역되어 우리나라에 계수된 것이라고 한다(호문혁, p.111). 전통적인 이행의 소에 있어서는 소송상청구가 실체법상의 청구권을 소송에서 주장하는 것이기 때문에 그러한 용어가 별 문제없이 사용될 수 있었다.

이에 대한 이론이 소송물이론이다. 주로 독일과 일본을 중심으로 심화되어 온 이론이다. 소송물이론은 실체법상 청구권경합이 이루어지는 경우에 이를 소송에서 어떻게 취급할 것인가에 대한 견해 차이를 중심으로 크게 실체법설과 소송법설로 나뉘며, 그 밖에 상대적 소송물론이 있다.

2-21 **1. 실체법설(구소송물이론)**

실체법설(구소송물이론)은 소송물이란 원고가 소를 통하여 법원의 재판을 구하는 '실체법상의 권리 또는 법률관계의 주장'이라고 한다(이행의 소만을 염두에 두면 소송물은 '실체법상 권리의 주장'이라고 할 수 있으나, 부존재확인의 소나 형성의 소 등을 함께 고려하여 '실체법상의 권리 또는 법률관계의 주장'이라고 하는 것이다). 이에 따르면, 토지소유자가 토지를 임대한 후 기간이 만료된 경우 소유권에 기하여 인도청구를 하는 것과 임대인으로서 임대차계약기간만료를 원인으로 인도청구를 하는 것(임대인이 소유권자가 아닐 수도 있음을 상기할 것)이 별개의 소송물이고, 택시 승차 중 교통사고를 당하여 손해를 입은 승객이 택시운전자를 상대로 불법행위에 기한 손해배상청구(민법 750조)를 하는 것과 계약불이행에 기한 손해배상청구(민법 390조)를 하는 것이 별개의 소송물이라고 한다.

소송물의 범위를 명확하게 파악할 수 있는 장점이 있는 반면에, 실체법상 청구권의 경합이 있는 경우 실생활에 있어서 1개의 분쟁임에도 실체법상의 권리마다 별개의 분쟁으로 파악하여 소송이 여러 차례 반복되는 것을 막기가 어렵다는 단점이 있다.

2-22 **2. 소송법설(신소송물이론)**

소송법설(신소송물이론)은 소송물을 분쟁의 대상이 된 실체법상의 권리 또는 법률관계에서 분리하여, 법원에 대한 일정한 재판의 신청(Antrag)과 그 배경이 되는 사실관계(Sachverhalt)의 두 요소를 기초로 하는 소송법의 독자적 개념으로 파악한다. 일정한 재판의 신청은 청구취지로 구체화되고, 그 배경이 되는 사실관계는 청구원인으로 주장된다. 신소송물이론은 2원설과 1원설로 나뉜다.

(1) 2 원 설

청구취지(법원에 대한 일정한 재판의 신청)와 청구원인에 기재된 사실관계(실체법적 관점을 배제한 순수한 역사적 사실)에 의하여 소송물이 특정된다는 견해이다(이러한 입장을 취하는 견해는 다시 확인의 소의 경우에는 청구취지(신청)만으로 소송물이 특정된다는 견해와 확인의 소에 있어서도 여전히 청구취지(신청)와 청구원인의 사실관계를 종합하여 소송물이 특정된다는 견해로 갈린다).

실체법상 청구권이 경합하는 경우 소송상청구(소송물)는 하나라고 파악하므로 하나의 사실관계에서 발생한 분쟁을 한 번의 소송을 통해서 해결할 수 있다는 장점이 있으나, 실체법적인 관점을 배제한 사실관계의 단위를 어떻게 획정할 것인지에 대하여 명확한 기준을 제시할 수 없다는 점(사실관계 외연의 모호성)이 이견해가 갖는 근본적인 한계이다.

(2) 1 원 설

청구취지(신청)만을 가지고 소송물이 특정된다고 본다. 사실관계는 소송물을 정하는데 참고가 될 뿐 소송물을 결정짓는 요소가 될 수 없다고 한다.

이 견해에 따를 때 금전이나 대체물의 지급을 구함에 있어 사실관계를 도외시하면 소송물을 특정할 수 없는 상황이 발생하며, 기판력이 과도하게 확장되는 문제가 있다.

3. 상대적 소송물론 2-23

소송물을 재판의 전 과정을 통하여 통일적으로 파악하는 것은 불가능하고, 소송의 종류 및 소송상의 개별제도(예컨대, 중복제소금지, 재소금지, 기판력의 객관적 범위, 청구의 변경 등)마다 그 제도의 목적 등을 고려하여 상대적으로 소송물을 파악하여야 한다는 견해를 말한다.

4. 결 어 2-24

소송은 실체법상 권리관계의 다툼을 전제로 하는 것이고 실체법규가 생활규범 및 재판규범으로 작용하므로 소송의 대상으로서의 소송물은 이를 실체법적으로 파악하는 것이 자연스럽다. 소송물을 실체법적으로 파악할 때 하나의 사실상 분쟁에 대하여 반복하여 소가 제기될 우려가 있는 것은 부인할 수 없으나 그러한 문제는 적절한 석명권의 행사, 신의칙에 의한 차단효 인정, 선택적병합의 법리 등에 의하여 해결하면 되므로 실체법설(구소송물이론)에 따라 소송물을 파악하는 것이 보다 실용적이라고 생각한다. 판례의 주류도 실체법설에 따르고 있다.

3절 각종의 소에 있어서의 소송물 2-25

모든 종류의 소와 소송의 모든 절차에서 소송물을 하나의 이론에 의하여 일관되게 이해하는 것은 쉽지 않고, 앞으로 더 연구가 필요한 부분이다. 여기에서는 소송물의 동일성이 문제 되는 각종의 소를 중심으로 소송물이 무엇이며 어느 범위까지를 동일한 소송물이라고 하는가를 판례(실체법설)를 중심으로 설명한다.

1관 이행의 소

2-26 1. 금원지급청구

(1) 손해배상청구

1) 불법행위에 기한 손해배상과 채무불이행에 기한 손해배상

불법행위에 기한 손해배상청구(민법 750조)와 채무불이행에 기한 손해배상청구(민법 390조)는 별개의 소송물이라고 보는 것이 판례의 일관된 입장이다.[15)]

2) 적극적 손해, 소극적 손해, 위자료

생명·신체에 등에 대한 침해로 인한 손해배상청구소송에 있어, 판례는 기본적으로 손해항목을 적극적 손해, 소극적 손해, 위자료로 나누어 그 하나하나가 각 별개의 소송물이라는 손해 3분설의 입장을 취한다.[16)] 다만, 판례는 "불법행위로 인한 손해배상에 있어 재산상 손해나 위자료는 단일한 원인에 근거한 것인데 편의상 이를 별개의 소송물로 분류하고 있는 것에 지나지 아니한 것"[17)]이라고 하면서 필요한 경우 손해삼분설의 입장을 완화하여 구체적으로 타당성 있는 결론을 도출한다(상세한 것은 ⇒9-4).

3) 후유증에 기한 추가적인 손해배상

불법행위로 인한 적극적 손해의 배상을 명한 전소송의 변론종결 후에 새로운 적극적 손해가 발생한 경우에 그 소송의 변론종결 당시 그 손해의 발생을 예견할 수 없었고 또 그 부분 청구를 포기하였다고 볼 수 없는 등 특별한 사정이 있다면 전소송에서 그 부분에 관한 청구가 유보되어 있지 않다고 하더라도 이는 전소송의 소송물과는 별개의 소송물이므로 전소송의 기판력에 저촉되는 것이 아니다.[18)]

---

15) 1963. 7.25. 63다241. [66]

16) 1976.10.12. 76다1313. [67]; 2002. 9.10. 2002다34581.

17) 1994. 6.28. 94다3063.

18) 2007. 4.13. 2006다78640. [68] 식물인간 피해자의 여명이 종전의 예측에 비하여 수년 연장되어 그에 상응한 향후치료, 보조구 및 개호 등이 추가적으로 필요하게 된 것은 전소의 변론종결 당시에는 예견할 수 없었던 새로운 중한 손해로서 전소의 기판력에 저촉되지 않는다고 한 사례.

(2) 불법행위로 인한 손해배상청구와 부당이득반환청구

"부당이득반환청구권과 불법행위로 인한 손해배상청구권은 서로 실체법상 별개의 청구권으로 존재하고 그 각 청구권에 기초하여 이행을 구하는 소는 소송법적으로도 소송물을 달리하므로, 채권자로서는 어느 하나의 청구권에 관한 소를 제기하여 승소 확정판결을 받았다고 하더라도 아직 채권의 만족을 얻지 못한 경우에는 다른 나머지 청구권에 관한 이행판결을 얻기 위하여 그에 관한 이행의 소를 제기할 수 있다. 채권자가 먼저 부당이득반환청구의 소를 제기하였을 경우 특별한 사정이 없는 한 손해 전부에 대하여 승소판결을 얻을 수 있었을 것임에도 우연히 손해배상청구의 소를 먼저 제기하는 바람에 과실상계 또는 공평의 원칙에 기한 책임제한 등의 법리에 따라 그 승소액이 제한되었다고 하여 그로써 제한된 금액에 대한 부당이득반환청구권의 행사가 허용되지 않는 것도 아니다."[19)]

(3) 원본채권과 이자채권

금전채무불이행의 경우에 발생하는 원본채권과 지연손해금채권은 별개의 소송물이므로, 불이익변경에 해당하는지 여부는 원금과 지연손해금 부분을 각각 따로 비교하여 판단하여야 하고, 별개의 소송물을 합산한 전체 금액을 기준으로 판단하여서는 아니 된다.[20)]

(4) 어음·수표채권에 기한 청구와 원인채권에 기한 청구

어음·수표금 청구의 소와 원인채권에 기한 금전지급청구의 소는 실체법상 별개의 권리를 주장하는 것이므로 소송물이 다르다. 이를 동시에 주장하면 청구의 병합이 되고 그 중 하나를 주장하다가 다른 것으로 바꾸는 것은 소의 변경이다. 신소송물 1원설에 의하면 청구취지가 같으므로 동일소송물이다. 신소송물 2원설에 따르면 청구원인의 사실관계가 다르므로 소송물이 다르다.

(예문) 乙은 甲에게서 3,000만원을 차용하면서 1년 뒤에 3,500만원을 갚기로 하였다. 乙은 甲에게 그 지급을 담보하기 위하여 만기일이 1년 뒤이고 액면금 3,500만원인 약속어음을 발행하였다. 1년 뒤에 乙이 돈을 갚지 않자 甲은 乙을 상대로 빌려준 돈 3,500만원을 지급할 것을 구하는 소(제1소)를 제기하였다. 甲은 1심 재판에서 패소를 하자 항소심 관할 법원에 항소를 하였다. 제1소에 대한 항소심 재판이 계류 중에 甲은 어음을 받아 둔 것이 생각나서

19) 2013. 9.13. 2013다45457. [236]
20) 2009. 6.11. 2009다12399.

다시 1심법원에 乙을 상대로 약속어음금 3,500만원의 지급을 구하는 소(제2소)를 제기하였다. 甲이 乙을 상대로 제기한 제2소는 제1소와 중복되는 소(⇒ 2-41)인가?

[실체법설에 따를 때 약속어음금 청구권과 차용금 반환청구권은 실체법상으로 별개의 권리이기 때문에 소송물이 다르고 따라서 중복된 소제기가 아니다. 그러나 신소송물 일원설에 따를 때에는 양소 모두 청구취지가 금 3,500만원의 지급을 명하는 판결을 구하는 것으로 동일하므로 소송물도 동일하다는 결론에 이른다. 신소송물 2원론은 청구취지와 청구원인에 기재된 사실관계(실체법적 관점을 배제한 순수한 역사적 사실)에 의하여 소송물이 특정된다는 것이다. 이에 따를 때 3천만원을 차용하는 것과 약속어음을 발행한 것이 1개의 사실인가 2개의 사실인가가 문제가 된다. 이를 하나의 '전체적인 역사적 생활현상'이라고 할 수 도 있고, 2개의 '고립된 역사적 개별현상'이라고 파악할 수도 있다. 법적인 관점을 배제하면 차용증을 작성하는 행위나 약속어음을 작성하는 행위나 모두 종이에 글씨를 쓰는 행위라는 점에서 동일한 것이므로, 돈을 빌리면서 차용증을 발행하는 것이나, 돈을 빌리면서 약속어음을 발행하는 것은 같은 사실이라고 할 것이다. 그럼에도 신소송물 2원론에서는 이를 달리 취급한다. 청구원인에 기재된 사실관계라는 것은 그 개념의 외연이 모호하여 그것이 1개의 사실인지 2개의 사실인지 판단이 사실상 불가능하다. 신소송물 2원설은 그러한 점에서 한계가 있다. 역사적 사실관계를 규정짓기 위해서는 사실관계를 기술하는 사람의 "관점"을 완전히 배제할 수는 없으며, 소송에서 문제가 된 사실이 1개의 사실인가 2개의 사실인가는 실체법적인 관점을 떠나서는 규정할 수 없기 때문이다.]

2-27 2. 인도청구

(1) 소유권에 기한 인도청구와 점유권에 기한 인도청구

소유권에 기한 반환청구와 점유권에 기한 반환청구는 별개의 소송물이다.[21] 신소송물이론에 따르면 동일한 소송물이 된다.

(2) 소유권에 기한 인도청구와 임대차계약종료에 기한 인도청구

실체법상 청구권이 다른 것이므로 별개의 소송물이 된다. 청구권이 경합하는 것이다. 신소송물 이론에 따르면 동일한 소송물이 된다.

---

21) 1996. 6.14. 94다53006. [69] "소유권에 기하여 미등기 무허가건물의 반환을 구하는 청구취지 속에는 점유권에 기한 반환청구권을 행사한다는 취지가 당연히 포함되어 있다고 볼 수는 없고, 소유권에 기한 반환청구만을 하고 있음이 명백한 이상 법원에 점유권에 기한 반환청구도 구하는지의 여부를 석명할 의무가 있는 것은 아니다."

3. 등기청구 2-28

(1) 등기원인을 달리하는 소유권이전등기청구

1) 매매와 시효취득

매매를 원인으로 하는 소유권이전등기청구의 소와 시효취득을 원인으로 하는 소유권이전등기청구의 소는 주장하는 실체법상의 권리가 다르므로 소송물이 다른 것이다. 동일 부동산에 대하여 이전등기를 구하면서 그 등기청구권의 발생원인을 처음에는 매매로 하였다가 후에 취득시효의 완성을 선택적으로 추가하는 것도 단순한 공격방법의 차이가 아니라 별개의 청구를 추가시킨 것이므로 역시 소의 추가적 변경에 해당한다.[22] 신소송물 1원론에 따르면 두 소는 모두 원고 앞으로의 1회적인 소유권공시를 목적으로 하는 소송이므로 소송물이 동일하다.[23] 신소송물 2원론에 따르면 청구취지는 두 소 모두 원고 앞으로 소유권이전등기절차를 이행하라는 것으로 같으나, 청구원인에 나타나는 사실관계가 다르므로 소송물이 다르다.

2) 가등기에 기한 본등기와 단순한 소유권이전등기

가등기에 기하여 본등기가 된 때에는 본등기의 순위가 가등기한 때로 소급함으로써 가등기 후 본등기 전에 이루어진 중간처분이 본등기보다 후순위로 되어 실효되는 것이므로 가등기에 기한 본등기청구와 단순한 소유권이전등기청구는 비록 그 등기원인이 동일하다고 하더라도 이는 서로 다른 청구로 보아야 한다.[24]

3) 대물변제예약과 매매계약

대물변제예약에 기한 소유권이전등기청구권의 주장과 매매계약에 기한 소유권이전등기청구권의 주장은 그 소송물이 서로 다르다.[25]

(2) 수개의 말소원인에 기한 말소등기청구

1) 원인무효에 기한 말소등기청구

원인무효에 기한 말소등기청구사건의 소송물은 당해 등기의 말소등기청구권이고 그 동일성 식별의 표준이 되는 청구원인, 즉 말소등기청구권의 발생원인은 당해 등기원인의 무효라고 할 것이므로 등기원인이 무효임을 뒷받침하는 사기·강박·착오에 의한 의

---

22) 1997. 4.11. 96다50520.
23) 이시윤, p.256.
24) 1994. 4.26. 92다34100,34117.
25) 1997. 4.25. 96다32133. [70]

사표시의 취소, 계약의 불성립·부존재 등은 모두 등기원인 무효에 대한 공격방어방법에 불과한 것이다.[26](*2010. 법원직. 기망으로 인한 매매계약의 취소를 원인으로 하는 소유권이전등기말소청구와 매매계약의 부존재를 원인으로 하는 소유권이전등기말소청구는 소송물이 동일).

2) 다른 사유에 기한 말소등기청구

담보목적으로 경료된 소유권이전등기를 피담보채무 변제를 이유로 말소를 구하는 것과 원인무효를 이유로 말소 구하는 것은 소송물이 다르다.[27] 소유권에 기한 방해배제청구권의 행사로서 하는 말소등기청구와 계약해제에 따른 원상회복으로 하는 말소등기청구는 소송물이 다르다.[28] 사기에 의한 의사표시취소를 원인으로 한 근저당권설정등기의 말소청구와 피담보채무의 부존재를 원인으로 한 근저당권설정등기의 말소청구는 소송물이 다르다.[29]

(3) 원인무효에 기한 말소등기청구와 진정명의회복을 원인으로 한 소유권이전등기청구

이미 자기 앞으로 소유권을 표상하는 등기가 되어 있었거나 법률에 의하여 소유권을 취득한 자가 진정한 등기명의를 회복하기 위한 방법으로는 현재의 등기명의인을 상대로 그 등기의 말소를 구하는 외에 "진정한 등기명의의 회복"을 원인으로 한 소유권이전등기절차의 이행을 직접 구하는 것도 허용된다.[30] 이 경우 청구취지와 원인이 다르나, 모두 등기명의회복을 목적으로 하는 점에도 실질적으로 목적이 동일하고 소유권에 기한 방해배제청구권으로서 그 법적 근거와 성질이 동일하므로 소송물이 실질적으로 동일하다.[31](*2007-2 법원직) (*2013. 법원직. 소유권에 기한 말소등기청구와 진정명의회복을 위한 소유권이전등기청구는 다른 소송물이다(×)).

2-29 4. 일부청구에 있어서의 소송물

(1) 일부청구의 의의

동일한 가분채권 중 일부에 대해서만 소송상 청구를 하는 것을 일부청구라고 한다.

---

26) 1993. 6.29. 93다11050. [71]; 2011. 6.30. 2011다24340.
27) 1983. 3. 8. 82다카1203.
28) 1993. 9.14. 92다1353.
29) 1986. 9.23. 85다353. [72] 위 청구들은 각 그 청구원인을 달리하는 별개의 독립된 소송물로서 동시에 청구하는 경우 선택적 병합관계에 있다.
30) 1990.11.27. 89다카12398(전원합의). 원래 이왕직 장관의 소유명의로 있다가 구 왕궁재산처분법(법률 제119호)에 의하여 국유로 된 토지에 대하여 6·25사변으로 관계공부가 소실된 것을 틈타서 아무런 원인 없이 소외인 앞으로 소유권보존등기가 이루어지고 그 후 여러 사람을 거쳐 피고 앞으로 소유권이전등기가 마쳐진 상황에서 국가가 피고를 상대로 소를 제기한 사안.
31) 2001. 9.20. 99다37894(전원합의). [73]

예컨대, 교통사고로 인한 손해배상청구에서 적극손해, 소극손해, 위자료는 별개의 소송물을 구성하므로 이를 각각 별도로 청구한다고 해도 일부청구가 아니다. 그러나, 적극손해는 가분채권으로서 구체적으로 입원비, 교통비, 간병비, 약제비 등으로 구성되는데, 하나의 소송물인 적극손해(가분채권)를 한꺼번에 소송상 청구하지 않고 그 중 일부(예컨대, 입원비)만을 소송상 청구하는 것을 일부청구라고 한다.

(2) 일부청구의 허용성

1) 일부청구는 주로 금전 또는 대체물(가분채권)에 대한 이행청구의 경우에 문제된다. 가분채권의 채권자가 소송 외에서 가분채권의 일부만을 행사하는 것은 사적자치의 원칙에 따라 일반적으로 허용된다. 그러나 하나의 가분채권을 소송상 행사함에 있어서 이를 한꺼번에 행사하지 않고 일부청구를 통하여 여러 차례에 걸쳐 나누어 행사하는 것을 허용할 지 여부에 대해서는 분쟁의 1회적 해결이나 소송경제의 문제 등과 관련하여 논란이 된다.

2) 일부청구 허용설은 사적자치의 원칙과 당사자처분권주의의 원칙을 강조하면서, 실제적으로도 일부청구를 허용할 필요가 있으므로(예컨대 공해소송이나 의료소송 등 현대형 소송에서 패소의 경우 부담하여야 할 소송비용이 고액임을 감안하여 시험소송으로 일부청구를 할 실제적 필요가 있고, 손해배상 소송에서 처음부터 손해액을 전부 특정할 수 없는 경우 시효중단 등을 위하여 일부청구를 할 실제적 필요가 있음) 그것이 권리남용이 되지 않는 한 원칙적으로 일부청구는 허용된다고 한다. 일부청구 부정설은 소송에 의한 분쟁의 공권적 해결에 있어서 분쟁해결의 일회성, 일사부재리의 이념, 기판력의 범위의 명확성 등을 강조하며 일부청구는 허용되지 않는다고 한다. 명시적 일부청구설은 명시적으로 일부청구임을 밝힌 경우에는 일부청구를 긍정하는 입장이다. 판례는 명시적 일부청구설을 취한다.[32]

(3) 일부청구와 소송물

일부청구 긍정설에 따르면 일부청구의 경우 소송물은 그 일부이고, 일부청구 부정설에 따르면 일부청구의 경우에도 소송물은 하나의 가분채권 전부가 소송물이 된다(일부청구와 중복제소의 문제는 ⇒ 2-44).

---

32) 1985. 4. 9. 84다552; 1993. 6.25. 92다33008. [237] ("가분채권의 일부에 대한 이행청구의 소를 제기하면서 나머지를 유보하고 일부만을 청구한다는 취지를 명시하지 아니한 이상 그 확정판결의 기판력은 청구하고 남은 잔부청구에까지 미치는 것이므로 그 나머지 부분을 별도로 다시 청구할 수 없다.")

2관 확인의 소

2-30 1) 당사자 사이에 다툼이 있는 권리관계에 대하여 법원의 확정적 판단을 구하는 확인의 소는 청구취지에 기재된 실체법상 권리관계의 자체를 직접 심판의 대상으로 하므로 그것이 소송물이 된다고 보는 것이 일반적 견해이다. 확인의 소의 소송물에 대해서는 신·구소송물이론 사이의 이론적인 대립은 거의 없다.

2) 일반적 견해에 따르면 소유권확인의 소에서 청구취지 만으로 소송물이 특정되며 소유권취득의 원인인 매매나 시효취득은 공격방법에 불과한 것으로 된다. 판례도 같은 입장이다.[33] 이에 반하여 확인의 소에 있어서도 청구취지 및 청구원인에 나타나는 사실관계를 참작하여 소송물을 정하여야 한다는 견해도 있다.[34]

3) 주주총회결의 무효확인의 소와 주주총회결의 부존재확인의 소의 관계에 있어서 소송물을 어떻게 파악할 것인지가 문제 된다. 현행 상법상 결의무효의 법률관계와 결의 부존재의 법률관계는 다른 것이므로, 엄격하게 실체법설에 따를 때 두 소는 소송물을 달리하는 것이라고 할 것이다. 대법원은 1984년 상법개정으로 상법 380조에 부존재확인의 소가 신설되기 전의 판결에서, '회사의 총회결의에 대한 부존재확인청구나 무효확인청구는 모두 법률상 유효한 결의의 효과가 현재 존재하지 아니함을 확인받고자 하는 점에서 동일한 것이므로, 사원총회가 적법한 소집권자에 의하여 소집되지 않았을 뿐 아니라 정당한 사원 아닌 자들이 모여서 개최한 집회에 불과하여 법률상 부존재로 볼 수밖에 없는 총회결의에 대하여는 결의무효확인을 청구하고 있다고 하여도 이는 부존재확인의 의미로 무효확인을 청구하는 취지라고 풀이함이 타당하다'고 판시하였다.[35] 이 판결에 대하여 주주총회결의 무효확인의 소와 부존재확인의 소의 관계에서 소송물과 관련하여 대법원이 신소송물이론과 발상을 같이 한 것이라는 평가가 있다.[36]

3관 형성의 소

2-31 1) 실체법설에 따르면 개개의 형성권의 주장이 소송물이며, 소송법설에 따를 때에는

---

33) 1987. 3.10. 84다카2132; 2011. 6.30. 2011다24340. [74]
34) 호문혁, p.135.
35) 1983. 3.22. 82다카1810(전원합의); 이 판례는 1984년 상법개정으로 상법 380조에 부존재확인의 소가 신설되기 전의 판결임을 유의하여야 한다(한충수, p.213).
36) 이시윤, p.251.

청구취지에 표시된 일정한 법률관계의 형성을 구할 수 있는 법적 지위의 주장 내지는 형성의 요구가 소송물이다.

2) 재판상 이혼청구

> **(문)** 甲은 남편 乙이 술만 마시면 자기를 구타하여 더 이상 같이 살 수 없다는 것을 원인으로 이혼청구의 소(1소)를 제기하였다. 법원은 심리한 결과 乙의 구타는 이혼판결을 해야 할 "심히 부당한 대우"의 정도는 아니라고 판단되어 원고청구 기각판결을 하였고 그 판결이 확정되었다. 판결 확정 후, 甲은 다시 乙을 상대로 乙이 그 무렵 다른 여자와 간통을 하고 있었다는 것을 이유로 이혼청구의 소(2소)를 제기하였다. 제2소는 적법한가?

판례는 실체법설의 입장에 서서, "이혼의 소는 원고가 주장하는 사유에 의한 재판상 이혼청구의 이유의 유무에 관한 판단을 구하는 것이며 민법 제840조 각 호가 규정한 이혼사유마다 재판상 이혼청구를 할 수 있는 것이므로, 법원은 원고가 주장한 이혼사유에 관하여만 심판하여야 하며 원고가 주장하지 아니한 이혼사유에 관하여는 심판을 할 필요가 없고 그 사유에 의하여 이혼을 명하여서는 안 되는 것이다."[37]라고 한다. 판례에 따르면 위와 같은 경우 제2소는 적법한 소가 된다. 이에 대하여 신소송물 이론 1원설에서는 이혼이라는 1개의 법률관계의 형성을 구하면 소송물은 1개이며, 개별 이혼사유는 공격방어방법을 구성함에 불과하다고 한다.[38] 이러한 입장에 서면 위와 같은 경우 제2소는 1소와 소송물이 동일한 것이므로 부적법한 소가 된다. 신소송물 2원설에 따르면 1소와 2소는 청구취지는 같으나 청구원인의 사실관계가 다르므로 소송물이 다른 것으로 평가된다.

3) 사유를 달리하는 재심청구 2-32

제451조 (재심사유) ① 다음 각호 가운데 어느 하나에 해당하면 확정된 종국판결에 대하여 재심의 소를 제기할 수 있다.

1. 법률에 따라 판결법원을 구성하지 아니한 때
2. 법률상 그 재판에 관여할 수 없는 법관이 관여한 때
3. 법정대리권·소송대리권 또는 대리인이 소송행위를 하는 데에 필요한 권한의 수여에 흠이 있는 때
4. 재판에 관여한 법관이 그 사건에 관하여 직무에 관한 죄를 범한 때
5. 형사상 처벌을 받을 다른 사람의 행위로 말미암아 자백을 하였거나 판결에 영향을 미칠 공격 또는 방어방법의 제출에 방해를 받은 때

판례는 재심사건에서 민사소송법 제451조 제1항 각호 소정의 재심사유(⇒ 9-85)는 각

37) 1963. 1.31. 62다812. [75]
38) 이시윤, p.260.

각 별개의 소송물에 해당한다고 한다.[39] 따라서 재심사건에서 재심원고가 민소법 제451조 제1항에 규정된 사유 중 어느 한 사유를 주장하였다가 다른 재심사유를 추가로 주장하는 것은 공격방어방법의 추가가 아니라 소송물의 추가로서 청구의 변경이 된다(*2017. 법원직. 재심사건에서 재심원고가 민사소송법 제451조에 규정된 재심사유 중 어느 한 가지 사유를 주장하였다가 다른 재심사유를 추가로 주장하는 것은 공격방법의 추가에 불과하다(×)). 여러 개의 유죄판결이 재심대상판결의 기초가 되었는데 이후 각 유죄판결이 재심을 통하여 효력을 잃고 무죄판결이 확정된 경우, 어느 한 유죄판결이 효력을 잃고 무죄판결이 확정되었다는 사정은 원칙적으로 별개의 독립된 재심사유가 되며, 각 유죄판결에 대하여 형사재심에서 인정된 재심사유가 공통된다거나 무죄판결의 이유가 동일하더라도 마찬가지이다.[40]

4) 주주총회결의취소 소의 소송물

하나의 주주총회에서 여러 개의 안건이 상정되어 각기 결의가 행하여진 경우 주주총회결의 취소의 소의 소송물은 안건별로 정해진다. 따라서, 제소기간의 준수 여부는 각 안건에 대한 결의마다 별도로 판단되어야 한다(예컨대, 하나의 주주총회에서 ①,②,③ 세 개의 안건에 대하여 결의를 하였는데, ①에 대한 결의취소의 소를 제소기간 내에 제기한 후, 제소기간 경과한 다음에 ②,③에 대한 결의취소를 추가적으로 병합할 수 없다).[41]

5) 사해행위취소 소의 소송물

사해행위취소 소의 성격에 대해서는 여러 학설이 있다는 점은 앞서 살펴보았다(⇒ 2-20). 판례는 그 소송물과 관련하여, 채권자가 사해행위의 취소를 청구하면서 그 보전하고자 하는 채권을 추가하거나 교환하는 것은 그 사해행위취소권을 이유 있게 하는 공격방법에 관한 주장을 변경하는 것일 뿐이지 소송물 또는 청구 자체를 변경하는 것이 아니라고 하며,[42] 채권자가 채무자의 어떤 금원지급행위가 사해행위에 해당된다고 하여 그 취소를 청구하면서 다만 그 금원지급행위의 법률적 평가와 관련하여 증여 또는 변제로 달리 주장하는 것은 그 사해행위취소권을 이유 있게 하는 공격방법에 관한 주장을 달리하는 것일 뿐이지 소송물 또는 청구 자체를 달리하는 것으로 볼 수 없다고 한다.[43]

---

39) 1992.10. 9. 92므266. "보조참가인은 피참가인이 당사자로 되어 있는 기존의 소송을 전제로 피참가인을 승소시키기 위하여 참가하는 것이기 때문에 소의 변경과 같이 기존의 소송형태를 변형시키는 행위는 할 수 없으므로, 보조참가인은 별개의 청구원인(*공격방어방법이 아니다)에 해당하는 새로운 재심사유를 주장하여 재심청구를 추가할 수 없다."

40) 2019.10.17. 2018다300470. [79]

41) 2010. 3.11. 2007다51505. [76]

42) 2003. 5.27. 2001다13532. [77]

제3장 소제기의 효과

1절 소의 제기 및 소송계속

1. 소의 제기

(1) 소장의 제출 2-34

소는 소장(訴狀)을 작성하여 1심법원에 제출함으로써 제기한다(248조). (구체적으로 어느 법원에 제출하여야 하는지는 ⇒ 4-19) '민사소송 등에서의 전자문서 이용에 관한 법률'에 의거하여 전산정보처리시스템을 이용하여 전자문서로 소장을 작성하여 제출할 수도 있다(동법 5조). 원고가 소를 제기함으로써 소송이 개시된다. 소액사건의 경우 소는 구술로써 제기할 수 있다(⇒ 11-2).

(2) 사건의 접수 및 배당 2-35

소장이 법원(조직법상 법원)의 접수담당자에게 접수되면 각 재판부(소송법상 의미의 법원)에 사건이 배당된다. 소장을 전자문서로 제출하는 경우 법원전산정보처리시스템을 이용하여 제출된 전자문서가 전산정보처리시스템에 전자적으로 기록된 때에 접수된 것으로 본다(민사소송 등에서의 전자문서이용 등에 관한 법률 9조 1항).

(3) 재판장의 소장심사

1) 심사의 주체 및 대상 2-36

소장심사의 주체는 사건을 배당받은 법원(재판부)의 재판장(단독사건인 경우에는 단독판사가 법원이자 동시에 재판장이 된다)이다. 소장도 소송서류의 일종이므로 접수사무관 등이 일차적으로 심사를 하고 재판부의 참여사무관 등이 사실상 소장심사를 하는 것이 일반적이나, 이들은 재판장의 위임을 받아 사실상 심사를 하는 것에 불과하며 소장의 심사권은 재판장에게 있다(재판장의 소장심사는 법원의 소송요건 심사와는 다른 것으로 그 차

43) 2005. 3.25. 2004다10985,10992. [78]

이를 명확히 이해하여야 한다).

소장의 기재사항이 제대로 기재되었는지(예컨대, 당사자가 제대로 특정이 되었는지, 청구의 취지나 원인이 제대로 기재가 되었는지 등), 소장에 소정의 인지가 붙어 있는지가 소장심사의 대상이다(254조 1항). 원고가 사자(死者)를 피고로 하는 소를 제기하였을 경우에 재판장의 소장심사권으로 그 보정을 명할 수는 없고 법원은 그 소를 부적합한 것으로 인정하여 판결로서 각하하는 것이 타당하다.[44] 소장에 일응 대표자가 표시되어 있는 이상 설령 그 대표권에 문제가 있다고 하더라도 이를 정정하라는 보정명령을 하고 그에 대한 불응을 이유로 소장을 각하하는 것은 허용되지 아니하며, 이러한 경우에는 오로지 판결로써 소를 각하할 수 있을 뿐이다(재판장이 피고 회사의 대표자를 대표이사에서 감사로 정정할 것을 명한 후 그러한 보정명령에 따르지 않았음을 이유로 소장을 각하한 사안).[45] (*2016. 법원직)

2) 보정명령

소장의 기재사항이 규정에 어긋나는 경우 또는 규정에 따른 인지를 붙이지 아니한 경우에는 재판장은 상당한 기간을 정하여 그 기간 이내에 흠을 보정하도록 명하여야 한다(245조 1항). 재판장은 법원사무관 등으로 하여금 위 보정명령을 하게 할 수 있다(254조 1항 후문). 재판장 등의 보정명령에 대해서는 독립하여 이의신청이나 항고를 할 수 없다(보정명령에 불복하는 경우에는 명령에 불응하고, 재판장이 소장을 각하하면 소장각하명령에 즉시항고하여 다투면 된다).[46] (*2019. 법원직)

3) 소장각하명령

원고가 기간 내에 흠을 보정하지 아니한 때에는 재판장은 명령으로 소장을 각하하여야 한다(254조 2항). 소장각하명령에 대하여 불복이 있는 경우에는 즉시항고를 할 수 있다(254조 3항). 소장각하 명령이 송달된 후에는 설사 부족된 인지를 가첨하고 그 명령에 불복을 신청하였다 할지라도 그 각하명령을 취소할 수 없다.[47] 소장각하명령은 그 원본이 법원사무관등에게 교부되었을 때 성립한 것으로 보아야 하므로, 이미 각하명령이 성립한 이상 그 명령정본이 당사자에게 고지되기 전에 부족한 인지를 보정하였다 하여 위 각하명령이 위법한 것으로 되거나 재도의 고안에 의하여 그 명령을 취소할 수 있는 것은 아니다.[48] 소장부본이 피고에게 송달되어 소송계속이 성립하면 재판장은 소

44) 1973. 3.20. 70마103 [소장각하명령에대한재항고].
45) 2013. 9. 9. 2013마1273.
46) 2012. 3.27. 2012그46.
47) 1996. 1.12. 95두61.

장각하권을 잃고,[49] 소장의 기재사항의 하자 등에 대하여는 법원이 보정명령을 발하고 보정이 이루어지지 않으면 변론없이 판결로 소를 각하하여야 할 것이다.

4) 기타명령

재판장은 소장을 심사하면서 필요하다고 인정하는 경우에는 원고에게 청구하는 이유에 대응하는 증거방법을 구체적으로 적어내도록 명할 수 있으며, 원고가 소장에 인용한 서증의 등본 또는 사본을 붙이지 아니한 경우에는 이를 제출하도록 명할 수 있다(254조 4항). 소송자료 제출을 앞당겨 집중심리가 가능하도록 하려는 것이다. 이 명령에 불응하더라도 소장을 각하할 수는 없다는 것이 통설이다.

(4) 소장부본의 송달 2-37

1) 소장이 적식한 것으로 인정되면 법원은 소장부본을 피고에게 송달하여야 한다(255조 1항)(⇒ 6-28). 소장의 부본은 특별한 사정이 없으면 바로 피고에게 송달하여야 한다(규칙 64조 1항). 피고에게 소장부본이 송달됨으로써 ① 원고와 피고 사이의 소송계속이 발생하게 되며, ② 소장에 기재된 피고에 대한 각종 실체법상의 의사표시(최고, 해제 등)의 효력이 발생하고, ③ 소송촉진등에 관한 법률에 따라 지연손해금의 법정이율이 연 20%로 인상된다.

2) 원고가 소장 부본을 제출하지 않거나, 송달비용을 예납하지 않거나, 피고의 사망 또는 주소불명 등으로 소장의 부본을 송달할 수 없는 경우 등에는 재판장은 보정을 명하고, 원고가 이에 불응하면 명령으로 소장을 각하하여야 한다(255조 2항)(예, 피고가 소송무능력자인데 법정대리인의 표시가 없는 경우, 피고가 법인 기타 단체인데 대표자의 기재가 없는 경우 등). 피고의 주소나 거소 또는 근무장소를 알 수 없는 경우에는 원고는 그 사유를 소명하여 공시송달을 신청할 수 있다(194조). 피고가 소송무능력자로서 법정대리인이 없거나 소송대리권을 행사할 수 없어 송달이 불가능한 경우는 수소법원에 특별대리인을 선임해 주도록 신청할 수 있다(62조).

3) 소장부본을 송달할 때에는 30일 이내에 답변서를 제출하여야 하는 것을 피고에게 알려야 하며(256조 2항), 그렇지 않은 경우 변론 없이 판결할 수 있다는 것과 변론 없이

---

48) 2013. 7.31. 2013마670.

49) 소장각하명령의 한계시점을 변론개시로 보는 견해도 있으나(이시윤, p.276), 소송계속이 이루어지면 법원은 변론 없이 판결로 소를 각하할 수 있으므로 재판장의 소장각하명령 한계시점을 연장할 필요는 없다(호문혁, p.105; 법원실무제요(1) p.63).

판결을 선고할 기일을 함께 통지할 수 있다(257조 3항).

2-38 (5) 피고의 답변서 제출

1) 피고의 답변서 제출의무 등

피고가 원고의 청구를 다투는 경우에는 소장의 부본을 송달받은 날부터 30일 이내에 답변서를 제출하여야 한다(256조 1항). 법원은 소장 부본을 송달 할 때 피고에게 위와 같이 답변서를 제출하여야 함을 알려야 한다(256조 2항). 법원은 답변서의 부본을 원고에게 송달하여야 한다(256조 3항). 법원은 1차적으로 소장과 답변서를 통하여 쟁점을 파악하게 된다.

2) 답변서의 기재사항

답변서는 원고의 소장에 대한 피고의 대답을 기재한 서면으로서, 피고가 소송에서 처음으로 법원에 제출하는 준비서면의 일종이다. 답변서에는 준비서면에 관한 규정이 준용되므로 준비서면의 기재사항을 기재하여야 한다(256조 4항). 그러한 사항 이외에 청구취지에 대한 답변과 청구원인에 대한 구체적인 진술을 적어야 한다(규칙65조 1항). 청구원인에 대한 답변은 원고가 주장하는 청구원인사실에 대하여 부인, 부지 등의 진술을 하거나, 자백을 한 후 권리발생의 장애 또는 소멸의 원인이 되는 새로운 사실을 주장(이를 항변이라고 한다)할 수 있다(⇒ 6-55).

종전에 실무상 원고의 청구취지에 대한 답변으로 '청구기각'의 판결을 구하면서, 청구원인에 대한 답변으로 '일응 부지'라고 기재함으로써 실질적 답변을 미루는 형식적 답변서가 허용되던 때가 있었으나, 이는 원칙적으로 허용 될 수 없다. 이러한 경우 재판장은 법원사무관 등으로 하여금 방식에 맞는 답변서 제출을 촉구하게 할 수 있다(규칙 65조 3항). 이러한 제출촉구는 소송법상 강제적인 효력은 없으며 법원사무관 등의 제출촉구에도 불구하고 실질적 답변서를 제출하지 아니하는 때에는 재판장 이름으로 준비명령을 하는 등 적절한 조치를 취하여야 한다(⇒ 6-72).

3) 답변서 부제출 - 무변론판결

피고가 공시송달에 의하지 아니하고 소장 부본을 송달받은 날로부터 30일 이내에 답변서를 제출하지 아니한 때에는 청구의 원인이 된 사실을 자백한 것으로 보고 변론 없이 판결할 수 있다(257조 1항). 법원은 피고에게 소장의 부본을 송달할 때에 피고가 답변서를 제출하지 않거나 청구의 원인된 사실을 모두 자백하는 경우 변론 없이 판결을 선고할 기일을 함께 통지할 수 있음은 앞서 설명한 바와 같다. 다툴 의향이 있는 피고로 하여금 답변서 제출을 의무화하고 이를 이행하지 아니하는 경우에 불이익을 주기 위한 것이다. 다만 직권으로 조사할 사항이 있거나(소송요건 등), 판결이 선고되기까지 피고가 원고의 청구를 다투는 취지의 답변서를 제출한 경우에는 그러하지 아니하다(257조 1항 단서).

피고가 청구의 원인이 된 사실을 모두 자백하는 취지의 답변서를 제출하고 따로 항변을 하지 아니한 때에도 마찬가지로 변론 없이 판결할 수 있으나, 이때도 직권으로 조사할 사항이 있거나 판결이 선고되기까지 피고가 원고의 청구를 다투는 취지의 답변서를 제출한 경우에는 그러하지 아니하다(257조 2항). 무변론판결서의 이유에는 청구를 특정함에 필요한 사항만 간략하게 표시할 수 있다(208조 3항). 무변론판결은 원고의 청구를 인용할 경우에만 가능하고, 원고의 청구가 이유 없음이 명백하더라도 변론 없이 하는 청구기각 판결은 인정되지 아니한다.[50] 주장자체로 원고의 청구가 이유가 없는 경우 변론을 열어 보정의 기회를 주고 보정이 되지 않는 경우 통상의 판결로 이유를 밝혀 청구를 기각함이 상당하다(다수설).

(6) 변론기일의 지정 또는 변론준비절차 회부 2-39

무변론판결을 할 경우를 제외하고는 재판장은 답변서가 제출되면 바로 사건을 검토하여 가능한 최단기간 안의 날로 제1회 변론기일을 지정하여야 한다(258조 1항 본문, 규칙 69조 1항). 다만 사건을 변론준비절차에 부칠 필요가 있는 경우에는 바로 변론기일을 정하지 아니하고 사건을 준비절차에 부칠 수 있다(258조 1항 단서). 이 경우 재판장은 사건의 신속한 진행을 위하여 필요한 때에는 사건을 변론준비절차에 부침과 동시에 변론준비기일을 정하고 기간을 정하여 당사자로 하여금 준비서면, 그 밖의 서류를 제출하게 하거나 당사자 사이에 이를 교환하게 하고 주장 사실을 증명할 증거를 신청하게 할 수 있다(규칙 69조 2항). 법원은 변론이 집중되도록 함으로써 변론이 가능한 한 속행되지 않도록 하여야 하고, 당사자는 이에 협력하여야 한다(규칙 69조 3항).

2008. 12. 26. 개정 전 법률에 따르면, 원고의 청구를 다투는 취지의 답변서가 제출되었을 때에 재판장은 바로 사건을 변론준비절차에 부쳐야 하는 것이 원칙이었으나(개정 전 258조 1항 본문 참조), 개정법은 바로 변론기일을 정하는 것을 원칙으로 변경하였다.[51]

---

50) 2017. 4.26. 2017다201033.

51) 개정 전의 소송실무가 변론준비절차를 통한 집중심리의 목적달성이라는 법 본래의 취지에 반하여, 사건을 기계적으로 변론 준비절차에 회부함으로서 오히려 사건처리의 번잡과 지연을 초래하는 문제를 야기하자 이러한 복구적 법률개정이 이루어졌다.

제258조 (변론기일의 지정) ① 재판장은 제257조제1항 및 제2항에 따라 변론 없이 판결하는 경우 외에는 바로 변론기일을 정하여야 한다. 다만, 사건을 변론준비절차에 부칠 필요가 있는 경우에는 그러하지 아니하다.
② 재판장은 변론준비절차가 끝난 경우에는 바로 변론기일을 정하여야 한다.
[전문개정 2008.12.26]

(변론준비절차와 변론기일의 진행 ⇒ 6-58, 6-74)

2-40 2. 소송계속

(1) 소송계속의 발생

원고가 법원에 소장을 제출하면 원고와 법원과의 사이에 소송법적 법률관계가 형성된다. 소장부본이 피고에게 송달되면 원고와 법원 피고로 이어지는 3자간의 소송법률관계가 형성된다. 그러한 상태를 소송계속이라고 한다. 이처럼 소송계속은 원고가 법원에 제출한 소장의 피고에게 전달되어 법원을 중심으로 하는 대립당사자 구도가 갖추어 지는 때 생기는 것이다. 이러한 소송계속은 판결의 확정 또는 소각하 결정(144조 4항)의 확정, 소의 취하, 청구의 인낙·포기, 소송상 화해 등으로 소멸한다(⇒ 8-1).

(2) 소송계속의 효과

소제기에 따른 소송계속에 의하여 여러 가지 소송법상의 법률효과가 생기게 된다(소송참가, 인수, 소송고지 등의 소송행위의 전제요건 충족, 관련재판적의 발생 등). 중복된 소제기금지도 그러한 효과중의 하나이다. 여기에서는 중복제소금지(259조)에 대해서만 설명하고 나머지는 관련 부분에서 설명하기로 한다.

2절 중복제소금지

2-41 1. 의 의

법원에 계속되어 있는 사건에 대하여 당사자는 다시 소를 제기하지 못한다(259조). 이를 중복소제기의 금지 또는 이중소송금지의 원칙이라고 한다. 법원이나 당사자로 하여금 이중으로 시간과 노력을 들이는 것을 막고, 동일한 사안에 대하여 모순 저촉되는 판결이 선고되는 것을 방지하기 위한 제도이다.

2. 요 건

(1) 전소 소송계속 중 후소의 소송계속 2-42

1) 전소가 소송계속 중에 후소가 제기되어야 중복된 소제기가 된다. 그러므로 제1소가 먼저 제기 되었으나 제1소의 소장 부본이 피고에게 송달되기 전(즉, 소송계속 전)에 제2소의 소장 부본이 먼저 피고에게 송달되면 제2소는 중복된 소(이중소송)가 아니다(오히려 제2소의 소장부본 송달 뒤에 제1소에 대한 소장부본이 송달되면 제1소가 중복된 소가 된다).

2) 후소를 제기할 당시 전소가 계속 중이어도 후소의 변론종결 시까지 전소가 취하 또는 각하에 의하여 그 계속이 소멸되면 후소를 중복된 소(이중소송)라고 하여 각하할 수 없고, 후소는 적법한 소가 된다. 후소 변론 종결 전에 전소의 판결이 확정되는 경우 전소의 소송계속이 소멸하므로 후소를 중복된 소라고 하여 각하할 수 없으며, 다만 이러한 경우 후소는 전소의 기판력에 저촉될 뿐이다.

3) 이미 동일한 사건에 관하여 전소가 제기되었다면, 설령 그 전소가 소송요건을 흠결하여 부적법하다고 할지라도 후소의 변론종결시까지 취하·각하 등에 의하여 그 소송계속이 소멸되지 아니하는 한 후소는 중복제소금지에 위배하여 각하를 면치 못한다.[52] (*2010. 2018. 법원직) 이와 같은 법리는 어느 채권자가 채무자를 대위하여 제3채무자를 상대로 제기한 채권자대위소송이 법원에 계속 중 다른 채권자가 같은 채무자를 대위하여 제3채무자를 피고로 하여 동일한 소송물에 관하여 소송을 제기한 경우에도 적용된다.[53] 그러나, 채무자가 제3채무자를 상대로 이행의 소를 제기하여 그 소송이 계속 중에 채무자의 제3채무자에 대한 채권에 대하여 압류 및 추심명령을 받은 채권자가 제3채무자를 상대로 추심금 청구의 소를 제기하는 경우에, 소수의견은 후소를 중복된 소로서 각하하여야 한다고 하나, 다수의견은 "전소 원고인 채무자는 추심명령으로 원고적격을 잃어 전소는 각하되어야 하므로, 후소의 본안에 관하여 심리·판단한다고 하여, 제3채무자에게 과도한 이중 응소의 부담을 지우고 본안 심리가 중복되어 소송경제에 반한다거나 판결의 모순·저촉의 위험이 크다고 볼 수 없고, 오히려 후소를 중복된 소제기에 해당한다는 이유로 각하한 다음 당사자적격이 없는 채무자의 이행의 소가 각하 확정되기를 기다려 다시 추심의 소를 제기하도록 하는 것이 소송경제에 반한다."는 것을 이유로 후소는 중복된 제소가 아니라고 한다.[54]

---

52) 1998. 2.27. 97다45532; 2017.11.14. 2017다23066. [87]
53) 1998. 2.27. 97다45532.
54) 2013.12.18. 2013다202120(전원합의). [82]

4) 전소가 우리나라의 법원에 계속 중 후소가 제기 되면 중복된 소제기가 되며, 전소의 수소법원과 후소의 수소법원이 동일하여야 하는 것이 아니다. 전소가 다른 나라의 법원에 계속 중에 후소가 우리나라의 법원에 제기된 경우는 중복제소금지의 원칙에 의해서 해결할 것이 아니다. 그러한 경우는 국제적 소송경합의 문제가 생긴다(⇒ 2-49).

2-43 (2) 소송물의 동일

1) 전소와 후소 양소의 소송물이 동일한 경우가 중복된 소제기가 된다. 동일한 소송물인지 여부의 식별에 관하여는 소송물이론의 대립이 있음은 앞서 설명한 바와 같다.

2-44 2) 일부청구와 중복제소

㈎ 문제의 소재

일부청구의 소송(1소)계속 중에 별소(2소)로써 나머지 부분에 대한 청구(잔부청구)를 하는 경우에 이를 중복제소로 볼 것인지가 문제된다. 일부청구를 허용하지 않는 견해에 따르면 양소는 소송물이 동일한 것이므로 후소는 당연히 중복제소로서 허용되지 않는다는데 논란의 여지가 없다. 일부청구를 허용하는 견해에 따르는 경우에만 일부청구와 중복제소의 문제를 따로 논할 필요가 있다. 일부청구를 허용하는 견해에 따르면 양소는 소송물이 다르므로 일응 후소는 중복제소가 아니라고 생각할 수 있다. 그러나 양소의 소송물이 형식적으로는 다르다고 하더라도 사실상 많은 부분의 사실관계를 공유하므로 일부청구 계속 중에 잔부청구를 허용하는 경우 중복제소를 허용하는 것과 유사한 문제가 발생할 수 있다는 점에서 그 허용 여부를 두고 학설이 나뉘는 것이다.

㈏ 학설 및 판례

학설은 일부청구와 잔부청구의 소송물이 다름에도 불구하고 잔부청구는 일부청구의 소송절차에서 청구취지변경으로 가능하므로 별소로 제기하는 것은 중복제소에 해당한다는 견해와, 일부청구와 잔부청구는 소송물이 다르다는 점을 강조하며 일부청구는 그 범위 내에서만 소송계속의 효과가 발생하므로 잔부청구는 중복제소가 아니라는 견해로 나뉜다. 판례는 우선 치료비 일부만을 특정하여 청구하고 그 외의 치료비부분은 별도 청구한다고 명시한 경우 잔부청구는 중복제소가 아니라고 한다.[55)]

"원고가 전 소송에서 이 사건과 동일한 피고의 불법행위를 원인으로 적극적, 재산적 손해인 치료비를 청구하면서, 치료비중 일부만을 특정하여 청구하고 그 이외의 부분은 별도 소송으로 청구하겠다는 취지

55) 1985. 4. 9. 84다552. [85]

를 명시적으로 유보한 때에는 그 전 소송의 소송물은 그 청구한 일부의 치료비에 한정되는 것이므로, 전소송에서 한 판결의 기판력은 유보한 나머지 부분의 치료비에 까지는 미치지 아니한다 할 것이고 전 소송의 계속 중에 유보한 나머지 치료비청구를 별도소송으로 제기하였다 하더라도 중복제소에 해당되지 아니한다 할 것인바(당원 1982.11.23. 선고 82다카845 판결 참조), 원심이 확정한 사실에 의하면 원고는 본건 소송을 제기하기에 앞서 피고에 대하여 이 사건 사고로 인한 적극적 손해인 치료비중 사고일로부터 1982.11.13.까지의 치료비만을 특정하여 청구하고 그 다음날 이후부터의 치료비는 별도 소송으로 청구하겠다는 취지를 명시적으로 유보한 손해배상 청구소송(1심 대전지방법원 천안지원 80가합144, 2심 서울고등법원 80나1199, 대법원 83다144 각 판결)을 제기하여 일부 승소판결을 받고 그 판결이 확정되었다는 것이고, 본건 소송은 위 소송에서 유보되었던 1982.11.14 이후의 치료비와 위 치료를 받은 후의 성형수술비 청구임이 분명하므로, 위 전 소송에서 한판결의 기판력은 본건 청구에는 미치지 아니한다 할 것이고, 위 전 소송이 법률심인 대법원에 계속 중에 본건 소송이 제기되었다 하더라도 중복제소에 해당되지 아니한다." (1985. 4. 9. 84다552).

㈐ 사 견

별소로 잔부청구 하는 것이 중복소제기는 아니나, 전소에서 청구취지의 확장이 가능함에도 별소로 잔부청구 하는 것은 남소가 될 수 있다. 명시적이거나 묵시적임을 가리지 말고 별소에 의한 잔부청구를 허용하되, 가능한 한 이부 또는 이송으로 변론을 병합하여 처리하여야 할 것이다.[56]

3) 공격방어방법으로 주장된 권리 2-45

공격방어방법으로 주장된 권리에 대하여는 소송계속이 생기지 않으므로 그러한 권리를 후소에서 주장하더라도 중복제소가 되지 않는다. 예컨대, ① 원고 甲이 피고 乙을 상대로 임차보증금반환청구의 소를 제기하자 피고 乙이 그 소송에서 건물인도청구를 동시이행의 항변으로 주장하는 소송이 소송계속 중에 乙이 甲을 상대로 별개의 소를 제기하여 건물인도청구의 소를 제기하는 경우, ② 건물인도청구의 소에서 유치권항변을 하는 피고가 별소로 유치권확인청구의 소를 제기하는 경우, ③ 소유권에 기한 가옥인도청구의 소송에서 원고가 소유권을 공격방법으로 주장하면서 별소로 소유권확인의 소를 제기하는 경우 등은 중복제소가 아니다.

4) 상계의 항변 2-46

제216조 (기판력의 객관적 범위)

① 확정판결은 주문에 포함된 것에 한하여 기판력을 가진다.

② 상계를 주장한 청구가 성립되는지 아닌지의 판단은 상계하자고 대항한 액수에 한하여 기판력을 가진다.

56) 문일봉, "일부청구와 중복제소금지(95다46319 판례평석)", 인권과 정의 242호(96.10) p.109-118 참조.

(문 1) 甲이 乙을 상대로 1,000만원의 물품대금청구 소(제1소)를 제기하였다. 그 소송에서 乙은 甲에 대한 1,500만원의 상계적상에 있는 차용금반환채권으로 상계의 항변을 하였다. 제1소의 소송 계속 중에 乙이 甲을 상대로 1,500만원의 지급을 구하는 차용금 반환청구의 소(2소)를 제기할 수 있는가? (항변선행형)

(문 2) 甲이 乙을 상대로 1,000만원의 물품대금청구 소(제1소)를 제기하였다. 1소 소송계속 중 乙이 甲을 상대로 1,500만원 차용금반환청구의 소(2소)를 제기하여 소송계속중이다. 이 경우 乙은 제1소에서 2소의 소송물인 차용금반환채권으로 상계의 항변을 할 수 있는가? (별소선행형)

상계를 주장하는 청구가 성립되는지 아닌지의 판단에는 기판력이 생기므로(216조 2항)(상세는 ⇒ 8-47 참조), 상계의 항변으로 자동채권을 주장하는 것은 공격방어방법에 불과하지만 별소로 그와 동일한 권리를 주장하는 경우 중복소제기 금지에 관한 규정(259조)을 유추적용하여야 하는지가 문제된다. 계속 중인 소송에서 상계항변으로 주장된 반대채권을 별소를 통하여 청구하는 경우나(항변선행형), 별소로 청구중인 반대채권을 상계항변으로 주장하는 경우(별소선행형)에 그러한 문제가 생긴다. 이에 대해서는 학설이 갈린다.

① 적극설(적법설) : 상계의 항변으로 주장괸 권리는 소송물이 아니라 공격방어방법에 지나지 않으므로 논리적으로 중복된 소송계속에 해당하지 않으며, 상계항변으로 주장된 자동채권에까지 소송계속의 효과를 적용시키는 것은 자동채권자의 권리실현에 정면으로 반한다는 것을 근거로 한다. 판례도 별소선행형 상계의 항변에 대하여 적극설을 취하고 있다.[57] (<u>*2014. 법원직</u>. 별소로 계속 중인 채권을 자동채권으로 하는 소송상 상계의 주장은 허용되지 아니한다(×)).

> "상계의 항변을 제출할 당시 이미 자동채권과 동일한 채권에 기한 소송을 별도로 제기하여 계속 중인 경우, 사실심의 담당재판부로서는 전소와 후소를 같은 기회에 심리·판단하기 위하여 이부, 이송 또는 변론병합 등을 시도함으로써 기판력의 저촉·모순을 방지함과 아울러 소송경제를 도모함이 바람직하였다고 할 것이나, 그렇다고 하여 특별한 사정이 없는 한 별소로 계속 중인 채권을 자동채권으로 하는 소송상 상계의 주장이 허용되지 않는다고 볼 수는 없다." (2001. 4.27. 2000다4050)

② 소극설(부적법설) : 상계에 제공된 반대채권의 존재에 대한 심리가 중복되어 소송경제에 반하고, 상계에 제공된 반대채권의 존부에 대한 법원의 판단에 기판력이 생기는 결과 기판력 있는 판단이 모순·저촉될 수 있으므로 중복제소금지를 유추적용 하여

57) 2001. 4.27. 2000다4050. <u>[84]</u>

야 한다는 견해이다.[58)]

③ 생각컨대, 상계항변 자체에 소송계속이 생기지 않으며, 별도의 집행권원을 얻을 필요도 있는 점 등에 비추어 원칙적으로 별소선행형이나 항변선행형 모두 허용된다고 할 것이다. 다만, 석명권에 의하여 반소의 제기를 유도하거나, 이부·이송 등을 통하여 병합심리 함으로써 모순된 판결을 방지하여야 할 것이다.

(3) 당사자의 동일 2-47

1) 전소와 후소의 당사자가 동일하여야 중복제소가 된다. 소송물이 같더라도 당사자가 다르면 중복소제기가 아니다(예컨대 법인 아닌 사단이 당사자가 된 소송이 계속 중 그 구성원이 동일내용의 별소를 제기한 경우에는 중복된 소제기가 아니다). 민사재판은 특정 원고와 특정 피고 사이의 분쟁을 상대적으로 해결하는 것을 목적으로 하므로 甲과 乙 간의 판결은 甲과 乙 사이에만 효력이 미치고 병에게는 그 효력이 미치지 않는 것이 원칙이기 때문이다(⇒ 8-56).

2) 예외적으로 동일인이 아니라도 중복제소가 되는 경우가 있다. 소송당사자 사이의 판결의 효력이 당사자 이외의 3자에게 미치는 경우 그 3자는 당사자와 동일하게 취급되어야 하므로 동일인이 아니라도 중복된 소제기가 될 수 있다. 예를 들면, 변론종결후의 승계인(사실심 변론 종결 후의 승계인에 대하여는 전소의 판결이 확정되는 경우 기판력이 미치게 되므로 전소 계속 중에 승계인이 동일한 소를 제기하는 것은 중복된 소제기가 된다), 당사자 등을 위하여 청구의 목적물을 소지한 자(218조), 소송담당자 등이다(⇒ 8-57).

3) 제3자가 소송담당자로서 본래의 권리·이익자를 위하여 당사자가 되어 소송을 수행하는 경우 그 판결의 효력은 본래의 권리·이익자에게 미치므로(⇒ 5-27), 소송담당자가 수행하는 소송이 계속 중에 본래의 권리·이익자가 동일한 소를 제기하는 경우 중복된 소제기가 된다. 선정당사자(⇒ 10-152)가 소송수행 중, 선정자가 동일한 소를 제기하는 경우가 그 예이다. 채권자대위소송에서 채권자는 채무자의 소송담당자에 해당하므로(⇒ 5-29) 채권자가 제3채무자를 피고로 하여 제기한 채권자대위의 소송 계속 중에 채무자가 제3채무자를 피고로 하여 자신이 채권을 행사하는 소를 제기하는 것은 중복제소가 되어 부적법하다는 것이 판례의 입장이다.[59)] (⇒ 5-30) (*2010. 법원직) 판례는 또한 채권자대위소송 계속중 다른 채권자가 같은 채무자를 대위하여 동일한 소송을 제기

58) 전병서, p.277.
59) 1992. 5.22. 91다41187. [80]

한 경우도 중복제소에 해당한다고 한다.[60] 이에 반해, 채무자가 제3채무자를 상대로 제기한 소의 소송계속 중 추심명령이 확정되어 채권자가 제3채무자를 상대로 추심금청구의 소를 제기하는 경우에, 판례는 후소를 중복된 소라는 이유로 각하해서는 안 된다고 한다는 것은 앞에서 설명하였다(⇒ 2-42).

4) 채권자취소권의 요건을 갖춘 각 채권자는 고유의 권리로서 채무자의 재산처분 행위를 취소하고 그 원상회복을 구할 수 있는 것이므로 여러 명의 채권자가 동시에 또는 시기를 달리하여 사해행위취소 및 원상회복청구의 소를 제기한 경우 이들 소가 중복제소에 해당하지 않는다.[61]

2-48 3. 중복제소의 처리

1) 중복된 제소는 민사소송법 259조 규정에 의하여 금지되고, 따라서 권리보호자격(⇒ 3-16)이 없으므로 소각하 판결을 한다. 중복제소의 금지는 당사자의 이익보호만을 목적으로 하는 것이 아니라 소송제도의 효율적 운용과도 관련되어 있으므로, 중복된 소제기 해당 여부는 당사자의 주장 유무에 불구하고 법원이 직권으로 조사할 사항이다.

2) 법원이 중복된 제소임을 간과하고 전소와 후소 모두에 대해서 판결을 한 경우, 후소 판결은 상소를 통하여 다툴 수 있다. 다만 두 개의 판결이 모두 확정되었으나 상호 모순되거나 저촉되는 된 경우에는 어느 것이 먼저 제소되었는가와 관계없이 뒤에 확정된 판결이 먼저 확정된 판결의 기판력에 저촉되므로 재심에 의하여 취소되어야 한다(451조 1항 10호). 기판력 있는 전소판결과 저촉되는 후소판결이 그대로 확정된 경우에도 전소판결의 기판력이 실효되는 것이 아니고 재심의 소에 의하여 후소판결이 취소될 때까지 전소판결과 후소판결은 저촉되는 상태 그대로 기판력을 갖는 것이고 또한 후소판결의 기판력이 전소판결의 기판력을 복멸시킬 수 있는 것도 아니다.[62]

---

60) 1989. 4.11. 87다카3155. [81]

61) 2005.11.25. 2005다51457: 2003. 7.11. 2003다19558. [83] "어느 한 채권자가 동일한 사해행위에 관하여 채권자취소 및 원상회복청구를 하여 승소판결을 받아 그 판결이 확정되었다는 것만으로 그 후에 제기된 다른 채권자의 동일한 청구가 권리보호의 이익이 없어지게 되는 것은 아니고, 그에 기하여 재산이나 가액의 회복을 마친 경우에 비로소 다른 채권자의 채권자취소 및 원상회복청구는 그와 중첩되는 범위 내에서 권리보호의 이익이 없게 된다."고 한다.

62) 1997. 1.24. 96다32706. [88]

4. 국제적 소송경합과 중복소제기 2-49

(문) 甲은 乙을 상대로 하여 미합중국 뉴욕주 앨버니 지방법원에 판매대리점 계약상의 채무불이행을 원인으로 하는 손해배상청구의 소를 제기하였다. 위 소송이 계속 중에 甲은 다시 서울중앙지방법원에 乙을 상대로 위와 같은 내용의 소를 제기하였다. 서울중앙지방법원은 한국에서의 소송을 어떻게 처리하여야 하는가? 제주지방법원에 소송계속 중 동일한 소를 서울중앙지방법원에 제기하는 경우와 어떤 점이 다른가?

외국법원에 소가 제기되어 소송계속 중에 동일한 사건에 대하여 국내법원에 제소한 경우 이를 중복제소(lis alibi pendens)로 보아야 하는지가 문제된다. 민사소송법 제259조의 법원에는 외국법원은 포함하지 않으므로 중복제소의 문제가 발생하지 않는다는 견해도 있으나, 외국법원의 판결이 장차 민사소송법 제217조에 의하여 우리나라에서 승인(⇒ 8-45)받을 것으로 예측되는 때에는 중복제소금지의 취지를 적극 반영하여 처리하여야 한다는 견해(승인예측설)가 일반적이다.

3절 소제기의 기타 효과 2-50

소의 제기는 원고가 피고를 상대로 법원에 대하여 청구의 당부에 대하 재판을 신청하는 것으로 전형적인 소송행위이다. 한편 원고의 소제기는 실체법상의 권리를 행사(청구)하는 것이므로 부수적으로 시효중단의 효과가 생긴고, 그 밖에 출소기간 및 제척기간 등 법률상의 기간준수, 소송촉진을 위한 법정이율 증가의 효과 등이 생긴다.

1. 시효의 중단

(1) 의 의 2-51

소제기의 실체법상 권리행사(청구)의 효과로 소멸시효의 중단이나(민법 168조), 취득시효의 중단(민법 247조 2항)이라는 실체법상의 효과가 생긴다.

제168조 (소멸시효의 중단사유)

소멸시효는 다음 각호의 사유로 인하여 중단된다.

1. 청구
2. 압류 또는 가압류, 가처분
3. 승인

제247조 (소유권취득의 소급효, 중단사유)
②소멸시효의 중단에 관한 규정은 (…) 소유권취득기간에 준용한다.

(2) 청구의 방식

1) 시효중단의 효과가 생기는 청구의 방식은 소제기뿐만 아니라 상대방의 소제기에 대하여 응소하면서 적극적으로 권리를 주장하는 방식도 가능하다는 것이 대법원의 판례이다. 대법원 전원합의체 판결을 통하여 민법 168조 1호, 170조 등에 규정된 시효중단사유인 "청구", "재판상의 청구"의 개념을 확장해석 하는 것이다.

"원고가 피고를 상대로 피담보채권인 대여금채권이 부존재함을 이유로 위 근저당권설정등기의 말소청구소송을 제기함에 따라 피고가 원고 청구기각의 판결을 구하고 위 대여금채권이 유효하게 성립된 것이어서 이를 피담보채권으로 하는 위 근저당권설정등기는 유효하다는 내용의 답변내용을 제출한 결과 원고 패소판결이 확정되었다면 피고가 응소하여 한 담보목적의 대여금채권의 존재에 관한 주장은 소멸시효의 중단사유가 되는 재판상의 청구에 준하는 것이므로, 위 채권에 대하여는 피고의 위 응소행위에 의하여 일단 소멸시효의 진행이 중단되었다가 위 재판이 확정된 때부터 새로이 그 시효가 진행된다."[63]

(출처 : 대법원 2010. 8. 26. 선고 2008다42416,42423 판결 [대여금] 〉 종합법률정보 판례)

2) 지급명령에 관한 절차(⇒ 11-9)는 종국판결을 받기 위한 소의 제기는 아니지만, 지급명령 신청은 권리자가 권리의 존재를 주장하면서 재판상 그 실현을 요구하는 것이므로 본질적으로 소의 제기와 다르지 않으므로 지급명령신청도 민법 제170조 제1항에 규정하고 있는 '재판상의 청구'에 포함된다.[64]

3) 판결이 확정된 때로부터 새로이 진행하는 시효(민법 178조 2항)의 중단을 위한 소제기 방식으로는 동일한 내용으로 이행소송을 제기하는 방식 외에 전소 판결로 확정된 채권의 시효를 중단시키기 위한 재판상의 청구가 있다는 점에 대하여만 확인을 구하는 형태의 '새로운 방식의 확인소송'이 허용되며, 채권자는 이행소송과 확인소송 중 어느 하나를 선택하여 제기하면 된다는 것이 대법원 전원합의체 판결이다.[65] (*2019. 법원직)

---

63) 1993.12.21. 92다47861(전원합의) 응소행위는 시효중단사유가 아니라고 했던 종전 판례를 변경한 판결.
64) 2011.11.10. 2011다54686. [89]
65) 2018.10.18. 2015다232316(전원합의) [소멸시효연장을위한대여금반환청구의소]. 새로운 방식의 확인소송을 인정한 이 판결에는 6인의 반대의견이 있었다. 이 판결에서 새로운 방식의 확인소송을 인정한 것은 판결의 방론(obita dictum)을 통해서이다. 이 판결은 대법원이 적법한 입법절차에 따르지 않고 판결의 방론으로 실질적인 입법을 한 것이라는 비판을 면하기 어렵다.

(3) 시효중단의 범위

1) 당사자 사이의 청구권에 한정된다. 따라서, 물상보증인이 그 피담보채무의 부존재 또는 소멸을 이유로 제기한 저당권설정등기 말소등기절차이행청구소송에서 채권자 겸 저당권자가 청구기각의 판결을 구하고 피담보채권의 존재를 주장하였다고 하더라도 이로써 직접 채무자에 대하여 재판상 청구를 한 것으로 볼 수는 없는 것이므로 시효중단의 효력이 생기지 않는다.[66] (*2016. 법원직)

2) 소가 제기된 청구(소송물)에 한정된다. 따라서, 채권자가 동일한 목적을 달성하기 위하여 복수의 채권을 갖고 있는 경우 어느 하나의 청구권을 행사하는 것이 다른 채권에 대한 소멸시효 중단의 효력이 있다고 할 수 없다(국가배상청구의 소를 제기하였다고 하여 국가유공자법상 보상금청구권이나 군인연금법상의 재해보상금청구권의 소멸시효가 중단되지 않는다는 취지의 판결).[67] 한 개의 채권 중 일부에 관하여만 판결을 구한다는 취지를 명백히 하여 소송을 제기한 경우에는 소제기에 의한 소멸시효중단의 효력이 그 일부에 관하여만 발생하고, 나머지 부분에는 발생하지 아니하지만 비록 그중 일부만을 청구한 경우에도 그 취지로 보아 채권 전부에 관하여 판결을 구하는 것으로 해석된다면 그 청구액을 소송물인 채권의 전부로 보아야 하고, 이러한 경우에는 그 채권의 동일성의 범위 내에서 그 전부에 관하여 시효중단의 효력이 발생한다고 해석함이 상당하다(신체의 훼손으로 인한 손해의 배상을 청구하는 사건에서는 그 손해액을 확정하기 위하여 통상 법원의 신체감정을 필요로 하기 때문에, 앞으로 그러한 절차를 거친 후 그 결과에 따라 청구금액을 확장하겠다는 뜻을 소장에 객관적으로 명백히 표시한 경우에는, 그 소제기에 따른 시효중단의 효력은 소장에 기재된 일부 청구액뿐만 아니라 그 손해배상청구권 전부에 대하여 미친다고 한 사례).[68]

3) 예외적으로, 소송상 청구의 범위가 아닌 청구의 선결적 법률관계 혹은 청구를 전제로 한 파생적 법률관계에도 시효중단의 효력이 인정된다. 따라서, 소유권의 시효취득에 준용되는 시효중단 사유는 시효취득의 대상인 목적물의 인도 내지는 소유권존부 확인이나 소유권에 관한 등기청구소송은 말할 것도 없고, 소유권침해의 경우에 그 소유권을 기초로 하여 하는 방해배제 및 손해배상 혹은 부당이득반환청구소송도 포함되며,[69] 파면처분무효확인의 소는 보수금채권을 실현하는 수단이라는 성질을 가지고 있으므로 보수금채권 자체에 관한 이행소송을 제기하지 않았다 하더라도 위 소의 제기에

66) 2004. 1.16. 2003다30890.
67) 2002. 5.10. 2000다39735.
68) 1992. 4.10. 91다43695. [90]
69) 1977. 3.14. 96다55211.

의하여 보수금채권에 대한 시효는 중단되고,[70] 기존채권의 지불확보를 위해 수표를 지급받은 경우 수표금 채권에 대한 청구는 표리관계에 있는 원인채권에 대해서도 시효중단의 효과가 생긴다.[71](*2017. 법원직) 주주총회결의 취소의 소는 결의의 날로부터 2월 내에 제기하여야 할 것이나, 동일한 결의에 관하여 부존재확인의 소, 또는 무효확인의 소가 제소기간 내에 제기되어 있다면, 동일한 하자를 원인으로 하여 결의의 날로부터 2월이 경과한 후 취소소송으로 소를 변경하거나 추가한 경우에도 제소기간을 준수한 것으로 보아야 한다는 것이 판례의 입장이다.[72][73]

4) 채권자대위권에 기해 청구를 하다가 당해 피대위채권 자체를 양수하여 양수금청구로 소를 변경한 경우, 양 청구는 동일한 소송물에 관한 권리의무의 특정승계가 있을 뿐 그 소송물은 동일하며 시효중단의 효력은 특정승계인에게도 미치는 점 등에 비추어 당초의 채권자대위소송으로 인한 시효중단의 효력이 소멸하지 않는다.[74] (*2019. 법원직)

5) 채무자의 제3채무자에 대한 금전채권에 대하여 압류 및 추심명령이 있더라도, 이는 추심채권자에게 피압류채권을 추심할 권능만을 부여하는 것이고, 이로 인하여 채무자가 제3채무자에게 가지는 채권이 추심채권자에게 이전되거나 귀속되는 것은 아니다. 따라서 채무자가 제3채무자를 상대로 금전채권의 이행을 구하는 소를 제기한 후 채권자가 위 금전채권에 대하여 압류 및 추심명령을 받아 제3채무자를 상대로 추심의 소를 제기한 경우, 채무자가 권리주체의 지위에서 한 시효중단의 효력은 집행법원의 수권에 따라 피압류채권에 대한 추심권능을 부여받아 일종의 추심기관으로서 그 채권을 추심하는 추심채권자에게도 미친다.[75]

(4) 시효중단 시점

소제기로 시효가 중단되는 시점은 소가 법원에 제기된 때(*2009. 2014. 법원직. 소장부본송달시 ×), 또는 피고 경정신청의 서면, 청구변경의 서면, 중간확인의 소장 등이 법원에 제출된 때이다(265조). 피고로서 응소하여 그 소송에서 적극적으로 권리를 주장하고 그것이 받아들여진 경우에는 위와 같은 응소행위로 인한 시효중단의 효력은 피고가 현실적으로 권리를 행사하여 응소한 때에 발생한다.[76] 관할위반의 소제기로 소송이송이

70) 1978. 4.11. 77다2509.
71) 1994.12. 2. 93다59922.
72) 2003. 7.11. 2001다45584.
73) 2007. 9. 6. 2007다40000.
74) 2010. 6.24. 2010다17284.
75) 2019. 7.25. 2019다212945. [91]

있을 경우 시효가 중단되는 시점은 관할법원이 이송을 받은 때가 아니라 이송한 법원(관할 없는 법원)에 처음으로 소가 제기된 때이다.[77] 권리가 없는 이가 소를 제기하였다가 나중에 권리를 양수하여 양수한 권리를 행사하는 것으로 청구를 변경한 경우에는 청구를 변경한 때에 시효중단의 효과가 생긴다.[78]

(5) 중단효력의 소멸과 재진행

1) 소가 취하 또는 각하되거나 청구가 기각된 경우에는 시효중단의 효력이 소급적으로 소멸한다. 이 경우 6월내에 소의 제기가 있는 경우 원래의 소제기 시점으로 시효중단의 효력이 부활한다. 권리자인 피고가 응소하여 권리를 주장하였으나 그 소가 각하되거나 취하되는 등의 사유로 본안에서 그 권리주장에 관한 판단 없이 소송이 종료된 경우에도 민법 제170조 제2항을 유추적용하여 그때부터 6월 이내에 재판상의 청구 등 다른 시효중단조치를 취하면 응소시에 소급하여 시효중단의 효력이 있는 것으로 본다.[79]

第170조 (재판상의 청구와 시효중단)

① 재판상의 청구는 소송의 각하, 기각 또는 취하의 경우에는 시효중단의 효력이 없다.

② 전항의 경우에 6월내에 재판상의 청구, 파산절차참가, 압류 또는 가압류, 가처분을 한 때에는 시효는 최초의 재판상 청구로 인하여 중단된 것으로 본다.

2) 재판상의 청구(소의 제기)로 중단된 시효는 판결이 확정된 때로부터 새로이 진행한다(민법 178조).

第178조 (중단후에 시효진행)

② 재판상의 청구로 인하여 중단한 시효는 전항의 규정에 의하여 재판이 확정된 때로부터 새로이 진행한다.

3) 채무자가 제3채무자를 상대로 금전채권의 이행을 구하는 소를 제기한 후 채권자가 위 금전채권에 대하여 압류 및 추심명령을 받아 제3채무자를 상대로 추심의 소를 제기한 경우, 채무자가 권리주체의 지위에서 한 시효중단의 효력은 추심채권자에게도 미치며, 채무자가 제3채무자를 상대로 제기한 금전채권의 이행소송이 압류 및 추심명령에 따른 당사자적격의 상실로 각하되었으나 이행소송 계속 중 피압류채권에 대하여 당사자적격을 취득한 추심채권자가 각하판결이 확정된 날로부터 6개월 내에 제3채무

---

76) 2010. 8.26. 2008다42416. [92]

77) 2007.11.30. 2007다54610.

78) 2009. 2.12. 2008다84229.

79) 2010. 8.26. 2008다42416. [92]

자를 상대로 추심의 소를 제기한 경우, 채무자의 재판상 청구에 따른 시효중단의 효력이 추심채권자의 추심소송에서 그대로 유지된다.[80)]

4) 소송목적인 권리를 양도한 원고가 법원이 소송인수 결정을 한 후 피고의 승낙을 받아 소송에서 탈퇴한 후 법원이 인수참가인의 청구의 당부에 관하여 심리한 결과 인수참가인의 청구를 기각하거나 소를 각하하는 판결을 선고하여 판결이 확정된 경우에는 원고가 제기한 최초의 재판상 청구로 인한 시효중단의 효력은 소멸한다. 다만 소송탈퇴는 소취하와는 성질이 다르며, 탈퇴 후 잔존하는 소송에서 내린 판결은 탈퇴자에 대하여도 효력이 미치는 점에 비추어, 인수참가인의 소송목적 양수 효력이 부정되어 인수참가인에 대한 청구기각 또는 소각하 판결이 확정된 날부터 6개월 내에(*탈퇴한 날부터 6개월 내가 아님) 탈퇴한 원고가 다시 탈퇴 전과 같은 재판상의 청구 등을 한 때에는, 탈퇴 전에 원고가 제기한 재판상의 청구로 인하여 발생한 시효중단의 효력은 그대로 유지된다.[81)](⇒ 10-150)

2-52 2. 법률상의 기간준수 등 효력

소의 제기로 출소기간(제소기간) 및 제척기간 등의 법률상의 기간준수의 효과(민법 204조 3항, 205조 2항, 406조 2항 등), 선의 점유자의 악의의 의제(민법 197조 2항), 어음법상 상환청구권의 소멸시효기간의 개시(어음법 70조) 등의 효과가 생긴다.

2-53 3. 기타효력

그 밖에 소의 구체적 내용에 따라 소제기에 따른 소장부본의 송달 시에 실체법상 지연손해금의 법정 이율이 연 5분(민법 379조, 397조 1항), 연 6분(상법 54조)에서 각 연 15% 또는 20%(소송촉진등에 관한 특례법 3조)로 인상된다.[82)] 또한, 해제권, 취소권 등 실체법상 권리행사의 효과가 생기게 된다(⇒ 6-46 참조).

---

80) 2019. 7.25. 2019다212945.

81) 2017. 7.18. 2016다35789.

82) 대통령령에서 1심에서는 연 15%, 항소심에서는 연 20%로 정한다. 항쟁함이 상당하다고 인정되는 때에는 적용이 배제된다(소촉법 3조 2항).

제4장 소송비용과 소송구조

1절 소송비용

1. 소송비용의 부담 2-54

소송비용이란 소송당사자가 현실적으로 소송에서 지출한 재판비용과 당사자 비용을 말한다. 소송비용은 원칙적으로 패소한 당사자가 부담한다(소송비용의 부담과 관련된 상세한 것은 ⇒ 8-24 소송비용에 대한 재판에서 설명).

2. 소송비용의 담보

(1) 담보제공의무 2-55

1) 담보제공명령

원고가 대한민국에 주소·사무소와 영업소를 두지 아니한 때 또는 소장·준비서면, 그 밖의 소송기록에 의하여 청구가 이유 없음이 명백한 때 등 소송비용에 대한 담보제공이 필요하다고 판단되는 경우 또는 담보가 부족한 경우에 피고의 신청이 있으면 법원은 원고에게 소송비용에 대한 담보를 제공하도록 명하여야 한다(117조 1항). 위와 같은 경우에 법원은 직권으로 원고에게 소송비용에 대한 담보를 제공하도록 명할 수 있다(117조 2항).

2) 소송에 응함으로 말미암은 신청권의 상실

담보를 제공할 사유가 있다는 것을 알고도 피고가 본안에 관하여 변론하거나 변론준비기일에서 진술한 경우에는 담보제공을 신청하지 못한다(118조).

3) 담보를 제공하지 아니한 효과

담보를 제공하여야 할 기간 이내에 원고가 이를 제공하지 아니하는 때에는 법원은 변론없이 판결로 소를 각하할 수 있다. 다만, 판결하기 전에 담보를 제공한 때에는 그러하지 아니하다(124조).

(2) 피고의 거부권 및 담보물에 대한 권리

1) 담보제공을 신청한 피고는 원고가 담보를 제공할 때까지 소송에 응하지 아니할 수 있다(119조). 적법한 담보제공신청 없이 피고가 본안에 관하여 변론하거나 변론준비기일에서 진술한 경우 담보제공신청권을 상실하나, 반면 피고가 적법한 담보제공신청을 한 경우에는 그 후 응소를 거부하지 않고 본안에 관하여 변론 등을 하였더라도 이미 이루어진 담보제공신청의 효력이 상실되거나 그 신청이 부적법하게 되는 것은 아니다.[83]

2) 담보물에 대한 피고의 권리

피고는 소송비용에 관하여 담보물에 대하여 질권자와 동일한 권리를 가진다(123조).

(3) 담보제공결정 및 즉시항고

1) 법원은 담보를 제공하도록 명하는 결정에서 담보액과 담보제공의 기간을 정하여야 한다(120조 1항). 담보액은 피고가 각 심급에서 지출할 비용의 총액을 표준으로 하여 정하여야 한다(2항).

2) 담보제공신청에 관한 결정에 대하여는 즉시항고를 할 수 있다(121조). 법원의 직권에 의한 담보제공결정에 대해서도 법 제121조를 준용하여 즉시항고를 할 수 있다.[84] (*2019. 법원직. 민사소송법은 '담보제공신청'에 관한 결정에 대하여 즉시항고할 수 있다고 규정하고 있으므로 법원이 직권으로 한 담보제공명령에 대해서는 즉시항고할 수 없다(×)).

(4) 담보제공방식

담보의 제공은 금전 또는 법원이 인정하는 유가증권을 공탁(공탁)하거나, 대법원규칙이 정하는 바에 따라 지급을 보증하겠다는 위탁계약을 맺은 문서를 제출하는 방법으로 한다. 다만, 당사자들 사이에 특별한 약정이 있으면 그에 따른다(122조).

(5) 담보의 취소

담보제공자가 담보하여야 할 사유가 소멸되었음을 증명하거나, 담보취소에 대한 담보권리자의 동의를 받았음을 증명하면서 취소신청을 하면, 법원은 담보취소결정을 하여야 한다(125조 1항, 2항). 소송이 완결된 뒤 담보제공자가 신청하면, 법원은 담보권리

---

83) 2018. 6. 1. 2018마5162.
84) 2011. 5. 2. 2010부8.

자에게 일정한 기간 이내에 그 권리를 행사하도록 최고하고, 담보권리자가 그 행사를 하지 아니하는 때에는 담보취소에 대하여 동의한 것으로 본다(3항). 담보취소결정에 대하여는 즉시항고를 할 수 있다(4항).

2절 소송구조

1. 의 의 2-56

소송을 수행하려면 원고는 물론 피고의 경우에도 인지대와 송달료 증인여비, 감정료 등 재판비용과 변호사 선임비용 등 당사자비용이 필요하게 된다(⇒ 8-24). 결국 당사자는 돈이 없으면 소송을 수행할 수 없게 되는바, 국민의 재판받을 권리를 보장하는 차원에서 소송구조제도가 도입되었다. 민사소송법상의 소송구조제도는 변호사제도와 함께 국민의 재판을 받을 권리를 보장해주는 중요한 제도이다.

2. 구조의 요건 2-57

1) 법원은 소송비용을 지출할 자금능력이 부족한 사람의 신청에 따라 또는 직권으로 소송구조를 할 수 있다(128조 1항 본문). 다만, 패소할 것이 분명한 경우에는 그러하지 아니하다(128조 1항 단서). (*2010. 법원직. 법원은 소송비용을 지출할 자금능력이 부족한 사람에 대하여 직권으로 소송구조를 할 경우에는 패소할 것이 분명하더라도 할 수 있다(x)).

2) 소송구조의 신청인은 구조의 사유를 소명하여야 한다(128조 2항). 구조의 사유을 소명함에 있어 신청인이 승소의 가능성을 적극적으로 진술하고 소명하여야 하는 것은 아니다(*2016. 법원직. 신청인이 패소할 것이 분명한 경우에는 법원이 소송구조를 할 수 없으므로, 신청인은 승소의 가능성을 적극적으로 진술하고 소명하여야 한다(×)).

3. 구조의 절차

(1) 당사자의 신청 또는 직권 2-58

소송구조는 신청에 의하거나, 직권으로 할 수 있다.

(2) 관할법원과 재판의 형식

소송기록을 보관하고 있는 법원이 결정으로 재판한다(*2012. 법원직).

(3) 구조대상 소송의 정지

1) 당사자가 소송계속 중에 당사자가 소송구조 신청을 하는 경우 구조대상이 된 소송의 진행이 정지하는 것인지 여부가 문제된다.

2) 인지보정명령이 있은 후에 소송구조신청을 하였다가 신청에 대한 기각결정이 확정된 경우에 있어서 판례는 "소송구조신청이 있으면 원칙적으로 그에 대한 기각결정이 확정될 때까지는 인지첩부의무의 발생이 저지된다고 할 것이어서, 재판장은 소장 등에 인지가 첩부되어 있지 아니함을 이유로 소장 등을 각하할 수 없다."[85] 고 하고, "소송구조신청이 있는 경우 인지첩부의무의 발생이 저지된다는 것은 소송구조신청을 기각하는 재판이 확정될 때까지 인지첩부의무의 이행이 정지 또는 유예되는 것을 의미하고, 소송구조신청이 있었다고 하여 종전에 이루어진 인지보정명령의 효력이 상실된다고 볼 근거는 없으므로, 종전의 인지보정명령에 따른 보정기간 중에 제기된 소송구조신청에 대하여 기각결정이 확정되면 재판장으로서는 다시 인지보정명령을 할 필요는 없지만 종전의 인지보정명령에 따른 보정기간 전체가 다시 진행되어 그 기간이 경과한 때에 비로소 소장 등에 대한 각하명령을 할 수 있다."[86]고 판시한다(*2017. 법원직. "명령 송달일로부터 7일 이내에 인지 등을 보정하라."는 보정명령이 2017. 1. 5. 원고에게 송달되었고, 원고가 2017. 1. 10. 소송구조신청을 하여 소송구조기각결정이 2017. 2. 15. 확정되었다면 2017. 2. 20. 무렵에는 적법하게 소장각하명령을 할 수 있다(×)).

3) 판례의 위와 같은 결론에는 찬성한다. 그러나, 인지액에 대한 소송구조신청이 있으면 인지첩부의무의 발생이 저지되거나 인지첩부의무의 이행이 정지 또는 유예된다는 판결 이유에는 동조하지 않는다. 인지액에 대한 소송구조신청을 받아들이는 결정이 확정되어야 비로소 인지첩부의무가 유예된다고 할 것이기 때문이다. 인지액에 대한 소송구조신청이 있으면 구조대상이 되는 "소송이 중지"된다고 해석하는 것이 타당하다.[87] 즉, 인지보정명령에 따른 보정기간 중에 소송구조신청이 제기되면 소송이 중지되어 보정기간의 진행이 정지되며, 기각결정이 확정되면 종전의 인지보정명령에 따른 보정기간 전체가 다시 진행되어(247조 2항 참조) 그 기간이 경과한 때에 비로소 소장 등에 대한 각하명령을 할 수 있다고 할 것이다.[88]

---

85) 2011.10. 4. 2011마1223.

86) 2008. 6. 2. 2007무77.

87) 프랑스의 D. n 91-1266, 19 dec. 1991, art.43-1도 소송구조신청이 있으면 구조대상 소송의 절차가 중지되는 것으로 규정한다.

88) 상세는 이무상, "소송구조신청과 소송절차의 중지 - 대법원 2008. 6. 2.자 2007무77 결정에 대한 평석-",

(4) 불복신청

구조에 관한 재판에 대하여는 즉시항고를 할 수 있다(133조 본문). 다만, 상대방은 소송비용의 담보면제의 소송구조결정을 제외하고는 불복할 수 없다(133조 단서). (*법원직 2007-1. 소송구조의 상대방은 어떠한 경우에도 불복할 수 없다(×)).

4. 구조의 범위

(1) 구조의 객관적 범위

1) 소송과 강제집행에 대한 소송구조의 범위는 ① 재판비용의 납입유예, ② 변호사 및 집행관의 보수와 체당금의 지급유예, ③ 소송비용의 담보면제, ④ 대법원규칙이 정하는 그 밖의 비용의 유예나 면제 등과 같다(129조 1항 본문). 법원은 상당한 이유가 있는 때에는 위와 같은 구조의 범위 가운데 일부에 대한 소송구조를 할 수 있다(129조 1항 단서).

2) 변호사 및 집행관의 보수와 체당금의 지급유예(129조 1항 2호)의 경우에는 변호사나 집행관이 보수를 받지 못하면 국고에서 상당한 금액을 지급한다(129조 2항).

(2) 구조효력의 주관적 범위

1) 소송구조는 이를 받은 사람에게만 효력이 미친다(130조 1항).

2) 법원은 소송승계인에게 미루어 둔 비용의 납입을 명할 수 있다(130조 2항).(*2018. 법원직. 소송구조는 원칙적으로 이를 받는 사람에게만 효력이 미치므로 법원이 소송승계인에게 미루어 둔 비용의 납입을 명할 수는 없다(×)).

5. 구조의 취소

소송구조를 받은 사람이 소송비용을 납입할 자금능력이 있다는 것이 판명되거나, 자금능력이 있게 된 [2]소송기록을 보관하고 있는 법원은 직권으로 또는 이해관계인의 신청에 따라 언제든지 구조를 취소하고, 납입을 미루어 둔 소송비용을 지급하도록 명할 수 있다(131조).

6. 구조의 효과 2-59

1) 재판비용 중 국고에 납입할 인지대와 송달료, 검증비용 등 체당금은 납입유예 되

서울법학, 2019.5. 참조.

는 것이 원칙이다(129조 1항 1호, 2호).[89] 구조결정이 있으면 인지대는 납부하지 않아도 소송을 진행하고, 체당금은 국고에서 대납 받아 지출한다(규 25조). 소송비용의 담보는 면제된다(129조 1항 3호).

2) 소송비용 구조결정은 원칙적으로 지급의 유예이므로 구조받은 사람이 패소하여 종국판결로 소송비용 부담의 재판을 받으면 이를 지급할 의무가 있다. 상대방이 패소하여 소송비용의 부담을 지는 경우는 국가가 상대방에 대해 직접 추심권을 갖는다(132조 1항).

89) 프랑스의 경우 소송비용의 지급이 면제된다.

제 3 편 소송요건 및 권리보호요건

본안판결을 하기 위한 소송법상의 전제조건을 소송요건이라고 한다. 본 편에서는 우선 소송요건에 대한 일반적 설명을 하고(제1장), 소송요건 중 소송물에 대한 소송요건인 권리보호요건(소의 이익)에 대해서 설명을 한다(제2장). 법원(제4편)과 당사자(제5편)에 대한 소송요건은 편을 달리하여 설명한다.

제1장 소송요건

1절 소송요건의 의의 3-1

1) 사인 간에 실체법상 권리관계에 대하여 분쟁이 생긴 경우 권리자가 소송을 통하여 법원에서 분쟁을 해결하고 권리를 공인받으려면 우선 ① 소장의 적식(適式), ② 소의 적법(適法)이라는 절차적 요건의 관문을 통과하여야 하고, ③ 주장의 타당성, ④ 주장사실의 증명이라는 실체적 요건의 관문을 통과하여야 한다.

2) 민사소송법이 정하는 바의 형식을 갖춘 소가 되기 위해서는, 소장에 필수적 기재사항이 제대로 기재되어야 하며, 소정의 인지를 붙여야 하며, 피고에 대하여 소장부본의 송달이 가능하도록 정해진 수의 부본이 첨부되어야 한다. 소가 제기되면 재판장은 우선 그러한 소가 민사소송법이 정하는 형식을 갖춘 것인지를 심사하여야 하며, 만일 소장이 법이 정한 바에 따르지 않은 것이면 보정을 명하고, 보정하지 않으면 명령으로 소장을 각하하여야 한다(254조 2항). 재판장이 심사하는 이러한 소장의 적식이라는 관문을 통과하여야 비로소 원고와 법원 사이의 소송관계가 성립한다.

3) 형식을 갖춘 소의 제기로 원고와 법원사이에 소송법상 법률관계가 성립되며, 소장부본이 피고에게 송달되면 원고와 피고 법원 사이에 3자간 소송법상 법률관계(소송계속)가 형성된다. 원고가 법이 정한 형식을 구비하여 소를 제기한 경우라 하더라도, 원고가 제기한 소에 대하여 언제나 법원이 그 청구의 당부(본안)에 대하여 재판을 하여야 하는 것은 아니다. 민사소송법은 소가 일정한 요건을 갖춘 경우에만 법원으로 하여금 본안에 대하여 판결을 하도록 함으로써 효율적인 사법제도 운용을 도모한다. 이와 같이 소제기로 비롯된 소송을 적법한 것으로 취급하여 본안판결을 하기 위한 소송법상의 전제요건을 소송요건이라고 한다. 소송요건이 갖추어지지 아니한 소의 경우 부적법한 소이므로 본안에 대하여 심판하지 아니하고 판결로써 소를 각하하여야 한다.

4) 이러한 절차적 관문을 통과한 경우에만 법원은 비로소 청구를 이유 있게 하는 타

당한 주장이 있는지(이를 有理性 또는 일관성이라고도 한다), 그 주장을 뒷받침하는 사실에 대한 증명이 있는지 등 실체적인 본안의 문제에 대해서 심리 및 재판을 할 수 있게 된다. 원고의 주장 자체로 보아 원고의 청구를 인용할 수 없거나 원고가 주장하는 사실이 인정되지 않으면 판결로써 청구를 기각하여야 한다.

5) 본안에 대한 심판을 받기 위한 전제요건으로서의 소송요건을 어떻게 규정할 것인가는 한 국가의 소송제도에 대한 설계와 밀접한 관련이 있다. 소송요건을 너무 엄격하게 하면 그에 비례하여 국민의 본안에 대한 재판을 받을 권리가 제약된다.

3-2

2절 소송요건의 분류

민사소송법은 소송요건에 대하여 통일된 규정을 두고 있지는 않으나, 법 전반에 걸쳐 다양 한 소송요건을 규정하고 있다. 민사소송법의 규정과 해석에 의하여 인정되는 소송요건은 그 내용, 조사방법, 존재형식 등에 따라 다음과 같이 분류할 수 있다.

3-3 1. 내용에 따른 분류

(1) 법원에 관한 사항

법원에 관한 소송요건으로, 우리나라 법원에 재판권이 있을 것, 우리나라 법원에 국제재판관할권이 있을 것(국제사법 2조 참조),당해 법원에 관할권이 있을 것 등이 있다. 법원에 관한 소송요건의 구체적 내용은 제4편 법원에서 설명한다.

(2) 당사자에 관한 사항

당사자에 대한 소송요건으로, 당사자가 실재하고 당사자능력이 있을 것, 당사자적격이 있는 정당한 당사자 일 것, 소송능력이 있거나 법정 대리인이 대리할 것, 원고가 소송비용의 담보를 제공할 필요가 없거나 필요가 있을 때 담보를 제공하였을 것 등이 있다. 당사자에 대한 소송요건의 구체적 내용은 제5편 당사자에서 설명한다.

(3) 소송물에 관한 사항

소송물에 대한 소송요건으로는, 소송물이 특정되어 있을 것, 권리보호자격이 있을 것, 권리보호이익(필요)이 있을 것 등이 있다. 권리보호자격과 권리보호이익(필요)을 합쳐서 권리보호요건이라고 한다. 소송물에 관한 소송요건으로서 권리보호요건에 대한 자세한 내용을 본편(제3편 소송요건)의 제2장에서 설명한다.

(4) 특별한 소송에 관한 사항(특수소송요건)

그 밖에, 소송계속중의 소, 병합의 소, 소송참가 등에 있어서는 각각 그 고유한 요건을 갖추어야 하며(⇒ 자세한 것은 제10편 복합소송 참조), 선행적 절차를 거치도록 되어 있는 때에는 그러한 절차를 거쳐야 하고(예컨대, 국가배상사건에 있어서 배상심의회의 결정; 국가배상법 9조), 제소기간이 정해진 경우 그 기간을 지킬 것(예컨대, 사해행위취소소송; 민법 406조 2항) 등이 적법한 소송이 되기 위한 특수소송요건이 된다. 이러한 각종의 특수소송요건은 각 그 해당부분에서 구체적으로 설명한다.

(예문) 제소기간이 도과한 후 소를 제기한 경우와, 소멸시효가 완성된 후 소를 제기한 경우는 어떤 차이가 있는가?

[제소기간은 절차법적인 소송요건(특수소송요건)에 관한 것이므로 법원이 그 도과여부를 직권으로 조사하여야 함에 반하여, 소멸시효는 실체법적인 권리소멸에 관한 것이므로 소멸시효기간이 완성되었는지 여부는(절대적 소멸설, 상대적 소멸설과 관계없이) 직권조사사항이 아니라 변론주의의 적용영역이다. 제소기간이 도과된 경우 소를 각하해야 하고, 소멸시효가 지난 경우 청구를 기각해야 한다.]

2. 조사방법에 따른 분류 3-4

조사방법에 따라 항변사항과 직권조사사항으로 분류할 수 있다.

(1) 항변사항

소송요건 중 공익과는 관계가 적고 대체로 당사자의 편의나 이익을 위한 것으로서 당사자가 임의로 처분할 수 있는 사항은 당사자의 항변이 있어야 법원이 조사를 할 수 있다. 이때의 항변을 방소항변이라고 한다. 예컨대, 임의관할(30조),[1] 중재합의의 존재(중재법 9조 1항), 소송비용 담보제공명령(117조 내지 119조)이 있음에도 담보를 제공하지 않은 것 등이 항변사항이다. 부제소합의, 소 또는 상소취하의 합의, 불상소합의 등의 존재도 항변사항이라는 견해도 있으나,[2] 판례는 부제소합의를 직권조사(판단)사항이라고 한다.[3]

---

1) 임의관할은 항변사항이 아니라 직권조사사항이라는 견해도 있다.
2) 이시윤, p.215.
3) 2013.11.28. 2011다80449.

"특정한 권리나 법률관계에 관하여 분쟁이 있어도 제소하지 아니하기로 하는 부제소합의가 있는 경우 이에 위배되어 제기된 소는 권리보호의 이익이 없고, 또한 당사자와 소송관계인은 신의에 따라 성실하게 소송을 수행하여야 한다는 신의성실의 원칙(민사소송법 제1조 제2항)에도 어긋나는 것이므로, 소가 부제소합의에 위배되어 제기된 경우 법원은 직권으로 소의 적법 여부를 판단할 수 있다." (2013.11.28. 2011다80449)

(2) 직권조사사항

당사자의 주장이나 항변을 기다릴 필요 없이 법원이 직권으로 조사하여 판단해야 하는 소송요건이 직권조사사항이다. 대부분의 소송요건이 이에 해당한다.

3-5 3. 존재형식에 따른 분류

존재형식에 따라 적극적 소송요건과 소극적 소송요건으로 분류할 수 있다.

(1) 적극적 소송요건

재판권, 관할권, 당사자능력 등 원고가 증명책임을 진다.

(2) 소극적 소송요건(소송장해)

중복제소, 재소, 중재합의, 기판력 저촉 등. 피고가 증명책임을 진다.

3절 소송요건에 대한 조사와 재판

1. 조사의 방법

3-6 (1) 항변사항

당사자가 그 불비를 주장하는 경우에만 법원이 조사를 한다. 항변사항인 임의관할(30조), 중재계약 존재의 항변(중재법 9조 2항) 등은 본안에 관한 최초 변론 전까지 하여야 한다.[4)]

3-7 (2) 직권조사사항

1) 항변사항을 제외한 대부분의 소송요건은 공익적 성격에 비추어 법원의 직권조사사항이다. 피고의 항변유무를 떠나서 조사하여야 하며, 피고가 이의를 하다가 철회하

4) 1996. 2.23. 95다17083.

여도 직권으로 조사를 하여야 한다. 소송요건의 존부에 의문이 있는 경우에는 법원은 직권으로 석명하여야 한다. 직권조사사항인 소송요건의 존부는 재판상 자백의 대상이 되지 않는다. 종중이 당사자인 사건에 있어서 그 종중의 대표자에게 적법한 대표권이 있는지의 여부는 소송요건에 관한 것으로서 법원의 직권조사사항이고 자백의 대상이 될 수 없다.[5] 소송요건의 흠결을 다투는 항변을 뒤늦게 제출하여도 실기한 공격방어방법이라고 하여 각하할 수 없다. 직권조사사항인 적극적 소송요건에 대한 증명책임은 본안판결을 받을 이익이 있는 원고에게 있다.[6] (*2016. 법원직. 직권조사사항인 소송요건에 대한 증명책임은 피고에게 있다(×))

2) 직권조사란 당사자의 항변이 없어도 법원이 직권으로 문제 삼아 판단한다는 것을 뜻하는 것으로, 판단의 기초가 되는 사실과 증거에 관한 직권탐지까지 하여야 하는 것은 아니다. 직권조사사항인 소송요건을 조사함에 있어 사실과 증거의 직권탐지가 필요한가에 대하여는 논란이 있다. 공익성의 정도를 기초로 하여 구분하려는 견해가 다수설이다. 소송요건의 구비여부는 당사자의 주장여부와 관계없이 법원이 직권으로 문제 삼아 판단하되, 그 사실자료 및 증거자료 수집은 당사자에게 맡기고 필요시 법원이 보충적으로 직권 증거조사를 하면 될 것이고, 소송요건의 조사를 위하여 법원이 사실과 증거의 직권탐지를 할 필요는 없다고 할 것이다.[7] 다만, 재판권과 같이 공익적 성격이 큰 소송요건은 직권탐지까지 하여야 한다는 견해도 다수 있다.

> "민법 제406조 제2항은 채권자취소의 소는 채권자가 취소원인을 안 날로부터 1년, 법률행위가 있은 날로부터 5년 내에 제기하여야 한다고 규정하고 있다. 위 기간은 특수소송요건에 해당하는 제소기간이라고 할 것이므로 법원은 위 기간의 준수 여부에 관하여 직권으로 조사하여 그 기간이 도과된 후에 제기된 채권자취소의 소는 부적법한 것으로 각하 하여야 할 것이다. 그러므로 그 기간준수 여부에 대하여 의심이 있는 경우에는 법원이 필요한 정도에 따라 직권으로 증거조사를 할 수 있음은 논하는 바와 같다고 할 것이지만, 법원에 현출된 모든 소송자료를 통하여 살펴보았을 때 그 기간이 도과되었다고 의심할 만한 사정이 발견되지 않는 경우에까지 법원이 직권으로 추가적인 증거조사를 하여 기간준수 여부를 확인하여야 할 의무는 없다고 할 것이다. 이 사건 기록을 자세히 살펴보면, 원고들이 이 사건 소 제기일로부터 역산하여 1년 전부터 이 사건 사해행위를 알고 있었다고 의심할 만한 어떠한 자료도 발견되지 아니하므로, 원심이 민법 제406조 제2항 소정의 1년의 제소기간이 도과되었는지의 여부를 판단하기 위하여 직권으로 증거조사를 하지 아니하였다고 하여 원심판결에 논하는 바와 같은 위법이 있다고 할 수 없다." (1996. 5.14. 95다50875)

---

5) 2002. 5.14. 2000다42908.
6) 1997. 7.25. 96다39301.
7) 1996. 5.14. 95다50875. 호문혁, p.329.

3) 직권조사사항에 대한 피고의 다툼은 법원의 직권발동을 촉구하는데 그치므로 그 주장에 대해 판단하지 아니하였다고 하여도 판단누락의 상고이유는 되지 않는다(*2010. 법원직).

4) 채권자가 채권자대위소송을 제기한 경우, 제3채무자는 채무자가 채권자에 대하여 가지는 항변권이나 형성권 등과 같이 권리자에 의한 행사를 필요로 하는 사유를 들어 채권자의 채무자에 대한 권리가 인정되는지 여부를 다툴 수 없지만, 채권자의 채무자에 대한 권리의 발생원인이 된 법률행위가 무효라거나 위 권리가 변제 등으로 소멸하였다는 등의 사실을 주장하여 채권자의 채무자에 대한 권리가 인정되는지 여부를 다투는 것은 가능하고, 이 경우 법원은 제3채무자의 주장을 고려하여 채권자의 채무자에 대한 권리가 인정되는지 여부에 관하여 직권으로 심리·판단하여야 한다.[8] 채권자대위소송에서 피보전채권의 존재는 채권자가 채무자의 소송담당자가 되어 제3채무자를 상대로 소송을 수행할 수 있는 소송요건이기 때문이다. 그러나 채권자대위소송에서 피보전채권이 존재하는지 여부에 관하여 법원이 그 판단의 기초자료인 사실과 증거를 직권으로 탐지할 의무까지는 없다(*2017. 법원직).

3-8 2. 존부판단의 기준시

(1) 원칙 - 사실심의 변론종결시

소송요건 존부에 대한 판단의 기준시점은 원칙적으로 사실심의 변론종결시를 기준으로 한다. 따라서 제소당시에는 소송요건을 갖추지 못하였더라도 사실심의 변론종결시까지 구비하면 적법한 소가 된다(종중이 비법인사단으로서의 요건인 조직, 단체성, 대표자를 갖추어야 당사자능력이 인정된다 할 것이고 이는 소송요건에 관한 것으로서 사실심의 변론종결시를 기준으로 판단하여야 한다는 내용).[9] 국가배상법 제9조의 규정에의하여 배상심의회의 결정을 거치거나 배상결정신청을 한 때부터 3월이 경과한 때라야 제소할 수 있다는 전치주의에 관한 제소요건을 갖추지 못한 채 본안판단을 한 원판결은 설사 대법원에서 3월이 경과되었다 하여도 위법하여 파기되어야 한다는 것이 판례의 입장이다.[10]

---

8) 2015. 9.10. 2013다55300.
9) 2013. 1.10. 2011다64607; 1991.11.26. 91다31661. [46]
10) 1977. 5.24. 76다2304(전원합의).

(2) 예 외

1) 상고심 심리종결시

사실심의 변론종결 후에 사정이 변경된 경우 상고심의 심리종결시까지 그러한 변경된 사정을 반영하여 소송요건을 판단하여야 하는 경우도 있다. 예컨대, 근저당권말소등기청구소송의 상고심절차 진행도중 근저당권이 다른 사유로 말소된 경우 소의 이익이 흠결되었으므로 소를 각하하여야 하고,[11] 해고무효확인의 소송이 상고심에 계속 중에 당연해직사유인 정년이 도과한 경우 해고무효확인의 소는 확인의 이익이 없게 된다.[12] 항소심판결 선고 후 채권압류 및 추심명령에 대한 압류해제 및 추심포기서가 제출되어 피압류채권의 채권자가 그 지급을 구하는 소를 제기할 수 있게 된 경우, 그 소송요건은 직권조사사항으로서 상고심에서도 그 치유를 인정하여야 한다.[13]

동일청구에 대한 확정판결의 존부(⇒ 3-18)에 관하여는 법원이 직권으로 조사하여야 하고, 상고심에서도 이를 주장하고 증명할 수 있다.[14]

2) 제 소 시

관할권의 존부는 제소시를 표준으로 한다(33조). (⇒ 4-42)

3. 조사의 순서 3-9

1) 소송요건에 대한 조사의 순서는 따로 정해진 것이 없다. 통상 재판권, 관할권 유무에 대하여 먼저 심리한 후 당사자능력, 소송능력 등의 순서로 조사한다. 권리보호요건과 당사자적격은 실체(본안)에 대한 심리가 상당히 진행된 후에 판단이 가능한 경우가 많은데, 이러한 경우에 소송요건인 권리보호요건과 당사자적격에 대한 판단에 앞서 본안에 대한 판단을 할 수 있는지가 문제된다(예컨대, 재판권 없는 피고에 대하여 본안에 대하여 심리하여 청구기각판결을 할 수 있나? 관할권 없는 피고에 대하여 본안에 대하여 심리하여 청구기각의 판결을 할 수 있나? 확인의 이익 없는 사안에 대하여 본안에 대해서 심리한 후 원고에게 확인을 구하는 권리가 없다는 이유로 청구기각의 판결을 할 수 있는가? 등이 문제된다).

2) 재판권 또는 관할권이 없는 피고에 대해서는 법원은 본안에 대해 심판할 수 없으므로 소 각하 판결을 해야 하며 본안에 대해 심리하여 청구기각의 판결을 할 수 없다는

---

11) 2003. 1.10. 2002다57904. [47]
12) 2004. 7.22. 2002다57362.
13) 2007.11.29. 2007다63362.
14) 1989.10.10. 89누1308. [48]

데 이론이 없다. 그러나 권리보호이익(확인의 이익)을 본안판결에 앞서 먼저 조사하여야 하는가에 대하여는 견해의 대립이 있다. 권리보호이익은 소송요건으로서 본안판결의 요건이기 때문에 본안판결에 앞서 먼저 조사하여야 한다는 견해[15]와 권리보호이익을 부진정소송요건으로 보아 권리보호이익의 존부에 앞서 또는 동시에 청구가 이유 없는 것으로 밝혀지는 경우 청구기각을 허용해야 한다는 견해[16]가 있다.

3-10 **4. 조사결과에 따른 재판**

1) 소송요건을 조사한 결과 요건이 구비된 경우 심리를 계속하여 본안에 대한 재판을 한다. 소송요건에 흠결이 있다는 내용의 본안전 항변이 제기된 경우에 중간판결(201조)을 통하여 또는 종국판결의 이유에서 본안전 항변을 배척하는 이유를 밝힌다. 소송요건이 불비 된 경우 소송경제 등의 요청에 의하여 보정 가능한 것이면 보정명령을 발하고(59조) 보정이 불가능한 경우에는 변론 없이 소각하 판결을 할 수 있다(219조). 관할위반인 경우에는 이송결정으로 관할이 있는 법원으로 이송한다(34조).

2) 소송요건의 흠을 간과한 판결에 대하여는 원칙적으로 확정 전에는 상소를 하여 다투고, 확정 후에는 재심사유에 해당하는 경우에 한하여 재심의 소를 제기할 수 있다. 재판권 없음을 간과하고 내린 판결은 무효이다(⇒ 8-63).

---

15) 이시윤, p.187.
16) 호문혁, p.318.

제2장 권리보호요건(소의 이익)

1절 총 설

1. 권리보호요건의 의의 3-11

당사자가 소장의 적식에 관한 요건을 갖추어 법원에 소송상 청구(소송물)의 당부 대하여 재판을 하여 달라고 신청하는 경우 법원은 언제나 본안(소송상 청구의 당부)에 대하여 심판을 하여야 하는 것은 아니다(예컨대 원고가 "6.25.는 북한군의 남침으로 인하여 발발한 전쟁임을 확인한다."는 소를 법원에 제기하는 경우에 법원이 소송상 청구의 당부(본안)에 대하여 심판을 할 필요가 있는지를 생각해 보라). 당사자가 주장하는 소송상 청구가 일정한 요건을 갖추어야 법원은 본안에 대하여 심판을 할 수 있도록 하고, 그렇지 않은 경우에는 본안(청구의 당부)에 대하여 심판하지 않고 소(재판의 신청) 자체를 각하할 수 있도록 하는 것이 합리적이며 법원을 설립하고 재판제도를 만든 취지에도 부합한다. 이때의 요건을 권리보호요건이라고 한다. 즉, 권리보호요건은 소송물에 대한 소송요건이다. 이러한 권리보호요건(소의 이익이라고도 한다)은 일반적 권리보호요건으로서 권리보호자격과 특수한 권리보호요건으로서 권리보호이익으로 구분된다.

권리보호요건(소의 이익)	권리보호자격(공통된 권리보호요건)
	권리보호이익(특수한 권리보호요건)

2. 권리보호요건과 당사자적격 3-12

소송요건 중에서 청구내용과 밀접하게 관련된 것이 권리보호요건과 당사자적격이다. 국민이 상대방을 지목하여 소송상 청구를 하며 그에 대한 재판을 요구할 때 국가가 아무런 제한 없이 모든 경우에 대하여 다 재판을 하여야 할 필요는 없으며, 국가의 재판제도를 통한 재판의 이익이 있는 경우에만 재판을 하도록 하는 것이 합리적이다. 이때 누가 어떠한 사항에 대하여 민사소송제도를 이용할 수 있도록 허용할 것인가를 결정하는 것이 당사자적격(⇒ 5-24)과 권리보호요건의 문제이며, 이는 민사소송제도의 운영과 관련하여 중요한 의미가 있다. 당사자적격은 민사소송제도를 이용할 자격을 당사자라는 주관적인 측면에서 정하는 것임에 비하여 권리보호요건은 그것을 소송상청구라는 객관적 측면에서 정하는 것으로 양자는 상호 밀접한 관련이 있다(확인의 소에서 당사자적격이 권리보호요건으로서의 확인의 이익에 수렴되는 현상이 생긴다). 당사자적격에 대해서는 5편에서 다루고, 본 장에서는 권리보호요건에 대해서만 설명하기로 한다.

3-13 3. 권리보호요건과 소송제도

권리보호요건은 소송상 청구가 소송제도를 이용하여 법원으로 부터 재판을 받을 수 있기 위해서 갖추어야 할 자격으로서, 이는 소송제도를 어떤 종류의 분쟁에 어느 범위 내에서 관여하도록 설계할 것인가에 대한 그 나라의 태도를 토대로 결정된다. 민사소송제도에 대한 입장은 원고, 피고, 법원에 따라 달라진다. 원고의 입장에서는 본안판결을 받지 못하면 그가 주장하는 실체법상의 권리를 재판을 통하여 보호 받을 길이 막히게 되므로 가급적 폭넓게 권리보호요건이 인정되는 것을 바란다. 피고의 입장에서는 무익한 소에 응소하는 번거로움에서 해방되어야 할 필요가 있으므로 반대의 입장에 있다고 할 수 있다. 법원의 입장에서는 국민의 재판청구권을 보장할 헌법적 임무와 재판할 이익이 없는 분쟁에 불필요하게 개입하여 사법자원을 낭비하지 말아야 할 필요성을 모두 고려하지 않을 수 없다.

4. 권리보호요건과 소권

권리보호요건은 소권과 밀접한 관계가 있다. 독일민사소송법과 이를 계수한 일본과 우리나라는 권리보호요건의 개념을 사용하여 소송제도를 이용하여 법원으로부터 소송상 청구에 대하여 재판을 받을 수 있는 자격을 규율하는데 비하여, 프랑스민사소송법은 로마법의 영향으로 그러한 것을 소권(action)의 개념을 사용하여 규율하고 있다.

3-14 **[소 권]**

(1) 소권의 의의

소권이란 법적분쟁에 대하여 법원에 신청하여 권리 또는 법률관계를 주장하고 당부에 대하여 심판을 받을 수 있는 권능을 말한다.[17] 로마법적 사고의 체계에 기초하여 전통적으로는 소권을 실체법적 권리의 부속물이라고 생각했다. 소권이란 미리 정해진 방식의 틀 속에 있는 것으로써 이 방식이 없으면 원고는 실체법상 권리를 행사할 수 없는 것이라고 여겼다. 예컨대, 불법행위에 기한 손해배상청구소권, 소유물반환청구소권 등의 소권이 없으면 실체법상 손해배상청구권, 또는 소유물반환청구권은 존재하지 않는다고 생각했다. 그러다가 차츰 소권은 실체법상 권리와는 구별되는 것으로 추상적이고 객관적인 심판청구권능으로 인식되게 되었다.

(2) 소권논쟁

소권의 법적 성격에 대해서 역사적으로 여러 가지 논란이 있어왔다. 소권을 실체법상의 권리 특히 사법상의 청구권(Anspruch)을 재판상 행사하여 실현할 수 있는 사권(私權)에 내재하는 힘이라고 보는 견해(사법적 소권설)도 있었으나, 이러한 생각은 소극적 확인의 소가 적법한 소의 유형으로 등장하면서 지지를 잃었다. 오늘날 소권은 사권과는 별개의 것으로 국가기관인 법원에 대하여 사법적 분쟁에 대한 재판을 청구할 수 있는 권능이라고 보는 견해(공법적 소권설)가 지배적이다. 이러한 소권에 관한 논쟁을 통하여 로마시대의 Actio에서 실체법상의 권리요소를 끌어내어 절차법과 실체법을 구분하게 되었으며, 권리보호요건으로서 권리보호자격과 권리보호이익의 개념이 확립되게 된 것이다.

> Digeste, 44, 7, 51 (학설휘찬 44, 7, 51)
>
> l'action n'est rien d'autre que le droit de demander au juge ce qui est dû.
>
> (소권은 법으로 주어진 것을 판사에게 청구할 수 있는 권리에 다름 아니다.)

(3) 소권의 현대적 의의

로마법의 유산인 소권(action)은 프랑스법계의 민사소송법에는 그에 대한 규정이 있으나 독일법계인 우리나라 민사소송법에는 그에 관한 규정이 없다. 소권과 가장 밀접한 개념이 권리보호요건이며, 권리보호요건을 관점을 달리하여 주관적으로 파악한 것이 곧 소권이라고 이해하면 될 것이다. 소권은 국민의 헌법상 기본권인 재판청구권에 근거하는 것이라고 할 수 있다. 권리보호요건을 지나치게 엄격하게 규정하는 것은 국민의 헌법상 기본권인 재판청구권의 발현인 소권에 대한 침해가 된다.

(4) 소권의 남용과 제재

소권을 남용한 경우 소송수행은 신의칙에 따른 것이라고 할 수 없으므로 신의칙 위반의 제재를 받는다(⇒1-11). 프랑스의 경우 소권 남용에 대한 제재의 수단으로 민사벌금(amende) 제도를 두고 있다.

2절 권리보호자격(각종 소에 공통된 권리보호요건)

소송물에 관한 소송요건으로서 각종 소에 공통된 권리보호요건을 권리보호자격[18] 이라고 한다.

3-15 1. 재판상 청구할 수 있는 법률상 쟁송으로서 구체적 사건성이 있을 것

(1) 재판상 청구할 수 있는 것

자연채무를 소로써 청구하는 것은 권리보호자격이 없다. 당사자의 일방적 의사표시에 의하여 행사할 수 있는 형성권(해제권, 해지권, 취소권, 상계권 등)을 행사하기 위하여 소를 제기하는 것(예컨대, '원고와 피고 사이의 매매계약을 해제한다'는 판결을 구하는 소)은 권리보호자격이 없다(이러한 경우는 일방적 의사표시로 형성권을 행사한 후 형성된 법률관계에 터 잡아 이행의 소나 확인의 소를 제기하여야 한다). 입법사항을 청구하는 것은 권리보호자격이 없다.

(2) 법률상 쟁송

어떤 종교단체가 특정 종교나 종파에 속하는지의 확인을 구하는 경우[19], 족보 기재사항의 변경이나 삭제를 청구하는 경우(족보 기재사항이 변경·삭제된다고 하여 혈연관계에 기초한 종중원자격이 변경·박탈되는 것이 아니므로),[20] 임야대장에 기재된 피고의 소유명의의 말소를 구하는 청구(부동산등기부와는 달리, 임야대장의 소유명의가 말소된다고 하더라도 소유관계에 관한 추정력이 생기는 것이 아니므로)[21] 등은 권리관계에 관한 법률상 쟁송이라

---

17) 우리 민사소송법은 소권이라는 개념을 직접 규정하는 조항을 두고 있지 않으나, 프랑스 민사소송법(CPC)은 소권(action)에 관한 조문을 두고 있다(CPC 30조, 31조). 프랑스 CPC는 전통적인 입장에서 소권을 심문을 받을 권리(droit de entendu)라고 규정한다.

18) 독일의 rechtsschutsfähig에서 온 말.

19) 1980. 1.29. 79다1124. (통일교나 그 유지재단이 기독교 종교단체인가의 확인 청구사건); 1984.10.17. 83다325. (특정사찰이 조계종에 속한다는 확인의 소).

20) 1992.10.27. 92다756.

21) 1979. 2.27. 78다913.

고 하기 어려우므로 권리보호자격이 없다.

(3) 구체적 사건성

법인정관의 무효확인을 구하거나(상이군경회 정관의 무효 확인을 구한 사안),[22] 추상적인 법령의 해석(예컨대, 소멸시효는 절대적 소멸설에 따라 판단하여야 함을 확인한다는 취지의 소)을 구하는 소, 단체 내부규정의 효력을 다투는 소[23] 등은 구체적 사건성이 결여되었으므로 권리보호자격이 없다.

2. 법률상 제소금지사유 또는 특별한 구제절차가 없을 것 3-16

(1) 제소금지사유

민사소송법이 정하는 중복소제기 금지(259조), 재소의 제기금지(267조 2항) 규정에 반하는 소가 제기되면 이는 권리보호자격이 없다. 스스로 금지한 소에 대하여 권리보호자격을 인정하는 것은 모순이기 때문이다.

(2) 특별한 구제절차

법이 권리구제에 관한 특별한 절차가 규정하고 있는 경우에는 우선적으로 그 절차에 따라야 하며, 그러한 경우 그 절차를 따르지 아니하고 제소를 하면 권리보호자격이 인정되지 않는다. 예컨대, 소송비용의 구체적인 금액은 당사자의 신청에 의하여 결정으로 정하도록 되어 있음(110조 이하)에도 별도로 소송비용청구의 소를 제기하는 것은 부적법하다(⇒ 8-26). 그 밖에 민사집행법에 따라 다툴 것(경매개시결정에 대한 이의 신청 및 결정에 대한 즉시항고)을 경매불허의 소로 청구하는 경우,[24] 회사설립등기의 말소는 비송사건절차법(234조)에 의하여야 하는데, 민사소송으로 소구하는 경우[25] 등이 이에 해당한다.

3. 당사자 사이에 부제소합의가 없을 것 3-17

1) 당사자 간에 분쟁해결에 소송을 이용하지 않는다는 부제소특약, 또는 중재합의(중재법 9조) 등이 있음에도 소를 제기한 경우에 권리보호자격이 문제된다. 판례는 초기에 민사소송에 있어서 소권은 국가에 대한 공권이므로 포기할 수 없다는 이유로 특약의

---

22) 1995.12.22. 93다61567.
23) 1992.11.24. 91다29026. [55]
24) 1987. 3.10. 86다152.
25) 1973. 6.12. 71다1915.

효력을 부정하였으나, 그 뒤에 태도를 바꾸어 특약에 위반하여 제기한 소는 권리보호요건을 갖추지 못한 것으로 보고 있다.[26] 사적자치의 원칙상 사인간의 분쟁에 있어서 그 분쟁의 해결절차에 관하여 당사자가 한 합의는 존중되어야 한다는 점에 있어서 원칙적으로 부제소특약에 위반하여 제소한 경우는 권리보효요건을 갖추지 못한 것이라고 할 것이다. 그러나 이는 여전히 헌법상 보장된 재판청구권의 포기로서의 의미도 갖는 것이므로, 합의 당사자가 처분할 수 있는 권리범위 내에서 특정한 법률관계에 한정된 합의여야 하고 그 합의 시에 예상할 수 있는 상황에 관한 것이어야 한다. 제소금지특약은 소송행위이므로 민법총칙의 착오에 의한 의사표시 취소 규정 등이 적용되지 않는다.

2) 부제소합의는 소송당사자에게 헌법상 보장된 재판청구권의 포기와 같은 중대한 소송법상의 효과를 발생시키는 것으로서 그 합의 시에 예상할 수 있는 상황에 관한 것이어야 유효하고, 그 효력의 유무나 범위를 둘러싸고 이견이 있을 수 있는 경우에는 당사자의 의사를 합리적으로 해석한 후 이를 판단하여야 한다. 따라서, 당사자들이 부제소합의의 효력이나 그 범위에 관하여 쟁점으로 삼아 소의 적법 여부를 다투지 아니하는데도 법원이 직권으로 부제소합의에 위배 되었다는 이유로 소가 부적법하다고 판단하기 위해서는 그와 같은 법률적 관점에 대하여 당사자에게 의견을 진술할 기회를 주어야 하고, 부제소합의를 하게 된 동기 및 경위, 그 합의에 의하여 달성하려는 목적, 당사자의 진정한 의사 등에 관하여도 충분히 심리할 필요가 있다. 법원이 그와 같이 하지 않고 직권으로 부제소합의를 인정하여 소를 각하하는 것은 예상외의 재판으로 당사자 일방에게 불의의 타격을 가하는 것으로서 석명의무를 위반하여 필요한 심리를 제대로 하지 아니하는 것이다.[27]

甲 보험회사의 자동차종합보험계약에 가입된 차량과 乙 보험회사의 자동차종합보험계약에 가입된 차량 사이에 발생한 교통사고에 관하여 자동차보험 구상금분쟁심의에 관한 상호협정에 따라 구성된 심의위원회가 조정결정을 하여 그 결정이 확정되었는데, 위 조정결정의 확정으로 甲 회사와 乙 회사 사이에 부제소합의가 성립한 것인지 문제 된 사안에서, 제반 사정과 관련 법리에 비추어 보면 부제소합의의 존재를 부정할 수밖에 없고, 설령 상호협정의 해석상 조정결정이 확정된 경우에 부제소합의가 성립된 것으로 볼 여지가 있다고 하더라도, 이는 상호협정의 당사자들이 재판청구권을 구체적인 분쟁이 생기기 전에 미리 일률적으로 포기한 것으로서 부제소합의 제도의 취지에 위반되어 무효라고 한 사례(대법원 2019. 8. 14. 선고 2017다217151 판결)

---

26) 1993. 5.14. 92다21760.
27) 2013.11.28. 2011다80449. [52]

4. 동일청구에 관하여 확정판결이 없을 것 3-18

1) 원고가 동일한 청구에 대하여 승소확정판결을 받았음에도 다시 동일한 소를 제기하는 경우 이미 권리보호를 받았기 때문에 후소는 권리보호자격(소의 이익)이 없으므로 소를 각하하여야 한다.[28] (*2018. 법원직) 그러나, 판결원본의 멸실 등으로 집행문을 부여받을 수 없는 경우,[29] 판결채권의 소멸시효가 완성되는 것을 방지하기 위하여 기존의 판결채권을 유지할 필요성이 있는 경우[30] 등은 다시 동일한 소를 제기할 권리보호자격이 인정된다.

> (…) 예외적으로 확정판결에 의한 채권의 소멸시효기간인 10년의 경과가 임박한 경우에는 그 시효중단을 위한 소는 소의 이익이 있다. 이는 승소판결이 확정된 후 그 채권의 소멸시효기간인 10년의 경과가 임박하지 않은 상태에서 굳이 다시 동일한 소를 제기하는 것은 확정판결의 기판력에 비추어 권리보호의 이익을 인정할 수 없으나, 그 기간의 경과가 임박한 경우에는 시효중단을 위한 필요성이 있으므로 후소를 제기할 소의 이익을 인정하는 것이다. 한편 시효중단을 위한 후소의 판결은 전소의 승소 확정판결의 내용에 저촉되어서는 아니 되므로, 후소 법원으로서는 그 확정된 권리를 주장할 수 있는 모든 요건이 구비되어 있는지에 관하여 다시 심리할 수 없으나, 위 후소 판결의 기판력은 후소의 변론종결 시를 기준으로 발생하므로, 전소의 변론종결 후에 발생한 변제, 상계, 면제 등과 같은 채권소멸사유는 후소의 심리대상이 된다. 따라서 채무자인 피고는 후소 절차에서 위와 같은 사유를 들어 항변할 수 있고 심리결과 그 주장이 인정되면 법원은 원고의 청구를 기각하여야 한다. 이는 채권의 소멸사유 중 하나인 소멸시효 완성의 경우에도 마찬가지이다. 이처럼 판결이 확정된 채권의 소멸시효기간의 경과가 임박하였는지 여부에 따라 시효중단을 위한 후소의 권리보호이익을 달리 보는 취지와 채권의 소멸시효 완성이 갖는 효과 등을 고려해 보면, 시효중단을 위한 후소를 심리하는 법원으로서는 전소 판결이 확정된 후 소멸시효가 중단된 적이 있어 그 중단사유가 종료한 때로부터 새로이 진행된 소멸시효기간의 경과가 임박하지 않아 시효중단을 위한 재소(재소)의 이익을 인정할 수 없다는 등의 특별한 사정이 없는 한, 후소가 전소 판결이 확정된 후 10년이 지나 제기되었다 하더라도 곧바로 소의 이익이 없다고 하여 소를 각하해서는 아니 되고, 채무자인 피고의 항변에 따라 원고의 채권이 소멸시효 완성으로 소멸하였는

---

28) 1979. 9.11. 79다1275. 기판력의 본질을 반복금지로 보는 경우에는 승패를 떠나 기판력 있는 판결이 존재하지 않는 것이 권리보호요건에 해당한다(⇒ 8-41).

29) 1981. 3.24. 80다1888,1889.

30) 2001. 2. 9. 99다26979: 2018. 7.19. 2008다22008(전원합의). [49] 승소 확정판결을 받은 당사자가 그 상대방을 상대로 다시 동일한 청구의 소를 제기하는 경우 그 후소는 권리보호의 이익이 없어 부적법하나, 예외적으로 확정판결에 의한 채권의 소멸시효기간인 10년의 경과가 임박한 경우에는 그 시효중단을 위한 소는 소의 이익이 있다(다수의견). 다수의견은 판결로 확정된 채권이 변제 등으로 만족되지 않는 한 시효로 소멸되는 것은 막아야 한다는 것을 당연한 전제로 하고 있는데, 이는 채권의 소멸과 소멸시효제도를 두고 있는 민법의 기본 원칙과 확정판결의 기판력을 인정하는 민사소송의 원칙에 반한다(반대의견). 한편, 대법원은 2018.10.18. 2015다232316(전원합의)에서 이미 확정판결로 확정된 채권의 시효중단을 위한 재판상의 청구가 있다는 점에 대하여서만 확인을 구하는 형태의 확인의 소를 제기할 수 있다고 판시하였다(⇒ 2-51).

지에 관한 본안판단을 하여야 한다.[31]

2) 패소확정판결을 받은 당사자가 전소의 상대방을 상대로 다시 전소와 동일한 청구의 소를 제기하는 경우에는 그와 모순된 판결을 할 수 없으므로 전소판결의 판단을 원용하여 청구기각의 판결을 하여야 한다는 것이 판례이다.[32] 이는 기판력의 본질을 모순금지로 이해하기 때문이다. 그러나, 기판력의 본질을 모순금지로 보되, 패소확정판결을 받은 당사자가 동일한 소를 제기하는 경우에도 승소확정판결을 받은 당사자가 동일한 소를 제기하는 경우와 마찬가지로 권리보호자격이 없으므로 소를 각하하는 것이 타당하다(⇒ 상세한 것은 8-41).

3-19 5. 신의칙에 위반된 제소가 아닐 것

신의칙에 반하는 소제기는 권리보호의 가치가 없어 권리보호자격이 없다는 것이 통설, 판례이다(⇒ 1-11).

3절 권리보호이익(각종의 소에 특수한 권리보호요건)

각종의 소에 특수한 권리보호요건을 권리보호이익[33]이라고 한다. 이행의 소, 확인의 소, 형성의 소는 각 그 종류의 소에 특수한 권리보호요건을 갖추어야 적법한 소가 된다.

3-20 1. 이행의 소

이행의 소는 현재이행의 소와 장래이행의 소로 나누어 권리보호의 이익을 검토할 필요가 있다.

3-21 (1) 현재이행의 소

(예문) 1) 甲을 乙에게 금 1,000만원을 대여하여 주었고 그 반환기가 도래하였다. 乙이 채무를 다투지 않는 경우에도 甲이 乙을 상대로 1,000만원 반환청구의 소를 제기하는 것이 권리보호의 이익이 있는가?

31) 2019. 1.17. 2018다24349. [220]
32) 1989. 6.27. 87다카2478; 2009.12.24. 2009다64215.
33) 독일의 Rechtsschutsinteress에서 온 말.

2) 甲 명의에서 乙, 丙, 丁으로 순차 명의이전등기가 경료 되었다. 甲이 丁을 상대로 乙과 丙을 순차 대위하여 丙에서 丁으로 소유권이전등기가 경료된 것은 무효라고 주장하면서 소송을 한 결과 청구기각판결이 선고되었고 확정되었다. 그런 상황에서 甲이 乙과 丙을 상대로 소유권이전등기말소등기청구의 소를 제기할 권리보호의 이익이 있는가?

1) 원고가 현재 이행기에 도래한 청구권을 주장하면서 소로써 그 이행을 구하는 것이 현재이행의 소이다. 원고의 주장 자체를 놓고 권리보호의 이익을 판단하는 것이므로, 원고가 이행기가 도래했다고 주장하면서 현재이행의 소를 제기하는 경우 별다른 문제없이 권리보호이익이 인정된다(예외적으로 당사자적격이 인정되지 않는 경우에 대해서는 ⇒ 5-26). 심리과정에서 원고가 주장하는 청구권이 이행기가 도래하지 않은 것으로 밝혀지면 원고의 청구를 기각한다. 현재이행의 소에서 원고의 청구를 인용할지 기각할지의 기준이 되는 기준시점은 제소시가 아니라 사실심 변론종결시이다.

2) 상대방이 채무의 존재에 대하여 다투지 않더라도 집행권원을 얻기 위한 실익이 있으므로 권리보호이익이 있다. 이행판결을 받아도 이행이나 집행이 불가능한 경우(예컨대 금전지급청구의 소에서 채무자가 무자력인 경우)에도 채권자는 집행권원을 확보하여 후일에 대비할 필요가 있으므로 소의 이익이 인정된다. 그러나, 이행을 구하는 아무런 실익이 없어 법률상 이익이 부정되는 경우까지 소의 이익이 인정된다고 볼 수는 없으며, 의사의 진술을 명하는 판결은 의사의 진술이 있더라도 아무런 법적 효과가 발생하지 아니할 경우 소의 이익이 없다.[34] 피고에게 자발적 이행의 의사가 있는지 여부, 원고가 제소 전에 이행의 최고를 하였는지 여부는 권리보호이익 판단에 영향이 없다.

3) 여러 명에게 순차로 이전된 소유권이전 등기의 말소를 구하는 경우에 최종 등기명의인에 대한 말소등기 청구에 대한 패소 판결이 확정되었다고 하여 중간명의인 들에 대한 말소등기청구의 권리보호이익이 없다고 할 수 없다.[35](*2017. 법원직) 최종명의인이 자발적으로 말소에 응하는 경우도 있을 수 있기 때문이다.

---

34) 2016. 9.30. 2016다200552. [51] 피고가 피고를 대표하는 복지기금협의회 위원들에게 회의 소집을 요구하고 의안에 찬성할 것을 지시하는 의사의 진술을 구하는 이 사건 소는 피고가 위 협의회 위원들에게 회의 소집 및 의안 찬성을 요구하거나 지시한다고 하여 그 위원들이 피고의 요구나 지시에 따를 법적 의무가 있다거나 거기에 기속된다고 볼 수 없어 승소판결이 확정되어 의사의 진술이 간주되더라도 무슨 법적 효과가 생길 것이 없으므로 소의 이익이 없다는 내용.

35) 1998. 9.22. 98다23393.

4) 일부청구의 경우, 명백히 소송제도의 남용이라고 인정되는 소액분할 청구는 명문으로 금지되어 있으므로 권리보호이익이 없으나(소액심판법 5조의 2), 그 이외의 경우에는 소권남용이라고 볼 특별한 사정이 없다면 권리보호이익이 인정된다.[36](일부청구를 부정하는 견해도 있음)

3-22 (2) 장래이행의 소

건물 소유자 甲이 乙에게 2015. 6. 30. 건물을 임대차 기간을 2017. 6. 30.까지로 정하여 임대하여 주었다. 甲은 기간이 만료하면 즉시 건물을 인도받고자 하는데 기간이 만료되어도 乙이 인도하여 주지 않을 것이 걱정되어 서둘러 판결을 받아 기간 만료 후 즉시 강제집행을 하고자 한다.

(문 1) 甲이 2017. 1. 1. 乙을 피고로 하여 "피고는 원고에게 건물을 인도하라"는 소를 제기하였다. 이 소는 적법한 소인가? 위 소에 대한 심리가 이루어져 2017. 5. 30. 사실심 변론이 종결된 경우와 2017. 7. 5. 사실심 변론이 종결된 경우 어떤 차이가 있는가?

(문 2) 甲이 2017. 1. 1. 乙을 피고로 "피고는 원고에게 2017. 7. 1. 건물을 인도하라"는 소를 제기하였다. 이 소는 적법한 소인가? 권리보호의 이익(미리 청구할 필요)이 있는가? 위 소에 대한 심리가 이루어져 2017. 5. 30. 사실심 변론이 종결되었다. 법원은 어떤 판결을 하여야 하는가? 2017. 7. 30. 사실심 변론이 종결된 경우는?

(문 3) 甲이 乙에 대하여 2017. 5. 1. "피고는 원고에게 2017. 7. 1. 건물을 인도하라" 는 판결을 받았고 그 판결이 2017. 5. 30. 확정되었다. 甲은 어떤 절차를 통하여 2017. 7. 1. 건물을 강제로 인도 받을 수 있는가?

———+————+————————+—————+——————+——————
이행기 소제기 이행기 변론종결 이행기

제251조 (장래의 이행을 청구하는 소)
장래에 이행할 것을 청구하는 소는 미리 청구할 필요가 있어야 제기할 수 있다.

1) 의 의

이행기가 도래하지 아니한 청구권을 소송상청구로 하여 장래에 이행할 것을 명하는 판결을 구하는 소를 장래이행의 소라고 한다. 제소당시에는 이행기가 도래하지 아니하여 장래이행의 소를 제기하였더라도 변론이 종결되기 전에 이행기가 도래한 경우에는

36) 손해배상사건에 있어서 법원의 감정 결과를 토대로 장래에 청구를 확장하기로 하고 명시적으로 일부청구하는 것이 일반적인 실무의 예이다.

현재이행의 소로 된다(문2 참조). 제소당시 이행기가 도래하지 않았더라도 변론종결 전에 이행기가 도래할 것을 고려하여 현재이행의 소를 제기할 수도 있다(문1 참조). 장래이행의 소가 적법한 소가 되려면 장래에 이행할 청구권을 대상으로 하여야 하며, 미리 청구할 필요가 있어야 한다.

2) 장래에 이행할 청구권(대상적격) 3-23

장래에 이행할 청구권에는 기한부 청구권, 정지조건부 청구권, 청구의 토대가 이미 성립한 장래에 발생할 청구권(예, 무단점유 계속으로 인한 장래의 부당이득반환청구권, 장래에 발생할 지연손해금, 계속적 불법행위로 인해 장래 발생할 손해배상청구권 등) 등이 있다. 장래 손해배상청구권의 성립 여부, 배상의 범위, 액수 등이 유동적일 수밖에 없어 현재 명확한 기준에 의해 손해의 변동 상황을 파악할 수 없는 경우에는 장래이행의 소의 대상으로서의 청구적격이 없어 각하되어야 한다(장차 지급받게 될 퇴직금에 대하여 중간이자를 공제한 현가로 환산하여 즉시 지급하여 줄 것을 주장한 사안에서 즉시이행은 물론 장래이행으로서도 용인할 수 없다고 판시한 사례).[37] 장차 이행의무가 현실화된 때에 다시 그 존부 등이 문제될 여지가 있는 이행청구권은 장래이행의 소의 대상이 되지 못한다.[38] 국토이용관리법상의 규제구역 내의 토지에 대하여 허가를 잠탈할 목적없이 허가받을 것을 전제로 체결한 거래계약은 유동적무효로서 허가가 있기 전에는 아무런 효력이 없으므로 허가가 있을 것을 조건으로 하여 소유권이전등기절차의 이행을 구하는 것은 인용될 수 없다.[39] 채권을 양수하기는 하였으나 아직 양도인에 의한 통지 또는 채무자의 승낙이라는 대항요건을 갖추지 못하였다면 채권양수인은 현재는 채무자와 사이에 아무런 법률관계가 없어 채무자에 대하여 아무런 권리주장을 할 수 없기 때문에 채무자에 대하여 채권양도인으로부터 양도통지를 받은 다음 채무를 이행하라는 청구는 장래이행의 소로서의 요건을 갖추지 못하여 부적법하다.[40]

3) 미리 청구할 필요 3-24

미리 청구할 필요가 인정되지 않는 경우 장래이행의 소는 소의 이익이 인정되지 않는다. 어떠한 경우에 미리 청구할 필요가 있다고 할 것인가가 문제인데, 이행채무의 성질 등을 기초로 구체적 사안에 따라 결정되어야 한다. 채무의 성질이 이행이 제때에 이루어지지 않으면 채권 본래의 목적을 달성할 수 없는 정기행위(민법 545조)인 경우,

---

37) 1991. 6.28. 90다카25277.

38) 강수미, “장래 이행의 소에 관한 소송법적 검토”, 「민사소송」, 제11권 제2호(2007), 101면.

39) 1991.12.24. 90다12243(전원합의). [50]

40) 1992. 8.18. 90다9452,9469(참가).

이행지체가 되면 회복할 수 없는 손해가 발생하는 경우, 장래 자발적 이행을 기대하기가 어려운 경우 등에 미리 청구할 필요가 인정될 것이다. 현재 이행기가 도래한 부분에 대하여 불이행한 결과 장래의 부분도 이행을 기대하기 어려운 경우, 의무자가 미리 의무의 존재를 다투기 때문에 이행기에 이르거나 조건이 성취되어도 즉시 이행을 기대할 수 없음이 명백한 때(이행보증보험계약에 있어서 구상금채권의 존부에 대하여 다툼이 있어 보험자가 피보험자에게 보험금을 지급하더라도 보험계약자 등의 채무이행을 기대할 수 없음이 명백한 경우 장래 이행보증보험금지급을 조건으로 미리 구상금지급을 구하는 장래이행의 소가 적법하다고 본 사례)[41] 등에는 미리 청구할 이익이 인정된다. 채무자가 이행을 하지 않겠다는 명시적 의사표시를 한 경우는 물론, 채무자의 태도로 보아 채무자가 이행하지 않으려 한다는 결론을 얻을 수 있는 경우이면 된다.[42]

채권담보의 목적으로 부동산에 관하여 가등기가 경료된 경우 채무자는 자신의 채무를 먼저 변제하여야만 비로소 그 가등기의 말소를 구할 수 있는 것이기는 하지만, 채권자가 그 가등기가 채권담보의 목적으로 된 것임을 다툰다든지 피담보채무의 액수를 다투기 때문에 장차 채무자가 채무를 변제하더라도 채권자가 그 가등기의 말소에 협력할 것으로 기대되지 않은 경우에는 피담보채무의 변제를 조건으로 가등기를 말소할 것을 미리 청구할 필요가 있다.[43] 원고가 양도담보로 제공된 부동산의 피담보채무 전액을 변제하였음을 내세워 피고 명의의 소유권이전등기 등의 말소를 청구하면서 그가 원리금이라고 주장하는 금액을 변제 혹은 변제공탁하였으나 변제충당 방법과 이자계산 등에 관한 견해차이로 채무 전액을 소멸시키지 못하고 잔존채무가 있음이 밝혀진 경우 원고의 위 청구 중에는 확정된 잔존채무의 변제를 조건으로 위 각 등기의 말소를 청구하는 취지도 포함되었다고 할 것이고, 이는 장래이행의 소로서 피고가 위 각 등기는 대물변제에 기한 것이지 담보가 아니라고 다투고 있는 경우에는 미리 청구할 이익도 있다고 할 것이다. 따라서 피고에게 원고로 부터 잔존채무 및 이에 대한 완제일까지의 지연손해금을 변제 받는 것을 조건으로 위 각 등기의 말소를 명한 원판결은 정당하다.[44]

"(…) 원심이 이 사건 근저당권의 피담보채무가 전액 변제되어 소멸되었음을 이유로 하는 원고의 이 사건 청구를 단순히 배척한 제1심판결을 그대로 유지한 조치는 다음과 같은 이유로 수긍할 수 없다. 원고가 피담보채무 전액을 변제하였다고 주장하면서 근저당권설정등기에 대한 말소등기절차의 이행을

41) 2004. 1.15. 2002다3891.
42) 2004. 1.15. 2002다3891.
43) 1992.7 .10. 92다15376,15383.
44) 1981. 9.22. 80다2270. [54]

청구하였으나 그 원리금의 계산 등에 관한 다툼 등으로 인하여 변제액이 채무 전액을 소멸시키는데 미치지 못하고 잔존채무가 있는 것으로 밝혀진 경우에는 특별한 사정이 없는 한 원고의 청구 중에는 확정된 잔존채무를 변제하고 그 다음에 위 등기의 말소를 구한다는 취지도 포함되어 있는 것으로 해석함이 상당하고, 이는 장래 이행의 소로서 미리 청구할 이익도 인정된다고 할 것이다(대법원 1981. 9. 22. 선고 80다2270 판결 등 참조). 따라서 원심으로서는 이 사건 근저당권설정등기의 피담보채무 중 잔존원금 및 지연손해금의 액수를 심리·확정한 다음, 그 변제를 조건으로 이 사건 근저당권설정등기의 말소를 명하였어야 한다고 할 것이다." (2008. 4.10. 2007다83694)

이행기에 이르거나 조건이 성취될 때에 채무자의 무자력으로 말미암아 집행이 곤란할 경우 또는 이행불능에 빠질 사정이 있다는 것만으로는 미리 청구할 필요가 있다고 할 수 없다.[45] 채무의 이행기가 장래에 도래하는 것뿐만이 아니라 의무불이행 사유가 그때까지 계속하여 존속한다는 것을 변론종결당시에 확정적으로 예정할 수 있는 것이 아니면 장래의 이행을 명하는 판결을 할 수 없다(피고시에 대하여 임료상당 부당이득금반환청구를 인용하면서 그 변제기가 도래한 이후의 시점인 1986.7.11.부터 원고가 구하는 1990.6.10.까지의 부당이득금청구를 인용한 것은 그 시기 이전에 피고가 이 사건 토지를 수용하거나 도로폐쇄조치를 하여 점유사용을 그칠 수도 있고 원고가 위 토지를 계속하여 소유하지 못할 수도 있는 점 등에 비추어 타당하지 않다고 판시).[46]

4) 현재이행의 소와 장래이행의 소의 병합청구 3-25

원금의 지급청구에 병합하여 원금을 다 갚을 때까지의 장래의 지연손해금을 청구하거나, 건물 등의 명도청구에 그 명도에 이르기까지의 장래의 임료 상당의 손해배상청구를 병합하는 것도 가능하며, 병합청구하는 것이 일반적이다. 본래의 목적물에 대한 인도청구와 장래 그 청구가 집행불능이 될 것에 대비하여 이에 갈음하는 대상청구를 병합하는 것도 소송경제에 부합하고 피고의 이익을 해하지 않기 때문에 가능하다는 것이 통설이다.

5) 장래이행판결의 강제집행

장래이행판결은 그 판결을 집행권원으로 하여 집행문을 부여받아 강제집행을 한다. 불확정기한의 도래는 집행문부여의 요건이며(민집 30조 2항), 확정기한의 도래는 집행개시의 요건(민집 40조 1항)이다(이에 대한 상세한 것은 민사집행법의 강의대상이다).

---

45) 2000. 8.22. 2000다25576.
46) 1987. 9.22. 86다카2151. [53]

3-26 ## 2. 확인의 소

전통적으로 이행의 소만을 인정하다가 새로운 소의 유형으로 확인의 소를 받아들임에 있어서 가장 문제가 되었던 것은 확인의 소를 통하여 청구할 수 있는 확인의 대상과 확인의 이익을 어떻게 적절히 제한할 것인가 하는 것이었다. 권리보호의 이익이라는 개념이 주로 확인의 소와 관련하여 문제가 되는 이유이다. 확인의 소가 적법한 소가 되려면 현재의 법률관계를 대상으로 하여야 하고, 확인의 이익(즉시확정의 법률상 이익)이 있어야 한다.

3-27 ### (1) 확인의 대상

확인의 소는 현재의 법적 분쟁을 유효적절하게 해결할 것을 목표로 하므로 원칙적으로 현재의 권리의무 또는 법률관계를 대상으로 한다.

1) 현재의 관계

과거의 권리관계의 존부는 확인의 대상이 아니다. 예컨대, 직위해제 및 면직무효확인소송 중 임용기간이 만료된 경우에는 원칙적으로 과거의 권리관계가 되므로 확인의 이익이 없다.[47]

[다수의견] 구 사립학교법(1990. 4. 7. 법률 제4226호로 개정되기 전의 것) 제53조의2 제2항의 규정에 의하여 기간을 정하여 임용된 사립학교 교원이 임용기간 만료 이전에 해임·면직·파면 등의 불이익 처분을 받은 후 그 임용기간이 만료된 때에는 그 불이익 처분이 무효라고 하더라도 학교법인의 정관이나 대학교원의 인사규정상 임용기간이 만료되는 교원에 대한 재임용의무를 부여하는 근거규정이 없다면 임용기간의 만료로 당연히 교원의 신분을 상실한다고 할 것이고, 따라서 임용기간 만료 전에 행해진 직위해제 또는 면직 처분이 무효라고 하더라도 교원의 신분을 회복할 수 없는 것으로서 그 무효확인청구는 과거의 법률관계의 확인청구에 지나지 않는다고 할 것이며, 한편 과거의 법률관계라 할지라도 현재의 권리 또는 법률상 지위에 영향을 미치고 있고 현재의 권리 또는 법률상 지위에 대한 위험이나 불안을 제거하기 위하여 그 법률관계에 관한 확인판결을 받는 것이 유효 적절한 수단이라고 인정될 때에는 그 법률관계의 확인소송은 즉시확정의 이익이 있다고 보아야 할 것이고, 또 이렇게 보는 것이 확인소송의 분쟁해결 기능과 분쟁예방 기능에도 합치하는 것이라 할 것이지만, 직위해제 또는 면직된 경우에는 징계에 의하여 파면 또는 해임된 경우와는 달리 공직이나 교원으로 임용되는 데에 있어서 법령상의 아무런 제약이 없을 뿐만 아니라, 현행 사립학교법과 같이 교원의 임기 만료시에 교원인사위원회의 심의를 거쳐 당해 교원에 대한 재임용 여부를 결정하도록 하는 의무규정도 없었던 구 사립학교법 관계하에서 임기가 만료된 사립학교 교원에 대하여는 위와 같은 전력이 있으면 공직 또는 교원으로 임용되는 데에 있어서 그러한 전력이 없는 사람보다 사실상 불이익한 장애사유로 작용한다 할지라도 그것만으로는 법률상의 이익이 침해되었다고는 볼 수 없으므로 그 무효확인을 구할 이익이 없다.

---

47) 2000. 5.18. 95재다199(전원합의). [56]

[반대의견] 구 사립학교법(1990. 4. 7. 법률 제4226호로 개정되기 전의 것) 제53조의2 제2항의 규정에 의하여 기간을 정하여 임용된 교원이 임용기간 만료 이전에 해임·면직·파면 등의 불이익처분을 받은 후 그 임용기간이 만료된 때에는 그 불이익처분이 무효라고 하더라도 학교법인의 정관이나 대학교원의 인사규정상 임용기간이 만료되는 교원에 대한 재임용의무를 부여하는 근거규정이 없다면 임용기간의 만료로 당연히 교원의 신분을 상실한다는 점은 다수의견이 지적하는 바와 같고, 따라서 임용기간 만료 전에 행해진 직위해제 및 면직 처분의 무효확인청구는 교원 신분의 회복이라는 측면에서는 과거의 법률관계의 확인청구에 불과하여 더 이상 확인의 이익이 없게 되었다고 할 수 있으나, 다수의견도 시인하고 있듯이 과거의 법률관계라 할지라도 현재의 권리 또는 법률상 지위에 영향을 미치고 있고 현재의 권리 또는 법률상 지위에 대한 위험이나 불안을 제거하기 위하여 그 법률관계에 관한 확인판결을 받는 것이 유효적절한 수단이라고 인정될 때에는 그 법률관계의 확인소송은 즉시 확정의 이익이 있다고 보아야 할 것인데, 직위해제 및 면직 처분의 존속은 임용기간이 만료된 교원이 누릴 수 있는 재임용에 관한 절차적인 권리를 침해하는 것일 뿐만 아니라, 그의 사회적인 명예를 손상하고 나아가 그가 교원으로 다시 임용되는 데 있어서도 불이익한 장애사유로 작용하여 그의 인격적 이익에 관한 권리나 교원으로 임용될 수 있는 법률상의 지위에도 현실적으로 영향을 미치고, 위와 같은 권리 또는 법률상의 지위에 대한 위험이나 불안은 위 직위해제 및 면직 처분에 대하여 무효확인을 받음으로써만 근본적으로 제거될 수 있으므로 그 무효확인청구는 이 점에서 즉시 확정의 이익이 있다.
(2000. 5.18. 95재다199(전원합의체) [직위해제및면직무효확인청구]) [56]

이미 말소된 근저당권설정등기의 무효확인, 협의이혼으로 이미 해소된 혼인관계에 대하여 명예회복의 방편으로 구하는 혼인무효확인청구, 과거 특정시점의 채무부존재확인의 소 등은 모두 과거의 법률관계의 확인을 구하는 것으로서 확인의 이익이 없다.

2) 법률관계

사실관계의 확인을 구하는 것은 확인의 대상이 아니다. 예컨대, 원고가 김해김씨 ○○종중의 종손이라는 확인, 원고가 전국여성단체연합회의 회장이라는 확인은 구체적 권리의무관계가 아닌 사실관계의 확인을 구하는 것으로서 확인의 대상이 아니다. 다만, 증서의 진정여부를 확인하는 소(250조)는 법이 특별히 인정하므로 사실관계이기는 하나 확인의 소의 대상이 된다.

원고와 피고 당사자 사이의 권리관계가 아니라 타인 간의 권리관계라고 하여도 자기의 권리관계에 대한 불안이나 위험을 제거할 수 있는 유효하고 적절한 수단이 되는 경우에 확인의 소의 대상이 된다(예컨대, 2번 저당권자가 1번 저당권자와 담보물의 소유권자를 상대로 1번 저당채무의 부존재확인을 구하는 경우: ⇒ 5-25).

3) 확인의 취지고려

청구취지의 문언만으로 확인을 구하는 대상이 현재의 법률관계에 관한 것인지를 판단할 것이 아니라 확인을 구하는 취지를 종합적으로 고려하여야 한다.

(예문 1) "원고와 피고가 2002. 3. 3. 체결한 매매계약은 무효임을 확인한다."고 청구하는 경우 확인의 이익이 있는가? 2002. 3. 3. 매매계약은 과거의 법률관계 아닌가?

[2002. 3. 3.자 매매계약에 따른 현재의 법률관계(채권채무관계)가 부존재 한다는 확인을 구하는 취지로 보아 소의 이익이 인정할 수 있다.[48] 정확한 표현은 "2002. 3. 3.자 매매계약에 따른 ○○권리(또는 의무)는 부존재 한다는 확인을 구함"이다.]

(예문 2) "원고와 피고 명의로 되어 있는 2002. 3. 3.자 매매계약서는 위조된 것임을 확인한다."라는 청구가 가능한가?

[매매계약서가 위조된 것인지 여부를 확인하는 것은 과거의 사실관계에 대한 확인으로서 원칙적으로 확인의 소의 대상이 될 수 없으나, 확인판결에 의하여 보호되어야 할 원고의 권리 또는 법적 지위의 위험 또는 불안이 오로지 그 서면의 진부에 걸린 경우에는 예외적으로 증서진부확인의 소(250조)로서 인정된다.]

3-28 (2) 확인의 이익(즉시확정의 법률상 이익)

확인의 소에서 특별히 요구되는 권리보호이익을 확인의 이익이라고 한다. 민사소송법은 독일민사소송법 256조와 달리 확인의 이익을 소송요건으로 한다는 점에 대한 특별한 규정을 두고 있지 않으나, 확인의 이익이 확인의 소에 있어서 권리보호요건이 된다는 점에 대하여 이론이 없다. 확인의 소는 그 확인의 대상이 다른 종류의 소에 비하여 매우 넓어 적절히 제한할 필요가 더 크므로 확인의 이익을 소송요건으로 한다.[49] 권리나 법률관계의 존부에 대한 법적불안이 존재하고 법원이 판결로 이를 즉시확정하는 것이 유효하고 적절한 수단인 경우 확인의 이익이 인정되며, 이를 보통 즉시확정의 법률상 이익이라고 한다.

1) 법적불안의 존재

상대방이 원고의 권리를 부인하거나 양립하지 않는 주장을 하는 경우 법적 불안이 있다고 할 수 있다. 보험계약의 당사자 사이에 계약상 채무의 존부나 범위에 다툼이 있는 경우 그로 인한 법적 불안을 제거하기 위하여 보험회사는 먼저 보험수익자를 상

48) 1966. 3.15. 66다17.

49) 확인의 이익은 독일 민사소송법 256조 1항이 정하는 '즉시 확정의 법률상 이익'과 같은 것이라고 설명하는 것이 일반적이다.

대로 소극적 확인의 소를 제기할 확인의 이익이 있다.[50] 임야가 임야대장에도 등재되어 있지 아니하고 소유권보존등기 되어 있지 않은 경우에 국가를 상대로 소유권확인의 소를 제기하여 확인판결을 받은 후 소유권보존등기를 하는 것이 유일한 방법이므로 국가가 원고의 소유권을 다투지 않아도 확인의 이익이 인정된다.[51] 근저당권 실행을 목적으로 하는 경매에서 목적물에 대하여 유치권을 주장하는 이가 있을 경우에 근저당권자가 그 점유자를 상대로 유치권부존재확인의 소를 제기할 확인의 이익이 있다.[52] 한약조제시험을 통하여 약사에게 한약조제권을 인정함으로써 한의사의 영업상의 이익이 감소되어도 이는 사실상의 이익에 불과하고 법률에 의하여 보호되는 이익이 아니므로 한의사가 제기한 한약조제시험무효확인의 소는 소의 이익이 없다.[53]

2) 불안해소에 유효적절한 수단

확인의 소를 제기하는 것이 법적불안해소에 유효적절한 수단이어야 한다. 예컨대, 이행의 소를 바로 제기할 수 있는 데 이행청구권 자체에 대한 확인의 소를 제기하는 것은 원칙적으로 허용되지 않는다.[54] 이행을 청구하는 소를 제기할 수 있는데도 불구하고, 확인의 소를 제기하는 것은 분쟁의 종국적인 해결 방법이 아니어서 확인의 이익이 없다(이사건 자동차들이 이사건 아파트 단지 내로 출입·통행 및 주차할 수 있음의 확인을 청구하는 부분은 원고가 위 확인청구와 별도로 이 사건 자동차들의 이 사건 아파트 단지 내로 출입·통행 및 주차에 대한 방해 금지를 청구하고 있어 위 이행청구로써 위 확인청구의 목적을 직접 달성할 수 있는 이상 확인의 이익이 없어 부적법하다고 한 사안).[55] 이를 확인의 소의 보충성이라고 한다. 그러나 기본적 권리관계로부터 파생하는 청구권에 기한 이행의 소가 가능하더라도, 기본적 권리관계 자체에 대한 확인의 소는 불안해소의 유효적절한 수단으로서 가능하다(예컨대, 지배권인 소유권의 침해를 주장하는 원고는 소유권에 기한 소유물반환청구의 소나 소유권침해에 따른 손해배상청구 등 이행의 소를 제기하는 것이 가능한 경우라고 하더라도, 보다 근본적으로 소유권자체의 확인을 구하는 소를 제기할 소의 이익이 있다.[56] 그러나 소유물반환

---

50) 2021. 6.17. 2018다257958,257965(전원합의). 보험수익자가 보험회사에 절차에 따라 보험금의 지급을 청구하였으나, 보험회사는 보험계약자가 계약 당시 고지의무를 위반했다는 이유로 보험금의 지급을 거절하고 보험금지급 채무부존재확인의 소를 제기한 사안. 반대의견은 보험의 공공성, 보험계약의 내용과 당사자 지위 등을 고려해 보험사가 선제적으로 확인의 소를 제기하기 위해서는 채무의 존부나 범위에 대해 다툼이 있다는 것만으로는 안되고 특별한 사정이 있어야 한다고 한다.

51) 2001. 7.10. 99다34390.

52) 2004. 9.23. 2004다32848.

53) 1998. 3.10. 97누4289.

54) 1994.11.22. 93다40087.

55) 2006. 3. 9. 2005다60239 [주차권존재확인]. [62]

56) 1971. 5.24. 71다519.

청구권 자체에 대한 확인의 소를 제기하는 것은 허용되지 않는다).

하나의 채권에 관하여 2인 이상이 서로 채권자라고 주장하고 있는 경우에 스스로 채권자라고 주장하는 어느 한쪽이 상대방에 대하여 그 채권이 자기에게 속한다는 채권의 귀속에 관한 확인을 구하는 청구는 그 확인의 이익이 있다(토지수용보상금 청구권이 서로 자기에게 있다고 주장하여 분쟁이 된 사안)[57] 일단 구비한 확인의 이익이 반소의 제기로 소멸하는 것은 아니라고 할 것이므로, 원고가 피고에 대하여 손해배상채무의 부존재확인을 구할 이익이 있어 본소로 그 확인을 구한 경우, 피고가 그 후에 그 손해배상채무의 이행을 구하는 반소를 제기하였더라도 본소청구에 대한 확인의 이익이 소멸하여 본소가 부적법하게 되는 것은 아니다.[58] (*2019. 법원직)

3) 시효연장을 위한 새로운 방식이 확인청구

대법원은 시효연장을 위하여 확정된 이행판결과 동일한 이행의 소를 제기하는 종래 실무의 문제점을 해결하기 위해서, "시효중단을 위한 후소로서 이행소송 외에 전소 판결로 확정된 채권의 시효를 중단시키기 위한 조치, 즉 '재판상의 청구'가 있다는 점에 대하여만 확인을 구하는 형태의 '새로운 방식의 확인소송'이 허용되고, 채권자는 두 가지 형태의 소송 중 자신의 상황과 필요에 보다 적합한 것을 선택하여 제기할 수 있다고 보아야 한다."고 대법원 2018. 10. 18. 선고 2015다232316 전원합의체 판결에서 다수의견으로 판시하였다. 이 판례는 새로운 유형의 확인청구를 판결의 방론을 통하여 인정한 것으로, 대법원이 사법(司法)의 범위를 넘어서 적법한 입법절차를 통하지 아니하고 새로운 입법을 한 것이라는 비판을 면하기 어렵다.

4) 제3자 확인의 소

원·피고 간의 법률관계가 아니라 원·피고의 일방과 제3자 또는 제3자 상호간의 법률관계라고 하더라도 그 법률관계에 따라 원고의 권리 또는 법적지위에 위험, 불안이 야기되고 이를 제거하기 위하여 위 법률관계를 원·피고간의 확인판결에 의하여 즉시로 확정할 필요가 있고, 그것이 가장 유효 적절한 수단이 된다면 확인의 이익이 있다.[59]

---

57) 1988. 9.27. 87다카2269. (보상금귀속주체확인) [61]

58) 2010. 7.15. 2010다2428,2435; 1999. 6. 8. 99다17401,17418. [63]

59) 1994.11. 8. 94다23388. [58] "피고 한국통신이 피고 한국보증보험에 대하여 이 사건 이행보증보험계약에 따른 보험금지급채권을 가지는지 여부는 원고가 피고 한국통신에 대하여 위 약관에 따른 규정손실금 등의 지급의무를 부담하는지 여부에 따라 저절로 결정되는 것이므로, 원고로서는 피고 한국통신에 대하여 위 리스계약이 합의해지 또는 해제되었음을 이유로 위 리스계약에 따른 채무의 부존재확인을 구하는 것이 원고와 피고 한국통신 사이의 현재의 분쟁을 해결하는 가장 유효 적절한 방법이라 할 것이니 만큼 원고가 위와 같은 리스료 지급채무 등의 부존재확인이라는 발본색원적인 수단에 중복하여 피고 한국통신

예컨대 제2번저당권자가 제1번저당권자와 담보물의 소유권자를 상대로 제1번저당채무의 부존재확인을 구하는 것은 확인의 이익이 있다.[60)]

5) 확인의 이익이 인정되지 않는 경우

소송절차 내에서 확인이 예정된 것을 별도의 확인의 소로 제기하는 경우(예컨대, 소송요건 존부확인, 소 취하 유무효 확인 등)는 확인의 이익이 없다.

한 채무자(丙)에 대하여 서로 채권자라고 다투는 당사자(甲, 乙) 사이에서 원고(甲)가 그 채권이 자기에게 속한다고 주장하는 적극적 확인의 소를 제기할 수는 있어도,[61)] 피고(乙)에게 채권이 없다고 주장하여 제기한 소극적 확인의 소는 승소하더라도 피고에 대한 관계에서 원고의 권리가 확정되는 것이 아니고 그 판결의 효력이 채무자(丙)에 대하여 미치는 것이 아니기 때문에 확인의 이익이 없다.[62)] 법인의 임원선임결의가 무효 또는 부존재이므로 임원취임등기가 무효라고 주장하는 경우라도 임원취임등기의 무효확인을 구하는 소는 분쟁을 근본적으로 해결하는 수단이 아니므로 확인의 이익이 인정되지 않는다(그 등기의 원인이 되는 임원선임결의의 무효나 부존재확인의 소를 제기하여 받은 확정판결을 첨부하여 무효인 임원등기의 말소를 구하여야 한다).[63)]

甲이 乙 주식회사를 상대로 자신이 주주명부상 주식의 소유자인데 위조된 주식매매계약서에 의해 타인 앞으로 명의개서가 되었다며 주주권 확인을 구한 사안에서, 甲이 乙 회사를 상대로 직접 자신이 주주임을 증명하여 명의개서절차의 이행을 구할 수 있으므로, 甲이 乙 회사를 상대로 주주권 확인을 구하는 것은 확인의 이익이 없다.[64)]

[판례연구]

대법원 2000. 4. 11. 선고 2000다5640 판결 【채무부존재확인등】

………………

확인의 소는 원고의 권리 또는 법률상 지위에 현존하는 불안·위험이 있고 확인판결을 받는 것이

과 피고 한국보증보험 사이의 보험금청구채권 존부에 관한 법률관계의 확인을 구하는 것은 원고의 지위를 위협하는 현재의 불안제거에 필요한 한도 내에 속한다고 볼 수 없을 뿐만 아니라 현재의 법률관계를 우회적으로 해결하는 것으로 분쟁해결의 가장 유효 적절한 방법이라고 볼 수 없으므로, 그 확인의 이익이 있다고 볼 수 없다."

60) 이시윤, p.237.

61) 1988. 9.27. 87다카2269.(보상금귀속주체확인) [61]

62) 2004. 3.12. 2003다49092.

63) 2006.11. 9. 2006다50949.

64) 2019. 5.16. 2016다240338.

그 분쟁을 근본적으로 해결하는 가장 유효·적절한 수단일 때 허용된다고 할 것이다(대법원 1999. 9. 17. 선고 97다54024 판결, 1966. 4. 6. 선고 66다231 판결 등 참조). 이 사건과 같이 원고가 근저당권설정계약에 기한 피담보채무가 존재하지 아니함의 확인을 구함과 함께 그 근저당권설정등기의 말소를 구하는 경우에 원고로서는 피담보채무가 존재하지 않음을 이유로 근저당권설정등기의 말소를 구하는 것이 분쟁을 유효·적절하게 해결하는 직접적인 수단이 될 것이므로 별도로 근저당권설정계약에 기한 피담보채무가 존재하지 아니함의 확인을 구하는 것은 확인의 이익이 있다고 할 수 없다고 할 것인데, 원심이 이 점을 간과하고 이 사건 근저당권설정계약에 기한 피담보채무가 존재하지 아니하고 피고가 이를 다툰다는 이유만으로 채무부존재 확인을 구할 이익이 있다고 판단하여 채무부존재 확인을 구하는 청구 부분을 각하한 제1심판결을 취소하였으니, 여기에는 채무부존재 확인의 소의 이익에 관한 법리를 오해하여 판결에 영향을 미친 위법이 있다고 할 것이다. ………

* 위와 같은 판례의 결론은 타당하다고 할 수 있나? 근저당권말소등기청구 사건의 기판력이 피담보채무의 존부에도 미치는가? 근저당권말소등기청구 소에서 중간확인의 소로 채무부존재확인의 소 제기하는 경우에도 확인의 이익이 없다고 할 것인가? 반드시 가장 유효·적절한 수단이어야 하는가?

3-29 (3) 증서의 진정여부를 확인하는 소

제250조 (증서의 진정여부를 확인하는 소)
확인의 소는 법률관계를 증명하는 서면이 진정한지 아닌지를 확정하기 위하여서도 제기할 수 있다.

1) 확인의 대상은 원칙적으로 법률관계이어야 하나, 예외적으로 증서의 진정여부라는 사실관계를 대상으로 하는 확인의 소를 허용하는 것이다. 증서란 그 기재 내용으로부터 직접 현재의 법률관계의 존부가 증명될 수 있는 문서를 말한다. 단지 과거의 사실관계를 증명하는 문서는 확인의 소의 대상이 되는 증서에 해당하지 않는다. 임대차계약금으로 일정한 금원을 받았음을 증명하기 위하여 작성된 영수증은 특별한 사정이 없는 한 임대차 등 법률관계의 성립 내지 존부를 직접 증명하는 서면이 아니므로 증서진부 확인의 소의 대상이 될 수 없다.[65] (*2013. 법원직. 세금계산서나 임대차계약금의 영수증도 증서의 진부를 확인하는 소의 대상이 된다(×)).

2) 증서의 진정여부에 대한 확인의 이익이 있어야 한다. 피고들이 그 합의를 한 의사표시를 취소하였다고 하거나 계약관계가 이미 소멸하였다고 주장한 경우와 같이, 당사자 사이에서 증서의 진정 여부와 관계없이 그 법률관계 자체가 다투어지는 경우에는 증서의 진부를 확인하는 판결을 하여도 아무런 의미가 없게 되므로 증서진부확인의 소

65) 2007. 6.14. 2005다29290,29306. [60]

는 확인의 이익이 인정되지 않는다.[66] 어느 서면에 의하여 증명되어야 할 법률관계를 둘러싸고 이미 소가 제기되어 있는 경우에는 그 소송에서 분쟁을 해결하면 되므로 그와 별도로 그 서면에 대한 진정 여부를 확인하는 소를 제기하는 것은 특별한 사정이 없는 한 확인의 이익이 없다.[67]

3. 형성의 소 3-30

1) 어떠한 경우 형성의 소를 제기할 수 있는가는 법률에 규정되어 있으므로, 법률에 규정된 형성의 요건이 갖추어졌다고 주장하면 원칙적으로 소의 이익이 인정된다. 형성의 소는 법률에 명문의 규정이 있는 경우에 한하여 인정되는 것이고 법률상의 근거가 없는 경우에는 허용될 수 없으므로, 화해조항의 실현을 위하여 부동산을 경매에 붙여 그 경매대금에서 경매비용 등을 공제한 나머지 대금을 원고들 및 피고들에게 배당할 것을 구하는 소는 그 청구의 성질상 형성의 소라 할 것인데 그러한 소를 제기할 수 있다는 아무런 법률상의 근거가 없으므로 위와 같은 소는 허용될 수 없다.[68] 토지경계확정의 소는 인접한 토지의 경계가 사실상 불분명하여 다툼이 있는 경우에 재판에 의하여 그 경계를 확정하여 줄 것을 구하는 소송으로서, 토지소유권의 범위의 확인을 목적으로 하는 소와는 달리, 인접한 토지의 경계가 불분명하여 그 소유자들 사이에 다툼이 있다는 것만으로 권리보호의 필요가 인정된다.[69] 토지 경계확정의 소가 제기되어 소송이 계속되던 중 진실한 경계에 관하여 당사자의 주장이 일치하게 되었더라도 경계확정의 소는 권리보호의 이익이 없어 부적법해지는 것은 아니며, 원고가 소를 취하하지 않고 법원의 판결에 의하여 경계를 확정할 의사를 가지고 있는 한 법원은 합의에 구속되지 않고 진실한 경계를 확정하여야 한다.[70] (*2014. 법원직)

2) 다만, 별소로 이미 형성의 효과가 생긴 경우에는 동일한 법률관계의 형성을 위한 형성의 소는 특단의 사정이 없는 한 형성의 이익이 없다고 할 것이다. 이혼판결 뒤에 혼인취소의 소를 제기하는 경우, 주식회사의 해산판결 뒤에 설립무효의 소를 제기하는 경우 등이 그 예이다. 영업정지처분취소소송의 계속 중 영업정지기간이 경과한 경우,[71] 청구이의의 소나 제3자이의의 소가 계속 중에 강제집행이 종료된 경우[72] 등에도

---

66) 1991.12.10. 91다15317.
67) 2007. 6.14. 2005다29290,29306. [60]
68) 1993. 9.14. 92다35462. [44]
69) 1993.11.23. 93다41792,41808. [64]
70) 1996. 4.23. 95다54761.
71) 1969. 5.27. 68누181.

사정변경으로 형성의 소를 제기할 수 있는 요건이 소멸되었으므로 권리보호의 이익이 없다.

72) 1996.11.22. 96다37176. [65]

제 4 편 법 원

법원은 소송의 주체로서, 소송물 및 당사자와 더불어 소송의 3요소이다. 법원이 당사자 사이의 사적인 분쟁에 대하여 공적인 권위를 갖는 판결을 할 수 있으려면 우선 사안에 대하여 헌법과 국제법이 인정하는 재판권이 있어야 하며, 국제재판관할이 있어야 한다(제2장). 우리나라의 법원에 재판권과 국제재판관할이 인정되는 것을 전제로, 구체적으로 어느 법원이 특정사건에 대하여 재판권을 행사할 것인가를 정하는 것이 법원의 관할(국내재판관할)의 문제이다(제3장).

제1장 총 설

1절 법원의 의의 4-1

1. 소송의 주체

민사소송은 당사자 사이의 법적인 분쟁에 대하여 제3자로서 법원이 판결을 하는 절차이다. 원고가 피고를 상대로 법원에 소(訴)를 제기하면 법원은 당사자(원고와 피고)와 더불어 소송의 주체가 되어 소송을 진행한다. 법원은 당사자, 소송물과 함께 소송의 3요소를 이룬다.

2. 조직법상 법원과 소송법상 법원

1) 법원은 조직법상 의미로는 사법행정조직의 단위를 지칭한다. 주로 법원조직법에서 사용되는 법원개념이 그러하다. 이에 반하여 소송법상 의미의 법원은 특정 사건에 대하여 재판을 담당하는 재판부(재판기관)를 말한다(예컨대, 서울중앙지방법원의 파산재판부가 2017. 3. 서울회생법원이라는 독립된 법원이 되었는데, 서울중앙지방법원의 파산재판부는 소송법상 의미로는 법원이나 조직법상 의미의 법원은 아니었다가 조직법상 의미로도 법원이 된 것이다).

2) 민사소송법에서 법원이라는 용어는 대부분 소송법상 의미의 법원개념으로 사용되나, 때로는 조직법상의 의미로 사용되는 경우도 있으므로 혼동하지 말아야 한다(예컨대, 민사소송법 제134조에서 당사자는 소송에 대하여 '법원'에서 변론하여야 한다고 할 때의 법원은 소송법상 의미의 법원을 의미한다. 한편 민사소송법 제46조 "제척 또는 기피신청에 대한 재판은 그 신청을 받은 법관의 소속 '법원' 합의부에서 결정으로 하여야 한다"에서의 법원은 조직법상의 법원을 의미한다). 이하에서 법원이라는 용어는 달리 조직법상의 개념임을 명시하지 않으면 소송법상 의미의 법원을 말한다.

2절 법원의 조직과 구성

4-2 1. 법원의 조직

법원의 조직과 권한 등은 헌법 제5장과 법원조직법에 근거한다.

(2020. 3. 현재)

()는 재판부 수임

(2020. 3. 현재)

2. 법원의 구성 4-3

(1) 조직법상 법원

1) 법원조직법에 따르면 조직법상 법원은 판사(41조), 법원직원(53조), 재판연구원(53조의 2), 사법보좌관(54조), 기술심리관(54조의 2), 조사관(54조의 3), 집행관(55조) 등으로 구성된다.

2) 대법원장은 사법행정사무를 총괄하며, 사법행정사무에 관하여 관계공무원을 지휘·감독한다(9조 1항). 대법원장은 이를 법원행정처장이나 각급 법원의 장 등에게 위임할 수 있다(9조 2항).

3) 한때 조직법상으로 서울민사지방법원, 서울형사지방법원이 별도의 법원으로 설치되었던 적이 있으나,[1] 오늘날 조직법상으로 민사법원과 형사법원이 따로 설치된 곳은 없다. 현재 서울행정법원, 서울가정법원, 서울회생법원은 별도의 조직으로 설치되어 있는 조직법상 별개의 법원이다.

(2) 소송법상 법원(재판기관)

1) 소송법상 법원은 직업법관으로 구성된다. 전문적 지식을 요하는 소송에서 소송절

---

1) 5.16. 군사정변 후 당시 서울지방법원장이 군사정권의 뜻을 따르지 않자 그를 축출하기 위한 편법으로 두 기관을 분리하였다고 한다(이시윤, 「민사소송법입문 - 역사, 사례와 함께 -」, 박영사, p.46).

차에 관계전문가를 전문심리위원으로 참여하게 할 수 있으나(164조의 2~164조의 8), 전문심리위원은 소송법상 법원의 구성원은 아니다.

2) 1인의 법관으로 구성되는 법원을 단독법원, 수인의 법관으로 구성되는 법원을 합의법원이라고 한다. 합의법원은 재판장과 합의부원으로 구성된다.

3) 합의법원은 사건배당과정에서 합의부 구성원 중 1인을 정하여 기록의 검토, 합의의 준비, 판결문 작성 등의 책임을 부여한다. 그러한 책임을 지는 법관을 주심법관이라고 한다. 합의법원은 그 구성원 중 1인을 정하여 일정한 사항의 처리를 위임할 수도 있다. 그러한 위임을 받은 법관을 수명법관이라고 한다.

4) 수소법원(소를 접수하여 소송을 담당하는 법원)은 같은 급의 다른 법원에 일정한 재판사항의 처리를 부탁할 수 있는데, 그러한 부탁을 받은 다른 법원의 판사를 수탁판사라고 한다. 수탁판사는 수소법원의 구성원이 아니다.

각국 법원의 종류와 수[2)]

〈各國 法院의 種類와 數〉

(괄호 안은 法官數)

日 本	獨逸		프랑스		美國	
	聯邦法院	란트法院			聯邦法院	州 法 院
最高裁判所 1(15) 〔支部 6〕	Bundesgerichtshof 1(95) 기타 Verfassunsgericht Bundesarbeitsgericht 1(14) Bundesverwaltungsgericht 1(41) Bundesfinanzhof 1(37) Bundessozialgericht 1(35) Dienstgericht		Cour de cassation 1(83)		Supreme Court of the United States 1(9)	〔Supreme Court: 州最高法院〕 Supreme Court, Supreme Court of Errors, Supreme Judicial Court, Court of Appelas, Supreme Court of Appeals 등 州마다 명칭이 다름
高等裁判所 8		Oberlandesgericht 19 기타 Oberverwaltungsgericht 11 Landessozialgericht 10	Cour d'appel 27		United States Court of Appeals 13	〔Intermediate Court of Appeals: 州抗訴法院〕 Court of Appeals, Distirct Court of Appeals, Appellate Court, Superior Court, Court of Civil Appeals, Supreme Court Appellate Division 등
地方裁判所 49 〔甲號支部 81 乙號支部 159〕		Landgericht 93 기타 Landesarberitsgericht 11 Verwaltungsgericht 30 Finanzgericht 13	Tribunal de grande instance 172	기타 Tribunal de commerce, Commission de première instance de contentieux de Sécurité sociale, Conseil de prud'homme, Tribunal paritaire de baux ruraux	United States District Court 90 (Courts of the Territories 를 포함)	〔Trial Court of Superior Jurisdiction: 第一審法院〕 Circuit Court, District Court, Superior Court, Court of Common Pleas 등
簡易裁判所 570		Amtsgericht 866 기타 Sozialgericht 44 Arbeitsgericht 109	Tribunal d'instance 454			〔Trial Court of Inferior Jurisdiction: 制限的 管轄權을 가진 第一審法院〕 Justice of the Peace, County Court, Municipal Court 등
家庭裁判所 49 〔甲號支部 81 乙號支部 159〕						〔Domestic Relations Court: 家庭法院〕 Family Court, Juvenile Court, Domestic Relations Court

2) 송/박, p.66에서 따옴.

3. 전문심리위원제도 4-4

1) 법원은 소송관계를 분명하게 하거나 소송절차(증거조사, 화해 등을 포함)를 원활하게 진행하기 위하여 직권 또는 당사자의 신청에 따른 결정으로 전문심리위원을 지정하여 소송절차에 참여하게 할 수 있다(164조의2 1항). (*2017. 법원직) 전문심리 위원은 설명 또는 의견을 기재한 서면을 제출하거나 기일에 출석하여 설명이나 의견을 진술할 수 있다. 다만 재판의 합의에는 참여할 수 없다(2항). (*2015. 법원직) 전문심리위원은 기일에 재판장의 허가를 받아 당사자, 증인 또는 감정인 등 소송관계인에게 직접 질문할 수 있다(3항). 법원은 전문심리위원이 제출한 서면이나 전문심리위원의 설명 또는 의견의 진술에 관하여 당사자에게 구술 또는 서면에 의한 의견진술의 기회를 주어야 한다(4항).

2) 법원은 상당하다고 인정하는 때에는 직권이나 당사자의 신청에 따라 전문심리위원 지정결정을 취소할 수 있으며, 당사자들이 합의로 전문심리위원 지정결정을 취소해 줄 것을 신청하는 경우에는 그 결정을 취소하여야 한다(164조의 3).

3) 법원은 전문심리위원을 소송절차에 참여시키는 경우 당사자의 의견을 들어 각 사건마다 1인 이상의 전문심리위원을 지정하여야 한다(164조의4). 전문심리위원에게는 법관의 제척과 기피에 관한 규정이 준용되며, 제척 또는 기피신청을 받은 전문심리위원은 그 신청에 대한 결정이 확정될 때까지 그 소송절차에 참여할 수 없다(164조의5). 전문심리위원이 직무수행 중에 알게 된 다른 사람의 비밀을 누설하는 경우에는 비밀누설죄로 처벌 받으며(167조의7), 전문심리위원은 형법상 뇌물죄의 적용을 받는 공무원으로 간주된다(167조의8).

3절 법원의 분류

소송법상 의미의 법원은 다양하게 분류될 수 있다.

1. 임무의 태양에 의한 분류 4-5

임무의 태양에 따라 수소법원(62조 2항, 민사조정법 6조 등)과 집행법원(민집 제3조)으로 분류하거나(⇒ 4-22), 민사법원, 형사법원, 행정법원, 가사법원 등으로 분류할 수 있다 (예컨대, 수원지방법원의 재판부 중 민사항소부와 민사합의부 및 민사단독은 민사법원이고, 형사항소부와 형사합의부 및 형사단독은 형사법원이며, 행정부는 행정법원이다. 한 때 수원지방법원의 재판부에 가사부와 가사단독으로 구성된 가사법원이 있었으나 현재는 조직상으로 독립하여 수원가정법원이 되었다).

4-6 2. 구성법관의 수에 의한 분류

합의법원, 단독법원으로 분류할 수 있다(예컨대, 수원지방법원의 재판부 중 민사항소부와 민사합의부는 합의법원이고 민사단독은 단독법원이다).

3. 심급에 의한 분류

제1심법원(390조, 418조, 민집 260조 1항, 261조 1항), 항소법원(414조, 416조 등)(조직법상 고등법원은 대부분 항소법원이고, 조직법상 지방법원에 설치된 재판부 중에도 항소부는 항소법원이다), 항고법원(443조), 상고법원(426조)으로 분류할 수 있다.

4-7 4절 법관 등의 제척·기피·회피

법원의 공정성을 소송법적으로 담보하기 위하여 민사소송법은 법관 등의 제척·기피·회피 제도를 두었다.

4-8 1. 제 척

(1) 의 의

법관에게 법이 정하는 일정한 사유(제척이유)가 있는 경우에 법률상 당연히 직무집행에서 배제되는 것을 제척이라고 한다.

(2) 제척이유

제41조 (제척의 이유)

법관은 다음 각호 가운데 어느 하나에 해당하면 직무집행에서 제척된다.

1. 법관 또는 그 배우자나 배우자이었던 사람이 사건의 당사자가 되거나, 사건의 당사자와 공동권리자·공동의무자 또는 상환의무자의 관계에 있는 때
2. 법관이 당사자와 친족의 관계에 있거나 그러한 관계에 있었을 때
3. 법관이 사건에 관하여 증언이나 감정을 하였을 때
4. 법관이 사건당사자의 대리인이었거나 대리인이 된 때
5. 법관이 불복사건의 이전심급의 재판에 관여하였을 때. 다만, 다른 법원의 촉탁에 따라 그 직무를 수행한 경우에는 그러하지 아니하다. (*2010. 법원직)

1) 제척의 이유는 41조 1호부터 5호에 열거된 것에 한정된다는 것이 통설이다.

2) 종중규약을 개정한 종중총회결의에 대한 무효확인을 구하는 소에서 재판부를 구성한 판사가 당해 종중의 구성원이라면 그 판사는 제1호가 규정하는 '당사자와 공동권리자·공동의무자의 관계에 있는 자'에 해당한다.[3]

3) 제5호가 규정하는 '이전심급의 재판관여'가 실무에서 해석상 자주 문제가 된다. 법관의 제척원인이 되는 전심관여라 함은 판결의 합의에 관여하는 등 실질적으로 판결에 관여함을 말하는 것이고, 최종변론 전의 변론이나 증거조사 또는 기일지정과 같은 소송지휘상의 재판 등에 관여한 경우나 판결선고에만 관여한 경우 등은 전심에 관여한 것이라고 할 수 없다.[4] 재심의 소에서 재심대상 재판에 관여한 법관은 '불복사건의 이전심급의 재판'에 관여한 것이 아니므로 제척대상이 아니다.[5] 청구이의의 소에서 그 대상인 본안의 확정판결도 이전심급의 재판이라 할 수 없으므로 본안판결에 관여한 법관도 제척대상이 아니다.[6] (*2014. 법원직)

(3) 제척의 재판

제42조 (제척의 재판) 법원은 제척의 이유가 있는 때에는 직권으로 또는 당사자의 신청에 따라 제척의 재판을 한다.

1) 제척이유의 유무는 법관 자신과 그 소속 합의부원으로 구성되는 법원의 직권조사사항이다. 직권으로 조사한 결과 제척이유가 있으면 해당법관은 스스로 직무집행에서 물러나고 이를 조서에 기재하면 된다. 제척이유의 유무에 관하여 의문이 있을 때에는 법원은 직권으로 또는 당사자의 신청에 따라 제척의 재판을 한다(42조). 제척이유가 있으면 제척의 효과는 당연히 발생하므로 이러한 제척의 재판은 확인적 성격을 갖는다(제척사유가 있는 법관이 판결에 관여한 경우 제척의 재판이 없더라도 424조 1항 2호의 절대적 상고이유가 된다(⇒ 9-38).

2) 당사자의 신청에 의한 제척의 재판절차는 후술하는 기피신청에 대한 재판절차와 마찬가지이다.

---

3) 2010. 5.13. 2009다102254. [13]
4) 1997. 6.13. 96다56115.
5) 1988. 5.10. 87다카1979. [14]; 2000. 8.18. 2000재다87.
6) 이시윤. p.85.

(4) 제척의 효과

제척이유가 인정되면 해당법관은 당연히 그 직무집행으로부터 배제된다. 당사자가 이를 문제 삼아야 하는 것이 아니므로 절차이의권(151조)의 대상이 되지 않는다. 따라서, 당사자가 바로 이의를 제기하지 않았다고 하더라도 제척이유가 있는 법관이 관여한 소송행위는 위법한 것이고, 이에 기하여 내려진 판결은 절대적 상고이유(424조 1항 2호) 및 재심사유(451조 1항 2호)의 대상이 된다.

4-9 2. 기 피

(1) 의 의

제43조 (당사자의 기피권) ① 당사자는 법관에게 공정한 재판을 기대하기 어려운 사정이 있는 때에는 기피신청을 할 수 있다.
② 당사자가 법관을 기피할 이유가 있다는 것을 알면서도 본안에 관하여 변론하거나 변론준비기일에서 진술을 한 경우에는 기피신청을 하지 못한다.

법에 한정적으로 열거된 제척이유 이외에, 재판의 공정을 기대하기 어려운 사정이 있는 경우에 당사자의 신청에 따라 법관을 해당 사건의 직무에서 배제하는 것이 기피이다. 기피신청을 인용하는 재판(46조)은 형성적 성격을 갖는다.

(2) 기피원인

당사자는 '재판의 공정을 기대하기 어려운 사정이 있는 경우'에 기피신청권이 있다(43조 1항). 통상인의 판단으로서 법관과 사건의 관계에서 편파적이고 불공정한 재판을 하지 않을까 하는 염려를 일으킬 객관적 사정이 있어야 한다. 평균적 일반인으로서의 당사자의 관점에서 그러한 의심을 가질 만한 객관적 사정이 있는 때에는 실제도 법관에게 편파성이 존재하지 아니하거나 헌법과 법률이 정한 바에 따라 공정한 재판을 할 수 있는 경우에도 기회가 인정될 수 있다.[7)]

(3) 기피신청

제척과는 달리 기피절차는 당사자의 신청이 있어야만 개시된다. 당사자가 기피사유가 있음을 알았더라도 본안에 관하여 변론하거나 변론준비기일에서 진술한 경우에는 기피신청을 하지 못한다(43조 2항). 합의부의 법관에 대한 기피는 그 합의부에, 수명법관·수탁판사 또는 단독판사에 대한 기피는 그 법관에게 이유를 밝혀 신청하여야 한다

---

7) 2019. 1. 4. 2018스563. [16] (재벌회장 장녀 이혼사건).

(44조 1항). 법정에서 구두로도 할 수 있다(161조). 기피하는 이유와 소명방법은 신청한 날부터 3일 이내에 서면으로 제출하여야 한다(44조 2항).

(4) 기피신청에 대한 재판

1) 합의부의 재판

기피(또는 제척)신청에 대한 재판은 그 신청을 받은 법관의 소속 법원 합의부(해당법관을 제외한 다른 법관으로 구성된 합의부)에서 결정으로 하여야 한다(46조 1항). 기피신청을 받은 법관은 그 재판에 관여하지 못한다. 다만, 의견을 진술할 수 있다(46조 2항). 기피신청을 받은 법관의 소속 법원에 법관이 부족하여 기피신청을 받은 법관을 제외하고는 합의부를 구성하지 못하는 경우에는 바로 위의 상급법원이 기피신청에 대한 결정하여야 한다(46조 3항). (*2017. 법원직)

2) 간이각하

기피(또는 제척)의 신청이 방식에 어긋나거나 소송의 지연을 목적으로 하는 것이 분명한 경우에는 신청을 받은 법원 또는 법관이 직접 결정으로 신청을 각하할 수 있다(45조 1항). 이를 간이각하라고 한다(*2016. 법원직. 기피신청의 당부의 재판은 기피당한 법관이 스스로 할 수 없고, 그 신청을 받은 법관의 소속법원 합의부에서 결정으로 재판한다(×)). 기피권의 남용에 대응하기 위한 제도이다.

3) 불복신청

기피(또는 제척)신청에 정당한 이유가 있다는 결정에 대하여는 불복할 수 없다(47조 1항). 간이각하결정 또는 기피(또는 제척)신청이 이유 없다는 결정에 대하여는 즉시항고를 할 수 있다(47조 2항).(*2019. 법원직. 지방법원 항소부 소속 법관에 대한 제척 또는 기피신청이 제기되어 각하결정이 있는 경우 위 결정에 대하여는 고등법원에 즉시항고하는 방법으로 다투어야 한다(⇒ 9-66 참조)(×)). 간이각하결정에 대한 즉시항고는 집행정지의 효력을 가지지 아니한다(47조 3항). 따라서, 간이각하결정에 대하여 즉시항고가 있더라도 그 결정을 취소하는 결정이 확정될 때까지는 직무를 행할 수 있다.

(5) 기피신청의 효과

1) 소송절차의 중지(정지)

법원은 기피(또는 제척)신청이 있는 경우에는 그 재판이 확정될 때까지 소송절차를 중지(정지)하여야 한다(48조 본문)(법문에는 '정지'라는 용어가 사용되었으나 '중지'라고 함이 타당하다. ⇒ 6-39). 법원이 기피신청을 받았음에도 소송절차를 중지하지 아니하고 변론을 종결하여 판결 선고기일을 지정하였다고 하더라도 종국판결에 대한 불복절차에 의하여 그 당부를 다툴 수 있을 뿐 이에 대하여 별도로 항고로써 불복할 수 없다.[8)]

2) 예 외

① 제척 또는 기피신청이 각하된 경우, ② 종국판결을 선고하는 경우, ③ 긴급을 요하는 행위를 하는 경우에는 그러하지 아니하다(48조 단서). 따라서, 신청이 방식에 어긋나거나 소송의 지연을 목적으로 하는 것이 분명하여 간이각하결정을 한 경우나, 변론이 종결되고 선고기일이 지정된 후 기피신청을 하는 경우, 긴급을 요하는 보전처분이나 증거보전 절차에서 기피신청을 한 경우 등에서는 소송절차를 중지하지 아니하고 소송을 진행하여 종국판결을 선고할 수 있다.

3) 중지하지 않고 한 소송행위의 효력

기피신청이 있음에도 소송절차를 중지하지 아니하고 한 소송행위의 효력이 문제된다. 기피신청이 이유 있다는 재판이 확정되면 중지하지 않고 한 법원의 소송행위는 위법한 것이 되므로 상소 또는 재심의 대상이 된다(판결이 당연무효로 되는 것은 아님)는 점에 대해서는 별다른 이론이 없다. 그러나, 기피신청이 이유 없는 것으로 확정된 경우 중지하지 않고 한 법원의 소송행위의 흠이 치유되는 것인지에 대해서는 견해가 갈린다. 판례는 흠이 치유된다는 취지로 판시한 것도 있으나,[9)] 최근의 판례는 일정한 흠은 치유되지 않는다고 판시한다.[10)]

> "기피신청에 대한 각하결정 전에 이루어진 변론기일의 진행 및 위 각하결정이 당사자에게 고지되기 전에 이루어진 변론기일의 진행은 모두 민사소송법 제48조의 규정을 위반하여 쌍방불출석의 효과를 발생시킨 절차상 흠결이 있고, 특별한 사정이 없는 이상, <u>그 후 위 기피신청을 각하하는 결정이 확정되었다는 사정만으로 민사소송법 제48조의 규정을 위반하여 쌍방불출석의 효과를 발생시킨 절차 위반의 흠결이 치유된다고 할 수 없다</u>." (2010. 2.11. 2009다78467,78474)

4-10 3. 회 피

법관이 당사자의 신청이나 재판을 거치지 않고 제척 또는 기피의 사유가 있다고 인정하여 <u>스스로 직무집행을 피하는 것</u>을 회피라고 한다. 회피를 하려면 감독권이 있는

8) 2000. 4.15. 2000그20.
9) 1978.10.31. 78다1242.
10) 2010. 2.11. 2009다78467,78474. [17]

법원의 허가를 얻어야 한다(49조). 감독권 있는 법원의 허가는 사법행정상의 처분에 불과하고 제척 또는 기피의 사유를 확정하는 재판이 아니다(따라서, 예컨대 기피이유가 있다고 보아 감독법원이 회피를 허가했음에도 그 법관이 그 뒤에 그 사건에 관여하였다고 하더라고 그 행위의 효력이 무효로 되는 것은 아니다).

4. 법원사무관등에 대한 제척·기피·회피 4-11

第50조 (법원사무관등에 대한 제척·기피·회피)

① 법원사무관등에 대하여는 이 절의 규정을 준용한다.

② 제1항의 법원사무관등에 대한 제척 또는 기피의 재판은 그가 속한 법원이 결정으로 하여야 한다.

1) 본조의 법원사무관등은 법원서기관, 법원사무관, 법원주사, 법원주사보를 말한다(실무관인 법원서기는 포함되지 않는다).[11] (*2017. 법원직) 법원사무관 등은 대법원과 각급법원에 배치되어 재판의 부수사무(심판의 참여, 송달사무, 소송상 사항의 공증, 집행문 부여 등)를 처리하는 단독제 기관으로서 법관이라고 해도 대행할 수 없는 고유의 권한을 가지므로 그 공정성의 확보를 위하여 법관의 제척, 기피, 회피에 관한 규정을 준용하는 것이다. (*2013. 법원직)

2) 전문심리위원에게도 법관의 제척과 기피에 관한 규정이 준용된다(164조의5).

11) 「주석 민사소송법(Ⅰ)」, p.294.(황진구 집필부분).

제2장 재판권과 국제재판관할

1절 재 판 권

4-12 1. 재판권과 민사재판권

1) 법원이 특정 사건에 대하여 재판을 할 수 있으려면 재판권이 있어야 한다. 재판권이란 법적 쟁송을 재판에 의하여 처리할 수 있는 권능을 말한다. 재판이란 국가기관이 분쟁에 대하여 유권적으로 법적 판단을 하는 것이다. 재판권에 대해서 규율하는 법은 헌법 및 국제법 등이다.

2) 민사상의 분쟁에 대한 재판권을 민사재판권이라고 한다. 민사재판권은 민사판결뿐만 아니라 강제집행, 보전처분 등에서 재판을 할 수 있는 권능이다. 민사재판권은 지방법원 등 각급법원에 속한다(법원조직법 32조, 28조 등).

4-13 2. 법원의 재판권 행사의 한계

(1) 헌법상 한계

헌법상 국가권력은 입법·행정·사법의 3권으로 분립되고, 그 중에서 사법권은 법관으로 구성된 법원에 속한다(헌법 101조). 사법권은 재판권과 사법행정권을 그 내용으로 한다. 법원조직법은 "법원은 헌법에 특별한 규정이 있는 경우를 제외한 일체의 법률상 쟁송을 심판하고, 이 법과 다른 법률에 의하여 법원에 속하는 권한을 가진다."(법원조직법 2조 1항)고 규정한다. 권력분립의 원칙상 입법사항이나 행정사항은 법원의 재판권행사 대상이 아니다. 재판권 중 법률의 위헌여부심판, 탄핵의 심판, 정당의 해산심판, 권한쟁의에 관한 심판, 헌법소원에 대한 심판 등 재판권은 헌법재판소에 있다(헌법 111조 1항). 헌법재판소의 재판사항에 대해서는 법원에 재판권이 없다.

(2) 국제법상 한계

> (문) 1) 주한외교관을 상대로 교통사고를 원인으로 하는 손해배상청구의 소를 제기할 수 있는가(면책특권)? SOFA(한미행정협정)에 따를 때 주한미군의 공무집행중의 불법행위에 관하여는 우리나라의 민사재판권이 미치는가?
>
> 2) 대한항공여객기가 소비에트연방공화국 공군에 의하여 피격된 경우 피해자는 소련국가를 상대로 손해배상청구의 소를 제기할 수 있는가?
>
> 3) 미국에 거주하는 대한민국 국민을 피고로 하는 민사소송이 대한민국법원에 제기된 경우 법원은 소장부본을 피고에게 어떻게 송달하여야 하는가?

1) 인적 한계

법원의 재판권 행사는 일정한 경우 국제법에 의하여 제한된다. 예컨대, 외교관은 접수국의 영역내에 있는 개인부동산에 관한 부동산소송 등을 제외하고는 접수국의 민사재판권으로부터 면제되며(외교관계에 관한 비엔나협약 31조), 국가면제 등의 국제법원칙에 의하여 다른 국가에 대하여 법원의 민사재판권 행사가 제한된다(이와 관련하여, 대법원은 "국제관습법에 의하면 국가의 주권적 행위는 다른 국가의 재판권으로부터 면제되는 것이 원칙이라 할 것이나, 국가의 사법적(私法的) 행위까지 다른 국가의 재판권으로부터 면제된다는 것이 오늘날의 국제법이나 국제관례라고 할 수 없다"고 판시하면서 미군부대의 식당종업원에 대한 해고처분 등에 대해 그 종업원이 미합중국을 상대로 한 해고무효확인 및 임금청구의 소에서 법원의 민사재판권을 인정하였다).[12] 주한미군의 경우 SOFA(한미행정협정)에 따라 공무집행중의 불법행위에 관하여는 대한민국법원의 재판권이 면제되며, 우리 국가배상법에 따라 대한민국을 피고로 하여 제소하여야 한다.

2) 영토적 한계

국가의 권력작용은 그 국가의 영토 내에 한정된다. 대한민국 법원의 재판권은 대한민국의 영토 범위 내에 미치는 영토적 한계를 갖는다. 따라서 외국에 거주하는 사람에게 법원의 소송서류를 송달하거나 외국에서 증거조사를 하는 경우 등에는 민사소송법이 정하는 일반적 방식에 의하여 할 수 없으며, 사법공조 등의 방식에 의하여야 한다(191조, 296조).

---

12) 1998.12.17. 97다39216(전원합의). [10]

4-14 3. 재판권의 흠결

1) 재판권은 소송요건이므로 법원이 직권으로 조사한다. 재판권의 흠결이 명백한 경우에는 재판장이 명령으로 소장을 각하할 수 있다는 취지의 판례가 있다.[13)]

2) 당사자는 재판권 있는 법원의 재판에 복종하여야 한다. 반대로 재판권이 없는 당사자에 대한 법원의 재판은 형식적으로 확정되더라도 그 내용상의 효력(기판력, 집행력, 형성력 등)이 발생할 수 없다는 의미에서 무효이다.[14)] (*2013. 법원직. 재판권의 부존재를 간과하고 본안판결을 하여 그 판결이 확정된 경우 그 판결에 기판력이 발생한다(×)).

2절 국제재판관할

(문) 1) 관광을 위하여 서울에 머물던 중국인 2명이 중국에서 발생한 금전거래상의 분쟁에 대하여 서울중앙지방법원에 민사소송을 제기 하였다. 서울중앙지방법원은 그 사건에 대하여 심리하여 재판을 하여야 하는가?

2) 월남전에 참전했던 한국군들이 미국의 고엽제 제조회사를 상대로 제조물의 하자로 인한 손해배상을 구하는 소를 대한민국 법원에 제기하였다. 대한민국법원은 이 사건에 대하여 재판을 하여야 하는가? (2013. 7.12. 2006다17539 참조)

3) 미국 미네소타주에 유학중인 한국학생 사이에 폭력사건이 발생하였다. 유학생 甲이 유학생 乙을 피고로 하여 미국법에 따라 미국 법원에 손해배상청구의 소를 제기하였다. 미국의 법원에서 금전의 지급을 명하는 판결이 확정되었다. 그 판결에 기하여 대한민국에서 강제집행 할 수 있는가?

4-15 1. 의 의

국제재판관할이란 어느 나라 법원에 재판권이 존재하는 것을 전제로 하여 지역적 고려 등에 의하여 그 나라 법원이 심리·재판 하는 것이 국제질서에 부합하는 것으로

---

13) 1975. 5.23. 74마281 [소장각하명령에대한재항고]. "국가는 국제관례상 외국의 재판권에 복종하지 않게 되어 있으므로 특히 조약에 의하여 예외로 된 경우나 스스로 외교상의 특권을 포기하는 경우를 제외하고는 외국 국가를 피고로 하여 우리나라가 재판권을 행사할 수 없는 것이니 일본국을 상대로 한 소장을 송달할 수 없는 경우에 해당한다고 하여 소장 각하명령을 한 것은 정당하다."

14) 이에 반하여, 관할권이 없는 법원의 판결은 확정되면 그 내용상 효력이 인정된다.

우리나라의 국제사법이 인정하는 경우, 당해 사건에 대하여 그 나라 법원이 갖는 재판적격성을 말한다. 이는 국제사회에 있어 국제적인 요소가 개재된 사건에 대한 국가간의 토지관할의 문제라고 할 수 있다.

2. 국제재판관할에 관한 법원(法源) 4-16

국제재판관할의 규범을 정하는 것은 국제적인 합의가 필요한 영역으로서, 세계 모든 국가가 참여하여 통일된 국제규범을 제정하는 것이 이상적이다. 그러나 현재는 범세계적으로 통일된 규범이 없고, 각국은 나름대로 국제재판관할에 관한 법(국내법)을 시행하고 있다. 우리나라도 국제재판관할의 문제를 전적으로 판례에 의존해 오다가, 2001년 국제사법을 개정함에 있어 제2조를 신설하여 국제재판관할을 법률에 명문으로 규정하게 되었다.

〈국제사법〉

제2조 (국제재판관할) ① 법원은 당사자 또는 분쟁이 된 사안이 대한민국과 실질적 관련이 있는 경우에 국제재판관할권을 가진다. 이 경우 법원은 실질적 관련의 유무를 판단함에 있어 국제재판관할 배분의 이념에 부합하는 합리적인 원칙에 따라야 한다.

② 법원은 국내법의 관할 규정을 참작하여 국제재판관할권의 유무를 판단하되, 제1항의 규정의 취지에 비추어 국제재판관할의 특수성을 충분히 고려하여야 한다.

3. 국제재판관할의 원칙 4-17

1) 국제사법 제2조가 신설되기 전에는 국제재판관할에 관한 성문법 규정이 없어서 학설과 판례에 의하여 국제재판관할을 인정하는 수밖에 없었다. 제시된 학설로는, 토지관할에 관한 민사소송법의 규정을 적용하여 국내법원에 토지관할이 인정되면 우리나라 법원이 국제재판관할을 갖는다는 역추지설과, 재판의 공정· 경제· 신속 등 민사소송의 이념을 고려하여 조리에 따라 국제재판관할을 결정하여야 한다는 조리설, 원칙적으로 국내 민사소송법의 토지관할 규정에 의하여 국제재판관할권을 역으로 추지하되 그것이 불합리하게 되는 특별한 사정이 있는 경우에는 조리설에 의한다는 수정역추지설 등이 있다.

2) 국제사법 제2조는 당사자 또는 분쟁이 된 사안이 대한민국과 실질적 관련이 있는 경우 대한민국 법원이 국제재판관할을 갖는다고 규정함으로써 실질적 관련을 국제재판관할의 원칙으로 제시했다(국제사법 2조 1항 전문). 법원은 실질적 관련의 유무를 판단

함에 있어 국제재판관할 배분의 이념에 부합하는 합리적인 원칙에 따라야 한다(2조 1항 후문). 또한, 법원은 국내법의 관할 규정을 참작하여 국제재판관할권의 유무를 판단하되, 국제재판관할의 특수성을 충분히 고려하여야 한다(국제사법 2조 2항).[15]

4-18 4. 직접관할(심판관할)과 간접관할(승인관할)

1) 외국적인 요소가 개재된 민사소송에 있어서 대한민국 법원은 그 사건에 대하여 국제재판관할권이 있어야 본안에 대하여 심판할 수 있다. 이 때 우리나라 법원이 갖는 국제재판관할을 직접관할(심판관할)이라고 한다. 직접관할은 민사소송에서 소송요건으로 작용한다.

2) 한편, 일정한 요건을 갖춘 외국의 확정판결은 우리나라에서 자동으로 승인되는데, 그러한 승인의 요건 중 하나는 그 외국의 판결이 대한민국의 법령 또는 조약에 따른 국제재판관할의 원칙상 국제재판관할권이 인정되는 외국법원에 의하여 성립한 것이어야 한다(217조 1항 1호). (⇒8-45) 따라서, 국제재판관할(직접관할)의 원칙을 규정하고 있는 국제사법 제2조에 따라 그 외국법원이 당사자 또는 분쟁이 된 사안과 실질적 관련이 있는 경우에 그 외국 법원의 재판은 민사소송법 제217조 제1항 제1호의 승인요건을 갖추게 된다. 이때 외국법원이 대한민국의 국제사법이 정하는 바에 따라 갖는 국제재판관할을 간접관할(승인관할)이라고 한다. 승인의 요건을 갖춘 외국판결을 우리나라에서 강제집행을 하려면 따로 우리나라 법원의 집행판결을 받아야 한다(민사집행법 27조). 간접관할의 존재는 우리나라에서의 집행판결소송에서 승소판결을 받기위한 법률요건이 된다.[16]

〈민소법〉

제217조 (외국재판의 승인)

① 외국법원의 확정판결 또는 이와 동일한 효력이 인정되는 재판(이하 "확정재판등"이라 한다)은 다음 각호의 요건을 모두 갖추어야 승인된다. 〈개정 2014.5.20〉

1. 대한민국의 법령(*국제사법 2조) 또는 조약에 따른 국제재판관할의 원칙상 그 외국법원의 국제재판관할권이 인정될 것

....

---

15) 국제재판관할 결정시 판단기준에 관해서는 대법원 2005. 1.27. 2002다59788. [11] (한국에 주소를 두고 영업을 하는 자가 미국의 도메인 이름 등록기관에 등록·보유하고 있는 도메인 이름에 대한 미국의 국가중재위원회의 판정에 불복하여 제기한 소송에서 한국법원에 국제재판관할권을 인정한 사례) 참조.

16) 상세는 이무상, "외국판결의 집행-집행판결소송과 관련된 소송법적 쟁점을 중심으로-", 인하대학교 법학연구 15집 2호, 2012, 참조.

〈민집법〉

제27조 (집행판결) ① 집행판결은 재판의 옳고 그름을 조사하지 아니하고 하여야한다.

② 집행판결을 청구하는 소는 다음 각호 가운데 어느 하나에 해당하면 각하(*기각이라고 하는 것이 타당하다)하여야 한다.

1. 외국법원의 판결이 확정된 것을 증명하지 아니한 때
2. 외국판결이 민사소송법 제217조의 조건을 갖추지 아니한 때

5. 국제재판관할과 국내재판관할의 차이 4-18(2)

국제재판관할은 특정사건에 대하여 어느 나라의 법원이 관할권을 갖는가에 관한 문제로서, 한 국가 내에서 어느 법원이 관할권을 갖는가 하는 국내재판관할 문제와는 차원을 달리한다. 국제재판관할에 있어서는 나라마다 소송법이 다르고, 국제사법(Conflict of laws)이 달라 적용하는 실체법(준거법)이 다를 수 있으므로 동일한 사건이라도 법역(法域)[17]을 달리하는 법원에서 재판받는 경우 다른 재판결과에 이를 수 있다. 이에 반하여 법역을 같이하는 법원 간의 업무분담 문제인 국내재판관할에 있어서는 각급법원은 동일한 절차법과 동일한 국제사법에 따라 동일한 실체법을 적용하여 재판하므로 동일한 소송사건에 대하여 다른 법원에서 재판받는 경우에도 이론적으로 동일한 재판 결과에 이른다.

6. 국제재판관할의 경합과 법원선택(forum shopping) 4-18(3)

국제적 요소가 있는 분쟁에서 사인 간의 국제민사소송은 오늘날 점차 일상적인 것이 되었다. 국제민사소송에서 가장 먼저 문제가 되는 것이 국제재판관할권이 있는 국가의 법원을 찾아 소를 제기하는 일이다. 국내 소송에 있어서와 마찬가지로 국제민사소송에서도 국제재판관할을 갖는 법원이 여러 곳일 수가 있으며, 그러한 경우에 국제재판관할의 경합이 생긴다. 이 경우 국내법원간의 관할경합과는 달리 어느 나라의 법원에 소를 제기하느냐에 따라 적용되는 절차법과 실체법이 달라져 상이한 재판결과가 나올 수 있다. 따라서, 원고는 경합된 법원에서 적용할 절차법과 실체법을 치밀하게 검토한 후 자신에게 가장 유리한 결과가 나오리라고 예상되는 법원을 선택하여 소를 제기할 필요가 있다.

---

17) 예컨대, 중국은 사실상 하나의 국가, 두개의 제도(사회주의, 자본주의), 세개의 법계(사회주의법계, 대륙법계, 영미법계), 네개의 '법역'(내지, 대만, 마카오, 홍콩)으로 이루어졌다. 미국은 연방국가로서 연방내의 각 주가 별개로 각각 하나의 '법역'을 이룬다.

제3장 법원의 관할(국내재판관할)

(문) 1) 미국의 수입업자와 한국의 수출업자 사이에 상품수출계약과 관련하여 분쟁이 생겼다. 위와 같은 계약상의 분쟁에 대하여 미국 법원과 한국 법원이 모두 국제재판관할을 갖는다고 가정하자. 미국의 수입업자가 미국의 법원에 소를 제기하는 경우와 한국의 법원에 소를 제기하는 경우 어떤 차이점이 있는가?
[적용하는 소송법이 다르고 적용하는 국제사법과 그에 따른 준거법이 달라 판결의 결과가 다르게 나올 수 있다.]

2) 서울에 거주하는 甲과 부산에 거주하는 乙 사이에 금전거래와 관련하여 분쟁이 생겼다. 甲이 乙을 상대로 어느 법원에 소를 제기하여야 하는가? 서울중앙지방법원에 소를 제기하는 경우와 부산지방법원에 소를 제기하는 경우 어떤 차이가 있는가? 서울중앙지방법원에는 여러 개의 재판부(법원)가 있다. 甲이 제기한 소가 A재판부에 배당이 된 경우와 B재판부에 배당이 된 경우 어떤 차이가 있는가?

1절 총 설

4-19 ### 1. 관할의 의의

1) 대한민국 법원이 국제재판관할권을 갖는 것을 전제로(섭외적 사건이 아닌 통상적인 국내사건은 국제재판관할의 문제가 생기지 않는다), 대한민국의 많은 법원 중에서 어느 법원이 구체적 사건에 대하여 재판을 할 권한을 갖는가(compétence juridictionnelle)를 정하는 것이 국내재판관할의 문제이다. 민사소송법 제1장 법원 중 제1절 관할에서 규정하는 내용은 이와 같은 국내재판관할(이를 단순히 관할이라고 한다)에 관한 것이다. 법원이 소송사건에 대한 관할을 갖는 것은 소송요건 중의 하나다.

2) 관할은 소송법적 효력이 생긴다는 점에서 아무런 소송법적 효력이 생기지 않는 법원(조직법상 개념) 내부의 재판사무분담과는 다르다.[18)]

2. 관할의 분류 4-20

(1) 정해지는 사유(근거)에 따른 분류 - 법정관할, 거동관할, 지정관할

관할은 법에 의하여 정해지기도 하고(법정관할 : 토지관할, 직분관할, 사물관할), 당사자의 거동에 의하여 정해지기도 하며(거동관할 : 합의관할, 변론관할), 상급법원이 지정하여 생기기도 한다(지정관할).

- 법정관할
  - 직분관할
  - 사물관할
  - 토지관할
    - 일반관할(보통재판적)
    - 특별관할(특별재판적)
- 거동관할
  - 합의관할(29조)
  - 변론관할(30조)
- 지정관할

(2) 소송법상의 효과(성질)에 따른 분류 - 전속관할, 임의관할

공익상 필요에 의하여 어느 특정법원에만 관할이 있음을 정한 경우를 전속관할이라고 하고, 당사자의 편의와 공평을 위하여 정해진 관할을 임의관할이라고 한다. 임의관할을 위반하여 소를 제기한 경우와 전속관할을 위반하여 소를 제기한 경우는 소송법상 효력에 차이가 있는데, 임의관할 위반은 1심 판결의 선고로 치유되나, 전속관할위반의 경우 그렇지 않다(411조). 특별한 규정이 없으면 거동관할과 법정관할 중 토지관할은 임의관할이며, 법정관할 중 직분관할(심급관할, 강제집행사건관할, 도산사건관할, 가사사건관할)은 전속관할이다.

3. 원고의 제소법원 선택 4-21

합의관할이나 변론관할, 지정관할은 당사자의 거동이나 상급법원의 지정에 의하여 정해지는 것으로서 예외적인 것이고, 통상적으로 원고는 법에 의하여 정해진 법정관할 법원에 소를 제기하게 된다. 원고는 자신이 제기하는 소의 성질에 따라 해당하는 직분관할 법원을 정하고(행정법원, 특허법원, 가정법원, 지방법원, 지방법원지원, 고등법원 등), 소송목적의 값에 따라 사물관할 법원(단독법원, 합의법원)을 정하며, 소송사건의 재판적의

---

18) 법관 등의 사무분담 및 사건배당에 관한 예규(재일 2003-4)를 제정하여 사무분담에 관한 원칙을 정하고, 사건배당방법을 통일시켜 그 절차 및 결과를 장부에 등록함으로써 사무분담 및 사건배당의 공정성과 확실성을 보장한다(상세한 것은, 「법원실무제요」, 민사소송(1), p.152 이하 참조).

소재에 따라 토지관할법원을 정한다. 제소하려는 소송사건에 대하여 직분관할과 사물관할 및 토지관할을 모두 갖는 법원이 여러 개 있을 수도 있는데, 그러한 경우 원고는 그 중의 하나를 임의로 선택하여 제소하면 된다.

2절 각종의 관할

4-22 ## 1. 직분관할

(1) 수소(受訴)법원과 집행법원

수소법원은 제기된 소에 대한 직분관할을 갖고, 집행법원은 집행사건에 대한 직분관할을 갖는다.

(2) 지방법원 단독판사, 지방법원 합의부 또는 본원합의부

지방법원 단독판사는 제소전화해절차, 독촉절차, 조정절차 등의 직분관할을 갖고, 지방법원 합의부는 정정보도청구등의 소(언론중재 및 피해구제 등에 관한 법률 26조 5항)의 직분관할을 가지며, 지방법원 본원합의부는 증권관련집단소송(증집소 4조), 소비자단체소송(소비자기본 71조), 개인정보 단체소송(개인정보 52조) 등의 직분관할을 갖는다.

(3) 심급관할

4급 3심제의 심급관할을 취한다. 지법·지원 단독판사, 지법·지원 합의부, 고법·고법지부, 대법원이 각 4개의 급이 다른 법원이고, 4급의 법원이 법률이 정하는 바에 따라 1심, 2심, 3심의 심급을 관할한다.

	1심	2심	3심
단독사건	지법·지원 단독판사	지법 합의부(항소부)*	대법원
합의사건	지법·지원 합의부	고법·고법지부	대법원

* 춘천지방법원 강릉지원 합의부는 예외적으로 지방법원 본원 합의부가 아님에도 단독사건에 대한 항소심을 관할한다(법원조직법 32조 2항).

* 한 때 소송목적의 값이 1억원 초과 2억원 이하의 사건은 단독사건이지만 항소심은 고등법원이 관할하였으나, 2016. 9. 6. 민사 및 가사소송의 사물관할에 관한 규칙을 개정하여 단독사건에 대한 항소심을 지방법원 본원합의부로 통일하였다.

2. 사물관할 4-23

제1심 사건에서 소송물의 가액에 따라 지방법원 단독판사와 지방법원 합의부 사이의 관할권 분담을 사물관할이라고 한다.

(1) 소액사건 4-24

1) 소가 3,000만원 이하의 금전, 그 밖의 대체물이나 유가증권의 일정한 수량을 구하는 사건을 소액사건이라고 한다(소액사건심판법 2조 1항, 규칙 1조의 2). (*2016. 법원사무직) 소액사건심판법의 적용대상인 소액사건에 해당하는지 여부는 제소 당시를 기준으로 정하여지는 것이므로, 병합심리로 그 소가의 합산액이 소액사건의 소가를 초과하였다고 하여도 소액사건임에는 변함이 없다.[19](⇒ 11-1)

2) 소액사건의 경우 민사소송법의 특별법에 해당하는 소액사건심판법의 적용을 받는다. 시·군법원이 토지관할을 갖는 사건은 시·군법원판사가 관할한다.

소액사건심판규칙 제1조의2 (소액사건의 범위)

법 제2조제1항에 따른 소액사건은 제소한 때의 소송목적의 값이 3,000만원을 초과하지 아니하는 금전 기타 대체물이나 유가증권의 일정한 수량의 지급을 목적으로 하는 제1심의 민사사건으로 한다. 다만, 다음 각호에 해당하는 사건은 이를 제외한다. 〈개정 1987.8.19, 1993.9.8, 1997.12.31, 2002.6.28, 2016.11.29〉

1. 소의 변경으로 본문의 경우에 해당하지 아니하게 된 사건
2. 당사자참가, 중간확인의 소 또는 반소의 제기 및 변론의 병합으로 인하여 본문의 경우에 해당하지 않는 사건과 병합심리하게 된 사건

(2) 단독사건 4-25

소가 2억원 이하사건(3,000만원 초과 1억원 이하는 중액단독, 1억원 초과 2억원 이하는 고액단독사건으로 부장판사급이 담당) (주의 : 소가 2억원은 단독사건, 소가 3,000만원은 소액사건), 수표금·약속어음금 청구사건, 교통사고 및 산업재해로 인한 손해배상사건, 은행 등이 원고인 대여금·구상금·보증금 청구사건, 단독판사가 심판할 것으로 합의부가 결정한 사건 등은 단독법원의 사물관할이다(민사 및 가사소송의 사물관할에 관한 규칙 2조).

(3) 합의사건 4-26

1) 법정합의사건

소가 2억원 초과사건(*2016. 법원직. 소가 2억원 이상인 사건(×)), 비재산권(인격권 관련소

---

19) 1992.7.24. 91다43176.

송, 개인정보게시금지청구소송, 해고무효확인소송(*2009. 법원직) 등), 값을 산출할 수 없는 재산권사건(상호사용금지의 소, 주주의 대표소송 등), 본소가 합의부 관할인 경우의 반소, 중간확인의 소, 독립당사자참가 등 관련청구 등이 법정합의사건이다.

2) 재정합의사건(법원조직법 32조 1항 1호)

단독사건에 해당하나 내용이 복잡하고 사회적 이목이 집중되는 사건인 경우 재정합의부(통상 해당법원의 장이 재판장이 된다)의 결정으로 합의사건으로 할 수 있다. 이를 재정합의사건이라고 한다.

4-27 (4) 합의부 이송과 합의부 자판(自判)

1) 지방법원 단독판사는 소송에 대하여 관할권이 있는 경우라도 상당하다고 인정하면 직권 또는 당사자의 신청에 따른 결정으로 소송의 전부 또는 일부를 같은 지방법원 합의부에 이송할 수 있다(34조 2항).

2) 지방법원 합의부는 소송에 대하여 관할권이 없는 경우라도 상당하다고 인정하면 직권으로 또는 당사자의 신청에 따라 소송의 전부 또는 일부를 스스로 심리·재판할 수 있다(34조 3항).

4-28 (5) 소송목적의 값의 산정

1) 의 의

소송목적의 값(소가)은 소로 주장하는 이익을 기준으로 계산하여 정한다(26조 1항). 법원은 소가 산정과 관련하여 필수적인 자료에 해당하거나 당사자가 부주의, 오해 또는 법률의 부지로 제출이나 진술을 간과하였음이 분명하다고 인정되는 사항 등에 관하여 적극적으로 석명권을 행사하여 당사자에게 자료 제출 등의 기회를 주거나 관련 기관에 조사를 촉탁하는 등의 조치를 취할 의무가 있다.[20] 그 값을 계산할 수 없는 경우는 '민사소송등인지법'의 규정에 따라 정한다(26조 2항).

2) 산정의 시기

소제기시를 표준으로 한다(민인규 7조). 소제기 후 목적물의 시가상승은 소가 산정에 영향이 없다. 따라서 소액사건이 소 제기 후에 그 목적물의 시가가 상승하였다고 하더라도, 소액사건으로 취급하는 데 지장이 없다.[21] 청구의 변경으로 소송목적의 값이 늘

20) 2014. 5.29. 2014마329 [소송비용액확정].
21) 1979.11.13. 79다1404.

어난 경우에는 그 늘어난 금액을 기준으로 한다.

3) 청구를 병합한 경우

1개의 소로써 여러 개의 청구를 하는 경우에는 합산하여 소송목적의 값을 산정하는 것이 원칙이다(27조 1항). 따라서 여러 청구의 경제적 이익이 독립한 별개의 것인 때에는 합산한다(*2010. 법원직. 1개의 소로써 수개의 비재산권을 목적으로 하는 청구의 경우 그 중 가장 다액인 청구의 가액을 소송목적의 값으로 한다(×)). 그러나 1개의 소로써 주장하는 여러 개의 청구의 경제적 이익이 동일하거나 중복되는 때에는 중복되는 범위 내에서 흡수되고, 그 가운데 가장 액수가 많은 청수의 값을 소송목적의 값으로 한다(민인규 20조). 따라서, 청구의 선택적·예비적 병합의 경우에는 합산하지 않고 다액인 청구가액을 소송목적의 값으로 하며(*2007-1. 법원직. 선택적 병합의 경우에는 합산하여 소송목적의 값을 산정(×)), 1개의 소로써 수인의 연대채무자에 대하여 청구하는 경우에는 그 중 가장 다액인 청구의 가액을 소송목적의 값으로 한다. 과실(果實)·손해배상·위약금 또는 비용의 청구가 소송의 부대목적이 되는 경우에는 그 값은 소송목적의 값에 넣지 아니한다(27조 2항). 소유권보존등기가 이루어지고 이에 터잡아 근저당권설정등기가 경료된 후 그 소유등기명의가 전전 이전된 동일 부동산에 대하여 소유권보존등기명의자, 근저당권자 및 전득자 등을 공동피고로 하여 제기된 각 등기의 말소를 구하는 소송에서는 그 중 가장 다액인 청구의 가액을 소가로 할 것이며, 그 소송에서 원고의 전부승소판결이 선고되어 그 등기명의인들이 전부 불복하여 상소를 제기하는 경우에도 하나의 상소장으로써 공동명의로 상소를 제기한 등기명의인들 사이에는 제1심에서 산정된 소가를 기준으로 하여 항소장 또는 상고장에 인지를 첩부하면 되나, 그 등기명의인들이 수 개의 항소장 또는 상고장으로 나누어 상소를 제기하는 경우에는 각각 별도로 제1심의 소가를 기준으로 하여 산정한 인지를 첩부하여야 한다.[22]

3. 토지관할

(문) 서울 강남구 개포동에 주소를 둔 甲은 제주도 서귀포시에 사는 乙에게 경기도 수원시에 있는 토지를 팔았는데, 乙이 그 대금 1억원을 지급하지 않아 이를 받기 위하여 소송을 하려고 한다. 서울중앙지법은 토지관할이 있는가? 제주지방법원은? 수원지방법원은? 여러 법원에 모두 관할이 인정되면 누가 관할을 선택하는가? (20조, 11조 참조)

22) 1998. 7.27. 98마938. [18]

(1) 총 설

4-29 1) 의 의

직분관할과 사물관할이 있는 법원이 소재지를 달리하여 여러 개 있는 경우에, 소재지를 달리하는 법원 사이에 재판권의 분담을 정하는 것이 토지관할이다. 토지관할은 법원의 입장에서는 사법제도의 효율적 운영을 위한 지역적 업무배분과 관련되고, 당사자의 입장에서는 재판의 편의 등 실제적 이익과 결부된다. 관할은 재판권, 국제재판관할과 함께 법원에 관한 소송요건이 된다. 토지관할은 전속관할이 아니라 임의관할이다.

4-30 2) 토지관할의 결정 - 관할구역과 재판적

전국의 각 법원은 '각급법원의 설치와 관할구역에 관한 법률'에 의하여 그 관할구역이 미리 정해져 있다. 소송사건의 인적·물적요소(원고, 피고, 소송물)가 특정법원의 관할구역과 관련성을 갖게 되는 연결점(예컨대, 원고의 주소, 피고의 주거지, 계약체결지, 소송목적물의 소재지, 불법행위지 등)을 재판적이라고 한다. 소송사건에 대한 법원의 토지관할은 그 소송사건의 인적·물적 요소가 어느 법원의 관할구역과 관련되어 있는지에 따라 즉, 그 사건의 재판적이 어느 법원의 관할구역에 위치하는가에 따라 정해진다.

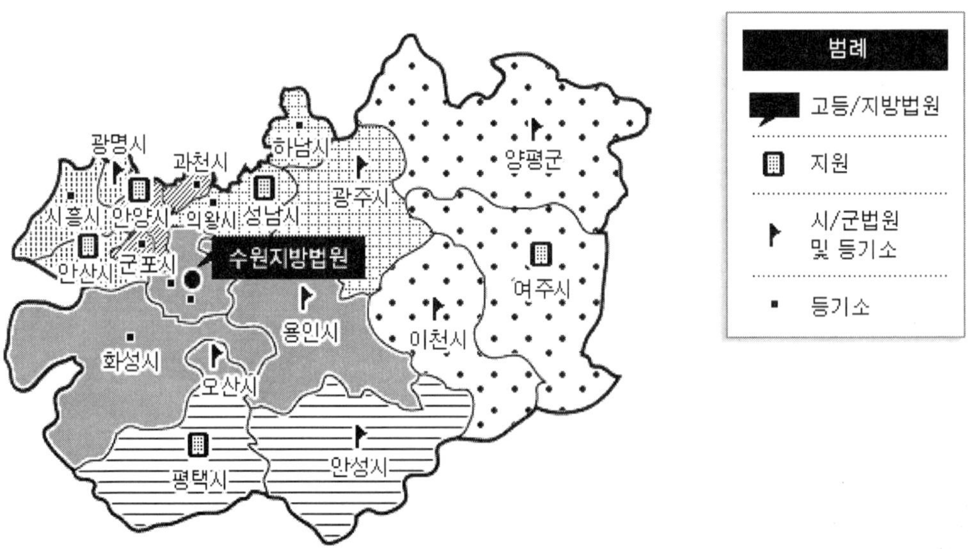

4-31 3) 보통재판적과 특별재판적

소송사건에 대한 재판적은 보통재판적과 특별재판적으로 구분된다. 보통재판적은 사건의 종류나 내용을 가리지 않고 관련된 모든 소송에서 토지관할을 정하는 기준이 된다(예컨대, 피고의 주소지는 보통재판적으로서 피고의 주소지를 관할구역으로 둔 법원은 피고에 대한 모든 종류의 소송에서 토지관할을 갖는다). 이에 반하여 특별재판적은 특별한 종류나 내용의 사건에 대해서만 한정적으로 토지관할을 정하는 기준이 된다(예컨대, 불법행위지는 특별재판적으로서 불법행위지를 관할구역으로 둔 법원은 불법행위에 기한 손해배상청구의 소에서만 토지관할을 갖는다).

4) 재판적(관할)의 경합 4-32

하나의 사건에 대하여 하나의 재판적(관할)만 인정되는 것이 아니라 동시에 여러 개의 재판적(관할)이 인정될 수도 있다. 하나의 사건에 대하여 여러 개의 재판적이 인정되는 경우 이를 재판적의 경합, 또는 관할의 경합이라고 한다. 이러한 경우에는 원고가 자신에게 편리한 법원을 선택하여 소를 제기하면 된다.

(2) 보통재판적 - 일반관할 4-33

1) 소는 피고의 보통재판적이 있는 곳의 법원이 관할한다(2조). 사람의 보통재판적은 그의 주소에 따라 정해지므로(3조), 소는 피고의 주소지가 있는 곳의 법원이 관할한다. 소를 제기할 것인지 여부의 선택권은 원고에 있고 피고는 자신의 의사와 무관하게 소송에 끌려들게 되는 지위에 있으므로, 원고에게는 피고를 상대로 제소할 것인지를 결정하는 권한을 주는 대신 원고와 피고 사이의 소송에 있어서 토지관할법원은 피고를 중심으로 정하는 것이 공평하다고 보는 것이다. 원고는 피고의 법정에 따른다는 것이 로마법 이래의 원칙이며, 우리 민사소송법도 이러한 관점에서 피고의 주소지 법원에 피고에 대한 소송사건의 토지관할을 인정하는 것이다.

2) 보통재판적은 사건의 종류나 내용을 가리지 않고 관련된 모든 소송에서 토지관할을 정하는 기준이 되는 재판적을 말한다. 따라서 보통재판적인 피고의 주소지를 관할구역으로 둔 법원은 피고와 관련된 모든 소송에서 토지관할을 갖는다. 이러한 토지관할을 일반관할이라고 한다.

3) 법인, 그 밖의 사단 또는 재단의 보통재판적은 이들의 주된 사무소 또는 영업소가 있는 곳에 따라 정하고, 사무소와 영업소가 없는 경우에는 주된 업무담당자의 주소에 따라 정한다(5조 1항)(예컨대, 피고가 법인인 경우에는 법인의 주된 사무소 또는 영업소가 있는 곳의 법원이 그와 관련된 모든 사건에 대하여 토지관할을 갖는다). 국가의 보통재판적은 그 소송에서 국가를 대표하는 관청 또는 대법원이 있는 곳으로 한다(6조).

4-34 ### (3) 특별재판적 - 특별관할

(예문) 서울에 주소가 있는 甲이 강릉에서 부산에 주소가 있는 乙이 운전하는 자동차에 치였다. 甲이 乙을 상대로 교통사고로 인한 손해배상청구의 소를 제기하고자 한다. 어느 법원에 토 관할이 있는가? 강릉을 관할구역으로 하는 법원이 그 사건을 담당하여 재판하는 것을 허용하는 것은 합리적인가?

1) 위 예문에서 피고의 주소지(보통재판적)를 관할구역으로 하는 법원에 토지관할권이 있으므로 甲이 乙을 상대로 소를 제기하는 경우 그 사건이 어떤 것이든 피고의 주소지 법원인 부산의 법원이 토지관할법원(일반관할)이 된다. 그런데 원고와 피고 사이에 있어서 불법행위에 기한 손해배상청구소송이라는 특정한 종류의 소송에 대하여는 불법행위지의 법원에서 소송을 하는 것이 원고와 피고 모두에 대하여 편리하고 공평하므로 합리적이라고 할 수 있다. 甲이나 乙 모두 불법행위지와 밀접한 관련을 갖고 있고, 관련 증거도 불법행위지에서 수집 제출하는 것이 편리할 것이기 때문이다. 이러한 경우에 인정되는 것이 불법행위지라는 특별재판적이다(18조). 특별재판적을 관할구역으로 둔 법원에게도 관련된 특정한 사건에 대하여 토지관할을 인정하는 것이 합리적인 경우가 있기 때문에 민사소송법은 다양한 특별재판적을 규정하고 있다.

2) 특별재판적은 사건의 종류나 성질을 기초로 그 사건에 관하여 특별히 인정되는 재판적이다. 보통재판적은 모든 소송에서 토지관할의 근거가 되나(일반관할), 특별재판적은 사건의 종류나 성질을 기초로 그와 관련된 특정한 소송에 대하여 토지관할의 근거가 된다(특별관할).

3) 민사소송법은 제7조부터 제24조에 걸쳐 각종의 특별재판적을 규정하고 있다. 원고는 피고의 보통재판적을 관할구역으로 하는 법원 또는 법이 정하는 여러 특별재판적을 관할구역으로 둔 법원 중에서 임의로 선택하여 소를 제기하면 된다.

(가) 재산권에 관한 소를 제기하는 경우에는 거소지 또는 의무이행지의 법원에 제기할 수 있다. 지참채무의 원칙(민법 467조 2항)에 따라 특정물의 인도 이외의 채무의 이행은 원칙적으로 채권자인 원고의 주소지 또는 현영업소가 의무이행지가 된다(8조). 사해행위취소의 소에 있어서의 의무이행지는 '취소의 대상인 법률행위의 의무이행지'가 아니라 '취소로 인하여 형성되는 법률관계에 있어서의 의무이행지'라고 보아야 하며, 사해행위취소에 따른 원상회복으로서의 소유권이전등기 말소등기의무의 이행지는 그 등

기관서 소재지라고 볼 것이지, 채권자인 원고의 주소지를 그 의무이행지로 볼 수는 없다.[23]

(나) 어음·수표에 관한 소를 제기하는 경우에는 지급지의 법원에 제기할 수 있다(9조). (*2007-1 법원직. 어음·수표에 관한 소를 제기하는 경우에는 지급지의 법원에 제기하여야 한다(×)).

(다) 대한민국에 주소가 없는 사람 또는 주소를 알 수 없는 사람에 대하여 재산권에 관한 소를 제기하는 경우에는 청구의 목적 또는 담보의 목적이나 압류할 수 있는 피고의 재산이 있는 곳의 법원에 제기할 수 있다(11조).

(라) 불법행위에 관한 소를 제기하는 경우에는 행위지의 법원에 제기할 수 있다(18조 1항). 선박 또는 항공기의 충돌이나 그 밖의 사고로 말미암은 손해배상에 관한 소를 제기하는 경우에는 사고선박 또는 항공기가 맨 처음 도착한 곳의 법원에 제기할 수 있다(18조 2항).[24]

(마) 부동산에 관한 소를 제기하는 경우에는 부동산이 있는 곳의 법원에 제기할 수 있다(20조). 부동산 물권에 대한 확인의 소, 물권적청구권 행사의 소, 이전등기 또는 인도를 구하는 소 등이 여기에 속한다. 부동산 자체를 목적으로 하지 않는 부동산의 매매대금이나 임료, 건축대금 등을 청구하는 소는 여기에 포함되지 않는다.

(바) 특허권등(특허권, 실용신안권, 디자인권, 상표권, 품종보호권)을 제외한 지식재산권과 국제거래에 관한 소는 일반토지관할법원의 소재지를 관할하는 고등법원이 있는 곳의 지방법원에 특별관할이 인정되므로 그 곳에도 제기할 수 있다(24조 1항). 특허권등의 지식재산권에 관한 소를 제기하는 경우에는 위와 같은 특별관할법원에 전속관할이 있으므로 그 곳에만 소를 제기하여야 한다(24조 2항). 당사자는 특허권등의 지식재산권에 관한 소를 특별관할법원과 아울러 서울중앙지방법원에 제기할 수도 있다(24조 3항).

제24조 (지식재산권 등에 관한 특별재판적)

① 특허권, 실용신안권, 디자인권, 상표권, 품종보호권(이하 "특허권등"이라 한다)을 제외한 지식재산권(*저작권과 신지식재산권-부정경쟁, 영업비밀 등- 관련사건)과 국제거래에 관한 소(*국제간의 인적 물적 거래로 인한 사건으로서 최소한 당사자 일방이 외국법인 또는 외국인인 사건-대법원예규 재일 98-3)를 제기하는 경우에는 제2조 내지 제23조의 규정에 따른 관할법원 소재지를 관할하는 고등법원

23) 2002. 5.10. 2002마1156. [19]

24) 불법행위에 따른 손해배상지와 국제재판관할에 관하여는 2013. 7.12. 2006다17539. [12] (베트남 참전 군인들의 고엽제 피해에 대한 제조물책임 손해배상사건) 참조.

이 있는 곳의 지방법원에 제기할 수 있다. 다만, 서울고등법원이 있는 곳의 지방법원은 서울중앙지방법원으로 한정한다. 〈개정 2011.5.19, 2015.12.1〉

② 특허권등의 지식재산권에 관한 소를 제기하는 경우에는 제2조부터 제23조까지의 규정에 따른 관할법원 소재지를 관할하는 고등법원이 있는 곳의 지방법원의 전속관할로 한다. 다만, 서울고등법원이 있는 곳의 지방법원은 서울중앙지방법원으로 한정한다. 〈신설 2015.12.1〉

③ 제2항에도 불구하고 당사자는 서울중앙지방법원에 특허권등의 지식재산권에 관한 소를 제기할 수 있다. 〈신설 2015.12.1〉(*고등법원소재지 지방법원의 전속관할에 더불어, 서울중앙지방법원에 선택적 관할을 인정)

(예문 1) 인천에 주소가 있는 甲이 청주에 주소가 있는 乙을 상대로 저작권침해 손해배상청구의 소를 제기하려고 한다. 청주지방법원은 토지관할이 있는가? 인천지방법원은? 대전지방법원은? 서울중앙지방법원은? (24조 1항)

[피고의 보통재판적 소재지를 관할하는 청주지방법원, 의무이행지인 인천지방법원, 청주를 관할하는 고등법원인 대전고등법원의 소재지인 대전지방법원, 인천을 관할하는 서울고등법원 소재지인 서울중앙지방법원이 경합적으로 관할권을 갖는다. 따라서 위 4개의 법원 중 하나를 선택하여 소를 제기할 수 있다.]

(예문 2) 전주에 주소가 있는 甲이 청주에 주소가 있는 乙을 상대로 특허권침해 손해배상청구의 소를 제기하려고 한다. 전주 또는 청주지방법원은 토지관할이 있는가? 서울중앙지방법원은 토지관할이 있는가? (24조 2항, 3항)

[특허권 등의 지식재산권에 관한 소는 관할법원 소재지를 관할하는 고등법원이 있는 곳의 지방법원의 전속관할로 하므로 전주나 청주지방법원은 관할권이 없고 광주지방법원이나 대전지방법원의 전속관할이 된다. 서울중앙지방법원에 제기할 수도 있다.]

4-35 **특허관련분쟁의 관할**

(1) 특허심판:
 –특허관련 행정심판
 –특허청소속 특허심판원

(2) 심결취소소송
 –특허심판의 위법을 다투는 행정소송
 – (1심) 특허법원, (2심) 대법원

(3) 침해소송
 – 특허권 등의 침해로 인한 권리구제를 위한 민사소송(손해배상, 침해금지가처분, 부당이득반환, 신용회복 청구 등에 관한 소송)
 – (1심)지방법원*, (2심)특허법원, (3심)대법원

*1) 특허권등 제외한 지식재산권(저작권, 영업비밀 등):지법 및 그 지원(본래관할법원) 또는 고법소재 5대지법(특별관할법원). 본래관할법원에 제소된 경우 특별관할법원으로 이송할 수 있음.

*2) 특허권등: 고법소재 5대지법 또는 서울중앙지법. 현저한 손해 또는 지연을 피하기 위해 본래관할법원으로 이송할 수 있음.

甲 연구소가 구 민·군겸용기술사업촉진법에서 정한 민·군겸용기술개발사업의 하나로 乙 주식회사와 후·박막공정을 이용한 저 자가방전 초소형 전지 개발을 위한 민·군겸용기술개발과제 협약(응용연구단계)을 체결한 후, 乙 회사를 상대로 위 협약에 기한 특허권 지분의 귀속의무 불이행을 원인으로 하는 손해배상을 구한 사안에서, 위 소송에 대한 심리·판단은 특허권 등의 지식재산권에 관한 전문적인 지식이나 기술에 대한 이해가 필요한 소송으로 민사소송법 제24조 제2항이 규정하는 특허권 등의 지식재산권에 관한 소로 보아야 하므로, 2015. 12. 1. 법률 제13522호로 개정된 법원조직법 시행일 전에 소가 제기되어 시행일 이후에 제1심판결이 선고된 위 사건에 대한 항소사건은 특허법원의 전속관할에 속한다고 한 사례(법원조직법 개정 전에는 항소사건은 고등법원의 관할이었다).(대법원 2019. 4. 10.자 2017마6337 결정)

(사) 그밖에, 근무지(7조), 사무소나 영업소가 있는 곳(12조), 서적이 있는 곳(13조), 선박이 있는 곳(14조), 사원 등의 경우(15조~17조), 해난구조의 경우(19조), 등기·등록의 경우(21조), 상속·유증의 경우(22조) 등에 특별재판적이 인정된다.

(4) 관련재판적 4-36

제25조 (관련재판적)

① 하나의 소로 여러 개의 청구를 하는 경우에는 제2조 내지 제24조의 규정에 따라 그 여러 개 가운데 하나의 청구에 대한 관할권이 있는 법원에 소를 제기할 수 있다.

② 소송목적이 되는 권리나 의무가 여러 사람에게 공통되거나 사실상 또는 법률상 같은 원인으로 말미암아 그 여러 사람이 공동소송인으로서 당사자가 되는 경우에는 제1항의 규정을 준용한다.

제65조 (공동소송의 요건)

소송목적이 되는 권리나 의무가 여러 사람에게 공통되거나 사실상 또는 법률상 같은 원인으로 말미암아 생긴 경우에는 그 여러 사람이 공동소송인으로서 당사자가 될 수 있다. 소송목적이 되는 권리나 의무가 같은 종류의 것이고, 사실상 또는 법률상 같은 종류의 원인으로 말미암은 것인 경우에도 또한 같다.

(문 1) 주소지가 서울인 甲이 주소지가 부산인 乙에게 1000만원을 빌려 주었다. 甲은 강릉에서 그 돈을 돌려받으려 하다가 乙로부터 폭행을 당하여 1000만원의 손해를 입었다. 甲은 차용금 반환청구의 소를 강릉법원에 제기할 수 있는가? 甲은 불법행위에 기한 손해배상청구의 소를 강릉법원에 제기할 수 있는가? 甲이 차용금반환청구와 동시에 불법행위에기한 손해

배상청구의 소를 함께(병합) 제기하려고 한다. 강릉의 법원에 토지관할을 인정하는 것이 합리적인가?

(문 2) 주소지가 서울인 甲이 강릉에서 주소지가 부산인 乙과 주소지가 제주인 丙으로부터 동시에 폭행을 당하여 손해를 입었다. 甲은 乙과 丙을 공동피고로 하여 소를 제기하고자 한다. 서울의 법원은 토지관할을 갖는가(8조 참조)? 강릉의 법원은 토지관할을 갖는가(18조 1항 참조)? 부산의 법원은 丙에 대해서 토지관할을 갖는가(25조 2항 참조)? 제주의 법원은 乙에 대하여 토지관할을 갖는가(25조 2항 참조)?

(문 3) 甲은 다세대주택을 주소지가 부산인 乙, 주소지가 대전인 丙, 주소지가 제주인 丁에게 각각 임대하여 주었다. 乙, 丙, 丁이 모두 임료를 밀린 채 주소지로 이사를 하였다. 甲은 乙, 丙, 丁을 공동 피고로 하여 부산의 법원에 임료지급청구의 소를 제기하려고 한다. 부산의 법원은 丙, 丁에 대한 토지관할을 갖는가?

1) 하나의 소로 여러 개의 청구를 하는 경우에는 그 여러 개 가운데 하나의 청구에 대한 관할권이 있는 법원에 소를 제기할 수 있다(25조 1항). 하나의 청구의 재판적이 관련된 청구의 재판적이 되므로 이때의 재판적을 관련재판적이라고 한다. 관련사건을 재판하는 법원에 특별재판적인 관련재판적을 인정함으로써 청구의 병합(하나의 소로 여러 개의 청구를 하는 것)(⇒ 10-3)을 용이하게 하고 관련된 사건에 대하여 하나의 법원에서 효율적으로 재판할 수 있도록 한 것이다(예컨대, 피고를 상대로 불법행위에 기한 손해배상청구의 소를 불법행위지를 관할하는 법원에 제기하면서 그 피고에 대한 차용금반환 청구를 병합하여 제기하는 경우에 관련재판적이 생기므로 그 법원은 차용금반환청구 사건에 대하여도 토지관할권을 갖게 된다(문1)). 이처럼 동일한 피고를 상대로 청구를 객관적으로 병합하는 경우에 관련재판적을 인정하여 하나의 법원에서 관할하도록 하는 것은 피고의 이익에도 크게 반하지 않으므로 문제가 없다.

2) 이와 달리, 복수의 피고를 상대로 하는 공동소송(청구의 주관적 병합)(⇒ 10-59)에서도 관련재판적을 인정할 것인가(문2, 문3과 같은 경우)에 대하여는 적극설, 소극설, 절충설 등 견해의 대립이 있었다. 공동소송 피고의 관할의 이익이 침해되는 문제가 생기기 때문이다. 1990년 개정민소법은 ① 소송목적이 되는 권리나 의무가 여러 사람에게 공통되거나 ② 사실상 또는 법률상 같은 원인으로 말미암아 그 여러 사람이 공동소송인으로서 당사자가 되는 경우(65조 전문 공동소송:공동소송인 사이에 보다 밀접한 관계가 있음)에 한하여 관련재판적을 인정하는 것으로 규정(25조 2항)함으로써 입법적으로 절충설을 채택하였다.

3) 그러므로, 65조 전문 공동소송(소송목적이 되는 권리나 의무가 여러 사람에게 공통되거나 사실상 또는 법률상 같은 원인으로 말미암아 생긴 경우. 예컨대, 불법행위자를 공동피고로 하거나(문2), 주채무자와 연대보증인을 공동피고로 소송을 제기하는 경우(*2010. 법원직))에는 공동소송인 중 한사람에 대하여 관할권이 있는 법원에 소를 제기할 수 있으나, 65조 후문 공동소송(소송목적이 되는 권리나 의무가 같은 종류의 것이고, 사실상 또는 법률상 같은 종류의 원인으로 말미암은 것인 경우)에는 관련재판적이 인정되지 않으므로, 그러한 공동소송의 요건을 갖추었다고 하더라도 공통된 관할법원이 존재하지 않으면 공동소송을 제기할 수 없게 된다(문3).

4. 지정관할 4-37

관할법원이 재판권을 법률상 또는 사실상 행사할 수 없는 때, 또는 법원의 관할구역이 분명하지 아니한 때에는 관계된 법원과 공통되는 바로 위의 상급법원이 그 관계된 법원 또는 당사자의 신청에 따라 결정으로 관할법원을 정한다(28조 1항). 이를 지정관할이라고 한다. 예컨대 합의재판부가 하나뿐인 지방법원지원에서 합의부 구성원에 대한 제척사유가 있는 경우, 관할구역에 소요사태로 재판권을 행사할 수 없는 경우 등이 그런 경우이다. 관할을 지정하는 결정에 대하여는 불복할 수 없다(28조 2항).

5. 합의관할 4-38

제29조 (합의관할) ① 당사자는 합의로 제1심 관할법원을 정할 수 있다.
② 제1항의 합의는 일정한 법률관계로 말미암은 소에 관하여 서면으로 하여야 한다.

(1) 의 의

합의관할이란 당사자의 합의에 터 잡아 생기는 관할로서 1심의 관할에 대해서 인정된다(29조). 임의관할에 대해서만 인정되고 전속관할에 대해서는 인정되지 않는다(예컨대, 1심 토지관할은 임의관할이므로 합의관할이 성립하나 직분관할은 전속관할이므로 합의관할이 성립하지 않는다).

(2) 합의의 모습

1) 특정의 법원에만 관할을 인정하는 합의를 전속적 관할합의라고 하고, 법정관할법원 이외에 다른 법원의 관할권을 부가적으로 인정하는 합의를 부가적 관할합의라고 한다.

2) 합의의 내용이 전속적 관할합의인지 부가적 관할합의인지 불분명한 경우 그 해석을 어떻게 할 것인지는 당사자의 소송행위 해석의 문제이다. 법정관할법원 중 어느 하나를 지정하는 합의는 전속적 합의이고, 그렇지 않은 경우에는 부가적 합의로 해석하는 것이 일반적이다.[25)]

> **(예문)** 대전이 주소지인 甲과 대구가 주소지인 乙이 물품거래를 하면서 그 계약에 관하여 생긴 분쟁은 서울중앙지방법원에서 소송을 하기로 합의하였다. 甲이 乙을 상대로 대전지방법원에 물품대금청구의 소를 제기하였다. 이에 乙이 합의관할위반이라고 주장하였다. 대전지방법원은 관할권이 있는가?
>
> [일반적으로 이러한 합의는 부가적 합의로 해석된다. 부가적 관할합의라고 해석되면 여전히 대전은 의무이행지 특별관할이 인정된다.]

(3) 합의의 성질

법정관할과 다른 내용의 관할법원을 정하겠다는 당사자 또는 당사자가 될 사람 사이의 소송법상의 합의(소송행위)이다. 사법상의 계약과 함께 이루어지더라도 이와는 구별되어야하며, 사법상의 계약이 취소 또는 해제되더라도 관할합의는 그를 둘러싸고 일어나는 분쟁에 대비한 것이므로 원칙적으로 그 효력이 인정된다고 할 것이다(무인성).

(4) 요 건

1) ① 제1심 관할법원에 관한 합의일 것, ② 합의의 대상인 법률관계가 특정될 것, ③ 합의의 방식이 서면일 것, ④ 관할법원을 특정할 것(원고가 지정하는 법원에 관할권을 인정하기로 하는 합의는 무효) 등을 요건으로 한다. 심급위반의 관할합의, 재판부(조직법상 법원 내의 업무분담)에 대한 합의, 서면에 의하지 않은 합의 등은 효력이 없다.

2) 약관에 의한 관할합의인 경우 고객에게 부당하게 불리한 재판관할의 합의 조항은 무효로 한다(약관의 규제에 관한 법률 14조). 전국적으로 지점을 가지는 사업자의 부산 소재 지점과 부산 소재 가맹점을 운영하는 부산 거주의 고객 사이에 체결된 가맹점계약상 사업자의 본점 소재지 관할법원을 전속적 합의관할법원으로 정하는 약관상의 관할합의조항을 무효라고 한 판례가 있다.[26)]

---

25) 1963. 5.15. 63다111 참조. "(약관규정에) 본건 계약에 관한 소송은 "甲"인 원고의 주소지를 관할하는 법원을 재판적으로 한다라고 기재되어 있는바 위의 규정은 법정관할 외에 또 관할법원을 증가하는 부가적 합의라고 해석"된다고 판시한 사안.

26) 2019. 2.15. 2018마6258.

(5) 효 력

1) 관할의 변동

법정관할권이 없는 법원이라도 합의에 의하여 관할권이 생기고, 전속적 관할합의인 경우 합의된 법원 이외의 법원의 관할권이 소멸한다. 관할합의의 효력은 부동산에 관한 물권의 특정승계인에게는 미치지 않는다고 할 것이므로 근저당권자 사이에 이루어진 관할합의의 효력은 부동산 양수인에게는 미치지 않는다.[27]

2) 임의관할의 성립

전속적 관할합의인 경우에도 합의에 의하여 성립한 관할은 임의관할이다(따라서 전속적 관할합의에 위반하여 관할권이 소멸한 법원에 제소를 하는 경우라도 피고가 응소하면 변론관할이 성립한다).

> **(예문)** 대전이 주소지인 甲과 대구가 주소지인 乙이 물품거래를 하면서 그 계약에 관하여 생긴 분쟁은 서울중앙지방법원에서 소송을 하기로 전속적 관할합의(영어로는 exclusively, shall 등의 표현을 쓴다)를 하였다. 甲이 乙을 상대로 대전지방법원에 물품대금청구의 소를 제기하였고, 乙이 응소하여 본안에 대해 변론하였다. 대전지방법원은 관할이 있는가?
>
> [전속적 관할합의에 따라 대전지방법원은 관할권을 잃게 되나, 전속적 관할합의에 의한 합의관할도 임의관할(토지관할)이므로 응소에 의하여 대구지법은 변론관할이 생긴다.]

(6) 국제재판관할의 합의 4-39

1) 섭외적 사건에서 외국의 법원을 관할법원으로 하는 합의를 국제재판관할의 합의라고 한다. 외국법원을 관할법원으로 덧붙이는 부가적 관할합의와 국내법원을 배제하고 외국법원만을 관할법원으로 하는 전속적 관할합의가 있다. 외국법원을 부가적 관할법원으로 합의하는 것은 문제가 없으나, 외국법원만을 관할법원으로 하는 전속적 국제재판관할합의의 경우 실질적으로 우리나라의 재판권을 배제하는 성격을 갖기 때문에 어려운 문제가 생긴다. 유효한 전속적 국제재판관할의 합의를 하는 경우 적용될 준거법의 예측을 가능하게 하기 때문에 보다 안정적 국제거래가 가능해지는 장점도 있다.

2) 전속적 국제재판관할합의의 유효성에 대하여 대법원은, "당해 사건이 대한민국 법원의 전속관할에 속하지 아니하고, 지정된 외국법원이 그 외국법상 당해 사건에 대하여 관할권을 가져야 하는 외에, 당해 사건이 그 외국법원에 대하여 합리적인 관련성을

---

27) 1994. 5.26. 94마536. [20]

가질 것이 요구된다고 할 것이고, 한편 전속적인 관할합의가 현저하게 불합리하고 불공정한 경우에는 그 관할합의는 공서양속에 반하는 법률행위에 해당하는 점에서도 무효"라고 하여 매우 엄격한 입장을 취하고 있다.[28] 이러한 대법원의 입장에 대하여는 합의한 당사자의 의사나 이익을 무시하고 자국중심의 재판을 영위하고자 하는 것으로 지양되어야 마땅하다는 비판적 견해가 다수 있다.[29] 유효한 전속적 국제재판관할합의에 반하여 국내법원에 소를 제기하면 소를 각하하여야 한다.

3) 한편, 국제사법은 근로계약과 소비자계약의 경우 소비자와 근로자 보호를 위하여 국제재판관할합의의 요건에 대한 규정을 따로 두고 있다. 그 경우 ① 서면에 의한 합의일 것, ② 분쟁이 이미 발생한 경우에는 전속적 합의도 허용되지만, 분쟁이 발생하기 전에는 부가적 합의일 것을 요건으로 한다(국제사법 27조 6항, 28조 5항). 따라서 근로계약에 있어서 당사자가 분쟁이 발생하기 전에 대한민국법원의 국제재판관할권을 배제하기로 하는 내용의 합의를 한 경우 그러한 합의는 무효이다.[30]

4-40
6. 변론관할(응소관할)

(1) 의 의

피고가 제1심 법원에서 관할위반이라고 항변하지 아니하고 본안에 대하여 변론하거나 변론준비기일에서 진술하면 그 법원은 관할권을 가지게 되는데(30조), 이를 변론관할이라고 한다. 임의관할 위반의 경우에만 변론관할이 생기고 전속관할 위반의 경우에는 변론관할이 생기지 않는다.

(2) 요 건

1) 관할 없는 1심 법원에 소가 제기되었을 것

토지관할 등 임의관할 위반의 제소여야 한다. 전속관할위반의 경우에는 변론관할이 성립하지 않는다. 합의관할도 임의관할이므로 합의관할을 위반한 제소도 변론관할의 대상이 된다. 판례는 국제재판관할위반의 경우에도 변론관할을 인정한다.[31]

2) 관할위반의 항변을 하지 않을 것

관할위반의 항변이 없다는 것이 명백해야 한다. 관할위반을 주장하면서 본안에 대

---

28) 2004. 3.25. 2001다53349.
29) 한충수, p.78; 이시윤, p.117; 석광현, p.120.
30) 2006.12. 7. 2006다53627.
31) 2014. 4.10. 2012다7571.

해 변론하는 경우에는 변론관할이 성립하지 않는다.

3) 본안에 대하여 구술로 변론하거나 변론준비기일에서 진술할 것

본안이란 원고의 소송상 청구가 이유가 있는지 여부에 대한 것이다. 따라서 피고가 소각하 신청을 하거나 기피신청, 변론기일변경신청 등을 하는 것은 본안에 관한 변론이 아니다. 본안에 대하여 현실적으로 변론이 이루어져야 한다. 따라서 준비서면에 본안에 관한 내용을 기재하여 제출한 후 결석한 경우에 진술간주의 효력이 생기지만(148조, 286조), 실제 출석하여 구술로 진술하지 않은 경우에는 변론관할이 생기는 것이 아니다.[32)]

3절 관할권의 조사 및 관할에 관한 재판

1. 조사의 방식 4-41

관할권의 존재는 소송요건의 하나이다. 법원은 관할권을 직권으로 조사할 수 있다(32조). 전속관할인 경우 법원이 직권으로 조사하고, 임의관할인 경우 변론관할이 성립할 수 있으므로 관할위반의 항변을 기다려 조사한다.

2. 관할결정의 표준시 4-42

1) 법원의 관할은 소를 제기한 때를 표준으로 정한다(33조). 따라서, 토지관할의 원인이 되는 피고의 주소나 주된 영업소 등이 소 제기 후에 변경되어도 소제기 당시에 관할권이 있는 이상 관할에 아무런 영향이 없다. 이는 관할법원이 그 후의 사정변경으로 인하여 관할을 잃게 되는데 따르는 혼란을 막으려는 취지이므로, 소제기 당시에 관할이 없는 경우라도 사실심의 변론종결 시까지 관할원인이 생겼으면 관할위반의 흠은 치유된다. 관련재판적에서 관련재판적 발생원인이 되는 청구가 취하되거나 각하되더라도 관련된 청구의 관할에 영향이 없고, 본소가 취하되더라도 반소의 관할에 영향이 없다.

2) 그러나, 본소가 단독사건인 경우에 피고가 반소로 합의사건에 속하는 청구를 한 때에는 반소에 대한 변론관할이 성립하지 않는 한 본소와 반소를 합의부에 이송하여야 한다(269조 2항). 원고의 청구취지 확장으로 합의부 관할이 된 때에도 변론관할이 성립하지 않는 한 합의부에 이송하여야 한다.

---

32) 1980. 9.26. 80마403.

4-43 ### 3. 관할에 관한 재판

1) 관할권에 대한 다툼이 있는 경우, 관할권이 인정되면 중간판결(201조)을 하거나, 심리를 계속진행하고 종국판결의 이유에서 판단을 하면 된다. 관할권이 인정되지 않는 경우 소각하 판결을 할 것이 아니라 관할권이 있는 법원으로 직권이송을 한다(34조 1항).

2) 관할위반을 간과하고 본안판결을 하였을 때, 임의관할의 경우에는 당사자가 항소심에서 제1심 법원의 관할위반을 주장하지 못하므로(411조 본문) 그 흠이 치유되나, 전속관할의 경우에는 항소심에서 이를 다툴 수 있다(411조 단서).

4절 소송의 이송(移送)

4-44 ### 1. 의 의

1) 어느 법원에 계속된 사건을 결정으로 다른 법원으로 소송계속을 이전하여 보내는 것을 소송의 이송이라고 한다. 관할위반의 경우 소를 각하한다면 다시 동일한 소를 관할법원에 제기하여야 하므로 원고에게는 물론 국가적으로도 비경제적이고, 그 사이에 실체법상 권리가 시효로 소멸하거나 제척기간이 지나가 버리면 원고로서는 큰 문제가 아닐 수 없다. 또한 소를 접수한 법원에 관할이 있는 경우라고 하더라도 중첩적으로 관할이 있는 다른 법원에서 재판을 하는 것이 보다 더 적절한 경우에 그 법원에서 재판을 받도록 하는 것이 공평하고 더욱 경제적인 경우가 있을 수 있다. 이러한 경우에 인정되는 민사소송법상의 제도가 이송(34조 이하)이다.

2) 이송과 구별해야 할 개념으로 이부(移部)와 소송기록의 송부가 있다. 이부란 같은 관할법원 내에서 재판업무의 분담을 변경하는 것을 말한다. 이부의 경우는 관할의 변동이 없다. 소송기록의 송부란 소송법적 효과가 생기지 않는 사실행위에 불과한 것으로, 소송법적 효과가 생기는 결정형식의 재판을 통하여 하는 이송과 구별된다.

4-45 ### 2. 이송의 원인

제34조 (관할위반 또는 재량에 따른 이송)

① 법원은 소송의 전부 또는 일부에 대하여 관할권이 없다고 인정하는 경우에는 결정으로 이를 관할법원에 이송한다.

② 지방법원 단독판사는 소송에 대하여 관할권이 있는 경우라도 상당하다고 인정하면 직권 또는 당사자의 신청에 따른 결정으로 소송의 전부 또는 일부를 같은 지방법원 합의부에 이송할 수 있다.
③ 지방법원 합의부는 소송에 대하여 관할권이 없는 경우라도 상당하다고 인정하면 직권으로 또는 당사자의 신청에 따라 소송의 전부 또는 일부를 스스로 심리 · 재판할 수 있다.
④ 전속관할이 정하여진 소에 대하여는 제2항 및 제3항의 규정을 적용하지 아니한다.

(1) 관할위반에 의한 이송

1) 법원은 소송의 전부 또는 일부에 대하여 관할권이 없다고 인정하는 경우에는 결정으로 이를 관할법원에 이송한다(34조 1항). 전속관할위반의 경우에 한정하지 않고 임의관할 위반의 경우에도 당사자의 관할위반항변이 있는 경우 이송한다. 토지관할위반은 물론 사물관할 위반의 경우에도 적용된다.

2) 지급명령의 신청에 관할위반이 있는 경우에는 이송하지 않고 각하한다(465조). (2012. 법원직) (⇒ 11-10)

3) 동일심급 법원 사이의 이송이나 같은 종류 법원 사이의 이송에는 문제가 없으나, 심급을 달리하는 법원 사이의 이송이나 종류가 다른 법원 사이의 이송에는 이론적으로 문제가 있어 구체적으로 살펴볼 필요가 있다.

㈎ 심급관할 위반에서의 이송

가) 1심 관할위반의 소제기

상급법원을 1심법원으로 하여 소제기 한 경우(예컨대, 지방법원에 제기하여야 할 소를 고등법원에 제기한 경우)에는 당사자의 의사를 고려함이 없이 관할 1심법원으로 이송한다. 판례는 항소심법원에 제기하여야 할 재심의 소를 1심법원에 제기한 경우 항소심 법원으로 이송한다는 입장이다.[33] (⇒ 9-87)

나) 상소할 법원을 잘못 선택한 상소제기

① 상소장을 원심법원에 제출하지 않고 상소법원에 제출한 경우(예컨대, 상고장을 원심법원에 제출하지 않고 직접 대법원에 제출한 경우)나, ② 상소법원을 잘못 지정하여 원심법원에 상소장을 제출한 경우(예컨대, 고등법원을 상소법원으로 하여야 할 것을 지법합의부를 상소법원으로 한 경우)가 문제된다. ①의 경우 상소법원은 원심재판장으로 하여금 상소장을 심사하도록 원심법원에 기록송부 하여야 하며, 이 경우 상소장이 원심법원에 접수된 때를 기준으로 상소제기기간 준수여부를 결정하여야 한다는 것이 판례의 입장이

33) 1984. 2.28. 83다카1981(전원합의).

다.[34] 이에 대하여 관할위반으로 인한 불이익을 가능한 구제하려는 법의 취지에 비추어 이 경우에도 민사소송법 제34조를 유추적용하여 이송을 긍정하여야 할 것이라는 다수의 학설이 있다. ②의 경우 법원은 상소장의 표시여부와 관계없이 적법한 심급관할 법원에 기록을 송부하여야 하며, 법원이 상소장에 잘못 기재된 대로 소송기록을 송부한 경우 송부 받은 법원은 적법한 관할법원으로 사건을 이송하여야 한다(원심법원이 당사자가 제출한 서면에 '재항고장'이라고 기재되었다는 이유로 대법원에 기록을 송부한 사건을 즉시항고로 보아야 한다는 이유로 관할법원인 항고법원으로 이송한 사안).[35]

(나) 종류가 다른 법원 사이의 이송

가사소송사건이나 행정소송사건을 일반 민사사건으로 오해하여 가정법원이나 행정법원에 소를 제기하지 아니하고 일반 지방법원에 소를 제기한 경우나 그 반대의 경우에 소를 각하하지 않고 재판권이 있는 법원으로 이송할 수 있을 것인가가 문제된다. 가사사건이나 행정사건은 민사소송법의 특별법인 가사소송법이나 행정소송법에 따라 심판을 하게 되는데, 이와 같이 상이한 절차법에 따라 심판을 하는 법원 상호간의 이송은 동일한 절차법에 따라 심판을 하는 민사법원 상호간의 이송과는 다른 문제를 내포하기 때문이다. 가사소송사건을 가정법원이 아닌 지방법원에 소제기 한 경우 이를 가정법원으로 이송한다는 것이 판례[36]와 통설이다(*2015. 법원직. 각하하여야 한다(×)). 행정소송사건의 경우도 일반법원과 행정법원 사이의 이송을 인정함이 상당하다.[37] 소송사건을 비송으로 제기하거나 비송사건을 소송으로 제기한 경우에 판례는 부적법 각하해야 한다는 입장이나,[38] 이에 대하여는 비판적 학설이 많다. 그러나, 법원과 행정기관 사이의 이송은 허용되지 않으므로 항고소송을 행정심판위원회로 이송할 수는 없다.

4-46 **(2) 심판의 편의를 위한 이송(재량이송)**

1) 단독판사의 재량에 따른 합의부 이송(34조 2항)

지방법원 단독판사는 소송에 대하여 관할권이 있는 경우라도 상당하다고 인정하면 직권 또는 당사자의 신청에 따른 결정으로 소송의 전부 또는 일부를 같은 지방법원 합의부에 이송할 수 있다(34조 2항). 소액사건도 마찬가지로 본조에 따라 지방법원 합의부로 이송할 수 있다.[39]

---

34) 1981.10.13. 81누230.
35) 1995. 1.20. 94마1961(전원합의).
36) 1980.11.25. 80마445.
37) 1996. 2.15. 94다31235(전원합의); 2009. 9.17. 2007다2428(전원합의).
38) 1976. 2.11. 75마533; 1963.12.12. 63다449.
39) 1974. 8. 1. 74마71.

2) 손해나 지연을 피하기 위한 이송(35조)

법원은 소송에 대하여 관할권이 있는 경우라도 현저한 손해 또는 지연을 피하기 위하여 필요하면 직권 또는 당사자의 신청에 따른 결정으로 소송의 전부 또는 일부를 다른 관할법원에 이송할 수 있다(35조 본문). 영미법의 부적절한 법정(forum non convenience)의 법리와 같은 맥락의 규정이다. 다만, 전속관할이 정하여진 소의 경우에는 그러하지 아니하다(35조 단서). 위 규정을 적용하여 이송을 허용하는 것이 상당하다는 대법원의 판례는 쉽게 발견되지 않는다. 불법행위지이고 또한 피고의 주소지라 하여 반드시 소송에 필요한 제반증거가 그곳에 있다고 단정할 수 없고 관계증인이나 등기신청서류 등이 그곳에 있다 하여 그 이상의 곳에서 재판함이 손해나 지연을 가져오는 것이라고는 볼 수 없다며 이송을 허가한 원결정을 파기한 판례도 있다.[40]

3) 지식재산권·국제거래에 관한 소송의 이송(36조)

특허권등을 제외한 지식재산권과 국제거래에 관한 소는 관할 고등법원이 있는 곳의 지방법원에 특별관할이 인정되므로 그 곳에도 제기할 수 있으며(24조 1항), 특허권등의 지식재산권에 관한 소를 제기하는 경우에는 위와 같은 특별관할법원 또는 서울중앙지방법원에 전속관할이 있으므로 그 곳에만 소를 제기하여야 한다(24조 2항)는 점은 앞서 설명하였다. 특허권등을 제외한 지식재산권과 국제거래에 관한 소를 위 제24조 1항 규정의 특별관할법원에 제기하지 아니한 경우 법원은 직권 또는 당사자의 신청에 따른 결정으로 그 소송의 전부 또는 일부를 특별관할법원에 이송할 수 있다(36조 1항). 이 경우 따로 '현저한 손해나 지연을 피하기 위한 필요성'이 인정되지 않아도 이송할 수 있다. 다만, 이로 인하여 소송절차를 현저하게 지연시키는 경우에는 그러하지 아니하다(36조 1항 단서). 그러나 전속관할이 정하여져 있는 소의 경우에는 이송할 수 없다(36조 2항). 특허권등의 지식재산권에 관한 소는 특별관할법원이 전속관할을 갖지만(24조 2항), 현저한 손해 또는 지연을 피하기 위하여 필요한 때에는 직권 또는 당사자의 신청에 따른 결정으로 소송의 전부 또는 일부를 제2조부터 제23조까지의 규정에 따른 일반관할의 지방법원으로 이송할 수 있다(36조 3항).

(3) 반소의 제기에 의한 이송 4-47

제269조 (반소)

① 피고는 소송절차를 현저히 지연시키지 아니하는 경우에만 변론을 종결할 때까지 본소가 계속된 법원에 반소를 제기할 수 있다. 다만, 소송의 목적이 된 청구가 다른 법원의 관할에 전속되지 아니하

---

40) 1963. 9.27. 63마16 [이송신청각하결정에대한재항고].

고 본소의 청구 또는 방어의 방법과 서로 관련이 있어야 한다.
② 본소가 단독사건인 경우에 피고가 반소로 합의사건에 속하는 청구를 한 때에는 법원은 직권 또는 당사자의 신청에 따른 결정으로 본소와 반소를 합의부에 이송하여야 한다. 다만, 반소에 관하여 제30조의 규정에 따른 관할권(*변론관할)이 있는 경우에는 그러하지 아니하다(⇒ 10-42).

3. 이송의 절차

4-48 ### (1) 이송신청

재량이송은 법원이 직권 또는 당사자의 신청에 의해서 하는 것으로서(34조 2항, 35조), 당사자에게 이송신청권이 있다. 이송신청권에 기한 이송신청은 기일에 구술로 하거나 서면으로 하되, 신청이유를 밝혀야 한다(규칙 10조). 이에 반하여, 관할위반을 이유로 한 이송은 법원이 직권으로 하는 것이며(34조 1항), 당사자에게는 이송신청권이 없다는 것이 판례[41]이다.

4-49 ### (2) 결 정

1) 이송에 관한 재판은 결정의 형식으로 한다(민사소송은 종국적인 판결에 이르기 위한 절차로서 그 절차의 진행 과정에서 법원은 많은 문제에 대하여 판단 내지는 의사표시로서 재판을 한다. 법원의 재판은 그 형식에 따라 판결, 결정, 명령으로 구분되는바, 이송에 관한 결정도 법원의 재판의 한 형식이다(⇒ 8-7)). 이송에 관한 결정에는 이송결정과 이송신청기각결정이 있다. 관할위반을 이유로 하는 이송결정은 직권으로 하고 재량으로 하는 이송결정은 직권 또는 당사자의 신청에 의하여 한다. 법률의 규정에 따른 이송신청이 있는 때에는 법원은 결정에 앞서 상대방에게 의견을 진술할 기회를 주어야 하며, 법원이 직권으로 이송결정을 하는 때에는 당사자의 의견을 들을 수 있다(민소규 11조).

2) 이송신청권이 있는 당사자의 이송신청(예컨대, 재량이송신청)에 대하여는 이유 없으면 이송신청기각결정을 하여야 하나, 이송신청권이 없는 당사자의 이송신청(예컨대, 관할위반을 이유로 하는 이송신청)에 대해서는 아무런 결정도 할 필요가 없다는 것이 판례이다.

4-50 ### (3) 즉시항고

이송결정과 이송신청의 기각결정에 대하여는 즉시항고를 할 수 있다(39조)(법원의 재판에 대해서는 대부분 불복절차를 마련하여 하급심 법원의 재판에 대해서 상급심 법원에 다툴 수 있는 길을 열어 놓는다. 결정형식의 재판에 대한 불복방법이 즉시항고이다(⇒ 9-57)). 관할위반을 이유로 한 당사자의 이송신청은 법원의 직권발동을 촉구하는 의미밖에 없으며, 관할위

---

41) 1993.12. 6. 93마524(전원합의). [21]

반을 이유로 하는 이송신청에 대하여 법원은 따로 이송신청기각결정을 할 필요가 없고(관할위반이 아니라고 판단하면 그러한 이송신청을 무시하고 심리를 계속하면 된다), 그러한 이송신청에 대하여 법원이 기각결정을 하였다고 하더라도 그 기각결정에 대하여 즉시항고 할 수 없다.[42] 법원이 이송신청권 없는 당사자의 신청에 따른 직권발동으로 이송결정을 한 경우에는 즉시항고가 허용되지만(39조), 위와 같이 당사자에게 이송신청권이 인정되지 않는 이상 항고심에서 당초의 이송결정이 취소(결과적으로 이송신청이 기각된 것과 같음) 되었다 하더라도 이에 대한 신청인의 재항고는 허용되지 않는다는 것이 판례이다.[43]

4. 이송의 효과

(1) 이송결정의 기속력 4-51

1) 이송결정이 확정되면 이송을 받은 법원은 이에 따라야 한다(38조 1항). 이송 받은 법원은 잘못된 이송이라도 다시 이송한 법원으로 되돌리는 반송이나 다른 법원으로 넘기는 전송을 할 수 없다(38조 2항). (*2009. 법원직. 이송을 받은 법원은 사건을 다시 다른 법원에 이송할 수 있다(×)) 이것은 이송 받은 법원의 반송 또는 전송으로 인하여 본안심리가 지연되어 당사자의 이익이 침해되는 것을 방지하기 위한 목적으로 규정된 것이다.

2) 이송법원이 전속관할에 관한 판단을 잘못하여 이송한 경우에도 이송 받은 법원을 기속하는가에 대해서는 이를 긍정하는 견해와 부정하는 견해가 나뉜다. 판례는 이송결정의 효력은 원칙적으로 전속관할에 위배된 이송에도 미치고, 다만 심급관할을 위배한 이송결정의 효력은 상급심법원에는 미치지 않는다고 한다.[44]

(2) 소송계속의 이전 4-52

1) 이송결정이 확정된 때에는 소송은 처음부터 이송받은 법원에 계속된 것으로 본다(40조 1항). 따라서 처음 소제기에 의한 시효중단의 효력이나 기간준수의 효력이 유지된다.[45] 이송 전에 한 소송행위(예컨대, 변론이나 증거신청 등)가 이송 받은 법원에서 그대로 효력이 유지되는가가 문제된다. 관할위반에 의한 이송의 경우에도 소송계속의 일체성

---

42) 1993.12. 6. 93마524(전원합의) 특별항고도 허용되지 않는다(1996. 1.21. 95그59). 이에 대하여는 관할위반의 경우에도 이송신청권을 인정하여야 한다는 학설(이시윤, p.109)이 있다.

43) 2018. 1.19. 2017마1332. 이 판례에 대한 비판적 견해는 한충수, "관할위반을 이유로 한 이송결정과 이에 대한 즉시항고 및 재항고", 법조 731권(2018. 10.) p.562 이하 참조.

44) 1995. 5.15. 94마1059,1060. [22]

45) 2007.11.30. 2007다54610.

을 인정하는 이상 그 효력이 지속된다고 보는 것이 타당하다.[46)]

2) 이송한 법원은 이송재판이 확정된 뒤에라도 급박한 사정이 있으면 직권이나 당사자의 신청으로 증거조사나 가압류·가처분 등 필요한 처분을 할 수 있다(37조). 이송결정이 확정되면 소송계속이 이전하므로 그 결정의 정본(*2010. 법원직. 결정의 원본(×))을 소송기록에 붙여 이송받은 법원에 보내야 한다(40조 2항).

(연습문제)

대전이 주소지인 甲은 부산에 본점이 소재하는 乙주식회사와 물품거래를 하였다. 甲과 乙이 체결한 물품거래계약의 보통거래약관조항에는 "본 계약에 관하여 분쟁이 발생하는 경우에는 서울중앙지방법원을 관할법원으로 한다"고 기재되어 있다. 甲은 보통거래약관에 그러한 내용의 기재가 있는 것을 알지 못하고 계약을 체결하였다.

1) 甲이 乙을 상대로 대전지방법원에 물품거래계약 채무불이행을 원인으로 하는 손해배상청구의 소를 제기하였다. 소장 부본을 송달받은 乙은 위 약관을 근거로 해서 대전지방법원은 관할이 없다고 주장하면서 서울중앙지방법원으로 이송할 것을 신청하였다. 乙의 이송신청은 소송법상 타당한 것인가?.

2) 합의관할에 위반된다는 것을 이유로 하는 乙의 이송신청에 대하여,

(가) 법원이 이유가 없다고 이송신청 기각결정을 하였다. 乙은 이러한 결정에 불복을 할 수 있는가? (1993.12. 6. 93마524 전원합의 참조)

(나) 법원이 이송신청을 이유 있다고 판단하여 이송결정을 하였다. 이에 대하여 甲이 즉시항고를 하였고, 항소심에서는 1심법원의 이송결정을 취소하였다. 항소심의 결정에 대하여 乙은 재항고를 할 수 있는가? (2018. 1.19. 2017마1332 참조)

3) (앞의 1), 2) 와 별개로, 서울중앙지방법원에 전속적 관할합의가 성립한 것이라고 가정한다). 乙이 대전지방법원에서 변론기일에 출석하여 본안에 관하여 변론을 하였다. 그 후 2회 변론기일에 乙은 관할위반의 항변을 할 수 있는가?

46) 통설(호문혁, p.201; 이시윤, p.113; 송/박, p.117)의 입장이다.

제5편 당 사 자

민사소송에서 당사자는 법원과 함께 소송을 이끌어가고 그 결과인 판결의 효력을 받는 소송의 주체이다. 제5편에서는 당사자의 개념(형식적)과 당사자 대립주의에 대해 설명하고(제1장 총설), 개별소송에서 누가 당사자인지 불명확한 경우 누구를 당사자로 보아 소송절차에 관여시킬 것인가의 문제에 대해서 살펴본 후(제2장 당사자확정), 소송의 주체로서 당사자가 되기 위한 일반적 자격(제3장 당사자능력), 그 사람을 당사자로 하여 심리를 하는 것이 적절한 것인가의 문제(제4장 당사자적격), 당사자로서 독립하여 소송행위를 할 수 있는 자격 등에 대해서 설명하고(제5장 소송능력·변론능력), 끝으로 소송상의 대리인(제6장)에 대해서 설명한다.

제1장 총 설

1절 당사자의 개념 5-1

1) 민사소송에서 당사자는 법원에 대하여 자기의 이름으로 권리보호를 요구하거나 요구받는 사람으로서, 소송의 결과인 판결의 효력을 받는 소송의 주체이다. 당사자의 보통재판적(2조)을 기준으로 관할법원이 정해지고, 당사자에 대하여 기판력의 주관적 범위(218조)가 미치며, 당사자의 동일성이 소송사건의 동일성(259조)을 결정하는 기준이 되는 등 당사자는 소송에 있어서 중요한 개념이다.

2) 소를 제기하는 적극적 당사자를 원고라고 하고 그 상대방을 피고라고 할 때, 민사소송의 실제에 있어 보통의 경우 원고는 자신이 실체법상 권리자라고 주장하고 피고를 실체법상의 의무자라고 지목하여 소를 제기한다. 그래서 19세기까지의 독일 소송법학자들은 소송법상 당사자의 개념을, 주로 이행의 소를 염두에 두고, 실체법상의 권리를 소송상 주장하는 사람과 그 대립되는 상대방이라고 파악하였다. 이를 실체적 당사자개념이라고 한다.

3) 그러나 오늘날 당사자개념은, 실체법상의 권리의무 또는 법률관계와 단절된 소송법상의 지위로서, 자기명의로 법원에 대하여 재판을 요구하는 자와 그 대립되는 상대방이라고 파악한다. 이를 형식적 당사자개념이라고 한다. 이에 따르면, 반드시 자신의 실체법상 권리나 법률관계를 주장하여야만 원고가 되고, 실체법상의 의무자로 지목되어야만 피고가 될 수 있는 것은 아니다. 예컨대, 채무자회생 및 파산에 관한 법률 제359조에 의하면, “파산재단에 관한 소송에서는 파산관재인이 당사자가 된다.” 즉, 파산이 이루어지는 경우 파산자는 소송수행권(당사자적격)을 잃고 파산관재인이 파산자를 대신하여 소송을 수행하게 되는데(이를 소송담당이라고 한다(⇒ 5-27)), 이때 파산관재인은 자신의 실체법상 권리·의무를 소송상 주장하는 것이 아니라 파산자의 실체법상 권리·의무를 소송상 주장하는 것이지만 직접 소송의 당사자가 된다(파산자가 당사자가 되고 파산관재인이 파산자의 소송대리인으로서 소송을 수행하는 것이 아니다). 실체적 당사자개념으로는

위와 같이 파산관재인이 직접 소송의 당사자로 되는 것을 설명할 수 없다. 오늘날 법이론의 발전과 현실적인 필요에 따라 파산관재인과 마찬가지로 실체법상의 권리자가 아님에도 소송수행권을 갖고 자신의 이름으로 재판을 구하는 소송담당이 넓게 인정된다(유언집행자, 선정당사자, 선장 등 소송담당자), 이와 같은 소송담당자들을 당사자로 파악하기 위해서 오늘날 당사자의 개념을 형식적 개념으로 이해하는 것이 통설이다.

5-2

2절 당사자 대립주의

1) 소송은 당사자의 대립을 전제로 한다. 대립하는 당사자를 전제하지 아니한 편면적 소송이란 성립할 수 없는 것이다(혼인신고 등 가족법상의 각종신고, 법인의 등기 등과 관련하여 다툼이 생기는 경우 이는 당사자 대립구조가 아닌 편면적 구조를 갖는 사건으로서 비송사건이라고 하며, 비송사건은 「비송사건절차법」에 따라서 규율된다). 당사자 대립구조라고 하여 반드시 1인대 1인의 대립을 뜻하는 것은 아니며 당사자 한쪽 또는 양쪽에 다수의 당사자가 관여하는 경우도 있다(⇒ 10-55).

2) 당사자의 대립이 필요하므로, 같은 회사의 본·지점 또는 지점 사이의 소송, 교육감이 도를 대표하여 도지사가 대표하는 같은 도를 상대로 하는 소송(경상남도 교육감이 도를 대표하여 도지사가 대표하는 경상남도를 상대로 소유권의 확인을 구한 사건에서 '지방자치단체로서의 경상남도는 1개의 법인이 존재할 뿐이고, 다만 사무의 영역에 따라 도지사와 교육감이 별개의 집행 및 대표기관으로 병존할 뿐이므로 결국 자기가 자기를 상대로 제기한 것으로 권리보호의 이익이 없다고 판시한 사안)[1] 등은 부적법하다. 소송계속중 상속이나 법인의 합병에 의하여 당사자 한쪽의 지위를 다른 쪽이 승계한 때에는 소송이 당연히 종료된다(재산관계소송에서 한 당사자가 사망하거나 합병되는 경우 상속인 등에게 당사자의 지위가 승계되므로 당연히 소송이 종료되는 것이 아니며, 당사자 한쪽의 지위를 다른 쪽이 승계한 경우에만 소송이 종료된다).[2] 이혼청구권은 일신전속적 권리이므로 이혼소송 계속 중 당사자 일방이 사망하는 경우에는 당사자지위가 승계되지 않고 당사자대립이 소멸하므로 소송이 종료된다.[3]

3) 대립되는 당사자의 호칭은 재판절차에 따라 원고·피고(민사소송절차. 형사소송에서는 당사자를 '검사'와 '피고인'이라고 칭한다), 반소원고·반소피고, 항소인·피항소인, 상고인·

1) 2001. 5. 8. 99다69341.
2) 이러한 경우 이를 명확하게 하기 위해서 소송종료선언의 판결을 한다(⇒ 8-2).
3) 1982.10.12. 81므53.

피상고인, 신청인·피신청인(증거보전절차, 소송비용확정절차), 채권자·채무자(민사집행절차, 민사보전절차) 등으로 달라진다. 법원은 대립당사자를 소송에서 공평하게 취급하여야 한다.

제2장 당사자의 확정

(문 1) 1) 김봉남(男)과 김복남(女), 김정남(男)은 같은 주소지에서 함께 살고 있다. 甲은 김정남을 대리한 김봉남과 계약을 체결한 계약상 채권자이다. 甲은 김봉남이 거래의 당사자라고 주장하며 김봉남을 피고로 하여 소를 제기하였다. 그 소송에서 피고는 김봉남인가 김정남인가?

2) 甲은 김봉남의 이름을 잘못 알아 '피고 김복남'이라고 기재하였다. 청구원인 등에 기재된 내용을 종합하면 김봉남을 피고로 하여 소를 제기한 것이 객관적으로 드러난다. 법원은 피고를 누구로 보고 재판을 진행할 것인가? 김복남(女)이 변론기일에 법원에 출석하였다. 법원은 어떻게 처리하여야 하는가?

(문 2) 甲은 ㅇㅇ아파트 부녀회(비법인 사단)의 행사에 물건을 납품하였으나 물품대금을 받지 못하였다. 甲은 소장에 피고 표시를 "ㅇㅇ아파트부녀회장 ㅇㅇㅇ"라고 기재하여 소를 제기하였다. 이러한 경우 법원은 누구를 피고로 보아야 하며, 어떻게 절차를 진행하여야 하는가? (1996. 12. 20. 선고 95다26773 참조)

5-3 1절 당사자확정의 의의

1) 당사자확정의 문제는 개별소송에서 누가 당사자인지가 불명확한 경우 누구를 소송의 당사자로 보아 소송절차에 관여시키고 판결의 효력을 미치게 할 것인가의 문제이다. 소송에 있어서 당사자가 확정되어야 그 확정된 당사자를 기준으로 재판적(관할법원), 당사자능력, 당사자적격 및 소송능력 등을 판단할 수 있고 기판력이 미치는 주관적 범위도 그에 따라 결정되므로 소송에 있어서 법원은 우선 당사자가 누구인가를 확실히 할 필요가 있다.

2) 사건을 심리·판결하는 법원으로서는 직권으로 소송당사자가 누구인가를 확정하여 심리를 진행하여야 한다. 대부분 소송에 있어서는 소장에 기재된 것을 토대로 쉽게 그 소송의 당사자를 확정할 수 있으나, 예외적으로 소장에 당사자로 기재된 사람이 이미 사망한 사람이거나, 성명이 도용된 경우 등에는 누구를 당사자로 보고 소송을 진행

할 것이지 하는 당사자확정의 문제가 생긴다.

2절 당사자확정의 기준 5-4

특정사건에 있어서 누구를 당사자로 볼 것인지가 불분명한 경우(예컨대, 성명도용소송의 경우 도용자가 당사자인지 피도용자가 당사자인지)가 있을 수 있다. 이와 같이 누구를 당사자로 확정하여야 할지가 문제되는 경우에 구체적으로 어느 요소를 기준으로 당사자를 확정하여야 할 것인가는 간단한 문제가 아니다. 이와 관련하여 '의사설', '행동설', '표시설', '적격설', '규범분류설' 등 다양한 견해가 주장되고 있다. 판례는 "당사자가 누구인가는 소장에 기재된 표시 및 청구의 내용과 원인 사실 등 소장의 전취지를 합리적으로 해석하여 확정하여야 한다."고 한다.[4] 생각건대, 소장의 당사자란의 표시를 기초로 하되 청구의 취지나 원인, 기타의 기재사항 등을 종합하여 원고의 소제기의 객관적 의미를 합리적으로 해석하여 당사자를 확정하여야 할 것이다.[5]

3절 당사자확정이 문제가 되는 사례

1. 성명도용(姓名盜用)소송 5-5

(1) 의 의

甲이 乙의 성명을 도용하여 소장에 원고를 乙로 표시하여 소를 제기한 경우(원고의 도용), 또는 丙을 피고로 표시하였음에도 불구하고 丁이 丙의 이름을 도용하여 소송행위를 한 경우(피고의 도용)등을 성명도용소송이라고 한다.

(2) 소송상 처리

1) 도용사실이 소송계속 중 밝혀진 경우

소송계속 중에 법원이 甲이 乙의 성명을 도용하여 소장에 원고를 乙로 표시하여 소

---

4) 2011. 3.10. 2010다99040.

5) 호문혁, p.211. 이시윤, p.125는 '소장의 당사자란의 기재를 원칙적 기준으로 하되 청구의 취지·원인 그 밖의 일체의 표시사항 등도 기준으로 합리적으로 해석하여 확정'하여야 한다며 이를 실질적 표시설이라고 한다.

를 제기한 사실(원고의 도용)을 발견한 경우, 표시설에 따르면 乙이 원고인데 乙은 소를 제기할 의사가 전혀 없는 것이므로 乙이 추인하지 않는 한 소제기는 무효이며 소를 부적법한 것으로 각하한다. 소장의 표시에 의하면 乙이 원고가 되는데 실제 소송을 수행하는 甲은 乙의 명의로 소를 제기할 자격이 없으므로 무권대리인이 한 소송행위와 같기 때문이다. 행동설에 따르면 원고는 甲이며 소장에 원고가 乙로 표시가 된 것은 당사자표시가 잘못된 것이므로 법원은 원고를 甲으로 보아 소송을 진행한다. 한편, 丙을 피고로 표시하였음에도 불구하고 丁이 丙의 이름을 도용하여 소송행위를 하는 경우(피고의 도용)에는 표시설에 따르면 피고는 丙이므로 도용자 丁이 소송행위를 하는 것을 배제하고 피고 丙에게 통지를 하여 소송을 수행하도록 한다. 행동설에 따르면 丁이 피고이므로 丁이 피고로서 행동한 판결의 효력은 丁에게 미친다.

2) 도용사실을 간과한 채 판결이 난 경우

위와 같은 사례에서 법원이 성명도용 사실을 간과하고 판결한 경우 그 판결의 효력은 어찌되는가가 문제이다. 행동설에 따르면 당사자는 도용자인 甲과 丁이므로 피도용자인 乙과 丙에게는 판결이 효력이 미치지 않는다. 乙과 丙은 판결이 형식적으로 확정된 경우에도 재심청구를 할 필요도 없이 그 판결의 무효를 주장할 수 있다. 표시설에 의하면 피도용자가 소송의 당사자이므로 판결의 효력은 소장에 표시된 乙과 丙에게 미치게 된다. 乙과 丙은 단계에 따라 상소(424조 1항 4호) 또는 재심(451조 1항 3호)에 따라 구제를 받을 수 있다. 판례도 이러한 경우 표시설의 입장과 같이 당사자는 피도용자라는 전제아래, "제3자가 피고를 참칭, 모용하여 소송을 진행한 끝에 판결이 선고되었다면 피모용자인 피고는 그 소송에 있어서 적법히 대리되지 않는 타인에 의하여 소송절차가 진행됨으로 말미암아 결국 소송관여의 기회를 얻지 못하였다 할 것이니 피고는 상소 또는 재심의 소를 제기하여 그 판결의 취소를 구할 수 있다"고 판시하였다.[6]

2. 사망한 사람을 당사자로 표시하여 제기한 소송

(문) 甲은 乙에게 돈을 빌려주었으나 乙이 변제하지 않자 乙을 피고로 하여 대여금반환청구의 소를 제기하였다. 그런데 소장 접수 전날에 乙이 사망하여 乙의 법률관계를 유일한 상속인인 丙이 포괄승계 하였으나 甲은 그와 같은 사실을 모르고 乙을 피고로 하여 소를 제기한 것이다. 이러한 경우 피고는 누구인가? 사망한 사실을 알고도 甲이 편의상 피고를 乙로 기재하여 소를 제기한 경우는?

6) 1964.11.17. 64다328; 1964. 3.31. 63다656. [24]

(1) 의 의 5-6

소송계속 전(피고에게 소장부본이 송달되기 전)에 당사자가 이미 사망한 경우, 사망한 자를 당사자로 표시한 소송의 당사자를 누구로 확정하여야 하는 문제가 생긴다. 피고가 소송계속 전에 이미 사망하였음에도 원고가 이를 모르고 사망한 사람을 피고로 표시하여 소를 제기한 경우나, 사망사실을 알았으나 소멸시효가 임박하고 상속인들을 찾기 어려워 우선 사망한 사람을 피고로 하여 소를 제기하는 경우가 주로 문제된다.

(2) 소송상 처리 5-7

1) 소송계속 중 밝혀진 경우

피고가 소송계속 전에 이미 사망하였음에도 사망한 사람을 피고로 표시하여 소를 제기한 경우, 소장에 기재된 표시를 중시하면(표시설) 소장에 피고로 기재된 사망한 사람이 피고이다. 그러므로 그 소는 당사자가 실재하지 않는 소가 되므로 소송계속이 발생할 여지가 없고, 소송계속이 발생한 것으로 보아 소송이 진행된 경우에도 당사자능력이 없는 자를 피고로 하여 소를 제기한 것으로서 소송요건을 갖추지 못한 부적법한 소이므로 소를 각하하여야 한다. 판례도 기본적으로 이러한 입장에서 아래와 같이 판시한다.

> "사망자를 피고로 하는 소제기는 원고와 피고의 대립당사자 구조를 요구하는 민사소송법의 기본원칙에 반하는 것으로서 실질적 소송관계가 성립할 수 없어 부적법하므로, 그러한 상태에서 제1심판결이 선고되었다 할지라도 판결은 당연무효이다. 피고가 소 제기 당시에는 생존하였으나 그 후 소장부본이 송달되기 전에 사망한 경우에도 마찬가지이다. 이러한 법리는 사망자를 채무자로 한 지급명령에 대해서도 적용된다. 사망자를 채무자로 하여 지급명령을 신청하거나 지급명령 신청 후 정본이 송달되기 전에 채무자가 사망한 경우에는 지급명령은 효력이 없다. 설령 지급명령이 상속인에게 송달되는 등으로 형식적으로 확정된 것 같은 외형이 생겼다고 하더라도 사망자를 상대로 한 지급명령이 상속인에 대하여 유효하게 된다고 할 수는 없다."[7]

이에 따르면 원고는 다시 상속인을 피고로 하여 소를 제기하거나, 소를 각하당하지 않고 상속인을 당사자로 소송수행을 하기 위해서는 기존의 피고 망인을 새로운 피고인 상속인으로 변경하는 피고의 경정(260조) 절차를 밟아야 하며(상세는 ⇒ 5-11 참조), 피고를 망인에서 상속인으로 변경하기 위한 피고표시의 정정은 허용되지 않는다.

그런데 피고의 경정은 기존의 피고가 소송에서 배제되고 경정된 피고가 새롭게 소송의 당사자가 되는 것이기 때문에, 사망한 사실을 모르고 사망한 사람을 피고로 표시

---

7) 2017. 5.17. 2016다274188.

하거나 사망사실을 알았으나 편의상 우선 사망한 사람을 피고로 하여 소를 제기하는 경우 등 특별한 사정이 있는 경우에는 소송경제나 상대방의 이익을 고려할 때 위와 같이 처리하는 것은 바람직하지 않다(예컨대, 피고를 망인에서 그 상속인으로 경정하는 경우 265조에 따라 경정신청서 제출시점에 소멸시효 중단의 효력이 생기므로 피고가 사망한 사실을 모르고 망인을 피고로 표시하여 소를 제기한 원고는 소멸시효의 불이익을 입을 수 있다). 따라서 이러한 경우 당사자의 확정에 관하여 엄격한 표시설을 취하는 것은 합리적이지 않다.

판례는 이와 관련하여 원고가 소 제기시 피고의 사망사실을 몰랐던 경우 "청구의 내용과 원인사실, 당해소송을 통하여 분쟁을 실질적으로 해결하려는 원고의 소제기 목적 내지는 사망사실을 안 이후의 원고의 피고 표시정정신청 등 여러 사정을 종합하여 볼 때 사망자의 상속인이 처음부터 실질적인 피고이고 다만 그 표시를 잘못한 것으로 인정된다면, 사망자의 상속인으로 표시를 정정할 수 있다."고 한다.[8] 나아가 판례는 원고가 피고의 사망을 알고 있었던 경우에도 "청구의 내용과 원인사실, 당해 소송을 통하여 분쟁을 실질적으로 해결하려는 원고의 소 제기 목적, 소 제기 후 바로 사실조회신청을 하여 상속인을 확인한 다음 피고표시정정신청서를 제출한 사정 등을 (합리적으로 해석해) 보면, 이 사건의 실질적인 피고는 당사자능력이 없어 소송당사자가 될 수 없는 사망자인 소외인이 아니라 처음부터 사망자의 상속인인 피고이고 다만 소장의 표시에 잘못이 있었던 것에 불과하므로, 원고는 소외인의 상속인으로 피고의 표시를 정정할 수 있고, 따라서 당초 소장을 제출한 때에 소멸시효중단의 효력이 생긴다"고 한다.[9]

> "소송에서 당사자가 누구인가는 당사자능력, 당사자적격 등에 관한 문제와 직결되는 중요한 사항이므로, 사건을 심리·판결하는 법원으로서는 직권으로 소송당사자가 누구인가를 확정하여 심리를 진행하여야 하며, 이 때 당사자가 누구인가는 소장에 기재된 표시 및 청구의 내용과 원인 사실 등 소장의 전취지를 합리적으로 해석하여 확정하여야 한다. 따라서 소장에 표시된 피고에게 당사자능력이 인정되지 않는 경우에는 소장의 전취지를 합리적으로 해석한 결과 인정되는 올바른 당사자능력자로 그 표시를 정정하는 것이 허용된다(대법원 2001. 11. 13. 선고 99두2017 판결, 대법원 2002. 3. 29. 선고 2001다83258 판결 등 참조). (1) 원심판결 이유 및 기록에 의하면, ① 원고는 1999. 12. 30. 소외인이 국민은행으로부터 대출받는 주택구입자금 (…)에 대하여 (…) 신용보증을 한 사실, ② 소외인이 위 신용보증에 기하여 국민은행으로부터 (…) 대출받은 후 위 대출원리금을 상환하지 않자 원고가 2004. 8. 20. 국민은행에 (…) 대위변제한 사실, ③ 소외인은 2000. 1. 3. 사망하였고 피고가 소외인의 상속인인 사실, ④ 원고는 2009. 7. 30. 소외인을 피고로 기재한 소장에 소외인의 사망사실이 기재된 주민등록초본과 관리기업기본정보표(갑 제4호증)를 첨부하여 제1심법원에 제출한 사실, ⑤ 원고는 2009. 8. 3. 소외인의 상속인을 확인할 수 있는 가족관계증명서 등에 관한 사실조회를 신청하였고, 2009. 8. 28. 제1심법원에 도착한

8) 2006. 7. 4. 2005마425.
9) 2011. 3.10. 2010다99040.

사실조회 결과에 따라 2009. 9. 10. 이 사건 피고의 표시를 소외인에서 현재의 피고로 정정하는 신청서를 제출한 사실 등을 알 수 있다. (2) 이러한 사실관계에서 알 수 있는 이 사건 청구의 내용과 원인사실, 당해 소송을 통하여 분쟁을 실질적으로 해결하려는 원고의 소 제기 목적, 소 제기 후 바로 사실조회신청을 하여 상속인을 확인한 다음 피고표시정정신청서를 제출한 사정 등을 앞서 본 법리에 비추어 보면, 이 사건의 실질적인 피고는 당사자능력이 없어 소송당사자가 될 수 없는 사망자인 소외인이 아니라 처음부터 사망자의 상속인인 피고이고 다만 소장의 표시에 잘못이 있었던 것에 불과하므로, 원고는 소외인의 상속인으로 피고의 표시를 정정할 수 있고, 따라서 당초 소장을 제출한 때에 소멸시효중단의 효력이 생긴다고 할 것이다." (2011. 3.10. 2010다99040)

2) 간과한 채 판결이 난 경우 5-8

법원이 소제기 이전에 이미 사망한 사람임을 간과하고 사망한 사람을 당사자로 확정하여 소송을 진행한 후 그대로 본안판결을 한 경우에는 그 판결은 당연무효이며, 그 효력이 상속인에게 미치지 않는다.[10] 소제기 이전에 이미 사망한 사람임을 간과하고 내려진 판결에 대하여 사망한 사람을 상대로 한 상소도 허용될 수 없다.[11] 다만 예외적으로 무효인 판결에 의하여 생긴 외관을 제거하기 위한 상소는 허용된다는 것이 일반적인 견해이고, 판례도 그러한 입장을 표시하고 있다.[12]

"이미 사망한 자를 채무자로 한 처분금지가처분(…)결정은 당연무효로서 그 효력이 상속인에게 미치지 않는다. (…) 채무자의 상속인은 일반승계인으로서 무효인 그 가처분결정에 의하여 생긴 외관을 제거하기 위한 방편으로 가처분결정에 대한 이의신청으로써 그 취소를 구할 수 있다고 할 것이나, 부동산소유권이전등기청구권 보전을 위한 가처분의 본안소송에서 승소한 채권자가 그 확정판결에 기하여 소유권이전등기를 경료하게 되면 가처분의 목적이 달성되어 그 가처분은 이해관계인의 신청에 따라 집행법원의 촉탁으로 말소될 운명에 있는 것이므로, 특별한 사정이 없는 한 가처분에 대한 이의로 그 결정의 취소를 구할 이익이 없다고 할 것이다." (2002. 4.26. 2000다30578)

(당사자 사망의 소송법적 문제)

지금까지는 제소 전에 사망한 자를 당사자로 표시하여 소를 제기한 경우에 대하여 설명한 것이다. 소송계속 중, 또는 사실심 변론종결 후에 당사자가 사망하는 경우에는 이와는 다른 소송법적인 문제가 생기게 된다. 당사자가 소송 계속 후에 사망하는 경우에는 소송중단(⇒ 6-40)의 효과가 생기고 소송이 상속인에게 수계되는 소송승계(10-143)의 문제가 생긴다. 당사자가 사실심 변론종결 후에 사망하는 경우에는 사망한 종전당사자에 대한 판결의

10) 2014. 2.27. 2013다94312.
11) 2000.10.27. 2000다33775.
12) 2002. 4.26. 2000다30578.

기판력이 상속인에게 미치는가 하는 기판력의 주관적 범위의 문제가 생긴다(⇒ 8-53). 당사자가 사망한 것을 간과하고 사망한자를 당사자로 하여 판결한 경우 당사자능력 흠결(⇒ 5-20)의 문제가 생긴다.

4절 당사자표시의 정정

5-9 (1) 의 의

당사자확정을 통하여 개별 소송에 있어서 누가 원고이고 누가 피고인지가 확정된다. 당사자가 확정된 후에 당사자의 표시가 잘못되었거나 당사자의 지정이 잘못된 것으로 드러나는 경우 이를 어떻게 처리할 것인가 문제된다. 이와 관련하여, 당사자의 표시가 잘못된 경우에 기존당사자의 동일성이 유지되는 것을 전제로 하여 그 표시를 정정하는 것이 당사자표시정정이다.

5-10 (2) 허용범위

1) 당사자표시정정은 원칙적으로 당사자의 동일성이 인정되는 범위에서만 허용되는 것이다. 당사자의 동일성이 인정되지 않는 경우는 임의적 당사자변경이 되므로 그에 해당하는 요건을 따로 갖추어야 한다(⇒ 10-132).

2) 사립학교법인을 당사자로 하지 않고 대학을 당사자로 표시한 경우,[13] 회사 대신 상호를 당사자로 표시한 경우, 당사자능력이 있는 "순천향교(또는 순천향교재산)"를 당사자로 하지 않고 당사자능력 없는 "순천향교수습위원회"라고 표시한 경우(순천향교수습위원회는 순천향교(순천향교재산)의 내부기관에 불과하여 당사자능력이 없다고 함)[14] 등에서는 당사자표시의 정정이 허용된다는 것이 판례이다.

3) 회사의 대표이사였던 자의 개인 명의로 제기된 소송에서 그 개인을 회사로 당사자표시정정하는 것은 부적법하나, 법원이 부적법한 당사자표시정정 신청을 받아들이고 피고도 이에 명시적으로 동의하여 제1심 제1차 변론기일부터 정정된 원고인 회사와 피고 사이에 변론이 진행된 다음 본안판결이 선고되었다면, 그 후에 새삼스럽게 이

13) 1978. 8.22. 78다1205.
14) 1996.10.11. 96다3852.

를 문제 삼는 것은 소송경제나 신의칙 등에 비추어 허용될 수 없다.[15)]

(3) 피고의 경정과 피고표시의 정정의 구별 5-11

1) 당사자표시정정의 하나인 피고표시의 정정과 임의적 당사자변경의 하나인 피고의 경정은 구별된다. 피고표시의 정정은 법조문에는 없는 것으로 판례에 의하여 인정되는 것임에 반하여, 피고의 경정은 그 요건과 방식이 민소법 제260조 이하에 명문으로 규정되어 있다(⇒ 10-135). 당사자의 동일성을 전제로 하는 당사자표시정정은 당사자 간의 소송계속 또는 소송법률관계에 아무런 영향을 주지 않고 당사자의 표시만을 바로잡는 것에 불과하기 때문에 특별한 제한이 없으나, 당사자를 변경하는 피고의 경정은 그로 인하여 종래의 당사자와는 별개의 인격에 대하여 소송법률관계가 형성되는 것이므로 신중한 접근이 필요하다.

2) 피고의 경정은 1심 변론종결시까지만 할 수 있으나(260조), 피고표시의 정정은 항소심에서도 할 수 있다.[16)] 피고의 경정은 다른 피고에 대한 신소의 제기와 같으므로 시효중단의 효력은 경정신청서 제출시에 생기나, 피고표시정정의 경우 제소시에 시효중단의 효력이 생긴다.

	피고표시의 정정	피고의 경정
인정 근거	판례법	제260조
피고의 동일성	피고의 동일성 유지	피고의 변경
가능시점	항소심, 상고심에서도 가능	제1심 변론종결시까지
소멸시효중단	소장 제출시	경정신청서 제출시

3) 어느 당사자가 자기 또는 상대방의 성명 또는 법인명 등을 변경해달라고 신청하는 경우 법원은 그것이 단순한 표시정정에 속하는 것인지 당사자변경에 속하는 것인지를 구별할 필요가 있다. 법원이 당사자로 확정한 인격의 동일성에 변동이 없으면 표시정정을 허용할 것이나, 동일성이 부정되는 경우는 당사자변경의 허용요건에 해당되는지 여부를 판단하여야 한다. 표시정정의 대상으로서의 성질을 지니는 이상 비록 피고의 표시정정절차에 의하지 않고 피고의 경정방법을 취하였다고 하여도 피고표시정정의 법적성질 및 효과를 잃지 않으므로 당초 소제기 때에 생긴 시효중단의 효과가 유지

15) 2008. 6.12. 2008다11276.
16) 1996.10.11. 96다3852.

된다.[17)]

4) 원고가 당사자를 정확히 표시하지 못하고 당사자능력이나 당사자적격이 없는 자를 당사자로 잘못 표시하였다면, 법원은 소장의 청구의 내용과 원인사실을 종합하여 당사자를 확정한 후 확정된 당사자가 소장의 표시와 다르거나 소장의 표시만으로 분명하지 아니한 때에는 당사자의 표시를 정정보충시키는 조치를 취하여야 하고, 이러한 조치를 취함이 없이 소를 각하하는 것은 위법하다(甲에 대하여 회생절차를 개시하면서 관리인을 선임하지 아니하고 甲을 관리인으로 본다는 내용의 회생절차개시결정이 있은 후 乙주식회사가 甲을 상대로 사해행위 취소의 소를 제기한 사안에서, 원심으로서는 乙회사에, 甲을 채무자 본인으로 본 것인지 아니면 관리인으로 본 것인지에 관하여 석명할 필요없이 관리인의 지위에 있는 甲을 상대로 소를 제기한 것으로 보고 관리인으로서 甲의 지위를 표시하라는 취지로 당사자표시정정의 보정명령을 내렸어야 하는데도, 甲이 당사자적격이 없다는 이유로 소를 각하한 것은 잘못이라고 한 사례).[18)]

【주문】

상고를 각하한다. 상고비용은 원고(선정당사자)의 부담으로 한다.

【이유】

상고이유 및 상고이유서 제출기간 경과 후에 제출된 준비서면 기재 중 상고이유를 보충하는 부분을 함께 판단한다.

1. 원심판결 이유에 의하면, 원심은 '대한예수교장로회 순천순광교회'가 그 대표자를 김○호로 하여 피고를 상대로 이 사건 소를 제기하고 소송을 진행하던 중 제1심 7차 변론기일에 이르러 위 김○호는 그가 '대한예수교장로회 순천순광교회'의 대표자로 이 사건 소송을 수행하는 것이 아니고 위 교회 교인들의 선정당사자로서 이 사건 소송을 수행하고 있다고 진술하였으나 제1심 제10차 변론기일에서 진술된 피고 제출의 1994. 5. 12.자 준비서면과 제1심 제11차 변론기일에서 진술된 원고 제출의 1994. 5. 25.자 준비서면까지 원고가 '대한예수교장로회 순천순광교회'로 표시되었음에도 불구하고 제1심법원은 위 김○호의 진술에 따라 '대한예수교장로회 순천순광교회'가 아닌 위 김○호를 포함한 83명(원심판결의 84명은 오기로 보인다)의 선정자가 선정당사자로 선임한 위 김○호를 원고로 하여 판결을 선고하였는바, 위와 같이 원고를 '대한예수교장로회 순천순광교회'에서 선정당사자 김○호로 변경함은 임의적으로 당사자를 변경하는 것으로서 허용될 수 없다고 판단한 후 위 김○호를 원고(선정당사자)로 한 제1심판결을 취소하고 '대한예수교장로회 순천순광교회'를 원고로 하여 그 청구를 기각하는

17) 2009.10.15. 2009다49964.
18) 2013. 8.22. 2012다68279.

판결을 선고하였다.

2. 그런데 기록에 의하면, 이 사건 소장의 원고표시란에는 '대한예수교장로회 순천순광교회 대표자 담임목사 김○호'라고 기재되어 있고, '대한예수교장로회 순천순광교회당회의인'이라는 날인이 되어 있기는 하나, 그 청구의 내용은 '원고 김○호 목사'와 그의 가족들 및 '대한예수교장로회 순천순광교회'의 교인들이 피고의 가처분으로 인하여 김○호 목사가 6개월 동안 교회에 출입하지 못함으로써 정신적 고통을 입었으므로 그 손해배상으로써 원고 김○호에게 금 30,000,000원, 원고 김○호의 가족들에게 합계 금 45,000,000원, 교인 76명에게 합계 금 152,000,000원의 지급을 구한다는 것이고, 소장의 첨부서류로서 "대한예수교장로회 순광교회 담임목사 김○호에게 소송선정당사자로 위임하고 본 소송에 관한 모든 권한을 위임합니다." 라는 내용으로 위임자 83명이 기명날인한 소송위임장을 제출하였으며, 그 후 김○호 등 83명의 이름으로 '김○호를 소송수행자(원고)로 선정한다'는 내용의 '선정당사자(원고) 선정서'를 제출하고, 제1심 제7차 변론기일에 이르러 "원고(선정당사자)는 대한예수교장로회 순광교회의 대표자로 이 사건 소송을 수행하는 것이 아니고, 위 교회 교인들의 선정당사자로 소송을 수행하고 있다."고 진술하자, 제1심은 이 사건 원고를 대한예수교장로회 순광교회가 아니라 원고를 비롯한 교인 83명이 원고를 당사자로 선정하여 진행하는 손해배상청구소송으로 보고 소송을 진행하여 원고 일부승소판결을 선고하였는데, 원심은 다시 이 사건 원고를 '대한예수교장로회 순천순광교회'로 보고 그에게 항소장부본을 송달한 뒤 변론을 진행하여 위와 같은 판결을 선고한 것임을 알아 볼 수 있다.

그러나 당사자는 소장에 기재된 표시 및 청구의 내용과 원인사실 등 소장의 전취지를 합리적으로 해석하여 확정하여야 하는 것이다(대법원 1965. 12. 21. 선고 65누104 판결, 1995. 1. 12. 선고 93후1414 판결, 1996. 10. 11. 선고 96다3852 판결 등 참조). 이 법리와 위에서 확정한 사실관계를 종합하여 검토하여 보면, 이 사건 소는 김○호 등 83명이 김○호를 선정당사자로 선정하여 제기한 것으로 보아야 할 것이고, 제1심이 이 사건 원고의 표시를 '대한예수교장로회 순천순광교회 대표자 담임목사 김○호'에서 '원고(선정당사자) 김○호'로 변경한 것은 당사자의 동일성이 인정되는 범위 내에서의 당사자 표시정정에 지나지 않는다고 할 것임에도 불구하고 원심이 이 사건의 원고를 '대한예수교장로회 순천순광교회'로 보고 '선정당사자 김○호'로 변경하는 것은 임의적 당사자 변경에 해당하여 허용될 수 없다는 전제 아래 '대한예수교장로회 순천순광교회'에게 항소장부본을 송달한 후 그를 원고로 취급하여 변론을 진행하여 판결을 선고한 것은 소송당사자 아닌 자를 소송당사자로 보고 소송을 진행하여 판결을 한 것이므로 이 사건 원고에 대하여는 항소심 판결이 아직 선고되지 않았다고 할 것이고, 원고와 사이의 이 사건은 아직 원심에서 변론도 진행되지 않은 채 계속중이라고 할 것이므로 원고는 상고를 제기할 것이 아니라 원심에 이 사건에 대한 변론기일지정신청을 하여 소송을 다시 진행함이 상당하다고 할 것이며, 원심이 선고한 판결은 원고에 대한 관계에 있어서는 적법한 상고대상이 되지 아니한다(2015. 법원직). 따라서 이 사건 상고는 부적법하다고 할 것이다.
(대법원 1996. 12. 20. 선고 95다26773 판결)

＊ 교회의 당사자능력에 관해서는 1991.11.26. 91다30675. [25] 참조.

제3장 당사자능력

(문) 1) 대학교 법과대학 총동창회(비법인사단)가 기금을 모집하여 동창회관 건물을 매수하였다. 그 건물은 누구의 소유인가? 등기는 누구 명의로 하는가? 동창회관을 임대하였는데 임차인이 임료를 연체하여 민사소송을 하려고 한다. 원고는 누가 되어야 하는가?

2) 소송법상의 당사자능력과 민법상의 권리능력과는 어떤 유사점과 차이점이 있는가?

3) 권리능력은 인정되나 당사자능력이 인정되지 않는 경우가 있는가? 반대로 권리능력은 인정되지 않으나 당사자능력은 인정되는 경우가 있는가? 어떤 경우인가?

5-12 1절 의 의

당사자능력이란 민사소송에서 당사자가 되어 소송을 수행하고 판결의 명의인으로서 판결효력의 귀속주체가 될 수 있는 소송법상의 일반적 자격을 말한다. 실체법상 권리의무의 주체가 될 수 있는 일반적인 자격이 권리능력이며, 절차법상 소송의 주체가 될 수 있는 일반적인 자격이 당사자능력이다.

5-13 2절 당사자능력자

1) 실체법상 권리능력 있는 모든 법적인 실체는 소송법상 당사자능력이 인정된다. 실체법상의 권리가 침해되는 경우 절차법인 소송을 통해서 권리를 실현할 수 있어야 하기 때문이다. 민사소송법도 당사자능력에 관하여 특별한 규정이 없으면 민법의 규정에 따른다고 함으로써 권리능력이 있는 법적 실체에 모두 당사자능력을 인정하고 있다(51조 참조). 이를 실질적 당사자능력자라고 한다.

2) 그러나 당사자능력을 반드시 권리능력자에게만 부여할 필요는 없다. 어떠한 사회적 활동체에 당사자능력을 부여할 것인가는 소송법적인 관점에서 독자적으로 정할 수

있는 것으로, 민사소송법은 실체법상 권리능력이 인정되는 자연인, 법인 외에도 실체법상 권리능력이 없는 법인이 아닌 사단이나 재단에게도 대표자나 관리인이 정해져 있으면 당사자능력을 인정한다(52조). 이를 형식적 당사자능력자라고 한다.

1. 실질적 당사자능력자 – 권리능력자 5-14

민법에 의하여 권리능력이 인정되는 모든 법적인 실체는 당사자능력이 있다. 민법상 권리능력이 인정되는 법적 실체에는 자연인과 법인이 있다(민법 3조, 34조).

(1) 자 연 인

1) 사람은 생존하는 동안 권리능력이 있으므로 당사자능력도 인정된다. 태아는 원칙적으로 권리능력이 없으나 불법행위로 인한 손해배상청구(민법 762조), 재산상속(민법 100조 3항), 유증(민법 1064조), 사인증여(민법 562조) 등의 경우에는 이미 출생한 것으로 보아 권리능력을 인정하므로 그러한 개별적인 경우에는 당사자능력도 인정된다.[19] 그러므로 그러한 경우 태아도 당사자가 되어 법정대리인을 통하여 소송을 수행할 수 있다. 소송계속 중에 사산하는 경우 당사자능력이 없다고 하여 소를 각하하고, 판결 뒤에 사산하면 그 판결은 무효로 된다.

2) 외국인의 권리능력은 그의 본국법에 의한다(국제사법 11조). 그의 본국법에 의하여 권리능력이 인정되는 외국인은 당사자능력도 인정된다고 할 것이다. 치외법권자는 우리나라의 재판권에 복종하지 아니하나, 권리능력이 인정되는 경우 당사자능력도 인정된다. 그러므로 이들도 당사자가 될 수 있으며, 치외법권을 포기하는 경우 우리나라 법원이 재판권을 행사할 수 있다.

3) 환경소송에 있어서 자연물인 도롱뇽 또는 그를 포함한 자연 그 자체는 당사자능력이 없다.[20]

(2) 법 인

1) 법인은 법률의 규정에 좇아 정관으로 정한 목적의 범위 내에서 권리능력이 인정되며(민법 34조), 권리능력이 인정되는 범위 내에서는 당연히 당사자능력도 인정된다. 법인이 해산되거나 파산선고를 받아도 청산과 파산의 목적 범위 안에서 권리능력이 있

---

19) 이 때 당사자 능력을 해제조건부로 인정할 것인지 정지조건부로 인정할 것인지에 대해서는 학설이 나뉜다.

20) 2006. 6. 2. 2004마1148.

으므로(민법 81조, 상법 245조, 채무자회생 및 파산에 관한법률 328조), 그 범위에서 당사자능력이 있다(법인이 파산하면 파산재단에 관한 소송에서는 파산관재인이 당사자가 되므로 파산한 법인은 소송의 당사자적격이 없을 뿐이다(채무자회생 및 파산에 관한 법률 359조)).

2) 공법인인 국가와 지방자치단체 등도 민법상 권리능력이 있으므로 당사자능력이 인정된다. 행정청은 국가의 기관으로써 민법상 권리능력이 없으므로 민사소송의 당사자능력은 없으나, 항고소송에서는 피고능력이 인정된다(행정소송법 13조). 지방자치단체의 하부행정구역인 읍·면이나(지방자치법 2조 참조), 법인 등의 내부부서에 불과한 법인의 지점, 분회 등은 당사자능력이 없다.

5-15 2. 형식적 당사자능력자 – 일정한 요건을 갖춘 법인이 아닌 사단·재단

법인이 아니어서 독자적인 권리능력은 없으나, 대표자나 관리자를 정하여 법인과 유사하게 거래의 주체로서 사회적 활동을 하는 인적 결합체나 재산적 집합체들도 많이 있다. 그러한 단체의 거래와 관련하여 법적인 분쟁이 생기는 경우 그 단체를 구성하는 권리주체를 일일이 찾거나 권리주체들을 확인하여 단체의 구성원 전원을 당사자로 하여 소송을 수행하여야만 한다면 매우 불편하고 번잡할 것이다. 이러한 폐단을 막기 위하여 민사소송법은 실체법상의 권리능력과 관계없이 소송법의 독자적인 견지에서 권리능력 없는 사단이나 재단도 대표자나 관리인이 있는 경우에는 당사자능력을 인정하여 그 단체의 이름으로 원고와 피고가 될 수 있도록 하였다(52조).

5-16 (1) 법인 아닌 사단

법인이 아닌 사단으로 당사자능력이 인정되려면, 대외적 독립성(독립한 거래 주체), 내부조직성, 대내적 독립성(구성원과 별개), 재산적 독립성을 요한다. 고유의 목적을 가지고 사단적 성격을 가지는 규약을 만들어 이에 근거하여 의사결정기관 및 집행기관인 대표자를 두는 등의 조직을 갖추고 있고, 기관의 의결이나 업무집행방법이 다수결 원칙에 의하여 행하여지며, 구성원의 가입·탈퇴 등으로 인한 변경에 관계없이 단체 자체가 존속되고, 그 조직에 의하여 대표의 방법, 총회나 이사회 등의 운영, 자본의 구성, 재산의 관리 기타 단체로서의 주요사항이 확정되어 있어야 한다.[21] 재건축조합, 아파트입주자대표회의, 아파트부녀회,[22] 동창회, 학회, 종중, 문중, 신도회 등이 그 예가 될 수 있다. 권리능력이 없으므로 물건을 소유할 수는 없고 각종의 재산권은 준총유적으

21) 2008. 5.29. 2007다63683.
22) 2006.12.21. 2006다52723.

로 구성원에게 귀속된다. 사단채무에 대한 책임재산은 사단재산으로 한정되며, 각 구성원은 개인재산으로 책임을 질 필요가 없다.[23] (단체가 비법인 사단의 요건을 갖추지 못한 경우의 소송에 대해서는 선정당사자 제도가 활용된다. ⇒ 10-152)

(2) 법인 아닌 재단 5-17

일정한 목적을 위하여 출연된 재산의 집합체로 출연자로부터 독립하여 관리되는 경우, 주무관청의 허가를 받으면 재단법인이 되나 허가를 받지 아니한 경우에는 법인격을 갖지 못하게 되는데, 이러한 경우를 법인 아닌 재단이라고 한다. 사회사업을 위하여 모집된 기부재산, 장학회, 육영회 등이 이에 해당한다. 판례는 학교는 교육시설(영조물)의 명칭에 불과하다고 하여 당사자능력을 부인한다.[24] 그러므로 학교와 관련된 민사소송은 그러한 교육시설 또는 영조물의 소유 및 운영 주체인 국가 또는 자치단체(국·공립학교의 경우), 또는 학교법인(사립학교의 경우)을 당사자로 하여야 한다.

(3) 소송상 취급 5-18

법인이 아닌 사단이나 재단이 당사자가 된 경우 소송상 법인이 당사자일 경우와 같이 취급한다. 법인 아닌 사단이나 재단 자체가 자신의 이름으로 소송의 당사자가 되며(52조), 그 대표자 또는 관리인은 법정대리인에 준하여 취급된다(64조). 기판력, 집행력 등 판결의 효력이 법인 아닌 사단이나 재단 자체에 미치는 것은 당연하다. 따라서 사단의 구성원이나 재단의 출연자 개인은 그 효력을 받지 않는다(법인 아닌 사단에 대한 인락조서의 기판력은 구성원에 미치지 않는다).[25] 소송법상 당사자능력이 인정되므로 사단이나 재단 자체가 소송상청구를 할 수 있고, 판결에 있어서는 그 사단이나 재단 자체를 실체법상의 권리자나 의무자와 같이 취급하여 판단하게 된다. 또한, 강제집행에 있어서도 사단이나 재단 자체가 집행당사자로 취급되며, 사단이나 재단의 고유재산이 금전집행의 책임재산이 된다.

(4) 민법상 조합의 당사자능력 여부 5-19

민법상 조합(민법 703조)의 당사자능력을 인정할 것인가에 관해서는 견해가 나뉜다. 조합은 2인 이상이 상호출자 하여 공동사업을 경영할 것을 약정하는 계약 관계로서 그 단체성이 약하고, 그 소유 형태도 합유로서 비법인 사단의 총유와 다른 점, 조합의 채

---

23) 1996. 6.28. 96다16582.
24) 1975.12. 9. 75다1048.
25) 1978.11. 1. 78다1206.

무는 조합원 각자의 채무인데 조합자체를 당사자로 하여 판결을 하는 경우 그 구성원인 조합원에 대하여 분할 책임을 추구하는 것이 어려운 점 등에 비추어 당사자능력을 부인하는 것이 타당하다(이러한 경우 조합원 전체가 공동으로 당사자가 되어야 적법한 소송이 된다. 이를 고유필수적공동소송이라고 한다(⇒ 10-65). 조합원이 모두 필수적으로 당사자가 되어야 하는 불편함은 조합 업무를 집행할 권한을 수여받은 업무집행 조합원이 조합재산에 관하여 조합원으로부터 임의적 소송신탁을 받아 자기 이름으로 소송을 수행할 수 있으므로,[26](⇒ 5-32) 어느 정도 해소된다.

3절 당사자능력의 흠결

5-20 ### 1. 당사자능력의 조사

1) 당사자능력은 소송요건의 하나로서 법원이 직권으로 조사한다. 법원은 비법인 사단이나 비법인 재단이 당사자가 된 경우에는 정관, 규약 그 밖에 당사자능력의 판단에 필요한 자료를 제출하게 할 수 있다(규칙 12조). 당사자능력의 유무에 대한 자백이 있어도 법원은 이에 구속받지 않는다.[27]

2) 당사자능력이 없다고 판단 받은 당사자라도 이를 다투어 상소를 제기할 수 있고 이를 다투는 한도에서는 당사자능력자로 취급된다. 예컨대, 1심에서 당사자능력이 없다고 소각하 판결을 받은 원고가 이를 다투어 상소를 제기한 경우 상소심은 소각하 판결의 적법여부(당사자능력의 유무)에 대해 심리한 후 당사자능력이 없다고 판단되면 당사자능력이 없는 자가 한 상소라고 하여 상소를 각하할 것이 아니라 상소가 이유 없다는 이유로 상소를 기각한다.[28]

5-21 ### 2. 당사자능력흠결의 처리

(1) 흠결이 소송 중 발견된 경우

직권으로 조사한 결과 당사자능력이 없는 것으로 밝혀지면 소송요건이 불비 된 것으로 보아 처리한다. 일반원칙에 따라 보정할 수 있으면 보정을 하고, 보정이 불가능한

---

26) 2001. 2.23. 2000다68924.
27) 1982. 3. 9. 80다3290.
28) 1997. 9.12. 97다20908.

경우 소를 각하하는 판결을 한다. 원고가 피고를 정확히 표시하지 못하고 당사자능력이 없는 자를 피고로 잘못 표시하였다면, 당사자표시정정신청을 받은 법원으로서는 당사자를 확정한 연후에 원고가 정정신청한 당사자표시가 확정된 당사자의 올바른 표시이며 동일성이 인정되는지의 여부를 살피고, 그 확정된 당사자로 피고의 표시를 정정하도록 하는 조치를 취하여야 한다(피고를 당사자능력이 없는 '순천향교 수습위원회'라고 기재했다가 당사자능력이 있는 '순천향교재산'으로 표시정정신청한 것을 당사자의 변경에 해당한다고 판단하여 허용하지 않은 원심의 잘못을 지적한 판결).[29]

(2) 흠결을 간과한 판결

법원이 당사자능력의 흠결을 간과하고 본안판결을 한 경우에 그 판결의 효력이 어떻게 되는가에 대한 판례의 입장을 경우를 나누어 살펴보기로 한다.

1) 제소 전 사망한 자를 당사자로 한 판결은 당연무효이고 상소의 대상도 되지 않는다.[30] 소송의 기본원칙인 대립당사자 구조가 성립하지 않기 때문이다.

2) 소송계속 중 당사자가 사망하였으나 법원이 이를 간과하고 사망한자를 당사자로 표시하여 판결한 경우는 당연무효는 아니다. 소송절차의 중단을 간과하고 내린 위법한 판결이므로 상소 또는 재심으로 다툴 수 있다.[31] (⇒ 6-42)

당사자의 사망으로 소송절차가 중단되었는데도 불구하고 이를 간과하고 변론을 종결하여 선고된 종국판결은 마치 사망하여 실재하지 아니한 자를 당사자로 한 판결과 같이 당연무효라고 하는 취지의 판결이 당원에서 선고된 바가 있다(뒤에서 폐기하는 판결참조). 그러나 당사자가 사망하여 실재하지 아니한 자를 당사자로 하여 소가 제기된 경우는 당초부터 원고와 피고의 대립당사자 구조를 요구하는 민사소송법상의 기본원칙이 무시된 것이므로, 그와 같은 상태하에서의 판결은 당연무효라고 할 것이지만 일응 대립당사자 구조를 갖추고 적법히 소가 제기되었다가 소송도중 어느 일방의 당사자가 사망함으로 인해서 그 당사자로서의 자격을 상실하게 된 때에는 그 대립당사자 구조가 없어져 버린 것이 아니고, 그 때 부터 그 <u>소송은 그의 지위를 당연히 이어 받게 되는 상속인들과의 관계에서 대립당사자 구조를 형성하여 존재하게 되는 것</u>이고, 다만 상속인들이 그 소송을 이어 받는 외형상의 절차인 소송수계절차를 밟을 때까지는 실제상 그 소송을 진행할 수 없는 장애사유가 발생하였기 때문에 적법한 수계인이 수계절차를 밟아 소송에 관여할 수 있게 될 때까지 소송절차는 중단되도록 법이 규정하고 있을 뿐인바, 이와 같은 중단사유를 간과하고 변론이 종결되어 판결이 선고된 경우에는 그 판결은 소송에 관여할 수 있는 적법한 수계인의 권한을 배제한 결과가 되는 절차상 위법은 있지만 그 판결이 당연무효라 할 수는 없고, 다만 그 판결은 대리인에 의하여 적법하게 대리되지 않았던 경우와 마찬가지로 보아 대리권

29) 1996.10.11. 96다3852.
30) 2014. 2.27. 2013다94312.
31) 1995. 5.23. 94다28444(전원합의).

흠결을 이유로 상소(민사소송법 제394조 제1항 제4호) 또는 재심(민사소송법 제422조 제1항 제3호)에 의하여 그 취소를 구할 수 있을 뿐이다. (대법원 1995. 5. 23. 선고 94다28444 전원합의체 판결)

3) 실재하지 않는 단체를 당사자로 판결한 경우는 아무런 법적 효력을 인정할 수 없으므로 당연무효이고, 상소의 대상도 되지 않는다.[32)]

가처분결정의 채무자인 '○○사'는 단체인 사찰로서의 실체를 가진다고 볼 만한 물적 요소, 인적 요소 또는 규약을 가지고 있지 않아 단체로서의 실체가 없음에도 '○○사'를 채무자로 하여 가처분결정이 내려진 사안에서, 대법원은 '어떠한 단체가 실제로 존재하지 않음에도 불구하고 그 단체가 존재하고 그 대표자로 표시된 자가 대표자 자격이 있는 자인 것으로 오인하여 가처분결정이 내려졌다면 그 가처분결정은 누구에게도 효력을 발생할 수 없는 무효인 결정이며, 따라서 당사자능력이 없는 단체를 상대로 보전처분 결정이 내려진 다음 그 단체의 대표자로 표시된 자가 그 단체의 이름으로 보전처분 이의신청을 하거나 항고를 제기한 경우 당사자능력 없는 자가 제기한 보전처분에 대한 이의신청 또는 항고는 부적법한 것으로서 각하되어야 한다. (2008. 7.11. 2008마520 [가처분이의]).

32) 2008. 7.11. 2008마520.

제 4 장 당사자적격

1절 의 의 5-22

(문) 甲은 乙에 대하여 2,000만원의 금전채권이 있다. 甲이 乙에 대하여 소를 제기하지 않자, 甲의 형인 丙이 직접 원고가 되어 乙을 피고로 하여 '피고 乙는 소외 甲에게 2,000만원을 지급하라'는 내용의 소를 제기하였다.

1) 위 소송에서 당사자(원고, 피고)는 누구인가?
[당사자를 형식적으로 파악하는 것이 통설이며, 형식적 당사자개념에 따르면 원고는 丙, 피고는 乙이다.]

2) 법원은 위와 같은 소의 본안에 대하여 심판할 이익이 있는가? 丙은 甲의 乙에 대한 실체법상 권리를 주장하며 원고가 될 자격이 있는가?
[丙이 패소하더라도 그 기판력은 당사자가 아닌 甲에게 미치지 않으므로 甲은 다시 소를 제기할 수 있을 것이고, 丙이 승소하더라도 그 판결의 집행력은 甲에게 미치지 않으므로 乙이 이행하지 않으면 甲이 집행권원을 얻기 위하여 다시 乙을 상대로 소를 제기하여야 하므로, 丙이 乙을 상대로 한 소송의 판결은 무익하다. 따라서 법원은 丙이 甲의 乙에 대한 실체법상 권리를 주장하며 제기한 소의 본안에 대해서 심판할 이익이 없다. 이러한 경우에 丙은 甲의 乙에 대한 실체법상 권리를 주장하며 원고가 될 당사자적격이 없다고 한다.]

당사자적격이란 특정의 소송사건에서 정당한 당사자로서 본안판결을 받기에 적합한 자격을 말한다. 이는 소송물에 대한 권리보호이익을 당사자의 측면에서 파악한 것으로 양자는 밀접한 관계가 있다. 당사자능력은 모든 소송에서 요구되는 일반적 자격임에 반하여, 당자적격은 구체적인 소송에서 특정한 청구와의 관계 아래 개별적으로 인정되는 자격이다. 구체적 사건에 있어서 법원이 본안에 대하여 심판을 할 수 있으려면 소송의 당사자로 확정된 자가 당사자능력이 있어야 함은 물론이고 나아가 정당한 당사자로서 소송을 수행할 당사자적격이 있어야 한다. 당사자적격을 소송요건으로 함으로써 형식적 당사자개념에 따라 소송수행의 결과에 아무런 관계가 없는 사람이 소송의 당사자가 되어 무익한 소송을 하는 것을 막기 위한 제도적 장치를 마련한 것이다((문)의 사례참조).

5-23

2절 당사자적격자(정당한 당사자)

일반적으로 다툼 있는 권리 또는 법률관계를 둘러싸고 이해관계가 있는 대립되는 당사자가 당사자적격을 갖는 정당한 당사자이다. 권리관계의 주체로서 실체법상 권리자나 의무자가 대표적인 법률상 이해관계인이므로 이들이 정당한 당사자가 되는 것이 일반적이나 반드시 그런 것은 아니다. 형식적 당사자개념을 취하기 때문이다(실체적 당사자개념이 통용되던 시대에는 적어도 실체법적으로 권리자라고 주장하고 의무자라고 주장된 이들이 당사자로 확정된다고 보았으므로 주장 자체에 의하더라도 엉뚱한 사람이 당사자가 되는 일은 생기지 않았으나, 형식적 당사자개념을 취하게 되면서 소송에서 아무나 당사자가 될 가능성이 생겼기 때문에 정당한 당사자를 추려내기 위한 수단으로 당사자적격 개념이 등장하였다고 한다).[33] 일반적인 경우와, 예외적인 경우로서 제3자의 소송담당으로 나누어 설명한다.

1관 일반적인 경우

5-24

1. 이행의 소

(1) 원 칙

자기가 실체법상의 이행청구권자라고 주장하는 이가 원고적격자이고, 그로부터 의무자로 지목된 이가 피고적격자이다. 원고적격자가 반드시 실체법상의 권리자이고 피고적격자가 반드시 실체법상의 의무자일 필요는 없다. 원고가 실체법상의 권리자인지 여부 및 피고가 실체법상의 의무자인지 여부는 법원이 실체관계인 본안에 대한 심리를 한 뒤에 판단하는 것이고, 본안의 심리 및 판결의 전제요건으로서 당사자적격은 원고의 주장 자체만으로 판단하는 것이다.

예컨대, 甲이 乙을 피고로 하여 乙에 대한 채권이 있음을 주장하면서 이행의 소를 제기하면 甲이 실체법적으로 乙에 대하여 채권이 있는지 여부와 상관없이 甲과 乙은 정당한 당사자가 되므로(당사자적격이 인정됨) 본안에 대하여 심리를 하여야 한다. 본안에 대한 심리를 하여 甲의 채권이 인정되지 아니하면 청구를 기각하는 판결을 한다. 그러나, 甲이 乙을 상대로 소외 丙이 乙에 대한 채권자라고 주장하면서 丙에 대한 채무의 이행을 구하는 소를 제기하는 경우 형식적당사자개념에 따라 당사자는 甲과 乙로 확정되나, 甲은 원고적격이 없으므로 법원은 본안에 대하여 심판하지 아니하고 판결로 소를 각하하여야 한다((문)의 사례).

33) 호문혁, p.226.

(2) 예 외

원고가 주장하는 사실 자체로 보아 원고가 피고로 지목한 이를 당사자로 하여 본안에 대한 심리를 할 객관적 이익이 없는 경우에는 예외적으로 당사자적격을 인정할 수 없다는 것이 판례의 입장이다. 판례에 의하면, 등기말소청구소송에서는 등기명의자에게 피고적격이 있으며 실제 등기명의자가 아닌 자를 상대로 등기말소청구를 하면 비록 원고가 그 자에게 등기말소의무가 있다고 주장하였다 하더라도, 피고적격이 없으므로 소를 각하하여야 한다.[34] 또한, 등기의무자가 아닌 자나 등기에 관한 이해관계가 있는 제3자가 아닌 자를 상대로 한 등기의 말소절차이행을 구하는 소는 당사자 적격이 없는 자를 상대로 한 부적법 한 소라고 한다.[35] 이러한 판례의 태도에 대해서는 본안적격과 당사자적격을 혼동한 것이라는 비판도 있다.[36]

또한 채권에 대한 압류 및 추심명령이 있으면 제3채무자에 대한 이행의 소는 추심채권자만이 제기할 수 있고 채무자는 피압류채권에 대한 이행소송을 제기할 당사자적격을 상실한다.[37] 채권압류 및 추심명령 결정정본이 제3채무자에게 적법하게 송달되지 아니하여 채권압류 및 추심명령의 효력이 발생하지 아니하였다면 채권자는 제3채무자를 상대로 직접 추심금청구의 소를 제기할 당사자적격이 없다.[38]

근저당권 이전의 부기등기는 기존의 주등기인 근저당권설정등기에 종속되어 주등기와 일체를 이루는 것이어서, 피담보채무가 소멸된 경우 또는 근저당권설정등기가 당초 원인무효인 경우 주등기인 근저당권설정등기의 말소만 구하면 되고 그 부기등기는 별도로 말소를 구하지 않더라도 주등기의 말소에 따라 직권으로 말소되는 것이며, 근저당권 양도의 부기등기는 기존의 근저당권설정등기에 의한 권리의 승계를 등기부상 명시하는 것뿐으로, 그 등기에 의하여 새로운 권리가 생기는 것이 아닌 만큼 근저당권설정등기의 말소등기청구는 양수인만을 상대로 하면 족하고 양도인은 그 말소등기청구에 있어서 피고적격이 없다.[39] (*2018. 법원직. 양도인만을 상대로(×). 소유권이 A-B-C로 순차 양도된 경우는 모두 말소등기청구의 피고적격이 있는 것과 다르며, 이는 부동산등기법 5조 1호가 소유권외의 권리의 이전등기는 부기로 하도록 하기 때문이다). 말소된 등기의 회복등기절차의 이행을 구하는 소에서는 회복등기의무자에게만 피고적격이 있는바, 가등기가 이루어진

34) 1980.10.27. 79다1857.

35) 1974. 6.25. 73다211. [26] (부동산 소유명의자가 자신이 해야 할 주소경정의 부기등기 등을 제3자를 피고로 하여 소를 제기한 사안).

36) 이시윤, p.155; 한충수, p.202.

37) 2000. 4.11. 99다23888.

38) 2016.11.10. 2014다54366.

39) 2000. 4.11. 2000다5640.

부동산에 관하여 제3취득자 앞으로 소유권이전등기가 마쳐진 후 그 가등기가 말소된 경우 그와 같이 말소된 가등기의 회복등기절차에서 회복등기의무자는 가등기가 말소될 당시의 소유자인 제3취득자이므로, 그 가등기의 회복등기청구는 회복등기의무자인 제3취득자를 상대로 하여야 하며, 가등기 당시의 소유자를 피고로 한 가등기회복등기청구의 소는 부적법하여 각하하여야 한다.[40] 甲 소유의 토지 위에 乙이 무단으로 건물을 신축한 후 위 건물을 丙(임차인)에게 임대하여 丙이 위 건물을 점유하고 있는 경우에, 甲이 불법점유를 이유로 토지인도소송을 제기할 경우의 피고적격자는 乙이 된다(2020. 법원직. 丙이 된다(×).

5-25 2. 확인의 소

1) 확인의 소에서는 그 청구에 대하여 확인의 이익을 가지는 이가 정당한 원고이고, 그 반대의 이해관계를 가지고 있는 이가 정당한 피고이다. 예컨대, 판례는 주주총회의 결의부존재확인의 소는 통상의 확인소송이므로 확인의 이익을 가진 자는 누구라도 원고될 적격이 있으므로 주식회사의 채권자라도 주주총회결의부존재확인청구를 할 수 있다고 한다.[41] 어떠한 권리의 존재확인을 구하는 소의 원고적격자는 당해 권리의 권리자에 한하지 않고, 타인 사이의 법률관계라도 그들 사이의 권리관계의 존부 확정으로 자신의 법적 불안을 제거할 수 있으면 누구라도 원고적격을 갖는다.[42] 예컨대, 2순위 저당권자가 1순위 저당권자를 상대로 저당권부존재확인의 소를 제기하는 경우, 2순위 저당권자는 자기의 저당권의 목적물건을 저당권 없는 자에 의하여 임의경매당하지 않을 법익의 주체로서 원고적격이 인정된다.

2) 반대로 확인의 이익이 없을 때에는 당해 권리의 권리자라고 하더라도 원고적격이 없다. 예컨대, 이행기가 도래한 금전지급채권자가 금전지급의 이행을 구하지 아니하고 채권존재확인의 소를 제기하는 경우 확인의 이익이 없고, 원고적격도 없다. 확인의 소에서 당사자적격의 문제는 확인의 이익 문제에 흡수된다고 설명하는 것이 보통이다(⇒ 3-28).

5-26 3. 형성의 소

1) 형성의 소에서는 형성의 효과가 생기는 데에 이익이 있는 자가 원고적격이 있고

---

40) 2009.10.15. 2006다43903.
41) 1980.10.27. 79다2267.
42) 1996.11.22. 96다34009.

그 반대의 이해관계를 가진 자가 피고적격이 있다. 형성의 소는 형성권의 행사를 권리자의 일방적인 의사표시로 할 수 없고 반드시 소의 방법으로 하도록 하는 경우에 인정되는 소이므로, 대부분 누가 누구를 상대로 제소하여야 하는지가 법률에 정하여져 있다(민법 817조, 818조, 847조, 863조, 상법 236조, 328조, 376조, 445조, 가사소송법 23조, 24조, 27조, 33조 등 참조).

2) 주주총회결의취소의 소는 주주, 이사, 감사만이 원고적격이 있고(상법 376조 1항), 중혼을 이유로 한 혼인취소의 소에 있어서는 당사자, 그 배우자, 직계존속, 8촌 이내의 방계혈족 또는 검사가 원고적격이 있으며(민법 818조), 재판상 이혼청구의 소에 있어서는 부부의 일방이 원고적격이 있다(민법 840조).

3) 주주총회결의취소, 주주총회무효·부존재확인의 소는 회사를 피고로 하여야 한다.[43]

2관 제3자의 소송담당 - 예외적인 경우

1. 의 의 5-27

당사자적격은 소송물인 권리관계의 주체에 대해 인정되거나 또는 타인간의 권리관계에 있어서 그 확인에 대해 독자적인 법률상 이익이 있는 주체에 대해 인정되는 것이 원칙이다. 그 원칙에 대한 예외의 하나로 소송담당 개념이 있다. 소송담당이란 제3자가 본래의 권리·이익 주체의 소송수행권을 소송의 당사자로서 독자적으로 행사하여 그 소송법상의 효과를 본래의 권리·이익 주체에게 귀속시키는 것을 말한다(예, 파산자를 대신하여 파산관재인이 파산자의 실체법상 권리의무와 관련된 소송의 당사자가 되고 그 판결이 효력을 파산자에게 귀속시키는 것). 소송법상 당사자의 개념을 실체법상의 권리의무 귀속주체와 분리하여 형식적으로 파악함으로써 소송담당의 개념이 인정되게 되었다. 소송담당자는 자신이 정당한 당사자가 되어 소송을 수행한다는 점에서, 본인이 당사자가 되고 소송에서 당사자인 본인을 대리하여 소송행위를 하는 지위에 불과한 소송대리인과 다르다.

---

43) 1982. 9.14. 80다2425(전원합의).

5-28 2. 종 류

- 소송담당
  - 법정소송담당
    - 관리처분권부소송담당
      - 병존형
      - 갈음형
    - 직무상 당사자
  - 임의적 소송담당
  - 법원의 허가에 의한 소송담당

소송담당은 크게 담당자가 당사자적격을 취득하는 원인에 따라, 법정소송담당과 임의적 소송담당으로 나뉜다.

(1) 법정소송담당

5-29 1) 관리처분권부 법정소송담당

법률상 제3자에게 관리처분권이 부여된 결과로써 제3자가 소송수행권을 갖게 되는 경우를 말한다. 관리처분권부 법정소송담당은 권리자나 의무자가 아닌 제3자만 당사자적격을 갖고 권리자나 의무자에게는 당사자적격이 없는 갈음형과, 제3자뿐만 아니라 권리자나 의무자도 여전히 당사자적격을 보유하는 병존형으로 나뉜다.

㈎ 병존형 : 채권자대위의 소에서 채무자의 제3채무자에 대한 권리를 소송상 대위행사하는 채권자(다수설), 채권질의 질권자(민법 353조), 유언에 관한 소송에서 유언집행자(민법 1101조), 주주의 대표소송에서의 주주(상법 403조), 공유자 전원을 위해서 보존행위를 하는 공유자(민법 265조) 등이 병존형 법정소송담당의 예이다.

㈏ 갈음형 : 채권추심명령을 받은 압류채권자(민집 238조, 249조),[44] 파산자를 대신하여 소송을 하는 파산관재인(채무자회생 및 파산에 관한 법률 359조) 등이 갈음형 법정소송담당의 예이다.

채무자가 제3채무자를 상대로 제기한 이행의 소가 법원에 계속되어 있는 경우에도 압류채권자는 제3채무자를 상대로 압류된 채권의 이행을 청구하는 추심의 소를 제기할 수 있고, 제3채무자를 상대로 압류채권자가 제기한 추심의 소는 채무자가 제기한 이행의 소에 대한 관계에서 민사소송법 제259조가 금지하는 중복된 소제기에 해당하지 않는다. (2013.12.18. 2013다202120(전원합의) [추심금])

---

44) 2004. 4.11. 99다23888.

채권자대위소송 5-30

민법 제404조 (채권자대위권) ① 채권자는 자기의 채권을 보전하기 위하여 채무자의 권리를 행사할 수 있다.

1. 채권자대위소송의 의의 및 본질

민법이 규정한 채권자대위권을 소송을 통하여 행사하는 경우, 그러한 소송을 채권자대위소송이라고 한다. 채권자대위소송의 본질에 대해서는 법정소송담당설과 독자적 권리행사설로 견해가 갈린다. 판례와 다수설은 법정소송담당설의 입장을 취한다. 채권자대위소송에 있어서 대위에 의하여 보전될 채권자의 채무자에 대한 권리가 인정되지 아니할 경우에는 채권자가 스스로 원고가 되어 채무자의 제3채무자에 대한 권리를 행사할 당사자적격이 없게 되므로 그 대위소송은 부적법하여 각하하여야 한다.[45)]

"민사소송법 제218조 제3항은 '다른 사람을 위하여 원고나 피고가 된 사람에 대한 확정판결은 그 다른 사람에 대하여도 효력이 미친다.'고 규정하고 있으므로, 채권자가 채권자대위권을 행사하는 방법으로 제3채무자를 상대로 소송을 제기하고 판결을 받은 경우 채권자가 채무자에 대하여 민법 제405조 제1항에 의한 보존행위 이외의 권리행사의 통지, 또는 민사소송법 제84조에 의한 소송고지 혹은 비송사건절차법 제49조 제1항에 의한 법원에 의한 재판상 대위의 허가를 고지하는 방법 등 어떠한 사유로 인하였던 적어도 채권자대위권에 의한 소송이 제기된 사실을 채무자가 알았을 때에는 그 판결의 효력이 채무자에게 미친다고 보아야 한다(1975. 5.13. 74다1664(전원합의) 참조). 이때 채무자에게도 기판력이 미친다는 의미는 채권자대위소송의 소송물인 피대위채권의 존부에 관하여 채무자에게도 기판력이 인정된다는 것이고, 채권자대위소송의 소송요건인 피보전채권의 존부에 관하여 당해 소송의 당사자가 아닌 채무자에게 기판력이 인정된다는 것은 아니다. 따라서, 채권자가 채권자대위권을 행사하는 방법으로 제3채무자를 상대로 소송을 제기하였다가 채무자를 대위할 피보전채권이 인정되지 않는다는 이유로 소각하 판결을 받아 확정된 경우 그 판결의 기판력이 채권자가 채무자를 상대로 피보전채권의 이행을 구하는 소송에 미치는 것은 아니다." (2014. 1.23. 2011다108095)

2. 채권자대위소송에 있어서 중복제소의 문제(판례종합)

(문) 甲1은 乙에 대하여 1억원의 채권이 있다. 乙은 丙에 대하여 2억원의 채권이 있다. 甲2는 乙에 대하여 3억원의 채권이 있다. 乙은 丙에 대한 금전채권 이외에는 아무런 재산이 없는데 乙이 丙에 대한 채권을 행사하지 않자, 乙에 대한 채권자 甲1이 원고가 되어 제3채무자 丙을 피고로 채권자대위의 소(제1소)를 제기하였다.

1) 甲1은 丙에 대하여 2억원 전액의 지급을 (소송상) 청구할 수 있는가?

2) 제1소의 소송계속 중에 채무자인 乙이 체3채무자 丙을 피고로 하여 2억원의 지급을 구하는 소(제2소)를 제기하였다. 제2소는 제1소와 중복된 소인가?

3) 제1소 소송계속 중에 甲2가 丙을 피고로 채권자대위의 소(제2소)를 제기하였다. 제2소는 제1소와 중복된 소인가?

① 채권자대위소송 계속 중 채무자의 후소제기

중복소송으로 금지된다는 것이 판례의 입장이다.[46] (이에 대하여 전소 변론종결 전에 채무자가 권리를 행사하면 대위의 요건이 흠결된 것이므로 전소의 청구를 기각하여야 한다는 견해도 있다).

② 채무자가 제3채무자를 상대로 제기한 소송계속 중 채권자대위소송 후소제기

중복소송으로 부적법하다는 판례와,[47] 당사자적격상실로 부적법하다는 판례가 있다.[48] 이에 대해 실체법상 채권자대위권의 요건이 흠결된 것이므로 청구를 기각하여야 한다는 견해도 있다.

③ 채권자대위소송 계속 중 다른 채권자의 채권자대위소송 후소제기

이는 중복소송이며,[49] 채권자대위소송 중 다른 채권자는 공동소송참가 할 수 있다[50]는 것이 판례의 입장이다.

5-31 **2) 직무상 당사자**

실체법상의 관리처분권과는 무관하게, 일정한 직무에 있는 자에게 개인적으로 아무런 이해관계가 없음에도 법률에 의하여 특정 권리주체를 위한 소송수행권이 부여되는 경우를 직무상 당사자라고 한다. 가사소송에 있어서 피고적격자가 사망한 경우 검사를 피고로 하여 소송을 하는데 이러한 경우 검사 등(가사소송법 24조 3항, 28조, 31조, 33조; 민법 864, 865조 2항), 해난구조의 구조료지급에 관한 소송에 있어서의 선장(상법 894조. 선장이 상법 749조에 의해 법률상 소송대리인이 되는 경우와 구별) 등이 그 예이다.

---

45) 1988. 6.14. 87다카2753. [28]
46) 1992. 5.22. 91다41187. [80]
47) 1981. 7. 7. 80다2751
48) 2009. 3.12. 2008다65839
49) 1989. 4.11. 87다카3155. [81]
50) 2015. 7.23. 2013다30325.

(2) 임의적 소송담당 5-32

권리·이익 주체의 의사에 기초한 소송담당이다.

1) 선정당사자

공동의 이해관계를 가진 여러 사람이 법인 아닌 사단으로서 당사자능력을 갖추지 못한 경우에, 이들은 그들 가운데서 모두를 위하여 당사자가 될 한 사람 또는 여러 사람을 선정하여 그를 당사자로 세워서 소송을 할 수 있다. 이 경우 선정된 사람이 당사자로서 한 소송의 판결은 선정한 사람들에 대해서 미치게 된다. 이러한 경우 선정된 사람이 선정당사자이며 선정당사자는 임의적 소송담당의 대표적인 예이다.

제53조 (선정당사자) ① 공동의 이해관계를 가진 여러 사람이 제52조의 규정에 해당되지 아니하는 경우에는, 이들은 그 가운데에서 모두를 위하여 당사자가 될 한 사람 또는 여러 사람을 선정하거나 이를 바꿀 수 있다.
② 소송이 법원에 계속된 뒤 제1항의 규정에 따라 당사자를 바꾼 때에는 그 전의 당사자는 당연히 소송에서 탈퇴한 것으로 본다.

2) 민사조정의 대표당사자

〈민사조정법〉

제18조 (대표당사자)
① 공동의 이해관계가 있는 다수의 당사자는 그중 한 사람 또는 여러 사람을 대표당사자로 선임할 수 있다.
② 제1항의 선임은 서면으로 증명하여야 한다.
③ 조정담당판사는 필요하다고 인정하면 당사자에게 대표당사자를 선임할 것을 명할 수 있다.

3) 추심위임 배서의 피배서인

〈어음법〉

제18조 (추심위임배서)
① 배서한 내용 중 다음 각 호의 어느 하나에 해당하는 문구가 있으면 소지인은 환어음으로부터 생기는 모든 권리를 행사할 수 있다. 그러나 소지인은 대리를 위한 배서만을 할 수 있다.
1. 회수하기 위하여
2. 추심하기 위하여

4) 해석에 의한 임의적 소송담당의 확대

실체법 또는 절차법에 규정된 이외의 임의적 소송당당을 무작정 허용하는 것은 변호사대리의 원칙(87조)과 소송 목적의 신탁금지를 정하는 신탁법 7조의 취지에 위배한다. 판례는 탈법적인 것이 아닌 한 극히 제한적이고 예외적으로 합리적인 필요가 있을 때에는 해석에 의한 임의적 소송담당을 인정한다. 예컨대, 업무집행조합원에게 조합재산에 관한 소송에 있어서 조합원에 대한 소송담당을 허용하며,[51] 관리단으로부터 집합건물의 관리업무를 위임받은 위탁관리회사는 특별한 사정이 없는 한 구분소유자 등을 상대로 자기 이름으로 소를 제기하여 관리비를 청구할 당사자적격이 있다고 한다.[52]

(3) 법원의 허가에 의한 소송담당

증권관련집단소송에 있어서 대표당사자는 법원의 허가를 받아 손해배상소송을 수행할 수 있다(증권관련집단소송법 2조 1항). 소비자단체소송에 있어서 소비자단체는 법원의 허가를 받아 소송수행권을 갖는다(소비자기본법 74조). 이러한 경우 원고가 되는 대표당사자와 소비자단체는 법원의 허가에 의한 소송담당자가 된다(⇒ 10-158).

5-33 3. 소송담당의 효과

소송담당에 의하여 제3자가 소송수행권을 행사하여 확정판결을 받으면 그 기판력은 소송의 당사자인 소송담당자 뿐만 아니라 본래의 권리·이익 주체에게도 미친다(218조 3항).

5-34 3관 기타 당사자 적격이 문제되는 경우

1. 판결효가 제3자에게 확장되는 경우

주주총회결의취소의 소 등 단체내부의 분쟁에 관한 소에 있어서 원고 승소판결은 그 판결의 효력이 제3자에게 확장되는 대세적 효력이 있기 때문에 당사자적격에 대한 특별한 논의가 필요하다.

(1) 원고적격

단체 외부의 제3자도 원고적격이 있는지에 대하여 학설의 대립이 있다. 판례는 주주총회결의 부존재확인이나 무효확인의 소는 주주뿐만 아니라 주주총회 결의를 통하여 대표이사직을 해임당한 자가 주주가 아닌 경우에도 제기할 수 있다고 한다.[53] 또한, 판례는 주주총회의 결의부존재확인의 소는 통상의 확인소송이므로 확인의 이익을 가

---

51) 1984. 2.14. 83다카1815. [29]; 2001. 2.23. 2000다68924.
52) 2016.12.15. 2014다87885,87892. [30]
53) 2001. 7.13. 2001다13013.

진 자는 누구라도 원고될 적격이 있으므로 주식회사의 채권자라도 주주총회결의부존재확인청구를 할 수 있다고 한다.[54]

(2) 피고적격

단체 자체를 피고로 할 것인가 관련된 개인도 피고로 할 것인가에 대해 견해가 나뉜다. 판례는 주주총회결의의 무효 또는 부존재확인 판결은 대세적 효력이 있으므로 피고가 될 수 있는 자는 성질상 주식회사로 한정된다는 입장이며,[55] 본안소송에서와는 달리 단체의 대표자 등의 직무집행정지 및 직무대행자선임과 같은 임시의 지위를 정하기 위한 가처분에 있어서는 당해 대표자에게 피신청인 적격이 있다고 보고 있다.[56] (*2016. 법원직. 법인의 이사에 대한 직무집행정지가처분 신청에 있어서 당해 이사만이 피신청인이 될 수 있지만, 법인의 이사회결의 부존재확인의 소에 있어서는 그 결의에 의해 선임된 이사 및 당해 법인 모두 피고가 될 수 있다(×)).

법인 또는 비법인 사단 등 어느 단체에 소속된 대표자 또는 그 구성원의 지위 존부에 관한 확인청구는 대표자나 구성원 개인이 아닌 소속단체를 피고로 하여야 한다. 개인을 상대로 하는 경우 만일 그 청구를 인용하는 판결이 선고되더라도 그 판결의 효력은 당해 소속단체에는 미친다고 할 수 없기 때문에 대표자의 지위를 둘러 싼 당사자들 사이의 분쟁을 근본적으로 해결하는 가장 유효적절한 방법이 될 수 없기 때문이다.[57]

2. 고유필수적공동소송의 경우

고유필수적공동소송의 경우에는 공동소송인 전체가 또는 전체를 대상으로 소를 제기하여야만 당사자적격이 인정되어 적법한 소가 된다. 다만 제1심 변론을 종결할 때까지 누락된 당사자를 추가할 수 있다(68조). (⇒ 자세한 것은 10-74)

3. 법인격부인의 경우

법인격을 남용하여 법인격이 부인되는 경우 거래회사 및 그 배후의 주체 어느 쪽에 대하여도 채무의 이행을 청구할 수 있다.[58] 법인격부인의 경우에도 절차의 명확과 안정을 중시하는 소송절차 및 강제집행절차의 특성상 거래회사에 대한 판결의 기판력 및 집행력의 범위가 배후의 주체에까지 확장하는 것은 아니다.[59]

---

54) 1980.10.27. 79다2267.
55) 1982. 9.14. 80다2425(전원합의).
56) 1997. 7.25. 96다15916.
57) 1971.12.11. 73다1553. [27]; 1998.11.27. 97다4104 [종중대표자확인].
58) 2006. 7.13. 2004다36130.

4. 사해행위취소의 소의 경우

채권자취소의 소는 취소의 효과가 상대적으로만 발생하므로 수익자 또는 전득자만 피고적격을 갖고 채무자는 피고적격이 없다.[60] (⇒ 2-10 참조)

5-35

3절 당사자적격의 흠결과 그 치유

1. 흠결의 효과

소송에서 어느 한 당사자라도 당사자적격이 없으면 소송요건을 갖추지 아니한 소가 되므로 판결로 소를 각하 하여야 한다. 당사자적격은 소송요건이므로 법원은 직권으로 이를 조사한다.

2. 흠결의 치유방법

(1) 당사자 적격 없는 자를 당사자로 한 소

소제기시 당사자를 잘못 지정한 경우 당사자표시정정, 피고경정(260조), 필수적공동소송인(68조) 또는 예비적·선택적 공동소송인의 추가(70조의 2 1항 본문) (⇒ 10-78. 10-84. 2007. 6. 26. 2007마515 판결 참조)등의 방법(소송법적 구제책) 을 통하여 당사자 적격 흠결을 치유할 수 있다.

(2) 소송계속중 당사자적격 상실

소송계속 중에 당사자가 당사자적격을 상실하는 경우에는 당사자적격이 있는 자가 당연승계(예, 당사자가 파산선고를 받아 파산관재인이 선임되는 경우 파산관재인이 당연승계), 또는 특정승계(예, 원고가 피고를 상대로 금전지급청구소송 진행 중 원고에 대한 채권자가 원고를 채무자, 피고를 제3채무자로 하는 추심명령을 받은 경우 원고에 대한 채권자가 원고를 특정승계)의 방식에 의하여 당사자적격이 있는 자가 당사자지위를 승계한다(⇒ 10-142 참조).

3. 흠결을 간과한 판결의 효력

당사자적격의 흠결을 간과하고 본안판결을 한 경우, 상소기간 내라면 상소를 통하여 바로잡을 수 있다. 그러나 상소기간이 지나 판결이 확정되면 재심의 대상은 되지 않지

---

59) 1995. 5.12. 93다44531.
60) 2004. 8.30. 2004다21923.

만, 실제 당사자적격자에게는 아무런 효력이 없다(⇒ 5-22(문) 사례참조)는 점에서 무효인 판결이 된다는 것이 통설이다.

제5장 소송능력·변론능력

1절 소송능력

5-36 ### 1. 의 의

1) 소송능력이란 당사자로서 단독으로 소송행위를 하고 상대방이나 법원의 소송행위를 받을 수 있는 일반적 자격을 말한다. 민법상의 행위능력에 대응하는 개념으로, 소송능력의 유무 및 소송무능력자의 법정대리와 소송행위에 필요한 권한의 수여는 민사소송법에 특별한 규정이 없는 한 민법에 따른다(51조). 소송개시전 소송행위(소송대리권의 수여, 관할의 합의 등), 소송절차내 소송행위(변론, 소취하, 소송상 화해 등), 소송외 소송행위(소취하 합의 등)를 막론하고 모든 경우에 소송행위에는 소송능력이 필요하다. 소송능력을 흠결한 자의 보호필요성 때문이다.

2) 사람의 행위능력은 그 본국법에 의하므로(국제사법13조) 본국법에 따라 행위능력이 인정되는 외국인은 원칙적으로 우리나라에서 소송능력이 인정된다(51조의 해석). 한편, 외국인이 그의 본국법에 따르면 소송능력이 없는 경우라도 우리나라의 법률에 따라 소송능력이 있는 경우에는 소송능력이 있는 것으로 본다(57조). 소송능력은 절차법적인 것으로 법정지법에 따르기 때문이다.

5-37 ### 2. 민법상 행위능력과 그 제한

(1) 소송능력과 행위능력

민사소송법은 소송능력에 관하여 민법의 규정을 준용한다고 규정하고 있다(51조). 따라서, 민사소송법상 소송능력을 이해하려면 민법상 행위능력에 대한 이해가 필수적이다. 행위능력이란 단독으로 완전하고 유효하게 법률행위를 할 수 있는 자격을 말한다. 민법의 행위능력제도는 2011년 민법 개정에 의하여 크게 변하였으나 그에 상응하는 민사소송법의 개정이 뒤따르지 않아 부조화가 발생하였다. 그러다가 2016. 2. 3. 민사소송법의 관련 조항이 민법에 부합하게 개정되어 통일적으로 규율할 수 있게 되었다.

(2) 민법상 제한능력자

1) 민법이 정하는 제한능력자의 경우 행위능력이 제한된다. 현행 민법상 제한능력자로는 미성년자, 피성년후견인(구 금치산자), 피한정후견인(구 한정치산자)이 있다.

2) 미성년자가 법률행위를 함에는 법정대리인의 동의를 얻어야 하며(민법 5조 1항), 동의를 얻지 않고 한 행이는 취소할 수 있다(민법 5조 2항). 그러나, 권리만을 얻거나 의무만을 면하는 행위(민법 5조 1항 단서), 처분을 허락한 재산의 처분행위(민법 6조), 영업을 허락받은 경우 그 영업에 관한 행위(민법 8조), 결혼한 미성년자의 행위(민법 826의 2) 등과 근로계약의 체결 및 임금청구(근로기준법 67조,68조) 등은 미성년자가 단독으로 할 수 있다.

3) 피성년후견인의 법률행위는 취소할 수 있다(민법 10조 1항). 그러나 가정법원은 예외적으로 취소할 수 없는 피성년후견인의 법률행위의 범위를 정할 수 있다(민법 10조 2항). 일용품 구입 등 일상생활에 필요하고 그 대가가 과도하지 않은 행위는 성년후견인이 취소할 수 없다(민법 10조 4항).

4) 피한정후견인은 원칙적으로 행위능력이 있으나, 가정법원이 예외적으로 행위능력이 인정되지 않는 행위의 범위를 정할 수 있다(민법 13조 1항, 4항 본문). 다만 일용품 구입 등 일상생활에 필요하고 그 대가가 과도하지 않은 행위는 피한정후견인이 단독으로 할 수 있다(민법 13조 4항 단서).

3. 민사소송법상 소송능력 5-38

(1) 소송무능력자

1) 민법상 제한능력자에게 행위능력이 없는 경우 그 제한능력자는 민사소송절차에서 소송무능력자가 되어 소송행위를 할 수 없다. 따라서, 미성년자 또는 피성년후견인은 원칙적으로 법정대리인에 의해서만 소송행위를 할 수 있다(55조 1항 본문). 그러나 미성년자가 독립하여 법률행위를 할 수 있는 경우(예, 혼인으로 미성년자가 성년의제 된 경우 등), 피성년후견인이 취소할 수 없는 법률행위를 할 수 있는 경우에는 단독으로 유효한 소송행위를 할 수 있다(55조 1항 단서). (*2018. 법원직. 미성년자가 독립하여 법률행위를 할 수 있는 경우에도 소송행위는 법정대리인에 의해서 하여야 한다(×)).

제55조 (제한능력자의 소송능력)

① 미성년자 또는 피성년후견인은 법정대리인에 의해서만 소송행위를 할 수 있다. 다만, 다음 각 호

의 경우에는 그러하지 아니하다.
1. 미성년자가 독립하여 법률행위를 할 수 있는 경우
2. 피성년후견인이 「민법」 제10조제2항에 따라 취소할 수 없는 법률행위를 할 수 있는 경우
② 피한정후견인은 한정후견인의 동의가 필요한 행위에 관하여는 대리권 있는 한정후견인에 의해서만 소송행위를 할 수 있다.
[전문개정 2016.2.3]

2) 어떤 경우가 미성년자가 독립해서 법률행위를 할 수 있는 경우(55조 1항 1호)이고, 피성년후견인이 취소할 수 없는 법률행위를 할 수 있는 경우(2호)인지는 기본적으로 민법의 해석론에 따르나, 소송법 고유의 절차안정을 위한 추가적 논의가 필요하다. 혼인으로 미성년자가 성년의제 된 경우나, 법정대리인이 영업을 허락한 경우는 미성년자에게 소송능력이 있다고 보는 것이 통설이나, 법정대리인이 처분을 허락한 재산에 관한 소송에서는 처분행위와 달리 소송행위는 연쇄적이고 복잡하며 고도의 판단력을 요한다는 점에서 미성년자의 소송능력을 부정하는 것이 타당하다.[61] 미성년자 자신의 노무제공에 따른 임금을 청구하는 소송은 근로기준법 제54조의 규정에 의하여 미성년자가 독자적으로 할 수 있다.[62]

3) 의사무능력자도 소송능력이 없다. 의사무능력자의 소송행위의 유·무효는 구체적 사안에 따라 개별적으로 판단한다.[63]

(2) 소송무능력자의 소송수행

소송무능력자는 법정대리인을 통하여 소송을 수행한다(⇒ 5-58).

5-39

4. 소송능력의 취급

(1) 개개의 소송행위의 유효요건

소송능력은 개개의 소송행위의 유효요건이다. 소송무능력자의 소송행위나 소송무능력자에 대한 소송행위는 확정적 무효가 아니라 <u>유동적 무효</u>이다. 소송무능력자의 소송행위는 후에 권한 있는 자가 추인하면 행위시에 소급하여 효력이 생긴다(60조). 추인은 명시적 또는 묵시적으로 할 수 있다(미성년자가 직접 변호인을 선임하여 제1심의 소송수행을 하게 하였으나 제2심에 이르러서는 미성년자의 친권자인 법정대리인이 소송대리인을 선임하여 소송행위를 하면서 아무런 이의를 제기한 바 없이 제1심의 소송결과를 진술한 경우에는 무권대리에

---

61) 같은 취지, 이시윤, p.165:
62) 1981. 8.25. 80다3149. [31]
63) 2002.10.11. 2001다10113.

의한 소송행위를 묵시적으로 추인된 것으로 보아야 한다).[64] 소송계속 중에 소송능력을 상실하는 경우(예, 소송계속 중 성년후견개시 심판)에는 법정대리인 등이 수계할 때까지 소송절차가 중단된다(235조). 다만 소송대리인이 있는 경우는 소송절차가 중단되지 않는다(238조). 소송무능력자라고 하더라도 그 능력의 존부에 대하여 판결이 확정되기 전에는 소송능력이 있다고 다투기 위한 소송행위는 할 수 있다(예컨대, 원고가 피성년후견인이라는 이유로 소를 각하한 1심 판결에 대하여 원고는 적법하게 항소할 수 있다).

(2) 소송능력의 흠

1) 조사 및 조치

소송능력 유무는 법원의 직권조사사항이다. 소송능력 흠결이 발견되면 법원은 기간을 정하여 이를 보정하도록 명하여야 하며, 만일 보정하는 것이 지연됨으로써 손해가 생길 염려가 있는 경우에는 법원은 보정하기 전의 당사자로 하여금 일시적으로 소송행위를 하게 할 수 있다(59조). 소송능력의 흠이 보정되지 않으면 법원은 소송능력 없는 자의 소송행위를 배척한다.

2) 흠을 간과하고 한 판결의 효력

소송능력의 흠결을 간과하고 선고한 본안판결에 대하여는 상소로 다툴 수 있다. 확정된 뒤라도 재심으로 다툴 수 있다고 할 것이다(451조 1항 3호 본문 유추적용).

2절 변론능력

1. 의 의 5-40

변론능력이란 당사자나 법정대리인이 소송대리인에 의하지 않고 법원에 출석하여 유효한 변론을 할 수 있는 일반적 자격을 말한다. 절차의 원활한 진행을 위하여 요구되는 능력이다. 우리나라는 변호사 강제주의를 채택하지 않아 원칙적으로 본인 소송이 허용되므로(증권관련집단소송, 개인정보단체소송, 소비자단체소송 등 민사소송법에 대한 특별법에서는 변호사강제주의가 채택되는 경우가 늘고 있다), 누구라도 변론능력이 있으면 당사자 또는 법정대리인으로서 법원에 출석하여 변론을 할 수 있다.

---

64) 1980. 4.22. 80다308. [32]

5-41 2. 변론무능력자

법원은 소송관계를 분명하게 하기 위하여 필요한 진술을 할 수 없는 당사자 또는 대리인의 진술을 금지하고, 변론을 계속할 새 기일을 정할 수 있다(144조 1항). 진술을 금지 당한 사람은 그 심급에서 그 이후의 변론능력을 상실한다. 재판장은 발언을 허가하거나 명령에 따르지 아니하는 사람의 발언을 금지할 수 있다(135조 2항). 이 경우 발언을 금지 당한 사람은 당해 기일에서만 발언이 금지된다. 변론능력이 없는 자의 변론은 효력이 없다. 변론능력이 없는 자는 새기일부터 기일 불출석의 불이익을 받는다.

5-42 3. 변호사선임명령

진술을 금지하는 경우에 법원은 필요하다고 인정하는 경우 변호사선임을 명할 수 있다(144조 2항). 소 또는 상소를 제기한 사람이 변호사선임명령을 받고도 새기일까지 변호사를 선임하지 아니한 때에는 법원은 결정으로 소 또는 상소를 각하할 수 있다(144조 4항). 이러한 결정에 대하여는 즉시항고를 할 수 있다(144조 4항). 선정당사자에게 변호사 선임명령을 한 경우에는 선정자에게도 통지하여야만 그에 대한 불응을 이유로 소 또는 상소를 각하할 수 있다.[65]

5-43 4. 진술보조인 제도

2016. 2. 3. 민사소송법의 개정으로 진술보조제도가 신설되었다. 이는 당사자의 변론능력의 보충을 위한 제도이다.

제143조의2 (진술보조)

① 질병, 장애, 연령, 그 밖의 사유로 인한 정신적·신체적 제약으로 소송관계를 분명하게 하기 위하여 필요한 진술을 하기 어려운 당사자는 법원의 허가를 받아 진술을 도와주는 사람과 함께 출석하여 진술할 수 있다.
② 법원은 언제든지 제1항의 허가를 취소할 수 있다.

〈민소규〉

제30조의2 (진술보조)

① (…) 법원의 허가를 받아 진술보조인이 될 수 있는 사람은 다음 각 호 중 어느 하나에 해당하고, 듣거나 말하는 데 장애가 없어야 한다.

1. 당사자의 배우자, 직계친족, 형제자매, 가족, 그 밖에 동거인으로서 당사자와의 생활관계에 비추어 상당하다고 인정되는 경우
2. 당사자와 고용, 그 밖에 이에 준하는 계약관계 또는 신뢰관계를 맺고 있는 사람으로서 그 사람이

---

65) 2000.10.18. 2000마2999.

담당하는 사무의 내용 등에 비추어 상당하다고 인정되는 경우

② (…) 허가신청은 심급마다 서면으로 하여야 한다.

③ (…) 법원의 허가를 받은 진술보조인은 변론기일에 당사자 본인과 동석하여 다음 각 호의 행위를 할 수 있다. 이 때 당사자 본인은 진술보조인의 행위를 즉시 취소하거나 경정할 수 있다.

1. 당사자 본인의 진술을 법원과 상대방, 그 밖의 소송관계인이 이해할 수 있도록 중개하거나 설명하는 행위
2. 법원과 상대방, 그 밖의 소송관계인의 진술을 당사자 본인이 이해할 수 있도록 중개하거나 설명하는 행위

④ 법원은 제3항에 따라 진술보조인이 한 중개 또는 설명행위의 정확성을 확인하기 위하여 직접 진술보조인에게 질문할 수 있다.

⑤ 진술보조인이 변론에 출석한 때에는 조서에 그 성명을 기재하고, 제3항에 따라 중개 또는 설명행위를 한 때에는 그 취지를 기재하여야 한다.

⑥ 법원은 법 제143조의2제2항에 따라 허가를 취소한 경우 당사자 본인에게 그 취지를 통지하여야 한다.

[본조신설 2017.2.2]

제6장 소송상의 대리인

1절 총 설

5-44 1. 의 의

법률행위에 있어서 대리인이 일정한 요건을 갖추어 법률행위를 하는 경우 그 법률효과를 본인에게 미치도록 하는 것이 민법상의 대리제도이다. 이와 마찬가지로 소송법상에도 소송상의 대리제도를 두고 있다. 소송상의 대리란 대리인이 일정한 요건을 갖추어 소송행위를 하는 경우 그 소송법상의 법률효과가 본인에게 미치는 것을 말한다(제3자가 다른 사람의 권리의무관계에 대하여 자기의 이름으로 당사자가 되어 소송수행을 하고 그 소송법적 효과를 다른 사람에게 미치게 하는 소송담당과 다르며, 소송의 당사자를 보조하기 위하여 별개의 소송주체로 소송에 참가하는 보조참가와도 다르다). 소송상의 대리는 민법상의 대리와 유사한 측면이 있으나, 대리권이 있다는 점에 대해 서면으로 증명할 것을 요하고(58조, 89조), 표현대리의 법리가 적용되지 않는 등 민법상의 대리와 다른 점이 많다.

5-45 2. 소송상의 대리인의 종류

- 소송상의 대리인
  - 임의대리인
    - 소송대리인 (포괄적 임의대리인)
      - 위임에 의한 소송대리인
      - 법률에 의한 소송대리인
    - 개별적 임의대리인
  - 법정대리인
    - 실체법상 법정대리인
    - 소송상 특별대리인

(1) 임의대리인·법정대리인

1) 소송상의 대리인은 민법상의 대리인과 마찬가지로 본인의 의사에 의하여 선임되는 임의대리인과 본인의 의사와 관계없이 법에 의하여 정해지는 법정대리인으로 분류된다.

2) 임의대리인 중 포괄적 대리권을 갖는 임의대리인을 특별히 소송대리인이라고 한다. 포괄적 소송대리권을 갖는 소송대리인은 본인의 소송위임이라는 소송행위에 의하여 소송대리권을 갖게 되는 위임에 의한 소송대리인과, 실체법상 본인의 대리인으로 선임되면 법률에 의하여 당연히 소송상 대리권이 부여되는 법률에 의한 소송대리인(92조)으로 구별된다.

3) 보통은 실체법상의 법정대리인이 소송에서도 법정대리인이 되지만 특별한 경우에 법정대리인의 역할을 할 소송상 특별대리인이 법정대리인이 된다.

(2) 포괄적 대리인·개별적 대리인

소송상의 대리인은 대리권의 범위에 따라 소송행위 전반을 대리할 수 있는 포괄적 대리인과 송달의 수령(184조 후단) 등 개개의 특정한 소송상 행위만을 대리할 수 있는 개별적 대리인으로 분류할 수 있다.

3. 소송상의 대리권의 조사 및 증명 5-46

대리권의 유무는 법원의 직권조사사항이다.[66] 법정대리권이 있는 사실 또는 소송행위를 위한 권한을 받은 사실은 서면으로 증명하여야 한다(58조 1항). 그 서면은 소송기록에 붙여야 한다(2항). 소송대리인의 권한은 서면으로 증명하여야 하나(89조 1항), 당사자가 말로 소송대리인을 선임하고 법원사무관등이 조서에 그 진술을 적어 놓은 경우에는 서면으로 증명할 필요가 없다(3항).

4. 소송상의 대리권의 흠 – 무권대리

(1) 무권대리의 의의 5-47

대리권이 없이 하는 소송상의 대리를 무권대리라고 한다. 실제 소송을 수행한 변호사에게 소송대리권이 없거나 특별수권사항에 대한 수권이 없는 경우, 법정대리인에게 자격이 없는 경우 등이 이에 해당한다. 법인이나 비법인사단·재단의 대표자는 법정대리인에 준하여 취급되므로(64조), 대표자 선정이 무효이거나 해임 등으로 대표가 권한이 소멸한 경우에도 무권대리의 문제가 발생한다. 실제로 송달을 받은 사람이 송달받을 권한이 없는 때, 대리권을 서면으로 증명하지 못하는 때, 쌍방대리의 경우, 변호사 자격이 없는 자가 소송대리인이 된 경우 등에서도 무권대리가 문제된다.

---

66) 1993. 3.12. 92다48789,48796.

5-48 (2) 무권대리의 소송상 취급

1) 대리권의 흠의 조사 및 조치

대리권의 유무는 법원의 직권조사사항이다. 그러나 대리권의 유무를 판단하는 데 기초가 되는 사실과 증거를 직권탐지 하여야 하는 것은 아니다.[67] 법정대리권 또는 소송행위에 필요한 권한의 수여에 흠이 있는 경우에는 법원은 기간을 정하여 이를 보정하도록 명하여야 하며, 만일 보정하는 것이 지연됨으로써 손해가 생길 염려가 있는 경우에는 법원은 보정하기 전의 당사자 또는 법정대리인으로 하여금 일시적으로 소송행위를 하게 할 수 있다(59조, 97조).

2) 대리권의 흠과 추인

대리권의 존재는 개개의 소송행위의 유효요건으로서, 대리권에 흠이 있으면 그 소송행위는 무효이고 본인에 대하여 효과가 생기지 않는다. 그러나 당사자 본인이나 정당한 대리인이 추인하는 경우에는 소급하여 유효하게 된다(60조, 97조). 추인은 명시적인 방법뿐만 아니라 묵시적으로도 가능하다.[68] 법률행위의 경우는 추인의 소급효를 제3자에게 대항하지 못하지만(민법 133조 단서), 민사소송법상 무권대리의 추인에는 그러한 제한이 없으므로 추인의 소급효는 절대적이다(종중을 대표할 권한 없는 자가 종중을 대표하여 한 소송행위를 종중이 총회결의에 따라 추인한 사안).[69]

추인은 원칙적으로 무권대리행위 전체를 대상으로 하여야 하고 선별적인 추인은 허용 되지 않는다.[70] 그러나 예외적으로 선별적으로 추인을 허용하더라도 소송의 혼란을 초래할 우려가 없고 소송경제적으로 적절한 경우는 일부추인을 허용할 수 있다(무권대리인이 변호사에게 위임하여 소를 제기하여서 승소하고 상대방의 항소로 소송이 2심에 계속 중 그 소를 취하한 일련의 소송행위 중 소취하 행위만을 제외하고 나머지 소송행위를 추인한 것이 유효하다고 한 사안).[71]

적법한 대표자 자격이 없는 법인 또는 비법인 사단의 대표자가 한 소송행위는 후에 대표자 자격을 적법하게 취득한 대표자가 소송행위를 추인하면 행위시에 소급하여 효력을 가지게 되며, 이러한 추인은 상고심에서도 할 수 있다.[72](*2017. 법원직)

---

67) 1997.10.10. 96다40578.
68) 2007. 2.22. 2006다81653.
69) 1991.11. 8. 91다25388.
70) 2008. 8.21. 2007다7948.
71) 1973. 7.24. 69다60.
72) 2012. 4.13. 2011다70169. (종중총회 소집절차가 부적법하여 적법한 종중총회의 결의 없이 제기되었고, 거기에서 선임된 丙이 원고 종중의 대표자라 할 수 없다는 이유로 소각하 판결이 선고되자 이에 상고하여

3) 대리권 없음을 간과하고 내린 판결

무권대리인이 원고의 대리인으로서 소를 제기한 경우 소제기는 무효이므로, 보정되지 않는 한 종국판결로 소를 각하한다. 법원이 대리권이 없음을 간과하고 본안판결을 하였을 경우에는 확정전이면 상소(424조 1항 4호에 의한 절대적 상고이유가 됨), 확정 후이면 재심(451조 1항 3호)에 의하여 취소를 구할 수 있다(이 경우 재심제기기간의 제한이 없다. ⇒ 9-82). 그 판결이 당연무효가 되는 것은 아니다(*2010. 2019. 법원직).

(3) 변호사 자격이 없는 자의 소송행위 5-49

변호사가 대리하여야 할 사안에서 비변호사가 소송대리를 한 경우 그 효력을 어떻게 볼 것인지가 문제된다. 소송행위는 무효이나 추인할 수 있다고 보는 것이 통설이다. 다만, 비변호사가 이익을 받을 목적으로 대리행위를 한 경우에는 변호사법 109조 1호에 정면으로 위배되므로 추인이 불가능한 절대무효라고 본다. 반면에 변호사 자격은 있으나 징계 등으로 업무정지 중에 있는 자가 소송대리를 한 경우는 당사자 본인이나 상대방의 이익, 절차의 안정을 고려하여 소송행위를 유효한 것으로 보되, 법원이 그러한 자의 소송관여를 배척해야 한다고 보는 것이 일반적 견해이다.

(4) 쌍방소송대리

1) 통상의 쌍방대리

쌍방소송대리는 원칙적으로 금지된다. 그러나, 본인의 사전 허락이 있으면 유효하며(민법 124조 유추해석), 사후에 추인의 대상이 될 수 있다. 다만, 제소전 화해를 위하여 대리인을 선임하는 권리를 상대방에게 위임할 수 없다(385조).

2) 변호사의 쌍방대리 - 법호사법 제31조

〈변호사법〉

제31조 (수임제한)

① 변호사는 다음 각 호의 어느 하나에 해당하는 사건에 관하여는 그 직무를 수행할 수 없다. 다만, 제2호 사건의 경우 수임하고 있는 사건의 위임인이 동의한 경우에는 그러하지 아니하다.

1. 당사자 한쪽으로부터 상의를 받아 그 수임을 승낙한 사건의 상대방이 위임하는 사건
(*소송물이 동일하거나 같은 형사사건 또는 민사사건과 같이 절차가 동일할 필요가 없다.[73] 형사사건에서 피고인의 변호인으로 선임된 법무법인의 업무담당변호사가 그 법무법인이 해산된 이후 변호사 개인의 지위에서 위 형사사건의 피해자에 해당하는 상대방 당사자를 위하여 실질적으로

상고심 계속 중 적법한 절차를 통하여 개최한 임시총회에서 丙을 종중의 대표자로 재선출하고 丙이 자신이 종중의 대표자로 한 소송행위를 추인한 사안); 2019. 9.10. 2019다208953. [126]

73) 2003.11.28. 2003다41791. [42]

동일한 쟁점을 포함하고 있는 민사사건의 소송대리를 하는 것은 수임제한 사유에 해당한다.[74])
2. 수임하고 있는 사건의 상대방이 위임하는 다른 사건
3. 공무원·조정위원 또는 중재인으로서 직무상 취급하거나 취급하게 된 사건
(*합동법률사무소의 이름으로 공증한 사건에 관하여 그 소속 변호사가 소송대리를 하는 경우도 여기에 포함된다.[75])
② 제1항 제1호 및 제2호를 적용할 때 법무법인·법무법인(유한)·법무조합이 아니면서도 변호사 2명 이상이 사건의 수임·처리나 그 밖의 변호사 업무 수행 시 통일된 형태를 갖추고 수익을 분배하거나 비용을 분담하는 형태로 운영되는 법률사무소는 하나의 변호사로 본다.

수임제한규정을 위반한 변호사의 소송행위의 효력에 관해서는 유효설(직무규정설), 절대무효설, 이의설 등 여러 견해가 있다. 판례의 주류는, 상대방 당사자가 법원에 대하여 이의를 제기하는 경우 그 소송행위는 무효이나 상대방이 그와 같은 사실을 알았거나 알 수 있었음에도 불구하고 사실심 변론종결시까지 아무런 이의를 제기하지 아니하였다면 그 소송행위는 소송법상 완전한 효력이 생긴다고 한다(이의설).[76] 원고 소송복대리인으로서 변론기일에 출석하여 소송행위를 하였던 변호사가 피고 소송복대리인으로도 출석하여 변론한 경우라도, 당사자가 그에 대하여 아무런 이의를 제기하지 않았다면 그 소송행위는 소송법상 완전한 효력이 생긴다.[77]

5-50 (5) 표현대리문제

무권대리인의 소송행위에 대해서 민법의 표현대리에 관한 규정을 유추적용할 것인지에 대해서는 견해가 갈린다. 외관을 신뢰한 상대방의 보호에 중점을 두는 긍정설, 절차의 안정을 중시하는 부정설, 부정설에 따르되 본인에게 귀책사유가 있는 경우에는 표현대리의 성립을 인정해야 한다는 절충설 등이 있다. 판례는, 공정증서가 채무명의로서 집행력을 가질 수 있도록 하는 집행인낙 표시는 공증인 등에 대한 소송행위로서 이러한 소송행위에는 민법상의 표현대리 규정이 적용 또는 준용될 수 없으며(소극설),[78] 대리권 흠결이 있는 집행인낙에 대한 추인의 의사표시는 당해 공증인 등에 대하여 의사표시를 공증하는 방식으로 하여야 한다고 한다.[79]

---

74) 2003. 5.30. 2003다15556.
75) 1975. 5.13. 72다1183(전원합의).
76) 2003. 5.30. 2003다15556.
77) 1995. 7.28. 94다44903. [43]
78) 1983. 2. 8. 81다카621. [40]; 1994. 2.22. 93다42047.
79) 2006. 3.24. 2006다2803. [41]

2절 소송대리인

포괄적 대리권을 갖는 소송대리인은 앞서 설명한 바와 같이 위임에 의한 소송대리인과 법률에 의한 소송대리인으로 분류된다. 양자는 많은 점에서 차이가 있으므로 이를 나누어 설명한다.

1. 위임에 의한 소송대리인

(1) 의 의 5-51

특정한 사건에 대한 소송수행을 위하여 소송위임에 의하여 포괄적 대리권을 수여받은 임의대리인을 위임에 의한 소송대리인이라고 한다. 통상 소송대리인이라 함은 위임에 의한 소송대리인을 말한다.

(2) 소송대리인의 자격 5-52

1) 변호사대리의 원칙

원칙적으로 변호사(또는 법무법인 등)가 아니면 소송대리인이 될 수 없다(87조). 우리나라는 아직 필수적 변호사대리제도(변호사강제주의)를 취하고 있지 않으므로 소송능력이 있는 사람은 본인 스스로도 소송수행을 할 수 있으나, 소송대리인을 선임하는 경우 당사자 본인의 이익을 보호하기 위하여 원칙적으로 그 자격을 변호사로 제한한다. 이를 변호사대리의 원칙이라고 한다.

2) 변호사대리 원칙의 예외

예외적으로 법이 정하는 경우에는 비변호사도 소송대리인의 자격이 인정된다.

㈎ 단독사건중 소가 1억원 이하의 사건(88조 1항)

단독판사가 심리·재판하는 사건가운데 소송목적의 값이 대법원 규칙이 정하는 금액이하의 사건에서는 당사자와 일정한 관계가 있는 사람이면 변호사가 아니더라도 법원의 허가를 받아 소송대리인이 될 수 있다(88조 1항). 현행 대법원규칙은 소가 2억원 이하의 단독사건 중 소가 1억원 이하 사건까지를 비변호사대리가 허용되는 것으로 한다(민소규 15조 1항 2호). 수표금청구사건, 손해배상청구사건, 은행등이 원고인 대여금 등 청구사건(민사 및 가사소송의 사물관할에 관한 규칙 제2호 단서) 등 소가와 관계없이 단독사건인 경우는 소가가 1억원을 초과해도 비변호사대리가 가능하다(민소규 15조 1항 1호). 나중에 청구취지를 확장하여 1억원을 초과하게 되면 비변호사에 대한 소송대리허가를 취소하고 그 취지를 당사자 본인에게 통지하여야 한다(민소규 15조 4항). 소가 1억원 이하의 사건이라도 항소심은 당연히 합의사건이므로 비변호사의 소송대리가 불가능하다.

법원의 허가를 받아 소송대리인이 될 수 있는 사람은 당사자의 배우자 또는 4촌 안의 친족으로서 당사자와의 생활관계에 비추어 상당하다고 인정되는 경우, 당사자와 고용 그 밖에 이에 준하는 계약관계를 맺고 그 사건에 관한 통상 사무를 처리·보조하는 사람으로서 그 사람이 담당하는 사무와 사건의 내용 등에 비추어 상당하다고 인정되는 사람에 한정된다(민소규 15조 2항 2호). 허가의 신청은 서면으로 하여야 하며(민소규 15조 3항), 법원은 언제든지 위 허가를 취소할 수 있다(88조 3항).

㈏ 소액사건

소송목적의 값이 3,000만원 이하의 사건은 소액사건으로 분류되어 소액사건심판법의 적용을 받는다. 소액사건의 제1심에서 당사자의 배우자, 직계혈족, 형제자매는 따로 법원의 허가를 받을 필요 없이 소송대리인이 될 수 있다(소심법 8조 1항). 소액사건도 항소심은 합의부재판이므로 변호사대리의 원칙이 적용된다.

㈐ 특허 등 심결취소소송

특허법원이 관할하는 특허, 실용신안, 디자인 또는 상표에 관한 심결 등 취소소송은 변리사도 소송대리가 가능하다(변리사법 2조, 8조 참조). 그러나 변리사에게 허용되는 소송대리의 범위는 특허심판원의 심결에 대한 심결취소소송으로 한정되고, 현행법상 특허 등의 침해를 청구원인으로 하는 침해금지청구 또는 손해배상청구 등과 같은 민사사건에서 변리사의 소송대리는 허용되지 아니한다는 것이 대법원의 판례이다.[80)]

㈑ 배상신청

형사소송절차에 부대하여 청구하는 배상신청에 있어서 피해자의 배우자·직계혈족·형제자매는 법원의 허가를 받아 배상신청에 관한 소송행위를 대리할 수 있다(소송촉진 등에 관한 특례법 27조).

㈒ 가사소송사건

〈가사소송법〉

제7조 (본인 출석주의)

① 가정법원, 조정위원회 또는 조정담당판사의 변론기일, 심리기일 또는 조정기일에 소환을 받은 당사자 및 이해관계인은 본인 또는 법정대리인이 출석하여야 한다. 다만, 특별한 사정이 있을 때에는 재판장, 조정장 또는 조정담당판사의 허가를 받아 대리인을 출석하게 할 수 있고 보조인을 동반할 수

80) 2012.10.25. 2010다108104; 헌재 2012. 8.23. 2010헌마740.

있다.
② 변호사 아닌 자가 대리인 또는 보조인이 되려면 미리 재판장, 조정장 또는 조정담당판사의 허가를 받아야 한다.
③ 재판장, 조정장 또는 조정담당판사는 언제든지 제1항 및 제2항의 허가를 취소할 수 있고, 본인이 법정대리인 또는 대리인과 함께 출석할 것을 명할 수 있다.

(바) 비송사건

〈비송사건절차법〉

제6조 (대리인)

① 사건의 관계인은 소송능력자로 하여금 소송행위를 대리하게 할 수 있다. 다만, 본인이 출석하도록 명령을 받은 경우에는 그러하지 아니하다.
② 법원은 변호사가 아닌 자로서 대리를 영업으로 하는 자의 대리를 금하고 퇴정을 명할 수 있다. 이 명령에 대하여는 불복신청을 할 수 없다.

(3) 소송대리권의 발생 - 대리권의 수여 5-53

1) 소송대리권의 수여에 의하여 소송대리권이 발생한다. 소송대리권의 수여는 소송대리권의 발생이라는 소송법상의 법률효과를 목적으로 하는 단독적 소송행위이다(보통 실무에서는 소송위임장이라는 정형화된 문서에 당사자가 서명날인을 하여 대리인에게 교부하는 방식으로 대리권의 수여가 이루어진다). 소송대리권 수여행위인 소송위임(소송법상의 소송행위)은 그 원인이 되는 본인과 대리인 사이의 사법(私法)적 위임계약(민법상의 법률행위)과는 별개이다.[81] 소송대리인의 보수청구권과 성실의무는 이러한 위임계약(통상 변호사선임약정서를 작성한다)에 의하여 생긴다.

2) 소송대리인에 대한 수권행위로서 소송위임에는 소송능력이 필요하다. 보통은 사법상의 위임계약 체결(약정서 작성)과 소송법상의 소송대리권 수여(소송위임장 교부)가 동시에 이루어지나 두 행위는 법적으로 명확히 구분되어야 한다. 예컨대, 행위능력이 없는 미성년자는 법정대리인의 동의를 받아 위임계약을 체결할 수 있으나, 소송대리권을 수여하는 소송위임은 법정대리인의 대리를 통해서만 할 수 있다.

3) 대리권수여의 방식은 자유라고 할 것이나 대리권의 존재 및 범위를 서면으로 증명하여야 하므로(89조 1항), 서면으로 하는 것이 보통이다. 대리권한을 증명하는 서면이 사문서인 경우에는 법원은 공증인 등의 인증을 받도록 소송대리인에게 명할 수 있다(89조 2항). 당사자가 말로 소송대리인을 선임하고, 법원사무관등이 조서에 그 진술을 적어 놓은 경우에는 서면으로 증명할 필요가 없다(89조 3항).

81) 1997.12.12. 995다20775. [34]

[서식 예] 소송대리허가신청 및 소송위임장[82)]

소송대리허가신청 및 소송위임장

사건번호 20 가 (담당재판부 : 제 단독)
원 고
피 고

위 사건에 관하여 아래와 같이 소송대리허가신청 및 위임을 합니다.

1. 소송대리허가신청

재판장	
허	부

가. 소송대리할 사람의 이 름
주 소
연락처
[팩스번호 : ( ) - 이메일 주소 :]

나. 신청이유(해당란에 ✓ 해주시기 바랍니다)
□ 당사자의 배우자 또는 4촌 안의 친족으로서 밀접한 생활관계를 맺고 있음
□ 당사자와 고용 등의 계약관계를 맺고 그 사건에 관한 일반사무를 처리·보조하여 왔음
[첨부서류] (가족관계증명서, 제적등본, 재직증명서 등)

2. 소송위임할 사항
가. 일체의 소송행위, 반소의 제기 및 응소
나. 재판상 및 재판 외의 화해
다. 소의 취하
라. 청구의 포기·인낙 또는 독립당사자참가소송에서의 소송탈퇴
마. 상소의 제기 또는 취하
바. 복대리인의 선임
사. 목적물의 수령, 공탁물의 납부, 공탁물 및 이자의 반환청구와 수령
아. 담보권행사, 권리행사최고신청, 담보취소신청, 담보취소신청에 대한 동의, 담보취소결정정본의 수령, 담보취소결정에 대한 항고권의 포기
자. 기타(특정사항 기재요)

20 . . .

신청인 및 위임인 이름 : 원(피)고 (날인 또는 서명)

법원 귀중

82) 대한법률구조공단 홈페이지 서식에서 따옴.

(4) 소송대리권의 범위 5-54

제90조(소송대리권의 범위)

① 소송대리인은 위임을 받은 사건에 대하여 반소(反訴) · 참가 · 강제집행 · 가압류 · 가처분에 관한 소송행위 등 일체의 소송행위와 변제(辨濟)의 영수를 할 수 있다.

② 소송대리인은 다음 각호의 사항에 대하여는 특별한 권한을 따로 받아야 한다.

1. 반소의 제기
2. 소의 취하, 화해, 청구의 포기 · 인낙 또는 제80조의 규정에 따른 탈퇴
3. 상소의 제기 또는 취하
4. 대리인의 선임

1) 소송대리인의 대리권의 범위는 소송대리인이 일반적으로 할 수 있는 일반사항(90조 1항)과 당사자로부터 따로 수권을 받아야만 할 수 있는 특별수권사항(90조 2항)으로 나뉜다.

2) 소송대리인은 위임을 받은 사건에 대하여 반소·참가·강제집행·가압류·가처분에 관한 소송행위 등 일체의 소송행위와 변제의 영수를 할 수 있다(90조 1항). 소송위임의 목적을 달성하기 위하여 필요한 행위라면 소송행위 이외에 사법행위도 할 수 있다고 해석되므로, 소송대리인은 필요한 경우 본인의 취소권, 해제권 등을 행사할 수도 있다.

3) 소송대리인은 ① 반소의 제기, ② 소의 취하, 화해, 청구의 포기·인낙 또는 독립당사자참가소송에서의 탈퇴, ③ 상소의 제기 또는 취하, ④ 대리인의 선임에 대하여는 특별한 권한을 따로 받아야 한다(90조 2항).

반소의 제기는 특별수권사항(2항 1호)이나, 피고가 제기한 반소에 응소하는 것(90조 1항의 반소가 여기에 해당한다)은 특별수권사항이 아니다(*2012. 법원직).

소의취하는 특별수권사항이지만, 상대방의 소취하에 대한 동의는 특별수권사항이 아니다.[83] (*2016. 법원직)

'상소의 제기'가 특별수권사항인 것은 법문상 명확하나, 상대방의 상소제기에 대한 응소에 특별수권이 필요한지에 대해서는 논란이 있다. 심급대리의 원칙상 특별수권이 필요하다는 것이 다수설이나(*2007-1. 법원직), 특별수권이 필요하지 않다는 견해도 있다.[84] 판례는 위임사무의 종료단계에서 패소판결이 있었던 경우에는 의뢰인으로부터 상소에 관하여 특별한 수권이 없는 때에도 그 판결을 점검하여 의뢰인에게 불이익한 계산상의 잘못이 있다면 의뢰인에게 그 판결의 내용과 상소하는 때의 승소가능성 등에

---

83) 1984. 3.13. 82므40.

84) 이시윤, p.189; 전병서, p.197.

대하여 구체적으로 설명하고 조언하여야 할 의무가 있으며 이를 다하지 않은 경우 변호사에게 손해배상책임이 있다고 한다.85)

소송대리인은 소송복대리인을 선임할 수 있다. 복대리인은 직접 본인의 대리인으로서 통상의 소송대리인과 같은 권한을 가지나, 90조 2항의 특별수권을 받은 바가 없으면 다시 복대리인을 선임할 수는 없다.

실무에서는 특별수권사항을 포함하는 정형화된 문구의 소송위임장(⇒ 5-53 [서식 예] 참조)의 사용이 일반화 되어 있다.

4) 위와 같이 법률로 정하여진 소송대리권은 제한하지 못한다(91조 본문). 소송위임에 의한 소송대리인의 대리권의 범위를 법으로 정함으로써, 소송진행의 원활화와 소송절차의 안정을 도모하기 위한 것이다. 다만, 변호사가 아닌 소송대리인에 대해서는 대리권을 제한할 수 있다(91조 단서).

5-55 (5) 소송대리인의 지위

1) 수인의 소송대리인 - 개별대리의 원칙

제93조 (개별대리의 원칙)

① 여러 소송대리인이 있는 때에는 각자가 당사자를 대리한다.

② 당사자가 제1항의 규정에 어긋나는 약정을 한 경우 그 약정은 효력을 가지지 못한다.

여러 소송대리인이 선임되는 경우 대리인은 각자 독립적으로 본인을 소송상 대리한다(93조 1항). 본인과 대리인들 사이에 이와 다른 약정(예컨대, 수인의 변호사를 소송대리인으로 선임하면서 혼자서 독단적으로 소송수행 하는 것을 막기 위하여 반드시 공동으로 대리하도록 하는 내용을 선임계약서에 포함시키거나 그러한 내용을 소송위임장에 삽입하는 경우)을 하더라도 소송법상 효력이 없다(*2008. 법원직). 법원으로서는 판결정본을 송달함에 있어 여러 소송대리인에게 각각 송달을 하여야 한다(수인의 법정대리인에게 하여야 할 송달은 원칙적으로 그중 한 사람에게만 하면 되는 것과 다름을 유의). (⇒ 5-58) 그러나, 소송대리인 모두 당사자 본인을 위하여 소송서류를 송달받을 지위에 있으므로 당사자에 대한 판결정본 송달의 효력은 결국 소송대리인 중 1인에게 최초로 판결정본이 송달되었을 때 발생한다. 따라서 당사자에게 여러 소송대리인이 있는 경우 항소기간은 소송대리인 중 1인에게 최초로 판결정본이 송달되었을 때부터 기산된다.86)

---

85) 2004. 5.14. 2004다7354.

86) 2011. 9.29. 2011마1335.

2) 당사자의 경정권

소송대리인의 사실상 진술은 당사자가 이를 곧 취소하거나 경정한 때에는 그 효력을 잃는다(94조).

(6) 소송대리권의 소멸

1) 소송대리인의 사망, 성년후견개시 또는 파산 등의 경우에 소송대리권이 소멸한다. 소송대리인에게 상소제기에 관한 특별수권이 없는 한 당해 심급의 판결정본의 송달로 위임사무가 종료된다(심급대리의 원칙).[87] 원판결이 파기 환송되었을 때 환송전의 옛 소송대리인의 대리권이 다시 부활하며,[88] (*2008. 법원직. 부활하지 않는다(×)) 따라서 환송 후 사건을 위임사무의 범위에서 제외하기로 약정하였다는 등의 특별한 사정이 없는 한 변호사 등은 환송 후 항소심 사건의 소송사무까지 처리하여야만 비로소 위임사무의 종료에 따른 보수를 청구할 수 있게 된다.[89] 그러나, 그 후 재상고하였을 때 환송전 상고심의 옛 대리권이 부활하는 것은 아니라는 것이 판례[90]이다. 이러한 판례에 대해서는 변호사의 보수와 관련지어 비판적인 학설이 다수 있다.

2) 당사자 또는 법정대리인의 사망 또는 소송능력의 상실 등에 의해서는 소송대리권이 소멸하지 않는다(95조). (*2014. 2007-2. 법원직. 당사자가 사망하면 소송위임에 의한 소송대리권은 소멸한다(×)). 소송계속중 당사자가 사망하는 경우 소송절차는 중단되며, 상속인 등 법률에 의하여 소송을 계속하여 수행할 사람이 소송절차를 수계하여야 하나(233조), 사망한 사람에게 소송대리인이 있으면 당사자의 사망으로 소송대리권이 소멸하지 않고(95조 1항), 소송절차도 중단되지 않는다(238조). 다만 심급대리의 원칙상 상소에 대한 특별수권이 없으면 소송대리인의 소송대리권은 그 심급의 종료와 동시에 소멸하므로 판결정본이 소송대리인에게 송달되는 때부터 소송절차가 중단되고, 특별수권이 있는 경우에도 상소의 제기에 의한 이심과 동시에 소송대리인의 소송대리권이 소멸하므로 상소심의 소송절차가 중단된다(⇒ 자세한 것은 6-40(2) 참조).

3) 소송절차가 진행되는 중에 법정대리권이 소멸한 경우에는 본인 또는 대리인이 상대방에게 소멸된 사실을 통지하지 아니하면 소멸의 효력을 주장하지 못한다는 규정(63

---

87) 2000. 1.31. 99마6205. [35]; 1995.12.26. 95다24609. 참고로, 독일의 통설과 판례는 심급의 종료가 아니라 소송의 종결에 의하여 대리권이 소멸된다고 한다(이시윤, p.189).
88) 1984. 6.14. 84다카744. [36]; 1985. 5.28. 84후102.
89) 2016. 7. 7. 2014다1447.
90) 1996. 4. 4. 96마148. [37]

조 1항)은 소송대리인의 경우에도 준용된다(97조)(상세는 ⇒5-60 참조).

5-56 2. 법률에 의한 소송대리인

(1) 의 의

1) 본인의 의사에 기하여 대리인으로 선임되면 법률에 의하여 당연히 소송상 대리권이 부여되는 임의대리인을 법률에 의한 소송대리인이라고 한다. 지배인(상법 11조), 선장(상법 749조)이 대표적인 예이며, 국가를 당사자로 하는 소송에서 국가의 대표자인 법무부장관으로부터 소송수행을 지정받은 법무부의 직원, 검사, 공익법무관 등의 소송수행자(국가를 당사자로 하는 소송에 관한 법률 3조) 등도 이에 해당한다. 이 경우 소송대리권 자체는 법률에 의하여 생기게 되나 그 기초가 되는 실체법상의 지위는 본인의 의사에 의하여 생긴다는 점에 비추어 법정대리인이 아니라 임의대리인으로 분류된다. 법률에 의한 소송대리인에는 변호사대리의 원칙이 적용되지 않으므로 비변호사도 소송대리인이 될 수 있다.

〈상 법〉

제11조 (지배인의 대리권)
① 지배인은 영업주에 갈음하여 그 영업에 관한 재판상 또는 재판외의 모든 행위를 할 수 있다.

제749조 (대리권의 범위)
① 선적항 외에서는 선장은 항해에 필요한 재판상 또는 재판 외의 모든 행위를 할 권한이 있다.

〈국가를 당사자로 하는 소송에 관한 법률〉

제2조 (국가의 대표자) 국가를 당사자 또는 참가인으로 하는 소송(이하 "국가소송"이라 한다)에서는 법무부장관이 국가를 대표한다.

제3조 (국가소송 수행자의 지정 및 소송대리인의 선임) ① 법무부장관은 법무부의 직원, 각급 검찰청의 검사(이하 "검사"라 한다) 또는 「공익법무관에 관한 법률」에서 정한 공익법무관(이하 "공익법무관"이라 한다)을 지정하여 국가소송을 수행하게 할 수 있다.
② 법무부장관은 행정청의 소관사무나 감독사무에 관한 국가소송에서 필요하다고 인정하면 해당 행정청의 장의 의견을 들은 후 행정청의 직원을 지정하여 그 소송을 수행하게 할 수 있다.
③ 제2항의 지정을 받은 사람은 해당 소송에 관하여 법무부장관의 지휘를 받아야 한다.
④ 법무부장관은 변호사를 소송대리인으로 선임하여 국가소송을 수행하게 할 수 있다.

〈행정소송법〉

제5조 (행정소송 수행자의 지정 및 소송대리인의 선임)
① 행정청의 장은 그 행정청의 직원 또는 상급 행정청의 직원(이 경우에는 미리 해당 상급 행정청의 장의 승인을 받아야 한다)을 지정하여 행정소송을 수행하게 할 수 있다.
② 행정청의 장은 변호사를 소송대리인으로 선임하여 행정소송을 수행하게 할 수 있다.

2) '국가를 당사자로 하는 소송에 관한 법률'은 지방자치단체에는 적용되지 않는다는 점을 주의하여야 한다. 따라서, 지방자치단체는 소송수행자의 지정을 할 수 없고, 변호사 아닌 소속 공무원으로 하여금 소송수행자로서 소송대리를 하도록 하는 것은 '소송대리권의 수여에 흠이 있는 경우'로서 절대적 상고이유(424조 1항 4호)에 해당한다.[91] 농업협동조합, 수산업협동조합, 한국자산관리공사 등의 경우 일정한 범위 내의 임원 등에게 관련 법률에 의한 소송대리권이 인정된다.

(2) 자격 및 권한

1) 위임에 의한 소송대리인과 달리 법률에 의한 소송대리인은 변호사 자격의 유무가 문제되지 않는다(87조). 지배인, 선장 등의 요건을 갖추면 법률에 의하여 당연히 소송대리인의 자격이 주어진다. 법률에 의한 소송대리인의 대표적인 예가 지배인인데, 상법상 지배인으로 등기되면 변호사가 아닌 경우에도 법률에 의하여 소송대리인이 될 수 있음을 악용하여 오직 소송의 편의만을 위하여 지배인 등기를 하는 위장 지배인이 문제되기도 한다.

2) 법률에 의하여 재판상 행위를 할 수 있는 소송대리인의 권한 범위는 각 법률에서 규정하며, 위임에 의한 소송대리인에게 적용되는 소송대리권의 범위와 소송대리권의 제한에 관한 규정이 적용되지 않는다(92조). 따라서 국가소송수행자로 지정된 사람은 원칙적으로 별도의 수권 없이 청구의 인낙을 할 수 있고, 그 인낙행위가 지휘감독자의 승인 없이 이루어졌다고 하더라도 소송법상의 효력에는 아무런 영향이 없다.[92]

(3) 자격 및 권한의 심사

법원은 지배인·선장 등 법률상 소송대리인의 자격 또는 권한을 심사할 수 있고 그 심사에 필요한 때에는 그 소송대리인·당사자 본인 또는 참고인을 심문하거나 관련 자료를 제출하게 할 수 있다(민소규 16조 1항). 법원은 법률상 소송대리인이 그 자격 또는 권한이 없다고 인정하는 때에는 재판상 행위를 금지하고 당사자 본인에게 그 취지를 통지하여야 한다(민소규 16조 2항).

---

91) 2006. 6. 9. 2006두4035 [토지수용재결처분취소].
92) 1995. 4.28. 95다3077.

3절 법정대리인

본인의 의사와 무관하게 법률의 규정에 의하여 대리권이 부여되는 대리인을 소송상의 법정대리인이라고 한다. 법정대리인이 되기 위해서는 변호사의 자격이 필요한 것이 아니다.

5-57
1. 법정대리인의 종류

소송상의 법정대리인에는 실체법상의 법정대리인과 소송법상의 특별대리인이 있다. 법인 등 단체의 대표자의 지위도 법정대리인과 유사하다.

(1) 실체법상의 법정대리인

실체법상의 법정대리인이 민사소송법에서도 법정대리인이 된다(51조 참조). 실체법인 민법상 법정대리인에는 친권자, 후견인(미성년후견인, 한정후견인, 성년후견인) 및 (실체법상)특별대리인이 있다. 이 특별대리인은 법정대리인과 본인 사이에 이해상반의 경우(민법 64조, 921조) 등에 선임되는데, 그 선임요건 및 절차 등이 소송법상의 특별대리인(62조, 62조의2)과는 전혀 다르다. 법인의 대표자, 부재자재산관리인도 실체법상의 법정대리인에 해당한다고 보는 것이 통설·판례이다(그러나 상속재산관리인, 유언집행자는 법정대리인이 아니라 소송담당자이다).

(2) 소송법상의 특별대리인

예컨대, 甲은 乙의 폭행으로 중상을 입어 乙을 상대로 손해배상청구의 소를 제기하려고 한다. 그런데 乙은 17세의 미성년자이고, 乙의 부는 이미 사망하였으며, 乙의 모는 미국교포와 재혼하여 미국으로 갔는데 연락이 끊겼다. 乙에게는 후견인이 될 친족도 없다. 이 경우에 甲은 어찌해야 하는가? 친권자가 친권을 행사할 수 없으므로 乙은 후견인을 두어야 한다(민법 928조). 후견인이 될 자가 없는 경우 이해관계인인 甲은 민법에 따라 법원에 후견인 선임을 청구할 수 있다(민법 936조 1항). 그러나 후견인 선임절차로 인하여 소송절차가 지연됨으로써 손해를 볼 염려가 있을 것이므로, 그러한 경우 甲으로 하여금 그러한 점을 소명하여 수소법원에 소송법상의 특별대리인을 선임하여 주도록 신청할 수 있도록 하는 것이다(62조 1항). 소송법상의 특별대리인의 대리권은 해당 소송에 한정된다.

제62조 (제한능력자를 위한 특별대리인)

① <u>미성년자</u>·피한정후견인 또는 피성년후견인이 당사자인 경우, 그 친족, 이해관계인(<u>미성년자·피한</u>

정후견인 또는 피성년후견인을 상대로 소송행위를 하려는 사람을 포함한다), 대리권 없는 성년후견인, 대리권 없는 한정후견인, 지방자치단체의 장 또는 검사는 다음 각 호의 경우에 소송절차가 지연됨으로써 손해를 볼 염려가 있다는 것을 소명하여 수소법원(수소법원)에 특별대리인을 선임하여 주도록 신청할 수 있다.
1. 법정대리인이 없거나 법정대리인에게 소송에 관한 대리권이 없는 경우
2. 법정대리인이 사실상 또는 법률상 장애로 대리권을 행사할 수 없는 경우
3. 법정대리인의 불성실하거나 미숙한 대리권 행사로 소송절차의 진행이 현저하게 방해받는 경우
② 법원은 소송계속 후 필요하다고 인정하는 경우 직권으로 특별대리인을 선임·개임하거나 해임할 수 있다.
[전문개정 2016.2.3]

(3) 법인 등 단체의 대표자

1) 법인의 대표자, 당사자능력이 인정되는 법인이 아닌 사단이나 재단의 대표자 또는 관리인에 대하여는 법정대리와 법정대리인에 관한 규정이 준용된다(64조). 나아가 법인 등 단체의 대표자가 없거나 대표권을 행사할 수 없을 때에는 특별대리인에 관한 제62조 규정이 준용된다.

2) 법인 대표자의 자격이나 대표권에 흠이 있어 수소법원이 특별대리인을 선임하는 경우, 선임되는 특별대리인은 법인의 대표자가 대표권을 행사할 수 없는 흠을 보충하기 위하여 마련된 제도이므로, 이러한 제도의 취지에 비추어 보면 특별대리인이 선임된 후 소송절차가 진행되던 중에 법인의 대표자 자격이나 대표권에 있던 흠이 보완되었다면 특별대리인에 대한 수소법원의 해임결정이 있기 전이라 하더라도 그 대표자는 법인을 위하여 유효하게 소송행위를 할 수 있다는 것이 판례이다.[93] 법원의 권위 보다는 단체의 자율성을 중시하는 입장으로서, 이러한 판례의 입장은 타당하다.

3) 도시 및 주거환경정비법에 따른 조합의 이사가 자기를 위하여 조합을 상대로 소를 제기하는 경우 그 소송에 관하여는 감사가 조합을 대표하므로(도시 및 주거환경정비법 제22조 제4항), 조합에 감사가 있는 때에는 조합장이 없거나 조합장이 대표권을 행사할 수 없는 사정이 있더라도 조합은 특별한 사정이 없는 한 민사소송법 제64조, 제62조에 정한 '법인의 대표자가 없거나 대표자가 대표권을 행사할 수 없는 경우'에 해당하지 아니하여 특별대리인을 선임할 수 없다. 나아가 수소법원이 이를 간과하고 특별대리인을 선임하였더라도 특별대리인은 이사가 제기한 소에 관하여 조합을 대표할 권한이 없다.[94](2019. 법원직)

---

93) 2011. 1.27. 2008다85758.
94) 2015. 4. 9. 2013다89372.

5-58 ## 2. 법정대리인의 지위[95)]

(1) 본인과의 관계

법정대리인은 당사자가 아니므로(제3자의 소송담당과 구분된다) 기판력 집행력 등의 판결의 효력이 법정대리인에게 미치지 아니하며 당사자 본인에게만 미친다. 법정대리인은 법관의 제척원인이나 재판적을 정하는 기준이 되지 않는다.

(2) 소송절차상 지위

법정대리인은 무능력자인 당사자를 보호하기 위하여 당사자를 대리하여 소송을 수행하는 것이므로 당사자의 지위에 준하는 소송법상지위를 갖는다(소송대리인의 지위와 차이는 비교표 참조). 법정대리인의 기재는 당사자와 함께 소장 및 판결서의 필수적 기재사항이다(269조 1항, 208조 1항). 소송서류의 송달은 법정대리인이 있으면 법정대리인에게 하여야 한다(179조). 법정대리권이 있다는 사실은 서면으로 증명하여야 한다(58조 1항). 법원은 이를 소송기록에 붙여야 한다(98조 2항).

(3) 수인의 법정대리인 - 공동대리의 원칙

법정대리인이 2인 이상인 경우에 대리권 행사방법도 실체법에 따르므로 공동대리가 원칙이다(예컨대, 민법 909조 2항에 따라 친권은 원칙적으로 부모가 공동으로 행사하며, 상법 12조 1항에 따라 공동지배인이 원칙이고, 상법 389조 2항에 따라 주식회사의 대표이사는 공동대표가 원칙이다). 수인이 소송대리인이 개별대리의 원칙에 따르는 것(⇒ 5-55)과 다르다. 여러 사람이 공동으로 대리권을 행사하는 경우의 송달은 그 가운데 한사람에게 하면 된다(180조).

5-59 ## 3. 법정대리인의 권한

법정대리인의 대리권의 범위는 민사소송법에 특별한 규정이 없는 경우에는 민법 등 법령의 규정에 따른다(51조). 실체법상의 법정대리인과 소송법상 특별대리인으로 나누어 살펴보기로 한다.

(1) 실체법상의 법정대리인

1) 친 권 자

친권자는 자를 위하여 원칙적으로 일체의 소송행위를 할 권한이 있다(51조, 민법 920조).

---

95) 김교창, "특별대리인과 흠이 보완된 대표자와의 관계", 법률신문 3935호(2011.5.) 참조.

2) 후 견 인

미성년후견인, 성년후견인, 한정후견인 등 후견인이 피후견인을 대리하여 소송행위를 할 때에는 후견감독인이 있으면 그의 동의를 받아야 한다(민법 950조 1항, 959조의 6). 후견감독인이 피후견인의 이익이 침해될 우려가 있음에도 동의를 하지 아니하는 경우에는 가정법원에 후견에 갈음하는 허가를 청구할 수 있다(민법 950조 2항). 한편, 민사소송법은 후견인의 소송대리권에 관하여 특칙을 두어, 후견인이 상대방의 소 또는 상소의 제기에 관하여 수동적으로 소송행위를 하는 경우에는 후견감독인으로부터 특별수권을 받을 필요가 없도록 하였고(56조 1항), 소의 취하, 화해, 청구의 포기·인낙, 소송탈퇴 등을 하기 위해서는 후견감독인 또는 가정법원으로부터 특별한 권한을 받아야 하도록 하였다(56조).

3) 실체법상 특별대리인

실체법상의 특별대리인의 경우에는 그 선임결정문에 기재된 바에 따라 대리권을 갖는다. 선임결정문에 특별한 기재가 없으면 선임된 사항과 관련하여 원칙적으로 일체의 소송행위를 할 수 있다고 보는 것이 일반적이다.

(2) 소송법상 특별대리인

소송법상 특별대리인은 그가 선임된 당해 소송에 한하여 권한이 있다. 소송법상 제한능력자를 위한 특별대리인은 대리권 있는 후견인과 같은 권한이 있다(62조 3항 전문). 특별대리인의 대리권이 미치는 범위에서 법정대리인의 권한은 정지된다(62조 3항 후문).[96]

4. 법정대리권의 소멸 5-60

(1) 소멸사유

본인의 사망(민법 127조 1호), 법정대리인의 사망·성년후견의 개시·파산(민법 127조 2호), 또는 법정대리권 발생원인의 소멸(민법 4조, 11조 등) 등에 의하여 법정대리권이 소멸한다.

(2) 소멸의 통지

1) 소송절차가 진행되는 중에 법정대리권이 소멸한 경우에는 본인 또는 대리인이 상대방에게 소멸된 사실을 통지하지 아니하면 소멸의 효력을 주장하지 못한다(63조 1항). 법인의 대표자 등의 대표권이 소멸한 경우에도 마찬가지다(64조, 63조 1항). 당사자가 그

96) 2016년 법개정으로 추가된 조항.

대표권의 소멸 사실을 알았는지의 여부, 모른 데에 과실이 있었는지의 여부를 불문하고 그 사실의 통지 유무에 의하여 대표권의 소멸 여부를 획일적으로 처리함으로써 소송절차의 안정과 명확을 기하기 위함에 있으므로, 그 통지가 있을 때까지는 다른 특별한 사정이 없는 한 소송절차상으로는 그 대표권이 소멸되지 아니한 것으로 보아야 하므로, 대표권 소멸 사실의 통지가 없는 상태에서 구 대표자가 한 소취하는 유효하다.97) 대표권 소멸사실의 통지가 없는 상태에서 구 대표자가 한 항소취하도 유효하고 그 후 신 대표자가 항소취하에 이의를 제기하였다고 하여 달리 볼 것은 아니다.98)

2) 다만, 법원에 대리권의 소멸사실이 알려진 뒤에는 소취하, 화해, 청구의 포기, 인락, 소송탈퇴 등(56조 2항에 따라 법정대리인에게 특별수권이 필요한 행위)은 하지 못한다(63조 1항 단서). 법정대리권이 소멸된 자의 중대한 소송행위로 인하여 본인에게 가혹한 결과가 되는 것을 방지하기 위한 규정이다. 2002년 법 개정 시 추가되었다.

3) 소멸통지를 한 사람은 그 취지를 법원에 서면으로 신고하여야 한다(규칙 13조 1항). 소멸통지를 서면으로 신고하도록 함으로써 절차의 명확성을 기한 것이다.

(3) 소송중단

법정대리권의 소멸로 말미암아 소송절차는 중단된다(235조). 이 경우 법정대리인이 된 사람이 소송절차를 수계하여야 한다. 그러나 당사자에게 소송대리인이 있는 경우에는 예외이다(238조).

[소송대리인과 법정대리인의 비교]

	소송대리인	법정대리인
자격	변호사대리의 원칙	제한 없음
대리권의 범위	수권으로 정함(포괄적으로 제한 불가)	실체법에 따라 정해짐
본인과의 관계	제3자적 지위, 증인적격 유지	본인과 유사한 지위, 증인적격 없고 당사자 신문대상
본인의 경정권	있음(94조)	없음
송달	본인에게도 할 수 있음	본인에게 할 수 없음(179조)
수인의 대리인	개별대리(93조)	원칙적으로 공동대리
대리인의 사망	중단 없이 소송이 진행됨	소송의 중단(235조)

97) 1998. 2.19. 95다52710(전원합의). [33]
98) 2007. 5.10. 2007다7256.

제 6 편 소송의 심리

소송은 법원의 지휘아래 절차를 진행하면서 당사자가 소송물을 중심으로 공방을 벌이고 이에 기초하여 법원이 판결을 함으로써 분쟁을 해결하고 권리를 실현해가는 동적인 과정(process)이다. 제6편에서는 이와 같은 소송의 동태적 측면에 무게를 두고, 법원의 절차진행(제2장)과 당사자의 소송수행(제3장), 심리의 여러 원칙(제4장) 등을 설명한다.

제1장 총 설

6-1

1) 소송의 심리란 소송계속을 전제로 하여 소가 적법한지, 청구가 이유 있는지 여부에 대한 소송자료를 수집하기 위하여 진행되는 일련의 과정을 말한다. 소송의 심리는 소송주체인 당사자와 법원에 의하여 이루어지며 민사소송의 핵심을 이룬다.

2) 법원과 당사자가 소송의 심리에서 어떠한 역할을 담당하도록 할 것인가는 여러 가지가 방안이 있을 수 있고, 역사적으로나 비교법적으로 보더라도 다양한 방식이 있다. 소송의 심리 방식은 법원과 당사자 간의 역할 분담에 따라 이론상 직권주의(inquisitoir)와 당사자주의(acqusatoir)로 구분된다. 직권주의는 법원이 직권탐지, 직권조사를 통하여 주도적으로 소송을 심리하는 것이고 당사자주의는 처분권주의, 변론주의를 통하여 당사자에게 소송심리의 주도권을 인정하는 제도이다. 형사소송이나 행정소송은 직권주의를 이념형으로 하며, 민사소송은 당사자주의를 이념형으로 한다. 우리 민사소송법은 당사자주의를 기본으로 하여 직권주의적인 요소를 가미한 것이다. 대부분의 국가에서 실제 시행되는 민사소송법도 정도의 차이는 있으나 모두 직권주의적인 요소와 당사자주의적인 요소를 종합하고 있다.

3) 민사소송법은 원칙적으로 절차의 진행과 재판은 법원이 담당하고, 소송물의 특정과 소송자료의 제출은 당사자들이 담당하도록 하고 있다. 원고에 의하여 소장이 법원에 제출되면, 서류를 송달하고 기일과 기간을 정하는 등 소송의 형식적이고 절차적인 진행은 법원의 주도아래 진행된다. 법원에 의하여 소송의 절차가 진행되는 동안 쟁점을 둘러싼 공방을 통하여 분쟁의 법적실체를 드러내는 소송의 실질적이고 내용적인 수행은 당사자가 주도한다. 당사자의 소송수행을 통하여 쟁점이 정리되고 소송자료의 수집이 충분히 이루어져 쟁점에 대한 판단이 가능할 정도로 심리가 이루어지면 법원은 심리를 종결하고 판결을 하게 된다.

6-2
제2장 법원의 절차진행

법원은 소송의 주체로서 판결에 이르기까지 절차적, 내용적으로 소송을 지휘한다(1절 소송지휘권). 법원은 소송관계인이 모여서 소송행위를 할 수 있는 기일을 지정하거나, 일정한 행위를 할 수 있는 기간을 정하고(2절 기일, 기간), 절차진행의 주체로서 소송서류를 당사자에게 송달하기도 한다(3절 송달). 한편, 일정한 사유가 있는 경우 이러한 절차의 진행이 중단되거나 중지된다(4절 소송절차의 중단과 중지).

1절 소송지휘권

6-3
1. 의 의

법원 또는 재판장의 소송진행에 관한 권한을 소송지휘권이라고 한다. 소송지휘권은 주로 절차적 측면으로 제한된다(절차적 소송지휘권). 그러나 법원 또는 재판장은 일정한 경우 심리가 내용적으로 충실하게 이루어지도록 하기 위하여 당사자들의 소송활동에 개입할 권한을 갖는다(내용적 소송지휘권).

6-4
2. 내 용

(1) 절차적 소송지휘권

기일의 지정과 변경(165조, 258조 2항), 기간의 신축(172조), 변론의 제한·분리·병합·재개(141조, 142조), 실기한 공격방어방법의 각하(149조), 발언의 허가 또는 금지(135조) 등이 그것이다.

(2) 내용적 소송지휘권

사실상 또는 법률상 사항에 관한 질문 및 증명의 촉구(136조 1항), 당사자가 간과한 법적관점에 관한 시사(136조 4항), 석명준비명령(137조), 석명처분(140조) 등이 있다.

3. 행 사 6-5

(1) 주 체

1) 재 판 장

소장 또는 상소장의 보정명령(254조, 399조, 402조), 변론의 지휘(135조), 석명권의 행사(136조 1항), 석명준비명령(137조), 증거조사의 지휘(329조 이하), 수명법관의 지정과 수탁판사에의 촉탁(139조) 등의 소송지휘권은 재판장이 행사한다.

2) 법 원

법적관점에 관한 시사(136조 4항), 당사자 본인의 출석을 명하거나 인용한 문서 등의 제출을 명하는 석명처분(140조), 변론의 제한·분리·병합(141조), 변론무능력자에 대한 조치(144조) 등의 소송지휘권은 법원이 행사한다.

(2) 방 식

1) 사실행위

의견청취, 질문, 증거조사의 지휘, 화해의 권고(145조) 등이 사실행위에 의한 소송지휘권의 행사이다.

2) 재판(결정 또는 명령)

변론의 제한·분리·병합의 명령(141조), 화해권고결정(225조) 석명준비명령(137조) 등이 재판의 방식에 의한 소송지휘권의 행사이다. 이러한 결정과 명령은 판결과 달리 구속력이 없기 때문에 언제든지 취소할 수 있다(222조).

(3) 직권사항

소송지휘권의 행사는 원칙적으로 직권사항이다. 당사자가 법원 또는 재판장에게 일정한 소송지휘권을 행사해 달라고 신청을 해도 법원이나 재판장의 직권발동을 촉구하는 의미밖에 없으므로, 법원이나 재판장은 그 당부에 관하여 따로 판단할 필요가 없다(예컨대, 당사자가 변론의 병합 또는 분리를 신청한 경우에 그것이 이유 있으면 병합 또는 분리의 명령을 하고, 그러한 신청이 이유 없으면 따로 그러한 신청을 기각하는 결정을 할 필요가 없이 신청을 무시하고 절차를 그대로 진행하면 된다).

6-6 4. 절차에 관한 이의권(책문권)

제151조 (소송절차에 관한 이의권)
당사자는 소송절차에 관한 규정에 어긋난 것임을 알거나, 알 수 있었을 경우에 바로 이의를 제기하지 아니하면 그 권리를 잃는다. 다만, 그 권리가 포기할 수 없는 것인 때에는 그러하지 아니하다.

(1) 의 의

절차에 관한 이의권이란 법원이나 상대방 당사자의 소송행위가 소송절차에 관한 법규에 위배되는 경우에 당사자가 이의신청을 하여 이를 다툴 수 있는 권능을 말한다(구법에서는 이를 책문권이라고 하였다). 이러한 이의권은 절차에 관한 규정에 어긋난 행위가 있을 때 바로 행사하지 아니하면 그 권리를 잃는다(151조).

(2) 적용범위

1) 소송절차에 관한 규정 중 당사자의 소송진행상의 이익보장과 편의를 목적으로 한 사익규정이 이러한 절차이의권의 대상이 된다. 예컨대, 소장, 답변서, 청구취지변경 등의 방식위배,[1] 청구의 기초에 변경이 있는 소의 변경,[2] 증인신문의 장소 등 증거조사의 방식위배,[3] 변론기일의 통지 등 송달의 누락, 소송절차 중단중의 상소제기[4] 등이 절차이의권의 대상이다.

2) 당사자가 이의권을 포기할 수 없는 경우, 즉 절차에 관한 강행규정(법원의 구성, 법관의 제척, 공개주의, 불변기간의 준수, 상소요건, 재심요건 등)에 어긋난 경우에는 바로 이의를 제기하지 않더라도 절차이의권을 잃지 않는다. 항소제기기간은 불변기간이고 이에 관한 규정은 성질상 강행규정이므로 그 기간 계산의 기산점이 되는 판결정본 송달의 하자는 피고의 이의권의 포기나 상실의 대상이 아니므로 바로 이의를 제기하지 않았다고 하여 판결정본 송달의 하자가 치유될 수는 없다.[5]

6-7 2절 기일과 기간

소송의 심리는 법원과 당사자의 행위로 이루어지기 때문에 그러한 행위가 이루어지

1) 1993. 3.23. 92다51204.
2) 1992.12.22. 92다33831.
3) 1996. 3. 8. 95다48667; 2002. 8.23. 2000다66133.
4) 1955. 7. 7. 4288민상53; 1980.10.14. 80다623.
5) 1972. 5. 9. 72다379. [116]; 2007.12.14. 2007다52997.

는 시간에 대한 규제가 필요하다. 시간은 소송에 있어서 중요한 요소가 된다. 소송에 있어서 그러한 시간에 대한 규제의 기본이 기일과 기간에 관한 규정이다.

Il n'y a pas d'affaires urgentes mais que des client presse's(촉박한 고객이 있을 뿐, 세상에 긴급한 사건이란 없다)
"droit au temps" en procédure civil(민사소송에서 시간에 대한 권리)

1관 기 일

1. 의 의 6-8

기일(期日)이란 당사자와 소송관계인 및 법원이 일정한 장소에 모여서 소송행위를 하기 위하여 정해진 시간을 말한다. 기일에는 그 기일에 실시되는 소송행위의 내용에 따라 변론기일, 변론준비기일, 판결선고기일, 증거조사기일, 화해기일 등이 있다.

2. 기일의 지정 6-9

(1) 직권지정

기일은 원칙적으로 직권으로 재판장이 지정한다(165조 1항). 다만, 수명법관 또는 수탁판사가 신문(訊問)하거나 심문(審問)하는 기일은 그 수명법관 또는 수탁판사가 지정한다(165조 1항). 재판장은 사건의 변론개정시간을 구분하여 지정하여야 한다(민소규 39조)(소송관계인의 시간 낭비를 막기 위한 것으로 이를 시차제소환이라고 한다). 기일은 필요한 경우에 한하여 공휴일로도 정할 수 있다(166조).

(2) 신청에 따른 지정

1) 기일은 당사자의 신청에 따라 지정하기도 한다(165조 1항). 실무상 당사자가 기일지정을 신청하는 경우는 주로 세 가지가 있다. ① 법원이 사건을 심리하지 않고 오랫동안 방치할 때(예컨대, 기일을 추후에 지정하기로 한 후 장기간 기일을 지정하지 않을 때) 기일의 직권지정을 촉구하는 의미에서 기일지정신청을 하는 경우, ② 소취하 등으로 인하여 소송이 사실상 종료된 후에 소취하 등의 효력을 다투며 기일지정신청을 하는 경우(민소규 67조, 68조), ③ 양쪽 당사자가 2회 결석한 때 소의 취하간주를 막기 위하여 1월내에 기일지정신청을 하는 경우(268조 2항) 등이다.

2) ①의 경우는 당사자에게 신청권이 있는 것이 아니므로 법원은 그러한 신청에 대

응할 의무가 없다. ②, ③의 경우는 당사자의 신청권에 기초한 것이므로 법원은 기일을 지정하여 변론을 들어야 한다(예컨대, 당사자 일방이 소송상 화해가 당연무효라고 주장하며 기일지정신청을 한 때에는 법원으로서는 그 무효사유의 존재 여부를 가리기 위하여 기일을 지정하여 심리를 한 다음, 무효사유가 존재한다고 인정되지 아니한 때에는 판결로써 소송종료선언을 하여야 한다. 양쪽 당사자가 2회 불출석하여 기일을 지정하지 않는 때에, 그로부터 1개월 내에 어느 한당사자라도 기일지정신청을 하면 기일을 지정하여 심리를 계속하여야 한다.).[6]

(3) 다음기일의 지정과 기일의 추후지정(추정)

기일을 변경하거나 연기 또는 속행하는 때에는 소송절차의 중단 등 특별한 사정이 없으면 원칙적으로 다음기일을 바로 지정하여야 한다(규칙 42조 1항). 다음기일을 바로 정하지 아니하고 추후에 지정하는 것을 실무상 기일의 추후지정(추정)이라고 한다. 다음기일을 추후지정하는 때에는 변론조서 등에 그 추후지정하게 된 사유를 구체적으로 기재하여야 한다.[7]

6-10 3. 기일의 통지

1) 기일통지서 또는 출석요구서를 송달하여 기일을 통지한다(167조 1항 본문). 다만, 그 사건으로 출석한 사람에게는 기일을 직접 고지하면 된다(167조 1항 단서). 소송관계인이 기일에 출석하겠다고 적은 서면을 제출한 때에는 기일통지서 또는 출석요구서를 송달한 것과 같은 효력을 가진다(168조).

2) 법원은 대법원규칙이 정하는 간이한 방법에 따라 기일을 통지할 수 있다(167조 2항 전문). 이에 따라 민사소송규칙은 전화, 팩시밀리, 보통우편 또는 전자우편 등 상당한 방법에 의한 기일의 통지를 인정한다(민소규 45조). 다만, 이러한 기일통지의 경우 기일에 출석하지 아니한 당사자, 증인 또는 감정인 등에 대하여 법률상의 제재, 그 밖에 기일을 게을리 함에 따른 불이익을 줄 수 없다(167조 2항 후문).

6-11 4. 기일의 실시

기일은 지정된 일시 및 장소에서 실시된다. 기일은 사건과 당사자의 이름을 부름으로써 시작된다(169조).

---

6) 2000. 3.10. 99다67703.
7) 재판예규 제1401호.

5. 기일의 변경 6-12

1) 기일의 변경이란 기일의 시작 전에 그 지정을 취소하고 새로운 기일을 정하는 것을 말한다. 기일 시작 후에 아무런 소송행위를 하지 않고 새로운 기일을 정하는 기일의 연기, 기일을 시작하여 진행하였으나 심리를 종결하지 않고 다시 새로운 기일을 정하는 기일의 속행과 구별된다.

2) 첫 변론기일 또는 첫 변론준비기일을 바꾸는 것은 현저한 사유가 없는 경우라도 당사자들이 합의하면 이를 허가한다(165조 2항). (2007-1. 법원직) 그러나, 2회 이후의 기일을 바꾸는 것은 현저한 사유가 있는 경우(예, 가족의 혼례, 장례, 예비군동원훈련, 다른 법원으로부터 먼저 기일의 통지를 받은 경우 등)에 한하여 이를 허가한다(165조 2항 반대해석).

3) 기일변경신청을 하는 때에는 변경이 필요한 사유를 밝히고 그 사유를 소명하는 자료를 붙여야 한다(민소규 40조). 재판장은 신청이 이유 있다고 인정되는 때에는 기일변경의 명령을 하고, 신청이 이유 없다고 인정될 때에는 불허가한다. 기일변경의 허가 여부에 대한 재판에 대하여는 불복할 수 없다.

4) 기일의 지정, 변경, 연기 및 속행은 재판장의 권한사항이다. 재판장은 당사자들이 첫 변론기일 또는 첫 변론준비기일을 바꾸는 것에 합의를 한 경우(165조 2항) 외에는 특별한 사정이 없으면 기일변경을 허가하여서는 아니 된다(민소규 41조). 기일변경이나 연기신청을 받아들이지 아니하고 일방당사자가 결석한 가운데 증인신문을 실시하여 그 증언을 채용해도 위법이 아니다.[8)]

6. 당사자의 변론기일 불출석(기일의 해태)

(1) 의 의 6-13

1) 당사자가 변론기일에 불출석하거나, 출석했어도 변론을 하지 않는 경우(원고가 불출석하면 피고는 양쪽 불출석의 효과를 얻기 위하여 출석했어도 변론을 하지 않는 것이 통례)를 기일의 해태라고 한다. 법정에서 하는 증거조사기일도 변론기일에 포함되므로 기일해태의 효과가 발생한다. 당사자는 판결선고기일에 출석을 하지 않아도 되므로 선고기일에는 기일해태의 효과가 생기지 않는다.(2010. 법원직) 기일해태의 효력으로서 소취하간주, 진술간주, 자백간주 등의 효과가 생긴다.

---

8) 1992.11.24. 92누282.

2) 이러한 기일해태의 효과는 원칙적으로 당사자가 적법한 기일통지를 받은 경우에 한하여 생긴다. 첫 변론기일에 대하여 당사자가 합의하여 기일변경신청을 한 경우 법원은 이를 허가하여야 하므로(165조 2항), 이를 무시하고 첫 변론기일을 진행한 경우 불출석의 효과가 발생하지 않는다고 할 것이다. 출석여부의 증명은 오로지 조서의 기재에 의하여만 가능하다. 조서에 쌍방소송대리인의 불출석만 기재되어 있고 쌍방당사자 본인들의 불출석이 기재되어 있지 않은 경우 불출석의 효과가 발생하지 않는다("소송대리인이 선임된 경우에 변론기일 불출석으로 인한 불이익을 그 당사자에게 귀속시키려면 그 당사자 본인과 소송대리인 모두가 변론기일에 출석하지 아니함을 요건으로 하고 그 출석여부는 변론조서의 기재에 의하여 증명하여야 한다. 따라서 변론조서에 소송대리인 불출석이라고만 기재되어 있고 당사자 본인의 출석여부에 대하여 아무런 기재가 없다면, 당사자의 변론기일에의 불출석은 증명되지 아니한다").[9] 소송복대리인이 있는 경우 기일 불출석의 효과가 생기려면 그에 대한 불출석의 기재까지 필요하다.[10] 개시된 변론기일에 당사자 쌍방이 불출석한 이상 쌍방불출석의 효과는 그때 이미 발생하는 것이므로 출석한 공동소송인과의 관계에서 변론조서상에(⇒ 6-78 변론조서양식 참조) 비록 "연기"라고 기재되었다고 하더라도 필요적 공동소송이 아닌 한 그 연기의 효력은 변론의 분리 여부에 관계없이 쌍방불출석한 당사자에게는 미치지 않는다(공동원고 甲, 乙, 피고 丙인 사건에서 甲과 丙이 불출석하고 乙만 출석한 사안).[11]

6-14 (2) 한쪽 당사자의 불출석

1) 진술간주

제148조 (한쪽 당사자가 출석하지 아니한 경우) ① 원고 또는 피고가 변론기일에 출석하지 아니하거나, 출석하고서도 본안에 관하여 변론하지 아니한 때에는 그가 제출한 소장·답변서, 그 밖의 준비서면에 적혀 있는 사항을 진술한 것으로 보고 출석한 상대방에게 변론을 명할 수 있다.

당사자 일방만 출석하고 상대방이 출석하지 않은 경우 법원은 변론을 연기 할 수도 있고 진행할 수도 있다.(2016. 법원직) 변론을 진행하는 경우 법원은 불출석한 자가 제출한 소장, 답변서, 기타 준비서면에 기재한 사항을 진술한 것으로 보고 출석한 상대방에게 변론을 명할 수 있다(148조 1항). 변론기일에 한쪽 당사자가 불출석한 경우에 변론을 진행하느냐 기일을 연기하느냐는 법원의 재량에 속한다고 할 것이나, 출석한 당사자만으로 변론을 진행할 때에는 반드시 불출석한 당사자가 그때까지 제출한 소장·답변서,

9) 1982. 6. 8. 81다817.
10) 1967.12.18. 67다2202.
11) 1980.11.11. 80다2065.

그 밖의 준비서면에 적혀 있는 사항을 진술한 것으로 보아야 한다.[12] 첫 변론기일 뿐만 아니라 속행기일도 마찬가지이다. 변론기일에 원고만이 출석하고 피고가 출석하지 않는 경우뿐만 아니라 그 반대의 경우에도 진술간주가 성립한다. 원고가 불출석하는 경우, 피고는 2회 양쪽 불출석에 기한 소취하 간주의 효과를 바라고 출석했어도 변론을 하지 않음으로써 양쪽 불출석으로 처리하는 것이 실무관행이다.

당사자가 진술한 것으로 보는 답변서, 그 밖의 준비서면에 청구의 포기 또는 인낙의 의사표시가 적혀 있고 공증사무소의 인증을 받은 때에는 그 취지에 따라 청구의 포기 또는 인낙이 성립된 것으로 본다(148조 2항). 당사자가 진술한 것으로 보는 답변서, 그 밖의 준비서면에 화해의 의사표시가 적혀 있고 공증사무소의 인증을 받은 경우에, 상대방 당사자가 변론기일에 출석하여 그 화해의 의사표시를 받아들인 때에는 화해가 성립된 것으로 본다(148조 3항). 관할위반의 항변을 하지 않고 본안에 관한 사항이 기재된 답변서 등이 진술간주된 것에 의해서는 변론관할이 성립하지 않으며, 실제 출석하여 구두로 변론을 하여야 변론관할(30조)이 생긴다.

2) 자백간주

제150조 (자백간주) ① 당사자가 변론에서 상대방이 주장하는 사실을 명백히 다투지 아니한 때에는 그 사실을 자백한 것으로 본다. 다만, 변론 전체의 취지로 보아 그 사실에 대하여 다툰 것으로 인정되는 경우에는 그러하지 아니하다.
③ 당사자가 변론기일에 출석하지 아니하는 경우에는 제1항의 규정을 준용한다. 다만, 공시송달의 방법으로 기일통지서를 송달받은 당사자가 출석하지 아니한 경우에는 그러하지 아니하다.

당사자가, 답변서·준비서면 등 서면을 제출하지 아니하고 공시송달에 의한 기일통지가 아닌 적법한 기일통지를 받고도 변론기일에 불출석 한 경우 상대방이 주장한 사실을 자백한 것으로 본다(150조 3항). 한편, 2002년 법개정을 통하여 무변론판결제도를 도입하여, 법원은 피고가 소장 부본을 송달받은 날로부터 30일 이내에 답변서를 제출하지 아니한 때에는 청구의 원인이 된 사실을 자백한 것으로 보고 변론 없이 판결할 수 있도록 하고 있다(257조 1항).

(3) 양쪽 당사자의 불출석 6-15

제268조 (양쪽 당사자가 출석하지 아니한 경우) ① 양 쪽 당사자가 변론기일에 출석하지 아니하거나 출석하였다 하더라도 변론하지 아니한 때에는 재판장은 다시 변론기일을 정하여 양 쪽 당사자에게 통지하여야 한다.
② 제1항의 새 변론기일 또는 그 뒤에 열린 변론기일에 양 쪽 당사자가 출석하지 아니하거나 출석하

12) 2008. 5. 8. 2008다2890. [131]

였다 하더라도 변론하지 아니한 때에는 1월 이내에 기일지정신청을 하지 아니하면 소를 취하한 것으로 본다.
③ 제2항의 기일지정신청에 따라 정한 변론기일 또는 그 뒤의 변론기일에 양쪽 당사자가 출석하지 아니하거나 출석하였다 하더라도 변론하지 아니한 때에는 소를 취하한 것으로 본다.
④ 상소심의 소송절차에는 제1항 내지 제3항의 규정을 준용한다. 다만, 상소심에서는 상소를 취하한 것으로 본다.

1) 1회 양쪽 불출석

양쪽 당사자 불출석이 1회 발생한 경우, 재판장은 다시 변론기일을 정하여 양쪽 당사자에게 통지하여야 한다(268조 1항). 양쪽 당사자가 변론기일에 출석하지 않은 경우에는 변론의 정도가 판결을 할 수 있을 정도로 성숙하였더라도 변론을 종결할 수 없다.[13] (2012. 법원직).

2) 2회 양쪽 불출석

1회 양쪽 불출석으로 다시 정한 변론기일 또는 그 뒤의 변론기일에 다시 양쪽 당사자가 불출석하는 경우 또다시 기일을 지정할 필요가 없다. 양쪽 불출석이 2회 발생한 후 1월 이내에 어느 한 당사자도 기일지정신청을 하지 않으면, 제1심에서는 소취하가 있는 것으로 본다(268조 2항, 3항).[14] 기일지정신청에 의하여 새기일을 지정하거나, 법원이 직권으로 새기일을 지정하여 속행된 경우,[15] 그 새기일 또는 그 후의 기일에 양쪽 당사자가 결석한 때에도 소의 취하가 있는 것으로 본다(268조 3항). 2회의 양쪽 불출석 이후 법원은 기일지정신청을 기다리지 않고 새로운 기일을 지정할 수 있고, 그 경우 그 기일은 기일지정신청에 기한 기일과 마찬가지로 취급된다. 기일지정신청을 할 수 있는 1월의 기간은 2회 결석한 기일로부터 기산하며, 불변기간이 아니므로 기일지정신청의 추후보완은 허용될 수 없다.[16] 2회 또는 3회 결석은 반드시 연속적이어야 할 필요가 없다. 그러나, 같은 심급의 같은 종류의 기일이어야 하므로 1심에서 1회 2심에서 1회, 또는 환송 전 1회 환송 후 1회인 경우[17]는 여기에 해당하지 않는다. 변론준비기일과 변론기일의 양쪽 불출석도 각기 독자적으로 처리한다.[18] 상소심에서는 위와 같은

---

13) 이시윤, p.414: 한충수, p.405. 변론을 종결할 수 있다는 소수설(정/유/김, p.454)도 있다,
14) 당사자의 기일 해태로 인한 소송지연을 방지하기 위한 것으로서 그 입법목적의 합리성이 인정되고, 소취하간주의 요건과 효과를 정함에 있어 입법재량의 범위를 일탈하였다고 볼 수 없으므로, 청구인의 재판청구권을 침해하지 아니한다(헌법재판소 2012.11.29. 2012헌바180 전원재판부).
15) 2002. 7.26. 2001다60491. [134] 17차 변론기일까지 진행한 사건.
16) 1992. 4.21. 92마175. [133]
17) 1973. 7.24. 73다209.
18) 2006.10.27. 2004다69581. [118]

불출석이 있으면 상소취하가 있는 것으로 본다(268조 4항). 배당이의의 소에서는 원고가 첫 변론기일에 불출석하면 소를 취하한 것으로 간주된다(민집법 158조).

2관 기 간

1. 의 의 6-16

1) 기간이란 두 시점 사이의 시간의 경과를 말한다. 기간은 소송에 있어서 법적으로 중요한 기능을 한다.

2) 기간의 계산은 민법에 따른다(170조). 기간의 진행은 소송절차의 중단 또는 중지에 의하여 정지되며, 그러한 사유가 소멸한 때부터 전체기간이 새로이 진행된다(247조 2항).

> **(예문)** 2018. 2. 7.(수) 10:00에 1심 판결정본을 송달받은 경우 항소기간은 언제 만료되는가?
>
> [항소는 판결서가 송달된 날로부터 2주 이내에 하여야 한다(396조 1항). 기간을 일, 주, 월 또는 년으로 정한 때에는 기간의 초일은 산입하지 않으므로(민법 157조), 2. 8.(목)부터 기산하여 2주 이내가 된다. 한편, 역(曆)에 의한 기간은 "주, 월, 또는 년의 처음으로부터 기간을 계산하지 아니하는 때에는 최후의 주, 월, 또는 년에서 그 기산일에 해당하는 날의 전일로 기간이 만료"(민법 160조)되므로, 2018. 2. 21.(수) 24:00에 항소기간이 만료된다].

2. 종 류 6-17

> **(문)** 항소는 판결서가 송달된 날로부터 2주 이내에 하여야 한다(396조 1항). 당사자가 송달받은 후 2주가 지난 후에 항소를 하였다면 항소의 효력은? 당사자가 책임질 수 없는 사유로 인하여 2주 이내에 항소를 제기하지 못한 경우는 어찌하나?
>
> 2) 판결은 소가 제기된 날부터 5월 이내에 선고한다. 다만 항소심 및 상고심에서는 기록을 받은 날부터 5월 이내에 선고한다(199조). 판결은 변론이 종결된 날로부터 2주 이내에 선고하여야 하며, 복잡한 사건이나 그 밖의 특별한 사정이 있는 때에도 변론이 종결된 날로부터 4주를 넘겨서는 아니된다(207조 1항). 이를 지키지 않고 판결을 선고하였다면 그 선고의 효력은?

민사소송법은 여러 종류의 기간을 정하고 있다.

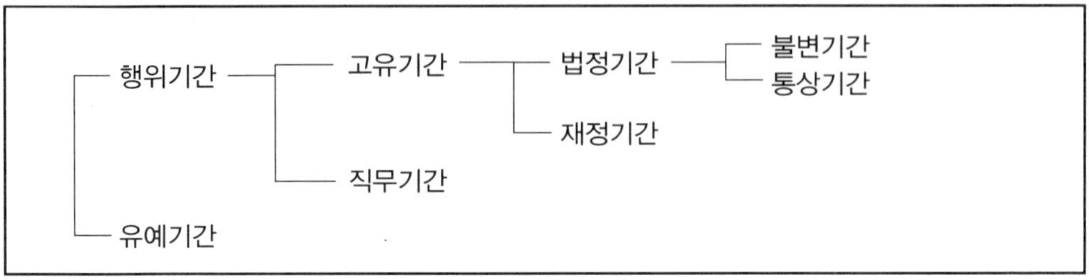

(1) **행위기간, 유예기간**

행위기간이란 소송지연을 막기 위하여 특정의 소송행위를 일정한 시점 사이에 하도록 정한 기간을 말한다. 이는 고유기간, 직무기간으로 나뉜다. 고유기간은 당사자의 행위에 관한 기간으로, 상소기간, 재심기간, 각종 보정기간, 소송행위보완기간 등이 있다. 그 기간을 어기면 실권효의 제재가 따른다. 직무기간은 법원의 소송행위에 관한 기간으로, 판결선고기간, 판결송달기간, 소송기록송부기간 등이 있다. 이 기간을 어기더라도 법원의 소송행위의 효력에 영향이 없는 훈시규정이라고 새기는 것이 일반적이다((문) 2)의 사례). 유예기간은 중간기간이라고도 하며 당사자의 이익보호를 위하여 행위를 할 때까지 일정한 말미로 주어지는 기간이다. 공시송달의 효력발생기간(196조)이 그 예이다.

(2) **법정기간, 재정기간**

법정기간이란 법률에 기간의 길이가 특정적으로 정해진 기간을 말하며, 재정기간은 재판 등에 의하여 기간의 길이가 정해지는 기간을 말한다. 법정기간의 예로는 상소기간(396조, 44조, 449조), 재심기간(456조 2항), 공시송달의 효력발생기간 등이 있으며, 재정기간의 예로는 각종 보정기간(59조,254조), 준비서면제출 또는 증거신청기간(280조 2항) 등이 있다.

(3) **통상기간, 불변기간**

기간은 그 효력에 따라 불변기간과 통상기간으로 나뉜다. 불변기간은 법정기간 중 법원이 그 기간을 신축할 수 없는 기간을 말하며, 통상기간은 법원에 의한 신축이 가능한 기간을 말한다. 법정기간 중 법률이 따로 불변기간이라고 규정한 경우가 불변기간이며 그렇지 아니한 기간은 모두 통상기간이다. 당사자가 책임질 수 없는 사유로 불변기간을 지킬 수 없었던 경우에는 추후보완이 허용된다(173조 1항)((문)1)).

3. 기간의 신축과 부가기간 6-18

제172조 (기간의 신축, 부가기간)

① 법원은 법정기간 또는 법원이 정한 기간을 늘이거나 줄일 수 있다. 다만, 불변기간은 그러하지 아니하다.

② 법원은 불변기간에 대하여 주소 또는 거소가 멀리 떨어진 곳에 있는 사람을 위하여 부가기간(附加期間)을 정할 수 있다.

③ 재판장·수명법관 또는 수탁판사는 제1항 및 제2항의 규정에 따라 법원이 정한 기간 또는 자신이 정한 기간을 늘이거나 줄일 수 있다.

1) 법원은 법정기간 중 통상기간과 재정기간은 신축할 수 있다(172조 1항). 명문의 규정에 의하여 신축이 일부 또는 전부 부정되는 경우가 있는데, 불변기간(172조 1항 단서), 소송행위의 추후보완기간(173조 2항), 공시송달기간(196조 2항, 단축불허)이 그 경우이다. 상고이유서 제출기간은 명문의 규정이 없으나 단축하는 것은 허용되지 않는다고 본다. 기간의 신축은 기간이 만료된 후에는 불가능하다.

2) 법원은 불변기간에 대하여 주소 또는 거소가 멀리 떨어진 곳에 있는 사람을 위하여 부가기간(附加期間)을 정할 수 있다(172조 2항 : 신축은 허용되지 않음). 부가기간이 붙은 경우에는 원래의 기간과 부가기간이 함께 불변기간이 된다. 불변기간이 도과된 이후에는 부가기간을 붙일 수 없다.

4. 불변기간의 부준수(해태)와 추후보완

제173조 (소송행위의 추후보완)

① 당사자가 책임질 수 없는 사유로 말미암아 불변기간을 지킬 수 없었던 경우에는 그 사유가 없어진 날부터 2주 이내에 게을리 한 소송행위를 보완할 수 있다. 다만, 그 사유가 없어질 당시 외국에 있던 당사자에 대하여는 이 기간을 30일로 한다.

(1) 불변기간의 부준수(해태) 6-19

당사자나 소송관계인이 일정한 행위기간 내에 정해진 행위를 하지 않는 것을 기간의 부준수(기간의 해태)라고 한다. 통상기간을 부준수한 경우 보통은 소송계속이 아직 존속하고 있으므로 당사자는 그 후의 절차를 통하여 대처할 여지가 있다. 그러나, 불변기간을 준수하지 못한 경우(예, 상소기간의 부준수)에는 의사에 반하여 재판이 확정되는 등 치명적인 불이익을 입게 된다. 당사자가 책임질 수 없는 사유로 말미암아 불변기간을 지킬 수 없었던 경우에 이를 구제하지 않으면 당사자에게 너무 가혹한 결과가 되므로, 법은 그러한 경우 소송행위를 추후에 보완할 수 있는 길을 열어 놓았다. 상소의 추후보완은 확정판결에 대한 구제수단이라는 점에서 실질적으로 간이한 재심으로서의 기능을 수행한다(⇒ 9-77).

6-20 **(2) 추후보완의 대상**

1) 추후보완이 주로 문제되는 것은 불변기간인 상소기간을 부준수한 경우이다. 상소의 추후보완은 기본적으로 판결정본의 송달이 유효한 것을 전제로 한다. 그 송달이 무효라면 불변기간이 진행될 수가 없어 기간이 만료될 여지가 없기 때문이다. 예컨대, 원고가 피고의 허위주소로 판결정본을 송달받아 이를 편취하는 경우에는 송달자체가 무효이므로 상소기간이 진행되지 않기 때문에 그러한 경우의 불복수단은 추완상소가 아니라 상소의 제기이다.[19]

2) 법률은 소송행위의 추후보완을 불변기간을 지키지 못한 경우에 한정하고 있으므로, 상고이유서제출기간(427조)을 지키지 못한 경우에는 불변기간과 유사한 법률효과가 발생하기는 하나 불변기간 부준수에 관한 규정을 적용할 수 없다는 것이 판례이다.[20] 이에 대하여는, 이는 절대적 기간을 인정하는 격이 되며, 상고이유서 제출기간도 너무 짧은 점 등을 고려하여 상고이유서제출기간을 지키지 못한 경우에도 173조 1항을 유추적용하여 추후보완을 허용하여야 한다는 견해도 다수 있다. 2회 양쪽당사자 불출석 후 1월 이내의 기일지정신청기간은 불변기간이 아니어서 기일지정신청의 추완이 허용되지 않는다.[21]

6-21 **(3) 추후보완사유**

1) 기간의 해태에 당사자가 책임질 수 없는 사유, 즉 귀책사유가 없어야 한다. 천재지변 등의 불가항력뿐만 아니라 일반인이 주의와 능력에 비추어 기간준수를 기대하기 어려운 사유를 말한다. 그 구체적인 것은 판례의 사안들과 비교 형량하여 판단할 수밖에 없다.

2) 공시송달의 경우 당사자가 송달된 서류의 내용을 실제 알지 못하여 불변기간을 지킬 수 없는 것이 일반적이므로 소송행위의 추후보완이 자주 문제된다. 소장부본부터 판결정본까지 모두 공시송달로 송달되었다면 처음부터 소송이 개시된 사실을 알 수 없었을 것이므로 특별한 사정이 없는 한 소송행위의 추후보완이 인정된다.[22] 그러나 소

---

19) 1970. 7.24. 70다1015. [137]; 1994.12.22. 94다45449.
20) 1981. 1.28. 81사2.
21) 1992. 4.21. 92마175.

송이 개시된 사실을 알고 있는 상태에서 소송진행 도중에 소송서류가 송달불능이 되어 공시송달로 절차가 진행된 경우에는, 법원에 문의하는 등 소송의 진행상황과 그 결과를 알아봄은 물론, 자신의 주소가 변경되었다면 이를 법원에 신고하여야 할 의무가 있다고 할 것이므로 실제로 원심판결 선고사실을 몰랐기 때문에 불변기간을 준수할 수 없었다고 하더라도 달리 특별한 사정이 없는 한 추완상소를 할 수 없다고 할 것이다.[23] 다만, 조정신청사건에서 조정이 성립되지 아니한 것으로 사건이 종결된 후 피신청인 주소가 변경되었는데도 주소변경신고를 하지 않은 상태에서 조정이 소송으로 이행되어 변론기일통지서 등 소송서류가 발송송달이나 공시송달의 방법으로 송달된 경우는, 처음부터 소장 부본이 적법하게 송달된 경우와 달라서 피신청인에게 소송의 진행상황을 조사할 의무가 있다고 할 수 없고, 피신청인이 소송의 진행상황을 조사하지 않아 상소제기의 불변기간을 지키지 못한 것이 당사자가 책임질 수 없는 사유에 해당하여 추완상소를 할 수 있다.[24] (*2017. 법원직)(⇒ 1-14 조정절차 참조)

3) 소송대리인 등의 귀책사유로 불변기간을 지키지 못한 경우 소송대리인 등의 귀책사유는 당사자의 귀책사유라고 본다.[25] 무권대리인이 소송을 수행하여 판결정본을 송달받은 경우에는 당사자가 과실 없이 소송계속사실 및 그 판결정본의 송달사실을 몰랐던 것이므로 당사자의 추완항소는 적법하다.[26]

(4) 추후보완절차 6-22

추후보완은 불변기간을 지킬 수 없었던 사유가 없어진 날로부터 2주(외국에 있던 당사자에 대하여는 30일) 이내에 본래의 소송행위를 그 방식에 따라 함으로써 한다. 추후보완사유의 주장 및 증명책임은 보완행위자가 부담한다. 본래의 소송행위를 추후에 보완하여 하는 것이므로, 법원은 주문에서 추후보완의 요건이 갖추어진 경우 본래의 소송행위의 당부를 판단하고, 추후보완의 요건이 갖추어지지 않은 경우에는 본래의 소송행위를 기간도과로 각하한다. 추후보완사유의 주장은 독립한 신청이 아니므로 그에 대하여 따로 주문에서 판단할 필요가 없다.

(5) 잠정처분 6-23

소송행위를 추후보완 하는 것만으로 불변기간의 도과에 의하여 확정된 재판의 효력

---

22) 1987. 3.10. 86다카2224. [135]; 2011. 4.28. 2010다98948.
23) 1998.10. 2. 97다50152.
24) 2015. 8.13. 2015다213322.
25) 1999. 6.11. 99다96222. [136]
26) 1996. 5.31. 94다55774.

(기판력, 집행력 등)이 소멸하는 것은 아니므로 확정재판에 기한 강제집행에 대해서는 별도로 집행의 정지를 신청하여야 한다(500조). 불변기간이 도과하면 재판이 확정되며 확정된 재판에 기한 강제집행절차의 진행은 추완항소로 인하여 정지되거나 부적법해지는 것이 아니어서, 추완항소의 결과 형식적으로 확정된 재판이 취소되게 되더라도 강제집행을 정지하지 않으면 강제집행이 계속진행 되어 피해를 입게 된다. 그러한 피해를 방지하기 위해서 법원에 별도의 집행정지신청을 하여야 할 필요가 있다. 법원으로부터 집행정지 결정을 받으면 결정문을 집행기관에 제출하여 집행이 정지도록 하여야 한다(상세한 절차는 민사집행법 참조).

제500조 (재심 또는 상소의 추후보완신청으로 말미암은 집행정지) ①(…) 상소의 추후보완신청이 있는 경우에 불복하는 이유로 내세운 사유가 법률상 정당한 이유가 있다고 인정되고, 사실에 대한 소명이 있는 때에는 법원은 당사자의 신청에 따라 담보를 제공하게 하거나 담보를 제공하지 아니하게 하고 강제집행을 일시정지하도록 명할 수 있으며, 담보를 제공하게 하고 강제집행을 실시하도록 명하거나 실시한 강제처분을 취소하도록 명할 수 있다.
② 담보 없이 하는 강제집행의 정지는 그 집행으로 말미암아 보상할 수 없는 손해가 생기는 것을 소명한 때에만 한다.
③ 제1항 및 제2항의 재판은 변론 없이 할 수 있으며, 이 재판에 대하여는 불복할 수 없다.
④ 상소의 추후보완신청의 경우에 소송기록이 원심법원에 있으면 그 법원이 제1항 및 제2항의 재판을 한다.

추 완 항 소 장

항 소 인(피고) ◇ ◇ ◇
○○시 ○○구 ○○길 ○○(우편번호 ○○○○○)
전화·휴대폰번호 :
팩스번호, 전자우편(e-mail)주소 :

피항소인(원고) ○ ○ ○
○○시 ○○구 ○○길 ○○(우편번호 ○○○○○)
전화·휴대폰번호 :
팩스번호, 전자우편(e-mail)주소 :

계금청구 추완항소사건

위 당사자간 ○○지방법원 20○○가단○○○ 계금청구사건에 관하여 같은 법원에서 20○○. 7. 21. 판결선고 하였는바, 항소인(피고)은 위 판결에 전부불복하고 다음과 같이 항소를 제기합니다.

원판결의 주문표시

1. 피고는 원고에게 금 10,659,023원 및 이에 대하여 19○○. 5. 7.부터 20○○. 3. 9.까지는 연 5%의, 그 다음날부터 다 갚는 날까지는 연 ○○%의 각 비율에 의한 돈을 지급하라.
2. 소송비용은 피고의 부담으로 한다.
3. 위 제1항은 가집행 할 수 있다.

항 소 취 지

1. 원심판결을 취소한다.
2. 원고의 청구를 모두 기각한다.
3. 소송비용은 제1, 2심 모두 원고의 부담으로 한다.

라는 판결을 구합니다.

소송행위의 추완에 대한 주장

1. 원심판결은 20○○. 8. 6.에 공시송달의 방법에 의하여 20○○. 8. 21.에 항소인(피고)에게 송달된 것으로서 송달의 효력이 발생되어 20○○. 9. 5.에 형식상 확정되었습니다.

2. 그런데 항소인(피고)는 제1심 법원으로부터 항소인(피고)의 주소지인 ○○ ○○구 ○○동 ○○○ ○○아파트 ○○○동 ○○○호에서 이 사건 소장부본 및 최초의 변론기일소환장을 송달 받고 그 변론기일에 출석한 이후 변호사의 도움 없이 직접 소송을 수행하면서 변론기일에 한 번도 빠짐없이 출석하여 소송을 회피하거나 지연하려는 행위를 한 적이 없었는데, 제3차 변론기일에서 변론이 종결되고 판결선고기일이 20○○. 7. 7.로 고지되었습니다.
   그 뒤 제1심 법원은 변론종결 당시 고지한 선고기일에 판결선고를 하지 않고 직권으로 선고기일을 연기하면서 다음 선고기일에 대한 기일소환을 하지 아니한 채 20○○. 7. 21.에 당사자 쌍방이 출석하지 아니한 가운데 판결선고를 하였고, 그 뒤 판결정본을 즉시 송달하지 아니하고 그로부터 10일이나 경과한 20○○. 7. 30.에야 이를 발송함으로써 마침 항소인(피고)이 휴가를 가서 주소지에 거주하고 있지 아니한 기간인 20○○. 8. 3.부터 3일간 집배원의 3차에 걸친 배달시에 모두 폐문부재로 송달불능 되자 20○○. 8. 6. 판결정본을 공시송달 하여 20○○. 8. 21.에 피고에게 송달된 것으로서 송달의 효력이 발생되어 20○○. 9. 5.에 형식상 확정된 것입니다.

3. 그러나 제1심 법원은 한여름 휴가철인 8. 3.부터 8. 5. 사이에 판결정본의 송달이 불능으로 되었다면 피고가 여름 휴가철로 집을 비웠을 가능성을 고려하여 보충송달 등의 방법으로 재송달 하였어야 할 것인데 별다른 조치를 취하지 아니한 채 바로 공시송달 결정을 하였으므로, 제1심 법원의 이 사건 공시송달결정은 요건을 결여한 부적법한 것이고, 피고는 제1심 판결이 이러한 부적법한 공시송달의 방법에 의하여 송달된 사실을 모르고 있다가 시일이 오래 지나도록 판결문이 송달되지 않자 20○○. 9. 9.에야 직접 원심법원을 찾아가 기록을 열람해 보고 판결문을 수령한 것입니다.

4. 그렇다면 피고는 위와 같은 피고가 책임질 수 없는 사유로 항소기간을 준수할 수 없었던 것이므로 피고의 이 사건 추완항소는 적법하다고 할 것입니다.

항 소 이 유

추후 제출하겠습니다.

입 증 방 법

1. 을 제3호증 주민등록표등본
1. 을 제4호증 판결등본교부신청증명

첨 부 서 류

1. 위 입증방법 각 1통
1. 추완항소장부본 1통
1. 송달료납부서 1통

20○○. ○. ○.

위 항소인(피고) ◇◇◇ (서명 또는 날인)

○○지방법원 귀중

(법률구조공단 홈페이지에서 따옴)

3절 송 달

1. 의 의 6-24

송달이란 소송서류의 내용을 알 수 있는 기회를 주기위해 관계인에게 법정의 방식에 따라 하는 통지행위를 말한다. 공정하고 충실한 심리가 이루어지기 위해서는 심리의 진행과 내용에 대하여 당사자에게 알려 당사자로 하여금 절차상의 권리를 행사할 수 있는 기회를 보장하는 것이 필수적인바, 그와 관련된 것이 송달에 관한 규정이다. 송달은 헌법상 절차기본권의 내용을 구성하는 중요한 요소이다(외국판결 등의 승인 요건으로도 패소한 피고가 적법한 방식에 따라 방어에 필요한 시간여유를 두고 송달받았을 것(217조 2호)을 요한다. 민사집행절차에 있어서도 집행권원이 채무자에게 송달되지 아니한 상태에서 일어지는 강제집행은 무효가 된다). 송달은 법에 특별한 규정이 없으면 법원이 직권으로 한다(174조; 직권송달의 원칙).

2. 송달기관 6-25

(1) 송달사무처리기관

송달에 관한 사무는 법원의 법원사무관등이 처리한다(175조 1항). 법원사무관등은 송달하는 곳의 지방법원에 속한 법원사무관등 또는 집행관에게 위 사무를 촉탁할 수 있다(175조 2항). 공시송달의 경우 종전에는 재판장의 명령에 의하여 하였으나, 2014. 12. 법을 개정하여 원칙적으로 법원사무관등이 직권 또는 당사자의 신청에 따라 처분으로 하도록 하였다(194조 1항).

(2) 송달실시기관

1) 송달을 실제 실시하는 기관은 원칙적으로 우편집배원 또는 집행관이다(176조 1항, 2항). 집행관은 공휴일, 일몰 후 또는 일출 전의 송달(특별송달이라고 한다)에 이용되는 정도이고 대부분은 우편집배원에 의하는 것이 보통이다. 법원사무관등도 해당 사건에 출석한 사람에게는 직접 송달을 할 수 있으며, 법원사무관등이 그 법원 안에서 송달받을 사람에게 서류를 교부하고 영수증을 받은 때에는 송달의 효력을 가진다(177조 1항, 2항). 송달기관이 송달하는데 필요한 때에는 국가경찰공무원에게 원조를 요청할 수 있다(176조 3항).

2) 송달을 실시한 기관은 송달에 관한 사유를 서면으로 대법원규칙이 정하는 방법에 따라 법원에 통지하여야 한다(193조). 다만 법원이 상당하다고 인정하는 때에는 전자통신매체를 이용한 통지로 서면통지에 갈음할 수 있다(민소규 53조). 송달통지는 송달사실

에 대한 단순한 증거방법에 불과하므로 다른 증거방법에 의하여 송달의 적부를 증명할 수 있다.[27]

6-26 3. 송달서류

송달서류는 원칙적으로 등본 또는 부본을 사용하며(178조 1항), 송달할 서류의 제출에 갈음하여 조서, 그 밖의 서면을 작성한 때에는 그 등본이나 초본을 교부하여야 한다(178조 2항). 판결서의 송달은 정본에 의한다(210조 2항). 송달을 하여야 하는 소송서류를 제출하는 때에는 특별한 규정이 없으면 송달에 필요한 수의 부본을 함께 제출하여야 한다(민소규 48조).

6-27 4. 송달을 받을 사람

(1) 송달할 서류의 명의인

송달을 받을 사람은 원칙적으로 송달할 서류의 명의인이다.

(2) 법정대리인

1) 서류의 명의인이 소송무능력자인 경우에는 그의 법정대리인이 송달을 받을 사람이다(179조). 법인 또는 단체는 그 대표자 또는 관리인이 법정대리인과 같은 지위에서 소송수행을 하는 것이므로 법인 또는 단체에 대한 송달은 그 대표자 또는 관리인에게 한다(64조,179조)(따라서 송달의 장소는 대표자 또는 관리인의 주소·거소·영업소·사무소이다(183조)). 국가를 당사자로 하는 소송에 있어서 국가에 대한 송달은 소송수행자 또는 소송대리인이 있는 경우를 제외하고, 수소법원에 대응하는 검찰청의 장에게 한다(국가를 당사자로 하는 소송에 관한 법률 9조)(2007-2. 법원직. 법무부장관(×))

2) 여러 사람이 공동으로 대리권을 행사하는 경우의 송달은 그 가운데 한 사람에게 하면 된다(180조)(위임에 의한 소송대리인은 개별대리가 원칙이므로 각각의 대리인에게 송달을 하여야 함을 유의). 공동대리인들이 송달을 받을 대리인 한 사람을 지정하여 신고한 때에는 지정된 대리인에게 송달하여야 한다(민소규 49조).

(3) 소송대리인

소송대리인이 있는 경우에는 소송대리인이 송달을 받을 사람이 되는 것이 원칙이다. 소송대리인이 있음에도 당사자본인에게 송달을 하는 것은 적절한 것은 아니지만

---

27) 1986. 2.25. 85누894.

송달은 유효하다고 본 판례가 있다.[28] (*2016. 법원직)

(4) 군사용 청사의 장 또는 구치소 등의 장

군사용의 청사 또는 선박에 속하여 있는 사람에게 할 송달은 그 청사 또는 선박의 장에게 한다(181조). 교도소 구치소 또는 국가경찰관서의 유치장에 체포 구속 또는 유치된 사람에게 할 송달은 교도소 구치소 또는 국가경찰관서의 장에게 한다(182조).

> "민사소송법 제169조(현행 182조)는 행형법 제18조, 제62조에 규정된 재감자에 대한 서신수발의 제한과 대응하는 규정으로서 양자는 교도소 등 구금장의 질서유지를 위하여 재감자를 감시하여야 할 공익상의 필요와 한편으로는 재감자에 대하여 수감되기 전의 주소, 거소 등에 송달을 하면 송달서류가 재감자에 전달됨에는 도리어 시일을 요하게 된다는 고려에서 나온 것으로 해석되므로 교도소 등의 소장은 재감자에 대한 송달에 있어서는 일종의 법정대리인이라고 할 것이므로 재감자에 대한 송달을 교도소 등의 소장에게 하지 아니하고 수감되기 전의 종전 주·거소에다 하였다면 무효라고 하지 않을 수 없고, 수소법원이 송달을 실시함에 있어 당사자 또는 소송관계인의 수감사실을 모르고 종전의 주·거소에 하였다고 하여도 동일하고 송달의 효력은 발생하지 않는다."[29]

(5) 송달영수인

당사자, 법정대리인이나 소송대리인은 주소등 외의 송달장소(대한민국안의 장소로 한정)를 정해서 법원에 신고할 수 있으며, 이 경우에는 송달영수인을 정하여 신고할 수 있다(184조). 송달영수인이 신고 된 경우 그에게 송달할 수 있다.

5. 송달의 방식

(1) 교부송달 6-28

송달 하여야 할 서류를 송달받을 사람에게 교부하는 것을 교부송달이라고 한다. 교부송달이 원칙적인 송달방식이다(178조).

- 교부송달(178조)
  - 직접교부송달
  - 보충송달(186조 1항, 2항)
  - 유치송달(186조 3항)
  - 특별송달(190조 1항)
- 우편송달(187조)
- 송달함송달(188조)
- 공시송달(194조)
- 특례송달(민소규 46조 1항, 47조 1항)

28) 1970. 6. 5. 70마325.

29) 1982.12.28. 82다카349(전원합의).

1) 송달장소

송달은 받을 사람의 주소·거소·영업소 또는 사무소(이하 주소등이라고 한다)에서 한다(183조 1항 본문). 다만, 법정대리인에게 할 송달은 본인의 영업소나 사무소에서도 할 수 있다(183조 1항 단서). 법인의 경우 대표자가 송달받을 사람이므로 대표자의 주소 등이 송달의 장소이나, 법인의 영업소나 사무소로 송달하는 것도 적법한 것으로 취급된다(183조 1항 단서 유추). 법인인 소송당사자에게 효과가 발생할 소송행위는 그 법인을 대표하는 자연인의 행위거나 그 자연인에 대한 행위라야 할 것이므로 소송당사자인 법인에의 소장, 기일소환장 및 판결 등 서류는 그 대표자에게 송달하여야 하는 것이니 그 대표자의 주소, 거소에 하는 것이 원칙이고, 법인의 영업소나 사무소에도 할 수 있으나, 법인의 대표자의 주소지가 아닌 소장에 기재된 법인의 주소지로 발송하였으나 이사불명으로 송달불능된 경우에는, 원칙으로 되돌아가 원고가 소를 제기하면서 제출한 법인등기부등본 등에 나타나 있는 법인의 대표자의 주소지로 소장 부본 등을 송달하여 보고 그 곳으로도 송달되지 않을 때에 주소 보정을 명하여야 하므로, 법인의 주소지로 소장 부본을 송달하였으나 송달불능되었다는 이유만으로 그 주소 보정을 명한 것은 잘못이므로 그 주소 보정을 하지 아니하였다는 이유로 한 소장각하명령은 위법하다.[30]

위와 같은 장소를 알지 못하거나 그 장소에서 송달할 수 없는 때에는, 송달받을 사람이 취업하고 있는 근무장소에서 송달할 수 있다(183조 2항). 소장, 지급명령신청서 등에 기재된 주소 등에 송달을 시도하지도 않은 때 바로 근무장소로 한 송달은 위법하다.[31] 다른 주된 직업을 갖고 있으면서 회사의 비상근 이사·감사 또는 사외이사의 직을 갖고 있는 사람에 대하여 그 회사의 본점은 '근무장소'에 해당하지 않는다.[32]

송달받을 사람의 주소 등 또는 근무장소가 국내에 없거나 알 수 없을 때에는 그를 만나는 장소에서 송달할 수 있다(3항). 주소 등 또는 근무장소가 있는 사람의 경우에도 송달받기를 거부하지 아니하면 만나는 장소에서 송달할 수 있다(4항). 이를 조우송달이라고 한다.

당사자·법정대리인 또는 소송대리인은 주소등 외의 장소(대한민국안의 장소로 한정한다)를 송달받을 장소로 정하여 법원에 신고할 수 있으며, 이 경우에는 송달 영수인을 정하여 신고할 수 있다(184조). 당사자·법정대리인 또는 소송대리인이 송달받을 장소를 바꿀 때에는 바로 그 취지를 법원에 신고하여야 한다(185조 1항).

---

30) 1997. 5.19. 97마600. [141]
31) 2004. 7.21. 2004마535. (2013. 법원행시).
32) 2015. 12. 10. 2012다16063.

> **(문)** A는 B를 상대로 차용금 1억원의 지급을 구하는 내용의 지급명령신청(⇒11-10)을 하면서 그 신청서에 B의 주소를 기재한 후 송달장소를 B가 대표이사로 있는 주식회사 甲의 사무실 주소인 '서울 서초구 서초동 100 그린빌딩 2층 ㈜ 甲'으로 기재하였고, 법원이 지급명령 정본을 위 그린빌딩 2층으로 발송하여 주식회사 甲의 직원인 C가 2013. 3. 4. 이를 수령하였다. 그런데 C는 위 지급명령 정본을 곧바로 B에게 전달하지 못한 채 출장을 가게 되었고 출장에서 돌아온 이후인 2013. 3. 15. B에게 위 지급명령 정본을 전달하였으며, B는 2013. 3. 21. 법원에 지급명령에 대한 이의신청을 제기하였다. 법원은 위 이의신청에 대하여 어떻게 처리하여야 하는지 설명하시오. (2013. 법원행시)

2) 보충송달 6-29

근무장소 외의 송달할 장소에서 송달받을 사람을 만나지 못한 때에는 그 사무원, 피용자 또는 동거인으로서 사리를 분별할 지능이 있는 사람에게 서류를 교부할 수 있다(186조 1항). 이를 보충송달이라고 한다. '사물을 분별할 지능이 있는 사람'이란 송달의 의미를 이해하고 송달할 사람에게 서류를 교부할 수 있을 정도의 지능을 말한다(만 8세 4개월 된 어린이에게 그 지능이 있다고 본 판례고 있고, 만 8세 3개월 된 어린이에게 그 지능이 없다고 본 판례도 있다. 획일적 기준에 의해서 판단할 것이 아니라 개별적 사정을 종합하여 판단하여야 할 것이다).

근무장소에서 송달받을 사람을 만나지 못한 때에는 근무장소의 고용주 또는 피용자, 그 밖의 종업원으로서 사리를 분별할 지능이 있는 사람이 수령을 거부하지 아니하면 그에게 서류를 교부할 수 있다(186조 2항).

이러한 보충송달은 위 법 조항에서 정하는'송달장소에서 하는 경우에만 허용되고 송달장소가 아닌 곳에서는 사무원 등이 송달받기를 거부하지 아니한다 하더라도 그 곳에서 사무원 등에게 서류를 교부하는 것(예컨대, 송달받을 사람이 비상근이사로 일하는 곳처럼 지속적인 근무장소가 아닌 곳에서 사무원 등에게 송달하거나,[33] 송달 받을 사람의 전주거지에서 직장동료에게 송달하거나,[34] 우체국 창구에서 송달받을 자의 동거자에게 송달서류를 교부하는 것[35])은 보충송달의 방법으로서 부적법하다. 본인과 당해 소송에 관하여 이해의 대립 내지 상반된 이해관계가 있는 수령대행인에 대하여는 보충송달을 할 수 없다.[36]

---

33) 2015.12.10. 2012다16063.
34) 2018. 5. 4. 2018무513.
35) 2001. 8.31. 2001마3790. [139]
36) 2016.11.10. 2014다54366. [140]

[전산양식 A1400] 우편송달통지서

사건 20○○가소○○○○○ **우편송달통지서** 발송일 : 20○○. ○. ○. 요금 : ○○○○원

송달서류

발송하는 사람

송달받을 사람
(근무장소)

배달 못한 사유			
구분/회수	1회	2회	3회
1. 수취인부재			
2. 폐문 부재			
3. 수취인불명			
4. 주소 불명			
5. 이사 불명			
6. 기타			
배 달 날 짜			
집배원 확인	○ ○ ○ ㊞		
사유 기재			

송 달 방 법			영수인 이 름	영수인 관 계	영수인 서명 또는 날인
1	본인에게 주었다.		–	–	
2	본인을 만나지 못하여 ① 내지 ③ 사람에게 주었다.	① 본인 영업소, 사무소의 사무원 또는 피용자			
		② 본인 주소, 거소의 동거인			
		③ 본인 근무장소의 사용자, 종업원 등			
3	① 내지 ③ 사람이 수령을 거부하므로 그 장소에 서류를 두었다.	① 송달 받을 본인	–	–	
		② 본인 영업소, 사무소의 사무원 또는 피용자			
		③ 본인 주소, 거소의 동거인			

송달한 날짜	20□□년 □□월 □□일 □□:□□
송달장소	
접수인란	위와 같이 송달하였습니다. 년 월 일 우체국 우편집배원 ㊞

주의 : 1. 송달방법 중 해당하는 항목(송달방법 [3]의 경우에는 수령을 거부한 사람)의 영수인란에 이름 및 관계를 적기 바랍니다(송달방법 [2] ③ 란은 송달받을 사람의 근무장소에서 송달서류를 전달한 경우에 한하여 그 내용을 적기 바랍니다).

2. 송달받은 사람으로 하여금 영수인란에 직접 서명 또는 날인하게 하기 바랍니다. 집배원이 대필한 경우에는 "대필"이라고 적어야 합니다. 송달방법 [3]의 경우에는 모두 집배원이 서명 또는 날인하기 바랍니다.

3. 「송달장소」란에는 시·군·읍·면·동·번지 등을 상세하게 명확히 기입하기 바랍니다. 다만, 우체국 창구에서 교부한 때에는 "○○우체국 창구"라고만 적기 바랍니다.

4. 우측 상단의 「배달못한 사유」 중 「6. 기타」란에는 1 내지 5의 송달불능사유 어디에도 해당되지 아니하는 경우에 표시하고, 「사유기재란」에는 위와 같은 사유 및 우편집배원이 배달하는 과정에서 알게 된 특이사항(예 : 송달받을 사람의 장기여행, 군 입대, 교도소 수감 등)을 간략히 적기 바랍니다.

(법원실무제요 참조)

3) 유치송달 6-30

서류를 송달받을 사람 또는 근무장소 외의 송달할 장소에서 보충송달에 의하여 서류를 넘겨받을 사람이 정당한 사유 없이 송달받기를 거부하는 때에는 송달할 장소에 서류를 놓아둘 수 있다(186조 3항).(2021. 법원직) 이를 유치송달이라고 한다. 근무장소에서 보충송달에 의하여 서류를 넘겨받을 사람이 송달받기를 거부하는 경우에는 유치송달을 할 수 없다.

(예문) 1) 乙은 교사이다. 乙에 대한 소장 부본을 乙의 주소지에서 교부송달 하고자 한다. 우편집배원이 송달서류 교부하려 하였는데 乙의 동거 모가 수령거부 한다. 유치송달이 가능한가? 폐문부재인 경우는?
[유치송달이 가능하다. 폐문부재의 경우 특별송달이나 발송송달이 가능할 수 있다. 단순히 폐문부재로 송달이 되지 않는 경우 공시송달 하는 것은 잘못이나 유효하다. 추후보완상소(173조)로 구제받을 수 있다.37)]

2) 乙의 근무장소에서 사무원에게 교부하고자 하였으나 수령을 거부한다. 유치송달이 가능한가?[근무장소에서 보충송달받을 사람들에 대한 유치송달은 불가. 그러나 근무장소에서 송달받을 사람 본인에 대해서는 유치송달 가능]

3) 소장에 기재된 乙의 주소지로 송달을 시도하지 않고 근무장소의 사무원에게 송달하였다. 乙은 답변서도 제출하지 않고 변론기일에도 불출석하였고, 의제자백으로 판결이 선고 되었다. 선고결과를 알게 된 乙이 항소하였다. 원심은 취소되어야 하는가? 판결정본도 근무장소 사무원에게 송달되었고 乙은 판결결과를 알지 못하여 항소기간 내에 항소하지 못하였다. 판결은 무효인가? 乙은 어떻게 다툴 수 있는가? (2004. 7.21. 2004마535 참조)

4) 乙은 소장부본을 주소지에서 송달받은 후 이사를 하였고, 직장도 다른 곳으로 옮겼다. 乙은 법원에 따로 새로운 주소지와 근무장소를 신고하지 않았다. 변론기일통지서를 어떻게 송달하여야 하는가?
[발송(우편)송달]

4) 특별송달(공휴일 또는 야간 송달) 6-31

부부가 맞벌이를 하는 등 바쁘게 돌아가는 현대 생활에 있어 주소 등에서 업무시간 중 직접교부송달은 물론 보충송달이나 유치송달도 어려운 경우가 많이 생긴다(예컨대 폐문부재의 경우). 그러한 경우에 이용할 수 있는 교부송달의 한 방식이 특별송달(실무에서는 이를 집행관송달이라고도 한다)이다. 당사자의 신청이 있는 때에는 공휴일 또는 해뜨

---

37) 2011.10.27. 2011마1154.

기 전이나 해진 뒤에 집행관 또는 대법원규칙이 정하는 사람에 의하여 송달할 수 있다(190조 1항)고 규정함으로서 특별송달을 인정하고 있다.

6-32 **(2) 발송송달(우편송달)**

1) 송달받을 장소를 바꿀 때에는 바로 그 취지를 법원에 신고하여야 하는데(185조 1항), 그러한 신고를 하지 않아서 달리 송달할 장소를 알 수 없는 경우에는 종전에 송달받던 장소에 등기우편으로(민소규 51조)으로[38] 발송할 수 있다(185조 2항). 이러한 송달을 발송송달 또는 우편송달이라고 한다. 발송송달(우편송달)의 경우 우편으로 발송한 때에 송달된 것으로 본다(189조). 달리 송달할 장소를 알 수 없는 경우에 한하므로, 상대방에게 주소보정을 명하거나 직권으로 주민등록표 등을 조사할 필요까지는 없지만 적어도 기록에 현출되어 있는 자료로 송달할 장소를 알 수 없는 경우에 한하여 발송송달을 할 수 있다(법인이 송달장소를 신고하여 그곳으로 송달하다가 송달장소 변경사실을 신고하지 아니하여 종전 송달장소로의 송달이 불능된 경우, 기록에 있는 법인등기부상의 본점 소재지나 대표이사의 주소지로 송달해 보지 아니한 채 막바로 발송송달을 하는 것은 잘못이라고 한 사례(*06. 법원주사보 승진)).[39]

2) 또한, 보충송달은 물론 유치송달도 할 수 없을 때에도 법원사무관등은 서류를 등기우편등 대법원규칙이 정하는 방법으로 발송할 수 있다(187조). 예컨대, 송달실시기관이 송달받을 사람의 주소지에 가보았으나 폐문부재로 송달이 불가능한 경우에 우편송달(발송송달)을 할 수 있다.[40]

3) 법원사무관등이 송달실시기관이 되어 통상의 등기우편으로 발송하는 발송송달(우편송달)(185조 2항, 187조)은 우편집배원이 송달실시기관이 되어 하는 '우편에 의한 송달'(176조 1항)과는 다른 것이다. 우편집배원이 실시하는 송달은 교부송달이다.

4) 화해권고결정이나 이행권고결정 등은 그 소송법적 효력이 엄중하여 당사자의 이의신청권을 확실하게 보장하여야 할 필요가 있으므로 송달이 의제되는 성격을 갖는 우편송달(발송송달)이나 공시송달의 방식으로는 송달할 수 없도록 하였다(225조 2항, 소심법 5조의3 3항).

---

38) 민사소송법은 대법원규칙이 정하는 방법으로 발송할 수 있다(185조 2항)고 발송송달의 방법을 위임하였다. 그 위임하는 취지는 전자우편 등 다양한 방법을 이용할 수 있도록 함이나, 현재 대법원규칙은 등기우편에 의한 발송송달(우편송달) 만을 인정하고 있다.

39) 2001. 8.24. 2001다31592.

40) 1990. 8.20. 90마570.

(3) 송달함 송달 6-33

송달서류가 많은 변호사나 금융기관 등의 경우 송달비용절감 등을 위하여 법원 안에 우편사서함과 같은 송달함을 설치하여 거기에 서류를 넣는 방법으로 송달할 수 있다(188조 1항). 송달함을 이용하는 송달은 법원사무관등이 한다(188조 2항). 송달받을 사람이 송달함에서 서류를 수령하여 가지 아니한 경우에는 송달함에 서류를 넣은 지 3일이 지나면 송달된 것으로 본다(188조 3항). 송달함의 이용절차와 수수료 등은 민사소송규칙으로 정하고 있다(민소규 52조).

(4) 공시송달 6-34

제194조 (공시송달의 요건)

① 당사자의 주소등 또는 근무장소를 알 수 없는 경우 또는 외국에서 하여야 할 송달에 관하여 제191조의 규정(*"외국에서 하여야 하는 송달은 재판장이 그 나라에 주재하는 대한민국의 대사 공사 영사 또는 그 나라의 관할 공공기관에 촉탁한다")에 따를 수 없거나 이에 따라도 효력이 없을 것으로 인정되는 경우에는 법원사무관등은 직권으로 또는 당사자의 신청에 따라 공시송달을 할 수 있다. 〈개정 2014.12.30〉

② 제1항의 신청에는 그 사유를 소명하여야 한다.

③ 재판장은 제1항의 경우에 소송의 지연을 피하기 위하여 필요하다고 인정하는 때에는 공시송달을 명할 수 있다. 〈신설 2014.12.30〉

④ 재판장은 직권으로 또는 신청에 따라 법원사무관등의 공시송달처분을 취소할 수 있다. 〈신설 2014.12.30.〉

1) 의 의

당사자의 주소 등 행방을 알기 어려워 통상의 송달방법에 의하여 송달할 수 없는 경우 법원사무관등이 송달서류를 보관하고 그 사유를 공시하는 방식으로 하는 송달을 공시송달이라고 한다. 공시송달에 의한 경우에는 자백간주, 소취하 간주 등 기일해태의 불이익을 줄 수 없다는 점이 특징이다. 화해권고결정, 조정에 갈음하는 결정, 이행권고결정, 지급명령(462조) 등의 송달은 공시송달에 의할 수 없다는 점을 유의하여야 한다.

2) 요 건

① 당사자의 주소 등 또는 근무장소를 알 수 없는 경우, ② 외국에서 하여야 할 송달에 관하여 영사송달이나 촉탁송달을 하기가 어렵거나 그에 따라도 효력이 없을 것으로 인정되는 경우에 공시송달을 할 수 있다(194조 1항). '당사자의 주소 등 또는 근무장소를 알 수 없는 경우'란 주민등록표에 의하여 이를 조사하는 등 통상의 조사방법에 의하여 그 송달장소를 탐색하여도 이를 확인할 수 없을 때를 의미한다.[41]

3) 절 차

(가) 법원사무관등은 직권 또는 당사자의 신청에 따라 공시송달을 할 수 있다(194조 1항).[42] 재판장은 소송의 지연을 피하기 위하여 필요하다고 인정하는 때에는 공시송달을 명할 수 있고(194조 3항), 직권 또는 신청에 따라 법원사무관등의 공시송달처분을 취소할 수 있다(194조 4항). 재판장의 공시송달명령에는 불복할 수 없다.[43] 당사자가 공시송달을 신청함에는 그 사유를 소명하여야 한다(194조 2항). 실무에서는 통상적으로 주민등록말소증명서, 주소지 통반장의 불거주확인서 등이 소명자료로 제출된다.

(나) 공시송달은 법원사무관등이 송달할 서류를 보관하고 그 사유를 법원게시판에 게시하거나, 그 밖에 대법원규칙이 정하는 방법에 따라서 하여야 한다(195조). 현재 ① 법원게시판 게시 이외에, ② 관보·공보 또는 신문게재, ③ 전자통신매체를 이용한 공시 가운데 어느 하나의 방법으로 그 사유를 공시하도록 하고 있다(민소규 54조 1항).

4) 효 력

(가) 첫 공시송달은 실시한 날로부터 2주일이 지나야 효력이 생긴다(196조 1항 본문). 외국에서 할 송달에 대한 첫 공시송달은 그 기간이 2월이다(196조 2항). 다만 같은 당사자에게 하는 그 뒤의 공시송달은 실시한 다음 날부터 효력이 생긴다(196조 1항 단서). 이러한 기간은 줄일 수 없다(196조 3항).

(나) 민사소송법 개정 전의 판례는 공시송달의 요건에 흠이 있어 부적법한 공시송달명령이지만 재판장의 공시송달명령에 따라 공시송달을 한 이상 유효한 송달이라고 본다.[44] 또한, 공시송달을 허가하는 명령에 대하여 불복할 수 없고 독립한 재심사유도 되지 않는다고 한다.[45] 패소판결을 받은 당사자가 요건이 미비된 공시송달로 인하여 항소기간마저 도과시킨 경우에는 추후보완항소를 제기할 수 있다고 하였다.[46] 이러한 판례의 태도는 공시송달의 방법 등에 대한 민사소송법의 개정으로 인하여 재검토를 요하게 되었다.

---

41) 1990.12.26. 90다카25833.

42) 2014.12.30. 법률 개정 전에는 재판장의 공시송달 명령에 의하여 공시송달이 이루어졌다.

43) 1992.10. 9. 92다12131. 따라서 그 소명자료로 위조된 확인서 등이 첨부되었다 하더라도 그것만으로는 독립하여 재심사유가 되지 아니한다고 한다.

44) 1984. 3.15. 84마20(전원합의). [142]

45) 1992.10. 9. 92다12131.

46) 2011.10.27. 2011마1154.

원심법원이 판결 선고 후 두 차례에 걸쳐 피고에게 판결정본을 송달하려 하였으나 모두 폐문부재를 이유로 송달되지 아니하자 공시송달의 방법으로 판결정본을 송달한 사안에서, 소송서류를 공시송달의 방법으로 송달하기 위해서는 당사자 주소 등 송달할 장소를 알 수 없는 경우이어야 하고 법원이 송달장소는 알고 있으나 단순히 폐문부재로 송달되지 아니한 경우에는 공시송달을 할 수 없으므로, 위 판결정본의 송달은 적법하다고 볼 수 없고, 공시송달이 요건을 갖추지 못하여 부적법하더라도 재판장이 공시송달을 명하여 일단 공시송달이 이루어진 이상 송달의 효력은 발생하나, (…) 사정을 종합하여 보면 피고가 (…) 이후의 재판진행상황을 즉시 알아보지 아니함으로써 불변기간을 준수하지 못하게 되었다 할지라도 이를 피고에게 책임을 돌릴 수 있는 사유에 해당한다고 할 수는 없으므로, 피고가 직접 판결정본을 수령한 후 2주 내에 상고장을 제출한 것은 적법한 상고의 추후보완에 해당한다고 한 사례. (2011.10.27. 2011마1154)

(다) 원고가 피고의 주소를 알고 있었음에도 고의로 주소불명으로 하여 공시송달의 신청을 하고 그에 따라 공시송달에 의하여 소송절차가 진행되어 피고 패소의 판결이 행하여진 경우 피고는 일정한 요건에 따라 상소의 추후보완(173조)을 하거나 확정판결에 대한 재심사유(451조 1항 11호)로 삼을 수 있다(⇒ 9-85 참조).

(라) 공시송달의 요건을 갖추지 못하였음에도 재판장이 당사자에 대한 변론기일 소환장을 공시송달 한 경우, 그 당사자는 각 변론기일에 적법한 절차에 의한 송달을 받았다고 볼 수 없으므로, 위 공시송달의 효력이 있다 하더라도 각 변론기일에 그 당사자가 출석하지 아니하였다고 하여 쌍방 불출석의 효과가 발생한다고 볼 수 없다.[47]

(5) 송달의 특례 6-35

1) 민사소송규칙상의 특례

(가) 전화 등을 이용한 송달

변호사인 소송대리인에 대한 송달은 법원사무관등이 전화·팩시밀리·전자우편 또는 휴대전화 문자전송을 이용하여 할 수 있다(민소규 46조 1항). 그 경우 법원사무관등은 송달받은 변호사로부터 송달을 확인하는 서면을 받아 소송기록에 붙여야 한다(46조 2항).

(나) 변호사 사이의 송달

양쪽 당사자가 변호사를 소송대리인으로 선임한 경우 한쪽 당사자의 소송대리인인 변호사가 상대방 소송대리인인 변호사에게 송달될 소송서류의 부본을 교부하거나 팩시밀리 또는 전자우편으로 보내고 그 사실을 법원에 증명한 때에는 송달의 효력이 있다(민소규 47조 1항 본문). 다만, 그 소송서류가 당사자 본인에게 교부되어야 할 경우에는

---

47) 1997. 7.11. 96므1380.

그러하지 아니하다(47조 1항 단서).

6-36 2) 민사소송 등에서의 전자문서 이용 등에 관한 법률에 따른 특례

(가) 민사소송 등에서의 전자문서 이용 등에 관한 법률(약칭 전자소송법)은 전자적 송달에 대한 규정을 두고 있다. 전자적 송달이란, 법원이 송달할 전자문서를 법원의 전산정보시스템(전자소송 홈페이지)에 등재한 뒤 그 사실을 전자소송에 동의한 송달 받을 사람에게 전자 우편과 휴대폰 문자 메시지로 통지하고, 송달 받을 사람이 법원의 전산정보시스템에서 등재된 전자문서를 확인한 때, 또는 확인하지 않은 때에는 등재사실이 통지된 때부터 1주가 지났을 때 송달된 것으로 보는 송달방법을 말한다(전자소송법 11조, 전자소송규칙 26조 1항).[48)]

〈민사소송 등에서의 전자문서 이용 등에 관한 법률〉

제11조 (전자적 송달 또는 통지)

① 법원사무관등은 송달이나 통지를 받을 자가 다음 각 호의 어느 하나에 해당하는 경우에는 전산정보처리시스템에 의하여 전자적으로 송달하거나 통지할 수 있다.

1. 미리 전산정보처리시스템을 이용한 민사소송등의 진행에 동의한 등록사용자로서 대법원규칙으로 정하는 자인 경우 (……)

3. 등록사용자가 국가, 지방자치단체, 그 밖에 그에 준하는 자로서 대법원규칙으로 정하는 자인 경우

② 소송대리인이 있는 경우에는 제1항의 송달 또는 통지는 소송대리인에게 하여야 한다.

③ 제1항에 따른 송달은 법원사무관등이 송달할 전자문서를 전산정보처리시스템에 등재하고 그 사실을 송달받을 자에게 전자적으로 통지하는 방법으로 한다.

④ 제3항의 경우 송달받을 자가 등재된 전자문서를 확인한 때에 송달된 것으로 본다. 다만, 그 등재사실을 통지한 날부터 1주 이내에 확인하지 아니하는 때에는 등재사실을 통지한 날부터 1주가 지난 날에 송달된 것으로 본다.

(나) 전자소송의 등록사용자가 전자우편주소와 휴대전화번호를 전자소송시스템에 입력한 경우에는 등록사용자의 별다른 요청이 없는 한 반드시 전자우편과 문자메시지 양자의 방법으로 전자문서의 등재사실을 통지하여야 하고, 그 등재된 전자문서가 등록사용자의 미확인으로 송달 간주되는 시기는 전자우편과 문자메시지 양자 모두의 방법으로 등재사실이 통지된 날부터 1주가 지난날이라고 보아야 한다.[49)]

(다) 전자시스템에 판결등재 한 사실을 전자적으로 통지하였지만 등록사용자가 판결

48) 전자소송은 민사본안 제1심 사건을 기준으로 시행 첫 해인 2011년에는 14.9%, 그 다음 해부터는 2012년 37.3%, 2013년 43.5%, 2014년, 53.7%, 2015년, 60.8%, 2016년, 68.8%로 꾸준히 그 이용률이 증가하고 있다.

49) 2013. 4.26. 2013마4003.

문을 1주 이내에 확인하지 아니한 경우 판결 문 송달의 효력이 발생하는 시기는 등재 사실을 등록사용자에게 통지한 날의 다음 날부터 기산하여 7일이 지난날의 오전 영시가 되고, 상소기간은 민법 제157조 단서에 따라 송달의 효력이 발생한 당일부터 초일을 산입해 기산하여 2주가 되는 날에 만료한다.[50] (예컨대, 2020.1.2.(화)에 통지하면 송달효력은 통지된 날의 다음 날부터 기산하여 7일이 지난 1.10.(수)의 오전 영시에 발생하고, 상소기간은 1.10. 당일부터 기산하여 14일이 되는 1.23.(화)에 만료한다)

6. 외국에서 하는 송달 6-37

(1) 민사소송법·국제민사사법공조법에 의한 송달

민사소송법은 외국에서 하여야 하는 송달은 재판장이 그 나라에 주재하는 대한민국의 대사·공사·영사에게 촉탁하여 실시하거나(직접실시방식), 그 나라의 관할 공공기관에 촉탁하여 실시(간접실시방식)한다고 규정하며(191조), 그 구체적인 방식은 국제민사사법공조법이 규정한다. 이들 법에 따라 직접실시방식(영사송달)은 외국에 거주하는 대한민국 사람에게 송달하는 방식으로 사용되어 왔고, 간접실시방법(외교경로를 통한 송달)은 외국에 거주하는 외국인에게 송달하는 방식으로 사용되어 왔다.

그러나, 우리나라의 국내법인 민사소송법과 국제민사사법공조법에 따라 외국에 거주하는 대한민국 국민에게 하는 영사송달을 허용하지 않는 외국국가도 있어 영사송달이 항상 가능한 것이 아니고, 외교경로를 통한 송달은 송달에 너무 많은 기간이 소요된다는 점에서 다자조약과 양자조약을 통한 송달의 효율화가 필요하게 되었다.

(2) 다자간·양자간 조약에 따른 송달

우리나라는 2000년 다자간 조약인 헤이그송달협약에 가입함으로써 기존의 영사송달과 외교경로를 통한 송달 방식이외에 중앙당국을 통한 송달도 가능하게 되었다. 각 나라에 의해 지정된 중앙당국(우리나라는 법원행정처)은 외국으로부터의 송달촉탁을 외교경로(우리나라는 외교통상부)를 통하지 아니라고 직접 수령하게 되므로 절차가 간소해지고 시간이 절약되는 효과를 가져왔다. 또한 우리나라는 호주, 중국 등과 양자조약의 형태로 민사사법공조조약을 체결하여 그들 나라와의 관계에서 보다 효율적인 송달이 이루어지도록 하고 있다.

---

50) 2014.12.22. 2014다229016 (상고장각하명령사건).

6-38 7. 송달의 흠

1) 송달이 법이 정한 방식에 위배된 경우는 원칙적으로 무효이다(송달받을 사람이 아닌 사람에게 송달한 경우, 송달장소 아닌 곳에서 송달한 경우, 보충송달이나 유치송달을 해보지 않고 우편송달을 한 경우, 소장기재 주소지에 송달시도하지 않은 채 바로 근무장소로 송달한 경우 등). 다만, 공시송달의 요건에 흠이 있는 경우라도 재판장의 공시송달명령에 따라 공시송달을 한 경우는 유효한 송달이라고 보는 것이 판례이다.[51]

2) 허위의 주소를 기재하여 자백간주로 판결을 편취하는 경우에는, 판결정본이 아직 피고에게 송달되지 않은 것이므로 피고는 항소를 통하여 다툴 수 있다(⇒ 8-64).

3) 송달의 흠과 치유 여부

송달의 흠으로 송달이 무효가 되는 경우에도 송달받을 사람이 추인하면 유효하게 되며, 이의 없이 변론하거나 수령하면 흠은 치유된다. 그러나, 불변기간의 기산점과 관계있는 판결정본의 송달에 흠이 있는 경우는 이의권(책문권) 상실의 대상이 되지 않으며 치유되지 않는다.[52] (*2017. 법원직) 한편, 후일 상속인 명의로 경정결정된 사망자 명의의 압류 및 전부명령을 상속인이 현실적으로 송달받은 경우에 하자가 치유되어 상속인에 대한 송달로서 효력이 발생한다는 판례도 있다.[53]

4절 소송절차의 중단과 중지

6-39 1. 의 의

1) 법원이나 당사자의 소송행위가 불가능하거나 현저하게 곤란한 경우 등에도 소송절차는 기계적으로 진행되도록 하는 것은 비합리적이다. 일정한 요건 아래 절차의 진행을 멈출 필요가 있는데, 그러한 요건을 정한 것이 소송절차의 중단(unterbrechung)과 중지(aussetzung)이다.

2) 소송절차의 중단과 중지에 의하여 소송절차 정지(stillstand)의 효과가 생긴다. 소송계속이 발생한 이후 절차가 종료되기 전에 소송절차가 법률상 진행되지 않는 상태를

---

51) 1984. 3.15. 84마20(전원합의).
52) 2002.11. 8. 2001다84497.
53) 1998. 2.13. 95다15667.

소송절차의 정지라고 한다.[54] 소송절차의 정지는 기일의 연기나 추후지정 등으로 소송절차가 사실상 진행되지 않는 것과는 다르다. 소송절차가 정지되면 기간의 진행이 법적으로 정지된다(247조).

소송절차의 정지(효과) (247조)	절차의 중단 (233조–244조)	수계(233조 이하)
		속행명령(244조)
	절차의 중지 (245조, 246조)	법원의 직무수행 불가능(245조)
		당사자의 장애(246조)

3) 소송절차의 중단과 중지는 당사자대립주의 및 쌍방심리주의의 요청에 의하여 인정되는 제도이므로 판결절차 또는 판결절차에 준하는 절차(독촉절차, 제소전 화해절차, 소송비용확정절차 등)에 대해서 인정된다. 신속한 권리의 실현을 중시하는 강제집행절차에는 민사소송법의 중단과 중지에 관한 규정이 준용되지 않는다.[55]

2. 소송절차의 중단 6-40

(1) 의 의

절차의 중단은 당사자나 법정대리인이 소송을 수행할 수 없는 사유가 생기는 경우 새로이 소송을 수행할 수 있는 사람이 소송에 관여(수계)할 때까지 절차의 진행을 법률상 당연히 정지하는 것을 말한다. 대립심리를 통하여 당사자의 이익을 보호하기 위한 제도이다.

(2) 중단의 사유

1) 당사자 능력의 상실

당사자의 사망(233조), 당사자인 법인의 합병(234조) 등으로 당사자가 당사자 능력을 상실하는 경우 소송절차가 중단된다. 이혼 소송에 있어서 당사자 일방이 사망하는 경우와 같이 소송물인 권리의무가 일신전속적인 경우에는 절차가 중단되지 않고 소송이 종료된다. 법인이 합병된 경우 합병에 의하여 설립된 법인 또는 합병한 뒤의 존속법인

54) 민사소송법 제48조는 법원은 제척 또는 기피신청이 있는 경우에는 그 재판이 확정될 때까지 소송절차를 "정지"하여야 한다고 규정하는데 정확한 표현인지 의문이다. 우리 법은 정지와 중지라는 용어를 혼동하여 사용하는 것 아닌가하는 의문이 있다.

55) 1970. 11. 24. 70다1894. "강제경매에 있어서 경락허가결정 이후에 경락인이 사망하여도 경매절차가 중단되지 아니하며 경락의 효력은 그 상속인에게 미친다."

이 소송절차를 수계하여야 한다(234조 후문). 법인이 해산되는 경우 청산절차의 범위 내에서 당사자능력이 존속하므로 절차가 당연히 중단되지는 않는다.

2) 소송능력의 상실, 법정대리권의 소멸(235조) (⇒ 5-60)

당사자가 소송능력을 잃은 때 또는 법정대리인이 죽거나 대리권을 잃은 때에 소송절차는 중단된다. 본인자신이 유효하게 소송행위를 할 수 없기 때문이다(이에 반해, 소송대리인이 사망하거나 소송대리권이 소멸하는 경우에는 본인이 소송을 수행하는 데 지장이 없으므로 소송절차가 중단되지 않는다). 소송절차가 진행되는 중에 법정대리권이나 대표권이 소멸한 경우는 상대방에게 통지하지 않으면 소멸이 효력을 주장하지 못하므로(63조 1항, 64조), 통지하지 않는 동안에는 소송절차의 중단도 생기지 않는다.[56]

3) 수탁자의 임무종료(236조)

신탁재산에 관한 당사자인 수탁자의 임무가 끝난 때에 소송절차는 중단되며, 이 경우 새로운 수탁자가 소송절차를 수계하여야 한다.

4) 소송담당자 또는 선정당사자의 자격상실(237조)

일정한 자격에 의하여 자기 이름으로 남을 위하여 소송당사자가 된 사람이 그 자격을 잃거나 죽은 때에는 소송절차는 중단된다(237조 1항). 예컨대, 파산관재인이 소송담당자로서 당사자가 되어 소송을 수행하던 중에 파산관재인의 자격을 상실한 경우 유효하게 소송을 수행할 수 없으므로 다른 파산관재인이 선정되어 소송을 수계할 때까지 소송절차가 중단된다. 그러나, 공동파산관재인 중 일부가 자격을 상실한 때에는 남아 있는 파산관재인에게 관리처분권이 귀속되고 소송절차는 중단되지 않는다.[57]선정당사자 모두가 자격을 잃거나 죽은 때에는 소송절차가 중단된다(237조 2항). 선정당사자 중의 일부가 죽거나 자격을 잃는 경우에는 다른 선정당사자가 소송을 수행할 수 있으므로(54조), 소송절차가 중단되지 않는다.

5) 당사자의 파산(239조)

당사자가 파산선고를 받은 때에 파산재단에 관한 소송절차는 중단되고(239조), 파산관재인이 소송을 수계한다. 이 경우 수계가 이루어지기 전에 파산절차가 해지되면 파산선고를 받은 자가 당연히(수계신청절차를 거치지 아니하고) 소송절차를 수계한다(239조 후문). 파산재단에 관한 소송의 수계가 이루어 진 뒤 파산절차가 해지된 때에는 소송절

---

56) 2006.11.23. 2006재다171.

57) 2008. 4.24. 2006다14363.

차는 중단되며, 파산선고를 받은 자가 소송절차를 수계하여야 한다(240조).

(3) 중단의 해소

중단으로 인하여 정지된 소송절차는 당사자 측의 수계신청이나 법원의 속행명령에 의하여 중단이 해소되고 소송절차가 다시 진행된다.

1) 소송수계

중단사유의 발생으로 인하여 중단된 소송절차가 당사자 측의 수계신청이나 승계인의 소송수계로 중단은 해소된다.

㈎ 수계신청권자

상속인 등(233조), 합병한 뒤의 존속법인(234조), 소송능력을 회복한 당사자 또는 법정대리인이 된 사람(235조), 새로운 수탁자(236조), 자격을 잃은 사람과 같은 자격자(237조) 등이 소송을 수계하여야 한다. 상속인은 상속포기를 할 수 있는 동안 수계하지 못한다(233조 2항). 수계하여야 할 사람이 수계할 수 있는 상태에 있으면서도 수계신청을 하지 않을 경우에, 소송절차의 수계신청은 상대방도 할 수 있다(241조).

㈏ 수계신청을 할 법원 및 절차

수계신청은 중단당시 소송이 계속된 법원에 대하여 하여야 한다(243조 2항). 수계신청이 있으면 법원은 이를 상대방에게 통지하여야 한다(242조). 상속인이 상속포기를 할 수 있는 동안은 소송절차를 수계하지 못한다(233조 2항), 상속인이 상속포기기간 안에 한 수계신청은 위법이나 상대방이 이의 없이 응소하면 이의권의 포기로 하자가 치유된다.[58] 수계신청은 서면 또는 말로 할 수 있다(161조 1항).

㈐ 수계신청에 대한 재판

소송절차의 수계신청은 법원이 직권으로 조사하여 이유가 없다고 인정한 때에는 결정으로 기각하여야 한다(243조 1항). 재판이 송달된 뒤에 중단된 소송절차의 수계에 대하여는 그 재판을 한 법원이 그러한 결정을 하여야 한다(243조 2항). 법원이 수계를 적법하다고 인정하는 이상 사실상 변론을 속행함으로써 족하며 특히 이에 대한 재판을 필요로 하는 것은 아니다.[59] (*2015. 법원직. 별도의 재판으로 수계의 허가결정을 한 다음 소송절

---

58) 1995. 6.16. 95다5905,5912.

59) 1969. 9.30. 69다1063; 2006.11.23. 2006재다171. [147] (법인의 대표자가 변경되었으나 법인이 소송수계신청을 하지 않고 대표자 표시변경신청을 한 경우, 법원이 이를 받아들여 새로운 대표자를 법인의 대표자로 표시한 것이 적법하다고 한 사례).

차를 진행해야한다(×))

2) 속행명령

아무도 소송을 수계하지 않아서 절차를 진행시킬 수 없을 때 직권으로 절차를 계속하도록 명할 수 있다(244조). 속행명령의 상대방은 상속인 등 새로 수계할 사람이다. 속행명령이 당사자에게 송달되면 중단이 해소된다.

(4) 소송대리인이 있는 경우의 예외

1) 앞에서 설명한 중단사유 중 1)~4)의 경우에는 중단사유가 생긴 당사자 측에 소송대리인이 있으면 소송절차가 중단되지 아니한다(238조). 당사자의 사망 등 중단사유가 있어도 소송대리권은 소멸되지 않으므로(95조, 96조) 새로운 당사자의 이익이 침해될 우려가 없기 때문이다. 그러나 중단사유 5)의 파산선고로 인한 중단과 파산절차해지로 인한 중단의 경우에는 소송대리인이 있는 경우의 예외가 인정되지 않는다(238조 반대해석).

2) 당사자 사망의 경우 망인의 소송대리인은 당사자 지위의 당연승계(판례 및 다수설의 견해. 이러한 당연승계를 부정하는 견해도 있다)(⇒ 10-145)로 인하여 상속인으로부터 새로이 수권을 받을 필요 없이 법률상 당연히 상속인의 소송대리인으로 취급되어 상속인들 모두를 위하여 소송을 수행하게 된다.

3) 당사자가 사망하였으나 그를 위한 소송대리인이 있어 소송절차가 중단되지 않는 경우에 비록 상속인으로 당사자의 표시를 정정하지 아니한 채 망인을 그대로 당사자로 표시하여 판결하였다고 하더라도 그 판결의 효력은 망인의 소송상 지위를 당연승계한 상속인들 모두에게 미치는 것이다. 망인의 공동상속인 중 소송수계절차를 밟은 일부만을 당사자로 표시한 판결 역시 수계하지 아니한 나머지 공동상속인들에게도 그 효력이 미친다.[60]

4) 중단사유가 생긴 당사자 측에 소송대리인이 있는 경우, 소송대리인이 상소에 대한 특별수권을 부여받았느니 여부에 따라 법률효과가 달라진다.

㈎ 상소에 대한 특별수권을 받지 않은 경우

소송대리인이 있어도 심급대리의 원칙상 그 심급의 판결정본이 소송대리인에게 송달됨으로써 심급종결로 소송절차는 중단된다. 따라서, 상속인이 뒤 늦게 피상속인을

---

60) 2010.12.23. 2007다22859.

당사자로 한 판결의 존재를 알게 된 경우에 상속인은 수계절차를 밟아 판결에 불복할 기회를 가질 수 있다.

㈏ 상소에 대한 특별수권을 받은 경우

소송대리인에게 상소에 관한 특별수권이 있으면(실무상 대부분의 경우가 그러하다) 판결이 소송대리인에게 송달되어도 소송절차가 중단되지 않는다. 따라서, 이 경우 소송대리인이 패소한 당사자를 위하여 상소를 제기하지 않으면(공동상속인 중 일부에 대하여 상소가 누락되는 경우가 종종 발생한다) 상소기간의 도과로 판결은 확정된다는 것이 판례의 입장이다.[61]

3. 소송절차의 중지 6-41

(1) 의 의

절차의 중지는 천재지변 등으로 법원이 직무를 수행할 수 없거나(245조), 당사자에게 소송을 진행하거나 수행하기 곤란한 장애가 생긴 경우(246조)에 법률상 당연히 일시적으로 절차의 진행을 정지하거나, 법원의 결정으로 절차의 진행을 정지하는 것을 말한다.

(2) 중지사유

1) 법원의 직무수행 불가능

천재지변, 그 밖의 사고로 법원이 직무를 수행할 수 없을 경우에 소송절차는 그 사고가 소멸될 때까지 중지된다(245조). 법원의 결정 없이 당연히 절차가 중지된다.

2) 당사자의 장애사유

당사자가 일정하지 않은 기간 동안 소송행위를 할 수 없는 장애사유가 생긴 경우에는 법원이 결정으로 소송절차의 중지를 명하는 결정을 할 수 있다(246조). 법원의 결정이 있어야 절차가 중지된다.

4. 소송절차의 중단과 중지의 효과 6-42

제247조 (소송절차 정지의 효과)

① 판결의 선고는 소송절차가 중단된 중에도 할 수 있다.

② 소송절차의 중단 또는 중지는 기간의 진행을 정지시키며, 소송절차의 수계사실을 통지한 때 또는 소송절차를 다시 진행한 때부터 전체기간이 새로이 진행된다.

---

61) 1992.11. 5. 91마342. [144]

(1) 기간의 진행정지

1) 소송절차의 중단 또는 중지는 기간의 진행을 정지시킨다(247조 2항). 따라서 상소기간 등 각종 기간도 진행되지 않는다.

2) 정지된 기간은 수계인이 절차를 수계하여 그 사실을 통지한 때 또는 소송절차를 다시 진행한 때부터 전체기간이 새로이 진행한다(247조 2항)(예컨대, 1심 판결 정본이 패소한 피고에게 송달된 후 7일 만에 피고가 사망한 경우, 항소기간의 진행이 정지되며, 피고의 상속인이 수계신청을 하여 법원이 이를 원고에게 통지한 때로부터 다시 14일의 항소기간이 진행한다). 중단으로 인한 정지의 경우뿐만 아니라 중지로 인한 정지의 경우도 소송절차를 다시 진행한 때부터 전체기간이 새로 진행한다(*2017. 법원직. 중지되었던 경우에는 남은 기간만 새로이 진행된다(×)).

(2) 정지 중 행한 소송행위의 효력

1) 정지 중에 한 당사자의 소송행위는 원칙적으로 무효이나 상대방이 이의를 제기하지 않으면 유효하게 된다는 것이 통설이다.

2) 당사자 사망으로 인하여 소송절차가 중단된 것을 간과한 채 선고한 판결의 효력을 어떻게 볼 것인가에 관해서는 논란이 있다.

(가) 당연무효설 : 당사자가 소송 중에 사망하더라도 사망한 자가 여전히 당사자이고, 사망한 당사자는 당사자능력이 없으므로 당사자능력이 없는 실체에 대한 판결은 당연무효라는 견해이다.

(나) 상소 및 재심설 : 당사자가 소송 중에 사망하면 소송법상지위가 당연히 상속인에게 승계되므로 상속인이 당사자가 되는 것(당연승계론)이므로, 승계인으로 하여금 수계하는 절차를 취하지 아니한 위법은 있으나 이는 판결을 당연 무효로 하는 것이 아니며 상소나 재심을 통해서 바로잡으면 된다는 견해이다(판례[62], 다수설).

> "소송계속 중 어느 일방 당사자의 사망에 의한 소송절차 중단을 간과하고 변론이 종결되어 판결이 선고된 경우에는 그 판결은 소송에 관여할 수 있는 적법한 수계인의 권한을 배제한 결과가 되는 절차상 위법은 있지만 그 판결이 당연무효라 할 수는 없고, 다만 그 판결은 대리인에 의하여 적법하게 대리되지 않았던 경우와 마찬가지로 보아 대리권흠결을 이유로 상소 또는 재심에 의하여 그 취소를 구할 수 있을 뿐이므로, 판결이 선고된 후 적법한 상속인들이 수계신청을 하여 판결을 송달받아 상고하거나 또는

---

62) 1995. 5.23. 94다28444(전원합의). [146]

사실상 송달을 받아 상고장을 제출하고 상고심에서 수계절차를 밟은 경우에도 그 수계와 상고는 적법한 것이라고 보아야 하고, 그 상고를 판결이 없는 상태에서 이루어진 상고로 보아 부적법한 것이라고 각하해야 할 것은 아니다." (1995. 5.23. 94다28444(전원합의))

3) 중단 중 이루어진 망인에 대한 공시송달의 효력에 관하여, 판례는 "원고가 망인을 상대로 제기한 소송은 위 망인의 사망으로 중단되었고, 다만 판결의 선고는 소송절차가 중단된 중에도 할 수 있으므로 위 법원이 이 사건 재심대상판결을 선고한 것은 적법하다고 할 것이나, 그 소송절차는 그 판결선고와 동시에 중단되었으므로 위 망인에 대하여 판결정본을 공시송달 한 것은 효력이 없고, 위 망인의 상속인이 그 소송절차를 수계하여 위 판결의 정본을 송달받기 전까지는 그에 대한 항소제기기간이 진행될 수도 없다"고 한다.[63)]

5. 관련된 다른 절차의 진행에 따른 중지(정지) 6-42(2)

심리중인 민사사건과 관련된 다른 절차가 진행되는 경우 그 절차와의 관계 때문에 소송절차를 중지하는 경우가 있다. 법령에 근거하여 중지(정지)하는 경우와 해석상 중지하는 경우가 있다. 이는 당사자대립주의의 필요에 의하여 민사소송법이 규정하는 절차의 중단(233조~244조), 절차의 중지(245조, 246조)와는 그 법적 성격이 다른 것이다. 이러한 경우에도 소송절차 정지의 효과에 관한 민사소송법 제247조 제2항이 준용된다고 할 것이다.

(1) 법령에 의한 중지(정지)

1) 당연중지: 법원의 위헌심판제청(헌재 42조 1항), 소송사건의 조정회부(민사조정규칙 4조 2항)

〈헌법재판소법〉

제42조 (재판의 정지 등)

① 법원이 법률의 위헌 여부 심판을 헌법재판소에 제청한 때에는 당해 소송사건의 재판은 헌법재판소의 위헌 여부의 결정이 있을 때까지 정지된다. 다만, 법원이 긴급하다고 인정하는 경우에는 종국재판 외의 소송절차를 진행할 수 있다.

〈민사조정규칙〉

제4조 (소송절차와의 관계)

① 조정의 신청이 있는 사건에 관하여 소송이 계속된 때에는, 수소법원은 결정으로 조정이 종료될 때

---

63) 2007.12.14. 2007다52997.

까지 소송절차를 중지할 수 있다.
② 법 제6조의 규정에 의하여 소송사건이 조정에 회부된 때에는 그 절차가 종료될 때까지 소송절차는 중지된다.

2) 재량중지 : 회생절차의 개시신청(채회 44조 1항), 특허권의 권리범위확인심판이 특허심판원에 계속 중에 있는 경우 그 특허권에 기초한 침해금지청구 및 손해배상청구들의 권리침해소송(특허법 164조 2항), 조정의 신청이 있는 사건에 관하여 소송이 계속된 때(민사조정규칙 4조 1항) 등. 이 경우에는 중지를 명하는 결정을 하여야 한다.

〈특허법〉

제164조 (소송과의 관계)
② 법원은 소송절차에서 필요하면 직권 또는 당사자의 신청에 따라 특허취소신청에 대한 결정이나 특허에 관한 심결이 확정될 때까지 그 소송절차를 중지할 수 있다. 〈개정 2016.2.29〉

"특허권의 권리범위확인심판이 특허심판원에 계속 중에 있는 경우 그 특허권에 기초한 침해금지청구 및 손해배상청구들의 권리침해소송을 중지할 것인지 여부는 법원이 재량에 의하여 직권으로 정하는 것이다."[64]

3) 의무중지

〈민사소송법〉

제48조 (소송절차의 정지) 법원은 제척 또는 기피신청이 있는 경우에는 그 재판이 확정될 때까지 소송절차를 정지하여야 한다.

(2) 해석에 의한 중지

1) 다른 민사사건이나 형사사건의 판결이 심리중인 사건의 선결문제가 되는 경우,[65] 국제적 소송경합의 경우 등에도 해석상 중지를 결정할 수 있다고 할 것이다.

2) 법률구조신청하는 경우에도 법률구조신청 기각결정이 확정될 때까지 소송절차가 당연히 중지된다고 해석하여야 할 것이다(⇒ 2-58, 2008. 6. 2. 2007무77 검토).

---

64) 2009.10.15. 2009다46712.
65) 프랑스 형사소송법 4조(형사재판 확정시까지의 민사재판 중지), 독일 ZPO 148조(다른 재판으로 인한 중지) 참조.

제3장 당사자의 소송수행

1절 당사자의 소송행위

1. 총 설 6-43

소송의 주체로서 법원과 당사자는 일정한 행위를 통하여 소송의 심리를 진행한다. 소송주체의 행위로서 그 요건 및 효과가 소송법에 의하여 정해지는 것을 소송행위라고 한다. 소송행위 중에서 특히 당사자의 소송행위를 어떻게 통일적으로 파악할 것인가가 문제가 된다. 민법총칙에 법률행위에 관한 규정을 따로 두고 있는 것(민법 제5장)과는 달리 민사소송법에 따로 소송행위에 관한 일반적인 규정은 없다. 소의 취하, 청구의 포기·인낙, 자백, 당사자의 변론 등이 당사자의 소송행위의 예이다. 당사자의 소송행위로서 가장 중요한 것이 변론이므로 변론에 대해서는 2절에서 따로 살펴본다.

2. 소송행위의 종류 6-44

(1) 시기·장소를 기준으로 한 분류

1) 소송계속 이전의 행위

부제소 합의, 관할의 합의 등이 이에 해당한다. 중재합의, 소송위임도 소송계속 전에 행해지는 경우가 많다.

2) 소송계속 중의 행위

소송계속 중의 행위는 다시 소송절차 안에서의 행위(본안의 신청, 공격방어방법의 제출)와 소송절차 밖에서의 행위(소 취하의 합의, 선정당사자의 선정, 소송위임 계약의 해제)로 구분할 수 있다.

(2) 목적을 기준으로 한 분류

1) 유리한 재판 또는 법원의 특정 행위를 취득할 목적의 행위 : 각종의 신청, 변론에서의 법률상 주장, 사실의 주장, 증거의 제출 등이 이에 속한다.

2) 소송상 특별한 목적 또는 효과의사를 가진 행위 : 소송종료를 위한 소의 취하, 청구의 포기 인락, 화해, 자백, 증거계약 등이 이에 속한다.

(3) 효력을 기준으로 한 분류

1) 취효적행위(Erwirkungshandlung) : 당사자가 요구한 행위를 법원이 함으로써 비로소 소송법상 효과가 생기는 소송행위(각종 신청, 소제기, 상소제기, 증거신청, 사실의 주장 등)를 말한다.

2) 여효적행위(Bewirkungshandlung) : 당사자의 행위에 따라 직접 소송법상의 효과가 생기는 소송행위(자백, 포기, 인락, 소의 취하, 상소의 취하 등)를 말한다.

6-45 3. 소송행위의 소송법상 취급

1) 소송행위는 강학상의 개념으로 아직 모든 소송행위에 공통적으로 적용할 수 있는 일반적 규범이 정립되어 있지 않다. 당사자의 소송행위는 민법상의 법률행위에 대응되는 개념으로 이해되지만 그 유효요건과 효력 등을 동일하게 볼 수는 없다. 예컨대 민법상의 법률행위능력(행위능력)에 대응하는 것이 소송법상의 소송행위능력(소송능력)인데 두 범주가 완전히 동일한 것은 아니며, 하자있는 법률행위의 취소 등에 관한 규정을 하자있는 소송행위에도 그대로 적용될 수 있는 것은 아니다.[66]

2) 소송행위론은 민법의 법률행위론 만큼 정치하게 이론이 구축된 것 같지 않다. 민법상의 법률행위에 관한 규정을 소송행위에 어느 범위에서 유추적용 할 것인지가 문제된다. 현재로서는 개별 소송행위의 특성에 따라 개별적으로 검토하는 것이 일반적이다. 예컨대 착오로 소취하라는 소송행위를 한 경우에 이를 취소할 수 있는지는 소취하(266조)라는 소송행위의 법적 성격에 기초하여 그 특성에 따라 판단하여야 하고, 착오로 자백이라는 소송행위를 한 경우에 이를 취소할 수 있는지는 자백이라는 소송행위의 법적 성격에 기초하여 제정된 특별규정(288조 단서)이 있으므로 그 규정의 해석에 따라 판단하여야 하며, 기망에 의하여 소송상 화해를 한 경우의 효력은 소송상 화해라는 소송행위의 법적 성격에 기초하여 판단하여야 한다는 것이 현재의 일반적 견해이다(*2010. 법원직. 제3자가 행한 사기에 의하여 소송상 화해를 한 경우 상대방이 그 사실을 알았거나 알 수 있었을 경우에 한하여 그 화해를 취소할 수 있다(×)) (⇒ 8-75).

66) 1997.10.10. 96다35484. [125]

(예문) 1) 미성년자인 甲이 부모의 동의를 받아 변호사 A를 소송대리인으로 선임하고 소송위임을 하였다. 甲의 소송위임에 따라 변호사 A가 甲의 소송대리인이 되어 소제기 하였다. 1심에서 A가 변론을 하였으나 패소하였고, 변호사 A가 항소를 하였다. 항소심에서 甲의 부모가 甲을 대리하여 변호사 B를 선임하였다. B가 A의 소제기를 추인하는 경우는? B가 추인하지 않는 경우는?
[미성년자는 부모의 동의를 받아 법률행위인 위임계약을 체결할 수 있으나, 소송위임(소송대리권수여)이라는 소송행위는 법정대리인을 통해서만 할 수 있다. A의 소제기는 무권대리인의 소제기로 유동적 무효이다. B가 추인하지 않는 무권대리인이 제기한 소제기는 무효이므로 1심판결을 취소하고 소를 각하해야 할 것이다.]

2) 착오로 소를 취하하였다. 소를 취하한 행위를 취소할 수 있는가?
[소취하라는 소송행위의 법적 성격에 기초하여 판단하여야 한다. 소취하는 법률행위가 아니고 소송행위이므로 민법총칙이 적용되지는 않는다. 그러나 민법총칙규정을 준용하여 소취하를 취소할 수 있는지에 대해서는 소취하라는 특별한 소송행위 자체의 법적 성격에 대한 견해 차이에 따라 견해가 갈린다.]

3) 착오로 자백을 하였다. 자백을 철회할 수 있는가?
[자백이라는 특별한 소송행위의 법적 성격에 기초하여 법률에 특별규정(288조 단서)을 두었으므로 그 규정의 해석에 따라 판단하여야 한다.]

4. 소송행위와 법률행위와의 관계가 문제되는 경우

(1) 소송절차에서의 형성권행사 6-46

1) 소송절차에서 공격방어방법으로 해제권, 해지권, 취소권, 상계권 등 형성권을 행사하는 경우(예컨대, 원고의 계약이행청구의 소에서 피고가 변론을 통하여 계약해제의 형성권을 행사하면서 이를 항변으로 제출하는 경우), 소송절차를 통하여 형성권을 행사하는 것이 소송행위로서의 성격을 갖는 것은 의문이 없으나 형성권행사의 사법(私法)상 효과도 아울러 갖는 것인가가 문제된다. 이러한 문제는 소송절차에서 형성권을 행사한 후 소의 취하, 소의 부적법 각하 등의 사유로 소송법률관계가 소멸하게 되는 경우 형성권행사의 사법상 효력은 유지되는 것인지와 관련된다.

2) 판례는 “원고의 위 소 제기로서 이 사건 매매계약 해제의 의사표시를 명시적으로 하지는 않았다 하더라도 원고가 피고에게 이 사건 매매계약의 존속과는 양립할 수 없는 위약금의 지급 청구를 하고, 그 소장이 피고에게 송달됨으로써 해제권을 행사하였다 할 것이고(…) 해제권은 형성권이므로 비록 그 후에 원고가 그 소송을 취하하였다

하여 위 해제권 행사의 효력에 아무런 영향도 미치지 않는다 할 것"이라고 하고,[67] "소송상 방어방법으로서의 상계항변은 수동채권의 존재가 확정되는 것을 전제로 하여 행하여지는 일종의 예비적 항변으로서 당사자가 소송상 상계항변으로 달성하려는 목적, 상호양해에 의한 자주적 분쟁해결수단인 조정의 성격 등에 비추어 볼 때, 당해 소송절차 진행 중 당사자 사이에 조정이 성립됨으로써 수동채권의 존재에 관한 법원의 실질적인 판단이 이루어지지 아니한 경우에는 그 소송절차에서 행하여진 소송상 상계항변의 사법상 효과도 발생하지 않는다고 봄이 타당하다."[68]고 한다.

6-47 **(2) 소송상 합의**

1) 현재 또는 장래의 소송당사자가 현재 또는 장래의 특정한 소송에 대한 일정한 효과의 발생을 목적으로 하는 합의를 소송상 합의라고 한다. 관할의 합의(29조), 비약상고의 합의(390조 1항 단서) 등과 같이 민사소송법이 명문으로 규정하는 경우에는 그 해석에 따라 요건과 효과가 결정되므로 큰 문제가 없으나, 법이 명문으로 규정하지 않는 부제소의 합의 또는 소취하의 합의 등은 그 법적 성질과 관련하여 문제가 된다.

2) 부제소의 합의 또는 소취하의 합의를 단순히 사법상의 권리의무만 발생하는 사법상의 계약이라거나(사법상계약설), 합의의 효과로서 직접 소송상의 효과가 발생하는 소송계약이라는 견해(소송계약설)도 있으나, 원고가 합의를 이행하지 않는 경우에는 피고가 그러한 계약의 존재를 항변으로 주장하고, 만약 합의의 존재가 증거에 의하여 인정된다면 법원은 권리보호의 이익이 없는 것으로 보아 소각하의 판결을 하여야 한다는 견해(항변권발생설)가 통설이자 판례[69]의 입장이다.

> "재판상 화해에 있어서 법원에 계속 중인 다른 소송을 취하하기로 하는 내용의 화해조서가 작성되었다면 당사자 사이에는 법원에 계속 중인 다른 소송을 취하하기로 하는 합의가 이루어졌다 할 것이므로, 다른 소송이 계속 중인 법원에 취하서를 제출하지 않는 이상 그 소송이 취하로 종결되지는 않지만 위 재판상 화해가 재심의 소에 의하여 취소 또는 변경되는 등의 특별한 사정이 없는 한 그 소송의 원고에게는 권리보호의 이익이 없게 되어 그 소는 각하되어야 한다." (2005. 6.10. 2005다14861)

---

67) 1982. 5.11. 80다916. [120]
68) 2013. 3.28. 2011다3329. [122]
69) 2005. 6.10. 2005다14861.

2절 당사자의 변론

1관 총 설

1. 변론의 의의 6-48

1) 민사소송법에서 변론이라는 용어는 여러 가지 의미로 사용된다. 넓은 의미로는 법원과 당사자가 각종 기일에 구술로 하는 소송행위를 뜻하며 당사자의 신청, 주장(진술)등은 물론 법원의 소송지휘, 증거조사, 판결의 선고 등도 포함한다(141조, 142조, 143조, 152조, 204조 등). 민사소송규칙 제28조는 변론의 방법에 관하여 ① 변론은 당사자가 말로 중요한 사실상 또는 법률상 사항에 대하여 진술하거나, 법원이 당사자에게 말로 해당사항을 확인하는 방식으로 한다. ② 법원은 변론에서 당사자에게 중요한 사실상 또는 법률상 쟁점에 관하여 의견을 진술할 기회를 주어야 한다고 규정한다.

2) 이에 대하여 좁은 의미로 변론은 당사자가 기일에 공개된 법정에서 법원에 직접 말로 본안의 신청을 하고 공격방어방법을 제출하고 입증을 하는 행위를 일컫는다. 이러한 의미의 변론은 민사소송에 있어서 당사자가 수행하는 심리의 핵심을 이룬다(변론은 말로 하여야 하기 때문에 변론에 참여하는 사람이 언어 소통에 장애가 있으면 통역인에게 통역을 하게 하여야 한다(⇒ 6-110)).

2. 변론의 필수성

(1) 필수적 변론 6-49

법원이 당사자 간의 분쟁에 대하여 판결이라는 엄격한 형식의 재판을 통하여 적정한 결론에 이르고, 권리자의 권리를 보호하기 위해서는 당사자로 하여금 기일에 공개된 법정에서 구술로 본안의 신청을 하고 공격방어방법을 제출하도록 하는 것이 필요하다. 민사소송법도 이러한 생각에 바탕을 두고 판결로 재판을 하여야 하는 소송은 반드시 당사자의 변론을 거치도록 규정하였다(134조 1항 본문). 이를 필수적 변론이라고 한다. 판결로 재판하는 통상의 소송사건은 필수적 변론사건이다. 다만, 소송요건에 보정할 수 없는 흠이 있어 소각하 판결을 하는 경우(219조), 피고가 답변서를 제출하지 아니하거나, 청구원인 사실을 모두 자백하는 답변서를 제출하고 따로 항변을 하지 아니한 때(257조 1항, 2항) 등에는 변론 없이 판결할 수 있다.

(2) 임의적 변론 6-50

1) 그러나, 법원이 재판을 하기 위해서는 언제나 변론을 거쳐야 하도록 하는 것은 신

속한 재판이나 소송경제의 이념에 비추어 볼 때 타당하지 않을 수 있다. 그런 이유로 민사소송법은 결정으로 완결할 사건에 대하여는 법원이 변론을 열 것인지 아닌지를 정하도록 하였다(134조 1항 단서). 이를 임의적 변론이라고 한다. 예컨대, 제척 또는 기피신청에 대한 재판(46조), 소송구조에 대한 재판(128조), 담조제공결정(120조) 소송비용액의 확정결정(110조) 등이 임의적 변론 사건이다. 그 밖에 민사집행법상의 가압류·가처분 결정, 경매개시결정, 매각허부결정 등도 임의적 변론 사건이다.

2) 임의적 변론 사건에서 변론을 열지 아니할 경우에 법원은 당사자와 이해관계인 그 밖의 참고인을 심문(審問)할 수 있다(134조 3항)(임의적 심문). 심문이란 당사자나 이해관계인에게 변론과 같은 요건을 갖추지 않고 서면 또는 말로 진술할 기회를 주는 것을 말한다. 그러나 법에 특별한 규정이 있는 경우에는 그에 따라야 하므로(134조 3항), 승계인으로 하여금 소송을 인수하게 하는 결정을 하려면 당사자와 승계인을 심문하여야 하며(82조 2항), 제3자에 대하여 문서제출을 명하는 결정을 하기 위해서는 제3자 또는 그가 지정하는 자를 심문하여야 하고(347조 3항), 임시의 지위를 정하기 위한 가처분 사건의 재판은 변론기일 또는 채무자가 참석할 수 있는 심문기일을 열어야 한다(민집 304조)(필수적 심문).

2관 변론의 내용(변론의 실질)

당사자의 변론은 본안의 신청, 공격방어방법의 제출(주장과 입증) 등을 그 내용으로 한다.

	원 고	피 고
본안신청 (소송물특정)	청구취지(원인) (1억원 지급하라)	청구취지(원인)에 대한 답변 (원고의 청구를 기각한다)
공격방어 (주장/입증)	**(공격방법)** ① 사실의 주장(진술) → ② (1억 차용해 주었고, 이행기 도래한 사실) ③ 입증(원고) → ④ ⑤ 자백(침묵): 입증(피고)불요 ⑤ 부인(부지) → ⑥	**(방어방법)** ② 자백(침묵): 입증(원고)불요 ② 부인(부지) → ③ ④ 항변 사실의 주장(진술) (변제한 사실) → ⑤

	⑦ 재항변 사실의 주장(진술) (다른 채권의 변제에 충당한 사실) ——————→ ⑧	⑥ 입증(피고) ——————→ ⑦ ⑧ 자백(침묵): 입증(원고)불요 ⑧ 부인(부지) ——————→

1. 본안의 신청 6-51

1) 원고가 먼저 변론기일에 소장의 청구취지와 청구원인(소송상 청구)에 대한 판결을 구하는 신청을 함으로써 심리가 시작된다. 이는 본안재판의 대상과 내용에 관계되는 신청이기 때문에 이를 본안의 신청이라고 한다. 원고의 본안의 신청에 의하여 소송의 대상으로서 소송물이 정해진다. 피고는 원고의 본안신청에 대하여 청구의 기각을 구하는 진술을 하거나,[70] 반소의 청구를 진술함으로써 본안의 신청을 한다. 가집행선고 및 소송비용에 관한 재판은 종국판결에 포함되는 부수적 재판으로서, 법원은 원고의 신청이 없어도 직권으로 재판할 수 있다.

2) 일반적으로 신청이란 당사자가 법원에 대하여 재판 등 일정한 소송행위를 요구하는 것을 말한다. 신청에는 위와 같은 본안의 신청 이외에도 관할의 지정신청(268조 2항), 소송의 이송신청(35조), 공시송달신청(194조) 등 소송절차에 관한 신청이 있는바, 이를 소송상의 신청이라고 한다.

2. 공격방어방법의 제출 – 주장과 입증 6-52

당사자는 본안의 신청을 뒷받침하는 소송자료를 제출하여야 하는데 이를 공격방어방법의 제출이라고 한다. 공격방어방법은 법률상·사실상의 주장(진술)과 다툼 있는 사실에 대한 입증으로 구성된다.

(1) 주장(진술) 6-53

1) 법률상의 주장(진술)

원고와 피고는 대전제가 되는 법규범의 존재와 해석에 대한 견해를 자유롭게 진술(주장)할 수 있다. 외국의 법규라든가 지방자치단체의 조례 등 법원이 쉽게 알 수 없는 법규를 법원에 제시할 수도 있으며, 자신이 해석한 법규 적용의 효과로서 권리관계의

70) 이에 의하여 소송물이나 재판내용이 좌우되는 것이 아니므로 이는 소송상의 신청이라는 견해도 있다(이시윤, p.383).

발생·변경·소멸을 주장할 수도 있다. 그러나 법적삼단논법의 대전제를 구성하는 것은 전적으로 법원의 권한에 속하는 것이므로 법원은 이러한 당사자의 법률상 진술에 기속되지 않는다.

2) 사실상의 주장(진술)

(가) 원고가 먼저 소송상청구의 근거가 되는 권리발생요건(법적삼단논법의 대전제)에 대응하는 주요사실(법적삼단논법의 소전제: 구체적인 매매계약체결사실, 졸음운전사실, 계약을 해제한다는 내용의 의사표시를 한 사실 등)을 구술로 진술한다.

(나) 사실상의 진술에 대한 상대방의 대응 방법은 부인, 부지, 자백, 침묵의 4가지가 있다.

① 부인은 상대방이 주장하는 사실을 부정하는 진술이다. 부인에는 상대방의 주장사실을 진실이 아니라고 소극적으로 부정하는 단순부인과, 상대방의 주장사실과 양립하지 아니하는 별도의 사실을 적극적으로 주장하여 상대방의 주장사실을 부정하는 간접부인(이유부부인)이 있다. 예컨대, 대여금반환청구소송에서 원고는 피고에게 금 1,000만원을 빌려주었다고 주장하였다. 이에 대하여 피고는 1,000만원을 "빌린 사실이 없다"고 진술하거나(단순부인), "증여받은 것이다"(간접부인: 빌린 것과 증여받은 것은 양립할 수 없는 관계이다)라고 진술함으로써 빌려주었다는 원고의 주장사실을 부인할 수 있다. 위와 같은 간접부인의 경우 원고가 주장하는 "빌려주었다(대여하였다)"는 사실 중에서 "돈을 받은 사실"이라는 부분은 시인하고 "변제하기로 하였다"는 부분은 부인하는 것이 된다.

② 부지는 상대방이 주장하는 사실을 알지 못한다는 진술이다. 부지는 부인으로 추정한다(150조 2항). 자기가 관여하지 아니한 행위에 대해서는 부지라는 답변이 허용되나, 자기의 행위나 자기가 관여한 행위에 대해서는 특단이 사정이 없는 한 부지라고 대응할 수 없다.

③ 자백은 자기에게 불리한 상대방의 주장사실을 시인하는 진술이다. 당사자가 재판상 자백한 사실은 증명을 필요로 하지 아니한다(288조). (⇒ 7-15)

④ 침묵은 상대방의 주장사실을 명백히 다투지 아니하는 것을 말한다. 변론전체의 취지로 보아 그 사실에 대해서 다툰 것으로 인정되는 경우를 제외하고, 당사자가 변론에서 상대방이 주장하는 사실에 대해서 침묵하면 그 사실을 자백한 것으로 본다(150조 1항).

피고가 재판상 자백하거나 침묵하는 경우에는 법원은 증거조사를 하지 아니하고 원고가 주장하는 사실을 인정하여야 하며(288조), 부인하거나 부지라고 진술하는 경우 증거조사를 하여 원고가 주장하는 사실을 인정할 것인지 여부를 판단한다. 피고가 원고의 주장사실을 재판상 자백하거나 침묵한다는 것이 원고의 소송상 청구를 인낙(220조)하는 것을 의미하는 것은 아니다. 피고는 원고의 주장사실을 자백하거나 침묵하면서도 항변을 제기할 수도 있기 때문이다(피고가 원고의 청구를 인낙하면 판결을 할 필요 없이 인낙조서를 작성하고 소송은 종료된다. 그러나 피고가 원고가 주장하는 사실을 재판상 자백한 경우는 증명 없이 그 사실을 인정한 후 그에 기초하여 판결을 하여야 한다(⇒ 7-15).

(2) 입증(증거의 신청 및 제출) 6-54

당사자가 청구원인 또는 항변으로서 사실을 주장하는 경우 그에 대하여 상대방이 자백을 하면 법원은 증거조사를 할 필요 없이 그 사실을 인정하여야 하므로 입증의 문제는 생기지 않는다. 그러나 상대방이 부인·부지하는 경우에는 그 사실에 대한 증명책임이 있는 사람이 그 사실을 증명하기 위한 입증을 하여야 한다.

3. 항변 – 적극적 방어

(1) 의 의 6-55

1) 한쪽 당사자가 주장하는 사실이 인정되는 것을 전제로, 그에 따른 법률효과 발생을 막기 위하여 상대방이 적극적으로 별도의 새로운 사실상·법률상 주장(진술)을 하는 것을 소송법상의 항변(이하 이를 단순히 항변이라고 함)이라고 한다.

2) 항변은 실체법과 관계없는 소송상 항변과 실체상의 이유로 청구의 기각을 구하는 본안에 관한 항변으로 나뉜다.

<table>
<tr><td rowspan="5">(소송법상의) 항변</td><td rowspan="2">소송상 항변</td><td>본안전 항변(방소항변)</td></tr>
<tr><td>증거항변</td></tr>
<tr><td rowspan="3">본안에 관한 항변</td><td>권리장애항변</td></tr>
<tr><td>권리저지항변</td></tr>
<tr><td>권리소멸항변</td></tr>
</table>

3) 이러한 항변은 실체법상의 항변권과는 구별되는 개념이다. 실체법상의 항변권은 동시이행의 항변권(민법 536조), 보증인의 최고·검색의 항변권(민법 437조) 등과 같이 실

체법상 청구권자의 청구권 행사에 대하여 상대방이 그 작용을 저지할 수 있는 실체법상 권리임에 반하여, 소송법상의 항변은 피고가 변론의 내용으로서 원고의 소송상 청구를 배척하기 위하여 적극적으로 원고가 주장하는 사실과 양립할 수 있는 새로운 사실상·법률상 주장(진술)을 하는 것을 말한다. 소송법상의 항변으로서 본안에 관한 항변의 경우 실체법상의 항변권을 행사하면서 할 수도 있고(예컨대, 건물인도청구의 소에서 원고의 청구를 배척하기 위하여 실체법상의 동시이행항변권을 소송상 행사하면서 그 사실을 주장하는 경우), 실체법상의 항변권 행사와는 무관하게 할 수도 있다(예컨대, 대여금청구의 소에서 원고의 주장을 배척하기 위하여 변제한 사실을 소송에서 주장하는 경우).

6-56 **(2) 소송상 항변**

피고가 원고의 소송상 청구(본안)와 관계없이 소송절차와 관련하여 제기하는 항변을 소송상 항변이라고 한다. 소송상 항변에는 본안전항변(또는 방소항변)과 증거항변이 있다. 본안전항변은 피고가 소가 소송요건을 갖추진 못한 사실을 주장하며 본안에 관하여 심리하기 전에 소를 각하할 것을 신청하는 것이다. 소송요건에 관한 사항은 대부분은 직권조사사항이고 당사자의 주장과 신청은 법원의 직권발동을 촉구하는 의미밖에 없으나, 임의관할이나 중재계약과 같이 소송요건에 관한 사항이 항변사항인 경우에는 의미가 있다. 증거항변이란 증거와 관련된 사실을 주장하며 증거의 증거력 등의 배척을 구하는 것이다.

6-57 **(3) 본안에 관한 항변**

1) 의 의

(가) 원고가 주장하는 권리발생사실이 인정되는 것을 전제로 하여, 그럼에도 불구하고 원고의 청구가 기각되어야 한다고 주장하면서 그 근거가 되는 사실(권리장애, 권리저지, 권리소멸)을 주장(진술)하는 것을 본안에 관한 항변이라고 한다(예컨대, 원고가 피고에게 금원을 차용해 준 사실이 인정되는 것을 전제로 하여, 차용한 돈을 갚았다는 사실을 진술하거나, 소멸시효가 지났다는 사실을 진술하는 것- 변제의 항변, 소멸시효의 항변).

(나) 피고의 항변에 대하여 원고는 자백, 침묵, 부인, 부지 또는 재항변을 할 수 있다(예컨대, 피고의 변제의 항변에 대하여 원고는 부인·부지·침묵·자백으로 대응 할 수 있으며, 변제충당의 재항변을 할 수 있다). 피고의 항변에 대하여 원고가 자백하거나 침묵하는 경우에는 법원은 증거조사를 하지 아니하고 피고가 주장하는 사실을 인정하여야 하며, 부인하거나 부지라고 진술하는 경우 증거조사를 하여 피고가 항변으로 주장하는 사실을 인정할 수 있는지 여부를 판단하여야 한다.

2) 종 류

원고의 권리발생사실의 주장에 대한 피고의 항변에는 권리장애항변, 권리소멸항변, 권리저지항변 등이 있다.

(가) 권리장애항변은 권리장애사실을 주장(진술)하는 것이다. 권리장애사실은 권리장애규정의 요건에 대응하는 사실을 말한다. 예컨대, 계약이라는 권리발생사실에 대하여 그 계약을 무효로 하는 권리장애규정(통정허위표시, 공서양속위반, 의사무능력 등)에 대응하는 사실이 권리장애사실이다.

(나) 권리저지항변은 권리행사를 저지하는 사실을 주장(진술)하는 것이다. 권리저지사실은 권리저지규정의 요건에 대응하는 사실을 말한다. 예컨대, 최고·검색의 항변권, 동시이행의 항변권, 유치권 등의 법률요건에 대응하는 사실이 권리저지사실이다.

(다) 권리소멸항변은 권리소멸사실을 주장(진술)하는 것이다. 권리소멸사실은 권리소멸규정의 요건에 대응하는 사실을 말한다. 예컨대, 변제, 면제, 소멸시효의 완성, 상계, 해제조건의 성취 등의 법률요건에 대응하는 사실이 권리소멸사실이다.

3) 부인과 항변의 구별

(가) 부인은 상대방의 주장사실이 진실이 아니라고 부정하는 진술임에 반하여, 항변은 상대방의 주장사실이 진실로 인정되고 그 결과 상대방이 주장하는 법률효과가 발생되는 것을 전제로 하면서 그와 별개의 권리장애, 권리소멸, 권리저지의 요건에 대응하는 사실을 주장(진술)하는 것을 말한다.[71] 모두 상대방이 주장하는 권리를 부정하는 점에서는 같다.

(나) 부인과 항변을 구별하는 것은 주장책임 및 증명책임과 관련하여 중요한 의미를 갖는다(⇒ 7-91 참조). 부인은 상대방이 증명책임을 지는 사항에 대한 상대방의 사실상의 주장(진술)을 부정하는 것이므로 상대방에게 증명책임이 있음에 반하여, 항변은 상대방의 사실상의 주장이 인정되는 것을 전제로 그와 양립할 수 있는 별개의 사실을 주장하여 상대방의 청구의 배척을 구하는 것으로서 항변사실에 대한 증명책임은 항변을 하는 사람에게 있다.

(다) 단순부인과 항변은 구별이 어렵지 않으나, 이유부 부인과 항변은 구별이 쉽지 않다.

---

71) 부인은 nein(no)이고, 항변은 ja, aber(yes, but)이다.

가) 이유부 부인(적극부인)

상대방이 주장하는 사실을 단순히 부정하는 것으로 그치지 않고 적극적으로 상대방의 주장사실과 양립할 수 없는 사실을 주장함으로써 부정하는 것을 말한다. 이는 상대방의 주장사실을 부정하는 것이므로 자백이 아니라 부인이다.

> **(예)** 돈을 차용해 주었다는 원고의 사실주장에 대하여, 피고가 '돈을 차용한 사실이 없다'고 진술하는 것은 차용한 사실에 대한 단순부인이다. 그런데 돈을 차용해 주었다는 원고의 사실주장에 대하여 피고가 '돈을 증여받은 것이다'라고 진술하는 경우, 이는 차용한 사실과 양립할 수 없는 증여사실을 진술함으로써 차용한 사실을 적극적으로 부인하는 것이다(차용하였으나 변제하였다는 것과 다르다).
>
> 원고가 대여금반환청구소송에서 승소하려면 대여금반환청구권발생의 요건사실인 '차용해주었다'는 사실을 입증하여야 한다. 차용해주었다는 개념은 ① 금전소비대차계약이 있었다는 것(되돌려받기로 하는 약정이 있었다)는 것과 그에 따라 ② 금전을 교부하였다는 두 가지 법적으로 중요한 개념요소를 포함한다. 피고가 증여 받았다라고 진술하는 것은 위 두 가지 개념요소 중 ② 금전의 교부사실에 대해서는 자백을 하는 것이므로 금전의 교부사실에 대하여는 일부자백이 성립하나, ① 금전소비대차계약이 있었다는 사실에 대해서는 부인을 하는 것이다. 따라서 '차용해주었다'는 원고의 주장에 대하여 '증여받은 것이다'라는 피고의 진술은 여전히 권리발생의 요건대응사실인 '차용해주었다(금전소비대차계약에 따라 돈을 교부했다)'는 사실을 부정하는 진술이므로(증여와 차용은 양립 불가능) 항변이 아니라 부인이다.

나) 항 변

상대방이 주장하는 주요사실을 모두 인정하면서, 이와 양립할 수 있는 별개의 사실을 주장하면서 다투는 것(상대방에게 증명책임 있는 사실에 대하여는 전부자백)을 말한다. 항변사실에 대해서는 증명책임이 항변을 하는 사람에게 있다.

> **(예)** 돈을 차용해 주었다는 원고의 사실주장에 대하여, 피고가 돈을 차용한 사실은 있지만 변제하였다고 진술하는 경우, 상대방이 주장하는 권리발생요건사실인 '차용해 주었다'는 사실 전부를 자백 하면서 그와 양립하는 별개의 권리소멸요건사실을 주장하는 것이므로 이러한 진술(주장)은 항변이다. 이 경우 변제사실에 대한 증명책임은 피고에게 있다.

4) 재 항 변

피고의 항변에 대하여 원고는 항변사실에 대하여 부인하거나, 항변사실을 일단 받아들이면서 피고가 항변으로 주장하는 법률효과의 불발생·소멸·저지 등의 법률효과를 가져올 수 있는 새로운 사실을 주장할 수 있는데 이를 재항변이라고 한다. 예컨대, 피고의 변제 항변에 대하여 원고가 변제로 제공된 금전의 수령을 인정하면서 원고의 피고에 대한 다른 채권의 변제에 충당한 것이라는 사실을 주장하는 경우에 재항변이 되며, 이러한 재항변을 변제충당의 재항변이라고 한다. 상계항변은 통상 수동채권의 존재가 확정되는 것을 전제로 하여 행하여지는 일종의 예비적 항변으로서, 피고의 소송상 상계항변에 대하여 원고가 소송상 상계의 재항변을 하는 것은 다른 특별한 사정이 없는 한 허용되지 않는다.[72)]

(문) 甲은 乙을 상대로 1년 후에 돌려받기로 하고 5,000만원을 차용하여 주었는데 乙이 이를 지급하지 않는다는 이유로 그 지급을 구하는 소를 제기하였다. 이에 대하여 乙은 甲으로부터 5,000만원을 차용한 것은 사실이나 만 1년이 되던 날 5,000만원을 변제하였다고 주장하였다. 이에 대하여 甲은 1년이 되던 날 乙로부터 5,000만원을 받은 것은 사실이나 그 돈은 5,000만원 대여금에 대한 변제로 받은 것이 아니라 그 이전에 乙로부터 받아야 할 물품대금으로서 받은 것이라고 주장하였다. 乙은 甲이 주장하는 사실을 부인하였다. 다음 중 잘못된 진술은?

① 甲이 "乙로부터 5,000만원을 받은 것은 사실이나 5,000만원 차용금에 대한 변제로 받은 것이 아니라 그 돈은 그 이전에 乙로부터 받아야 할 물품대금으로서 받은 것이다"라는 주장은 乙의 변제주장을 부인하는 것이므로, 乙이 자신이 지급한 5000만원이 차용금에 대한 변제에 충당된 것이라는 점을 증명하여야 한다.

② 법원은 甲이 乙에게 5,000만원을 차용해 준 사실은 증거 없이 이를 인정하여야 한다.

③ 甲이 乙에게 5,000만원을 차용해준 사실이 있다는 것에 대한 증명책임은 甲에게 있으나 乙이 자백을 하므로 증명을 할 필요가 없다.

④ 甲은 5,000만원의 물품대금 채권이 있었다는 점과 물품대금 채권에 대한 변제충당의 합의가 있었다거나 물품대금채권이 법정충당의 우선순위에 있다는 점에 대한 증명책임이 있다.

[정답은 ①이다. 판례는 "채무자가 특정한 채무의 변제조로 금원 등을 지급한 사실을 주장함에 대하여, 채권자가 이를 수령한 사실을 인정하고서 다만 타 채무의 변제에 충당하였다고 주장하는 경우에는, 채권자는 타 채권이 존재하는 사실과 타 채권에 대한 변제충당의 합의가 있었다거나 타 채권이 법정충당의 우선순위에 있다는 사실을 주장·입증하여야 한다."고 한다(1999.12.10. 99다14433) 乙이 변제의 항변(권리소멸의 항변)을 함에 있어서 乙은 차용금 상당의 돈을 지급하였다는 점만 주장하고 입증하면 충분하지, 지급한 돈이 차용금 채권의 변제에 충당된 것이라는 점까지 주장하고 입증할 필요는 없다는 것이 판례의 취지이다. 판례에 따르면 결국 甲이 돈을 수령한 사실을 자백하면서 변제의 효력(채권의 소멸)을 부정하기

---

72) 2014. 6.12. 2013다95964. [121]

위해서는 다른 채권의 변제에 충당되었다는 점(변제충당의 자세한 법률요건은 채권법 시간에 배움)을 甲이 재항변으로 주장하고 입증하여야 한다는 것이다.].

6-58

3관 변론의 준비

1) 무변론판결로 끝나는 사건을 제외하고, 변론을 거쳐야 하는 사건은 집중되고 효율적인 변론을 위해서 사전에 충분한 준비를 필요로 한다. 쟁점을 정리하고 증명해야 할 사실을 명확히 하여 이에 대한 집중적인 증거조사가 이루어 질 수 있도록 하기 위해서는 쟁점 및 증거의 정리절차가 필수적이다.

2) 어떤 방식으로 변론을 준비할 것인지는 사건의 복잡성이나 쟁점에 대한 당사자의 다툼의 정도 등 개별사건에 따라 다를 것이므로 유형별 사건관리가 필요하다. 변론의 준비방법으로는 당사자가 변론기일에 할 예정인 변론내용을 미리 서면으로 작성하여 제출하도록 하는 준비서면과, 법원이 주도하여 쟁점과 증거를 정리하는 변론준비절차(서면에 의한 준비와 준비기일을 통한 준비)가 있다.

1. 유형별 사건관리

법원에 접수된 사건은 사건의 복잡성이나 쟁점에 대한 당사자의 다툼의 정도 등에 따라 무변론판결로 끝나는 사건, 조기변론기일지정사건, 변론준비절차를 거치는 사건으로 구분하여 관리된다.

6-59 **(1) 무변론판결로 끝나는 사건**(257조)

1) 기간 내에 답변서 부제출

피고가 공시송달의 방법에 의하지 않고 소장의 부본을 송달받은 후 30일 이내에 답변서를 제출하지 않으면 청구의 원인이 된 사실을 자백한 것으로 보고 변론 없이 판결할 수 있다(257조 1항 본문, 256조). 다만, 직권으로 조사할 사항이 있거나 판결이 선고되기까지 피고가 원고의 청구를 다투는 취지의 답변서를 제출한 경우에는 그러하지 아니하다(257조 1항 단서).

2) 자백취지의 답변서 제출하고 항변을 하지 않는 때

피고가 청구의 원인이 된 사실을 모두 자백하는 취지의 답변서를 제출하고 따로 항변을 하지 아니한 때에도 변론 없이 판결할 수 있다(257조 2항).

3) 법원의 알릴 의무 및 선고기일 통지

법원은 소장부본을 송달할 때 답변서제출의무를 알려야 하고(256조 2항), 변론없이 판결을 선고할 기일을 함께 통지할 수 있다(257조 3항).

(2) 조기변론기일지정사건(258조 1항) 6-60

1) 재판장은 변론 없이 판결을 하는 경우 외에는 준비절차에 부칠 필요 없이 원칙적으로 바로 변론기일을 정하여야 한다(258조). 이와 같이 준비절차에 부치지 않고 바로 변론기일을 정하는 사건을 조기변론기일지정사건이라고 한다.

> **제258조 (변론기일의 지정)** ① 재판장은 제257조제1항 및 제2항에 따라 변론 없이 판결하는 경우 외에는 바로 변론기일을 정하여야 한다. 다만, 사건을 변론준비절차에 부칠 필요가 있는 경우에는 그러하지 아니하다. [법률 제9171호, 2008. 12. 26., 일부개정]

〈민소규〉

> **제69조 (변론기일의 지정 등)**
> ① 재판장은 답변서가 제출되면 바로 사건을 검토하여 가능한 최단기간 안의 날로 제1회 변론기일을 지정하여야 한다.
> ② 법원은 변론이 집중되도록 함으로써 변론이 가능한 한 속행되지 않도록 하여야 하고, 당사자는 이에 협력하여야 한다.
> ③ 법 제258조제1항 단서에 해당하는 경우, 재판장은 사건의 신속한 진행을 위하여 필요한 때에는 사건을 변론준비절차에 부침과 동시에 변론준비기일을 정하고 기간을 정하여 당사자로 하여금 준비서면, 그 밖의 서류를 제출하게 하거나 당사자 사이에 이를 교환하게 하고 주장 사실을 증명할 증거를 신청하게 할 수 있다.

2) 2008. 12. 26. 개정 전에는 변론기일을 정하기 전에 원칙적으로 변론준비절차에 부치도록 하고 있었다.[73] 그러나, 충분한 변론의 준비를 통하여 변론기일에 사건에 대하여 신속하고 충실한 심리를 하도록 하겠다던 2002. 1. 26. 전부개정의 입법취지가 실무운용에 있어 제대로 달성되지 못했다. 오히려 타성적으로 사건이 준비절차에 회부된 후 장기간 사건관리가 제대로 되지 않는 경우가 많았고, 변론준비절차에서 실질적인 변론이 이루어짐으로써 직접주의와 공개주의가 훼손되는 폐단이 나타나기도 했다. 이에 대한 대응으로 다시 원래와 같이 조기변론기일지정을 원칙으로 하게 된 것이다.

---

73) 제258조(변론준비절차) ① 재판장은 제257조제1항 및 제2항의 규정에 따라 변론 없이 판결하는 경우 외에는 <u>바로 사건을 변론준비절차에 부쳐야 한다</u>. 다만, 변론준비절차를 따로 거칠 필요가 없는 경우에는 그러하지 아니하다. [법률 제6626호, 2002. 1. 26. 전부개정].

6-61 (3) 준비절차를 거치는 사건(258조 2항, 287조)

1) 예외적으로 사건의 복잡성 등에 비추어 사건을 준비절차에 부칠 필요가 있는 경우, 재판장은 사건을 변론준비절차에 부친다.

2) 사건의 신속한 진행을 위하여 필요한 때에는 사건을 변론준비절차에 부침과 동시에 변론준비기일을 정하고 기간을 정하여 당사자로 하여금 준비서면, 그 밖의 서류를 제출하게 하거나 당사자 사이에 이를 교환하게 하고 주장 사실을 증명할 증거를 신청하게 할 수 있다(규칙 69조 3항).

3) 재판장은 변론준비절차가 끝난 경우에는 바로 변론기일을 정하여야 한다(258조 2항). 법원은 변론준비절차를 마친 경우에는 첫 변론기일을 거친 뒤 바로 변론을 종결할 수 있도록 하여야 하며, 당사자는 이에 협력하여야 한다(287조 1항). 당사자는 변론준비기일을 마친 뒤의 변론기일에서 변론준비기일의 결과를 진술하여야 하며(287조 2항), 법원은 변론기일에 변론준비절차에서 정리된 결과에 따라서 바로 증거조사를 하여야 한다(287조 3항).

2. 준비서면

제272조 (변론의 집중과 준비)
① 변론은 집중되어야 하며, 당사자는 변론을 서면으로 준비하여야 한다.
② 단독사건의 변론은 서면으로 준비하지 아니할 수 있다. 다만, 상대방이 준비하지 아니하면 진술할 수 없는 사항은 그러하지 아니하다.

제273조 (준비서면의 제출 등) 준비서면은 그것에 적힌 사항에 대하여 상대방이 준비하는 데 필요한 기간을 두고 제출하여야 하며, 법원은 상대방에게 그 부본을 송달하여야 한다.

6-62 (1) 의 의

준비서면이란 당사자가 변론기일에 말로 변론하려는 사항을 기재하여 미리 법원에 제출하는 서면을 말한다. 피고가 처음 소장에 대하여 제출하는 준비서면이 답변서이다(256조 4항). 제출된 준비서면에 기재된 내용은 변론기일에 말로 하는 변론의 예고에 불과하므로, 진술간주 되는 경우(148조)를 제외하면, 그 자체가 소송자료가 되는 것은 아니다(예컨대, 준비서면에 취득시효완성에 관한 주장사실이 기재되어 있다 하더라도 그 준비서면이 변론기일에서 진술되지 않았다면 취득시효완성의 주장에 대한 판단유탈의 위법이 있다 할 수 없다).[74] 준비서면은 변론준비절차를 거치는지 여부와 무관한 것이나, 변론준비절차를 거치는 경우에도 준비서면이 활용된다(280조 1항). 당사자는 제출한 준비서면을 진술하지

74) 1983.12.27. 80다1302. [117]

않고 철회할 수 있다.

(2) 준비서면의 작성 6-63

준 비 서 면

사 건　20○○가단　매매대금
원 고　甲
피 고　○○회사 乙

위 사건에 대하여 원고는 다음과 같이 변론을 준비합니다.

다　음

1. 상계 주장에 관하여
……………………………
2. 소멸시효 주장에 관하여
……………………………
3. 기타 피고의 주장에 관하여
……………………………

증 거 방 법

……………………………

첨 부 서 류

……………………………

20○○. ○. ○.

원고 ○○○ ㊞

(소송대리인 변호사 ○○○ ㊞)

서울중앙지방법원 귀중

1) 준비서면에는 ① 당사자의 성명 명칭 또는 상호와 주소, ② 대리인의 성명과 주소, ③ 사건의 표시, ④ 공격 또는 방어의 방법, ⑤ 상대방의 청구와 공격 또는 방어의 방법에 대한 진술, ⑥ 덧붙인 서류의 표시, ⑦ 작성한 날짜, ⑧ 법원의 표시 등을 기재한 다음 당사자 또는 대리인이 기명날인 또는 서명한다(274조 1항). 공격 또는 방어의 방법 또는 상대방의 공격 또는 방어방법에 대해서 적을 때에는 사실상 주장을 증명하기 위한 증거방법과 상대방의 증거방법에 대한 의견을 함께 적어야 한다(274조 2항).

2) 당사자가 가지고 있는 문서로서 준비서면에 인용한 것은 그 등본 또는 사본을 붙여야 하고(275조 1항), 문서의 일부가 필요한 때에는 그 부분에 대한 초본을 붙이고, 문서가 많을 때에는 그 문서를 표시하면 된다(275조 2항). 위 문서는 상대방이 요구하면 그 원본을 보여주어야 한다(275조 3항).

〈민사소송규칙〉

제69조의4 (준비서면의 분량 등)

① 준비서면의 분량은 30쪽을 넘어서는 아니 된다. 다만, 제70조제4항에 따라 그에 관한 합의가 이루어진 경우에는 그러하지 아니하다.

③ 준비서면에는 소장, 답변서 또는 앞서 제출한 준비서면과 중복·유사한 내용을 불필요하게 반복 기재하여서는 아니 된다. [본조신설 2016.8.1]

6-64 **(3) 제출 및 송달**

1) 합의부 사건의 당사자는 서면으로 변론을 준비하여야 하므로(272조 1항) 준비서면의 제출이 필요하다. 단독사건의 변론은 서면으로 준비하지 아니할 수 있으나, 상대방이 준비하지 아니하면 진술할 수 없는 사항은 그러하지 아니하다(272조 2항).

2) 준비서면은 그것에 적힌 사항에 대하여 상대방이 준비하는 데 필요한 기간을 두고 제출하여야 하며, 법원은 상대방에게 그 부본을 송달하여야 한다(273조).

제69조의3 (준비서면의 제출기간)

새로운 공격방어방법을 포함한 준비서면은 변론기일 또는 변론준비기일의 7일 전까지 상대방에게 송달될 수 있도록 적당한 시기에 제출하여야 한다. [본조신설 2007.11.28]

6-65 **(4) 재판장 등의 관여**

1) 재판장, 수명법관 또는 변론준비절차의 진행을 촉탁받은 판사는 30쪽을 넘겨 준비서면을 작성한 당사자에게 해당 준비서면을 30쪽 이내로 줄여 제출하도록 명할 수 있다(규칙 69조의4 2항). 문서작성기술의 발전에 따라 준비서면이 장황하게 작성됨으로

써 효율적 심리에 장애가 되는 것을 방지하기 위하여 제정된 규칙이다.

2) 재판장은 당사자의 공격방어방법의 요지를 파악하기 어렵다고 인정하는 때에는 변론을 종결하기에 앞서 당사자에게 쟁점과 증거의 정리 결과를 요약한 준비서면을 제출하도록 할 수 있다(278조). 요약준비서면을 작성할 때에는 특정 부분을 참조하는 뜻을 적는 방법으로 소장, 답변서 또는 앞서 제출한 준비서면의 전부 또는 일부를 인용하여서는 아니 된다(규칙 69조의5. 본조신설 2016.8.1).

(5) 준비서면 제출·부제출(부기재)의 효과 6-66

1) 부제출(부기재)의 효과

(가) 예고 없는 사실주장의 금지

준비서면에 적지 아니한 사실은 상대방이 출석하지 않은 때에는 변론에서 주장하지 못한다(276조 본문). 따라서 상대방이 출석하지 않은 때 준비서면에 적지 않은 사실을 주장하려면 기일의 속행을 구한 후 속행된 기일 전에 그러한 사실을 적은 준비서면을 제출한 후 속행기일에 이를 진술(또는 진술간주) 하여야 한다. 준비서면을 통해 예고한 사실만을 변론에서 주장할 수 있도록 함으로써, 상대방이 불출석한 경우에 예기치 못한 사실에 대한 자백간주의 불이익을 당하는 것을 막기 위한 것이다. 예고없는 사실의 주장금지는 변론준비기일종료로 인한 실권효가 생기는 경우에도 적용된다(285조 2항). 다만, 단독사건으로서 준비서면을 필요로 하지 않는 경우는 예외이다(276조 단서).

(나) 자백간주의 이익 상실

준비서면을 통해 예고한 사실만을 변론에서 주장할 수 있으므로, 준비서면 부제출(부기재)의 경우 상대방이 불출석한 경우에 자백간주의 이익을 잃게 된다.

(다) 추가소송비용 부담

준비서면에 적지 아니한 사실이라도 상대방이 출석한 경우에는 변론에서 주장할 수 있으나, 상대방이 책임질 수 없는 사유로 즉시 답변할 수 없고 그 결과 기일을 속행할 수밖에 없는 경우에는 준비서면에 적지 아니한 당사자는 승소하더라도 소송비용부담의 재판을 받을 수 있다(100조).

2) 제출의 효과

(가) 진술간주

상대방이 준비서면을 제출하였으면 제출한 당사자가 변론기일에 불출석하더라도 그 내용을 진술한 것으로 본다(148조 1항)(진술간주). (예, 원고가 차용금의 반환을 청구하는 소를 제기하였고, 이에 대하여 피고가 금전차용사실을 부인하는 답변서를 제출한 경우, 피고가 변론기일에 불출석하더라도 피고가 답변서에 적힌 내용(부인)을 진술한 것으로 간주되므로, 원고는 피고에게 금원을 차용해준 사실을 증명하여야 한다).

(나) 실권효 배제

변론준비절차 전에 제출한 준비서면에 적힌 공격방어방법은 변론준비기일에 제출하지 않았더라도 변론에서 주장할 수 있다(285조 3항 본문).

(다) 동 의 권

피고가 본안에 관하여 준비서면을 제출한 뒤에는, 피고의 경정을 하거나 소를 취하려면 피고의 동의를 받아야 한다(260조 1항, 266조 2항).

6-67 **3. 변론준비절차**

(1) 총 설

1) 공개된 법정에서 구술로 하는 변론을 효율적으로 실시하기 위해서는 법원과 당사자의 협조가 필요하고 사전에 그 준비가 필요하다. 이를 위하여 민사소송법은 변론준비절차를 규정하고 있다.

2) 2002년 민사소송법의 개정을 통하여 변론이 필요한 사건(복잡한 사건 또는 많은 증거조사가 필요한 사건, 또는 심리방향을 예측하기 어려운 사건 등)은 집중심리를 위하여 원칙적으로 변론준비절차에 회부하도록 하였으며, 변론준비절차에서 '주장과 증거를 정리하여 소송관계를 뚜렷하게 하여야 한다.'고 함으로써 변론준비절차를 강화하였다.[75] 그러나, 2008년 재개정을 통하여 원칙적으로 조기에 변론기일을 지정하고 예외적으로 사건을 변론준비절차에 부칠 필요가 있는 경우에만 변론준비절차에 회부하도록 하였고, 변론준비절차에서는 '주장과 증거를 정리하여야 한다.'고 함으로써 변론준비절차의 역할을 축소하였다. 효율적이고 집중적인 심리를 위하여 강화한 2002년의 개혁적 입법이 그 시행과정에서 실무가들의 잘못된 법 운용으로 많은 부작용을 낳자 입법적인 후퇴를

75) 제258조(변론준비절차) ① 재판장은 제257조제1항 및 제2항의 규정에 따라 변론 없이 판결하는 경우 외에는 바로 사건을 변론준비절차에 부쳐야 한다. 다만, 변론준비절차를 따로 거칠 필요가 없는 경우에는 그러하지 아니하다. [법률 제6626호, 2002. 1. 26. 전부개정]
제279조 (변론준비절차의 실시) ① 변론준비절차에서는 변론이 효율적이고 집중적으로 실시될 수 있도록 당사자의 주장과 증거를 정리하여 소송관계를 뚜렷하게 하여야 한다. [법률 제6626호, 2002. 1. 26. 전부개정]

한 것이다.

⇒ **제258조 (변론기일의 지정)** ① 재판장은 제257조제1항 및 제2항에 따라 변론 없이 판결하는 경우 외에는 바로 변론기일을 정하여야 한다. 다만, 사건을 변론준비절차에 부칠 필요가 있는 경우에는 그러하지 아니하다.[법률 제9171호, 2008. 12. 26., 일부개정]

⇒ **제279조 (변론준비절차의 실시)** ①변론준비절차에서는 변론이 효율적이고 집중적으로 실시될 수 있도록 당사자의 주장과 증거를 정리하여야 한다. 〈개정 2008.12.26〉

(2) 변론준비절차의 실시

1) 준비절차 회부 6-68

재판장은 사건을 변론준비절차에 부칠 필요가 있다고 판단하면 사건의 초기 단계에서부터 변론준비절차에 회부할 수 있고(258조), 변론기일을 연 뒤에도 사건을 변론준비절차에 부칠 수 있다(279조 2항). 재판장은 사건의 신속한 진행을 위하여 필요한 때에는 사건을 변론준비절차에 부침과 동시에 변론준비기일을 정하고 기간을 정하여 당사자로 하여금 준비서면, 그 밖의 서류를 제출하게 하거나 당사자 사이에 이를 교환하게 하고 주장 사실을 증명할 증거를 신청하게 할 수 있다(규칙 69조 3항).

2) 준비절차의 진행방법

변론준비절차는 기본적 방법인 서면에 의한 방법과, 변론준비기일에 의한 방법 등 2가지 방법으로 시행된다.

㈎ 기본적 방법(서면에 의한 진행) 6-69

변론준비절차는 기간을 정하여, 당사자로 하여금 준비서면, 그 밖의 서류를 제출하게 하거나 당사자 사이에 이를 교환하게 하고 주장사실을 증명할 증거를 신청하게 하는 방법으로 진행한다(280조 1항). 변론준비절차의 진행은 재판장이 담당한다(2항). 합의사건의 경우 재판장은 합의부원을 수명법관으로 지정하여 변론준비절차를 담당하게 할 수 있다(3항). 재판장은 필요하다고 인정하는 때에는 변론준비절차의 진행을 다른 판사에게 촉탁할 수 있다(4항).

〈민사소송규칙〉

제70조 (변론준비절차의 시행방법)

① 재판장등은 변론준비절차에서 쟁점과 증거의 정리, 그 밖에 효율적이고 신속한 변론진행을 위한 준비가 완료되도록 노력하여야 하며, 당사자는 이에 협력하여야 한다. 〈개정 2016.8.1.〉

② 당사자는 제1항에 규정된 사항에 관하여 상대방과 협의를 할 수 있다. 재판장등은 당사자에게 변론진행의 준비를 위하여 필요한 협의를 하도록 권고할 수 있다.

③ 재판장등은 변론준비절차에서 효율적이고 신속한 변론진행을 위하여 당사자와 변론의 준비와 진행 및 변론에 필요한 시간에 관한 협의를 할 수 있다. 〈신설 2007.11.28.〉
④ 재판장등은 당사자와 준비서면의 제출횟수, 분량, 제출기간 및 양식에 관한 협의를 할 수 있고, 이에 관한 합의가 이루어진 경우 당사자는 그 합의에 따라 준비서면을 제출하여야 한다. 〈신설 2007.11.28.〉
⑤ 재판장등은 기일을 열거나 당사자의 의견을 들어 양 쪽 당사자와 음성의 송수신에 의하여 동시에 통화를 하거나 인터넷 화상장치를 이용하여 제3항 및 제4항에 따른 협의를 할 수 있다. 〈신설 2007.11.28., 2020.6.1〉

제70조의3 (절차이행의 촉구)
① 법 제280조에 따른 변론준비절차를 진행하는 경우 재판장등은 법원사무관등으로 하여금 그 이름으로 준비서면, 증거신청서 및 그 밖의 서류의 제출을 촉구하게 할 수 있다.
② 법원이나 재판장등의 결정, 명령, 촉탁 등에 대한 회신 등 절차이행이 지연되는 경우 재판장등은 법원사무관등으로 하여금 그 이름으로 해당 절차이행을 촉구하게 할 수 있다.
[본조신설 2015.1.28]

6-70 ㈏ 변론준비기일에 의한 방법

재판장등은 변론준비절차를 진행하는 동안에 주장 및 증거를 정리하기 위하여 필요하다고 인정하는 때에는 변론준비기일을 열어 당사자를 출석하게 할 수 있다(282조 1항) (*2008. 법원직. 변론준비기일에서는 소송대리인이 있는 사건은 당사자 본인의 출석이 불필요하다(×)). 사건이 변론준비절차에 부쳐진 뒤 변론준비기일이 지정됨이 없이 4월이 지난 때에는 재판장등은 즉시 변론준비기일을 지정하거나 변론준비절차를 끝내야 한다(282조 2항). 당사자는 재판장등의 허가를 얻어 변론준비기일에 제3자와 함께 출석할 수 있다(282조 3항). 당사자는 변론준비기일이 끝날 때까지 변론의 준비에 필요한 주장과 증거를 정리하여 제출하여야 한다(282조 4항). 재판장등은 변론준비기일이 끝날 때까지 변론의 준비를 위한 모든 처분을 할 수 있다(282조 5항). 변론준비기일에서는 당사자가 말로 변론의 준비에 필요한 주장과 증거를 정리하여 진술하거나, 법원이 당사자에게 말로 해당사항을 확인하여 정리하여야 한다(규칙 70조의 2). 변론준비기일은 변론기일과 달리 공개된 법정에서 진행하지 않을 수 있다. 통상 준비절차실 또는 심문실에서 진행한다. 법원사무관 등은 변론준비기일에 참여하여 기일마다 조서를 작성하여야 한다(283조 2항, 152조). 변론준비기일의 조서에는 당사자의 진술에 따라 공격 또는 방어의 방법, 상대방의 청구와 공격 또는 방어의 방법에 대한 진술을 적어야 하며, 이 경우 특히 증거에 관한 진술은 명확히 하여야 한다(283조 1항). 변론준비기일의 조서에는 변론조서와 관련된 규정을 준용한다(283조 2항).

㈐ 중계시설 또는 인터넷 화상장치를 이용한 준비기일진행

재판장·수명법관 또는 수탁판사는 상당하다고 인정하는 때에는 당사자의 신청을 받

거나 동의를 얻어 비디오 등 중계장치에 의한 중계시설을 통하거나 인터넷 화상장치를 이용하여 변론준비기일(또는 심문기일)을 열 수 있다(287조의2 1항; 2021. 8. 17. 본조신설, 2021. 11. 18. 시행).[76] 재판장 등에게 인터넷 화상장치 등을 이용하여 준비기일을 진행할 수 있는 많은 재량권을 부여한 것이다.

3) 준비절차의 진행

변론준비절차에는 변론절차에 관한 대부분의 규정이 준용된다(286조). 그러나 변론의 제한·분리·병합(141조) 규정은 준용되지 않으므로 변론준비절차에서 변론의 제한·분리·병합은 할 수 없다.

4) 준비절차에서의 증거결정과 증거조사

변론준비절차를 진행하는 재판장, 수명법관, 촉탁판사(이하 "재판장등")는 변론의 준비를 위하여 필요하다고 인정하면 증거결정을 할 수 있다(281조 1항). (⇒ 7-30) 합의사건의 경우에 증거결정에 대한 당사자의 이의신청에 관하여는 법원은 결정으로 이의신청에 대해 재판한다(281조 2항, 138조). 재판장등은 변론이 효율적이고 집중적으로 실시될 수 있도록 당사자의 주장과 증거를 정리(279조 1항)하는 준비절차 실시의 목적을 달성하기 위하여 필요한 범위 안에서 증거조사를 할 수 있다(281조 3항 본문). 다만, 증인신문 및 당사자신문은 증인이 정당한 사유로 수소법원에 출석하지 못하거나, 수소법원에 출석하려면 지나치게 많은 비용 또는 시간을 필요로 할 때, 그 밖에 상당한 이유가 있는 경우로서 당사자가 이의를 제기하지 아니하는 때(313조)에 해당되는 경우에만 할 수 있다(281조 3항 단서).

증거결정 또는 증거조사의 경우에는 재판장등이 법에서 정한 법원과 재판장의 직무를 행한다.

(3) 변론준비절차의 종결 6-71

제284조 (변론준비절차의 종결)

① 재판장등은 다음 각호 가운데 어느 하나에 해당하면 변론준비절차를 종결하여야 한다. 다만, 변론의 준비를 계속하여야 할 상당한 이유가 있는 때에는 그러하지 아니하다.

1. 사건을 변론준비절차에 부친 뒤 6월이 지난 때
2. 당사자가 제280조제1항의 규정에 따라 정한 기간 이내에 준비서면 등을 제출하지 아니하거나 증거의 신청을 하지 아니한 때

---

76) 민사소송법에 이 조문이 신설되기 전에는 민사소송규칙 제70조 제6항에 "재판장등은 당사자가 법정에 직접 출석하기 어려운 특별한 사정이 있는 때에는 모든 당사자의 동의를 얻어 인터넷 화상장치를 이용하여 변론준비기일을 열 수 있다."고 되어 있었다.

3. 당사자가 변론준비기일에 출석하지 아니한 때
② 변론준비절차를 종결하는 경우에 재판장등은 변론기일을 미리 지정할 수 있다.

당사자 쌍방이 1회 변론준비기일에 출석하지 아니한 때에는 284조 1항 3호에 따라 변론준비절차를 종료하여야 하는지 286조에 의하여 준용되는 268조 1항에 따라 다시 변론준비기일을 정하여야 하는지가 문제된다. 판례는 아래와 같이 설시한다.

"변론준비절차는 원칙적으로 변론기일에 앞서 주장과 증거를 정리하기 위하여 진행되는 변론 전 절차에 불과할 뿐이어서 변론준비기일을 변론기일의 일부라고 볼 수 없고 변론준비기일과 그 이후에 진행되는 변론기일이 일체성을 갖는다고 볼 수도 없는 점, 변론준비기일이 수소법원 아닌 재판장 등에 의하여 진행되며 변론기일과 달리 비공개로 진행될 수 있어서 직접주의와 공개주의가 후퇴하는 점, 변론준비기일에 있어서 양쪽 당사자의 불출석이 밝혀진 경우 재판장 등은 양쪽의 불출석으로 처리하여 새로운 변론준비기일을 지정하는 외에도 당사자 불출석을 이유로 변론준비절차를 종결할 수 있는 점, 나아가 양쪽 당사자 불출석으로 인한 취하간주제도는 적극적 당사자에게 불리한 제도로서 적극적 당사자의 소송유지의사 유무와 관계없이 일률적으로 법률적 효과가 발생한다는 점까지 고려할 때 변론준비기일에서 양쪽 당사자 불출석의 효과는 변론기일에 승계되지 않는다."

(양쪽 당사자가 변론준비기일에 한 번, 변론기일에 두 번 불출석하였다고 하더라도 변론준비기일에서 불출석의 효과가 변론기일에 승계되지 아니하므로 소를 취하한 것으로 볼 수 없다고 한 사례)
[대법원 2006. 10. 27. 선고 2004다69581 판결]

6-72 **(4) 변론준비기일을 종결한 효과**

변론준비기일에 제출하지 아니한 공격방어방법은 ① 그 제출로 인하여 소송을 현저히 지연시키지 아니하는 때, ② 중대한 과실 없이 변론준비절차에서 제출하지 못하였다는 것을 소명한 때, ③ 법원이 직권으로 조사할 사항인 때에만 변론에서 제출할 수 있으며, 그 이외에는 변론에서 제출할 수 없는 실권효의 제재를 받는다(285조 1항). 1심에서의 그러한 실권효의 제재는 항소심에서도 그 효력을 가진다(410조).

6-73 **(5) 변론준비절차를 마친 뒤의 변론**

법원은 변론준비절차를 마친 경우에는 첫 변론기일을 거친 뒤 바로 변론을 종결할 수 있도록 하여야 하며, 당사자는 이에 협력하여야 한다(287조 1항). 당사자는 변론준비기일을 마친 뒤의 변론기일에서 변론준비기일의 결과를 진술하여야 한다(2항). 법원은 변론기일에 변론준비절차에서 정리된 결과에 따라서 바로 증거조사를 하여야 한다(3항).

〈민사소송규칙〉

제72조 (변론준비절차를 거친 사건의 변론기일지정 등)
① 변론준비절차를 거친 사건의 경우 그 심리에 2일 이상이 소요되는 때에는 가능한 한 종결에 이르

기까지 매일 변론을 진행하여야 한다. 다만, 특별한 사정이 있는 경우에도 가능한 최단기간 안의 날로 다음 변론기일을 지정하여야 한다.
② 변론준비기일을 거친 사건의 경우 변론기일을 지정하는 때에는 당사자의 의견을 들어야 한다.
③ 제1항의 규정에 따라 지정된 변론기일은 사실과 증거에 관한 조사가 충분하지 아니하다는 이유로 변경할 수 없다.

〈민사소송규칙〉

제72조의2 (변론준비기일 결과의 진술)

변론준비기일 결과의 진술은 당사자가 정리된 쟁점 및 증거조사 결과의 요지 등을 진술하거나, 법원이 당사자에게 해당사항을 확인하는 방식으로 할 수 있다.
[본조신설 2007.11.28]

4관 변론의 실시

1. 변론의 개시와 진행 6-74

1) 변론기일에 재판장이 사건과 당사자의 이름을 부름으로써 변론기일이 개시된다(169조). 통상의 사건은 원고의 소장 진술과 피고의 답변서 진술 및 법원의 쟁점 확인, 증거신청 등의 절차로 변론이 진행된다. 변론준비기일을 거친 사건은 변론기일에 변론준비기일의 결과를 진술함으로써 진행한다. 이를 변론준비기일결과의 변론에의 상정이라고 한다. 변론준비기일절차를 거친 사건은 심리에 2일 이상이 소요되는 때에는 가능한 한 종결에 이르기까지 매일 변론을 진행하여야 한다(민소규 72조).

2) 변론은 재판장(합의부의 재판장 또는 단독판사를 말한다)이 지휘한다(135조 1항). 재판장은 발언을 허가하거나 그의 명령에 따르지 아니하는 사람의 발언을 금지할 수 있다(동조 2항).당사자는 변론의 지휘에 관한 재판장의 명령 등에 대하여 이의를 신청할 수 있고, 당사자가 이의를 신청한 때에는 법원은 결정으로 그 이의에 대하여 재판한다(138조).

3) 법원은 교통의 불편 또는 그 밖의 사정으로 당사자가 법정에 직접 출석하기 어렵다고 인정하는 때에는 당사자의 신청을 받거나 동의를 얻어 비디오 등 중계장치에 의한 중계시설을 통하거나 인터넷 화상장치를 이용하여 변론기일을 열 수 있다. 이 경우 법원은 심리의 공개에 필요한 조치를 취하여야 한다(280조의 2 2항: 2021. 8. 17. 본조신설, 2021. 11. 18. 시행).

〈민사소송규칙〉

제73조의2 (비디오 등 중계장치 등에 의한 기일의 신청 및 동의)

① 법 제287조의2제1항 및 제2항에 따른 기일(이하 "영상기일"이라 한다)의 신청은 기일에서 하는 경우를 제외하고는 서면으로 하여야 한다. 이 경우 신청의 대상이 되는 영상기일의 종류와 신청의 이유를 밝혀야 한다.

② 법 제287조의2제1항의 재판장등 또는 같은 조 제2항의 법원(이하 "재판장등 또는 법원"이라 한다)은 영상기일의 신청에 이유가 없다고 인정하거나 비디오 등 중계장치에 의한 중계시설 또는 인터넷 화상장치를 이용하기 곤란한 사정이 있는 때에는 영상기일을 열지 아니할 수 있다.

③ 영상기일의 신청이 있는 경우 재판장등 또는 법원은 지체 없이 영상기일의 실시 여부를 당사자에게 통지하여야 한다. 이 경우 서면으로 통지할 시간적 여유가 없는 때에는 제45조에 따른 간이한 방법으로 통지할 수 있다.

④ 다음 각 호의 어느 하나에 해당하는 경우에는 영상기일을 열지 아니하는 것으로 본다.

1. 영상기일의 신청 이후 법정에 직접 출석하는 기일을 지정하는 경우
2. 법정에 직접 출석하는 기일의 개정시간까지 제3항의 통지가 없는 경우

⑤ 당사자는 서면으로 영상기일의 신청을 취하하거나 동의를 철회할 수 있다. 다만, 양 쪽 당사자의 신청 또는 동의에 따라 영상기일이 지정된 이후에는 상대방의 동의를 받아야 한다.

⑥ 재판장등 또는 법원은 한 쪽 당사자로부터 영상기일의 신청 또는 동의가 있는 경우 양 쪽 당사자에 대한 영상기일이 필요하다고 인정하는 때에는 상대방에 대하여 영상기일 동의 여부를 확인할 수 있다.

⑦ 재판장등 또는 법원은 영상기일을 연기 또는 속행하는 때에는 당사자의 동의 여부를 확인하여 다음 기일의 영상기일 실시 여부를 정할 수 있다.

[본조신설 2021.10.29]

제73조의3 (영상기일의 실시)

① 영상기일은 당사자, 그 밖의 소송관계 인을 비디오 등 중계장치에 의한 중계시설에 출석하게 하거나 인터넷 화상장치를 이용하여 지정된 인터넷주소에 접속하게 하고, 영상과 음향의 송수신에 의하여 법관, 당사자, 그 밖의 소송관계인이 상대방을 인식할 수 있는 방법으로 한다.

② 제1항의 비디오 등 중계장치에 의한 중계시설은 법원 청사 안에 설치하되, 필요한 경우 법원 청사 밖의 적당한 곳에 설치할 수 있다.

③ 재판장등 또는 법원은 제2항 후단에 따라 비디오 등 중계장치에 의한 중계시설이 설치된 관공서나 그 밖의 공사단체의 장에게 영상기일의 원활한 진행에 필요한 조치를 요구할 수 있다.

④ 영상기일에서 제96조제1항의 문서 등을 제시하는 경우 비디오 등 중계장치에 의한 중계시설, 인터넷 화상장치 또는 「민사소송 등에서의 전자문서 이용 등에 관한 규칙」 제2조제1호에 정한 전자소송시스템을 이용하거나 모사전송, 전자우편, 그 밖에 이에 준하는 방법으로 할 수 있다.

⑤ 인터넷 화상장치를 이용하는 경우 영상기일에 지정된 인터넷 주소에 접속하지 아니한 때에는 불출석한 것으로 본다. 다만, 당사자가 책임질 수 없는 사유로 접속할 수 없었던 때에는 그러하지 아니하다.

⑥ 통신불량, 소음, 문서 등 확인의 불편, 제3자 관여 우려 등의 사유로 영상기일의 실시가 상당하지 아니한 당사자가 있는 경우 재판장등 또는 법원은 영상기일을 연기 또는 속행하면서 그 당사자가 법정에 직접 출석하는 기일을 지정할 수 있다.

⑦ 영상기일에 「법원조직법」 제58조제2항에 따른 명령을 위반하는 행위, 같은 법 제59조에 위반하는 행위, 심리방해행위 또는 재판의 위신을 현저히 훼손하는 행위가 있는 경우 감치 또는 과태료에 처하

는 재판에 관하여는 「법정등의질서유지를위한재판에관한규칙」에 따른다.
⑧ 영상기일을 실시한 경우 그 취지를 조서에 적어야 한다.
[본조신설 2021.10.29]

제73조의4 (개정의 장소 및 심리의 공개)
① 영상기일은 법원 청사 내 의 적당한 장소에서 열되, 법원장의 허가가 있는 경우 법원 청사 외의 장소에서 열 수 있다.
② 법 제287조의2제2항에 따른 변론기일을 법정에서 열지 아니하는 경우 다음 각 호 중 하나의 방법으로 심리를 공개하여야 한다. 다만, 「법원조직법」 제57조제1항 단서에 의해 비공개 결정을 한 경우에는 그러하지 아니하다.
1. 법정 등 법원 청사 내 공개된 장소에서의 중계
2. 법원행정처장이 정하는 방법에 따른 인터넷 중계
[본조신설 2021.10.29]

2. 변론의 제한·분리·병합 6-75

법원은 변론의 제한·분리 또는 병합을 명하거나, 그 명령을 취소할 수 있다(141조). 이는 법원의 소송지휘권의 일환으로서 법원의 재량이다. 당사자가 그러한 신청을 하는 것은 직권발동촉구의 의미만을 갖지 당사자에게 그러한 신청을 할 수 있는 권리가 있는 것이 아니다(*2007-1 법원직). 그러한 신청에 법원이 불응하였다고 하여도 이에 불복할 수 없다.

(1) 변론의 제한

하나의 소송절차에 여러 청구가 병합되거나 여러 개의 공격방어방법이 제출되어 복잡할 때 효율적인 심리를 위하여 청구 또는 쟁점별로 심리의 범위를 제한하는 것을 변론의 제한이라고 한다(예, 불법행위에 기한 손해배상청구 사건에서 책임의 유무와 손해액이 모두 쟁점이 된 경우 우선 변론을 책임의 유무로 한정하여 하게 하거나, 당사자적격이나 관할 등 본안전 항변이 제출된 경우 변론을 우선 본안전 항변에 관련된 사항으로 제한하는 것). 변론의 제한은 변론의 분리와는 달리, 제한의 대상이 된 사항과 그 이외의 사항이 심리의 순서에 따라 구분되기는 하나 동일한 절차에서 심리되는 것이므로 소송자료는 공통되는 것이며, 변론의 전취지도 전체를 통하여 인정한다.

(2) 변론의 분리

청구의 병합이나 반소, 공동소송 등으로 인하여 1개의 소송에서 수개의 청구가 심리의 대상이 된 때에 법원은 하나의 절차에서 심리를 하고 하나의 전부판결을 선고하는 것이 원칙이다(⇒ 10-17). 그러나 심리의 복잡을 피하기 위하여 어느 청구에 대한 심리를 다른 청구에 대한 심리로부터 분리할 수 있으며, 이러한 경우를 변론의 분리라고 한다(예, 피고가 여럿인 경우 일부는 송달불능, 일부는 송달받고 불출석한 경우 피고 전원에 대하여 기일을 연기하기 보다는 변론을 분리하여 출석한 피고에 대하여만 변론을 열어 심판을 하고, 나머지 피고에 대하여는 각각 별도의 변론을 진행하여 심판하면 절차진행이 원활하게 된다).

(3) 변론의 병합

변론의 분리와 반대로 같은 법원에 계속되어 있는 여러 개의 소송을 동일한 변론절차에서 심판하기로 하는 것을 변론의 병합이라고 한다(예, 동일한 교통사고로 손해를 입은 여러 원고가 가해자를 상대로 별도로 제기한 각 손해배상청구의 소가 같은 법원에 계속되어 심리되는 경우). 변론의 변합은 소송진행 중 법원의 결정으로 이루어진다는 점에서 당사자에 의한 청구의 병합이나 소의 주관적병합 등과는 구별된다. 변론을 병합할 것인지 여부는 원칙적으로 법원의 재량이나 일정한 경우에는 변론을 병합하지 않으면 절차가 위법해지는 경우도 있다(예, 필수적 공동소송의 경우). 복수의 사건에 대하여 변론의 병합 결정이 있으면 그 결정 뒤에는 1개의 병합소송으로서 그 전체에 있어서 변론이 공통으로 이루어진다(절차진행의 공통, 주장공통, 증거공통, 하나의 판결).

실무상 변론의 병합 요건(235조)은 갖추지 못하였으나 서로 관련이 있는 사건을 같은 절차에서 동시에 심리하는 병행심리가 이루어지기도 한다(예컨대, 본안사건과 가압류 가처분 사건은 동종의 소송절차로 진행되는 것이 아니므로 병합이 불가능(⇒ 10-4)하나 서로 관련이 있으므로 통상 병행심리를 한다).

6-76 3. 변론의 종결과 재개

(1) 변론의 종결

심리가 종국판결을 하기에 충분한 정도로 성숙하면 변론을 종결한다. 당사자 본인은 변론의 종결 전에 최종의견을 진술할 수 있다(민소규 28조의3). 양쪽 당사자가 모두 변론기일에 불출석한 상태에서는 변론을 종결할 수 없다.(2012. 법원직). (⇒ 6-15)

제28조의3 (당사자 본인의 최종진술)

① 당사자 본인은 변론이 종결되기 전에 재판장의 허가를 받아 최종의견을 진술할 수 있다. 다만 변론에서 이미 충분한 의견진술 기회를 가졌거나 그 밖의 특별한 사정이 있는 경우에는 그러하지 아니하다. [본조신설 2015.6.29]

(2) 변론의 재개

법원은 종결된 변론을 다시 열도록 명할 수 있다(142조). 변론재개결정을 하는 때에는 재판장은 특별한 사정이 없으면 그 결정과 동시에 변론기일을 지정하고 당사자에게 변론을 재개하는 사유를 알려야 한다(민소규 43조). 변론을 재개하여 달라는 당사자의 신청은 법원의 직권발동을 촉구하는 의미만 있으므로 이에 대하여 허부의 결정을 할 필요가 없다.[77] 다만 절차적 정의에 반하는 등 특별한 사정이 있으면 법원은 당사자의 변론재개신청을 받아들여 변론을 재개할 의무가 있다.[78]

4. 변론조서 6-77

(1) 의 의

변론의 경과를 명확하게 하기 위하여, 법원사무관등은 변론기일에 참여하여 기일마다 조서를 작성하여야 한다(152조 1항 본문). 다만, 변론을 녹음하거나 속기하는 경우 그 밖에 이에 준하는 특별한 사정이 있는 경우에는 법원사무관등을 참여시키지 아니하고 변론기일을 열 수 있다(152조 1항 단서). 이러한 경우 법원사무관등은 그 기일이 끝난 뒤에 재판장의 설명에 따라 조서를 작성하고, 그 취지를 덧붙여 적어야 한다(152조 3항). 변론기일 이나 변론준비기일 외의 기일도 위와 같은 방식으로 할 수 있다(152조 2항,3항).

(2) 조서의 기재사항

1) 형식적 기재사항

조서에는 법원사무관등이 사건의 표시, 법관과 법원사무관등의 성명, 출석한 검사의 성명, 출석한 당사자·대리인·통역인과 출석하지 아니한 당사자의 성명, 변론의 날짜와 장소, 변론의 공개여부와 공개하지 아니한 경우에는 그 이유 등을 적고, 재판장과 법원사무관등이 기명날인 또는 서명한다. 다만, 재판장이 기명날인 또는 서명할 수 없는 사유가 있는 때에는 합의부원이 그 사유를 적은 뒤에 기명날인 또는 서명하며, 법관 모두가 기명날인 또는 서명할 수 없는 사유가 있는 때에는 법원사무관등이 그 사유를 적는다(153조).

2) 실질적 기재사항

조서에는 변론의 요지를 적되, 특히 화해, 청구의 포기·인낙, 소의 취하와 자백, 증인·감정인의 선서와 진술, 검증의 결과, 재판장이 적도록 명한 사항과 당사자의 청구에 따라 적는 것을 허락한 사항, 서면으로 작성되지 아니한 재판, 재판의 선고 등의 사항을 분명히 하여야 한다(154조).

---

77) 2007. 4.26. 2005다53866.
78) 2010.10.28. 2010다20532; 2019.11.28. 2017다244115. [130]

3) 조서기재의 생략 등

조서에 적을 사항은 대법원규칙이 정하는 바에 따라 생략할 수 있다. 다만, 당사자의 이의가 있으면 그러하지 아니하다(155조 1항). 소송이 판결에 의하지 아니하고 완결된 때에는, 재판장의 허가를 받아 증인 당사자 본인 및 감정인의 진술과 검증결과의 기재를 생략할 수 있다(규칙32조). 그러나, 변론방식에 관한 규정의 준수, 화해, 청구의 포기·인낙, 소의 취하와 자백에 대하여는 이를 생략할 수 없다(155조 2항).

6-78 ### (3) 조서의 기재방법

1) 서면 등의 인용·첨부

조서에는 서면, 사진, 그 밖에 법원이 적당하다고 인정한 것을 인용하고 소송기록에 붙여 이를 조서의 일부로 삼을 수 있다(156조).

2) 변론의 속기와 녹음

법원은 필요하다고 인정하는 경우에는 변론의 전부 또는 일부를 녹음하거나, 속기자로 하여금 받아 적도록 명할 수 있으며, 당사자가 녹음 또는 속기를 신청하면 특별한 사유가 없는 한 이를 명하여야 한다(159조 1항). 그 녹음테이프와 속기록은 조서의 일부로 삼는다(2항). 녹음테이프 또는 속기록으로 조서의 기재를 대신한 경우에, 소송이 완결되기 전까지 당사자가 신청하거나 그 밖에 대법원규칙이 정하는 때에는 녹음테이프나 속기록의 요지를 정리하여 조서를 작성하여야 한다(3항). 제3항의 규정에 따라 조서가 작성된 경우에는 재판이 확정되거나, 양 쪽 당사자의 동의가 있으면 법원은 녹음테이프와 속기록을 폐기할 수 있다. 이 경우 당사자가 녹음테이프와 속기록을 폐기한다는 통지를 받은 날부터 2주 이내에 이의를 제기하지 아니하면 폐기에 대하여 동의한 것으로 본다(4항).

3) 신청 또는 진술의 방법

신청, 그 밖의 진술은 특별한 규정이 없는 한 서면 또는 말로 할 수 있다(161조 1항). 말로 하는 경우에는 법원사무관등의 앞에서 하여야 하며(2항), 법원사무관등은 신청 또는 진술의 취지에 따라 조서 또는 그 밖의 서면을 작성한 뒤 기명날인 또는 서명하여야 한다(3항). 〈개정 2017.10.31.〉

4) 조서에 대한 이의

조서에 적힌 사항에 대하여 관계인이 이의를 제기한 때에는 조서에 그 취지를 적어야 한다(164조).

(4) 관계인이 조서낭독 청구권

조서는 관계인이 신청하면 그에게 읽어 주거나 보여주어야 한다(157조).

(5) 조서의 증명력

조서가 없어진 때를 제외하고, 변론방식에 관한 규정이 지켜졌다는 것은 조서로만 증명할 수 있다(158조). 변론의 방식에 관한 사항은 자유심증주의의 예외로 법정증거주의를 인정한 것이다. 따라서 변론의 방식에 관한 규정의 준수여부에 대한 반증을 들어 조서의 기재내용과 다른 사실을 주장할 수 없다.[79] 판결문에 기재된 선고일자가 선고조서에 기재된 선고일자와 다르다면 오기이고 선고조서에 기재된 선고일자에 판결이 선고된 것으로 보아야 한다.[80] 변론의 방식에 관한 것이 아닌 사항, 예컨대 변론의 내용이 조서에 기재된 경우에는 그것이 진실한 것이라는 점에 대해 강한 증명력을 갖는다.[81]

(6) 다른 조서에 준용

변론조서에 관한 규정을 법원·수명법관 또는 수탁판사의 신문(訊問) 또는 심문과 증거조사에도 준용한다(160조).

---

79) 1965. 3.23. 64다1828.

80) 1972. 2.29. 71다2770.

81) 2001. 4.13. 2001다6367. [129] (변론조서에 어떤 사실에 대하여 당사자가 자백하였다고 기재된 사안).

[전산양식 A1651] 변론조서

○ ○ 법 원

차 **변 론 조 서**

사 건	20○○가단○○○	기 일	20○○. . . :
판 사		장 소	제 호 법정
		공개여부	공 개
		고 지 된	
법원주사		다음기일	20○○. . . :

사건과 당사자의 이름을 부름

원고 및 대리인	각 출석
피고 및 대리인	각 출석

원고 대리인 : 소장 진술

피고 대리인 : 답변서 진술

재 판 장 : 원고에게 추가적인 주장 및 입증촉구

법원주사 ㉿

판 사 ㉿

민 152, 153, 154

제4장 심리의 여러 원칙

1절 처분권주의

제203조 (처분권주의) 법원은 당사자가 신청하지 아니한 사항에 대하여는 판결하지 못한다.

1. 총 설 6-79

처분권주의란 법원은 당사자가가 신청하지 아니한 사항에 대하여는 판결하지 못한다는 원칙을 말한다(203조). 처분권주의는 소송의 개시와 심판의 범위, 소송의 종료라는 세 국면에서 작동한다. 우선, 소송은 소의 제기에 의하여 개시되는바, 원고가 제소(법원에 대한 재판의 신청)를 하지 않으면 소송절차가 개시될 수 없다는 것을 소송개시에 관한 처분권주의라고 한다. 또한 원고는 소를 제기하면서 스스로 심판의 대상으로서 소송물을 특정하여야 하며, 법원은 당사자가 특정하여 심판을 신청한 범위에서만 심판을 할 수 있는데, 이를 신청사항에 관한 처분권주의라고 한다. 끝으로, 당사자는 판결에 의하지 아니하고도 소의 취하 또는 청구의 포기·인락, 소송상 화해 등을 통하여 자신의 의사에 따라 소송을 종결시킬 수 있는바, 이를 소송종료에 관한 처분권주의라고 한다.

2. 소송개시에 관한 처분권주의 6-80

당사자에 의한 소의 제기(재판의 신청)가 있을 때 비로소 법원은 소송절차는 개시할 수 있으며, 소를 제기할 것인지 여부는 오직 당사자의 자유로운 의사에 달려 있다. 소송개시에 관한 처분권주의는 당사자의 소제기가 없는 한 소송이 개시되지 않는다는 민사소송에서 하나의 원칙이다(Ne procedat judex ex officio: Le juge ne doit pas procéder d'office).

다만, 부수적 재판은 당사자의 신청이 없어도 재판을 할 수 있다. 소송비용의 재판(104조), 직권에 의한 소송구조(128조 1항), 가집행선고(213조 1항), 직권에 의한 판결의 경정(211조 1항) 등이 그러한 예이다.

3. 신청사항에 관한 처분권주의(심판의 대상과 범위)

심판의 대상과 범위도 당사자의 자유로운 의사에 의하여 결정할 수 있다. 원고는 소장에 청구의 취지와 청구의 원인을 적어서 심판의 대상과 범위를 특정하여야 하며(249조), 법원은 당사자가 신청하는 심판대상의 질적 한계와 양적 한계의 범위 내에서만 심판을 할 수 있다.

6-81 (1) 질적 한계

1) 동일한 소송물

법원은 원고가 신청한 소송물과 다른 소송물에 대하여 판결할 수 없다. 예컨대, 교통사고에 대하여 원고가 불법행위에 기한 손해배상 청구를 하였음에도 법원이 계약불이행에 기한 손해배상의 판결을 하는 것은 당사자가 신청하는 심판대상의 질적 한계를 벗어나 처분권주의를 위반한 것이다(구소송물이론).[82]

2) 소의 종류·권리구제의 순서

법원은 원고가 제기한 소의 종류에 따라 심판하여야 한다. 원고가 이행의 소를 제기하였음에도 확인의 판결을 한다거나, 확인의 소를 제기하였음에도 이행의 판결을 하는 것 등은 허용되지 않는다. 또한, 법원은 원고가 청구하는 권리구제의 순서에 구속된다. 따라서, 예컨대 매도인이 매수인을 상대로 주위적으로 매매대금의 지급을 청구하고 예비적으로 매매계약이 취소 또는 해제된 것을 대비하여 매매목적물의 반환을 청구하는 사건에서 법원이 주위적인 청구에 대한 재판을 하지 아니하고 예비적 청구에 대해서 먼저 재판하는 것은 처분권주의에 어긋난다.

3) 형식적 형성의 소의 특례

다만, 형식적 형성의 소(예, 경계확정의 소, 공유물분할청구의 소)에서는 법원은 원고가 주장하는 구체적 형성내용에 구속되지 않고 자유로이 경계를 정하거나 분할의 방법을 정할 수 있으므로, 원고가 주장하는 경계나 분할방법에 따르지 않더라도 이를 처분권주의위반이라고 할 수 없다(원고가 주장하는 분할 방법과 달리 공유물을 공유자 중의 1인 단독소유 또는 수인의 공유로 하고 다른 공유자에 대하여는 가격배상만 하는 방법도 현물분할의 하나로 허용된다고 판시한 사안).[83] 토지 경계확정의 소가 제기되면 법원은 당사자 쌍방이 주장하는 경계선에 구속되지 않고 스스로 진실하다고 인정되는 바에 따라 경계를 확정하

82) 1963. 7.25. 63다241. [94]
83) 2004.10.14. 2004다30583.

여야 하고, 소송 도중에 당사자 쌍방이 경계에 관하여 합의를 도출해냈다고 하더라도 원고가 그 소를 취하하지 않고 법원의 판결에 의하여 경계를 확정할 의사를 유지하고 있는 한, 법원은 그 합의에 구속되지 아니하고 진실한 경계를 확정하여야 한다.[84]

(2) 양적한계

1) 권리구제의 범위 6-82

원고가 청구한 금액을 넘어서 청구인용 판결을 하는 것은 양적한계를 넘어선 것으로 처분권주의에 반한다.

인신사고에 기한 손해배상에서 적극손해, 소극손해, 위자료는 독립한 소송물이므로 각 그 양적한계 내에서 판결을 하여야 한다(예, 교통사고에 대하여 불법행위에 기한 손해배상으로 적극손해 500만, 소극손해 300만, 위자료 200만 합계 1,000만원 청구하였는데, 심리한 결과 적극손해 300만, 소극손해 500만, 위자료 300만 합계 1,100만원이 인정되는 경우 법원은 300만+300만+2 00만=800만을 인용하는 판결을 하여야 한다).

원금 및 지연손해금도 독립한 소송물이므로 각 그 양적한계 내에서 판결을 하여야 한다. 금전채무불이행의 경우에 발생하는 법정 지연손해금채권은 그 원본채권의 일부가 아니라 전혀 별개의 채권으로 원본채권과는 별개의 소송물이고, 불이익변경에 해당하는지 여부는 각 소송물별로 원금과 지연손해금 부분을 각각 따로 비교하여 판단하여야 할 것이다.[85]

2) 일부청구와 과실상계 6-83

일부청구에 대하여 과실상계를 인정할 경우 그 방법이 문제가 된다. 손해액 전체를 산정하고 이를 기준으로 과실상계하여 산출된 금액을 청구액의 한도 내에서 인용하여야 한다는 외측설과, 청구금액을 기준으로 과실상계하여 인정되는 금액의 범위 내에서 인용하여야 한다는 안분설이 있다. 어떤 방법에 의하는 것이 합리적인가는 일률적으로 논할 수 없고 당사자의 의사를 해석하여 정하는 것이 타당하다.

(사례 1) 원고가 교통사고로 인한 불법행위손해배상청구 중 적극손해에 대하여 명시적 일부청구로 5,000만원(입원비 3,000만, 간병비 2,000만)을 청구하였다. 심리결과 8,00만원(입원비 4,000만원, 간병비 4,000만원)이 인정되며, 피고과실 60%가 인정된다. 이러한 경우 외측설에

84) 1996. 4.23. 95다54761.
85) 2005. 4.29. 2004다40160.

따르면 4,800만원(8,000만×0.6)을 인정해야 하고, 안분설에 따르면 3,000만원(5,000만×0.6)을 인정해야 한다. 이러한 경우는 외측설에 따르는 것이 일부청구를 하는 당사자의 통상적 의사(예상손해액에서 자신의 과실을 감안하여 감축청구)에 합치한다고 할 수 있다(판례[86]도 같은 입장이다).

(사례 2) 원고가 교통사고로 인한 불법행위손해배상청구 중 적극손해에 대하여 명시적 일부청구로 5,000만(입원비 3,000만, 간병비 2,000만)을 청구하였고(원고는 무과실임을 주장), 약제비 및 수술비(미확정)는 명시적으로 제외하였다. 심리결과 입원비 4,000만원, 간병비 4,000만원이 인정되며, 피고과실 60%가 인정된다. 이러한 경우는 원고는 명시적으로 제외한 약제비와 수술비를 별도로 청구할 수 있으므로, 안분설에 따라 3,000만원(5000만×0.6)을 인용하는 것이 합리적이라고 할 수 있다.

6-84 **3) 일부인용판결의 문제**

가분적 단일청구에서, 원고가 분량적 일부인용판결을 원하지 않는다는 특단의 사정이 없는 한, 원고청구의 일부만 인용하고 나머지는 기각하는 것은 처분권권주의에 반하지 않는다.

㈎ 단순이행청구에 대한 상환이행판결

예컨대, 단순이행청구로서 건물명도청구에 대하여 피고의 동시이행항변을 받아들여 금원을 지급 받음과 상환으로 명도하라는 판결을 하는 것이 가능한가? 원고가 반대의 의사표시를 하지 않는 한 원고의 청구에는 금원의 지급과 상환으로 명도를 받겠다는 취지가 포함된 것으로 볼 수 있으므로 가능하다. 물건의 인도를 청구하는 소송에서 피고의 유치권 항변이 인용되는 경우에는 그 물건에 관하여 생긴 채권의 변제와 상환으로 그 물건의 인도를 명하여야 한다.[87] 다만, 원고가 처음부터 반대급부의무 없다는 취지를 명백히 한 경우라면 원고청구를 기각하여야 한다.[88]

대지임대차 종료시 대지임대인이 대지상에 건물을 소유하는 대지임차인을 상대로 건물철거 및 그 대지의 인도를 청구한 사안에서, 임차인인 피고가 적법하게 매수청구권(민법 643조)을 행사한 경우, 대지임대인의 건물철거와 그 대지인도 청구에는 건물매수대금지급과 동시에 건물명도를 구하는 청구가 포함되어 있다고 볼 수 없으므로, 대

86) 1976. 6.22. 75다819. [96]; 2008.12.24. 2008다51649.
87) 1969.11.25. 69다1592. [98]
88) 1996.11.12. 96다33938.

지임차인에 대하여 건물매수대금을 지급 받음과 상환으로 건물을 명도하라는 재판을 하는 것은 처분권주의에 위배된다(판례는 이 경우 석명권을 행사하여 청구의 변경을 유도하지 않고 원고의 청구를 기각하여서도 안 된다고 한다).[89] (⇒ 6-103 예문 참조)

㈏ 현재이행의 소에서 장래이행판결(등기말소청구에 대한 선이행판결)

원고가 반대의사표시하지 않고, 미리 청구할 필요도 인정되어야 한다. 예컨대, 채무자인 원고가 피담보채무 전액을 변제하였다고 주장하면서 근저당설정등기에 대한 말소등기절차 이행을 청구하였으나 심리결과 피담보채권의 일부가 잔존하는 것으로 밝혀진 경우에는, 원고의 청구중에는 확정된 잔존채무를 변제한 후에 위 말소등기를 구한다는 취지가 포함된 것으로 보아 잔존채무에 대한 채무변제수령 후 말소등기를 명하는 판결을 할 수 있다.[90] (*2018. 법원직)

㈐ 한정승인의 항변이 인정되는 경우

상속채권자가 상속인을 상대로 상속채무의 이행을 청구한 사안에서, 상속인이 상속으로 인하여 취득할 재산의 한도에서 피상속인의 채무를 변제할 것을 조건으로 상속을 승인하였다는 한정승인(민법 1028조)의 항변을 하는 경우, 그 항변이 이유가 있으면 상속재산의 한도에서 상속채무를 이행할 것을 명해야 한다. 한정승인의 항변이 받아들여지는 경우, "피고는 원고에게 금 ○원을 상속재산의 한도에서 지급하라"라는 형식으로 판결주문에 명시한다.

㈑ 채권자취소소송에서 원물반환청구와 가액배상판결

사해행위를 전부 취소하고 원상회복을 구하는 채권자의 주장 속에는 사해행위를 일부 취소하고 가액의 배상을 구하는 취지도 포함되어 있으므로, 채권자가 원상회복만을 구하는 경우에도 법원은 가액의 배상을 명할 수 있다.[91]

4. 소송의 종료에 관한 처분권주의 6-85

소송 계속 중에 당사자는 판결이 확정되기 전에 언제라도 자유로운 의사로 소송을 종료시킬 수 있다. 이를 소송의 종료에 관한 처분권주의라고 한다. 원고는 소의 취하(266조)로 소송을 종료시킬 수 있고, 상소인은 상소의 취하 또는 상소권의 포기를 통해

89) 1995. 7.11. 94다34265(전원합의).

90) 1995. 7.28. 95다19829. [99]; 2008. 4.10. 2007다83694.

91) 2001. 9. 4. 2000다66416. 근저당권이 설정되어 있는 부동산에 대하여 사해행위가 이루어 진 후 근저당권이 말소된 사안.

상소법원의 판결을 받지 않고 소송을 종료시킬 수 있다. 또 원고가 청구를 포기하거나, 피고가 청구를 인낙하면 그 내용을 조서에 기재하는 것으로 소송이 종료된다(220조). 또한 양당사자가 상호양보하여 소송상 화해를 조서에 기재하는 것에 의하여 소송을 종료시킬 수 있다(220조).

6-86 5. 처분권주의 위반의 효과

처분권주의는 판결의 내용에 관한 것이고 절차에 관한 것은 아니므로 처분권주의 위반은 절차이의권(151조)의 대상이 아니다. 처분권주의에 위반한 위법한 판결은 확정되기 전에는 상소로 다툴 수 있다. 그러나 판결이 확정된 경우 그 판결이 당연 무효가 되는 것은 아니다. 별도로 재심의 요건을 갖춘 경우를 제외하면 원칙적으로 재심의 대상이 되지 않는다(예컨대, 주위적 청구에 대하여 판단하지 아니하고 예비적 청구에 대하여만 판결을 한 경우, 위법한 판결이므로 항소를 통하여 바로잡을 수 있으나, 판결이 확정되면 재심사유가 없는 한 재심을 할 수 없으며, 당연무효가 되는 것이 아니다).

2절 변론주의

(문 1) 원고는 피고에게 금전을 대여한 사실 및 변제기가 도래한 사실을 주장하며 금전지급 청구의 소를 제기하였다. 피고는 금전을 대여 받은 기억이 없다(부지)고 주장하면서 청구기각의 판결을 구한다. 증거를 조사한 결과 법원은 대여사실 및 변제기 도래사실(권리발생 요건사실)은 인정되나, 원고가 피고에 대하여 반환채무를 면제해 준 것이라는 심증을 얻게 되었다. 이 경우 법원은 원고나 피고 누구도 주장하지 않는 면제사실(권리소멸 요건사실)을 인정하여 원고의 청구를 기각할 수 있는가? 그러한 경우 어떤 점이 불합리한가?

[피고가 면제사실을 주장하며 항변하지 않았으므로 면제사실을 인정하여 청구기각의 판결을 하는 것은 문제가 있다(변론주의에 반한다). 피고가 변론에서 면제사실을 항변으로 주장하였으면 그에 대하여 상대방인 원고도 나름의 방어를 하였을 것인데 항변으로 제출되지 않은 상태에서 법원이 그러한 사실을 인정하여 판결을 하면 원고로서는 불의타를 입게 되기 때문에 불합리하다.]

(문 2) 甲이 乙을 상대로 이혼청구의 소를 제기하였다. 甲은 청구원인으로 乙이 2010년 3. 1. 23시 서울 강남 88호텔에서의 A와 부정한 행위를 하였다는 사실을 주장하였다. 乙은 甲이 주장하는 바와 같은 부정행위사실을 부인하였다.

① 증거조사 결과 乙이 부정한 행위를 한 사실은 인정되지 않고, 다만 乙이 그 날 부부싸움

끝에 甲을 심하게 폭행한 사실이 인정되었다. 법원은 甲이 심하게 폭행당한 사실을 기초로 배우자로부터 심히 부당한 대우를 받았다고 이혼 판결을 할 수 있는가?

[법원은 부정행위에 기한 이혼청구권의 여부에 대해서만 심판하여야 하므로 제소되지 아니한 부당한 대우에 기한 이혼청구권을 인용하는 것은 신청하지 아니한 소송물에 대해서 재판하는 것이므로 처분권주의에 반한다.]

② 증거조사 결과 乙이 2010년 3. 1. 23시에 서울 강남 88호텔에서 A와 부정한 행위를 한 사실은 인정되지 않고, 2010. 3. 2. 22시에 수원 77호텔에서 B와 부정한 행위를 한 사실이 인정되었다. 법원은 증거조사결과 인정된 사실을 이유로 하여 원고의 청구를 인용하였다. 법원의 판결은 적법한가?

[처분권주의에 반하는 것은 아니나, 주장하지 아니한 주요사실을 인정하여 청구를 인용한 것이므로 변론주의에 반한다]

1. 의 의 6-87

1) 판결의 기초가 되는 사실을 수집하고 증명하는 책임을 어떻게 분배하여야 하는지는 법정책의 문제로서, 그 방법으로는 직권탐지주의와 변론주의가 있다.[92] 변론주의란 판결의 기초가 되는 소송자료(사실과 증거)의 수집 및 제출은 당사자에게 맡기고 법원은 당사자가 제출한 소송자료만을 기초로 재판을 하도록 하는 원칙을 말한다. 소송에서 당사자는 법적 삼단논법의 소전제가 되는 사실을 법원에 주장하고 입증하여야 하며 법원은 당사자가 주장·입증하는 사실을 대전제인 법규에 포섭하여 구체적인 법적 효과로서 판결을 하게 된다.

2) 처분권주의가 재판의 대상 및 범위(소송물)에 관한 사적자치원칙인 반면, 변론주의는 결정된 소송물 안에서 소송자료의 수집제출(공격 방어)에 관한 사적자치 원칙이라고 할 수 있다(따라서, 소송물에 대한 논쟁은 처분권주의와 변론주의의 적용영역을 경계 짓는 데에도 영향을 미치게 된다).

2. 변론주의의 근거 및 기능 6-88

(1) 근 거

1) 민사소송법에 변론주의에 관한 명문규정은 없으나, 우리 민사소송법의 원칙으로 변론주의를 드는 것이 통설이다. 변론주의의 이론적 근거를 어디에서 찾아야 하는지에

92) 이 두 가지 표현은 독일 소송법학자인 Gönner가 1801년에 간행된 책에서 처음 사용하였다고 한다.

대하여는 견해가 갈린다.

2) 사법상의 권리에 관한 분쟁의 해결 및 권리의 실현이라는 민사소송제도의 본질에 비추어 소송절차에 있어서도 사적자치 원칙이 구현되어야 하는바, 변론주의는 이와 같은 민사소송제도의 본질에 근거하는 것이라는 견해(본질설)도 있고, 변론주의가 이기심에 의지한 진상규명의 최적수단이 되기 때문에 변론주의가 민사소송법의 기본원칙이 된다는 견해(수단설)도 있다.

3) 민사소송에서 변론주의는 실정법상의 원칙인 처분권주의(203조)에서 파생하는 원칙으로서, 사적자치의 원칙을 소송에서 구현하기 위한 것이라고 할 수 있다.[93] 변론주의의 원칙은 개인의 자유와 자기책임의 원리에 기초하며, 변호사강제주의 및 소송구조제도와 결합되어 자유주의 체제의 국가에서 소송의 이념을 달성하는데 기여한다.[94]

(2) 기 능

변론주의는 소송당사자에 대한 불의의 타격을 방지하고(절차보장, 대립심리원칙), 법원이 심리하여야 할 사실의 범위를 한정하는 기능을 한다.

6-89 3. 변론주의의 내용

변론주의의 내용을 이루는 3요소(명제)로 ① 당사자가 주장한 사실(사실자료)만을 기초로 판결을 하여야 한다(사실에 대한 당사자의 주장책임), ② 자백한 사실은 증거 없이 인정하여야 한다(자백의 구속력), ③ 당사자가 신청한 증거를 기초로 사실을 인정하여야 한다(직권증거조사의 원칙적 금지)는 세 가지를 드는 것이 오늘날의 통설이다.

6-90 (1) 사실에 대한 당사자의 주장책임(당사자의 사실자료 제출책임)

1) 의 의

심리 및 판결은 법적삼단논법의 논리구조에 따른다. 소송에서 대전제인 법규범을 발견하여 적용하는 것은 법원의 임무이나, 소전제인 사실을 주장하고 증명하여야 하는 것은 당사자의 몫이다. 당사자는 각자 승소하기 위하여 필요한 사실을 변론을 통하여

---

93) 프랑스 CPC는 처분권주의와 별개의 원칙으로서 따로 변론주의의 원칙을 인정하지 않는다.

94) 사회주의 소송관을 취하는 견해(소송에서 사회적 약자인 당사자에게 법관의 적극적인 배려와 지원이 필요하다는 입장)에서는 협동주의(Kooperationsmaxime)를 소송의 기본원리로 하여야 한다는 주장이 대두하기도 한다. 사회주의를 취하고 있는 중국의 민사소송에서도 변론주의가 아닌 국가간예주의가 민사소송의 대원칙이 된다(손한기, "사회규범으로서의 민사소송법", 민사소송〈24권 3호〉).

주장하여야 한다. 당사자가 이러한 사실을 주장하지 않으면 법원은 당사자가 주장하지 아니한 사실에 기초하여 판결을 하여서는 아니 되며, 당사자는 필요한 사실을 주장하지 않으면 패소하게 된다. 이와 같이 어떤 사실을 주장하지 않음으로 당사자가 불이익을 입게 된다는 의미에서 이를 주장책임이라고 한다.

2) 주장하여야 하는 사실 - 요건대응사실(주요사실) 6-91

(가) 변론주의에 따라 당사자는 소송에서 사실을 어느 정도(범위)까지 주장하여야 하는지가 문제된다. 민사소송법에는 이에 관한 명문의 규정이 없다.[95] 당사자가 소송에서 사실을 주장하는 것은 법적 대전제로서 법률요건을 염두에 두고 그에 대응하는 사실을 주장하는 것이므로 원칙적으로 당사자는 법률요건에 대응하는 사실을 주장하여야 하고, 그것으로 충분하다.

(나) 법률요건이란 법률효과를 발생하게 하는 원인으로서 필요하고도 충분한 규범적 사실의 전체를 말한다. 이러한 법률요건은 하나의 규범적 사실로 구성되기도 하고 다수의 규범적 사실로 구성되기도 한다. 이 때 법률요건을 구성하는 개개의 규범적 사실을 요건사실이라고 한다. 법률요건을 구성하는 요건사실은 법적삼단논법의 대전제를 구성하는 규범적 사실이지 소전제를 구성하는 역사적 사실이 아니다. 요건사실은 일상언어(사회공동체가 그 의미를 규정)를 통하여 규정되는 것이 아니라 법률언어(최고법원이 그 의미를 규정)를 통하여 규정된다. 법이 적용되고 실현될 때에는 법적으로 중요한 생활사태를 내포하는 일상생활의 세계와 다른 한편으로는 당위를 내용으로 하는 규범들의 법세계가 중개된다. 생활사태를 법적으로 파악(포섭)하기 위해서는 언어적인 차원에서 두 세계가 상응되어져야 한다. 이 때 법의 세계를 기술하는 언어가 법률언어이고, 일상생활의 세계를 기술하는 언어가 일상언어이다.

(다) 구체적 사안에 있어서 요건사실에 포섭되어 법적효과를 발생할 수 있는 역사적 사실을 요건대응사실이라고 한다. 이러한 요건대응사실은 규범적 사실이 아니라 현실세계에서 존재하는 역사적 사실이다. 소송에서 당사자는 구체적 사안(사태)에서 법적으로 유의미한 요건대응사실을 일상언어로 포착하여 법원에 제출해야 한다(당사자는 법률용어를 사용하여 역사적 사실을 진술할 수도 있으나, 이때 당사자가 사용하는 법률용어는 법의 세계에서의 법률언어가 아니라 일상생활의 세계에서의 일상언어일 뿐이며, 이에 대한 자백은 사실의

---

95) 프랑스 CPC는 Art. 6에서 "A l'appui de leur prétentions, les parties ont la charge d'alléguer les faits propres à les fonder(신청을 뒷받침하기 위해 당사자는 신청을 이유 있게 하는 적절한 사실을 주장할 책임이 있다."고 규정한다.

진술에 대한 자백이 되어 민사소송법상 재판상 자백에 해당하게 된다).

(라) 요건사실은 정도의 차이는 있으나 대부분 추상적인 개념의 언어기호로 규정된다. 법추론을 통하여 하나의 요건사실은 여러 개의 하속(下屬 Subordination. 좁은 범위의 개념들이 다른 넓은 개념들에 귀속 되는 것)하는 요건사실의 다발로 인식할 수 있다. 요건사실의 추상적 개념은 소송에서의 심리과정을 통하여 반복적인 법추론을 거쳐 최종적으로 구체적 개념인 포섭사안서술(Subsumtionsbeschreibung)의 형태로 법원에 인식된다.[96] 그러나 이러한 포섭사안서술의 언어는 여전히 규범적인 법률언어이다. 법률에 규정된 요건사실을 대전제로 하고 역사적 사실을 소전제로 하여 곧바로 포섭이 이루어지는 것이 아니라, 법추론을 통해 법률로부터 도출되어 법적 대전제와 구체적 사안의 역사적 사실 사이에 포섭을 용이하게 만들어 주는 포섭사안서술을 매개로하여 포섭이 이루어지는 것이다. 하나의 요건사실은 여러 개의 하속하는 요건사실의 다발로 구성된다고 할 수 있으며, 이 때 법률에 직접 규정된 요건사실을 직접요건사실, 그와 법적으로 동일한 효력이 있으며 추론을 통하여 드러나는, 하속하는 여러 개의 요건사실을 간접요건사실(이는 포섭사안서술과 같다)이라고 할 수 있다.

(마) 당사자는 상대방이 다투는지 여부와 증거자료를 통한 증명의 편의성 등 소송전략에 따라 직접요건사실에 대응하는 사실을 진술할 수도 있고 여러 개의 간접요건사실 가운데 하나의 사실에 대응하는 사실을 진술할 수도 있다. 직접요건대응사실이나 간접요건대응사실은 모두 요건대응사실로서 그에 대한 주장의 소송법적 효력을 달리 볼 이유가 없다. 이러한 요건대응사실은 소송에 있어서 승패에 결정적 영향을 미치는 주요사실로서, 당사자가 주장하지 않으면 법원이 이를 직권으로 조사하여 인정할 수 없다는 것이 변론주의의 원칙이다. 당사자는 요건대응사실(주요사실)에 대한 주장책임이 있다.[97] (⇒ 6-95 참조)

6-92 ### 3) 주장책임의 분배

(가) 실체법은 많은 법률요건들로 구성되어 있다. 실체법상의 그러한 법률요건에 대응하는 사실을 당사자가 주장하여야 하는바, 누가 어떤 법률요건에 대응하는 사실을 주장하여야 할 것인지가 문제된다. 당사자는 각자 승소하기 위하여 자기에게 필요한 사실을 주장하는 것이고 그러한 사실에 대해서만 주장책임을 지게 되므로 이를 주장책

96) 이상돈, 「기초법학」(2판), 법문사, 2010, p.405.

97) 이에 대한 상세한 것은 이무상, "디자인등록무효심결 취소소송에서 사실상의 진술과 법률상의 진술-대법원 2011. 3. 24. 선고 2010후3509 판결에 대한 평석-", 법조, 2015, 통권 705 참조.

임의 분배라고 한다. 주장책임을 지는 당사자는 그 사실에 대한 증명책임도 지게 되는 것이므로 주장책임의 분배는 증명분배와 일치한다. 주장책임과 증명책임의 분배는 법률요건의 태양을 기초로 하여야 한다는 법률요건분류설(규범설)이 통설이다.

(나) 예컨대, 보증인을 상대로 한 보증금청구소송에서 원고와 피고 사이의 주장책임을 통설에 따라 분배하면 다음 표와 같다.

원고 주장책임	청구원인사실	권리발생요건대응사실(금전대여 및 보증사실 등).
피고 주장책임	항변사실	권리장애요건대응사실(궁박에 의한 의사표시 사실 등).
		권리소멸요건대응사실(변제사실, 면제사실 등).
		권리저지요건대응사실(최고·검색 아니 한 사실 등).

4) 사실자료와 증거자료의 준별 6-93

(가) 소송자료는 사실자료와 증거자료로 구분된다. 사실자료란 당사자가 공격방어방법으로 변론에서 주장한 사실을 말한다. 증거자료는 사실자료를 인정하는 기초가 되는 자료를 말한다. 사실자료는 증거자료에 의하여 인정되면, 법적삼단논법의 소전제를 구성하는 사실이 된다. 증거자료는 사실자료에 대하여 당사자 사이에 다툼이 있는 경우에 그 사실을 인정하는 자료로 사용될 뿐이다.

(나) 사실자료와 증거자료를 준별하여, 사실자료에 없는 사실(즉, 당사자가 주장하지 아니한 사실)을 증거자료(예컨대, 증인의 증언)를 통하여 인정하여서 이를 법적삼단논법의 소전제로 사용해서는 안 된다고 하는 것이 변론주의의 원칙이다. 증거자료에 의하여 어느 사실이 인정된다고 하더라도 그러한 사실이 당사자에 의하여 공격방어방법으로 주장된 사실이 아니면 그러한 사실을 법적삼단논법의 소전제로 삼을 수 없도록 함으로써 사실에 관한 쟁점을 당사자가 제출한 사실자료(변론에서 주장된 사실)에 한정하여 쟁점을 명확히 할 수 있고 불의타를 방지할 수 있기 때문이다(예컨대, 차용금반환청구의 소에서 원고는 피고에게 금 1억원을 변제기를 1년으로 정하여 빌려주었다고 주장(사실자료제출)함에 대하여, 피고는 원고로부터 1억원을 빌린 사실이 없다고 주장한다. 증거를 조사한 결과 피고가 원고로부터 1억원을 빌렸으나, 원고가 피고에 대하여 그 후 반환채무를 면제해주었다는 증인의 증언(증거자료)이 나왔다. 이러한 경우 변론주의의 원칙상 법원은 석명권(136조) 등을 행사하지 않고 바로 면제사실을 인정하여 원고 패소판결을 할 수 없다. 피고가 면제사실을 주장하지 않았음에도 증인의 증언에 의하여 면제사실을 인정하여 원고청구를 기각하는 경우 원고는 불의타를 입게 된다. 피고가 면제사실을 항변으로 주장(사실자료로 제출)하였더라면 그에 대하여 원고는 적절한 방어방법을 강구했을 것인데 그런 기회가 절차적으로 보장되지 않고 판결이 이루어지기 때문이다).

6-94 5) 변론주의가 적용되지 않는 사실 - 간접사실, 보조사실

㈎ 변론주의가 적용되는 사실을 주요사실이라고 한다. 앞에서 설명한 바와 같이 요건대응사실은 변론주의가 적용되는 주요사실이다. 그러나, 요건대응사실을 증명하는 차원에서 의미를 갖는 간접사실이나 대부분의 보조사실은 변론주의가 적용되는 주요사실이 아니다(자유심증주의의 영역이다).

㈏ 간접사실이란 요건대응사실(주요사실)을 경험적으로 추인하게 하는 사실을 말한다. 간접사실은 법적삼단논법의 소전제를 구성하는 요건대응사실(주요사실)을 경험적으로 추인하게 하는 역사적 사실로서, 직접요건사실에 하속하면서 그것과 동일한 규범적 효력을 갖는 규범적 사실로서의 간접요건사실과는 다른 개념이다.[98] 이처럼 간접사실은 요건대응사실(주요사실)을 경험적 추인을 통하여 증명하는 수단에 불과한 사실이므로 자유심증주의에 따라 당사자가 주장하지 않더라도 법원이 증거자료를 통하여 자유롭게 인정할 수 있으며 변론주의가 적용되지 않는다(예컨대, 민법 750조를 구성하는 직접요건사실인 '과실'은 그에 하속하는 간접요건사실인 '졸음운전' 또는 '한눈 판 운전' 과 법적 대전제를 구성함에 있어 규범적으로 동일하다. 이에 반하여, 원고는 피고에게 1억원을 빌려주었다고 주장하고 피고는 돈을 빌려 받은 사실 부인하는 사건에서, 피고는 돈이 전혀 없었던 사실, 달리 돈이 생길 곳이 없었던 사실, 돈이 필요했던 사실, 원고를 만난 후 피고가 1억원의 돈을 소지하게 된 사실 등은 원고가 중장하는 요건대응사실(주요사실)인 원고가 피고에게 돈을 차용해 준 사실을 경험적으로 추인하게 하는 사실일 뿐 그러한 사실들이 곧 차용한 사실과 규범적으로 동일한 것은 아니다. 법원은 당사자가 주장하지 않더라도 증거자료에 의하여 그러한 사실이 인정되는 경우 그러한 사실을 기초로 원고가 주장하는 요건대응사실(주요사실)인 원고가 피고에게 돈을 차용해 준 사실을 경험적으로 추인할 수 있으며, 그러한 사실을 주요사실에 대한 간접사실이라고 한다).

㈐ 보조사실이란 증거의 증거력에 관계되는 사실(예컨대, 乙의 필체를 감정하고 인영을 감정한 감정인이 허위감정죄로 처벌 받았다는 사실, 乙이 약속어음을 배서하여 甲에게 교부하는 장면을 목격하였다는 증인이 사실은 그 시점에 다른 곳에 있었다는 사실 등)을 말한다. 이러한 보조사실도 요건대응사실(주요사실)의 증명을 위한 수단에 불과한 사실이므로 원칙적으로 변론주의가 적용되지 않는다(예컨대, 원고가 피고에게 1억원을 빌려주었다고 주장하고 피고는 이를 부인하는 사건에서, 한 증인이 원고가 피고에게 1억원을 빌려주는 것을 보았다고 증언하였다. 당사자 누구도 그 증인이 원고로부터 돈을 받고 허위로 증언하기로 약속하였다는 사실을 변론에서 주장하지 않았는데, 다른 증인의 증언에 의하여 허위증언을 약속한 사실이 밝혀졌다면 법원은 비록 당사자가 그러한 사실을 주장하지 않았어도 그러한 사실을 인정하여 그 증인의 증언을 믿지 않을 수 있다). 다만, 예외적으로 판례는 '문서의 성립에 관한 자백은 보조사실에 관한

---

98) 현재의 통설은 간접사실과 간접요건사실을 구분하지 않는다.

자백이기는 하나 그 취소에 관하여서는 다른 간접사실에 관한 자백의 취소와는 달리 주요사실의 자백취소와 동일하게 처리하여야 할 것이므로 문서의 진정성립을 인정한 당사자는 자유롭게 이를 철회할 수 없다.'고 한다.[99]

[일반조항과 주요사실] 6-95

(예문) 甲이 乙의 차에 승차하여 가다가 추락하는 교통사고를 당하였다. 甲이 乙을 상대로 교통사고로 인한 손해배상청구의 소를 제기하면서, 청구원인은 졸음운전을 한 과실로 길옆으로 차를 추락하게 하여 사고가 생겼다고 주장하였다(민법 750조 : 과실로 인한 위법행위). 乙은 노반 약화로 길이 무너져 추락한 것이지 졸음운전을 한 사실이 없다고 답변하였다. 甲과 乙 누구도 피고가 운전 중에 디엠비 시청하느라 한눈팔아서 사고가 난 것이라는 주장은 하지 않았다. 증거조사 한 결과 甲이 운전 중 디엠비 시청하느라 한눈팔아서 사고가 발생한 것으로 드러났다. 법원은 甲이 졸음운전을 한 과실이 인정되지 않는다고 하여 甲의 청구를 기각할 것인가 아니면 디엠비 시청하느라 한눈판 과실로 사고가 난 사실을 인정하여 甲의 청구를 인용할 것인가?

[민법 750조와 같이 권리발생의 법률요건을 구성하는 요건사실이 '과실'과 같은 추상적 언어로 규정된 경우(일반조항), 요건대응사실(주요사실)을 어떻게 볼 것인가에 대해서 논의가 된다. 그 경우 '과실'이 주요사실(직접사실)이고 '졸음운전'이나 '한눈판 운전'은 모두 주요사실인 '과실'에 대한 간접사실에 불과하다고 보는 견해도 있다. 그러나 그렇게 볼 경우, 피고는 원고가 주장하는 '졸음운전'사실에 대해서만 집중하여 방어를 하고, '한눈판 운전'에 대해서는 방어를 하지 않았는데 법원이 원고가 주장하지도 않은 '한눈판 운전'사실에 기하여 피고의 패소판결을 할 수 있어, 피고에게는 불의타가 될 수 있으므로 문제가 된다. 학설은 일반적으로 이러한 문제를 고려하여 요건사실이 '정당한 사유', '과실' '선량한 풍속' 등과 같이 일반조항으로 규정된 경우와 그렇지 않은 경우를 구분하여, 일반조항으로 된 경우에는 예외적으로 일반조항인 요건사실을 구성하는 개개의 구체적 사실을 주요사실이라고 한다(이를 준주요사실이라고 하기도 한다).

그러나, 이러한 일반적 견해에는 찬성하기 어렵다. 일반조항이라는 개념이 모호하며, 요건사실이 일반조항으로 규정된 경우와 그렇지 않은 경우를 구분하여 주요사실과 간접사실을 달리 판단해야 하는 논거도 부족하기 때문이다. 위와 같은 경우 법률이 직접 요건사실로 규정한 '과실'(직접요건사실)과 그러한 과실개념에 하속하는 '졸음운전'이나 '한눈판 운전'(간접요건사실)은 <u>규범적으로 동일한 것</u>이다. '과실'이라고 주장하는 것은 직접요건대응사실을 주장하는 것이고, '졸음운전'이나 '한눈판 운전'을 주장하는 것은 간접요건대응사실을 주장하는 것으로 이는 모두 <u>규범적으로 동일한</u> 요건대응사실(주요사실)을 주장하는 것이라고 할 것이다(직접요건대응사실(주요사실)을 <u>경험적으로 추인</u>하게 하는 간접사실을 주장하는 것이 아니다). 따라서, 일반조항의 경우에는 <u>예외적</u>

99) 1988.12.20. 88다카3083.

으로 구체적인 '졸음운전'이나 '한눈판 운전'이 주요사실이라거나, 주요사실로 취급하여야 하는 준주요사실이라고 설명하는 것은 타당하지 않다. 甲으로서는 소전제를 구성하는 역사적 사실을 주장함에 있어 상대방의 대응이나 입증의 수월함 등을 고려하여, '과실'을 주장할 수도 있고, 보다 구체적으로 '졸음운전', '한눈판 운전'을 주장할 수 있으며, 어느 사실을 주장하든 이는 모두 권리발생의 요건대응사실이므로 주요사실이다.

6-96 [시효취득에 있어서 점유개시일]

시효의 기산점과 관련하여 판례는 '취득시효의 기산점은 법률효과의 판단에 관하여 직접 필요한 주요사실이 아니고 간접사실에 불과하므로 법원은 당사자의 주장에 구속되지 아니하고 소송자료에 의하여 점유의 시기를 인정할 수 있다'고 한다.[100] 이는 소멸시효의 기산점은 변론주의가 적용되는 주요사실이라고 하는 판례[101]와도 모순되며, 이러한 판례의 입장은 수긍할 수 없다. 시효의 기산점은 요건사실(규범적 사실)에 대응하는 소전제로서의 역사적 사실을 특정하는 요소이므로 시효기간이라는 요건사실에 대응하는 요건대응사실(주요사실)이라고 해야 한다(규범적 사실은 행위의 주체, 일시, 장소가 특정되어야만 하는 것이 아니나, 역사적 사실은 그러한 것이 특정되어야 한다). 판례는 취득시효의 기산점을 간접사실이라고 함으로써 실체법적으로 타당한 결론에 이르고는 있지만, 기산점 자체를 간접사실이라고 보는 것은 시효완성 후 등기명의를 취득한 제3자를 해치는 주장을 배척하기 위한 "도구로 동원"된 것이라는 비판을 면하기 어렵다(호문혁, p.381). '시효완성 후 등기명의를 취득한 제3자에게는 시효취득으로 대항할 수 없다'는 것은 법률해석을 통하여 인정되는 별개의 소극적 법률요건이므로 그러한 법률효과를 주장하는 피고가 방어방법으로 '시효완성 후 등기명의를 취득한 제3자'라는 요건사실에 대응하여 원고가 선정한 기산점과 다른 기산점으로 특정되는 다른 역사적 사실(주요사실)을 주장해야 한다. 시효취득에 있어서 기산점은 시효기간이라는 요건사실에 대응하는 역사적 사실을 특정하는 요소로서 요건대응사실(주요사실)이므로 원고는 요건사실(점유기간)에 대응하는 주요사실(기산점에 의하여 특정된 역사적 사실로서의 점유기간)을 주도적으로 주장할 수 있고, 법원은 피고의 위와 같은 주장이 없는 경우 증거에 의하여 함부로 원고가 주장하는 기산점과 다른 기산점으로 특정되는 다른 역사적 사실을 인정해서 원고에게 불의타를 가해서는 안 된다.

100) 1998. 5.12. 97다34037 등.
101) 1995. 8.25. 94다35886. [105]

[유권대리주장과 표현대리] 6-97

(예문) 甲은 '乙 건설주식회사 아파트 분양사무실'이라는 간판이 걸린 곳에서 그 회사 현장소장이라는 丙과 乙 소유의 아파트에 대한 분양계약을 체결하고, 丙에게 분양대금을 완납하였다. 그러나 乙은 丙이 아파트 분양에 관하여 乙을 대리할 권한이 없다는 이유로 甲에게 아파트에 대한 소유권 이전등기를 해주지 않았다. 이에 甲은 乙을 피고로 하여 소유권이전등기청구의 소를 제기하였다. 그 소에서 甲은 ⓐ丙은 乙을 대리하여 아파트 분양계약을 체결할 대리권이 있었고, ⓑ丙은 乙의 대리인임을 현명하여 甲과 계약을 체결하였으므로 乙은 소유권이전등기 의무가 있다고 주장하였다. 이에 대하여 乙은 현장소장인 丙에게 아파트 시공과 관련하여 乙을 대리할 권한은 수여하였으나 분양에 관하여 乙을 대리할 권한을 수여한 바가 없으므로 乙은 소유권이전채무가 없다고 주장하였다. 법원이 증거를 조사한 결과 丙이 아파트 분양계약에 관하여 대리권을 수여받은 사실은 인정되지 않으나, ① 공사와 관련하여 대리권을 수여받은 사실은 인정되고, ② 분양사무실에서 분양계약을 체결하였고, ③ 회사의 분양계약서 용지를 사용하였고, ④ 甲 이외에도 여러 사람이 그 날 계약을 체결하였던 사실, ⑤ 甲은 丙이 乙을 대리하여 분양계약을 체결할 권한이 있는 것으로 믿었던 사실 등이 인정되었다. 법원은 위와 같은 사실에 기초하여 乙에게 표현대리 책임을 인정할 수 있는가?

[위와 같은 사실관계에서 실체법적으로는 乙에게 표현대리책임을 인정할 수 있을 것이다. 그러나 甲은 소송에서 乙에게 대리행위에 기한 본인의 책임에 대한 법률요건에 대응하는 ⓐⓑ사실(대리의 주요사실)만을 주장하였기 때문에, 법원이 甲이 주장하지 아니한 ①②③④⑤사실(표현대리의 주요사실)을 인정하여 표현대리책임을 인정하는 판결을 하는 것은 소송법적으로 변론주의에 반한다. 법원은 대리책임이 인정되지 않는다는 이유로 甲의 청구를 기각해야 한다.] (1983.12. 13. 83다카1489(전원합의) [106] 참조).

6) 요건대응사실(주요사실)에 대한 당사자 주장의 정도

법원이 증거자료에 의하여 요건대응사실(주요사실)을 알게 되었더라도 당사자가 그러한 사실을 주장한 바가 없으면 이를 기초로 재판을 할 수 없다. 그러나, 당사자의 주요사실에 대한 주장은 직접적으로 명백히 한 경우뿐만 아니라 당사자가 법원에 서증을 제출하며 그 입증취지를 진술함으로써 서증에 기재된 사실을 주장하거나 그 밖에 당사자의 변론을 전체적으로 관찰하여 간접적으로 주장한 것으로 볼 수 있는 경우에도 주요사실의 주장이 있는 것으로 보아야 한다.[102] 대리인에 의한 계약체결의 사실은 법률효과를 발생시키는 실체법상의 구성요건 해당사실에 속하므로 법원은 변론에서 당사자의 주장이 없으면 그 사실을 인정할 수가 없는 것이나, 그 주장은 반드시 명시적인 것이어야 하는 것은 아닐 뿐더러 반드시 주장책임을 지는 당사자가 진술하여야 하는

102) 2002. 6.28. 2000다62254. [103]

것은 아니고 소송에서 쌍방 당사자 간에 제출된 소송자료를 통하여 심리가 됨으로써 그 주장의 존재를 인정하더라도 상대방에게 불의의 타격을 줄 우려가 없는 경우에는 그 대리행위의 주장은 있는 것으로 보아 이를 재판의 기초로 삼을 수 있다.[103]

6-98 **(2) 자백의 구속력**

사실주장에서 사적자치가 인정되므로 어떠한 사실을 주장할 것인지 뿐만 아니라 상대방이 주장한 사실을 인정할 것인지 여부에 대하여도 당사자에게 사적자치권이 인정된다. 따라서 당사자 일방이 상대방이 주장한 사실을 인정하는 경우 법원은 증거자료에 의하여 그와 다른 심증을 갖게 되었더라도 이에 구속된다. 이를 자백의 구속력이라고 한다(⇒ 7-21).

6-99 **(3) 증거자료제출책임**

법원은 당사자가 수집 제출한 증거에 의하여 사실자료의 진위를 인정하여야 한다는 것이 변론주의의 제3의 명제이다. 다만 당사자가 신청한 증거를 조사하여도 그로서 심증을 얻지 못하거나 기타 필요한 경우 예외적으로 법원이 직권으로 증거를 조사할 수 있도록 함으로써 이러한 명제는 현행법상 상당부분 완화되었다(⇒ 7-32).

제292조 (직권에 의한 증거조사) 법원은 당사자가 신청한 증거에 의하여 심증을 얻을 수 없거나, 그 밖에 필요하다고 인정한 때에는 직권으로 증거조사를 할 수 있다.

6-100 **4. 변론주의 비적용 – 직권사항**

변론주의는 본안의 신청을 이유 있게 하는 공격방어방법으로서의 사실의 주장과 입증에 관하여 적용되는 원칙이다. 사실에 대한 법적 평가와 법의 적용은 법원의 고유영역으로 직권판단사항이다. 소송요건에 관한 사실도 변론주의의 적용대상이 아니므로 직권으로 조사한다.

(1) 직권판단사항

사실에 대한 법적평가(qualification), 법규의 해석·적용 등은 변론주의의 적용대상이 아니므로 직권으로 판단한다. 당사자의 주장이 없어도 과실상계를 직권으로 판단할 수 있고,[104] 피고가 민법에 따른 2년의 소멸시효기간을 주장한 경우에도 직권으로 상법에

103) 1990. 6.26. 89다카15359. [102]
104) 1996.10.25. 96다30113. [110]; 2013. 6.13. 2012다91262.

따른 소멸시효기간을 적용하여 법적판단을 할 수 있다.[105] (*2018. 법원직) 신의성실의 원칙에 반하는 것 또는 권리남용은 강행규정에 위배되는 것이므로 당사자의 주장이 없더라도 법원은 직권으로 판단할 수 있다.[106]

(2) 직권조사사항

1) 본안에 관한 주요사실이 아닌 소송요건(항변사항을 제외)에 관한 사실은 변론주의의 적용대상이 아니므로 직권으로 조사할 수 있다. 이러한 사항은 존부에 의심이 있는 경우에 당사자의 이의유무에 관계없이 이를 조사하여 판단하여야 한다. 당사자의 소송절차에 관한 이의권의 포기·상실의 대상이 아니다(*2010. 법원직).

2) 예컨대, 피고가 외교관인 경우 당사자가 변론에서 그러한 사실을 주장하지 않더라도 소송기록이나 증거자료를 통하여 그러한 사실이 인정되면 법원은 그러한 사실에 기초하여 소를 각하하여야 한다. 기타 중복제소(소송계속), 소송수계신청, 비법인사단의 당사자능력이나 대표권한, 소의 이익, 기판력저촉, 제척기간 준수 등에 관한 사실도 소송요건에 관한 사실이므로 직권으로 심리하여 판단한다. 재심사유의 존부(재심사유의 존부에 관하여는 당사자의 자백이 허용되지 아니한다),[107] 법규의 존부(외국인토지법령상 외국인의 권리 취득을 제한하는 지정지구로 규정된 지역 내의 토지에 대하여 그 토지가 외국인토지법령상 외국인의 권리취득이 제한되었다는 점에 대하여 아무런 입증이 없다고 하였음은 위법이다),[108] 과실상계(배상의무자가 피해자의 과실에 관하여 주장을 하지 아니한 경우에도 소송자료에 따라 과실이 인정되는 경우에는 이를 법원이 직권으로 심리·판단하여야 한다),[109] 위자료액수, 신의성실원칙 위반, 권리남용, 준거법인 외국법의 내용 등도 변론주의의 적용대상이 아니다. 부제소특약의 경우 당사자가 다투지 아니하는 데도 법원이 직권으로 인정하여 소가 부적법하다고 판단하기 위해서는 당사자에게 의견진술의 기회를 주어야 한다.[110] (*2012. 법원직) 전소 확정판결의 존부는 법원의 직권조사사항으로서 당사자가 확정판결의 존재를 사실심 변론종결시까지 주장하지 아니하였더라도 상고심에서 새로이 이를 주장, 입증할 수 있다.[111] (*2018. 법원직)

---

105) 2008. 3.27. 2006다70929,70936; 2017. 3.22. 2016다258214. [104]
106) 1989. 9.29. 88다카17181. [9], [111]
107) 1992. 7.24. 91다45691.
108) 1981. 2.10. 80다2189.
109) 2016. 4.12. 2013다31137.
110) 2013.11.28. 2011다80449.
111) 1989.10.10. 89누1308.

(3) 직권탐지주의와 직권조사사항

1) 변론주의의 적용범위 밖의 사항을 그 대상과 방법에 따라 직권탐지주의 영역과 직권조사사항으로 나누어 설명하기도 하나, 논자에 따라 그 개념과 대상 및 방법에 대하여 달리 설명하고 있고 판례도 두 용어를 혼용하여 사용하고 있어 현재 이 두 개념의 영역 구분이나 효과의 차이는 불분명한 상태이다. 이러한 상황에서 직권탐지주의와 직권조사사항이라는 추상적 개념구분에 의하여 연역적으로 구체적인 문제를 해결하려는 자세는 바람직하지 않고 문제되는 개별영역 및 사안에 따라 합리적인 결론을 도출할 필요가 있다.[112]

2) 비법인사단이 당사자인 사건에서 대표자에게 적법한 대표권이 있는지 여부는 소송요건에 관한 것으로서 법원의 직권조사사항이므로, 법원에 판단의 기초자료인 사실과 증거를 직권으로 탐지할 의무까지는 없다 하더라도 이미 제출된 자료에 의하여 대표권의 적법성에 의심이 갈만한 사정이 엿보인다면 그에 관하여 심리·조사할 의무가 있다.[113] 채권자취소의 소는 채권자가 취소원인을 안 때로부터 1년 이내에 제기하여야 하고, 채권자취소권의 행사기간은 제소기간이므로 법원은 그 기간 준수 여부에 대하여 의심이 있는 경우에는 법원이 필요한 정도에 따라 직권으로 증거조사를 할 수 있으나, 법원에 현출된 모든 소송자료를 통하여 살펴보았을 때 그 기간이 도과되었다고 의심할 만한 사정이 발견되지 않는 경우까지 법원이 직권으로 추가적인 증거조사를 하여 기간 준수 여부를 확인하여야 할 의무는 없다.[114] 당사자적격은 직권조사사항이므로 법원은 피고가 본안전 항변을 철회하여도 심리를 하여야 하고,[115] 사실심에서 변론종결시까지 당사자가 주장하지 않던 소송대리권의 흠결을 상고심에서 비로소 주장하는 경우 이는 직권조사사항에 해당하는 사항으로 상고심의 심판범위에 포함된다.[116]

5. 변론주의의 보완

제136조 (석명권(釋明權)·구문권(求問權) 등) ① 재판장은 소송관계를 분명하게 하기 위하여 당사자에게 사실상 또는 법률상 사항에 대하여 질문할 수 있고, 증명을 하도록 촉구할 수 있다.
② 합의부원은 재판장에게 알리고 제1항의 행위를 할 수 있다.
③ 당사자는 필요한 경우 재판장에게 상대방에 대하여 설명을 요구하여 줄 것을 요청할 수 있다.
④ 법원은 당사자가 간과하였음이 분명하다고 인정되는 법률상 사항에 관하여 당사자에게 의견을 진

112) 박재완, p.221.
113) 2011. 7.28. 2010다97044.
114) 2001. 2.27. 2000다44348.
115) 1971. 3.23. 70다2639.
116) 2009.10.29. 2008다37247.

술할 기회를 주어야 한다.

(1) 총 설 6-101

변론주의에 따라 사실상 또는 법률상 사항에 대한 주장책임은 당사자에게 있고 주장한 사실에 대한 입증(증명)책임도 당사자에게 있다는 것이 원칙이다. 그러나, 당사자의 주장내용이 불분명하거나, 당사자가 부주의나 오해로 필요한 입증을 하지 아니하는 때 등은 법원이 개입하여 질문을 하고 증명을 촉구할 수 있도록 하고, 당사자가 간과하였음이 분명하다고 인정되는 법률상 사항에 관하여 당사자에게 의견을 진술할 기회를 주도록 하는 것이 합리적이다. 그러한 법원의 개입을 통하여 변론주의가 갖는 한계를 보완하여 민사소송의 이상인 적정의 이념에 한걸음 더 가까이 다가갈 수 있게 된다. 민사소송법은 이를 위하여 소송관계를 분명하게 하기 위한 재판장의 석명권(136조 1항)과 당사자의 구문권(136조 3항), 당사자가 간과한 것이 분명한 법률적 사항에 대한 법원의 지적의무(136조 4항)를 규정하고 있다. 나아가 소송관계를 분명하게 하기 위하여 법원이 할 수 있는 여러 가지 처분에 대하여 규정하고 있다(140조 1항).

(2) 소송관계를 분명하게 하기 위한 석명권·구문권 6-102

1) 주 체

소송관계를 분명하게 하기 위한 석명권행사의 주체는 재판장이다(136조 1항). 합의부원은 재판장에게 알리고 석명권을 행사할 수 있다(136조 2항). 당사자는 필요한 경우 재판장에게 상대방에 대하여 설명을 요구하여 줄 것을 요청할 수 있다(136조 3항). 이를 구문권이라고 한다.

2) 목 적

소송관계를 분명하게 하기 위한 것이어야 한다. 석명권은 당사자가 필요한 사실상 법률상 주장은 하고 있으나 그것이 불명료하거나 불완전 하거나 전후 모순되는 등으로 분명하지 않을 때 행사할 수 있다(소극적 석명). 그러나, 당사자가 필요한 사실상 법률상 주장을 하지 않고 있음에도 법원이 이를 시사하는 것(적극적 석명)은 소송관계를 분명하게 하기 위한 석명권의 한계를 벗어난 것으로 허용되지 않는다(일정한 요건을 갖춘 경우에 법률적 사항에 대한 지적의무의 대상이 될 수는 있다).

3) 행사방법

㈎ 사실상 또는 법률상 사항에 대한 질문

당사자의 사실상 또는 법률상 주장이 있음에도 그러한 주장의 의미나 내용이 불분명한 경우, 당사자의 주장책임에 대한 변론주의의 원칙을 고수하여 주장책임이 있는 당사자가 주장책임을 다하지 않은 것으로 처리하거나, 불분명한 상태 그대로 소송을 진행하는 것은 소송의 이상인 적정의 이념에 반하는 결과를 초래할 수 있다. 그러한 경우에 재판장은 질문을 통하여 적절히 석명을 할 수 있다(136조 1항 전문). 재판장의 석명권 행사는 이를 행사하지 않고는 적정한 재판을 진행할 수 없는 경우 재판장의 석명의무가 된다(*2015. 법원직. 원고의 매매대금청구에 대하여 피고가 주장하지 아니하는 변제의 항변에 관한 석명을 하여야 할 의무는 인정되지 않는다).

(예문 1) 원고 甲이 피고 乙을 상대로 대여금 반환청구의 소를 제기하였다. 이에 대하여 乙은 "그 날 원고로부터 돈을 받은 것은 사실이다. 그러나 甲은 乙에게 돈을 갚지 않아도 된다고 말하였다."고 주장하면서 그러므로 甲의 청구는 기각되어야 한다고 변론하였다. 이 경우 乙의 위와 같은 사실의 진술은 甲이 주장하는 사실에 대한 부인인가 항변인가? 甲의 주장사실에 대한 부인으로 해석되는 경우와 항변으로 해석되는 경우와는 어떤 차이가 있는가? 재판장은 乙의 주장사실을 분명히 하기 위하여 어떤 조치를 취하여야 하는가?

['甲은 乙에게 돈을 갚지 않아도 된다고 말하였다' 는 乙의 주장은 甲이 증여하였다는 것인지, 차용해주고 반환채무를 면제해 주었다는 것인지 불분명하다. 증여인지 면제인지에 따라 입증책임이 달라지므로 이를 분명히 하지 않으면 소송을 적절히 진행할 수 없게 된다. 따라서 재판장은 소송관계를 분명히 하기 위하여 석명권을 행사하여야 한다(석명의무).]

(예문 2) 甲이 乙을 상대로 1억원 차용금반환청구의 소를 제기하였다. 이에 대하여 乙은 자신도 甲에 대하여 2억원의 차용금반환채권이 있다고 주장하면서 자신이 오히려 더 받을 것이 있으므로 甲의 청구는 기각되어야 한다고 주장하였다. 이러한 경우 법원은 어떻게 소송을 진행하여야 하는가?

[乙도 甲에 대하여 2억원의 채권이 있다는 사실상의 주장과, 甲의 청구는 기각되어야 한다는 법률상의 주장은 하고 있으나 왜 기각되어야 하는 지에 대한 법률상 주장이 불분명하므로 법률상 주장에 대한 석명권을 행사하여야 한다.]

(나) 증명의 촉구

당사자가 주장한 주요사실에 대하여 상대방이 다투는 경우 증명책임분배의 원칙에 따라 증명책임이 있는 당사자가 그 사실을 증명하여야 한다. 법원은 다툼이 있는 사실에 대하여 심증형성이 되지 않은 경우 증명책임분배의 원칙에 따라 판결을 하면 되지, 모든 경우에 증명책임이 있는 당사자에게 입증을 촉구하여야 하는 것은 아니다. 그러나 소송의 정도로 보아 당사자가 무지, 부주의나 오해로 인하여 입증을 하지 않는 경우(특히 법률전문가가 아닌 당사자본인이 소송을 수행하는 경우에 그렇다), 변론주의원칙을 고수하여 증명책임의 원칙에만 따라 입증이 없는 것으로 보아 판결을 하도록 하는 것은 적정의 이상에 반하는 결과가 된다. 이러한 경우 재판장은 당사자에게 증명을 하도록 촉구할 수 있다(136조 1항 후문). 예컨대, 당사자의 주장사실에 부합하는 서증이 제출되어 있다면 당사자에게 그 주장사실이나 서증의 진정성립에 대한 입증을 촉구하여야 하며, 서증의 진정성립에 대하여 상대방이 부인한다고 하여 아무런 입증 촉구 없이 주장사실을 인정할 증거가 없다고 하여 사실을 배척해서는 안 된다.[117] 손해배상청구소송에서 손해발생 사실이 인정되는 경우에는 특단의 사정이 없는 한 손해액을 심리·확정하여야 하므로 손해액의 범위에 대한 입증이 불충분하더라도 그 이유만으로 손해배상청구를 배척할 것이 아니라 손해액에 관하여 적극적으로 석명권을 행사하고 입증을 촉구하여 이를 밝혀야 한다(매수인이 점포에 대한 매매계약이 유효한 것으로 믿고 영업을 하기 위하여 일정 비용을 들여 광고지를 배포하였으나 매매계약이 기망을 이유로 취소됨으로써 매수인이 광고지 배포 비용 상당의 손해를 입은 사실을 인정할 수 있는 경우, 매수인이 그가 배포한 광고지의 제작비를 지출한 사실도 인정할 수 있다 할 것인바, 광고지의 제작비에 관한 입증이 불충분하다 하여 그 이유만으로 그 부분 손해배상 청구를 배척한 것은 잘못이라는 판결).[118] (이와 관련하여 민사소송법 관련조항의 개정 참조) 그러나, 명백히 그 입증을 하지 않겠다는 의사를 표시한 경우에는 법원은 피고에게 손해배상책임을 인정하면서도 그 액수에 관한 증거가 없다는 이유로 청구를 배척할 수 있다.[119]

⇒ 민사소송법 개정

제202조의2 (손해배상 액수의 산정)

손해가 발생한 사실은 인정되나 구체적인 손해의 액수를 증명하는 것이 사안의 성질상 매우 어려운 경우에 법원은 변론 전체의 취지와 증거조사의 결과에 의하여 인정되는 모든 사정을 종합하여 상당하다고 인정되는 금액을 손해배상 액수로 정할 수 있다. [법률 제14103호, 시행 2016. 9. 30.]

(3) 법률적 사항에 관한 시사의무 6-103

1) 법원은 당사자가 간과하였음이 분명하다고 인정되는 법률상 사항에 관하여 당사자에게 의견을 진술할 기회를 주어야 한다(136조 4항). 제136조 제4항은 1990. 1. 13. 개정된 민사소송법에서 추가된 것으로 2002. 개정시 표현을 조금 바꾸어 현재 시행되고 있는 것이다. 이를 법원의 법적관점 지적의무라고도 한다. 법 제136조 제1항과의 관계를 중심으로 위 규정에 대한 해석은 다양하게 제시되고 있다.

117) 1989. 7.25. 89다카4045.
118) 1997.12.26. 97다42892,42908. [108]
119) 1994. 3.11. 93다57100.

2) 학설은 크게 제136조 제1항에서 정하는 석명의 한 태양을 규정한 것이라는 견해와 석명과는 목적하는 바가 다른 별개의 것으로 이해하는 견해로 나뉜다. 제136조 제1항의 석명은 소송관계를 분명하게 하는 것을 목적으로 하는데 반하여, 법률적 사항에 관한 시사의무는 당사자가 간과한 것이 명백한 법적 관점을 법원이 시사하여 당사자의 주의를 환기시키고 그에 대한 의견 진술의 기회를 부여함으로써 당사자로 하여금 예기하지 못한 법적 관점에 따른 판결로 인하여 불의타를 입게 되는 것을 막기 위하여 인정되는 것으로서 양자는 제도의 취지가 다른 것이라고 생각한다.[120] 당사자가 어떠한 법률효과를 주장하면서 미처 깨닫지 못하고 그 요건사실 일부를 빠뜨린 경우 법원이 그 누락사실을 시사하는 것은 변론주의의 원칙에 위배되는 것이 아니며, 법원의 의무이다.

〈민사소송규칙〉

제28조 (변론의 방법) ① 변론은 당사자가 말로 중요한 사실상 또는 법률상 사항에 대하여 진술하거나, 법원이 당사자에게 말로 해당사항을 확인하는 방식으로 한다.
② 법원은 변론에서 당사자에게 중요한 사실상 또는 법률상 쟁점에 관하여 의견을 진술할 기회를 주어야 한다.
[본조신설 2007.11.28]

(예문) 甲은 乙을 상대로 임대차기간이 만료되었으므로 甲 소유의 지상에 건축한 乙 소유의 건축물을 철거하고 토지를 인도하라는 소를 제기하였다. 이에 대하여 乙은 소송 중에 토지임차인의 매수청구권(민법 643조)을 행사하였다. 이 경우 법원은 원고의 청구를 인용할 수 있는가? 원고의 청구를 기각하여야 하는가? 원고로부터 매수대금을 지급받음과 상환으로 토지를 인도하라고 판결할 수 있는가?

[토지임대차 종료 시 임대인의 건물철거와 그 부지인도 청구에는 건물매수대금 지급과 동시에 건물명도를 구하는 청구가 포함되어 있다고 볼 수 없다. 법원으로서는 임대인이 종전의 청구를 계속 유지할 것인지, 아니면 대금지급과 상환으로 지상물의 명도를 청구할 의사가 있는 것인지(예비적으로라도)를 석명하고 임대인이 그 석명에 응하여 소를 변경한 때에는 지상물 명도의 판결을 함으로써 분쟁의 1회적 해결을 꾀하여야 한다. 그러므로 이와는 달리 이러한 경우에도 법원에게 위와 같은 점을 석명하여 심리하지 아니한 것이 위법이 아니라는 취지의 당원 1972. 5.23. 선고 72다341 판결은 이로써 이를 변경한다.][121] (*2017. 법원직)

---

120) 위 규정은 개정전 독일 ZPO 278조 3항(현 139조 2항)을 모델로 한 것이라고 한다. 프랑스 CPC 16조 3항은 "판사는 당사자로 하여금 미리 의견을 제시하도록 요청하지 않고는, 직권으로 문제 삼은 법적방법에 기초하여 재판할 수 없다"고 규정하고 있는 바, 이 조항은 판사의 법적성질결정(12조 2항)과는 별개로 대립심리원칙(principe de la contradiction)과 관련하여 규정되고 있다.

121) 1995. 7.11. 94다34265(전원합의). [107]

3) 시사의무 위반의 예

손해배상책임의 근거가 불법행위인지 계약불이행인지

"이 사건에서 피고 1 주식회사의 손해배상책임이 인정될 것인지 여부의 관건이 되는 핵심적인 법률요건은 원고가 전화요금을 연체하였는지의 여부 및 피고 1 주식회사가 해지에 앞서 이행최고절차를 거쳤는지의 여부이다. 그런데 위 요건들에 대한 입증책임은 손해배상청구의 법률적 근거를 계약책임으로 구성하느냐 아니면 불법행위책임으로 구성하느냐에 따라 정반대로 달라지게 된다. 즉 계약책임으로 구성할 경우 위 요건들에 대한 입증책임(원고가 전화요금을 연체하였다는 것과 피고 1 주식회사가 이행최고를 하였다는 것에 대한 입증책임)은 피고 1 주식회사가 부담하게 되는 반면, 불법행위책임으로 구성할 경우 그 입증책임(원고가 전화요금을 연체하지 않았다는 것과 피고 1 주식회사가 이행최고를 하지 아니하였다는 것에 대한 입증책임)은 일반원칙에 따라 원고가 부담하게 되는 것이다. 따라서 이 사건 손해배상청구의 법률적 성질을 어떻게 파악하느냐는 그에 따라 소송의 승패가 달라질 수도 있는 중대한 법률적 사항에 해당한다고 할 것이다. 기록에 의하면 원고는 제1심과 원심에서 이 사건 손해배상청구가 계약책임을 묻는 것인지 아니면 불법행위책임을 묻는 것인지 명시한 바 없음을 알 수 있는바, 이는 원고가 부주의나 법률적인 지식의 부족으로 입증책임의 법률적 효과에 관하여 명백히 이해하지 못하고 있거나 그 주장이 법률상의 관점에서 보아 불명료 또는 불완전한 경우라고 하지 않을 수 없다. 따라서 원심으로서는 마땅히 위와 같은 점을 지적하고 원고에게 의견을 진술할 기회를 부여함으로써 원고로 하여금 그 주장을 법률적으로 명쾌하게 정리할 기회를 주었어야 한다. 그럼에도 불구하고 원심은 이러한 조치를 취하지 아니하고 원고의 이 사건 손해배상청구의 법률적 근거를 불법행위책임을 묻는 것으로 단정한 뒤(이 경우 입증책임은 원고가 부담하게 된다는 점에서 이는 원고에게 심히 불 리한 것이다) 원고의 입증이 부족하다는 이유로 원고의 청구를 받아들이지 아니하였는바, 이는 석명권을 적절하게 행사하지 아니하고 당사자에게 법률사항에 관한 의견 진술의 기회를 주지 아니하여 잘못이라고 할 것이고, 이는 판결 결과에 영향을 미쳤음이 분명하다."[122)]

특별법상의 손해배상 여부

"이 사건 소송의 심리과정에 비추어 볼 때, 환경정책기본법 제31조 제1항은 불법행위에 관한 민법 규정의 특별 규정이라고 할 것이므로 환경오염으로 인하여 손해를 입은 자가 환경정책기본법에 의하여 손해배상을 주장하지 않았다고 하더라도 법원은 민법에 우선하여 환경정책기본법을 적용하여야 하지만, 이 사건 원심 변론종결 당시까지 당사자 사이에는 건축주인 피고 1 주식회사가 위 지하 터파기 및 흙막이 공사의 도급 또는 지시에 관하여 중대한 과실이 있거나, 원심공동피고 주식회사를 구체적으로 지휘·감독함에 따른 사용자 책임이 있는지 여부에 대하여만 다투어졌을 뿐, 피고 1 주식회사가 환경정책기본법 제31조 제1항에 의한 책임을 지는지 여부에 대하여는 당사자 사이에 전혀 쟁점이 된 바가 없었고 원심도 그에 대하여 피고 1 주식회사에 의견진술의 기회를 주거나 석명권을 행사한 바 없음을 알 수 있다. 그럼에도, 원심이 피고 1 주식회사에 대하여 환경정책기본법 제31조 제1항에 의한 손해배상책임을 인정한 것은 당사자가 전혀 예상하지 못한 법률적인 관점에 기한 예상 외의 재판으로서 당사자에게 불의의 타격을 가하였을 뿐 아니라 석명의무를 다하지 아니하여 심리를 제대로 하지 아니한 것이라 할 것이고, 이러한 위법은 판결 결과에 영향을 미쳤음이 분명하다."[123)]

---

122) 2009.11.12. 2009다42765.

123) 2008. 9.11. 2006다50338.

(4) 석명준비명령과 석명처분

1) 석명준비명령

재판장은 제136조의 규정에 따라 당사자에게 설명 또는 증명하거나 의견을 진술할 사항을 지적하고 변론기일 이전에 이를 준비하도록 명할 수 있다(137조).

2) 석명처분

법원은 소송관계를 분명하게 하기 위하여 ①당사자 본인 또는 그 법정대리인에게 출석하도록 명하거나, ②소송서류 또는 소송에 인용한 문서, 그 밖의 물건으로서 당사자가 가지고 있는 것을 제출하게 하거나, ③당사자 또는 제3자가 제출한 문서, 그 밖의 물건을 법원에 유치하거나, ④검증을 하고 감정을 명하거나, ⑤필요한 조사를 촉탁하는 등의 처분을 할 수 있다(140조 1항). 석명처분으로 하는 검증·감정과 조사의 촉탁에는 증거조사에 관한 규정을 준용한다(140조 2항).

3절 기타 심리의 원칙

6-104 1관 공개심리주의

1. 의 의

근대시민혁명의 결과 민사소송절차가 밀행주의에서 공개주의로 발전하였다. 이러한 원칙은 헌법상의 요청으로서, 헌법은 "재판의 심리와 판결은 공개한다(헌법 109조 본문)" 고 규정한다. 변론의 공정한 진행을 확보하기 위한 수단이다.

6-105 2. 내 용

1) 넓은 의미의 변론과 판결의 선고가 공개의 대상이다. 변론준비절차는 공개주의가 적용되지 않으며, 재판의 합의도 비공개로 한다. 공개심리주의의 대상이 되는 재판은 소송사건의 재판에 한하므로, 조정절차(민사조정법 20조), 비송사건절차(비송사건절차법 13조) 등에서는 공개주의에 따르지 않는다.

2) 국가의 안전보장 또는 안녕질서를 방해하거나 선량한 풍속을 해할 염려가 있을 때에는 수소법원의 결정으로 공개를 제한 할 수 있다(법원조직법 57조 1항). 그러한 결정

은 이유를 밝혀 선고한다(2항). 그러나 그러한 경우에도 재판의 선고는 언제나 공개하여야 한다(헌법 109조). 개인의 프라이버시와 관련된 내용의 재판, 영업비밀과 관련된 내용의 재판에 있어서도 수소법원의 결정으로 공개를 제한할 수 있는지 여부에 대해서는 명문의 규정이 없어 문제이나, 적극적으로 해석하는 것이 타당하다고 생각한다.

3) 변론의 공개에 관한 사항은 변론조서의 필수적 기재사항이다(153조 6호). 공개여부는 변론조서의 기재로만 증명할 수 있으며, 공개심리주의에 위배한 재판은 절대적 상고이유가 된다(424조 1항 5호).

3. 소송기록의 공개 6-106

공개심리주의는 재판의 심리와 판결을 공개하여야 한다는 원칙에서 더 나아가 소송기록의 공개원칙으로 확대되었다.

(1) 당사자나 이해관계를 소명한 제3자의 신청권

법은 당사자나 이해관계를 소명한 제3자는 대법원규칙이 정하는 바에 따라, 소송기록의 열람·복사, 재판서·조서의 정본·등본·초본의 교부 또는 소송에 관한 사항의 증명서의 교부를 법원사무관등에게 신청할 수 있다고 규정한다(162조 1항). 나아가 누구든지 권리구제·학술연구 또는 공익적 목적으로 대법원규칙으로 정하는 바에 따라 법원사무관등에게 재판이 확정된 소송기록의 열람을 신청할 수 있으며, 다만, 공개를 금지한 변론에 관련된 소송기록에 대하여는 그러하지 아니하다는 규정(162조 2항)을 두었다.

(2) 프라이버시, 영업비밀관련 예외

한편, ① 소송기록 중에 당사자의 사생활에 관한 중대한 비밀이 적혀 있고, 제3자에게 비밀 기재부분의 열람 등을 허용하면 당사자의 사회생활에 지장이 클 우려가 있는 때, ② 소송기록중에 당사자가 가지는 영업비밀(부정경쟁방지및영업비밀보호에관한법률 제2조제2호에 규정된 영업비밀을 말한다)이 적혀 있는 때에 해당한다는 소명이 있는 경우에는 법원은 당사자의 신청에 따라 결정으로 소송기록중 비밀이 적혀 있는 부분의 열람·복사, 재판서·조서중 비밀이 적혀 있는 부분의 정본·등본·초본의 교부를 신청할 수 있는 자를 당사자로 한정할 수 있다(163조 1항). 그러한 신청이 있는 경우에는 그 신청에 관한 재판이 확정될 때까지 제3자는 비밀 기재부분의 열람 등을 신청할 수 없다(동조 2항).

(3) 판결서의 일반공개

더 나아가, 누구든지 판결이 확정된 사건의 판결서(공개의 가치가 비교적 크지 않은 「소액사건심판법」이 적용되는 사건의 판결서와 「상고심절차에 관한 특례법」에 따른 심리불속행 판결 및 상고이유서를 제출하지 아니함으로 말미암아 상고기각 된 판결서는 제외)를 인터넷, 그 밖의 전산정보처리시스템을 통한 전자적 방법 등으로 열람 및 복사할 수 있고, 변론의 공개를 금지한 사건의 판결서로서 대법원규칙으로 정하는 경우에는 열람 및 복사를 전부 또는 일부 제한할 수 있도록 하였다(163조의 2 1항).[124] 판결서에 대한 접근성을 높여 재판의 공개주의 원칙을 보다 실질적으로 보장하기 위한 것이다.

2관 구술심리주의

6-107 ### 1. 의 의

심리에 있어서 변론과 증거조사를 구술로 한다는 원칙으로서, 서면심리주의와 반대되는 원칙이다. 구술심리주의는 공개주의, 집중심리주의와도 바로 연결되는 원칙으로, 즉시의 의사소통을 통하여 쟁점파악이 용이하며, 보다 신속하고 적정한 재판을 할 수 있는 장점이 있다. 또한 당사자와 이해관계인은 물론 일반인에게 재판의 진행상황이나 결과를 알 수 있는 기회를 제공하여 절차진행의 공정성과 결과의 정당성이 확보되도록 하며 판결에 대한 승복을 제고한다. 나아가 화해나 조정을 통한 사건해결에도 도움이 된다. 그러나 명확성이 부족하고 구술심리내용에 대한 기억에 한계가 있다는 단점도 있다. 현행법은 구술심리주의를 원칙으로 하면서, 필요한 경우 서면심리주의 방식을 채택함으로써 그 단점을 보완한다.

6-108 ### 2. 필수적 구술변론

1) 변론기일에서 당사자는 소송에 관하여 법원에서 변론을 하여야 한다(134조). 변론은 당사자가 말로 중요한 사실상 또는 법률상 사항에 대하여 진술하거나, 법원이 당사

---

124) 이 조항은 2020 12. 3. 다음과 같이 개정되어 2023. 1. 1.부터 시행될 예정이다.
제163조의2(판결서의 열람·복사) ① 제162조에도 불구하고 누구든지 판결이 선고된 사건의 판결서(확정되지 아니한 사건에 대한 판결서를 포함하며, 「소액사건심판법」이 적용되는 사건의 판결서와 「상고심절차에 관한 특례법」 제4조 및 이 법 제429조 본문에 따른 판결서는 제외한다. 이하 이 조에서 같다)를 인터넷, 그 밖의 전산정보처리시스템을 통한 전자적 방법 등으로 열람 및 복사할 수 있다. 다만, 변론의 공개를 금지한 사건의 판결서로서 대법원규칙으로 정하는 경우에는 열람 및 복사를 전부 또는 일부 제한할 수 있다. 〈개정 2020.12.8〉

자에게 말로 해당사항을 확인하는 방식으로 한다(규칙 28조 1항). 법원의 과중한 사건부담 등으로 인하여 "준비서면대로 진술한다"는 한마디로 그 기재사항이 모두 진술된 것으로 간주하는 관행이 있었으나(구술주의의 형해화), 그러한 것은 오늘날 허용될 수 없다고 할 것이며, 준비서면의 핵심적인 사항은 시간이 걸려도 말로 진술하여야 적법한 변론이 된다고 할 것이다. 선고를 할 때에 주문을 낭독하고, 필요한 때에는 이유의 요지를 설명할 수 있다(206조).

2) 법원은 변론에서 당사자에게 중요한 사실상 또는 법률상 쟁점에 관하여 의견을 진술할 기회를 주어야 한다(규칙 28조 2항). 변론준비기일에서는 당사자가 말로 변론의 준비에 필요한 주장과 증거를 정리하여 진술하거나, 법원이 당사자에게 말로 해당사항을 확인하여 정리하여야 한다(규칙 70조의 2).

3) 필수적 변론이 배제되는 결정·명령절차에서는 구술주의의 원칙은 적용되지 않는다.

3. 서면의 이용에 의한 구술주의의 보완 6-109

1) 분쟁이 소송에까지 이르게 되는 경우 보통은 여러 법률적 쟁점과 사실상의 쟁점이 있기 마련이다. 소송의 심리는 여러 법률적 쟁점에 따른 주요사실 뿐만 아니라 간접사실이나 보조사실에까지 이루어져야 하기 때문에 법정에서의 구술변론에만 의존하여 진행하는 데는 여러 어려움이 따르게 된다. 사회현상이 복잡화 될수록 이러한 어려움은 커지게 된다. 소송심리의 효율적인 진행을 위해서는 원칙적으로 구술주의에 따르되 서면주의의 장점을 살려 구술주의의 문제점을 보완하는 심리의 진행이 필요하다.

2) 심판의 기초를 이루는 중요한 소송행위는 원칙적으로 서면으로 할 것이 요구된다. 소의제기, 상소의 제기, 재심의 소제기, 소의 변경, 소의취하, 관할의 합의 소송고지 등은 서면에 의하도록 한다.

3) 변론의 준비 또는 법률심에서의 주장을 위해서는 서면의 제출이 요구된다. 변론의 준비를 위한 준비서면의 제출이나 상고이유서의 제출을 요구하며, 그러한 서면의 제출이나 부제출에 일정한 법적인 효과를 부여함으로써 구술주의를 보완한다.

4) 심리과정의 정확성 및 그 보존을 위하여 변론조서를 작성하도록 하여(152조) 구술주의의 단점을 보완한다. 재판의 결과에 대하여도 판결서를 작성하는 것도 구술주의의 보완으로 볼 수 있다.

5) 인증에 대한 증거조사에 있어서도 예외적인 경우 구술주의가 후퇴한다. 즉 법원이 서면의 제출에 의한 진술로 충분하다고 인정할 때에는 증인으로 하여금 출석·증언에 갈음하여 증언할 사항을 적은 서면을 제출하게 할 수 있다(310조 1항). 물론 이러한 경우에도 법원은 상대방의 이의가 있거나 필요하다고 인정하는 때에는 위 증인으로 하여금 출석·증언하게 할 수 있으므로(310조 2항) 구술주의의 원칙은 관철되는 것이다.

6-110 4. 통역과 진술보조

제143조 (통역)

① 변론에 참여하는 사람이 우리말을 하지 못하거나, 듣거나 말하는 데 장애가 있으면 통역인에게 통역하게 하여야 한다. 다만, 위와 같은 장애가 있는 사람에게는 문자로 질문하거나 진술하게 할 수 있다.

② 통역인에게는 이 법의 감정인에 관한 규정을 준용한다.

제143조의2 (진술 보조)

① 질병, 장애, 연령, 그 밖의 사유로 인한 정신적·신체적 제약으로 소송관계를 분명하게 하기 위하여 필요한 진술을 하기 어려운 당사자는 법원의 허가를 받아 진술을 도와주는 사람과 함께 출석하여 진술할 수 있다.

② 법원은 언제든지 제1항의 허가를 취소할 수 있다.

③ 제1항 및 제2항에 따른 진술보조인의 자격 및 소송상 지위와 역할, 법원의 허가 요건·절차 등 허가 및 취소에 관한 사항은 대법원규칙으로 정한다.

[본조신설 2016.2.3]

3관 직접주의

제204조 (직접주의)

① 판결은 기본이 되는 변론에 관여한 법관이 하여야 한다.

② 법관이 바뀐 경우에 당사자는 종전의 변론결과를 진술하여야 한다.

6-111 1. 의 의

직접주의(직접심리주의)란 직접 변론을 듣고 증거조사를 한 법관이 재판을 하여야 한다는 원칙을 말한다. 판결은 그 기본이 되는 변론에 관하여 관여한 법관이 하여야 한다(204조 1항). 구술심리주의와도 밀접한 관계가 있으며, 근대 민사소송법의 발전을 통하여 확립된 원칙이다.

2. 변론의 갱신

1) 법관이 바뀐 경우 당사자는 종전의 변론결과를 진술하여야 하는데(204조 2항), 이

를 변론의 갱신이라고 한다. 변론의 갱신은 종전의 변론결과를 바뀐 법관 앞에서 실제로 진술하지 않고 형식적으로 변론조서에 '종전의 변론결과 진술'이라고 기재하는 방식으로 하는 것이 실무의 잘못된 관행이었으나, 민사소송규칙 55조를 신설하여 구체적인 방법을 명확히 규정함으로써 실질적인 변론갱신이 이루어지도록 하고 있다(⇒ 9-14).

〈민소규〉

제55조 (종전 변론결과의 진술)

법 제204조 제2항에 따른 종전 변론결과의 진술은 당사자가 사실상 또는 법률상 주장, 정리된 쟁점 및 증거조사 결과의 요지 등을 진술하거나, 법원이 당사자에게 해당사항을 확인하는 방식으로 할 수 있다.

[본조신설 2007.11.28]

2) 단독사건의 판사가 바뀐 경우에 종전에 신문한 증인에 대하여 당사자가 다시 신문신청을 한 때에는 법원은 그 신문을 하여야 한다. 합의부 법관의 반수 이상이 바뀐 경우에도 또한 같다(204조 3항). 증인의 증언을 통하여 심증을 형성함에 있어 증인신문조서를 읽어보는 것과 직접 면전에서 증언을 청취하는 것은 큰 차이가 있기 때문이다. 6-112

법원이 소송상태에 비추어 재신문이 필요하지 아니하다고 인정하는 경우(예를 들면, 종전에 증인을 신문할 당시에는 당사자 사이에 다툼이 있었으나 현재는 당사자 사이에 다툼이 없어서 증명이 필요 없게 된 경우, 다른 증거들에 의하여 심증이 이미 형성되어 새로 심증을 형성할 가능성이 없는 경우, 소송의 완결을 지연하게 할 목적에서 재신문을 신청하는 것으로 인정되는 경우 등)에는 재신문을 하지 아니할 수도 있다.[125]

(문) 소제기 — 1회 변론기일 -①- 2회 변론기일 — 결심 -②- 합의 -③- 판결서 작성 — 선고

1) 甲, 乙, 丙 3인의 법관 중 丙의 전출과 丁의 전입이 각 ①, ②, ③시점에 이루어 졌다. 재판장은 어떻게 절차를 진행하여야 하는가?

2) 1회 변론기일에 증인신문이 이루어 진 경우 법관이 바뀌면 증인을 다시 불러 증언을 들어야 하는가?

[1) ① 시점 : 변론을 갱신하여야 함. ② 시점 : 종결된 변론을 재개하여 변론을 갱신하여야 함. ③ 시점 : 합의가 됨으로서 판결의 내용이 확정된 것이므로 변론을 재개하여 갱신할 필요가 없음. 판결서를 작성함에 있어 판사 丙은 전출로 인하여 서명날인 할 수 없으므로 판사 丁이 대신 서명날인 함.
2) 단독사건의 경우와 합의부 법관의 반수 이상이 바뀐 경우로서, 당사자가 다시 신문신청을 한 때에는 다시 신문을 해야 함.]

---

125) 1992. 7.14. 92누2424. [93]

4관 적시제출주의

제146조 (적시제출주의)
공격 또는 방어의 방법은 소송의 정도에 따라 적절한 시기에 제출하여야 한다.

6-113 ### 1. 의 의

1) 적시제출주의란 당사자는 공격 또는 방어의 방법을 소송의 정도에 따라 적절한 시기에 제출하여야 한다는 원칙을 말한다(146조). 동시제출주의, 법정순서주의, 수시제출주의와 대응한다. 동시제출주의와 법정순서주의는 독일 보통법시대 소송절차에서 채택되었던 원칙으로, 무분별한 소송가료의 홍수로 인하여 법원의 부담이 늘어나거나 소송이 지연되는 결과를 초래하였다. 근대 민사소송법은 그 교훈으로 수시제출주의를 채택한다. 2002년 개정 전 우리 민사소송법도 수시제출주의를 채택했었다. 수시제출주의와 아울러 실기한 공격방어방법 각하 규정(현행 149조와 같은 내용)을 통하여 소송지연이 폐단을 방지하고자 하였으나, 법원에서 실기한 공격방어방법의 각하를 잘 활용하지 않아 소송지연의 폐해가 있었다. 이를 극복하고자 우리 법은 2002년 개정 때 수시제출주의를 버리고 적시제출주의를 채택하게 되었다.

2) 이러한 적시제출주의의 원칙을 실효성 있게 달성하고자, 민사소송법은 구체적으로 기존의 실기한 공격방어방법의 각하(149조)에 관한 규정에 더불어 재정기간 부준수의 실권효(147조)와, 변론준비기일 종료의 실권효(285조) 등 규정을 신설함으로써 소송촉진을 도모하고 있다.

6-114 ### 2. 실기한 공격방어방법의 각하(149조)

제149조 (실기한 공격·방어방법의 각하)
① 당사자가 제146조의 규정(*적시제출)을 어기어 고의 또는 중대한 과실로 공격 또는 방어방법을 뒤늦게 제출함으로써 소송의 완결을 지연시키게 하는 것으로 인정할 때에는 법원은 직권으로 또는 상대방의 신청에 따라 결정으로 이를 각하할 수 있다.

(1) 각하의 요건

1) 공격방어방법

독립한 재판의 신청은 공격방어방법이 아니므로 여기에 해당하지 않는다. 예컨대, 뒤늦게 반소를 제기하거나 청구를 추가적으로 병합신청하는 것은 독립한 재판의 신청이므로, 반소의 요건 또는 청구병합의 요건을 갖추었다면 그것이 실기한 것이라는 이

유로 각하할 수 없다. 유일한 증거라도 실기한 공격방어 방법이 되는 경우 조사하지 아니할 수 있다.126)

2) 시기(적시)에 늦게 제출

시기에 늦은 것인지 여부는 개별적으로 판단하는 수밖에 없다. 항소심에서 새로운 공격방어방법이 제출되는 경우에 그것이 시기에 늦은 것인지 여부는 항소심을 속심제로 운용하는 우리 법제의 특성에 비추어 1심과 항소심의 전과정을 통하여 판정하여야 할 것이다.127) 따라서 새로운 공격방어방법이 항소심 초기단계에서 제출되었더라도 1심부터의 전 과정에 비추어 시기에 늦은 것이라고 판단하여 각하할 수 있다. 환송 전 항소심 소송절차에서 상계항변을 할 기회가 있었음에도 불구하고 환송 후 소송절차에서 비로소 상계항변을 주장하는 경우 실기한 공격방어방법에 해당할 수 있다.128)

3) 당사자의 고의 또는 중대한 과실

공격방어방법의 종류와 당사자의 법률지식의 정도 등을 고려하여 결정한다. 예컨대, 항소심에 이르러 동일한 쟁점에 관한 대법원판결이 선고되자 그 판결의 취지를 토대로 한 새로운 주장을 제출한 것은 고의 또는 중대한 과실로 늦게 제출되었다고 할 수 없다.129) 여기에서의 당사자에는 소송대리인도 포함한다.

4) 소송의 완결의 지연

변론을 종결할 수 있었는데 새로운 공격방어방법의 제출로 인하여 새로 기일을 열어 심리하여야 하는 경우 등을 말한다. 시기에 뒤늦게 제출되었더라도 그에 대한 심리로 소송의 완결이 지연되지 않으면 이를 각하할 수 없다고 할 것이다. 피고가 대법원 환송판결 후 항소심에서 비로소 원고가 농지매매증명을 얻지 못하였다고 항변을 한 경우 그것이 법률상 주장으로서 별도의 증거조사를 필요로 하지 않으므로 소송의 완결을 지연시키는 것이라고 할 수 없다.130) 실기한 공격방어방법이라고 하더라도 어차피 기일의 속행을 필요로 하고 그 속행기일의 범위 내에서 공격방어방법의 심리도 마칠 수 있거나 그 내용이 이미 심리를 마친 소송자료의 범위 안에 포함되어 있는 때에는 소송의 완결을 지연시키는 것으로 볼 수 없으므로 이를 각하할 수 없다.131)

---

126) 1968. 1.31. 67다2628. [114]
127) 2017. 5.17. 2017다1097. [112]
128) 2005.10. 7. 2003다44387,44394. [115]
129) 2006. 3.10. 2005다46363,46370,46387,46394.
130) 1991. 8.13. 91다10992.
131) 2010. 1.14. 2009다55808.

(2) 석명에 불응하는 공격방어방법의 각하

당사자가 제출한 공격 또는 방어방법의 취지가 분명하지 아니한 경우에, 당사자가 필요한 설명을 하지 아니하거나 설명할 기일에 출석하지 아니한 때에는 법원은 직권으로 또는 상대방의 신청에 따라 결정으로 이를 각하할 수 있다(149조 2항).

(3) 각하의 절차 및 불복절차

상대방의 신청이나 직권에 의하여 각하할 수 있다. 필요적으로 각하할 것이라는 견해도 있으나 통설은 각하 여부는 법원의 재량으로 해석한다. 각하의 판단은 독립한 결정으로 하거나 판결이유 중에서 판단한다. 각하결정에 대하여 독립한 불복방법이 없고 종국판결에 대한 상소로써 불복할 수 있다.

6-115 3. 재정기간 부준수로 인한 실권

(1) 기간의 재정

재판장은 당사자의 의견을 들어 한 쪽 또는 양 쪽 당사자에 대하여 특정한 사항에 관하여 주장을 제출하거나 증거를 신청할 기간을 정할 수 있다(147조 1항). 이를 이용하여 절차가 신속하고 탄력적으로 운영될 수 있도록 하는 것이다.

(2) 실권제재

당사자가 제1항의 기간을 넘긴 때에는 주장을 제출하거나 증거를 신청할 수 없으며, 다만 당사자가 정당한 사유로 그 기간 이내에 제출 또는 신청하지 못하였다는 것을 소명한 경우에는 그러하지 아니하다(147조 2항). (*2010. 법원직. 정당한 사유가 있는 경우에도…(×)) 재정기간을 지키지 아니하는 경우의 실권효를 규정한 것이다. 이 실권효는 항소심에서도 유지되므로 이를 통하여 집중심리와 제1심 집중이라는 목적 달성을 도모하는 것이다.

6-116 4. 준비기일종결의 실권효(285조)

제285조 (변론준비기일을 종결한 효과) ① 변론준비기일에 제출하지 아니한 공격방어방법은 다음 각 호 가운데 어느 하나에 해당하여야만 변론에서 제출할 수 있다.

1. 그 제출로 인하여 소송을 현저히 지연시키지 아니하는 때
2. 중대한 과실 없이 변론준비절차에서 제출하지 못하였다는 것을 소명한 때
3. 법원이 직권으로 조사할 사항인 때

(예문) 1) 甲은 乙을 상대로 음식물대금청구의 소를 제기하였다. 乙은 외상사실을 기억하지 못한다고 답변하였다. 1심에서 甲이 승소 하였고 乙이 항소 하였다. 항소심 변론종결 후 乙이 변제사실을 주장하기 위하여 변론재개신청을 하였다. 법원은 변론을 재개하여야 하는가? [실기한 공격방어방법의 각하규정을 원용하여 변론을 재개하지 않을 수 있다.]

2) 위 사건이 변론준비절차에 부쳐져 변론준비기일이 진행되었다, 변론준비기일 종결 시까지 乙은 변제사실을 방어방법으로 제출하지 않았다. 변론기일에 乙은 변제사실을 주장할 수 있는가?
[준비기일종결의 실권효에 따라 변제사실주장을 불허할 수 있다.]

5관 집중심리주의

제272조 (변론의 집중과 준비)
① 변론은 집중되어야 하며, 당사자는 변론을 서면으로 준비하여야 한다.

1. 의 의 6-117

법원은 하나의 사건에 대해서만 재판을 하는 것이 아니라 불가피하게 여러 사건을 배당 받아 처리해야할 업무상의 부담을 갖게 된다. 법원의 사건관리방식으로는 접수순서에 따라 동시에 다수의 사건에 대한 심리를 병행해 나가는 병행심리주의와, 소송의 초기단계에서 사건을 분류하여 각 사건에 적합한 처리방식을 결정한 후 하나의 사건에 대하여 변론을 집중하여 그 사건에 대한 심리를 마친 후 다른 사건에 대한 심리를 개시하는 집중심리주의가 있다. 민사소송법은 "변론은 집중되어야 하며, 당사자는 변론을 서면으로 준비하여야 한다(272조 1항)."고 규정하여 집중심리주의의 원칙을 표명하고 있다.

2. 집중심리주의의 내용 6-118

법원은 변론이 집중되도록 함으로써 변론이 가능한 한 속행되지 않도록 하여야 하고, 당사자는 이에 협력하여야 한다(규칙 69조 2항).

(1) 소송의 초기단계에서의 쟁점 부각

재판장은 소장을 심사하면서 필요하다고 인정하는 경우에는 원고에게 청구하는 이유에 대응하는 증거방법을 구체적으로 적어 내도록 명할 수 있으며, 원고가 소장에 인용한 서증(서증)의 등본 또는 사본을 붙이지 아니한 경우에는 이를 제출하도록 명할 수 있다(254조 4항). 이를 통하여 실질적 내용이 담긴 소장이 제출될 수 있도록 하고 쟁점을 조기에 부각시켜, 유형별 사건관리를 통하여 집중심리가 일어질 수 있도록 한다.

(2) 충실한 변론준비

쟁점을 조기에 부각시켜 집중심리를 할 수 있도록 하기 위하여 답변서에는 ① 소장에 기재된 개개의 사실에 대한 인정 여부, ② 항변과 이를 뒷받침하는 구체적 사실, ③ 이에 관한 증거방법 등을 기재하도록 하였다(규칙 65조 1항). 또한 증거의 신청과 조사는 변론기일 전에도 할 수 있도록 하여(289조 2항), 변론준비절차를 거치지 않은 사건의 경우에도 이 규정에 따라 미리 증거조사의 준비(예, 문서의 제출, 증인의 신청)를 할 수 있도록 함으로써 변론기일에 집중된 증거조사를 할 수 있도록 하였다.

복잡한 사건은 변론준비절차에 부쳐 충실한 변론을 준비할 수 있도록 하였고, 법원은 변론준비절차를 마친 경우에는 첫 변론기일을 거친 뒤 바로 변론을 종결할 수 있도록 하여야 하며, 당사자는 이에 협력하여야 한다(287조 2항)고 하여 집중심리가 이루어질 수 있도록 한다.

(3) 변론기일에서의 집중증거조사

법원은 변론기일에 변론준비절차에서 정리된 결과에 따라서 바로 증거조사를 하여야 한다(287조 3항). 증인신문과 당사자신문은 당사자의 주장과 증거를 정리한 뒤 집중적으로 하여야 한다(293조). 미리 쟁점을 정리한 뒤에 집중적으로 증인신문 또는 당사자신문을 하도록 하여 충실하고 효율적인 심리를 할 수 있도록 한 것이다.

6관 대립심리주의(쌍방심리주의)

6-119 1. 의 의

대립심리주의란 당사자 쌍방에게 상대방의 진술에 대하여 자신의 주장을 진술할 기회를 보장하여야 한다는 원칙으로, 이를 쌍방심리주의라고도 한다. 당사자의 입장에서는 당사자평등의 원칙 또는 무기대등의 원칙이라고 할 수 있다. 우리 민사소송법은 이에 대한 직접적인 규정은 두고 있지 않으나, 헌법상 재판을 받을 권리의 소송법상 발현으로서 해석상 인정되는 원칙이라고 할 수 있다.

2. 내 용

우리 민사소송법상 판결절차에 있어서 필수적 변론(134조 1항)을 요하는 것, 당사자 일방의 사망 등으로 소송을 수행할 수 없는 사정이 생긴 때 소송절차가 중단되는 것(233조 이하), 기일 통지서 또는 출석요구서를 송달하여 당사자로 하여금 출석하여 변론할 기회를 보장하는 것(167조의 1항) 등은 대립심리주의의 원칙이 구현된 것이라고 할 수 있다.

참고로 프랑스 민사소송법은 대립심리(La contradiction)를 심리의 중요한 원칙으로 인정하여 하나의 절에 명문으로 그 내용을 규정하고 있다.

제4절 대립심리

제14조

어떠한 당사자에 대하여도 심문하거나 소환하지 않은 채 판결할 수 없다.

제15조

당사자들은 적절한 시기에 그들의 신청을 이유 있게 하는 사실상의 주장, 제출하는 증거자료, 원용하는 법률상의 주장 등에 대하여 상대방에게 알림으로써 각자 자신의 방어방법을 준비할 수 있도록 하여야 한다.

제16조

① 판사는 모든 상황에서 대립심리의 원칙을 준수하도록 하고, 그 자신도 준수하여야 한다.
② 판사는 당사자에 의하여 원용되거나 제출된 공격방어방법 또는 설명이나 서류를 당사자가 그것들에 대하여 대립적으로 변론할 수 있었던 경우에만 재판에 반영할 수 있다.
③ 판사는 당사자로 하여금 미리 의견을 제시하도록 요청하지 않고는 직권으로 문제 삼은 법적 공격방어방법에 기초하여 재판할 수 없다.

제17조

법률에 의하여 허용되거나 필요에 따라 어쩔 수 없이 한 당사자 모르는 사이에 어떤 처분이 명령되는 경우, 그 당사자는 자신에게 손해를 주는 재판에 대하여 적절한 불복신청을 할 수 있다.

제 7 편 증 거 법

법적삼단논법의 논리구조로 진행되는 소송에서 사실의 인정은 승패를 결정짓는 가장 중요한 요소이다. 사실인정의 절차와 방법에 관한 법이 증거법이므로 증거법은 소송법의 중요한 분야이다. 본편에서는 우선 증거법의 기초개념을 설명하고(제1장),무엇을 증명하여야 하는지(제2장), 어떻게 증거를 수집하고 보전하는지(제3장), 구체적으로 증거를 어떤 방식으로 조사하는지(제4장), 증거에 대한 평가를 어떻게 하며 어느 정도 심증이 서야 사실을 인정할 수 있는지(제5장), 증거조사를 다하였으나 사실의 진위가 불분명한 경우 어떻게 판단할 것인지(제6장)의 순서로 설명한다.

제1장 총 설

1절 소송법과 증거법

1. 증거법의 지위 7-1

1) 소송에 있어서 법적 결론의 소전제가 되는 사실의 인정은 소송의 핵심적 요소이며, 사실인정의 절차와 방법에 관한 법규범인 증거법은 소송법의 중요한 부분을 차지한다.

2) 현재 우리나라에서는 별도의 증거법이 독립된 실정법이나 교과목으로 인정되고 있지 않다. 개별소송법(민사소송법, 형사소송법, 헌법소송법, 가사소송법 등)의 일부로 되어 있는 증거법(증거법 각론)은 개별소송법의 이념이 반영된 결과 증거조사방식이나 증거능력 등에서 달리 규정한다. 예컨대 형사소송법의 이념이 형사증거법에 반영되고 민사소송법의 이념이 민사증거법에 반영된 결과, 형사증거법에서는 다양하게 증거능력에 대한 제한을 두고 있음에 반하여 민사증거법에서는 원칙적으로 증거능력에 제한을 두지 않는다. 소송법에서 증거법이 갖는 위상에 걸맞게 개별소송법에 규정된 개별증거법을 아우르는 독립된 증거법 총론의 정립이 필요하다.[1)]

(예문) 피해자에 대한 살인의 공소사실을 인정할 증거가 없다는 이유로 무죄판결 받은 피고인에 대하여 민사상 피해자에 대한 살인의 위법행위 사실을 인정하여 불법행위 책임을 인정하는 판결을 하는 것이 법적으로 가능한가? 법리적으로 타당한가?

[소송에서 법원의 사실인정은 증거법에 따라야 하는데, 형사소송의 증거법과 민사소송의 증거법이 다르기 때문에 위와 같은 판결이 가능하다. 형사소송법과 민사소송법은 법이념이 다르기 때문에 위와 같은 모순된 결과는 법리적으로 용인된다]

---

1) 미국에서는 증거법(Evidence)을 계약법, 불법행위법, 재산법, 형법, 헌법 등과 함께 기본법 중의 하나로 취급한다.

7-2 2. 소송에서의 증명과 학문적 증명의 차이

소송에서의 증명과 학문적 증명은 그 대상, 시간적·장소적 제약 유무, 자료수집의 제한여부(증거법적 제한), 판단자 등에 있어 여러 모로 큰 차이가 있다. 소송에서 증거를 통하여 인정되는 사실은 소송법적 사실로서, 실체적 진실이나 학문적으로 증명된 과학적 사실, 역사가에 의하여 구성되는 역사적 사실과는 의미가 다르다. 소송에서 증거법에 따라 인정된 사실은 오류가 있을 수 있으며, 소송상 확정된 사실도 재심에 의하여 변경될 수 있다. 소송에서 인정된 사실은 그 소송에서만 법적인 의미가 있다.

> **(예)** 소크라테스는 법정에서 유죄평결을 받았다. “나는 의도적으로 그 누구도 잘못된 길로 안내하지 않았다고 확신하오. 그러나 나는 그 점을 그대들에게 납득시킬 수가 없소. 그 이유는 우리가 논의할 시간이 너무 짧기 때문이오.” 당시 그리스 법정에서 배심원들 앞에서 연설할 시간은 이 항아리에 담긴 물이 저 항아리로 다 흐를 때까지 뿐이었다. 그것이 소송에서의 증명이 갖는 한계이다.

7-3 3. 증거법 개요

1) 민사소송의 증거법에서는 주로 다음과 같은 것들이 문제되며, 그러한 것들에 대하여 법이 어떻게 규정하는가를 이해하여야 한다.

(가) 무엇을 증명하여야 하는가가 먼저 문제된다(증명의 대상).

(나) 어떻게 증거를 수집·보전하고, 어떻게 조사하는가에 대하여 이해하여야 한다(증거의 수집·보전 및 구체적 증거조사방법).

(다) 증거에 대한 평가를 어떻게 하고, 어느 정도 심증이 서야 적법하게 사실을 인정할 수 있는가(증명의 정도, 자유심증주의)

(라) 증거조사를 다하였으나 구체적 사실이 진위불명이 되는 경우 어떻게 판단할 것인가가 문제된다(증명책임).

2) 증거법에서 증명의 대상, 증명의 정도, 자유심증주의, 증명책임 등은 실체법과도 연관된 것으로 이론적인 측면이 크다. 이에 반하여 구체적 증거조사방법은 실무적 측면에서 중요성이 크다.

2절 증거법의 기초개념

증거(evidence)란 법규적용의 대상이 되는 사실을 인정하기 위한 자료를 말한다. 증거라는 용어는 문맥에 따라 증거방법, 증거자료, 증거원인을 지칭하는 데 사용되기도 한다.

1. 증거방법, 증거자료, 증거원인 7-4

(1) 증거방법

법관이 5관의 작용에 의하여 조사할 수 있는 유형물을 증거방법이라고 한다. 민사소송법이 규정하는 증거방법으로는 증인, 감정인, 당사자, 문서, 검증물, 정보수록물(도면, 사진, 녹음테이프, 비디오테이프, 컴퓨터 데이터, 자기디스크 등) 등이 있다. 민사소송법 제2편 제3장은 증거방법을 중심으로 절을 나누어 2절 증인신문, 3절 감정, 4절 서증, 5절 검증, 6절 당사자신문, 7절 그 밖의 증거 순으로 각 증거방법에 대한 조사의 내용과 절차에 대하여 규정하고 있다.

(2) 증거자료

증거방법의 조사(증인신문, 감정, 서증, 검증, 당사자신문, 정보수록물의 열람 등)에 의하여 얻은 내용을 증거자료라고 한다. 증거자료에는 증언, 감정의견, 문서의 기재내용, 검증결과, 당사자의 진술 등이 있다.

증거방법	증거조사	증거자료
증인	증인신문(2절)	증언
감정인	감정(3절)	감정의견
문서	서증(4절)	문서의 기재내용
검증물	검증(5절)	검증결과
당사자	당사자 신문(6절)	당사자의 진술

(3) 증거원인

법관의 심증형성의 원인이 된 자료나 상황을 증거원인이라고 한다. 증거자료 및 변론의 전취지가 증거원인이 된다.

> 실무에서 판결문에는 보통 아래와 같이 기재한다.
>
> "갑 제1호증(차용증)의 기재, 증인 ○○○의 증언, 감정인 ○○○의 감정의견, 검증물 ○○에 대한 검증결과, 피고의 당사자신문에서의 진술 및 변론의 전취지에 의하면 …………… 사실을 인정할 수 있고, 이에 반하는 을제1호증(사실확인서)의 기재는 믿지 아니하고 달리 반증이 없다."
>
> 이때 차용증, 사실확인서, 증인 ○○○, 감정인 ○○○, 검증물 ○○, 당사자 본인은 증거방법이고, 차용증과 사실확인서의 각 기재 및 증인 ○○○의 증언, 감정인 ○○○의 감정의견, 검증물 ○○에 대한 검증결과, 피고의 당사자신문에서의 진술 등은 증거자료이다. 그런데, 사실확인서의 기재는 법원이 믿지 아니하므로 증거원인이 될 수 없고, 차용증의 기재와 증인 ○○○의 증언이 변론의 전취지와 함께 증거원인이 된다.

7-5
2. 증거능력, 증거력(증명력)

(1) 증거능력

1) 특정 증거방법에 대하여 증거조사를 하여 사실인정의 자료로 이용할 수 있는 일반적 자격을 말한다. 형사소송법에서는 증거능력을 엄격히 제한(예컨대, 전문증거의 증거능력제한(310조의 2), 위법수집증거의 배제(308조의 2))함에 반하여, 민사소송법에서는 원칙적으로 증거능력에 제한이 없다.

2) 대화상대방의 동의 없이 무단히 한 녹취물이나 영상물, 불법으로 수집한 문자메세지등 전자기록물, 절취한 증거물, 불법체포하여 받아낸 진술서 등 위법하게 수집한 증거의 경우에는 문제가 된다. 대법원은 "자유심증주의를 채택하고 있는 우리 민사소송법 하에서 상대방 부지 중 비밀리에 상대방과의 대화를 녹음하였다는 이유만으로 그 녹음테이프나 이를 속기사에 의하여 녹취한 녹취록이 증거능력이 없다고 단정할 수 없고, 그 채증 여부는 사실심 법원의 재량에 속하는 것이다"라고 한다.[2] 그러나 증거를

2) 1999. 5.25. 99다1789. [148]; 2009. 9.10. 2009다37138. 형사사건인 경우는 2007.11.15. 2007도3061(전원합의), 1997. 3.28. 97도240. "피고인이 범행 후 피해자에게 전화를 걸어오자 피해자가 증거를 수집하려고 그 전화내용을 녹음한 경우, 그 녹음테이프가 피고인 모르게 녹음된 것이라 하여 이를 위법하게 수집된 증거라고 할 수 없다" 참조.

위법하게 수집하는 경우 그것은 불법행위가 되므로 그에 따른 손해배상책임을 면할 수 있는 것은 아니다.[3] 한편, 통신비밀보호법 제4조는 "불법검열에 의하여 취득한 우편물이나 그 내용 및 불법감청에 의하여 지득 또는 채록된 전기통신의 내용은 재판 또는 징계절차에서 증거로 사용할 수 없다"고 명문으로 증거능력의 제한에 대해 규정하고 있다. 판례는 선서하지 아니한 감정인에 의한 신체감정결과는 증거능력이 없다고 한다.[4] (*2018. 법원직)

(2) 증거력(증명력)

증거자료가 사실인정에 기여하는 정도를 증거력(증명력)이라고 한다. 증거의 증거력은 원칙적으로 법관이 자유로운 심증으로 판단한다(자유심증주의:202조). 소송대리권의 증명(89조), 법정대리권 등의 증명(58조), 조서의 증명력(158조) 등 예외적인 경우에는 그러하지 아니하다(법정증거주의).

3. 증명과 소명(증명의 정도에 따른 구분) 7-6

(1) 증 명

법원이 확신을 가질 정도로 심증을 주는 것(고도의 개연성)을 증명이라고 한다. 증명의 대상은 사실(주요사실, 간접사실, 보조사실을 가리지 않음)과, 법원이 알기 어려운 법규, 전문적인 경험법칙 등이다(⇒ 7-11, 12, 13).

(2) 소 명

주장사실이 맞을 것이라는 짐작이 들 정도의 증명(저도의 개연성)을 소명이라고 한다. 법이 특별히 규정한 경우에만 소명만으로 사실을 인정할 수 있다. 절차상의 파생적 사항 또는 신속한 처리를 요하는 사항이 소명의 대상이 된다. 증언을 거부하는 이유(316조), 가압류·가처분의 요건사실(민집 280조) 등이 그러한 예이다. 소명은 즉시 조사할 수 있는 증거에 의하여야 한다(299조 1항). 따라서 소명을 위하여 증인신문기일을 지정하는 것은 타당하지 않으며 증인진술서 등을 제출토록 하여야 한다. 법원은 당사자 또는 법정대리인으로 하여금 보증금을 공탁하게 하거나, 그 주장이 진실하다는 것을 선서하게 하여 소명에 갈음할 수 있다(299조 2항). 보증금을 공탁한 당사자 또는 법정대리인이 거짓 진술을 한 때에 법원은 결정으로 보증금을 몰취한다(300조). 선서한 당사자 또는 법정대리인이 거짓 진술을 한 때에 법원은 결정으로 200만원 이하의 과태료에 처한다(301

3) 2006.10.13. 2004다16280.
4) 1982. 8.24. 82다카317.

조). 보증금 몰취와 과태료 결정에 대해서는 즉시항고 할 수 있다(302조).

7-7 ## 4. 엄격한 증명과 자유로운 증명(증명의 방법에 따른 구분)

(1) 엄격한 증명

법률에 정해진 증거방법에 의하여 법률로 정해진 증거조사절차에 의하여 행하는 증명을 말한다. 청구의 당부 판단에 필요한 사실이 엄격한 증명의 대상이라는 점에 대해서는 이론이 없다. 다만, 직권조사사항인 소송요건·상소요건에 관한 사실에 대하여는 엄격한 증명을 요한다는 견해와 자유로운 증명도 가능하다는 견해로 갈린다.

(2) 자유로운 증명

1) 의 의

자유로운 증명이란 증거방법과 증거조사절차에 있어서 법률규정의 엄격한 구속을 받지 않는 증명을 말한다. 소명이 증명의 정도를 완화한 것이라고 한다면 자유로운 증명은 증거방법과 증거조사절차의 형식적 엄격성의 정도를 완화한 것이라고 할 수 있다. 실정법적 근거가 없고 해석상 인정되는 개념인데, 그 내용과 대상 등에 대하여 학자들 사이에 통일된 정설이 없다. 증거신청이나 증거조사방식, 당사자의 참여, 직접주의, 구술주의 등의 후퇴를 의미한다는 부정적 측면이 있는 반면, 절차진행의 신속성과 유연성을 확보할 수 있는 장점이 있다. 자유로운 증명도 증명의 정도에서는 소명이 아니라 증명에 해당하므로 고도의 개연성을 요한다. 자유로운 증명의 방식으로 사실조회(294조)를 이용할 수 있다고 할 것이다.

2) 자유로운 증명의 대상

증명의 대상이 되는 법규는 원칙적으로 자유로운 증명으로 족하다고 할 것이다. 준거법이 되는 외국의 실체법,[5] 자치단체의 조례, 집행판결소송에서 외국법원의 판결이 확정 되었다는 사실을 인정하기 위한 전제로서 외국의 소송법의 내용, 전문적 경험칙의 인정 등이 그것이다. 그 밖에 소가의 산정,[6] 난민신청자가 제출한 문서가 외국의 공문서인지(원고가 제출한 방글라데시 법원의 2개의 판결문을 문서의 작성 방식과 취지에 의하여 공무원이 직무상 작성한 것으로 인정할 만한 상당한 이유가 있어 보이지 아니한다는 이유로 배척한 사례)[7] 등이 자유로운 증명의 대상으로 거시된다.

---

5) 1992. 7.28. 91다41897. "섭외사건에 관하여 적용할 준거외국법의 내용을 증명하기 위한 증거방법과 절차에 관하여 우리나라의 민사소송법에 어떤 제한도 없으므로 자유로운 증명으로 충분하다고 할 것이다."

6) 소송에서 소가는 공부상 가격을 기준으로 함.

5. 본증, 반증, 반대사실의 증거(증명책임을 기준으로 한 구분) 7-8

(1) 본 증

증명책임 있는 자가 주장사실이 진실임을 밝히기 위해 제출하는 증거를 본증이라 한다. 본증에 성공하려면 법원이 확신(고도의 개연성)을 가질 수 있을 정도로 증명하여야 한다.

(2) 반 증

상대방에게 증명책임이 있는 사실을 부정하는 자가 제출하는 증거를 반증이라고 한다. 상대방의 주장사실이 진실이라는 법원의 확신을 방해하거나 동요시키면 반증에 성공한 것이다.

> **(사례)** 甲은 乙에게 금원을 1개월 후에 돌려받기로 하고 대여하여 주었다고 주장하면서 乙 상대로 차용금반환청구의 소를 제기하였다. 乙은 甲으로부터 돈을 증여받은 것이라고 주장하였다(대여사실 부인). 甲은 丙을 증인으로 신청하였고 乙은 丁을 증인으로 신청하였다. 丙이 차용하여 주는 것을 보았다고 증언하면 그 증언은 본증이고, 丁이 증여하는 것을 보았다고 증언하면 그 증언은 대여사실에 대한 반증이다.

(3) 반대사실의 증거

법률상의 추정이 있는 경우 이를 깨뜨리기 위하여 제출하는 증거를 반대사실의 증거라고 한다. 이는 반증이 아니라 본증이다.

> **(사례)** 甲이 乙을 상대로 乙 소유의 토지에서 20년 이상 소유의 의사로 평온 공연히 계속하여 점유·경작해왔다고 주장하면서 시효취득을 원인으로 하는 소유권이전등기청구 소를 제기하였다. 그 소송에서 乙은 중간에 3년간 자기가 그 토지에서 농사를 지었다고 주장하였다. 이 경우 '3년간 乙이 그 토지에서 농사를 짓는 것을 보았다'는 증인의 증언은 법률상 추정(민법 198조, 점유계속의 추정)을 깨뜨리기 위한 반대사실의 증거로서 본증이다.

---

7) 2016. 3.10. 2013두14269 (난민인정불허처분취소) 현실적으로 공문서의 진정성립을 증명할 만한 증거를 확보하기 곤란한 경우가 많은 난민신청자가 제출한 외국의 공문서의 경우, 반드시 엄격한 방법에 의하여 진정성립이 증명되어야 하는 것은 아니지만, 적어도 문서의 형식과 내용, 취득 경위 등 제반 사정에 비추어 객관적으로 외국의 공문서임을 인정할 만한 상당한 이유가 있어야 한다."

7-9 ## 6. 직접증거와 간접증거(요건대응사실과의 관계를 기준으로 한 구분)

(1) 직접증거

증명하고자 하는 요건대응사실(주요사실)의 존부를 직접 증명 할 수 있는 증거를 말한다. 예컨대, 매매대금청구사건에 있어서 매매계약사실이 요건대응사실이므로 그러한 사실을 직접 증명할 수 있는 매매계약서는 직접증거이고, 차용금 반환청구사건에 있어서 차용사실이 요건대응사실이므로 그러한 사실을 직접 증명할 수 있는 차용증서는 직접증거이다.

(2) 간접증거(정황증거)

증명하고자 하는 요건대응사실(주요사실)의 존부를 경험칙을 매개로 간접적으로 증명하는 증거를 말한다. 예컨대 차용금반환청구사건에 있어서, 피고는 평소에 돈이 없었는데 원고가 주장하는 차용시점에 피고가 많은 돈을 가지고 있었다는 증언이나, 피고가 차용증을 작성하고 서명 날인 한 사실이 있다는 증언 등 주요사실인 차용사실을 추단하게 할 수 있는 증거가 간접증거이다. 직접증거라고 해서 증명력이 강하고 간접증거라고 해서 증명력이 약한 것이 아니며, 증명력은 자유심증주의의 원칙에 의하여 결정한다.

제2장 증명의 대상과 불요증사실 7-10

소송은 법규를 대전제로 하고 인정된 사실을 소전제로 하여 인정된 사실을 법규에 포섭하여 법률효과로서 권리관계를 확정짓는 과정이다. 그 과정에서 증거에 의한 증명이 필요한 대상이 되는 것은 무엇인가가 우선 문제된다(1절). 그 다음은 증명의 대상이 되는 사실인 경우에도 증거 없이 사실을 인정하는 경우가 있을 수 있는바 어떠한 경우가 그런 경우인가가 문제이다(2절).

1절 증명의 대상

당사자가 주장하는 사실이 주된 증명의 대상이 된다. 법규는 원칙적으로 증명의 대상이 되지 않으나 예외적인 경우 법규나 경험칙도 증명의 대상이 된다.

1. 사실(사실주장) 7-11

1) 법원은 증거조사의 결과를 참작하여 사실주장이 진실한지 판단하므로(202조), 당사자의 사실주장(사실)이 증명의 대상이 된다.

2) 사실은 감각적으로 인식할 수 있는 모든 외적 내적 사건경과를 말한다. 법적 삼단논법의 대전제로서 법규범의 구성요건(법언어로 표현)에 포섭되어 법률효과를 발생하게 하는 모든 사실주장(일상언어로 표현)이 증명의 대상이 된다. 사실은 외부세계에 나타나는 사태, 고의·인식·의도 등 내적인 정신상태, 과거 또는 현재의 사건 등을 망라하며, 권리의 존재도 그 것이 법규범의 구성요건에 속하는 경우(예컨대 민법 213조의 소유자)에는 증거법적 의미에서 사실이 된다.

3) 사실은 이를 주요사실과 간접사실, 보조사실로 분류하는 것이 통설이다. 주요사실, 간접사실, 보조사실을 가리지 않고 모두 사실이므로 그에 대해 다툼이 있고 판결에 필요한 사실인 경우 증명의 대상이 된다. 소송요건과 관련된 사실(예컨대, 재판권의 유무와 관련하여 당사자가 외교관인 사실)도 그 존부에 대하여 다툼이 있는 경우 증명의 대상이

된다(다만, 변론주의가 적용되지 않기 때문에 그러한 사실은 원칙적으로 직권조사사항이다).

7-12 2. 법원이 알기 어려운 법규

1) 법규의 존부나 그 의미 내용의 확정은 법원의 책무이므로 원칙적으로 증명의 대상이 되지 않는다(예컨대, 을에 대하여 불법행위에 기한 손해배상을 청구하는 甲이 소송에서 대전제가 되는 '고의 또는 과실로 인한 위법행위로 타인에게 손해를 가한 자는 그 손해를 배상하여야 한다'는 법규(법률요건)(민법 750조)가 존재한다는 점을 증명하기 위하여 민법전을 증거로 제출할 필요가 없다).

2) 그러나, 외국법, 관습법,[8] 조례, 규칙 등 쉽게 알 수 없고 그 존재나 내용이 통상적으로 법원에 잘 알려지지 아니한 법규는 이를 자신의 이익으로 주장하며 그러한 법규를 적용하여 달라고 요청하는 사람이 증명할 필요가 있다. 이러한 경우 그 증명은 엄격한 증명이 아니라 자유로운 증명으로 족하다고 할 것이다(공무소에 사실조회 하여 사실조회 회신서를 증거로 하거나, 관련법령사본을 서증절차를 거치지 않고 증거로 사용하여도 된다).

3) 국제사법은 "제5조 (외국법의 적용) 법원은 이 법에 의하여 지정된 외국법의 내용을 직권으로 조사·적용하여야 하며, 이를 위하여 당사자에게 그에 대한 협력을 요구할 수 있다."고 규정한다. 국제사법이 정하는 준거법규정에 따라 외국법을 적용하여야 하나 적용할 외국법의 존재 및 내용에 대하여 당사자가 증명하지 못하고 법원의 직권탐지에도 한계가 있는 경우에 법원은 외국법을 대신하는 적절한 법(이에 대하여는 법정지실질법설, 유사법설, 조리설 등 견해가 나뉜다)을 적용하여 재판을 하여야 한다.

7-13 3. 전문적 경험법칙

1) 경험법칙은 경험을 통해 얻어지는 사물에 대한 지식이나 법칙을 말한다. 이에는 상식적인 수준에서 누구나 알 수 있는 공지의 경험법칙과 고도의 전문적 학리적 지식에 속하는 전문적 경험법칙이 있다.

2) 일반 상식에 속하는 공지의 경험법칙은 증거에 의하지 않고 인정할 수 있다. 예컨

---

8) 1983. 6.14. 80다3231. "일반적으로 볼 때 법령과 같은 효력을 갖는 관습법은 당사자의 주장 입증을 기다림이 없이 법원이 직권으로 이를 확정하여야 하나 이와 같은 효력이 없는 사실인 관습은 그 존재를 당사자가 주장 입증하여야 한다고 파악할 것이나 그러나 사실상 관습의 존부 자체도 명확하지 않을 뿐만 아니라 그 관습이 사회의 법적 확신이나 법적 인식에 의하여 법적 규범으로까지 승인된 것이냐 또는 그에 이르지 않은 것이냐를 가리기는 더욱 어려운 일이므로 법원이 이를 알 수 없을 경우 결국은 당사자가 이를 주장 입증할 필요에 이르게 될 것이다."

대, 일반적 논리법칙, 또는 물은 아래로 흐른다는 중력법칙, 일반적 관성의 법칙, 농촌 일용노동에 종사하는 자의 일실 수입 산정의 기초가 되는 월 가동일수,9) 육체노동을 주로 생계활동으로 하는 사람의 가동연한10) 등이 그렇다.

대법원 2019. 2. 21. 선고 2018다248909 전원합의체 판결

가. 대법원은 1989. 12. 26. 선고한 88다카16867 전원합의체 판결(이하 '종전 전원합의체 판결'이라 한다)에서 일반육체노동을 하는 사람 또는 육체노동을 주로 생계활동으로 하는 사람(이하 '육체노동'이라 한다)의 가동연한을 경험칙상 만 55세라고 본 기존 견해를 폐기하였다. 그 후부터 현재에 이르기까지 육체노동의 가동연한을 경험칙상 만 60세로 보아야 한다는 견해를 유지하여 왔다.

그런데 우리나라의 사회적·경제적 구조와 생활여건이 급속하게 향상·발전하고 법제도가 정비·개선됨에 따라 종전 전원합의체 판결 당시 위 경험칙의 기초가 되었던 제반 사정들이 아래와 같이 현저히 변하였기 때문에 위와 같은 견해는 더 이상 유지하기 어렵게 되었다. 이제는 특별한 사정이 없는 한 만 60세를 넘어 만 65세까지도 가동할 수 있다고 보는 것이 경험칙에 합당하다.

(……………)

[대법관 조희대, 대법관 이동원의 별개의견] (……)제반 사정을 고려하면, 통상의 경우 만 63세까지 경제활동을 한다고 보는 것이 상당하고, 결국 평균여명, 경제활동참가율, 사회보장제도와의 연관성 등을 적절히 반영한 만 63세를 육체노동의 적정 가동연한이라 볼 수 있을 것이다.

[대법관 김재형의 별개의견] 대법원은 경험칙상 가동연한에 관하여 포괄적인 법리를 제시하는 데에 그쳐야 하고 특정 연령으로 단정하여 선언해서는 안 된다. 현재 경험칙상 가동연한을 만 65세 또는 만 63세로 단정하여 선언할 수 있을 만큼 경험적 사실에 관해 확실한 변화가 있다고 보기 어렵다. 피해자의 건강상태 등 개인적 요소를 고려하지 않고 가동연한을 일률적으로 정하는 것이 경험칙이라고 할 수도 없다. 뿐만 아니라, 경험칙상 가동연한을 달리 인정해야 할 경험적 사실의 변화가 있을 때마다 대법원이 경험적 사실을 조사하여 전원합의체 판결로 경험칙상 가동연한을 특정하여 선언하는 것이 적정한지도 의문이다. 하급심 판결들이 엇갈리고 있기 때문에, 대법원이 통일적 기준을 제시할 필요성이 있다. 그러나 대법원이 통일적 기준을 제시하는 방법은 다수의견과 같이 일률적으로 가동연한을 만 65세라고 단정하여 선언하는 방식이 아니라, '육체노동의 일반적인 가동연한을 만 60세 이상이라고만 제시하고 만 65세로 인정한 별개의 사건에서 사실심 판결이 옳다고 판단하는 방법'으로 충분하다

나. 사실심 법원이 일실수입 산정의 기초가 되는 가동연한을 인정할 때에는, 국민의 평균여명, 경제수준, 고용조건 등의 사회적·경제적 여건 외에 연령별 근로자 인구수, 취업률 또는 근로참가율 및 직종별 근로조건과 정년 제한 등 제반 사정을 조사하여 이로부터 경험칙상 추정되는 가동연한을 도출하

9) 1998. 7.10. 98다4774. "특별한 기능이 없이 농촌일용노동에 종사하는 자의 일실수입 산정의 기초가 되는 월 가동일수는 경험칙상 25일로 추정된다."

10) 2019. 2.21. 2018다248909(전원합의). [149]

> 거나 피해자의 연령, 직업, 경력, 건강상태 등 구체적인 사정을 고려하여, 그 가동연한을 인정할 수 있다(대법원 2011. 5. 13. 선고 2009다100920 판결 등 참조).
>
> 다. 원심판결 이유에 의하면, 원심은 이 사건 사고로 사망한 망아(망아, 사고 당시 약 4세 5개월)의 일실수입을 산정하면서 망아가 성인이 된 후 21개월의 군 복무를 마친 2031. 12. 7.부터 만 60세가 되는 2071. 3. 6.까지 도시일용노동에 종사할 수 있다고 인정하였다. 그러나 기록에 의하면 원고들이 항소이유서에서 망아의 가동연한은 적어도 만 65세라고 주장하고 있음이 분명하고, 육체노동의 가동연한을 만 60세까지로 보았던 종전의 경험칙은 그 기초가 된 경험적 사실의 변화에 따라 더 이상 유지하기 어렵게 되었음은 앞서 본 바와 같다. 그러므로 원심은, 경험칙의 기초가 되는 제반 사정들을 조사하여 이로부터 경험칙상 추정되는 육체노동의 가동연한을 도출하거나 망아의 가동연한을 새로이 도출된 경험칙상 가동연한과 달리 인정할 만한 특별한 구체적 사정이 있는지를 심리하여, 그 가동연한을 정하였어야 함에도 그에 이르지 아니한 채 막연히 종전의 경험칙에 따라 망아의 가동연한을 만 60세가 될 때까지로 단정하였다. 이러한 원심의 판단에는 가동연한에 관한 법리를 오해하여 필요한 심리를 다하지 아니하거나 논리와 경험의 법칙을 위반하여 자유심증주의의 한계를 벗어나는 등의 잘못으로 판결에 영향을 미친 위법이 있다.

3) 그러나 전문적인 경험법칙은 일반 법관이 쉽게 알 수 없기 때문에 그러한 법칙의 존재로 유리한 판단을 받게 되는 당사자가 이를 증명할 필요가 있다. 예컨대, 스키드마크에 의한 자동차의 속도추정 법칙, 연령별평균수명에 관한 간이생명표에 따른 기대여명의 산정 등이 그렇다. 이 경우 엄격한 증명이 아니라 자유로운 증명으로 족하다.

4) 경험법칙의 인정을 그르치거나 적용을 잘못한 경우 이를 법률문제로 보아 상고대상이 된다고 할 것인가에 대해서는 견해의 대립이 있다(⇒ 9-37 참조).

7-14

2절 불요증사실

제288조 (불요증사실)
법원에서 당사자가 자백한 사실과 현저한 사실은 증명을 필요로 하지 아니한다. 다만, 진실에 어긋나는 자백은 그것이 착오로 말미암은 것임을 증명한 때에는 취소할 수 있다.

증명의 대상이 되는 사실주장(사실)은 원칙적으로 당사자가 증거에 의하여 증명을 하여야 한다. 그러나 일정한 경우에는 증거 없이 그러한 사실을 인정할 수 있도록 법이 규정하고 있다. 법원에서 당사자가 자백한 사실과 현저한 사실의 경우가 그러하다(288조). 이러한 사실을 불요증사실이라고 한다(증명의 대상이 아닌 통상적 법규나, 상식적인 경험칙 등은 여기에서 말하는 불요증사실이 아니다).

1. 재판상의 자백

(1) 의 의 7-15

일반적으로 자백이란 자신에게 불리한 사실을 시인하는 진술을 말한다. 자백은 재판상의 자백과 재판외의 자백으로 구분할 수 있다. 재판상의 자백이란 변론 또는 변론준비절차에서 당사자가 상대방이 주장한 주요사실에 대하여 자기에게 불리함에도 이를 시인하는 진술을 말한다. 재판상 자백의 경우에 증거 없이 사실을 인정하여야 하는 법원에 대한 구속력과, 이를 마음대로 철회할 수 없는 당사자에 대한 구속력 등 소송법상 효력이 생긴다. 재판외의 자백(예, 피고가 소송 중 법정 밖에서 자백하거나, 소송과 관계없이 자백하는 것)은 사실을 인정함에 있어 하나의 정황증거가 될 수는 있으나 아무런 소송법상의 구속력도 갖지 않는다.

(2) 요 건

1) 당해소송의 변론으로서의 진술이어야 한다. 따라서 당사자신문에서 상대방의 주장사실과 일치하는 불리한 진술은 자백이 아니라 하나의 증거자료가 될 뿐이다(예, 차용금반환청구소송에서 피고가 돈을 빌린 것이 아니고 증여받은 것이라고 변론에서 진술한 후, 피고본인신문과정에서 돈을 빌린 것이 사실이나 그 돈을 갚았다고 진술 하는 경우, 피고는 돈을 빌린 사실에 대해서 재판상 자백한 것이 아니다). 7-16

2) 법적삼단논법의 소전제가 되는 사실에 관한 진술이어야 한다. 그러므로 소송물 자체를 대상으로 하는 청구의 인락·포기나, 이른바 권리자백은 재판상의 자백이 아니다. 7-17

㈎ 청구의 인락·포기

소송물인 청구(권리관계) 자체에 대하여 이를 인정하거나 포기하는 경우에 성립한다. 법원은 청구의 인락·포기 조서를 작성하고, 소송은 종료가 된다(⇒ 8-82).

㈏ 권리자백

권리자백이라는 용어는 일반적으로 광의로는 법률상 진술(① 법규의 존부와 해석에 관한 진술, ② 사실에 대한 법적판단의 진술, ③ 법률적 사실의 진술, ④ 선결적 법률관계에 대한 진술)에 대한 자백을 지칭하고, 협의로는 ④ 선결적 법률관계에 대한 자백을 지칭하는데 사용된다. 민사소송법은 사실상의 진술에 대한 자백에 대해서만 규정할 뿐(288조) 법률상의 진술에 대한 자백에 관하여는 규정하고 있지 않으므로, 사실상의 진술에 대한 자백에 인정되는 효력을 법률상의 진술에 대한 자백에도 확대하여 인정할 수 있는지가 해석상 문제된다. ①, ②, ③에 대한 자백의 효력에 관하여는 학설이 대체로 일치하나, 협의의 권리자백에 대해서는 학설이 대립한다.

① 법규의 존부나 해석에 관한 진술이나, ② 사실에 대한 법적판단의 진술은 사실에 대한 진술이 아니라 법원의 전권사항인 법적대전제를 구성하거나, 사실을 대전제인 법규에 포섭하는 것과 관련된 진술이므로 이들은 법원에 대한 구속력을 갖는 재판상 자백이 아니다. 예컨대, 계약해제를 원인으로 하는 원상회복청구 소송에서 계약해제의 의사표시가 상대방에게 도착하지 않더라도 계약해제의 법률효과가 생긴다는 것을 시인하는 진술, 유언장에 요식성이 흠결되어 있는데도 이를 적법한 유언이라고 시인하는 진술, 채권계약에 불과한 것을 물권계약인 담보설정계약이라고 시인하는 진술,[11] 혼인 외의 자가 아님에도 혼인 외의 자라고 시인하는 진술,[12] 법정 변제충당의 순서에 관한 진술,[13] 이행불능의 주장[14] 등이 그러한 예이다.

③ 법률적 사실의 진술은 법률용어를 사용하여 역사적 사실(소전제로서의 사실)에 관하여 진술하는 것이므로 이에 대한 자백은 사실에 대한 자백으로서 재판상 자백이 될 수 있다. 예컨대, 법적 삼단논법의 소전제인 사실에 대하여 진술하면서, 상대방이 '소유자인 사실', '임대차나 매매계약의 성립한 사실', '계약이 해제된 사실' 등을 인정하는 것은 법률용어를 사용한 역사적 사실의 진술(일상언어에 의한 사실의 압축진술)이므로 재판상 자백이 될 수 있다. 판례도 같은 입장이다("소유권에 기한 이전등기말소청구소송에 있어서 피고가 원고 주장의 소유권을 인정하는 진술은 그 소전제가 되는 소유권의 내용을 이루는 사실에 대한 진술로 볼 수 있으므로 이는 재판상 자백이다."라고 판시(*2016. 2018. 법원직)).[15] 다만, 그러한 사실을 법적 삼단논법의 대전제인 요건사실에 포섭시킬 것인지 여부는 법원이 독자적으로 판단한다(예컨대, 미국인 원고와 미국인 피고가 미국법의 개념에 따라 원고에게 부동산의 소유권이 있다고 일치하여 진술하는 경우에도 원고가 대전제로서 요건사실이 정하는 민법 개념의 소유자인지 여부는 법원이 독자적으로 판단하여야 한다).

④ 선결적 법률관계(예컨대, 소유권에 기한 인도청구의 소송에서 원고가 소유자라는 점)의 자백에 관하여는 학설이 대립이 있다. 청구의 인락이 허용되는 점에 비추어 선결적 법률관계에 대한 자백에 재판상 자백으로서의 효력을 인정하여야 한다는 견해도 있다. 그러나, 선결적 법률관계에 대한 자백도 소전제로서의 사실에 대한 진술차원에서는 법률적 사실에 대한 자백으로서 그 효력을 인정할 수 있으나, 사실을 대전제로서의 선결

11) 1962. 4.26. 4294민상1071.
12) 1981. 6. 9. 79다62.
13) 1998. 7.10. 98다6763. [151]
14) 1990.12.11. 90다7104. [152]
15) 1989. 5. 9. 87다카749; 1984. 5.29. 84다122. [153]

적 법률요건에 포섭하는 것은 법원의 전권이므로 그 포섭에 대하여는 재판상 자백의 효력을 부정하여야 한다. 예컨대, 소유권에 기한 인도청구의 소송에서 원고와 피고가 원고에게 부동산의 소유권이 있다고 일치하여 진술하는 경우에, 법적삼단논법의 소전제가 되는 역사적 사실로서 소유권을 인정하는 진술은 법률용어를 사용한 역사적 사실의 진술이므로 재판상 자백이 되지만,[16] 원고가 법적대전제를 구성하는 선결적 법률요건상의 소유자인지 여부는 여전히 법원이 독자적으로 판단하여야 한다(이는 원고와 피고가 소유권이라는 용어를 미국법의 소유권 개념으로 사용한 경우를 생각하면 쉽게 이해할 수 있다).[17] 선결적 법률관계에 대한 자백은 청구자체에 대해서 다투는 것이므로 청구의 인락과 본질적으로 다르다.

3) 변론주의가 적용되는 자백의 대상은 주요사실(요건대응사실)에 한하며, 간접사실과 보조사실에 대하여는 자백이 성립하지 않는다고 설명하는 것이 통설이다. 그러나 간접사실과 보조사실도 그것이 소송에서의 쟁점이 되어 판결에 중요한 영향을 미치는 경우에는 주요사실에 대한 자백과 같이 취급하는 것이 타당하다. 판례는 통설과 같이 재판상 자백의 구속력은 주요사실(요건대응사실)에 한하여 인정되고 간접사실에는 인정되지 않는다고 선언하면서도,[18] 문서의 진정성립에 관한 자백은 보조사실에 관한 것이나 그 취소에 관하여는 주요사실에 관한 자백취소와 같이 취급하여야 한다고 하고,[19](*2007-1, 2008. 2014. 법원직) 소극적 손해를 산정하는 기준이 되는 피해자의 직업,[20] 사고당시 일정액의 수입을 올렸다는 사실,[21] 특허의 유효성을 다투는 사건에서 특허발명의 진보성 판단에 제공되는 선행발명이 어떤 구성요소를 가지고 있는지[22] 등 통설이 간접사실이라고 이해하는 것에 대하여도 재판상 자백이 성립한다고 인정하는 것이 많이 있다. 7-18

4) 상대방의 주장사실과 일치한 진술이어야 한다. 이와 관련하여 다음 사항이 문제된다. 7-19

㈎ 선행자백

보통은 상대방이 먼저 진술한 사실을 그대로 시인하는 진술을 함으로써 자백이 성립한다. 그러나 상대방이 주장하기 전에 먼저 자기에게 불리한 진술을 하고(이를 '자인진

16) 1985. 5. 9. 87다카749. [154]
17) 상세는 이무상, "법률상의 진술에 대한 자백", 법조 694호, 2014.7. 참조.
18) 1994.11. 4. 94다37868. [101]
19) 2001. 4.24. 2001다5654.
20) 1998. 5.15. 96다24668.
21) 1971.12.28. 71다2109.
22) 2006. 8.24. 2004후905.

술'이라 한다) 이를 상대방이 원용하는 경우가 있다. 이를 선행자백이라고 한다. 선행자백에 대하여는 상대방이 이를 원용함으로써 재판상 자백의 효과가 발생한다. 일단 자기에게 불리한 사실을 진술한 당사자도 상대방의 원용이 있기 전에는 그 자인한 진술을 철회하고 이와 모순되는 진술을 자유로이 할 수 있으며 이 경우 앞의 자인진술은 소송자료로부터 제거된다.[23)]

(나) 일부자백(자백의 가분성)

상대방의 주장하는 요건대응사실(주요사실)의 일부에 대하여 일치된 진술을 하는 것을 말한다. 전부에 대하여 일치된 진술을 하여야 하는 것은 아니고, 부분적으로 일치된 진술을 하는 경우에도 그 부분에 대하여 자백이 성립한다.

(예 1) 교통사고로 인하여 차량이 파손되어 수리비 100만원 들었고, 사람이 다쳐서 치료비 100만원의 들어 합계 200만원의 손해가 발생했다는 주장에 대하여 수리비 100만원 들었다는 사실만 시인하는 경우, 수리비 100만원의 손해가 발생한 점에 대하여 일부자백이 성립한다.

(예 2) 차용금반환청구 사건에서 피고가 돈을 받은 것은 사실이나 증여받은 것이라고 진술하는 경우, 금전소비대차(차용)계약에 따른 반환청구에서 요건대응사실인 ① 금전소비대차계약, ② 금전지급, ③ 이행기도래 중 ② 금전지급 사실은 자백하는 것이므로 금전지급 사실에 대해서는 일부자백이 성립한다.

(다) 이유부 부인(적극부인)

상대방이 주장하는 주요사실과 양립할 수 없는 사실을 주장하는 것을 말한다. 이는 자백이 아니라 부인이다. 증명책임은 상대방에게 있다.

(예) 돈을 차용해 주었다는 원고의 사실주장에 대하여 피고가 돈을 증여받은 것이라고 진술하는 경우, 차용한 사실이 없다고 소극적으로 부인하는 것이 아니라 차용한 사실과 양립할 수 없는 증여사실을 진술함으로써 차용한 사실을 적극적으로 부인하는 것이다. 따라서 차용하여 준 것이라는 점에 대해서 원고가 증명하여야 한다. 그와 같은 경우 소비대차계약사실은 적극부인 하는 것이나 금전의 교부사실에 대해서는 자백을 하는 것이므로 금전의 교부사실에 대하여는 일부자백이 성립한다.

---

23) 2008.10. 9. 2008다3022; 2016. 6. 9. 2014다64752. [156]

㈑ 항 변

상대방이 주장하는 주요사실을 모두 인정하면서, 이와 양립할 수 있는 별개의 사실을 주장하면서 다투는 것을 말한다. 상대방에게 증명책임 있는 사실에 대하여는 전부 자백 하는 것이다. 항변사실에 대해서는 증명책임이 항변을 하는 사람에게 있다.

> **(예)** 돈을 차용해 주었다는 원고의 사실주장에 대하여, 피고가 돈을 차용한 사실은 있지만 변제하였다고 진술하는 경우, 상대방이 주장하는 주요사실(권리발생요건 대응사실) 전부를 자백 하면서 그와 양립하는 별개의 법률요건(권리소멸) 해당사실을 주장하여 방어하는 것으로 이러한 주장을 항변이라 한다. 변제사실에 대한 증명책임은 피고에게 있다.

5) 법원에 제출되어 상대방에게 송달된 답변서나 준비서면에 자백에 해당하는 내용이 기재되어 있는 경우, 그것이 변론기일이나 변론준비기일에서 진술 또는 진술간주되어야 재판상 자백이 성립한다.[24]

6) 직권조사사항인 사실이 아니어야 한다. 직권조사의 대상이 되는 사실은 자백의 대상이 되지 않는다. 예컨대 직권조사 또는 직권탐지의 대상이 되는 소송요건에 관한 사실은 재판상 자백의 대상이 아니다. 채권자대위소송에서 피보전채권의 발생·소멸의 요건이 되는 구체적 사실은 소송요건으로서 당사자적격과 관련된 것이므로 재판상자백의 대상이 되지 않는다(*2018. 법원직). 7-20

(3) 효 과

1) 법원에 대한 구속력 7-21

㈎ 법원은 자백한 사실에 대하여 증거조사를 하여 진실여부를 판단할 필요가 없고, 자백한 내용대로 사실을 인정하여야 한다. 일단 재판상의 자백이 성립하면 그것이 적법하게 취소되지 않는 한 법원도 이에 기속되는 것이므로, 법원은 당사자 사이에 다툼이 없는 사실에 관하여 성립된 자백과 배치되는 사실을 증거에 의하여 인정할 수 없다.[25] 당사자가 자백한 사실에 관하여서는 심증여부에 불구하고 자백에 구속을 받아 그대로의 사실인정을 하여야 한다.[26]

---

24) 2015. 2.12. 2014다229870. [132] (피고가 답변서와 준비서면을 같은 변론기일에서 함께 진술한 이상, 위 준비서면에 기재된 내용대로 정정된 진술만을 변론기일에서 한 것이지 답변서에 기재된 내용대로의 진술을 먼저 한 것이 아니므로, 답변서에 기재된 내용의 자백이 성립하는 것이 아니라는 취지의 판결).

25) 2010. 2.11. 2009다84288.

(나) 현저한 사실이나 경험칙에 명백히 반하는 사실의 자백은 재판상 자백으로서의 구속력을 갖지 않는다는 것이 통설이다. 자백이 상대방에 대하여 그 의무에 속하는 증명을 면제하는 일종의 처분행위로서 처분권 있는 사항에 한정되는 것이라는 점에 비추어 볼 때 통설의 입장이 타당하다.

7-22 2) 본인에 대한 구속력(취소의 제한)

(가) 자백이 성립하면 자백한 당사자는 이를 임의로 취소할 수 없다. 다만, 자백이 진실에 반하고 착오로 인한 것임을 증명한 때(288조 단서)에는 자백을 취소할 수 있다. 자백을 취소하려면 진실하지 않다는 것과 착오에 의한 것임을 모두 증명해야 하며,[27] 진실하지 않음이 증명되었다고 하여 착오가 추정되는 것은 아니다.[28](*2011. 법원직) 다만 진실에 반함이 증명된 경우에는 변론의 전체 취지만으로도 착오로 인한 것임을 인정할 수 있다.[29] 자백의 취소는 명시적일 필요는 없으며 종전의 자백과 다른 사실을 주장함으로써 묵시적으로도 할 수 있다.[30] 그러나 법률심인 상고심에서는 자백을 취소할 수 없다.[31]

(나) 제3자의 형사상 처벌받을 행위에 의하여 이루어진 자백은 무효이다. 소송대리인의 자백을 당사자가 경정할 때(94조), 상대방이 동의한 때[32] 등에는 진실에 반하고 착오로 인한 것임을 증명하지 않고도 자백을 취소할 수 있다고 보는 것이 통설과 판례이다. 자백의 취소에 대하여 상대방이 아무런 이의를 제기하고 있지 않다는 점만으로는 그 취소에 동의하였다고 볼 수는 없다.[33] (2020. 법원직)

7-23 (4) 자백간주

1) 의 의

당사자가 상대방의 주장을 명백히 다투지 않거나, 상대방이 먼저 서면으로 사실주장을 예고한 상태에서 준비서면 등으로 다툰다는 뜻을 표시하지 않은 채 변론기일에 출석하지 않으면 그 사실은 자백한 것으로 본다. 이를 자백간주라고 한다(150조). 자백간

26) 1966.11.29. 66다1872.
27) 1992.12. 8. 91다69622.
28) 1994. 6.14. 94다14797.
29) 2004. 6.11. 2004다13533. [158]
30) 1996. 2.23. 94다31976.
31) 1998. 1.23. 97다38305.
32) 1990.11.27. 90다카20548. [157]
33) 1994. 9.27. 94다22897.

주된 사실은 법원에 대한 구속력은 있지만, 당사자 본인에 대한 구속력은 없으므로 변론종결 전에 언제나 그 사실에 대하여 다툼으로써 번복할 수 있다.

2) 자백간주의 성립

㈎ 출석하여 다투지 않는 경우

당사자가 변론기일에 출석하였으나 상대방의 주장사실을 명백히 다투지 않는 경우 그 사실에 대하여 자백한 것으로 간주된다(150조 1항). 그러나 변론 전체의 취지에 비추어 보아 다투었다고 인정되면 자백간주가 성립될 수 없다(150조 1항 단서). 상대방이 주장한 사실에 대하여 알지 못한다고 진술한 때에는 그 사실을 다툰 것으로 추정한다(150조 2항). 원고의 청구원인사실에 대한 주장을 부인하는 취지의 피고의 답변서가 진술되거나 진술간주 된 바 없더라도 그러한 답변서가 제출된 점으로 미루어 변론의 전취지에 의하여 원고의 청구를 다툰 것으로 볼 것이다.[34]

㈏ 불출석한 경우

당사자가 아무런 준비서면도 제출하지 않고 변론기일에 출석하지 아니하는 경우에도 상대방이 주장하는 사실에 대하여 자백한 것으로 본다(150조 3항). 다만, 공시송달의 방법으로 기일통지서를 송달받은 당사자가 출석하지 아니한 경우에는 그러하지 아니하다(150조 3항 단서). 또한, 기일에 불출석한 당사자가 상대방의 주장사실에 대해서 다투는 취지의 답변서나 준비서면을 제출하였을 때에는 진술간주가 되기 때문에 자백간주가 성립하지 않는다(148조 1항 참조). 피고가 소장부본을 송달받고 30일 이내에 답변서를 제출(256조)하지 않은 경우는 청구원인사실에 대하여 자백한 것으로 보고, 변론기일의 지정 없이 무변론으로 원고승소판결을 선고할 수 있다(257조)(2002년 개정 전의 법은 피고가 30일 이내에 다투는 취지의 답변서를 제출하지 않더라도 1회 변론기일을 열고 1회 변론기일까지 답변서를 제출하지 않고 출석도 하지 않는 경우에 한하여 "의제자백"(자백간주)으로 인정하여 원고승소판결을 하도록 되어 있었다). (⇒ 2-38)

3) 효 과

재판상 자백과 마찬가지로 법원에 대한 구속력이 있으나, 재판상 자백과 달리 당사자를 구속하지는 않는다. 따라서 당사자는 그 뒤 변론종결 시까지 상대방의 주장사실을 다툼으로써 자백간주가 되는 것을 저지할 수 있다. (*2012. 법원직) 상고심에서는 자백간주 된 사실을 다툴 수 없다.[35] 또한 1심에서 무변론 패소판결을 받더라도, 적법한

34) 1981. 7. 7. 80다1424.

35) 1998. 1.23. 97다38305.

항소를 통하여 새로이 다툴 수 있다("제1심에서 의제자백이 있었다고 하더라도 항소심에서 변론종결시까지 이를 다투었다면 자백의 의제는 할 수 없다.").[36)]

7-24 2. 현저한 사실

증명의 필요가 없는 현저한 사실(288조)에는 공지의 사실과 재판상 현저한 사실이 있다.

(1) 공지의 사실

공지의 사실은 통상의 지식과 경험을 가진 일반인이 믿어 의심하지 않는 정도로 일반인에게 널리 알려진 사실을 말한다. 예컨대 6.25. 전쟁은 1950년에 발발하였다는 사실과 같은 것이다. 어떤 사실을 공지의 사실로 보아 증거 없이 인정한 경우 이를 상고이유로 삼을 수 있는 지에 대하여 학설은 일치하지 않는다. 원심이 자의적으로 공지의 사실을 인정한 것은 증거 없이 사실을 인정한 것으로서 위법하다며 원심판결을 파기한 판례가 있다.[37)]

(2) 재판상 현저한 사실

재판상 현저한 사실이란 법관이 직무상 경험으로 명확하게 알고 있거나 기록을 조사하면 바로 알 수 있는 사실을 말한다. 예컨대, 금전지급청구사건에서는 소장 부본이 송달된 다음 날부터는 소송촉진 등에 관한 특례법 소정의 지연손해금을 청구할 수 있는데, 이러한 경우 소장부본 송달일은 당해 사건기록에 편철되는 송달보고서에 의하여 법관이 알 수 있으므로 그에 대하여 따로 증거를 제출할 필요가 없다(판결문에는 "이 사건 소장 부본이 20○○년 ○월 ○일에 송달된 사실은 이 법원에 현저한 사실이다"라고 쓴다). 판례는 직종별임금실태보고서와 한국직업사전에 기재된 내용과 같이 법원에 비치된 기록 등을 조사하여 곧바로 그 내용을 알 수 있는 사실도 법원에 현저한 사실이라고 하며,[38)] 통계청이 정기적으로 작성하는 한국인의 생명표에 의한 남녀별 각 연령별 기대여명은 법원에 현저한 사실이라고 판시하였다.[39)] 그러나, 이러한 판례의 입장은 변론에 전혀 현출되지 않았음에도 불구하고 그 사실을 피해자의 수입을 인정하는 자료로 이용하게 됨으로써 소송당사자가 예상하지 못한 불이익을 당할 우려가 있다는 비판을

---

36) 1987.12. 8. 87다368.
37) 1967.11.28. 67후28.
38) 1996. 7.18. 94다20051(전원합의). [160]
39) 1999.12. 7. 99다41886.

면할 수 없다. 재판부가 소속된 법원의 다른 재판부가 처리한 사건에서 판결이 선고된 사실 자체를 넘어 그 판결에 나타난 사실관계까지 현저한 사실로 볼 수는 없다.[40] 다른 하급심판결의 판결문 등이 당해 재판에서 증거로 제출된 적이 없고 당사자들도 이에 관하여 주장한 바가 없음에도, 다른 하급심판결의 이유 중 일부 사실관계에 관한 인정 사실을 그대로 인정하면서 이를 '법원에 현저한 사실'로 보는 것은 잘못이다.[41]

40) 2010. 1.14. 2009다69531.

41) 2019. 8. 9. 2019다222140. [161]

제3장 증거의 수집과 보전

7-25 1절 증거의 수집

1. 의 의

1) 변론주의를 취하는 민사소송에서 증거의 수집·제출에 대한 책임은 당사자에게 있으며 법원은 보충적인 역할만 담당한다. 복잡한 현대사회에서 실체법상의 권리자가 증거의 편재현상을 극복하고 권리발생의 원인이 되는 사실을 입증하여 절차법적으로 권리를 실현하기가 쉽지 않은 것이 현실이다. 증거의 수집을 증거의 조사와 구분하여 당사자에게 증거수집에 관한 일정한 권한을 부여함으로써 필요한 증거를 수집할 수 있도록 하는 적절한 절차를 규정할 필요가 있다.[42]

2) 절차적 기본권인 재판청구권(헌법 27조)으로부터 당사자의 절차참여권이 도출되며, 절차참여권은 변론권과 증명권으로 구성된다. 증명권에는 증거신청권 및 증거제출권, 증거조사에의 참여권은 물론 증거수집권(증거수집에의 협력요구권)도 포함된다고 할 수 있다. 형사소송법에서는 원고에 해당하는 검사(수사기관)에게 증거수집을 위한 막강한 권한을 부여하고 있으나, 민사소송법에서 당사자인 원고에게 인정하는 증거수집권은 지극히 제한적이다.

7-26 2. 증거수집제도

(1) 증거수집방법 개요

1) 민사소송법은 당사자가 소제기 전에 필요한 증거를 수집할 수 있는 방법에 대한 규정이 다소 소홀하다. 민사소송법이 허용하는 증거수집방법으로는, 일정한 요건을 갖춘 경우 증거보전절차(375조)를 통하여 증거를 수집하거나, 문서제출명령제도(⇒ 7-57)나 문서목록제출제도(⇒ 7-60) 등을 통하여 증거를 수집하는 방법이 있으나, 비교법적으로

42) 박지원, "증거수집절차와 증거조사절차의 구별에 관한 시론-증거수집범위의 확대를 위하여-",민사소송(제23권 3호).

충분한 증거수집방법이 마련되어 있다고 할 수 없는 형편이다.

2) 다만, 변호사법 제75조의2에 변호사가 수임사건과 관련하여 소속지방변호사회를 통하여 공공기관에 조회하여 필요한 사항의 회신이나 보관 중인 문서의 등본 또는 사본의 송부를 신청할 수 있는 규정을 마련하였다. 변호사의 신청을 받은 소속지방변호사회는 그 신청이 적당하지 아니하다고 인정할 만한 특별한 사유가 있는 경우가 아니면 그 신청에 따라 공공기관에 이를 촉탁하고 회신 또는 송부 받은 결과물을 신청인에게 제시하여야 한다. 위 조항은 당사자로 하여금 변호사와 변호사회를 통하여 소제기 전에도 공공기관에 사실조회를 할 수 있도록 함으로써 당사자의 증거수집권을 제도적으로 뒷받침하는 의미가 있다.

3) 당사자로 하여금 증거를 수집할 수 있는 방법을 광범위하게 인정하는 영미법상의 증거개시(discovery, disclosure)나 일본의 소의 제기 전에 있어서의 조회 및 증거수집 처분(일민소 132조의 2~9), 독일의 독립적 증거절차(selbständiges Beweisverfaren) 등에 대한 연구 및 도입방안에 대한 검토가 필요하다.[43] 매매나 도급, 임대차계약 등에서의 하자담보책임, 교통사고나 의료과실로 인한 손해배상책임 등과 관련 된 분쟁에서 제소전에 당사자로 하여금 사실관계 파악을 위하여 폭넓게 증거를 수집할 수 있도록 함으로써 자율적인 분쟁해결의 가능성이 커지는 효과도 달성할 수 있다.

(2) 사실조회(조사 및 송부의 촉탁)

1) 민사소송법은 제3장(증거) 제1절(총칙) 제294조에 아래와 같은 규정을 두었는데, 이를 실무상 사실조회라고 한다.

제294조 (조사의 촉탁)

법원은 공공기관·학교, 그 밖의 단체·개인 또는 외국의 공공기관에게 그 업무에 속하는 사항에 관하여 필요한 조사 또는 보관중인 문서의 등본·사본의 송부를 촉탁할 수 있다.

2) 사실조회의 대상자(촉탁의 대상자)는 공공기관·학교, 그 밖의 단체 또는 외국의 공공기관 뿐만 아니라 개인도 포함된다. 2002년 법 개정시 개인을 사실조회의 대상자로 추가하였다. 사실조회는 필요한 조사를 촉탁하는 방식과, 보관중인 문서의 송부를 촉탁하는 두 가지 방식으로 한다(법 제294조는 조사의 촉탁이라고 되어 있으나 조사 및 송부의

43) 사법정책연구원, 「효율적인 증거개시·수집을 위한 제도개선 방안에 관한 연구」, 사법정책연구총서 2015-5.

촉탁이라고 하는 것이 타당하다). 이러한 조사 및 송부촉탁(사실조회)를 독립된 증거조사방법으로 보는 것이 실무[44] 및 판례[45]의 입장이고 이를 지지하는 견해도 많이 있으나,[46] 조문이 위치하는 체계 등에 비추어 독립된 증거조사방법이라기보다는 변호사단체에 의하여 이루어지는 사실조회(변호사법 75조의 2)와 마찬가지로 증거수집수단의 하나로 보는 것이 타당하다.[47]

3) 사실조회의 결과를 증거자료로 하기 위해서는 법원이 이를 변론에 현출하여 당사자에게 의견진술의 기회를 주어야 한다.[48] 나아가, 사실조회결과를 직접 증거자료로 사용할 수 있다고 보는 것이 실무와 판례의 입장이나, 사실조회결과(회보서)와 그에 첨부된 송부문서 등에 대해서는 별도의 서증절차를 밟아야 한다고 할 것이다. 사실조회 결과를 자유로운 증명의 수단으로 사용하는 데는 아무런 제약이 없다는 것은 당연하다.

[서식 예] 사실조회서

○ ○ 법 원

사 실 조 회

귀하

사 건 20○ ○가단1000 매매대금

원 고

피 고

위 사건의 심리에 필요하여 다음 사항을 조회하오니 회보하여 주시기 바랍니다. 위 사건의 다음 재판기일이 20○ ○. ○. ○.이므로 그 이전까지 회보서가 도착되도록 배려하여 주시기 바랍니다.

조회사항 : 별지와 같음

44) 법원실무제요[Ⅲ], p.214.
45) 1990.11.23. 90다카21022.
46) 이시윤, p.511; 김홍엽, p.679 등.
47) 한충수, p.519.
48) 1982. 8.24. 81누270.

※ 회보서에는 당원의 사건번호(20○○가단1000)를 반드시 기재하여 주시기 바랍니다.

20○○. ○. ○.

판 사 ㊞

주 : ① 참고서류를 첨부할 때에는 조회사항 다음에 「첨부」라 기재하고 부기한다(전술한 감정촉탁서의 문례 참조).
② 사실조회와 아울러 문서송부촉탁을 하는 경우에는 「……회보하여 주시기 바라며, 아울러 다음의 문서를 송부하여 주시기 바랍니다.」로 하고, 문서의 표시를 기재한다.
③ 신청에 의하여 사실조회를 하는 경우 당사자의 신청서에 적힌 조회사항을 그대로 옮겨 적으면 부적당한 사항이나 표현이 들어가기 쉬우므로, 조회사항에 관하여 미리 재판장의 지시를 받은 후에 사실조회서를 작성하여야 한다.

2절 증거의 보전 7-27

1. 의 의

1) 법원은 미리 증거조사를 하지 아니하면 그 증거를 사용하기 곤란할 사정이 있다고 인정한 때에는 당사자의 신청에 따라 증거조사를 할 수 있다(375조). 시일의 경과에 따라 증거가 일실될 위험이 있는 경우에 대비하여 미리 증거조사를 할 수 있도록 함으로써 증거의 보전을 하는 것이다. 예컨대, 교통사고의 현장의 증거보전을 위하여 사전에 현장검증을 하거나, 사망에 임박한 중요 증인에 대한 증인신문을 하는 것 등이 그것이다.

2) 제소전 증거수집제도가 충분히 갖추어지지 않은 현실에서 현행 민사소송법의 증거보전제도에 증거개시(discovery)기능을 인정함으로써 증거수집제도로 활용할 수 있도록 해야 한다는 견해가 등장한다. 그러한 필요성은 인정되나, 증거보전의 필요성이 없어도 효율적인 증거수집을 위해서 증거보전절차를 이용할 수 있다고 해석하는 것은 현행법의 해석론을 벗어나는 것이라고 본다. 각종의 집단소송 등 특수한 소송에서 특별법의 형태로 증거보전요건을 완화함으로써 제소전 또는 제소후의 증거수집제도로 활

용할 수 있도록 하는 것이 필요하다. 이와 관련하여, 증권관련집단소송의 경우에는 법원은 미리 증거조사를 하지 아니하면 그 증거를 사용하기 곤란한 사정이 있지 아니한 경우에도 필요하다고 인정할 때에는 당사자의 신청에 의하여 증거조사를 할 수 있도록 하고 있다(증권관련집단소송법 33조).

2. 절 차

(1) 관 할

1) 제소전 증거보전

소를 제기하기 전에는 신문을 받을 사람이나 문서를 가진 사람의 거소 또는 검증하고자 하는 목적물이 있는 곳을 관할하는 지방법원에 하여야 한다(376조 1항).

2) 제소후 증거보전

소를 제기한 뒤에는 그 증거를 사용할 심급의 법원에 증거보전의 신청을 하여야 한다. 급박한 경우에는 소를 제기한 뒤에도 신문을 받을 사람이나 문서를 가진 사람의 거소 또는 검증하고자 하는 목적물이 있는 곳을 관할하는 지방법원에 증거보전의 신청을 할 수 있다(376조 2항).

(2) 방 식

1) 신청에 의한 증거보전

증거보전의 신청에는 상대방의 표시, 증명할 사실, 보전하고자 하는 증거, 증거보전의 사유 등을 밝혀야 한다(377조 1항). 증거보전의 사유는 소명하여야 한다(377조 2항). 증거보전의 신청은 상대방을 지정할 수 없는 경우에도 할 수 있는데, 이 경우 법원은 상대방이 될 사람을 위하여 특별대리인을 선임할 수 있다(378조)(예, 행위자미상의 불법행위 증거보전을 위한 현장 검증).

2) 직권에 의한 증거보전

법원은 필요하다고 인정한 때에는 소송이 계속된 중에 직권으로 증거보전을 결정할 수 있다(379조).

3) 증거보전의 결정에 대하여는 불복할 수 없다(380조). (*2012. 법원직) 증거보전신청을 기각한 결정에 대해서는 통상항고를 할 수 있다(439조). 증거조사의 기일은 당사자의 참여를 위하여 신청인과 상대방에게 통지하여야 한다. 다만, 긴급한 경우에는 그러하

지 아니하다(381조).

3. 증거보전기록 및 변론에의 상정

1) 증거보전에 관한 기록은 본안소송의 기록이 있는 법원에 보내야 한다(382조). 증거보전에 관한 비용은 소송비용의 일부로 한다(383조).

2) 제소전에 수소법원 이외의 법원에서 시행된 증거보전결과는 물론 소송계속 후에 수소법원 스스로 시행한 증거보전의 결과도 변론에 상정되지 아니하면 증거자료로 사용할 수 없다. 증거보전절차에서 신문한 증인을 당사자가 변론에서 다시 신문하고자 신청한 때에는 법원은 그 증인을 신문하여야 한다(384조).

제4장 증거의 조사

7-28 1절 총 설

증거의 조사는 증거방법에 따라 법률이 정하는 방식으로 시행된다. 민사소송법은 증거방법에 대한 조사방식으로 증인신문, 감정, 서증, 검증, 당사자신문 등에 대하여 규정하고 있다. 일반적으로 당사자의 증거신청과 그에 대한 법원의 증거결정에 따라 증거조사가 실시되며, 보충적으로 법원이 직권으로 증거조사를 할 수도 있다.

7-29 1. 증거신청

1) 증거의 신청이란 당사자가 일정한 사실을 증명하기 위하여 특정 증거방법을 적시하여 조사할 것을 법원에 신청하는 소송행위를 말한다. 증거를 신청함에는 증명할 사실을 표시하여야 하며(289조 1항), 증거와 증명할 사실의 관계를 구체적으로 밝혀야 한다(규칙 74조). 미리 증명할 사실을 특정하지 아니하고 증거조사를 통하여 증명(주장)할 사실을 찾아내고자 하는 모색적 증명은 원칙적으로 허용되지 않는다. 다만 문서제시명령(347조 4항), 문서목록제출(346조) 등에 있어서는 어느 정도 융통성 있는 해석이 필요할 것이다.

2) 증거신청서에는 인지를 붙일 필요가 없으나(민사소송등 인지법 10조), 비용을 요하는 경우 법원은 비용을 부담할 당사자에게 비용을 미리 내게 하여야 한다(116조, 규칙 77조 1항). 법원은 당사자가 비용을 내지 아니하는 경우에는 증거조사결정을 취소할 수 있다(규칙 77조 3항).

3) 증거신청은 변론기일 전에도 할 수 있으며(289조 2항), 실기한 공격방어방법이 되지 않는 한 변론종결시까지 할 수 있다. 증거신청이 있으면 상대방 당사자에게 의견을 진술할 기회를 주어야 한다. 준비서면에는 사실상 주장을 증명하기 위한 증거방법과 상대방의 증거방법에 대한 의견을 함께 적어야 하며(274조 2항), 변론준비기일의 조서에 특히 증거에 관한 진술은 명확히 하여야 한다(283조 1항).

2. 증거결정 7-30

1) 당사자가 증거신청을 하면 법원은 신청한 증거를 채택하여 증거조사를 할 것인지 여부를 결정한다. 이를 증거결정이라고 한다. 증거결정에는 증거를 채택하는 결정과 신청한 증거를 채택하지 아니하는 결정이 있다. 당사자는 다툼이 있는 사실에 대하여 입증을 할 정당한 이익이 있으므로 법원은 당사자의 증거신청을 받아들이는 것이 원칙이다.[49] 다만, 증거신청이 부적법한 경우(증명할 사실을 표시하지 아니한 신청(289조 1항), 재정기간 도과 또는 실기한 공격방어 방법이 되는 증거신청), 증거조사가 부적법한 경우(위법하게 수집한 증거로서 증거능력이 인정되지 않는 증거), 증거조사가 필요하지 않다고 인정한 경우(290조 본문), 증인의 소재불명 등 증거를 조사함에 있어 부정기간의 장애가 있는 경우(291조) 등에는 그 증거를 조사하지 아니할 수 있다.

2) 증거결정은 소송지휘에 관한 재판이므로 언제든지 취소가 가능하다(222조), 증거결정에 대해서는 독립하여 불복신청할 수 없다.[50] 판례는 당사자가 신청한 증거로서 법원이 조사의 필요가 없다고 인정한 것은 명시적으로 채부결정을 할 필요 없이 조사하지 아니할 수 있다는 입장이다.[51] 그러나, 당사자로 하여금 다른 증거방법을 마련할 기회를 빼앗는 결과가 되므로 명시적으로 채부결정을 하는 것이 타당하다는 것이 통설이다.

3) 변론준비절차에서 당사자가 증거신청을 한 경우 변론준비절차를 진행하는 재판장 등은 변론의 준비를 위하여 필요하다고 인정하면 증거의 채부결정을 할 수 있다(281조 1항). (⇒ 6-70) 결정방식은 별도의 증거결정서를 작성하는 방식도 가능하나, 보통은 증거신청서 표지의 적당한 부분에 고무인 등으로 정형화 된 증거결정방식에 재판장이 채부를 표시하여 날인하는 방식으로 한다.

[전산양식 A1871] 증거결정방식

채	부

49) 호문혁, p.543.
50) 1989. 9. 7. 89마694.
51) 1989. 9. 7. 89마694.

결정 : 20 . . .
기일 : 20 . . . :

※ 고문인을 만들어 증거신청서 표지 오른쪽 상단에 찍는다.
※ 기일란에는 지정된 검증기일 등을 적는다.

4) 법원은 당사자가 신청한 증거를 필요하지 아니하다고 인정한 때에는 조사하지 아니할 수 있다(290조 본문). 증명할 사실과 관련성이 인정되지 않는 증거 또는 이미 제출된 증거와 같거나 비슷한 취지의 증거가 그 예가 될 것이다(규칙 109조 1호, 2호 참조). 다만, 그것이 당사자가 주장하는 사실에 대한 유일한 증거인 때에는 그러하지 아니하다(290조 단서).

5) 당사자 입장에서는 법원이 증거신청을 받아들이지 않으면 증명의 기회가 좁아진다. 반면 법원의 입장에서는 당사자가 쟁점과 상관없는 불필요한 증거를 신청해 절차를 지연시키고 재판에 혼선을 초래하는 것을 통제할 필요가 있다. 증거채부의 기준을 구체화 하는 노력이 필요하다.

7-31 3. 증거조사의 실시

1) 증거조사는 수소법원이 법정에서 변론기일이나 별도로 정해진 증거조사기일에 실시하는 것이 원칙이다. 예외적으로 변론기일 전에도 할 수 있다(289조 2항). 증거조사기일은 당사자에게 통지하여야 한다(167조). 이는 당사자의 증거조사에의 참여기회를 주기 위한 것이다. 그러나 증거조사의 주체는 법원이지 당사자가 아니므로, 당사자가 기일에 출석하지 아니한 때에도 법원은 증거조사를 할 수 있다(295조). (*2010. 2020. 법원직)

2) 증거조사는 변론준비절차에서도 변론이 효율적이고 집중적으로 실시될 수 있도록 하는데 필요한 범위 안에서 증거조사를 할 수 있다(281조 3항). 다만, 그 경우에도 증인신문 및 당사자 신문은 예외적으로 증인이 정당한 사유로 수소법원에 출석하지 못하는 때 등 제313조에서 정한 사유가 있는 경우에 한하여 허용한다(281조 3항 단서).

3) 수소법원은 필요하다고 인정할 때에는 법원 밖에서 증거조사를 할 수 있다(297조 1항 전단). 현장검증을 하면서 현장에서 증인을 신문한다든지, 증인이 법원에 출석할 수 없어서 병원에서 임상신문을 하는 경우 등이 그러한 경우이다. 이 경우 합의부원에게

명하거나 다른 지방법원 판사에게 촉탁할 수 있다(297조 1항 후단). 수탁판사는 필요하다고 인정한 때에는 다른 지방법원 판사에게 증거조사를 다시 촉탁할 수 있으며, 이 경우 그 사유를 수소법원과 당사자에게 통지하여야 한다(297조 2항). 수탁판사는 증거조사에 관한 기록을 바로 수소법원에 보내야 한다(298조).

4. 보충적 직권증거조사 7-32

1) 법원은 당사자가 신청한 증거에 의하여 심증을 얻을 수 없거나, 그 밖에 필요하다고 인정한 때에는 직권으로 증거조사를 할 수 있다(292조). 변론주의에 따라 증명책임 있는 당사자는 자신이 주장한 사실에 대하여 증명을 하여야 하며, 증거에 의하여 법원이 심증을 얻을 수 없는 경우 그러한 사실을 인정받지 못하는 위험을 부담하게 된다. 이러한 원칙을 엄격히 고수하는 것이 사회정의와 형평에 맞지 않는 예외적인 경우에는 보충적으로 법원이 직권으로 증거조사를 할 수 있도록 한 것이 위 규정이다. 본조는 법원이 직권으로 증거조사를 할 수 있는 권능을 인정한 것이지, 법원에 대하여 직권으로 증거조사를 하여야 한다거나 어떤 분야에 대한 사실탐지의 의무를 부담시킨 것은 아니다.[52)]

2) 재판장은 당사자의 증명이 충분하지 못한 때에는 석명권을 행사하여 증명을 촉구할 수도 있다(136조). 증명을 촉구하였음에도 심증형성에 충분한 증거가 제출되지 않는 경우 법원은 보충적으로 직권으로 증거를 조사할 수 있게 된다.

3) 직권에 의한 증거조사(292조)는 증거자료의 수집만을 직권으로 한다는 것을 의미하고 증명의 대상인 사실에 대하여는 어디까지나 변론주의의 원칙에 따라 당사자가 주장하는 것을 전제로 한다. 이 점에서 당사자가 주장하지 아니한 사실에 대하여 법원이 적극적으로 문제 삼아 판단할 수 있는 직권조사사항(⇒ 6-100)과는 다르다.

4) 구체적으로 어느 경우에 어느 정도 직권으로 증거조사를 할 것인가는 개개의 사건에 따라 법원이 정하는 수밖에 없다. 예컨대, 이행불능으로 인한 손해배상책임을 인정하였으면 그 구체적인 액수를 명확히 하기 위하여,[53)] 가옥의 수리사실을 인정하였으면 그 수리비액을 확정하기 위하여 석명권을 행사하거나 직권으로 증거를 조사하여야 한다.[54)]

---

52) 주석 민사소송법, p.155.
53) 1983. 7.26. 83다카716.
54) 2002. 5.28. 2000다5817.

5. 외국에서 시행하는 증거조사

제296조 (외국에서 시행하는 증거조사)

① 외국에서 시행할 증거조사는 그 나라에 주재하는 대한민국 대사·공사·영사 또는 그 나라의 관할 공공기관에 촉탁한다.

② 외국에서 시행한 증거조사는 그 나라의 법률에 어긋나더라도 이 법에 어긋나지 아니하면 효력을 가진다.

7-32(2) ### (1) 총 설

1) 증거조사는 국가 주권의 행사로서 외국이 주권을 침해하여서는 안 되므로, 원칙적으로 한 국가의 법원이 증인 또는 증거가 소재하는 외국에서 직접 증거조사를 할 수 없다. 민사소송법은 우리나라 법원이 외국에서 시행할 증거조사는 그 나라에 주재하는 대한민국 대사·공사·영사 또는 그 나라의 관할 공공기관에 촉탁한다고 규정하고 있고(296조 1항), 민사사건에 있어 외국으로의 사법공조촉탁절차와 외국으로부터의 사법공조촉탁에 대한 처리절차를 규정함을 목적으로 국제민사사법공조법이 제정되어 시행되고 있다.

2) 그러나, 민사소송법 제296조 1항과 국제민사사법공조법은 국내법에 불과하여, 외국은 우리 법원의 촉탁에 따를 의무가 없으므로 외국이 협조를 하지 않는 한 이는 실효성이 없거나 제한적이다(⇒ 6-37). 외국에서의 증거조사를 위해서는 다자간공조협약이나 양자간 공조조약 등을 통한 국제민사사법공조가 필수적이다.

3) 외국에서 시행한 증거조사는 그 나라의 법률에 어긋나도 우리 민사소송법에 어긋나지 않으면 효력을 갖는다(296조 2항). 절차법은 법정지법에 따른다는 국제사법의 원칙이 민사소송법에 반영된 것이다.

7-32(3) ### (2) 증거조사에 관한 국제민사사법공조

1) 양자간 공조조약

우리나라는 2020년 현재 호주, 중국, 몽골, 우즈베키스탄, 태국 등과 양자 민사 및 상사사법공조조약을 체결하였다. 우리나라가 체결한 양자 간 공조조약의 공조범위는 체결한 국가별로 다르다.

2) 비엔나영사관계협약 및 헤이그증거협약

다자조약인 비엔나영사관계협약은 영사의 임무 중 하나로 송달과 증거조사 의뢰서

의 집행 등을 규정하고 있으므로 다자간 사법공조조약의 하나로 볼 수 있다. 이 조약은 우리나라에 대하여 1977년 4월 6일 발효하였고,[55] 2020년 12월 현재 180개국이 이 조약에 가입하였다. 이 조약은 1963년 채택된 것으로 영사의 임무 중 하나로 증거조사의 뢰서의 집행에 관하여 규정할 뿐 본격적으로 국제민사사법공조에 관하여 규정하는 것은 아니다.

외국에서의 증거조사에 대하여 본격적으로 규정하는 다자간조약은 "민사 또는 상사의 해외증거조사에 관한 협약"("헤이그증거협약")이다. 헤이그 국제사법회의에서 채택한 헤이그증거협약이 50번째 체약국으로서 우리나라에 대하여 2010년 2월 12일 발효하였다. 오늘날 외국에서의 증거조사는 주로 "헤이그증거협약"에 기초하여 이루어지며, 협약이 적용되지 않는 국가와의 사이에서는 여전히 민사공조법에 따른다. 헤이그증거협약에서 정한 증거조사방법은 크게 촉탁서방식에 의한 증거조사(제1장)와 외교관, 영사관원 및 수임인에 의한 증거조사(제2장)로 구분된다.[56]

2절 증인신문

1. 의 의 7-33

1) 증인의 증언을 청취하여 그 의미내용을 증거자료로 삼는 증거조사를 증인신문이라 한다. 증인이란 어떤 사실을 경험하여 알게 된 사람을 말한다. 증인의 과거의 경험사실을 보고한다는 점에서 학식과 경험에 따라 판단된 내용을 보고하는 감정인과 다르다.

2) 소송당사자는 자기 사건에 있어서 증인이 될 수 없다(당사자신문을 할 수 있을 뿐이다). 당사자의 법정대리인 및 당사자인 법인 등의 대표자는 증인이 될 수 없다. 그러나, 공동소송인은 상호간에 공동의 이해관계가 없으면 증인이 될 수 있다.[57] 1심의 공동소송인이었다가 항소심에서 공동소송인이 아닌 경우는 아무런 제한 없이 증인이 될 수

---

55) 외교부 조약정보 홈페이지(http://www.mofa.go.kr/www/wpge/m_3834/contents.do, 2020. 12. 26.).

56) COVID19 사태에 따라 오늘날 화상연계방식에 의한 증인신문 등 국제적 증거조사에 대한 제도화 방안 및 법적 검토가 활발하게 진행되고 있다. 자세한 것은 (사)대한국제법학회(연구책임자 오승진, 연구자 이무상), 「인터넷 화상장치를 이용한 기일출석, 민사 및 형사재판의 증거조사 등 재판권행사의 국제법적 검토-국제사법공조와 국제화상재판-」, 법원행정처 연구보고서 2021-07. 참조.

57) 공동의 이해관계여부를 불문하고 언제나 증인신문이 가능하다는 견해도 있다(한충수, p.487).

있다(*2008. 법원직).

7-34 **2. 증인의무**

법원은 특별한 규정이 없으면 누구든지 증인으로 신문할 수 있다(303조). 우리나라 재판권에 복종하는 모든 사람은 법원이 민사재판에 증인으로서 채택하면 특별한 규정이 없는 한 법정에 출석하여 선서한 후 증언을 할 의무가 있다. 재판장은 필요하다고 인정한 때에는 증인에게 문자를 손수 쓰게 하거나 그 밖의 필요한 행위를 하게 할 수 있다(330조).

(1) 출석의무

1) 불출석에 대한 제재

증인이 정당한 사유 없이 출석하지 아니한 때에 법원은 결정으로 증인에게 이로 말미암은 소송비용을 부담하도록 명하고 500만원 이하의 과태료에 처한다(311조 1항). 법원은 증인이 과태료의 재판을 받고도 정당한 사유 없이 다시 출석하지 아니한 때에는 결정으로 증인을 7일 이내의 감치(監置)에 처한다(311조 2항). 과태료나 감치결정에 대하여는 즉시항고를 할 수 있으며, 이러한 즉시항고는 집행정지의 효력이 없다(311조 3항).

2) 출석하지 아니한 증인의 구인

법원은 정당한 사유 없이 출석하지 아니한 증인을 구인하도록 명할 수 있다(312조 1항) 증인의 구인에는 형사소송법의 구인에 관한 규정을 준용한다(312조 2항).

(2) 선서의무

1) 재판장은 증인에게 신문에 앞서 선서를 하게 하여야 한다. 다만, 특별한 사유가 있는 때에는 신문한 뒤에 선서를 하게 할 수 있다(319조). 재판장은 선서에 앞서 증인에게 선서의 취지를 밝히고, 위증의 벌에 대하여 경고하여야 한다(320조).

2) 선서의 방식

선서는 선서서에 따라서 하여야 한다(321조 1항). 선서서에는 "양심에 따라 숨기거나 보태지 아니하고 사실 그대로 말하며, 만일 거짓말을 하면 위증의 벌을 받기로 맹세합니다."라고 적어야 한다(2항). 재판장은 증인으로 하여금 선서서를 소리내어 읽고 기명날인 또는 서명하게 하며, 증인이 선서서를 읽지 못하거나 기명날인 또는 서명하지 못하는 경우에는 참여한 법원사무관등이나 그 밖의 법원공무원으로 하여금 이를 대신하게 한다(3항). 증인은 일어서서 엄숙하게 선서하여야 한다(4항).

3) 선서무능력

① 16세 미만인 사람(*2009. 법원직), ② 선서의 취지를 이해하지 못하는 사람 등을 증인으로 신문할 때에는 선서를 시키지 못한다(322조). 선서무능력자도 선서를 하지 않고 증언할 수 있다.

4) 선서의 면제

증언거부권(314조)이 있는 증인으로서 증언을 거부하지 아니한 사람을 신문할 때에는 선서를 시키지 아니할 수 있다(323조).

5) 선서거부권

증인이 자기와 현저한 이해관계가 있는 사항, 또는 증언거부권(314조)이 있는 어느 한 사람과 현저한 이해관계가 있는 사항에 관하여 신문을 받을 때에는 선서를 거부할 수 있다(324조).

6) 선서거부에 대한 제재

증인이 정당한 사유없이 선서를 거부하는 경우에는 증언거부에 대한 제재의 규정을 준용하여 500만원 이하의 과태료에 처한다(326조).

7) 조서에의 기재

선서를 시키지 아니하고 증인을 신문한 때에는 그 사유를 조서에 적어야 한다(325조).

(3) 증언의무

1) 모든 사람은 증언의 의무가 있으며, 정당한 이유 없이 증인이 증언을 거부한 때에는 그로 말미암은 소송비용을 부담하도록 명하고 500만원 이하의 과태료에 처한다(318조, 311조 1항). 그러나, 감치에 처할 수는 없다.

2) 공직자에 대한 직무상 비밀에 관한 사항

대통령·국회의장·대법원장 및 헌법재판소장 또는 그 직책에 있었던 사람을 증인으로 하여 직무상 비밀에 관한 사항을 신문할 경우에 법원은 그의 동의를 받아야 한다(304조). 국회의원 또는 그 직책에 있었던 사람을 증인으로 하여 직무상 비밀에 관한 사항을 신문할 경우에 법원은 국회의 동의를 받아야 한다(305조 1항).국무총리·국무위원 또는 그 직책에 있었던 사람을 증인으로 하여 직무상 비밀에 관한 사항을 신문할 경우에 법원은 국무회의의 동의를 받아야 한다(305조 2항). 그 밖의 공무원 또는 공무원이었던 사람을 증인으로 하여 직무상 비밀에 관한 사항을 신문할 경우에 법원은 그 소속 관청 또는 감독관청의 동의를 받아야 한다(306조). 국회·국무회의 또는 감독관청은 국가의 중대한 이익을 해치는 경우를 제외하고는 동의를 거부하지 못한다(307조).

3) 증언거부권

㈎ 본인, 친족 또는 후견인의 치욕 등

증인은 그 증언이 자기나 친족 또는 이러한 관계에 있었던 사람, 후견인 또는 후견을 받는 사람이 공소제기되거나 유죄판결을 받을 염려가 있는 사항, 또는 자기나 그들에게 치욕이 될 사항에 관한 것인 때에는 이를 거부할 수 있다(314조). (*2017. 2019. 법원직. 자기의 친족과 현저한 이해관계가 있는 사항에 관하여 증언을 거부할 수 있다(×))

㈏ 직업의 비밀 등

증인은 ① 변호사·변리사·공증인·공인회계사·세무사·의료인·약사, 그 밖에 법령에 따라 비밀을 지킬 의무가 있는 직책 또는 종교의 직책에 있거나 이러한 직책에 있었던 사람이 직무상 비밀에 속하는 사항에 대하여 신문을 받을 때, ② 기술 또는 직업의 비밀에 속하는 사항에 대하여 신문을 받을 때 가운데 어느 하나에 해당하면 증언을 거부할 수 있다(315조 1항).증인이 비밀을 지킬 의무가 면제된 경우에는 거부할 수 없다(315조 2항).

4) 거부이유의 소명

증언을 거부하는 이유는 소명하여야 한다(316조).

5) 증언거부에 대한 재판

수소법원은 당사자를 심문하여 증언거부가 옳은 지를 재판한다(317조 1항). 당사자 또는 증인은 제1항의 재판에 대하여 즉시항고를 할 수 있다(317조 2항).

6) 증언거부에 대한 제재

증언의 거부에 정당한 이유가 없다고 한 재판이 확정된 뒤에 증인이 증언을 거부한 때에는 그로 인한 소송비용의 부담을 명하고 500만원 이하의 과태료에 처한다(318조). (감치처분(X))

3. 신문절차 및 방식

7-35 (1) 증인신청

1) 당사자가 증인신문을 신청하고자 하는 때에는 증인을 지정하여 신청하여야 한다

(308조). 증인에 대한 출석요구서에는 당사자의 표시, 신문 사항의 요지, 출석하지 아니하는 경우의 법률상 제재에 관한 사항을 적어야 한다(309조).

2) 증인신문을 신청한 당사자는 신문기일 전에 미리 질문할 내용을 기재한 증인신문사항을 법원에 제출하여야 하며 법원은 이를 신문기일 전에 상대방에게 송달하여야 한다(민규 80조 1,2항). 법원은 주신문 사항을 미리 보고 이에 대한 수정을 명할 수 있다(민규 80조 3항).

[서식 예] 증인신청서

증 인 신 청 서

1. 사건 : 20○○가
2. 증인의 표시

성 명	김 희 연			직 업	상 업		
주민등록번호	640101 - 2111111						
주 소	서울 ○○구 ○○로 123-4						
전 화 번 호	자택	(02) 555 -777×	사무실	(02) 777 -999×	휴대폰	(010) 1234 -567×	
원·피고와의 관 계	원고 처의 친구(고등학교 동창)						

3. 증인이 이 사건에 관여하거나 그 내용을 알게 된 경위
   이 사건 임대차계약을 체결할 당시 원고, 원고의 처와 함께 계약현장에 있었음.
4. 신문할 사항의 개요
   ① 이 사건 임대차계약 당시의 정황
   ② 임대차 계약서를 이중으로 작성한 이유
   ③
5. 희망하는 증인신문방식(해당란에 "✓" 표시하고 희망하는 이유를 간략히 기재)
   ☑ 증인진술서 제출방식 □ 증인신문사항 제출방식
   □ 서면에 의한 증언방식
   이유 : 원고측과 연락이 쉽게 되고 증인진술서 작성 의사를 밝혔음
6. 그 밖에 필요한 사항

20○○. ○. ○.

○고 소송대리인 ○○○ ㉵

○○지방법원 제○부 앞

1. 증인이 이 사건에 관여하거나 그 내용을 알게 된 경위는 구체적이고 자세하게 적어야 합니다.
2. 여러 명의 증인을 신청할 때에는 증인마다 증인신청서를 따로 작성하여야 합니다.
3. 신청한 증인이 채택된 경우에는 법원이 명하는 바에 따라 증인진술서나 증인신문사항을 미리 제출하여야 하고, 지정된 신문기일에 증인이 틀림없이 출석할 수 있도록 필요한 조치를 취하시기 바랍니다.

7-36 **(2) 신문방식**

1) 증인 신문은 증인을 신청한 당사자가 먼저 하고, 다음에 다른 당사자가 한다(327조 1항). 신청한 당사자가 하는 신문을 주신문이라고 하고 상대방 당사자가 하는 신문을 반대신문이라고 한다. 주신문은 증명할 사항과 그와 관련된 사항에 관하여 신문 하여야 하며, 반대신문은 주신문에 나타난 사항 및 이에 관련된 사항과 증언의 신빙성에 관한 사항에 관하여 신문하여야 한다(규칙 91조 1항).

2) 재판장은 양 당사자의 신문이 끝난 뒤에 신문할 수 있다(327조 2항). 재판장은 필요한 경우 신문순서에 관한 규정에 불구하고 언제든지 신문할 수 있다(3항). 재판장이 알맞다고 인정하는 때에는 당사자의 의견을 들어 신문의 순서를 바꿀 수 있다(4항). 당사자의 신문이 중복되거나 쟁점과 관계가 없는 때, 그 밖에 필요한 사정이 있는 때에 재판장은 당사자의 신문을 제한할 수 있다(5항). 합의부원은 재판장에게 알리고 신문할 수 있다(6항).

3) 격리신문과 그 예외

증인은 따로따로 신문하여야 한다(328조 1항). 신문하지 아니한 증인이 법정안에 있을 때에는 법정에서 나가도록 명하여야 한다. 다만, 필요하다고 인정한 때에는 신문할 증인을 법정안에 머무르게 할 수 있다(2항).

4) 대질신문

재판장은 필요하다고 인정한 때에는 증인 서로의 대질을 명할 수 있다(329조).

5) 수명법관·수탁판사에 의한 증인신문

법원은 ① 증인이 정당한 사유로 수소법원에 출석하지 못하는 때, ② 증인이 수소법원에 출석하려면 지나치게 많은 비용 또는 시간을 필요로 하는 때, ③ 그 밖의 상당한 이유가 있는 경우로서 당사자가 이의를 제기하지 아니하는 때 가운데 어느 하나에 해당하면 수명법관 또는 수탁판사로 하여금 증인을 신문하게 할 수 있다(313조). 수명법관 또는 수탁판사가 증인을 신문하는 경우에는 법원과 재판장의 직무를 행한다(332조).

6) 비디오 등 중계장치에 의한 증인신문

제327조의2 (비디오 등 중계장치에 의한 증인신문)

① 법원은 다음 각 호의 어느 하나에 해당하는 사람을 증인으로 신문하는 경우 상당하다고 인정하는 때에는 당사자의 의견을 들어 비디오 등 중계장치에 의한 중계시설을 통하거나 인터넷 화상장치를 이용하여 신문할 수 있다. 〈개정 2021. 8. 17.〉

1. 증인이 멀리 떨어진 곳 또는 교통이 불편한 곳에 살고 있거나 그 밖의 사정으로 말미암아 법정에 직접 출석하기 어려운 경우
2. 증인이 나이, 심신상태, 당사자나 법정대리인과의 관계, 신문사항의 내용, 그 밖의 사정으로 말미암아 법정에서 당사자 등과 대면하여 진술하면 심리적인 부담으로 정신의 평온을 현저하게 잃을 우려가 있는 경우

② 제1항에 따른 증인신문은 증인이 법정에 출석하여 이루어진 증인신문으로 본다.

③ 제1항에 따른 증인신문의 절차와 방법, 그 밖에 필요한 사항은 대법원규칙으로 정한다.

[본조신설 2016. 3. 29.]

〈민사소송규칙〉

제91조 (주신문) ① 주신문은 증명할 사항과 이에 관련된 사항에 관하여 한다.

② 주신문에서는 유도신문을 하여서는 아니된다. 다만, 다음 각호 가운데 어느 하나에 해당하는 경우에는 그러하지 아니하다.

1. 증인과 당사자의 관계, 증인의 경력, 교우관계 등 실질적인 신문에 앞서 미리 밝혀둘 필요가 있는 준비적인 사항에 관한 신문의 경우
2. 증인이 주신문을 하는 사람에 대하여 적의 또는 반감을 보이는 경우
3. 증인이 종전의 진술과 상반되는 진술을 하는 때에 그 종전 진술에 관한 신문의 경우
4. 그 밖에 유도신문이 필요한 특별한 사정이 있는 경우

③ 재판장은 제2항 단서의 각호에 해당하지 아니하는 경우의 유도신문은 제지하여야 하고, 유도신문의 방법이 상당하지 아니하다고 인정하는 때에는 제한할 수 있다.

제92조 (반대신문) ① 반대신문은 주신문에 나타난 사항과 이에 관련된 사항에 관하여 한다.

② 반대신문에서 필요한 때에는 유도신문을 할 수 있다.

③ 재판장은 유도신문의 방법이 상당하지 아니하다고 인정하는 때에는 제한할 수 있다.

④ 반대신문의 기회에 주신문에 나타나지 아니한 새로운 사항에 관하여 신문하고자 하는 때에는 재판장의 허가를 받아야 한다.

⑤ 제4항의 신문은 그 사항에 관하여는 주신문으로 본다.

제93조 (재주신문) ① 재주신문은 반대신문에 나타난 사항과 이와 관련된 사항에 관하여 한다.
② 재주신문은 주신문의 예를 따른다.
③ 재주신문에 관하여는 제92조제4항·제5항의 규정을 준용한다.

제94조 (증언의 증명력을 다투기 위하여 필요한 사항의 신문) ① 당사자는 증언의 증명력을 다투기 위하여 필요한 사항에 관한 신문을 할 수 있다.
② 제1항에 규정된 신문은 증인의 경험·기억 또는 표현의 정확성 등 증언의 신빙성에 관련된 사항 및 증인의 이해관계·편견 또는 예단 등 증인의 신용성에 관련된 사항에 관하여 한다.

제95조 (증인신문의 방법) ① 신문은 개별적이고 구체적으로 하여야 한다.
② 재판장은 직권 또는 당사자의 신청에 따라 다음 각호 가운데 어느 하나에 해당하는 신문을 제한할 수 있다. 다만, 제2호 내지 제4호에 규정된 신문에 관하여 정당한 사유가 있는 때에는 그러하지 아니하다.
1. 증인을 모욕하거나 증인의 명예를 해치는 내용의 신문
2. 제91조 내지 제94조의 규정에 어긋나는 신문
3. 의견의 진술을 구하는 신문
4. 증인이 직접 경험하지 아니한 사항에 관하여 진술을 구하는 신문

제95조의2 (비디오 등 중계장치 등에 의한 증인신문)
법 제327조의2에 따른 증인신문의 절차와 방법에 관하여는 제73조의3(*영상기일의 실시와 관련된 규정)을 준용한다.
[전문개정 2021.10.29]

7-37 (3) 서류 등을 이용한 진술금지

증인은 재판장의 허가가 없는 한 서류에 의하여 진술하지 못한다(331조). 증인신문은 증인이 경험한 것을 기억을 토대로 진술 하도록 하여 그 진술내용을 증거로 하는 것을 본질로 하는 증거방법이기 때문이다. 그러나, 복잡한 숫자나 내용은 재판장의 허가를 얻어 서류를 보면서 진술할 수 있다(331조). 또한 일정한 경우에는 문서 등을 이용한 신문이 허용된다.

〈민사소송규칙〉

제96조 (문서 등을 이용한 신문)
① 당사자는 재판장의 허가를 받아 문서·도면·사진·모형·장치, 그 밖의 물건(다음부터 이 조문 안에서 이 모두를 "문서등"이라 한다)을 이용하여 신문할 수 있다.
② 제1항의 경우에 문서등이 증거조사를 하지 아니한 것인 때에는 신문에 앞서 상대방에게 열람할 기회를 주어야 한다. 다만, 상대방의 이의가 없는 때에는 그러하지 아니하다.
③ 재판장은 조서에 붙이거나 그 밖에 다른 필요가 있다고 인정하는 때에는 당사자에게 문서등의 사본(사본으로 제출할 수 없는 경우에는 그 사진이나 그 밖의 적당한 물건)을 제출할 것을 명할 수 있다.

(4) 증인진술서 7-38

법원은 효율적인 증인신문을 위하여 필요하다고 인정하는 때에는 증인을 신청한 당사자에게 증인진술서를 제출하게 할 수 있다(규칙 79조 1항). 진술서에는 증언할 내용을 그 시간 순서에 따라 적고 증인이 서명날인 하여야 한다(79조 2항). 제출된 증인진술서는 법원에 의해 신문기일 전에 상대방에게 송달되어야 한다(규칙 79조 4항). 주신문의 대상이 되는 증인신문사항을 진술서의 형식으로 작성하여 제출하게 한 후 주신문을 통하여 진술서의 진정성립을 인정함으로써 진술서의 기재내용을 증거자료로 사용할 수 있도록 하는 것이다. 실무에서는 증인진술서를 서증으로 취급하고 주신문을 진술서로 갈음하는 경우가 빈번해지고 있다(신문할 내용을 증인신문사항 형식으로 작성하여 제출하는 경우 증인신문사항은 증인신문조서 작성에 참고자료로만 사용되고 반대신문을 통하여 수정된 내용만이 증인신문조서에 기재되어 기록화 되나, 신문사항을 증인진술서 형식으로 작성하여 제출하고 이를 서증으로 취급하는 경우 반대신문을 통하여 진술취지가 수정되더라도 처음 제출된 진술서가 그대로 소송기록에 남아있게 되는 문제가 있다).

(5) 서면에 의한 증언(증언에 갈음하는 서면의 제출) 7-39

법원은 증인과 증명할 사항의 내용 등을 고려하여 상당하다고 인정하는 때(예, 공시송달사건, 피고가 형식적인 답변서만 제출하고 출석하지 아니한 사건, 의사 작성의 진단서에 대한 진정성립을 입증하기 위하여 의사의 증언이 필요한 경우)에는 출석·증언에 갈음하여(*2010. 법원직) 증언할 사항을 적은 서면을 제출하게 할 수 있다(310조 1항). 법원은 상대방의 이의가 있거나 필요하다고 인정하는 때에는 서면제출 증인으로 하여금 출석·증언하게 할 수 있다(310조 2항).[58] 증언에 갈음하는 서면은 서증이 아니라 증언이다. 다만 증인이 선서를 하지 않고 증언하는 것이므로 위증의 벌을 받지는 않는다.

〈민사소송규칙〉

제84조 (서면에 의한 증언)

① 법 제310조제1항의 규정에 따라 출석·증언에 갈음하여 증언할 사항을 적은 서면을 제출하게 하는 경우 법원은 증인을 신청한 당사자의 상대방에 대하여 그 서면에서 회답을 바라는 사항을 적은 서면을 제출하게 할 수 있다.

② 법원이 법 제310조제1항의 규정에 따라 출석·증언에 갈음하여 증언할 사항을 적은 서면을 제출하게 하는 때에는 다음 각호의 사항을 증인에게 고지하여야 한다.

1. 증인에 대한 신문사항 또는 신문사항의 요지
2. 법원이 출석요구를 하는 때에는 법정에 출석·증언하여야 한다는 취지

---

58) 소액심판법 제10조 3항은 "판사는 상당하다고 인정한 때에는 증인 또는 감정인의 신문에 갈음하여 서면을 제출하게 할 수 있다."고 규정한다.

3. 제출할 기한을 정한 때에는 그 취지
③ 증인은 증언할 사항을 적은 서면에 서명날인하여야 한다. (*공증을 받아야 할 필요는 없다)

7-40 (6) 증인신문조서

증인의 증언은 조서에 내용을 기재하여야 한다(154조 2호). 필요시 증언녹음테이프, 증언속기록을 작성한다(159조).

3절 서 증

1관 총 설

7-41 **1. 서증의 의의**

서증이란 문서를 열람하여 그에 기재된 의미내용을 증거자료로 하기 위한 증거조사를 말한다. 문서란 문자 등에 의하여 사상적 의미를 표현한 유형물이다. 물증으로서 문서의 증명력은 매우 크다고 할 것이므로 법은 서증의 절차에 대해서 상세히 규정하고 있다. 한편, 오늘날 종이문서의 기능이 축소되고 전자문서가 보편화되고 있어 전통적인 증거방법으로서의 서증은 전환기를 맞고 있다.(전자문서에 대한 증거조사에 관하여는 ⇒ 7-73 참조)

7-42 **2. 문서의 분류**

(1) 공문서, 사문서, 공사병존문서

1) 공무원이 그 직무상의 권한에 기하여 작성한 문서를 공문서라고 하고, 개인이 작성명의인이 되어 작성한 문서를 사문서라고 한다. 공무원이 작성한 문서라도 직무상 작성한 것이 아니면 공문서로 볼 수 없다. 문서의 작성방식과 취지에 의하여 공문서로 인정되는 문서는 진정성립이 추정되나(356조), 사문서는 제출자가 그것이 진정한 것임을 증명하여야 하므로(357조) 서증에 있어서 공문서와 사문서의 구분이 필요하다.

2) 하나의 문서에 공문서부분과 사문서부분이 병존하는 문서를 공사병존문서라고 한다. 예컨대, 발송인이 수취인에게 어떤 내용의 문서를 언제 발송하였다는 사실을 우체국이 증명하는 내용증명우편(우편법 시행규칙 25조)은 발송인이 보낸 문서는 사문서이

고 그 내용 등을 증명하는 우체국의 문서는 공문서인데 그 것이 하나의 문서에 작성되므로 공사병존문서이다. 공사병존문서의 경우 상대방은 공문서부분과 사문서부분에 대하여 각각 별개로 인부를 해야 한다.

(2) 처분문서와 보고문서 7-43

증명의 대상이 되는 처분행위가 문서 자체로 이루어지는 문서를 처분문서라고 한다(매매계약서, 차용증). 작성자가 경험한 사실, 판단 등을 기재한 문서를 보고문서라고 한다(영수증, 진단서). 양자는 진정성립이 인정되는 경우 그 실질적 증거력에서 차이가 있으므로 구분이 필요하다.

(3) 원본, 정본, 등본, 사본, 초본 등 7-44

법원에 문서를 제출하거나 보낼 때에는 원본, 정본 또는 인증이 있는 등본으로 하여야 한다(355조 1항). 원본은 작성자가 최초로 확정적으로 작성한 문서를 말한다. 원본을 복사한 사본 중, 원본 전체를 복사한 것을 등본이라 하고, 그 중 일부를 발췌하여 복사한 것을 초본이라고 한다. 원본의 존재와 내용을 증명하기 위하여 공무원이 등본이라는 인증문언을 기재한 것을 인증등본이라고 한다. 인증등본 중에서 원본과 동일한 효력을 갖도록 관계공무원이 정본임을 표시한 것을 정본이라고 한다(재판에 관여한 법관의 서명날인이 된 판결서 원본은 법원에 보관하고, 법원사무관등이 정본임을 표시한 판결정본이 당사자에게 송달된다. 정본의 법적 효력은 원본과 동일하다).

3. 문서의 증거능력 7-45

문서의 증거능력이란 문서의 기재내용을 읽어 증거로 사용할 수 있는 자격을 말한다. 형사소송과 달리 민사소송에서는 문서의 증거능력을 제한하지 않는다. 따라서 예컨대 당사자가 내용을 부인하는 사법경찰관 작성의 피의자신문조서도, 형사소송법상 증거능력이 부정되지만, 민사소송법상으로는 증거능력이 있다. 소제기 후에 제3자가 다툼 있는 사실에 관하여 작성한 문서(예컨대, 소제기 후 작성된 진술서), 원본에 갈음하는 사본, 소제기 후에 당사자가 작성한 문서[59]도 모두 증거능력이 있다. 그 증거가치판단은 자유심증에 따른다.

---

59) 1964. 9. 8. 64다315.

2관 문서의 진정성립 - 형식적 증거력

7-46 ### 1. 의 의

문서의 진정성립이란 문서가 타인에 의하여 위조된 것이 아니라 작성명의인의 의사에 의하여 작성된 것임을 말한다. 작성명의인이 직접 작성한 것뿐만 아니라 명의인의 승낙 아래 타인이 작성한 것이라도 진정하게 성립한 것이다. 문서는 진정하게 성립된 것이라야 문서의 기재내용을 증거로 사용할 수 있는 형식적 증거력을 갖게 된다.

7-47 ### 2. 진정성립의 인부

1) 문서가 서증으로 제출되면 법원은 상대방에게 그 문서의 진정성립 여부에 대한 의견을 묻는다. 상대방은 법원의 인부 질문에 대하여 성립인정, 부인, 부지, 침묵 등의 답변을 할 수 있다. 이를 실무상 진정성립의 인부라고 한다. 자기 또는 대리인의 서명날인이 있는 문서에 대해서는 성립인정 또는 부인을 하여야 하며 부지의 답변을 할 수 없다. 진정성립에 관한 인부는 신중하게 하여야 하고, 당사자 또는 그 대리인이 고의나 중대한 과실로 진실에 어긋나게 문서의 진정을 다툰 때에는 법원은 결정으로 200만원 이하의 과태료에 처한다(363조 1항). 문서의 진정성립을 부인하는 때에는 그 이유를 구체적으로 밝혀야 한다(규칙 116조).

2) 성립인정의 진술에 재판상 자백의 법리가 적용되는가에 대하여, 판례는 문서의 성립에 관한 자백은 보조사실에 관한 자백이기는 하나 그 취소에 관하여는 다른 간접사실에 관한 자백취소와는 달리 주요사실의 자백취소와 동일하게 처리하여야 할 것이라고 한다.[60)]

7-48 ### 3. 진정성립의 추정 및 증명

상대방이 부인이나 부지로 답변하는 경우, 서증으로 제출하는 당사자가 그 문서의 진정성립을 증명하여야 형식적 증거력이 인정된다. 문서의 진정성립(보조사실)을 인정함에 있어서도 주요사실을 인정할 때와 마찬가지로 증거자료와 변론의 전취지에 기초하여 자유심증에 따라 판단한다. 문서의 진정성립의 증거법적 특성을 고려하여, 민사소송법은 그에 관한 추정규정을 공문서와 사문서로 구분하여 별개로 두고 있다.

---

60) 2001. 4.24. 2001다5654.

(1) 공 문 서 7-49

문서의 작성방식과 취지에 의하여 공무원이 직무상 작성한 것으로 인정한 때(예, 관련 행정청 명의의 허가증, 납세고지서, 운전면허증, 등기부등본 등)에는 이를 진정한 공문서로 추정한다(356조 1항)(전면적 추정력). 이 때의 추정을 사실상의 추정이라고 보는 견해와 법률상의 추정으로 보는 견해가 갈리고 있다. 판례는, "위조 또는 변조 등 특별한 사정이 있다고 볼 만한 반증이 있는 경우에는 위와 같은 추정은 깨어진다."고 하여 사실상의 추정으로 파악한다.[61]

그 진정성립이 의심스러운 때에는 법원은 직권으로 해당 공공기관에 조회할 수 있다(356조 2항). 외국의 공공기관이 작성한 것으로 인정한 문서도 위와 같다(356조 3항).

(2) 사 문 서 7-50

1) 사문서는 그것이 진정한 것임을 증명하여야 한다(357조). 이 점이 진정성립이 추정되는 공문서와 다른 점이다. 제출자가 사문서의 진정성립을 증명하는 것은 간단한 일이 아니며, 그러한 점을 감안하여 제한된 범위에서 사문서의 진정성립에 관해서도 추정규정을 두고 있다(제한적 추정력). 즉, "사문서는 본인 또는 대리인의 서명이나 날인(捺印) 또는 무인(拇印)이 있는 때에는 진정한 것으로 추정한다."(358조)는 것이다. 따라서, 사문서가 진정한 것임을 증명하기 위하여 문서의 기재내용이 작성명의인의 의사에 의하여 작성되었다는 사실(진정성립)을 모두 증명할 필요가 없으며, 본인 또는 대리인의 날인(인장을 찍는 행위) 또는 서명이나 무인의 행위(법문에는 "서명이나...무인이 있는 때"로 되어 있으나 대등한 요건으로 규정된 "날인"이 인장을 찍는 행위인 점에 비추어 서명이나 무인의 행위를 의미한다고 해석된다)가 있다는 점만을 증명하면 나머지는 제358조에 의하여 추정된다.

2) 사문서의 진정성립에 대한 증명에 있어서 본인 또는 대리인의 서명이나 무인의 행위 또는 날인(인장을 찍는 행위)이 있다는 것을 어떻게 증명할 것인가가 문제이다(그러한 행위를 목격한 증인의 증언 등을 증거로 제출하기가 쉽지 않을 것임). 그런데, 문서에 현출된 서명(필적)이나 무인(지문이 현출된 자국)은 감정 등에 의하여 그것이 본인 또는 대리인의 것으로 인정된다면 그 특성상 본인 또는 대리인의 행위에 의한 것으로 강하게 추정할 수 있을 것이다. 그러나 인영(인장에 의하여 현출된 자국)은 그것이 작성명의인의 인장(도장)에 의한 것이라고 해도 서명이나 무인과는 달리 쉽게 도용될 수 있는 것이기 때문에

---

61) 2018. 4.12. 2017다292244.

본인 또는 대리인이 날인한 것이라고 강하게 추정할 수 없어서 문제이다.

3) 판례는 이 지점에서 인영이 찍힌 사문서에 대하여 2단계 추정의 법리를 제시한다. 판례에 의하면, 문서에 날인된 인영(인장에 의하여 현출된 자국)이 작성명의인의 인장에 의한 것이라면 작성명의인의 의사에 기하여 날인된 것임(이를 인영의 진정성립이라고 한다)이 사실상 추정되며(1단계),[62] 일단 인영의 진정성립이 추정되면 다시 제358조에 의하여 문서전체의 진정성립이 추정된다(2단계)는 것이다.[63] 따라서, 사문서의 진정성립을 증명하기 위해서는 문서에 현출된 인영이 작성명의인의 인장에 의한 것이라는 점만을 증명하면(통상 법원의 육안에 의한 확인 또는 인영의 동일성 감정에 의하여 쉽게 증명) 족하다. 인영의 진정성립은 사실상 추정되고 제358조에 의하여 문서전체의 진정성립은 추정되기 때문이다.

> "매매계약서 중 일부 내용의 변조 여부가 다투어지는 경우 매도인이 그 성립을 부인한다고 하더라도, 법원으로서는 의당 그 서증의 인부를 함에 있어서 매도인의 인영날인 사실까지 부인하는지 여부를 석명하여 매도인이 그 인영의 진정을 인정한다면 그 진정성립이 추정되는 것이므로, 그 이후에 그 문서의 변조가 있었는지 여부에 관하여는 매도인이 입증을 하여 밝혀야 한다."[64]

4) 인영의 진정성립, 즉 날인행위가 작성 명의인의 의사에 기한 것이라는 추정(1단계 추정)은 사실상의 추정이므로, 인영의 진정성립을 다투는 자가 반증을 들어 인영의 날인행위가 작성 명의인의 의사에 기한 것임에 관하여 법원으로 하여금 의심을 품게 할 수 있는 사정을 입증하면 그 진정성립의 추정은 깨어진다.[65] 1단계 추정이 판례에 의하여 인정되는 사실상의 추정이라는 점에 대해서는 학설상 별다른 다툼이 없으나, 2단계 추정의 성격에 대해서는 법제 358조에 의한 법률상 추정이므로 이를 깨기 위해서는 본증이 필요하다는 견해와 실체법상의 법률요건사실의 추정과는 다른 것이므로 사실상 추정과 마찬가지로 반증으로 족하다는 견해의 다툼이 있다. 판례는 구체적 사안에 따라 다르게 판단하나, 기본적으로 사실상의 추정으로 보아 반증으로 족하다는 입장인 것 같다.

> '사문서에 날인된 작성 명의인의 인영이 그의 인장에 의하여 현출된 것이라면 특단의 사정이 없는 한 그 인영의 진정성립, 즉 날인행위가 작성 명의인의 의사에 기한 것임이 추정되고, 일단 인영의 진정성립

62) 판례가 인영자체의 진정성립의 추정을 문서전체의 진정성립의 추정과 구분하여 별도로 사실상의 추정으로 이해하는 것은 인영에 대한 신뢰가 확립되어 있지 않기 때문이라는 견해가 있다(호문혁, P.530).

63) 2003. 4. 8. 2002다69686.

64) 1995.11.10. 95다4674.

65) 1997. 6.13. 96재다462; 2003. 2.11. 2002다59122.

이 추정되면 민사소송법 제358조에 의하여 그 문서 전체의 진정성립이 추정되나, 그와 같은 인영의 진정성립, 즉 날인행위가 작성 명의인의 의사에 기한 것이라는 추정은 사실상의 추정이므로, 인영의 진정성립을 다투는 자가 반증을 들어 인영의 날인행위가 작성 명의인의 의사에 기한 것임에 관하여 법원으로 하여금 의심을 품게할 수 있는 사정을 입증하면 그 진정성립의 추정은 깨어진다. (대법원 2003. 2. 11. 선고 2002다59122 판결)

사문서는 본인 또는 대리인의 서명이나 날인 또는 무인이 있는 때에는 진정한 것으로 추정되므로, 사문서 작성명의인이 스스로 당해 사문서에 서명·날인·무인하였음을 인정하는 경우, 즉 인영 부분 등의 성립을 인정하는 경우에는 <u>반증으로</u> 그러한 추정이 번복되는 등 다른 특별한 사정이 없는 한 문서 전체에 관한 진정성립이 추정되고, 인영 부분 등의 진정성립이 인정된다면 다른 특별한 사정이 없는 한 당해 문서는 전체가 완성되어 있는 상태에서 작성명의인이 그러한 서명·날인·무인을 하였다고 추정할 수 있으며, 그 당시 문서의 전부 또는 일부가 미완성된 상태에서 서명·날인만을 먼저 하였다는 등의 사정은 이례에 속한다고 할 것이므로 완성문서로서 진정성립의 추정력을 뒤집으려면 그럴만한 합리적인 이유와 이를 뒷받침할 간접반증 등의 증거가 필요하다." (대법원 2011. 11. 10. 선고 2011다62977 판결 [양수금]).

5) 인영이 작성명의인 이외의 사람이 날인한 것으로 밝혀진 때에는 문서의 진정성립 추정이 깨지므로, 서증제출자는 작성명의인 이외의 사람이 위임받은 정당한 권원에 기하여 날인한 사실을 증명하여야 한다.

"피고 명의의 배서란에 찍힌 피고 명의의 인영이 피고의 인장에 의한 것임을 피고가 인정하고 있다면 그 배서부분이 진정한 것으로 추정되지만, 그 인영이 작성명의인인 피고 이외의 사람이 날인한 것으로 밝혀질 때에는 위와 같은 추정은 깨어지는 것이므로, 이와 같은 경우에는 어음을 증거로 제출한 원고가 작성명의인인 피고로부터 날인을 할 권한을 위임받은 사람이 날인을 한 사실까지 입증하여야만 그 배서부분이 진정한 것임이 증명된다."[66)]

(사례) 甲이 乙의 인영이 있는 영수증을 서증으로 제출하였는데 상대방인 乙이 영수증의 진정성립을 부인하는 경우 제출자인 甲은 문서의 진정성립(보조사실)을 증명하여야 한다. 영수증의 인영이 乙의 인장의 인영임을 증명하면 영수증에 날인한 행위는 乙의 의사에 기한 것임이 사실상 추정되고(1단계 추정), 인영의 진정성립이 인정되면 358조에 의하여 영수증 전체가 진정하게 성립한 것으로 한 것으로 추정 된다(2단계 추정). 그러나 날인행위가 乙 이외의 자에 의하여 이루어진 것이 밝혀지면 사실상 추정이 깨지므로, 甲은 날인한 사람이 乙로부터 위임받은 정당한 권원에 의하여 날인한 사실까지 증명할 책임이 있다.[67)]

66) 1993. 8.24. 93다4151(전원합의). 배서가 위조되었음을 주장하는 사람이 그 위조사실 을 입증하여야 한다는 종전판례 변경.
67) 2009. 9.24. 2009다37831. <u>[164]</u>

6) 인영 부분 등의 진정성립이 인정되는 경우, 그 당시 그 문서의 전부 또는 일부가 미완성된 상태에서 서명날인만을 먼저 하였다는 등의 사정은 이례에 속한다고 볼 것이므로 완성문서로서의 진정성립의 추정력을 뒤집으려면 그럴 만한 합리적인 이유와 이를 뒷받침할 간접반증 등의 증거가 필요하다고 할 것이고, 만일 그러한 완성문서로서의 진정성립의 추정이 번복되어 백지문서 또는 미완성 부분을 작성명의자가 아닌 자가 보충하였다는 등의 사정이 밝혀진 경우라면, 다시 그 백지문서 또는 미완성 부분이 정당한 권한에 기하여 보충되었다는 점에 관하여는 그 문서의 진정성립을 주장하는 자 또는 문서제출자에게 그 입증책임이 있다.[68]

7-51 **4. 증명방법**

1) 진정성립의 증명방법에는 제한이 없다. 작성자 또는 작성과정에 관여하여 경험한 제3자의 증언(세금계산서의 진정성립을 작성자가 아닌 제3자의 증언으로 인정한 사례),[69] 감정(예컨대, 필적감정), 검증(법원이 직접 문서의 필체, 인영 등을 대조) 등이 이용된다. 변론전체의 취지만으로 진정성립을 인정해도 무방하다(예컨대, 오래전 작성된 매매계약서의 진정성립을 인정할 증거방법이 없는 경우).[70]

2) 문서가 진정하게 성립된 것인지 어떤지는 필적 또는 인영(印影)을 대조하여 증명할 수 있다(359조). 당사자는 법원에 대조에 필요한 필적이나 인영이 있는 문서, 그 밖의 물건 등에 대하여 문서제출명령신청의 절차에 따라 제출명령을 신청할 수 있다(360조 1항). 제3자가 정당한 이유 없이 따르지 않는 경우 200만원이하의 과태료에 처하며, 그 결정에 대해서는 즉시항고 할 수 있다(360조 2,3항). 대조하는 데에 적당한 필적이 없는 때에는 법원은 상대방에게 그 문자를 손수 쓰도록 명할 수 있다(361조 1항). 상대방이 정당한 이유 없이 위의 명령에 따르지 아니한 때에는 법원은 문서의 진정여부에 관한 확인신청자의 주장을 진실한 것으로 인정할 수 있으며, 필치(筆致)를 바꾸어 손수 쓴 때에도 또한 같다(361조 2항).

7-52 **3관 실질적 증거력**

문서의 내용이 요증사실의 증명에 이바지하는 정도, 즉 요증사실에 대하여 갖는 증

68) 2003. 4.11. 2001다11406. [165]
69) 1992.11.24. 92다21135.
70) 1993. 4.13. 92다12070.

거가치를 실질적 증거력이라고 한다. 실질적 증거력은 문서에 형식적 증거력이 있는 것을 전제로 한다. 요증사실에 대한 증거가치로서의 그 실질적 증거력은 법관의 자유심증에 따른다. 문서의 실질적 증거력은 그 문서가 공문서인가 사문서인가, 사문서의 경우에는 처분문서인가 보고문서인가에 따라 다르게 평가된다.

1. 공 문 서

진정성립이 추정되는 공문서인 이상 진실에 반한다는 등의 특별한 사정이 없는 한 그 내용의 실질적 증거력을 쉽게 배척할 수는 없다.[71] 확정된 민형사 판결에서 인정한 사실은 특별한 사정이 없는 한 유력한 증거자료가 되므로 합리적인 이유설시 없이 배척할 수 없다.[72]

2. 사 문 서

판례는 처분문서와 보고문서의 실질적 증거력을 달리 취급한다.

(1) 처분문서

실체법상 처분행위와 관련된 문서가 처분문서이다. 처분문서의 진정성립이 인정되면 형식적 증거력과 함께 처분행위에 대한 실질적 증거력이 인정되는 것이 통상이다. 그러므로 처분문서의 경우 그 진정성립이 인정되는 이상 반증이 없는 한 법원은 그 기재내용대로의 의사표시의 존재 및 내용을 인정하여야 할 구속을 받게 된다.[73] 적절하고 분명한 반증이 있는 경우에 한하여, 그 이유를 분명히 설명하여야만 이를 부정할 수 있다. 그러나 처분문서의 기재 내용과 다른 명시적·묵시적 약정이 있는 경우,[74] 또는 그 문서에 기재된 내용이 객관적인 진실에 반하는 것으로 볼만한 합리적인 이유가 있는 경우[75] 등은 자유심증에 의하여 그 실질적 증거력을 배제할 수 있다. 처분문서의 증거력은 상대방이 분명하고도 수긍할 수 있는 반증에 의하여 부정될 수도 있는 강력한 사실상의 추정이지 반증의 여지가 없는 완전한 증명력을 갖는 것은 아니다.[76]

(2) 보고문서

보고문서의 실질적 증거력은 법원이 자유심증으로 판단하면 된다. 보고문서의 경우

71) 2003.11.28. 2003다14652.
72) 2000. 9. 8. 99다58471.
73) 1988.12.13. 87다카3147. [166]
74) 2006. 4.13. 2005다34643.
75) 1995.10.13. 95누3398.
76) 2010.11.11. 2010다56616.

명의인에 의하여 그러한 보고가 이루어 졌는지 여부와 그 보고의 내용 자체가 진실한지 여부는 전혀 별개의 문제가 되므로 형식적 증거력이 인정된다고 하여 필연적으로 실질적 증거력이 인정되어야 하는 것은 아니다. 보고문서의 실질적 증명력도 당연히 논리와 경험칙에 따라야 하므로, 예컨대 국립수사과학연구소 작성의 필적감정회보, 공증인 등이 작성한 공증문서, 종중에서 작성한 족보 등은 보고문서이기는 하나 그 기재내용을 함부로 배척하여서는 안 된다.

4관 서증의 절차

서증의 절차는 당사자의 서증신청 - 채부결정 - 서증조사의 실시로 이루어진다.

7-53 1. 서증의 신청 및 채부결정

서증의 신청이란 문서를 열람하여 그에 기재된 의미 내용을 증거자료로 하기 위한 증거조사를 신청하는 것이다. 서증의 신청이 있으면 법원은 채부결정을 한다.

〈민소규〉

제109조 (서증에 대한 증거결정)

당사자가 서증을 신청한 경우 다음 각호 가운데 어느 하나에 해당하는 사유가 있는 때에는 법원은 그 서증을 채택하지 아니하거나 채택결정을 취소할 수 있다.

1. 서증과 증명할 사실 사이에 관련성이 인정되지 아니하는 때
2. 이미 제출된 증거와 같거나 비슷한 취지의 문서로서 별도의 증거가치가 있음을 당사자가 밝히지 못한 때
3. 국어 아닌 문자 또는 부호로 되어 있는 문서로서 그 번역문을 붙이지 아니하거나 재판장의 번역문 제출명령에 따르지 아니한 때
4. 제106조제1항의 규정에 따른 재판장의 증거설명서 제출명령에 따르지 아니한 때
5. 문서의 작성자 또는 그 작성일이 분명하지 아니한 경우로서 이를 밝히도록 한 재판장의 명령에 따르지 아니한 때

7-54 2. 서증신청의 방식

당사자가 서증을 신청하고자 하는 때에는 문서를 제출하는 방식, 또는 문서를 가진 사람이 그것을 제출할 의무가 있는 경우 그에게 그것을 제출하도록 명할 것을 신청하는 방식으로 한다(343조). 소지한 사람이 문서를 제출할 의무가 없는 경우에는 문서송부촉탁을 할 수 있고(352조), 그것이 어려운 경우에는 문서가 소재하는 장소에서 서증을 실시한다(규칙 112조 1항).

(1) 문서의 직접제출 7-55

1) 당사자가 증거가치가 있다고 생각하는 문서를 소지하고 있는 경우에는 이를 법원에 직접제출 하는 방법으로 서증을 신청한다. 법원은 당사자가 서증으로 제출한 문서에 대하여 증거조사의 필요성이 인정되는 경우 결정으로 이를 서증으로 채택한 후, 그 문서를 열람하여 기재된 의미 내용을 증거자료로 사용한다. 제출은 변론기일 또는 변론준비기일에 현실로 제출할 것을 요하며, 소장 또는 준비서면에 첨부된 문서는 비록 그것이 진술간주되어도 제출한 것으로 보지 않는다.[77]

2) 이 때 당사자는 문서의 원본, 정본 또는 인증 등본을 제출하여야 한다(355조 1항). 실무상으로는 분실 및 훼손의 우려 등을 고려하여 편의상 문서의 사본을 제출하는데, 이때도 서증의 대상은 원본이지 사본이 아니므로 법원 또는 상대방이 원본의 제출을 요구하면 원본을 제출하여야 한다. 사본의 경우에도 동일한 내용인 원본의 존재와 원본의 성립의 진정에 관하여 다툼이 없고 사본을 원본의 대용으로 하는데 관하여 상대방의 이의가 없는 경우에는, 책문권이 포기 혹은 상실되어 사본만의 제출에 의한 증거의 신청도 허용된다.[78]

3) 사본자체가 원본으로 제출될 수도 있다(사본작성 후 원본을 분실한 경우 등). 이 경우에는 사본이 독립한 증거조사의 대상이 되지만 별도의 증거를 통하여 사본과 동일한 원본이 존재하고 그것이 진정하게 성립된 것임이 증명되어야 한다.[79] 사본자체를 원본으로 제출하는 사람이 이를 증명하지 못하면 그와 같은 내용의 사본이 존재한다는 것을 의미하는 것에 그치고, 원본제출의 효과는 없어지므로 그와 같은 내용이 사본이 존재한다는 것 이상의 증거가치는 없다.[80] 법원은 당사자가 사본을 제출하는 경우 원본에 갈음하는 사본인지, 혹은 원본이 없어 사본 그 자체를 원본으로서 제출하는 것인지를 석명을 통하여 분명히 하여야 한다. 원본이 현존하지 아니하는 문서 사본도 과거에 존재한 적이 있는 문서를 전자복사한 것이라면 원본의 존재 및 진정성립을 인정하여 서증으로 채용할 수 있다.[81]

〈민사소송규칙〉

제105조 (문서를 제출하는 방식에 의한 서증신청) ① 문서를 제출하여 서증의 신청을 하는 때에는

---

77) 1991.11. 8. 91다15775.
78) 2002. 8.23. 2000다66133. [163]
79) 1992. 4.28. 91다45608.
80) 2002. 8.23. 2000다66133. [163]
81) 1992.12.22. 91다35540,35557.

문서의 제목·작성자 및 작성일을 밝혀야 한다. 다만, 문서의 기재상 명백한 경우에는 그러하지 아니하다.
② 서증을 제출하는 때에는 상대방의 수에 1을 더한 수의 사본을 함께 제출하여야 한다. 다만, 상당한 이유가 있는 때에는 법원은 기간을 정하여 사본을 제출하게 할 수 있다.
③ 제2항의 사본은 명확한 것이어야 하며 재판장은 사본이 불명확한 때에는 사본을 다시 제출하도록 명할 수 있다.
④ 문서의 일부를 증거로 하는 때에도 문서의 전부를 제출하여야 한다. 다만, 그 사본은 재판장의 허가를 받아 증거로 원용할 부분의 초본만을 제출할 수 있다.
⑤ 법원은 서증에 대한 증거조사가 끝난 후에도 서증 원본을 다시 제출할 것을 명할 수 있다.

제106조 (증거설명서의 제출 등) ① 재판장은 서증의 내용을 이해하기 어렵거나 서증의 수가 방대한 경우 또는 서증의 입증취지가 불명확한 경우에는 당사자에게 서증과 증명할 사실의 관계를 구체적으로 밝힌 설명서를 제출할 것을 명할 수 있다.
② 서증이 국어 아닌 문자 또는 부호로 되어 있는 때에는 그 문서의 번역문을 붙여야 한다. 다만, 문서의 일부를 증거로 하는 때에는 재판장의 허가를 받아 그 부분의 번역문만을 붙일 수 있다.

제107조 (서증 사본의 작성 등) ① 당사자가 제105조제2항의 규정에 따라 서증 사본을 작성하는 때에는 서증 내용의 전부를 복사하여야 한다. 이 경우 재판장이 필요하다고 인정하는 때에는 서증 사본에 원본과 틀림이 없다는 취지를 적고 기명날인 또는 서명하여야 한다.
② 서증 사본에는 다음 각호의 구분에 따른 부호와 서증의 제출순서에 따른 번호를 붙여야 한다.
1. 원고가 제출하는 것은 "甲"
2. 피고가 제출하는 것은 "乙"
3. 독립당사자참가인이 제출하는 것은 "丙"
③ 재판장은 같은 부호를 사용할 당사자가 여러 사람인 때에는 제2항의 부호 다음에 "가" "나" "다" 등의 가지부호를 붙여서 사용하게 할 수 있다.

제108조 (서증 사본의 제출기간) 법 제147조제1항의 규정에 따라 재판장이 서증신청(문서를 제출하는 방식으로 하는 경우에 한한다)을 할 기간을 정한 때에는 당사자는 그 기간이 끝나기 전에 서증의 사본을 제출하여야 한다.

7-56 ### (2) 문서제출명령

1) 의 의

당사자가 소지하지 않은 문서로서 소지인에게 제출의무가 인정되는 문서에 대한 서증은 당사자의 신청에 의한 문서제출명령을 통하여 이루어진다. 그 동안 우리 민사소송법은, 증언의무가 일반적 의무인 것과 달리, 문서소지인에 대하여 일반적 문서제출의무를 지우지 않았기 때문에 자신이 소지하지 않는 문서를 서증으로 제출하는데 어려움이 있었다. 그러나 2002년 민사소송법의 개정을 통하여 문서소지인의 문서제출의무를 일반적인 의무로 하는 규정을 둠으로서 문서제출명령 제도가 활성화되는 계기가 되었다.

第344조 (문서의 제출의무)

① 다음 각호의 경우에 문서를 가지고 있는 사람은 그 제출을 거부하지 못한다.

1. 당사자가 소송에서 인용한 문서를 가지고 있는 때
2. 신청자가 문서를 가지고 있는 사람에게 그것을 넘겨 달라고 하거나 보겠다고 요구할 수 있는 사법상의 권리를 가지고 있는 때
3. 문서가 신청자의 이익을 위하여 작성되었거나, 신청자와 문서를 가지고 있는 사람 사이의 법률관계에 관하여 작성된 것인 때. 다만, 다음 각목의 사유 가운데 어느 하나에 해당하는 경우에는 그러하지 아니하다.
   가. 제304조 내지 제306조에 규정된 사항이 적혀있는 문서로서 같은 조문들에 규정된 동의를 받지 아니한 문서
   나. 문서를 가진 사람 또는 그와 제314조 각호 가운데 어느 하나의 관계에 있는 사람에 관하여 같은 조에서 규정된 사항이 적혀 있는 문서
   다. 제315조제1항 각호에 규정된 사항중 어느 하나에 규정된 사항이 적혀 있고 비밀을 지킬 의무가 면제되지 아니한 문서

② 제1항의 경우 외에도 문서(공무원 또는 공무원이었던 사람이 그 직무와 관련하여 보관하거나 가지고 있는 문서를 제외한다)가 다음 각호의 어느 하나에도 해당하지 아니하는 경우에는 문서를 가지고 있는 사람은 그 제출을 거부하지 못한다.

1. 제1항제3호나목 및 다목에 규정된 문서
2. 오로지 문서를 가진 사람이 이용하기 위한 문서

2) 문서의 제출의무 7-57

㈎ 절대적 제출의무(인용문서, 권리문서)

① 당사자가 소송에서 인용한 문서를 당사자가 가지고 있는 때(344조 1항 1호)

형평차원에서 절대적 제출의무가 인정된다. 공무원이 당사자가 되어 인용한 문서는 그것이 공무문서라고 하더라도 문서제출명령대상이 된다(사법시험 출제위원이 문제은행에 출제한 문제가 자신이 대학교 고시반 모의고사에 출제한 문제와 그 내용이 다르다는 주장을 명백히 하기 위하여 구체적으로 문제은행에 출제한 문제가 기재된 문서의 존재를 인용하였으므로 그 문서가 공무문서라고 하더라도 제출의무가 있다고 한 사례).[82] 인용문서는 당사자가 소송에서 문서 그 자체를 증거로서 인용한 경우뿐만 아니라 자기주장을 명백히 하기 위하여 적극적으로 문서의 존재와 내용을 언급하여 자기주장의 근거나 보조 자료로 삼은 문서도 포함한다(회의록 중 변호사시험의 합격률을 결정한 부분, 변호사시험의 합격자 결정 기준을 정한 부분과 이때 고려한 요소를 알 수 있는 부분은 인용문서에 해당한다는 사례).[83] 인용문서가 공공기관의 정보공개에 관한 법률 제9조에서 정하고 있는 비공개대상정보에 해당한다고 하더라도 제출의무가 있다.[84]

---

82) 2008. 6.12. 2006무82.
83) 2017.12.28. 2015무423. [168]
84) 2011. 7. 6. 2010마1659.

② 신청자가 문서를 가지고 있는 사람에게 그것을 넘겨 달라고 하거나 보겠다고 요구할 수 있는 사법상의 권리를 가지고 있는 때(344조 1항 2호)

예컨대, 채무를 모두 변제한 변제자는 채권자에게 채권증서를 요구할 권리가 있으므로(민법 475조) 제출요구를 받은 채권자는 상대방이든 제3자이든 거절할 수 없다.

㈏ 상대적 제출의무(이익문서, 법률관계문서)

① 문서가 신청자의 이익을 위하여 작성되었거나(예컨대, 신청자의 대리권을 증명하는 위임장, 신청자를 수증자로 하는 유언서), ② 신청자와 문서를 가지고 있는 사람 사이의 법률관계에 관하여 작성된 것인 때(344조 1항 3호 본문).

이 두 가지 경우는 상대적 제출의무만 인정되며, 위 두 가지 경우에 해당하는 문서라고 할지라도 그것이 공무원의 직무상 비밀이 기재된 문서로서 규정에 따른 동의를 받지 못한 문서(1항 3호 가, 304조, 305조, 306조), 형사소추 우려, 치욕이 될 사항이 기재된 문서(1항 3호 나, 314조), 변호사 등의 직무상의 비밀이나 기술 또는 직업의 비밀이 기재된 문서(1항 3호 다, 315조 1항)인 경우에는 제출의무가 면해질 수 있다(344조 1항 3호 단서).

㈐ 일반적 제출의무(일반문서)

그 밖의 문서도 아래 ㈑에서 열거하는 예외사유가 없는 경우 원칙적으로 제출의무가 인정된다(344조 2항). 이는 일반적 제출의무를 인정하는 것으로 입법적으로 큰 의의가 있다.

개인정보보호법 제18조 제2항 제2호에 따르면 개인정보처리자는 '다른 법률에 특별한 규정이 있는 경우'에는 이를 제3자에게 제공할 수 있고, 민사소송법 제344조 제2항은 문서제출거부사유에 해당하지 않는 경우 문서소지인에게 문서제출의무(일반적 제출의무)를 부과하고 있으므로, 임직원의 급여 및 상여금 내역 등이 개인정보 보호법상 개인정보에 해당하더라도 이를 이유로 문서소지인이 문서의 제출을 거부할 수 있는 것은 아니다.[85](*2018. 법원직)

㈑ 일반적 제출의무 예외문서

아래의 문서들은 예외적으로 일반적 제출의무가 인정되지 않는다.

가) 공무문서(344조 2항 괄호)

공무원 또는 공무원이었던 사람이 직무와 관련하여 보관하거나 가지고 있는 문서를 강학상 공무문서라고 한다. 공문서(작성명의인이 공무원인 문서)가 아닌 사문서라도 관청

---

85) 2016. 7. 1. 2014마2239.

에 제출되어 공무원이 보관중이면 여기에서 말하는 공무문서가 된다. '공무원 또는 공무원이었던 사람이 그 직무와 관련하여 보관하거나 가지고 있는 문서'는 국가기관이 보유·관리하는 공문서를 의미한다고 할 것이고, 이러한 공문서의 공개에 관하여는 "공공기관의 정보공개에 관한 법률"에서 정한 절차와 방법에 의하여야 할 것이다.[86] 불기소처분 기록 중 피의자신문조서 등에 기재된 피의자 등의 인적사항 이외의 진술내용도 개인의 사생활의 비밀 또는 자유를 침해할 우려가 인정되는 경우 공공기관의 정보공개에 관한 법률 9조 1항 6호 본문 소정의 비공개대상에 해당한다.[87]

나) 증언거부사유 있는 내용 기재 문서(344조 2항 1호)

① 자기 또는 친족 등의 사람이 형사소추 될 염려가 있거나, 치욕이 될 사항이 기재된 경우(1항 3호 나, 314호)나, ② (a)변호사 등의 직무상 비밀, (b)기술 또는 직업의 비밀에 속하는 사항이 기재된 경우로서 비밀을 지킬 의무가 면제되지 아니한 문서(1항 3호 다, 315조 1항)가 이에 해당한다. 사인의 직무상 비밀이 기재되어 있다는 이유로 문서제출명령을 거부하기 위해서는 그 비밀이 보호가치가 있는 것이어야 한다.[88]

다) 자기이용문서(344조 2항 2호)

일기, 개인서신, 기업 내의 내부품의서, 메모, 가계부 등이 자기이용문서의 예이다. 상업장부는 소송당사자의 신청 또는 직권으로 그 전부 또는 일부의 제출을 명할 수 있다(상법 32조).

3) 문서제출신청 및 재판 7-58

문서제출신청에는 문서의 표시, 문서의 취지, 문서를 가진 사람, 증명할 사실, 문서를 제출하여야 하는 의무의 원인을 밝혀야 한다(345조). 법원은 문서제출신청에 정당한 이유가 있다고 인정한 때에는 결정으로 문서를 가진 사람에게 그 제출을 명할 수 있다(347조 1항). 문서제출의 신청이 문서의 일부에 대하여만 이유 있다고 인정한 때에는 그 부분만의 제출을 명하여야 한다(2항). 제3자에 대하여 문서의 제출을 명하는 경우에는 제3자 또는 그가 지정하는 자를 심문하여야 한다(3항). 법원은 그 제출명령신청의 대상이 된 문서가 서증으로 필요한지를 판단하여 증거조사가 필요하지 않다고 인정한 경우(290조 본문) 그 신청을 채택하지 않는 결정을 할 수 있다.[89] 문서제출의 신청에 관한 채부결정에 대하여는 즉시항고를 할 수 있다(348조).

---

86) 2010. 1.19. 2008마546.
87) 2012. 6.18. 2011두2361(전원합의).
88) 2016. 7. 1. 2014마2239.
89) 2008. 3.14. 2006마1301.

[서식 예] 문서제출명령신청서

문 서 제 출 명 령 신 청

사 건 20○○가합○○○ 손해배상(기) 등
원 고 ○ ○ ○
피 고 ◇ ◇ ◇

위 사건에 관하여 원고의 주장사실을 입증하기 위하여 아래의 문서에 대하여 제출명령을 하여 줄 것을 신청합니다.

1. 문서의 표시 및 소지자
피고가 소지하고 있는 원고와 피고간에 20○○. ○. ○. 체결한 물품매매계약서 1통

2. 문서의 취지
20○○. ○. ○. 원고가 피고로부터 방망이 등 물품을 금 500만원을 주고 매수하였을 때 피고는 방망이 등을 매매대금과 동시이행으로 제공하기로 하는 내용의 계약문서입니다.

3. 입증취지
이 사건 매매계약에 의하여 원고는 매수인으로서 매매대금을 지급하였으므로 매도인인 피고의 의무불이행으로 인하여 원고에게 손해가 발생하였음을 입증하고자 합니다.

20○○. ○. ○.

위 원고 ○○○ (서명 또는 날인)

○○지방법원 ○○지원 제○민사부 귀중

7-59 4) 문서제시명령

법원은 문서가 제출의무가 있는 문서인지를 판단하기 위하여 필요하다고 인정하는 때에는 문서를 가지고 있는 사람에게 그 문서를 제시하도록 명할 수 있다(347조 4항 전

단). 이 경우 법원은 그 문서를 다른 사람이 보도록 하여서는 안 된다(347조 4항 후단). 당사자가 제출신청한 문서가 문서제출명령 대상의 문서인지를 판단하기 위하여 법원은 문서의 소지인에 대하여 문서의 제시명령을 하고, 제시된 문서를 비공개(in camera)로 검토한 후 문서제출명령이 대상이 되는 문서인지를 판단할 수 있도록 한 것이다. 비공개 검토 후에 필요한 경우에는 앞에서 설명한 바와 같이 문서의 일부만을 제출하도록 명령할 수 있다.

5) 문서목록제출명령 7-60

문서제출신청을 하기 위하여 필요한 경우 당사자는 신청대상이 되는 문서의 취지나 그 문서로 증명할 사실을 개괄적으로 표시하여 신청할 수 있고, 법원은 이러한 신청에 따라 상대방 당사자에게 신청내용과 관련하여 가지고 있는 문서 또는 신청내용과 관련하여 서증으로 제출할 문서에 관하여 그 표시와 취지 등을 적어 내도록 명할 수 있다(346조). 문서제출신청을 하려면 문서를 구체적으로 특정하여야 하는데 현실적으로 그것이 어려워 문서제출신청 제도를 활용하지 못하는 것을 막기 위한 제도이다. 증거수집수단으로서의 기능을 할 수 있도록 제도를 운용하여야 한다.

6) 제출된 문서의 서증으로의 제출

문서제출명령에 따라 법원에 제출된 문서를 서증으로 제출할 것인지는 당사자가 임으로 결정할 수 있다. 당사자가 변론기일 또는 변론준비기일에 제출된 문서를 구체적으로 서증으로 제출하여야 법원은 이를 비로소 증거로 삼을 수 있다.

7) 불응시의 제재 7-61

(가) 당사자가 문서제출명령 및 문서제시명령에 따르지 아니한 때에는 법원은 문서의 기재에 대한 상대방의 주장을 진실한 것으로 인정할 수 있다(349조). 당사자가 상대방의 사용을 방해할 목적으로 제출의무가 있는 문서를 훼손하여 버리거나 이를 사용할 수 없게 한 때에도 같다(350조). (*2017. 법원직. 과태료에 처할수도 있다(X))

'문서의 기재에 대한 상대방의 주장을 진실한 것으로 인정할 수 있다'고 하여 상대방이 그 문서에 의하여 증명하고자 하는 사실이 바로 증명되었다고는 볼 수 없다는 것이 판례의 입장이다.[90] 예컨대, 甲이 매매계약의 체결을 주장하며 계약체결사실을 증명하고자 乙이 소지한 매매계약서의 제출명령을 신청하여 발령되었는데 乙이 제출하지 않는 경우에 법원은 甲이 주장하는 바와 같은 내용이 기재된 매매계약서가 있다는 것을

90) 2015.11.17. 2014다9446. [169]

인정할 수 있을 뿐이고, 매매계약이 체결되었다는 사실은 그러한 매매계약서가 있다는 사실을 기초로 자유심증에 의하여 인정해야 한다는 것이다(자유심증설). 이에 반해 증명하고자 하는 사실 자체를 진실한 것으로 인정할 수 있다는 견해(법정증거설)도 있다.

(나) 제3자가 문서제출명령 및 문서제시명령에 따르지 아니한 때에는 증언거부에 관한 규정을 준용하여 500만원 이하의 과태료에 처한다(351조).(*2021.법원직. 문서의 기재에 대한 신청인의 주장을 진실한 것으로 인정할 수 있다(X))

7-62 **(3) 문서의 송부촉탁**

1) 서증의 신청은 문서를 가지고 있는 사람에게 그 문서를 보내도록 촉탁할 것을 신청함으로써도 할 수 있다(352조 본문). 제출의무 없는 문서에 대한 서증 신청시 사용할 수 있는 방법이다. 다만, 당사자가 법령에 의하여 문서의 정본 또는 등본을 청구할 수 있는 경우에는 그러하지 아니하다(352조).

제352조의2 (협력의무) ① 제352조에 따라 법원으로부터 문서의 송부를 촉탁 받은 사람 또는 제297조에 따른 증거조사의 대상인 문서를 가지고 있는 사람은 정당한 사유가 없는 한 이에 협력하여야 한다.
② 문서의 송부를 촉탁 받은 사람이 그 문서를 보관하고 있지 아니하거나 그 밖에 송부촉탁에 따를 수 없는 사정이 있는 때에는 법원에 그 사유를 통지하여야 한다.

제353조 (제출문서의 보관) 법원은 필요하다고 인정하는 때에는 제출되거나 보내 온 문서를 맡아 둘 수 있다.

제355조 (문서제출의 방법 등) ① 법원에 문서를 제출하거나 보낼 때에는 원본, 정본 또는 인증이 있는 등본으로 하여야 한다.
② 법원은 필요하다고 인정하는 때에는 원본을 제출하도록 명하거나 이를 보내도록 촉탁할 수 있다.
③ 법원은 당사자로 하여금 그 인용한 문서의 등본 또는 초본을 제출하게 할 수 있다.
④ 문서가 증거로 채택되지 아니한 때에는 법원은 당사자의 의견을 들어 제출된 문서의 원본·정본·등본·초본 등을 돌려주거나 폐기할 수 있다.

2) 법원·검찰청, 그 밖의 공공기관이 보관하고 있는 기록의 불특정한 일부에 대하여도 문서송부의 촉탁을 신청할 수 있다. 실무상 이를 기록인증등본송부촉탁신청이라고 하며, 손해배상청구사건 등에서 많이 활용되고 있다.

〈민사소송규칙〉

제113조 (기록 가운데 일부문서에 대한 송부촉탁)
① 법원·검찰청, 그 밖의 공공기관(다음부터 이 조문 안에서 이 모두를 "법원등"이라 한다)이 보관하고 있는 기록의 불특정한 일부에 대하여도 법 제352조의 규정에 따른 문서송부의 촉탁을 신청할 수

있다.
② 법원이 제1항의 신청을 채택한 때에는 기록을 보관하고 있는 법원등에 대하여 그 기록 가운데 신청인 또는 소송대리인이 지정하는 부분의 인증등본을 보내 줄 것을 촉탁하여야 한다.
③ 제2항의 규정에 따른 촉탁을 받은 법원등은 법 제352조의2제2항에 규정된 사유가 있는 경우가 아니면 문서송부촉탁 신청인 또는 소송대리인에게 그 기록을 열람하게 하여 필요한 부분을 지정할 수 있도록 하여야 한다.

3) 기록인증등본송부촉탁에 의하여 송부된 문서 중에서 필요한 것을 서증으로 제출한다. 그것이 사문서인 경우 진정성립이 인정되어야 증거조사를 할 수 있다.[91]

(4) 법원 밖에서의 직접조사 7-63

제3자가 가지고 있는 문서를 직접제출 하거나, 문서송부촉탁 하는 방법에 따라 서증으로 신청할 수 없거나 신청하기 어려운 사정이 있는 때(예컨대 문서소지인이 문서송부촉탁에 불응하는 경우)에는 법원은 그 문서가 있는 장소에서 서증의 신청을 받아 조사할 수 있다(규칙 112조 1항). (예, 기소중지사건기록, 내사사건기록,미완결수사사건기록 등) 그 경우 신청인은 서증으로 신청한 문서의 사본을 법원에 제출하여야 한다(2항).

4절 검 증 7-64

1) 법관이 직접 사물의 현상을 5감으로 인지하여 그 결과를 증거자료로 하는 증거조사를 검증이라고 한다. 당사자가 검증을 신청하고자 하는 때에는 검증의 목적을 표시하여 신청하여야 한다(364조).

2) 검증할 목적물을 점유하는 당사자 및 제3자는 정당한 사유가 없는 한 이를 제시하여 검증을 받을 공법상의 의무가 있다. 검증할 목적물을 제출하거나 보내는 데에는 서증신청의 방식이나 문서제출명령, 문서송부의 촉탁 등에 관한 규정을 준용한다(366조 1항). 정당한 이유 없이 검증할 목적물의 제시를 거부하면 당사자의 경우에는 증명하는 사람의 주장이 진실하다고 인정되는 불이익을 받고(366조 1항, 349조,350조), 제3자의 경우에는 과태료의 제재를 받는다(366조 2항).

3) 수명법관 또는 수탁판사는 검증에 필요하다고 인정할 때에는 감정을 명하거나 증인을 신문할 수 있다(365조).

---

91) 1974.12.24. 72다1532.

5절 감 정

7-65 ## 1. 의 의

특별한 학식과 경험을 가진 사람에게 쟁점사항에 대한 전문적 판단을 보고하도록 하여 그 내용을 증거로 사용하는 증거방법을 감정이라고 한다. 감정과 구분해야 할 것으로 전문심리위원의 의견(164조의2 2항)이 있는데, 이는 감정인의 감정결과와 달리 증거자료가 되지 못한다.

7-66 ## 2. 감 정 인

1) 특별한 학식과 경험이 있는 사람은 증언거부사유가 있는 경우 등을 제외하면 감정의 의무가 있다(334조). 감정인은 수소법원·수명법관 또는 수탁판사가 지정한다(335조). 감정인은 감정사항이 자신의 전문분야에 속하지 아니하는 경우 또는 그에 속하더라도 다른 감정인과 함께 감정을 하여야 하는 경우에는 곧바로 법원에 감정인의 지정취소 또는 추가 지정을 요구하여야 한다(335조의2 1항). 감정인은 감정을 다른 사람에게 위임하여서는 아니 된다(335의2 2항). 감정인이 성실하게 감정할 수 없는 사정이 있는 때에 당사자는 그를 기피할 수 있으며, 다만, 당사자는 감정인이 감정사항에 관한 진술을 하기 전부터 기피할 이유가 있다는 것을 알고 있었던 때에는 감정사항에 관한 진술이 이루어진 뒤에 그를 기피하지 못한다(336조). 감정인이 선서를 하고 허위감정을 하면 허위감정죄(형법 제154조)의 죄책을 진다.

2) 판단을 진술하는 감정인과는 달리, 특별한 학식과 경험에 의하여 알게 된 사실을 진술하는 사람을 감정증인이라고 한다. 감정증인의 신문은 증인신문에 관한 규정을 따른다(340조). 감정증인은 감정인이 아니라 증인이다(*2013. 법원직).

7-67 ## 3. 감정절차

감정절차는 신청-채택-감정인 지정-출석, 선서, 감정명령-감정의 시행-감정서 제출의 순서로 진행된다. 감정에는 원칙적으로 증인신문에 관한 규정을 준용한다(333조). 감정인의 의견진술은 변론기일 또는 감정인 신문기일에 있어서는 말로하고, 기일 외에 있어서는 감정서의 제출을 통한 서면보고로 한다(339조 1항). 법원은 감정인의 의견진술에 관하여 당사자에게 서면이나 말로써 의견을 진술할 기회를 주어야 한다(339조 3항).[92)]

92) 대립심리의 원칙을 위하여 추가된 조항.

감정인은 감정을 위하여 필요한 경우에는 법원의 허가를 받아 남의 토지, 주거, 관리중인 가옥, 건조물, 항공기, 선박, 차량, 그 밖의 시설물안에 들어갈 수 있으며, 저항을 받을 때에는 감정인은 국가경찰공무원에게 원조를 요청할 수 있다(342조).

제339조 (감정진술의 방식)
① 재판장은 감정인으로 하여금 서면이나 말로써 의견을 진술하게 할 수 있다.
② 재판장은 여러 감정인에게 감정을 명하는 경우에는 다 함께 또는 따로따로 의견을 진술하게 할 수 있다.
③ 법원은 제1항 및 제2항에 따른 감정진술에 관하여 당사자에게 서면이나 말로써 의견을 진술할 기회를 주어야 한다. 〈신설 2016.3.29〉

4. 감정결과의 채택여부 7-68

감정인의 감정결과(감정의견)가 증거자료가 된다. 경감정결과를 실제 증거로 채택할지 여부는 법관의 자유심증에 의한다.[93] 과학적인 방법이라고 할 수 있는 무인 감정결과를 배척하기 위하여는 특별한 사정이 없는 한, 감정 경위나 감정 방법의 잘못 등 감정 자체에 있어서의 배척 사유가 있어야 한다.[94] 동일한 감정인이 동일한 감정사항에 대해 모순되거나 불명료한 감정의견을 내었을 때에는 특별히 다른 증거자료가 뒷받침되지 않는 한 감정서의 보충을 명하거나 감정증인으로 신문하는 등의 조치를 강구하여야 한다.[95] 선서하지 아니한 감정인에 의한 신체감정결과는 증거능력이 없다.[96] (*2018 법원직) 그러나, 법원이 감정인을 지정하고 그에게 감정을 명하면서 착오로 감정인으로부터 선서를 받는 것을 누락함으로 말미암아 그 감정인에 의한 감정 결과가 증거능력이 없게 된 경우라도, 그 감정인이 작성한 감정 결과를 기재한 서면이 당사자에 의하여 서증으로 제출되고, 법원이 그 내용을 합리적이라고 인정하는 때에는, 이를 사실인정의 자료로 삼을 수 있다.[97]

5. 감정촉탁 7-69

법원이 필요하다고 인정하는 경우에는 공공기관 학교 그 밖에 상당한 설비가 있는 단체 또는 외국의 공공기관에 감정을 촉탁할 수 있으며, 이 경우에는 선서에 관한 규정

---

93) 2002. 6.28. 2001다27777.
94) 1999. 4. 9. 98다57198. [162]
95) 1994. 6.10. 94다10955.
96) 1982. 8.24. 82다카317.
97) 2006. 5.25. 2005다77848. [167]

을 적용하지 아니한다(341조 1항). 법원이 직권으로 할 수 있다는 점과 선서하지 않는다는 점이 감정과 다르다. 필요한 경우 단체 또는 기관이 지정한 사람으로 하여금 감정서를 설명하게 할 수 있다(341조 2항).

원심은 제1심의 서울대학교 의과대학 부속병원장에의 신체감정촉탁에 의한 동 병원소속 교수 ○○○의 감정결과를 배척하고 원심의 감정인 서울시 마포구 성산동 47의 16 ○○○의 감정결과에 의하여 위 진단과 같은 사실을 확정하였는바, 민사소송법 제314조는 공무소, 학교 기타 상당한 설비있는 단체 또는 외국공무소 등 자연인 아닌 기관에 대하여 감정을 촉탁할 수 있도록 하고 이는 공무소나 학교 등 전문적 연구시설을 갖춘 권위있는 기관에 대한 촉탁인 까닭에 감정인 선서에 관한 규정을 적용하지 않는다고 규정하고 있는 것이므로, 이 민사소송법 제314조에 의한 감정이라면 위와 같은 권위있는 기관에 의하여 그 공정성과 진실성 및 그 전문성이 담보 되어야 할 것인데 원심의 신체감정촉탁에 의하여 감정서를 제출한 위 ○○○의 이름으로 된 감정결과가 이 요건을 갖추지 아니하였음은 그 기재 자체에 의하여서도 명백하고 한편 고도로 전문지식을 가진 사람의 감정이라고 하더라도 위와 같은 요건을 갖추지 아니한 자연인의 감정이라면 민사소송법이 정하는 절차에 따라 선서를 하여야할 것임에도 불구하고 위 주정화가 감정인으로서 선서를 한 흔적을 일건기록상 찾아볼 수 없는 이 사건에 있어서 원심의 용의 신체감정결과는 그 신빙성은 물론 적법한 증거능력 조차 없다고 할 것임에도 불구하고 원심이 위와 같이 제1심의 서울대학교 의과대학 부속병원의 신체감정촉탁결과를 배척하고 그 결과내용에 있어서도 전 후 모순이 엿보이고 경험상 의문이 있는 신빙성과 증거능력이 없는 위 ○○○의 감정결과를 취신하였음은 필경 민사소송법 제187조와 제314조의 법리를 오해하고 채증법칙에 위반하여 사실을 오인한 잘못을 저질러 원심판결에는 현저하게 정의와 형평에 반하는 법률위반의 위법이 있다고 하지 않을 수 없다. (1982. 8.24. 82다카317)

7-70
6. 사 감 정

당사자가 감정절차에 의하지 아니하고 일방적으로 소송 외에서 해당분야의 전문가에게 감정을 의뢰하여 그 결과를 서면증거로 법원에 제출하는 것을 실무에서 사감정(私鑑定)이라고 한다(예, 교통사고원인분석, 신체감정, 토지가격감정 등). 사감정에 따른 감정의견서는 서증에 해당되므로 서증조사의 방식에 따라 증거조사 한다. 감정의견의 서면이 서증으로 제출되었을 때 법원이 이를 합리적이라고 인정하면 이를 사실인정의 자료로 할 수 있다.[98]

제339조의2 (감정인신문의 방식)

① 감정인은 재판장이 신문한다.
② 합의부원은 재판장에게 알리고 신문할 수 있다.
③ 당사자는 재판장에게 알리고 신문할 수 있다. 다만, 당사자의 신문이 중복되거나 쟁점과 관계가

98) 2002.12.27. 2000다47361.

없는 때, 그 밖에 필요한 사정이 있는 때에는 재판장은 당사자의 신문을 제한할 수 있다.
[본조신설 2016.3.29]

제339조의3 (비디오 등 중계장치 등에 의한 감정인신문)
① 법원은 다음 각 호의 어느 하나에 해당하는 사람을 감정인으로 신문하는 경우 상당하다고 인정하는 때에는 당사자의 의견을 들어 비디오 등 중계장치에 의한 중계시설을 통하여 신문하거나 인터넷 화상장치를 이용하여 신문할 수 있다.(*2018. 법원직)
1. 감정인이 법정에 직접 출석하기 어려운 특별한 사정이 있는 경우
2. 감정인이 외국에 거주하는 경우[99)]
② 제1항에 따른 감정인신문에 관하여는 제327조의2(*비디오 등 중계장치 등에 의한 증인신문) 제2항 및 제3항을 준용한다.
[본조신설 2016.3.29]

6절 당사자신문 7-71

1) 법원은 직권으로 또는 당사자의 신청에 따라 당사자 본인을 증거방법으로 하여 신문할 수 있으며, 이 경우 당사자에게 선서를 하게 하여야 한다(367조). 소송에서 당사자를 대표하는 법정대리인은 증인신문이 아니라 당사자신문의 대상이 된다(372조 본문). 당사자본인으로 신문해야 함에도 증인으로 신문한 경우 상대방이 이를 지체없이 이의하지 아니하면 절차이의권(151조)을 상실하므로 그 하자는 치유된다.[100)](*2021. 법원직) 당사자신문은 소송자료를 제공하는 것이 아니기 때문에, 소송무능력자인 당사자본인도 당사자신문의 대상이 될 수 있다(372조 단서). (*2007-1, 2013. 법원직)

2) 당사자 신문은 증인신문의 방식에 의한다. 재판장은 필요하다고 인정한 때에 당사자 서로의 대질 또는 당사자와 증인의 대질을 명할 수 있다(368조). 당사자를 신문한 때에는 선서의 유무와 진술 내용을 조서에 적어야 한다(371조).

3) 당사자가 정당한 사유 없이 출석하지 아니하거나 선서 또는 진술을 거부한 때에는 법원은 신문사항에 관한 상대방의 주장을 진실한 것으로 인정할 수 있다(369조). 법원이 진실한 것으로 인정할 수 있는 것은 "신문사항에 관한 상대방의 주장", 즉 신문사항에 포함된 내용에 관한 것이므로 법원이 이를 적용함에 있어서는 상대방당사자의 요

99) 서울고법 민사33부는 2019나2054956호 사건에서 서초동 법원종합청사 법정에서 중국법의 해석에 대하여 중국 민법전문가 2명을 원격영상재판방식으로 감정증인신문을 진행한 뒤 이를 증거로 사용하여 판결을 하였다(법률신문 2021.2.1. https://m.lawtimes.co.kr/Content/Article?serial=167623).
100) 1977.10.11. 77다1316.

건사실에 관한 주장사실을 진실한 것으로 인정할 것이라고 설시할 것이 아니라 당사자 본인신문사항 가운데 어느 항을 진실한 것으로 인정한 연후에 그에 의하면 상대방 당사자의 요건사실에 관한 주장사실을 인정할 수 있다고 판시하는 것이 정당하다.[101] 선서한 당사자가 거짓 진술을 한 때에는 법원은 결정으로 500만원 이하의 과태료에 처한다(370조 1항). 그 결정에 대하여는 즉시항고를 할 수 있다(2항).

4) 2002년 개정 전에는 다른 증거조사에 의하여 심증을 얻을 수 없는 경우에 보충적으로 당사자신문이 허용되었으나 이러한 보충성이 폐지되어 언제든지 당사자 본인신문을 할 수 있다(*2009. 법원직). 따라서 효율적으로 사안을 명백히 하기 위해서는 증인에 앞서 당사자를 먼저 신문하여 쟁점을 명확히 한 후에 증인을 신문할 수도 있으며, 그것이 합리적인 경우도 있다.

5) 증거자료에 나타난 사실을 소송상 주장사실과 같이 볼 수는 없으므로 당사자 본인신문에 있어서의 당사자의 진술도 증거자료에 불과하여 이를 소송상 당사자의 주장과 같이 취급할 수 없다.[102] 당사자 신문결과 상대방의 주장사실과 일치하는 자신에게 불리한 사실의 진술이 있었다고 하더라도 이는 재판상 자백이라고 할 수 없다.[103]

7-72

7절 그 밖의 증거방법에 대한 증거조사

1. 민사소송법상 그 밖의 증거에 대한 증거조사

제374조(그 밖의 증거)
도면·사진·녹음테이프·비디오테이프·컴퓨터용 자기디스크, 그 밖에 정보를 담기 위하여 만들어진 물건으로서 문서가 아닌 증거의 조사에 관한 사항은 제3절 내지 제5절의 규정에 준하여 대법원규칙으로 정한다.

〈민사소송규칙〉

제120조 (자기디스크등에 기억된 문자정보 등에 대한 증거조사)
① 컴퓨터용 자기디스크·광디스크, 그 밖에 이와 비슷한 정보저장매체(다음부터 이 조문 안에서 이 모두를 "자기디스크등"이라 한다)에 기억된 문자정보를 증거자료로 하는 경우에는 읽을 수 있도록 출력한 문서(다음부터 이 조문 안에서 "출력문서"라고 한다)를 제출할 수 있다.

---

101) 1990. 4.13. 89다카1084. [170]
102) 1981. 8.11. 81다262,263.
103) 1978. 9.12. 78다879.

② 자기디스크등에 기억된 문자정보를 증거로 하는 경우에 증거조사를 신청한 당사자는 법원이 명하거나 상대방이 요구한 때에는 자기디스크등에 입력한 사람과 입력한 일시, 출력한 사람과 출력한 일시를 밝혀야 한다.
③ 자기디스크등에 기억된 정보가 도면·사진 등에 관한 것인 때에는 제1항과 제2항의 규정을 준용한다.

제121조 (음성·영상자료 등에 대한 증거조사)
① 녹음·녹화테이프, 컴퓨터용 자기디스크·광디스크, 그 밖에 이와 비슷한 방법으로 음성이나 영상을 녹음 또는 녹화(다음부터 이 조문 안에서 "녹음등"이라 한다)하여 재생할 수 있는 매체(다음부터 이 조문 안에서 "녹음테이프등"이라 한다)에 대한 증거조사를 신청하는 때에는 음성이나 영상이 녹음등이 된 사람, 녹음등을 한 사람 및 녹음등을 한 일시·장소를 밝혀야 한다.
② 녹음테이프등에 대한 증거조사는 녹음테이프등을 재생하여 검증하는 방법으로 한다.
③ 녹음테이프등에 대한 증거조사를 신청한 당사자는 법원이 명하거나 상대방이 요구한 때에는 녹음테이프등의 녹취서, 그 밖에 그 내용을 설명하는 서면을 제출하여야 한다.

제122조 (감정 등 규정의 준용)
도면·사진, 그 밖에 정보를 담기 위하여 만들어진 물건으로서 문서가 아닌 증거의 조사에 관하여는 특별한 규정이 없으면 제3절 내지 제5절의 규정(감정, 서증, 검증)을 준용한다.

민사소송법 제344조 제1항 제1호, 제374조를 신청 근거 규정으로 기재한 동영상 파일 등과 사진의 제출명령신청에 대하여, 동영상 파일은 검증의 방법으로 증거조사를 하여야 하므로 문서제출명령의 대상이 될 수는 없고, 사진의 경우에는 그 형태, 담겨진 내용 등을 종합하여 감정·서증·검증의 방법 중 가장 적절한 증거조사 방법을 택하여 이를 준용하여야 함에도, 제1심법원이 사진에 관한 구체적인 심리 없이 곧바로 문서제출명령을 하고 검증의 대상인 동영상 파일을 문서제출명령에 포함시킨 것이 정당하다고 판단한 원심의 조치에는 문서제출명령의 대상에 관한 법리를 오해한 잘못이 있다고 한 판례가 있다.[104)]

2. "민사소송 등에서의 전자문서 이용 등에 관한 법률"(민소전자문서법)에 따른 증거조사 7-73

제2조 (정의)
1. "전자문서"란 컴퓨터 등 정보처리능력을 가진 장치에 의하여 전자적인 형태로 작성되거나 변환되어 송신·수신 또는 저장되는 정보를 말한다.

민소전자문서법 제2조는 전자문서를 전통적인 문서뿐만 아니라 그 밖의 것도 전자적 형태를 취하는 경우 이를 전자문서로 규정한다.[105)] 컴퓨터 등에 의해 작성된 문서파

104) 2010. 7.14. 2009마2105. [171]
105) 전자문서 대신 "전자서류"라는 용어를 사용하는 것이 타당하다는 주장도 있다.

일은 물론 스캐너 등에 의하여 변환된 파일(전자화 문서), 나아가 문자정보가 아니라 음성이나 영상정보를 담은 파일도 전자문서에 포함시키고 있다. 음성·영상정보를 담은 전자문서의 경우도 증인등 목록이 아닌 서증등 목록에 기재하는 것이 실무의 처리방식이다.[106][107]

제5조 (전자문서에 의한 민사소송등의 수행)

① 당사자, 소송대리인, 그 밖에 대법원규칙으로 정하는 자는 민사소송등에서 법원에 제출할 서류를 전산정보처리시스템을 이용하여 이 법에서 정하는 바에 따라 전자문서로 제출할 수 있다.

② 이 법에 따라 작성·제출·송달·보존하는 전자문서는 다른 법률에 특별한 규정이 있는 경우를 제외하고 제3조 각 호의 법률에서 정한 요건과 절차에 따른 문서로 본다.

위 조문에 따라 증거조사절차에 있어서도 전자문서는 민사소송법상의 문서가 된다. 그 조사 방법은 종이 문서와 다를 수밖에 없는바, 아래와 같은 특례가 인정된다.

제13조 (증거조사에 관한 특례)

① 전자문서에 대한 증거조사는 다음 각 호의 구분에 따른 방법으로 할 수 있다.

1. 문자, 그 밖의 기호, 도면·사진 등에 관한 정보에 대한 증거조사: 전자문서를 모니터, 스크린 등을 이용하여 열람하는 방법
2. 음성이나 영상정보에 대한 증거조사: 전자문서를 청취하거나 시청하는 방법

② 전자문서에 대한 증거조사에 관하여는 그 성질에 반하지 아니하는 범위에서 「민사소송법」 제2편제3장제3절부터 제5절까지의 규정(감정, 서증, 검증)을 준용한다.

106) 법원행정처, 민사전자소송실무편람(2014.3.), p.455.

107) 전자문서에 대한 증거조사에 관한 상세한 것은 이덕훈, 「전자문서에 대한 증거수집 및 증거조사에 관한 연구」 한양대학교 박사학위논문, 2012. 참조.

제5장 자유심증주의

1절 의 의 7-77

1) 자유심증주의란 법원의 자유로운 심증으로 사실주장이 진실한지를 판단한다는 원칙을 말한다. 민사소송법 202조는 자유심증주의에 관하여 “법원은 변론전체의 취지와 증거조사의 결과를 참작하여 자유로운 심증으로 사회정의와 형평의 이념에 입각하여 논리와 경험의 법칙에 따라 사실주장이 진실한지 아닌지를 판단한다”고 규정한다.[108] 사실주장의 진위에 대한 판단주체는 법원이다(배심원이 아니다). 자유로운 심증형성의 원인(증거원인)은 변론전체의 취지와 증거조사의 결과이다. 사회정의와 형평의 이념에 입각하여 논리와 경험의 법칙에 따라 판단하여야 하며, 자의적인 판단은 허용되지 않는다.

2) 자유심증주의는 법정증거주의에 대비되는 원칙이다. 법정증거주의란 사실에 대한 증거방법, 각종 증거의 증거능력과 증명력 등을 법으로 정하여야 한다는 원칙이다. 예컨대, 고대 히브리법의 ‘반드시 증인 둘이나 셋의 증언이 있어야 그를 죽일 수 있다. 증인 한 사람의 증언으로 그를 죽여서는 안 된다’(신명기 Deuteronomy 17장 6절)는 규정 등이 법정증거주의를 보여준다. 민사소송법은 자유심증주의를 기본원칙으로 채택하지만, 개별조항에는 동시에 법정증거주의적인 요소가 혼재되어 있다. 법정대리권이 있는 사실 또는 소송행위를 위한 권한을 받은 사실은 서면으로 증명하여야 하고(58조 1항), 변론의 방식에 관한 규정이 지켜졌다는 것은 조서로만 증명할 수 있다(158조)는 것이 그것이다.

3) 자유심증주의는 프랑스 대혁명 이후 일정한 자격을 갖춘 법관의 이성과 양심에 대한 신뢰를 기반으로 채택된 증거법원칙이다. 현대의 증거법이 자유심증주의를 채택하는 이유는 경험에 비추어 그 것이 가장 실체적 진실을 발견하는 데 좋은 방법이라고 생각하기 때문이다.

---

108) 형사소송법 308조는 “[자유심증주의] 증거의 증명력은 법관의 자유판단에 의한다.”고 규정한다.

7-78

2절 증거원인

심증형성의 원인을 증거원인이라고 한다. 법원은 증거조사의 결과와 변론의 전취지를 증거원인으로 하여 자유롭게 심증을 형성한다.

7-79

1. 증거조사의 결과

(1) 증거방법과 증거능력의 무제한

법으로 증거방법에 제한을 두지 않는다. 예컨대, 일정금액 이상의 계약사실은 서증에 의하여 증명하여야 한다든가,[109] 어떤 사실을 인정하기 위하여 2인 이상의 증인이 필요하다는 등의 제한이 없다(그렇다고 하여 엄격한 증명을 요하는 것을 자유로운 증명으로 대신할 수 있다는 것은 아니다). 또한 민사소송법은 형사소송법과 달리 원칙적으로 증거능력의 제한을 두지 않는다.

(2) 증거력의 자유평가

1) 직접증거보다 간접증거를 더 신빙하여 간접증거에 의하여 사실을 인정해도 좋고 서증보다 인증을 더 중시해도 좋다(그렇다고 증명을 요하는 사실을 소명으로 인정할 수 있다는 것은 아니다). 감정인의 감정의견에 반하는 사실을 인정할 수도 있다.

2) 다른 법원에서 확정된 판결이 인정한 사실을 어떻게 취급할 것인지가 문제된다. 법관은 독립하여 재판하므로 다른 사건의 확정된 판결에서 인정된 사실과 달리 사실을 인정할 수 있다. 따라서 민사재판에 있어서 이와 관련된 다른 민·형사사건 등의 확정판결에서 인정된 사실은 특별한 사정이 없는 한 유력한 증거자료가 되는 것이나, 당해 민사재판에서 제출된 다른 증거내용에 비추어 관련 민·형사사건의 확정판결에서의 사실 판단을 그대로 채용하기 어렵다고 인정될 경우에는 이를 배척할 수 있다.[110]

(3) 증거공통의 원칙

증거조사결과를 증거원인으로 사용함에 있어 증거를 제출한 당사자만이 아니라 다른 당사자가 그 증거를 원용하지 않더라도 그의 이익을 위해서 사용할 수 있다는 원칙을 말한다(원고와 피고 사이에서 뿐만 아니라, 나아가 공동소송에서 공동소송인 중의 한명과 다른 공동소송인 사이에서도 이러한 원칙을 인정할 것인가가 문제된다. ⇒ 10-63). 제출된 증거를 어

---

109) 프랑스에서는 일정금액 이상의 계약은 서면증거에 의해서만 인정하도록 한다(프랑스 민법 1341조 참조).
110) 2005. 1.13. 2004다19647.

떻게 평가할 것인가는 법원의 직무이므로 제출한 당사자가 누구인가와 관계없이 자유로운 심증으로 사실을 인정할 수 있다면서 이 원칙을 인정하는 것이 통설, 판례[111]이다. 이에 대하여, 증거자료의 제출에 관하여도 변론주의가 적용되므로 법원은 원칙적으로 당사자가 제출한 증거로써 그가 입증하고자 한 사실만을 인정해야 하나, 보충적이나마 직권증거조사를 허용하기 때문에 결과적으로 증거공통의 원칙을 인정하는 것과 같은 효력이 생기는 것이라는 견해도 있다.[112]

(문) 甲은 같은 일시 장소에서 乙과 丙에게 각 3,000만원을 대여 하였는데 이행기가 지나도 변제하지 않자 乙, 丙을 공동피고로 하여 대여금반환청구의 소를 제기하였다(소의 주관적 병합). 乙과 丙은 각 3,000만원을 변제하였다고 주장하였다. 乙이 甲 명의로 된 위 3,000만원 변제 영수증을 증거로 제출하였으나 丙은 아무런 증거도 제출하지 않았다. 乙이 제출한 영수증에는 甲이 乙, 丙 으로부터 각 3,000만원을 영수하였다는 내용이 기재가 되어 있었다. 이 경우 丙에 대해서 법원은 어떻게 판단하여야 하는가? (⇒ 10-63)

[증거공통의 원칙을 인정하면 乙이 제출한 영수증에 의하여 丙이 변제한 사실을 인정할 수 있다. 그러나 증거공통의 원칙을 부정하는 입장에 의하면, 乙이 제출한 영수증을 丙이 증거로 원용하거나, 丙에 대한 관계에 있어 법원이 보충적으로 직권증거조사를 하여야만 乙이 증거로 제출한 영수증에 의하여 丙이 돈을 변제한 사실을 인정할 수 있다.]

2. 변론전체의 취지 7-80

(문) 甲이 乙을 상대로 30년 전 매매계약에 기한 토지 소유권이전등기청구 소를 제기 하였다. 乙은 매매계약사실을 부인하였다. 甲이 증거로 매매계약서를 제출하였으나, 乙은 매매계약서의 진정성립을 부인하였다. 계약서상의 당사자등이 모두 사망하였고, 인영의 진정성립이나 기타 매매계약서의 진정성립을 증명할 아무런 증거자료도 발견할 수가 없다. 이 경우 매매계약서를 증거로 사용할 수 없는가?

[매매계약서의 진정성립 여부는 보조사실이다. 보조사실도 엄격한 증명을 요한다. 판례는 진정성립을 인정할 증거가 없는 경우 변론전체의 취지만으로 보조사실인 매매계약서의 진정성립을 인정할 수 있다고 한다. 매매계약서는 처분문서이므로 진정성립이 인정되는 경우 매매계약서는 매매계약사실에 대한 강력한 직접증거가 된다.]

변론전체의 취지는 변론과정에서 당사자의 진술내용, 진술태도, 사실에 대한 주장의

---

111) 2005. 1.13. 2004다19647 등.

112) 호문혁, p.511.

시기 변론과정에서 직접 느끼는 인상 등 증거자료를 제외한 일체의 정황을 말한다. 이러한 변론전체의 취지는 그것만으로는 독립한 증거원인이 될 수 없으며 다른 증거자료와 종합하여서만 사실인정의 자료로 삼을 수 있다.[113] 다만, 판례는 예외적으로 문서의 진정성립[114]과 자백의 철회요건으로서의 착오[115]에 대해서는 변론전체의 취지만으로 이를 인정할 수 있다고 판시 한다.

3절 심증의 정도

7-81 1. 원 칙

1) 증명대상 사실의 진실성에 대하여 법관이 논리와 경험의 법칙에 따라 확신을 가질 수 있어야 증명이 된 것이다. 이와 같이 법관이 확신을 가질 수 있는 심증의 정도를 고도의 개연성(확실성)이라고 한다. 민사소송에서 사실의 증명은 추호의 의혹도 있어서는 아니 되는 자연과학적 증명은 아니나, 특별한 사정이 없는 한 경험칙에 비추어 모든 증거를 종합 검토하여 어떠한 사실이 있었다는 점을 시인할 수 있는 고도의 개연성을 증명하는 것이고, 그 판정은 통상인이라면 의심을 품지 않을 정도일 것을 필요로 한다.[116] 법관은 고도의 개연성이 있다고 판단 할 때만 증명의 대상이 된 사실을 인정하여야 한다는 것이 민사소송법이 정하는 자유심증주의에 있어서 심증의 정도에 대한 통설과 판례의 입장이다(고도의 개연성설).

2) 입법례에 따라 심증의 정도를 달리 규정하는 경우도 있다. 예컨대, 영미법에서 형사소송에서는 proof beyond a resonable doubt(합리적 의심을 배제할 정도의 증명), 민사소송에서는 preponderance of evidence(증거의 우월성)을 심증의 정도에 대한 기준으로 규정한다("preponderance" standard: more likely than not). 우리 형사소송법에서는 "범죄사실의 인정은 합리적 의심을 배제할 정도의 증명을 요한다" (형소 307조 1항)고 규정한다. "의심스러울 때는 피고인의 이익으로(in dubio pro reo)"라는 법언에 충실한 규정이다.

---

113) 1983. 9.13. 83다카1084. [172]
114) 1982. 3.23. 80다1857.
115) 2000. 9. 8. 2000다23013.
116) 2010.10.28. 2008다6755. [173]

2. 심증정도의 완화 – 사회정의와 형평의 이념에 입각 7-82

(1) 증명책임의 분배에 관한 법률요건분류설의 한계

1) "불가능한 입증을 요구하는 것은 권리를 인정하지 아니하는 것과 같다."는 법언이 말하는 것처럼, 심증의 정도에 관한 문제는 객관적 증명책임과 관련하여 당사자의 승패를 좌우하는 중요한 문제가 된다.

2) 증명책임의 분배는 실체법상의 법률요건에 따른다는 것이 통설이다(이를 증명책임 분배에 관한 법률요건분류설이라고 한다). 그런데, 그러한 증명책임분배의 원칙과 심증의 정도에 고도의 개연성을 요한다는 원칙을 엄격히 고수하면 공해소송, 의료과실 소송 등 현대형 소송에서 타당하지 않은 결과를 초래하는 경우가 생긴다. 이러한 경우에 특별법을 제정하여 증명책임을 전환하는 방법으로 문제를 해결할 수도 있으나, 입법이 뒷받침 되지 않을 때 해석론으로 그러한 문제를 해결하는 수밖에 없다. 그 대표적인 방법으로 등장한 것이 심증정도의 완화 이론이다. 일정한 현대형 소송에서 구체적으로 타당한 결론을 얻기 위해 고도의 개연성보다 완화된 기준의 심증만으로 사실을 인정할 수 있도록 함으로써 증명책임의 부담을 경감하고자 하는 것이다.

(2) 심증정도 완화의 근거 및 이론 7-83

1) 우리 법은 자유로운 심증으로 사실을 인정함에 있어 "사회 정의와 형평의 이념에 입각하여"야 함을 규정하고 있다. 이는 독일, 일본에는 없는 우리법의 특이한 규정으로서 사실을 인정함에 있어서 사회정의와 형평의 이념이라는 가치판단이 작용할 수 있는가하는 어려운 문제를 야기한다. 위 규정이, 증거의 편재가 심하거나 사회경제적 약자인 피해자의 증명활동이 구조적으로 제약되는 경우 심증정도를 완화하여 사실을 인정함으로써 증명책임의 부담을 경감시키고 결과적으로 해석에 의한 증명책임의 전환과 유사한 효과를 가져 올 수 있는 심증정도완화이론의 근거가 된다.

2) 심증정도의 완화이론으로는 표현증명과 간접반증이론, 개연성이론, 통계적인 방법에 의한 증명이론 등이 있다.

(3) 표현증명과 간접반증 7-84

일반인이 상식적으로 인정할 수 있는 정형적 사상의 경과를 통하여 증명책임이 있는 당사자의 증명에 관한 부담을 덜어주어 사회정의와 형평의 이념(202조)을 달성하려는 이론이다.

정형적 사상의 경과란 고도의 개연성 있는 경험칙을 말하며, 이를 이용하여 간접사실로부터 주요사실을 추정하는 것을 일단의 증명(Primafacie Beweis)이라 한다. 일단의 증명이 되면 추정된 주요사실은 거의 증명된 것이나 마찬가지라고 보기 때문에 표현증명(表見證明)이라 한다. 간접반증이란 주요사실에 대하여 일단이 증명이 된 경우에 그 추정의 전제사실과 양립되는 별개의 간접사실을 증명하여 일단의 증명을 번복하기 위한 증명을 말한다. 표현증명에 대한 상대방의 방어방법이 된다.

(예) 乙이 건설한 다리가 준공식 날에 무너져 甲이 크게 다쳤다. 甲이 乙을 상대로 민법 750조에 의한 손해배상청구를 하였다. 甲은 乙의 과실을 어떻게 입증할 것인지가 문제된다. 준공식 날 다리가 무너진 사실이 증명되면, 정형적 사상의 경과에 의하여 乙의 과실로 인한 것이 일단 증명된 것이라고 본다(표현증명). 乙의 과실은 주요사실이므로 고도의 개연성이 인정되어야 과실이 있다는 사실을 인정할 수 있으나, 준공식 날 다리가 무너지는 것은 과실이 없으면 생각하기 어렵다는 정형적 사상의 경과에 의하여 간접사실인 준공식 날 다리가 무너졌다는 사실만 증명되면 심증의 정도를 완화하여 표현증명에 의하여 일단 주요사실이 증명된 것으로 보아 주관적 입증책임을 乙에게 넘기는 것이다. 乙이 그 시점에 강진이 있었다는 사실, 또는 테러범의 폭파행위가 있었다는 사실 등 특단의 사정(추정이 전제사실과 양립되는 별개의 간접사실)을 본증으로 입증하여 표현증명 된 주요사실(과실)의 존재에 대한 법관의 확신을 흔들면 간접반증에 성공하는 것이다. 주요사실(과실)의 증명책임이 전환되는 것은 아니므로, 乙이 자신의 과실로 인한 것이 아니라는 것을 본증으로 증명하여야 하는 것은 아니다. 강진 또는 테러범의 폭파행위가 있었다는 사실(간접사실)은 확신을 줄 정도로 증명하여야 하나, 그러한 사실로 인하여 다리가 무너진 것이라는 사실(乙의 과실로 무너진 것이 아니라는 사실)을 증명하여야 하는 것은 아니다.

7-85 (4) 개연성이론

1) 자유심증주의에 따라 어떤 사실을 인정하려면 심증의 정도는 고도의 개연성(확실성)을 요한다. 그러나 공해소송, 의료소송, 제물책임소송 등 특정한 현대형 소송에 있어서는 증명에 있어서 고도의 개연성을 요하지 않고 상당한 정도의 개연성을 밝히면 증명된 것으로 보자는 이론을 개연성이론이라고 한다. 공해소송에서 대법원이 개연성설을 취한 것은 1974. 12. 10. 72다1774 판결이며, 그 후 많은 대법원 판결이 개연성설에 따라 판결을 해 왔다.

"공해로 인한 불법행위에 있어서의 인과관계에 관하여 당해행위가 없었더라면 결과가 발생하지 아니하였으리라는 정도의 개연성, 즉 침해행위와 손해와의 사이에 인과관계가 존재하는 상당정도의 가능성이 있다는 입증을 함으로써 족하다."[117]

2) 그러다가, 1984. 6. 12. 81다558 사건을 필두로 하여 2012. 1. 12. 2009다84608 사건 등에서 "가해기업이 어떠한 유해한 원인물질을 배출하고 그것이 피해물건에 도달하여 손해가 발생하였다면 가해자 측에서 그것이 무해하다는 것을 증명하지 못하는 한 책임을 면할 수 없다"는 취지로 판시하여 위법행위와 손해발생의 인과관계에 있어 일응의 추정과 간접반증의 이론을 반영하였다. 일반적으로 불법행위로 인한 손해배상청구사건에서 가해행위와 손해발생 간의 인과관계의 증명책임은 청구자인 피해자가 부담하나, 대기오염이나 수질오염에 의한 공해로 인한 손해배상을 청구하는 소송에서는 기업이 배출한 원인물질이 대기나 물을 매체로 하여 간접적으로 손해를 끼치는 수가 많고 공해문제에 관하여는 현재 과학수준으로도 해명할 수 없는 분야가 있기 때문에 가해행위와 손해발생 사이의 인과관계를 구성하는 하나하나의 고리를 자연과학적으로 증명한다는 것이 매우 곤란하거나 불가능한 경우가 많다. 그러므로 이러한 공해소송에서 피해자에게 사실적인 인과관계의 존재에 관하여 과학적으로 엄밀한 증명을 요구한다는 것은 공해로 인한 사법적 구제를 사실상 거부하는 결과가 될 수 있는 반면에, 가해기업은 기술적·경제적으로 피해자보다 훨씬 원인조사가 용이한 경우가 많을 뿐만 아니라 원인을 은폐할 염려가 있기 때문에, 가해기업이 어떠한 유해한 원인물질을 배출하고 그것이 피해물건에 도달하여 손해가 발생하였다면 가해자 측에서 그것이 무해하다는 것을 증명하지 못하는 한 책임을 면할 수 없다고 보는 것이 사회형평의 관념에 적합하다는 것이다.[118]

김포시 및 강화군 부근 해역에서 조업하던 어민 甲 등이 수도권매립지관리공사를 상대로 수질오염으로 인한 손해배상을 구한 사안에서, 감정인의 감정 결과 등에 의하면 공사가 운영하는 수도권매립지로부터 해양생물에 악영향을 미칠 수 있는 유해한 오염물질이 포함된 침출처리수가 배출되었고, 오염물질 중 일정 비율이 甲 등이 조업하는 어장 중 일부 해역에 도달하였으며, 그 후 어장 수질이 악화되고 해양생태계가 파괴되어 어획량이 감소하는 등의 피해가 발생한 사실이 증명되었다고 보이므로, 甲 등이 조업하는 어장에 발생한 피해는 공사가 배출한 침출처리수에 포함된 오염물질이 해양생물에 작용함으로써 발생하였

117) 1974.12.10. 72다1774 (화력발전소로 인한 과수원피해사건).

118) 2012. 1.12. 2009다84608,84615,84622,84639 (김포쓰레기 매립장 침출수에 의한 어민피해 집단소송). [187]

> 다는 상당한 개연성이 있다고 할 것이어서 공사의 오염물질 배출과 어장에 발생한 해양생태계 악화 및 어획량 감소의 피해 사이에 인과관계가 일응 증명되었고, 공사가 인과관계를 부정하기 위해서는 반증으로 공사가 배출한 침출처리수에 어장 피해를 발생시킨 원인물질이 들어있지 않거나 원인물질이 들어있더라도 안전농도 범위 내에 속한다는 사실을 증명하거나 간접반증으로 어장에 발생한 피해는 공사가 배출한 침출처리수가 아닌 다른 원인이 전적으로 작용하여 발생한 것을 증명하여야 할 것인데 원심이 인정한 사정만으로는 인과관계를 부정할 수 없고, 나아가 공사가 배출한 오염물질로 인하여 甲 등이 입은 손해는 수인한도를 넘는 것이어서 위법성이 인정된다. (2012. 1.12. 2009다84608,84615,84622,84639)

3) 의료과오소송에서 증명책임의 완화

"원래 의료행위에 있어서 주의의무 위반으로 인한 불법행위 또는 채무불이행으로 인한 책임이 있다고 하기 위하여는 의료행위상의 주의의무의 위반과 손해의 발생과의 사이의 인과관계의 존재가 전제되어야 하나, 의료행위가 고도의 전문적 지식을 필요로 하는 분야이고, 그 의료의 과정은 대개의 경우 환자 본인이 그 일부를 알 수 있는 외에 의사만이 알 수 있을 뿐이며, 치료의 결과를 달성하기 위한 의료 기법은 의사의 재량에 달려 있기 때문에 손해발생의 직접적인 원인이 의료상의 과실로 말미암은 것인지 여부는 전문가인 의사가 아닌 보통인으로서는 도저히 밝혀낼 수 없는 특수성이 있어서 환자측이 의사의 의료행위상의 주의의무 위반과 손해의 발생과 사이의 인과관계를 의학적으로 완벽하게 입증한다는 것은 극히 어려우므로, 환자가 치료 도중에 사망한 경우에 있어서는 피해자측에서 일련의 의료행위 과정에 있어서 저질러진 일반인의 상식에 바탕을 둔 의료상의 과실 있는 행위를 입증하고 그 결과와 사이에 일련의 의료행위 외에 다른 원인이 개재될 수 없다는 점, 이를테면 환자에게 의료행위 이전에 그러한 결과의 원인이 될 만한 건강상의 결함이 없었다는 사정을 증명한 경우에 있어서는, 의료행위를 한 측이 그 결과가 의료상의 과실로 말미암은 것이 아니라 전혀 다른 원인으로 말미암은 것이라는 입증을 하지 아니하는 이상, 의료상 과실과 결과 사이의 인과관계를 추정하여 손해배상책임을 지울 수 있도록 입증책임을 완화하는 것이 손해의 공평·타당한 부담을 그 지도원리로 하는 손해배상제도의 이상에 맞는다고 하지 않을 수 없다."[119] "의료행위는 고도의 전문적 지식을 필요로 하는 분야로서 전문가가 아닌 일반인으로서는 의사의 의료행위의 과정에 주의의무 위반이 있는지의 여부나 그 주의의무 위반과 손해발생 사이에 인과관계가 있는지 여부를 밝혀내기가 극히 어려운 특수성이

---

119) 1995. 2.10. 93다52402. [179]

있으므로 수술 도중 환자에게 사망의 원인이 된 증상이 발생한 경우 그 증상 발생에 관하여 의료상의 과실 이외의 다른 원인이 있다고 보기 어려운 간접사실들을 입증함으로써 그와 같은 증상이 의료상의 과실에 기한 것이라고 추정하는 것도 가능하다고 하겠으나, 그 경우에도 의사의 과실로 인한 결과발생을 추정할 수 있을 정도의 개연성이 담보되지 않는 사정들을 가지고 막연하게 중한 결과에서 의사의 과실과 인과관계를 추정함으로써 결과적으로 의사에게 무과실의 입증책임을 지우는 것까지 허용되는 것은 아니다."[120]

4) 손해배상청구의 소에서 구체적으로 손해액을 고도의 개연성이 인정되는 정도로 증명하는 것은 기대하기 어려우므로, 사회정의와 형평의 이념에 입각하여 손해액을 증명함에 있어 증명정도를 완화할 필요가 있다. 이와 관련하여 법률에 특별규정을 두어 입법적으로 해결하기도 하며, 판례도 장래의 일실이익을 손해로 인정함에 있어 상당한 개연성이 있는 소득의 증명으로 족하다고 함으로써 증명정도의 완화를 인정하고 있다.

제202조의2 (손해배상 액수의 산정)

손해가 발생한 사실은 인정되나 구체적인 손해의 액수를 증명하는 것이 사안의 성질상 매우 어려운 경우에 법원은 변론 전체의 취지와 증거조사의 결과에 의하여 인정되는 모든 사정을 종합하여 상당하다고 인정되는 금액을 손해배상 액수로 정할 수 있다.
[본조신설 2016.3.29]

대법원은, 장래의 얻을 수 있었을 이익에 관한 입증에 있어서는 그 증명도를 과거사실에 대한 입증에 있어서의 증명도보다 경감하여 채권자가 현실적으로 얻을 수 있을 구체적이고 확실한 이익의 증명이 아니라 합리성과 객관성을 잃지 않는 범위 내에서의 상당한 개연성이 있는 이익의 증명으로 족하고,[121] 불법행위로 인하여 사망한 피해자의 일실수익을 산정함에 있어서는 원칙적으로 그 사망 당시의 피해자의 수익을 기준으로 하여 산정해야 하고 그 수익이 장차 증가될 것이 상당한 정도로 확실시되는 객관적인 자료가 있는 때에는 그 증가될 수익도 고려되어야 한다고[122] 판시한다.

(5) 표준적, 통계적인 방법에 의한 증명 7-86

종합병원의 일반수련의로 종사하면서 같은 병원의 정형외과 수련의시험에 합격한 피해자의 수련의과정과 군복무를 마치고 난 다음 잔여가동연한까지의 소득액을 노동

120) 2004.10.28. 2002다45185. [180]
121) 1992. 4.28. 91다29972.
122) 1988. 4.12. 87다카1129.

부발행의 직종별 임금실태조사보고서에 의한 남자의사의 월평균급여액에 기하여 산정한 조처를 정당하다고 한 사례[123) 등이 있다.

4절 자유심증의 한계 및 예외

7-87 1. 자유심증의 한계

1) 자유심증주의에는 본질적으로 증거에 기초하여 논리법칙 및 경험법칙에 따라 사실을 인정한다는 내재적 한계가 있다. 따라서 법관의 자의적 판단에 따른 사실의 인정은 자유심증주의라는 소송법의 원칙에 위반한 것으로써 위법한 것이 된다.

2) 사실의 인정은 사실심의 전권에 해당하는 것이므로 사실인정에 오류가 있다는 것은 원래 상고이유가 되지 못하나, 자유심증주의의 한계를 일탈하여 논리와 경험의 법칙에 현저히 위반하여 사실을 인정한 경우에는 증거에 관한 법률위반(채증법칙위반)이 있는 것이므로 상고이유로 할 수 있다(⇒ 9-37).

2. 자유심증의 예외

7-88 (1) 증거계약

1) 특정소송에 있어서 증거방법에 관한 당사자의 합의를 증거계약이라고 한다. 증거계약에는 자백계약, 증거제한계약, 증거력계약, 중재감정계약 등이 있다. 실무에서는 주로 중재감정계약의 효력이 문제된다.

2) 중재감정계약은 일정한 사실에 대한 평가나 판단을 전문가인 제3자에게 맡기고 그 판단에 구속되기로 하는 당사자 사이의 합의를 말한다.

> "당사자의 합의에 의하여 지명된 감정인의 감정의견에 따라 보상금을 지급하기로 약정하였다고 하더라도 당사자의 약정 취지에 반하는 감정이 이루어졌다든가 감정의견이 명백히 신빙성이 없다고 판단되는 등 특별한 사정이 있다면 당사자가 감정 결과에 따라야 하는 것은 아니다. 이 경우 수소법원으로서는 다른 합리성이 있는 전문적 의견을 보충자료로 삼아 분쟁사안을 판단하여야 한다."[124)

123) 1988. 4.12. 87다카1129.
124) 2011.11.24. 2011다9426.

(2) 증명방해 7-89

1) 당사자 일방이 고의로 상대방의 증명활동을 방해하는 행위를 증명방해라고 한다. 현재 증명방해이론은 재판절차에서 구체적으로 제출이 명해진 문서나 당사자가 법원에 이미 제출한 증거방법을 둘러싼 논의에 치중되고 있으나, 미국 등에서는 잠재적인 증거방법에 대한 증거인멸(spoiliation)에 관한 논의도 활발하다.

2) 법률에 규정된 증명방해 : 일정한 증명방해에 대하여는 그 제재방법에 대하여 법률에 특별규정을 두고 있다. 예컨대, 문서제출의무가 있는 당사자가 이를 제출하지 않는 때에는 법원은 문서의 기재에 관한 상대방의 주장을 진실한 것으로 인정할 수 있고(349조), 검증할 목적물을 제출하지 않는 경우에는 그와 관련한 상대방의 주장을 진실한 것으로 인정할 수 있으며(366조), 당사자신문에서 당사자가 정당한 사유 없이 출석하지 아니하거나 선서 또는 진술을 거부한 때에는 신문사항에 관한 상대방의 주장을 진실한 것으로 인정할 수 있다(369조).

3) 증명방해의 소송법적 효과 : 증명방해가 있는 경우 증거법적으로 어떤 효력이 있는 가에 대하여는 견해가 갈린다. 자유심증의 원칙으로 해결해야 한다는 견해(자유심증설), 증명방해를 한자에게 증명책임을 전환해야한다는 견해(증명책임전환설), 상대방이 주장하는 사실이 바로 증명된 것으로 보아야 한다는 견해(법정증거설) 등이 있다. 증명방해의 문제는 증명을 방해한 자를 제재하는데 본질이 있는 것이 아니라 그럼에도 불구하고 적정한 진실을 발견하도록 하여야 하는데 본질이 있는 것이므로 자유심증설이 타당하다고 본다(통설). 판례도 자유심증설에 따른다.[125)]

> "의사 측이 진료기록을 사후에 가필·정정한 행위는, 그 이유에 대하여 상당하고도 합리적인 이유를 제시하지 못하는 한, 당사자 간의 공평의 원칙 또는 신의칙에 어긋나는 증명방해행위에 해당하나, 당사자 일방이 증명을 방해하는 행위를 하였더라도 법원으로서는 이를 하나의 자료로 삼아 <u>자유로운 심증에 따라 방해자 측에게 불리한 평가를 할 수 있음에 그칠 뿐 증명책임이 전환되거나 곧바로 상대방의 주장 사실이 증명된 것으로 보아야 하는 것은 아니며</u>, 그 내용의 허위 여부는 의료진이 진료기록을 가필·정정한 시점과 그 사유, 가필·정정 부분의 중요도와 가필·정정 전후 기재 내용의 관련성, 다른 의료진이나 병원이 작성·보유한 관련 자료의 내용, 가필·정정 시점에서의 환자와 의료진의 행태, 질병의 자연경과 등 제반 사정을 종합하여 합리적 자유심증으로 판단하여야 한다." (2010. 7. 8. 2007다55866)

---

125) 2010. 7. 8. 2007다55866; 2010. 5.27. 2007다25971. <u>[174]</u> (태아심음그래프를 출력하지 않은 것 자체가 의료상의 주의의무를 위반한 것이라거나, 태아심음그래프를 모두 출력하지 않은 사실로부터 피고들이 원고 2와 태아에 대한 감시를 하지 아니하였음이 증명되는 것으로 볼 수도 없다고 한 사안).

7-90 (3) 증거방법, 증거력의 법정

대리권의 존재는 서면으로만 증명할 수 있고(58조 1항), 변론방식의 준수 여부의 증명은 변론조서만으로 제한된다(158조).

제6장 증명책임

1절 증명책임의 개념 7-91

증명책임은 두 가지 개념으로 나누어 살펴볼 수 있다. 하나는 주관적 증명책임이고 다른 하나는 객관적 증명책임이다. 통상적으로 증명책임이라고 말할 때는 객관적 증명책임을 지칭한다.

1. 주관적 증명책임(거증책임, 증거제출책임) 7-92

소송의 일정 시점에서 증거를 제출하지 않음으로서 입게 되는 불이익 내지 패소의 위험을 주관적 증명책임이라고 한다. 이를 거증책임 또는 증거제출책임이라고도 한다. 객관적 증명책임을 부담하지 않는 당사자에게도 증거의 제출을 촉구(석명권 행사) 할 필요가 있고, 일응의 추정이론이나 간접반증이론이 법원의 석명활동이나 당사자의 주장·입증활동의 지침으로 작동하는 것을 고려하면, 주관적 증명책임의 개념이 필요하다. 예컨대, 원고가 신청한 증인 A의 증언에 의하면 원고가 피고에게 돈을 대여한 사실에 고도의 개연성이 인정된다면 그 상태에서 결심을 하게 되면 원고가 승소하게 된다. 이 시점에서 주관적 증명책임(거증책임, 증거제출책임)은 피고에게 넘어간다. 피고가 제출하는 증거(반증)에 의하여 대여한 사실에 대한 심증이 고도의 개연성 이하로 떨어졌다면, 그 상태에서 결심을 하면 피고가 승소하므로 주관적 증명책임은 다시 원고에게 이전된다. 주관적 증명책임은 영미법상 burden of production과 유사한 개념이다.

2. 객관적 증명책임 7-93

최종적으로 진위불명(non liquiet N.L.)이 되었을 때 입게 되는 불이익 내지 패소의 위험을 객관적 증명책임이라고 한다. 심리의 최종단계에서 어떠한 사실의 존부에 대하여 법관이 심증을 갖지 못할 때 어떠한 판단을 할 것인가에 대한 기준이 된다. 앞의 예에서 원고와 피고 모두 제출가능한 모든 증거를 제출하였고 모든 증거에 대한 조사가 끝난 상태에서 법원이 어떤 사실에 대하여 법이 정하는 심증의 정도에 이르지 못한 경우 어떻게 판단을 하여야 하는지의 문제이다. 진위불명 사태는 직권탐지주의 재판에서도 마찬가지로 발생하므로, 모든 재판절차에서 객관적 증명책임이 문제된다. 이에 반하여 주관적 입증책임은 당사자주의(변론주의) 소송구조에서만 문제가 되는 개념이다. 객관적 증명책임은 영미법상 burden of persuation과 유사한 개념이다.[126)]

영미법상 burden of production, burden of persuation의 개념

The party bears the "burden of production" if the following is true : unless the party produces some evidence that A exists, the judge must direct the jury to find that A dose not exist.

The party bears the "burden of persuation" if the following is true :at the close of the evidence, if the jury cannot decide whether A exists or not, the jury must find that A dose not exist.

2절 증명책임의 분배

7-94 1. 증명책임분배의 의의

어떠한 권리를 인정받기 위하여 필요한 사실에 대한 증명책임이 누구에게 있는가는 그러한 권리의 근거가 되는·법률요건 속에 내포되어 있는 것으로서 실체법상의 문제라는 것이 일반적 견해이다.[127)] 아무리 좋은 권리라도 그 요건사실에 대한 증명이 현실적으로 불가능하다면 이는 존재하지 아니하는 것과 마찬가지이다. 증명책임을 누구에게 부담하도록 할 것인가 하는 문제는 실체법상의 권리의 실효성과 관련된 것으로서, 소송에서 원고와 피고의 승패를 좌우하는 요인이 된다.

---

126) "존재하지 않는 것과 증명되지 않은 것은 같은 것이다."(Idem est non esse et non probari. Ne pas être et ne pas être prouvé reviennent au même)는 법언은 객관적 증명책임의 의의를 표현한다고 할 수 있다.

127) 그것이 실체법상의 문제인가 절차법상의 문제인가는 국제사법에 있어서 준거법을 결정하는데 있어서도 중요한 의미가 있다. 프랑스는 증명책임에 관한 규정을 민법전(Code Civil)에서 규정한다.

2. 증명책임분배의 기준 – 법률요건분류설 7-95

증명책임 분배의 기준에 대하여는 실체법의 법률요건을 기준으로 하여야 한다는 법률요건분류설이 통설이다. 법률요건분류설은 자기에게 유리한 법률요건에 대응하는 사실에 대하여는 그 사실을 주장하는 사람이 증명책임을 진다는 이론이다. 소송법상의 소송요건과 실체법상의 법률요건으로 나누어 살펴볼 필요가 있다.

(1) 소송요건 7-96

소송요건에 대응하는 사실은 일반적으로 직권조사사항이다. 주장책임은 문제가 되지 않지만 증명책임은 여전히 문제가 된다. 원칙적으로 적극적 소송요건사실의 존재에 대하여는 본안에 대하여 심판을 구하는 원고가 증명책임을 진다(*2018. 법원직). 다만, 임의관할 위반, 중재계약의 존재 등 피고가 항변하여야 비로소 법원이 조사할 수 있는 사항(방소항변 사항)에 대하여는 피고가 증명책임을 진다.

(2) 법률요건 7-97

1) 권리발생의 법률요건에 대응하는 사실(권리발생사실)은 권리가 발생하였음을 주장하는 사람이 증명책임을 지고, 권리장애, 권리소멸, 권리행사저지의 각 법률요건대응사실(권리장애사실, 권리소멸사실, 권리행사저지사실)은 각각 그러한 법률효과를 주장하는 사람이 증명책임을 진다.

㈎ 권리발생사실

예컨대, 채무의 내용에 좇은 이행을 하지 아니한 사실(민법 390조), 고의 또는 과실로 인한 위법행위를 한 사실, 손해가 발생한 사실(민법 750조), 시기 있는 법률행위에서 기한이 도래한 사실(민법 152조 1항), 정지조건이 있는 법률행위에서 조건이 성취한 사실(민법 147조 1항) 등이 권리발생사실이다.

입법자는 실체법상 권리발생의 법률요건을 규정함에 있어 증명책임을 고려하여 법문을 작성한다. 예컨대 민법 제390조와 민법 제750조의 조문을 비교해 보면 증명책임분배에 관한 입법자의 의도가 드러난다.

제390조 (채무불이행과 손해배상)
채무자가 채무의 내용에 좇은 이행을 하지 아니한 때에는 채권자는 손해배상을 청구할 수 있다. 그러나 채무자의 고의나 과실없이 이행할 수 없게 된 때에는 그러하지 아니하다.

제750조 (불법행위의 내용)

고의 또는 과실로 인한 위법행위로 타인에게 손해를 가한 자는 그 손해를 배상할 책임이 있다.

위 두 조문을 살펴보면 행위자의 고의나 과실에 대한 문장 구조가 다른 것을 알 수 있다. 채무불이행에 따른 손해배상청구권의 권리발생은 "채무자가 채무의 내용에 좇은 이행을 하지 아니한 때"이므로, 채무자의 고의나 과실은 권리발생의 요건사실이 아니고, 불법행위에 따른 손해배상청구권의 권리발생은 "고의 또는 과실로 인한 위법행위로 타인에게 손해를 가한" 경우 이므로 행위자의 고의나 과실이 권리발생의 요건사실이 된다. 따라서 채무불이행을 원인으로 하는 손해배상청구의 소에서 원고는 채무자의 고의나 과실에 대응하는 사실에 대해 증명책임이 없고(오히려 채무자가 항변으로 고의나 과실이 없었다는 사실을 증명하여야 한다), 불법행위를 원인으로 하는 손해배상청구의 소에서 원고는 행위자의 고의나 과실이 있다는 사실에 대해서도 증명책임을 부담한다.

㈏ 권리장애사실

예컨대, 채무불이행에서 채무자에게 고의나 과실 없이 이행할 수 없게 된 사실(민법 390조 단서), 법률행위가 선량한 풍속 기타 사회질서에 위반한 사항을 내용으로 한다는 사실(민법 103조), 통정한 허위의 의사표시라는 사실(민법 108조 1항)[128] 등이 권리장애사실이다.

㈐ 권리소멸사실

예컨대, 의사표시의 취소사실(민법 109조, 110조 등), 계약의 해제사실(민법 543조, 544조, 545조, 546조 등), 변제제공의 사실(민법 460조, 461조 등). 채무면제의 사실(민법 506조), 상계 사실(민법 492조, 493조 등), 종기 있는 법률행위에서 기한이 도래한 사실(민법 152조 2항), 해제조건 있는 법률행위에서 해제조건이 성취한 사실(민법 147조 2항) 등이 권리소멸사실이다.

㈑ 권리행사저지사실

예컨대, 기한의 유예사실, 동시이행의 항변(민법 536조)사실, 정지조건, 해제조건의 존재(민법 147조), 사해행위취소에 있어서 수익자의 선의(민법 406조 1항 단서) 등이 권리행사저지사실이다.

---

128) 1992. 5.22. 92다2295.

* 甲이 乙에게 재산관리 부탁 후 장시간 외국에 체류 중, 乙이 甲 소유의 아파트에 대하여 매매를 원인으로 한 소유권이전등기를 경료 하였다. 甲이 乙을 피고로 원인무효를 주장하며 소유권이전등기말소청구의 소를 제기하였다. 乙은 甲의 대리인 丙으로부터 적법하게 매수하여 이전등기를 한 것이라고 답변하였다. 甲은 丙에게 대리권을 수여한 사실이 없다고 주장한다. 심리결과 甲의 丙에 대한 대리권수여 여부가 분명하지 않다면 법원은 어떤 내용의 판결을 하여야 하는가? (2003. 사시)

[권리발생근거 사실이나 반대규범 해당사실에 대한 증명은 당사자의 지위에 따라 변하는 것이 아니며, 원고가 반드시 권리발생근거사실을 입증하여야 하는 것이 아니다. 원인무효청구나 소극적 확인의 청구 등에서는 권리발생근거사실에 대한 입증책임이 상대방 당사자에게 주어진다. 따라서, 사례에서 피고 乙이 권리발생근거인 매매계약 사실을 증명하여야 한다. 대리에 의한 매매인 경우 대리권 존재도 피고가 입증하여야 한다. 그런데 이미 피고명의로 이전등기가 되어 있으므로 등기의 법률상추정력(권리추정)이 생기며 그 범위는 소유권의 귀속의 적법성뿐만 아니라 취득과정의 적법성까지 미친다. 따라서 대리에 의하여 계약을 하였다면 대리권의 존재에 까지 미친다. 사례에서 乙이 대리에 의한 계약을 주장하였으므로 그 추정력은 대리권에도 미친다. 따라서 甲이 대리권의 부존재를 본증으로 입증하여야 한다.[129]]

2) 채무부존재확인소송에 있어서도 증명책임분배에 관한 일반원칙이 유지된다. 채무자로 지목된 원고가 먼저 청구를 특정(예, 원고와 피고 사이에 ㅇㅇ계약에 기한 ㅇㅇ채무는 부존재 함을 확인한다)하여 채무발생원인사실을 부정하는 주장을 하면, 채권자라고 주장하는 피고는 그 채권발생의 요건사실에 대응하는 사실에 관하여 주장하고 증명하여야 할 책임을 부담한다.[130] (원고가 권리발생사실의 부존재에 대한 증명책임을 지는 것이 아님을 유의) 이러한 법리는 배당이의의 소[131] 및 확정된 지급명령에 대한 청구이의의 소[132]에서도 마찬가지로 적용된다. 7-98

3. 법률요건분류설의 한계 및 새로운 이론들 7-99

(1) 법률요건분류설의 한계

증명책임의 분배에 관한 법률요건분류설은 증거편재현상이 심각하게 나타나는 현대

129) 2009. 9.24. 2009다37831.
130) 1998. 3.13. 97다45259.
131) 2007. 7.12. 2005다39617.
132) 2010. 6.24. 2010다12852. [181] (확정된 지급명령에 대한 청구이의의 소에서 채권의 발생원인 사실에 대한 증명책임은 피고에 있고, 권리장애 또는 소멸사유 해당 사실에 대한 증명책임은 원고에 있다).

형 소송 즉 공해소송, 의료과실소송, 제조물책임소송 등에서 부당한 결과를 초래한다는 비판에 직면하였다. 이러한 한계를 인식하여 증명책임분배의 기준을 법률요건자체에서 찾지 말고 다른 데서 찾아야 한다는 새로운 이론들이 등장하였다.

(2) 분배기준에 관한 새로운 이론들

증명책임분배에 관한 새로운 이론으로 위험영역설, 증거거리설 등이 등장한다. 위험영역설은 요증사실이 어느 당사자의 지배영역에서 발생한 것이냐에 따라 증명책임을 분배하고자 하는 이론이다. 예컨대, 길 가던 행인이 길 옆 고층건물에서 낙하하는 물체에 맞아 부상을 입은 경우, 법률요건에 따라 피해자인 원고가 물체가 고층건물에서 어떤 경위에 의하여 낙하하였는가에 대한 증명책임을 부담하는 것이 아니라 고층건물을 소유하거나 관리하는 사람이 자신에게 물체의 낙하로 인한 피해에 책임이 없음을 증명하여야 한다는 것이다. 증거거리설은 누가 더 증거에 대한 접근가능성이 큰가를 기준으로 하여 증명책임을 분배하고자 하는 이론이다. 그러나, 이러한 이론은 우리 민법이 의도한 바가 아니고 민법 등 실체법의 규율과도 맞지 않는다는 이유로 우리나라에서는 받아들여지지 않는다.

(3) 한계극복을 위한 새로운 이론

오늘날 증명책임분배에 관한 법률요건분류설의 한계를 극복하기 위하여, 위와 같은 이론들 이외에도 법률요건분류설에 기초하면서도 불합리한 결과를 초래하지 않기 위하여 심증정도의 완화이론이 등장하고 있으며(⇒ 7-83), 입법으로 법률요건을 규정함에 있어 구체적 상황에 맞게 증명책임을 전환하는 특별규정들을 명문화하는 입법적 해결책이 제시된다. 아래에서는 입법에 의한 증명책임의 전환에 관하여 절을 나누어 검토하기로 한다.

3절 증명책임의 전환

7-100 1. 의 의

증명책임의 전환이란 증명책임의 일반원칙을 수정하여 상대방에게 반대사실에 대한 증명책임을 부담시키는 것을 말한다. 해석에 의한 증명책임의 전환(소송법적 접근)을 명시적으로 인정하는 판례나 학설은 찾아볼 수 없다. 증명책임에 관한 규정은 실체법규로 해석되므로(통설), 소송법적 관점에서 해석에 의한 증명책임의 전환을 인정할 수는 없다고 본다(소송법상 심증의 완화이론을 통하여 해결함으로써 사회정의와 형평의 이념을 달성할 수 있을 것이다). 증거의 편재나 증명에 있어서의 사회경제적 힘의 불균형 등 문제는 오늘날 입법에 의한 증명책임전환을 통하여 해결을 도모하는 것이 일반적 방식이다.

2. 증명책임 전환 규정

(1) 법률상의 추정 7-101

1) 법률상의 추정에 관한 규정을 통하여 증명책임 전환이 이루어진다. 법률상의 추정은 법률상의 사실추정, 법률상의 권리추정으로 분류할 수 있다. 법률상의 사실추정에는 점유의 계속 추정(민 198조), 혼인중에 포태한 자에 대한 부의 친생자 추정(민 844조), 상호의 부정목적 사용의 추정(상 23조 4항) 등이 있고, 법률상의 권리추정에는 귀속불명 재산의 부부공유 추정(민 830조 2항)(*2008. 법원직), 등기의 추정력(통설, 판례[133]) 등이 있다.

2) 법률상의 사실추정은 실체법상 인정된 권리가 권리발생의 요건사실에 대한 증명이 어려워 실제적으로 권리행사가 불가능해지는 것을 막기 위한 입법기술이다. 예컨대, 취득시효를 주장하려면 10년 또는 20년간 점유가 계속된 사실을 증명하여야 할 증명책임이 있는데(민법 245조), 점유가 10년 또는 20년간 계속되었다는 사실을 증명하는 것은 거의 불가능하므로 시효취득의 실체법적 효력을 인정받는 것은 절차법적으로 거의 불가능하게 된다. 이와 같이 실체법상 인정된 권리가 증명의 어려움으로 인하여 행사에 제약을 받는 것을 타개하기 위하여 민법은 제198조에서 그 기간의 앞뒤로 점유한 사실이 있는 때에는 그 점유는 계속한 것으로 추정한다고 규정함으로써 법률상의 추정을 통하여 점유기간의 처음과 끝의 시점에 점유하였다는 사실만을 증명하면 전체 기간 동안 점유를 계속하였다는 사실이 증명된 것으로 보아 취득시효의 법률효과를 인정받

---

133) 1992.10.27. 92다30047. [176] (지분이전등기가 경료된 경우 그 등기는 적법하게 된 것으로서 진실한 권리상태를 공시하는 것이라고 추정되므로, 그 등기가 위법하게 된 것이라고 주장하는 상대방에게 그 추정력을 번복할 만한 반대사실을 입증할 책임이 있다); 2002. 9.24. 2002다26252. [177] (등기원인의 존부에 관하여 분쟁이 발생하여 그 당사자 사이에 소송이 벌어짐에 따라 법원이 위 등기원인의 존재를 인정하면서 이에 기한 등기절차의 이행을 명하는 판결을 선고하고 그 판결이 확정됨에 따라 이에 기한 소유권이전등기가 마쳐진 경우, 그 등기원인에 기한 등기청구권은 법원의 판단에 의하여 당사자 사이에서 확정된 것임이 분명하고, 법원이나 제3자도 위 당사자 사이에 그러한 기판력이 발생하였다는 사실 자체는 부정할 수 없는 것이므로, 위 기판력이 미치지 아니하는 타인이 위 등기원인의 부존재를 이유로 확정판결에 기한 등기의 추정력을 번복하기 위해서는 일반적으로 등기의 추정력을 번복함에 있어서 요구되는 입증의 정도를 넘는 명백한 증거나 자료를 제출하여야 하고, 법원도 그러한 정도의 입증이 없는 한 확정판결에 기한 등기가 원인무효라고 단정하여서는 아니 될 것이다).

을 수 있게 되는 것이다.

3) 법률상의 사실추정이 있는 경우 상대방은 그 추정을 깨기 위한 사실을 본증으로 증명하여야 한다. 예컨대, 점유계속 사실이 법률상 추정되는 경우 상대방은 점유가 계속되지 않았다는 사실을 본증으로 증명하여야 한다(이때 제출되는 증거를 반대증거라고 한다). 따라서 법률상의 사실추정이 있는 경우에는 권리발생의 요건사실(10년 또는 20년간 계속하여 점유하였다는 사실)에 대한 증명책임의 전환이 이루어진다. 2인 이상이 동일한 위난으로 사망한 경우에 동시에 사망한 것으로 추정(민법 30조)하는 것은 법률상 추정으로서 이를 번복하기 위하여는 동일한 위난으로 사망하였다는 전제사실에 대하여 법원의 확신을 흔들리게 하는 반증을 제출하거나 또는 각자 다른 시각에 사망하였다는 점에 대하여 법원에 확신을 줄 수 있는 본증을 제출하여야 한다.[134]

4) 법률상의 추정(법률상의 사실추정, 법률상의 권리추정)은 사실상의 추정과 구별된다. 사실상의 추정은 간접사실에 기초하여 경험칙에 의하여 자유심증으로 주요사실(요건대응사실)을 인정하는 것을 말한다. 사실상의 추정에 의해서는 증명책임의 전환이 일어나지 않는다.

> **(예)** 원고가 피고에게 돈을 교부하였다는 사실에 대한 증명책임이 있는 경우에, 원고는 그러한 사실을 직접증명 할 수도 있으나 직접 증명할 증거가 없는 경우 ① 피고는 평소에 돈이 없었다. ② 원고와 피고가 만났다. ③ 그 후에 피고는 많은 돈을 가지고 있었다는 간접사실을 증명하면 법원이 경험칙을 적용하여 자유심증으로 위와 같은 세 개의 간접사실을 통하여 원고가 피고에게 돈을 교부했다는 주요사실을 추정할 수 있다. 이때의 추정을 사실상의 추정이라고 한다. 사실상의 추정은 법률상의 추정과는 달리 간접사실의 증명에 의하여 주요사실의 추정이 법률상 강제되는 것이 아니다. 사실상의 추정에서는 간접사실이 증명되었다고 해서 법률상 반드시 주요사실을 인정해야 하는 것은 아니므로 증명책임이 전환되는 것이 아니다.

7-102 **(2) 특별법 규정 - 법률요건의 재구성**

일반법으로서의 민법상 불법행위에 기한 손해배상청구권의 권리발생사실은 민법 제750조 "고의 또는 과실로 인한 위법행위로 타인에게 손해를 가한 자는 그 손해를 배상

134) 1998. 8.21. 98다8974. [175]

하여야 한다."의 규정에 따라 '고의 또는 과실', '위법행위' '손해'이다. 위 사실에 대한 증명책임이 모두 권리를 주장하는 사람에게 있다. 그러나 특정한 현대형 사건에 있어서는 특별법을 제정하여 일반법인 민법의 권리발생사실을, 그 부존재를 상대방이 증명하여야 하는 권리장애사실로 규정함으로써 그에 대한 증명책임을 상대방에게 전환하고 있다. 예컨대, 독점규제 및 공정거래에 관한 법률 제56조는 손해배상책임에 관하여, "사업자 또는 사업자단체는 이 법의 규정을 위반함으로써 피해를 입은 자가 있는 경우에는 당해피해자에 대하여 손해배상의 책임을 진다. 다만, 사업자 또는 사업자단체가 고의 또는 과실이 없음을 입증한 경우에는 그러하지 아니하다."라는 방식으로 규정함으로써 일반법인 민법에는 그 존재가 권리발생사실로 규정되어 있는 '고의 또는 과실'을 권리발생사실에서 제외하는 대신 그 부존재를 권리장애사실로 규정함으로써 상대방이 고의 과실 없음에 대한 증명책임을 부담하도록 하여 증명책임의 전환을 입법적으로 도모하고 있다. 그러한 예는 자동차배상보장법 제3조, 제조물책임법 제4조 1항 등 특별법에도 있다.

〈자동차손해배상보장법〉

제3조 (자동차손해배상책임)

자기를 위하여 자동차를 운행하는 자는 그 운행으로 다른 사람을 사망하게 하거나 부상하게 한 경우에는 그 손해를 배상할 책임을 진다. 다만, 다음 각 호의 어느 하나에 해당하면 그러하지 아니하다.

1. 승객이 아닌 자가 사망하거나 부상한 경우에 자기와 운전자가 자동차의 운행에 주의를 게을리 하지 아니하였고, 피해자 또는 자기 및 운전자 외의 제3자에게 고의 또는 과실이 있으며, 자동차의 구조상의 결함이나 기능상의 장해가 없었다는 것을 증명한 경우
2. 승객이 고의나 자살행위로 사망하거나 부상한 경우

〈제조물책임법〉

제3조 (제조물책임)

① 제조업자는 제조물의 결함으로 생명·신체 또는 재산에 손해(그 제조물에 대하여만 발생한 손해는 제외한다)를 입은 자에게 그 손해를 배상하여야 한다.

....

제3조의2 (결함 등의 추정)

피해자가 다음 각 호의 사실을 증명한 경우에는 제조물을 공급할 당시 해당 제조물에 결함이 있었고 그 제조물의 결함으로 인하여 손해가 발생한 것으로 추정한다.(*법률상의 추정) 다만, 제조업자가 제조물의 결함이 아닌 다른 원인으로 인하여 그 손해가 발생한 사실을 증명한 경우에는 그러하지 아니하다.

1. 해당 제조물이 정상적으로 사용되는 상태에서 피해자의 손해가 발생하였다는 사실
2. 제1호의 손해가 제조업자의 실질적인 지배영역에 속한 원인으로부터 초래되었다는 사실
3. 제1호의 손해가 해당 제조물의 결함 없이는 통상적으로 발생하지 아니한다는 사실

[본조신설 2017.4.18.]

제4조 (면책사유)

① 제3조에 따라 손해배상책임을 지는 자가 다음 각 호의 어느 하나에 해당하는 사실을 입증한 경우에는 이 법에 따른 손해배상책임을 면한다.(*증명책임의 전환)

1. 제조업자가 해당 제조물을 공급하지 아니하였다는 사실
2. 제조업자가 해당 제조물을 공급한 당시의 과학·기술 수준으로는 결함의 존재를 발견할 수 없었다는 사실

………………

제 8 편 소송의 종료

소송이란 소의 제기로 부터 시작하여 판결의 확정에 이르기까지의 절차의 진행이다. 소송법을 판결절차법이라고도 부르는 이유이다. 소의 제기에 의하여 시작된 하나의 소송은 판결의 확정에 의하여 종료된다(제2장). 당사자처분권주의에 따라 소취하, 재판상 화해, 청구의 인낙과 포기에 의하여 종료되기도 한다(제3장).

제1장 총 설

1절 소송의 종료사유 8-1

1) 소의 제기에 의하여 시작된 하나의 소송은 일정한 사유가 발생하면 끝나게 되는데 이를 소송의 종료라고 한다(소장이 접수되면 사건번호가 부여되고 소송의 진행에 따라 소송기록을 만들다가 소송이 종료되면 소송기록을 1심법원의 보존창고에 보존하고 사건을 끝내게 된다). 소송은 법원의 판결이 확정됨으로써 종료되기도 하고, 당사자의 자유로운 소송행위에 의해서 종료되기도 한다.

2) 일반적으로 소송은 법원에 의한 판결이 확정됨으로써 종료된다(제2장). 1,2심법원의 판결이 선고되더라도 적법한 불복신청이 있으면 소송이 종료되지 않고 계속 진행되며, 더 이상 통상적으로 불복(상소)할 수 없을 때 판결이 확정되어 소송이 종료된다. 그 밖에 당사자의 자유로운 소송행위에 의하여 소송이 종료된다(제3장). 소송을 종료시키는 당사자의 소송행위로는 소의 취하, 청구의 인낙·포기, 소송상 화해가 있다.

2절 소송종료선언

1. 의 의 8-2

1) 소송이 종결되었는지 여부가 불분명해 당사자 사이에 소송종결여부에 대해서 다툼이 생기거나, 법원이 소송이 종료된 것을 간과하고 본안에 대하여 재판을 하는 경우가 발생할 수 있다. 이러한 경우에 당해법원 또는 상급심법원이 판결로 소송이 종료되었음을 선언하는 것을 소송종료선언이라고 한다. 판례를 통해 발전되어 온 우리 특유의 제도이며, 민사소송규칙을 통하여 명문화 되었다.

2) 소송종료선언은 판결의 형식으로 한다. 소송종료선언의 판결에 대해서는 항소, 상고를 할 수 있다(*2010. 법원직). 판결의 성격은 확인판결이다.

2. 여러 모습

8-3 **(1) 소취하 등의 효력을 다투며 기일지정신청을 한 경우에서의 소송종료선언**

소취하, 상소취하, 청구의 포기·인낙, 소송상 화해 등의 효력에 대하여 다툼이 생기는 경우, 소의 취하 등이 부존재 또는 당연무효라는 것을 주장하는 당사자는 기일지정신청을 할 수 있다. 기일을 지정하여 심리한 결과 소의 취하 등이 적법하게 성립하였다고 판단되는 경우 법원은 판결로 소송의 종료를 선언하여야 한다(민소규 67조 3항). "이 사건 소는 20○○년 ○월 ○일 소취하로 종료되었다"라는 형식의 판결을 한다(⇒ 8-73). 소송상의 화해를 조서에 기재한 때에는 그 조서는 확정판결과 동일한 효력이 있고 당사자간에 기판력이 생기는 것이므로 확정판결의 당연무효 사유와 같은 사유가 없는 한 재심의 소에 의하여만 효력을 다툴 수 있는 것이나, 당사자 일방이 화해조서의 당연무효 사유를 주장하며 기일지정신청을 한 때에는 법원으로서는 그 무효사유의 존재 여부를 가리기 위하여 기일을 지정하여 심리를 한 다음 무효사유가 존재한다고 인정되지 아니한 때에는 판결로써 소송종료선언을 하여야 하고(⇒ 8-79), 이러한 이치는 소송상화해와 동일한 효력이 있는 조정조서에 대하여도 마찬가지라 할 것이다.[1] 확정판결의 효력을 다투면서 기일지정신청을 할 수는 없고, 그러한 경우 종국판결로 소송종료선언을 하는 것이 아니다(*2012. 법원직).

8-4 **(2) 당사자대립구조의 소멸에 따른 소송종료선언**

일신전속적인 권리를 소송물로 하는 경우 당사자 일방이 사망하면 당해 소송은 당연히 종료한다. 이 때 법원은 소송관계를 분명하게 하기 위하여 소송종료선언의 판결을 할 수 있다. 예컨대, 이혼소송과 재산분할청구가 병합되었는데 배우자 일방이 사망하는 경우, 이혼의 성립을 전제로 하여 이혼소송에 부대한 재산분할청구 역시 이를 유지할 이익이 상실되어 이혼소송의 종료와 동시에 종료되므로 소송종료선언의 판결을 하고.[2]이사가 그 지위에 기하여 주주총회결의 취소의 소를 제기하였다가 소송 계속 중에 사망하였거나 사실심 변론종결 후에 사망하였다면, 이사는 주식회사의 의사결정기관인 이사회의 구성원이고 의사결정기관 구성원으로서의 지위는 일신전속적인 것이어서 상속의 대상이 되지 않기 때문에, 그 소송은 이사의 사망으로 중단되지 않고 그대로 종료되므로 소송종료선언을 한다.[3]

---

1) 2001. 3. 9. 2000다58668. [182]
2) 1994.10.28. 94므246,253.
3) 2019. 2.14. 2015다255258.

(3) 소송이 종료된 것을 간과하고 진행된 절차에서의 소송종료선언 8-5

법원이 청구의 포기·인낙, 화해 또는 상소기간도과로 인한 판결의 확정 등으로 소송이 종결된 사실을 간과하고 소송을 진행한 경우 상급법원은 직권으로 소송종료선언의 판결을 하여야 한다. 복수의 당사자 사이에서 여러 개의 청구가 복잡하게 병합된 사건에서 이러한 경우가 종종 발생한다.

제2장 판결의 확정에 의한 소송의 종료

민사소송법은 소의 제기에서 시작되어 판결의 확정에 이르기까지의 절차에 관한 절차법이다. 소의 제기로 시작된 소송은 일반적으로 판결이 확정됨으로써 종료된다(1심 또는 2심판결이 선고되었다고 하여 소송이 종료되는 것이 아니다).

8-6

1절 판결의 의의

1) 민사소송의 진행 과정에서 재판기관은 많은 문제에 부딪치고 그 문제에 대하여 판단을 하면서 종국판결에 이르게 된다. 소송사안에 대한 재판기관의 판단 내지는 의사표시를 재판(Entscheidung)이라고 한다. 헌법 제27조에서 법관에 의한 재판을 규정하므로 법관에 의한 것만을 재판이라고 한다(법원사무관, 집행관 등이 하는 판단작용은 처분이라고 한다. 법원사무관 등의 처분에 관한 이의신청에 대하여는 그 법원사무관 등의 속한 법원이 결정으로 재판한다(223조)). 재판은 소송법상 법률효과가 생긴다는 점에서 법원의 소송행위이다.

8-7 **2)** 재판은 그 형식에 따라 판결(Urteil), 결정(Bechluss), 명령(Verfugung)으로 구분된다.[4] 판결이란 사건자체를 대상으로 필수적 변론을 거쳐 판결서에 의한 판결의 선고라는 엄격한 형식으로 이루어지는 법원에 의한 재판의 한 형식이다.[5] 민사소송법은 기본적으로 법원이 당사자 사이의 법적 분쟁에 대하여 판결형식의 재판을 하는 절차를 정하는 법이므로 이를 판결절차법이라고도 한다. 소송은 법원의 판결을 얻기 위한 절차이지만 하나의 종국적인 판결에 이르는 절차의 진행 도중에도 법원은 소송지휘 등과 관련하여 많은 결정이나 명령 형식의 재판을 한다. 한편, 비송사건절차법상 법원의 재판은 결정으로써 하고(17조), 민사집행법상 법원의 재판은 대부분 결정이나 명령의 형식으로 한다.

---

4) 재판을 판결, 결정, 명령으로 분류하는 것은 독일 민사소송법을 따른 것이다. 프랑스에서는 사법(司法)재판(décision juridictionnell)을 jugement(1심법원 판결), arrêt(항소원 또는 파기원의 판결), ordonance(단독판사의 판결)라는 용어로 구분하여 지칭한다.

5) "헌법재판소의 결정"이라는 용어보다는 "헌법원의 판결"이라는 용어를 사용하는 것이 더 정확하다는 견해도 있다.

3) 재판의 형식으로서 판결, 결정, 명령은 아래 표와 같은 특성을 갖는다.

	판결	결정	명령
주체(재판기관)	법원	법원	재판장·수명법관·수탁판사
대상	소송의 중요사항	심리과정에서의 부수적·파생적 사항(예, 증거채부결정, 변론의 재개결정 등)/집행절차에 관한 사항(예, 압류, 가압류 등)	
심리방식	필수적 변론	임의적 변론	
성립 및 고지	판결문 작성(서명날인 필수)/선고/판결정본 송달	재판서작성 없이 조서의 기재로 대용가능/결정문 작성시 기명날인으로 족함/선고 불필요/적당한 방법으로 고지(221조 1항)	
기속력	기속력 있음	재도의 고안 가능/소송지휘에 관한 결정, 명령은 언제나 취소가능	
불복	항소·상고/재심	이의신청/항고, 재항고/ 준재심	
기판력 및 집행력	확정되면 기판력과 집행력이 생김	원칙적으로 고지 즉시 집행력이 생김/특별한 경우만 기판력이 생김	

2절 종국판결과 중간판결

판결은 분류의 기준에 따라 여러 가지로 분류 될 수 있다. 판결을 어떤 심급을 종결시키는 효과를 가지고 있는지 여부에 따라 분류하면 종국판결과 중간판결로 구분된다.

1. 종국판결 8-8

(1) 의 의

1) 종국판결이란 소송사건의 전부나 일부에 대하여 그 심급에서 종국적으로 내려지는 판결이다. 법원은 소송의 심리를 마치고 나면 종국판결을 한다(198조). 종국판결은 소가 제기된 날부터 5월 이내에 선고하며, 다만, 항소심 및 상고심에서는 기록을 받은 날부터 5월 이내에 선고한다(199조).

2) 상급법원이 사건을 하급법원으로 내려보내는 환송판결의 법적성격에 관하여, 사건전체의 입장에서 보면 환송판결로 사건이 종결되는 것이 아니라는 이유로 과거의 판례, 학설 중 이를 중간판결이라고 하는 경우도 있었으나, 대법원전원합의체 판결로 환송판결은 당해 심급을 종결하는 종국판결이므로 1심법원 판결을 취소하고 이를 1심법

원으로 환송하는 항소심법원의 판결에 대해서 독립하여 상고할 수 있다고 하였다.[6] 그러나, 항소심 판결을 파기·환송하는 대법원판결은 종국판결이기는 하나 재심대상은 될 수 없다는 것이 판례이다.[7]

3) 종국판결은 법원의 심판의 범위를 기준으로 전부판결과 일부판결로 나눌 수 있고, 청구의 내용에 대하여 판단하는 것인지 여부에 따라 본안판결과 소송판결로 구분할 수 있다.

8-9 (2) 전부판결·일부판결

1) 전부판결

같은 절차에서 심리되는 사건의 전부를 동시에 완결시키는 종국판결을 전부판결이라고 한다. 소송물이 하나일 때는 하나의 전부판결을 한다. 청구의 병합, 반소, 변론의 병합 등과 같이 하나의 소송절차에서 수개의 소송물이 병합심리 된 경우에 그 수개의 소송물에 대하여 동시에 판결을 하는 경우 한 개의 전부판결을 한다.

2) 일부판결

같은 절차에서 심리되는 사건의 일부를 다른 부분으로부터 분리하여 종국적으로 판결하는 것을 일부판결이라고 한다(일부판결과 일부청구에 대한 판결을 혼동해서는 안 된다). 법원은 소송의 일부에 대한 심리를 마친 경우 그 일부에 대한 종국판결을 할 수 있다(200조 1항). 변론을 병합한 청구 중 어느 한 청구, 본소나 반소 청구 중 어느 한 청구에 대하여 심리를 마친 경우 일부판결을 할 수 있다(200조 2항). 그러나 청구의 예비적 병합,[8] 선택적 병합, 필수적 공동소송 등과 같이 일부판결과 그 나머지(잔부)판결 간에 내용상 모순이 생길 염려가 있는 경우에는 일부판결이 허용되지 않는다(⇒ 10-18, 10-19, 10-72).

8-10 (3) 소송판결·본안판결

1) 소송판결

소송판결이란 소송요건의 흠결을 이유로 소를 각하하거나 상소요건의 흠결을 이유로 상소를 각하하는 판결이나, 소송종료선언의 판결(민소규 67조 3항), 소취하무효선언의 판결(민소규 67조 4항)등과 같이 본안에 대하여 판단하지 아니하고 소송절차를 종결시키

6) 1981. 9. 8. 80다3271(전원합의).
7) 1995. 2.14. 93재다27,34(전원합의).
8) 2000.11.16. 98다22253(전원합의).

는 종국판결을 말한다.

2) 본안판결

본안판결은 소송상청구가 실체법상 이유가 있는지 여부에 대하여 판단하는 판결이다. 본안판결은 청구인용판결과 청구기각 판결로 나뉜다. 청구인용판결은 소의 종류에 따라 이행판결, 확인판결, 형성판결로 나눌 수 있다.

2. 중간판결 8-11

(1) 의 의

1) 중간판결이란 종국판결을 용이하게 하기 위하여 쟁점이 된 사항에 대하여 법원이 종국판결 전에 하는 확인적 성격의 판결로서, 심급을 종료시키지 않는 판결이다(예컨대, 교통사고 피해자가 가해자를 상대로 제기한 불법행위에 기한 손해배상청구 사건에서 가해자에게 과실이 있었는지 여부가 불분명한 상황에서 손해액이 얼마인가에 대하여 심리하는 것은 적절하지 않을 수 있다. 그러한 경우에 법원이 우선 가해자에게 과실이 인정되는지 여부에 대하여 미리 판결을 함으로써 효율적인 심리를 도모하는 것이다). 당사자에게는 신청권이 없으며, 중간판결이 적절한 상황에서도 법원은 이를 재량에 따라 종국판결의 이유에서 판단할 수 있다고 할 것이다.[9] 중간확인의 소(264조)에 대한 판결은 종국판결이다(중간판결과 중간확인의 소에 대한 판결을 혼동해서는 안 된다).

2) 실무에서는 중간판결을 선고함으로써 스스로 기속되는 점에 대한 부담, 판결서 작성의 부담 등으로 인하여 거의 활용되지 않고 있다.

(2) 중간판결사항

1) 독립된 공격 또는 방어방법(201조 1항 전단)

다른 공격 또는 방어방법과 독립하여 심판할 수 있고, 그 하나 만으로 소송상 청구의 당부를 결정지을 수 있는 공격 또는 방어방법을 말한다. 예컨대, 소유권확인의 소에서 소유권의 취득원인으로 주위적으로 매매계약을 주장하고 예비적으로 시효취득을 주장하는 경우, 그 중 어느 하나라도 인정되면 원고의 청구가 이유 있게 되므로 매매계약, 시효취득은 각 독립한 공격방법이 된다(그러나, 소유권이전등기청구의 소에서 청구원인으로 주위적으로 매매계약을 주장하고 예비적으로 시효취득을 주장하는 경우는 두개의 소송물에

9) 헌재 2007. 7.30. 2007헌마837(헌법재판소가 종국결정을 하기에 앞서 중간결정을 할 것인지 여부는 전적으로 헌법재판소의 재량에 달려 있는 것이어서 청구인에게는 헌법재판소에 중간결정을 신청할 권리가 인정되지 않는다는 내용).

대하여 각 공격방법을 사용하는 것이므로 매매계약, 시효취득은 중간판결사항인 독립된 공격방법이라고 할 수 없다). 또한 대여금 청구소송에서 피고가 채무소멸원인으로서 변제, 소멸시효 등을 주장하는 경우 각 독립한 방어방법이 된다.

2) 중간의 다툼(201조 1항 후단)

독립한 공격방어방법에 속하지 않는 기타 소송상의 사항에 관한 다툼으로서 이를 해결하지 않으면 본안에 대한 판단으로 나아갈 수 없는 것을 말한다. 예컨대, 소의 적법여부, 소취하의 무효여부, 상소추후보완의 적법여부 등에 관한 다툼이 그것이다. 이러한 경우에 중간판결로 이를 분명히 할 수 있다. 청구변경을 불허하는 결정(263조), 실기한 공격·방어방법의 각하결정(149조), 문서제출을 명하는 결정(347조) 등 법에 따로 결정이나 명령으로 재판하도록 규정한 것은 중간판결 사항이 아니다.

3) 청구의 원인과 액수에 대한 다툼(201조 2항)

청구의 원인과 액수에 대하여 다툼이 있는 경우에 그 원인에 대하여도 중간판결을 할 수 있다.

4) 재심사유

법원은 재심의 소가 적법한지 여부와 재심사유가 있는지 여부에 관한 심리 및 재판을 본안에 관한 심리 및 재판과 분리하여 먼저 시행할 수 있다(454조 1항). 그 경우 법원은 재심사유가 있다고 인정한 때에는 그 취지의 중간판결을 한 뒤 본안에 관하여 심리·재판 한다(454조 2항). 재심사유가 없다고 인정되면 중간판결을 할 필요 없이 종국판결로 재심의 소를 각하한다.

(3) 중간판결의 효력

중간판결이 선고되면 판결을 한 법원은 이에 구속되므로(구속력) 종국판결을 할 때에도 그 주문의 판단을 전제로 하여야 하며, 설령 중간판결의 판단이 그릇된 것이라 하더라도 이에 저촉되는 판단을 할 수 없다.[10] 중간판결 후에는 중간판결의 대상이 된 쟁점에 대한 공격방어방법을 당해 심급에서는 제출할 수 없다(실권효). 중간판결을 독립하여 상소의 대상으로 할 수 없고, 중간판결을 전제로 한 종국판결이 선고되면 종국판결에 대하여 상소하여 중간판결의 내용을 다투어야 한다(392조).

---

10) 2011. 9.29. 2010다65818. [213]

3절 판결의 성립

1. 판결내용의 확정

1) 판결을 하기 위해서는 먼저 판결이 내용이 확정되어야 한다. 단독판사가 판결을 하는 경우에는 문제가 없으나, 합의부 법원의 경우 어느 시점에 판결의 내용이 확정되는지는 중요한 의미가 있다(합의 후에 소속 법관의 변동이 있는 경우를 생각하라). 직접주의의 원칙상 기본이 되는 변론에 관여한 법관으로 구성된 법원이 판결의 내용을 확정한다. 변론종결 후, 합의부 법관의 합의가 있는 때 판결내용이 확정된다. 8-12

2) 판결의 합의는 공개하지 아니한다(법원조직법 65조). 합의판결은 헌법 및 법률에 다른 규정이 없으면 과반수로 결정한다(법원조직법 66조 1항). 합의에 관한 의견이 3개 이상으로 나뉘어 각각 과반수에 이르지 못할 때에는 과반수에 이르기까지 최다액의 의견의 수에 차례로 소액의 의견의 수를 더하여 그 중 최소액의 의견에 따른다(2항)(예컨대, 손해배상액에 관하여 1억원, 6,000만원, 5,000만원의 의견이 있는 경우 최다액인 1억원 의견수 1에 6,000만원 의견수 1을 더하여 그 가운데 최소액인 6,000만원의 의견에 따른다).

2. 판결서(판결원본)의 작성 – 필수적 기재사항 8-13

판결 내용이 확정되면 법원은 선고 전에 판결서를 작성한다(과거 실무에 있어서는 판결의 선고 전에 판결초고를 작성하여 판결초고에 기초하여 판결을 선고하고, 선고직후 법정에서 이를 법원사무관에게 교부하여 판결원본을 작성하였으나, 현재 실무에서는 판결원본에 의한 판결선고가 일반화 되어 있다). 판결서에는 다음의 사항을 기재하여야 하는데, 이를 필수적 기재사항이라고 한다(208조).[11] (⇒ 1-30 판결서 양식)

(1) 당사자와 법정대리인(1항 1호)

판결 효력의 주관적 범위를 명확히 하기 위하여 판결서에 당사자를 기재한다.

(2) 주문(1항 2호)

소장의 청구취지에 대응하는 법원의 결론부분이다. 판결의 기판력, 집행력, 형성력의 범위가 주로 주문에 의하여 결정되므로 주문자체로 내용이 특정되고 그 내용이 명확하고 간결해야 한다.

---

11) 프랑스는 "Le jugement est rendu au non du people français(프랑스 국민의 이름으로 판결한다)"고 판결서에 기재한다(CPC. art. 454).

"피고는 원고에게 금 ○○○원 및 이에 대하여 20○○년 ○월 ○일부터 다 갚는 날까지 연 12%의 비율에 의한 돈을 지급하라.", "원고의 피고에 대한 20○○년 ○월 ○일자 매매계약에 기한 돈 1억원의 지급채무는 존재하지 아니함을 확인한다.", "원고와 피고는 이혼한다.", "원고의 청구를 기각한다.", "이 사건 소를 각하한다." 등과 같다.

(3) 청구의 취지 및 상소의 취지(1항 3호)

1심판결의 경우는 소장의 청구취지를 기재하고, 상소심판결의 경우는 소장의 청구취지와 상소의 취지를 함께 기재한다. 법원의 심판대상을 명확히 하기 위한 것이다.

(4) 이유(1항 4호)

1) 이유기재의 필요성

당사자로 하여금 승복과 불복의 여부를 판단할 수 있도록 하고, 상소법원의 판단자료가 되며, 기판력 등 판결의 효력 범위를 명백히 하기 위하여 이유기재가 필요하다.

2) 이유기재의 정도

판결서의 이유에는 주문이 정당하다는 것을 인정할 수 있을 정도로 당사자의 주장, 그 밖의 공격방어방법에 관한 판단을 표시한다(208조 2항). 우선, 인정되는 주요사실을 설시하여야 한다. 다툼 없는 사실과 현저한 사실은 그러한 점을 설시하고, 다툼 있는 사실의 경우에는 어떠한 증거에 의하여 사실을 인정하였는지를 표시하여야 한다. 증거의 채부에 있어서 심증형성의 경로에 대한 이유 설시는 필요 없다. 법률해석에 관하여 당사자가 강하게 다투든지, 법원이 종래의 판례나 학설에 반하는 새로운 해석을 채용하는 것과 같은 경우를 제외하고는, 원칙적으로 판례나 학설을 인용하여 상세하게 해석론을 전개할 필요는 없다. 특수한 법률규정이 문제된 경우를 제외하고는 사실의 존부에 관한 판시에 이어서 바로 법령적용의 결과로서 법적효과의 존부만을 기재하고 적용법조를 거시하지 않는 것이 실무이다.[12)]

3) 이유기재 간이화

이유기재를 상세히 하도록 하면 법원의 부담이 커지므로 반사적인 부작용이 생긴다. 법관의 업무경감을 위하여 일정한 경우 이유기재를 간이화 하였다. 제1심판결로서 ① 무변론판결(257조), ② 자백간주에 의한 판결(150조 3항), ③ 피고가 공시송달(194조 내지 196조)에 의한 기일통지를 받고 변론기일에 불출석한 경우의 판결 등에 있어서는 청

---

12) 민사재판실무Ⅱ, p.297.

구를 특정함에 필요한 사항과 상계항변의 판단에 관한 사항만을 간략하게 표시할 수 있다(208조 3항). 항소심 판결에 이유를 기재함에는 제1심판결을 인용할 수 있다(420조 본문). 공시송달 판결을 하는 경우 제1심은 제208조 제3항 제3호에 따라 판결서의 이유를 청구를 특정함에 필요한 사항과 상계항변의 판단에 관한 사항만을 간략하게 표시할 수 있지만, 제1심판결의 당부를 판단하는 항소심은 그와 같이 간략하게 표시할 수 없고, 제208조 제2항에 따라 주문이 정당하다는 것을 인정할 수 있을 정도로 당사자의 주장과 그 밖의 공격·방어방법에 관한 판단을 표시하여야 한다.[13] 소액사건의 판결서(소심법 11조의2 2항), 배상명령(소촉법 31조 2항 단서), 결정 또는 명령(224조 1항 단서)에서는 이유 기재를 생략할 수 있다.

4) 이유불비의 효과

판결이유가 불비 되었거나 이유에 모순이 있는 때는 위법한 판결이므로 절대적 상고이유가 된다(424조 1항 6호).

(5) 변론종결 날짜, 변론 없이 판결하는 경우에는 선고하는 날짜(208조 1항 5호)

기판력의 시적 범위를 정하는 기준이 되므로 판결서의 필수적 기재사항으로 한 것이다.

(6) 법원(208조 1항 6호)

판결을 한 당해 수소법원을 판결서의 첫머리에 표시한다(예컨대, 대전지방법원 민사3부).

(7) 법관의 서명날인(208조 4항)

판결에는 판결한 법관이 서명날인 하여야 한다(208조 1항). 만일 그 법관이 이를 함에 지장이 있는 때에는 다른 법관이 판결에 그 사유를 기재하고 서명날인 하여야 한다.

3. 판결의 선고 및 정본의 송달 8-14

(1) 판결의 선고

판결은 재판장이 선고기일에 법정에서 판결원본에 따라 주문을 읽어 선고하며, 필요한 때에는 이유를 간략히 설명할 수 있다(206조). 법원은 소송의 심리를 마치고 나면 종국판결을 하는데(198조), 종국판결은 소가 제기된 날로부터 5월 이내에 선고해야 하며, 항소심 및 상고심에서는 기록을 받은 날로부터 5월 이내에 선고한다(199조). 판결은

---

13) 2021. 2. 4. 2020다259506.

변론이 종결된 날부터 2주 이내에 선고하여야 하며, 복잡한 사건이나 그 밖에 특별한 사정이 있는 때에도 변론이 종결된 날로부터 4주를 넘겨서는 안 된다(207조 1항). 이때 선고기간에 관한 위 규정들은 훈시규정이라고 해석된다. 판결은 당사자가 출석하지 않아도 선고할 수 있다(207조 2항).

(2) 판결정본의 송달

판결을 선고하면 바로 판결서 원본을 법원사무관 등에게 교부하여야 한다(209조). 법원사무관 등은 판결서 원본을 받은 날부터 2주 이내에 판결서 정본(판결서 사본에 법원사무관등이 정본임을 표시한 문서)을 당사자에게 송달하여야 한다(210조). 판결서 정본이 당사자에게 송달되면 그 날로부터 상소기간이 진행한다(396조 1항 본문, 425조). 판결정본을 송달할 때 법원사무관 등은 상소기간과 상소장을 제출할 법원을 고지하여야 한다(규칙 55조의 2).

4. 판결의 구속력과 경정

8-15 (1) 구 속 력

판결은 선고로 효력이 생긴다(205조), 이때의 효력은 구속력을 말한다. 구속력이란 판결을 선고하고 나면 선고한 법원도 이를 함부로 철회하거나 변경할 수 없게 되는 효력이다.[14] 이러한 구속력은 소송절차 내의 다른 법원에 대한 기속력, 예컨대 사실심에서 확정된 사실의 상고법원에 대한 기속력(432조), 이송결정의 기속력(38조), 상고법원이 파기이유로 삼은 사실상 및 법률상 판단의 원심법원에 대한 기속력(436조 2항) 등과는 다른 것이다. 판결이 선고되면 구속력이 생기므로 선고 법원이 재도의 고안을 할 수 없다. 불복하는 당사자는 상급법원에 상소를 하는 수밖에 없다. 구속력은 종국판결 뿐만 아니라 중간판결에도 인정된다. 이에 반하여, 판결이 아닌 결정·명령의 경우는 법원 스스로 재판을 경정할 수 있으며(446조), 소송지휘의 재판은 언제나 취소할 수 있다(223조).

8-16 (2) 판결의 경정

1) 의 의

판결에 잘못된 계산이나 기재, 그 밖에 이와 비슷한 잘못이 있음이 분명한 때에, 판결내용을 실질적으로 변경하지 않는 범위 내에서 법원이 판결서의 잘못을 바로잡는 것

---

14) 프랑스에서는 이를 판사의 직무해제(dessaisissement du juge)라고 한다.(CPC 481 참조)

을 판결의 경정이라고 한다. 법원은 직권 또는 당사자의 신청에 따라 판결의 경정결정을 할 수 있다(211조 1항).

2) 요 건

잘못된 계산이나 기재, 그 밖에 이와 비슷한 표현상의 잘못이 있고, 그 잘못이 분명한 때라야 한다. 분명한 잘못인가 여부는 판결서의 기재 자체뿐만 아니라 소송기록과 대비하여 판단하여야 한다(*2014. 법원직). 경정이 가능한 오류에는 그것이 법원의 과실로 인하여 생긴 경우뿐만 아니라 당사자의 청구에 잘못이 있어 생긴 경우도 포함된다고 할 것이며, 경정결정을 함에 있어서는 그 소송 전 과정에 나타난 자료는 물론 경정대상인 판결이나 화해 이후에 제출되어진 자료도 다른 당사자에게 아무런 불이익이 없는 경우나 이를 다툴 수 있는 기회가 있었던 경우에는 소송경제상 이를 참작하여 그 오류가 명백한지 여부를 판단할 수 있다고 할 것이다.[15] (*2010. 2021. 법원직) 부동산등기사건이나 건물 등의 인도 사건에서 목적물에 대한 번지의 호수 누락, 건물건평·토지면적의 오기 등으로 판결이 집행불능으로 되는 경우가 종종 발생하는데, 이러한 경우 경정결정제도의 활용가치가 크다. 판례는 소유권이전등기이행을 명하는 판결에서 피고의 등기부상 주소를 기재하지 않거나 등기부상 주소와 다르게 기재되었더라도 주민등록표 등에 의하여 동일인임을 소명하면 등기가 가능하므로, 경정사유가 아니라고 한다.[16] (*2016. 법원직) 판결의 경정은 판결이유는 물론 판결 주문에 대해서도 허용된다.[17]

3) 절 차

경정결정은 판결의 원본과 정본에 덧붙여 적어야 한다. 다만, 정본에 덧붙여 적을 수 없을 때에는 결정의 정본을 작성하여 당사자에게 송달하여야 한다(211조 2항). 판결경정결정은 원칙적으로 당해 판결을 한 법원이 하는 것이나, 상소의 제기로 본안사건이 상소심에 계속된 경우에는 당해 판결의 원본이 상소기록에 편철되어 상소심 법원으로 송부되므로, 판결원본과 소송기록이 있는 상소심법원도 경정결정을 할 수 있다.[18] 당해 판결에 대하여 상소를 하지 아니하여 사건이 상소심에 계속되지 아니한 부분은 상소심의 심판대상이 되지 않는 것이므로, 통상의 공동소송이었던 다른 당사자 간의 소송사건이 상소의 제기로 상소심에 계속된 결과, 상소를 하지 아니한 당사자 간의 원심판결의 원본과 소송기록이 우연히 상소심 법원에 있다고 하더라도, 상소심 법원이

---

15) 2000. 5.24. 98마1839. [216]
16) 1987. 2.26. 87그4; 1996. 5.30. 96카기54.
17) 2011. 9. 8. 2011다17090.
18) 1992. 1.29. 91마748.

심판의 대상이 되지도 않은 부분에 관한 판결을 경정할 권한을 가지는 것은 아니다.[19)] 이러한 경정결정에 대하여는 즉시항고를 할 수 있다(211조 3항 본문). 다만, 판결에 대하여 적법한 항소가 있는 때에는 항소심에서 다툴 수 있으므로 즉시항고를 허용하지 않는다(211조 3항 단서). 경정신청기각결정에 대해서는 통상항고나 즉시항고를 할 수 없으며,[20)] 오직 특별항고(449조)만이 허용된다(당사자가 통상항고를 한 때에는 항고장을 접수한 법원은 특별항고로 보아 대법원에 기록송부를 하여야 한다).[21)]

4) 효 력

경정결정은 원판결과 일체가 되어 판결선고시에 소급하여 그 효력이 발생한다.[22)]

8-17 5. 재판의 누락과 추가판결

(1) 재판의 누락

여러 개의 청구가 하나의 절차로 진행되는 경우(청구가 병합된 경우) 법원이 실수로 청구 모두에 대하여 판결을 하지 않고 판결을 누락하는 것을 재판의 누락이라고 한다. 법원이 청구의 일부에 대하여 재판을 누락한 경우에 그 청구부분에 대하여는 그 법원이 계속하여 재판한다(212조 1항). 판결이유 속에 판단이 되어 있더라도 판결주문에 기재가 없으면 재판의 누락이며, 판결이유 속에 개별적으로 소상히 설명되어 있지 않더라도 판결주문에 기재가 있으면 재판의 누락으로 볼 수 없다.[23)](*2014. 법원직)

(2) 추가판결

누락된 부분에 대한 추가적인 판결을 추가판결이라고 한다(일부판결 후 나머지 부분에 대하여 하는 잔부판결과 구별됨). 소송물인 청구에 대한 재판을 누락한 경우가 추가판결의 대상이 된다(예, 반소에 대한 판결을 누락한 경우, 원리금의 상환을 구하는 대여금반환청구 소송에서 이자에 대한 재판을 누락한 경우). 단지 공격방어방법에 대한 판단을 누락한 경우(예, 불법행위에 기한 손해배상청구에서 고의가 인정되지 않는다고 청구를 기각하면서 과실 주장에 대해서는 판단을 누락한 경우)는 상소 및 재심(451조 1항 9호)의 대상이 될 뿐이지 추가판결의 대상이 되는 것이 아니다. 소송물에 대한 재판이 누락된 경우 누락된 부분에 대해서는 재판이 없는 것이므로 누락된 부분은 상소의 대상이 아니며, 상소하더라도 상소심으로

---

19) 1992. 1.29. 91마748.
20) 1986.11. 7. 86마895.
21) 1995. 7.12. 95마531.
22) 1999.12.10. 99다42346.
23) 1981.12.22. 80후25; 2008.11.27. 2007다69834; 2017.12. 5. 2017다237339. [214]

이심되지 않고 여전히 선고 법원에 계속 된다.[24] 예컨대, 원고가 피고에 대하여 건물인도 및 건물인도시까지 차임상당의 부당이득반환청구를 하였는데 1심 법원이 부당이득반환에 대한 판단을 빠뜨린 경우 원고가 이를 이유로 항소하더라도 재판이 누락된 부당이득반환청구 부분은 항소심으로 이심되지 않는 것이므로 항소심에서 부당이득반환에 대해 판단해서는 안된다(*2021. 법원직). 재판이 누락된 부분은 여전히 1심법원에 계속 중이므로 법원이 직권 또는 기일지정신청에 따라 기일을 지정하여 추가판결을 하여야 한다.

4절 종국판결의 부수적 재판

종국판결에서는 부수적으로 가집행선고를 하고, 소송비용에 대하여 재판한다.

1관 가집행선고

1. 의 의 8-18

1) 판결은 어느 시점에서 집행력이 생기는 것인가가 문제된다. 행정처분과 마찬가지로 판결도 성립 즉시 집행력이 발생하는 것으로 정할 수 있고(예, 이탈리아 민소법), 확정되었을 때 비로소 집행력이 생기는 것으로 정할 수도 있으며, 이는 입법정책상의 문제이다.[25] 우리 민사집행법은 판결은 확정되어야 집행력이 생기는 것으로 하고(민사집행법 24조), 결정이나 명령은 즉시 집행력이 생기는 것으로 하였다(448조 참조). (예컨대, 1심법원이 소송비용액 확정결정을 하는 경우 즉시 집행력이 발생하며. 이에 대하여 즉시항고(110조 3항)를 하면 즉시항고의 집행정지 효력(447조)에 의하여 집행이 정지된다).

2) 이와 같이 판결은 확정되어야 비로소 집행력이 생기기 때문에, 1심판결에서 패소하더라도 항소를 하면 1심판결에 기해서 강제집행을 당할 염려가 없으므로 채무자는 1심 재판을 성실히 수행하지 아니하는 문제가 발생한다. 이러한 문제를 해결하고 1심에서 심리가 집중될 수 있도록 하기 위하여 현행법은 재산권의 청구에 관한 판결에 원칙적으로 가집행선고를 하도록 규정한다(213조 1항).

---

24) 1996. 2. 9. 94다50274. [215] (확장된 지연손해금에 대한 재판의 누락이 있었던 사안).
25) 확정의 시기도 우리는 3심제로서 상고기간이 지나야 확정되나, 프랑스는 항소심이 최종심으로 항소심 판결선고시 확정된다.

8-19 2. 가집행선고의 요건

(1) 집행할 수 있는 종국판결

1) 원칙적으로 협의의 집행이 가능한 이행판결에 가집행선고를 할 수 있다. 광의의 집행이 가능한 확인판결이나 형성판결에 대해서도 가집행선고를 붙일 수 있는 경우가 있다는 견해도 있다. 판례는 형성판결에 있어서는 법률에 특별한 규정이 있거나 또는 그 성질이 허용하는 경우 이외에는 가집행선고를 붙여서 미리 그 집행력을 발생시킬 수 없다고 한다.[26] (*2008. 법원직) (협의의 집행, 광의의 집행 ⇒ 8-36)

2) 중간판결은 가집행선고를 할 수 없다. 소 각하나 청구기각의 판결도 성질상 가집행선고를 붙일 수 없다.

(2) 재산권의 청구에 관한 판결

1) 비재산권에 관한 소(이혼소송, 친생부인의 소 등)에 대해서는 원칙적으로 가집행선고를 할 수 없다. 이혼소송과 병합하여 재산분할청구를 하고 법원이 이혼과 동시에 재산분할을 명하는 경우에, 재산분할청구권은 이혼이 성립한 때에 그 법적 효과로서 비로소 발생하는 것이므로, 재산분할에 대하여 가집행선고를 붙일 수 없다.[27]

2) 재산권에 관한 소라고 하더라도 의사의 진술을 명하는 판결(예컨대, 등기절차의 이행을 명하는 판결, 채무자에 대한 채권양도의 통지를 명하는 판결 등)은 확정된 때 의사의 진술을 한 것으로 보므로(민집 263조 1항) 가집행선고가 불가능하다는 것이 통설이다.

(3) 가집행선고를 붙이지 아니할 상당한 이유가 없을 것

재산권의 청구에 관한 판결은 가집행의 선고를 붙이지 아니할 상당한 이유가 없는 한 가집행을 할 수 있다는 것을 선고하여야 한다(213조 1항).[28] 따라서, 가집행으로 회복할 수 없는 손해가 생길 우려가 있거나 상소심에서 판결이 취소 변경될 가능성이 큰 경우 등에는 가집행을 붙이지 아니할 상당한 이유가 있다고 할 것이므로 가집행선고를 하지 않을 수 있다(예컨대, 대지소유자에 의한 건물철거소송에서 피고가 건물매수청구권을 행사하지 않은 상태에서 패소한 경우).

---

26) 1996. 1.25. 65다2374.
27) 1998.11.13. 98므1193.
28) 개정 전에는 "법원이 필요하다고 인정한 때에는" 가집행을 선고하도록 되어 있었다.

3. 가집행선고의 절차 및 방식 8-20

가집행선고는 법원이 직권으로 한다(213조 1항). 당사자의 신청은 직권발동을 촉구하는 의미밖에 없으므로 당사자의 신청에 대하여 허부의 판단을 하지 않아도 재판사항의 누락이 아니다. 가집행선고는 담보제공을 조건으로 하거나 담보제공 조건 없이 할 수 있다(213조 1항). 담보제공 조건을 붙일 것인지 여부는 원칙적으로 상소심에서 판결이 바뀔 가능성을 기준으로 법원의 재량으로 정한다. 다만, 어음금이나 수표금 청구에 대한 판결은 신속한 해결을 필요로 하므로 무담보부로 가집행선고를 하여야 한다(213조 1항 단서). 법원은 직권으로 또는 당사자의 신청에 따라 채권전액을 담보로 제공하고 가집행을 면제받을 수 있다는 것을 선고할 수 있다(213조 2항). 가집행의 선고와 가집행 면제의 선고는 판결주문에 적어야 한다(213조 3항).

4. 가집행선고의 효력 8-21

(1) 집행력의 발생

1) 가집행의 선고에 의하여 본안판결은 즉시 집행력이 생긴다. 따라서 가집행선고가 있는 판결은 집행권원이 된다(민집법 24조). 가집행선고는 부수적 재판이므로 독립하여 상소할 수 없다(391조). 가집행선고에 기한 강제집행은 보전집행이 아니라 종국적 권리의 만족에까지 이를 수 있는 만족집행이다(예컨대, 가집행선고부 금전지급판결에 기하여 채무자 소유의 부동산에 대하여 강제집행을 하는 경우 압류는 물론 매각 및 배당에 의한 채권만족 절차까지 진행된다).

2) 피고가 상소하더라도 가집행선고의 집행력에 기한 강제집행이 정지되지 않으며, 별도의 신청에 의하여 강제집행정지의 결정을 받아야 한다. 상소심 법원은 불복하는 이유로 내세운 사유가 법률상 정당한 이유가 있다고 인정되고, 사실에 대한 소명이 있는 때에는 당사자의 신청에 따라 담보를 제공하게 하거나 담보를 제공하지 아니하게 하고 강제집행을 일시 정지하도록 명할 수 있다(501조, 500조). 원고에게 신속한 집행을 위하여 가집행선고를 이용할 수 있도록 하는 데 대응하여 피고의 보호를 위하여 인정되는 제도로서, 실무상 많이 활용된다. 다만, 신중히 집행정지결정을 하지 않으면 가집행제도의 취지가 훼손될 수 있다. 집행정지를 명하는 결정을 받아 그 정본을 집행기관에 제출해야만 집행이 정지된다(민집 49조 2호).

(2) 확정적이 아님

본집행과 달리 가집행은 확정적인 것이 아니며, 상급심에서 가집행선고 있는 판결이 취소되는 것을 해제조건으로 집행의 효력이 발생한다. 본집행과 달리 확정적 집행이 아니므로 상급심에서는 가집행의 결과를 참작함이 없이 청구의 당부를 판단하여야 한다. 예컨대, 甲이 乙을 상대로 가집행선고부 가옥명도판결을 받고 이에 대하여 乙이 항소한 경우, 비록 甲이 가집행선고에 기하여 명도집행을 완료하였더라도 항소심 법원은 명도가 된 사실을 참작하여 원고의 청구가 이유 없다고 판결해서는 안 된다. 마찬가지로, 가집행선고부 금전지급판결의 집행으로 돈이 지급되든지 판결에 따라 채무자가 임의로 돈을 지급한 경우, 변제의 효력이 발생하는 것이 아니므로 항소심 법원으로서는 판결금의 가지급금 여부를 참작할 필요 없이 청구의 당부를 판단하여야 한다.[29] 가집행선고 있는 판결도 확정판결과 같이 집행권원이 되기는 하지만 이를 기초로 재산명시신청, 채무불이행자명부등재신청, 재산조회신청은 할 수 없다(민집 61조 1항 단서). (*2013. 법원직)

가집행선고 판결에 대한 상소심절차와 가집행선고에 기한 집행절차(부동산에 대한 금전집행)와의 관계
수소법원 -(소제기) — (심리) — (판결 : 가집행선고) — (항소, 상고) — (판결확정) -가집행선고부 판결에 기한 집행절차와 무관하게 상소심 판결절차 진행 집행법원 -가집행선고부 판결을 집행권원으로 수소법원의 판결절차와는 별개로 집행절차 진행 -(경매신청) — (압류) — (매각허가결정) — (매각대금완납) — (배당)

5. 가집행선고의 실효, 원상회복 및 손해배상

8-22 ### (1) 가집행선고의 실효

가집행선고부 판결은 확정판결이 아니므로 이에 상소를 할 수 있고, 상소제기 결과 가집행선고만이 바뀌거나 가집행선고 있는 본안판결이 바뀔 수 있는데 그 경우 가집행선고는 그 한도에서 효력을 잃는다(215조 1항). 판결이 바뀌어 가집행선고가 실효되면 집행은 개시될 수 없고, 이미 집행이 개시되었어도 바뀐 판결(확정을 요하지 않음)의 정본을 집행기관에 제출하여 집행의 정지 및 취소를 구할 수 있다(민사집행법 49조 1호, 50조).

29) 2009. 3.26. 2008다95953,95960.

가집행선고의 실효는 소급하는 것이 아니므로 그 이전에 집행이 종료되면 그 효력에 영향이 없다. 따라서 가집행선고부 금전지급판결에 기하여 채무자 소유의 부동산에 대하여 매각절차가 종료된 경우 가집행선고가 실효되더라도 원칙적으로 매수인의 소유권취득에는 영향이 없다.[30] 실효된 가집행선고의 효력은 1심 판결을 취소하는 항소심 판결이 상고심에서 파기되면 다시 회복된다.[31]

(2) 원상회복(가지급물 반환) 및 손해배상 8-23

1) 가집행선고가 있는 본안판결을 상소심에서 바꾸는 경우에는 법원은 피고의 신청에 따라 그 판결에서 가집행의 선고에 따라 지급한 물건을 돌려줄 것과, 가집행으로 말미암은 손해 또는 그 면제를 받기 위하여 입은 손해를 배상할 것을 원고에게 명하여야 한다(215조 2항). 즉, 가집행 채권자는 원상회복과 손해배상의 의무를 부담한다.

2) 원상회복의 법적 성격은 부당이득의 반환이다. 반환의 대상은 가집행의 결과 피고가 원고에게 이행한 물건이나 지급한 금전뿐이며, 가집행에 의하여 제3자가 취득한 권리에는 영향을 미치지 않는다(예컨대, 가집행절차에서의 매수인이 취득한 소유권, 가집행으로 인도받은 부동산에 대한 임차인의 임차권).

3) 손해배상책임은 가집행과 상당인과관계에 있는 모든 손해를 포함하며, 공평의 관념에서 나온 것으로 무과실책임이라는 것이 판례[32]및 통설이다(*2010. 법원직). 가집행 채무자의 과실이 있는 경우 과실상계 규정을 준용하여 가집행채권자의 손해배상책임 및 그 금액을 정함에 있어 이를 참작하여야 한다.

4) 이러한 원상회복청구나 손해배상청구는 별도의 소를 제기하여 하는 방법뿐만 아니라, 문제된 소송의 상소심절차에서 피고가 본안판결의 변경을 구하면서 함께 신청하는 방법(215조 2항)으로도 할 수 있다(1심에서 30억 지급 및 가집행선고를 받고 가지금을 지급한 뒤, 항소하여 5억을 지급하기로 화해가 된 사안에서, 항소인이 가지급금 반환에 관한 신청을 하지 않아 화해조항에 가지급금 반환에 관한 사항이 포함되지 않아 가지급금 반환의 집행권원을 얻기 위하여 다시 부당이득반환청구의 소를 제기하여야 하는 불편을 겪게 된 사례가 있음). 상소심절차에서 하는 가지급물반환 신청은 후발적 병합소송의 일종으로 예비적 반소의 성질을 가진다(가집행의 선고가 붙은 제1심판결에 대하여 피고가 항소를 하였지만 피고의 항소가

---

30) 1993. 4.23. 93다3165.
31) 1993. 3.29. 93마246,247.
32) 1979. 9.11. 79다1123.

기각된 사건에서 항소심 법원이 따로 가지급물반환 신청에 대한 판단을 하지 아니한 것은 적법하다).[33] 신청의 이유로서 주장하는 사실관계에 대하여 당사자 사이에 다툼이 없어 사실심리를 요하지 아니하는 경우를 제외하고는, 가집행선고로 인한 지급물의 반환신청은 상고심에서는 원칙적으로 허용되지 아니한다.[34] 가집행선고의 실효에 따른 원상회복과 손해배상책임은 가집행채권자가 실효될 수도 있는 가집행선고에 기해 집행하기로 스스로 내린 결정에서 비롯된 것이므로 자기책임원리에 위반된다고 볼 수 없다.[35]

2관 소송비용 부담에 관한 재판

8-24 1. 소송비용의 의의

소송비용이란 소송당사자가 현실적으로 소송에서 지출한 비용 중 법령이 정하는 범위의 비용을 말한다. 소송비용은 재판비용과 당사자비용으로 나뉜다.

(1) 재판비용

인지액, 송달료, 공고비, 증인 등의 여비 등 재판을 위하여 필요한 비용을 말한다. 법원은 당사자에게 재판비용을 예납하게 할 수 있고(116조 1항), 불응하는 경우 그 소송행위를 하지 아니할 수 있다(116조 2항).

(2) 당사자비용

변호사 보수, 서류작성비용, 여비 등 당사자가 소송수행을 위하여 지출하는 비용을 말한다.

제109조 (변호사의 보수와 소송비용) ① 소송을 대리한 변호사에게 당사자가 지급하였거나 지급할 보수는 대법원규칙이 정하는 금액의 범위안에서 소송비용으로 인정한다.
② 제1항의 소송비용을 계산할 때에는 여러 변호사가 소송을 대리하였더라도 한 변호사가 대리한 것으로 본다.

8-25 2. 소송비용의 부담

(1) 패소자 부담원칙

소송비용은 원칙적으로 패소한 당사자가 부담한다(98조). 법원은 사정에 따라 승소

---

33) 2005. 1.13. 2004다19647.
34) 1999.11.26. 99다36617.
35) 헌재 2017. 5.25. 2014헌바360. 민사소송법 제215조 제2항 위헌소원.

한 당사자로 하여금 그 권리를 늘리거나 지키는 데 필요하지 아니한 행위로 말미암은 소송비용 또는 상대방의 권리를 늘리거나 지키는 데 필요한 행위로 말미암은 소송비용의 전부나 일부를 부담하게 할 수 있다(99조). 당사자가 적당한 시기에 공격이나 방어의 방법을 제출하지 아니하였거나, 기일이나 기간의 준수를 게을리 하였거나, 그 밖에 당사자가 책임져야 할 사유로 소송이 지연된 때에는 법원은 지연됨으로 말미암은 소송비용의 전부나 일부를 승소한 당사자에게 부담하게 할 수 있다(100조).

(2) 부담비율 재판

1) 일부패소의 경우

일부패소의 경우에 당사자들이 부담할 소송비용은 법원이 정한다. 이때 각 당사자가 부담할 소송비용을 반드시 청구액과 인용액의 비율에 따라 정하여야 하는 것은 아니다(*2021. 법원직). 사정에 따라 한 쪽 당사자에게 소송비용의 전부를 부담하게 할 수도 있다(101조).

2) 공동소송의 경우

공동소송인은 소송비용을 균등하게 부담한다. 다만, 법원은 사정에 따라 공동소송인에게 소송비용을 연대하여 부담하게 하거나 다른 방법으로 부담하게 할 수 있다(102조 1항). 나아가, 법원은 권리를 늘리거나 지키는 데 필요하지 아니한 행위로 생긴 소송비용은 그 행위를 한 당사자에게 부담하게 할 수 있다(102조 2항).

3) 참가소송의 경우

참가소송비용에 대한 참가인과 상대방 사이의 부담과, 참가이의신청의 소송비용에 대한 참가인과 이의신청 당사자 사이의 부담에 대하여도 위와 같은 방법에 의한다(103조).

4) 각 심급의 소송비용 재판 및 소송 총비용의 재판

법원은 사건을 완결하는 재판에서 직권으로 그 심급의 소송비용 전부에 대하여 재판하여야 한다(104조 본문). 다만 사정에 따라 사건의 일부나 중간의 다툼에 관한 재판에서 그 비용에 대한 재판을 할 수 있다(104조 단서). 상급법원이 본안의 재판을 바꾸는 경우 또는 사건을 환송받거나 이송 받은 법원이 그 사건을 완결하는 재판을 하는 경우에는 소송의 총비용에 대하여 재판하여야 한다(105조). 예컨대, 항소심에서 1심을 취소하고 원고의 청구를 기각하는 판결을 하는 경우, "1심 판결을 취소한다. 원고(피항소인)의 청구를 기각한다. 소송비용은 제1,2심 모두 원고(피항소인)의 부담으로 한다."고 재판하며, 상고심에서 원심을 취소하여 원심법원으로 환송하여 원심법원에서 다시 판결을 하는 경우, "소송 총비용(환송 전 원심판결, 환송판결, 환송 후 판결까지의 소송총비용)은 피고(또는 원고)의 부담으로 한다."고 재판한다.[36] 그러나, 소송비용은 심급마다 재판하는 것이 원칙(104조 본문)이므로 상급법원에서 상소를 각하 또는 기각하는 때에는 상소심에서 발생한 소송비용에 대해서만 재판한다. 예컨대, 항소를 기각하는 경우, "항소인의 항소를 기각한다. 항소심에서의 소송비용은 항소인의 부담으로 한다."고 재판한다.

5) 제3자의 비용상환, 무권대리인의 비용부담

법정대리인·소송대리인·법원사무관 등이나 집행관이 고의 또는 중대한 과실로 쓸데없는 비용을 지급하게 한 경우에는 수소법원은 직권으로 또는 당사자의 신청에 따라 그에게 비용을 갚도록 명할 수 있다(107조 1항). 법정대리인 또는 소송대리인으로서 소송행위를 한 사람이 그 대리권 또는 소송행위에 필요한 권한을 받았음을 증명하지 못하거나, 추인을 받지 못한 경우에 그 소송행위로 말미암아 발생한 소송비용에 대하여도 수소법원은 직권으로 또는 당사자의 신청에 따라 그에게 비용을 갚도록 명할 수 있다(107조 2항). 이 경우에 소가 각하된 경우에는 소송비용은 그 소송행위를 한 무권대리인이 부담한다(108조). 소송대리인은 자신에게 비용부담을 명한 재판에 대하여 재판의 형식에 관계없이 즉시항고나 재항고에 의하여 불복할 수 있다(107조 3항).

(3) 재판 및 불복

법원은 종국판결의 주문에서 직권으로 소송비용의 부담비율에 대하여 정한다. 소송비용부담의 재판에 대하여는 독립하여 상소할 수 없다(391조, 425조).[37]

8-26 3. 소송비용액의 확정

제110조 (소송비용액의 확정결정)

① 소송비용의 부담을 정하는 재판에서 그 액수가 정하여지지 아니한 경우에 제1심 법원은 그 재판이 확정되거나, 소송비용부담의 재판이 집행력을 갖게 된 후에 당사자의 신청을 받아 결정으로 그 소송비용액을 확정한다.
② 제1항의 확정결정을 신청할 때에는 비용계산서, 그 등본과 비용액을 소명하는 데 필요한 서면을 제출하여야 한다.
③ 제1항의 결정에 대하여는 즉시항고를 할 수 있다.

---

36) 1993. 9.22. 93마1232.
37) 위 조항이 위헌법률이 아니라는 점은 헌재 1996. 2.29. 92헌바8 참조.

(1) 확정결정의 신청

판결에 부수하여 하는 소송비용에 대한 재판에서는 그 부담자와 부담비율 만을 정하고 구체적 액수를 정하지 않는 것이 일반적이다. 소송비용의 부담을 정하는 재판에서 그 액수가 정하여지지 아니한 경우에 당사자는 제1심 법원에 서면으로 소송비용액의 확정신청을 하여야 하고, 1심법원은 당사자의 신청을 받아 결정으로 그 소송비용액을 확정한다(110조 1항. 규칙 18조)(*2017. 법원직. 본안재판이 완결될 당시의 법원에 한다(×)). 소송비용확정신청은 소송비용에 관한 재판이 확정되거나, 확정되지 않은 경우라고 하더라도 소송비용부담의 재판이 집행력을 갖게 된 때(예컨대, 소송비용부담의 재판 자체에 가집행선고가 붙거나, 가압류·가처분 결정에 소송비용부담의 주문이 있는 경우)에는 할 수 있다(110조 1항)(*2015. 법원직). 소송비용부담의 재판 뒤에 비용부담 의무자의 사망 등으로 승계가 있는 경우 그 승계인을 상대로 소송비용액확정신청을 하기 위해서는 승계집행문(민사집행법 31조)을 부여받아야 한다.[38] (*2018. 법원직) 신청을 할 때에는 비용계산서, 그 등본과 비용액을 소명하는 데 필요한 서면을 제출하여야 한다(110조 2항).

(2) 확정결정의 절차 및 효력

1) 소송비용 확정결정절차에서는 사법보좌관이 법원의 업무를 담당한다(법원조직법 54조 2항 1호). 이 결정에 대해서는 즉시항고 할 수 있으며(110조 3항), 항고에 앞서 사법보좌관의 결정에 대하여 수소법원에 이의신청을 한다(사법보좌관규칙 4조). 지방법원 합의부가 재판한 민사합의사건에 관한 소송비용액 확정신청에 대하여 한 사법보좌관의 처분을 지방법원 합의부가 아닌 단독판사가 인가한 것은 전속관할 위반이다.[39] 소송비용액확정 결정절차에서는 상환할 소송비용의 액수를 정할 수 있을 뿐이고, 소송비용부담재판에서 확정한 상환의무 자체의 범위를 심리·판단하거나 변경할 수 없다.[40] 소송비용액의 확정신청이 있으면 법원은 법원사무관등에게 소송비용액을 계산하게 하여야 한다(115조).

2) 이 결정이 확정되면 기판력이 생긴다. 위와 같은 절차를 통하지 아니하고 별도로 소송비용청구의 소를 제기하는 것은 권리보호자격이 인정되지 않으므로 할 수 없다.[41] (*2007-1. 법원직) 소송비용액상환의무는 이 결정이 확정됨으로써 비로소 이행기가 도래

---

38) 2009. 8. 4. 2009마897.
39) 2008. 3.31. 2006마1488.
40) 2002. 9.23. 2000마5257.
41) 2000. 5.12. 99다68577.

하고, 채무자가 그 이행기가 도래하였음을 안 때로부터 지체책임을 진다.[42]

8-27
4. 소송이 재판에 의하지 아니하고 끝난 경우

(1) 화해한 경우

1) 화해비용과 소송비용의 부담에 대하여 특별히 정한 바가 없으면 그 비용은 당사자들이 각자 부담한다(106조). (*2012. 법원직. 당사자들이 균등하게 부담한다(×))

2) 당사자가 소송비용부담의 원칙만을 정하고 그 액수를 정하지 아니한 때에는 사건을 완결한 화해법원은 소송비용액의 확정결정절차를 준용하여 당사자의 신청에 따라 결정으로 그 액수를 정하여야 한다(113조).

(2) 그 밖의 경우

그 밖에 소의 취하, 청구의 포기 인낙 등으로 소송이 재판에 의하지 아니하고 종료된 경우에는 당해소송이 완결될 당시 소송이 계속되었던 법원은 소송비용액의 확정결정절차를 준용하여 당사자의 신청에 따라 결정으로 소송비용의 액수를 정하고, 이를 부담하도록 명하여야 한다(114조). 이처럼 소송이 재판에 의하지 아니하고 완결된 경우에 당사자가 소송비용을 상환받기 위하여서는 당해 소송이 완결될 당시의 소송계속법원에 소송비용부담재판의 신청을 하여야 하고 이를 제1심수소법원에 소송비용액확정결정신청의 방법으로 할 수는 없다.[43] 항소심에서 소취하가 된 경우에는 제1심을 포함한 총 소송비용에 관하여 항소심 법원에 소송비용 부담의 재판과 소송비용액확정을 신청하여야 한다(*2017. 법원직). 소의 일부가 취하되거나 청구가 감축된 경우 당사자가 일부 취하되거나 청구가 감축된 부분에 해당하는 소송비용을 상환받기 위하여는 일부 취하되거나 감축되어 그 부분만이 종결될 당시의 소송계속법원에 종국판결과는 별개의 절차로서의 소송비용부담재판의 신청을 하여야 한다.[44]

8-28
5. 소송비용의 담보 및 소송구조

1) 원고가 우리나라에 주소 등을 두지 아니한 때, 또는 소장 등에 의하여 원고의 청구가 이유 없음이 명백한 때에는 피고의 신청이 있으면 법원은 원고에게 소송비용에 대한 담보를 제공하도록 명하여야 한다(117조 1항). 법원은 위와 같은 경우 직권으로 담

---

42) 2008. 7.10. 2008다10051.
43) 1992.11.30. 90마1003.
44) 1999. 8.25. 97마3132; 2017. 2. 7. 2016마937 [소송비용액확정].

보제공명령을 할 수도 있다(117조 2항). (⇒ 2-55)

2) 법원은 소송비용을 지출할 자금능력이 부족한 사람의 신청에 따라 또는 직권으로 소송구조(訴訟救助)를 할 수 있다(128조). (⇒ 2-56)

5절 판결의 확정

1. 확정의 의의 8-29

법원의 판결에 대하여 상소 없이 상소기간이 도과하든가 상고심에서 판결이 선고되는 경우 그 판결에 대해서는 더 이상 통상의 불복절차로 불복할 수 없게 된다. 이와 같은 경우에 그 판결이 확정되었다고 한다(확정된 판결에 대해서도 비상의 불복절차로서 일정한 경우에 재심은 할 수 있다). 판결이 확정되면 당해 소송은 종료된다. 판결이 확정되면 형식적 확정력, 실질적 확정력(기판력) 등 여러 효력이 생기게 된다.

2. 확정시기

(1) 선고와 동시 8-30

1) 상고심의 판결은 통상의 불복방법이 없으므로 선고와 동시에 확정된다. 상고기각판결의 경우 상고심판결은 물론 원판결도 선고와 동시에 확정된다. 상고심에서 파기환송판결을 하는 경우 상고심의 판결 그 자체는 선고와 동시에 확정되나(파기환송판결이 중간판결이 아니라 종국판결이라는 것이 판례임), 원판결(파기 환송되는 항소심판결)은 상고심판결의 선고로 확정되는 것이 아니다. 불상소의 합의가 판결 선고 전부터 있으면 상소권이 발생하지 않으므로 판결은 선고와 동시에 확정된다.

2) 제권판결에 대하여는 상소를 하지 못하므로 제권판결은 원칙적으로 선고와 동시에 확정된다(490조 1항). 다만, 그 판결에 중대한 위법이 있는데도 시정의 수단을 부여하지 않는다는 것은 정의에 반하므로 법은 일정한 사유가 있는 때에 한하여 신청인에 대한 소로써 대법원에 불복의 소를 제기할 수 있도록 하고 있다(490조 2항).

(2) 상소기간만료시·상소기각판결확정시 8-31

상소기간 내에 상소를 제기하지 않았거나, 상소를 제기하였으나 상소를 취하한 경우,[45] 상소를 제기하였으나 상소장 각하명령이 있거나 상소각하 판결이 확정된 경우[46]

에는 상소기간 만료시점에 원판결이 확정된다. 1심을 취소하고 환송하는 항소심 판결의 경우, 항소심 판결이 확정되면 1심판결이 확정적으로 취소된다. 상소기각판결의 경우 상소기각판결이 확정될 때 그와 함께 원판결도 확정된다

8-32 **(3) 불상소 합의·상소권 포기시**

판결선고 후 불상소의 합의가 이루어지는 경우는 그 합의가 성립된 시점에 판결이 확정된다. 1심판결 선고 전에 불상소의 합의가 있으면 1심판결은 선고와 동시에 확정된다. 상소기간 만료 전에 상소권 있는 양당사자가 상소권을 포기한 때에는 포기시에 확정된다. 상대방이 전부 승소하여 항소의 이익이 없는 경우에는 항소권을 가진 패소자만 항소포기를 하면 비록 상대방의 항소기간이 만료하지 않았더라도 제1심판결은 확정되며, 항소를 한 뒤 소송기록이 제1심법원에 있는 동안 제1심법원에 항소권포기서를 제출한 경우에는 제1심법원에 항소권포기서를 제출한 즉시 항소권 포기의 효력이 발생한다.[47]

9-33 **(4) 일부불복(일부상소)의 경우**

(문) 원고가 말소등기청구와 금원지급청구의 병합소를 제기하여 전부 기각판결 받고, 그 중 말소등기청구부분에만 상소를 한 경우, 금원지급청구부분은 언제 확정되는가?

위와 같은 경우 대법원 판례는, 수개의 청구를 모두 기각한 제1심판결에 대하여 원고가 그중 일부의 청구에 대하여만 항소를 제기한 경우, 항소되지 않았던 나머지 부분도 항소로 인하여 확정이 차단되고 항소심에 이심은 되나(이를 상소불가분의 원칙이라고 한다), 원고가 그 변론종결시까지 항소취지를 확장하지 아니하는 한 나머지 부분에 관하여는 원고가 불복한 바가 없어 항소심의 심판대상이 되지 아니하므로 항소심으로서는 원고의 수개의 청구 중 항소하지 아니한 부분을 다시 인용할 수는 없다.[48] 이전등기말소청구와 금원지급청구를 모두 기각한 제1심판결에 대하여 원고가 말소청구 부분에 관하여만 항소하였을 뿐 그 변론종결시까지 항소취지를 확장한 바 없다면 항소심의 심판범위는 말소등기청구 부분에 한하고 금원지급청구 부분은 항소심판결의 선고와 동시에 확정된다고 한다.[49] (*2010. 2017. 법원직) (이러한 경우에 대한 학설은 상소심변론종결시

---

45) 2017. 9.21. 2017다233931. [329]
46) 2014.10.15. 2013다25781.
47) 2006. 5. 2. 2005마933. [319]
48) 2001. 4.27. 99다30312. [327]

설, 상소심판결선고시설, 상고심판결선고시설 등이 있다. ⇒ 9-7)

3. 확정판결의 효력

(1) 형식적 확정력 8-34

판결이 확정되면 그 판결은 당해소송절차에서는 더 이상 취소 또는 변경될 가능성이 없게 된다. 이와 같이 확정된 판결이 갖는 당해소송절차에서의 불가변경성(취소불가능성)을 형식적 확정력이라고 한다. 확정된 판결의 구체적 내용에 따른 효력이 아니라 단지 취소되거나 변경될 수 없다는 형식적 효력이므로 형식적 확정력이라고 한다.

(2) 기판력(실질적 확정력) 8-35

판결이 확정되면 확정된 판결의 내용은 후소 법원에 대해서도 실질적으로 어떤 효력을 갖게 된다. 이와 같이 형식적으로 확정된 판결이 후소 법원에 대하여 갖는 구속력을 기판력이라고 한다(기판력에 대해서 자세한 것은 제5절에서 따로 설명한다).

(3) 집 행 력 8-36

넓은 의미의 집행력은 강제집행의 방법이 아니더라도 국가기관에 의하여 판결의 내용에 적합한 상태를 실현할 수 있는 효력(예컨대, 가족관계등기부에 기재하거나 등기부 말소 또는 변경사항을 기재)을 말한다. 이러한 의미의 집행력은 이행판결 뿐만 아니라 확인판결, 형성판결에도 인정된다. 이에 대하여, 좁은 의미의 집행력은 판결이 명하는 이행의무를 민사집행법이 정하는 강제집행절차에 의하여 실현할 수 있는 효력이다. 통상적으로 집행력이라는 용어는 이러한 좁은 의미로 사용되며, 이러한 의미의 집행력은 이행판결에만 인정되는 것이다. 좁은 의미의 집행력이 있는 판결만이 민사집행법상의 집행권원이 된다(민집 제24조). 확정판결의 집행력의 범위는 기판력의 범위와 원칙적으로 일치한다는 것이 통설이다.[50)]

(4) 형 성 력 8-37

형성력이란 형성판결에 인정되는 효력으로서, 형성판결(형성의 소에서 청구인용판결)이 확정됨으로써 형성요건에 대해 기판력이 생김과 동시에 판결내용대로 새로운 법률관계가 형성(발생, 변경, 소멸)되는 효력을 말한다. 형성력에 의하여 새로운 법률관계가 형

---

49) 1994.12.23. 94다44644.

50) 그러나, 집행력의 범위를 기판력의 범위와 동일하게 보아야 할 필연적 이유는 없으며, 기판력과 집행력의 제도의 목적이 다른 점 등에 비추어 독자적으로 파악할 필요가 있다.

성되는 것이므로 그 효과는 판결 당사자 사이에서 뿐만 아니라 제3자에게도 미친다(대세효). 기판력은 언제나 소송법상의 효력임에 반하여, 실체법상 형성의 소에서 형성력은 실체법상의 효력이다.

8-38 (5) 법률요건적 효력

민법 그 밖의 법률에서 판결의 존재를 요건사실로 하여 일정한 실체법적 법률효과의 발생을 규정하는 경우 확정판결은 그러한 법률효과 발생의 법률요건으로서 효력을 갖게 된다. 예컨대, 중단된 시효의 재진행(민법 178조 2항), 가집행선고실효의 판결이 확정되는 경우 원상회복과 손해배상청구권의 발생(215조), 판결의 확정에 의한 공탁물회수청구권의 발생(민법 480조 1항) 등이 확정판결의 법률요건적 효력이다.

[확정판결이 3자에 미치는 효력]

확정판결은 소송당사자 이외에 제3자에게도 일정한 효력을 미친다. 이러한 제3자에 대한 효력의 법적 성격이 어떤 것인가에 대하여는 반사적 효력설, 기판력 확장설, 기판력의 제3자효설, 강한증명력설 등 다양한 학설이 제기되고 있다. 간단히 살펴보기로 한다.

1) 형성판결과 기판력확장 문제

예컨대, 乙 주식회사의 주주 甲이 회사를 상대로 주주총회결의 취소의 소(1소) 제기하여 승소 확정 받은 후, 다른 주주 丙이 다시 회사를 상대로 주주총회결의 취소의 소(2소)를 제기하는 경우, 1소 판결의 기판력이 2소에 미치는 것은 아니다(당사자가 다르므로). 그러므로 2소 법원은 소를 각하해서는 안 되며 본안에 대하여 심리하여야 한다. 1소 법원 확정판결의 형성력에 의하여 결의가 이미 취소된 것이므로, 2소 법원에 1소 판결이 증거로 제출되는 경우 원고의 청구를 기각 하여야 한다(편면적 대세효). 丙이 2소 법원에 1소 법원의 판결을 증거로 제출하지 않고, 독자적으로 주주총회결의 취소 사유가 있다고 주장하였으나 丙의 주장을 입증할 증거가 없는 경우에도 2소 법원은 변론주의에 따라 丙의 청구를 기각 할 수 있다. 이때 2소 법원의 청구기각 판결의 기판력이 제3자에게 확장되어 제3자가 원고가 된 3소 법원을 구속하는 것은 아니다(기판력의 상대효). 1소 판결의 형성력은 이러한 경우에도 3소 법원을 실체법적으로 구속하므로 3소 법원은 2소 법원의 판결에도 불구하고 제1소 확정판결의 존재가 입증되면 결의가 실체법적으로 취소되었다는 전제 아래 판결을 하여야 한다. 이러한 것은 형성판결의 형성력의 대세효에 따른 결과이지 기판력이 제3자에게 확장되기 때문에 그런 것이 아니다. 이와 같이 판결의 효력이 제3자에게 미치는 경우에 제3자의 절차권 보장을 어떻게 할 것인지가 문제된다. 상법은 제3자의 절차권 보장을 위하여 사해재심(상법 406조)을 인정하고 있다.

상법 제190조(판결의 효력)

설립무효의 판결 또는 설립취소의 판결은 제3자에 대하여도 그 효력이 있다.

상법 제376조(결의취소의 소)

① 총회의 소집절차 또는 결의방법이 법령 또는 정관에 위반하거나 현저하게 불공정한 때 또는 그 결의의 내용이 정관에 위반한 때에는 주주·이사 또는 감사는 결의의 날로부터 2월내에 결의취소의 소를 제기할 수 있다.

② … 제191조의 규정은 제1항의 소에 준용한다.

제406조(대표소송과 재심의 소)

① 제403조의 소(*주주의 대표소송)가 제기된 경우에 원고와 피고의 공모로 인하여 소송의 목적인 회사의 권리를 사해할 목적으로써 판결을 하게 한 때에는 회사 또는 주주는 확정한 종국판결에 대하여 재심의 소를 제기할 수 있다.

2) 반사적 효력 인정문제

확정판결의 효력 자체는 당사자에게만 미치는 것이 원칙이나, 판결을 받은 당사자와 실체법상 특수한 의존관계에 있는 제3자에게 판결의 효력이 미치는 경우가 있는데 이를 판결의 반사적 효력이라고 하여 이를 인정하는 것이 다수설이다. 예컨대, 채권자와 주채무자 사이의 소송에서 주채무자가 승소확정판결을 받은 상황에서, 채권자가 보증인을 상대로 보증채무의 이행을 구하는 경우 보증채무의 부종성 때문에 보증인도 채권자와 주채무자 사이의 판결을 원용하여 보증채무의 이행을 거절할 수 있게 되는데 이것을 채권자와 주채무자 사이 확정판결의 반사효라는 것이다. 반사효의 근거와 범위에 대해서는 정설이 없다. 위의 사례에서 채권자와 주채무자 사이의 소송에서 주채무가 부존재하는 것으로 확정된다고 하더라도, 그 확정판결이 당사자를 달리하는 보증인과 채권자 사이의 소송에서 어떤 구속력을 갖게 되는 것은 아니므로 따로 반사적 효력을 인정할 필요가 없다고 생각한다.[51] 반사적 효력이라는 것은 판결을 받은 당사자와 실체법상 특수한 의존관계에 있는 제3자에 대한 사실상의 효력에 불과하지 법적인 효력이 아니며, 후소법원에 대한 사실상의 효력(강한 증명력)이지 후소법원을 구속하는 법적인 효력은 아닌 것이다. 민사재판에 있어서는 다른 민사사건 등의 판결에서 인정된 사실에 구속받는 것이 아니라 할지라도 이미 확정된 관련 민사사건에서 인정된 사실은 특별한 사정이 없는 한 유력한 증거가 되므로, 합리적인 이유 설시 없이 이를 배척할 수 없다고 할 것이다.[52]

51) 호문혁, p.748; 한충수, p.624.
52) 1995. 6.29. 94다47292. [252]

6절 기 판 력

1관 총 설

1. 의 의

전소에 대한 판결이 형식적으로 확정된 상태에서, 다시 동일한 후소가 법원에 제기되는 경우 후소 법원은 어떻게 해야 하는가가 문제된다. 전소법원이 한 확정판결의 판단에 아무런 구속력도 인정하지 않고 후소법원으로 하여금 다시 판결을 하도록 하는 것은 합리적이지 않다. 전소 법원의 확정판결은 후소 법원이 판결을 하는데 어떻게든 영향을 미친다고 하여야 할 것인바, 확정된 판결에서의 판단이 후소 법원에 대하여 갖는 법적구속력을 기판력 또는 실질적 확정력(res judicata, materielle Rechtskraft)이라고 한다.

8-39 ### 2. 이론적 근거

전소 법원의 확정판결에 후소 법원에 대한 구속력을 인정하는 것은 독립된 법원에서 재판받을 권리나 법원의 재판의 독립을 사실상 제한하는 것이 되는데, 그럼에도 불구하고 그러한 구속력을 인정하는 이론적 근거가 무엇인가? 이에 대하여는 법적안정성설과 절차보장설, 2원설 등의 견해가 있다. 법적안정성설은 일사부재리의 원칙 및 모순된 판결이 생길 우려를 기판력 인정의 이론적 근거라고 한다. 절차보장설은 당사자의 절차기본권이 보장된 상태에서 판결이 확정되는 경우에 당사자의 자기책임에서 기판력의 근거를 찾아야 한다는 견해이다. 2원설은 법적안정성과 절차보장 모두에서 기판력 정당화의 근거를 찾아야 한다는 견해이다.

3. 기판력의 본질

> **(문)** 甲이 乙에게 1억 차용해 주었다. 甲이 차용금반환청구의 소(1소)를 제기 하였으나 乙이 소송에서 차용사실을 부인하였고 甲이 이를 증명하지 못해 패소판결이 확정되었다. 甲은 뒤늦게 차용증 찾았다. 甲은 이를 근거로 다시 동일한 소를 제기 할 수 있는가? 패소판결 확정으로 甲의 乙에 대한 실체법상채권이 소멸하는가? 패소판결 확정 후 乙이 甲에게 차용금을 반환하는 경우 변제의 효력이 생기나? 부당이득이 되는가?

8-40 #### (1) 실체적 효력인가 소송법적 효력인가?

기판력의 본질을 실체법적인 것으로 보는 견해와 소송법적인 것으로 보는 견해가 있다.

1) 실체법설

실체법설에 따르면, (문)과 같은 경우 기판력에 의하여 실체법상 권리도 소멸하는 것이라고 한다. 甲이 乙에게 돈을 차용해준 것이 사실이라고 하더라도, 패소판결이 확정되면 실체법상 반환청구권도 소멸한다는 것이다. 오늘날 이를 따르는 견해는 없다.

2) 소송법설

소송법설에 따르면, 위와 같은 경우에 소송법적 효과만 생기지 실체법상의 권리가 소멸하는 효과가 생기는 것 아니라고 한다. 실체법상 권리소멸사유는 실체법에 규정되어 있고 소송법상 기판력에 의하여 실체법상의 권리가 소멸하는 것은 아니라는 것이다. 절차법과 실체법을 엄격히 구분하는 이론적 입장이다. 기판력이란 전소법원의 확정판결이 후소 법원을 구속하는 효력으로서, 패소판결이 확정되면 그 효과로 실체법상의 권리를 더 이상 절차법(소송법)적으로 행사할 수 없게 되는 것이지, 실체법상의 권리 자체가 소멸되는 것은 아니라고 한다. 오늘날은 소송법설이 통설이다. 판례도 소송법설의 입장을 취한다.[53]

(2) 반복금지인가 모순금지인가? 8-41

기판력의 본질을 소송법적인 것으로 보는 입장은 다시 이를 반복금지로 보는 견해와 모순금지로 보는 견해로 나뉜다.

1) 반복금지설

이에 따르면, 기판력은 반복하여 소를 제기하는 것을 금하는 효력 즉 일사부재리의 원칙에 상응하는 것이다. 기판력 있는 판결이 있음에도 다시 소를 제기하는 것은 소송요건 흠결로 부적법한 소의 제기가 된다. 기판력 있는 판결이 없어야 하는 것이 하나의 독립한 소송요건이므로, 기판력에 저촉되는 소를 제기하는 경우 그 자체가 독자적인 소송요건 흠결이 되므로 소를 각하 하여야 한다.

2) 모순금지설

이에 따르면, 기판력은 반복하여 소를 제기하는 것을 금하는 것은 아니며 다만 모순된 판결을 금하는 것이다. 기판력 있는 판결이 없어야 한다는 것이 독립된 소송요건은

---

53) 2019. 10. 17. 2014다46778. 이 판례에 대한 평석은 정선주, "확정된 인도판결과 기판력-대법원 2019.10. 1. 선고 2014다46778 판결에 대한 비판적 고찰", 민사소송 제25권 제3호(2021. 10.) 참조.

아니므로, 기판력 있는 판결이 있음에도 반복하여 동일한 소를 제기한다고 하여 그것만으로 소송요건이 흠결된다고 하여 각하 할 수는 없다. 그렇지만, 후소법원은 전소판결과 모순된 판결을 할 수 없어 당연히 전소판결과 같은 판결을 하여야 하므로, 특별한 사정이 없으면 기판력에 저촉되는 후소는 권리보호요건(소의 이익)이 없어 각하하여야 한다.

3) 판례의 입장

판례는 기본적으로 모순금지설의 입장에서 설시하는 듯하나, 원고패소 판결의 기판력에 저촉되는 후소의 경우 청구를 기각하고(이러한 경우도 소의 이익이 없으므로 소를 각하하여야 한다는 모순금지설과는 다름),[54] 원고승소판결의 기판력에 저촉되는 후소에 대해서는 권리보호의 이익이 없다는 이유로 소를 각하하여야 한다고 한다.[55]

2관 기판력 있는 재판

8-42 1. 확정된 종국판결

1) 확정된 본안판결에 기판력이 생긴다는 데는 의문의 여지가 없다. 청구인용판결인지 청구기각판결인지를 가리지 않는다. 이행판결, 확인판결, 형성판결 모두 기판력이 생긴다.

2) 확정된 소송판결에도 소송요건 흠결 여부에 대한 판단에는 기판력이 생긴다.[56] 그러므로 소송요건의 흠결을 이유로 하는 소각하 판결이 확정된 경우 소송요건의 흠결을 보완하지 않고 다시 동일한 내용의 소를 제기하는 경우 후소는 전소의 기판력에 저촉된다. 그러나 흠결된 소송요건을 보완하여 다시 소를 제기하는 것은 가능하다.[57]

8-43 2. 결정·명령 – 예외적

기판력은 원칙적으로 확정된 판결의 효력으로 인정되는 것이지만, 예외적으로 결정이나 명령 형식의 재판에도, 확정된 소송비용액확정결정(110조)같은 경우에는 기판력이

---

54) 1976.12.14. 76다1488; 1989. 6.27. 87다카2478. [219]

55) 2009.12.24. 2009다64215; 2016. 9.28. 2016다13482.

56) 2001. 1.16. 2000다41349. [342] (갑이 을을 대위하여 병을 상대로 취득시효 완성을 원인으로 한 소유권이전등기 소송을 제기하였다가 을을 대위할 피보전채권의 부존재를 이유로 소각하 판결을 선고받고 확정된 후, 병이 제기한 토지인도 소송에서 갑이 다시 위와 같은 권리가 있음을 항변사유로서 주장하는 것은 전소판결의 판단과 서로 모순관계가 되므로 기판력에 저촉되어 허용될 수 없다고 한 사례).

57) 2003. 4. 8. 2002다70181. [225]

인정되다는 것이 통설이다.[58] 가압류·가처분 사건의 결정이 확정되는 경우에 피보전권리의 존부에 대한 판단에 기판력이 생기는 것은 아니나(민사집행법 개정을 통하여 가압류·가처분 결정에 대한 이의에 대한 재판을 판결형식에서 결정형식으로 변경하였다. 법 개정 전에 대법원은 가압류 이의신청 등에 대한 판결이 확정되더라도 피보전권리의 존부에 대한 판단에 기판력이 생기지 않는다고 하였다), 뒤에 같은 사실, 같은 요건 아래 제기되는 신청에 관하여 다시 재판할 수 없다는 의미에서의 (제한된)기판력은 생긴다.[59]

3. 확정판결과 같은 효력이 있는 것 8-44

재판은 아니지만 법에 의하여 확정판결과 같은 효력이 인정되는, 일정한 내용이 기재된 법원의 문서나 조서 등에도 기판력을 인정할 수 있는 것들이 있다. 화해조서, 청구의 포기·인낙조서(220조), 민사조정조서(민조 29조), 가사조정조서(가소 59조), 중재판정(중재법 35조), 채권자표의 기재(채무자 회생 및 파산에 관한 법률 460, 535, 603조 3항 등) 등이 그 예이다. 확정된 이행권고결정(소액사건심판법 5조의 7, 5조의 8 3항), 확정된 지급명령(474조)은 확정판결과 같은 효력을 가진다고 규정되어 있으나, 기판력은 인정되지 않는다는 것이 통설과 판례이다.

> "소액사건심판법 제5조의7 제1항은 이행권고결정에 관하여 피고가 일정한 기간 내 이의신청을 하지 아니하거나 이의신청에 대한 각하결정이 확정된 때 또는 이의신청이 취하된 때에는 그 이행권고결정은 확정판결과 같은 효력을 가진다고 규정하고 있다. 그러나 확정판결에 대한 청구이의 이유를 변론이 종결된 뒤(변론 없이 한 판결의 경우에는 판결이 선고된 뒤)에 생긴 것으로 한정하고 있는 민사집행법 제44조 제2항과는 달리, 소액사건심판법 제5조의8 제3항은 이행권고결정에 대한 청구에 관한 이의의 주장에 관하여는 위 민사집행법 규정에 의한 제한을 받지 아니한다고 규정하고 있으므로, 확정된 이행권고결정에 관하여는 그 결정 전에 생긴 사유도 청구에 관한 이의의 소에서 주장할 수 있다. 이에 비추어 보면 위 소액사건심판법 규정들의 취지는 확정된 이행권고결정에 확정판결이 가지는 효력 중 기판력을 제외한 나머지 효력인 집행력 및 법률요건적 효력 등의 부수적 효력을 인정하는 것이고, 기판력까지 인정하는 것은 아니다."[60]

4. 외국법원의 확정재판 8-45

제217조 (외국재판의 승인) ⇐ 외국판결의 승인

① 외국법원의 확정판결 또는 이와 동일한 효력이 인정되는 재판(이하 "확정재판등"이라 한다)은 다

---

58) '실체관계를 종국적으로 판단하여 그 효과가 소송 밖으로 미치는 경우' 기판력이 인정된다고 한다; 호문혁, p.692.

59) 호문혁, p.692.

60) 2009. 5.14. 2006다34190.

음 각호의 요건을 모두 갖추어야 승인된다. 〈개정 2014.5.20〉
1. 대한민국의 법령 또는 조약에 따른 국제재판관할의 원칙상 그 외국법원의 국제재판관할권이 인정될 것
2. 패소한 피고가 소장 또는 이에 준하는 서면 및 기일통지서나 명령을 적법한 방식에 따라 방어에 필요한 시간여유를 두고 송달받았거나(공시송달이나 이와 비슷한 송달에 의한 경우를 제외한다) 송달받지 아니하였더라도 소송에 응하였을 것
3. 그 확정재판등의 내용 및 소송절차에 비추어 그 확정재판등의 승인이 대한민국의 선량한 풍속이나 그 밖의 사회질서에 어긋나지 아니할 것
4. 상호보증이 있거나 대한민국과 그 외국법원이 속하는 국가에 있어 확정재판등의 승인요건이 현저히 균형을 상실하지 아니하고 중요한 점에서 실질적으로 차이가 없을 것

② 법원은 제1항의 요건이 충족되었는지에 관하여 직권으로 조사하여야 한다. 〈신설 2014.5.20〉

제217조의2 (손해배상에 관한 확정재판 등의 승인)

① 법원은 손해배상에 관한 확정재판등이 대한민국의 법률 또는 대한민국이 체결한 국제조약의 기본질서에 현저히 반하는 결과를 초래할 경우에는 해당 확정재판등의 전부 또는 일부를 승인할 수 없다.
② 법원은 제1항의 요건을 심리할 때에는 외국법원이 인정한 손해배상의 범위에 변호사보수를 비롯한 소송과 관련된 비용과 경비가 포함되는지와 그 범위를 고려하여야 한다.
[본조신설 2014.5.20]

(1) 외국재판의 승인

1) 외국법원의 확정판결 또는 이와 동일한 효력이 인정되는 재판("확정재판등")은 일정한 요건을 모두 갖추면 우리나라에서 승인이 되어 기판력을 인정받는다. 2014. 5.20. 개정 전에는 '외국법원의 확정판결'이라고 만 규정하여 외국법원의 '판결'만이 승인의 대상이었으나, 오늘날 외국의 보전재판에 대한 승인 및 집행이 주요 쟁점으로 등장하면서 법을 개정하여 승인의 대상이 되는 외국법원의 '재판'의 범위를 확장하였다.

2) 승인의 요건을 갖춘 외국의 확정재판등은 우리나라에서 당연히 효력을 갖는다. 그러나, 외국법원의 확정재판등을 우리나라에서 집행하기 위해서는 따로 집행판결을 받아야 한다(민집 26조, 27조).

(2) 승인의 요건

1) 국제재판관할

그 외국법원이 우리나라의 국제사법에 따른 국제재판관할(간접관할)을 갖는 법원이어야 한다(217조 1항 1조).

2) 적법한 송달 등

패소한 피고가 소장 등을 적법한 방식에 따라 송달받았을 것 또는 적법한 방식에

따라 송달받지 아니하였더라도 소송에 응하였어야 한다(217조 1항 2호). 이를 요구하는 것은 소송에서 방어의 기회를 얻지 못하고 패소한 피고를 보호하려는 데 그 목적이 있다. 이때의 송달이란 보충송달이나 우편송달이 아닌 통상의 송달방법에 의한 송달을 의미하며, 그 송달은 적법한 것이라야 한다.[61] 법정지인 재판국에서 피고에게 방어할 기회를 부여하기 위하여 규정한 송달에 관한 방식, 절차를 따르지 아니한 경우에는 적법한 방식에 따른 송달이 이루어졌다고 할 수 없다(법정지인 미국 워싱턴주 법에 따르면 60일간의 응소기간을 부여한 소환장(summon)을 송달하여야 함에도 원고가 피고에게 20일간의 응소기간을 부여하는 소환장을 송달하였고 법원은 피고가 응소하지 않자 결석재판을 하였고, 그 워싱턴주 판결에 기하여 대한민국에서 집행판결을 신청한 사건).[62] (*2018. 법원직) 법정지인 재판국에서 피고에게 방어할 기회를 부여하기 위하여 규정한 송달에 관한 방식과 절차를 따르지 아니한 경우에도, 패소한 피고가 당해 외국법원의 소송절차에서 실제로 자신의 이익을 방어할 기회를 가졌다고 볼 수 있는 때는 민사소송법 제217조 제1항 제2호에서 말하는 피고의 응소가 있는 것으로 봄이 타당하다.[63]

3) 공서양속

확정재판 등을 승인한 결과가 대한민국의 선량한 풍속이나 그 밖의 사회질서에 어긋나지 않아야 한다(217조 1항 3호). 외국판결의 효력을 인정하는 것, 즉 외국판결을 승인한 결과가 대한민국의 선량한 풍속이나 그 밖의 사회질서에 어긋나는지는 그 승인 여부를 판단하는 시점에서 외국판결의 승인이 대한민국의 국내법 질서가 보호하려는 기본적인 도덕적 신념과 사회질서에 미치는 영향을 외국판결이 다룬 사안과 대한민국과의 관련성의 정도에 비추어 판단하여야 하고, 이때 그 외국판결의 주문뿐 아니라 이유 및 외국판결을 승인할 경우 발생할 결과까지 종합하여 검토하여야 한다(일본에서 패소 확정된 강제징용피해 손배사건 불승인 사례. 일본의 판결이유는 "징용이 강제연행이 아니다"라는 것인데 이는 대한민국의 헌법정신과 양립불가하다고 판단함).[64]

4) 상호보증 또는 승인요건의 대등

상호보증이 있거나, 대한민국과 그 외국법원이 속하는 국가에 있어 확정재판 등의 승인요건이 현저히 균형을 상실하지 아니하고 중요한 점에서 실질적으로 차이가 없어야 한다(217조 1항 4호, 후단부분은 2014. 법개정시 추가됨). 상호보증 등은 외국의 법령, 판

61) 1992. 7.14. 92다2585 [외국판결에대한집행판결].
62) 2010. 7.22. 2008다31089.
63) 2016. 1.28. 2015다207747.
64) 2012. 5.24. 2009다22549.

례 및 관례 등에 의하여 승인요건을 비교하여 인정되면 충분하고 반드시 그 외국과 조약이 체결되어 있을 필요는 없다고 할 것이다.

"호주국의 보통법상으로는 승인요건이 갖추어진 경우라 하더라도 외국판결 자체를 승인하는 것이 아니라 외국판결에 의하여 확정된 의무의 존재를 인정하는 것이고, 따라서 이를 집행하기 위해서는 단순히 집행판결을 구하는 것이 아니라 그것을 청구원인으로 하여 일반소송절차에 따라 소를 제기하고 새로운 판결을 받아야 하므로, 형식적 심판만으로 외국판결을 승인하고 있는 우리나라와는 상호보증이 존재하지 아니한다."[65)]

5) 승인요건의 직권조사

법원은 외국재판 등의 승인요건이 충족되었는지에 관하여 직권으로 조사하여야 한다(217조 2항). 승인요건의 충족은 기판력의 발생요건이므로 직권으로 조사하여야 한다는 점을 2014. 법 개정시 명백히 한 것이다.

"피청구인이 청구인을 상대로 이 사건 반심청구와 같은 내용을 포함하는 심판청구를 제기하여 승소한 뉴욕주법원의 위 확정판결이 이 사건에 현출된 이상 원심으로서는 위 확정판결이 우리나라에서 승인의 요건이 구비되어 그 판결의 효력이 인정됨으로써 피청구인의 이 사건 반심청구가 그 판결의 기판력에 저촉되어 권리보호의 요건을 갖추지 못하였는지 여부를 심리, 판단했어야 할텐데 이에 이르지 아니한 것은 외국법원의 확정판결의 효력에 관한 법리를 오해한 위법을 저지른 것이라 할 것이다."[66)]

(3) 손해배상에 관한 확정재판 등의 승인

1) 법원은 손해배상에 관한 확정재판 등이 대한민국의 법률 또는 대한민국이 체결한 국제조약의 기본질서에 현저히 반하는 결과를 초래할 경우에는 해당 확정재판 등의 전부 또는 일부를 승인할 수 없다(217조의2 1항).

2) 이는 징벌적 손해배상과 같이 손해전보의 범위를 초과하는 배상액의 지급을 명한 외국법원의 확정판결 또는 이와 동일한 효력이 인정되는 재판(이하 '확정재판 등'이라 한다)의 승인을 적정 범위로 제한하기 위하여 마련된 규정이므로, 외국법원의 확정재판 등이 당사자가 실제로 입은 손해를 전보하는 손해배상을 명하는 경우에는 민사소송법 제217조의2 제1항을 근거로 승인을 제한할 수 없다.[67)] (*2016. 법원직)

---

65) 1987. 4.28. 85다카1767.
66) 1987. 4.14. 86므57,86므58 [이혼,위자료].
67) 2015.10.15. 2015다1284.

3관 기판력의 범위

1. 기판력의 객관적 범위

(1) 기판력이 생기는 판단(발생범위)

1) 판결주문의 판단 8-46

(가) 민사소송법은 "확정판결은 주문에 포함된 것에 한하여 기판력을 가진다"(216조 1항)고 규정하고 있다. 따라서 판결이유 중의 판단(판결이유 중의 사실인정, 선결적 법률관계에 대한 판단, 동시이행의 항변 등 각종 항변에 대한 판단 등)에 대해서는 원칙적으로 기판력이 발생하지 않는다.

(나) 판결주문의 판단은 소송물에 대한 판단을 의미한다고 할 수 있으므로, 기판력의 객관적 발생범위는 결국 소송물의 범위와 원칙적으로 일치한다(⇒ 2-20).

[판례연구]

대법원 2001. 9. 20. 선고 99다37894 전원합의체 판결 [소유권이전등기] (⇒ 2-28)

[다수의견] 진정한 등기명의의 회복을 위한 소유권이전등기청구는 이미 자기 앞으로 소유권을 표상하는 등기가 되어 있었거나 법률에 의하여 소유권을 취득한 자가 진정한 등기명의를 회복하기 위한 방법으로 현재의 등기명의인을 상대로 그 등기의 말소를 구하는 것에 갈음하여 허용되는 것인데, 말소등기에 갈음하여 허용되는 진정명의회복을 원인으로 한 소유권이전등기청구권과 무효등기의 말소청구권은 어느 것이나 진정한 소유자의 등기명의를 회복하기 위한 것으로서 실질적으로 그 목적이 동일하고, 두 청구권 모두 소유권에 기한 방해배제청구권으로서 그 법적 근거와 성질이 동일하므로, 비록 전자는 이전등기, 후자는 말소등기의 형식을 취하고 있다고 하더라도 그 소송물은 실질상 동일한 것으로 보아야 하고, 따라서 소유권이전등기말소청구소송에서 패소확정판결을 받았다면 그 기판력은 그 후 제기된 진정명의회복을 원인으로 한 소유권이전등기청구소송에도 미친다.

[반대의견] 기판력의 범위를 결정하는 소송물은 원고의 청구취지와 청구원인에 의하여 특정되는 것으로서, 사실관계나 법적 주장을 떠나서 청구취지가 다르다면 소송물이 같다고 할 수 없을 것인바, 소유권이전등기말소등기청구소송과 진정명의회복을 위한 소유권이전등기청구소송은 우선 그 청구취지가 다르므로, 이러한 법리의 적용을 배제할 만한 상당한 법적 근거가 없다면 각각의 소송물이 다르다고 보아야 한다. 이 두 소송에서 말소등기청구권과 이전등기청구권이 실질적으로는 동일한 목적을 달성하기 위한 것이라 하더라도 각각에 다른 법률효과를 인정하여 별개의 소송물로 취급하는 것도 가능하고, 실체법과 함께 등기절차법의 측면에서 보면 이들 청구권의 법적 근거가 반드시 동일하다고만 볼 수도 없는 것이며, 또한 실제적인 측면을 고려할 때, 소유권이전등기의 말소청구와 함께 진정명의의 회복을 원인으로 하는 소유권이전등기청구를 중첩적으

로 허용함이 타당하다.

(1) 다수의견은 소송물에 대하여 엄격하게 실체법설을 취하고 있는가?

(2) 소수의견과 다수의견의 장단점은 무엇인가?

(다) 계쟁 부동산에 관한 피고 명의의 소유권이전등기가 원인무효라는 이유로 원고가 피고를 상대로 그 등기의 말소를 구하는 소송을 제기하였다가 청구기각의 판결을 선고받아 확정되었더라도, 원고가 그의 소유권을 부인하는 피고에 대하여 계쟁 부동산이 원고의 소유라는 확인을 구하는 소를 제기하는 것은 소송물이 다른 것으로 기판력에 저촉되지 않으므로 적법하다(*2019. 법원직). 1필의 토지의 일부를 특정하여 매수하였다고 주장하면서 그 부분에 대한 소유권이전등기청구소송을 제기하였으나, 목적물이 그의 주장과 같은 부분으로 특정되었다고 볼 증거가 없다는 이유로 청구기각 판결이 확정되자, 다시 그 전체 토지 중 일정 지분을 매수하였다고 주장하면서 그 지분에 대한 소유권이전등기를 구하는 소를 제기한 경우, 전소와 후소는 그 각 청구취지를 달리하여 소송물이 동일하다고 볼 수 없으므로, 전소의 기판력은 후소에 미칠 수 없다.[68]

8-47 2) 상계의 항변에 관한 판단

(가) 판결이유에서 한 판단은 원칙적으로 기판력이 생기지 않으나, 예외적으로 상계의 항변을 한 경우 상계를 주장한 청구(자동채권)가 성립되는지 아닌지에 대한 판단은 그것이 판결 이유 중에서 판단되지만 상계하고자 대항한 액수의 한도 내에서 기판력이 생긴다(216조 2항). (*2007-2. 법원직) (⇒ 2-46)

(나) 상계항변의 자동채권에 대한 판단에 기판력이 생기려면, 우선 자동채권의 존부에 관하여 실질적인 판단을 한 경우에 한한다. 법원이 소구채권(상계항변의 수동채권)의 존재를 인정하는 판단을 한 다음 상계항변의 자동채권의 존재를 인정하지 않고 상계항변을 배척하는 경우가 그러한 예이다(2020. 법원직). 따라서, 원고의 소구채권 자체가 인정되지 않아 더 나아가 피고의 상계항변의 당부를 따져볼 필요도 없이 원고의 청구가 배척된 경우, 상계항변이 각하된 경우, 상계항변이 상계부적상(민법 492조 1항 본문)을 이유로 배척된 경우 등에는 자동채권의 존부에 대하여 실질적인 판단을 한 경우가 아니므로 자동채권에 대한 기판력이 생기지 않는다. 상계항변에서 들고 나온 자동채권을 부정하여 그 항변을 배척하는 것과 자동채권의 성립은 인정되나 항변권이 부착되어 있

68) 1995. 4.25. 94다17956(전원합의). [235] (반대의견 있음)

는 채권을 자동채권으로 하는 상계는 성질상 상계를 허용할 수 없다(1969.10.28. 69다1084)하여 상계항변을 배척하는 것과는 그 형식면에서는 같을지라도 전자의 경우엔 기판력이 있고 후자의 경우에는 기판력이 없다 할 것이므로 양자는 판결의 효력이 다른 것이다.[69]

또한, 상계를 주장한 자동채권과 그 수동채권을 기판력의 관점에서 동일하게 취급하여야 할 필요성이 인정되는 경우라야 한다. 따라서 상계주장의 대상이 된 수동채권이 동시이행항변에 행사된 채권일 경우에는 그러한 상계주장에 대한 판단에는 기판력이 발생하지 않는다(위와 같이 해석하지 않을 경우 동시이행항변이 상대방의 상계의 재항변에 의하여 배척된 경우에 그 동시이행항변에 행사된 채권을 나중에 소송상 행사할 수 없게 되어 민사소송법 제216조가 예정하고 있는 것과 달리 동시이행항변에 행사된 채권의 존부나 범위에 관한 판결 이유 중의 판단에 기판력이 미치는 결과에 이르기 때문이다).[70] (*2018. 법원직)

> **(예제)** A는 B로부터 B소유의 건물을 매수하는 내용의 매매계약을 체결하면서, 중도금과 잔금은 5회에 걸쳐 각 분할하여 지급하기로 하되, B의 승낙을 받아 매매대금을 전액 지급하기 전에 미리 위 건물을 인도받아 사용하고 대신 B에게 일정한 사용료를 지급하기로 약정한 후, 위 건물을 인도받아 사용하였다. 그런데 A는 일부 중도금을 지급한 후 나머지 중도금 및 잔금의 지급을 지체하게 되었고, 이에 B는 위 매매계약을 해제하고 A를 상대로 건물인도 청구의 소를 제기하였다. 위 소송에서 A는 매매계약 해제로 인한 원상회복으로서 기지급한 중도금을 B로부터 반환받을 때까지는 위 건물인도청구에 응할 수 없다고 동시이행의 항변을 하였고, 이에 대하여 B는 A에게 반환해야 할 기지급 중도금은 A가 부담해야 할 위 건물에 대한 점유사용료로 모두 상계되어 결국 중도금 반환채무가 존재하지 아니한다고 재항변하였다. 법원은 B의 재항변을 받아들여 A의 항변을 배척하는 내용의 판결을 선고하였고, 이후 위 판결이 그대로 확정되었다. 위 판결 확정 후 A는 B를 상대로 기지급한 중도금의 반환을 청구하는 소를 제기할 수 있는가? (2013. 법원행정고시)

(다) 상계하고자 대항한 액수의 한도에서 기판력이 생기므로, 피고가 상계항변으로 2개 이상의 자동채권(반대채권)을 주장하였는데 법원이 그중 어느 하나의 자동채권의 존재를 인정하여 수동채권의 일부와 대등액에서 상계하는 판단을 하고, 나머지 자동채권들은 모두 부존재한다고 판단하여 그 부분 상계항변은 배척한 경우에, 수동채권 중 위와 같이 상계로 소멸하는 것으로 판단된 부분은 피고가 주장하는 자동채권들 중 그 존

69) 1975.10.21. 75다48. [239]
70) 2005. 7.22. 2004다17207. [238]

재가 인정되지 않은 채권들에 관한 분쟁이나 그에 관한 법원의 판단과는 관련이 없어 기판력의 관점에서 동일하게 취급할 수 없으므로, 그와 같이 자동채권들이 부존재한다는 판단에 대하여 기판력이 발생하는 전체 범위는 위와 같이 상계를 마친 후의 수동채권의 잔액을 초과할 수 없다고 보아야 한다.[71]

8-48 3) 판결이유의 구속력에 관한 논의

(가) 독일법을 계수한 우리 민소법은 소송정책상의 고려에서 판결주문에서 판단된 것에 한하여 기판력을 인정하므로(216조 1항) 기판력의 객관적 범위가 좁아져 법적안정성에 반하는 결과를 초래하며, 사실상 모순된 판결이 내려질 수 있다. 이에 대한 반성적 고려에서 기판력을 확장하여 해석하는 시도가 이루어진다.

(나) 예컨대, 甲이 乙을 상대로 소유권에 기한 인도청구의 소제기(1소)를 제기하였고, 판결이유에서 甲의 소유임을 인정하여 甲 승소판결(乙은 甲에게 인도하라)이 확정되었다. 판결에 기하여 인도집행이 완료되었다. 그러한 상황에서 乙이 다시 甲을 상대로 소유권확인의 소 제기(2소)하는 경우 1소 판결의 기판력은 2소에 미치지 않는다. 따라서 2소에서 乙이 승소판결을 받더라도 소송법적으로 아무런 문제가 없다. 2소에서 乙의 승소판결이 확정되자, 乙이 甲을 상대로 소유권에 기한 인도청구(3소)하는 경우, 2소의 판결이 3소의 선결문제가 되므로 2소의 기판력이 3소에 미친다. 따라서 甲이 새로운 인도거부사유로 항변하지 못하는 한 패소하므로, 乙은 다시 인도받을 수 있다. 그런데, 乙이 2소를 제기하지 않고 곧바로 3소를 제기하는 경우 1소의 기판력이 모순된 반대관계로서 3소에 미치므로 乙은 소송법적으로 승소가능성이 없게 된다. 이와 같은 문제가 생기는 원인은 판결 이유에서 판단된 내용에 대하여 후소를 구속하는 힘(기판력)을 인정하지 않기 때문이다.

(다) 판결이유에서 판단된 내용에 구속력을 인정하는 근거를 어디에서 구할 것인가가 문제된다. 이에 관하여는 쟁점효설, 신의칙설, 증명효설 등 여러 견해가 제시된다. 대법원은 "민사재판에 있어서는 다른 민사사건 등의 판결에서 인정된 사실에 구속받는 것이 아니라 할지라도 이미 확정된 관련 민사사건에서 인정된 사실은 특별한 사정이 없는 한 유력한 증거가 되므로, 합리적인 이유설시 없이 이를 배척할 수 없고, 특히 전후 두개의 민사소송이 당사자가 같고 분쟁의 기초가 된 사실도 같으나 다만 소송물이 달라 기판력에 저촉되지 아니한 결과 새로운 청구를 할 수 있는 경우에 있어서는

71) 2018. 8.30. 2016다46338,46345.

더욱 그러하다"고 판시하여 증명효설의 입장을 따르고 있다.[72]

(2) 기판력의 작용(작용범위) 8-49

전소의 소송물에 대한 법원의 판단에 기판력이 생기면, 그 판단은 다음과 같은 상황에서 후소에 작용하여 후소 법원의 판단을 구속한다.

1) 후소의 소송물이 전소와 동일한 경우

(사례 1)

○ 1소: 청구취지: 소유권이전등기말소등기청구.
원인: 기망에 의한 매매계약-취소했다.
1소 청구기각판결확정: 기망에 의한 것을 인정할 증거 없다

○ 2소: 손해배상청구의 소.
기망이라는 불법행위로 소유권이전, 그로인해 손해가 발생.

1소와 2소는 소송물이 다르므로 1소의 기판력은 2소에 작용하지(미치지) 않는다.

○ 3소: 청구취지: 소유권이전등기말소등기청구.
원인: 착오에 의한 매매계약-취소했다.

3소는 소송물이 1소와 동일하므로 1소의 기판력은 3소에 미친다. 3소를 각하하여야 한다(반복금지설, 모순금지설). 판례는 이와 같은 경우 청구를 기각하여야 한다고 한다.

(사례 2)

○ 1소: 청구취지: 원고의 소유임을 확인한다.
원인: 매수하여 소유권이전등기한 것.
원고청구기각.

○ 2소: 청구취지: 원고의 소유임을 확인한다.
원인: 등기 후 10년간 소유의 의사로 점유했다.

판례는 이러한 경우 소송물(소유권의 주장)이 같으며 소유권취득원인은 공격방법에 불과하다고 한다(소유권확인을 구하는 소를 제기함에 있어 취득원인사실로서 상속을 주장하였으나 인정할 근거가 없다는 이유로 패소확정판결을 받은 후 다시 전소에서 주장가능 했던 취득시

72) 1995. 6.29. 94다47292.

효완성을 후소에서 주장하는 것은 기판력에 저촉된다).[73] 신소송물 2원설에 따르면 단순한 공격방법이 아니라 청구원인을 구성하는 사실로 소송물의 동일성의 식별기준인 '사실관계'에 해당한다. 전혀 다른 사실관계로 소송물이 다르다. 신소송물 1원설에 따르면 청구취지가 같으므로 소송물이 같다.

(사례 3)

○ 1소 : 청구취지 : 매매를 원인으로 한 소유권이전등기절차 이행하라.
원인 : 매매계약.
원고청구기각.

○ 2소 : 청구취지 : 시효취득을 원인으로하는 소유권이전등기를 이행하라.
원인 : 20년간 점유.

판례는 이러한 경우 소송물이 다르다고 한다(실체법상 소유권이전등기청구권이 별개이다. 매매를 원인으로 하는 소유권이전등기청구의 소에서 패소판결 확정된 이후에, 다시 전소의 표준시 이전에 시효기간이 도과했던 사실을 주장하며 시효취득을 원인으로 소유권이전등기청구를 하는 경우는 전소의 기판력이 후소에 미치지 않는다).[74] 신소송물 2원설은 소송물이 다르다고 한다(청구원인의 사실관계가 다르다). 신소송물 1원설은 결국 원고 앞으로의 1회적인 소유권공시를 목적으로 하는 소송물이므로 소송물이 같다고 한다.

2) 후소청구가 전소판결과 모순관계에 있는 경우

예컨대, 甲이 乙을 상대로 제기한 甲의 소유권확인의 소가 인용되는 판결이 확정된 후에 乙이 甲을 상대로 제기한 乙의 소유권확인의 소를 제기한 경우(그러나, 甲이 乙을 상대로 제기한 소유권확인의 소의 기각판결확정 후 乙이 甲을 상대로 제기한 소유권확인 소는 전소의 기판력에 저촉되지 않는다. 전소의 확정판결은 甲이 소유자가 아니라는 점만 확인한 것이고 乙이 소유자라고 적극적으로 확인한 것은 아니기 때문이다), 甲이 乙을 상대로 한 금원지급판결의 확정으로 판결금을 지급을 한 후 乙이 甲을 상대로 위 지급금이 부당이득이라는 이유로 그 반환청구의 소를 제기하는 경우,[75] 소유권이전등기 절차를 명하는 확정판결에 의하여 소유권이전등기가 마쳐진 후에 다시 원인무효임을 내세워 그 말소등기절차의 이행을 청구하는 경우,[76] 甲이 乙을 상대로 제소전화해로 소유권이전등기를 받았는데

---

73) 1987. 3.10. 84다카2132.
74) 1997. 4.11. 96다50520.
75) 2001.11.13. 99다32905.
76) 1987. 3.24. 86다카1958. [223]

乙이 甲을 상대로 원인무효를 이유로 그 이전등기등기말소청구나 진정명의회복을 위한 소유권이전등기의 소를 제기하는 경우 등은 후소청구가 전소판결과 모순관계에 있어 기판력에 저촉된다.[77] 확정판결의 기판력은 소송물로 주장된 법률관계의 존부에 관한 판단의 결론 자체에만 미치고 그 전제가 되는 법률관계의 존부에까지 미치는 것은 아니어서, 가등기에 기한 소유권이전등기절차의 이행을 명한 전소 판결의 기판력은 소송물인 소유권이전등기청구권의 존부에만 미치고 그 등기청구권의 원인이 되는 채권계약의 존부나 판결이유 중에 설시되었을 뿐인 가등기의 효력 유무에 관한 판단에는 미치지 아니하고, 따라서 만일 후소로써 위 가등기에 기한 소유권이전등기의 말소를 청구한다면 이는 1물1권주의의 원칙에 비추어 볼 때 전소에서 확정된 소유권이전등기청구권을 부인하고 그와 모순되는 정반대의 사항을 소송물로 삼은 경우에 해당하여 전소판결의 기판력에 저촉된다고 할 것이지만, 이와 달리 위 가등기만의 말소를 청구하는 것은, 전소에서 판단의 전제가 되었을 뿐이고 그로써 아직 확정되지는 아니한 법률관계를 다투는 것에 불과하여 전소 판결의 기판력에 저촉된다고 볼 수 없다.[78]

3) 전소의 소송물이 후소청구의 선결문제로 된 경우

(사례 1)

○ 1소 : (甲 → 乙) 청구취지 : 소유권확인의 소.
원인 : 매수하여 소유권이전등기.
원고승소판결 확정.

○ 2소 : (甲 → 乙) 청구취지 : 건물인도청구.
원인 : 원고소유, 피고가 무단점유.

이러한 경우 2소의 소송물(건물소유권확인)이 1소의 소송물(건물인도)과 동일한 것은 아니지만, 1소의 소송물에 대한 판결의 기판력이 2소의 선결문제인 건물이 원고의 소유인지 여부에 대하여 미치므로(*2021. 법원직) 피고는 2소에서 원고소유임을 다툴 수 없고 법원도 이에 반하는 판단을 할 수 없다(모순금지).[79]

(사례 2)

○ 1소 : (甲 → 乙) 청구취지 : 건물인도청구.
원인 : 원고소유, 피고가 무단점유.

---

77) 2002.12. 6. 2002다44014.
78) 1995. 3.24. 93다52488. [224]
79) 1994.12.27. 94다4684. [221]

원고소유임을 인정할 수 없다고 하여 원고청구기각판결이 확정.

○ 2소: (甲 → 乙) 청구취지: 소유권확인의 소.
원인: 매수하여 소유권이전등기.

이러한 경우 1소판결의 기판력은 건물인도청구권 유무에 대해서만 발생하고 선결적 법률관계인 소유권 유무에 대해서는 발생하지 않으므로, 1소의 기판력은 2소에 미치지 않는다.

이자채권에 기한 금전지급청구 소송에서 원금채권의 존부에 대한 판단은 기판력이 없고 이자채권의 존부에 관하여만 기판력이 생기므로, 후소로 원금청구의 소를 제기하는 경우 기판력에 저촉되지 않는다. 반대로 원금청구의 소에서 한 원금채권의 존부에 대한 판단은 기판력이 있고 이 기판력은 동일한 원금채권에 터잡아(선결문제) 이자채권의 지급을 청구하는 후소에 작용한다.[80] 배당이의의 소에서 패소의 본안판결을 받은 당사자가 그 판결이 확정된 후 상대방에 대하여 위 본안판결에 의하여 확정된 배당액이 부당이득이라는 이유로 그 반환을 구하는 소송을 제기한 경우에는, 전소인 배당이의의 소의 본안판결에서 판단된 배당수령권의 존부가 부당이득반환청구권의 성립 여부를 판단하는 데에 있어서 선결문제가 된다고 할 것이므로, 당사자는 그 배당수령권의 존부에 관하여 위 배당이의의 소의 본안판결의 판단과 다른 주장을 할 수 없고, 법원도 이와 다른 판단을 할 수 없다.[81]

8-50 (2) 작용의 효과

1) 기판력의 본질을 모순금지로 보는가 반복금지로 보는가에 따라 기판력에 저촉되는 후소에 대하여 어떻게 판결할 것인지가 정해진다는 점은 앞에서 설명하였다

2) 전소판결의 기판력에 반하는 후소의 판결은 당연무효는 아니며, 후소의 판결이 확정되기 전이면 상소로써 다툴 수 있고, 확정되면 재심에 의하여 취소할 수 있다(451조 1항 10호)(이 때의 재심의 제기는 기간의 제한이 없다(457조)). 기판력 있는 전소판결과 저촉되는 후소판결이 확정된 경우에도 전소판결의 기판력이 소멸되는 것이 아니다.

3) 기판력 있는 판결이 존재하는지 여부는 직권조사사항이며, 상고심에서도 주장·증명할 수 있다.[82] 당사자 사이의 합의에 의하여 기판력을 부여하거나, 취소·소멸시키거

80) 1976.12.14. 76다1488.
81) 2000. 1.21. 99다3501. [222]
82) 2011. 5.13. 2009다94384.

나 확장시킬 수 없다.

2. 기판력의 시적 범위

(1) 기판력의 표준시 8-51

소송에서 법원은 당사자가 제출한 사실과 증거에 기초하여 판단을 하는데 당사자는 사실심 변론종결 시까지만 이를 제출할 수 있으므로, 법원의 판결은 사실심 변론종결 당시의 법률관계를 확정하는 것이다. 따라서 확정판결의 기판력의 표준시는 사실심 변론종결시점이다. 표준시 전의 권리관계에 대해서도 기판력이 생기지 않는다.

"원판결에서 인용한 을 2, 3, 5 호증의 각 기재에 의하면 원고는 피고를 상대로 이건 청구원인과 동일한 사실을 청구원인으로 하고 금 880,000원의 지급을 구하는 소를 서울민, 형사지방법원 영등포지원에 제기하였으나 1974.10.8 이유없다고 청구기각이 되어 동 원고패소의 판결은 그시경 확정된 사실을 엿볼 수 있음이 명백하다. 그런데 이건 청구는 금 880,000원과 이에 대한 1974.5.2부터 완제일까지 연 5푼의 비율에 의한 금원의 지급을 구하고 있는 바이므로 위 금 880,000원 청구부분은 위 확정판결의 기판력에 저촉됨이 명백하나 기록에 의하면 동 금원에 대한 1974.5.2부터 완제일까지 연 5푼의 비율에 의한 금원의 지급을 구하는 부분은 위 금 880,000원에 대한 피고의 지급의무를 전제로 하고 그에 대한 이행 지연으로 인한 손해배상청구임이 명백하고, 한편 확정판결의 기판력은 사실심의 최종변론종결당시의 권리관계를 확정하는 것이므로 그 중 위 확정판결의 사실심의 변론종결시 후의 부분은 그 선결문제로서 위 금 880,000원에 대한 피고의 지급의무의 존재를 주장하게 되어 논리상 위 확정판결의 기판력의 효과를 받게 되는 것이라고 할 것이나, 그외의 부분(변론종결당시까지의 분)의 청구는 위 확정판결의 기판력의 효과를 받을 리가 없게 된다고 할 것이므로 막연히 위 지연손해금청구전부를 위 확정판결의 기판력에 저촉된다고 논단할 수 없는 것이라고 할 것이다."[83]

(2) 기판력의 차단효(실권효) 8-52

1) 판결이 확정되는 경우에 판결의 표준시점 이전에 주장할 수 있었던 모든 공격방어방법은 더 이상 후소에서 주장할 수 없게 된다. 이를 기판력의 차단효(실권효)라고 한다. 예컨대, 패소한 피고가 변론종결 전에 발생한 변제·면제·소멸시효 등 채무의 소멸사유를 들어 다시 다툴 수 없다. 전소에서 주장하지 못한 데 대하여 과실이 있는지 여부를 불문한다(기판력은 그 소송의 변론종결 전에 있어서 주장할 수 있었던 모든 공격 및 방어방법에 미치는 것이며 그 당시 알 수 있었거나 또는 알고서 이를 주장하지 않았던 사항에 한하여 미친다고는 볼 수 없다).[84] (*2016. 법원직)

---

83) 1976.12.14. 76다1488.

84) 2005. 5.27. 2005다12728; 1980. 5.13. 80다473; 2014. 3.27. 2011다49981. [226]

2) 이러한 실권효가 미치는 범위는 전소 판결의 기판력의 객관적 범위 내이므로, 전소의 표준시점 이전에 주장할 수 있었던 사실관계라고 하더라도 전소의 기판력의 객관적 범위 밖에 있는 사실관계를 후소에서 주장하는 것은 전소의 기판력에 의하여 차단되지 않음은 당연하다(예컨대, 매매를 원인으로 하는 소유권이전등기청구 패소판결 확정후, 표준시점 이전에 있었던 점유사실을 주장하며 시효취득에 기한 소유권이전등기청구의 소를 제기하는 것).

원금지급을 구하는 소의 청구기각판결이 확정된 후 동일한 원금에 대한 지연손해금을 구하는 청구의 소가 다시 제기된 경우, 지연손해금을 구하는 부분은 원금에 대한 피고의 지급의무를 전제로 하는 것이고 원금에 대한 확정판결의 기판력은 사실심의 최종변론종결당시의 권리관계를 확정하는 것이므로 그 중 위 확정판결의 사실심의 변론종결시 후의 부분은 그 선결문제로서 원금에 대한 피고의 지급의무의 존재를 주장하게 되어 논리상 위 확정판결의 기판력의 효과를 받게 되는 것이라고 할 것이나, 그외의 부분(변론종결당시까지의 분)의 청구는 위 확정판결의 기판력의 효과를 받지 않는다.[85)]

8-53 (3) 표준시 이후의 새로운 사유

1) 전소의 사실심 변론종결 후에 발생한 새로운 사실은 전소에서 주장할 가능성이 없었으므로 기판력의 시적 작용범위 밖이다. 예컨대, 이행기가 도래하지 않았다는 이유로 청구기각판결이 확정되었으나 표준시 이후에 이행기가 도래한 경우, 소유권이전등기청구의 소에서 피고가 이미 타인에게 등기를 이전하여 이행불능 된 것이라고 하여 청구기각판결이 확정되었으나 표준시 이후에 피고가 제3자를 상대로 이전등기말소소송을 하여 소유권등기가 회복된 경우,[86)] 정지조건미성취를 이유로 기각되었으나 표준시 이후에 조건이 성취된 경우[87)] 등이 그렇다. 전소에서 피담보채무의 변제로 양도담보권이 소멸하였음을 원인으로 한 소유권이전등기의 회복 청구가 기각되었다고 하더라도, 장래 잔존 피담보채무의 변제를 조건으로 소유권이전등기의 회복을 청구하는 것은 전소의 확정판결의 기판력에 저촉되지 아니한다.[88)] 토지 소유자가 임료 상당 부당이득의 반환을 구하는 장래이행의 소를 제기하여 승소판결이 확정된 후 경제적 사정의 변경으로 당사자간의 형평을 심하게 해할 특별한 사정이 있는 경우 새로 부당이득반환을 청구할 수 있다.[89)] 또한 이행소송에서 원고의 청구가 인용된 판결이 확정된 경우에

85) 1976.12.14. 76다1488. [228]
86) 1995. 9.29. 94다46817.
87) 2002. 5.10. 2000다50909.
88) 2014. 1.23. 2013다64793. [229]
89) 1993.12.21. 92다46226(전원합의). [230]

도 표준시 이후에 변제, 면제 등 새로운 사실이 있으면 다시 소를 제기해도 기판력이 후소에 미치지 않는다. 이러한 경우 새로운 사실을 주장하여 확정된 판결의 집행력을 배제하기 위한 절차로 마련된 것이 민사집행법(44조)상의 청구이의의 소이다.

2) 표준시 이후에 법률이나 판례의 변경, 법률의 위헌결정, 판결의 기초가 된 행정처분의 변경(*2010. 법원직) 등이 있는 경우 이는 법률평가가 바뀐 것뿐이고 새로운 사실이 발생한 것이라고 할 수 없으므로 여기에 해당하지 않는다. 새로운 증거가 나왔다는 것은 증거자료의 변경에 불과할 뿐 사실관계의 변동이 아니므로 여기에서 말하는 표준시 이후의 새로운 사유가 아니다.[90] 사실관계의 변동은 법적삼단논법의 소전제로서 법률관계에 영향을 미치는 주요사실의 변동을 말한다.

3) 판례는 식물인간 피해자의 여명이 종전의 예측에 비하여 수년 연장되어 그에 상응한 향후치료, 보조구 및 개호 등이 추가적으로 필요하게 된 사안에서, 전소송의 변론종결 후에 새로운 적극적 손해가 발생한 경우에 그 소송의 변론종결 당시 그 손해의 발생을 예견할 수 없었고 또 그 부분 청구를 포기하였다고 볼 수 없는 등 특별한 사정이 있다면 이는 전소송의 소송물과는 별개의 소송물이므로 전소송의 기판력에 저촉되지 않는다고 판시하였다.[91] 그러나, 손해배상액 산정의 기초로 인정된 기대여명보다 일찍 사망한 경우는 그 판결이 재심의 소 등으로 취소되지 않는 한 그 판결에 기하여 지급받은 손해배상금 중 일부를 법률상 원인 없는 이득이라 하여 반환을 구하는 것은 그 판결의 기판력에 저촉되어 허용될 수 없다고 한다.[92]

(4) 표준시 이후의 형성권행사 8-54

1) 취소권행사

(예문 1) 甲이 乙을 상대로 매매를 원인으로 하는 소유권이전등기청구의 소(1소)를 제기하였다. 피고는 매매사실 부인하였으나 매매사실 인정되어 원고승소판결이 확정되었고 확정판결에 기하여 이전등기가 완료되었다. 그 후 乙이 甲을 상대로 소유권이전등기 말소등기청구의 소(2소)를 제기하였다.

1) 2소에서 乙은 매매계약은 기망에 의한 의사표시에 의하여 이루어 졌으며 매도의 의사표시는 제1소 사실심 변론종결 전에 이미 취소하였는데 제1소에서 그러한 사실을 주장하지

90) 2001. 1.16. 2000다41349.
91) 2007. 4.13. 2006다78640.
92) 2009.11.12. 2009다56665 [부당이득금].

못해서 패소 판결이 확정된 것이므로 제1소 판결에 기한 소유권이전등기는 말소되어야 한다고 주장할 수 있는가?

[이러한 경우 기판력(모순된 반대관계)에 의하여 차단된다는 것이 통설이고 이설이 없다.]

2) 2소에서 乙은 매매계약은 기망에 의한 의사표시에 의하여 이루어 졌으며 매도의 의사표시는 제1소 사실심 변론종결 후에 취소하였으므로 소유권이전등기는 말소되어야 한다고 주장할 수 있는가?

[이러한 경우 1설은 취소권 행사는 乙의 권리이며, 취소권을 행사한 시점이 변론종결 후 이면 기판력의 객관적 범위 밖에서 새롭게 법률관계가 형성된 것이므로 그러한 주장이 허용된다고 한다. 허용하지 않으면 변론종결시 까지 형성권행사를 강제하는 격이 되며 실체법이 정하지 않는 제척기간을 인정하는 것과 같다는 것이다.[93] 그에 반하여 2설(통설, 판례)은 변론종결시 이전에 발생한 무효 사유도 기판력에 의하여 차단되는데 취소권 또는 해제권 행사가 차단되지 않는다면 균형이 맞지 않는다는 이유로 제1소에서 취소권을 행사할 수 있었음에도 행사하지 않은 경우 제1소 판결이 확정되면 취소에 기한 공격방어방법은 기판력에 의해 차단된다고 한다.]

2) 해제권행사

1소의 사실심 변론종결 전에 해제권행사의 요건이 갖추어져 있었음에도 해제권을 행사하지 않아 패소판결이 확정된 후에, 1소 사실심 변론종결 후에 해제권행사를 하고 이에 기하여 1소 판결에 반하는 소송상 청구를 하는 경우도 사례 1)과 마찬가지로 견해가 갈린다. 1소 판결의 기판력에 의하여 해제권을 행사하고 2소를 제기하는 것은 허용되지 않는다는 것이 통설, 판례이다.

3) 상 계

(예문 2) 甲이 乙에 대한 대여금청구의 소(1소)를 제기하여 승소확정판결을 받았다. 甲이 확정판결에 기하여 강제집행을 하려고 하자 乙이 1소 사실심 변론종결 전에 상계적상에 있던 반대채권에 기하여 상계권을 행사하였다. 乙은 청구이의의 소(2소)를 제기하여 상계에 의해 청구권이 소멸하였다고 주장할 수 있는가?

[이러한 경우 1설은 상계적상에 있었고 이를 알고 있었으면 상계권을 행사하였어야 하고, 1소판결의 확정에 의하여 상계에 기한 공격방어방법은 차단되며, 따라서 청구이의의 소를 통하여 상계의 항변을 할 수 없다고 한다. 별소로 자동채권에 기한 이행의 소 제기하는 데는 아무런 문제가 없다고 한다.[94] 그러나 2설(통설, 판례)은 상계권행사는 변론종결 후에도 할

93) 호문혁, p.682.

수 있으며 기판력에 의하여 차단되지 않는다고 한다(*2013. 법원직). 반대채권을 전소에서 행사하도록 강요할 수 없는 점, 별소로 이행의 소 제기하는 것만으로는 상계권을 실효성 있게 보호하는데 미흡하다는 점(청구이의의 소를 통하여 집행을 막지 못하면 별소를 제기하여 승소판결 받더라도 실제적인 구제에 어려움이 생긴다)에 비추어 통설, 판례[95]가 타당하다.]

4) 지상물매수청구권 행사

(예문 3) 토지임대인이 임대차기간만료 후 지상건물을 소유한 토지임차인을 상대로 건물철거 및 토지인도청구의 1소를 제기하였다. 자백간주로 원고 승소판결 확정되었다. 토지 임대인이 확정판결에 기하여 강제집행을 하려고 하자, 지상건물소유자가 임차인의 매수청구권을 행사한 후 매매대금청구의 소, 청구이의의 소를 제기하였다. 이러한 소는 적법한 소인가?

[건물의 소유를 목적으로 하는 토지 임대차에 있어서, 임대차가 종료함에 따라 토지의 임차인이 임대인에 대하여 건물매수청구권을 행사할 수 있음에도 불구하고 이를 행사하지 아니한 채, 토지의 임대인이 임차인에 대하여 제기한 토지인도 및 건물철거청구 소송에서 패소하여 그 패소판결이 확정되었다고 하더라도, 그 확정판결에 의하여 건물철거가 집행되지 아니한 이상 토지의 임차인으로서는 건물매수청구권을 행사하여 별소로써 임대인에 대하여 건물매매대금의 지급을 구할 수 있다(토지임대차 종료시 임대인의 건물철거와 그 부지인도 청구에는 건물매수대금 지급과 동시에 건물명도를 구하는 청구가 포함되어 있다고 볼 수 없다. 이러한 경우에 법원으로서는 임대인이 종전의 청구를 계속 유지할 것인지, 아니면 대금지급과 상환으로 지상물의 명도를 청구할 의사가 있는 것인지(예비적으로라도)를 석명하고 임대인이 그 석명에 응하여 소를 변경한 때에는 지상물 명도의 판결을 함으로써 분쟁의 1회적 해결을 꾀하여야 한다).[96] (*2014. 법원직) 건물소유자는 건물철거판결에 기한 강제집행에 대하여 매수청구권을 행사한 후 청구이의의 소를 통하여 강제집행을 저지할 수도 있을 것이다.

5) 백지어음의 보충권 행사

백지어음의 소지인이 백지부분을 보충하지 아니하여 패소확정판결을 받은 경우, 백지 보충권을 행사하여 완성한 어음에 기하여 다시 동일한 어음금을 청구하는 것은 전소의 기판력에 저촉되어 허용되지 않는다.[97]

(5) 한정승인의 경우

채무자인 상속인이 이미 한정승인을 하고도 상속채무의 이행을 구하는 전소에서

---

94) 이시윤, p.644.
95) 1998.11.24. 98다25344. [231]
96) 1995. 7.11. 94다34265(전원합의).
97) 2008.11.27. 2008다59230.

그 사실을 주장하지 않았더라도 청구이의의 소를 제기하여 한정승인의 주장을 할 수 있다.[98] 이처럼 한정승인을 하고도 전소에서 그 사실을 주장하지 않은 것에 차단효가 발생하지 않는 이유는 한정승인의 항변은 권리자체에 관한 항변이 아니라 집행과 관련된 유한책임에 관한 항변이기 때문이다. 그러나 상속포기는 채무의 존재 자체가 문제되기 때문에 전소의 기판력에 의하여 차단된다.[99] 전소에서 한정승인의 항변이 받아들여지는 경우 '피고는 원고에게 그 상속재산의 범위 내에서 돈○원을 지급하라'는 판결을 한다.

8-55 ### (6) 정기금 판결에 대한 변경의 소

제252조 (정기금판결과 변경의 소)

① 정기금(정기금)의 지급을 명한 판결이 확정된 뒤에 그 액수산정의 기초가 된 사정이 현저하게 바뀜으로써 당사자 사이의 형평을 크게 침해할 특별한 사정이 생긴 때에는 그 판결의 당사자는 장차 지급할 정기금 액수를 바꾸어 달라는 소를 제기할 수 있다.
② 제1항의 소는 제1심 판결법원의 전속관할로 한다.

1) 정기금의 지급을 명하는 판결이 확정된 뒤에 그 액수 산정의 기초가 된 사정이 현저하게 바뀌는 경우가 있다. 이 경우 그로 인하여 당사자 사이의 형평을 크게 침해할 특별한 사정이 생겼음에도 판결이 확정되었음을 이유로 완고하게 더 이상 다툴 수 없도록 하는 것은 비합리적이므로 민사소송법은 그러한 경우에 그 판결의 당사자는 장차 지급할 정기금 액수를 바꾸어 달라는 소를 제기할 수 있도록 하였다(252조). 이러한 소를 변경의 소라고 한다. 점유 토지의 인도시까지 정기금의 지급을 명하는 판결이 확정된 뒤에 그 판결의 변경을 구하는 취지의 소가 제기된 사안에서, 전소의 변론종결일 후 후소의 원심변론종결 당시까지 점유토지의 공시지가가 2.2배 상승하고 ㎡당 연임료가 약 2.9배 상승한 것만으로는, 그 정기금의 증액 지급을 구할 수 없다.[100]

2) 이 소는 소송법상 형성의 소이다. 변론종결 전에 발생한 손해에 대한 정기금 판결에 한정되는 것이 아니라,[101] 정기금 방식의 연금·임금·이자지급판결 등도 변경의 소의 대상이 된다. 변경의 소는 제1심판결법원의 전속관할로 한다(252조 2항).

---

98) 2006.10.13. 2006다23131.
99) 2009. 5.28. 2008다79876. [227]
100) 2009.12.24. 2009다64215(사용료). [232]
101) 일본 민소법(117조 1항)이 채택한 방식.

3. 기판력의 주관적 범위(인적 범위)

제218조 (기판력의 주관적 범위) ① 확정판결은 당사자, 변론을 종결한 뒤의 승계인(변론 없이 한 판결의 경우에는 판결을 선고한 뒤의 승계인) 또는 그를 위하여 청구의 목적물을 소지한 사람에 대하여 효력이 미친다.
② 제1항의 경우에 당사자가 변론을 종결할 때(변론 없이 한 판결의 경우에는 판결을 선고할 때)까지 승계사실을 진술하지 아니한 때에는 변론을 종결한 뒤(변론 없이 한 판결의 경우에는 판결을 선고한 뒤)에 승계한 것으로 추정한다.
③ 다른 사람을 위하여 원고나 피고가 된 사람에 대한 확정판결은 그 다른 사람에 대하여도 효력이 미친다.
④ 가집행의 선고에는 제1항 내지 제3항의 규정을 준용한다.

(1) 상대성의 원칙 8-56

1) 판결은 대립당사자간의 분쟁해결을 위한 것이고, 그 사건에 대한 절차보장도 당사자에 한정되므로 기판력도 당사자 사이에서만 미치는 것이 원칙이다. 이를 기판력의 상대성의 원칙이라고 한다. 법인 아닌 사단은 대표자나 구성원과는 별개의 주체이므로, 그 대표자나 구성원을 당사자로 한 판결의 기판력이 법인 아닌 사단에 미치지 아니함은 물론 그 법인 아닌 사단을 당사자로 한 판결의 기판력 또한 그 대표자나 구성원에게 미치지 아니하는 것이 당연하다.[102] 지부·분회·지회 등 어떤 법인의 하부조직을 상대로 일정한 의무의 이행을 구하는 소를 제기하여 승소 확정판결을 받은 경우 판결의 집행력이 해당 지부·분회·지회 등을 넘어서 소송의 당사자도 아닌 법인에까지 미친다고 볼 수는 없으므로 법인의 재산에 대한 강제집행을 위해서는 법인 자체에 대한 별도의 집행권원이 필요하다.[103]

2) 법인이 형해에 불과한 경우 법인격을 부인하고 개인 혹은 배후에 있는 법인에게 실체법상 책임을 물을 수 있지만,[104] 소송절차 및 강제집행절차에 있어서는 엄격한 형식성을 중시하는 그 성격상 소송당사자인 형해에 불과한 회사에 대한 판결의 기판력 및 집행력의 범위를 그 실질적 배후가 되는 회사에까지 확장하는 것은 허용되지 아니한다.[105]

(2) 주관적 범위의 확장 8-57

기판력의 주관적 범위를 당사자에 한정하면 기판력 있는 판결을 무력화 시킬 수 있

---

102) 2010.12.23. 2010다58889. [240]
103) 2018. 9.13. 2018다231031. [253]
104) 2006. 7.13. 2004다36130.
105) 1995. 5.12. 93다44531. [241]

고 판결의 분쟁해결기능의 범위가 협소해진다. 반면에 기판력의 주관적 범위를 확장하면 소송의 당사자가 아닌 사람에 대한 재판받을 권리(절차보장)의 침해가 우려되며 사권보호 기능이 약화된다. 민사소송법은 원칙적으로 당사자에게만 기판력의 주관적 범위가 미치는 것으로 하면서, 예외적인 경우 명문으로 주관적 범위의 확장을 인정한다. 기판력의 주관적 범위는 변론종결후의 승계인, 목적물의 소지인, 소송담당에 있어서의 권리귀속주체, 소송탈퇴자 등에게 확장된다.

8-58 (3) 변론종결후의 승계인

1) 의 의

확정판결은 변론을 종결한 뒤의 승계인(변론없이 한 판결의 경우에는 판결을 선고한 뒤의 승계인)에 대하여 효력이 미친다(218조 1항). 여기에서 변론종결 후란 기판력의 시적 범위 밖인 사실심 변론종결 후를 말한다. 사실심 변론종결 전에 승계가 이루어지는 경우에는 기판력의 주관적 범위가 확장되는 것이 아니라 소송승계가 문제되며, 소송승계인은 소송당사자가 되므로 당연히 기판력의 주관적 범위 내에 있다(⇒ 10-147). 먼저 기판력의 효력을 받는 승계인이란 구체적으로 피승계인으로부터 무엇을 승계한 사람을 말하는가 하는 승계인의 범위가 문제되며, 그 다음 승계인에게 기판력이 미친다는 것은 어떤 의미이며 주관적으로 확장된 기판력이 후소에서 어떻게 작용하는가가 문제된다.

2) 승계인의 범위(승계의 대상)

(가) 승계인에게 주관적 범위를 확장하는 이론적 근거가 무엇인가에 대한 견해에 따라 승계인의 범위에 대한 해석이 달라진다.

① 실체법상지위승계설(실체법적 의존관계설) : 피승계인이 갖는 것과 동일한 실체법상의 권리의무를 승계한 승계인은 피승계인이 받은 판결의 효력을 이어 받아도 아무런 권리침해가 없으므로 법이 기판력의 확장이라는 소송법적 효과를 부여한다는 것이다.

② 당사자적격 승계설(분쟁주체지위 승계설) : 소송물을 다툴 수 있는 소송법상의 지위 즉 당사자적격을 승계한 승계인은 피승계인의 당사자적격 등이 승계되었기 때문에 기판력이 확장된다는 것이다.

③ 절차보장설 : 기판력의 근거를 법원의 입장에서가 아니라 당사자에 대한 절차보장과 소송수행에 대한 자기책임으로 보면서, 승계인에게 기판력이 미치려면 원칙적으로 승계인에게 소송절차에 참여하여 자기의 권리를 주장할 기회를 보장하여야 하나 당사자로부터 권리의무를 승계한 자나 계쟁물을 승계취득한 자 모두 전주의 상대방에 대한 지위를 전래적으로 승계한 것이므로 절차보장의 기회 없이 기판력이 확장되더라도 승계인의 이익을 해치지 않는다고 한다. 다만 승계인이 전주와의 관계에서 독자적인 이해를 갖는 경우(고유의 공격방어방법을 갖는 경우)에는 소송물을 전래적으로 취득한 것이 아니므로 절차보장이 기회가 주어지지 않았으므로 기판력이 확장될 수 없다고 한다.

(나) 소송법의 목적이 개인에 대한 절차보장과 사권행사에만 있는 것이 아니라 분쟁해결에도 있는 것이므로, 승계인이 소송물인 권리의무를 승계한 경우 이외에 그 기초가 되는 권리 또는 법률상 파생되는 권리를 승계한 경우에도 그것이 합리적인 통상인의 입장에서 파생적 분쟁으로 보이는 경우에는 기판력의 주관적 범위가 확장된다고 할 것이다. 이러한 관점에서 승계인을 구체적으로 살펴보면 다음과 같다.

가) 소송물인 권리 또는 의무의 승계인 : 소유권확인소송의 원고로부터 소유권을 양수한 사람, 이행소송의 소송물인 채권을 원고로부터 양수한 사람, 이행소송의 피고로부터 채무를 인수한 사람(면책적 인수만을 의미한다는 것이 통설)등이 이에 해당한다. 승계는 상속이나 병합과 같은 일반승계는 물론 특정승계도 포함된다. 승계의 원인은 당사자간의 법률행위, 경매나 전부명령과 같은 국가행위 또는 법률의 규정에 의한 것(민법 399 법률상대위)도 인정된다.

나) 소송물의 기초인 권리 또는 소송물로부터 파생된 권리관계의 승계인 : 건물명도소송에서 패소한 피고로부터 계쟁물인 건물의 점유를 승계취득한 자, 건물철거소송에서 건물을 양수한 자 등과 같이 소송물인 권리의무(위의 예에서 인도의무, 철거의무) 자체를 승계한 것은 아니나 분쟁 주체의 지위를 승계하거나, 다툴 수 있는 당사자적격을 승계한 자가 이에 해당 한다.

3) 주관적으로 확장된 기판력의 후소에서의 작용

(가) 전소의 기판력이 주관적으로 승계인에게 확장된다는 것은 전소 당사자사이의 판결의 기판력이 승계인(전소의 당사자가 아님)이 당사자가 된 후소에도 그 객관적·시적 범위에서 작용한다는 것이다. 통설은 이와 달리 기판력이 주관적으로 확장되는 것을 피승계인이 당사자가 되어 수행한 전소판결의 효력을 승계인이 그대로 승계하는 것으로 이해하나, 그러한 견해에는 동의하지 않는다. 예컨대, 甲이 乙을 상대로 한 건물인도청구소송에서 甲의 승소판결이 확정된 후 건물의 점유를 丙이 乙로부터 승계한 경우, "乙은 甲에게 인도하라"는 전소판결의 기판력이 丙이 당사자가 된 후소에서 丙에게 작용하므로 丙은 후소에서 "乙은 甲에게 인도하라"는 것에 모순된 주장을 할 수 없고 법원도 그런 판단을 할 수 없다는 것을 의미하는 것이지, "丙은 甲에게 인도하라"는 판결이 확정된 것으로 간주(통설의 입장)해야 하는 것을 의미하는 것이 아니다.[106]

(나) 이 때 주관적으로 확장되는 기판력의 객관적 범위 및 시적범위는 주관적으로 확

---

106) 中野貞一郎, "변론종결후 승계인 - 실질설·형식설 대립 의미", 민사소송법 논점, p.220.

장하기 전과 동일하다. 따라서, 승계인에게 독자적인 항변권이 있는 경우 그 항변사항은 전소판결의 기판력의 범위 밖이므로 승계인이 당사자가 된 후소에서 전소의 기판력에 저촉됨이 없이 언제나 새로 주장할 수 있다.[107)]

(문제) 甲이 乙을 상대로 소유권에 기한 청자인도청구의 소(1소)를 제기하여, 甲 승소판결이 확정되었다. 제1소 사실심 변론종결 후에 乙이 청자를 丙에게 매도하였고, 丙은 이를 선의취득 하였다.

1) 甲이 丙을 상대로 청자인도청구의 소(2소)를 제기 하였다. 이러한 경우의 소송법적 법률관계는? [기판력의 확장]

2) 甲은 乙에 대한 승소 확정판결에 기하여 丙에 대하여 강제집행을 하려고 한다. 이러한 경우의 소송법적 법률관계는? [집행력의 확장]

[기판력과 집행력의 주관적 범위의 확장]

1) 기판력 확장

(일반적 학설) 丙이 乙의 승계인으로 인정되면 제1소판결의 기판력이 丙이 당사자가 된 후소에 미친다. ① 제1소의 소송물이 채권적청구권인지 물권적청구권인지, ② 승계인이 고유의 공격방어방법을 가지고 있는지 아닌지가 기판력이 확장되는 218조 1항의 승계인인지 여부를 결정하는데 영향을 미친다. 사례에서 丙은 제1소의 소송물의 기초인 소유권을 乙로부터 승계한 사람이고, 제1소의 소송물은 물권적청구권이므로 丙이 기판력이 미치는 승계인의 ①요건은 충족한다는 점에 대해서는 학설이 대체로 일치한다. 그러나 고유의 방어방법(선의취득)을 가지고 있는 丙을 기판력이 확장되는 승계인이라고 할 것인지에 관하여는 일반적 학설은 실질설과 형식설로 나뉜다. 실질설은 고유의 공격방어방법을 가진 丙은 乙로부터 권리를 승계한 사람이라고 하더라도 제1소의 기판력이 미치는 승계인이 아니라고 한다. 형식설은 丙이 乙로부터 권리를 승계한 사람이라고 인정되면 고유의 공격방어방법을 가졌는지를 불문하고 1소의 기판력이 미치는 승계인이라고 한다. 따라서 실질설에 따르는 경우, 丙은 제1소의 기판력이 미치는 승계인이 아니므로 제2소는 제1소의 기판력에 저촉되지 않는 적법한 소가 된다(본안에 대하여 심리한 후 선의취득이 인정되므로 원고의 청구를 기각하여야 한다). 형식설에 따르면 乙로부터 권리를 승계한 丙은 고유의 공격방어방법 유무와 관계없이 제1소의 기판력을 받는 승계인이 되므로 제2소는 제1소의 기판력에 저촉되어 부적법한 소가 되며("乙은 甲에게 인도하라"는 판결의 기판력이 丙에게 확장되면 "丙은 甲에게 인도하라"는 판결과 같은 기판력이 생기는 것으로 이해한다), 丙은 甲이 丙에 대한 승계집행문을 받아 집행을 하는 과정에서 집행문부

107) 이와 관련하여 일반적으로 논의되고 있는 실질설, 형식설은 의미 없는 논쟁이라는 것이 필자의 소견이다. 상세는 이무상, "기판력과 집행력의 확장 및 고유의 공격방어방법을 갖는 승계인－실질설과 형식설에 대한 비판적 검토를 중심으로－", 법조, 2012.5. 참조.

여에 대한 이의의 소(민사집행법 45조) 등을 통하여 고유의 공격방어방법(선의취득)을 주장하여야 한다.

(사견) 일반적 학설은 기본적으로 승계인에게 기판력이 확장되는 것과 승계인에게 집행력이 확장되는 것을 구분하지 아니하는 바탕에서, 기판력이 승계인에게 확장되는 것을 승계인이 확정된 전소판결의 피승계인의 지위를 갖게 되는 것으로 전제한다. 즉 "乙은 甲에게 인도하라"는 판결의 기판력이 乙의 승계인 丙에게 확장되는 것을, "丙은 甲에게 인도하라"는 판결이 확정된 것과 같은 효력이 발생하는 것으로 이해한다. 그러나 기판력이 승계인에게 확장된다는 것은 전소판결이 그 객관적·시적 범위 내에서 전소의 당사자가 아니었던 승계인과 그 상대방 사이의 후소에서 구속력을 갖는다는 것일 뿐, 전소판결의 객관적·시적 범위 밖에 있는 사항에 까지 구속력을 갖는다는 것은 아니다. 즉, 甲과 乙사이에서 "乙은 甲에게 인도하라"라는 전소 판결의 기판력이 乙의 승계인인 丙에게 확장된다는 것은, 甲과 乙 사이에 상대적 효력만 있던 "乙은 甲에게 인도하라"라는 전소 판결이 甲과 (전소판결에 관여한 바가 없는) 丙 사이의 후소에서도 구속력을 갖는다는 것일 뿐 그 이상의 효력이 후소에 미친다는 것은 아니다. 일반적 학설과 같이 해석하는 것은 승계인의 재판받을 권리를 부당하게 제약하는 것으로 기판력제도의 취지에 부합하지 않는다(전소에서 丙이 乙로부터 적법하게 매수하였는지, 丙이 선의취득 하였는지는 심판의 대상이 아니었기 때문에 전혀 재판받지 못하였음을 감안). 기판력의 주관적 범위의 확장을 이렇게 이해하면, 기판력이 미치는 승계인인지 여부를 결정함에 있어 승계인이 고유의 공격방어방법을 가지고 있는지 여부는 아무런 영향이 없게 된다. 따라서 기판력이 확장되는 승계인인지를 판단함에 있어 승계인이 고유의 공격방어방법을 갖는지 여부를 따로 논하는 것은 불필요하다. 일반적으로 형식설이나 실질설은 모두 제2소에서 丙이 乙로부터 제1소의 소송물과 관련된 권리 등을 승계하였는지를 심리 한 후 그것이 인정되면 제2소는 제1소의 기판력에 저촉되는 부적법한 소로서 소를 각하되어야 한다는 것이나, 그승계가 인정된다고 하여 당연히 제2소 전체가 부적법한 소가 되는 것은 아니라고 할 것이므로 타당하지 않다. 더 나아가 실질설은 제2소에서 丙이 선의취득 하였는지 여부까지 심리를 한 후 선의취득이 인정되면 비로소 제2소가 제1소의 기판력에 저촉되지 않는 적법한 소가 된다는 결론에 이르게 되는바, 이는 사실상 본안에 대한 심리를 한 후 그 결과에 따라서 소의 적법여부를 판단하여야 한다는 것이 되어 타당하다고 할 수 없다.

제1소판결의 기판력은 甲과 乙 사이(주관적 범위)에서 발생하고, "乙은 甲에게 청자를 인도하라"(객관적 범위)는 점에 대해서 발생한다. 사실심 변론종결 후 乙로부터 청자의 소유권을 양수한 丙은 소송물의 기초인 권리를 승계한 사람이므로 기판력의 주관적 범위가 확장되는 승계인이다. 丙에게 확장된 甲과 乙사이 판결의 기판력은 丙이 당사자가 되는 후소에서도 그 시적·객관적 범위 내에서 작용한다. 따라서 甲이 丙을 상대로 청자인도의 소(2소)를 제기하는 경우, 그 소송에서 丙은 "乙은 甲에게 청자를 인도하라"는 내용, 즉 甲은 乙에 대하여 소유권에 기한 반환청구권이 있다는 전소 판결과 모순된 주장을 할 수 없게 된다. 그러나 甲과 乙사이의 기판력의 주관적 범위가 丙에게 확장된다고 해서 丙이 乙의 소송법상지위를 그대로 승계하는 것(즉, "丙은 甲에게 청자를 인도하라"는 판결이 확정된 것으로 간주하는 것)이 아니므로, 甲이 丙을 상대로 청자인도청구의 소를 제기하는 경우, 제2소 자체가 제1소의 기판력에 저촉된다는 이유로 각하해야 하는 것은 아니다. 제2소에서 丙이 선의취득의 항변을 하는 것은 제1소의 기판력의 시적·객관적 범위 밖이므로 언제나 가능하다. 또한 甲이 丙을 상대로 제2소를 제기하지 아니하고 丙에 대해 승계집행문을 받아 강제집행을 하려고 하는 경우, 丙은 甲이 제기한 집행문부여의 소에서 이를 다투거나, 또는 丙이 스스로 집행문부여에 대한 이의의 소, 또는 청구이의의 소(제2소)를 제기하여 다툴 수 있다. 이러한 경우에도 제1소의 기판력은 그 객관적 범위 내에서 승계인인 丙에게 확장되므로 丙은 제2소에서 甲이 乙에 대하여 소유물반환청구권이 있다는 것에 모순되는 주장을 할 수 없게 된다. 그러나 제1소의 기판력 범위 밖에 있는 丙의 선의취득주장은 언제나 가능하다.

2) 집행력의 확장

甲의 乙에 대한 승소확정판결의 집행력은, 기판력의 주관적 범위 확장에 관한 민사소송법 218조 1항을 유추적용 하여, 변론종결 후의 승계인인 丙에게 확장된다는 것이 통설이다. 집행력과 기판력은 제도의 목적이 다르고 그 작용하는 차원이 다르므로 기판력의 주관적 범위의 확장에 관한 민사소송법의 규정을 집행력의 확장에 유추적용하는 것은 문제가 있다(일본은 민사집행법 23조에 집행력의 주관적 범위 확장에 대해서 별도로 규정한다). 그럼에도 현행 민사집행법에 집행력의 주관적 범위의 확장에 관한 명문 규정이 없으므로 일응 통설과 같이 기판력의 주관적 범위의 확장에 관한 민사소송법 규정을 유추적용하여 집행력의 확장을 인정하는 수밖에 없다. 그러나, 집행력이 승계인에게 확장된다는 의미를 기판력이 확장되는 것과 같은 것으로 보아서는 안 된다. 집행력이 확장된다는 것은 승계인에 대하여 또는 승계인을 위하여 다시 집행권원을 받지 않고 피승계인을 당사자로 하는 집행권원에 기하여 강제집행을 할 수 있게 된다는 것을 의미한다. 따라서 甲은 따로 丙을 피고로 하여 "丙은 甲에게 청자를 인도하라"는 집행권원(확정판결)을 받지 않고 乙에 대한 집행권원에 기하여 丙에 대하여 강제집행을 할 수 있다. 甲은 민사집행법이 정하는 절차에 따라 승계집행문부여신청(민집 31조, 32조), 또는 집행문부여의 소(민집 33조)를 제기하여 丙이 乙의 승계인임을 증명하면 丙에 대한 집행권원 없이 승계집행문에 기초하여 강제집행을 할 수 있는데, 이 때 丙은 선의취득을 주장하여 강제집행을 막을 수 있다. 문제의 소재는 어떤 절차에 의하여 丙이 선의취득을 주장할 수 있는지에 있다. 승계인 丙에게 집행력이 확장된다는 의미를 승계인 丙에 대한 집행권원 없이 그가 고유의 공격방어방법을 가지고 있는지 따지지 않고 승계인이라는 점만 인정되면 그에게 집행문을 부여해야 한다는 의미로 해석하는 견해(제소책임전환설)에 의하면, 집행문부여 단계에서 甲은 丙이 乙의 승계인이라는 점만 증명하면 집행문을 부여받을 수 있고, 丙은 집행문부여 관련 소송(집행문부여의 소 또는 집행문부여에 대한 이의의 소)에서는 선의취득을 주장할 수 없다고 한다(승계인인지 여부에만 제한 된 범위에서 심리가 이루어진다). 따라서 丙은 집행정본의 집행력을 배제하기 위하여 자신이 원고가 되어 별도로 청구이의의 소를 통하여 선의취득을 주장하여야 한다는 것이다.[108] 이에 반하여 승계인 丙에게 집행력이 확장된다는 의미를 丙에 대한 별도의 집행권원을 받지 않고도 승계집행문을 부여받아 강제집행할 수 있으며 집행력의 확장사유 모두를 집행문부여기관이 확인하여야 한다는 것으로 해석하는 견해(권리확인설)에 의하면, 집행문부여 관련 소송에서 丙은 선의취득을 주장할 수 있다고 본다.[109] 집행력이 승계인에게 확장된다는 것은 기판력이 확장되는 것보다 승계인에게는 훨씬 중대한 효과를 초래한 것이라는 점에 비추어 승계인의 권리를 절차적으로 보다 두텁게 보호 할 필요가 있으므로 권리확인설이 타당하다고 본다. 이러한 집행력의 주관적 범위 확장의 문제는 甲과 乙 사이의 제1소판결의 기판력이 제2소인 甲과 丙사이의 집행문부여의 소, 집행문부여에 대한 이의의 소 또는 청구이의의 소에 작용하는지에 관련된 기판력의 주관적 범위 확장과는 별개의 문제이다.[110]

㈐ 甲 등이 乙을 상대로 건물 등에 관한 소유권이전등기의 말소등기절차 이행을 구하는 소를 제기하여 승소확정판결을 받았는데, 위 판결의 변론종결 후에 乙로부터 건물 등의 소유권을 이전받은 丙이 甲 등을 상대로 위 건물의 인도 및 차임 상당 부당이득의 반환을 구하는 소를 제기한 사안에서, 대법원은 "소송물이 동일하거나 선결문제 또는 모순관계에 의하여 기판력이 미치는 객관적 범위에 해당하지 아니하는 경우에는 전소 판결의 변론종결 후에 당사자로부터 계쟁물 등을 승계한 자가 후소를 제기하더라도 그 후소에 전소 판결의 기판력이 미치지 아니한다."고 판시하면서, 丙이 변론종결 후의 승계인이어서 전소 확정판결의 기판력이 미쳐 건물 등의 소유권을 취득할 수 없다고 본 원심판결에 법리오해 등의 위법이 있다고 하였는데,[111] 위 판례의 판시는 그동안의 판례에서는 발견되지 않던 것으로 주목할 만하다. 위 판시는 승계인과 승계인에게 작용하는 기판력을 분리하여 논한다는 데에 특색이 있다.

㈑ 그 밖에 판례는, "토지의 소유자가 소유권에 기하여 그 토지의 무단 점유자를 상

108) 일본의 中野가 제창한 학설.

109) 일본의 新堂 등이 주장. 상세는 이무상, 전게논문 참조.

110) 이와 관련하여, "승계집행문은 판결에 표시된 채무자의 포괄승계인이나, 그 판결에 기한 채무를 특정하여 승계한 자에 대한 집행을 위하여 부여하는 것인바, 이와 같은 강제집행절차에 있어서는 권리관계의 공권적인 확정 및 그 신속·확실한 실현을 도모하기 위하여 절차의 명확·안정을 중시하여야 하므로, 그 기초되는 채무가 판결에 표시된 채무자 이외의 자가 실질적으로 부담하여야 하는 채무라거나, 그 채무가 발생하는 기초적인 권리관계가 판결에 표시된 채무자 이외의 자에게 승계되었다고 하더라도, 판결에 표시된 채무자 이외의 자가 판결에 표시된 채무자의 포괄승계인이거나, 그 판결상의 채무 자체를 특정하여 승계하지 아니한 한, 판결에 표시된 채무자 이외의 그 자에 대하여 새로이 그 채무의 이행을 소구하는 것은 별론으로 하고, 판결에 표시된 채무자에 대한 판결의 기판력 및 집행력의 범위를 그 채무자 이외의 자에게 확장하여 승계집행문을 부여할 수는 없다 할 것이다."는 판례(2002.10.11. 2002다43851. [242])가 주목할 만하다.

111) 2014.10.30. 2013다53939.

대로 차임상당의 부당이득반환을 구하는 소송을 제기하여 무단점유자가 그 점유 토지의 인도시까지 매월 일정금액의 차임 상당 부당이득을 반환하라는 판결이 확정된 경우, 이러한 소송의 소송물은 채권적 청구권인 부당이득반환청구권이므로, 위 소송의 변론종결 후에 위 토지의 소유권을 취득한 사람은 위 확정판결의 기판력이 미치는 변론을 종결한 뒤의 승계인에 해당하지 않는다."[112] (*2018. 법원직)고 하거나, "대지소유권에 기한 방해배제청구로서 지상건물의 철거를 구하여 승소확정판결을 얻은 경우, 그 지상건물에 관하여 위 확정판결의 변론종결 전에 마쳐진 소유권이전청구권가등기에 기하여 위 확정판결의 변론종결 후에 소유권이전등기를 마친 자가 있다면 그에게도 위 확정판결의 기판력이 미친다."[113]고 한다.[114]

4) 변론종결 후 승계의 추정

승계의 경우에 당사자가 변론을 종결할 때(변론 없이 한 판결의 경우에는 판결을 선고할 때)까지 승계사실을 진술하지 아니한 때에는 변론을 종결한 뒤(변론 없이 한 판결의 경우에는 판결을 선고한 뒤)에 승계한 것으로 추정한다(218조 2항). 그 취지는, 변론종결 전의 승계를 주장하는 자에게 그 입증책임이 있다는 뜻을 규정하여 변론종결 전의 승계사실이 입증되면 확정판결의 기판력이 그 승계인에게 미치지 아니한다는 것으로 해석되므로, 종전의 확정판결의 기판력의 배제를 원하는 당사자 일방이 변론종결 전에 당사자 지위의 승계가 이루어진 사실을 입증한다면, 종전소송에서 당사자가 그 승계에 관한 진술을 하였는지 여부와 상관없이, 그 승계인이 종전의 확정판결의 기판력이 미치는 변론종결 후의 승계인이라는 민사소송법 제218조 제2항의 추정은 깨어진다고 보아야 한다.[115]

(4) 기타의 주관적 확장

8-59 1) 목적물의 소지인

당사자나 변론종결후의 승계인을 위하여 청구의 목적물을 소지한 자에게도 판결의

---

112) 2016. 6.28. 2014다31721. [233] (따라서, 토지의 전 소유자가 제기한 부당이득반환청구소송의 변론종결 후에 토지의 소유권을 취득한 사람에 대해서는 소송에서 내려진 정기금 지급을 명하는 확정판결의 기판력이 미치지 아니하므로, 토지의 새로운 소유자가 토지의 무단 점유자를 상대로 다시 부당이득반환청구의 소를 제기하지 아니하고, 토지의 전 소유자가 앞서 제기한 부당이득반환청구소송에서 내려진 정기금판결에 대하여 변경의 소를 제기하는 것은 부적법하다).

113) 1992.10.27. 92다10883.

114) 그 밖에 주요판례로 1991. 1.15. 90다9964. [243], 1984. 9.25. 84다카148. [244] 등이 있으며, 그러한 판례의 결론에는 필자도 공감을 하나 결론에 이르는 법리 전개에는 동의하지 않는다.

115) 2005.11.10. 2005다34667,34674. [245]

효력이 미친다(218조 1항 후단). 예컨대 특정물 인도청구소송에서 인도대상이 되는 물건에 대한 수치인, 운송인, 창고업자, 관리인(*2014. 법원직) 등이 그러한 경우이다. 질권자나 임차인(*2012. 법원직)은 자기를 위하여 목적물을 점유하는 것이므로 여기에 속하지 않는다.

2) 소송담당에 있어서의 권리귀속주체 8-60

소송담당자가 한 소송의 결과로 내려진 판결의 기판력은 본래의 권리관계의 귀속주체에게 미친다(218조 3항).

채권자가 채권자대위권을 행사하는 방법으로 제3채무자를 상대로 소송을 제기하고 판결을 받은 경우에는 어떠한 사유로 인하였든 적어도 채무자가 채권자 대위권에 의한 소송이 제기된 사실을 알았을 경우에는 그 판결의 효력은 채무자에게 미친다.[116) 채무자에게도 기판력이 미친다는 의미는 채권자대위소송의 소송물인 피대위채권의 존부에 관하여 채무자에게도 기판력이 인정된다는 것이고, 채권자대위소송의 소송요건인 피보전채권의 존부에 관하여 당해 소송의 당사자가 아닌 채무자에게 기판력이 인정된다는 것은 아니므로 채권자가 채권자대위권을 행사하는 방법으로 제3채무자를 상대로 소송을 제기하였다가 채무자를 대위할 피보전채권이 인정되지 않는다는 이유로 소각하 판결을 받아 확정된 경우 그 판결의 기판력이 채권자가 채무자를 상대로 피보전채권의 이행을 구하는 소송에 미치는 것은 아니다.[117) 채권자대위권은 채무자가 제3채무자에 대한 권리를 행사하지 아니하는 경우에 한하여 채권자가 자기의 채권을 보전하기 위하여 행사할 수 있는 것이기 때문에 채권자가 대위권을 행사할 당시 이미 채무자가 그 권리를 재판상 행사하였을 때에는 설사 패소의 확정판결을 받았더라도 채권자는 채무자를 대위하여 채무자의 권리를 행사할 당사자적격이 없다.[118) 어느 채권자가 제3채무자를 상대로 채권자대위소송을 제기하여 판결을 받은 경우, 채무자가 채권자대위소송이 제기된 사실을 알았을 경우에 한하여 그 판결의 효력이 채무자에게 미치므로 그 후 다른 채권자가 동일한 소송물에 대하여 채권자대위권에 기한 소를 제기하면 전소의 기판력을 받게 된다고 할 것이지만, 채무자가 전소인 채권자대위소송이 제기된 사실을 알지 못하였을 경우에는 전소의 기판력이 다른 채권자가 제기한 후소인 채권자대위소송에 미치지 않는다.[119) 채권자 대위권에 기한 확정판결의 기판력이 소외인인 채무자

116) 1975. 5.13. 74다1664(전원합의). [248]
117) 2014. 1.23. 2011다108095. [249]
118) 1993. 3.26. 92다32876. [250]
119) 1994. 8.12. 93다52808. [251]

에게도 미치는 경우가 있다 하더라도 위 확정판결의 집행력만은 원·피고 간에 생기는 것이고 원고와 소외인 사이에는 생기지 아니한다.[120)]

8-61 **3) 소송탈퇴자**

제3자가 독립당사자참가(79조), 참가승계(81조), 인수승계(82조)를 한 경우 종전당사자는 그 소송에서 탈퇴를 할 수 있는데, 그 때 참가 또는 승계인과 상대방 당사자사이의 판결의 기판력은 탈퇴자에게 미친다(80조 단서, 81조, 82조 3항).

8-62

7절 하자있는 판결

1. 서 설

1) 통상적인 판결의 절차법상 또는 실체법상 하자에 대해서는 상소를 통해 시정한다. 나아가 판결이 확정되더라도 법이 정하는 특별한 하자가 있는 경우에는 재심을 통하여 시정할 수 있는 길을 열어 놓았다. 상소와 재심이라는 불복절차를 통하여도 시정할 수 없는 판결은 더 이상 그 효력을 다툴 수 없게 된다.

2) 한편, 일견 판결처럼 보이나 판결로서 존재한다고 할 수 없는 경우(법관이 아닌 자의 판결, 위조된 판결문, 교육용 모의판결 등), 또는 판결로서 존재한다고 하더라도 판결에 용인할 수 없는 중대한 하자가 있어 판결로서의 효력을 인정할 수 없는 경우나, 소송에서의 당사자의 기망에 의해 명백히 실체법상의 권리관계에 반하는 내용의 판결이 확정되는 경우가 있을 수 있다. 전자의 경우 외견상 판결이 있는 것처럼 보이지만 판결이 부존재하는 것이므로 이를 사이비 판결이라고 하고, 후자의 경우 이를 하자있는 판결이라고 한다. 하자있는 판결을 판결이 무효로 되는 경우와 판결이 편취된 경우로 나누어 살펴본다.

8-63 2. 무효의 판결

(1) 의 의

판결로서 성립은 하였으나 묵과할 수 없는 흠결이 있어 판결의 효력이 생기지 않는 경우에 이를 무효의 판결이라고 한다. 이 경우 확정판결의 외관을 갖추었더라도 그 효

---

120) 1979. 8.10. 79마232. [254]

력인 기판력, 집행력, 형성력이 발생하지 않는다.

(2) 무효사유

절차적인 것으로 재판권의 흠결, 당사자능력 등의 흠결 등이 있으며, 실체적인 것으로 현행법이 인정하지 않는 법률효과를 인정하는 판결, 판결의 법률효과가 강행규정이나 사회질서에 위반하는 경우 등이 있다.

1) 재판권의 흠결

재판권이 미치지 않는 치외법권자에 대한 판결은 무효판결이다. 그러나 관할위반인 판결의 경우는 임의관할 위반은 항소심에서 다툴 수 없으므로 1심 판결로 흠이 치유되고, 전속관할을 위반한 판결의 경우(절대적 상고사유)도 확정되면 효력이 있으며, 재심사유가 되지 않는다.

2) 당사자능력 등의 흠결

실재하지 않는 자를 당사자로 한 판결, 소제기 이전에 이미 사망한 자를 당사자로 한 판결,[121] (*2008. 법원직) 일방이 사망한 부부에 대한 이혼판결[122] 등은 무효이다. 당사자적격이 없는 자를 당사자로 하여 선고된 판결은 당사자적격자에게 무효이다(예, 파산관재인을 피고로 하지 않고 파산자를 피고로 한 소송에서당사자적격 흠결을 간과하고 한 판결, 고유필수적 공동소송 중 일부를 누락하고 선고된 판결). 소송능력 또는 대리권의 흠결의 경우는 무효가 아니며, 재심사유가 될 뿐이다(451조 1항 3호 및 그에 대한 유추해석).

3) 현행법이 인정하지 않는 법률효과를 인정하는 판결

예컨대, 부동산질권, 부동산 선의취득, 동성애자의 혼인 등을 인정하거나, 살점 1온스를 양도하라는 것과 같이 판결의 법률효과가 강행규정이나 사회질서에 위반하는 경우 그 판결은 무효이다. 그러나, 판결의 이유에 강행규정이나 사회질서에 위반되는 내용의 판단이 포함된 때에는 무효라고 볼 수 없다(예, 도박채무의 이행을 명하는 판결: 이설 있음).

(3) 무효인 판결의 처리

무효판결에 대하여도 그 외관을 제거하기 위하여 상소를 하여 취소를 구할 수 있다

---

121) 1982. 4.13. 81다1350.
122) 1982.10.12. 81므53 (이혼 등 사건에서, 청구인 사망 사실을 간과한 채 항소가 불변기간인 항소기간 도과후에 제기된 부적법한 것이라 하여 항소를 각하한 항소심판결은 당연무효라는 내용).

는 것이 다수의 학설이나, 판례는 원칙적으로 부정적인 입장이다(당사자가 소제기 이전에 이미 사망한 사실을 간과한 채 본안 판단에 나아간 원심판결은 당연무효이고, 민사소송이 당사자의 대립을 그 본질적 형태로 하는 것임에 비추어 사망한 자를 상대로 한 상고는 허용될 수 없다고 한 사례).[123] 형식적으로 확정된 후에도 동일소송물에 대한 신소가 허용된다. 무효인 판결은 재심의 대상이 되지 아니한다.[124]

8-64 3. 판결의 편취

(1) 의 의

당사자가 상대방이나 법원을 적극적으로 기망하여 실체법에 부합하지 아니하는 부당한 확정판결을 받는 것을 판결의 편취라고 한다.

(2) 수 법

판결편취의 수법은 다양하게 있을 수 있다. 그 대표적인 수법은 아래와 같다.

1) 허위송달에 의한 판결편취

원고가 소를 제기함에 있어 피고의 주소를 허위로 기재한 후 소장 부본을 가공의 인물이 피고인 것처럼 가장하여 송달받고 아무런 응소를 하지 않아 자백간주 판결이 선고 되도록 하고, 그 판결정본을 다시 가공의 인물이 송달받고 항소를 하지 않아 그 판결이 형식적으로 확정되도록 하는 경우를 말한다.

2) 공시송달에 의한 판결편취

원고가 피고의 주소를 알고 있음에도 주소불명이라고 하여 공시송달신청을 하고 법원이 공시송달 결정을 하여 공시송달을 기초로 판결을 선고 하고, 판결문도 공시송달을 하고, 이를 모르는 피고가 항소하지 않아 판결이 확정되도록 하는 경우를 말한다(⇒ 9-85 11).

3) 허위의 입증 등을 통한 판결편취

위증을 교사하거나, 증거서류를 위조하여 제출하는 등의 수법으로 법원을 기망하여 확정판결을 받는 경우를 말한다.

---

123) 2000.10.27. 2000다33775. [255]
124) 1994.12. 9. 94다16564.

(문) 월북자 乙 소유의 임야에 대하여 甲이 乙을 피고로 하여 매매를 원인으로 하는 이전등기청구의 소(1소)를 제기한 후, 허위의 주소를 기재하여 자백간주에 의하여 판결을 편취하였고. 판결에 기하여 소유권이전등기를 완료하였다.
돌아온 乙이 甲을 피고로 하여 원인무효를 이유로 위 이전등기의 말소등기를 청구하는 소를 제기(2소)하였다.

1) 1소 판결은 무효판결인가?

2) 어떤 절차에 의하여 1소의 흠결된 판결에 기하여 경료된 이전등기에 대한 원상회복을 구하여야 하는가?
(1978. 5. 9. 75다634(전원합의) 참조)

(3) 판결편취에 대한 구제

1) 절차법상의 구제

㈎ 소송법상 구제

항소, 추후 항소보완, 재심, 별소의 제기 등을 통해 소송법적으로 구제받을 수 있다. 수법 1)과 같은 경우 판례는 판결정본의 송달이 없었으므로 항소기간이 진행되지 않은 미확정의 판결이라는 이유로 항소를 통하여 다투어야 한다고 한다(재심 또는 추완항소의 대상이 될 수 없다).[125] 그 판결에 기하여 소유권이전등기까지 된 경우는 상소를 할 수도 있고 판결취소 없이 바로 별소로써 그 말소를 구하는 등 원상회복할 수 있다.[126] 수법 2)와 같은 경우는 추완항소(173조 1항), 또는 재심(451조 1항 11호)에 의하여 다투어야 한다(통설, 판례[127]). 수법 3)과 같은 경우에는 재심(451조 1항 6호, 7호)에 의하여 다투어야 한다.

㈏ 집행법상 구제

확정판결에 기한 집행이 현저히 부당하고 상대방으로 하여금 그 집행을 수인하도록 하는 것이 정의에 반함이 명백하여 사회생활상 용인할 수 없다고 인정되는 경우에는 그 집행은 신의칙에 위반되는 것으로서 권리남용이 되는 것이므로 청구이의의 소(민집 44조)를 통하여 집행을 막을 수 있다.[128]

---

125) 1978. 5. 9. 75다634(전원합의). [256]
126) 1978. 5. 9. 75다634(전원합의); 1995. 5. 9. 94다41010; 1981. 3.24. 80다2220. [261]
127) 1985. 7. 9. 85므12. [257] (청구인이 피청구인의 주거지를 알면서도 청구인의 본적지를 피청구인의 주소로 표시하여 이혼심판청구의 소를 제기하고 송달불능되자 공시송달의 방법으로 심판절차가 진행되어 그 판결이 선고되었다면 이는 민사소송법 제422조 제1항 제11호 소정의 재심사유에 해당한다).

2) 실체법상의 구제

편취된 판결에 의한 강제집행 등으로 손해를 입은 피해자가 재심에 의하여 판결을 취소함이 없이 직접 부당이득반환청구 또는 손해배상청구를 할 수 있는지가 기판력과 관련하여 문제가 된다.

(가) 불법행위에 기한 손해배상청구

(부동산을 매도하여 이전등기까지 마친 매도인이 매매가 아니라 양도담보였다는 허위 주장으로 정산금청구 소송을 제기하여 승소판결을 받아 강제집행을 한 경우, 불법행위의 성립을 부정한 사례).

> "판결이 확정되면 기판력에 의하여 대상이 된 청구권의 존재가 확정되고 그 내용에 따라 집행력이 발생하는 것이므로, 그에 따른 집행이 불법행위를 구성하기 위하여는 소송당사자가 상대방의 권리를 해할 의사로 상대방의 소송 관여를 방해하거나 허위의 주장으로 법원을 기망하는 등 부정한 방법으로 실체의 권리관계와 다른 내용의 확정판결을 취득하여 집행을 하는 것과 같은 특별한 사정이 있어야 하고, 그와 같은 사정이 없이 확정판결의 내용이 단순히 실체적 권리관계에 배치되어 부당하고 또한 확정판결에 기한 집행 채권자가 이를 알고 있었다는 것만으로는 그 집행행위가 불법행위를 구성한다고 할 수 없다. 편취된 판결에 기한 강제집행이 불법행위로 되는 경우가 있다고 하더라도 당사자의 법적 안정성을 위해 확정판결에 기판력을 인정한 취지나 확정판결의 효력을 배제하기 위하여는 그 확정판결에 재심사유가 존재하는 경우에 재심의 소에 의하여 그 취소를 구하는 것이 원칙적인 방법인 점에 비추어 볼 때 불법행위의 성립을 쉽게 인정하여서는 아니 되고, 확정판결에 기한 강제집행이 불법행위로 되는 것은 당사자의 절차적 기본권이 근본적으로 침해된 상태에서 판결이 선고되었거나 확정판결에 재심사유가 존재하는 등 확정판결의 효력을 존중하는 것이 정의에 반함이 명백하여 이를 묵과할 수 없는 경우로 한정하여야 한다."[129)]

(나) 부당이득반환청구

판례는, 확정판결의 집행으로 얻은 이득에 대하여 그 확정판결이 잘못된 것이라고 주장하며 부당이득반환청구를 하는 것은 그 확정판결의 기판력에 저촉되어 허용되지 않으므로 그 확정판결의 강제집행으로 얻은 이득을 법률상 원인 없는 이득이라고 할 수 없다고 한다.[130)]

> "대여금 중 일부를 변제받고도 이를 속이고 대여금 전액에 대하여 소송을 제기하여 승소 확정판결을 받은 후 강제집행에 의하여 위 금원을 수령한 채권자에 대하여, 채무자가 그 일부 변제금 상당액은 법률상 원인 없는 이득으로서 반환되어야 한다고 주장하면서 부당이득반환 청구를 하는 경우, 그 변제주장은 대여금반환청구 소송의 확정판결 전의 사유로서 그 판결이 재심의 소 등으로 취소되지 아니하는

---

128) 2014. 5.29. 2013다82043; 2001.11.13. 99다32899. [258]
129) 1995.12. 5. 95다21808. [259]
130) 1995. 6.29. 94다41430. [206]

한 그 판결의 기판력에 저촉되어 이를 주장할 수 없으므로, 그 확정판결의 강제집행으로 교부받은 금원을 법률상 원인 없는 이득이라고 할 수 없다." (1995. 6.29. 94다41430).

8-65
제3장 당사자의 행위에 의한 종료

당사자처분권주의에 의하여 당사자는 법원의 판결에 의하지 않고 자유로운 소송행위에 의하여 소송을 종료할 수 있다. 소의 취하(266조), 청구의 포기·인낙, 소송상화해(220조)가 그것이다.

1절 소의 취하

8-66
1. 의 의

소의 취하란 원고가 제기한 소(판결의 신청)의 전부 또는 일부를 철회하는 법원에 대한 단독적 소송행위이다. 소의 취하는 원고가 법원에 대한 판결의 신청을 철회하는 것으로서, 권리를 포기하거나 소송상청구를 포기하는 것과는 다르다. 소를 취하한 경우에도 원칙적으로 다시 동일한 내용으로 소(판결의 신청)를 제기하는 것이 금지되는 것은 아니다(⇒ 2-2).

8-67
2. 요 건

(1) 시 기

소는 소송계속이 이루어 진 후 판결이 확정될 때까지 취하할 수 있다(266조 1항). 항소심은 물론 상고심에 소송계속 중인 경우도 취하가 가능하다(상소심에서의 소취하와 상소의 취하를 혼동해서는 안된다). (*2009. 법원직) 1심에서 본안판결이 선고되었다면 상소심에서 소취하하는 경우 재소가 금지된다(상소를 취하하면 원심판결이 확정된다). (⇒ 8-70)

(2) 일부 또는 전부취하

소의 취하는 전부 또는 일부에 대하여 할 수 있다. 병합된 청구 중 일부에 대한 소를 취하할 수 있고, 가분청구에 대해서도 일부에 대한 소를 취하할 수 있다. 청구취지를 감축하는 청구의 변경에 대해서도 이를 소의 일부취하로 이해하는 것이 일반적 견해이다.

(3) 피고의 동의

소의 취하는 피고가 본안에 관하여 준비서면을 제출하거나 변론준비기일에서 진술을 하거나 변론을 한 뒤에는 상대방의 동의를 받아야 효력을 가진다(266조 2항). 본안에 대하여 응소한 피고의 이익을 보호하기 위한 것이다. 피고가 본안에 관한 응소가 아닌 관할위반의 진술 또는 이송신청, 기일변경에의 동의 등을 한 경우에는 피고의 동의가 필요하지 않다. 피고가 본안전 항변으로 소각하를, 본안전 항변이 이유가 없을 때에 대비하여 예비적으로 원고 청구기각의 본안 청구를 한 경우에는 본안에 관한 것은 예비적으로 청구한 것이므로 원고는 피고의 동의 없이 소취하를 할 수 있다.[131] 대리인이 동의를 함에 있어 특별수권(56조 2항, 90조 2항)을 받을 필요는 없다.[132] (대리인이 소를 취하함에는 특별수권이 필요하다). 원고의 소취하에 대하여 피고가 일단 확정적으로 동의를 거절하면 원고의 소취하도 효력을 발생할 수 없고 따라서 피고가 후에 소취하에 동의를 하더라도 소취하의 효력이 발생하지 않게 된다.[133] (*2007-1. 법원직) 본소의 취하 후에 반소를 취하함에는 원고의 동의가 필요 없다(271조).

(4) 흠 없는 취하행위

> **(문)** 甲이 乙을 상대로 대여금반환청구 소송 중 '소를 취하하면 1개월 이내에 돈을 지급하겠다'는 乙의 말을 믿고 소를 취하 하였다. 그런데 乙은 약속을 지키지 않았다. 甲이 다시 같은 내용의 소를 제기하려 하였으나 그때는 이미 소멸시효가 도과된 상태였다. 甲은 소 취하를 취소하고 소송을 계속하기 위하여 기일지정신청을 하였다. 법원은 어떻게 판결하여야 하는가?

1) 소취하는 소송행위이기 때문에 원고가 소를 취하하려면 소송능력이 필요하고, 대리인이 취하하는 경우 소송법상 특별수권이 필요하다(56조 2항, 90조 2항). 민법상 법률행위에 관한 규정이 적용될 수 없으며, 조건을 붙여서하는 소취하는 소송절차를 불안정하게 하므로 허용되지 않는다. 같은 취지에서 소취하의 철회도 허용되지 않는다.

2) 소취하의 의사표시에 사기·강박 또는 중요부분에 대한 착오가 있는 경우라도 민법 제109조와 제110조에 의하여 의사표시를 취소할 수는 없다고 보는 것이 판례,[134] 다수

131) 1968. 4.23. 68다217. [186]
132) 1984. 3.13. 82므40.
133) 1969. 5.27. 69다130,132.
134) 1964. 9.15. 64다92. [190]; 2004. 7. 9. 2003다46758 등.

설의 입장이다. 이에 대하여, 소취하의 경우 그 특성상 절차의 안정이라는 절차법적 요청을 강조할 필요가 없으므로 하자있는 의사표시에 의하여 이루어졌고 원고가 소송을 계속유지 할 이익을 가지는 경우에는 이를 취소할 수 있다고 함으로서 원고를 보호하여야 한다는 견해도 있다.[135] 당사자의 소송행위는 일반 사법상의 행위와는 달리 내심의 의사보다 그 표시를 기준으로 하여 그 효력유무를 판정할 수밖에 없는 것이므로, 소의 취하가 내심의 의사에 반한 것이라고 하더라도 이를 무효라고 볼 수는 없다.[136]

3) 소의 취하가 형사상 처벌받을 다른 사람의 행위로 인하여 이루어 진 때에는, 민소법 제451조 1항 5호의 재심사유에 해당할 만큼의 충분한 가벌성이 있는 경우라면 무효 또는 취소를 주장할 수 있다는 것이 다수설이다.[137] 판례도 형사책임이 수반되는 타인의 강요와 폭행에 의하여 이루어진 소취하의 약정과 소취하서의 제출은 무효라고 한다(1심에서 소유권확인의 승소판결을 받은 후 항소심에서 계엄사무소 합수단에 연금된 상태에서 소유권 포기하고 소취하 약정서를 작성한 사안).[138] 한편 판례는 "소송행위가 사기, 강박 등 형사상 처벌을 받을 타인의 행위로 인하여 이루어졌다고 하여도 그 타인의 행위에 대하여 유죄판결이 확정되고 또 그 소송행위가 그에 부합되는 의사 없이 외형적으로만 존재할 때에 한하여 민사소송법 제422조(현행 451조) 제1항 제5호, 제2항의 규정을 유추해석하여 그 효력을 부인할 수 있다고 해석함이 상당하므로 타인의 범죄행위가 소송행위를 하는데 착오를 일으키게 한 정도에 불과할 뿐 소송행위에 부합되는 의사가 존재할 때에는 그 소송행위의 효력을 다툴 수 없다"(원고의 소송대리인이 그 상대방인 피고 등의 기망에 의하여 착오로 계쟁 토지에 관한 처분금지가처분신청을 취소하고 그 집행해제신청을 제출한 사안)[139] 고 함으로서 취하행위의 효력부인에 엄격한 입장을 취하고 있다.

8-68 3. 방 식

(1) 소의 취하는 서면으로 하여야 하는 것이 원칙이다(266조 3항 본문). 당사자가 소취하서를 작성하여 제출할 경우 반드시 취하권자나 그 포괄승계인만이 이를 제출하여야 한다고 볼 수는 없고, 제3자에 의한 제출도 허용되며, 상대방에게 소취하서를 교부하여 그로 하여금 제출하게 하는 것도 상관없다.[140] (*2007-1. 법원직)

135) 호문혁, p.756; 정/유, p.693.
136) 1983. 4.12. 80다3251. [189]
137) 이시윤, p.503 등.
138) 1985. 9.24. 82다카312,313,314.
139) 1984. 5.29. 82다카963. [127]
140) 2001.10.26. 2001다37514.

(2) 변론 또는 변론준비기일에서는 말로 소취하를 할 수도 있다(266조 3항 단서). 이 경우 상대방이 변론 또는 변론 준비기일에 출석하지 아니한 때에는 그 기일의 조서등본을 송달하여야 한다(266조 5항). 소장을 송달한 뒤에는 취하의 서면을 상대방에게 송달하여야 한다(266조 4항). 적법한 소취하의 서면이 제출되면 그 서면이 상대방에게 송달되기 전이라도 원고는 이를 임의로 철회할 수 없다.[141] (*2017. 법원직)

(3) 취하에 대한 피고의 동의도 서면 또는 말로써 한다. 피고가 취하서의 송달을 받거나 기일에 출석하여 취하가 있는 것을 안 날로부터 2주일 내에 이의하지 아니하면 소의 취하에 동의한 것으로 본다(266조 6항).

4. 효 과

(1) 소송계속의 소급적 소멸(267조 1항) 8-69

1) 취하된 부분에 대하여는 소가 처음부터 계속되지 아니한 것으로 본다(267조 1항). 소의 취하로 법원의 재판 없이 소송이 종료된다. 소가 각하되는 것도 아니고, 본안이 되었던 권리가 부인되는 것도 아니다. 소취하 당시 이미 선고되었으나 확정되지 아니한 판결은 그에 대한 명시적 취소 없이 실효된다(다만, 이 경우 후술하는 재소금지가 문제된다).

2) 소송 중에 당사자들이 한 계약의 해제, 의사표시의 취소, 상계 등 실체법상의 의사표시는 소취하에도 불구하고 그 효력이 유지된다는 것이 통설(병존설)이다. 판례도 같은 입장이다(소제기로써 계약해제권을 행사한 후 그 뒤 그 소송을 취하하였다 하여도 해제권은 형성권이므로 그 행사의 효력에는 아무런 영향을 미치지 아니한다고 판시).[142]

3) 소취하의 경우 소송이 종료되지만 소송비용 부담에 관한 문제는 남는다. 법원이 당사자의 신청에 따라 결정으로 소송비용의 액수를 정하고 이를 부담하도록 명하여야 한다(114조). 이러한 결정은 사법보좌관이 담당한다(법원조직법 54조 2항 1호).

(2) 재소의 금지(267조 2항) 8-70

1) 의 의

원고는 원칙적으로 취하한 소를 다시 제기(재소)할 수 있다. 그런데, 원고가 본안에 관한 종국판결(1심 또는 2심 판결)이 선고된 후에 소를 취하한 후 다시 동일한 내용의

141) 1997. 6.27. 97다6124. [185]
142) 1982. 5.11. 80다916.

소를 제기하는 것을 허용하는 것은 문제가 있다. 1심 또는 2심 종국판결 후에 소를 취하하는 경우 이미 선고 된 판결은 실효 되는데, 소 취하로 인하여 판결이 실효가 된 후 다시 동일한 소가 1심 법원에 제기되는 경우 이를 법원이 다시 심리하여야 한다면, 실효된 판결의 법원은 무의미한 판결을 한 결과가 될 뿐만 아니라 전후 판결의 모순을 초래하여 판결의 신뢰에 영향을 줄 수 있기 때문이다. 따라서 우리 법은 본안에 대한 종국판결이 있은 뒤에 소를 취하한 사람은 같은 소를 제기하지 못한다(267조 2항)고 규정한다. 이것을 재소의 금지라고 한다.

2) 요 건

(가) 본안에 대한 종국판결 선고 후의 취하

본안에 대한 종국판결이 있은 뒤에 소를 취하한 경우가 재소금지 대상이 된다. 소송판결인 소각하 판결이나 소송종료선언판결 후 소를 취하한 경우는 재소금지의 대상이 아니다. 중복소송의 경우, 본안에 대한 종국판결이 있은 후 소를 취하한 자는 동일한 소를 제기할 수 없다는 법리에 의하여, 후소의 본안에 대한 판결이 있은 후 그 후소를 취하한 자는 전소를 유지할 수 없다.[143)]

(나) 동일한 소

재소가 금지되는 동일한 소가 되려면 당사자가 동일하여야 하고, 소송물이 동일하여야 하며, 나아가 권리보호이익이 동일하여야 한다(기판력의 주관적 범위, 객관적 범위, 시적 범위와 비교하여 이해하는 것이 필요하다).

가) 당사자의 동일

원칙적으로 전소의 원고가 전소의 피고를 상대로 다시 소를 제기하는 것이 금지된다. 변론종결 후의 승계인, 채권자대위소송에서의 채권자, 선정당사자도 재소금지의 원칙의 적용을 받는지가 문제된다.

① 변론종결 후의 승계인

포괄승계인에게는 재소금지의 원칙이 미친다는데 이론이 없다. 특정승계인에 대해서 판례는 특정승계인의 재소가능성 여부는 그에게 새로운 권리보호 이익이 있는지에 따라 정해진다는 입장이다.

민사소송법 제240조 제2항 소정의 "소를 취하한 자"에는 변론종결 후의 특정승계인을 포함하나 "동일한 소"라 함은 권리보호의 이익도 같아야 하므로 이 건 토지의 전소유자가 피고를 상대로 한 전소와

---

143) 1967. 7.18. 67다1042.

본건 소는 소송물인 권리관계는 동일하다 할지라도 위 전소의 취하 후에 이 건 토지를 양수한 원고는 그 소유권을 침해하고 있는 피고에 대하여 그 배제를 구할 새로운 권리보호의 이익이 있다고 할 것이니 위 전소와 본건 소는 동일한 소라고 할 수 없다.[144]

② 채권자대위소송의 채권자

채권자대위권에 의한 소송이 제기된 사실을 피대위자가 알게 된 이상, 그 대위소송에 관한 종국판결이 있은 후 그 소가 취하된 때에는 피대위자도 재소금지규정의 적용을 받아 그 대위소송과 동일한 소를 제기하지 못한다는 것이 판례의 입장이다.[145]

> **(문)** 甲이 乙 소유의 부동산을 매수하였는데, 丙이 乙 명의 위조 무단으로 소유권이전등기 경료하였다. 甲이 乙을 대위하여 丙을 상대로 말소등기청구의 소를 제기하여 1심 승소판결 받았는데, 丙이 항소하여 항소심 계속 중에 甲이 乙에 대한 매매계약 해제하고 소를 취하하였다. 이러한 경우 乙이 丙을 상대로 말소등기청구의 소를 제기하는 것이 재소금지에 해당하는가? 위 사례에서 甲이 패소한 판결이 확정되었다. 이 경우 乙이 다시 丙을 상대로 말소등기청구의 소를 제기할 수 있는가?

③ 소송담당자

선정당사자(53조)를 선정한 선정자들도 선정당사자와 동일하게 재소금지의 제재를 받는다고 본다(218조 3항 유추해석).

나) 소송물의 동일

전소와 소송물이 동일한 후소를 제기하는 것이 재소금지의 대상이 된다. 전소의 소송물이 후소의 선결적 법률관계가 되는 경우에도 재소금지의 원칙이 적용되는가에 대해서는 견해가 갈린다.

> **(문)** 1) 甲이 乙을 상대로 면직무효확인의 소(1소)를 제기하였으나 1심에서 청구기각판결이 선고되었다. 甲이 이에 항소를 하였다가 항소 후 소를 취하하였다. 이러한 상황에서 그 후, 甲이 乙을 상대로 면직처분이 무효임을 전제로 급여지급청구의 소(2소)를 제기하는 것이 가능한가?
>
> 2) 甲이 乙을 상대로 한 면직무효확인의 소에서 청구기각판결이 확정된 경우, 그 후 甲이 乙을 상대로 면직처분이 무효임을 전제로 급여지급청구의 소(2소)를 제기하는 것이 가능한가?

144) 1981. 7.14. 81다64,65. [191]
145) 1996. 9.20. 93다20177,20184. [192]

판례[146]는 위와 같은 경우 "비록 소송물은 다르지만 원고는 전소의 목적이었던 권리 내지 법률관계의 존부에 대하여는 다시 법원의 판단을 구할 수 없는 관계상" 재소금지에 저촉된다고 하며, 다수설도 이에 동조한다. 그러나 이러한 견해는 재소금지의 적용범위에 관하여 기판력에 관한 이론을 유추하는 것으로서, 기판력제도와 재소금지제도의 취지를 혼동하여 부당하게 재소금지의 범위를 확장함으로써 재판받을 권리를 부당하게 제한한다는 비판을 면하기 어렵다. 취하된 전소의 소송물이 후소의 선결적 법률관계를 구성하는 경우에는 재소금지의 원칙이 적용되지 않는다고 하는 것이 타당하다.[147]

다) 권리보호이익의 동일

> **(문)** 1) 甲은 토지의 소유자인데 乙이 이를 점유 사용하고 있다. 甲이 乙을 피고로 하여 토지인도청구의 소를 제 기하였으나 1심에서 청구 기각판결을 받았고 이에 항소를 하였다가 항소심에서 소를 취하하였다. 그 후 甲은 그 토지를 丙에게 매도하였다. 丙은 乙을 상대로 토지인도청구의 소를 제기할 수 있는가?(1981. 7.14. 81다64,65. 참조)
>
> 2) 위 사례에서, 甲이 乙을 상대로 한 토지인도청구의 소가 청구기각판결이 확정된 후 甲이 그 토지를 丙에게 매도한 경우라면 어떠한가?[기판력의 주관적 범위의 확장문제]

① 본안에 대한 종국판결이 있은 후 소를 취하한 자라 할지라도 재소금지 규정의 취지에 반하지 아니하고 소제기를 필요로 하는 새로운 권리보호이익이나 정당한 사정이 있다면 다시 소를 제기할 수 있다

② 종국판결 후 소를 취하하였다가 피고가 그 소 취하의 전제조건인 약정을 위반하여 약정이 해제 또는 실효되는 사정변경이 생겼음을 이유로 다시 동일한 소를 제기하는 경우,[148] 매매를 원인으로 한 소유권이전등기청구의 소에서 승소판결 받았으나 토지거래허가 문제로 소를 취하 한 다음 토지거래허가를 받고 다시 소유권이전등기청구의 소를 제기하는 경우[149] 등은 권리보호이익이 동일하지 않으므로 재소가 허용된다.

③ 항소심에서 소를 취하한 전소유자로부터 토지를 양수한 원고는 피고를 상대로 한 전소와 소송물인 권리관계가 동일하다 할지라도 그 소유권을 침해하고 있는 피고에 대하여 그 배제를 구할 새로운 권리보호의 이익이 있고,[150] 부동산 공유자들이 제기한

146) 1989.10.10. 88다카18023. [194]
147) 호문혁, p.765; 송/박, p.483; 이시윤, p.576.
148) 2000.12.22. 2000다46399; 1993. 8.24. 93다22074. [195]
149) 1999.12.23. 97다45341.
150) 1981. 7.14. 81다64,65.

명도청구소송에서 제1심 종국판결 선고 후 항소심 계속중 소송당사자 상호간의 지분 양도·양수에 따라 소취하 및 재소가 이루어진 경우 그 양수인의 추가된 점포명도청구는 그 공유지분의 양도인이 취하한 전소와는 권리보호의 이익을 달리하여 재소금지의 원칙에 위배되지 아니한다.[151)]

3) 효 과

재소금지는 법률상의 제소금지 사유이므로 이에 반하는 소는 권리보호자격이 없다(소극적 소송요건). 법원은 직권으로 조사하여 재소금지의 요건에 해당하면 소를 각하 하여야 한다. 재소금지의 효과는 소송법상의 효과이므로 실체법상의 권리관계에는 영향이 없다. 따라서 재소금지의 효과를 받아 제소할 가능성이 없어진 권리관계는 자연채무의 상태로 남게 된다. 재소금지 채권에 대한 임의변제의 수령, 재소금지 채권을 자동채권으로 하는 상계는 가능하며, 상대방이 채무부존재확인의 소를 제기하는 경우 권리보호자격이 인정된다. 다시 동일한 소를 제기할 수 없게 되어 권리구제를 받을 수 없게 되는 것을 이유로 부당이득반환청구를 하는 경우에는 재소금지로 인하여 제소할 가능성은 없어졌지만 실체법상의 권리가 소멸한 것은 아니므로 청구를 기각한다.[152)]

5. 소취하의 합의(소취하계약) 8-71

1) 소취하의 합의란 소송외에서 당사자간에 소를 취하하기로 합의하는 것을 말한다. 이를 소취하계약이라고도 한다. 소취하계약의 법적 성격에 대해서는 사법계약설과 소송계약설, 항변권발생설로 견해가 갈린다.

2) 사법계약설은 소취하계약만으로 소취하라는 소송법적인 효력이 발생하는 것은 아니며, 소취하계약에 따라 소를 취하하여야 할 실체법상의 의무가 생긴다는 것이다. 소취하계약에 반하여 소송을 계속 유지하는 경우 그로인한 손해배상청구를 하거나, 소취하의 의사표시를 구하는 별도의 소를 제기하여 의사표시의 의제를 통하여 소취하의 효력을 달성할 수 있다고 한다. 소송계약설에 따르면 소취하계약은 직접 소송법상의 효력이 생기므로 소취하계약이 있었다는 점이 인정되면 따로 소를 취하하지 않더라도 소취하계약에 의하여 소송이 종료된 것이므로 법원은 소송종료선언을 할 것이라고 한다.[153)] 항변권발생설은 소취하계약이 있었음에도 불구하고 소를 취하하지 않고 소송을 계속하여 진행하는 경우 상대방은 소취하계약이 있었음을 주장하여 항변할 수 있으며,

---

151) 1998. 3.13. 95다48599,48605.
152) 1969. 4.22. 68다1722.
153) 정동윤/유병현, p.702.

그러한 사실이 인정되면 권리보호자격을 잃게 되므로 법원은 소를 각하하여야 한다고 한다.[154] 항변권발생설이 판례[155]의 입장이다.

> "재판상 화해에 있어서 법원에 계속 중인 다른 소송을 취하하기로 하는 내용의 화해조서가 작성되었다면 당사자 사이에는 법원에 계속 중인 다른 소송을 취하하기로 하는 합의가 이루어졌다 할 것이므로, 다른 소송이 계속 중인 법원에 취하서를 제출하지 않는 이상 그 소송이 취하로 종결되지는 않지만 위 재판상 화해가 재심의 소에 의하여 취소 또는 변경되는 등의 특별한 사정이 없는 한 그 소송의 원고에게는 권리보호의 이익이 없게 되어 그 소는 각하되어야 한다."[156] (*2018. 법원직)

3) 소취하 계약에 의하여 소를 취하한 뒤에 원칙적으로 원고가 재소를 하는 것이 금지되는 것은 아니나, 소취하계약에 부제소의 합의가 포함된 경우에는 그렇지 않다.[157] 조건부 소취하의 합의를 한 경우에는 조건의 성취사실이 인정되지 않는 한 그 소송을 계속 유지할 법률상의 이익을 부정할 수 없다.[158]

8-72 6. 소의 취하간주

1) ① 같은 심급의 같은 종류의 기일에 양쪽당사자가 연속 또는 비연속으로 2회 출석하지 아니하거나 출석하여도 변론하지 아니한 채, 1월내에 기일지정신청을 하지 않거나(268조 2항), ② 기일지정신청에 따라 정한 변론기일 또는 그 뒤의 변론기일에 양쪽당사자가 출석하지 않거나 출석하였더라도 변론하지 아니한 때(268조 3항)는 소를 취하한 것으로 간주한다. 이를 실무에서는 쌍불(쌍방불출석)취하라고 한다.

2) 변론준비절차에도 제268조가 준용되므로(286조), 쌍불취하가 성립할 수 있다.[159] 양쪽 당사자가 변론준비기일에 1회 불출석하고 변론기일에 1회 불출석하는 경우는 기일의 성격이 다르므로 위와 같이 취급해서는 안 된다.[160] 파기환송 전과 파기환송 후의 기일도 상호간 승계되지 않는다.[161] (⇒ 6-15)

3) 피고의 경정의 경우에도 구피고에 대하여 소취하 간주의 효과가 생긴다(261조 4

---

154) 호문혁, p.746. 등.
155) 1982. 3. 9. 81다1312. [184]
156) 2005. 6.10. 2005다14861.
157) 2012. 3.15. 2011다105966.
158) 2013. 7.12. 2013다19571. [123]
159) 이시윤, p.379.
160) 2006.10.27. 2004다69581.
161) 1963. 6.20. 63다166.

항). (⇒ 10-135) 상소심 소송절차에서의 위와 같은 양쪽불출석의 경우에는 상소를 취하한 것으로 본다(268조 4항).

7. 소취하의 효력을 다투는 절차 8-73

1) 소취하가 있었는지가 다투어지는 경우, 소의 취하가 부존재 또는 무효라는 것을 주장하는 당사자는 기일지정신청을 할 수 있다(규칙 67조 1항). 이 경우 법원은 변론을 열어 신청사유에 관하여 심리하여야 한다(2항). 심리결과 소가 취하된 것으로 판단되면 종국판결로 소송종료선언을 한다. 소가 취하된 것이 아니라고 판단되면 변론을 속행한다. 이 경우 중간판결(201조)로 소취하의 무효를 판단하여도 되고, 종국판결 이유 중에서 함께 판단하여도 된다(규칙 67조 3항).

2) 종국판결이 선고된 후 상소기록을 보내기 전에 이루어진 소의 취하에 관하여 소의 취하가 부존재 또는 무효라는 것을 주장하며 기일지정신청을 하는 경우는 두 가지 경우로 나누어 처리한다. 상소의 이익이 있는 자가 모두 상소하거나 당사자 일부가 상소하고 나머지는 상소권이 소멸한 경우에는, 판결법원은 소송기록을 상소법원으로 보내야 하고 상소법원이 기일지정신청에 대한 재판을 한다(민규 67조 4항 1호). 그 이외의 경우에는, 판결법원이 기일지정신청에 대한 재판으로 소송종료선언 또는 소취하무효선언의 판결을 선고하여야 한다(민규 67조 4항 2호). 이 경우 소취하무효선언의 판결이 확정된 다음 날부터 상소기간은 전체기간이 새로이 진행된다(민규 67조 5항).

(연습문제)

甲은 乙에게 X건물을 임대하였는데, 乙이 甲의 동의 없이 丙에게 위 건물 전부를 전대(轉貸)하자 甲은 이를 이유로 임대차계약을 해지하고 건물인도청구의 소를 제기하여 승소판결을 받았다. 이에 대하여 乙이 항소를 제기 한 후 甲에게 사과하며 곧바로 전대차관계를 종료하고 자신이 직접 이 건물을 사용하겠다고 다짐하였고, 이에 甲은 위 소를 취하하였다. 그러나 乙은 전대차관계를 종료시키지 아니하고 丙으로 하여금 위 건물을 계속 사용하게 하였다.

1. 甲은 위 소취하가 착오 내지 기망에 의한 것이어서 효력이 없다고 주장하며 법원에 기일지정신청을 하였다. 이에 대하여 법원은 어떻게 처리하여야 하는가?
2. 甲은 소취하 이후에도 乙이 여전히 위 건물을 무단전대하고 있음을 이유로 乙에 대하여 건물인도청구의 소를 다시 제기할 수 있는가?

(2009년도 사법시험, 2020. 법원행시)

2절 소송상화해

8-74
1. 의 의

1) 소송상화해란 소송계속 중 수소법원에서 양당사자가 다툼 있는 법률관계에 대하여 상호양보하여 합의한 결과를 진술하고 법원이 그 내용을 조서로 작성하여 합의된 내용에 소송법적 효과를 발생하게 함으로써 소송을 종료하는 것을 말한다. 소송상화해가 성립하면 화해에 따른 새로운 법률관계가 창설되며, 소송이 종료된다. 화해가 성립하면 법원은 그 내용을 조서에 기재하며, 화해내용이 조서에 기재되면 화해조서는 확정판결과 동일한 효력이 있다(220조).

2) 소송계속 중에 수소법원에서 하는 소송상화해는 소를 제기하기 전에 지방법원 단독판사(화해법원) 앞에서 하는 제소전화해(385조~389조)와 구별된다. 소송상 화해와 제소전화해를 합하여 재판상화해라고 한다.

3) 민법상의 화해계약(민법 731조)도 당사자가 상호양보하여 당사자간의 분쟁을 종지할 것을 약정한다는 점에서 재판상화해와 유사한 점이 있으나, 화해계약은 아무런 소송법적 효력이 생기지 않는 민법상의 계약에 불과한 반면(다툼이 생기면 소송을 통하여 해결하여야 한다), 재판상화해는 당사자의 화해에 법원이 관여를 하고 화해내용에 소송법적인 효력(기판력, 집행력 등)이 생긴다는 점에서 차이가 있다.

4) 한편, 법원은 소송에 계속 중인 사건에 대하여 직권으로 사건의 공평한 해결을 위하여 화해권고결정을 할 수 있으며, 이러한 결정의 정본을 송달받은 날부터 2주일 이내에 이의를 신청하지 않으면 소송상화해로서의 효력이 발생한다(225조부터 232조).

8-75
2. 법적 성질

(문) 1) 교통사고로 인한 손해배상액(입원치료비, 위자료 등)에 대하여 甲(피해자)과 乙(가해자) 사이에 분쟁이 생겼다. 을은 500만원이라고 주장하고, 甲은 1,000만원이라고 주장하여 다투던 중 쌍방양보해서 700만원으로 합의(화해계약)하였다. 그 후 입원치료비에 대한 계산에 착오가 있었다는 이유로 화해계약을 취소할 수 있는가? 교통사고가 자신이 운전하는 차량에 의한 것이 아니었는데 착오로 자신이 운전하는 차량으로 교통사고가 발생한 것으로 알고 합의한 것이라는 이유로 화해계약을 취소할 수 있는가? 사기 또는 강박에 의하여 합의를 하였다는 이유로 화해계약을 취소 할 수 있는가? (민법 731조, 732조, 733조 참조)

> 2) 甲이 乙을 상대로 1000만원 지급을 구하는 손해배상청구의 소를 제기하였다. 소송진행 중 甲과 乙은 상호양보하여 700만원을 지급받는 것으로 소송상화해를 하였다. 소송상화해에 대하여 위와 같은 이유로 소송상화해를 취소할 수 있는가?

소송상화해의 법적 성격에 대해서는 사법행위설, 소송행위설, 양성설 등으로 첨예하게 학설이 대립하고 있다.

1) 사법(私法)행위설

민법상의 화해와 같은 사법행위로서, 의사표시에 관한 민법의 규정이 그대로 적용된다는 견해이다.

2) 소송행위설

소송법상의 법률관계를 결정짓고 소송을 종료시키는 소송행위로서 원칙적으로 민법의 의사표시에 관한 규정이 적용되지 않고 화해의 내용에 기판력과 같은 효력이 생긴다는 견해이다. 판례는 기본적으로 이러한 입장을 취한다.[162)]

3) 양 성 설

민법상의 화해계약으로서의 성격과 소송행위로서의 성격을 모두 가지고 있다는 견해이다. 다수의 학설이 이러한 견해를 취한다.

4) 사 견

생각건대, 소송상화해는 분쟁의 대상이 되는 법률관계에 대하여 상호양보하여 합의를 통하여 새로운 법률관계를 창설하는 당사자간의 사법행위(화해계약)와 소송을 종료하고 분쟁을 종지하는 소송법적 효과가 생기는 소송행위가 경합된 하나의 행위로서, 두 행위의 성격을 모두 가지는 독자적 행위라고 하는 것이 타당하다(양행위병존).[163)] 유효한 소송상화해가 성립하면 화해계약의 내용에 따라 법률관계가 창설되고 소송이 종료되며 기판력이 생긴다고 할 것이다.[164)]

---

162) 1962. 2.15. 4294민상914(전원합의) [204]; 1979. 5.15. 78다1094. [209] ("소송상의 화해는 소송행위로서 사법상의 화해와는 달리 사기나 착오를 이유로 취소할 수는 없다").

163) 프랑스 입법자도 화해에 대한 양행위경합설적인 이해 속에서 민법전의 화해(transaction)를 규정한 것으로 보인다.

164) 자세한 것은 이무상, "노동위원회화해에 대한 소송법적 검토", 법조 제70권 제5호(2021.10.) p.138.

8-76 ## 3. 요 건

(1) 당사자에 관한 요건

1) 화해당사자가 당사자능력과 소송능력을 갖추어야 한다. 대리인에 의한 화해는 특별수권이 필요하다(56조 2항, 90조 2항).

2) 소송당사자 아닌 제3자도 재판상 화해의 당사자가 될 수 있고, 이 경우 그 화해의 효력은 제3자에게도 미친다(예컨대, 화해조항의 내용으로 원고가 피고에 대하여 채무의 일부를 면제해 주기로 하되 피고의 채무이행을 확보하기 위하여 소송당사자가 아닌 제3자를 화해의 당사자로 끌어들여 피고를 위한 보증인으로 할 수 있다).[165] (*2009. 법원직)

3) 필수적 공동소송인 경우 공동소송인 전원이 화해의 당사자가 되어야 한다(67조 1항). 합일확정이 요구되는 독립당사자참가의 경우도 참가인을 배제한 원피고간의 화해는 효력을 인정할 수 없다는 것이 판례이다.[166]

(2) 내용에 관한 요건

1) 당사자가 자유로이 처분할 수 있는 권리관계를 대상으로 할 것

재판상 화해의 대상인 권리관계는 사적 이익에 관한 것으로서, 당사자가 자유롭게 처분할 수 있는 것이어야 하므로, 성질상 당사자가 임의로 처분할 수 없는 사항을 대상으로 한 재판상 화해는 허용될 수 없다. 설령 그런 사항에 관하여 재판상 화해가 성립하였더라도 효력이 없어 당연무효라고 할 것이다(예컨대, '재심대상판결 및 제1심판결을 각 취소한다'는 조정조항은 법원의 형성재판 대상으로서 당사자가 자유롭게 처분할 수 있는 권리에 관한 것이 아니어서 당연무효이다).[167] (*2017. 법원직) 이혼 및 파양, 재산분할 사건에 관하여는 화해가 인정된다고 보는 것이 일반적 견해이다. 친생자관계존부확인이나 인지청구와 같이 성질상 당사자가 임으로 처분할 수 없는 사항에 대하여 이를 처분하는 내용으로 화해하는 경우에는 화해는 효력이 없다.[168] 회사합병무효의 소나 주주총회결의취소의 소 또는 주주총회결의부존재확인의 소 등에서 원고승소판결의 경우는 대세적 효력이 인정되므로 원고의 청구를 인용하는 내용의 화해는 허용되지 않으나,[169] 원고패소판결은 당사자 사이에서만 효력이 생기므로 원고가 청구를 포기하는 내용의 화해를

---

165) 1985.11.26. 84다카1880.
166) 2009. 1.30. 2007다9030,9047.
167) 2012. 9.13. 2010다97846. [201] (함영주 평석, 법률신문 2012.12.10.).
168) 2007. 7.26. 2006므2757,2764; 1999.10. 8. 98므1698.
169) 2004. 9.24. 2004다28047. [199]

하는 것은 허용된다고 볼 것이다. 주주대표소송이나 증권관련집단소송에서 소송상화해를 할 때에는 법원의 허가를 얻어야 한다(상법 403조 6항, 증집소법 35조).

2) 화해조항이 반사회질서 기타 강행법규에 반하지 않을 것

소송상화해의 법적성격은 양행위가 경합된 것이므로(이설 있음), 화해의 내용이 강행법규나 사회질서에 반하는 경우는 소송상화해는 그 효력을 인정할 수 없다.[170] 판례는 소송행위설에 충실하게, 명의신탁약정이 부동산실명법에 위반하여 무효이지만 그것이 조정(화해)조서에 기재된 경우에는 그 조서를 무효라고 할 수 없고 기판력이 생긴다고 하나, 이러한 판례의 입장에는 찬성할 수 없다.[171]

3) 상호의 양보로 합의가 성립할 것

일방적인 양보에 기초하는 것은 청구의 인낙이나 포기이지 화해라고 할 수 없다. 양보의 내용에는 여러 가지가 있을 수 있으므로, 원고 청구금액을 전부 인정하더라도 기한을 유예 받거나 소송비용을 면제 받는다면 상호의 양보가 있는 화해라고 할 수 있다.

4) 조건부 화해의 허용여부

화해의 내용을 이루는 권리의무관계에 조건을 붙이는 것은 허용된다는 점에 대해서는 이론이 없다(예컨대, 원고가 건물을 피고에게 명도하는 것을 조건으로 금원을 지급한다). 조건부 이행판결이 가능한 것과 같다. 그러나 화해자체의 성립이나 효력발생에 조건을 붙일 수 있는가 여부, 즉 실효조건부 화해(예컨대, 제3자의 이의가 있으면 화해를 무효로 한다거나, 유관기관의 허가를 조건으로 화해를 한다는 내용이 화해조항에 포함된 경우)를 허용할 것인가 여부는 논란이 된다. 사법행위설을 취한다면 원칙적으로 자유롭게 조건을 붙이는 것이 허용된다고 할 것이나, 소송행위설을 취하는 경우 법리적으로 문제가 있다. 판례는 소송행위설의 입장에 서면서도, 화해조항 자체에 그 화해의 효력을 상실시킬 수 있는 조건이 있을 때에는 조건성취로써 화해는 당연히 실효되며, 당사자는 화해성립전의 법률관계를 다시 주장할 수 있다고 한다.[172] (이러한 판례의 태도에 대해서는 '소송

---

170) 이시윤, p.593도 같은 취지.

171) 2014. 3.27. 2009다104960,104977. 조정을 통하여 새로운 법률관계가 창설된 것을 별소를 통하여 무효를 주장하는 것은 법적 안정성 측면에서 문제가 될 수 있다는 점에서는 대법원의 입장에 공감한다. 그러나, 실체법상 무효인 내용의 합의에 기초하여 창설된 법률관계의 효력을 절차법상의 이유로 그대로 인정하는 것은 동의할 수 없다.

172) 1996.11.15. 94다35343; 1965. 3. 2. 64다1514. [203]

당사자 이외의 제3자가 원피고간의 법률관계에 결정적인 역할을 한다면 그를 화해의 당사자로 하여야 하고, 유관기관의 허가가 필요한 경우 그 여부를 기다려서 화해를 하는 것이 타당함에도 성급하게 화해로 사건을 종결하고자 하는데서 비롯된 것'이라고 비판하면서 그 부당성을 지적하는 견해가 있다).[173]

(3) 시기 및 방식에 관한 요건

1) 소송계속 이후에는 심리의 어느 단계에서도 소송상 화해를 할 수 있다. 상고심에서도 소송상화해가 가능하다.[174] 기일이면 어느 기일(변론기일, 변론준비기일, 화해기일, 증거조사기일 등)에서도 할 수 있다. 기일외의 화해는 소송상화해가 아니다.

2) 당사자의 합의는 화해성립의 요건이고, 조서의 작성은 효력발생의 요건이다. 화해조항을 작성함에 있어서는 판결주문과 같이 사항을 명확히 표시하여 바로 집행문부여가 가능하도록 하여야 한다(화해조항이 새로운 분쟁이나 소송의 단초가 되어서는 안 된다). 조건부 이행의 화해 조항에 있어 조건의 기재가 명확하지 않은 경우 집행문부여가 불가능하다.

8-77 4. 소송상화해의 절차

변론 또는 변론준비기일에 양당사자가 출석하여 당사자 사이에서 화해(소송물인 권리관계에 관한 합의 및 소송종료의 합의)가 성립하면 법원은 화해의 요건을 심사하여 요건이 갖추어졌다고 판단하는 경우 화해조서를 작성한다(실무에서는 기일에 화해조항의 초고를 작성하여 당사자의 서명을 받은 후 이를 토대로 화해조서를 작성하는 것이 보통이다). 소송상화해는·양당사자가 기일에 출석하여 구술로 화해의 내용에 대하여 진술하는 방식으로 하는 것이 원칙이나, 일방당사자가 기일에 출석하는 것이 곤란한 사정이 있는 경우 미리 답변서나 준비서면에 화해조항이 포함된 화해의 의사표시를 적어 공증사무소의 인증을 받아 법원에 제출하고, 상대방 당사자가 변론기일에 출석하여 그 화해의 의사표시를 받아들인 때에는 화해가 성립된 것으로 본다(148조 3항).

---

173) 한충수, p.557.
174) 이시윤, p.594.

[화해조서 기재례] 175)

○ ○ 지 방 법 원
제 ○ 민사부
화 해 조 서

사 건 2004가합101 건물인도등

원 고 ○ ○ ○ ( )
서울 중구 ○○동 1

피 고 ○ ○ ○ ( )
서울 서초구 ○○동 2

재판장 판사	○ ○ ○	기 일	2004. 8. 20. 10 : 00
판사	○ ○ ○	장 소	제105호 법정
판사	○ ○ ○	공개여부	공개
법원사무관	○ ○ ○		
원고 대리인	○ ○ ○		출석
피고 대리인	○ ○ ○		출석

위 당사자는 다음과 같이 화해하였다.

청 구 의 표 시

청구취지 :

피고는 원고에게 서울 서초구 서초동 ○○○ 지상 목조 기와지붕 단층 주택 1동 건평 120㎡를 인도하고, 2004. 3. 30.부터 인도 완료시까지 월 금 300,000원의 비율에 의한 금원을 지급하라.

청구원인 :

원고는 2003. 12. 30. 피고에게 청구취지 기재의 건물을 기간 1년, 차임 월 300,000원을 매월 말일에 지급받기로 약정하고 임대하였는데, 피고가 2004. 3. 30. 이후 차임을 지급하지 아니하므로 원고는 2004. 7. 10. 피고에게 위 임대차계약을 해지한다는 의사표시를 내용증명으로 발송하여 그 다음날 피고에게 도달하였다.

---

175) 법무실무제요, 민사소송 Ⅲ, p.281.

위 임대차계약은 종료되었으므로 원고는 위 건물의 인도와 함께 2004. 3. 30.부터 인도 완료시까지 월 금 300,000원의 비율에 의한 차임 및 차임 상당 손해금의 지급을 구한다.

화 해 조 항

1. 피고는 원고에게 서울 서초구 서초동 ○○○ 지상 목조 기와지붕 단층 주택 1동 건평 120㎡를 2004. 10. 30.까지 인도한다.
2. 피고는 원고에게 2004. 8. 31.까지 금 1,800,000원을 지급하고, 2004. 9. 1.부터 인도 완료시까지 월 금 300,000원의 비율에 의한 금원을 지급한다.
3. 피고가 제2항 기재의 의무를 1회라도 해태할 경우에는 기한의 이익을 상실하고 위 건물을 즉시 인도한다.
4. 원고는 나머지 청구를 포기한다.
5. 소송비용은 각자 부담으로 한다.

법원사무관 ○ ○ ○

재판장판사 ○ ○ ○

8-78 **5. 소송상화해의 효력**

소송상화해에는 소송을 종료하는 효력이 있고, 작성된 화해조서는 확정판결과 동일한 효력이 있으며, 또한 실체법상 창설적 효력이 생긴다는 것이 판례와 통설이다. 확정판결의 당연무효사유(예, 사망한 사람을 당사자로 한 화해, 화해조서에 기재된 내용이 특정되지 않는 경우 등)와 같은 사유가 있을 때는 소송상화해도 당연무효이다.

(1) 기 판 력

민사소송법은 '화해를 조서에 적은 때에는 그 조서는 확정판결과 같은 효력이 있다(220조)'고 규정함과 동시에, '화해조서는 재심사유가 있는 때에 한하여 재심절차에 따라 준재심을 제기할 수 있다(461조)'고 규정한다. 화해의 효력에 관한 이 두 조문의 해석을 둘러싸고 견해의 대립이 있다.

1) 기판력 부정설

소송상화해의 사법(私法)행위적 성격을 강조한다. 화해의 본질은 당사자 간의 합의이며 법원이 그 내용이나 의사의 하자에 대하여 심사하는 것은 아니며, 화해의 하자 주장이 기판력에 의하여 차단된다고 하면 국민의 헌법상 재판받을 권리가 침해되고, 화해조항의 내용은 소송물의 내용에 한정되지 않으므로 기판력의 범위가 불명확해지는 문제가 있으므로 제220조의 규정에도 불구하고 소송상화해에는 기판력을 인정하여서는 안 된다는 견해이다.

2) 무제한 기판력설

소송상화해가 조서에 기재되면 확정판결과 같은 효력이 생기며, 재심사유가 없는 한 실체법상 또는 소송법상 흠이 있더라도 화해의 효력을 다툴 수 없다는 견해이다. 소송상화해의 법적 성격을 소송행위로 보는 입장에 따르면 당연히 무제한 기판력을 인정하게 된다. 반면 법적 성격을 양행위가 병합된 것이라고 보면서 민사소송법 제461조의 규정에 의하여 소송상 화해에 기판력이 생긴다고 해석하는 견해도 있다.[176] 무제한 기판력설이 판례[177]와 다수설의 입장이다("오늘날의 재판상 화해의 기판력은 1961년 5.16 군사쿠데타 직후 구성 된 국가재건최고회의에서 민사소송법 제461조가 개정되어 준재심사유에 '민사소송법 제220조'가 추가되고, 1962년 그 국가재건최고회의에 의해 임명된 대법원판사들로 구성된 대법원 전원합의체 판결에서 기판력을 인정함으로써 확립된 것"이라고 한다).[178]

3) 제한적 기판력설

소송상 화해에 실체법상 무효 또는 취소사유가 없는 경우에만 제한적으로 기판력이 생기며, 실체법상 무효, 취소사유가 있는 경우에는 기판력이 인정될 수 없다는 견해이다.[179]

4) 사 견

생각건대, 소송상화해는 소송행위로서의 속성에 기하여 확정판결과 같은 기판력이 발생하나, 그러한 기판력은 사법행위로서의 속성을 갖는 화해계약도 유효한 경우에 한하여 발생한다고 할 것이다. 판결은 법원에 의한 법선언(jurisdiction)이라는 순수한 소송행위의 산물이나, 소송상화해는 상호양보에 의하여 분쟁을 종지하는 당사자들의 합의를 본질로 하는 사법행위와 소송행위가 경합한 것이기 때문에 소송상화해가 기판력을 가지려면 소송상화해를 유효하게 하는 자유로운 의사의 합치가 전제되어야 한다. 민법

176) 호문혁, p.739.

177) 1962. 2.15. 4294민상914(전원합의). 헌법재판소도 법 461조가 합헌임을 확인하였다(헌재 1996. 3.28. 93헌바27).

178) 유병현, 「민사소송」, 한국민사소송법학회, 2016-2.

179) 이시윤, p.597; 강현중, p.625.

상 화해는 양 당사자가 상호 양보하여 일정한 합의에 도달하여 분쟁을 종지시키는 것이므로 비록 당사자의 권리가 법의 내용대로 실현되지 못하는 수가 있더라도 '진정하고 궁극적인' 분쟁해결이 될 수 있고, 화해의 이러한 장점을 높이 사서 민사소송법에서는 그 효력을 확고히 하기 위하여 소송상화해 제도를 인정하고 있다고 할 것[180] 이므로, 자유로운 의사의 합치를 기판력 발생의 요건으로 보는 것은 소송상화해제도의 본질상 당연한 것이다. 분쟁이 있는 법률관계를 대상으로 상호양보에 의하여 실체법상 새로운 법률관계를 창설하는 자유로운 의사의 합치에 중대한 하자가 있는 경우 소송상화해는 무효가 되며, 그러한 경우에는 기판력이 인정되지 않는다고 할 것이므로 제한적 기판력설이 타당하다.

선행화해와 모순·저촉되는 내용의 후행화해가 성립한 경우, 예컨대, 갑과 을등 사이에 제1화해가 성립한 후에 갑과 을 사이에 다시 제1화해와 모순·저촉되는 제2화해가 성립한 경우, 제1화해가 조서에 기재되어 확정판결과 동일하게 기판력이 발생한 이상 제2화해에 의하여 제1화해가 당연히 실효되거나 변경되고 나아가 제1화해조서의 집행으로 마쳐진 을 명의의 소유권이전등기 등이 무효로 된다고 볼 수는 없다.[181]

(2) 집 행 력

화해조항에 구체적인 이행의무가 기재된 경우 집행권원으로서 집행력이 인정된다 (민집 56조 5호).

(3) 실체법상 창설적 효력

소송상화해의 법적 성격을 사법행위로 보면 민법상 화해계약과 같이 실체법상 창설적 효력을 인정할 수 있고 소송행위로 보면 그러한 효력을 인정할 수 없다. 판례는 한편으로 소송상화해의 법적 성격을 소송행위로 보면서도,[182] 다른 한편으로는 소송상화해에 창설적 효력을 인정한다("재판상 화해는 확정판결과 동일한 효력이 있고 <u>창설적 효력을 가지는 것</u>이어서 화해가 이루어지면 종전의 법률관계를 바탕으로 한 권리·의무관계는 소멸함과 동시에 재판상 화해에 따른 (*실체법상) 새로운 법률관계가 유효하게 형성된다."고 판시).[183] 창설적 효력이 미치는 범위는 당사자가 서로 양보를 하여 확정하기로 합의한 사항에 한하며, 당사자가 다툰 사실이 없었던 사항은 물론 화해의 전제로서 서로 양해하고 있는 데 지나지 않은 사항에 관하여는 그러한 효력이 생기지 아니한다.[184] 공유물분할의 소송절

---

180) 양창수, 「민법주해[XVI](양창수 집필부분)」, 1997. pp. 209~210.
181) 1994. 7.29. 92다25137. [210]
182) 1962. 5.31. 4293민재항6. [200]
183) 2014. 4.10. 2012다29557.

차에서 공유토지에 관한 현물분할의 협의가 성립하여 그 합의사항을 조서에 기재함으로써 조정(화해)이 성립하였다고 하더라도, 그 즉시 공유관계가 소멸하고 각 공유자에게 그 협의에 따른 새로운 법률관계가 창설되는 것은 아니고, 협의한 바에 따라 토지의 분필절차를 마친 후 각 단독소유로 하기로 한 부분에 관하여 다른 공유자의 공유지분을 이전받아 등기를 마침으로써 비로소 그 부분에 대한 대세적 권리로서의 소유권을 취득하게 된다.[185]

6. 소송상화해의 효력을 다투는 방법 8-79

1) 소송상화해에 확정판결의 당연무효 사유와 같은 사유가 없는 한 재심사유에 해당하는 하자가 있는 경우에 한하여 준재심으로 그 효력을 다툴 수 있다는 것이 무제한기판력설에 따르는 판례의 입장이다.[186] (*2014. 법원직) 제한적기판력설에 따르는 경우 실체법상의 하자가 있을 때에는 기일지정신청이나 화해무효확인청구 등의 절차를 선택하여 그 무효를 주장할 수 있다고 한다.[187] 소송상화해가 갖는 소송행위적 특성을 가볍게 생각할 수 없는 점, 비록 중대한 하자가 있어 화해계약의 효력은 인정할 수 없더라도 수소법원에서 일응 화해가 성립되어 화해조서가 작성되었던 점, 화해 전의 분쟁 있는 법률관계로 돌아가는 점[188] 등을 감안하여 정책적으로 그 절차를 수소법원에 기일지정신청하는 것으로 일원화하는 방안을 검토할 필요가 있다.[189]

2) 당사자 일방이 화해조서의 당연무효 사유를 주장하며 기일지정신청을 한 때에는 법원으로서는 그 무효사유의 존재 여부를 가리기 위하여 기일을 지정하여 심리를 한 다음 무효사유가 존재한다고 인정되지 아니한 때에는 판결로써 소송종료선언을 하여야 할 것이다.[190] 기일지정신청사유가 화해조서의 당연무효 사유를 주장하고 있는 것

---

184) 2013. 2.28. 2012다98225. [207]

185) 2013.11.21. 2011두1917(전원합의). [205] (공유물분할판결과 동일한 효력을 가지는 것으로서 민법 제187조 소정의 '판결'에 해당하는 것이므로 조정이 성립한 때 물권변동의 효력이 발생한다는 소수견해 있음).

186) 1962. 2.15. 4294민상914(전원합의). [204]

187) 이시윤, p.597: 전병서, p.467.

188) 같은 취지, 정동윤/유병현/김경욱,p.719.

189) 예컨대, 위 2014. 3. 27. 2009다104960·104977 판결의 사실관계와 같은 경우 조정을 통하여 새로운 법률관계가 창설된 것을 별소를 통하여 무효를 주장하는 것은 법적 안정성 측면에서 문제가 될 수 있다. 조정(화해)의 무효를 주장하며 원래의 수소법원에 기일지정신청을 하여 조정 전의 상태로 돌아가 다시 다투거나 합의에 의하여 새로운 법률관계를 창설할 수 있도록 하는 것이 화해(조정)의 효력을 다투는 합리적 방법이라고 생각한다. 그러나 화해내용에 무효사유가 있음에도 기판력을 이유로 그 효력을 다투지 못하게 하는 판례의 입장에는 찬성하지 않는다.

이 아니라 화해조서의 내용대로 이행이 되지 아니하여 화해조서는 실효되었다는 것이라면 그러한 기일지정신청은 부적법하므로 각하하여야 한다.[191)]

3) 사망한 사람을 당사자로 한 화해, 화해조서 기재사항이 특정되지 아니한 화해, 화해자체가 이루어진 바 없음에도 화해조서가 작성된 경우 등은 소송상화해가 당연무효이므로 아무런 효력이 발생하지 않는다(⇒ 8-63). 화해조서에 명백한 오류가 있는 경우에는 판결에 준하여 경정(211조)이 허용된다.

8-80 7. 화해권고결정

(1) 의 의

법원·수명법관 또는 수탁판사는 소송에 계속 중인 사건에 대하여 변론절차에서 직권으로 당사자의 이익, 그 밖의 모든 사정을 참작하여 청구의 취지에 어긋나지 아니하는 범위 안에서 사건의 공평한 해결을 위한 화해권고결정(和解勸告決定)을 할 수 있다(225조 1항).

(2) 절 차

법원사무관등은 화해권고결정의 내용을 적은 조서 또는 결정서의 정본을 당사자에게 송달하여야 하는데, 발송송달 또는 공시송달 방법으로 송달하는 것은 화해권고결정의 송달방법으로는 허용되지 않는다(225조 2항). 당사자는 위와 같은 결정에 대하여 그 조서 또는 결정서의 정본을 송달받은 날부터 2주 이내에 이의를 신청할 수 있다(226조 1항). 이의신청은 이의신청서를 화해권고결정을 한 법원에 제출함으로써 한다(227조 1항). 이의신청을 한 당사자는 그 심급의 판결이 선고될 때까지 상대방의 동의를 얻어 이의신청을 취하할 수 있다(228조 1항). (*2018. 법원직. 쌍방이 이의신청하여 판결이 선고된 후라도 쌍방이 이의신청을 취하하면 화해권고결정은 유효하게 확정된다(×)). 이의신청권은 그 신청전까지 포기할 수 있으며, 포기는 서면으로 하여야 한다(229조 1항, 2항). 법원·수명법관 또는 수탁판사는 이의신청이 법령상의 방식에 어긋나거나 신청권이 소멸된 뒤의 것임이 명백한 경우에는 그 흠을 보정할 수 없으면 결정으로 이를 각하하여야 하며, 수명법관 또는 수탁판사가 각하하지 아니한 때에는 수소법원이 결정으로 각하한다(230조 1항). 각하 결정에 대해서는 즉시항고를 할 수 있다(230조 2항).

---

190) 2000. 3.10. 99다67703.
191) 1990. 3.17. 90그3. [208]

(3) 효 력

화해권고결정은 이의신청 기간 내에 이의신청이 없는 때, 또는 이의신청에 대한 각하결정이 확정된 때, 또는 당사자가 이의신청을 취하하거나 이의신청권을 포기한 때에는 재판상화해와 같은 효력을 가진다. 이의신청이 적법한 때에는 소송은 화해권고결정 이전의 상태로 돌아가며, 이 경우 그 이전에 행한 소송행위는 그대로 효력을 가진다(232조 1항). (*2007-1. 법원직) 화해권고결정은 그 심급에서 판결이 선고된 때에는 그 효력을 잃는다(232조 2항).

8. 제소전화해 8-81

(1) 의 의

민사상 다툼에 관하여 당사자가 소를 제기하지 아니하고 법원에서 상호양보한 결과를 진술하고 이를 조서에 기재함으로써 분쟁을 종료하는 것이 제소전화해이다. 화해가 법원에서 이루어지고 소송법적 효력을 갖는 조서가 작성된다는 점이 화해계약과 다르며, 소송이 계속되기 전의 화해라는 점에서 소송상화해와 다르다.

(2) 절 차

1) 화해신청

당사자는 청구의 취지·원인과 다투는 사정을 밝혀 상대방의 보통재판적이 있는 곳의 지방법원에 화해를 신청한다(385조 1항). 당사자는 제1항의 화해를 위하여 대리인을 선임하는 권리를 상대방에게 위임할 수 없다(2항). 법원은 필요한 경우 대리권의 유무를 조사하기 위하여 당사자본인 또는 법정대리인의 출석을 명할 수 있다(3항). 화해신청에는 그 성질에 어긋나지 아니하면 소에 관한 규정을 준용한다(4항).

2) 기일의 진행

법원은 화해기일을 정하여 신청인과 상대방을 출석하게 한다. 화해기일에 화해가 성립한 경우 법원사무관등은 조서에 당사자, 법정대리인, 청구의 취지와 원인, 화해조항, 날짜와 법원을 표시하고 판사와 법원사무관등이 기명날인한다(386조). 화해가 성립되지 아니한 때에는 법원사무관등은 그 사유를 조서에 적어야 한다(387조 1항). 신청인 또는 상대방이 기일에 출석하지 아니한 때에는 법원은 이들의 화해가 성립되지 아니한 것으로 볼 수 있다(2항). 법원사무관등은 제1항의 조서등본을 당사자에게 송달하여야 한다(3항). 화해가 성립하지 아니한 경우에 당사자(신청인 피신청인을 불문)는 소제기신청을 할 수 있다(388조 1항). (*2018. 법원직) 적법한 소제기신청이 있으면 화해신청을 한 때에 소가 제기된 것으로 보며, 이 경우 법원사무관등은 바로 소송기록을 관할법원에 보내야 한다(2항).

3) 화해비용

화해비용은 화해가 성립된 경우에는 특별한 합의가 없으면 당사자들이 각자 부담하고, 화해가 성립되지 아니한 경우에는 신청인이 부담한다(389조 본문). 다만, 소제기신청이 있는 경우에는 화해비용을 소송비용의 일부로 한다(389조 단서).

(3) 효 력

소송을 종료시키는 효력을 제외한 나머지 효력은 소송상화해의 효력과 같다. 확정판결과 동일한 효력이 있으므로 이 효력을 번복시키려면 재심사유(451조 1항)가 있을 때에 준재심으로 다투는 수밖에 없다. 창설적 효력이 있으므로 종전의 법률관계를 바탕으로 한 권리의무관계는 소멸한다("제소전화해조항에 채무의 변제기와 채무원금만 정하고 변제기 이후의 지연손해금에 관하여 아무런 규정을 두고 있지 아니한 경우에는 원칙으로 돌아가 변제기 이후에는 민법 소정의 연 5푼의 비율에 의한 지연손해금을 지급하여야 할 것이다.").[192)]

3절 청구의 포기·인낙

8-82 ## 1. 의 의

1) 청구의 포기란 원고가 변론기일 또는 변론준비기일 등에서 법원에 대하여 소송물인 권리관계의 주장을 유지할 의사가 없음을 일방적으로 진술하는 소송행위를 말하고, 청구의 인낙이란 피고가 변론기일 또는 변론준비기일 등에서 법원에 대하여 소송물인 권리관계에 대한 원고의 주장을 인정한다는 것을 일방적으로 진술하는 소송행위를 말한다. 그 법적 성질은 법원에 대한 일방적 소송행위라고 보는 소송행위설이 통설이다.

2) 청구의 포기나 인낙은 소송물(소송상 청구) 자체에 관한 진술로서 사실을 대상으로 하는 자백과는 구별된다(예컨대, 소유권에 기한 가옥명도청구소송에서 피고가 원고의 소유권을 인정하는 것은 선결적 법률관계의 내용을 이루는 사실에 대한 자백이지만, 원고의 청구대로 가옥의 명도의무를 인정하는 진술은 청구의 인낙이 된다). 청구의 포기는 소송상 청구에 대한 주장

---

192) 1992. 5.26. 91다28528.

을 포기하는 것으로서 원고 패소 확정판결과 동일한 효력이 생긴다는 점에서 법원에 대한 판결신청의 철회로서 판결 없이 소송 종료의 효력을 발생시키는 소의 취하와 구별된다.

2. 요 건 8-83

(1) 자유로운 처분이 허용되는 청구일 것

가사소송, 행정소송, 선거소송 등에서는 통상적으로 소송물이 당사자가 자유로이 처분할 수 있는 것이 아니기 때문에 청구의 포기나 인낙이 인정될 수 없다. 회사관계소송에서 청구인용판결의 효력은 제3자에게 미치는 점(대세효)에 비추어 청구인용판결에 해당하는 인낙은 허용되지 않는다. 예컨대, 주주총회결의의 부존재 또는 무효의 확인을 하거나 결의를 취소하는 판결이 확정되면 당사자 이외의 제3자에게도 그 효력이 미쳐 제3자도 이를 다툴 수 없게 되므로, 주주총회결의의 하자를 다투는 소에 있어서 청구의 인낙은 할 수 없고 그러한 내용의 인낙조서이 이루어 졌다고 하더라도 그 조서는 효력이 없다.[193] 그러나 청구기각판결에 해당하는 청구의 포기는 허용된다는 것이 통설이다. 주주대표소송에서 청구의 포기나 인낙은 법원의 허가를 받아야 한다(상법 403조).

(2) 인낙대상이 반사회질서 또는 강행법규위반의 청구가 아닐 것

선량한 풍속 기타 사회질서 또는 강행법규에 위반하는 내용의 청구에 대한 인낙은 허용되지 않는다(예컨대 피고의 살점을 떼어달라는 청구나, 법률상 인정되지 않는 물권의 확인을 구하는 청구). 법률효과 자체는 허용되지만 그 청구원인행위가 불법인 경우(예컨대, 도박채권을 소송상 청구하는 경우나 이자제한법 초과의 이자에 대한 청구가 그것이다)에 청구인낙을 허용할 것인지에 대해서는 견해가 갈린다.[194] 법질서 전체의 취지에 비추어 허용되지 않는다고 해석하는 것이 상당하다.

(3) 소송요건이 갖추어진 상태에서 포기·인낙을 할 것

청구의 포기나 인낙은 확정판결과 동일한 효력이 있으므로 본안판결을 할 수 있는 소송요건을 갖춘 경우에만 허용된다고 하는 것이 통설이다. 소송요건이 갖추어지지 않는 경우 청구의 포기나 인낙에 불구하고 법원은 소를 각하하여야 한다(소송요건 중 관할위반, 중복제소, 권리보호이익이 흠결된 경우에는 소송경제상 포기·인낙을 허용하자는 견해

193) 2004. 9.24. 2004다28047.
194) 긍정: 이시윤, p.585; 김홍엽, p.766. 부정: 송/박, p.487; 호문혁, 795.

도 있다).[195]

(4) 당사자에 관한 요건

당사자가 당사자능력과 소송능력을 가져야 하고, 대리인은 특별수권이 필요하다.

8-84

3. 시기와 방식

(1) 시 기

소송계속 중 어느 때나 할 수 있다. 항소심은 물론 상고심에서도 할 수 있다(*2010. 법원직).

(2) 방 식

원칙적으로 변론기일이나 변론준비기일에 말로 하여야 한다. 당사자가 포기나 인낙의 의사표시가 적혀있는 서면을 제출하고 불출석한 경우 그 서면을 진술 간주시켜 포기나 인낙을 한 것으로 볼 수 있는가에 대하여, 민사소송법은 2002년 개정을 통하여 공증사무소의 인증을 받은 서면인 경우에는 그 의사표시의 취지대로 청구의 포기나 인낙이 성립된 것으로 본다고 규정하였다(148조 2항). 청구의 포기나 인낙은 반드시 변론조서 또는 변론준비기일조서에 기재하여야 한다(154조, 155조). 이 경우 별도의 용지에 청구의 포기·인낙의 취지 및 청구의 취지와 원인을 적은 청구의 포기·인낙의 조서를 따로 작성하여야 한다(규칙 31조).

8-85

4. 효 과

(1) 소송종료효

청구의 포기·인낙의 효력으로 소송절차는 당연히 종료된다.[196] 이를 간과하고 소송이 진행된 경우 법원은 소송종료선언을 하여야 한다. 상소심에서 포기·인낙이 있는 경우 그 대상이 된 소송물에 대한 원심의 판결은 당연히 실효한다. 포기나 인낙을 한 당사자가 패소자와 유사한 지위에 있게 되므로 소송비용을 부담하는 것이 원칙이다(114조, 98조).

---

195) 강현중, p.613.

196) 독일의 경우 청구의 포기나 인낙은 소송상 화해와 달리 소송종료효를 인정하지 않고 인낙 또는 포기에 기초하여 법원이 포기나 인낙의 본안판결을 한다.

(2) 확정판결효

청구의 포기·인낙을 조서에 적은 때에는 확정판결과 같은 효력이 생긴다(220조). 조서는 그 내용에 따라 기판력 또는 집행력, 형성력이 생긴다. 조서작성 후에는 확정판결의 하자를 다투는 방법과 마찬가지로 재심사유가 있는 경우에 한하여 준재심의 소에 의하여 다투어야 한다(461조).

제 9 편 불복절차

법원의 재판에는 오류가 있을 수 있으므로 당사자에게 불복을 제기할 수 있는 기회를 부여하는 것이 필요하다. 민사소송법은 불복절차를 통상의 불복절차와 특별한 불복절차로 나누어 규정한다. 통상의 불복절차가 남아 있는 동안에는 판결이 확정되지 않는다. 특별한 불복절차는 확정판결에 특별한 사유가 있을 때 인정되는 예외적 불복절차이다. 민사소송법은 통상의 불복절차로 상소(제1장)와 특별한 불복절차로 재심(제2장)에 대하여 규정하고 있다.

제1장 상 소

1절 총 설

1관 상소의 의의 9-1

1) 재판은 일정한 자격을 갖춘 법관이 하는 것이기는 하나 법관도 사람인지라 잘못된 결론에 이를 수 있는 가능성이 상존한다. 따라서 소송당사자로 하여금 부당하거나 위법한 재판에 대하여 이를 상급법원에 불복할 수 있는 기회를 제도적으로 보장할 필요가 있다. 상소는 그러한 필요에 의하여 인정되는 것으로서, 법원의 재판에 대하여 상급법원에 잘못을 지적하여 그 취소 및 변경을 구하는 불복신청이다. 상소의 제기가 가능한 동안, 또는 사건이 상소심에 계속 중인 동안에는 재판은 확정되지 않는다.

2) 상소제도의 목적은 재판당사자의 개별적인 권리구제와, 대법원을 정점으로 하는 법령해석의 통일에 있다. 민사소송법은 상소로서 항소, 상고, 항고, 재항고 등을 규정하고 있다. 상소는 확정되기 전의 재판에 대한 통상의 불복신청으로서 확정된 재판에 대한 특별한 불복신청인 재심과 다르며, 상급심 법원에 불복신청을 하는 것으로 동일심급의 법원에 불복신청을 하는 이의(예, 지급명령에 대한 이의, 보전처분에 대한 이의 등)와도 다르다.

2관 상소의 요건

상소가 적법한 것으로 취급되어 상소법원에서 본안심판을 받기 위한 요건을 상소요건이라고 한다. 소송요건을 갖춘 경우에만 본안에 대하여 심판을 할 수 있는 것과 마찬가지로, 상소의 요건을 갖추어야 적법한 상소로 보아 상소가 이유 있는지 여부에 대한 본안심리를 한다. 상소요건을 갖추지 아니한 상소는 각하된다.

9-2 1. 상소의 대상적격

상소가 적법하기 위해서는 상소의 대상이 될 수 있는 재판에 대한 상소이어야 한다.

(1) 종국적 재판

1) 종국적 재판이 상소의 대상적격이 있으며, 중간적 재판은 원칙적으로 종국재판과 함께 상소심에서 심사를 받게 되므로 독립하여 상소의 대상이 되지 못한다. 항소심에서의 환송판결이나 이송판결은 종국판결로서 독립한 상고의 대상이 된다.[1] 재판의 누락(212조)이 있는 경우에 누락된 부분에 대해서는 종국적 재판이 없는 것이므로 상소가 허용되지 않는다.[2] 누락된 부분에 대해서는 추가판결절차를 밟아야 한다. 소송비용의 재판과 가집행에 관한 재판 등 부수적 재판에 대한 상소는 본안의 재판에 대한 상소와 함께하지 않으면 안 된다(391조).

2) 재판이 선고 또는 고지되어야 상소의 대상이 되며 선고나 고지되기 전의 재판은 상소의 대상이 될 수 없다("낙찰허가결정이 선고되기 전에 존재하지도 아니한 낙찰허가결정을 대상으로 하여 제기된 항고는 부적법하다고 할 것이고, 그 항고가 부적법하다는 이유로 각하되지 않고 있는 동안에 항고인에게 불이익한 낙찰허가결정이 선고되었다고 하여도 당해 항고는 적법한 것으로 되지 아니한다").[3] 허위주소로 소송서류가 송달되도록 하여 피고의 자백간주를 받아내는 방법으로 편취된 판결은 피고에게 판결정본이 송달되지 아니한 것으로서 형식상 상소기간이 지나도 미확정상태에 있는 것이므로 언제나 상소의 대상이 된다는 것이 판례이다(공시송달에 의한 판결편취의 경우 민소법 451조 1항 11호의 재심사유, 또는 추완상소의 대상이 될 뿐 상소의 대상이 되지 않는 것과 구별하여야 한다.⇒ 9-85).[4]

(2) 무효인 판결의 경우

무효인 판결의 경우에도 유효한 판결처럼 보이는 외관을 제거하기 위한 상소는 허용할 수 있다고 할 것이다.[5] 직접 상소와 관련된 것은 아니지만, 판례도 "이미 사망한 자를 채무자로 한 처분금지가처분신청은 부적법하고 그 신청에 따른 처분금지가처분결정이 있었다고 하여도 그 결정은 당연무효로서 그 효력이 상속인에게 미치지 않는다고 할 것이므로, 채무자의 상속인은 일반승계인으로서 무효인 그 가처분결정에 의하여

---

1) 1981. 9. 8. 80다3271(전원합의).
2) 2008.11.27. 2007다69834,69841.
3) 1998. 3. 9. 98마12.
4) 1978. 5. 9. 75다634(전원합의).
5) 이시윤, p.848.

생긴 외관을 제거하기 위한 방편으로 가처분결정에 대한 이의신청으로써 그 취소를 구할 수 있다"[6]고 함으로써 같은 취지인 것으로 보인다. 그러나, 판례는 무효인 판결 중 제소 이전에 당사자의 사망으로 처음부터 대립구조가 성립되지 않았음을 간과한 판결에 대한 상소는 이를 부적법한 것으로 보고 있다.[7]

(3) 상소 아닌 다른 불복방법이 없을 것

상소 아닌 다른 불복방법이 있을 때에는 그 절차에 따라야 하며 상소가 허용되지 않는다. 예컨대, 판결에 경정사유(211조)가 있는 경우는 경정결정절차에 의하여야 할 뿐 상소가 허용되지 않는다.[8]

2. 상소의 기간과 방식의 준수 9-3

1) 상소장은 원심법원(상소심 법원이 아님)에 상소제기 기간 내에 제출하여야 한다(397조 1항, 425조, 445조). 판결서 정본을 송달하면서 법원사무관 등은 상소장을 제출할 법원을 고지하여야 한다(민소규 56조의 2). 상소장을 원심법원에 제출하지 않고 상소심법원에 제출한 경우 상소심 법원은 이를 원심법원으로 송부하며, 이 경우 원칙적으로 상소장이 원심법원에 접수된 때가 상소기간준수 여부의 기준시가 된다.[9] 이러한 경우 이송규정(40조 1항)을 유추하여 상소장 등을 원심법원이 아닌 다른 법원에 접수한 시점을 상소제기 시점으로 인정하는 것이 타당하다는 학설도 있다(⇒ 9-87 4)).

판례도, "상고인이 상고장에 불복대상 판결을 서울고등법원 판결로 명시하여 서울고등법원에 상고장을 제출하려는 의사를 분명히 가지고 있었으나 다만 이를 현실로 제출함에 있어서 서울고등법원이 서울지방법원과 동일한 청사 내에 위치하고 있는 관계로 서울지방법원 종합접수과를 서울고등법원 종합접수실로 혼동, 착각하여 서울지방법원에 상고장을 접수시키고 접수담당 공무원도 이를 간과하여 접수한 경우, 접수담당 공무원이 접수 당일 착오 접수를 발견하고 지체 없이 상고장을 서울고등법원으로 송부하였는지 여부와 같은 우연한 사정에 의하여 상고인의 상고제기기간 도과 여부가 결정된다는 것은 불합리하므로, 이러한 경우에는 상고인이 원심법원인 서울고등법원의 종합접수실로 혼동, 착각하고 서울지방법원 종합접수과에 상고장을 제출한 날을 기준으로 하여 상고제기기간 준수 여부를 가려 보는 것이 상고인의 진정한 의사에도 부합하고 상고인에게 회복할 수 없는 손해도 방지할 수 있는 타당한 처리이다."라고 하여 예외를 인정하고 있다.[10]

---

6) 2002. 4.26. 2000다30578.
7) 2000.10.27. 2000다33775.
8) 1978. 4.25. 78다76.
9) 1992. 4.15. 92마146; 2010.12. 9. 2007다42907.
10) 1996.10.25. 96마1590.

2) 상소는 방식에 맞게 제기하여야 한다. 법정의 방식에 따라 작성된 상소장을 제출하여야 하며 말로 상소를 제기할 수 없다. 상소장에는 당사자와 법정대리인, 원재판의 표시, 원재판에 대한 상소의 취지 등을 기재하여야 한다(397조, 425조, 443조). 상소장에 상소이유를 기재하여야 하는 것은 아니다.

3) 상소는 법정의 상소기간 내에 제기하여야 한다. 통상항고의 경우 기간의 제한이 없고, 항소나 상고는 판결서가 송달된 날로부터 2주(396조, 425조), 즉시항고나 특별항고는 재판의 고지가 된 날로부터 1주(444조, 449조 2항)의 기간 내에 하여야 한다. 기간의 계산은 민법에 의한다(예컨대, 판결정본이 7. 1. 월요일에 송달된 경우 초일 불산입하여(민법 157조 본문) 7. 2. 화요일부터 항소기간이 기산되며, 그로부터 2주 후 기산일(화요일)의 전일인 7. 15. 월요일(민법 160조 2항)의 종료시점인 24:00에 기간이 만료한다(민법 159조)). 판결정본이 적법하게 송달되지 않았다면 상소기간은 진행하지 않으므로 기간만료로 인한 상소권소멸은 일어나지 않는다. 판결선고 후에는 판결정본을 송달받기 전에도 적법하게 상소를 제기할 수 있다(396조 1항 단서, 425조).

9-4 3. 상소의 이익

1) 상소의 이익은 소의 이익의 특수한 형태로서 무익한 상소제기를 방지하기 위하여 인정되는 요건이다. 어떠한 경우 상소의 이익이 있다고 할 것인가를 둘러싸고 견해가 대립한다.

2) 형식적 불복설 : 당사자의 신청과 그에 대한 판결주문을 형식적으로 비교하여 판결주문이 양적 질적으로 불리할 경우에만 상소의 이익이 있다는 견해이다. 원고가 전부승소 한 경우에는 판결내용에 상관없이 그 판결에 대하여 상소할 수 없게 된다. 통설 및 판례의 원칙적 입장이다(상소는 자기에게 불이익한 재판에 대하여서만 제기할 수 있는 것이고, 재판이 상소인에게 불이익한 것인지의 여부는 재판의 주문을 표준으로 하여 상소제기 당시를 기준으로 판단되어야 하는 것이므로, 전부 승소한 판결에 대한 상소는 그 이익이 없어 부적법하다).[11]

3) 실질적 불복설 : 전부승소 한 경우에도 재판이 상급심에서 실체법상 유리하게 변경될 가능성이 있으면 보다 유리한 판결을 위해 불복할 수 있다는 견해이다.

4) 원칙적으로 형식적 불복설에 의하여 상소의 이익을 판단하여 할 것이나, 형식상 전부 승소한 당사자의 상소이익의 부정은 절대적인 것이라고 할 수 없으며, 개별사안

---

11) 2007. 7.13. 2007다20235.

에 있어 예외적으로 전부승소한 당사자에게도 상소의 이익을 인정할 수 있다고 할 것이다.

5) 판례도, 잔부를 유보하지 않은 채 묵시적 일부청구를 한 경우에 원고가 전부 승소하였더라도 기판력에 의하여 후소로 구할 수 있는 이익실현이 차단되는 것을 막기 위하여 잔부에 대한 확장을 위한 상소를 허용함이 상당하다고 한다.[12] (*2014. 법원직)

"가분채권에 대한 이행청구의 소를 제기하면서 그것이 나머지 부분을 유보하고 일부만 청구하는 것이라는 취지를 명시하지 아니한 경우에는 그 확정판결의 기판력은 나머지 부분에까지 미치는 것이어서 별소로써 나머지 부분에 관하여 다시 청구할 수는 없으므로, 일부 청구에 관하여 전부 승소한 채권자는 나머지 부분에 관하여 청구를 확장하기 위한 항소가 허용되지 아니한다면 나머지 부분을 소구할 기회를 상실하는 불이익을 입게 되고, 따라서 이러한 경우에는 예외적으로 전부 승소한 판결에 대해서도 나머지 부분에 관하여 청구를 확장하기 위한 항소의 이익을 인정함이 상당하다. (………) 원고는 제1심에서 피고 회사에 대하여 퇴직금과 이에 대한 지연손해금의 지급을 청구하여 퇴직금 청구는 전부 승소하고 지연손해금 청구는 일부 패소하였는데, 제1심판결 선고 직후 소외 공사와 피고 회사 양쪽에서 근무하다가 퇴직한 소외 1이 소외 공사를 상대로 제기한 퇴직금 청구소송에서 소외 공사와 피고 회사에서의 근무기간을 통산하여 퇴직금을 산정하여야 한다는 취지의 대법원판결이 선고되자, 원고는 항소를 제기함과 동시에 대법원판결의 취지에 따라 소외 공사와 피고 회사에서의 근무기간을 통산하여 산정한 퇴직금의 지급을 구하는 것으로 그 청구를 확장하였음(그에 따라 제1심에서 일부 패소한 지연손해금 청구도 당연히 확장되었다.)을 알 수 있는바, 앞에서 본 법리에 비추어 볼 때 원고는 제1심에서 일부 패소한 지연손해금 청구에 대하여는 물론이거니와 그 일부만 청구하여 전부 승소한 퇴직금 청구에 대하여도 나머지 부분에 관하여 청구를 확장하기 위하여 항소를 제기할 이익이 있다고 할 것이다."

6) 또한, 원고가 재산상 손해에 대하여는 형식상 전부 승소하였으나 위자료에 대하여는 일부 패소하였고, 이에 대하여 원고가 원고 패소부분에 불복하는 형식으로 항소를 제기하여 사건 전부가 확정이 차단되고 소송물 전부가 항소심에 계속되게 된 경우에는 원고가 전부 승소한 재산상 손해에 대한 상소의 이익을 인정하여 항소심에서 청구의 확장을 허용하는 것이 타당하다고 한다.[13]

"상소는 자기에게 불이익한 재판에 대하여 유리하게 취소변경을 구하기 위하여 하는 것이므로 전부 승소한 판결에 대하여는 항소가 허용되지 않는 것이 원칙이나, 하나의 소송물에 관하여 형식상 전부 승소한 당사자의 상소이익의 부정은 절대적인 것이라고 할 수도 없는바, 원고가 재산상 손해(소극적 손해)에 대하여는 형식상 전부 승소하였으나 위자료에 대하여는 일부 패소하였고, 이에 대하여 원고가 원고 패소부분에 불복하는 형식으로 항소를 제기하여 사건 전부가 확정이 차단되고 소송물 전부가 항소

12) 1997.10.24. 96다12276. [322]
13) 1994. 6.28. 94다3063. [323]

심에 계속되게 된 경우에는, 더욱이 불법행위로 인한 손해배상에 있어 재산상 손해나 위자료는 단일한 원인에 근거한 것인데 편의상 이를 별개의 소송물로 분류하고 있는 것에 지나지 아니한 것이므로 이를 실질적으로 파악하여, 항소심에서 위자료는 물론이고 재산상 손해(소극적 손해)에 관하여도 청구의 확장을 허용하는 것이 상당하다."

7) 승소한 당사자는 판결이유 중의 판단에 불만이 있어도 상소의 이익이 없다.[14] 그러나 판결이유에 설시되는 상계항변의 경우 기판력이 있으므로, 예비적 상계의 항변이 이유 있다 하여 승소한 피고는 상소의 이익이 있다고 할 것이다.[15] (*2010, 2013, 법원직)

9-5 **4. 불상소의 합의 또는 상소권의 포기가 없을 것**

(1) 불상소의 합의

1) 불상소의 합의는 미리 상소를 하지 않기로 함으로써 일정한 법률관계에 기한 소송의 심급을 1심으로 한정하기로 하는 당사자 사이의 소송상 합의이다(⇒ 6-47).

2) 상고할 권리를 유보한 불항소의 합의(비약상고의 합의)는 민사소송법 제390조 1항 단서에 의하여 그 효력이 인정된다. 그 합의에 대하여는 관할합의에 관한 규정(29조 2항)이 준용되므로(390조 2항), 구체적인 일정한 법률관계에 기인한 소송에 대한 합의이어야 하고, 반드시 서면에 의한 합의이어야 하며 그 서면의 문언에 의하여 당사자 쌍방이 상소를 하지 아니한다는 취지가 명백하게 표현되어 있을 것을 요한다(표시된 문언의 내용이 불분명하여 당사자의 의사해석에 관한 주장이 대립할 소지가 있다는 이유로 불상소의 합의의 효력을 부인한 사례).[16]

3) 무유보의 불상소의 합의에 대하여는 법이 따로 정하지 아니하나, 그 적법성을 인정하는 것이 통설이다. 1심판결 선고 전에 적법한 불상소의 합의가 있는 경우에 1심판결은 선고와 동시에 확정되므로 그 판결 선고 후에는 당사자의 합의로도 이를 해제하고 소송계속을 부활시킬 수 없다.[17] (*2016, 법원직) 불상소의 합의를 무시한 상소는 부적법한 것이므로 각하된다. 불상소의 합의가 있었는지 여부는 직권조사사항이라는 것이 다수설이고 판례이다.[18] 당사자 한쪽만이 상소를 하지 아니하기로 약정하는 것은 공평에 어긋나 불상소의 합의로서의 효력이 없다.[19] (*2015, 법원직)

---

14) 1992. 3.27. 91다40696. [325]
15) 2018. 8.30. 2016다46338,46345. [324]
16) 2007.11.29. 2007다52317,52324. [321]
17) 1987. 6.23. 86다카2728. [320]
18) 1980. 1.29. 79다2066.

(2) 상소권의 포기

1) 상소권은 포기할 수 있다(394조, 425조, 443조). 상소권의 포기는 법원에 대한 단독행위이다. 상소권을 포기하면 상소권을 잃게 되므로 적법하게 상소를 할 수 없다. 상소권을 포기한 사람이 상소를 하면 법원은 직권으로 상소를 각하하여야 한다.

2) 상소권의 포기는 상소를 하기 이전에는 원심 법원에, 상소를 한 뒤에는 소송기록이 있는 법원에 서면으로 하여야 한다(395조 1항). (*2012. 법원직) 상소권의 포기에 관한 서면은 상대방에게 송달하여야 한다(2항). 상소를 한 뒤의 상소권의 포기는 상소취하의 효력도 가진다(3항).

3) 집행력 없는 판결의 이행명령을 아무런 유보 없이 이행한 경우 특단의 사정이 없는 한 상소권을 포기한 것으로 보아야 할 것이다. 상대방이 상소를 한 경우에는 상소권 포기는 효력이 생기지 않는다고 할 것이다(프랑스 민소 558조 2항).

3관 상소의 효력

1. 확정차단 및 이심의 효력 9-6

1) 적법한 상소가 제기되면 재판의 확정이 차단된다. 판결에 대한 상소가 있는 경우 판결의 확정이 차단되며(498조), 판결의 확정으로 인한 효력이 발생하지 않으므로 가집행선고가 없는 한 집행력이 생기지 않는다. 결정이나 명령에 대한 상소(항고)가 있는 경우에도 확정이 차단되나, 결정이나 명령은 확정되기 전에도 고지만 되면 집행력이 생기므로 상소(항고)로 인하여 확정이 차단되었다고 하더라도 별도의 집행정지재판이 없으면 집행력이 소멸되지 않는다.

2) 재판에 대하여 상소가 제기되면 원심법원은 더 이상 재판한 사안에 대하여 심리할 수 없게 되고 심리의 권한이 상급심으로 이전되게 된다. 이를 이심의 효력이라고 한다. 재판의 누락이 있는 경우 누락된 부분은 원심법원이 재판한 사안이 아니므로 상소하여도 당해 청구는 이심되지 않고 원심법원에 잔류한다(212조).

---

19) 1987. 6.23. 86다카2728.

9-7 2. 이심의 범위와 상소심의 심판범위

(1) 이심의 범위 - 전부이심의 원칙('상소불가분의 원칙')

1) 원심재판의 일부에 대하여 불복신청을 하더라도 확정차단 및 이심의 효력이 생기는 범위는 불복대상이 되지 않는 부분을 포함하여 하나의 재판 전부에 미친다. 이를 상소불가분의 원칙이라고 하며, 이를 인정하는 것이 다수설 및 판례의 입장이다. '상소불가분의 원칙'이라는 것은 상소에 있어서 처분권주의에 반하는 것이므로 이를 소송법상의 하나의 원칙으로 인정할 필요가 없다는 견해도 있다.[20]

학설의 차이를 구체적으로 살펴보면,

○ 1개의 청구에 대한 일부패소 판결에 대해 패소부분에 대해서만 항소한 경우

1억원 청구의 소에서 7,000만원만 인용하고 나머지 3,000만원은 기각하는 판결에 대하여 원고가 패소부분에 대하여 항소하면 7,000만원 승소부분도 확정이 차단되고, 항소심으로 이심된다는데 학설이 일치한다.

○ 단순병합 :

1) 가옥명도청구 및 손해배상청구(청구의 단순병합)에 대하여 1심법원이 가옥명도청구 인용, 손해배상청구 기각의 판결을 선고하였다. 손해배상청구의 기각판결에 대해서만 원고가 항소하고, 가옥명도청구 인용에 대해서는 쌍방 항소를 하지 않은 경우, 가옥명도판결도 확정이 차단되고 항소심으로 이심되는가? (그렇다면 항소심에서 피고는 가옥명도인용 판결에 대하여 부대항소를 할 수 있을 것이고, 그렇지 않다면 가옥명도 부분은 분리확정 되며 더 이상 항소심에서는 다툴 수 없게 된다) [통설 및 판례에 따르면 상소불가분의 원칙에 따라 그 부분도 패소부분과 함께 확정이 차단되고 항소심으로 이심 된다고 한다. 따라서 피고는 항소기간이 도과 되었더라도 항소심에서 가옥명도에 대하여도 부대항소를 하여 다툴 수 있다. 그러나 상소불가분의 원칙을 인정하지 않으면 이러한 경우 가옥명도부분은 쌍방 항소하지 않았으므로 항소기간 도과로 확정되고, 항소심으로 이심되지 않으므로 피고는 항소심에서 부대항소를 통하여 다툴 수 없게 된다.]

2) 상소불가분의 원칙에 따라 가옥명도 부분도 확정이 차단되고 항소심으로 이심된다고 할 때 가옥명도판결은 어느 시점에 확정되는가? [가옥명도부분에 대하여 부대항소가 있으면 일반적인 판결의 확정과 마찬가지로 항소심 판결에 대한 상고기간 도과시점에 확정된다. 가옥명도부분에 대하여 부대항소가 없는 경우에 확정시점이 문제된다. 판례는 손해배상청구 부분에 대한 항소

20) 호문혁, p.591.

심 판결 선고시 분리확정 된다고 한다(항소가 된 손해배상청구 부분은 항소심 판결이 당사자에게 송달된 후 상고기간이 도과하여야 확정된다).]

3) 가옥명도청구 기각, 손해배상청구 기각 된 경우 원고가 가옥명도부분에 대해서만 항소 한 후 항소심에서 항소취지를 손해배상까지 확장할 수 있는가? 이혼 및 위자료청구 소송에서 이혼인용, 위자료 인용 된 판결에 대하여 피고가 위자료 액이 많다고 항소한 후 항소심에서 이혼인용 판결에 대해서도 항소취지 확장할 수 있는가?
[상소불가분의 원칙을 인정하면 그에 따라 손해배상청구, 이혼청구도 확정차단 되고 항소심으로 이심되므로, 가능하다.[21]]

○ 예비적, 선택적 병합 : 청구 상호간에 관련성이 있어 일부에 대하여 항소하는 경우 그 특성상 병합된 청구 전부가 확정차단 되고 이심되면 심판의 범위가 전체에 미치기 때문에 당연히 전체에 대하여 이심의 효력이 생긴다는데 학설 일치. 이러한 결과를 상소불가분의 원칙으로 인한 것이라고 할 필요는 없을 것이다.

○ 공동소송 : 공동소송의 경우 피항소인 이외의 다른 공동소송인에게 까지 상소불가분의 원칙이 작용하는 것은 아니다. 따라서 통상공동소송의 경우 공동소송인 독립의 원칙에 의하여 이심의 범위가 결정되고, 필수적 공동소송의 경우 등은 각 그 법리에 의하여 이심의 범위가 결정된다는데 학설이 일치한다.

○ 결국 상소불가분의 원칙을 인정할 것인지에 따른 차이는 단순병합의 경우에만 생긴다. 상소불가분의 원칙을 인정하여 이 경우에도 병합된 청구 전체가 이심된다고 하는 것이 다수설, 판례이다. 소수설은 단순병합의 경우 병합된 청구들이 법률상, 논리상 선후관계에 있어서 절차가 분리되면 부당한 결과가 될 수 있는 경우를 제외하고는 서로 아무런 관계가 없기 때문에 불가분적으로 이심된다고 볼 필요가 없어 따로 상소불가분의 원칙을 인정할 필요가 없다고 한다.[22] (이에 따르면 항소되지 않은 부분은 항소기간 도과로 분리확정되게 된다).

2) 학설에 따른 차이는 단순병합의 경우에 발생한다. 단순병합의 경우도 원심재판의 일체성을 중시하고, 병합된 청구 전체에 대하여 동시에 확정하는 것이 병합소송의 취지에 부합하며, 피항소인에 대한 부대항소 허용 범위를 결정함에 있어서의 공평성, 일부에 대한 확정의 필요가 있는 경우 불상소의 합의나 상소권 포기 등의 법리를 통해 그 목적을 달성할 수 있는 점, 실무에 있어서도 통상 판결 전부에 대해서 상소를 하는 것이 일반적인 점등을 종합하면 통설 및 판례의 입장이 비교적 타당하다(다만 이를 '상소

21) 이시윤, p.856.
22) 호문혁, p.628.

불가분의 원칙'이라고 하기 보다는 '전부이심의 원칙'이라고 하는 것이 더 적절한 것 아닌가 생각한다).[23]

9-8 (2) 상소심의 심판범위

상소로 인한 이심의 범위와 상소심의 심판범위는 구별하여야 한다. 상소심의 심판범위에는 당사자처분권주의가 작용하므로, 상소불가분의 원칙을 인정 하더라도 상소심의 심판범위는 불복범위에 한정된다. 따라서 항소심에서 부대항소나 항소취지의 확장 없이 불복되지 않은 부분에 대해서 재판하여서는 안 된다(예컨대, 가옥명도 및 손해배상청구가 단순병합 된 사건에서 1심법원이 가옥명도 인용, 손해배상청구 기각의 전부판결 선고하자 원고가 손해배상청구의 기각판결에 대해서만 항소하고, 나머지 가옥명도에 대해서는 쌍방 항소를 하지 않은 경우, 가옥명도 부분도 확정차단 되고 항소심으로 이심되나, 피고가 가옥명도 부분에 대해서 부대항소를 하지 않는 한 그 부분이 항소심 심판범위에 속하는 것은 아니다).

2절 항 소

1관 총 설

9-9 1. 항소의 의의

1심법원의 종국판결에 불복하여 사실인정 및 법령적용의 위법·부당을 이유로 1심판결의 취소 내지는 변경을 구하는 2심법원에 대한 상소를 항소라고 한다. 항소심 법원의 판결에 대해서는 통상의 불복절차인 상고로 다툴 수 있으므로, 항소심 판결은 상고기간이 도과하기 전이나 상고가 제기된 경우에는 확정력이 없다.[24]

9-10 2. 항소심의 구조

1심에서의 심리와 항소심에서의 심리 사이의 관계를 어떻게 설정 할 것인가는 각국의 입법례가 상이하다. 그 이념형(ideal types)으로 복심(覆審), 사후심(事後審), 속심(續審)

---

23) 프랑스 CPC 562조 2항. "항소가 어떤 주문에 한정되지 않은 경우, 판결의 취소를 구하는 취지인 경우 또는 쟁송의 목적이 불가분적인 경우에는 전부가 이심된다." 이를 전부이심(dévolution pour le tout)이라고 한다.

24) 프랑스의 경우 항소법원의 판결에 대하여 파기원(Cour de cassation)에 불복을 제기하는 것은 특별한 불복절차로 규정하기 때문에 항소심 법원의 판결은 선고 즉시 확정력을 갖는다.

제도가 있다. 복심제는 항소심이 1심에서의 소송자료를 고려함이 없이 다시 새롭게 소송자료를 수집하여 새로 수집된 소송자료 만으로 청구의 당부를 재판하는 것이다. 사후심제는 1심의 소송자료만을 기초로 하여 1심판결의 내용의 당부를 판단하는 것이다. 속심제는 복심과 사후심의 중간형태로서, 1심에서 수집한 소송자료를 기초로 항소심에서 새로운 소송자료를 더하여 1심판결의 당부를 판단하는 것이다. 각 나라에서는 이를 절충하는 형태의 항소심 구조를 취하고 있다. 우리 민사소송법상의 항소는 속심이다.

2관 항소의 제기 및 심리

1. 항소장의 제출 9-11

(1) 원심법원 제출

항소장은 원심법원 제출한다(397조 1항). 항소장의 부본은 피항소인에게 송달하여야 하므로(401조), 항소장에는 피항소인에게 송달할 부본을 첨부한다. 원심법원 이외의 법원에 상소장을 제출한 경우에 이를 접수한 법원은 원심법원에 송부하여야 하고, 원심법원에 상소장이 접수된 때를 기준으로 상소기간의 준수여부가 결정된다는 것이 판례임은 앞서 본바와 같다.

[서식 예] 항소장(대여금, 전부불복, 항소이유서 추후제출의 경우)

항 소 장

항 소 인(원고) ○○○
○○시 ○○구 ○○길 ○○(우편번호)

피항소인(피고) ◇◇◇
○○시 ○○구 ○○길 ○○(우편번호)

대여금청구의 항소

위 당사자간 ○○지방법원 20○○가단○○○ 대여금청구사건에 관하여 항소인(원고)은 같은 법원의 20○○. ○○. ○. 선고한 판결에 대하여 전부 불복이므로 이에 항소를 제기합니다(항소인은 위 판결정본을 20○○. ○○. ○○.에 송달 받았습니다).

원판결의 주문표시

1. 원고의 청구를 기각한다.
2. 소송비용은 원고의 부담으로 한다.

항 소 취 지

1. 원판결을 취소한다.
2. 피고(피항소인)는 원고(항소인)에게 금 15,000,000원 및 이에 대한 20○○. ○. ○.부터 다 갚는 날까지 연 15%의 비율에 의한 돈을 지급하라.
3. 소송비용은 1, 2심 모두 피고(피항소인)의 부담으로 한다.

라는 판결을 구합니다.

항 소 이 유

추후 제출하겠습니다.

첨 부 서 류

1. 항소장부본 1통
1. 송달료납부서 1통

20○○. ○. ○.

위 항소인(원고) ○○○ (서명 또는 날인)

○○지방법원 귀중

(2) 항소장의 기재사항

1) 항소장에는 당사자와 법정대리인, 1심판결의 표시와 그 판결에 대한 항소의 취지를 기재하여야 한다(397조 2항). 항소장에 불복의 범위나 항소이유를 기재하는 것은 임의적이다. 항소장에 그러한 기재가 있으면 준비서면의 역할을 한다(398조)(실무상 시간상의 제약으로 인해 항소장에는 그러한 내용을 기재하지 않고 필수적 기재사항인 항소의 취지만을 적시하는 것이 일반적이다).

2) 우리 민사소송법은 항소이유서 제출강제주의를 채택하지 않았다. 그 대신 항소인이 무엇에 대하여 불복을 하는지, 항소심에서 새로이 제출될 주장과 증거가 무엇인지 등을 분명히 하여 조속히 항소심의 심리방향을 정할 수 있도록 하기 위하여, 개정 민사소송규칙 제126조의 2에 항소장 또는 항소심에서 처음 제출하는 준비서면에 기재할 내용을 구체적으로 규정하였다(2007. 11. 28. 신설).

제126조의2 (준비서면 등)

① 항소인은 항소의 취지를 분명하게 하기 위하여 항소장 또는 항소심에서 처음 제출하는 준비서면에 다음 각호의 사항을 적어야 한다. 〈개정 2016.8.1〉

1. 제1심 판결 중 사실을 잘못 인정한 부분 또는 법리를 잘못 적용한 부분
2. 항소심에서 새롭게 주장할 사항
3. 항소심에서 새롭게 신청할 증거와 그 입증취지
4. 제2호와 제3호에 따른 주장과 증거를 제1심에서 제출하지 못한 이유

② 재판장등은 피항소인에게 상당한 기간을 정하여 제1항 제1호에 따른 항소인의 주장에 대한 반박내용을 기재한 준비서면을 제출하게 할 수 있다. 〈신설 2016.8.1〉

3) 다만, 항소장에 이러한 내용을 기재하지 않거나 그러한 내용의 준비서면을 제출하지 않았다고 하여 항소가 부적법 각하되는 것은 아니다. 항소장 전체의 취지로 보아 제1심판결의 변경을 구한다는 내용임을 알 수 있는 경우라면, 제1심 또는 항소심 재판장이 항소취지 또는 항소이유를 명확히 하라는 보정명령을 하였는데도 항소인이 이에 불응하였다고 하더라도 이는 재판장의 항소장 각하명령에 관한 민사소송법 제399조 제2항 또는 제402조 제2항이 적용될 사유에는 해당하지 아니한다.[25)]

2. 항소장심사 등 9-12

먼저 원심재판장이 항소장을 심사하고, 법원사무관등에 의하여 항소기록이 항소심법원으로 송부된 다음에는 항소심재판장이 다시 심사한다.

(1) 원심재판장의 항소장 심사

항소장에 당사자와 법정대리인, 1심판결의 표시와 그 판결에 대한 항소의 취지(397조 2항)가 적시되지 않은 경우와 항소장에 법률의 규정에 따른 인지를 붙이지 아니한 경우에는 원심재판장은 항소인에게 상당한 기간을 정하여 그 기간 이내에 흠을 보정하도록 명하여야 한다(399조 1항). 원심재판장은 법원사무관등으로 하여금 위 보정명령을 하게 할 수 있다(399조 1항 후단). (*2017 법원직) 항소인이 그 기간 이내에 흠을 보정하지 아니

25) 2012. 3.30. 2011마2508.

한 때와, 항소기간을 넘긴 것이 분명한 때에는 원심재판장은 명령으로 항소장을 각하하여야 한다(399조 2항). 원심재판장의 항소장각하명령에 대하여는 즉시항고를 할 수 있다(399조 3항).

(2) 항소기록의 송부

항소장이 각하되지 아니한 때에 원심법원의 법원사무관등은 항소장이 제출된 날부터 2주 이내에 항소기록에 항소장을 붙여 항소법원으로 보내야 한다(400조 1항). 원심재판장이 항소장의 흠을 보정하도록 명한 때에는 그 흠이 보정된 날부터 1주 이내에 항소기록을 보내야 한다(400조 2항).

(3) 항소심재판장의 항소장 심사

항소법원은 항소장 부본을 피항소인에게 송달하여야 한다(401조). 항소장이 적식하지 않거나 항소장에 법률의 규정에 따른 인지를 붙이지 아니하였음에도 원심재판장이 보정명령을 하지 아니한 경우, 또는 항소장의 부본을 송달할 수 없는 경우에는 항소심재판장은 항소인에게 상당한 기간을 정하여 그 기간 이내에 흠을 보정하도록 명하여야 한다(402조 1항). 항소인이 위 기간 이내에 흠을 보정하지 아니한 때, 또는 원심재판장이 항소장을 각하하여야 함에도 항소장을 각하하지 아니한 때에는 항소심재판장은 명령으로 항소장을 각하하여야 한다(402조 2항). 항소심재판장의 항소장각하명령에 대하여는 즉시항고를 할 수 있다(402조 3항).

항소장 부본이 '수취인불명'으로 송달불능 되었고, 주소보정명령을 하였음에도 기간 내에 보정을 하지 않아 항소심재판장이 항소장각하명령을 하자 그에 대해 즉시항고를 한 사안에서 대법원 전원합의체 판결의 다수의견은 종전의 판례를 유지하면서 즉시항고를 기각하였다(이에 대해 소수의견은 항소인이 항소장 부본의 송달불능을 초래한 것이 아닌데도 그 송달불능으로 인한 불이익을 오로지 항소인에게만 돌리는 것은 부당하므로 항소심법원은 최대한 직권으로 송달을 위한 조치를 다하여야 하고 그래도 송달불능인 경우 공시송달의 방법으로 송달하여야 한다고 한다).[26)]

3. 항소심의 심리

재판장에 의하여 소장이 적식하고 항소기간 내에 항소가 제기된 것으로 인정되면, 항소심 법원은 항소의 적법 여부와 항소심의 본안에 대하여 심리를 한다.

---

26) 2021. 4.22. 2017마6438(전원합의).

(1) 항소의 적법성 심리 9-13

1) 항소법원은 항소의 적법요건에 대하여 직권으로 심리하여야 한다. 항소법원은 부적법한 항소로서 흠을 보정할 수 없으면 변론 없이 판결로 항소를 각하할 수 있다(413조). 불항소의 합의에 반하여 제기한 항소,[27] 항소의 이익이 없는 항소,[28] 판결선고 전에 제기한 항소,[29] 소 제기 전에 이미 사망한 사람을 상대방으로 하여 선고 된 판결에 대하여 상속인이 수계신청과 동시에 항소를 제기한 경우[30] 등이 그러한 예이다.

> "사망자를 피고로 하는 소 제기는 원고와 피고의 대립당사자 구조를 요구하는 민사소송법의 기본원칙에 반하는 것으로서 실질적 소송관계가 성립할 수 없어 부적법하므로, 그러한 상태에서 제1심판결이 선고되었다 할지라도 그 판결은 당연무효이다(대법원 1970. 3. 24. 선고 69다929 판결 등 참조). 피고가 소 제기 당시에는 생존하였으나 그 후 소장부본이 송달되기 전에 사망한 경우에도 마찬가지이다(대법원 2015. 1. 29. 선고 2014다34041 판결 참조). 이러한 법리는 사망자를 채무자로 한 지급명령에 대해서도 적용된다. 사망자를 채무자로 하여 지급명령을 신청하거나 지급명령 신청 후 그 정본이 송달되기 전에 채무자가 사망한 경우에는 그 지급명령은 효력이 없다. 설령 그 지급명령이 상속인에게 송달되는 등으로 형식적으로 확정된 것 같은 외형이 생겼다고 하더라도 사망자를 상대로 한 지급명령이 상속인에 대하여 유효하게 된다고 할 수는 없다. 그리고 회생절차폐지결정이 확정되어 그 효력이 발생하면 관리인의 권한은 소멸하므로, 관리인을 채무자로 한 지급명령의 발령 후 그 정본의 송달 전에 회생절차폐지결정이 확정된 경우에도 채무자가 사망한 경우와 마찬가지로 보아야 한다." (2017. 5.17. 2016다274188)
> (⇒ 사망한 사람을 피고로 표시하여 소를 제기하였으나 1심에서 피고를 상속인으로 확정하고 당사자표시를 정정한 사안(2011. 3.10. 2010다99040)과 비교검토 할 것)

2) 관할위반 주장의 금지 : 당사자는 항소심에서 제1심 법원의 임의관할위반을 주장하지 못한다(411조 본문). 1심에서 임의관할위반의 항변을 하지 않은 경우는 변론관할이 생기므로 항소심에서 관할위반을 주장할 수 없음이 당연하고, 1심에서 임의관할위반의 항변을 하였으나 받아들여지지 않은 경우에도 임의관할의 조기 확정의 필요에 따라 상소심에서는 더 이상 관할위반을 주장할 수 없도록 한 것이다(판례는 관할위반을 이유로 하는 이송신청권이 없다고 보아 관할위반을 이유로 하는 이송신청에 대한 기각결정에 대하여 즉시항고를 인정하지 않으므로, 임의관할 위반 여부에 대한 판단은 1심법원의 전권에 속한다고 할 수 있다(⇒ 4-48)). 다만, 전속관할위반에 대하여는 항소심에서도 이를 주장할 수 있다(411조 단서).

---

27) 1980. 1.29. 79다2066.
28) 1973. 9.25. 73다565.
29) 1957. 5. 2. 4289민상647.
30) 1971. 2. 9. 69다1741.

9-14 (2) 본안심리

1) 항소심의 심리대상은 당사자의 불복신청 또는 부대항소에 의하여 항소심의 심판 범위가 된 사항에 한정되며, 항소심의 변론은 이와 같이 당사자가 제1심판결의 변경을 청구하는 한도 안에서 한다(407조 1항).

2) 항소심은 속심구조를 취하므로 원칙적으로 1심의 소송자료(사실자료와 증거자료)는 항소심에서도 그대로 사용된다. 항소심은 속심으로서 제1심에서의 당사자의 주장이 그대로 유지되므로, 항소심에서 항소이유로 특별히 지적하거나 그 후의 심리에서 다시 지적하지 않는다 하더라도 법원은 제1심에서의 주장을 받아들일 수 있음은 당연하고, 이를 들어 직접주의나 변론주의의 원칙에 어긋난다거나 불의타를 가한 것이라 할 수는 없다.[31] 다만, 직접주의의 원칙에 따라 당사자는 제1심의 변론결과를 항소심에서 진술하여야 한다(407조). 제1심 변론결과의 진술은 당사자가 사실상 또는 법률상 주장, 정리된 쟁점 및 증거조사 결과의 요지 등을 진술하거나, 법원이 당사자에게 해당사항을 확인하는 방식으로 할 수 있다(민소규 127조의 2)(이 조문은 항소심에서의 변론갱신절차가 "1심 변론 결과를 진술합니다"라고 진술하는 것과 같이 형식적으로 이루어지는 실무관행을 바로잡기 위하여 2007. 11. 28. 신설한 것이다). 단독사건의 판사가 바뀐 경우 또는 합의부 법관의 반수 이상이 바뀐 경우(204조 3항)와는 달리, 종전에 신문한 증인에 대하여 당사자가 다시 신문할 것을 신청하여도 반드시 그 신문을 하여야 하는 것은 아니다(⇒ 6-112).

3) 한편, 항소심에서 당사자는 어느 범위에서 새로운 소송자료를 제출할 수 있는 것인지가 문제가 된다. 우리 법은 적시제출주의(146조), 재정에 의한 제출기간의 제한(147조), 실기한 공격방어방법의 각하(149조), 변론준비기일 종결의 실권효(285조) 등을 규정함으로써 심리를 가능한 1심에 집중하고자 하는 집중심리 주의를 지향하고 있다. 더구나 1심에서의 변론준비절차는 항소심에서도 그 효력을 가지므로(410조), 1심 변론준비기일종결의 실권효는 항소심까지 미친다. 이러한 규정을 가능한 엄격히 해석·적용하여 변론을 1심 법원에 집중하도록 하는 것이 우리 소송법의 지향하는 바에 부합한다고 할 것이나, 실무에서는 현실적 어려움으로 인하여 그렇지 못한 실정이다(위와 같은 규정들이 재량규정으로 되어 있고, 이를 엄격히 적용하면 재판의 적정을 달성하기 어렵다는 것을 변명사유로 한다).

4) 이와 관련하여 민사소송규칙은, 항소장 또는 항소심에서 처음 제출하는 준비서면

---

31) 1996. 4. 9. 95다14572. [328]

에 항소심에서 새롭게 소송자료를 제출하는 경우 1심에서 그러한 것을 제출하지 못한 이유 등을 적도록 함(민소규 126조의 2)으로써 실권효의 제재 대상이 되는지 여부를 판단하는 자료로 삼을 수 있게 하였다. 타당한 이유를 제시하지 못하는 경우 항소심에서의 새로운 주장을 부적법한 것으로 각하할 수 있다고 할 것이다.

(3) 항소심에서의 청구의 변경과 반소 9-15

1) 청구의 변경에 관한 규정은 항소심에도 준용되므로(408조, 262조), 항소심에서도 청구를 변경할 수 있다. 항소심에서의 반소는 상대방의 심급의 이익을 해할 우려가 없는 경우 또는 상대방의 동의를 받은 경우에 제기할 수 있으며(412조 1항), 상대방이 이의를 제기하지 아니하고 반소의 본안에 관하여 변론을 한 때에는 반소제기에 동의한 것으로 본다(412조 2항). 항소인이 원고인 경우와 항소인이 피고인 경우를 나누어 검토하기로 한다.

2) 항소인이 원고인 경우 : 원고에게 항소의 이익이 있는 경우 원고는 적법하게 항소를 할 수 있고, 항소심에서 청구의 변경도 할 수 있다. 그러나 1심에서 전부승소한 원고는 원칙적으로 항소의 이익이 없으므로 항소심에서 청구의 확장을 비롯한 추가적 변경을 할 수 없다. 그러나 가분채권에 기한 이행의 소 등에서 묵시적 일부청구를 한 경우는 전부 승소한 원고에게도 청구의 확장을 위한 항소의 이익이 인정된다.[32] 피항소인인 피고는 원고의 심급의 이익을 해할 우려가 없는 경우 또는 원고의 동의를 받은 경우에 항소심에서 반소를 제기할 수 있다(412조 1항). 항소심에서의 피고의 반소는 부대항소로서의 성격이 있으므로, 원고가 항소를 취하하거나 항소가 각하되는 경우 항소심에서의 피고의 반소도 실효된다고 보아야 할 것이다.[33]

3) 항소인이 피고인 경우 : 피고가 항소를 한 경우 피항소인인 원고는 1심에서 전부승소 한 경우라도 항소심에서 부대항소를 하여 청구의 확장을 할 수 있다. 피고만이 항소한 사건에서 원고는 항소심에서 청구를 확장할 수 있고 이는 부대항소를 한 것으로 의제된다는 것이 판례[34] 및 다수설이다. 이에 대하여 소수설은 청구확장의 허용근거를 명확하게 하기 위하여 부대항소를 별도로 하여야 한다는 입장을 취한다.[35] 어느 견해에 따르더라도 피항소인인 원고의 청구의 추가적 변경은 부대항소를 전제로 한다

---

32) 1994. 6.28. 94다3063; 1997.10.24. 96다12276.
33) 박재완, p.491.
34) 1980. 7.22. 80다982.
35) 호문혁, p.635.

는 입장이므로 항소인(피고)의 항소가 취하 또는 각하되는 경우 원칙적으로 부대항소도 실효되므로 피항소인(원고)의 청구확장은 실효된다는 결론에 이르게 된다. 피고가 본소에 대한 추완항소를 하면서 항소심에서 비로소 반소를 제기한 경우에 항소가 부적법 각하되면 반소도 소멸한다(추완항소가 부적법하다는 이유로 이를 각하하면서 반소에 대하여는 그 청구를 인정할 증거가 없다는 이유로 이를 기각한 원심을 파기하고 반소청구에 대하여 소송종료선언의 판결을 한 사안).[36)]

3관 부대항소

9-16 1. 의의 및 법적 성격

(1) 의 의

1) 피항소인은 항소권이 소멸된 뒤에도 변론이 종결될 때까지 부대항소를 할 수 있다(403조). 부대항소란 항소권이 없는 피항소인이 항소인에 의한 항소심 절차에 편승하여 이심의 범위 내에서 항소심 심판의 범위를 자신에게 유리하게 확장해 달라고 신청하는 것을 말한다. 항소인은 불이익변경금지의 원칙에 의하여 항소심에서 원심보다 불리한 판결을 받지 아니할 뿐만 아니라 항소심에서 항소취지 및 청구를 확장할 가능성을 가지는 것에 비하여, 항소하지 아니한 피항소인은 항소심에서 수동적으로 방어만 해야 한다면 항소심의 당사자 공평의 원칙에 반하는 결과가 되므로 공평의 원칙에 기하여 피항소인에게는 부대항소권이 인정된다.

2) 예컨대, 금 1억원을 청구하는 소송(피고는 청구기각을 구함)에서, 1심은 5,000만원 인용하고, 나머지 청구(5,000만원을 넘어서는 부분)는 기각하였다. 이에 대해 원고만이 기각된 나머지 청구(5,000만원을 넘어서는 부분)에 대하여 항소하였고, 항소기간의 도과로 인용된 5,000만원 부분에 대한 피고의 항소권은 소멸한 경우, 원고의 항소에 의하여 1억 소송물 전체에 대한 확정차단 및 이심의 효력이 발생한다. 항소심 심리의 범위는 5,000만원을 초과하는 부분을 기각한 판결의 정당성 여부이며, 5,000만원을 인용한 판결이 정당한 것인지 여부는 항소심 심리의 대상이 아니어서 항소인에게 불리한 변경이 불가능하므로, 피항소인(피고)에게 불공평하다. 따라서, 피고의 항소권은 소멸하였으나, 원고가 항소하여 이심이 된 것을 이용하여 피고가 부대항소를 하여 자기에게 유리한 청구기각을 구할 수 있도록 한 것이다.

---

36) 2003. 6.13. 2003다16962,16979.

> **(사례)** 원고가 피고를 상대로 ① 건물인도, ② 손해배상, ③ 소유권이전등기 등 세 개의 청구를 하였다. 1심 법원은 ① 건물인도청구 인용, ② 손해배상청구 및 ③ 소유권이전등기청구 기각의 판결을 하였다. 이에 대해 원고만이 ② 손해배상청구 기각에 대해서만 항소한 경우,
>
> 1) ① 건물인도, ② 손해배상, ③ 소유권이전등기 세 개의 청구 모두 항소심으로 이심된다(상소불가분의 원칙).
>
> 2) 심리범위는 ② 손해배상에 대한 것으로 한정된다(처분권주의, 불이익변경금지의 원칙).
>
> 3) 원고(항소인)는 항소기간이 지난 뒤에도 항소심에서 항소취지를 ③소유권이전등기로 확장할 수 있고, 손해배상의 청구취지를 확장할 수 있다(손해배상에 대해 전부승소판결을 받은 경우는 피고의 항소가 있어야 청구취지의 확장이 가능).
>
> 4) 피고(피항소인)은 항소기간이 지난 뒤에도 ①건물인도청구 인용에 대하여 부대항소할 수 있다.

(2) 법적 성격

부대항소의 법적 성격은 항소와는 다른 것(비항소설)이라는 것이 통설이다. 이를 항소의 일종으로 보면, 항소권의 포기 또는 항소기간의 도과 등으로 항소권이 소멸할 당사자가 제기할 수 있으므로(403조) 항소와는 다른 것이라고 할 것이다. 전부승소한 당사자는 항소의 이익이 없으나 부대항소는 제기할 수 있다는 판례[37]의 입장도 비항소설과 같다.

2. 요 건 9-17

1) 주된 항소가 적법하게 계속되어있어야 한다. 따라서 주된 항소의 취하 후에는 부대항소를 할 수 없다.

2) 항소심의 변론종결 전이어야 한다(403조).

3) 주된 항소의 피항소인(또는 보조참가인)이 항소인을 상대로 제기하여야 한다(403조). 양쪽 당사자 모두 항소를 제기한 경우, 또는 양쪽 당사자 모두 항소를 제기하지 않은 경우에는 부대항소를 제기할 수 없다.

---

37) 2003. 9.26. 2001다68914.

(예) 통상공동소송에서 항소인이 공동소송인 A, B, C 중 A에 대해서만 항소를 한 경우, 피항소인이 아닌 B, C는 양쪽 당사자가 모두 항소를 제기하지 않은 경우이므로 부대항소를 할 수 없으며, 통상공동소송인 A, B, C 중 A만이 항소를 한 경우에도 피항소인은 다른 공동소송인 B, C에 대해서는 부대항소를 할 수 없다(⇒ 10-61).

4) 전부승소 한 당사자도 제기할 수 있다. 원고가 전부승소 하였기 때문에 원고는 항소하지 아니하고 피고만 항소한 사건에서 원고는 청구취지를 확장 변경할 목적으로 부대항소를 할 수 있다(전부승소한 원고가 청구를 확장할 목적으로 항소를 하는 것은 원칙적으로 항소의 이익이 없어 부적법하다).[38] 한편, 피고만이 항소한 사건에서 원고가 청구취지를 확장 변경함으로서 그것이 피고에게 불리하게 되는 경우에 그 한도에서 부대항소를 한 취지로 보아 이를 허용할 수 있다는 것이 판례이다.[39](이에 대해서는 부대항소를 한 후 청구취지의 확장을 허용하여야 한다는 비판론이 있다).[40]

9-18 3. 방 식

항소에 관한 규정에 따른다(405조). 따라서 원칙적으로 부대항소장이라는 서면제출을 요한다고 할 것이다. 그러나, 피항소인이 별도의 부대항소장을 제출하지 않고 청구취지확장을 한 경우에 부대항소로 의제될 수 있다는 것이 판례이다.[41]

9-19 4. 효 력

1) 심리범위의 확장(불이익변경금지원칙의 배제)

심리의 범위가 부대항소 된 내용으로 확장된다. 그 결과 항소인에 대한 불이익변경금지의 원칙이 배제된다. 원고의 청구가 모두 인용된 제1심판결에 대하여 피고가 지연손해금 부분에 대하여만 항소를 제기하고, 원금 부분에 대하여는 항소를 제기하지 아니하였다고 하더라도 제1심에서 전부 승소한 원고가 항소심 계속중 부대항소로서 청구취지를 확장할 수 있고, 항소심이 원고의 부대항소를 받아들여 제1심판결의 인용금액을 초과하여 원고 청구를 인용할 수 있다.[42]

---

38) 2003. 9.26. 2001다68914.
39) 1991. 9.24. 91다21688; 2008. 7.24. 2008다18376.
40) 호문혁, p.599.
41) 2008. 7.24. 2008다18376.
42) 2003. 9.26. 2001다68914. [335]

2) 부대항소의 종속성

부대항소는 주된 항소에 부대하는 것이므로 주된 항소에 종속되어 있다. 따라서 주된 항소가 취하되거나 부적법한 것으로 각하되면 부대항소도 그 효력을 잃는다(40조). (*2014. 법원직)

3) 독립부대항소

부대항소인이 독립하여 항소를 할 수 있는 기간 내에 제기한 부대항소는 독립된 항소로 보기 때문에(404조 단서) 주된 항소의 취하 또는 각하에 영향을 받지 않는다(*2007-1. 법원직). 이러한 부대항소를 독립부대항소라고 부른다.

4관 항소심의 판결

1. 항소각하 9-20

변론을 열어 심리한 결과 항소의 요건을 갖추지 못한 항소에 대하여는 판결로써 항소를 각하한다. 부적법한 항소로서 흠을 보정할 수 없으면 변론 없이 판결로 항소를 각하할 수 있다(413조).

2. 항소기각 9-21

항소법원은 항소가 이유 없고 원판결이 정당하다고 인정되는 경우는 판결로서 항소를 기각한다(414조 1항). 제1심 판결의 이유가 정당하지 아니한 경우에도 다른 이유에 따라 그 판결이 정당하다고 인정되는 때에는 항소를 기각하여야 한다(414조 2항). 항소를 기각하는 판결의주문은 "원고(또는 피고)의 항소를 기각한다. 항소비용은 원고(또는 피고)가 부담한다"고 표시한다.

3. 항소인용(1심판결의 취소) 9-22

항소법원은 1심판결을 정당하지 아니하다고 인정한 때(416조), 또는 1심판결의 절차가 법률에 어긋날 때(417조)에는 1심판결을 취소하여야 한다. 판결의 주문은 "원판결을 취소한다"라는 형식으로 한다. 1심판결을 취소하는 경우에는 항소심이 스스로 판결을 하거나, 원심법원으로 환송 또는 1심 관할법원으로 이송을 한다.

9-23 (1) 취소자판

1심판결을 취소하고 항소심이 본안에 대하여 스스로 재판하는 것을 자판(自判)이라고 한다. 항소심은 속심이므로 제1심판결의 내용이 정당하지 아니하다고 인정한 경우에는 원판결을 취소하고 스스로 자판하는 것이 원칙이다. 각하할 판결을 기각으로 판결한 경우에도 제1심판결을 취소하고 각하의 자판을 한다(채권자대위소송에서 피보전채권이 존재하지 아니하여 각하할 판결을 기각한 때에는 1심판결을 취소하고 소를 각하하는 판결을 할 것이지 환송할 것이 아니라고 한 사안).[43]

9-24 (2) 취소환송

1) 필수적 환송 및 예외

㈎ 소가 부적법하다고 각하한 제1심판결을 취소하는 경우에는 항소법원은 사건을 제1심법원에 환송하여야 한다(418조 본문). 이를 필수적 환송이라고 한다. 이러한 경우 항소심 법원이 본안에 대하여 판결을 하면 당사자들은 본안에 대하여 1심의 재판을 받지 못하는 결과가 되기 때문이다. 판례는, 1심법원이 부적법한 송달에 기초하여 자백간주 판결을 함으로써 1심에서 피고의 방어권행사가 이루어지지 않은 사안에 대하여, 항소심에서 절차를 보완하여 다시 판결을 하면 되고 반드시 1심법원으로 환송할 필요는 없다고 판시함으로써 필수적 환송의 범위를 엄격하게 해석하고 있다.[44] (2014. 민사항소사건 57,722건 중 항소심이 원판결을 취소한 건수는 12,967건이고, 그 중 환송한 건수는 13건, 이송건수는 5건이다)[45]

㈏ 다만, 제1심에서 본안판결을 할 수 있을 정도로 심리가 된 경우, 또는 당사자의 동의가 있는 경우에는 항소법원은 스스로 본안판결을 할 수 있다(418조 단서). 1심에서 충분히 심리가 되어 항소심에서 본안판결을 할 수 있음에도 굳이 환송할 필요가 없기 때문이다. 또한, 환송할 것을 항소심이 자판하는 경우 당사자는 심급의 이익을 잃게 되나, 심급의 이익은 사익에 속하는 것이므로 당사자가 동의하는 경우 굳이 환송할 필요가 없기 때문이다.

2) 임의적 환송의 불허

소를 각하한 1심판결을 취소하는 경우 이외에 1심판결을 취소하면서 1심에서 충분히 심리가 되지 않았다고 판단되는 경우(예컨대, 불법행위에 기한 손해배상소송에서 1심에서

---

43) 1991. 8.27. 91다13243.

44) 2013. 8.23. 2013다28971. [338]

45) 2015. 사법연감, p.710.

위법행위가 인정되지 않는다는 이유로 손해액에 대해서는 심리를 전혀 하지 않은 채 청구를 기각하였으나 항소심에서 위법행위가 인정된다고 판단하여 1심을 취소하는 경우) 재량으로 1심법원에 환송할 수 있는지에 대해서는 견해가 갈린다. 구민사소송법에서는 이를 임의적 환송이라고 하여 허용하였으나(구민소 389조) 현행법에서는 이러한 규정을 두지 않았기 때문에 해석상 다툼이 생긴 것이다. 현행법이 구법의 임의적 환송제도를 폐지하고 필수적 환송제도를 입법으로 명문화 한 점, 항소심이 속심적 구조를 갖고 있는 점, 현실적으로 심리가 쟁점별로 명확히 구분되는 것이 아닌 점, 소송촉진의 필요 등에 비추어 볼 때 허용되지 않는다고 해석하는 것이 타당하다(다수설).[46]

3) 독립된 상고

항소심의 환송판결은 종국판결이므로 독립하여 상고할 수 있다.[47] 이 경우에 사건이 제1심으로 환송되지 않고 상고심으로 이심된다.

(3) 취소이송 9-25

1심법원의 임의관할위반은 항소심에서 주장할 수 없으므로 1심판결 취소사유가 되지 아니한다(⇒ 전술 참조). 그러나 전속관할 위반의 경우는 항소심에서 이를 주장할 수 있으며(411조 단서), 전속관할위반을 이유로 제1심판결을 취소하는 경우에는 원심법원으로 환송하지 아니하고 직접 제1심 관할법원으로 이송하여야 한다(419조).

4. 가집행선고 9-26

1) 항소법원은 제1심 판결 중에 불복신청이 없는 부분에 대하여는 당사자의 신청에 따라 결정으로 가집행의 선고를 할 수 있다(406조 1항)(예컨대, 1심에서 50만원의 지급청구에 대하여 30만원의 지급을 명하는 판결을 선고하면서 가집행선고를 붙이지 않았고 이에 대하여 원고만이 항소를 한 사안에서 항소심에서 결정으로 30만원부분에 대하여 가집행선고를 함). 이 경우 1심판결의 집행을 신속히 할 수 있도록 하기 위하여 항소심의 종국판결에 부수하여 가집행선고를 하지 않고 따로 결정으로 가집행의 선고를 할 수 있게 한 것이다. 이러한 신청을 기각한 결정에 대하여는 즉시항고를 할 수 있다(406조 2항).

---

46) 프랑스 민사소송법은 항소원에 자판권(이관권)(pouvoir d'évocation)을 인정하여 심급의 이익보다 분쟁의 신속한 해결에 무게를 둔다. "항소법원이 증거조사(mesure d'instruction)를 명하는 판결이나 소송상 항변을 받아들여 심리를 종결한 판결에 대한 항소사건을 재판하는 경우, 항소법원은 사건에 대한 종국적 해결을 하는 것이 타당하다고 생각하면, 필요한 경우 스스로 증거조사를 명한 후, 판단되지 아니한 쟁점에 대해서도 자판할 수 있다"(CPC 568조 1항).

47) 1981. 9. 8. 80다3271(전원합의). [212]

2) 항소법원이 가집행선고가 붙은 1심판결을 유지하는 경우 따로 가집행선고를 할 필요가 없으나, 1심판결에 가집행선고가 없는 경우 항소심에서도 가집행선고를 붙일 수 있다(예컨대, 1심의 청구기각판결을 취소하면서 항소심에서 금전지급의 판결을 하는 경우 등).

5관 불이익변경금지의 원칙

제415조 (항소를 받아들이는 범위) 제1심 판결은 그 불복의 한도 안에서 바꿀 수 있다. 다만, 상계에 관한 주장을 인정한 때에는 그러하지 아니하다.

9-27 ### 1. 의 의

1) 민사소송의 기본원칙인 처분권주의(203조)는 항소심에도 적용된다. 항소심의 심판범위는 항소인이 불복신청을 한 범위에 한정되며, 누구도 불복하지 아니한 부분에 대해서는 항소인의 입장에서 이익이 되는지(이익변경금지) 불이익이 되는지 (불이익변경금지) 불문하고 항소심에서 1심판결을 변경할 수 없다(415조). 이를 불이익변경금지의 원칙이라고 말한다. 항소심은 당사자의 불복신청범위 내에서 제1심 판결의 당부를 판단할 수 있을 뿐이므로 설사 제1심 판결이 부당하다고 인정되는 경우라 하더라도 그 판결을 불복당사자의 불이익으로 변경하는 것은 당사자가 신청한 불복의 한도를 넘어 제1심 판결의 당부를 판단하는 것이 되어 허용될 수 없다.[48)]

2) 예컨대, 이혼과 위자료청구 모두 기각당한 원고가 이혼청구기각에 대해서만 항소를 한 경우 항소심에서 위자료청구기각도 부당하다고 하여 항소인에게 유리하게 바꿀 수 없다(이익변경금지). 위자료청구기각판결을 취소하고 위자료청구를 인용하기 위해서는 원고에 의한 항소범위의 확장이 있어야 한다. 또한 100만원을 청구하여 60만원이 인용된 사건에서 원고만이 항소를 한 경우 항소법원이 원고의 청구 전부가 이유 없는 것이라고 판단하더라도 항소를 기각할 수 있을 뿐 1심판결을 취소하고 원고의 청구를 기각하는 판결을 할 수 없다(불이익변경금지). 1심판결을 취소하고 원고의 청구를 기각하려면 인용부분에 대하여 피고가 항소 또는 부대항소를 제기하여야 한다.

9-28 ### 2. 내 용

1) 금지되는 불이익변경, 이익변경의 기준은 기판력이 발생하는 주문의 판단을 대상

---

48) 1983.12.27. 83다카1503. [334]

으로 한다. 기판력이 생기지 아니하는 판결이유 중의 판단에는 불이익변경금지의 원칙이 적용되지 않는다.

2) (가) 1심법원이 소의 이익이나 당사자적격 등 소송요건이 흠결되었다고 판단하여 소를 각하하자 각하판결이 부당하다며 원고가 제기한 항소에 대하여, 항소심 법원이 스스로 본안판결을 할 수 있는 상황(418조 단서)에서 소송요건은 갖추었으나 원고의 청구가 이유 없다고 판단하는 경우, 원판결을 취소하고 원고의 청구기각판결을 하는 것이 처분권주의에 반하는 것이 아닌가 하는 점에 대하여 논란이 있다.

(나) 대법원 판례는 청구를 기각하는 것은 불이익변경이 되므로 최소한 원판결을 유지하는 의미에서 항소기각판결을 해야 한다는 취지로 판시한다.[49](*2021. 법원직) 그러나 항소인의 이익은 소송요건에 관한 1심판결을 취소하는 데까지 미치는 것이고, 그 후의 본안에 대한 판결에까지 미치는 것은 아니라고 할 것이고(항소심 법원이 1심의 각하판결을 취소하고 환송하는 경우에도 환송받은 법원은 본안에 대해서는 자유롭게 판결할 수 있으므로 청구를 기각하는 판결을 하더라도 불이익변경금지에 반하는 것이 아닌 것과 같다), 원판결을 유지한다는 의미로 항소를 기각하는 경우 항소심 법원이 부적법하다고 판단하는 소각하 판결을 스스로 판결에 의하여 확정시킨다는 모순이 생기므로 항소기각설은 타당하지 않다. 항소법원이 본안판결을 할 수 있는 요건을 갖춘 경우에 항소법원으로부터 본안판결을 받는 것은 그 자체가 원고에게 유리하다고 할 것이므로 청구기각판결을 받는다고 하여 불이익금지의 원칙에 반한다고 할 수는 없을 것이다. 따라서 그와 같은 경우에는 원심을 취소하고 청구기각판결을 하는 것이 타당하다(다수설).

(다) 하급심 판결중에도, 제1심법원이 원고가 제기한 소가 부제소 약정을 위반하여 부적법하다는 이유로 이를 각하하자 이에 대하여 원고만이 항소한 사안에서, 위 부제소 약정은 권한 없는 대리인에 의하여 체결된 것으로 원고에게 효력이 없으므로 위 소는 적법하다고 하면서, 제1심판결을 취소하여 민사소송법 제418조 본문에 따라 제1심법원에 환송하지 않고, 제1심에서 본안판결을 할 수 있을 정도로 심리가 되었음을 인정하여 민사소송법 제418조 단서에 따라 직접 본안심리를 한 다음 원고의 청구를 이유 없다고 기각한 사례가 있다.[50]

(라) 대법원은 또한, 항소심이 청구기각 판결을 하여야 할 사건에 대하여 소각하 판결을 하였으나 원고만이 상고한 경우, 소를 각하한 항소심판결을 파기하여 원고에게 더

---

49) 1992.11.10. 92누374; 2002.12.10. 2000다24894 (상고심과 관련된 사례).
50) 서울고법 2011. 3.23. 2010나63173(확정).

불리한 청구기각의 판결을 할 수는 없으므로 항소심판결을 그대로 유지하여야 한다고 판시한다.51)

3) 금전채무불이행의 경우에 발생하는 원본채권과 지연손해금채권은 별개의 소송물이므로, 불이익변경에 해당하는지 여부는 원금과 지연손해금 부분을 각각 따로 비교하여 판단하여야 하는 것이고, 별개의 소송물을 합산한 전체 금액을 기준으로 판단하여서는 아니된다.52) 재산상 손해배상청구와 위자료청구는 소송물이 동일하지 아니한 별개의 청구이므로 원심이 1심 판결에 대하여 항소하지 아니한 원고에 대하여 1심 판결보다 더 많은 위자료의 지급을 명하였음은 위법하다.53) 동시이행의 판결에 있어서는 원고가 그 반대급부를 제공하지 아니하고는 판결에 따른 집행을 할 수 없어 비록 피고의 반대급부이행청구에 관하여 기판력이 생기지 아니하더라도 반대급부의 내용이 원고에게 불리하게 변경된 경우에는 불이익변경금지 원칙에 반하게 된다.54) 가집행선고는 당사자의 신청유무와 관계없이 법원이 직권으로 판단할 사항이므로 가집행선고가 붙지 아니한 제1심 판결에 대하여 피고만이 항소한 항소심에서 항소를 기각하면서 가집행선고를 붙여도 불이익변경금지원칙에 위배되지 않는다.55) 불이익변경금지의 원칙은 법원이 직권으로 조사하여야 할 사항에는 그 적용이 없는 것이므로, 항소심은 원고가 불복하지 않은 청구에 대하여도 확인의 이익의 유무를 조사하여 원고의 소를 각하할 수 있다.56)

6관 항소의 취하

9-29 1. 의 의

항소는 항소심의 종국판결이 있기 전에 취하할 수 있다(393조 1항). 항소의 취하는 항소의 신청을 취하하는 단독적 소송행위이다. 당사자 처분권주의에 의하여 소취하가 허용되는 것과 마찬가지로, 항소인도 항소를 취하하여 항소심에서의 소송계속을 소급하여 소멸시키고 1심판결의 효력을 유지시킬 수 있도록 한 것이다.

---

51) 1999. 6. 8. 99다17401,17418. [336]
52) 2013.10.31. 2013다59050.
53) 1980. 7. 8. 80다1192. [333]
54) 2005. 8.19. 2004다8197,8203.
55) 1998.11.10. 98다42141.
56) 1995. 7.25. 95다14817. [337]

2. 방 식 9-30

1) 항소의 취하는 서면으로 하여야 하나, 변론이나 변론준비기일에서 말로 할 수도 있다(393조 2항, 266조 3항). 서면취하시 취하의 효력이 생기는 것은 취하서가 항소법원에 제출된 때이며 상대방에게 송달된 때가 아니다.[57)]

2) 항소심에서 당사자 양쪽이 2번 결석하거나 출석하더라도 변론하지 않는 뒤, 1월 내에 기일지정신청을 하지 않거나 그 신청으로 새로 정한 기일에 결석하면 항소취하로 간주된다(268조 4항).

3) 항소취하의 유효성에 대하여 다툼이 있으면 법원이 심리하여 효력이 없다고 인정하면 심리를 계속하고, 효력이 있다고 인정하면 판결로서 소송종료선언을 한다. 항소취하 간주는 요건의 성취로 법률에 의하여 당연히 발생하는 효과이고 법원의 재판이 아니므로 상고의 대상이 되는 종국판결에 해당하지 아니하며, 항소취하 간주의 효력을 다투려면 민사소송규칙 제67조, 제68조에서 정한 절차에 따라 항소심 법원에 기일지정신청을 할 수는 있으나 상고를 제기할 수는 없다.[58)]

3. 요 건 9-31

1) 항소취하는 소취하와는 달리 상대방의 동의가 필요 없다(393조 2항이 266조 2항을 준용하지 않음). (*2007-1. 2010. 2014. 법원직) 피항소인이 부대항소를 제기한 경우에도 그의 동의 없이 항소를 취하할 수 있으며, 그것이 부대항소인의 항소심 재판받을 권리를 침해하는 것이 아니다.[59)]

2) 조건부의 항소취하는 허용되지 않는다. 항소를 취하하는 행위가 배임죄를 구성하는 경우 그러한 항소취하로 인하여 확정된 판결은 재심 대상이 되며, 재심에서는 항소취하를 무효로 보고 본안에 대하여 심리를 하여야 한다.[60)]

3) 항소의 취하는 항소심 종국판결 선고 전에만 할 수 있다(393조 1항).(소취하는 소송계속중이면 언제나 할 수 있는 것과 다름을 유의) 일단 항소심의 종국판결이 있은 후라도 그 종국판결이 상고심에서 파기되어 사건이 다시 항소심에 환송된 경우에는 먼저 있은 종

---

57) 1980. 8.26. 80다76.
58) 2019. 8.30. 2018다259541.
59) 헌재 2005. 6.30. 2003헌바117.
60) 2012. 6.14. 2010다86112.

국판결은 그 효력을 잃고 그 종국판결이 없었던 것과 같은 상태로 돌아가게 되므로 새로운 종국판결이 있기까지는 항소인은 항소를 취하할 수 있다.[61]

4) 항소의 일부취하는 효력이 없다. 항소불가분의 원칙에 의하여 항소제기는 모든 청구에 미치기 때문에 항소의 일부취하의 효력이 부정되는 것이다. 따라서, 병합된 수개의 청구 전부에 대하여 불복한 항소에서 그중 일부 청구에 대한 불복신청을 철회하였더라도 그것은 단지 불복의 범위를 감축하여 심판의 대상을 변경하는 효과를 가져오는 것에 지나지 아니하고, 항소인이 항소심의 변론종결시까지 언제든지 서면 또는 구두진술에 의하여 불복의 범위를 다시 확장할 수 있는 이상 항소 자체의 효력에 아무런 영향이 없다(A청구, B청구, C청구를 병합한 소에 대한 제1심판결 전부에 대하여 불복하여 항소한 항소심에서 C청구 부분에 대하여만 항소를 취하 하였다가 다시 C청구 부분에 대하여 항소기간 경과 후에 항소를 제기하였더라도 그 항소는 적법한 것이라는 취지의 판결).[62] (* 2018. 2019. 법원직)

9-32 **4. 효 과**

1) 항소가 취하되면 처음부터 항소가 제기되지 않은 것으로 되어 항소심 절차가 종료된다(393조 2항, 267조 1항). 이미 항소기간이 지난 다음에 항소가 취하되면 항소취하로 원판결이 확정된다(항소심에서 소를 취하하는 경우 원판결은 소급하여 소멸하는 것과 다름). 항소를 취하한 경우라도 항소기간이 아직 남아 있으면, 항소를 포기한 경우와는 달리 상대방은 물론 항소인도 다시 항소를 제기할 수 있다.[63]

2) 항소를 취하하면 부대항소도 효력을 상실한다.[64] 동의를 받지 않은 항소의 취하로 부대항소인이 부대항소의 이익을 잃게 되어도 이는 그 이익이 본래 상대방의 항소에 의존한 은혜적인 것으로 주된 항소의 취하에 따라 소멸되는 것이어서 어쩔 수 없다 할 것이다. 그러나, 독립부대항소의 경우에는 그러하지 않다(404조 단서).

---

61) 1995. 3.10. 94다51543. [331]
62) 2017. 1.21. 2016다241249. [330]
63) 1991. 4.23. 90다14997; 2016. 1.14. 2015므3455.
64) 1995. 3.10. 94다51543.

[판례연구]

대법원 1994. 6. 28. 선고 94다3063 판결 【손해배상(자)】

1. 원심판결 이유에 의하면 원심은, 원고는 제1심에서 피고 소유 화물자동차의 운행으로 인하여 상해를 입었음을 이유로 재산상 손해로서 금 39,238,808원과 위자료로서 금 5,000,000원을 합한 금 44,238,808원의 배상을 구하였다가 재산상 손해부분에 대하여는 전부 승소하고 위자료는 금 3,000,000원만 인용되어 일부 패소판결을 받았고, 이에 원고만이 항소를 제기한 다음 재산상 손해(소극적 손해) 금 39,963,294원을 추가로 지급해 달라는 취지로 청구를 확장하였다고 인정하고, 원고의 제1심에서의 청구는 피고의 불법행위를 이유로 재산상 손해의 배상을 구하는 부분과 위자료 손해의 배상을 구하는 부분이 객관적으로 병합된 형태로서 재산상 손해의 배상을 청구하면서 그 일부를 유보하고 나머지만을 청구한다는 취지를 명시하지 아니한 이상 그 판결의 기판력은 재산상 손해의 전부에 미치고 원고는 전부 승소한 재산상 손해의 배상을 구하는 부분에 대하여 항소할 이익이 없고, 청구취지의 확장도 허용되지 않는다는 이유로 이를 각하하였다.
2. 상소는 자기에게 불이익한 재판에 대하여 유리하게 취소변경을 구하기 위하여 하는 것이므로 전부 승소한 판결에 대하여는 항소가 허용되지 않는 것이 원칙이라고 할 것이나, 이러한 경우에도 법은 상대방이 항소를 제기하여 확정이 차단된 경우에는 청구취지의 확장을 위하여 부대항소를 하거나 항소심에서 청구취지의 확장을 하여 그 나머지 부분의 청구를 할 수 있도록 허용하고 있고(당원 1991.9.24. 선고 91다21688 판결; 1992.12.8. 선고 91다43015 판결 각 참조), 하나의 소송물에 관하여 형식상 전부 승소한 당사자의 상소이익의 부정은 절대적인 것이라고 할 수도 없다.
3. 나아가 보건대, 기록을 살펴보면 원고는 이 사건에서 재산상의 손해(소극적 손해)를 청구함에 있어 제1심에서 중복장애에 있어서의 합산장애율의 산정이나 한시적 장애의 회복시점에 대한 판단을 잘못하여 일실이익 손해 중 일부를 빠뜨리고 청구한 것으로 보이는 바, 이 사건과 같이 원고는 재산상 손해(소극적 손해)에 대하여는 형식상 전부 승소하였으나 위자료에 대하여는 일부 패소하였고, 이에 대하여 원고가 원고 패소부분에 불복하는 형식으로 항소를 제기하여 사건 전부가 확정이 차단되고 소송물 전부가 항소심에 계속되게 된 경우에는, 더욱이 불법행위로 인한 손해배상에 있어 재산상 손해나 위자료는 단일한 원인에 근거한 것인데 편의상 이를 별개의 소송물로 분류하고 있는 것에 지나지 아니한 것이므로 이를 실질적으로 파악하여, 항소심에서 위자료는 물론이고 재산상손해(소극적 손해)에 관하여도 청구의 확장을 허용하는 것이 상당할 것이고, 이렇게 해석한다고 하여 피고의 법적 안정성을 부당하게 해하거나 실체적 권리를 침해하는 것도 아니고, 그러하지 아니하고 원심과 같이 재산상손해(소극적 손해)에 대한 항소의 이익을 부정하고 청구취지의 확장을 허용하지 아니하면 원고는 판결이 확정되기도 전에 나머지 부분을 청구할 기회를 절대적으로 박탈당하게 되어 부당하다고 아니할 수 없다. 따라서 이 점을 지적하는 논지는 이유 있다.

1. 판례는 소송물을 어떻게 보는가?

2. 원고가 위자료에 대해서만 항소를 하였는데 재산상손해에 대하여도 확정이 차단되는 이유는 무엇인가?

3. 재산상손해에 대해서는 아무도 항소하지 않고, 위자료에 대하여 피고만이 항소를 하였다면 원고는 위자료에 대한 청구를 확장할 수 있는가? (1991. 9.24. 91다21688 참조) 원고는 재산상의 손해에 대한 청구를 확장할 수 있는가?

4. 위자료에 대하여 원고만이 항소를 한 후, 항소심에서 재산상손해의 청구를 확장하는 것을 허용하는 위 판례는 일반론으로서 타당한가?

5. 위 판례의 이론을 원고가 재산상손해와 위자료 모두에 대하여 전부승소판결을 받은 경우에도 항소의 이익을 인정할 수 있다는 취지로 해석할 수 있는가?

6. 항소심에서 항소인이 항소취지를 확장하는 것과 항소심에서 원고가 청구취지를 확장하는 것은 어떠한 차이가 있는가?

7. 위자료 부분에 대한 항소가 적법한 경우 변론을 분리하지 않는 한 전체에 대하여 소송절차가 진행되므로 이심한 재산상손해 부분에 대해서도 항소심 변론종결일까지로 기판력의 표준시가 확장되는가? 그렇다면 재산상손해 부분에 대해서 1심 변론종결 후에 발생한 새로운 사실에 기초하여 청구를 확장할 수 있다고 하여야 할 것 아닌가? 그렇게 해석하지 않으면 그 사이에 발생한 사실에 대해서는 다툴 수 있는 기회가 보장되지 않으면서 기판력의 효력을 받게 되는 것 아닌가?

3절 상 고

1관 총 설

9-33 1. 상고의 의의

하급심 법원의 종국판결에 대해 최고법원인 대법원에 상소하는 것을 상고라고 한다. 민사소송법상 상고는 통상의 불복절차이다.[65] 상고는 고등법원이 선고한 종국판결과 지방법원합의부 또는 지방법원지원합의부가 제2심으로서 선고한 종국판결에 대하

65) 독일, 일본의 제도와 같다. 이에 반하여 프랑스는 상고(Le pourvoi en cassation)를 특별불복절차로 규정한다.

여 할 수 있다(422조 1항). 1심 종국판결 뒤에 비약상고의 합의(390조 1항 단서)가 있는 경우 1심 종국판결에 대하여도 상고할 수 있으며(422조 2항), 비약상고에 대하여는 원심 판결의 사실 확정이 법률에 어긋난다는 것을 이유로 그 판결을 파기하지 못한다(433조). 항소심이 하는 환송 또는 이송판결도 종국판결의 일종이므로 직접 상고가 가능하다.[66] (한편, 대법원이 하는 환송판결도 종국판결이기는 하나 중간판결의 실질을 갖는 종국판결에 불과하여 독립하여 불복(재심)의 대상이 될 수 없다)[67]

2. 상고의 목적과 역할 9-34

(1) 법령해석의 통일 - 하나의 상고법원을 두는 것이 이상적

법원의 재판 기능을 효율적으로 수행하기 위하여 사건에 대한 재판권을 여러 개의 법원이 나누어 행사한다. 각 법원은 독립하여 재판을 하므로 법령해석의 권한도 독립적으로 행사하게 된다. 그 결과 법원 상호간에 법령해석에 편차가 발생하는 문제가 생긴다. 이러한 문제를 해결하기 위하여 최고법원으로서 상고법원을 두어 법령해석의 통일을 달성하도록 한다. 통상의 불복제도로서 상고의 가장 본질적인 목적과 역할은 법령해석의 통일에 있다.

(2) 당사자의 권리구제

상고는 기본적으로 분쟁 당사자 사이의 쟁송이 전제가 되어 상고법원이 쟁송에 대한 최종적인 판단을 하는 것이므로, 상고에는 당사자의 권리구제로서의 목적과 역할도 있다.

3. 상고심의 적체현상과 극복방안 9-35

(1) 상고심 적체의 보편적 현상

1) 법원조직법상 심급구조는 피라미드 형태를 취하고 있어, 하급심에서 재판된 사건에 대하여 불복이 있는 경우 필연적으로 상고심에는 사건의 적체현상이 발생하게 된다. 이러한 상고심의 적체현상은 우리나라 사법제도에만 있는 특유한 현상이 아니라 각국의 사법제도에서 공통적으로 나타나는 보편적인 현상이다. 각국은 이러한 상고심의 사건적체를 효율적으로 개선하기 위하여 나름대로의 노력을 하고 있다.

2) 일본은 상고심 법원을 고등법원(고등재판소)과 대법원(최고재판소)로 이원화하여, 지

---

66) 1981. 9. 8. 80다3271(전원합의).
67) 1995. 2.14. 93재다27,34(전원합의).

방법원(지방재판소)이 2심으로서 판결을 한 경우나 간이재판소의 제1심 판결에 대하여 비약상고를 한 경우는 관할 고등법원이 상고심 법원이 되고, 고등법원이 2심으로 판결을 한 사건 등 그 밖의 사건에 대해서는 대법원이 상고심 법원이 된다. 프랑스 상고심 법원(파기원)은 6개의 전문부(chambre)로 구성되었다. 중대한 상고이유가 없는 사건은 판결이유를 기재하지 않는 이유불기재기각(rejet non spécialment motivée)을 한다. 상고심을 특별불복절차로 하여 원칙적으로 항소심 법원의 판결에 집행력을 인정하는 2심제를 취하고 있으며, 불복대상 판결을 이행한 후에야 적법한 상고(파기신청)를 제기할 수 있다.[68] 독일은 2002년부터 시행된 개정 민사소송법에서, 소가가 일정 금액 이상인 경우에도 대법원은 법원칙에 관한 문제가 없거나 승소가능성이 없는 경우 심리를 거부할 수 있고, 일정금액 이하인 경우 에는 원심법원의 상고허가가 있어야만 상고를 할 수 있도록 하였다. 미국 연방대법원은 사법적 재량권에 따라 특별하고 중요한 사유가 있는 경우에만 writ of certiorari(원심법원에 대한 기록인증송부 명령)을 허가한다. 그 경우에만 상고심 심리가 이루어진다.

(2) 극복방안

이러한 현상을 극복하기 위해서는, 하급심의 강화를 전제로 상고허가제·상고심 심리불속행제 등을 통하여 상고를 제한하는 방안과, 대법관의 증원을 통한 전문재판부 설치·재판부 증설 등 법원조직을 효율적으로 개편하는 방안 등이 검토되어야 한다.

9-36

2관 상고이유

상고심은 법률심으로서 원심판결의 적법성 여부를 사후적으로 판단한다. 법원은 원심판결의 적법성 전반에 걸쳐 직권으로 심리할 수 없고 당사자가 상고이유로 주장하는 범위에서만 심리한다(따라서, 상고심에서 상고이유서의 제출은 필수적이다). 당사자는 원심판결의 적법성에 관한 모든 사유를 상고이유로 삼을 수는 없고 법이 규정하는 것만을 상고이유로 삼을 수 있다.[69] 민사소송법은 상고이유를 일반적 상고이유(423조)와 절대적 상고이유(424조)로 구분하여 규정한다. 일반적 상고이유는 어떠한 사유가 판결에 영향을 미친 경우에만 상고이유가 되는 것이고, 절대적 상고이유는 어떠한 사유가 있으

---

68) 자세한 것은, 이무상, "프랑스 파기원의 민사사건 이유불기재기각제도", 법조, 2019. 6.

69) 헌법 27조 ①은 "모든 국민은 헌법과 법률이 정한 법관에 의하여 법률에 의한 재판을 받을 권리를 가진다"고 규정한다. "상고심의 재판을 받을 권리"가 헌법에 의하여 인정되는 재판받을 권리에 포함되는 것은 아니라고 할 것이다.

면 판결에 영향을 미쳤는지 여부를 묻지 않고 상고이유로 할 수 있는 것을 말한다.

1. 일반적 상고이유 9-37

상고는 판결에 영향을 미친 헌법·법률·명령 또는 규칙의 위반이 있다는 것을 이유로 드는 때에만 할 수 있다(423조).

(1) 헌법위반

헌법위반의 주장에는 법률의 합헌적 해석에 관한 과오의 주장과, 재판의 전제가 되는 법률·명령이나 규칙이 헌법에 반하므로 무효라는 주장이 있을 수 있다. 법률의 합헌적 해석에 관한 과오 주장은 통상의 상고절차에 의하여 처리하면 된다. 재판의 전제가 되는 법률·명령이나 규칙이 헌법에 반하므로 무효라는 상고이유에서의 주장(위헌심판제청 신청을 하지 않은 경우)에 대해서는 대법원이 합헌이라고 판단하면 주장을 배척하고 당해 법률·명령이나 규칙을 적용하여 판단하면 되고, 법률이 위헌이라고 판단하면 직권으로 헌법재판소에 위헌심판제청을 할 것이다.

(2) 법률·명령 또는 규칙의 위반

1) 법령의 범위

㈎ 비준된 국제조약 등 국제법, 준거법으로 된 외국법, 지방자치단체의 조례도 여기에 포함된다. 대법원판례는 그 자체가 법령은 아니나, 판례의 법령해석에 반하는 경우 간접적으로 법령위반이 되므로 결과적으로 상고이유가 된다(상고특례법상 심리속행사유가 됨).

㈏ 경험법칙의 인정을 그르치거나 적용을 잘못한 경우 이를 사실문제로 보아 상고대상이 아니라고 하여야 할 것인가 법률문제로 보아 상고대상이 된다고 할 것인가에 대해서는 견해의 대립이 있다. 판례는 "증거없이 경험칙에 위배하여 사실을 인정한 채증법칙 위배의 위법이 있다"고 하여 경험법칙을 법률문제로 보아 상고의 사유가 된다고 보는 것처럼 보이기도 한다.[70] 그러나 판례가 경험법칙 자체를 법규에 준하는 법률문제로 보아 상고를 허용하는 것이라고 속단할 수는 없다. 위 판례의 취지는 경험법칙을 위반하여 사실을 인정함으로써 채증법칙(자유심증주의)을 위반한 것이라는 취지로 해석할 수도 있기 때문이다. 논리법칙과 경험법칙의 위반여부도 그 자체로서는 법적 소전제로서의 사실인정과 관련된 것이므로 사실의 문제가 되나(경험법칙 자체를 법규에 준

70) 1971.11.15. 71다2070.

하는 법률문제로 보아 그 위반은 상고의 대상이 된다고 하는 것은 타당하지 않다), 이를 위반하여 사실을 인정하는 것이 자유심증주의(202조)의 허용범위를 초과하는 경우에는 채증법칙위반으로서 상고이유가 된다고 할 것이다. 경험법칙을 위반하여 사실을 인정한 것을 채증법칙(자유심증주의)의 위반이라는 이유로 상고의 대상으로 삼는 것은 실제로는 사실인정의 문제를 법률심인 상고심으로 가져가는 것이므로 그 위반의 정도가 중한 경우에만 제한적으로 허용하여야 할 것이다. 경험법칙은 법적삼단논법의 소전제가 되는 사실인정과정에서 사용되는 법칙에 불과한 것으로 법적삼단논법의 대전제로서의 법령과는 다른 것이다.

2) 법령해석 및 적용(포섭)의 과오

법령해석의 과오가 상고이유가 된다는 것은 별다른 어려움 없이 이해할 수 있다. 문제는 법령의 적용(법적 삼단논법에 있어서 포섭)에 있어서 과오가 있을 때 이를 사실문제로 볼 것인가 법률문제(Rechtsfrag)로 볼 것인가의 구별이 어려운 경우가 있다. 의사표시와 관련하여, 당사자에 의하여 무엇이 표시되었는가 하는 점과 그것으로써 의도하려는 목적을 확정하는 것은 사실인정의 문제이고, 인정된 사실을 토대로 그것이 가지는 법률적 의미를 탐구 확정하는 것은 이른바 의사표시의 해석으로서, 이는 사실인정과는 구별되는 법률적 판단의 영역에 속하는 것이다.[71] 법적 삼단논법에서 포섭의 문제는 사실문제가 아니라 법률문제이므로 포섭의 과오는 상고의 대상이 되는 법령위반이 된다고 할 것이다.

3) 위반의 형태

실체법위반과 절차법위반이 있다. 청구의 당부에 관한 법률판단이 부당한 경우가 실체법위반의 판결이다. 이러한 과오가 인정되더라도 다른 이유로 원심판결의 결론이 타당하면 상고는 이유 없게 된다. 절차의 진행에 소송법규 위반이 있는 경우가 절차법위반의 판결이다. 훈시규정 위반은 상고이유가 될 수 없으며, 임의규정 위반도 절차에 관한 이의권을 포기하거나 상실하면 상고가 이유 없게 된다.

(3) 판결에의 영향

헌법 또는 법령위반이 있더라도 판결결과에 영향을 미칠 가능성이 없었다면, 헌법 또는 법령위반이 있다는 것만으로 적법한 상고이유가 되지 못한다. 원심의 법률해석이 어떠한 가정 아래의 판단으로 부가된 것이라면, 그 판단이 그릇된 것이라 하더라도 그

---

71) 2011. 1.13. 2010다69940. [340]

점만으로는 원심판결을 파기할 사유가 되지 않으므로 상고이유로 삼을 수 없다.[72]

2. 절대적 상고이유 9-38

판결에 중대한 절차적 과오가 있는 때에는 판결에 영향을 미친 여부를 묻지 않고 상고이유로 삼을 수 있다. 이를 절대적 상고이유라고 한다(424조 1항). 절차적 과오가 있는 경우 그것이 판결에 영향을 미쳤는지를 판단하기 어려우므로, 민사소송법은 중대한 6가지 절차적 과오가 있는 경우(*2009. 2015. 법원직) 판결에 영향을 미쳤는지 여부를 묻지 않고 이를 상고이유로 삼을 수 있도록 한 것이다.

제424조 (절대적 상고이유)

① 판결에 다음 각호 가운데 어느 하나의 사유가 있는 때에는 상고에 정당한 이유가 있는 것으로 한다.
1. 법률에 따라 판결법원을 구성하지 아니한 때
2. 법률에 따라 판결에 관여할 수 없는 판사가 판결에 관여한 때
3. 전속관할에 관한 규정에 어긋난 때
4. 법정대리권·소송대리권 또는 대리인의 소송행위에 대한 특별한 권한의 수여에 흠이 있는 때
5. 변론을 공개하는 규정에 어긋난 때
6. 판결의 이유를 밝히지 아니하거나 이유에 모순이 있는 때

② 제60조 또는 제97조의 규정에 따라 추인한 때에는 제1항제4호의 규정을 적용하지 아니한다.

1) 법률에 따라 판결법원을 구성하지 아니한 때(424조 1항 1호)

재심사유 451조 1항 1호와 동일하다.

2) 법률에 따라 판결에 관여할 수 없는 판사가 판결에 관여한 때(2호)

재심사유 451조 1항 2호와 동일하다.

3) 전속관할에 관한 규정에 어긋난 때(3호)

4) 법정대리권·소송대리권 또는 대리인의 소송행위에 대한 특별한 권한의 수여에 흠이 있는 때(4호)

재심사유 451조 1항 3호와 동일하다. 추인이 있는 경우에는 그렇지 않다(424조 2항)는 점도 재심사유 451조 1항 3호 단서와 같다.

5) 변론을 공개하는 규정에 어긋난 때(5호)

6) 판결의 이유를 밝히지 아니하거나 이유에 모순이 있는 때(6호)

판결에 이유를 밝히지 아니한 위법이 이유의 일부를 빠뜨리거나 이유의 어느 부분을 명확하게 하지 아니한 정도가 아니라 판결에 이유를 전혀 기재하지 아니한

72) 1984. 3.13. 81누317.

것과 같은 정도가 되어 당사자가 상고이유로 내세우는 법령 위반 등의 주장의 당부를 판단할 수도 없게 되었다면 그와 같은 사유는 당사자의 주장이 없더라도 법원이 직권으로 조사하여 판단할 수 있다.[73)]

3. 재심사유

재심사유 역시 상소로써 그 사유를 주장할 수 있으므로(451조 1항 단서), 재심사유로 규정된 11개 사유에 해당하는 경우도 상고이유가 된다(통설, 판례). 11개 재심사유를 상고이유로 삼을 수 있으나 그 재심사유는 당해 사건에 대한 것이어야 하고, 당해 사건과 관련한 다른 사건에 재심사유가 존재한다는 점을 들어 당해 사건의 상고이유로 삼을 수는 없다.[74)] 재심사유 1호~3호는 절대적 상고이유와 중복되므로 절대적 상고이유가 된다고 해석하는데 문제가 없으나, 4호~11호는 상고이유는 되나 그것이 절대적 상고이유가 되는지 상대적 상고이유가 되는지에 대하여 견해가 갈린다.

제451조 (재심사유)

① 다음 각호 가운데 어느 하나에 해당하면 확정된 종국판결에 대하여 재심의 소를 제기할 수 있다. 다만, 당사자가 상소에 의하여 그 사유를 주장하였거나, 이를 알고도 주장하지 아니한 때에는 그러하지 아니하다.

1. 법률에 따라 판결법원을 구성하지 아니한 때
2. 법률상 그 재판에 관여할 수 없는 법관이 관여한 때
3. 법정대리권·소송대리권 또는 대리인이 소송행위를 하는 데에 필요한 권한의 수여에 흠이 있는 때. 다만, 제60조 또는 제97조의 규정에 따라 추인한 때에는 그러하지 아니하다.
4. 재판에 관여한 법관이 그 사건에 관하여 직무에 관한 죄를 범한 때
5. 형사상 처벌을 받을 다른 사람의 행위로 말미암아 자백을 하였거나 판결에 영향을 미칠 공격 또는 방어방법의 제출에 방해를 받은 때
6. 판결의 증거가 된 문서, 그 밖의 물건이 위조되거나 변조된 것인 때
7. 증인·감정인·통역인의 거짓 진술 또는 당사자신문에 따른 당사자나 법정대리인의 거짓 진술이 판결의 증거가 된 때
8. 판결의 기초가 된 민사나 형사의 판결, 그 밖의 재판 또는 행정처분이 다른 재판이나 행정처분에 따라 바뀐 때
9. 판결에 영향을 미칠 중요한 사항에 관하여 판단을 누락한 때
10. 재심을 제기할 판결이 전에 선고한 확정판결에 어긋나는 때
11. 당사자가 상대방의 주소 또는 거소를 알고 있었음에도 있는 곳을 잘 모른다고 하거나 주소나 거소를 거짓으로 하여 소를 제기한 때

---

73) 2005. 1.28. 2004다38624. [341] ; 2021. 2. 4. 2020다259506.
74) 2001. 1.16. 2000다41349. [342]

4. 소액사건과 상고이유 9-39

1) 소액사건에 대한 지방법원본원 합의부의 제2심 판결 등에 대한 상고이유는 통상의 민사 사건에 비해 더욱 제한적이다. 즉, 법률·명령·규칙 또는 처분의 헌법위반여부와 명령·규칙 또는 처분의 법률위반 여부에 관한 판단이 부당한 때(소심법 제3조 1호), 대법원의 판례에 상반되는 판단을 한 때(2호)에만 상고가 허용된다.

2) 다만, 소액사건에 있어서 구체적 사건에 적용할 법령의 해석에 관한 대법원판례가 아직 없는 상황에서 같은 법령의 해석이 쟁점으로 되어 있는 다수의 소액사건들이 하급심에 계속되어 있을 뿐 아니라 재판부에 따라 엇갈리는 판단을 하는 사례가 나타나고 있는 경우와 같은 특별한 사정이 있는 경우에 상고를 허용한 판례가 있다(대통령의 긴급조치권 행사가 국가배상법 제2조 제1항에서 말하는 공무원의 고의 또는 과실에 의한 불법행위에 해당하여 국가배상책임이 인정되는지 여부 및 소멸시효 완성 여부에 관하여 대법원판례가 없고, 하급심의 판단이 엇갈리고 있는 상황에서 소액사건에 대한 상고를 허용한 사례).[75]

3관 상고심의 특례 - 심리불속행제도

1. 의 의 9-40

1) 대법원이 법률심으로서의 기능을 효율적으로 수행하게 하고 법률관계를 신속하게 확정할 목적으로, "상고심절차에 관한 특례법(상특법)"을 제정하여 상고이유에 관한 주장에 중대한 법령위반에 관한 사항 등 일정한 사유가 포함되어 있지 않은 경우 더 이상 상고이유의 당부에 대해 심리를 속행하지 아니하고 판결로 상고를 기각하도록 하고 있다(상특법 4조 1항). 상특법의 시행으로 민사소송법상이 상고이유는 심리속행사유로 인정되는 한도 내에서만 의미를 갖게 된다.

2) 상특법은 민사소송, 가사소송, 행정소송, 특허소송 등의 상고사건(상특법 2조) 및, 민사소송, 가사소송, 행정소송, 특허소송 등의 재항고, 특별항고의 사건(상특법 2조, 7조)에 적용된다. 민사집행법상 가압류·가처분 결정에 관한 재항고, 특별항고의 사건에도 적용된다고 해석된다(상특법 4조 2항).[76]

---

75) 2015. 3.26. 2012다48824.

76) 상특법 4조 2항에는 "가압류 및 가처분에 관한 판결"이라고 규정되어 있으나, 이는 민사집행법의 개정으로 가압류 및 가처분에 관한 재판은 결정으로 통일된 것이 반영되지 않은 것으로서 명백한 입법상의 오류로 보인다.

9-41 ## 2. 심리속행 사유

1) 상고이유에 관한 주장에 다음과 같은 사항이 포함되어 있어야만 더 나아가 심리를 계속할 수 있다(상특법 4조 1항).

1. 원심판결이 헌법에 위반되거나, 헌법을 부당하게 해석한 경우
2. 원심판결이 명령·규칙 또는 처분의 법률위반 여부에 대하여 부당하게 판단한 경우
3. 원심판결이 법률·명령·규칙 또는 처분에 대하여 대법원 판례와 상반되게 해석한 때
4. 법률·명령·규칙 또는 처분에 대한 해석에 관하여 대법원판례가 없거나 대법원판례를 변경할 필요가 있는 경우
5. 그 밖에 중대한 법령위반에 관한 사항이 있는 경우
   (대법원이 제출한 법안은 채증법칙위반으로 인한 사실오인을 상고이유에서 제외하는 내용이 포함된 취지였으나 국회 심의과정에서 원안의 표현인 "법령의 해석에 관한 중요한 사항이 있는 때"가 "중대한 법령위반에 관한 사항이 있는 때"로 수정되었는데, 법원행정처장이 출석하여 채증법칙위배도 법령위반으로서 심리속행사유가 된다는 점을 거듭 밝히고, 그것을 국회속기록에 남긴 다음에야 국회본회의에서 통과되었다고 한다)[77]
6. 판결의 이유를 밝히지 아니하거나 이유에 모순이 있는 경우(6호)를 제외한 절대적 상고이유가 있는 경우

2) 심리속행사유가 있는 경우에도, 주장자체로 이유 없거나(1호), 주장이 원심판결과 관계가 없거나 원심판결에 영향이 없는 경우(2호)에는 심리를 불속행하고 상고를 기각한다(상특법 4조 3항).

9-42 ## 3. 심리불속행판결의 특례

(1) 이유기재의 생략

심리불속행사유가 있어 상고를 기각하는 판결과, 상고인이 제출기간 내에 상고이유서를 제출하지 아니하여 상고를 기각하는 판결은 이유를 적지 아니할 수 있다(상특법 5조 1항).

(2) 선고 없이 송달로 효력발생

위와 같은 판결은 선고할 필요가 없고, 상고인에게 송달됨으로써 효력이 생긴다(상

---

77) 김태호, 헌재 2007. 7.26. 2006헌마551,2007헌마88·255(병합) 판례집 19-2, p.164. 김용덕, "남상고 여과를 위한 심리불속행제도", 고시계, 1994.10. p.153에서 재인용.

특별 5조 2항).

(3) 기간의 제한

심리불속행을 이유로 한 상고기각판결은 대법원이 원심법원으로부터 상고기록을 송부 받은 날로부터 4개월이 지난 뒤에는 하지 못한다(상특법 6조 2항). 시간이 지남에 따라 상고인이 갖게 되는, 본안에 대한 심리가 진행될 것이라는 기대를 저버리지 못하도록 하는 취지이다.

(4) 부의 재판, 전원의 의사합치

대법원의 부에서, 구성원 전원의 의견이 일치하는 경우에만 가능하다(상특법 6조 1항, 법원조직법 7조 1항 단서). 부의 구성원 중 1인이라도 반대하는 경우, 또는 대법원 전원합의체에서는 심리불속행을 이유로 상고기각판결을 할 수 없다.

4관 상고심의 심리 및 판결

1. 상고의 제기 및 상고이유서의 제출

(1) 상고의 제기 9-43

상고와 상고심의 소송절차에는 특별한 규정이 없으면 항소에 관한 규정이 준용되므로(425조) 상고의 당사자, 기간, 제기방식, 재판장의 상고장 심사, 상고제기의 효과 등은 항소의 경우와 같다. 상고법원의 법원사무관등은 원심법원의 법원사무관등으로부터 소송기록을 받은 때에는 바로 그 사유를 당사자에게 통지하여야 한다(426조).

(2) 상고이유서의 제출 9-44

1) 상고장에 상고이유를 적지 아니한 때에는 상고인은 소송기록접수의 통지를 받은 날로부터 20일 이내에 상고이유서를 제출하여야 한다(427조). (*2008. 법원직) 상고이유서를 제출받은 상고법원은 바로 그 부본이나 등본을 상대방에게 송달하여야 한다(428조 1항). 상대방은 이를 송달받은 날로부터 10일 이내에 답변서를 제출할 수 있으며(428조 2항), 상고법원은 그 답변서의 부본이나 등본을 상고인에게 송달하여야 한다(428조 3항).

2) 민사소송법은 상고인이 기간 내에 상고이유서를 제출하지 아니한 때에는 상고법원은, 직권으로 조사하여야 할 사유가 없으면, 변론 없이 판결로 상고를 기각하여야 한

다고 규정한다(429조). 상고인이 비록 상고 이유서를 제출하였더라도 그 내용에 심판 대상인 원심판결의 어떤 점이 법령에 어떻게 위반하였는지에 관한 구체적이고도 명시적인 이유 설시가 없을 때에는 상고이유를 제출하지 않은 것으로 취급된다.[78] 상고장에 단순히 "원판결은 사실오인 내지 채증법칙의 위배가 있다"고만 기재된 경우,[79] 상고이유서에 원심에서 제출한 서류의 기재내용을 원용하면서 기록 일체를 빠뜨리지 않고 정독한 후 판단하여 달라고 기재되어 있는 경우,[80] 판례위반을 주장하면서도 어떤 판례인지를 명시하지 않는 경우[81] 등이 그렇다. 기간도과 후에 제출된 상고이유서에 기재된 상고이유는 직권조사사항이 아닌 한 기간 내에 제출된 상고이유를 보충하는 한도에서만 참작되며, 새로운 주장을 포함하고 있을 때에는 그 새로운 주장은 적법한 상고이유로 삼을 수 없다.[82] 우체국 집배원의 배달 착오로 소송기록접수통지서를 송달받지 못하여 상고이유서 제출기간 내에 상고이유서를 제출하지 못함으로써 상고가 기각된 경우, '법정대리권, 소송대리권 또는 대리인이 소송행위를 함에 필요한 수권의 흠결이 있는 때'(451조 1항 3호)에 준하여 재심사유에 해당한다.[83]

2. 상고요건 및 심리속행사유의 조사

9-45 ### (1) 상고요건의 조사

법원은 먼저 직권으로 상고의 적법요건에 대하여 심리한다. 적법한 상고이유의 제시는 상고의 적법요건이다.

9-46 ### (2) 심리속행사유의 조사

상고의 적법요건이 갖추어 진 경우 심리속행사유가 있는지 조사한다. 심리불속행의 상고기각판결은 형식상으로는 각하가 아니라 기각판결이므로 본안판결이나, 사실상은 상고본안심리의 거부라는 점에서 상고각하와 같은 소송판결이다. 이와 같이 심리속행사유의 존재는 상고이유에 관한 본안심리로 더 나아가기 위한 요건이므로, 소송요건이나 상고요건과 마찬가지로 직권조사사항이라고 할 것이다.[84]

---

78) 1983.11.22. 82누297.
79) 1974. 5.28. 74사4.
80) 2008. 1.24. 2007두23187.
81) 1998. 3.27. 97다55126.
82) 2006.12. 8. 2005재다20.
83) 1998.12.11. 97재다445. [343]
84) 이시윤, p.907.

3. 상고심의 본안심리

상고법원은 심리속행사유가 있다고 판단되면 상고이유의 당부(본안)에 관하여 심리를 속행한다.

(1) 심리의 범위 9-47

1) 상고심은 사후심이므로, 심리의 범위는 상고이유에 따른 불복신청의 한도 안으로 제한된다(431조). 따라서 상고법원에서는 소의 변경, 중간확인의 소, 반소 등이 허용되지 않는다.[85)]

2) 상고심은 법률심이므로, 원칙적으로 새로운 소송자료를 수집할 수 없고, 원심판결이 적법하게 확정한 사실에 기속된다(432조). 비약적 상고에 대하여는 원심판결의 사실확정이 법률에 어긋난다는 것을 이유로 그 판결을 파기하지 못한다(433조).

3) 그러나, 법원이 직권으로 조사하여야 할 사항에 대해서는 그러하지 않으므로(434조), (*2015. 법원직) 직권조사사항인 소송요건이나 상소요건의 존부 등을 판단함에 있어서는 새로운 사실을 참작할 수 있으며, 당사자는 이에 관하여 새로 주장·증명을 할 수 있다(기판력저촉 확정판결의 존재를 당사자가 사실심 변론종결시까지 주장하지 아니하였더라도 상고심에서 새로이 이를 주장, 입증할 수 있다는 내용).[86)] (*2018. 법원직)

(2) 심리의 방법 9-48

1) 상고법원은 상고장, 상고이유서, 답변서 그 밖의 소송기록에 의하여 변론 없이 서면심리만으로 판결할 수 있다(430조 1항). 다만, 소송관계를 분명하게 하기 위하여 필요한 경우에는 특정한 사항에 관하여 변론을 열어 참고인의 진술을 들을 수 있다(430조 2항). 참고인의 진술을 듣는 경우에는 당사자를 참여하게 하여야 한다(민소규 134조 1항).

〈민소규〉

제134조의2 (참고인 의견서 제출)

① 국가기관과 지방자치단체는 공익과 관련된 사항에 관하여 대법원에 재판에 관한 의견서를 제출할 수 있고, 대법원은 이들에게 의견서를 제출하게 할 수 있다.

② 대법원은 소송관계를 분명하게 하기 위하여 공공단체 등 그 밖의 참고인에게 의견서를 제출하게 할 수 있다.

[본조신설 2015.1.28]

---

85) 1991.10. 8. 89누7801.

86) 2006.10.13. 2004두10227. [339]

2) 대법원에서의 변론에 관하여는 2003년에 “대법원에서의 변론에 관한 규칙”이 제정 공포되었고, 2017. 12. 27. 중요한 개정이 있었다.

〈대법원에서의 변론에 관한 규칙〉

제2조 (변론준비명령)

대법원은 소송관계를 분명하게 하고 변론을 효율적이고 집중적으로 진행하기 위하여 필요한 경우 당사자에게 기한을 정하여 변론준비를 명할 수 있다. [전문개정 2017.12.27]

제3조 (변론준비서면의 제출)

① 당사자는 제2조의 변론준비명령에서 정한 사항에 관한 변론의 요지를 적은 준비서면을 대법원이 정한 기한까지 대법원에 제출하여야 한다. 〈개정 2017.12.27〉

제4조 (참고인의 지정 등)

① 대법원은 전문적 식견을 가지고 있거나 공공의 이해관계에 관하여 진술하는 것이 적합하다고 인정되는 사람을 참고인으로 지정하여 그 진술을 들을 수 있고, 참고인을 지정하기에 앞서 그 지정에 관하여 당사자, 이해관계인 또는 관련 학회나 단체의 의견을 들을 수 있다. 〈개정 2017.12.27〉

제5조 (당사자의 변론과 참고인의 진술)

① 당사자의 변론과 참고인의 진술은 제출된 준비서면과 의견서의 주요한 내용을 강조하고 명확하게 하는 것이어야 한다. 〈개정 2017.12.27〉

② 재판장 및 관여 대법관은 필요한 경우 언제든지 당사자와 참고인에게 질문할 수 있다. 〈개정 2017.12.27.〉

제8조 (비디오 등 중계장치 등에 의한 참고인 진술)

① 대법원은 참고인이 법정에 직접 출석하기 어려운 특별한 사정이 있거나 외국에 거주하는 경우 상당하다고 인정하는 때에는 당사자의 의견을 들어 법정 밖에서 비디오 등 중계장치에 의한 중계시설 또는 인터넷 화상장치를 이용하여 진술하도록 할 수 있다.

② 제1항에 따른 참고인 진술은 참고인을 비디오 등 중계장치에 의한 중계시설이나 인터넷 화상장치가 설치된 곳에 출석하게 하고, 영상과 음향의 송수신에 의하여 법정 안의 재판장, 관여 대법관, 당사자, 그 밖의 소송관계인과 법정 밖의 참고인이 상대방을 인식할 수 있는 방법으로 한다.

[전문개정 2017.12.27]

3) 당사자는 변론에서 상고이유서 및 답변서에서 제기하지 아니한 새로운 공격방어방법을 제출할 수는 없다고 할 것이다. 변론을 열어 참고인의 진술을 들을 수 있도록 한 것은 영미법에서 기원해 오늘날 세계적으로 받아들여지는 amicus curiae(amie de la cour; 법정조언자) 제도를 도입한 것이다.

9-49 4. 상고심의 판결

상고법원은 상고각하, 상고기각, 파기환송 또는 파기이송, 파기자판 등을 할 수 있다. 상고법원은 원심판결 중 불복신청이 없는 부분에 대하여는 당사자의 신청에 따라 결정으로 가집행의 선고를 할 수 있다(435조).

(1) 상고각하 9-50

상고법원은 상고요건을 갖추지 못하여 부적법한 경우로서 흠을 보정할 수 없으면 변론 없이 상고를 각하하는 판결을 한다(425조, 413조).

(2) 상고기각 9-51

상고가 이유 없다고 인정한 때(425조, 414조)에는 판결로 상고를 기각한다. 상고이유에서 주장하는 원판결의 잘못이 인정되더라도 다른 이유로 원판결이 결과적으로 정당한 때에도 상고를 기각한다(425조, 414조 2항). 소정기간 내에 상고이유서를 제출하지 않은 때에는 변론 없이 판결로 상고를 기각하여야 하나, 직권으로 조사하여야 할 사유가 있는 때에는 그러하지 아니하다(429조). 상고이유에 상고심절차에 관한 특례법(상특법) 4조 1항이 정하는 심리속행사유가 없는 경우에도 판결로 상고를 기각한다(상특법 4조 1항).

(3) 상고인용 - 원심파기 9-52

상고가 이유 있다고 인정되면 항소심 판결을 파기(취소가 아님)하여야 한다. 항소심 판결을 파기함과 아울러 사안에 따라 원심법원으로 환송하든가, 원심과 동등한 다른 법원으로 이송하든가, 스스로 자판(自判)한다.

1) 파기환송 또는 파기이송 9-53

㈎ 요 건

상고심이 원심 법원의 판결을 파기한 때에는 사실심리를 다시 하여야 하는 경우 사건을 원심법원으로 환송하여 다시 심리하게 한다(436조 1항 전단).[87] 원심법원이란 항소심판결을 한 조직법상의 법원을 말하며, 소송법상의 법원인 원판결을 한 재판부일 필요가 없다. 환송 후에는 환송 전에 항소심 재판에 관여하였던 법관은 재판에 관여하지 못하기 때문에(436조 3항), 새로운 재판부가 환송법원이 되는 것이 일반적이다. 환송받는 법원이 재판부를 구성할 수 없는 경우에는 동등한 심급의 다른 법원으로 이송하며(436조 1항 후단), 원심법원이 전속관할을 위반 한 때에는 전속관할 법원으로 이송한다(425조, 419조). 원심이 소송요건의 불비를 이유로 소각하 판결을 한 경우, 상고심에서 소송요건이 구비되면 원판결에 잘못이 없더라도 상고심은 소송요건 불비의 치유를 인정하여 원판결을 파기하고 항소심으로 환송한다(압류 및 추심명령을 받은 채권의 채권자가

87) 사법연감(2014, 법원행정처)에 의하면 상고심 재판에서 파기의 비율은 7.8%에 불과하고, 그 중에서 환송판결의 비율은 6.5%이다(파기율 7.8% 중 나머지 1.3%는 대법원이 자판한 경우이고, 이송판결은 단 1건으로 통계상 0%를 차지한다).

채무자를 상대로 제기한 이행소송에서 항소심은 당사자적격을 상실하였다는 이유로 소를 각하하였으나, 상고심에서 원고가 제출한 자료들에 의하여 항소심판결 선고 후에 위 압류 및 추심명령에 대한 압류해제 및 추심포기가 된 사실을 인정하여 원판결을 파기환송한 사안).[88]

(나) 환송 또는 이송 후의 심리

사건을 환송하거나 이송하는 판결이 내려졌을 때에는 법원사무관등을 2주 이내에 그 판결의 정본을 소송기록에 붙여 사건을 환송받거나 이송 받을 법원에 보내야 한다(438조). 환송(이하, 이송의 경우도 포함)받은 항소심법원에 소송계속이 이루어지므로, 환송 받은 법원은 새로 변론을 열어서 심판한다(436조 2항 전단). 환송 전의 변론을 재개하여 속행하는 것과 같은 구조이므로 변론의 갱신절차(204조 2항)를 밟아야 한다(*2009. 법원직). 실권 또는 실기한 것이 아니면 새로운 공격방어방법을 제출할 수 있고, 소나 항소의 취하, 반소, 중간확인의 소, 청구의 변경 등도 가능하며 피항소인의 부대항소도 가능하다. 환송받은 법원의 심판범위는 환송된 부분에 국한된다. 상고기각 된 부분,[89] 불복신청이 없는 부분 및 상고심에서 파기 자판한 부분은 분리 확정되므로, 환송심에서 이러한 부분까지 심리 판단하여 다시 상고되면 상고심은 그 부분을 파기하고 소송종료선언을 한다.[90] 원고의 본소청구 및 피고의 반소청구가 각 일부 인용된 환송 전 판결에 대하여 피고만이 상고하고 상고심에서 본소 및 반소에 관한 각 피고 패소 부분을 파기환송한 경우, 환송 후 법원은 환송 전 판결 중 본소에 관한 원고 패소 부분과 반소에 관한 피고 승소 부분에 대하여 심리할 수 없으며, 환송 후 법원에서 당사자의 소송행위로 인해 환송 전 판결보다 상고인에게 불리한 결과가 생길 수도 있다.[91]

원고의 청구가 일부 인용된 환송 전 원심판결에 대하여 피고만이 상고하고 상고심은 이 상고를 받아들여 원심판결 중 피고 패소부분을 파기환송하였다면 피고 패소부분만이 상고되었으므로 위의 상고심에서의 심리대상은 이 부분에 국한되었으며, 환송되는 사건의 범위, 다시 말하자면 환송 후 원심의 심판 범위도 환송 전 원심에서 피고가 패소한 부분에 한정되는 것이 원칙이고, 환송 전 원심판결 중 원고 패소부분은 확정되었다 할 것이므로 환송 후 원심으로서는 이에 대하여 심리할 수 없다. 그러나 환송 후 원심의 소송절차는 환송 전 항소심의 속행이므로 당사자는 원칙적으로 새로운 사실과 증거를 제출할 수 있음은 물론, 소의 변경, 부대항소의 제기뿐만 아니라 청구의 확장 등 그 심급에서 허용되는 모든 소송행위를 할 수 있고, 이때 소를 교환적으로 변경하

88) 2007.11.29. 2007다63362.
89) 1995. 3.10. 94다51543; 1998. 4.14. 96다2187.
90) 1995. 3.10. 94다51543.
91) 2014. 6.12. 2014다11376,11383. [345]

면, 제1심판결은 소취하로 실효되고 항소심의 심판대상은 교환된 청구에 대한 새로운 소송으로 바뀌어 항소심은 사실상 제1심으로 재판하는 것이 된다.[92)]

(다) 환송판결의 기속력

가) 환송받은 법원은 상고법원이 파기의 이유로 삼은 사실상 및 법률상의 판단에 기속된다(436조 2항 후단). 법령해석적용의 통일을 위한 심급제도의 본질에서 인정되는 특수한 효력이라는 것이 통설이다. 기속력 있는 사실상 판단이란 대법원이 할 수 있는 사실상 판단으로서 직권조사사항에 대하여 한 사실상의 판단, 절차위배를 판단함에 있어서 인정한 사실, 재심사유에 관한 사실판단 등에 국한되고, 사실심의 전권사항으로 된 본안에 대한 사실판단은 이에 포함되지 않는다. 이와 같이 본안에 대한 대법원의 사실판단에는 기속력이 없으므로 환송받은 법원은 새로이 변론을 열고 증거를 조사하여 새로운 사실을 인정할 수 있다.[93)] 그 결과 환송받은 법원은 파기의 이유로 든 잘못된 사항만 피하면 새로이 인정된 사실에 기초하여 환송 전의 판결과 같은 결론의 판결을 할 수도 있고, 그것이 기속력에 반하는 것이 아니다.[94)]

나) 법률상의 판단이란 법령의 해석과 적용에 관한 대법원의 견해이다. 여기에는 소전제로서의 사실을 대전제로서의 법규에 포섭할 수 있는지 여부에 대한 판단도 포함된다. 기속력은 판결이유 속의 판단에도 미치지만, 당해사건에 한하여 인정된다. 기속력은 환송을 받은 법원 및 그 사건이 재상고 된 경우 재상고심인 대법원에도 미친다. 다만, 전원합의체는 기속되지 않으므로,[95)] 종전 환송판결이 한 법률상의 판단을 변경할 필요가 있다고 인정하는 경우에는 재상고심에서 전원합의체의 심리로 이를 변경할 수 있다.

2) 파기자판 9-54

파기환송(이송)하는 것은 상고심이 법률심이라 사실심리를 하지 못하기 때문이므로 더 이상 사실심리가 필요 없는 경우에는 소송경제상 상고심이 스스로 재판하는 것이 타당하다. 이와 같이 상고심이 원심을 파기하고 스스로 재판하는 것을 파기자판이라고 한다. 확정된 사실에 대하여 법령적용이 어긋난다 하여 판결을 파기하는 경우에 사건이 그 사실을 바탕으로 재판하기에 충분한 때(437조 1호), 사건이 법원의 권한에 속하지 아니한 때(437조 2호)에는 상고법원은 사건에 대하여 자판하여야 한다(예컨대, 재판권의

---

92) 2013. 2.28. 2011다31706. [344]
93) 2012. 1.12. 2010다87757. [347]
94) 1995.10.13. 95다33047.
95) 2001. 3.13. 98두15597(전원합의). [346]

흠을 이유로 원판결을 파기할 때는 대법원이 소를 각하하는 자판을 하여야 한다).

9-55 5. 판결 이외의 종료사유

상고심에서도 소의 취하, 청구의 포기·인낙·화해 등이 가능하며, 상고의 취하, 상고권의 포기 등도 가능하다. 그러한 경우 판결 없이 소송은 종료된다.

4절 항 고

1관 총 설

9-56 1. 항고의 의의

1) 항고란 판결 이외의 재판인 법원의 결정·명령에 대한 독립의 상소를 말한다. 상급법원에 대해 불복신청을 하는 상소라는 점에서 동일심급에 불복신청을 하는 이의신청(예컨대, 138조 변론의 지휘에 대한 이의, 226조 화해권고결정에 대한 이의, 민사집행법 283조 가압류에 대한 이의)과는 다르다. 항소나 상고에 대한 재판이 판결절차에 의하는 것과는 달리 항고에 대한 재판은 결정절차에 의한다. 원심법원은 항고에 의하여 불복된 결정·명령에 대하여 재도의 고안을 하고 스스로 시정할 수 있다는 점이 항소·상고와 다르다.

2) 소송과 관련하여 법원은 다양한 내용의 결정·명령을 하게 된다. 이러한 결정·명령 등에는 불복할 수 없는 것(예컨대 소송지휘에 관한 것), 불복을 허용하되 불복하는 방법으로 종국판결을 기다렸다가 종국판결에 대한 상소를 하여 다툴 수 있는 것, 독립된 불복절차로서 항고로 불복할 수 있는 것 등이 있다(392조). 이와 같이 항고는 모든 결정·명령에 대하여 할 수 있는 것이 아니라, 법률이 인정한 경우에만 할 수 있다.

9-57 2. 항고의 분류

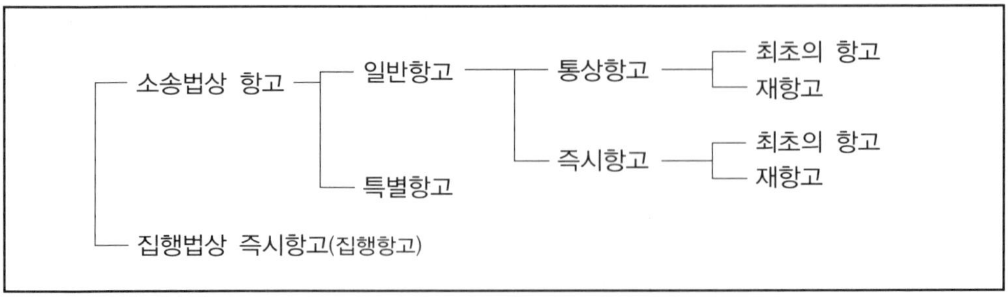

(1) 통상항고, 즉시항고

통상항고란 항고제기기간에 제한이 없는 항고를 말한다. 원심재판을 취소할 이익이 있는 한 언제라도 제기할 수 있다. 즉시항고란 불변기간인 1주일의 항고기간(444조 1항) 이내에 제기될 것이 요구되는 항고를 말한다. 신속하게 확정시킬 필요가 있는 결정 명령에 대하여 법률이 특별히 인정하는 경우에 한하여 즉시항고를 제기할 수 있다.

(2) 최초의 항고, 재항고

최초의 항고는 처음으로 제기되는 항고이고, 재항고는 최초의 항고에 대한 항고심의 결정과 고등법원 또는 항고법원의 결정·명령에 대한 항고를 말한다(442조). 최초의 항고에는 항소의 규정이 준용되고 재항고에는 상고의 규정이 준용된다(443조).

(3) 특별항고, 일반항고

특별항고란 불복신청을 할 수 없는 결정·명령에 대한 비상구제절차로 대법원에 직접 제기하는 항고를 말한다(449조). 형식적으로 확정된 결정이나 명령에 대한 특별구제절차로서 본래의 상소절차가 아니다. 특별항고가 아닌 항고를 강학상 일반항고라고 한다.

(4) 집행법상의 즉시항고(집행항고)

민사집행법 제15조에 규정된 즉시항고를 말한다. 집행항고라고도 한다. 민사소송법상의 즉시항고에 집행정지의 효력(447조)이 생기는데 반하여, 집행법상의 즉시항고는 집행정지의 효력을 갖지 않는 등(민집 15조 6항 본문) 민사소송법상의 즉시항고와 다른 여러 특색이 있다.

2관 일반항고

1. 일반항고의 대상 9-58

결정·명령 중에서 성질상 불복할 수 있고, 법률이 항고의 대상으로 인정하는 경우에만 일반항고의 대상이 된다.

(1) 항고할 수 있는 결정·명령 9-59

1) 소송절차에 관한 신청을 기각한 결정·명령(439조)

법문에는 '신청을 기각한 결정이나 명령'으로 되어 있으나 해석상 신청을 각하한 경우를 포함하여 신청을 배척한 경우로 해석하는 것이 통설이다(신청의 각하와 기각은 그 구분이 명확하지 않은 경우가 있다).

(가) 소송절차에 관한 신청은 본안의 신청에 대립하는 것으로서 절차의 개시 및 진행에 관한 신청을 말한다. 기일지정신청(165조 2항), 공시송달신청(194조), 피고경정신청(260조), 증거보전신청(375조), 소송수계신청(233조), 소송인수신청(82조) 등을 기각한 결정. 명령 등이 그 예이다. 다만, 당사자에게 신청권이 인정되지 않고 법원의 직권발동을 촉구하는 의미 밖에 없는 경우는 해당되지 않는다. 예컨대, 변론의 재개신청(142조), 관할위반에 따른 이송신청(34조 1항),[96] 화해조서경정신청[97] 등에 대한 기각결정에 대해서는 항고가 허용되지 않는다.

(나) 종국판결의 전제로서 필요적 변론을 거쳐서 한 증거신청의 각하결정,[98] 실기한 공격방어방법의 각하결정[99]은 종국판결과 함께 불복하도록 하는 것이 합리적이므로 독립하여 항고할 수 없다.

(다) 그 밖에 별도의 불복절차가 있는 결정(예 ; 법률의 위헌여부심사제청신청의 기각결정은 헌법재판소법 68조 2항의 헌법소원절차에 의함)이나, 절차에 관한 신청을 인용한 결정(예; 공시송달명령(194조 1항), 소송인수결정(82조 1항), 기피결정(46조 1항)), 소송절차에 관한 것이 아닌 신청을 기각한 결정(예 ; 판결경정신청에 대한 기각결정(211조)) 등은 항고의 대상이 되지 않는다(판결경정신청을 인용한 결정은 절차에 관한 신청을 인용한 것과 달리 즉시항고를 허용한다(211조 3항)).

2) 방식을 어긴 결정·명령(440조)

결정이나 명령으로 재판할 수 없는 사항에 대하여 결정이나 명령의 형식으로 재판한 경우이다.

3) 개별 법률규정에 의하여 즉시항고가 허용된 결정·명령

법률에 '즉시항고 할 수 있다'고 명문으로 규정된 경우이다. 예컨대 이송결정과 이송신청의 기각결정(39조), 보조참가허가여부에 대한 결정(73조 3항) 등이 그렇다.

---

96) 1993.12. 6. 93마524(전원합의).
97) 1984. 3.27. 84그15.
98) 1989. 9. 7. 89마694.
99) 1951. 4.28. 4283민상18.

(2) 항고할 수 없는 결정·명령 9-60

1) 명시적으로 불복이 금지된 경우

관할지정결정(28조 2항), 법관 및 감정인에 대한 제척·기피결정(47조 1항,337조 3항), 지급명령신청각하결정(465조 1항) 등 법률에 의해 명시적으로 항고가 금지된 경우.

2) 항고 이외의 특별불복절차가 규정된 경우

화해권고결정, 지급명령, 이행권고결정, 조정에 갈음하는 결정 등에 대한 이의신청, 가압류·가처분결정에 대한 이의신청, 위헌제청신청기각결정에 대한 헌법소원 등.

3) 수명법관·수탁판사의 재판

수소법원이 스스로 하였을 경우에 항고할 수 있는 성질의 재판을 수명법관, 수탁판사가 한 경우, 우선 수권을 한 수소법원에 이의신청을 하고, 그 결정을 거쳐서 항고를 할 수 있다(441조 1항). 이를 준항고라고 한다. 민사집행법상 사법보좌관의 처분에 대하여도 항고에 앞서 집행법원에 이의신청을 하도록 하는 등 이와 유사한 규정을 두고 있다(법원조직법 54조 3항, 사법보좌관규칙 3조 2호, 4조, 5조).

4) 대법원의 결정·명령

대법원의 결정·명령에 대해서는 재항고는 물론 특별항고도 허용되지 않는다.

2. 최초의 항고

최초의 항고에는 항소심에 관한 규정이 준용된다(443조 1항).

(1) 당 사 자 9-61

항고는 편면적 불복절차로서 판결절차와 같이 당사자 대립구조가 아니므로 소송당사자는 물론이고 보조참가인 또는 제3자도 항고를 제기할 수 있다(예, 제재를 받은 증인, 문서제출명령을 받은 제3자 등). 항고장에 피항고인을 표시하거나 항고장을 상대방에게 송달하여야 하는 것이 아니다.[100] 다만 항고로 말미암아 원재판이 상대방에게 불리하게 변경되어 그 상대방이 불복할 권리를 갖는 경우에는 재항고의 기회를 주기 위하여 그에게 결정문을 송달해야 한다.[101]

100) 1997.11.27. 97스4; 1966. 8.12. 65마473.
101) 실무제요Ⅲ, p.324.

9-62 ### (2) 항고의 제기

항고는 항고장을 원심법원에 제출함으로써 한다(445조). 항고기간은 통상항고는 기간의 제한이 없고, 즉시항고는 원재판의 고지를 받은 날로부터 1주간의 불변기간 내에 하여야 한다(444조). 판결과 달리 선고가 필요하지 않은 결정·명령과 같은 재판은 원본이 법원사무관등에게 교부되었을 때 성립한 것으로 보아야 하고, 일단 성립한 결정·명령은 특별한 사정이 없는 한 결정·명령 법원이라도 이를 취소·변경할 수 없으며, 이미 성립한 결정에 대하여는 결정이 고지되어 효력을 발생하기 전에도 결정에 불복하여 항고할 수 있다.[102] 통상항고이든 즉시항고이든, 최초의 항고에는 항고이유서의 제출이 강제되지 않는다.[103] (*2019. 법원직. 민사소송법상 즉시항고를 한 항고인이 항고장을 제출한 날부터 10일 이내에 즉시항고이유서를 제출하지 아니한 때에는 법원은 그 즉시항고를 각하하여야 한다(×)). 결정·명령의 원본이 법원사무관등에게 교부되어 성립한 경우, 결정·명령이 당사자에게 고지되어 효력이 발생하기 전에도 항고할 수 있다.[104]

9-63 ### (3) 항고제기의 효력

1) 재도의 고안

원심법원이 항고에 정당한 이유가 있다고 인정하는 때에는 그 재판을 경정하여야 한다(446조). 항고가 제기된 뒤 원심법원이 원심에서의 재판이 잘못되었다고 판단하는 경우 스스로 이를 바로잡을 수 있도록 한 것으로, 이를 재도의 고안이라고 한다. 일반항고에서만 가능하고 특별항고에서는 불가능하다.[105] (*2010·2014. 법원직) 여기의 경정에는 원재판의 취소·변경도 포함된다.

2) 즉시항고의 집행정지효

항고로만 불복할 수 있는 재판은 집행권원이 된다(민집 56조 1호). 집행권원이 되는 결정·명령은 고지시 집행력이 생기는 것이 원칙이다. 그러나 그러한 결정·명령에 대하

---

102) 2014.10. 8. 2014마667(전원합의). [211] (고지되기 전에는 불복할 수 없다는 소수의견 있음).

103) 민사집행법상 즉시항고(집행항고)의 경우는 항고장 제출한 날로부터 10일 이내에 항고이유서를 제출하여야 한다(민집 15조 3항).

104) 2014.10. 9. 2014마667(전원합의). "이미 성립한 결정에 불복하여 제기한 즉시항고가 항고인에 대한 결정의 고지 전에 이루어졌다는 이유만으로 부적법하다고 한다면, 항고인에게 결정의 고지 후에 동일한 즉시항고를 다시 제기하도록 하는 부담을 지우는 것이 될 뿐만 아니라 이미 즉시항고를 한 당사자는 그 후 법원으로부터 결정서를 송달받아도 다시 항고할 필요가 없다고 생각하는 것이 통상의 경우이므로 다시 즉시항고를 제기하여야 한다는 것을 알게 되는 시점에서는 이미 즉시항고기간이 경과하여 회복할 수 없는 불이익을 입게 된다."

105) 2001. 2.28. 2001그4.

여 민사소송법상의 즉시항고는 집행을 정지시키는 효력이 있다(447조). 다만, 집행법원의 재판에 대한 즉시항고(집행항고)(민집 15조 6항)와, 증인에 대한 과태료나 감치결정에 대한 즉시항고(311조 8항)는 집행을 정지시키는 효력이 없다. 통상항고의 경우는 원칙적으로 집행정지의 효력이 없고, 항고법원 또는 원심법원은 항고에 대한 결정이 있을 때까지 원심재판의 집행을 정지하거나 그 밖에 필요한 처분을 명할 수 있을 뿐이다(448조). 이러한 집행정지의 재판은 신청 또는 직권으로 할 수 있고, 이에 대해서는 당사자가 불복신청을 할 수 없다(500조 3항 유추해석).

(4) 항고심의 심판 9-64

항고심의 소송절차는 성질에 반하지 않는 한 항소심에 관한 규정이 준용되므로(443조 1항), 항고법원의 심판범위는 불복신청의 범위에 한정되며, 불복신청의 범위를 확장 변경하는 것이 가능하고, 부대항고도 가능하다는 것이 일반적인 학설이다. 항고절차는 결정으로 완결하는 절차이므로 임의적 변론으로 한다. 항고심에서 당사자는 새로운 사실과 증거를 제출할 수 있다(속심적 구조). 항고심은 항고각하, 항고기각, 원재판취소 중의 하나를 결정형식으로 재판한다.

3. 재 항 고

제442조 (재항고)

항고법원·고등법원 또는 항소법원의 결정 및 명령에 대하여는 재판에 영향을 미친 헌법·법률·명령 또는 규칙의 위반을 이유로 드는 때에만 재항고(再抗告)할 수 있다.

(1) 의 의 9-65

항고법원의 결정·명령에 대한 2차 불복의 신청, 또는 고등법원 또는 항소법원의 결정·명령에 대한 1차 불복의 신청을 재항고라고 한다. 이러한 재항고는 모두 대법원에의 항고라는 점에서 동일하다. 재판에 영향을 미친 헌법·법률·명령 또는 규칙의 위반을 이유로 드는 때에만 재항고 할 수 있다(442조).

(2) 대 상 9-66

1) 항고법원의 결정·명령 : 고등법원이나 지방법원 항소부가 최초의 항고에 대한 항고심으로서 한 결정(제2심 재판)을 말한다. 항고법원의 결정·명령(2심재판)에 대하여 재항고를 할 수 있는가의 여부는 항고법원의 결정·명령의 내용에 따라 정해진다. 항고를 부적법 각하한 경우에는 '소송절차에 관한 신청을 기각한 것'과 같은 효과가 있으므로 재항고 할 수 있다(439조 참조). 항고를 기각한 결정도 항고가 허용되는 원재판을 유지

하는 것이므로 재항고가 허용된다. 이 경우 재항고권은 항고인에게만 인정되므로 항고인 이외의 다른 사람은 그 결정에 이해관계가 있다 할지라도 재항고를 할 수 없다.[106] (2015. 법원직) 항고를 인용한 결정에 대해서는 그 내용에 따라 재항고할 수 있는지 여부가 정해지며(예; 기피신청에 정당한 이유가 있다는 결정에 대하여는 불복할 수 없으므로(47조 1항), 기피신청기각결정에 대하여 항고심이 기피이유가 있다고 결정한 때에는 재항고도 할 수 없다), 그 내용이 항고에 적합한 경우에는 새로운 이해관계를 갖는 사람도 재항고를 제기할 수 있다("경락허가결정에 대한 즉시항고에 대하여 항고법원이 항고를 기각한 경우 항고인만이 재항고를 할 수 있고 다른 사람은 그 결정에 이해관계가 있다 할지라도 재항고를 할 수 없는 것이지만 항고법원이 항고를 인용하여 원결정을 취소하고 다시 상당한 결정을 하거나 원심법원으로 환송하는 결정을 하였을 때에는 그 새로운 결정에 따라 손해를 볼 이해관계인은 재항고를 할 수 있다").[107]

2) 고등법원 또는 항소법원의 결정·명령 : 고등법원이 1심법원으로서 한 결정·명령(예 ; 당선소송-공직선거법 223조 2항), 또는 고등법원이나 지방법원 항소부가 항소사건을 심리하던 중 1심으로 한 결정·명령(예 ; 항소장각하명령, 항소사건을 심리하던 중 보조참가신청을 한 제3자에 대하여 한 불허결정 등)이 이에 해당한다(지방법원항소부가 제1심으로 한 결정·명령에 대해서는 과거 고등법원에 항고하여야 한다는 견해도 있었으나, 법원조직법 14조 2호에 의하여 대법원에 재항고하도록 하였다). 항소법원인 지방법원 합의부의 법원사무관 등이 한 처분에 대한 이의신청을 기각한 법원의 결정에 대하여 제기된 항고는 재항고로 보아야 함에도 불구하고 기록이 대법원이 아닌 고등법원에 송부되자 고등법원이 이를 항고사건으로 심리하여 기각한 경우, 위 결정은 권한 없는 법원이 한 것에 귀착되므로 취소되어야 한다.[108]

3) 재항고가 통상의 항고인지 혹은 즉시항고인지 여부도 항고법원의 결정 내용에 의하여 정해진다. 최초의 항고가 즉시항고이고 항고법원이 이를 각하하거나 기각한 경우에는 원재판이 유지되는 것이므로 이에 대한 재항고 역시 즉시항고의 성격을 갖는다는 것이 판례[109]와 통설이다. 이에 따르면, 기피신청의 각하 또는 기각 결정에 대한 즉시항고를 항고심이 각하 또는 기각한 경우, 그에 대한 재항고는 즉시항고의 법적 성격을 가지므로 1주일의 항고기간을 지켜야 한다.[110] 한편, 재항고는 모두 상고에 관한 규정을 준용하여 2주의 항고기간과 20일의 항고이유서 제출기간을 보장하여야 한다는 견해

---

106) 1992. 4.21. 92마103.
107) 2002.12.24. 2001마1047(전원합의).
108) 2004. 4.28. 2004스19. [349]
109) 2004. 5.17. 2004마246.
110) 2007. 7. 2. 2006마409. [350]

도 있다.[111] 이에 반하여 민사집행법상의 재항고는 신속한 집행을 위하여 모두 즉시항고(집행항고)에 관한 규정을 준용한다(민집 14조의2).

(3) 재항고의 절차 9-67

1) 상고심 규정의 준용

재항고와 이에 관한 소송절차에는 상고에 관한 규정이 준용된다(443조 2항, 민소규 137조 2항).

2) 재항고의 제기 및 재항고이유서

재항고장은 원심법원에 제출하여야 한다(425조, 397조). 재항고에 있어서 재항고제기기간의 준수여부는 재항고장이 원심법원에 접수된 때를 기준으로 하여 판단하여야 한다.[112] 재항고에서는 상고에서와 같이 재항고 이유서를 제출하여야 한다. 재항고이유서는 독립된 서면으로 제출하여야 하며 다른 서면을 원용할 수 없다.[113]

3) 재항고심의 심판

재항고심도 사후심이므로 새로운 주장과 증명은 불가능하다. 재항고각하, 재항고기각, 재항고인용의 결정을 할 수 있다. 상고심절차에 관한 특례법이 준용되므로 심리불속행으로 인한 재항고기각결정도 가능하다.

3관 특별항고

제449조 (특별항고)

① 불복할 수 없는 결정이나 명령에 대하여는 재판에 영향을 미친 헌법위반이 있거나, 재판의 전제가 된 명령·규칙·처분의 헌법 또는 법률의 위반여부에 대한 판단이 부당하다는 것을 이유로 하는 때에만 대법원에 특별항고(特別抗告)를 할 수 있다.
② 제1항의 항고는 재판이 고지된 날부터 1주 이내에 하여야 한다.
③ 제2항의 기간은 불변기간으로 한다.

1. 의 의 9-68

불복을 신청할 수 없는 결정이나 명령에 대하여, 그것이 재판에 영향을 미친 헌법위

111) 한충수, p.865.
112) 1984. 4.28. 84마251. [351]
113) 1999. 4.15. 99마926.

반 등의 중대한 잘못이 있는 때에도 더 이상 다툴 수 없도록 한다면 이는 타당한 입법이 아니다. 우리 법은 이러한 경우에 직접 대법원에 불복을 제기할 수 있도록 하였으며 이때 제기하는 불복신청이 특별항고이다(449조 1항). 불복을 신청할 수 없는 결정이나 명령에 대한 비상불복 방법이지 통상의 불복방법으로서의 상소가 아니다.[114)]

9-69 2. 대 상

불복할 수 없는 결정이나 명령이 특별항고의 대상이 된다. 대법원의 결정·명령이나,[115)] 대법원 재판장의 재항고장 각하명령[116)] 등은 특별항고의 대상이 되지 않는다.

법규 및 그 해석에 의해 불복신청이 금지된 결정·명령이 특별항고의 대상이 된다. 따라서 불복신청이 허용되지 않는 판결경정신청기각결정은 특별항고의 대상이 된다(당사자가 판결경정신청기각결정에 대하여 통상항고를 한 경우 항고장을 접수한 법원은 특별항고로 보아 대법원에 기록을 송부하여야 한다).[117)] 집행문부여에 대한 의의에 대한 재판,[118)] 가압류결정경정신청을 기각한 결정[119)] 등에 대해서는 별도의 불복방법이 인정되지 않으므로 특별항고의 대상이 된다. 그러나 피고경정신청(260조)을 기각하는 결정에 불복이 있는 원고는 통상항고(439조)를 제기할 수 있으므로 특별항고를 제기할 수 없다(피고경정신청 기각결정에 대한 불복서면에 '특별항고장'이라고 기재하였더라도 이는 통상항고로 보아야 한다는 이유로, 대법원에 기록 송부된 사건을 항고법원으로 이송한 사례).[120)] 또한, 관할위반에 기한 이송은 당사자에게 신청권이 없으므로 당사자가 그 이송신청을 한 경우에도 그 이송신청에 대한 재판을 할 필요가 없는데도 그 이송신청을 기각하는 결정을 하였다면, 그 결정은 신청인에게 아무런 불이익을 주는 것이 아니며 그 결정에 대하여 특별항고를 할 어떤 이익도 없는 것이 분명하므로 그 특별항고는 부적법하다는 것이 판례[121)]의 입장이다(이에 대해서는 다수의 비판론이 있다). 중간적 재판은 특별항고의 대상이 아니므로, 나중에 있을 강제집행을 정지하는 재판에 대한 중간적 재판에 해당하는 담보제공명령에 대하여는 독립하여 특별항고의 대상으로 할 수 없다(위 명령에서 정한 공탁금액이 너무 과다하여 부당하다고 하더라도 이는 강제집행정지의 재판에 대한 불복절차에서 그 당부를 다툴 수 있다).[122)] 위헌제청신청기각결정도 중간적 재판이므로 특별항고의 대상이

---

114) 1989.11. 6. 89그19.
115) 1992.10.20. 92재두21.
116) 1994. 8.11. 94그25.
117) 1992. 9.15. 92그20; 1995. 7.12. 95마531.
118) 1997. 6.20. 97마250.
119) 1991. 3.29. 89그9.
120) 1997. 3. 3. 97으1.
121) 1996. 1.12. 95그59.

아니다.[123)]

3. 특별항고이유 9-70

특별항고 대상이 되는 결정이나 명령에 재판에 영향을 미친 헌법위반이 있거나(재판에 영향을 미친 법률위반의 경우는 해당되지 않는다: 2002년 개정법률), 재판의 전제가 된 명령·규칙·처분의 헌법이나 법률의 위반 여부에 대한 판단이 부당하다는 것을 이유로 하여야 한다(449조 1항). 재판에 영향을 미친 헌법위반이 있다고 함은 결정이나 명령의 절차에 있어서 헌법 제27조 등에서 규정하고 있는 적법한 절차에 따라 공정한 재판을 받을 권리가 침해된 경우를 포함한다.[124)] 재판의 전제가 된 명령·규칙·처분의 헌법이나 법률의 위반 여부에 대한 판단이 부당하다는 것을 이유로 하여야 하므로, 단순히 그 재판이 법률, 명령이나 규칙을 위반하였다거나,[125)] 결정이 법률을 위반하였다는 사유[126)]만으로는 특별항고이유에 해당하지 않는다.

4. 절차 등 9-71

1) 특별항고는 재판이 고지된 날로부터 1주일의 불변기간 이내에 하여야 한다(449조 2항,3항). 특별항고와 그 소송절차는 그 성질에 반하지 않는 한 상고에 관한 규정을 준용한다(450조). 따라서 특별항고장은 원심법원에 제출하여야 한다.

2) 특별항고만이 허용되는 재판에 대한 불복으로서 당사자가 특히 특별항고라는 표시와 항고법원을 대법원으로 표시하지 아니하였다고 하더라도 항고장을 접수한 법원으로서는 이를 특별항고로 보아 소송기록을 대법원에 송부하여야 한다.[127)] 반대로 항고인이 특별항고로 잘못 표시하여 대법원에 기록송부가 된 경우에도 대법원은 그것을 일반 항고법원에 이송 할 수 있다(원고가 법원의 직권에 의한 소송비용 담보제공 재판에 불복하면서 '특별항고장'이라는 제목의 서면에 '대법원 귀중'이라고 적어 제출하자 원심법원이 대법원에 기록을 송부한 사안에서, 직권에 의한 소송비용 담보제공 재판에 불복할 경우에는 즉시항고를 제기하여야 하고, 비록 원심에 제출한 서면의 제목이 '특별항고장'이고, 그 끝부분에 '대법원 귀중'이라고 기재되어 있다고 하더라도, 이를 즉시항고로 취급해야 한다고 하며 사건을 관할 고등법원으로

---

122) 2001. 9. 3. 2001그85 [강제집행정지].
123) 2015. 1. 6. 2014그247.
124) 2004. 6.25. 2003그136.
125) 2008.10.23. 2007그40.
126) 2008. 1.24. 2007그18. [352]
127) 2011. 2.21. 2010마1689.

이송한 사례).[128)]

3) 특별항고에 대해서는 원심법원이 재도의 고안을 할 수 없다는 것이 판례이다.[129)] (*2010. 2014. 법원직)

4) 즉시항고와는 달리 특별항고의 제기만으로는 집행정지의 효과가 발생하지 않는다. 다만 직권 또는 당사자의 신청에 의하여 항고법원 또는 원심법원이나 판사는 특별항고에 대한 결정이 있을 때까지 집행을 정지할 수 있다(450조, 448조).

4관 민사집행법상의 즉시항고(집행항고)

〈민집법〉

제15조 (즉시항고)

① 집행절차에 관한 집행법원의 재판에 대하여는 특별한 규정이 있어야만 즉시항고(卽時抗告)를 할 수 있다.
② 항고인(抗告人)은 재판을 고지 받은 날부터 1주의 불변기간 이내에 항고장(抗告狀)을 원심법원에 제출하여야 한다.
③ 항고장에 항고이유를 적지 아니한 때에는 항고인은 항고장을 제출한 날부터 10일 이내에 항고이유서를 원심법원에 제출하여야 한다.
(………)
⑥ 제1항의 즉시항고는 집행정지의 효력을 가지지 아니한다. 다만, 항고법원(재판기록이 원심법원에 남아 있는 때에는 원심법원)은 즉시항고에 대한 결정이 있을 때까지 담보를 제공하게 하거나 담보를 제공하게 하지 아니하고 원심재판의 집행을 정지하거나 집행절차의 전부 또는 일부를 정지하도록 명할 수 있고, 담보를 제공하게 하고 그 집행을 계속하도록 명할 수 있다.
⑦ 항고법원은 항고장 또는 항고이유서에 적힌 이유에 대하여서만 조사한다. 다만, 원심재판에 영향을 미칠 수 있는 법령위반 또는 사실오인이 있는지에 대하여 직권으로 조사할 수 있다.
⑧ 제5항의 결정에 대하여는 즉시항고를 할 수 있다.
⑩ 제1항의 즉시항고에 대하여는 이 법에 특별한 규정이 있는 경우를 제외하고는 민사소송법 제3편 제3장중 즉시항고에 관한 규정을 준용한다.

9-72 1. 의 의

강제집행절차에 관한 집행법원의 재판에 대하여는 특별한 규정이 있는 경우에 한하여 즉시항고를 할 수 있다(민집 15조 1항). 이러한 민사집행법 15조에 따른 즉시항고를 민사소송법 444조에 따른 즉시항고와 구분하기 위하여 집행항고라고 하기도 한다.

---

128) 1997. 3. 3. 97으1; 2011. 5. 2. 2010부8.
129) 2001. 2.28. 2001그4. [353]

2. 집행항고를 할 수 있는 재판 9-73

(1) 집행법원의 재판일 것

집행법원의 재판에 대해서만 즉시항고가 인정된다(민집 15조 1항). 집행관의 집행처분에 대하여는 집행에 관한 이의를 신청하여야 한다(민집 16조 1항).

즉시항고의 대상이 되는 집행법원의 재판은 판사에 의한 것과 사법보좌관에 의한 것이 있는바, 판사가 담당한 것은 바로 항고법원에 즉시항고 할 수 있으나 사법보좌관이 담당한 것은 먼저 사법보좌관의 처분에 대한 이의절차를 경유하여야 한다.

(2) 집행절차에서 한 재판일 것

집행개시 후에 집행절차에서 한 재판에 대하여서만 즉시항고 할 수 있다. 집행준비를 위한 재판(집행문 부여에 관한 재판)에 대하여는 즉시항고 할 수 없다.

(3) 즉시항고를 할 수 있다는 특별한 규정이 있을 것

집행법원의 재판 중에서 "즉시항고 할 수 있다"고 개별적으로 규정이 있는 것에 대하여만 즉시항고가 허용된다(민집 16조 1항).

3. 항고 제기의 방법과 심리 9-74

1) 재판의 고지일로부터 1주일 안에 원심법원(즉 집행법원)에 항고장을 제출하여야 한다(민집 15조 2항). 위 1주일은 불변기간이다. 항고장에 항고이유를 적지 아니한 때에는 항고인은 항고장을 제출한 날부터 10일 이내에 항고이유서를 원심법원에 제출하여야 한다(민집 15조 3항). 항고법원은 항고장 또는 항고 이유서에 적힌 이유에 대하여만 조사한다. 다만, 원심재판에 영향을 미칠 수 있는 법령위반 또는 사실오인이 있는지에 대하여 직권으로 조사할 수 있다(민집 15조 7항).[130] 기타 특별한 규정이 없는 경우는 민사소송법의 즉시항고에 관한 규정을 준용한다(민집 15조 10항).

2) 항고심은 결정으로 재판한다. 항고법원은 항고이유와 직권조사사항을 심리하기 위하여 필요하다면 변론을 열수 있고, 변론을 열지 아니하는 경우당사자와 이해관계인 그 밖의 참고인을 심문할 수 있다(민소 134조 1항, 2항 준용). 원심법원이 항고에 정당한 이유가 있다고 인정하는 때에는 그 재판을 경정하여야 한다(민소 446조 준용).

---

130) 항고심이 속심의 원칙을 버리고 사후심적인 구조로 바뀌었다는 평가도 있다(법원행정처, 민사집행법 해설, p.161).

9-75 4. 집행정지효 없음

1) 일반적으로 즉시항고가 제기되면 집행정지의 효력이 있으나(민소 447조), 강제집행 절차에 있어서의 즉시항고는 집행정지의 효력이 없다(민집 15조 6항 본문). 그러나 이와 같이 집행정지의 효력을 무차별적으로 부정하면 항고인에게 회복할 수 없는 손해를 입힐 염려가 있으므로 법은 즉시항고 할 수 있는 재판을 확정되어야 효력이 발생하는 재판과 즉시 효력이 발생하는 재판으로 나누어 규정한다.

2) 재판의 내용이 당사자 기타 이해관계인에게 중대한 이해관계가 있는 것에 관하여는 즉시집행력을 부정하여 확정되어야 효력이 발생하도록 하였다. 확정되어야 효력이 발생하는 재판에 해당하는 것으로는 강제집행 절차를 취소하거나 집행관에게 강제집행 절차의 취소를 명하는 결정(민집 17조 2항), 전부명령(민집 229조 7항), 채권의 특별환가명령(민집 241조 4항), 매각허부결정(민집 126조 3항) 등이 있다.

3) 확정되어야 효력이 발생하는 재판이 아닌 재판에 대하여는 즉시항고를 제기하더라도 당연히 집행이 정지되지는 않는다(민집 15조 6항 본문). 다만, 항고법원(재판기록이 원심법원에 남아 있을 때에는 원심법원)은 즉시항고에 대한 결정이 있을 때까지 담보를 제공하게 하거나 담보를 제공하게 하지 아니하고 원심재판의 집행을 정지하거나 집행절차의 전부 또는 일부를 정지하도록 명할 수 있고, 담보를 제공하게 하고 그 집행을 계속하도록 명할 수 있다(민집 15조 6항 단서). 예컨대, 부동산인도명령에 대하여 즉시항고하는 경우에도 집행정지의 효력이 없으므로 집행을 계속할 수 있으며, 집행정지를 하기 위해서는 민사집행법 제15조 6항 단서에 의하여 집행정지 명령을 받아야 한다.[131]

9-76 5. 재 항 고

항고법원·고등법원 또는 항소법원의 결정 및 명령에 관하여는 재판에 영향을 미친 헌법·법률·명령 또는 규칙 위반이 있는 때에 한하여 재항고할 수 있다(규칙 14조의2 1항). 재항고에 대하여는 즉시항고에 관한 민사집행법15조의 규정이 준용된다(규칙 14조의2 2항).[132] 따라서 재항고인은 재판을 고지 받은 날부터 1주 이내에 재항고장을 원심법원에 제출하여야 하고, 재항고장을 제출한 날로부터 10일 이내에 재항고 이유서를

131) 제15조 6항이 없을 때에는 통상항고에 관한 민사소송법 448조를 준용하여 처리하였다.

132) 집행절차에 대한 재항고에 관하여는 즉시항고에 관한 민사집행법 15조를 유추적용 할 것인지 민사소송법의 재항고에 관한 규정을 적용할 것인지 논란이 있었다. 대법원은 2004. 9. 13.자 2004마505 결정으로 민사집행법 15조를 적용한다고 하였고, 이를 반영하여 민사집행규칙에 14조의2를 추가하였다.

원심법원에 제출하여야 한다.

<table>
<tr><th></th><th colspan="2">민사소송법</th><th colspan="2">민사집행법</th></tr>
<tr><td rowspan="2">집행정지효 유무</td><td>통상항고</td><td>없음</td><td rowspan="2">즉시항고</td><td rowspan="2">없음(민집 15조 6항)</td></tr>
<tr><td>즉시항고</td><td>있음(민소 447조)</td></tr>
<tr><td rowspan="2">항고이유서 제출</td><td>최초의 항고</td><td>필요 없음</td><td>최초의 항고</td><td>필요함</td></tr>
<tr><td>재항고</td><td>필요함(기록접수통지수령일로부터 20일 이내 재항고법원)</td><td>재항고</td><td>필요함(재항고장 제출일로부터 10일 이내에 원심법원)</td></tr>
</table>

* 민사소송법상 특별항고의 경우 집행정지효 없고, 항고이유서제출은 필요함.

제2장 재 심

1절 총 설

9-77 ### 1. 재심의 의의

확정된 종국판결에 묵과할 수 없는 중대한 흠이 있는 경우 예외적으로 허용되는 특별한 불복절차로서 민사소송법은 재심제도를 두고 있다(451조). 법적 안정성을 양보해서라도 구체적 타당성을 실현하기 위하여 인정되는 제도이다.

9-78 ### 2. 재심의 성질

재심소송의 성질에 대하여는 형성소송설(이원설)과 본안소송설(일원설)로 견해가 갈린다. 2원설(형성소송설)은 재심소송의 소송물은 확정판결의 취소신청과 구소송의 소송상청구 두 가지로 구성되는데 그 중 확정판결의 취소신청이 독자적인 의미를 가지므로 재심소송은 소송법상의 형성소송이라는 것이다(통설, 판례). 1원설(본안소송설)은 재심의 소송을 본안소송의 속행(상소)과 유사한 것으로 파악하여 구소송의 소송물이 재심소송의 소송물이 된다는 견해이나 오늘날 별다른 지지를 받지 못하는 것으로 보인다.

9-79 ### 3. 재심의 소송물

1) 형성소송설에 따를 때 확정판결의 취소원인으로서 각 재심사유를 별개의 소송물로 볼 것인지 여부가 다시 문제된다. 예컨대, 서증이 위조되었다고 주장(451조 1항 6호 사유)하며 재심의 소를 제기하였으나 재심청구 기각판결이 확정되자, 다시 판결법원의 구성에 하자가 있었음을 주장(451조 1항 1호 사유)하며 재심을 제기할 수 있는가가 문제된다.

2) 이에 대하여는 구소송물이론, 신소송물이론에 따라 결론을 달리한다. 구소송물이론에서는 개개의 재심사유별로 별개의 소송물을 구성하는 것으로 본다. 판례도 재심사유는 그 하나 하나의 사유가 별개의 소송물을 형성한다고 한다("재심의 소가 불변기간 내

에 제기된 것인가의 여부도 각 재심사유마다 그 주장된 시기를 표준으로 하여 가려져야 할 것이다").[133] 이에 반하여 신소송물 일원설에서는 각 재심 사유는 공격방어방법에 불과하다고 본다.[134]

3) 재심사유는 기판력을 후퇴시켜 구체적 타당성을 살려야 할 정도의 중대한 흠에 해당하는 사유이므로 소송물 이론과 별도로 보아야 하며, 하나의 재심사유에 기한 재심청구가 기각되었다고 하더라도 다른 재심사유가 있으면 다시 재심청구를 할 수 있다고 하여야 한다는 견해도 있다.[135]

2절 재심의 적법요건

1. 재심의 대상 9-80

확정된 종국판결이 대상이다. 재심의 소에서 확정된 종국판결도 위 조항에서 말하는 '확정된 종국판결'에 해당하므로 확정된 재심판결에 위 조항에서 정한 재심사유가 있을 때에는 확정된 재심판결에 대하여 재심의 소를 제기할 수 있다.[136] 확정되지 않는 판결(예; 판결정본 송달의 무효로 상소기간이 도과하지 않은 판결)은 재심의 대상이 될 수 없다. 상고심의 파기환송판결은 종국판결로서 그 자체로는 확정되지만 기판력 있는 확정된 종국판결이라고는 볼 수 없어 재심대상이 되지 않는다.[137] 무효인 판결(예; 사망자에 대한 판결)도 재심의 대상이 될 수 없다.

2. 재심의 당사자적격 9-81

확정판결의 당사자가 원칙적으로 재심의 당사자가 된다. 기판력이 확장되는 변론종결후의 승계인도 재심의 당사자가 될 수 있다.

채무자와 제3채무자 사이의 소송이 계속된 이후의 소송수행과 관련한 개개의 소송상 행위는 그 권리의 행사를 소송당사자인 채무자의 의사에 맡기는 것이 타당하므로, 채무자와 제3채무자가 소송을 수행하여 받은 확정판결에 대하여 채권자가 대위권을 행

133) 1982.12.28. 82무2.

134) 이시윤, p.934. 다만, 알지 못하여 주장할 수 없었던 별개의 재심사유까지 재심기간의 도과로 실권되는 것은 아니며 이에 기한 새로운 재심의 소는 허용된다고 한다.

135) 호문혁, p.988.

136) 2015.12.23. 2013다17124. [355]

137) 1995. 2.14. 93재다27,34(전원합의). [356]

사하여 재심의 소를 제기할 수는 없다는 것이 판례이다.[138)]

9-82 ## 3. 재심의 제소기간

1) 재심의 소는 당사자가 판결이 확정된 뒤 재심의 사유를 안 날로부터 30일 이내에 제기하여야 한다(456조 1항). 이 기간은 불변기간이다(456조 2항). 따라서 추후보완이 허용된다. '증인의 허위진술이 판결의 증거로 된 때'를 재심사유로 하는 경우에 그 판결의 증거로 된 증인의 증언이 위증이라는 유죄판결이 확정된 사실을 알았다면 그 재심사유를 알았다고 보아야 할 것이고, 그 때부터 30일의 재심제기기간이 진행한다.[139)] 재심사유의 발생일이 아니라 재심사유를 안 날로부터 진행하는 민사소송법 제426조 제1항의 출소기간은 같은 조 제3항 제척기간과는 별개의 재심제기기간으로서, 그 출소기간이 경과한 이상 재심대상판결의 확정일로부터 진행하는 제척기간이 경과하였는지 여부와는 관계없이 재심의 소를 제기할 수 없다.[140)]

2) 재심사유의 존재를 알지 못하였다고 하더라도 판결이 확정되어 5년이 경과하면 재심의 소를 제기하지 못한다(456조 3항). 이는 제척기간으로서 추후보완이 인정되지 않는다.[141)] 재심의 사유가 판결 확정 후에 발생한 경우에는 5년의 제척기간의 기산일은 그 사유가 발생한 때이다(456조 4항)(예컨대, 증거로 사용된 된 증인의 증언이 위증이라는 이유로 재심의 소를 제기할 때, 증인에 대한 위증의 유죄판결이 재심대상이 된 판결의 확정 후에 확정된 경우에는 위증의 유죄판결이 확정된 때로부터 5년의 제척기간이 기산된다).[142)]

3) 대리권 등의 흠 또는 재심을 제기할 판결이 전에 선고한 확정판결에 어긋나는 때를 이유로 하는 재심의 소에는 재심제기기간의 제한이 없다(457조).

9-83 ## 4. 적법한 재심사유의 주장

재심원고가 적법한 재심사유(451조 1항)를 주장하지 않거나, 주장하는 사유가 주장자체로 적법한 재심사유가 되지 못하는 경우 법원은 재심의 소를 각하하여야 한다.

9-84 ## 5. 재심의 보충성(재심사유와 상소이유)

재심대상이 된 확정판결을 받는 과정에서 당사자가 상소로서 이미 재심사유를 주장

---

138) 2012.12.27. 2012다75239. [354]
139) 1996. 5.31. 95다33993. [357]
140) 1996. 5.31. 95다33993. [357]
141) 1992. 5.26. 92다4079.
142) 프랑스 CPC의 재심기간은 재심사유를 안 날로부터 2개월이며, 따로 제척기간을 정하지 않는다.

하였거나(451조 1항), 이를 알고도 주장하지 아니한 때(451조 1항 단서)에는 그러한 사유를 재심사유로 하여 재심의 소를 제기할 수 없다. 이를 재심의 보충성이라고 한다. 특별한 사정이 없는 한 소송당사자나 소송대리인이 판결정본을 송달받았을 때에 그 판결에 판단유탈의 재심사유가 있는 것을 알게 되었다고 보아야 할 것이므로, 재심대상판결에 대하여 상고를 제기하지 아니하여 그 판결이 그대로 확정된 이상, 그 판결이 판결에 영향을 미칠 중요한 사항에 관하여 판단을 유탈하였음을 재심사유로 삼아 재심의 소를 제기할 수는 없다.[143)]

3절 재심사유

1. 민사소송법상의 재심사유(451조 1항) 9-85

재심사유로 11개 사유가 제한적으로 열거되어 있다.

1) 법률에 따라 판결법원을 구성하지 아니한 때(1호)

합의부를 법관 2인으로 구성하거나, 기본이 되는 변론에 관여하지 않은 법관을 판결에 관여시킨 경우, 대법원의 소부에서 종전의 판례를 변경하는 재판을 한 경우[144)] 등이 여기에 해당한다. 절대적 상고이유이기도 하다.

2) 법률상 그 재판에 관여할 수 없는 법관이 관여한 때(2호)

제척원인이 있는 법관(41조), 기피의 재판이 있는 법관(46조), 상고심에서 파기된 원심재판에 관여한 법관(436조 3항) 등이 재판에 관여한 경우가 여기에 해당한다. 판결에 관여한다고 하는 것은 합의 및 판결원본작성에 관여하는 것을 말하고 단지 선고에만 관여한 경우는 여기에 해당하지 않는다. 재심대상이 된 원재판은 재심재판의 이전심급의 재판(41조 5호)이 아니므로 재심대상이 된 원재판에 관여한 법관이 재심재판에 관여하는 것은 여기에 해당하지 않는다.[145)]

3) 대리권의 흠결이 있는 때(3호)

㈎ 법정대리권·소송대리권 또는 대리인이 소송행위를 하는 데에 필요한 권한의 수여에 흠이 있는 때는 재심사유가 된다(451조 1항 3호). 다만, 대리권의 흠결은 당사자나

---

143) 1991.11.12. 91다29057. [358]
144) 1995. 4.25. 94재다260(전원합의); 2011. 7.21. 2011재다199(전원합의). [362]
145) 1986.12.23. 86누631 참조.

법정대리인이 이를 추인(60조, 97조)한 때에는 재심사유가 되지 않는다(동 3호 단서). 무권대리인이 대리인으로서 본인을 위하여 실질적인 소송행위를 하였을 경우뿐만 아니라 대리권의 흠결로 인하여 본인이나 그의 소송대리인이 실질적인 소송행위를 할 수 없었던 경우에도 이에 해당한다.[146)]

(나) 대리권의 흠결이 있는 때의 재심의 소제기에는 재심제기의 기간에 관한 규정을 적용하지 않는다(457조). 여기에서 '대리권의 흠결'이라 함은 대리권이 전혀 없는 경우를 의미하는 것이므로, 대리권은 있지만 소송행위를 함에 필요한 특별수권의 흠결이 있는 경우는 여기에 해당하지 않는다.[147)] 화해가 성립된 소송사건에서 원고들의 소송대리인이었던 변호사가 원고들로부터 그 소송사건만을 위임받아 그 소송의 목적이 된 부동산에 관하여만 화해할 권한을 부여받았음에도 불구하고 그 권한의 범위를 넘어 당해 소송물 이외의 권리관계를 포함시켜 화해를 하였음을 이유로 하는 준재심청구는 결국 대리인이 소송행위를 함에 필요한 특별수권의 흠결을 그 사유로 하는 것이므로 재심제기 기간의 제한을 받는다.[148)] (*2010. 법원직)

4) 재판에 관여한 법관이 그 사건에 관하여 직무에 관한 죄를 범한 때(4호)

5) 형사상 처벌을 받을 다른 사람의 행위로 말미암아 자백을 하였거나 판결에 영향을 미칠 공격 또는 방어방법의 제출에 방해를 받은 때(5호)

이는 다른 사람의 범죄행위를 직접적 원인으로 하여 이루어진 소송행위와 그에 기초한 확정판결은 법질서의 이념인 정의 관념상 효력을 용인할 수 없다는 취지에서 재심이라는 비상수단을 통해 확정판결의 취소를 허용하고자 한 것이므로, 형사상 처벌을 받을 다른 사람의 행위로 말미암아 상소 취하를 하여 원심판결이 확정된 경우에도 자백에 준하여 재심사유가 된다고 보아야 한다.[149)]

6) 판결의 증거가 된 문서, 그 밖의 물건이 위조되거나 변조된 것인 때(6호)

7) 증인·감정인·통역인의 거짓 진술 또는 당사자신문에 따른 당사자나 법정대리인의 거짓

---

146) 1999. 2.26. 98다47290. [360] (참칭대표자를 대표자로 표시하여 소송을 제기하여 그 앞으로 소장부본 및 변론기일소환장이 송달된 결과 의제자백 판결이 확정된 사안).

147) 1981.12. 9. 90다584.

148) 1993.10.12. 93다32354.

149) 2012. 6.14. 2010다86112. [361] (피고 주식회사의 실질적 대표자이던 갑이 소송상대방과 공모하여 개인적으로 돈을 받기로 하고 제1심판결에 대한 항소를 취하한 사안에서, 갑이 항소를 취하한 행위에 대하여 업무상배임죄로 유죄판결을 받고 판결이 확정되었다면 451조 1항 5호에 준하는 재심사유가 있으며, 그 항소 취하의 효력은 인정되지 않는다고 한 사례).

진술이 판결의 증거가 된 때(7호)

4호 내지 7호의 경우에는 처벌받을 행위에 대하여 유죄의 판결이나 과태료부과의 재판이 확정된 때, 또는 증거부족 외의 이유로 유죄의 확정판결이나 과태료부과의 확정재판을 할 수 없을 때에만 재심의 소를 제기할 수 있다(451조 2항). 재심의 소를 제기한 당사자가 유죄의 확정판결을 받아 그 판결이 확정되었다는 것을 증명하거나 또는 유죄의 확정판결을 받을 가능성이 있었는데 피의자가 사망하거나 공소시효가 완성되었거나 기소유예처분을 받았거나 해서 유죄의 확정판결을 받을 수 없었다는 것을 증명해야 한다. 피의자의 소재불명을 이유로 검사가 기소중지결정을 한 경우에는 본 제2항의 요건에 해당하지 않는다.[150)]

8) 판결의 기초가 된 민사나 형사의 판결, 그 밖의 재판 또는 행정처분이 다른 재판이나 행정처분에 따라 바뀐 때(8호)

판결의 기초가 되었다는 것은 판결을 한 법원이 그에 구속된 경우뿐만 아니라 널리 그 판단 사실을 원용하여 사실을 인정한 경우를 말한다. 법령, 판례의 변경,[151)] 법규에 대한 위헌판단은 재심사유가 되지 않는다. 그러나 위헌심판제청신청이 법원에서 기각된 후 헌법소원에 의하여 위헌판결이 난 경우에는 재심을 청구할 수 있다(헌재법 75조 7항).

9) 판결에 영향을 미칠 중요한 사항에 관하여 판단을 누락한 때(9호)

당사자가 소송상 제출한 공격방어방법으로서 판결주문에 영향을 미칠 것에 대하여 판결이유 중에서 판단을 표시하지 않은 것을 말한다. 당사자가 주장하지 아니하거나 그 조사를 촉구하지 아니한 사항은 이에 해당하지 아니한다.[152)] 판단누락이 아니라 재판의 누락인 경우는 추가판결의 대상이지 재심의 대상이 아니다.

10) 재심을 제기할 판결이 전에 선고한 확정판결에 어긋나는 때(기판력의 저촉)(10호)

기판력의 저촉을 해소하기 위한 규정으로 기판력이 미치는 경우에만 적용된다. 10호에 의한 재심에는 재심기간의 제한이 없다(457조).

11) 공시송달에 의한 판결편취(11호)

민사소송법 제451조 1항 11호는 "당사자가 상대방의 주소 또는 거소를 알고 있었음

---

150) 1989.10.24. 88다카29658. [359]
151) 1987.12. 8. 87다카2088.
152) 2004. 9.13. 2004마660.

에도 있는 곳을 잘 모른다고 하거나 주소나 거소를 거짓으로 하여 소를 제기한 때"를 재심사유로 규정한다. 이 조문의 해석을 두고 학설은 공시송달을 통한 판결 편취와 허위송달(자백간주)를 통한 판결편취의 두 가지 모두 여기에 해당한다는 견해와 공시송달에 의한 판결편취 만이 이 조항에 해당하여 재심사유가 된다는 견해로 나뉜다. 공시송달을 통한 판결편취의 경우 공시송달 자체는 유효한 것으로 볼 수 있어 판결정본의 공시송달을 통하여 판결이 확정되었다고 볼 수 있으므로 11호가 규정하는 재심의 대상이 된다고 할 수 있지만(이 경우 추완항소를 통해서도 다툴 수 있다), 허위송달(자백간주)을 통한 판결편취의 경우 판결정본의 유효한 송달자체가 없었으므로 판결이 확정되지 않는 것이므로 11호가 규정하는 재심의 대상이 될 수 없고, 항소로 다투어야 할 것이다. 판례도 같은 입장이다.[153)]

2. 기타법상의 재심사유

9-86 (1) 상 법

주주대표소송이 제기되었으나 원고와 피고가 공모하여 소송의 목적인 회사의 권리를 사해할 목적으로 판결을 하게 한 때에는 회사 또는 주주는 확정된 종국판결에 대하여 재심의 소를 제기할 수 있다(상법 406조). 이를 상법상의 사해재심이라 한다.[154)]

(2) 헌법재판소법

법률의 위헌 여부 심판의 제청신청이 기각된 때에는 그 신청을 한 당사자는 헌법재판소에 헌법소원심판을 청구할 수 있는바(헌재법 68조 2항), 헌법소원이 인용된 경우에 해당 헌법소원과 관련된 소송사건이 이미 확정된 때에는 당사자는 재심을 청구할 수 있다(헌재법 75조 7항).

(3) 행정소송법

행정처분 등을 취소하는 판결에 의하여 권리 또는 이익의 침해를 받은 제3자는 자기에게 책임 없는 사유로 소송에 참가하지 못함으로써 판결의 결과에 영향을 미칠 공격 또는 방어방법을 제출하지 못한 때에는 이를 이유로 확정된 종국판결에 대하여 재심의 청구를 할 수 있다(행소법 31조 1항). 이를 제3자에 의한 재심청구라고 한다. 그 절차 등은 민사소송법의 규정을 준용한다(행소법 8조 2항).

---

153) 1978. 5. 9. 75다634(전원합의).
154) 제3자 보호를 위하여 이러한 법리를 확대하여 적용하고자 하는 논의가 있다.

4절 재심절차

제455조 (재심의 소송절차)

재심의 소송절차에는 각 심급의 소송절차에 관한 규정을 준용한다.

1. 관할 법원 9-87

1) 재심은 재심대상 판결을 한 법원의 전속관할에 속한다(453조 1항). 취소대상 판결이 상고심판결이면 상고법원의 관할로 되므로, 대법원판결에 재심사유가 있다고 주장하면서 원심판결을 재심대상으로 하여 원심법원에 제기한 재심청구는 부적법하다.[155]

2) 심급을 달리하는 법원이 같은 사건에 대하여 내린 판결에 대한 재심의 소는 상급법원이 관할하나, 다만 항소심판결과 상고심 판결에 각각 독립된 재심사유가 있는 때에는 그러하지 아니하다(453조 2항). 서증의 위조·변조나 위증 등 사실인정 자체에 관한 것은 사실심법원의 판결에 대한 재심사유가 될 수 있을 뿐, 상고심 판결에 대한 재심사유로 삼지 못한다.[156]

3) 하급심 판결과 이에 대한 상소심 판결이 확정된 경우 각각의 판결에 재심사유가 있으면 개별적으로 재심의 대상이 될 수 있는 것이 원칙이나, 항소심에서 사건에 대하여 본안판결을 한 경우에는 항소심판결에 대하여 재심을 제기하여야 하며, 제1심판결에 대하여 재심의 소를 제기하지 못한다(451조 3항). 속심의 구조를 갖는 항소심에서 사건에 대하여 본안판결을 하였을 때에는 1심판결에 재심을 제기하는 것은 아무런 실익이 없으므로, 항소심 판결에 대해서만 재심의 소를 제기할 수 있도록 한 것이다(예컨대, 1심법원에서 증인이 위증을 한 결과 1심에서 원고승소판결이 선고 되었고, 피고가 항소를 하였으나 항소기각판결이 확정된 경우, 항소심은 속심으로서 항소심 법원도 1심법원의 위증에 기초하여 재판을 한 것이기 때문에 1심 및 항소심 각각의 판결에 재심사유가 있다. 그러한 경우 항소심 판결에 대해서만 항소심 법원에 재심의 소를 제기하여야 한다).

4) 이러한 경우 1심판결을 대상판결로 하여 1심법원에 재심의 소를 제기하였으면 부적법하지만 그 구체적인 주장내용과 재심원고의 의사를 참작하여 항소심 판결을 재심대상으로 삼았다고 볼 수 있으면 1심법원은 부적법 각하할 것이 아니라 이를 항소심으로 이송하는 것이 타당하고, 재심기간을 지켰는지 여부도 1심법원에 재심소장을 제출

155) 1982.12.14. 81후53.

156) 2000. 4.11. 99재다746.

한 때를 기준으로 삼아야 한다.[157] 항소심판결을 대상으로 할 것을 잘못하여 상고심판결을 대상으로 하여 대법원에 재심의 소를 제기한 경우에도 이를 항소심으로 이송하여야 한다.[158]

9-88 2. 재심의 소제기

1) 재심의 소송절차에는 각 심급의 소송절차에 관한 규정을 준용한다(455조). 재심의 소도 법원에 소장을 제출함으로써 제기한다(248조). 재심의 소장에는 당사자와 법정대리인, 재심할 판결의 표시와 그 판결에 대항 재심을 청구하는 취지, 재심의 이유를 필수적으로 기재하여야 한다(458조).

재 심 소 장

재심원고(피고)

재심피고(원고)

법정대리인 ○○○

손해배상(자)청구 항소사건판결에 대한 재심

위 당사자간 ○○고등법원 20○○나○○○호 손해배상(자)청구 항소사건에 관해 위 법원이 20○○. ○. ○.에 선고한 판결은 재심사유가 있으므로 재심의 소를 제기합니다.

재심을 구하는 판결의 주문

1. 원심판결을 취소한다.
2. 피고는 원고에게 금 ○○○원을 지급하라
3. 소송비용은 피고의 부담으로 한다.

재심의 청구취지

1. ○○고등법원 20○○나○○○호 손해배상(자)청구 항소사건에 관해 위 법원이 20○○. ○. ○.에 선고한 판결은 이를 취소한다.
2. 위 항소사건의 항소를 기각한다.

157) 1984. 2.28. 83다카1981(전원합의). [128] [363]
158) 2004. 6. 7. 2004재다85.

3. 본안 및 재심소송비용은 재심피고의 부담으로 한다.

재심의 이유

1. 재심사유에 대한 주장

   ………………………………

2. 본안에 대한 주장

   ………………………………

첨 부 서 류

1. 판결등본
1. 판결확정증명

20○○. ○. ○.

위 재심원고(피고) ○ ○ ○ 인

○○ 고등법원 귀중

2) 집행정지

재심이 있는 경우 불복하는 이유로 내세운 사유가 법률상 정당한 이유가 있다고 인정되고, 사실에 대한 소명이 있는 때에는 법원은 당사자의 신청에 따라 담보를 제공하게 하거나 제공하지 아니하게 하고 강제집행을 일시정지 하도록 명할 수 있다(500조 1항).

3. 재심의 심리 9-89

(1) 소장의 적식, 소의 적부

재판장은 재심소장의 적식에 대해서 심사한다. 소장이 적식하면 법원은 소의 적법요건에 대하여 심리한다. 재심원고의 법정 재심사유의 주장은 소의 적법요건이 되므로

그 흠결이 있는 경우에는 판결로서 소를 각하하여야 한다.[159)]

(2) 재심사유의 존부

재심의 소가 적법하면 재심사유의 존부에 대하여 심리하여야 한다. 재심사유가 존재한다고 인정되면 재심대상판결의 본안에 대한 심리를 시작한다. 재심사유가 인정되지 않으면 재심청구를 기각한다.

(3) 재심대상판결의 본안

재심대상판결의 본안에 대한 심리는 확정된 재심대상판결의 소송에서 재심사유가 된 하자 부분을 제거하고 다시 심리를 하는 것으로서 종전의 절차는 원칙적으로 그 효력이 유지된다. 따라서 전소송의 변론을 속행하는 것과 유사한 방식으로 심리가 이루어진다. 변론의 갱신절차를 밟아야 하며(455조, 204조), 사실심인 경우에는 새로운 공격방어방법을 제출할 수 있다.[160)] 본안의 변론과 재판은 재심청구이유의 범위 안에서만 해야 한다(459조 1항). 재심에도 불이익변경금지가 적용되어, 피고에 의하여 부대재심이 제기되지 않는 한 재심원고에 대하여 원래의 확정판결보다 불이익한 판결을 할 수 없다.[161)] (*2016. 법원직) 재심의 이유는 소송진행 중에 바꿀 수 있다(459조 2항).

4. 재심판결

9-90 (1) 중간판결

재심의 소에 대한 적법여부와 재심사유의 존부가 쟁점이 된 경우, 이에 대한 심리와 본안에 대한 심리가 동시에 진행되면 불필요한 심리가 이루어지거나 심리가 복잡해져 효율적이 지 못하게 될 우려가 있다. 이러한 경우 법원은 재심의 소가 적법한지 여부와 재심사유가 있는지 여부에 관한 심리를 본안에 관한 심리 및 재판과 분리하여 먼저 시행할 수 있다(454조 1항). 그러한 경우에 법원은 재심사유가 있다고 인정한 때에는 그 취지의 중간판결을 한 뒤 본안에 관하여 심리·재판한다(454조 2항). 그러한 취지를 종국판결의 판결이유에서 설시하여도 무방하다.

9-91 (2) 종국판결

1) 재심의 소가 부적법하면 종국판결로 재심의 소를 각하한다. 주장한 재심사유가

---

159) 1980. 1.11. 80다2126.
160) 2001. 6.15. 2000두2952.
161) 2003. 7.22. 2001다76298.

이유 없는 것으로 인정되면 종국판결로 재심청구를 기각한다.[162] 재심사유가 인정되면 계속하여 원판결의 본안에 대하여 심리하며, 심리한 결과 원판결이 위법 또는 부당하다고 인정되면 불복신청의 한도에서 이를 취소하고 그에 갈음하는 판결을 한다. 재심피고에 의하여 부대재심이 제기되지 않는 한 재심원고에 대하여 원래의 확정판결보다 불이익한 판결을 할 수 없다(불이익변경금지).[163] (*2016. 법원직)

2) 재심의 사유가 있는 경우라도 원판결이 정당하다고 인정되면 법원은 재심의 청구를 기각하여야 한다(460조). 원판결이 표준시 이전의 사유로 정당한 경우는 문제가 없으나 표준시 이후에 발생한 새로운 사유로 원판결이 정당해 지는 경우에는 논란이 있다. 이러한 경우는 재심청구를 기각할 것이 아니라 원판결을 취소하고 동일한 내용의 판결을 하여야 한다는 견해도 있으나, 법조문에 충실하게 이러한 경우에도 재심청구를 기각하는 것이 판례이다.[164] 상소와는 달리 확정된 판결을 대상으로 하는 것이므로, 원판결을 취소하고 동일한 판결을 선고하기 보다는 재심청구를 기각하는 것이 타당하다고 본다. 이러한 경우 기판력의 표준시는 재심의 소의 변론종결시가 된다.[165]

(3) 재심판결에 대한 불복 9-92

재심의 소에 대한 종국판결에 대해서는 통상의 소에 있어서의 종국판결에 준하여 항소 및 상고를 할 수 있다(455조 참조). 재심판결에 재심사유가 있는 경우에는 재심으로 불복할 수 있다.

5절 준 재 심

1. 의 의 9-93

확정판결과 같은 효력이 있는 조서(화해, 청구의 인락, 청구의 포기)와 즉시항고로 불복할 수 있는 결정이나 명령이 확정된 경우에 재심사유가 있을 때 재심의 소에 준하여 재심을 제기하는 것을 준재심이라고 한다(461조).

---

162) 1990.12. 7. 90다카21886.
163) 2003. 7.22. 2001다76298.
164) 2003. 5.13. 2002다64148.
165) 1993. 2.12. 92다25151.

9-94 2. 화해조서등에 대한 준재심

화해, 청구의 포기, 청구의 인락 등 조서는 물론 재판상화해와 동일한 효력이 있는 조정조서도 여기에 해당한다. 제소전화해조서도 포함된다.[166] 화해권고결정도 재판상화해와 같은 효력이 있으므로(231조) 준재심의 소를 유추적용할 것이며, 조정에 갈음하는 결정도 마찬가지다.[167] 조서에 대한 준재심은 재심의 소의 방식으로 하여야 하며, 그 절차도 결정절차가 아니라 판결절차에 의하여야 한다.

9-95 3. 즉시항고로 불복할 수 있는 결정이나 명령에 대한 준재심

민사소송법상 소장각하명령(254조 3항), 상소장 각하명령(402조, 425조), 소송비용에 관한 결정(110조, 113조) 등이 이에 속하고, 민사집행법상 매각허가결정(민집 128조), 추심명령이나 전부명령(민집 229조 6항) 등이 이에 속한다. 경매개시결정은 즉시항고로 불복할 수 있는 결정이 아니며(*이의신청의 대상이다. 민집 86조) 즉시항고에 의하여 상급심의 판단을 받지 아니하더라도 매각허가결정에 대한 즉시항고로써 다툴 수 있는 것이므로, 준재심의 대상이 아니다.[168] 소액심판법상 확정된 이행권고결정은 집행력은 있으나 기판력이 없으므로 준재심의 소를 제기할 수 없다.[169] (*2016. 2017. 법원직) (⇒ 11-8)

166) 1998.10. 9. 96다44051. [366]
167) 2005. 6.24. 2003다55936. [365]
168) 2004. 9.13. 2004마660.
169) 2009. 5.14. 2006다34190.

제 10 편 복합소송

복합소송(병합소송, 복수의 소송, 복잡소송이라는 용어도 사용된다)이란 하나의 소송절차에서 복수의 청구에 대한 심리가 이루어지거나, 하나의 소송절차에 복수의 소송주체가 관여하는 소송형태를 말한다. 복수의 청구에 대한 심리가 이루어지는 경우로는 청구의 병합(소의 객관적 병합), 청구의 변경, 중간확인의 소, 반소 등이 있다(제1장). 복수의 소송주체가 관여하는 경우로는 공동소송(소의 주관적 병합)과 소송참가, 당사자변경 및 집단분쟁해결을 위한 선정당사자·집단소송·단체소송 등이 있다(제2장). 10-1

제1장 복수의 청구

1) 소제기 당시부터 복수의 청구를 하는 원시적 병합과, 이미 계속 중인 소송에서 청구를 바꾸거나 새로운 청구를 더하는 후발적 병합의 경우에 복수의 청구에 대한 심리가 이루어진다. 원시적 병합의 소송형태에는 청구의 병합(소의 객관적 병합)이 있고(1절), 후발적 병합의 소송형태에는 청구의 변경(2절), 중간확인의 소(3절), 반소(4절) 등이 있다. 10-2

2) 복수의 청구를 하나의 소송절차에서 심리하기 위해서는 ① 같은 종류의 소송절차에서 심판될 수 있는 것, ② 수소법원이 모든 청구에 대하여 관할권을 가질 것을 기본적인 요건으로 한다.

1절 청구의 병합(소의 객관적 병합)

제253조 (소의 객관적 병합) 여러 개의 청구는 같은 종류의 소송절차에 따르는 경우에만 하나의 소로 제기할 수 있다.

1. 의 의 10-3

원고가 하나의 소로써 여러 개의 청구에 대한 재판을 신청하는 것을 청구의 병합(소의 객관적 병합)이라고 한다(253조). 이와 같은 형태의 소송은 소송경제 및 모순된 재판의 방지라는 측면에서 장점이 있으나, 심리의 복잡화 및 소송지연이라는 단점도 있다.

(문제 1)

甲은 乙에게 1억원을 대여하였고, 또한 甲은 乙에게 컴퓨터 10대를 5,000만원에 매도하였다. 甲의 乙에 대한 대여금채권과 매매대금채권이 모두 이행기에 도래하였다.

1) 甲은 乙을 상대로 1억원 대여금 청구의 소와 5,000만원 물품대금청구의 소를 별개로 제기

할 수 있는가? 甲은 乙을 상대로 하나의 소로 대여금과 매매대금 합계 1억5,000만원을 지급하라고 소를 제기할 수 있는가?

2) 별개의 소로 제기하는 경우와 하나의 소로 제기하는 경우는 소송에서 어떠한 차이가 있는가?
[별개의 소를 제기하는 것과 하나의 소로 제기하는 것이 모두 가능하다. 별개의 소를 제기하는 경우에는 소장을 따로 작성하고, 사건번호도 따로 부여되며, 기일도 따로 진행하고, 재판부도 다르게 배당될 수 있으며, 변론 및 증거조사도 따로 하여야 한다. 그러나, 하나의 소로 제기하여 하나의 사건으로 재판받는 경우는 그러하지 아니하다.]

(문제 2)

1) 甲이 乙을 상대로 토지에 대한 소유권이전등기 청구의 소를 제기하였다. 甲은 그 토지를 매수하였다는 주장을 하였고, 또한 그 토지를 시효취득 하였다는 주장도 하였다. 이러한 경우에 소송물은 몇 개인가? 이 경우 청구의 병합이 있는가?

2) 甲이 乙을 상대로 토지에 대한 소유권이전등기말소등기청구의 소를 제기하였다. 甲은 소유권이전등기의 원인이 되었던 매매계약이 기망에 의한 의사표시에 기초한 것으로 이를 취소하였다는 주장을 하였고, 또한 소유권이전등기의 원인이 되었던 매매계약을 해제하였다는 주장도 함께 하였다. 이러한 경우에 소송물은 몇 개인가? 청구의 병합이 있는가?
[판례의 입장에 따를 때, 1)의 경우 소송물이 다르다. 이 경우 하나의 소로서 2개의 소송물에 대한 재판을 청구하는 것이므로 청구의 병합이다. 2)의 경우에는 소송물이 하나이며 공격방어방법의 복수에 불과할 뿐이므로 청구의 병합이 있는 것이 아니다.]

2. 청구병합의 일반적 요건

각 청구가 모두 일반적 소송요건을 갖추어야 함은 당연하다. 더 나아가 청구병합의 요건으로 다음과 같은 것이 필요하다.

10-4 **(1) 동종의 소송절차**

여러 개의 청구가 같은 종류의 소송절차에 의하여 심판될 수 있을 것이어야 한다 (253조).

1) 민사 본안사건(민사소송법 적용)과 가압류·가처분사건(민사집행법 적용), 민사사건(민사소송법 적용)과 비송사건(비송사건절차법 적용)은 절차의 종류를 달리하는 것이므로 병합이 허용되지 않는다.

2) 일반 민사사건과 가사소송사건, 또는 행정소송사건은 원칙적으로 병합 될 수 없다. 예컨대, 통상의 민사사건인 부부간의 명의신탁해지를 원인으로 한 소유권이전등기청구나 부부공유재산분할청구에 가사소송 또는 가사비송사건인 이혼 및 재산분할청구를 병합할 수 없다.[1] 다만, 행정소송에서 민사상의 관련청구(손해배상, 부당이득, 원상회복 등)를 병합하는 것은 예외적으로 법으로 허용된다(행소법 10조). 또한 가사소송사건인 이혼사건과 가사비송사건인 재산분할청구도 법문으로 상호병합 할 수 있도록 규정한다(가소법 14조 1항).

〈행소법〉

제10조 (관련청구소송의 이송 및 병합) ① 취소소송과 다음 각호의 1에 해당하는 소송(이하 "관련청구소송"이라 한다)이 각각 다른 법원에 계속되고 있는 경우에 관련청구소송이 계속된 법원이 상당하다고 인정하는 때에는 당사자의 신청 또는 직권에 의하여 이를 취소소송이 계속된 법원으로 이송할 수 있다.

1. 당해 처분등과 관련되는 손해배상·부당이득반환·원상회복등 청구소송
2. 당해 처분등과 관련되는 취소소송

② 취소소송에는 사실심의 변론종결시까지 관련청구소송을 병합하거나 피고외의 자를 상대로 한 관련청구소송을 취소소송이 계속된 법원에 병합하여 제기할 수 있다.

〈가소법〉

제14조 (관련 사건의 병합) ① 여러 개의 가사소송사건 또는 가사소송사건과 가사비송사건의 청구의 원인이 동일한 사실관계에 기초하거나 1개의 청구의 당부(當否)가 다른 청구의 당부의 전제가 되는 경우에는 이를 1개의 소로 제기할 수 있다.

② 제1항의 사건의 관할법원이 다를 때에는 가사소송사건 중 1개의 청구에 대한 관할권이 있는 가정법원에 소를 제기할 수 있다.

3) 본안소송절차에 강제집행절차를 병합할 수 없는 것이 원칙이다. 다만 특별법규정(언론중재 및 피해구제 등에 관한 법률 26조 3항)에 의하여 정정보도청구의 소의 본안소송절차에 강제집행절차인 간접강제신청을 병합할 수 있다. 또한, 판례는 부작위채무이행의 소송절차에서 그 판결에 대한 강제집행을 위한 간접강제신청을 병합할 수 있다고 한다.[2] (*2015. 법원직)

4) 재심의 소에 통상의 민사상 청구를 병합할 수 있는가에 대하여, 판례는 이를 부정하여 병합 제기한 통상청구를 각하하여야 한다고 한다.[3] 그러나, 재심대상이 1심판결인 경우 재심의 소와 함께 재심의 소가 인용될 경우 필요한 원상회복청구를 병합하는

---

1) 2006. 1.13. 2004므1378.

2) 2013.11.28. 2013다50367; 1996. 4.12. 93다40614,40621.

3) 1997. 5.28. 96다41649; 1971. 3.31. 71다8. [364]

것이 허용되어야 한다(통설). 예컨대, 재심대상판결에 의하여 소유권이전등기가 경료된 경우 1심판결에 대한 재심의 소에서 이전된 등기의 말소등기청구를 병합하는 것은 심급이익의 박탈도 없고 소송경제상으로도 유익하므로 굳이 별소로 문제를 해결할 필요가 없을 것이다.

10-5 **(2) 공통의 관할권**

병합되는 각 청구에 공통의 관할권이 있을 것이 요건이다. 각 청구가 전속관할을 달리하는 경우에는 병합할 수 없다. 임의관할인 경우 각 청구의 관할법원이 다르더라도 관련청구의 재판적이 인정되므로(25조 1항) 병합을 하는데 아무런 문제가 없다.

10-6 **(3) 청구사이의 관련성 요부**

청구병합의 일반적 요건으로 청구 사이의 관련성을 필요로 하는 것은 아니다. 단순병합의 경우 청구사이의 관련성이 없어도 된다. 그러나 선택적 병합, 예비적 병합인 경우에는 청구 사이에 일정한 관련성이 필요하다(이 점에 대해서는 뒤에 따로 살펴본다).

10-7 **3. 병합의 모습 및 특성**

청구의 병합은 심판방법에 따라 단순병합, 선택적 병합, 예비적 병합으로 나뉜다. 병합의 형태는 병합청구하는 당사자의 의사가 아니라 병합청구의 성질을 기준으로 판단하여야 한다.[4] 원고가 기존의 청구와 논리적으로 관련성이 없는 청구를 선택적 또는 예비적으로 병합하여 추가하는 내용의 청구원인변경신청을 한 경우, 법원이 소송지휘권을 적절히 행사하여 이를 단순병합 청구로 보정하게 하는 등의 조치를 취함이 없이 이와 같은 청구원인변경신청을 받아들였다 하더라도 그로 인하여 청구의 병합 형태가 적법한 선택적 또는 예비적 병합 관계로 바뀔 수는 없다.[5]

10-8 **(1) 단순병합**

상호간에는 독자성이 있는 여러 개의 청구에 대하여 모두 재판을 해 줄 것을 구하는 형태의 병합이다. 병합된 다른 청구가 이유 있든 없든 상관없이 병합된 모든 청구에 대하여 심판을 하여야 한다(예컨대, 건물인도청구와 대여금반환청구를 하나의 소로 구하는 경우). 불법행위에 기한 손해배상청구에서 적극손해, 소극손해, 위자료를 함께 청구하는 것은 판례의 3분설에 따르면 단순병합이다. 단순병합의 경우에는 병합된 청구에 대하여 각

---

4) 2018. 2.28. 2013다26425; 2014. 5.29. 2013다96868. [264]
5) 2009. 5.28. 2007다354. [268]

각 모두 재판하여야 한다(양립가능). 병합된 청구 상호간에 관련성을 요하지 않는다.

(2) 선택적 병합

1) 의 의 10-9

여러 개의 청구가 모두가 동일한 목적을 달성하기 위한 것으로서 어느 하나의 권리가 변제 등으로 소멸한다면 나머지 권리도 그 목적을 달성하여 동시에 소멸하는 관계에 있는 경우에 어느 하나의 청구가 인용되는 것을 해제조건으로 여러 개의 청구가 병합된 것이 선택적 병합이다. 병합된 청구 가운데 어느 하나가 인용되면 다른 청구에 대하여는 재판을 하지 않아도 된다(A or B). 어느 하나의 청구가 인용되는 것을 해제조건으로 여러 개의 청구가 병합되는 것이므로, 어느 하나를 인용하는 판결이 전부판결이 된다. 법원은 병합된 청구 중 어느 하나라도 인용되면 그 청구를 선택하여 인용판결을 하고 나머지 청구에 대해서는 판결을 하지 않는다. 청구를 기각하는 경우는 모든 청구에 대하여 기각하는 판결을 하여야 한다.

2) 요 건 10-10

(가) 선택적 병합은 하나의 목적을 달성하기 위한 수개의 청구권 또는 형성권을 모두 소송물로 하여 청구하면서 그 중 하나를 선택하여 인용하여 달라고 하는 경우에 인정된다. 실체법상 청구권경합이 있는 경우 경합된 청구권을 소송상 행사할 때 소송법상 선택적 경합이 이루어진다. 예컨대, 하나의 손해배상청구를 하면서 불법행위에 기한 손해배상청구과 계약불이행에 기한 손해배상청구를 동시에 하는 경우, 이혼청구의 소를 제기하면서 배우자의 부정행위와 혼인을 계속하기 어려운 중대사유 등 두 가지 이혼사유에 기한 청구를 동시에 하는 경우 등이 선택적 병합이다(신소송물 1원설에서는 이러한 경우 선택적 공격방어방법에 불과하다고 한다).

(나) 양립 불가능 한 청구(예컨대, 등기가 원인무효임을 이유로 그 말소를 구하는 청구와 그 등기가 유효한 명의신탁등기이나 신탁이 해지되었음을 이유로 소유권이전등기를 구하는 청구),[6] 또는 목적공통의 관련성 없는 청구(예컨대, 매매대금청구와 그와 별개의 손해배상청구, 가옥명도 청구와 그 가옥에 대한 소유권이전등기청구)는 선택적으로 병합할 수 없다. 별개의 업무와 관련된 각각의 손해배상청구를 선택적으로 병합한 경우에는 석명권을 행사하여 단순병합으로 보정시킨 후 단순병합으로 처리하여야 한다.[7] 잔여지의 수용청구와 잔

---

6) 1982. 7.13. 81다카1120. [263]
7) 2008.12.11. 2005다51495.

여지의 가격감소로 인한 손실보상청구는 서로 양립할 수 없는 관계에 있어 선택적 병합이 불가능한데 원심이 위 두 청구의 선택적 병합 청구를 허가한 것은 잘못이다.[8)]

"제1심판결 선고 전의 명예훼손행위에 관하여 손해배상청구를 하였으나 피고가 그 내용이 진실이라고 믿을 만한 상당한 이유가 있다는 이유로 청구를 기각당한 원고가 그 항소심에서 청구취지를 변경하지 아니한 채 피고가 제1심판결 선고 후 행한 새로운 명예훼손행위를 청구원인으로 추가하였다면 이는 다른 특별한 사정이 없는 한 피고의 새로운 명예훼손행위를 원인으로 하는 손해배상청구를 선택적으로 병합하는 취지라고 볼 것이다. 그러므로 그 항소심이 새로운 명예훼손행위를 원인으로 한 선택적 병합청구에 관하여 아무런 판단도 하지 아니한 채 원고의 청구를 기각하는 것은 판단누락에 해당한다."[9)]

(다) 법조경합관계에 있는 경우 각각의 법규에 기초하여 한 청구(예, 민법상 손해배상청구, 자동차손해배상보장법상 손해배상청구)는 특별법 우선의 원칙에 의하여 하나의 실체법(특별법)상 권리를 바탕으로 한 하나의 소송상 청구가 되며, 선택채권(민법 380조)에 기한 청구도 선택된 하나의 실체법상 권리를 바탕으로 한 청구이기 때문에 하나의 소송상청구가 될 뿐이지 선택적 병합소송이 되지 않는다(신·구소송물이 결론을 같이한다).

(3) 예비적 병합

(문) 甲이 乙에게 컴퓨터 10대를 매도하기로 하는 계약을 체결하고 대금을 받지 않고 먼저 목적물을 인도해 주었다. 대금지급기일이 도래하였음에도 乙은 매매목적물에 심각한 하자가 있다고 주장하며 대금지급을 하지 않는다.

1) 甲은 乙을 상대로 매매대금청구의 소(1소)를 제기하였다. 이러한 경우 1소 계속 중에 매매계약의 효력이 부인되는 경우에 대비하여 매매계약의 효력부인을 조건으로 하여 컴퓨터의 반환을 구하는 소(2소)의 제기가 허용되는가? 1소 패소 후에 새롭게 컴퓨터의 반환을 구하는 소(2소)를 제기하는 것이 허용되는가? 이 경우 어떤 문제가 생기는가?

2) 甲은 乙을 상대로 매매대금청구의 소를 제기하면서, 그 소에서 매매계약의 효력이 부인되는 경우에 대비하여 컴퓨터의 반환을 구하는 소송상 청구를 동시에 할 수 있는가? 하나의 소로 제기할 수 있다면 그 법적근거는? 별개의 소로 제기하는 것과 비교하여 어떤 장점이 있는가? 이 경우 매매대금청구와 컴퓨터반환청구의 관계는?

10-11 **1) 의 의**

하나의 소로써 양립할 수 없는 여러 개의 청구를 하면서 순위를 정하여 주위적 청구

---

8) 2014. 4.24. 2012두6773.
9) 2010. 5.13. 2010다8365.

가 인용될 것을 해제조건으로 하여(주위적 청구가 배척 될 때를 대비하여) 예비적 청구에 대한 재판을 구하는 것을 청구의 예비적 병합이라고 한다(예컨대, 매매를 원인으로 매매대금청구를 하면서 매매계약의 효력이 부인될 것에 대비하여 인도된 매매목적물이 반환을 청구하는 경우). 주위적 청구의 인용을 해제조건으로 하는 예비적 청구의 병합은 소송내의 조건으로 절차의 안정을 해하지 않으며, 주위적 청구에 대한 소에서 청구가 배척 된 후에 다시 소를 제기하는 것은 소송경제의 원칙에 반하고 관련된 청구 사이에 모순된 판결이 내려질 위험이 있으므로, 청구병합(253조)의 한 방식으로 예비적 병합이 허용된다.

2) 요 건 10-12

(가) 예비적 병합은 원칙적으로 병합된 청구가 상호간 양립불가능 하여야 한다. 주위적으로 무조건적인 소유권이전등기절차의 이행을 구하고, 예비적으로 금전지급과 상환으로 소유권이전등기절차의 이행을 구하는 경우에는 예비적 청구는 주위적 청구를 질적으로 일부 감축하여 하는 청구에 지나지 아니할 뿐, 그 목적물과 청구원인은 주위적 청구와 완전히 동일하므로 소송상의 예비적 청구라고는 볼 수 없다.[10] 기초되는 사실관계에 관련성이 있어야 하며, 법률적으로 또는 경제적으로 동일한 목적을 서로 다른 방향에서 추구하는 것이어야 한다. 병합된 청구가 양립가능하고 상호 관련성도 없다면 단순병합으로 취급하여야 할 것이다.

(나) 주위적으로 특정물인도를 청구하면서 사실심 변론종결일을 기준으로 이행불능을 이유로 패소판결 받을 것을 대비하여 예비적으로 채무불이행(이행불능)을 원인으로 하는 손해배상을 청구하는 경우와는 달리(이러한 경우는 청구의 예비적 병합이 된다), 특정물인도청구를 하면서 장래(사실심 변론 종결 후) 특정물인도청구권이 집행불능에 이르게 될 것에 대비하여 특정물인도청구와 함께 대상청구를 하는 경우는 현재의 이행의 소와 장래의 이행의 소의 단순병합이 된다. 판례도 "채권자가 본래적 급부청구에 이를 대신할 전보배상을 부가하여 대상청구를 병합하여 소구한 경우 대상청구는 본래적 급부청구권이 현존함을 전제로 하여 이것이 판결확정 전에 이행불능 되거나 또는 판결확정 후에 집행불능이 되는 경우에 대비하여 전보배상을 미리 청구하는 경우로서 양자의 병합은 현재 급부청구와 장래 급부청구의 단순병합에 속하는 것으로 허용된다. 이러한 대상청구를 본래의 급부청구에 예비적으로 병합한 경우에도 본래의 급부청구가 인용된다는 이유만으로 예비적 청구에 대한 판단을 생략할 수는 없다."고 한다.[11]

---

10) 1999. 4.23. 98다61463.
11) 2011. 8.18. 2011다30666. [262]

10-13 3) 부진정예비적 병합

양립가능하여 성질상 선택적 관계에 있는 양 청구를 당사자가 순서를 정하여 재판하여 줄 것을 요구하고 거기에 합리적인 이유가 있는 경우에는 부진정예비적 병합으로서 허용된다.[12] 논리적으로 양립할 수 있는 수 개의 청구라 하더라도 당사자가 심판의 순위를 붙여 청구를 할 합리적 필요성이 있는 경우에는 당사자가 붙인 순위에 따라서 당사자가 먼저 구하는 청구를 심리하여 이유가 없으면, 다음 청구를 심리하여야 한다.[13]

그러나, 제1청구의 인용에 대비하여 양립가능한 제2청구를 하는 경우(예컨대, 해고무효확인의 소를 제기하면서 손해배상청구를 병합하는 경우, 매매계약무효확인청구와 함께 매매로 소유권을 이전해 준 목적물반환청구를 하는 경우)는 2개 청구 모두 재판하여야 하는 단순병합으로 보는 것이 타당하다. 다만, 그러한 경우에는 2청구가 1청구에 종속된 관계이므로 1청구가 기각되는 경우 더 나아가 심리할 필요 없이 2청구도 기각하여야 할 것이다("본위적 청구에 부가한 대상청구에 대하여는 본위적 청구가 이유 없는 때에는 예비적 청구(단순병합)인 대상청구에 관하여는 심리할 필요 없이 이를 배척하여야 할 것이다.").[14] 논리적으로 전혀 관계가 없어 단순병합으로 해야 할 수개의 청구를 예비적 병합으로 청구하는 것은 부적법하다.[15]

4. 절차와 심판

10-14 (1) 소가의 산정

단순병합의 경우 병합된 청구의 가액을 합산하여 소송물 가액 산정한다. 선택적·예비적 병합의 경우에는 작은 것이 큰 것에 흡수된다.

10-15 (2) 병합 요건의 심사

각 청구의 소송요건과 병합요건은 직권으로 심사한다. 병합요건이 흠결된 경우 청구별로 변론을 분리하여 별개의 소송절차로 심판하여야 한다는 것이 통설이다.

10-16 (3) 병합청구의 심리

병합된 청구는 동일절차에서 심리하며, 변론과 증거 조사를 공통으로 실시한다. 소송자료는 각 청구에 공통적으로 사용된다.

---

12) 2002. 9. 4. 98다17145.
13) 2002. 2. 8. 2001다17633. [271]
14) 1969.10.28. 68다158.
15) 2008.12.11. 2005다51495.

단순병합은 변론의 분리가 허용되나, 쟁점을 공통으로 하는 경우에는 분리를 삼갈 필요가 있다. 선택적 병합과 예비적 병합은 병합된 청구사이에 관련성이 있으므로 변론의 분리가 허용되지 아니한다. 예비적 병합의 경우 피고로서는 예비적 청구에 관해서만 인낙할 수 없고 인낙하더라도 무효이다.[16)]

(4) 병합청구의 종국판결 및 재판의 누락 10-17

1) 단순병합의 경우

(가) 법원은 병합된 모든 청구에 대하여 분리하여 심리하지 않는 한 원칙적으로 하나의 종국 판결을 한다. 하나의 종국판결(전부판결) 중 일부에 대해서만 상소를 한 경우 상소불가분의 원칙에 따라 상소되지 아니한 나머지 부분도 확정이 차단되고 이심이 된다(판례, 통설 : 이설 있음). 병합된 청구에 대하여 변론을 분리하여 일부의 청구에 대해서만 판결을 할 수 있다. 그 경우 그 일부판결에 대하여 상소하는 경우 상소한 부분만이 이심된다(법원은 기록을 등사하여 원기록을 항소법원으로 송부하고 등사기록을 1심법원의 소송기록으로 한다).[17)]

(나) 전부판결을 하였으나 판결의 누락이 있는 경우 전부판결에 대하여 항소를 하여도 누락된 부분은 이심이 되지 않으며, 누락된 부분은 원심에 계속하는 것이므로 원심법원이 추가판결을 하여야 한다(212조 1항 참조). 단순병합으로 구하여야 할 수 개의 청구를 선택적 청구로 병합하여 소를 제기하고 제1심법원이 이를 단순병합 청구로 보정하게 하는 등의 조치를 취함이 없이 본안판결을 하면서 그 중 하나의 청구에 대하여만 심리·판단하여 이를 인용하고 나머지 청구에 대한 심리·판단을 모두 생략하는 내용의 판결을 하였다고 하더라도, 그로 인하여 청구의 병합 형태가 적법한 선택적 병합 관계로 바뀔 수는 없다 할 것이므로, 이러한 판결에 대하여 피고만이 항소한 경우 제1심법원이 심리·판단하여 인용한 청구만이 항소심으로 이심될 뿐, 나머지 심리·판단하지 않은 청구는 여전히 제1심에 남아 있게 된다.[18)]

> **(예)** A, B, C 청구가 단순병합 된 경우
>
> 1) 하나의 종국판결로 A, B, C 청구전부에 대하여 판결 하였는데, 피고만이 C청구에 대한 판결에 대해서만 항소를 한 경우, 상소불가분의 원칙에 따라 A, B, C 청구에 대한 판결 전부

---

16) 1995. 7.25. 94다62017. [272]
17) 실무제요 Ⅲ, p.213.
18) 2008.12.11. 2006다5550. [270]

가 이심된다.

2) 심리를 분리하여 A청구에 대하여만 일부판결을 할 수 있다. 그 경우 항소를 하면 A청구에 대하여만 이심된다. 나머지 부분은 여전히 1심에 계속되며 1심 법원이 잔부(나머지 부분)에 대한 판결을 하게 된다.

3) 하나의 종국판결로 A, B, C 청구 전부에 대하여 판결 하였는데 판결 주문에 C청구에 대한 판결이 누락된 경우, 전부판결에 대하여 항소를 하더라도 누락된 C 청구에 대한 부분은 이심되지 않고 1심에 계속되며, 1심법원이 추가판결을 하여야 한다.

10-18 2) 선택적 병합의 경우

(가) 이유 있는 청구하나를 선택하여 인용판결을 하면 되고, 나머지 청구에 대한 기각판결을 할 필요가 없으며, 따로 판결이유에 언급할 필요도 없다. 선택적으로 병합된 청구 모두가 이유 없을 때는 청구 모두에 대하여 기각사유를 밝혀 기각하여야 한다. 수개의 청구가 하나의 소송절차에 불가분적으로 결합되어 있기 때문에 심리를 분리하여 일부판결을 하는 것은 허용되지 않는다.[19]

(나) 선택적 병합청구에 대한 재판의 누락이 있는 경우에 대해서는 판결누락설과 위법재판설 (판단누락준용설)이 대립한다. 판결누락설은 실정법규가 명백히 재판누락(212조)과 판단누락(451조 1항 9호)을 구분하고 있음을 강조하면서, 선택적 병합청구에 대한 재판을 누락한 경우 누락된 청구부분은 원래의 법원이 추가판결을 하여야 한다고 한다. 이에 반하여 위법재판설(판단누락준용설)은 선택적 병합청구 상호간에 밀접한 관련성이 있다는 점을 중시하여 선택적 병합청구에 대한 판결의 누락이 있는 경우에는 판결에 대하여 상소를 하면 판단을 누락한 위법한 판결과 마찬가지로 누락된 부분이 상소심으로 이심된다고 한다. 판례는 위법재판설(판단누락준용설)의 입장에 따른다.[20] 선택적 청구가 하나의 소송절차에 불가분적으로 결합되어 있어 변론을 분리하거나 일부판결을 하는 것이 허용되지 않는 점, 병합된 청구에 대한 재판진행의 통일이라는 실용적 측면을 감안할 때 판례의 입장이 타당하다고 본다.

"청구의 선택적 병합이란 양립할 수 있는 수개의 경합적 청구권에 기하여 동일 취지의 급부를 구하거나 양립할 수 있는 수개의 형성권에 기하여 동일한 형성적 효과를 구하는 경우에 그 어느 한 청구가 인용될

19) 1998. 7.24. 96다99. [265]
20) 1998. 7.24. 96다99.

것을 해제조건으로 하여 수개의 청구에 관한 심판을 구하는 병합 형태로서, 이와 같은 선택적 병합의 경우에는 수개의 청구가 하나의 소송절차에 불가분적으로 결합되어 있기 때문에 선택적 청구 중 하나만을 기각하는 일부판결은 선택적 병합의 성질에 반하는 것으로서 법률상 허용되지 않는다. 제1심법원이 원고의 선택적 청구 중 하나만을 판단하여 기각하고 나머지 청구에 대하여는 아무런 판단을 하지 아니한 조치는 위법한 것이고, 원고가 이와 같이 위법한 제1심판결에 대하여 항소한 이상 원고의 선택적 청구 전부가 항소심으로 이심되었다고 할 것이므로, 선택적 청구 중 판단되지 않은 청구 부분이 재판의 탈루로서 제1심법원에 그대로 계속되어 있다고 볼 것은 아니다." (1998. 7. 24. 96다 99).

3) 예비적 병합의 경우 10-19

주위적 청구를 인용하는 경우 예비적 청구에 대해서는 심판을 할 필요가 없다. 주위적 청구를 기각하는 경우에는 예비적 청구에 대하여 심판한다. 수개의 청구가 하나의 소송절차에 불가분적으로 결합되어 있기 때문에 심리를 분리하거나 일부판결을 할 수 없다. 피고로서도 예비적 청구에 2인낙을 할 수 없고, 가사 인낙을 한 취지가 조서에 기재되었다 하더라도 그 인낙의 효력이 발생하지 아니한다.[21] 예비적 청구에 대한 심판을 누락한 경우에 대해서도 선택적 병합의 경우와 마찬가지로 학설이 대립한다. 대법원은 판결누락설적인 입장을 취하다가 2000. 11. 16. 98다22253 전원합의 판결을 통하여 위법재판설(판단누락준용설)의 입장으로 변경하였다. 타당한 결론이라고 생각한다.

"예비적 병합의 경우에는 수개의 청구가 하나의 소송절차에 불가분적으로 결합되어 있기 때문에 주위적 청구를 먼저 판단하지 않고 예비적 청구만을 인용하거나 주위적 청구만을 배척하고 예비적 청구에 대하여 판단하지 않는 등의 일부판결은 예비적 병합의 성질에 반하는 것으로서 법률상 허용되지 아니하며, 그럼에도 불구하고 주위적 청구를 배척하면서 예비적 청구에 대하여 판단하지 아니하는 판결을 한 경우에는 그 판결에 대한 상소가 제기되면 판단이 누락된 예비적 청구 부분도 상소심으로 이심이 되고 그 부분이 재판의 탈루에 해당하여 원심에 계속 중이라고 볼 것은 아니다."[22] (*2018. 2015. 2010. 법원직)

이러한 경우 판단누락한 예비적 청구부분은 원심에 추가적 판결을 신청하거나 별소로 다툴 수 없고 상소로 다투어야 하며, 상소로 지적했음에도 시정되지 않으면 '판결에 영향을 미친 중요한 사항에 관하여 판단을 누락한 때'(451조 1항 9호)에 해당하는 재심사유가 된다.[23]

---

21) 1995. 7.25. 94다62017. [272]
22) 2000.11.16. 98다22253(전원합의). [273]
23) 2002. 9. 4. 98다17145.

10-20 ### (5) 항소심에서의 심판범위

청구병합의 형태는 당사자의 의사가 아닌 병합청구의 성질을 기준으로 판단하여야 하고, 항소심에서의 심판범위도 그러한 병합청구의 성질을 기준으로 결정하여야 한다.[24]

1) 단순병합의 경우

논리적으로 전혀 관계가 없어 순수하게 단순병합으로 구하여야 할 수개의 청구를 선택적 또는 예비적 청구로 병합하여 청구하는 것은 부적법하여 허용되지 않는다 할 것인바, 원고가 그와 같은 형태로 소를 제기한 경우 제1심법원이 그 모든 청구의 본안에 대하여 심리를 한 다음 그 중 하나의 청구만을 인용하고 나머지 청구를 기각하는 내용의 판결을 하였다면, 이는 법원이 위 청구의 병합관계를 본래의 성질에 맞게 단순병합으로서 판단한 것이라고 보아야 할 것이고, 따라서 피고만이 위 인용된 청구에 대하여 항소를 제기한 때에는 일단 단순병합관계에 있는 모든 청구가 전체적으로 항소심으로 이심되기는 하나 항소심의 심판범위는 이심된 청구 중 피고가 불복한 청구에 한정된다.[25]

10-21 #### 2) 선택적 병합의 경우

㈎ 원고청구를 기각하는 판결은 선택적으로 병합된 모든 청구를 기각하는 것이므로 이에 대하여 패소한 원고가 항소하는 경우 원칙적으로 선택적으로 병합된 모든 청구가 항소심으로 이심되어 항소심의 심판 대상이 된다. 제1심에서 원고의 청구가 기각되어 원고가 항소한 다음 항소심에서 청구를 선택적으로 병합한 경우에도 제1심에서 수개의 청구가 선택적으로 병합되었다가 그 청구가 모두 이유 없다고 인정되어 청구기각 판결이 선고되고 이에 원고가 항소한 경우와 마찬가지로 법원은 병합된 수개의 청구 중 어느 하나의 청구를 선택하여 심리할 수 있고, 제1심에서 기각된 청구를 먼저 심리할 필요는 없으며, 어느 한 개의 청구를 심리한 결과 그 청구가 이유 있다고 인정될 경우에는 원고의 청구를 기각한 제1심 판결을 취소하고 이유 있다고 인정되는 청구를 인용하는 주문을 선고하여야 한다.[26] 원고의 청구를 인용한 판결에 대하여 피고가 불복하는 경우에도 선택적으로 병합된 청구 상호간에 관련성이 있기 때문에 병합된 청구가 모두 항소심으로 이심되어 항소심의 심판대상이 된다(*2008. 법원직).

---

24) 2014. 5.29. 2013다96868.
25) 2008.12.11. 2005다51471. [269]
26) 1993.10.26. 93다6669. [267]

(나) 원고의 청구를 인용한 판결에 대하여 피고가 항소를 제기하여 항소심에 이심된 후 청구가 추가되어 선택적으로 병합된 경우에 항소심은 제1심에서 인용된 청구를 먼저 심리하여 판단할 필요가 없고 선택적으로 병합된 수개의 청구 중 제1심에서 심판되지 아니한 청구를 임의로 선택하여 심판할 수 있다.[27] 이러한 경우 심리결과 제1심에서 심리되지 않은 청구가 이유 있다고 인정되고 그 결론이 제1심판결의 주문과 동일하더라도 제1심판결을 취소한 다음 새로이 청구를 인용하는 주문을 선고해야한다(제1심에서 피고들이 계쟁건물을 적법한 권원 없이 점유함을 이유로 피고들을 상대로 부당이득반환청구를 하여 제1심이 이를 인용하는 원고 승소의 판결을 선고하였고, 이에 피고들이 항소를 제기하여 2심에서 심리를 하던 중 원고가 계쟁건물의 불법점유를 원인으로 한 손해배상청구를 위 부당이득반환청구에 선택적으로 병합하자 2심은 두 개의 청구 중 2심에서 새로이 병합되어 제1심이 심판하지 아니한 불법점유를 원인으로 한 손해배상청구를 선택하여 심리한 다음 그 청구가 이유 있다고 인정하면서 그 결론이 제1심판결과 같다는 이유로 위 부분에 관한 피고들의 항소를 기각하는 내용의 판결을 선고한 것은 잘못이라고 함).[28] (재심의 경우와 다른 점 유의)

(다) 실질적으로 선택적 병합관계에 있는 두 청구에 관하여 당사자가 주위적·예비적으로 순위를 붙여 청구하였다고 하더라도 병합청구의 성질에 비추어 선택적 병합관계에 있다면 항소심에서의 심판범위도 선택적 병합청구의 성질을 기준으로 결정하여야 한다.[29]

[판례연구]

대상판결 : 2014. 5. 29. 2013다96868.

가. 사실관계

원고는 피고에 대하여 1억 원과 이에 대한 지연손해금의 지급을 청구하는바, 주위적 청구인 대여금 청구는 '원고가 피고에게 1억 원을 대여하였다'는 취지이고, 예비적 청구인 손해배상 청구는 '원고가 피고한테 기망당하여 1억 원을 지급하였다'는 취지이다. 제1심은 주위적 청구를 기각하고 예비적 청구를 인용하였는데, 이에 대하여 피고만이 항소하였다. 항소심인 원심은 피고만이 항소한 이상 심판대상은 예비적 청구 부분에 한정된다고 전제한 다음, 피고의 불법행위가 인정되지 않는다는 이유로 피고의 항소를 받아들여 예비적 청구도 기각하였다.

27) 1992. 9.14. 92다7023. [266]
28) 2006. 4.27. 2006다7587,7594.
29) 2014. 5.29. 2013다96868. [264]

나. 판결요지(직권판단)

병합의 형태가 선택적 병합인지 예비적 병합인지 여부는 당사자의 의사가 아닌 병합청구의 성질을 기준으로 판단하여야 하고, 항소심에서의 심판범위도 그러한 병합청구의 성질을 기준으로 결정하여야 한다. 이 사건 주위적 청구와 예비적 청구는 실질적으로는 선택적 병합 관계에 있다 할 것이므로, 원심으로서는 피고가 항소의 대상으로 삼은 이 사건 예비적 청구만을 심판대상으로 삼을 것이 아니라 두 청구 모두를 심판의 대상으로 삼아 판단하였어야 한다(파기환송). (*2017. 법원직)

검토사항

1) 양 청구는 성질상 선택적 관계에 있는 청구인가? 성질상 예비적 병합이라고 할 수 없는가?[30]
2) 원고가 순서를 정하여 재판하여 줄 것을 요구하였으므로 부진정 예비적 병합이 성립하는 것 아닌가? 순서를 정하여 재판하여 줄 것을 요구한데에 합리적인 이유가 있는가?
3) 실질적으로 선택적 병합관계에 있다는 판례의 견해는 설득력이 있는가?

[관련판결 : 2018. 2.28. 2013다26425]

"병합의 형태가 선택적 병합인지 예비적 병합인지 여부는 당사자의 의사가 아닌 병합청구의 성질을 기준으로 판단하여야 한다(대법원 2014. 5. 29. 선고 2013다96868 판결, 대법원 2017. 6. 15. 선고 2015다30244, 30251 판결 참조). 원심판결 이유 및 기록에 의하면, 원고는 원심에서 손해배상에 관한 청구를 교환적으로 변경하면서 채무불이행을 원인으로 한 청구를 주위적으로, 불법행위를 원인으로 한 청구를 예비적으로 각각 구하였고, 원심도 원고가 붙인 심판의 순위에 따라 판단하였다. 그러나 위 두 청구는 그 청구 모두가 동일한 목적을 달성하기 위한 것으로서 어느 하나의 채권이 변제로 소멸한다면 나머지 채권도 그 목적 달성을 이유로 동시에 소멸하는 관계에 있으므로 선택적 병합 관계에 있음을 지적하여 둔다."

10-22 **3) 예비적 병합의 경우**

(문) 컴퓨터매매와 관련된 사안에서, 원고가 피고를 상대로 주위적으로 매매대금 5천만원의 지급을 청구하면서 계약이 무효라는 판단을 받을 것에 대비하여 예비적으로 컴퓨터를 반환하라는 청구를 하였다.

30) 이기택, 법률신문 판례평석(2014.11.24. 입력); 전병서, 법률신문, 2014.8.18.자 11면 참조.

1) 1심은 주위적 청구를 인용하였다(예비적 청구에 대해서 판단하지 않음). 피고가 항소하자 항소심에서는 계약이 무효라고 판단하였다. 이때 항소심에서는 예비적 청구를 인용하여 컴퓨터 반환을 명할 수 있는가?

2) 1심은 주위적 청구를 기각하고 예비적 청구를 인용하였다. 피고만이 항소한 경우 항소심에서는 원심을 취소하고 주위적 청구를 인용하는 판결을 할 수 있는가?

(가) 예비적 병합청구는 수개의 청구가 하나의 소송절차에 불가분적으로 결합되어 있기 때문에 주위적 청구를 인용하는 판결에 대하여 피고가 항소하는 경우 1심에서 심판을 받지 않은 예비적 청구에 대한 부분도 항소심으로 이심된다. 항소심은 1심에서 인용되었던 주위적 청구를 배척하는 경우 예비적 청구에 대하여 심판을 하여야 한다.

(나) 예비적 병합에서 주위적 청구기각·예비적 청구인용의 원판결에 대하여 피고만이 그 패소부분에 대하여 항소한 경우에는 주위적 청구에 대해서도 이심이 되지만 불이익변경금지의 원칙상 원고의 부대항소가 없는 한 주위적 청구는 심판의 대상이 되지 않는다.[31] (*2014. 법원직) 원고가 부대항소를 한 경우 주위적 청구도 심판의 대상이 되며, 항소심은 주위적 청구를 인용하는 판결을 할 수 있다. 원고가 부대항소를 하지 않은 상태에서 예비적 청구에 대한 항소심의 판결이 선고되는 때 주위적 청구에 대한 1심법원의 판결이 확정된다.[32]

2절 청구의 변경

(문 1) 청자인도청구와 그와 무관한 차용금반환청구를 하나의 소로 병합하여 제기하는 것은 적법한가? 청자인도청구의 소송 진행 중 그와 무관한 차용금반환청구를 추가하는 것을 허용할 수 있는가? 청자에 대한 소유권확인의 소를 제기한 원고가 소송 계속 중 소유권의 증명에 대한 자신감에 기초하여 그 청자에 대한 인도청구를 추가하는 것은 허용할 수 있는가?

(문 2) 청자인도청구의 소송 중 청자가 이미 파손된 사실이 드러난 경우 청구를 손해배상청구로 변경하는 것을 허용할 수 있는가? 이러한 경우 구청구(청자인도청구)에 대해서는 어떻게 처리하여야 하는가? 피고가 구청구에 대하여 변론을 한 경우 피고의 동의를 받아야 변경을 할 수 있다고 할 것인가?

---

31) 1995. 2.10. 94다31624.
32) 2001.12.24. 2001다62213. [218]

제262조 (청구의 변경) ① 원고는 청구의 기초가 바뀌지 아니하는 한도 안에서 변론을 종결할 때(변론 없이 한 판결의 경우에는 판결을 선고할 때)까지 청구의 취지 또는 원인을 바꿀 수 있다. 다만, 소송절차를 현저히 지연시키는 경우에는 그러하지 아니하다.
② 청구취지의 변경은 서면으로 신청하여야 한다.
③ 제2항의 서면은 상대방에게 송달하여야 한다.

제263조 (청구의 변경의 불허가) 법원이 청구의 취지 또는 원인의 변경이 옳지 아니하다고 인정한 때에는 직권으로 또는 상대방의 신청에 따라 변경을 허가하지 아니하는 결정을 하여야 한다.

10-23

1. 서 설

1) 청구의 변경이란 소송 중에 소송상 청구(소송물)를 변경하는 것을 말한다. 소송이란 당사자간의 법적 분쟁에 대하여 원고의 소송상 청구를 기초로 법적 결론을 이끌어 내는 과정(process)으로서, 원고에게는 때로는 소 제기시의 청구를 소송의 진전에 따라 변경하여야 할 필요가 생기게 된다. 소송 중에 원고로 하여금 청구를 변경할 수 있는 절차적 권리를 허용 하는 것이 소송경제의 이념에 부합하고 합리적이다. 그러나 청구변경의 요건을 너무 완화하는 경우 피고에게 불리하게 되므로 적절한 요건아래 청구를 변경할 수 있는 권리를 원고에게 허용하는 것이 필요하다.

2) 우리 법은 원고가 청구의 기초가 바뀌지 아니하는 한도 안에서 청구를 변경하는 것을 허용한다(262조 1항). 변경 전 청구와 관련된 소송자료는 청구의 변경이 있는 경우에도 여전히 변경 후 청구에 관한 소송자료가 된다. 법원은 변경 전 청구에 대하여는 아무런 판결을 할 필요가 없고 변경 후 청구에 대하여만 종국판결을 하며, 기판력도 변경 후 청구에 대해서만 발생한다. 동일한 소송물을 유지하면서 공격방어 방법을 변경하는 것은 청구의 변경이 아니므로, 그러한 경우는 청구변경의 요건을 갖출 필요가 없다.

10-24

2. 청구변경의 방법

청구의 변경은 소송상 청구를 이루는 소장의 청구취지와 청구원인을 변경하는 방법으로 하게 된다.

10-25

(1) 청구취지의 변경

1) 심판의 형식과 대상의 변경

건물인도청구를 건물소유권확인 청구로 바꾸거나, 지분이전등기청구를 공유물분할 청구로, 경작권확인청구를 소유권확인청구로 바꾸는 등 심판의 형식을 변경하는 것은 청구의 변경이 된다. 인도청구소송에서 인도청구의 목적물을 바꾸는 것도 심판대상이 바뀌므로 청구의 변경이 된다. 단지 청구취지를 보충하거나 정정하는 것(예, '건물의 일부철거'를 '건물의 옥외 층계부분의 철거'로 정정)은 청구의 변경에 해당하지 않는다.

2) 심판의 범위의 변경

이 경우 제262조가 규정하는 청구의 변경이 되는지 문제가 된다.

(가) 청구취지의 확장

질적확장(예컨대, 상환이행청구에서 단순이행청구로 바꾸는 경우)과 양적확장(예컨대, 손해배상금으로 1억원을 청구하다가 2억원으로 확장하는 경우, 매매대금 중 중도금 3,000만원만을 명시하여 청구하다가 잔금 2,000만원을 포함하여 5,000만원으로 청구취지를 늘리는 경우와 같이 명시적 일부청구에서 전부청구로 확장하는 경우) 등 청구취지의 확장은 소송물의 변동이 생기므로 청구의 변경(추가적 변경)이라고 보는 것이 통설이다.

(나) 청구취지의 감축

질적감축(예컨대, 단순이행청구에서 상환이행청구로 바꾸는 경우)과 양적감축(예컨대, 매매대금 5,000만원의 지급을 청구하다가, 이행기도래가 불분명한 잔금 2,000만원을 제외하고 청구취지를 3,000만원으로 감축하는 경우) 등 청구취지의 감축에 대해서는 견해가 나뉜다. 다수설과 판례[33]는 이를 청구의 변경이 아닌 소의 일부취하로 본다. 이를 청구의 변경(262조)이라고 본다면 피고의 동의 없이 청구취지의 감축이 가능하나, 소의 일부취하로 본다면 피고가 본안에 관하여 변론한 경우 피고의 동의를 받아야 청구취지의 감축을 할 수 있게 된다는 점에서 차이가 있다. 또한, 청구의 감축을 소의 일부취하로 보면 항소심에서 감축한 청구를 다시 원상태로 복구시킬 때 재소금지에 저촉되는 문제가 생기는 등 원고의 소송수행을 필요이상으로 제한하게 되어 타당하지 않다. 따라서 청구취지의 감축도 청구취지의 확장과 마찬가지로 청구의 변경으로 보아야 할 것이다.

(2) 청구원인의 변경 10-26

1) 법적 관점의 변경

예컨대, 교통사고로 인한 손해배상청구를 함에 있어서 계약불이행에 기한 손해배상에서 불법행위에 기한 손해배상으로 바꾸는 것은 청구의 변경이다(신소송물이론에 의하면 청구의 변경이 아니라 공격방어방법의 변경이다). 하나의 계약의 내용을 달리 주장하는 경우 즉, 하나의 법률행위를 기초로 대물변제에 기한 소유권이전등기를 청구하다가 양

33) 1983. 8.23. 83다카450.

도담보를 원인으로 하는 소유권이전등기로 바꾸는 경우, 또는 하나의 법률행위에 기초하여 분재를 원인으로 소유권이전을 구하다가 증여를 원인으로 소유권이전을 구하는 경우[34]도 청구의 변경이다(실체법설).

2) 사실주장의 변경

(가) 예컨대, 불법행위에 기한 손해배상청구에서 졸음운전으로 사고가 발생했다는 주장을 과속운전으로 사고가 발생한 것이라고 바꾸는 경우, 전후사실 모두 과실이라는 동일한 실체법상 권리의 요건사실(법적삼단논법의 대전제)에 대응하는 주요사실이라는 점에서는 변경이 없는 것이므로 공격방어방법의 변경일 뿐 청구의 변경이 아니다(실체법설). 소유권이전등기청구의 원인사실로 매매계약체결사실을 주장하다가 20년간 점유사실을 주장하는 경우에는 변경된 사실에 대응하는 실체법상 요건사실에 변경이 있는 것이고 그에 따라 주장하는 실체법상의 권리가 바뀌는 것이므로 청구의 변경이다(실체법설).

(나) 채권자가 사해행위의 취소를 청구하면서 그 보전하고자 하는 채권을 추가하거나 교환하는 것은 그 사해행위취소권을 이유 있게 하는 공격방법에 관한 주장을 변경하는 것일 뿐이지 소송물 또는 청구 자체를 변경하는 것이 아니므로 청구의 변경에 해당하지 않는다.[35] (*2017. 법원직)

3. 청구변경의 유형

10-27 ### (1) 교환적 변경

> **(예문)** 원고가 청자반환청구 소송계속 중에 청자가 깨져버린 사실을 알게 되었다. 이 경우 원고는 피고의 동의 없이 청자반환청구를 손해배상청구로 청구로 변경할 수 있는가? 변경이 가능하다면 번원은 어떤 재판을 하여야 하는가?
>
> [청구의 기초에 동일성이 인정되므로 청구를 변경할 수 있다. 다수설은 청구의 교환적 변경은 구청구의 취하와 신청구의 추가가 결합된 것으로 보아 피고의 동의가 있어야 교환적 변경이 가능하고 동의가 없는 경우 신청구의 추가적 변경이라고 한다. 반면에 청구의 교환적 변경도 청구변경의 한 유형이므로 따로 피고의 동의를 받지 않고 할 수 있다는 학설이 유력하다. 다수설에 따르면 피고의 동의가 없는 경우 법원은 구청구와 신청구 모두에 대하여 판결을 하여야 하나, 유력설에 따르면 피고의 동의가 없더라도 청구가 교환적으로 변경된

34) 1969. 1.21. 68므43.
35) 2003. 5.27. 2001다13532.

것이므로 신청구에 대해서만 판결을 하면 된다.]

1) 청구의 교환적 변경은 기존의 청구를 청구의 기초에 동일성이 유지되는 범위에서 새로운 청구로 바꾸는 것이다. 다수설은 청구의 교환적 변경을 신청구의 추가와 구청구의 취하의 결합형태로 본다.[36] 이러한 견해에 따르면 피고가 본안에 대하여 응소한 때에는 피고의 동의를 얻어야 구청구의 취하의 효력이 생기며, 동의를 얻지 못하면 구청구에 신청구를 추가한 추가적 변경이 된다는 결론에 이르게 된다. 이에 대하여 교환적 변경은 제262조 1항이 규정하는 청구변경의 전형적인 것으로서 법이 정하는 청구변경의 요건만 갖추면 피고의 동의 없이도 청구의 교환적 변경이 가능하다고 하는 학설이 유력하다.[37] 두 학설의 차이는 청구를 교환적으로 변경함에 있어 구청구의 소멸요건으로서 피고의 동의를 필요로 하는가 하는 점에 있다. 청구를 교환하고자 하는 원고의 의사는 구청구를 소멸시키려고 하는 데 있는 것이 아니라 신청구로 바꾸어 소송을 계속 수행하고자 하는 데에 있고, 청구변경의 요건으로서 청구의 기초가 바뀌지 아니하는 한도에서 가능하도록 하였으며(262조 1항), 변경이 옳지 아니하다고 인정한 때에는 변경을 허가하지 아니하는 결정을 하도록 한 점(263조)에 비추어 볼 때, 청구의 교환적 변경을 청구변경의 전형적인 것으로 보아 피고의 동의 없이 할 수 있다는 견해가 타당하다고 생각한다. 교환적 변경에 의하여 구청구에 대한 소송계속은 당연히 소멸하나, 구청구에 관한 소송자료는 여전히 신청구에 대한 소송자료로 사용할 수 있다고 할 것이다.

2) 판례는 결합설에 따르면서도 피고의 동의가 없어도 구청구 취하의 효력이 생긴다는 절충적 입장이다. 판례에 의하면, 소의 교환적 변경은 신청구의 추가적 병합과 구청구의 취하의 결합형태로 볼 것이므로 본안에 대한 종국판결이 있은 후 구청구를 신청구로 교환적 변경을 한 다음 다시 본래의 구청구로 교환적 변경을 한 경우에는 종국판결이 있은 후 소를 취하하였다가 동일한 소를 다시 제기한 경우에 해당하여 재소금지의 원칙에 반하므로 부적법하다.[38] (*2007-2. 법원직) 판례는 이처럼 결합설의 입장에 서면서도 교환적 변경에 있어 청구기초에 동일성에 영향이 없으므로 피고의 동의가 없어도 구청구 취하의 효력이 생긴다고 한다.[39] (*2013. 법원직)

36) 이시윤, p.712.
37) 호문혁, p.777; 伊藤, p.566.
38) 1987.11.10. 87다카1405. [198]
39) 1970. 2.24. 69다2172.

10-28 (2) 추가적 변경

추가적 변경은 처음의 청구에 그 기초에 변경이 없는 범위에서 별개의 청구를 추가하는 형태의 청구변경을 말한다(예, 소유권확인청구소송 계속 중에 소유권에 기초하여 인도청구를 추가하는 경우). 추가적 변경으로 청구의 후발적 병합이 이루어진다. 추가적 변경의 결과로 이루어지는 병합의 모습은 단순병합, 선택적 병합, 예비적 병합이 될 수 있다.

10-29 (3) 청구변경의 형태와 석명

청구의 변경이 교환적인가 추가적인가 또는 선택적인가의 여부는 기본적으로 당사자의 의사해석에 의할 것이므로, 당사자가 구청구를 취하한다는 명백한 표시 없이 새로운 청구로 변경하는 등으로 그 변경형태가 불분명한 경우에는 사실심법원으로서는 과연 청구변경의 취지가 교환적인가 추가적인가 또는 선택적인가의 점을 석명할 의무가 있다.[40]

4. 청구변경의 요건

10-30 (1) 청구의 기초에 변경이 없을 것(청구기초의 동일성)

1) 청구변경을 광범위하게 허용하면 원고에게 유리한 반면 피고에게는 불리하다. 원고와 피고의 이익의 균형점을 찾는 것이 청구변경의 요건으로서 '청구의 기초에 변경'이 없을 것에 관한 해석의 기본이다. 청구의 기초는 재소금지 요건에서 사건의 동일성, 기판력의 객관적 범위 보다는 넓은 개념이라고 할 수 있다.

2) 청구기초의 동일성의 판단기준

이익설과 사실설, 사실자료동일설 등이 있다. 이익설은 소송상 청구를 구성하기 전의 사실적인 분쟁이익 자체가 동일한지 여부를 기초로 하고, 사실설은 법적 관점을 배제한 사회생활사실의 동일성을 기초로 하며, 사실자료동일설은 이미 소송에 제출된 사실자료를 기초로 청구를 변경하는 것이 피고의 방어방법을 크게 해하지 않으면서 별도로 소를 제기하는 것보다 소송경제를 달성할 수 있는지 여부를 기초로 한다. 어느 설에 따르든 그 강조하는 것이 다를 뿐 그 기준이 명확하다고 할 수 없으므로, 위와 같은 기준을 종합하여 판단하는 수밖에 없을 것이다.

"…동일한 생활사실 또는 동일한 경제적 이익에 관한 분쟁에 있어서 그 해결 방법에 차이가 있음에 불과한 청구취지 및 청구원인의 변경은 청구의 기초에 변경이 없다고 할 것이며, 또 새로운 청구의

---

40) 2014. 6.12. 2014다11376.

심리를 위하여 종전의 소송자료를 대부분 이용할 수 있는 경우에는 소송절차를 지연케 함이 현저하다고 할 수 없다."[41]

3) 청구기초 동일성 요건의 성격

동일성의 요건이 사익적 규정이라는 견해와 공익적 규정이라는 견해로 나뉜다. 피고가 청구의 기초의 동일성에 대하여 이의하지 않으면 기초에 동일성이 없는 경우에도 청구변경을 허용하여야 한다(사익적 규정설)는 것이 통설과 판례의 입장이다.

"청구의 변경에 대하여 상대방이 지체 없이 이의하지 아니하고 변경된 청구에 관한 본안의 변론을 한 때에는 상대방은 더 이상 그 청구 변경의 적법 여부에 대하여 다투지 못한다."[42]

(2) 사실심 변론종결 전 일 것 10-31

청구의 변경에 관한 규정은 항소심에도 준용되므로(408조, 262조) 항소심에서도 청구의 변경이 가능하다. 사실심에서만 가능하므로 상고심에서는 청구변경을 할 수 없다.

(3) 절차를 현저히 지연시키지 않을 것 10-32

청구의 기초가 동일한 경우에도 청구를 변경함으로써 소송절차가 현저히 지연되는 경우에는 청구의 변경이 허용되지 않는다.

(4) 청구병합의 요건을 갖출 것 10-33

신구청구가 하나의 소송절차에서 종적으로 병합되는 것이므로 신구청구가 병합의 요건(동종절차, 공통관할)을 갖추어야 한다. 동종절차가 아니므로, 가압류·가처분 사건에서 본안소송으로의 변경은 허용되지 않는다고 할 것이다. (*2007-1. 법원직)

[서식 예] 소변경신청서(교환적)

소 변 경 신 청 서

사 건 20○○가합○○○○ 매매대금

원 고 ○○○

41) 2009. 3.12. 2007다56524.
42) 2011. 2.24. 2009다33655.

피 고 ◇◇◇

위 사건에 관하여 원고는 매매대금청구를 대여금청구로 소변경하고 아래와 같이 청구취지 및 청구원인을 변경합니다.

청 구 취 지

1. 피고는 원고에게 ○○○원 및 이에 대하여 20○○. ○. ○.부터 다 갚는 날까지 연 25%의 비율에 의한 금원을 지급하라.
2. 소송비용은 피고의 부담으로 한다.
3. 위 제1항은 가집행 할 수 있다.

라는 판결을 구합니다.

청 구 원 인

1. 피고는 소장에 첨부된 별지목록 기재의 부동산을 매수한 뒤 20○○. ○. ○. 잔대금 ○○○원의 채무를 이행하지 못하게 되므로 인하여, 원고와 피고는 위 매매대금채무를 대여금채무로 하기로 합의한 사실이 있습니다.

2. 원고와 피고는 위 합의내용에 따라 위 대여금을 변제기일 20○○. ○. ○, 이자는 연 25%로 하였으므로 이 사건 소의 매매대금채무의 청구는 대여금채무로 변경하고 청구취지기재의 금액 및 이에 대한 약정이자의 범위 내인 연 25%의 지연이자를 청구합니다.

입 증 방 법

1. 갑 제5호증 각서

첨 부 서 류

1. 위 입증방법 1통
1. 신청서부본 1통

20○○. ○. ○.

위 원고 ○○○ (서명 또는 날인)

ㅇㅇ지방법원 제ㅇ민사부 귀중

(법률구조공단 홈페이지에서 따옴)

5. 청구변경의 절차 및 법원의 재판

(1) 신 청 10-34

처분권주의의 원칙상 원고의 신청이 있어야 한다. 청구취지의 변경은 서면으로 신청하여야 한다(262조). 청구원인의 변경은 구술로도 할 수 있다.[43] (*2013. 법원직) 판례는 나아가 구술에 의한 청구취지의 변경은 절차상의 잘못은 있지만 상대방이 이의하지 않으면 절차 이의권이 상실된다고 한다.[44] 별도의 사건번호를 부여하지 않으며, 종전의 사건명을 계속사용 한다(재판사무규칙 19조 3항 본문).

(2) 송 달 10-35

청구변경을 신청한 서면은 상대방에게 송달해야 한다(262조 3항). 청구의 추가적 변경에서 추가된 청구의 소송계속의 효력은 그 서면을 상대방에게 송달하거나 변론기일에 이를 교부한 때에 생긴다.[45] 그러나, 청구변경으로 인한 시효중단이나 기간준수의 효과는, 소제기의 경우와 마찬가지로, 청구변경의 서면을 법원에 제출한 때에 발생한다(265조).

(3) 신청에 대한 재판 10-36

청구변경이 신청된 경우에 법원은 그 적법여부를 심리한다. 이는 소송요건이므로 법원의 직권조사사항이다.

1) 요건이 흠결된 때

요건이 갖추어지지 않은 청구변경에 대하여는 법원은 직권이나 상대방의 신청에 의하여 청구의 변경을 허가하지 아니하는 결정을 하여야 한다(263조). 불허가결정은 중간적 재판으로써 이에 대한 별도의 불복방법은 없고, 이를 전제로 한 종국판결에 대한

43) 1965. 4. 6. 65다170.
44) 1993. 3.23. 92다51204.
45) 1992. 5.22. 91다41187.

상소로 다툴 수 있다.[46] 항소심이 제1심의 변경불허결정이 부당하다고 판단하면 원결정을 취소하고 변경된 청구에 대하여 심리를 개시한다(임의적 환송을 하여야 한다는 견해도 있었다). 청구기초의 동일성 범위 내에서 변경이 허용되는 것이므로 변경된 청구에 대한 심급의 이익을 해하는 것이 아니다.

2) 요건이 구비된 때

요건이 갖추어진 적법한 청구의 변경으로 인정되면 변경된 청구에 대하여 심리를 하면 된다. 교환적 변경의 경우 새 청구에 대하여 심리 및 재판을 하면 되고, 추가적 변경의 경우에는 원래의 청구와 추가된 청구 모두가 심리 및 재판의 대상이 된다(청구의 병합이 된다).

청구변경의 요건에 대하여 다툼이 있는 경우 변경을 허가하는 중간적 결정을 하거나(263조 준용), 종국판결의 이유에서 판단할 수 있다.

10-37 6. 청구변경을 위법하게 불허하거나 간과한 재판

(1) 교환적 변경

교환적 변경을 허용하지 않거나 또는 간과하여 변경 전 청구에 대하여 재판한 경우(예컨대, 도자기 인도청구를 손해배상청구로 교환적 변경한 것을 원심이 불허하거나 간과하고 도자기 인도청구에 대하여 판결한 경우)의 처리에 대하여는 견해가 갈린다.

1) 1설 : 상소심은 원심판결을 취소(파기)하고 그에 대한 소송종료선언을 하고, 누락된 신청구에 대해서는 원심법원이 추가판결(212조 참조)을 하여야 한다는 견해이다.[47] 판례가 취하는 입장이다.

> "항소심에서 청구가 교환적으로 변경된 경우에는 구청구는 취하되고 신청구가 심판의 대상이 되는 것이므로 (…) 원고들의 (…) 소의 교환적 변경으로 구청구인 손해배상청구는 취하되고 신청구인 정리채권확정청구가 심판의 대상이 되었음에도 원심이 신청구에 대하여는 아무런 판단도 하지 아니한 채(신청구에 대하여는 재판의 탈루에 해당되어 원심에 그대로 계속되어 있다.) 구청구에 대하여 심리·판단한 것은 소의 변경의 효력에 관한 법리를 오해한 위법이 있다 할 것이다. 그러므로 … 원심판결을 파기하고 원고들의 피고에 대한 손해배상청구소송은 원고들의 소의 변경으로 종료되었음을 선언하기로 하여 … 주문과 같이 판결한다."[48]

---

46) 1992. 9.25. 92누5096.
47) 이시윤, p.720.
48) 2003. 1.24. 2002다56987.

2) 2설 : 상소심에서 원심판결을 취소(파기)하고 변경된 청구(손해배상청구)에 대하여 자판(또는 환송)하면 된다는 견해이다.[49] 변경된 청구에 대해서는 1심의 심리를 받지 않은 상태에서 항소심 재판을 받게 되나, 청구 기초의 동일성 범위 내에서 이루어지므로 심급이익이 박탈되는 것은 아니라고 한다.

(2) 추가적 변경

추가적 변경을 허용하지 않거나 또는 간과하여 변경 전 청구에 대해서만 재판한 경우 추가적 변경에 의하여 이루어진 병합의 형태에 따라 처리하면 된다. 단순병합의 경우에는 원심법원이 추가판결을 하고, 선택적 병합이나 예비적 병합이 경우에는 상소를 통하여 구제받을 수 있다는 것이 통설, 판례[50]이다.

7. 항소심에서의 청구변경 10-38

(1) 허 용 성

항소의 이익이 있어 적법하게 항소를 한 원고는 항소심에서 청구의 변경도 할 수 있다. 그러나 1심에서 전부승소한 경우 원고는 청구를 변경하기 위하여 항소를 제기할 수 없다. 다만, 묵시적 일부청구를 했던 경우와 같이 예외적으로 전부승소한 원고에게 항소의 이익이 인정되는 경우는 항소를 하여 청구를 확장할 수 있다.[51](상세는 전술) 원고가 전부승소 하였기 때문에 원고는 항소하지 아니하고 피고만 항소한 사건에서 원고는 청구취지를 확장 변경할 목적으로 부대항소를 할 수 있으며, 원고가 부대항소를 하지 않고 청구취지를 확장 변경함으로서 그것이 피고에게 불리하게 되는 경우에 그 한도에서 부대항소를 한 취지로 보아 이를 허용할 수 있다.[52]

(2) 추가적 변경

항소심에서도 청구의 추가적 변경이 가능하다. 청구의 기초에 변경이 없는 범위에서 청구의 변경이 허용되므로 추가적 변경을 허용한다고 하여 변경된 청구에 대한 심급의 이익을 잃게 되는 것은 아니라고 본다. 항소심 법원은 추가된 신청구에 대하여 1심으로 판단한다.

---

49) 호문혁, p.809.
50) 1989. 9.12. 88다카16270.
51) 1997.10.24. 96다12276.
52) 2008. 7.24. 2008다18376. [274]

(3) 교환적 변경

1) 항소심에서 청구의 교환적 변경도 허용된다.[53] (*2009. 법원직) 항소심에서 교환적 변경이 있는 경우, 구청구에 대해서는 소의 취하로 인한 재소금지의 효과가 발생한다는 것이 판례의 입장이다.[54] 따라서, 항소심에서 교환적 변경을 하는 경우 소송의 상황에 따라 다시 구청구로 재변경하는 것이 재소금지의 원칙에 따라 불가능해지므로, 실무에서는 항소심에서 청구를 교환적으로 변경하는 것은 금기시 된다.

2) 항소심에서 교환적 변경을 하면 항소의 대상인 1심 판결은 소취하로 소멸하는 것이므로, 그 후에 항소를 취하하는 것은 그 대상이 없어 효력이 없고, 항소심은 항소취하에도 불구하고 변경된 청구에 대하여 심판을 하여야 한다는 것이 판례의 입장이다.[55] 그러나 이러한 경우 항소심의 소송은 1심에서부터 계속된 것이고, 변경된 청구는 변경전 청구의 변형물에 해당하는 것이라고 할 수 있으므로, 항소심에서의 청구의 교환적 변경 후에 피고가 항소를 취하하면 항소를 제기하기 전 상태의 제1심판결이 확정된다고 보는 것이 타당하다.[56]

"원고는 제1심에서 이 사건 부동산에 대하여 피고에게 매매로 인한 지분소유권이전등기절차의 이행을 구하는 소송을 제기하여 원고 승소판결이 선고되었고, 이에 대하여 피고가 추완항소를 제기하여 사건이 원심에 계류중 (…) 원고는 이 사건 부동산 거래에 대하여 관할관청인 광주직할시장에 대한 토지거래허가신청절차의 이행을 구하는 (…) 취지의 청구로 소의 교환적 변경을 하였고, 피고는 청구의 기초가 동일한 위 변경에 대하여 별다른 이의없이 2주이상을 경과함으로서 위 소의 교환적 변경은 적법하게 이루어졌음을 볼 수 있다. 그렇다면 이 사건 제1심판결은 소의 교환적 변경에 의한 소취하로 실효되고, 원심의 심판대상은 토지거래허가신청절차의 이행을 구하는 새로운 소송으로 바뀌어지고(당원 1980. 7. 22. 선고 80다127 판결, 1980. 11. 11. 선고 80다1182 판결등 참조), 원심은 사실상 제1심으로 재판하는 것이 되므로, 그 뒤에 피고가 항소를 취하한다 하더라도 항소취하는 그 대상이 없어 아무런 효력을 발생할 수 없다 할 것이다." (1995. 1.24. 93다25875)

3) 명의신탁자가 명의수탁자를 상대로 명의신탁해지를 원인으로 한 소유권이전등기청구의 소를 제기하여 제1심에서 승소하였으나 명의수탁자가 제3자 앞으로 매매를 가장하여 소유권이전등기를 마치고 항소를 제기하자 명의신탁자는 그 부동산에 대한 소유권회복이 불능케 되었다고 오신한 나머지 항소심에서 명의수탁자에 대한 소유권이

---

53) 1980.11.11. 80다1182. [276]
54) 1987.11.10. 87다카1405. [198]
55) 1995. 1.24. 93다25875. [275]
56) 호문혁, p.822.

전등기청구를 손해배상청구로 교환적으로 변경하여 승소확정판결을 받은 경우, 명의신탁자가 그 확정판결에서 지급을 명한 손해배상금을 아직 수령하지 않고 있는 이상 명의신탁자가 위와 같은 확정판결을 받았다는 것만으로는 명의신탁자에게 그 부동산에 대한 권리를 포기할 의사가 있었던 것으로 추단할 수는 없고, 또 그 확정판결로 인하여 그 권리를 당연히 상실하게 된다고도 볼 수 없으며, 명의수탁자가 제3자와 통모하여 수탁부동산에 관하여 제3자명의로 매매를 가장하여 소유권이전등기를 경료하였다면 그 소유권이전등기는 당연무효의 등기라고 할 것이고, 명의신탁자는 명의수탁자에 대한 자신의 소유권이전등기청구권을 보전하기 위하여 명의수탁자를 대위하여 위 무효인 등기의 말소를 구할 수 있다.[57)]

(예문) 1심법원이 청자반환청구에 관하여 인용 판결하고 이에 대해 피고가 항소한 상태에서, 원고가 청자가 깨져버린 사실을 알게 되었다. 원고는 항소심에서 청구를 손해배상청구로 청구로 변경하였고, 그 후 피고가 항소를 취하하였다. 이러한 경우 항소심 법원은 어떤 재판을 하여야 하는가?

[판례의 입장에 따르면, 청구의 교환적 변경은 구청구의 취하와 신청구의 추가가 결합된 것이고, 원고의 청구변경에 대하여 피고가 별다른 이의없이 2주를 경과하면 소의 교환적 변경은 적법하게 이루어진 것이며, 항소심에서의 청구변경으로 1심판결은 실효되고 항소심은 변경된 청구를 심판대상으로 하여 사실상 제1심으로 재판하는 것이 되므로. 피고의 항소취하는 그 대상이 없어 아무런 효력을 발생할 수 없고, 항소심은 항소취하에도 불구하고 변경된 청구에 대하여 재판을 하여야 한다는 것이다. 그러나, 변경된 청구는 변경전 청구의 변형물에 해당하는 것이므로, 이러한 경우 피고가 항소를 취하하면 1심판결이 그대로 확정된다고 할 것이다.]

(연습문제)

원고는 피고에게 원고의 부모님을 잘 봉양하라면서 A주택과 B주택을 증여하고 소유권이전등기를 마쳐 주었다. 그런데 피고가 원고의 부모님을 잘 봉양하지 않자, 원고는 피고와 구도로 A주택과 B주택을 돌려받기로 하는 양도합의를 하였다. 양도합의의 입증에 자신이 없던 원고는 피고에게 증여를 해제한다는 의사표시를 한 다음, 피고를 상대로 증여해제를 원인으로 한 소유권이전등기청구의 소를 제기하였다. 다음 각각의 경우에 대한 물음에 답하시오.

1. 원고는 제1심에서 양도합의를 원인으로 한 소유권이전등기청구를 선택적으로 추가하였다. 제1심 법원은 증여해제를 원인으로 한 소유권이전등기청구를 기각하고, 양도합의를 원인

57) 1994.12.13. 94다15486. [183]

으로 한 소유권이전등기청구에 대하여는 아무런 판단도 하지 않은 채 제1심 판결을 선고하였다.

(1) 이러한 형태의 병합청구는 허용되는가?(10점)

(2) 제1심 판결은 정당한가(5점)

(3) 만약 제1심 법원이 증여해제를 원인으로 한 소유권이전등기청구를 인용하고 피고가 항소하였는데, 원고가 제1심이 아닌 항소심에서 양도합의를 원인으로 한 소유권이전등기청구를 선택적으로 추가한 경우라면, 항소심 법원은 제1심에서 인용된 청구를 먼저 심판하지 않고 제1심에서 심판되지 아니한 청구를 임의로 선택하여 심판할 수 있는가?(10점)

2. 원고는 제1심에서 양도합의를 원인으로 한 소유권이전등기청구를 예비적으로 추가하였다. 제1심 법원은 A주택에 관하여만 증여해제사실이 인정되고 B주택에 관하여는 증여해제사실이 인정되지 않는다고 보아 A주택에 관하여만 주위적 청구를 인용하고, B주택에 관한 주위적 청구를 기각하였다.

(1) 이러한 형태의 병합청구는 허용되는가?(10점)

(2) 제1심 판결은 정당한가(5점)

(3) 원고가 B주택에 관하여 항소를 하였으나, 항소심 법원은 예비적 청구에 관하여는 판단하지 아니한 채 항소기각 판결을 선고하였고, 판결이 그대로 확정되었다. 판결확정 이후 원고는 법원에 B주택에 관하여 양도합의를 원인으로 한 소유권이전등기청구의 소를 다시 제기하였다. 이러한 소는 적법한가? (10점)

(2011년 제29회 법원행정고등고시 제2차 시험)

3절 중간확인의 소

제264조 (중간확인의 소) ① 재판이 소송의 진행 중에 쟁점이 된 법률관계의 성립여부에 매인 때에 당사자는 따로 그 법률관계의 확인을 구하는 소를 제기할 수 있다. 다만, 이는 그 확인청구가 다른 법원의 관할에 전속되지 아니하는 때에 한한다.
② 제1항의 청구는 서면으로 하여야 한다.
③ 제2항의 서면은 상대방에게 송달하여야 한다.

10-39 **1. 의 의**

1) 소송계속 중에 본래의 청구에 대한 선결적 법률관계의 존부를 판결로 확인하여

줄 것을 청구하며 본소가 계속된 법원에 추가적으로 제기하는 소를 중간확인의 소라고 한다(264조). 본소의 선결적 법률관계에 대한 판결이유 중의 판단에는 기판력이 인정되지 않기 때문에, 주요쟁점이 되는 선결적 법률관계에 대해서는 별소로 다시 다투는 것을 막을 수가 없고, 그 결과 하나의 쟁점에 대하여 모순된 판결이 발생할 수 있는 문제가 생기는데, 그러한 판결의 모순을 방지하고 분쟁을 한꺼번에 해결하기 위하여 인정되는 제도이다(이러한 불합리한 상황에 대한 문제의식에 기초하여 확정판결의 쟁점효이론이 등장하는 것이나, 우리 법에서는 중간확인의 소를 허용하고 있으므로 쟁점효이론은 지지를 받지 못한다).

2) 중간확인의 소는, 원고가 제기하는 경우 청구의 추가적 변경에 해당하고 피고가 제기하는 경우 일종의 반소에 해당하는 것이나, 본소의 선결적 법률관계에 대한 확인이라는 독자적 성격에 기초하여 별도의 규정(264조)을 둔 것이다. 중간확인의 소에 의하여 소의 객관적 병합(253조)이 이루어진다(후발적 병합, 단순병합). 중간확인의 소에 대한 판결은 종국판결로서, 본소에 대한 판결과 동시에 독립된 주문으로 판결한다. 하나의 청구의 중간적 쟁점에 대한 중간판결(201조)과 혼동해서는 안 된다.

2. 요 건 10-40

(1) 재판이 쟁점이 된 법률관계의 성립여부에 매인 때

중간확인의 대상이 본래의 청구에 대한 선결적 법률관계이어야 한다. 예컨대, 말소등기청구소송에서 소유권의 존부, 이자청구소송에서 원본채권의 존부 등과 같이 그 판단이 본소의 결론을 좌우할 선결관계에 있어야 한다. 본소가 취하 또는 각하되는 경우 중간확인의 소를 각하하여야 한다.

법률관계의 확인을 구하여야 하므로, 중간확인의 소로서 사실관계의 확인을 구하는 것은 허용되지 않는다. 또한 확인을 구하는 것이어야 하므로 중간확인의 소로서 경계확정과 같은 형성청구를 하는 것은 허용되지 않는다.

(2) 사실 심 변론종결 전일 것

선결적 법률관계에 대하여 심리하려면 사실의 유무에 대한 심리가 필요하므로 상고심에서 중간확인의 소를 제기할 수는 없다. 항소심에서 중간확인의 소를 제기하는 것은 가능하다. 항소심에서 중간확인의 소를 제기하는 경우 1심의 판결을 받지 못하게 되나 사실상 1심에서 심리가 된 상태라고 할 것이므로 부당하지 않다.

(3) 다른 법원의 전속관할이 아닐 것

본소 수소법원에 관할권이 없어도 관련재판적(25조 1항)에 의하여 관할권이 생기므로 임의관할의 경우에는 관할위반의 문제가 생기지 않는다. 다만, 전속관할의 경우에는 중간확인의 청구가 다른 법원의 전속관할에 속하지 않아야 한다(264조 1항 단서). 다른 법원의 전속관할에 속하는 경우 이를 분리하여 관할권 있는 법원으로 이송하여야 한다.

(4) 본소청구와 같은 종류의 소송절차에 의할 것

1) 중간확인의 소에 의하여 후발적으로 청구의 객관적 병합이 이루어지므로 중간확인의 소는 본소 청구과 같은 종류의 소송절차에 따르는 경우에만 가능하다(253조 참조). 예컨대, 상속재산에 대한 인도청구의 본소(민사소송)에서 선결적 관계에 있다고 하더라도 친자관계존부확인의 중간확인 소(가사소송)를 제기할 수 없다.

2) 다만, 행정처분의 효력이 민사소송의 선결문제가 된 경우, 민사법원에서 이를 심리할 수 있음을 전제로 행정소송법의 규정을 준용하도록 하는 점(행소 11조)[58]에 비추어, 민사소송절차에서 행정처분의 무효확인을 구하는 중간확인의 소가 가능하다고 보는 견해도 있다.[59] 그러나, 행정소송법 제11조는 민사법원에서 선결적 법률문제로 이를 심리 판단할 수 있다는 것을 규정한 것이지 그에 대하여 판결을 할 수 있다는 것을 규정한 것은 아니며, 행정처분의 무효확인 등 행정처분의 효력을 다투는 항고소송은 행정법원의 전속관할이고(행소 38조, 9조), 피고적격이 행정청으로서 민사소송의 피고적격(국가 또는 지방자치단체)과는 다른 점 등에 비추어 중간확인의 소로 병합할 수 없다고 하는 것이 타당하다.[60]

10-41 3. 심 판

(1) 심리절차

소송계속중의 소제기이므로, 소에 준하는 서면을 제출하여야 하며 그 서면을 상대방에게 송달하여야 한다(264조 2항, 3항).

---

58) 행정소송법 제11조 (선결문제) ① 처분등의 효력 유무 또는 존재 여부가 민사소송의 선결문제로 되어 당해 민사소송의 수소법원이 이를 심리·판단하는 경우에는 제17조(행정청의 소송참가), 제25조(행정심판기록의 제출명령), 제26조(직권심리) 및 제33조(소송비용에 관한 재판의 효력)의 규정을 준용한다. ② 제1항의 경우 당해 수소법원은 그 처분등을 행한 행정청에게 그 선결문제로 된 사실을 통지하여야 한다.

59) 호문혁, p.838; 이시윤, p.723.

60) 김홍엽, p.855; 한충수, p.645.

(2) 재 판

소의 추가적 병합이므로 병합요건을 심리하고, 중간확인의 소의 적법요건에 대하여 심리한다. 요건이 갖추어졌으면 본소청구와 병합심리 하여야 하며, 종국판결(중간판결이 아님)로서 하나의 전부판결을 한다. 요건이 갖추어지지 않은 경우 독립된 소(추가적 변경, 단순병합)로 취급하거나, 그것이 불가능하면 각하판결을 한다(통설).

4절 반 소

제269조 (반소) ① 피고는 소송절차를 현저히 지연시키지 아니하는 경우에만 변론을 종결할 때까지 본소가 계속된 법원에 반소를 제기할 수 있다. 다만, 소송의 목적이 된 청구가 다른 법원의 관할에 전속되지 아니하고 본소의 청구 또는 방어의 방법과 서로 관련이 있어야 한다.
② 본소가 단독사건인 경우에 피고가 반소로 합의사건에 속하는 청구를 한 때에는 법원은 직권 또는 당사 자의 신청에 따른 결정으로 본소와 반소를 합의부에 이송하여야 한다. 다만, 반소에 관하여 제30조의 규정에 따른 관할권(*변론관할)이 있는 경우에는 그러하지 아니하다.

제270조 (반소의 절차) 반소는 본소에 관한 규정을 따른다.

제271조 (반소의 취하) 본소가 취하된 때에는 피고는 원고의 동의 없이 반소를 취하할 수 있다.

1. 의 의 10-42

1) 원고가 피고를 상대로 소를 제기하여 그 소송(본소)이 법원에 계속 중에, 피고가 그 절차를 이용하여 원고를 상대로 하여 본소의 청구 또는 방어방법과 관련이 있는 새로운 소송상 청구를 하면서 제기하는 소를 반소라고 한다(269조). 소송경제와 재판의 통일을 기할 수 있다는 장점이 있다. 반소는 독립된 소이고 단순한 공격방어방법이 아니다. 반소에 대하여 별도의 사건번호와 사건명을 부여한다.

(예문) 1) 매매계약에 따른 아파트 소유권이전등기청구의 소에서 피고가 매매대금지급청구권에 기초하여 동시이행의 항변을 하였다. 심리결과 동시이행의 항변이 이유 있다고 판단되면 법원은 어떤 판결을 하여야 하는가?
[하나의 주문으로 동시이행판결을 한다. 이는 원고의 일부승소판결이다]

2) 매매계약에 따른 아파트 소유권이전등기청구의 소(본소)에서 피고가 매매대금지급청구의 반소를 제기하였다. 심리결과 본소청구도 이유 있고 반소청구도 이유 있다고 판단되면 법원은 어떤 판결을 하여야 하는가?
[본소청구 및 반소청구에 대해서 각 전부승소판결을 한다. 2개의 주문을 작성한다]

3) 1)의 경우와 2)의 경우는 집행절차에 있어서 어떠한 차이가 있는가?
[1)의 경우는 원고만을 위한 집행권원이 되는데, 2)의 경우는 원고와 피고 각각의 집행권원이 된다]

2) 반소에는 방어방법에서 더 나아가 적극적 청구가 포함되어야 한다. 원고의 소유권존재확인의 본소청구가 기각되면 원고의 소유권부존재가 확인되는 것이므로, 소유권확인의 본소에 대하여 그 부존재확인의 반소청구는 허용되지 않는다.[61]

3) 반소는 단순한 공격방어방법이 아니라 독립한 소이므로 공격방어방법에 관한 재정기간의 제한(147조), 실기한 공격방어방법의 각하(149조), 변론준비기일 종결의 실권효(285조) 등의 규정은 적용되지 않는다. 다만, 소송절차를 현저히 지연시키지 않아야 반소를 제기할 수 있다(269조 1항).

4) 원고의 본소청구에 대하여 피고가 본소청구를 다투면서 사해행위의 취소 및 원상회복을 구하는 반소를 적법하게 제기하였는데, 법원이 반소청구가 이유 있다고 판단하여 사해행위의 취소 및 원상회복을 명하는 판결을 선고하는 경우, 반소청구에 대한 판결이 확정되지 않았더라도 사해행위인 법률행위가 취소되었음을 전제로 원고의 본소청구를 심리하여 판단할 수 있으며, 이때 반소 사해행위취소 판결을 이유로 원고의 본소청구를 기각할 수 있다.[62]

10-43 2. 반소의 모습

(1) 단순반소와 예비적 반소

1) 단순반소

본소청구가 인용되든 기각되든 상관없이 반소청구에 대한 심판을 구하는 형태의 반소이다. 반소의 통상적인 모습이다. 단순반소를 제기함에 있어 반소 자체에서 복수의 청구를 예비적으로 병합할 수도 있다(예컨대, 청자소유권확인의 본소에 대하여 반소를 제기하면서 주위적으로 청자의 인도를 구하고 이행불능에 대비하여 예비적으로 손해배상청구를 하는 경우).

2) 예비적 반소

㈎ 본소청구가 인용되는 것에 대비하여 반소청구에 대하여 심판을 구하는 형태의

---

61) 2007. 4.13. 2005다40709,40716.
62) 2019. 3. 14. 2018다277785,277792.

반소를 말한다. 즉, 본소청구기각을 해제조건으로 반소청구에 대한 심판을 구하는 것이다(예컨대, 매매를 원인으로 한 소유권이전등기청구의 본소에 대하여 피고가 원고청구의 기각을 구하면서 원고의 청구가 인용되는 경우에 대비하여 예비적으로 매매 잔대금지급의 반소청구를 하는 경우). 이러한 경우 반소의 청구가 조건부이기는 하나 본소에 대한 소송절차 내에서 조건의 성취 여부가 확정되어 절차의 안정을 해하지 않으므로 적법한 것으로 허용된다. 원고의 본소가 각하 또는 취하되면 예비적 반소는 소멸되며, 원고의 본소청구에 대한 기각판결을 하는 경우 따로 반소청구에 대하여 심판할 필요가 없다.

(나) 원고의 본소청구 기각판결에 대하여 원고가 불복하면 예비적 반소부분도 당연히 이심되고 심판대상이 되므로, 항소심이 1심판결을 취소하고 원고청구를 인용하는 경우 피고의 예비적 반소에 대하여도 판결을 하여야 한다.[63] 가집행선고가 실효된 경우에 하는 가지급물반환청구(215조)는 그 성질이 예비적 반소이므로 가집행의 선고가 붙은 제1심판결에 대하여 피고가 항소를 하였으나 피고의 항소를 기각하는 사건에서 따로 가지급물반환 신청에 대한 판단을 하지 아니한다.[64]

(2) 재 반 소

(가) 반소에 대한 재반소를 허용할 것인지 여부에 대해서는 소송절차를 복잡하게 한다는 이유로 반대하는 견해도 있으나, 소송절차를 현저히 지연시키지 않는 등 반소로서의 요건을 갖춘 경우 허용하는 것이 타당하다는 것이 통설이다.[65]

(나) 판례도 "원고가 본소의 이혼청구에 병합하여 재산분할청구를 제기한 후 피고가 반소로서 이혼청구를 한 경우, 원고가 반대의 의사를 표시하였다는 등의 특별한 사정이 없는 한, 원고의 재산분할청구 중에는 본소의 이혼청구가 받아들여지지 않고 피고의 반소청구에 의하여 이혼이 명하여지는 경우에도 재산을 분할해 달라는 취지의 청구가 포함된 것으로 봄이 상당하다고 할 것이므로(*이때 원고의 재산분할청구는 피고의 반소청구에 대한 재반소로서의 실질을 가지게 된다), 이러한 경우 사실심으로서는 원고의 본소 이혼청구를 기각하고 피고의 반소청구를 받아들여 원·피고의 이혼을 명하게 되었다고 하더라도, 마땅히 원고의 재산분할청구에 대한 심리에 들어가 원·피고가 협력하여 이룩한 재산의 액수와 당사자 쌍방이 그 재산의 형성에 기여한 정도 등 일체의 사정을 참작하여 원고에게 재산분할을 할 액수와 방법을 정하여야 한다."[66](*2020. 법원직)고 판

63) 2006. 6.29. 2006다19061,19078. [278]
64) 2005. 1.13. 2004다19647.
65) 프랑스의 판례도 이를 허용한다.

시하여 재반소를 허용하는 입장이다.

(3) 제3자 상대의 반소

원칙적으로 미국, 독일과 같은 제3자 상대의 반소는 허용되지 않는다. 그러나, 예외적으로 피고가 제기하려는 반소가 필수적공동소송이 될 때에는 제3자를 반소피고로 추가하는 형식의 제3자 상대의 반소는 허용된다.[67](*2016. 법원직) 반소는 본소피고가 본소원고를 상대로 제기하는 소이므로, 보조참가인은 반소를 제기할 수 없고 반소의 상대방이 될 수도 없다.

10-44 3. 요 건

반소도 독립된 소이므로 소의 일반적 요건을 갖추어야 한다(예컨대 대여금청구의 본소에 대하여 대여금채무부존재확인을 구하는 반소는 소의 이익이 없어 각하된다). 나아가 반소로서 아래와 같은 특수한 요건을 갖추어야 한다.

10-45 (1) 본소와의 관련성

반소는 본소의 청구 또는 방어방법과 관련성이 있어야 한다.

1) 본소청구와의 관련성

㈎ 동일한 법률관계의 추구

예컨대, 원고가 피고의 귀책사유를 이유로 제기한 이혼청구의 소에서 피고가 원고의 청구기각을 구하면서 방어를 하다가, 나아가 원고의 귀책사유를 이유로 적극적으로 이혼청구의 반소를 제기할 수 있다(이러한 경우 본소의 청구취지는 '원고와 피고는 이혼한다.'이고, 반소의 청구취지는 '피고(반소원고)와 원고(반소피고)는 이혼한다.'가 된다).

㈏ 청구원인사실의 공통

매매를 원인으로 하는 소유권이전등기 청구의 소에 대하여, 피고가 매매를 원인으로 하는 매매대금청구의 반소를 제기하는 경우 등이 그 예이다.

㈐ 청구목적물의 공통

예컨대, 원고가 피고 소유명의의 건물에 대한 소유권이전등기말소를 구하는 사건에서 피고가 토지소유권에 기하여 그 건물의 철거를 구하는 반소를 제기하는 경우이

66) 2001. 6.15. 2001므626,533.
67) 2015. 5.29. 2014다235042,235059,235066. [277]

다.[68]

㈑ 분쟁발생원인의 공통

원고가 임대차계약을 해지하고 단전·단수하였음에도 피고가 퇴거하지 않자 건물명도청구의 소를 제기한 사안에서 피고가 원고의 단전·단수로 손해를 입었다며 손해배상청구의 반소를 제기한 경우,[69] 하나의 교통사고에 대하여 원고가 피고의 과실이유로 손해배상을 청구함에 대하여 피고가 오히려 원고의 과실 이유로 손해배상 청구하는 경우 등이 그 예이다.

2) 본소에서의 방어방법과의 관련성

㈎ 본소청구에 대한 피고의 방어방법으로서 항변사유와 대상이나 발생원인이 사실상 또는 법률상 공통된 경우를 말한다. 예컨대, 甲이 乙을 상대로 가등기에 기한 본등기청구의 소를 제기하자, 乙이 변제하였다고 항변하다가 더 나아가 변제를 이유로 가등기말소청구의 반소를 제기하는 경우, 원고의 건물철거 및 부지인도청구에 대하여 관습상의 법정지상권을 주장하는 항변을 제출하고 나아가 법정지상권설정등기절차이행의 반소를 제기하는 경우[70] 등이 그 예이다.

㈏ 관련성이 인정되기 위해서는 본소의 방어방법이 반소제기 당시 현실적으로 적법하게 제출되어 심리대상이 되어 있어야 한다. 따라서 소송법상 실기한 공격방어방법으로 각하된 항변과 관련성이 있는 반소의 제기는 부적법하다.

㈐ 점유회복의 소에 대하여 피고는 본권을 본소에서의 방어방법으로 내세울 수 없으나(민법 208조 2항), 본권에 기한 반소제기까지 막는 것은 아니다. 이러한 경우 반소의 청구는 '원고가 점유회복의 본소에 의하여 승소하여 원고 앞으로 인도 집행된 뒤에 원고는 이를 피고에게 인도하라'는 취지의 장래이행의 소의 형태에 의하여야 할 것이다.[71]

3) 관련성의 요건은 다른 반소의 요건과는 달리 사익적 요건이므로, 상대방이 절차이의권을 행사하지 않으면 관련성의 요건 흠결은 치유된다.[72]

---

68) 1962.11. 1. 62다307.
69) 1967. 3.28. 67다116,117,118.
70) 1996. 3.26. 95다45545,45552,45569.
71) 이러한 일본판례가 있다고 한다(이시윤, p.730).
72) 1968.11.26. 68다1886,1887.

10-46 ## (2) 본소가 소송계속 중이고 사실심 변론 종결 전일 것

1) 본소 소송계속 중

본소의 소송계속은 반소제기의 요건이지 그 존속요건은 아니다. 따라서 반소제기 후에 본소가 취하 또는 각하되어도 통상적인 반소(예비적 반소의 경우는 다르다)는 실효되지 않으므로 법원은 반소에 대하여 심판하여야 한다(*2008. 2012. 법원직).

2) 사실심 변론 종결 전

반소는 사실심인 항소심의 변론종결 시까지 제기할 수 있다. 사실심 변론종결 후, 또는 법률심인 상고심에서의 반소제기는 허용되지 않는다.[73] 다만, 예외적으로 가집행선고가 실효된 경우에 하는 가지급물반환청구(215조)는 사실심리가 필요 없으면 상고심에서도 허용된다.[74].

10-47 ### 3) 항소심에서의 반소제기

(가) 항소심에서의 반소제기는 ① 상대방의 심급의 이익을 해칠 염려가 없거나 ② 상대방의 동의가 있어야 할 수 있다(412조 1항).[75] 청구의 변경보다 엄격한 요건아래 항소심에서의 반소제기를 허용하는 것이다.

(나) 상대방의 심급의 이익을 해칠 염려가 없다는 것은 반소청구의 기초를 이루는 실질적인 쟁점이 제1심에서 본소의 청구원인 또는 방어방법과 관련하여 충분히 심리가 된 경우를 말한다. 예컨대 중간확인의 반소, 본소와 청구원인을 같이 하는 반소, 제1심에서 본소의 청구원인 또는 방어방법과 관련하여 이미 충분히 심리한 쟁점과 관련된 반소(피고가 임대보증금반환채권에 기하여 1심에서 동시이행항변을 하여 1심에서 충분히 다투어진 후에 항소심에서 이를 근거로 반소청구를 하는 경우,[76] 임대차계약이 해지되었다는 피고의 항변이 1심에서 충분히 심리된 후 항소심에서 피고가 임대차계약 해지를 이유로 그 주택의 명도를 구하는 반소를 제기하는 경우[77]) 등이 이에 해당한다.

(다) 상대방이 동의를 하면 심급의 이익을 해칠 우려가 있더라도 항소심에서 반소를 제기할 수 있다. 상대방이 이의 없이 반소에 대해 본안변론을 한 때에는 반소제기에

---

73) 2004. 3.25. 2003다70010.
74) 1999.11.26. 99다36617.
75) 2002년 개정 전에는 항소심에서 "반소는 상대방의 동의를 얻어 제기할 수 있다"고 되어 있었다.
76) 2005.11.24. 2005다20064,20071.
77) 1999. 6.25. 99다6708,6715.

동의를 한 것으로 본다(412조 2항). 항소심에서 피고가 반소장을 진술한 데 대하여 원고가 '반소기각 답변'을 한 것만으로는 이의 없이 반소의 본안에 관하여 변론을 한 때에 해당한다고 볼 수 없다.[78)]

㈑ 피고가 본소에 대한 추완항소를 하면서 항소심에서 비로소 반소를 제기한 경우에 항소가 부적법 각하되면 반소도 소멸한다(추완항소가 부적법하다는 이유로 이를 각하하면서 반소에 대하여는 그 청구를 인정할 증거가 없다는 이유로 이를 기각한 원심을 파기하고 반소청구에 대하여 소송종료선언의 판결을 한 사안).[79)]

(3) 본소절차를 현저히 지연시키지 않을 것 10-48

반소제기로 인해 본소절차가 현저히 지연되는 경우에는 반소를 허용하지 않는다(*2010. 법원직). 이러한 경우에는 별소로 제기할 수밖에 없다. 신속한 절차의 진행을 위하여 실기한 공격방어방법을 허용하지 않는 것과 같은 취지이다. 공익적 요건으로서 이의권의 포기나 상실의 대상이 되지 않는다.

(4) 반소가 다른 법원의 전속관할에 속하지 않을 것 10-49

반소는 본소가 계속된 법원에 제기한다(269조 1항). 그러나 반소청구가 본소청구와 다른 법원의 전속관할에 속하는 경우에는 본소 계속법원에 반소를 제기할 수 없다. 본소가 단독사건인 경우에 피고가 반소로 합의사건에 속하는 청구를 한 때에는 법원은 직권 또는 당사자의 신청에 따라 본소와 반소를 모두 합의부 법원으로 이송하여야 한다(269조 2항 본문). 다만 이 경우 원고가 관할위반의 항변을 하지 않고 반소의 본안에 대하여 변론을 하면 본소가 제기된 단독법원에 변론관할이 생기므로 이송할 필요가 없다(269조 2항 단서, 30조). 본소가 항소심 계속 중에 반소가 제기되는 경우 전속관할인 심급관할 위반이 문제되나, 민사소송법은 예외적으로 상대방의 심급의 이익을 해할 우려가 없거나, 상대방의 동의를 얻은 경우에는 반소를 허용하는 특별규정(412조)을 두었으므로 항소심 법원은 반소에 대해서 관할을 갖는다.

(5) 본소와 같은 종류의 소송절차에 의할 것 10-50

반소를 통하여 청구의 후발적 병합이 생기므로 청구의 병합요건으로서 동종의 절차에 속하여야 함은 당연하다(253조).

---

78) 1991. 3.27. 91다1783.
79) 2003. 6.13. 2003다16962,16979.

4. 절차와 심판

10-51 (1) 반소의 제기 및 후속절차

반소는 본소에 관한 규정을 따르므로(270), 반소의 제기는 반소장의 제출에 의하여야 한다. 반소는 본소가 계속 중인 법원에 반소장을 제출함으로써 제기한다. 반소장에 당사자는 피고(반소원고), 원고(반소피고)로 표시하며, 반소의 청구취지와 청구원인을 기재하여야 한다. 소액사건에서는 구술에 의한 제소가 가능하므로(소심 4조), 구술에 이한 반소제기도 가능하다고 해석된다. 반소가 제기되면 법원은 반소장 부본을 원고(반소피고)에게 송달한다. 인지를 첩부함에 있어서는 본소와 그 목적이 동일한 반소의 경우에는 반소의 인지액에서 본소의 인지액을 공제한 차액의 인지액만 내면된다(민인 4조 2항). 반소가 제기되면 별도의 사건번호와 사건명을 부여하여 전산입력하고 기록표지에도 기재한다.

[서식 예] 반소장(건물인도에 대하여 전세보증금반환청구)

반 소 장

사 건 2021가단17246 건물인도청구

피고(반소원고) ○ ○ ○
서울 ○○구 ○○길 ○○(우편번호)

원고(반소피고) ○ ○ ○
서울 ○○구 ○○길 ○○(우편번호)

위 사건에 관하여 피고(반소원고)는 아래와 같이 반소를 제기합니다.

전세보증금 반환청구의 소

반 소 청 구 취 지

1. 원고(반소피고)는 피고(반소원고)로부터 별지목록기재 부동산을 인도받음과 상환으로 피고(반소원고)에게 1억원을 지급하라.
2. 반소로 인한 소송비용은 원고(반소피고)의 부담으로 한다.
3. 제1항은 가집행 할 수 있다.

라는 판결을 구합니다.

반 소 청 구 원 인

1. 피고(반소원고)와 원고(반소피고)는 2019. ○. ○. 별지목록기재 부동산(이 사건 아파트)에 대하여 전세보증금 1억원, 전세기간은 2년으로 하는 전세계약을 체결하였습니다. 위 전세계약에 따라 피고는 원고에게 전세보증금 1억원을 지급하고 이 사건 아파트에 입주하여 지금까지 살고 있습니다.

2. 원고는 타당한 이유 없이 피고에게 전세보증금을 반환하지 않고 전세기간이 만료하였다는 이유로 건물인도청구의 소를 제기하였으나, 원고는 피고로부터 이 사건 아파트를 인도받음과 동시네 피고에게 1억원을 지급하여야 할 의무가 있다고 할 것입니다. 피고는 원고로부터 반소청구취지와 같이 금 1억원을 지급받기 위하여 이 사건 반소에 이른 것입니다.

20○○. ○. ○.

위 피고(반소원고) ○ ○ ○ (서명 또는 날인)

서울중앙지방법원 제10 민사부 귀중

(2) 반소의 심리와 재판 10-52

1) 반소요건 등의 조사

반소가 제기되면 반소가 반소의 요건과 일반적 소송요건을 갖추었는지를 조사한다. 일반적 소송요건을 갖추었으나 반소요건만이 흠결 된 반소에 대해서는 반소를 각하하여야 한다는 견해(각하설)와 분리해서 심판하여야 한다는 견해(분리심판설)가 있다. 판례는 각하설에 따르는 것으로 보인다("항소심에서 상대방의 동의 없이 제기한 반소는 그 반소자체가 부적법한 것이어서 단순한 관할법원을 잘못한 소제기와는 다른 것이므로 이를 각하하였음이 부당한 것이라 할 수 없다").[80] 당사자의 이익과 소송경제를 고려할 때 분리하여 심판하는 것이 타당하다는 것이 다수설이다. 분리하여 심리하면 독립된 소가 되므로 관할 등 소송요건도 별도로 심리한다. 반소요건을 갖추어도 일반적 소송요건이 흠결된 경우 보정 불가능하면 반소를 각하한다.

---

80) 1965.12. 7. 65다2034,2035.

2) 본안에 관한 재판

본소와 반소는 상호 관련성이 있는 청구를 병합한 것이므로 병합하여 심리하고 하나의 전부판결을 하는 것이 원칙이다. 그러나 병합심리로 인하여 절차가 복잡해지고 심리가 지연될 우려가 있으면 변론을 분리하거나 일부판결도 가능하다(141조, 200조 2항 후단 참조).[81] 하나의 전부판결을 하는 경우 본소와 반소에 대하여 각각의 판결주문을 낸다.

(주문 예)

"1. 피고(반소원고)는 원고(반소피고)로부터 2항 기재 돈을 지급받음과 동시에 원고(반소피고)에게 별지목록기재 부동산을 인도하라.

2. 원고(반소피고)는 피고(반소원고)로부터 1항기재 부동산을 인도받음과 동시에 피고(반소원고)에게 1억원을 지급하라."

반소의 청구도 변경할 수 있으며, 항소심에서 반소를 교환적으로 변경하는 것도 가능하다.[82]

10-53 (3) 반소의 취하

반소를 취하하려면 본소의 취하와 마찬가지로 원고의 동의가 필요하다(266조 2항 참조). 그러나, 본소가 취하된 경우에는 피고는 원고의 동의 없이 반소를 취하할 수 있다(271조). (*2007-1. 법원직) 원고가 본소를 취하한 마당에 그로 인하여 유발된 반소의 유지를 피고의 의사에 반하여 강요하는 것은 공평하지 못하기 때문이다. 본소가 원고의 의사와 관계없이 각하된 경우에는 반소의 취하가 효력이 있으려면 원고(반소피고)의 동의를 얻어야 한다는 것이 판례이다.[83] 본소가 취하된 경우와 마찬가지로 피고가 단독으로 반소를 취하할 수 있다고 보아야 한다는 반대 견해도 있다.[84]

10-54 (4) 항소의 효력

1) 본소와 단순반소의 경우, 하나의 판결에 대하여 상소를 하면 판결전부에 대하여

81) 이시윤, p.733; 호문혁, p.801.
82) 2012. 3.29. 2010다28338,28345.
83) 1984. 7.10. 84다카298. [187]
84) 한충수, p.687.

확정이 차단되고 상소심으로 이심된다.[85] 반소에 대한 재판을 누락한 경우 상소하더라도 누락된 반소부분은 원심에 남고 본소부분만 상소심에 이심된다("피청구인이 항소심 변론기일에서 반심청구서를 진술하고 청구인이 그 반심 제기에 부동의 하였는데 항소심판결의 주문이나 이유에서 언급된 것이 없고 달리 항소심이 이에 대하여 판단하지 않았다면 위 반심사건에 대한 재판을 탈루하였다고 할 것이고, 그 소송은 아직 항소심법원에 계속한다고 할 것이므로 이에 대한 상고는 그 대상이 없어 부적법하다고 할 것이다").[86]

2) 본소와 예비적 반소의 경우, 항소의 효력에 관하여 판례는 예비적 병합에 준하여 처리한다. 피고는 원고의 본소청구가 인용될 것에 대비하여 예비적 반소를 제기하였는데, 제1심은 소의 이익이 없음을 이유로 원고의 본소와 피고의 반소를 모두 각하하였고, 제1심판결에 대하여 원고만이 불복 항소하자 항소심이 그 심판범위는 본소청구에 관한 것으로 한정된다고 하면서 반소청구에 대하여 아무런 판단을 하지 아니하고 원고의 항소를 받아들여 원고의 본소청구를 인용하자 피고가 상고를 한 사안에 대한 판결에서 대법원은 아래와 같이 판시하였다.

> "피고의 예비적 반소는 본소청구가 인용될 것을 조건으로 심판을 구하는 것으로서 제1심이 원고의 본소청구를 배척한 이상 피고의 예비적 반소는 제1심의 심판대상이 될 수 없는 것이고, 이와 같이 심판대상이 될 수 없는 소에 대하여 제1심이 판단하였다고 하더라도 그 효력이 없다고 할 것이므로(대법원 2000. 11. 16. 선고 98다22253 전원합의체 판결 등 참조), 피고가 제1심에서 각하된 반소에 대하여 항소를 하지 아니하였다는 사유만으로 이 사건 예비적 반소가 원심의 심판대상으로 될 수 없는 것은 아니라고 할 것이고, 따라서 원심으로서는 원고의 항소를 받아들여 원고의 본소청구를 인용한 이상 피고의 예비적 반소청구를 심판대상으로 삼아 이를 판단하였어야 할 것이다."[87] (*2015. 법원직)

85) 2008. 6.26. 2008다24791.
86) 1989.12.26. 89므464.
87) 2006. 6.29. 2006다19061,19078.

제2장 복수의 소송주체

1절 공동소송(소의 주관적 병합)

1관 총 설

1. 의의 및 종류

10-55 (1) 의 의

1개의 소송절차에 원고나 피고가 2인 이상인 소송형태를 공동소송(소의 주관적 병합)이라고 한다. 복수 당사자들 사이의 모든 분쟁을 일회적으로 해결하는데 제도의 목적이 있다.

(2) 종 류

우리 법은 소를 주관적으로 단순병합하는 방식의 공동소송뿐만 아니라, 소를 주관적으로 예비적·선택적으로 병합하는 예비적·선택적 공동소송(70조)을 허용하고 있다. 주관적으로 단순병합된 (단순)공동소송 중에서 공동소송인 사이에 승패를 같이 해야 할 필요가 없는 공동소송을 통상공동소송(65조)이라고 하고, 승패를 같이함으로써 합일확정 되어야 할 공동소송을 필수적 공동소송(67조)이라고 한다.

- 단순공동소송
  - 통상공동소송(66조)
  - 필수적 공동소송(67조)
    - 고유필수적 공동소송
    - 유사필수적 공동소송
- 예비적·선택적 공동소송(70조)

10-56 **2. 발생원인**

(1) 원시적 공동소송

처음부터 여러 사람의 원고가, 또는 여러 사람의 피고에 대하여 소를 제기하는 경우이다.

(2) 후발적 공동소송

처음에는 단일소송이었으나 소송 진행 중에 공동소송이 되는 경우를 말한다. 소송 진행 중에 필수적 공동소송인의 추가(68조), 예비적·선택적 공동소송인의 추가(70조, 68조), 여러 사람의 참가승계(81조) 또는 인수승계(82조), 공동소송참가(83조) 등이 있으면 후발적으로 공동소송이 된다(⇒ 10-131).

3. 심 판 10-57

공동소송인 전부에 대하여 한꺼번에 심리하여 판결하는 것이 원칙이다. 예외적으로 일정한 경우 변론의 분리 및 일부판결도 가능하다. 구체적인 심판의 방법은 공동소송의 종류에 따라 다르므로 아래에서 별도로 설명한다.

2관 통상공동소송

제65조 (공동소송의 요건) 소송목적이 되는 권리나 의무가 여러 사람에게 공통되거나 사실상 또는 법률상 같은 원인으로 말미암아 생긴 경우에는 그 여러 사람이 공동소송인으로서 당사자가 될 수 있다. 소송목적이 되는 권리나 의무가 같은 종류의 것이고, 사실상 또는 법률상 같은 종류의 원인으로 말미암은 것인 경우에도 또한 같다.

1. 의 의 10-58

통상공동소송은 공동소송인 사이에 승패를 같이 할 필요가 없는 경우의 공동소송을 말한다. 여러 원고가 또는 여러 피고를 상대로 개별적으로 별개의 소송을 해도 적법한 소송이 되지만, 그 청구가 상호간에 민사소송법 제65조가 정하는 관계에 있어서 하나의 소송으로 심판하는 것이 합리적인 경우에 허용되며, 공동소송의 기본적 형태이다.

2. 요 건

통상공동소송은 공동소송의 기본적 형태로서, 통상공동소송이 적법하게 성립하기 위해서는 소의 주관적 병합의 요건으로서 공동소송의 일반적 요건(165조)을 갖추어야 하며, 나아가 소의 객관적 병합의 요건도 갖추어야 한다.

10-59 (1) 주관적 병합의 요건

1) 소송의 목적이 되는 권리나 의무의 공통(65조 전문전단)

공동소송인 사이에 소송의 목적이 되는 권리나 의무가 공통되어야 한다. 2인 이상을 상대로 하는 소유권확인청구(오피스텔 임차인들이 소유권양수인의 소유권을 부인하는 경우 양수인이 임차인들을 공동피고로 하여 소유권확인의 소제기), 소유권에기한 방해배제로서 양수인과 전득자 모두를 상대로 하는 말소등기청구, 채권자가 주채무자와 연대보증인 또는 주채무자와 보증인을 상대로 한 이행청구,[88] 수인의 연대채무자를 피고로 한 연대채무 이행의 소 등이 그 예이다.

2) 권리나 의무가 사실상 또는 법률상 같은 원인에 기인한 때(65조 전문후단)

예컨대, 하나의 교통사고로 인한 복수피해자가 가해자를 상대로 손해배상청구를 하는 것이 동일한 사실상 원인에 기인한 경우이고, 부동산을 매수한 사람이 이를 다시 제3자에게 매도하였는데 처음의 매매계약이 무효일 때 처음의 매도인이 매매계약의 무효를 원인으로 매수인과 전득자 모두를 공동 피고로 하여 말소등기청구를 하는 것이 동일한 법률상 원인에 기인한 경우이다.

3) 권리나 의무가 같은 종류이며, 사실상과 법률상 같은 종류의 원인에 기인한 때 (65조 후문)

예컨대, 오피스텔 임대인이 여러 임차인을 상대로 차임지급청구(같은 종류의 권리-차임채권, 같은 종류의 원인-임대차계약), 자동차 판매업자가 수인의 매수인을 상대로 매매대금지급을 청구(같은 종류의 권리-매매대금채권, 같은 종류의 원인-자동차매매계약) 등이 이에 해당한다.

10-60 (2) 객관적 병합의 요건

1) 공동소송의 경우 당연히 각 공동소송인에 대한 청구의 병합도 이루어지는 것이므로, 객관적 병합의 요건으로서 청구의 병합의 요건을 갖추어야 한다. 따라서, 청구들이 동종의 절차에서 심리될 수 있는 것이어야 하며, 공통의 관할권이 인정되어야 한다.

2) 권리나 의무가 공통되거나 또는 권리나 의무가 동일한 원인에 기인한 때(65조 전문)에는 공동소송인 상호간에 관련재판적이 인정되나, 권리나 의무가 동종이며 동종의

---

88) 이 경우에 대해서는 권리나 의무가 사실상 법률상 같은 원인에 기인한 때로 보는 견해도 있다(이시윤, p.737).

원인에 기인한 때(65조 후문)에는 공동소송인 사이에 관련재판적이 인정되지 않는다(25조 2항 참조). (⇒ 4-36) 이와 같이 관련재판적이 인정되지 않는 제65조 후문의 공동소송인 경우에 특히 공동소송의 객관적 요건으로서 공동소송인 모두에 대한 공통의 관할이 중요해진다.

3. 심 판

第66조 (통상공동소송인의 지위) 공동소송인 가운데 한 사람의 소송행위 또는 이에 대한 상대방의 소송행위와 공동소송인 가운데 한 사람에 관한 사항은 다른 공동소송인에게 영향을 미치지 아니한다.

(1) 공동소송인 독립의 원칙 10-61

공동소송인 1인의 소송행위, 공동소송인 1인에 대한 상대방의 소송행위 내지는 공동소송인 1인에 관하여 발생하는 사항은 다른 공동소송인에게 영향을 미치지 않는다는 원칙을 말한다(66조). 통상공동소송은 원래 별개의 소송으로 해결할 수 있는 성질의 청구를 하나의 소송절차에 병합하여 심판할 수 있도록 한 것이기 때문이다.

1) 소송요건의 독립

소송요건의 존부는 각 공동소송인마다 개별적으로 심사하여 처리하며, 흠 있는 공동소송인이 있으면 그에 에 한하여 소를 각하한다.

2) 소송행위의 독립

공동소송인은 독립하여 소송자료(사실자료와 증거자료)를 제출하거나, 소를 취하 하거나, 자백을 하거나, 청구의 인낙 또는 포기, 소송상화해, 상소의 제기, 상소의 취하 등을 할 수 있다. 공동소송인 1인이 한 소송행위는 유리하든 불리하든 다른 공동소송인에게 영향을 미치지 않는다. 상소도 독립하여 할 수 있으며, 공동소송인 사이에 상소불가분의 원칙이 적용되지 않는다. 순차로 경료된 등기들의 말소를 청구하는 소송은 권리관계의 합일적인 확정을 필요로 하는 필요적 공동소송이 아니라 통상공동소송이며, 이와 같은 통상공동소송에서는 공동당사자들 상호간의 공격방어방법의 차이에 따라 모순되는 결론이 발생할 수 있고, 이는 변론주의를 원칙으로 하는 소송제도 아래서는 부득이한 일로서 판결의 이유모순이나 이유불비가 된다고 할 수 없다.[89]

3) 절차진행의 독립

공동소송인 중 한사람에 대해 생긴 소송중단, 중지사유, 기일이나 기간의 해태, 불출

---

89) 2008. 6.12. 2007다36445. [279]

석으로 인한 자백간주, 소취하 간주 등은 다른 공동소송인에게 영향을 미치지 않는다(예컨대, 공동소송인 중의 1인이 사망하는 경우에도 그 사람에 대한 절차만이 중단되며 다른 공동소송인에 대한 절차는 그대로 진행된다). 상소기간도 공동소송인별로 각각 진행한다.

4) 병합심리

공동소송인은 위와 같은 법률상으로 독립된 지위에 있으나, 하나의 소송절차에서 주관적으로 병합하여 심리하므로 동일한 기일에 절차가 이루어지는 것이 일반적이다. 그러나 공동소송인 중 일부에 대해서 송달이 되지 않는 등 공동으로 절차를 진행하는 데 어려움이 생기는 경우 변론을 분리하여 절차를 진행할 수 있다. 판결도 공동소송인 전부에 대하여 하나의 전부판결을 하는 것이 통상적이나, 공동소송인별로 일부판결을 하는 것도 가능하다. 판결의 결론이 공동소송인 사이에 모순되어도 위법한 판결이 아니다(법률상 합일확정의 필요가 없다).

(2) 공동소송인 독립의 원칙의 수정

(예문) 원고 甲이 주채무자 乙1와 연대보증인 乙2를 공동피고로 하여 대여금 및 연대보증금의 반환을 구하는 소를 제기하였다. 乙1은 돈을 빌린 사실을 자백하면서 변제의 항변을 하였다. 乙2는 주채무자인 乙1이 甲으로부터 돈을 빌린 사실은 알지 못한다(부지)고 하면서, 연대보증을 한 사실이 없다고 부인하였다. 乙1은 변제사실에 대한 증거로 무통장입금증을 제출하였고, 甲은 乙1에 대한 당사자신문결과와 乙2가 연대보증 한 것을 증명하는 서류를 乙2에 대한 증거로 제출하였으며, 乙2는 아무런 증거자료도 제출하지 않았다.

1) 乙1과 乙2를 공동피고로 하는 소송은 통상공동소송인가 필수적공동소송인가?

[대여관계와 연대보증관계는 각각 별개의 법률관계로 乙1에 대한 대여금채권이 인정된다고 하여 실체법적으로나 소송법적으로 법률상 반드시 乙2에 대한 연대보증금채권도 인정되어야 하는 것이 아니다. 따라서 乙1과 乙2에 대한 판결이 법률상 합일확정 되어야 하는 것이 아니다(한 때 소위 이론상 합일확정소송이라는 주장이 있었다). 甲이 乙1과 乙2를 공동피고로 하여 제기한 소송은 통상공동소송이다.]

2) 주채무자 乙1의 자백의 효력은 보증인 乙2에게도 미치는가?

[공동소송인독립의 원칙상 미치지 않는다. 乙2는 乙1이 빌린 사실에 대해 부지의 주장을 하므로 乙2에 대한 관계에서 甲은 乙1이 돈을 빌린 사실이 있다는 것을 증명해야 한다. 乙1에 대한 당사자신문결과를 통하여 乙2에 대한 관계에서 주채무자 乙1이 돈을 빌린 사실이 증명될 수 있을 것이다. 乙1의 자백이 乙2와의 관계에 있어 증거자료가 될 수 있는지는 논란이 있다.]

3) 乙1이 한 변제의 항변을 근거로 乙2도 주채무자가 변제를 했다는 변제의 항변을 한 것으로 보아야 하는가? 乙1이 제출한 증거에 의하여 乙2에 대한 관계에서도 주채무자가 변제를 하였다는 사실을 인정할 수 있는가?

[주장공통의 원칙을 인정하면 乙2도 주채무자인 乙1이 변제를 했다는 변제의 항변을 한 것으로 보아하고, 주장공통의 원칙을 인정하지 않으면 그렇지 않다. 주장공통의 원칙을 인정한다고 하더라도 乙1이 제출한 증거에 의하여 乙2와의 관계에서 乙1이 변제한 사실을 인정할 수 있는지, 즉 증거공통의 원칙을 인정할 것인지가 다시 문제된다.]

1) 공동소송인간 주장공통의 원칙 부정(판례) 10-62

공동소송인 1인에 의한 사실주장을 다른 공동소송인이 적극적으로 원용하지 않은 때에도 법원이 그 사실을 다른 공동소송인에 대한 소송자료로 사용할 수 있을 것인가 여부가 공동소송인간 주장공통의 원칙 인정여부의 문제이다. 긍정설은 '역사적 사실은 하나'라는 논리에 기초한다. 주장하지 않은 공동소송인에게 유리한 사실은 주장한 것으로 보아야 한다고도 하며,[90] 공동소송인 상호간 보조참가의 이익이 있는 경우 보조참가 한 것과 같은 효력을 인정하여야 한다고도 한다.[91] 긍정설의 주장은 법원은 당사자가 주장한 사실에 기초하여 재판해야 한다는 변론주의의 본질을 간과한 주장으로서 타당하지 않고, 따라서 주장공통의 원칙은 인정할 수 없다고 할 것이다(부정설). 판례도 부정설의 입장에서, 다른 공동피고들의 주장사실을 공시송달로 기일을 통지받아 불출석한 피고도 주장한 것으로 취급해서는 안 되며,[92] 다른 피고들의 주장사실을 불출석으로 자백간주 된 피고도 주장한 것으로 볼 수 없다고 한다.[93]

2) 공동소송인간 증거공통의 원칙 인정(판례) 10-63

증거공통의 원칙은 당사자 일방이 제출한 증거라 하더라도 상대방에게 유리한 사실인정의 자료로 삼을 수 있다는 원칙이다(⇒ 7-79). 통상의 공동소송에 있어서도 위와 같은 원칙을 유추하여 공동소송인 1인이 제출한 증거를 다른 공동소송인이 원용하지 않더라도 다른 공동소송인에 대한 증거로서 법원이 사실 인정의 자료로 사용할 수 있는지가 문제된다. 이를 인정하는 것이 통설과 판례이다.[94] 우리 법이 자유심증주의를 채택하고 있고, 보충적 직권증거조사가 허용되는 점에 비추어 공동소송인 사이에서도 증

---

90) 이시윤, p.741.
91) 강현중, p.470; 新當, p.747.
92) 1994. 5.10. 93다47196. [280]
93) 1997. 2.28. 96다53789.
94) 1987.11.10. 87누620.

거공통의 원칙을 인정함이 상당하다.

3관 필수적 공동소송

제67조 (필수적 공동소송에 대한 특별규정) ① 소송목적이 공동소송인 모두에게 합일적으로 확정되어야 할 공동소송의 경우에 공동소송인 가운데 한 사람의 소송행위는 모두의 이익을 위하여서만 효력을 가진다.
② 제1항의 공동소송에서 공동소송인 가운데 한 사람에 대한 상대방의 소송행위는 공동소송인 모두에게 효력이 미친다.
③ 제1항의 공동소송에서 공동소송인 가운데 한 사람에게 소송절차를 중단 또는 중지하여야 할 이유가 있는 경우 그 중단 또는 중지는 모두에게 효력이 미친다.

(예문) 주식회사 乙의 대표이사 겸 대주주인 K가 적법한 주주총회 소집통지도 없이 친한 주주 몇 명만 불러 형식적으로 주주총회를 개최하고 회사의 주요 자산을 매각하기로 하는 결의를 하였다. 이에 반대하는 주주로는 甲, 丙, 丁이 있다.

1) 이 경우 주주인 甲, 丙, 丁은 반드시 공동으로 주주총회결의취소의 소(또는 부존재확인의 소)를 제기하여야 하는가?

2) 甲이 단독으로 소를 제기하여 패소 판결을 받은 경우 그 판결의 효력은 丙, 丁에게도 미치는가? 甲이 승소 판결을 받은 경우는 어떠한가?

3) 甲, 丙, 丁이 공동으로 소를 제기하여 소송 진행 중에 甲이 청구를 포기한 경우 그 효력을 인정할 수 있는가?

4) 甲, 丙, 丁이 공동으로 제기한 소에서 원고들 모두에 대하여 패소판결이 선고 되었고, 甲만이 항소하였다. 丙, 丁에 대한 부분도 항소심으로 이심되어 심판의 대상이 되는가?

(대법원 2021. 7. 22. 선고 2020다284977 전원합의체 판결 참조)

〈상 법〉

제376조 (결의취소의 소)
① 총회의 소집절차 또는 결의방법이 법령 또는 정관에 위반하거나 현저하게 불공정한 때 또는 그 결의의 내용이 정관에 위반한 때에는 주주·이사 또는 감사는 결의의 날로부터 2월내에 결의취소의 소를 제기할 수 있다.
② 제186조 내지 제188조, 제190조 본문과 제191조의 규정은 제1항의 소에 준용한다.

제190조 (판결의 효력)
설립무효의 판결 또는 설립취소의 판결은 제3자에 대하여도 그 효력이 있다(*이를 편면적 대세효라고 한다). 그러나 판결확정전에 생긴 회사와 사원 및 제3자간의 권리의무에 영향을 미치지 아니한다.

1. 의 의 10-64

공동소송인들이 실체법상 또는 소송법상의 이유로 승패를 같이 해야 하는 소송, 즉 공동소송인 사이에 소송결과가 합일적으로 확정되어야 하는 소송을 필수적 공동소송이라고 한다. 공동소송인이 될 수 있는 사람들이 반드시 공동으로 원고가 되거나 공동으로 피고가 되어야 하는지 여부, 즉 소송결과가 합일적으로 확정되어야 할 사람들이 공동으로 소송을 하여야 하는 것이 소송요건인지 여부에 따라 고유필수적 공동소송과 유사필수적 공동소송으로 나뉜다.

2. 고유필수적 공동소송

(1) 의 의 10-65

여러 사람의 법률관계가 실체법상 통일적으로 규율되어야하기 때문에 그 여러 사람이 공동으로 원고가 되거나 여러 사람을 공동으로 피고로 삼아 소송을 진행하여야 만 소송의 실익이 있는 경우의 소송이 고유필수적 공동소송이다. 따라서 고유필수적 공동소송에 있어서는 그러한 관계에 있는 여러 사람 모두가 당사자가 되어야만 당사자적격이 인정되어 적법한 소송이 된다(예컨대, 4촌 이내의 친족 등이 혼인무효나 취소의 소, 또는 이혼무효나 취소의 소(가사소송법 24조 2항)를 제기할 때에는 부부 모두를 공동피고로 하여야 비로소 적법한 소가 된다. 부부간의 법률관계가 실체법상 통일적으로 규율되어야하므로 그 중 하나 만을 피고로 하여 제기한 소송은 실체법상의 이유로 인해 무의미한 소송이기 때문이다). 또한, 필수적 공동소송의 판결에 있어서 공동소송인에 대한 판결은 실체법상의 이유 때문에 합일적으로 확정되어야 하므로 공동소송인들은 다른 공동소송인들과의 관계에 있어 독립하여 소송행위를 할 수 없다

(2) 성립범위 10-66

1) 합유물의 관리처분

㈎ 합유물의 관리처분권은 합유자 전원에게 공동귀속 되므로 그와 관련된 소송은 고유필수적 공동소송이다. 합유인 조합재산에 관한 소, 예컨대 건설회사와 재건축정비사업조합이 공동출자하여 공동으로 하는 아파트재건축사업에 있어 수분양자에 대한 분양대금을 청구하는 것은 분양대금청구권을 동업자 2인이 준합유하는 것이고(건설회사와 재건축정비사업조합이 공동출자하여 공동으로 사업함에 있어 건설회사 단독으로 분양대금을 청구한 사안),[95] 2인이 동업으로 부동산을 매수한 경우 소유권이전등기청구권은 동업자

95) 2012.11.29. 2012다44471.

2인의 준합유하는 것이므로[96] 그러한 경우의 소송은 고유필수적 공동소송이다.

(나) 그러나, 합유재산의 보존행위는 각 합유자가 단독으로 할 수 있으므로, 합유물에 관하여 경료된 원인무효의 소유권이전등기의 말소를 구하는 소송은 합유물에 관한 보존행위로서 합유자 각자가 할 수 있고,[97] (*2009. 법원직) 민법상 조합인 공동수급체가 경쟁입찰에 참가하였다가 다른 경쟁업체가 낙찰자로 선정된 경우, 그 공동수급체의 구성원 중 1인이 그 낙찰자 선정이 무효임을 주장하며 무효확인의 소를 제기하는 것은 단독으로도 가능하다.[98]

2) 총 유

비법인사단의 재산관계 소송은 대표자가 있는 경우 비법인사단 자체가 당사자가 되어야 하지만, 대표자가 없을 경우에는 총유이므로(민법 275조 1항) 구성권 전원의 고유필수적 공동소송이 된다(이러한 경우 선정당사자를 선정하여 소송을 할 수도 있다). 총유물의 보존행위에 해당하는 소송이라도 사원총회의 결의를 거쳐 사단명의로 제소하거나 구성원 전원이 당사자가 되어 제소하여야 하며, 구성원개인이 제기할 수 없다.[99] (*2016. 법원직)

3) 공유관계 소송

(가) 공유자는 공유물을 각자의 지분에 기하여 소유하는 것이므로, 공유관계 소송에서 공유자 전원을 당사자로 할 필요가 없다는 것이 원칙이다. 제3자가 공유자에 대하여 하는 이전등기청구소송은 통상공동소송이다.[100] (*2012. 법원직) 공유물의 사용수익에 방해를 당하는 경우 각 공유자는 보존행위로서 방해제거청구의 소를 제기할 수 있고, 아파트하자와 관련된 손해배상청구[101] 등 공유물과 관련된 손해배상청구도 각자 지분의

---

96) 1994.10.25. 93다54064. [283]

97) 1997. 9. 9. 96다16896.

98) 2013.11.28. 2011다80449.

99) 2005. 9.15. 2004다44971(전원합의). [285] 총유의 경우는 공유나 합유처럼 보존행위는 그 구성원 각자가 할 수 있다는 규정을 두고 있지 아니한바, 이는 법인 아닌 사단의 소유형태인 총유가 공유나 합유에 비하여 단체성이 강하고 구성원 개인들의 총유재산에 대한 지분권이 인정되지 아니하는 데에서 나온 당연한 귀결이라는 이유. 총유재산의 보존을 위한 소는 대표자 개인 또는 구성원 일부가 제기할 수 있다는 종전판례 변경.

100) 1994.12.27. 93다32880,32897. [286]

101) 2012. 9.13. 2009다23160. 갑 아파트의 입주자대표회의와 구분소유자들이 사업주체인 을 주식회사를 상대로 하는 손해배상청구를 주관적·예비적 병합의 형태로 병합하여 청구하고, 이와 별도로 입주자대표회의가 건설공제조합을 상대로 하자보수보증계약에 기한 보증금 지급을 청구한 사안.

한도 내에서 단독으로 제기할 수 있다. 공동명의로 담보가등기를 마친 수인의 채권자가 각자의 지분별로 별개의 독립적인 매매예약완결권을 가지는 경우, 채권자 중 1인은 단독으로 자신의 지분에 관하여 가등기담보 등에 관한 법률이 정한 청산절차를 이행한 후 소유권이전의 본등기절차 이행청구를 할 수 있다.[102]

(나) 공유건물철거소송의 경우에 각 공유자에 대하여 그 지분권의 한도 내에서 철거를 구하는 것으로 보아 공유자 전원을 공동피고로 할 필요가 없다는 것이 판례이나,[103] 공유물 자체의 처분이나 변경은 공유자 전원이 하거나 전원의 동의를 얻어서 해야 하므로(민법 264조), 공유건물철거소송은 공유자 전원을 피고로 하여야 한다는 견해가 다수설이다.[104] 공동상속인이 다른 공동상속인을 상대로 어떤 재산이 상속재산임의 확인을 구하는 소(⇒ 3-28)는 고유필수적 공동소송이다.[105]

(다) 관련하여, 최근 대법원은 종전판례를 변경하여 공유물의 소수지분권자가 다른 공유자와 협의 없이 공유물의 전부 또는 일부를 독점적으로 점유·사용하고 있는 경우 다른 소수지분권자는 공유물의 보존행위로서 그 인도를 청구할 수는 없고, 다만 자신의 지분권에 기초하여 공유물에 대한 방해 상태를 제거하거나 공동 점유를 방해하는 행위의 금지 등을 청구할 수 있다고 보아야 한다고 판시하였다.[106]

4) 형성권의 공동귀속

(가) 형식적 형성소송은 고유필수적 공동소송이다. 공유물분할의 소는 분할을 구하는 사람이 다른 공유자 전원을 피고로 제기해야 하며,[107] 공유자가 제기하는 경계확정의 소도 공유자 모두가 공동원고가 되어야 한다.

(나) 제3자가 혼인무효·취소의 소를 제기할 때는 부부를 상대방으로 하고, 부부 중 어느 한쪽이 사망한 경우에는 그 생존자를 상대방으로 한다(가사소송법 24조). 제3자가

---

102) 2012. 2.16. 2010다82530(전원합의). [282] 원고가 피고에게 금원을 대여하면서 이를 담보하기 위하여 피고에 대한 다른 채권자들과 공동명의로 매매예약을 체결하고 채권액에 따라 각자 지분으로 특정하여 가등기를 마친 사안. 매매예약의 내용이나 매매예약완결권 행사와 관련한 당사자의 의사와 관계없이 언제나 수인의 채권자가 공동으로 매매예약완결권을 가진다고 보고, 매매예약완결의 의사표시도 수인의 채권자 전원이 공동으로 행사하여야 한다는 종전판례 변경.

103) 1993. 2.23. 92다49218.

104) 호문혁, p.852; 이시윤, p.746.

105) 2007. 8.24. 2006다40980.

106) 2020. 5.21. 2018다287522(전원합의).

107) 2003.12.12. 2003다44615,44622. [287]

제기하는 친자관계부존재확인의 소도 생존 부모 및 자 모두를 공동피고로 삼아야 한다.[108]

(다) 회사 등 단체관련 소송에서 이사 등 기관의 해임을 구하는 소는 단체와 기관 모두를 피고로 삼아야 한다. 따라서 상법 539조에 따른 청산인 해임은 그 회사와 청산인들을 상대로 하는 소에 의하여서만 이를 청구할 수 있고,[109] 집합건물의 소유 및 관리에 관한 법률 24조 3항에서 정한 관리인 해임의 소는 법률관계의 당사자인 관리단과 관리인 모두를 공동피고로 해야 한다.[110]

5) 수인의 소송담당자

선정당사자가 여럿 있는 경우 선정당사자 전원이 당사자가 되어야 하는 고유필수적 공동소송이다. 여러 선정당사자 가운데 죽거나 그 자격을 잃은 사람이 있는 경우에는 다른 당사자가 모두를 위하여 소송행위를 한다(54조). 파산관재인이 여럿인 경우에도 파산관재인 전원이 소송당사자가 되어야 하므로 그 소송은 필수적 공동소송에 해당한다(공동파산관재인 중 일부가 파산관재인의 자격을 상실한 때에는 남아 있는 파산관재인에게 관리처분권이 귀속되고 소송절차는 중단되지 아니하므로, 남아 있는 파산관재인은 자격을 상실한 파산관재인을 수계하기 위한 절차를 따로 거칠 필요가 없이 혼자서 소송행위를 할 수 있다).[111]

3. 유사필수적 공동소송

10-67 ### (1) 의 의

수인이 공동으로만 당사자적격이 있는 것은 아니나, 일단 공동소송인이 되면 승패를 같이 해야 하는 공동소송을 유사필수적 공동소송이라고 한다. 소송법상 판결의 효력이 제3자에게 확장될 경우에 인정되는 공동소송이므로 소송법상 이유에 의한 필수적 공동소송이라고도 한다.

10-68 ### (2) 성립범위

1) 판결의 효력(형성력, 기판력)이 여러 사람에게 미치는 경우(대세효)

수인의 주주에 의한 주주총회결의 취소의 소(상법 376조)[112], 혼인무효의 소를 여러

---

108) 1970. 3.10. 70므1.
109) 1976. 2.11. 75마533.
110) 2011. 6.24. 2011다1323. [281]
111) 2008. 4.24. 2006다14363.
112) 2021. 7.22. 2020다284977(전원합의). 이 판결의 소수의견은 이러한 경우의 공동소송을 통상공동소송으

사람이 제기하는 경우(가사소송법 24조), 선거무효 당선무효의 소를 여러 사람이 제기하는 경우(공직선거법 222조, 223조) 등에 유사필수적 공동소송이 성립한다.

2) 수인의 채권자가 공동원고가 되어 제기한 채권자 대위소송의 경우

이 경우는 유사필수적 공동소송이라는 견해와 통상의 공동소송이라는 견해가 대립한다. 판례는 채무자가 채권자가 대위의 소를 제기한 사실을 안 경우 판결의 기판력이 채무자에게도 미치므로 수인의 채권자가 공동으로 원고가 된 경우 공동소송인은 유사필수적 공동소송관계에 있다고 한다(대위채권자인 원고 1명이 소송 중 사망하여 여러 명의 상속인이 소송수계한 사안).[113]

(3) 소위 '이론상 합일확정소송(준필수적 공동소송)'은 통상공동소송에 불과하다.

예컨대, ① 동일한 교통사고로 손해를 입은 여러 피해자가 공동의 원고가 되어 손해배상을 청구하는 경우, ② 甲, 乙, 丙을 공동피고로 하여 순차로 이전된 등기가 원인무효라는 이유로 말소등기를 청구하는 경우, ③ 보증인과 주채무자, 수인의 연대채무자를 공동피고로 하는 소송 등은 논리상 또는 실천적 이유로 합일확정의 요청이 있으므로(예컨대, 하나의 소송에서 공동피고인 주채무자에 대해서는 주채무가 소멸하였다고 인정하고, 연대보증인에 대해서는 주채무가 살아있다고 인정하는 것은 문제가 있다는 것이다), 합일확정의 결과를 얻기 위하여 필수적 공동소송의 심판방식을 적용하여야 한다고 주장하면서 이러한 경우를 이론상 합일확정소송 또는 준필수적 공동소송이라고 부르는 견해가 있었다. 그러나, 이러한 경우 등은 실체법상 공동으로 권리를 행사하여야 한다거나 소송법상 한 사람에 대한 판결의 효력이 다른 사람에게 확장된다는 등의 법률상의 이유로 합일확정의 필요가 있는 것은 아니므로, 이러한 경우 필수적공동소송에 관한 규정을 준용할 수 없고 통상의 공동소송으로 처리하여야 한다는 것이 오늘날 통설과 판례(乙이 서류를 위조하여 甲 소유의 부동산에 대한 등기를 마친 후 이를 丙, 丁에게 전전 이전한 사안)[114]이다.

4. 필수적 공동소송의 심판 10-69

소송의 당사자로서 각 공동소송인은 개별적으로 소송행위를 할 수는 있으나, 필수적 공동소송인들은 승패를 같이 하여야 하므로 이를 보장하기 위하여 심리와 재판의 통일

로 보아야 한다고 한다(이 시안도 쟁점이 되지 않은 문제에 대하여 대법원 전원합의체에서 추상적인 법리논쟁을 벌인 것으로, 대법원이 주체적 사건을 통하여 권리(법)를 선언하는 사법(司法)기관이라는 본분을 망각한 것이라는 비판을 면하기 어렵다).

113) 1991.12.27. 91다23486. [289]

114) 2008. 6.12. 2007다36445.

이 요구되며 소송자료의 통일과 소송 진행의 통일이 요구된다.

10-70 **(1) 소송요건의 조사**

각 공동소송인은 개별적으로 소송행위를 할 수 있으므로 일반적인 소송요건은 각 당사자별로 조사한다. 고유필수적 공동소송에서는 한 사람이라도 소송요건을 갖추지 못한 경우 전체 공동소송인에 대한 소를 각하한다. 고유필수적 공동소송인이 되어야 할 자중 일부 누락이 있는 경우 소송경제상 전체에 대한 소를 각하하지 않고 당사자의 추가를 인정한다(68조). 유사필수적 공동소송인 경우 분리하여 소송요건을 갖추지 못한 그 당사자에 대한 소만 각하하면 된다. (*2008. 법원직)

10-71 **(2) 소송자료의 통일**

필수적 공동소송의 경우 법률상 합일적으로 판결이 내려져야 한다. 각 당사자가 각자 소송행위를 하는 것을 금지할 수는 없으므로, 민사소송법은 각 당사들의 소송행위의 소송법적 효과를 규율하여 통일적인 판결에 이르도록 한다.

1) 공동소송인 중 1인에 의한 소송행위

공동소송인 가운데 한 사람의 소송행위는 모두의 이익을 위해서만 효력이 있다(67조 1항). (*2018. 법원직)

㈎ 유리한 것 : 공동소송인 중 한 사람이라도 다투면 전원을 위하여 다툰 것으로 효력이 인정된다. 피고 측의 한사람이라도 본안에 대해 응소하였으면, 전원이 다툰 것이 되므로 소취하시 전원의 동의를 받아야한다. 한사람이라도 기일에 출석하여 변론하였으면 다른 공동소송인이 결석하였어도 기일불출석의 효과가 생기지 않는다. 공동소송인 중 일부가 제기한 상소 또는 공동소송인 중 일부에 대한 상대방의 상소는 다른 공동소송인에게도 효력이 미치는 것이므로 공동소송인 전원에 대한 관계에서 판결의 확정이 차단되고 소송은 전체로서 상소심에 이심된다.[115)]

㈏ 불리한 것 : 자백, 청구의 포기·인락, 재판상 화해는 불리한 소송행위이므로 공동소송인 전원이 하지 않으면 효력이 생기지 않는다. 고유필수적 공동소송에서 공동소송인 중의 1인이 한 소취하는 무효이다.[116)](*2019. 법원직) 다만, 유사필수적 공동소송에서 공동소송인의 일부가 소를 취하하면 다른 공동소송인에게 영향이 없이 취하한 당사자

115) 2011. 6.24. 2011다1323. [281]
116) 2007. 8.24. 2006다40980.

에 대해서만 소송계속이 소멸한다.[117]

2) 공동소송인 중 1인에 대한 상대방의 소송행위

상대방이 공동소송인 가운데 한사람에 대하여 한 소송행위는 공동소송인 모두에게 효력이 미친다(67조 2항). 상대방을 보호하기 위한 규정이므로 다른 공동소송인들에게 유리한지 불리한지를 따지지 않는다. 준비서면에 적지 아니한 사실은 상대방이 출석하지 아니한 때에는 변론에서 주장하지 못하나(276조), 공동소송인 가운데 한사람이라도 기일에 출석하였으면 준비서면에 예고하지 않은 주장을 할 수가 있다.

(3) 소송진행의 통일 10-72

1) 변론 및 증거조사 기일을 같은 기일 실시한다. 공동소송인 중 일부에 대하여 중단이나 중지의 원인이 생기면 절차가 전원에 대하여 중단되거나 중지된다(67조 3항). 변론의 분리를 허용하지 않는다.

2) 공동소송인 중 일부에 대한 일부판결은 허용되지 않는다. 착오로 일부 공동소송인에 대한 판결이 누락된 경우에도 누락된 공동소송인에 대하여 추가판결을 할 수 없고, 상소를 통하여 구제받아야 한다.

3) "공동소송인과 상대방 사이에 판결의 합일확정을 필요로 하는 고유필수적 공동소송에 있어서는 공동소송인 중 일부가 제기한 상소 또는 공동소송인 중 일부에 대한 상대방의 상소는 다른 공동소송인에게도 그 효력이 미치는 것이므로 공동소송인 전원에 대한 관계에서 판결의 확정이 차단되고 그 소송은 전체로서 상소심에 이심되며, 상소심판결의 효력은 상소를 하지 아니한 공동소송인에게 미치므로 상소심으로서는 공동소송인 전원에 대하여 심리·판단하여야 할 것이니, 이러한 고유필수적 공동소송에 대하여 본안판결을 할 때에는 공동소송인 전원에 대한 하나의 종국판결을 선고하여야 하는 것이지 공동소송인 일부에 대해서만 판결하거나 남은 공동소송인에 대해 추가판결을 하는 것은 모두 허용될 수 없다."[118]

(4) 상소의 통일적 진행 10-73

상소기간은 각 공동소송인에게 별개로 만료된다. 최후에 만료되는 공동피고인의 상소기간이 만료될 때가 확정시점이다. 공동소송인중의 1인이 상소를 제기하면 전원에

117) 2013. 3.28. 2011두13729.
118) 2010. 4.29. 2008다50691.

대하여 확정이 차단되고 상소심으로 이심되는 효력이 생긴다. 패소하였음에도 원심법원의 판결에 대하여 불복하지 아니한 공동소송인에게 상소심에서 유리하게 변경될 수도 있다.[119] 이때 상소하지 아니한 공동소송인의 지위에 대해서는 상소인설과 피상소인설 등이 있었으나 오늘날 상소인도 피상소인도 아닌 독자적인 상소심 당사자의 지위를 갖는다고 이해하는 것이 통설이며 판례(필수적 공동소송에 있어서 상고하지 아니한 피고를 단순히 "피고" 라고만 표시하고, 상고비용은 실제로 상고한 피고(상고인)에게만 부담시킨 사안)[120]의 입장이다. 상소인이 아니기 때문에 상소를 취하할 수 없고, 인지를 붙이거나, 패소시 상소비용을 부담하지는 않는다.

10-74 **(5) 고유필수적 공동소송인의 추가**

법원은 필수적공동소송인 가운데 일부가 누락된 경우에는 제1심의 변론을 종결할 때까지(*2007-1. 2010. 법원직) 원고의 신청에 따라 결정으로 원고 또는 피고를 추가하도록 허가할 수 있으며, 다만, 원고의 추가는 추가될 사람의 동의를 받은 경우에만 허가할 수 있다(68조 1항). 허가결정을 한 때에는 허가결정의 정본을 당사자 모두에게 송달하여야 하며, 추가될 당사자에게는 소장부본도 송달하여야 한다(68조 2항). 허가에 따라 공동소송인이 추가된 경우에는 처음의 소가 제기된 때에 추가된 당사자와의 소가 제기된 것으로 본다(68조 3항). (⇒ 상세는 당사자 변경 참조) 허가결정에 대하여 이해관계인은 추가될 원고의 동의가 없었다는 것을 사유로 하는 경우에만 즉시항고를 할 수 있으며, 그 때의 즉시항고는 집행정지의 효력을 가지지 아니한다(4항, 5항). 추가신청을 기각한 결정에 대하여는 즉시항고 할 수 있다(6항).

10-75 **(6) 당사자요건 흠결된 판결의 효력**

필수적 공동소송인 공유물 분할청구의 소에서 피고들 중 1인이 소제기 전 사망한 사실을 간과하고 1심 원고승소, 2심 항소기각의 판결이 내려진 사안에서, 판례는 상고심에서 사망한 사실이 드러난 경우 "이미 사망한 자를 상대로 한 소의 제기는 소송요건을 갖추지 않은 것으로서 부적법하며, 상고심에 이르러서는 당사자표시정정의 방법으로 그 흠결을 보정할 수 없다"고 하면서 항소심 파기하고, 1심판결을 취소한 후 소 각하 판결을 하였다.[121] 그대로 원심 판결이 확정되더라도 그 판결은 당사자능력과 당사자적격의 흠을 간과하고 한 판결로서 무효라고 할 것이다.

---

119) 2010. 4.29. 2008다50691.
120) 1993. 4.23. 92누17297.
121) 2012. 6.14. 2010다105310.

4관 예비적·선택적 공동소송

(문 1) 甲은 친구인 乙이 자신의 동생인 丙이 급하게 쓸 돈이 필요하다고 하면 돈을 빌려달라고 하여 乙에게 1억원을 교부하였다. 甲이 乙에게 빌려 준 돈의 반환을 요구하자 乙은 자신은 丙의 대리인이고 丙이 차주이니 丙에게 청구하라고 한다. 이에 甲이 丙을 상대로 반환을 청구하자 丙은 乙이 자신의 대리인이 아니며 甲으로부터 돈을 빌린 사람은 乙이니 자신은 반환채무가 없다고 주장한다.

1) 甲은 乙을 피고로 하여 대여금반환청구 소(1소)를 제기하였다. 그 소송에서 乙은 丙이 돈을 빌린 것이며 자신은 丙의 대리인에 불과하다고 주장하였고, 그 주장이 받아들여져 甲이 패소를 하였다. 1소에서 패소한 甲은 다시 丙을 피고로 하여 대여금반환청구의 소(2소)를 제기하였다. 2소 법원은 반드시 1소 법원의 판결과 같이 피고 丙이 돈을 빌린 것으로 판단하여야 하는가?

[각 법원은 독립하여 판결하므로 2소 법원은 1소 법원의 판결에 구속되지 않고 乙이 돈을 빌린 것이라고 인정할 수도 있다.]

2) 甲은 乙과 丙을 동시에 공동피고로 하여 선택적으로 둘 중의 하나의 피고에 대하여 금 1억원의 지급을 명하는 판결을 구하거나, 우선 (재력이 많은) 乙에 대하여 판결을 하고 乙에 대한 청구가 인정되지 않으면 예비적으로 丙에 대하여 판결을 해달라고 요구하는 소를 제기할 수 있는가?

[이론적으로 소의 주관적 선택적·예비적 병합소송을 허용할 것인가가 문제된다. 민소법은 제70조에 의하여 이러한 경우를 규율한다.]

3) 2)의 경우 甲이 乙과 丙을 피고로 하여 별개의 소를 제기하는 것과 어떤 차이가 있는가? 이러한 경우 甲의 乙과 丙에 대한 청구를 모두 인용하거나 모두 기각하는 판결을 선고할 수 있는가? 乙과 丙을 공동피고로 할 수 있다고 할 때, 그러한 공동소송은 통상공동소송이나 필수적 공동소송과 어떠한 점에서 차이가 있는가?

[별소로 제기하는 경우 甲은 양소에서 모두 승소하거나 모두 패소할 수도 있다. 그러나 乙과 丙을 공동피고로 하는 경우 乙과 丙에 대한 청구는 양립불가능하므로 법원이 공동피고에 대한 청구를 모두 인용하거나 돈을 빌려준 사실은 인정됨에도 누가 차주인지 몰라 모두 기각하는 재판을 할 수 없게 된다. 소송의 심리에 있어서 통상공동소송은 공동소송인 독립의 원칙이 적용되고 필수적 공동소송은 합일확정의 필요에 의하여 소송자료의 통일과 소송진행의 통일이 엄격히 요구되는데 비하여, 선택적 예비적 공동소송은 공동소송인 사이의 양립불가능한 결과(합일확정과는 다름)에 도달하기 위하여 필요한 한도에서 필수적 공동소송의 심리방식이 준용된다.]

4) 2)의 경우 을에 대한 청구가 인용되는 경우에 이론적으로 병에 대한 청구에 대해서도 판결

을 하여야 하는가? 을에 대한 청구를 인용하면서 병에 대한 청구에 대해서는 아무런 판결을 하지 않는 경우 丙의 소송법적 지위가 불안정해 지는 것 아닌가?

[이론적으로는 선택되지 않은 당사자나 예비적 당사자에 대한 판결을 할 필요가 없으나 그렇게 하면 그러한 당사자의 소송법적 지위가 불안정해 지므로 민사소송법은 그러한 당사자에 대하여도 따로 청구기각의 판결을 하도록 하였다(70조 2항)]

(문 2) 10명이 있는 버스 안에서 누군가로부터 소매치기를 당했다. 피고를 10명으로 하여 선택적으로 손해배상청구를 할 수 있는가? 2명 중 한명이 범인인 것이 명백하나 그 중 누구인지는 명확히 확인되지 않는 경우, 2명의 피고를 선택적으로 병합하여 소를 제기할 수 있는가?

[어느 범위에서 예비적·선택적 공동소송을 허용할 것인가가 주요 쟁점이 된다]

제70조 (예비적·선택적 공동소송에 대한 특별규정)

① 공동소송인 가운데 일부의 청구가 다른 공동소송인의 청구와 법률상 양립할 수 없거나 공동소송인 가운데 일부에 대한 청구가 다른 공동소송인에 대한 청구와 법률상 양립할 수 없는 경우에는 제67조 내지 제69조를 준용한다. 다만, 청구의 포기·인낙, 화해 및 소의 취하의 경우에는 그러하지 아니하다.

② 제1항의 소송에서는 모든 공동소송인에 관한 청구에 대하여 판결을 하여야 한다.

10-76 **1. 의 의**

1) 청구를 예비적 또는 선택적으로 병합하는 것을 허용하는 것과 같이, 원고들 상호간에 또는 피고들 상호간에 예비적·선택적 관계에서 공동으로 소송을 수행하는 소의 주관적인 예비적·선택적 병합을 허용할 수 있는지에 대하여 이론적으로 논의가 있었다. 이러한 형식의 공동소송을 허용할 것인가를 두고 2002. 민사소송법 개정 이전에는 학설 대립이 있었고, 판례는 예비적·선택적 당사자의 입장이 현저히 불안정하다는 것을 주된 이유로 하여 부정설의 입장이었다.[122)]

2) 2002년 민소법 개정시 제70조를 신설하여, 이론적으로 논란이 있던 소의 예비적·선택적 병합을 제한적인 범위 내(공동소송인들 사이의 청구가 "법률상 양립할 수 없는 경우"로 한정)에서 입법적으로 허용하게 되었다. 제70조 제1항은 예비적·선택적 공동소송이 요건으로서 공동소송인 상호간에 청구가 "법률상 양립할 수 없는 경우"이어야 함을 규정하고 있다. 법률상 양립할 수 없다는 것이 어떤 뜻인지에 대해서는 견해가 나뉜다. 엄격히 해석하는 견해와 확대해석하는 견해가 있으며, 판례는 확대해석하는 경향이 있

122) 1997. 8.26. 96다31079.

다. 그러나, 책임의 주체를 특정하지 않은 투망식 공동소송을 허용해서는 안 된다는 점에 대해서는 이론이 없다.

3) 순수한 이론상의 예비적·선택적 공동소송을 허용한다면 주위적 공동소송인에 대한 청구 또는 선택적 공동소송인중의 1인에 대한 청구가 인용되는 경우 예비적·선택적 공동소송인에 관한 청구에 대하여는 판결을 할 필요가 없는 것인데, 민사소송법은 제70조 제2항에서 "법원은 모든 공동소송인에 대한 청구에 관하여 판결을 하여야 한다." 고 규정함으로써 입법적 타협을 통하여 부정설의 가장 큰 논거였던 예비적·선택적 피고의 지위의 불안정성을 제거하였다. 민소법이 규정하는 예비적·선택적 공동소송은 언제나 예비적·선택적 당사자에 대해서도 판결을 하도록 함으로써, 순수한 이론상의 소의 주관적 예비적·선택적 병합과는 다른 모습을 갖게 되었다. 민소법 제70조는 일본 민사소송법에는 없는 우리 민사소송법의 독특한 규정이다.[123)]

2. 성립범위 10-77

(1) 병합의 형태

원고 측이 병합관계인 경우(능동형, 70조 1항 전단)와, 피고 측이 병합관계인 경우(수동형, 70조 1항 후단) 모두 허용된다. 주관적인 예비적 병합과 주관적인 선택적 병합을 모두 허용한다(70조 표제). 예비적 병합은 주위적 당사자에 대하여 먼저 판단하고 그 후에 예비적 당사자에 대하여 판단하여야 하는 형태의 병합이며, 선택적 병합은 판단에 순서를 정하지 아니하고 청구가 인용되는 선택적 당사자에 대하여 인용판결을 하면 되는 형태의 병합이다. 제70조 제1항 본문이 규정하는 '공동소송인 가운데 일부에 대한 청구'를 반드시 '공동소송인 가운데 일부에 대한 모든 청구'라고 해석할 근거는 없으므로, 주위적 피고에 대한 주위적·예비적 청구 중 주위적 청구 부분이 받아들여지지 아니할 경우 그와 법률상 양립할 수 없는 관계에 있는 예비적 피고에 대한 청구를 받아들여 달라는 취지로 주위적 피고에 대한 주위적·예비적 청구와 예비적 피고에 대한 청구를 결합하여 소를 제기하는 것도 가능하고, 예비적 피고에 대한 청구를 결합하기 위하여 예비적 피고를 추가하는 것도 가능하다. 이 경우 주위적 피고에 대한 예비적 청구와 예비적 피고에 대한 청구가 서로 법률상 양립할 수 있는 관계에 있으면 양 청구를 병합

123) 일본은 예비적 선택적 공동소송제도를 두고 있지 않다. 다만 공동피고에 대하여 원고의 청구가 상호 법률상 병존할 수 없는 관계에 있는 경우 원고는 동시심판신청에 의하여 법원이 변론을 분리하는 것을 제한하고 있을 뿐이다. 이를 동시심판신청공동소송이라고 부르며, 그 경우 공동소송인 독립의 원칙 자체는 수정되지 않는다(伊藤, p.567).

하여 통상의 공동소송으로 보아 심리·판단할 수 있다. 그리고 이러한 법리는 원고가 주위적 피고에 대하여 실질적으로 선택적 병합 관계에 있는 두 청구를 주위적·예비적으로 순위를 붙여 청구한 경우에도 그대로 적용된다.[124]

(2) 추가적 병합의 허용

소제기 당시에는 주관적 병합 형태가 아니었다가 후에 당사자를 예비적·선택적으로 추가하는 것도 법률상 허용된다(70조, 68조). 소송계속 중에 임의적으로 당사자를 추가하는 변경을 허용하는 것으로서, 소송진행 상황에 따라 당사자를 예비적·선택적으로 추가할 수 있으므로 원고의 입장에서는 매우 편리한 제도이다. 예비적·선택적으로 원고를 추가하는 경우에는 추가되는 원고의 동의가 필요하다(70조, 68조 1항).

10-78 3. 요 건

(1) 청구의 "법률상 양립불가능"

1) 예비적·선택적 공동소송의 요건으로서 청구의 법률상 양립불가능에 대한 해석을 두고 학설이 갈린다. 실체법상 A가 아니면 B가 인정되는 양립 불가능한 상황이 예정되어 있는 경우에 한정되어야 한다는 엄격해석론과,[125] 사실상 양립 불가능한 경우라 하더라도 공동소송인의 청구나 공동소송인에 대한 청구가 동시에 인용될 수 없거나 어느 한쪽의 승소가 다른 쪽의 패소를 가져오는 관계라면 가능하다고 하는 확대해석론이 있다.[126]

2) 판례는 아래와 같이 판시함으로써 법률상 양립불가능성을 넓게 파악하는 경향이다.

> "① 동일한 사실관계에 대한 법률적인 평가를 달리하여 두 청구 중 어느 한쪽에 대한 법률효과가 인정되면 다른 쪽에 대한 법률효과가 부정됨으로써 두 청구가 모두 인용될 수는 없는 관계에 있는 경우나, ② 당사자들 사이의 사실관계 여하에 의하여 또는 청구원인을 구성하는 택일적 사실인정에 의하여 어느 일방의 법률효과를 긍정하거나 부정하고 이로써 다른 일방의 법률효과를 부정하거나 긍정하는 반대의 결과가 되는 경우로서, 두 청구들 사이에서 한쪽 청구에 대한 판단 이유가 다른 쪽 청구에 대한 판단 이유에 영향을 주어 각 청구에 대한 판단 과정이 필연적으로 상호 결합되어 있는 관계를 의미하며, ③실체법적으로 서로 양립할 수 없는 경우뿐 아니라 소송법상으로 서로 양립할 수 없는 경우를 포함하는 것으로 봄이 상당하다."[127] (번호와 밑줄은 필자가 편의상 표시)

---

124) 2015. 6.11. 2014다232913. [294]
125) 호문혁, p.877.
126) 오상현, "예비적 선택적 공동소송에 관한 판례분석", 법조, 2010. 2. p.42.

(2) 공동소송으로서의 요건

공동소송의 일종이므로 공동소송으로서의 주관적 요건(65조)과 객관적 요건(253조)을 모두 갖추어야 한다.

(3) 예비적·선택적 공동소송 사례

1) 실체법 규정에 의하여 양립불가능한 경우

예컨대, ① 甲이 乙의 대리인이라고 주장하는 丙과 계약을 체결하였으나 乙과 丙 사이에 대리권의 존부에 관하여 다툼이 생기자, 甲이 대리행위가 유효임을 전제로 乙에 대하여 계약책임을 묻고 대리행위가 무효일 경우에 대비하여 丙에 대하여 무권대리인의 책임으로 손해배상을 청구하는 경우, ② 甲이 乙에 대하여 표현대리 책임을 묻고, 표현대리가 인정되지 않을 때를 대비하여 丙에 대하여 무권대리인으로서의 책임을 묻는 경우, ③채무자가 채무의 존재는 인정하나 그 채권의 귀속주체가 양도인인지 양수인이지 불분명하여 다툼이 생기자, 양도인과 양수인을 공동피고로 소를 제기한 경우, ④공작물의 점유자를 상대로 손해배상을 구하고, 점유자 면책에 대비하여 예비적으로 공작물 소유자를 상대로 청구(민법 758조 참조)하는 경우, ⑤하도급 공사대금의 지급을 구하면서 하도급거래공정화에 관한 법률 제14조의 규정에 따라 직접지급사유가 발생했다고 주장하면서 발주자를 주위적 피고로, 직접지급의무가 인정되지 않을 경우에 대비하여 원사업자의 보증인인 건설공제조합을 예비적 피고로 청구한 경우[128] 등에 허용된다.

2) 사실관계로 인하여 양립 불가능한 경우 - 택일적 사실인정

예컨대, ① 특정 토지 매수인이 甲 주식회사인지 乙 주식회사인지 불분명한 경우,[129] ② 분양업체로부터 상가건물 분양받은 원고가 분양업체가 건물소유자의 대리인이라고 주장하면서 소유자를 주위적 피고로 소유권이전을 구하고 예비적으로 분양업체를 피고로 하여 분양업체가 소유자로부터 매수하여 원고에게 매도하였다고 주장하면서 순차소유권이전을 구하는 경우,[130] ③ 주식회사의 대표이사가 이사회결의 절차를 거치지 아니하고 타인의 채무에 대하여 보증 기타 이와 유사한 약정을 한 사안에서, 주위적으로 위 약정의 효력이 회사에 미침을 전제로 주식회사를 상대로 약정금청구를 하면서

---

127) 2007. 6.26. 2007마515.
128) 서울고법 2007. 1.24. 2006나55403.
129) 2009. 4. 9. 2008다88207.
130) 서울중앙지법 2004. 3.25. 2002나44365,2003나27930.

예비적으로는 대표이사 개인을 상대로 불법행위를 원인으로 한 손해배상 청구를 한 경우,[131] ④ 교통사고를 당한 피해자들이 도로에 대한 관리책임을 물어 소를 제기함에 있어 도로관리 책임귀속이 불분명하자 의왕시와 경기도를 선택적 공동피고로 하여 소를 제기한 경우[132] 등에 허용된다.

3) 소송법상으로 양립 불가능한 경우

예컨대, ① 입주자대표지위에 다툼이 있는 개인을 피고로 동대표지위 부존재확인 청구의 소를 제기하였다가 입주자대표회의를 예비적 공동피고로 추가하는 경우,[133] ② 시립교향악단의 악장이 원고가 되어 주위적으로 시를 피고로 하여 해촉무효확인(행정법상 당사자소송)을 구하고, 예비적으로 시장을 피고로 하여 해촉처분취소(행정법상의 항고소송)를 구하는 경우,[134] ③ '주식회사 A은행 리스크관리본부장 피고 甲' 상대 퇴직금조항무효확인 및 퇴직금지급청구의 소에서, 피고 표시란에 '주식회사 A은행'을 추가한 경우(당초 피고로 삼은 사람은 甲 개인이 아니라 은행의 부서장으로서의 리스크관리본부장을 피고로 특정한 것인데 그것이 잘못이라면 A은행을 피고로 추가한다고 주장한 사안에서 이를 예비적 공동소송으로 받아들여 A은행에 대한 청구에 대해서도 판단하여야 한다는 내용)[135] 등에서 허용된다.

4) 해당하지 않는 경우

복수의 당사자의 또는 당사자에 대한 청구가 서로 관련되어 있더라도 양립이 가능한 경우는 해당되지 않는다. 예컨대, 부진정연대채무 관계는 동일한 경제적 목적을 가지고 있고 서로 중첩되는 부분에 관하여 일방의 채무가 변제 등으로 소멸할 경우 타방의 채무도 소멸하는 관계이므로, 이러한 관계의 채무자들을 주위적 피고 예비적 피고로 하여 이행의 소를 제기한 경우에 각 청구는 법률상 양립할 수 없는 경우가 아니므로 예비적 공동소송이 될 수 없으며,[136] 합동채무의 관계있는 채무자들을 상대로 하는 청구 또는 주채무자와 보증인, 연대보증인 등을 상대로 하는 청구 등도 마찬가지로 예비적·선택적 공동소송으로 할 수 없다고 할 것이다.[137]

---

131) 2009. 3.26. 2006다47677.
132) 2004. 5.14. 2004다9244.
133) 2007. 6.26. 2007마515. [291]
134) 2008. 3.27. 2006두17765.
135) 2008. 4.10. 2007다86860.
136) 2009. 3.26. 2006다47677; 2012. 9.27. 2011다76747. [292]
137) 오상현, 앞의 논문.

4. 심리 및 재판

(1) 원칙 : 모순된 판결 방지 및 독자적 소송수행권 보장 10-79

1) 예비적·선택적 공동소송의 경우 공동소송인의 청구 또는 공동소송인에 대한 청구 상호간에 예비적·선택적 관계라는 관련성이 있으므로 공동소송인에 대한 판결이 상호 모순되어서는 안 된다. 판결이 모순되는 것을 방지하기 위하여 그 심리에 있어 원칙적으로 필수적 공동소송규정을 준용한다(70조 1항 본문).

2) 다만, 필수적 공동소송과는 달리 공동소송인 상호간에 승패에 있어 필수적으로 합일확정 되어야 하는 것이 아닌 특성과 당사자의 독자적 소송수행권을 고려하여, 청구의 포기·인낙, 화해 및 소의 취하의 경우에는 필수적 공동소송의 규정을 준용하지 않는 것으로 규정하였다(70조 1항 단서). 따라서 주관적 예비적 공동소송에서 청구의 포기·인낙, 화해 및 소의 취하는 공동소송인 각자가 할 수 있다. 다만, 분리 확정을 허용할 경우 형평에 반하고 또한 이해관계가 상반된 공동소송인들 사이에서의 소송진행 통일을 목적으로 하는 민사소송법 제70조 제1항 본문의 입법 취지에 반하는 결과가 초래되는 경우에는 분리 확정이 허용되지 않으므로 공동소송인 1인이 한 화해 등은 효력이 없다.[138)]

(2) 소송자료의 통일 문제 10-80

공동소송인 간에 소송자료의 통일을 인정할 것인지 여부에 대해서는 학설이 통일되어 있지 않다. 공동소송인 간에 모순된 판결은 방치하되 독립된 소송수행권은 보장하여야 한다는 상충하는 두 원칙을 어떻게 조화롭게 실현할 수 있는가를 두고 학설이 대립하는 것이다.

> **(문)** 甲이 乙(본인)과 丙(대리인)을 주위적, 예비적 피고로 하여 주위적으로 乙에 대하여 매매대금을 청구하고, 예비적으로 丙에 대하여 무권대리인의 책임을 묻는 청구를 하였다(乙은 유자력, 丙은 무자력).
>
> 1) 예비적 피고 丙이 대리권 없음을 자백하였다. 자백은 어떤 효력이 있는가?
>
> [(1설) 丙의 자백은 불리한 소송행위이므로 효력이 없다(70조 1항, 67조)(소송자료의 통일인정). (2설) 70조 1항 단서의 취지를 고려하여 자백은 丙에게는 효력이 있다고 보아야 한다(소송자료의 통일 부정). (3설) 1인의 자백은 다른 공동소송인에게는 유리하므로 원칙적으로 유효. 예비적 당사자의 자백은 주위적 당사자가 패소하는 경우에만 유효하다.]

---

138) 2015. 3.20. 2014다75202.

2) 예비적 피고 丙이 청구인낙을 하였다. 예비적 피고의 인락은 주위적 피고에 대하여 어떠한 효력이 있는가?

[(1설) 70조 1항 단서에 의해 인락이 인정된다. 이 경우 예비적 공동소송이 해소되며 주위적 피고에 대한 심리를 계속하여 주위적 청구를 인용하거나 기각하는 판결을 한다. 주위적 청구가 인용되는 판결을 하는 경우 이중집행이 문제될 수 있으나 이는 청구이의의 소로 해결하는 수밖에 없다. (2설) 우선적으로 주위적 피고에 대한 판결을 받고자 하는 원고의 의사 존중해야 하므로, 처분권주의에 따라 주위적 청구에 대해 먼저 판단하여야 한다. 따라서 대리가 인정되어 주위적 청구가 인용되는 경우, 예비적 청구를 기각하여야 한다. 이러한 경우 예비적 피고의 인낙은 무효가 된다.]

10-81 **(3) 소송진행의 통일**

당사자 상호간에 청구의 관련성이 있기 때문에 소송절차의 진행은 통일적이어야 하고, 당사자 사이에서 절차가 분리되어서는 안 된다. 변론과 증거조사는 같은 기일에 이루어져야 하고, 공동소송인 가운데 한사람에 대한 소송절차를 중지 또는 중단하여야 할 경우에 그 중지 또는 중단의 효력은 모두에게 미친다(67조 3항). 또한, 공동소송인의 일부가 상소하면 소송진행의 통일의 필요에 의하여 모든 공동소송인에 대하여 판결이 확정되지 않고 상소심으로 이심된다.[139] 이러한 경우 상소심의 심판대상은 주위적·예비적 공동소송인들 및 그 상대방 당사자 사이의 결론의 합일확정의 필요성을 고려하여 그 심판의 범위를 판단하여야 한다.[140]

10-82 **(4) 본안재판의 통일**

변론을 분리하여 일부판결을 할 수 없다. 또한 본안에 대한 재판에 있어 주위적 당사자와 예비적 당사자 모두, 또는 선택적 당사자 모두에 대하여 청구를 인용하는 것과 같이 모순된 판결을 할 수 없다. 모든 공동소송인에 관한 청구에 대하여 판결을 하도록 규정하고 있으므로, 일부 공동소송인에 관한 청구에 대하여만 판결을 하는 경우 이는 일부판결이 아닌 흠이 있는 전부판결에 해당하여 상소로써 이를 다투어야 한다(*2016. 법원직. 누락된 예비적 피고에 대해서 추가판결을 하여야 한다(×)). 일부 공동소송인에 대하여만 판결을 하거나 남겨진 자를 위하여 추가판결을 하는 것은 허용되지 않는다.[141] 판결에서 누락된 공동소송인은 이러한 판단유탈을 시정하기 위하여 상소를 제기할 이익이

139) 2008. 3.27. 2006두17765.
140) 2011. 2.24. 2009다43355.
141) 2011. 2.24. 2009다43355.

있다.142) 주관적·예비적 공동소송에서 주위적 공동소송인과 예비적 공동소송인 중 어느 한 사람이 상소를 제기하면 다른 공동소송인에 관한 청구 부분도 확정이 차단되고 상소심에 이심되어 심판대상이 되고, 이러한 경우 상소심의 심판대상은 주위적·예비적 공동소송인들 및 그 상대방 당사자 사이의 결론의 합일확정의 필요성을 고려하여 그 심판의 범위를 판단하여야 한다.143)

(5) 일부 공동소송인의 청구의 포기·인낙, 화해 및 소의 취하 10-83

주관적·예비적 공동소송에는 민사소송법 제67조 내지 제69조가 준용되어 소송자료 및 소송진행의 통일이 요구되지만, 청구의 포기·인낙, 화해 및 소의 취하는 공동소송인 각자가 할 수 있다(70조 1항 단서). 조정을 갈음하는 결정, 화해권고 결정 등이 확정된 경우에는 재판상 화해와 동일한 효력이 있으므로 그 결정에 대하여 일부 공동소송인이 이의하지 않았다면 원칙적으로 그 공동소송인에 대한 관계에서는 그 결정이 확정될 수 있다. 다만, 그 결정에서 분리 확정을 불허하고 있거나, 그렇지 않더라도 그 결정에서 정한 사항이 공동소송인들에게 공통되는 법률관계를 형성함을 전제로 하여 이해관계를 조절하는 경우 등과 같이 결정 사항의 취지에 비추어 볼 때 분리 확정을 허용할 경우 형평에 반하고 또한 이해관계가 상반된 공동소송인들 사이에서의 소송진행 통일을 목적으로 하는 민사소송법 제70조 제1항 본문의 입법 취지에 반하는 결과가 초래되는 경우에는 분리 확정이 허용되지 않는다.144)

대법원 2015. 3. 20. 선고 2014다75202 판결

(사안의 개요)

(1) 원고 갑은 피고 을1에 대하여 2억 원의 대여금 반환을 구함과 아울러, ① 주위적으로 피고 을2에 대하여, 피고 을3가 피고 을2의 대리인으로서 피고 을1의 원고에 대한 대여금 반환채무를 연대보증하는 취지의 이 사건 차용증을 작성·교부하였음을 주장하며 을1과 연대하여 위 대여금을 지급하여 줄 것을 구하고, ② 피고 을3에게 피고 을2를 대리할 권한이 있음이 인정되지 아니할 경우에 대비하여 예비적으로 피고 을3에 대하여, 피고 을3가 이 사건 차용증을 작성·교부하면서 피고 을1의 대여금 반환채무를 연대보증하였거나, 무권대리인으로서 민법 제135조에 따른 연대보증책임이 있다고 주장하며 피고 을1과 연대하여 위 대여금을 지급하여 줄 것을 구하였다.

142) 2008. 3.27. 2005다49430.
143) 2018.12.27. 2016다202763. [293]
144) 2008. 7.10. 2006다57872.
145) 2015. 3.20. 2014다75202. [295]

(2) 제1심은 피고 을1 및 피고 을3에 대한 청구를 인용하면서, 피고 을2에 대한 청구는 기각하였고, 이에 피고 을3만이 항소하였다.

(3) 항소심은 원고의 피고 을2에 대한 청구는 피고 을3에 대한 청구와 주관적·예비적 공동소송의 관계에 있으므로 피고 을3의 항소에 따라 피고 을2에 대한 청구 부분도 확정이 차단되어 항소심으로 이심되었음을 전제로, 2014. 5. 12.자로 "① 피고 을3는 원고에게 1억 5,000만원을 이 사건 화해권고결정이 확정된 날부터 두 달 이내에 지급한다. 만일 피고 을3가 위 지급을 지체한 때에는, 위 지급기일 다음 날부터 다 갚는 날까지 연 10%의 비율로 계산한 돈을 가산하여 지급한다. ② 원고의 피고 을3에 대한 나머지 청구 및 피고 을 2에 대한 청구를 각 포기한다. ③ 원고와 피고 을3 사이에 생긴 소송총비용은 각자 부담하고, 원고와 피고 을2 사이에 생긴 당심 비용은 각자 부담한다."는 내용의 화해권고결정을 하였고, 그 무렵 위 결정이 원고와 피고들에게 송달되었는데, 이에 대하여 피고 을3만이 이의신청기간 내에 이의신청을 하였을 뿐 원고와 피고 을2는 이의신청을 하지 아니하였다.

(4) 항소심은 원고의 피고 을2에 대한 청구 부분은 위 화해권고결정으로 확정됨으로써 항소심의 심판대상이 피고 을3에 대한 청구 부분으로 한정된다고 인정하여, 피고 을3의 항소를 기각하면서 피고 을2에 대한 청구 부분에 대하여는 아무런 판단도 하지 아니하였다. 이에 대하여 피고 을3가 상고를 하였다.

(대법원 판시)

피고 을2, 을3에 대한 청구는 두 청구가 모두 인용될 수 없는 관계에 있거나 한쪽 청구에 대한 판단 이유가 다른 쪽 청구에 대한 판단 이유에 영향을 주어 각 청구에 대한 판단 과정이 필연적으로 상호 결합되어 있는 관계에 있어서 모든 당사자들 사이에 결론의 합일확정을 기할 필요가 인정되므로, 피고들에 대한 청구는 민사소송법 제70조 제1항에서 정한 주관적·예비적 공동소송으로서 피고 을3만이 제1심판결에 대하여 항소를 제기하였다고 하더라도 피고 을2에 대한 청구 부분도 항소심에 이심되어 그 심판대상이 되었다. 그리고 위 화해권고결정의 내용은 피고 을2에 대해서도 피고 을3의 원고에 대한 금원 지급의무를 전제로 그 청구를 포기한다는 것이어서 피고들 사이의 권리의무관계가 상호 관련되어 있고, 분리 확정을 허용할 경우 형평에 반할 뿐만 아니라, 이해관계가 상반된 공동소송인들 사이에서의 소송진행 통일을 목적으로 하는 민사소송법 제70조 제1항 본문의 입법 취지에 반하는 결과가 초래될 수 있다고 보이므로, 위 화해권고결정에 대해서는 분리 확정이 허용되지 않는다고 봄이 타당하다. 따라서 위 화해권고결정에 대하여 피고 을3만이 이의신청을 하였다 하더라도 위 화해권고결정은 원고와 피고 을2, 을3 모두에 대하여 확정되지 않고 사건은 소송으로 복귀한다고 할 것이고, 피고 을3의 항소에 따라 항소심에 함께 이심된 피고 을2에 대한 청구 부분도 여전히 항소심의 심판대상이 된다고 보아야 한다. 그럼에도 이와 달리 피고 을2에 대한 청구 부분은 심판대상에서 제외된다고 보아 피고 을3에 대한 청구 부분에 관하여만 판단한 항소심의 조치에는 주관적·예비적 공동소송에서의 심판대상에 관한 법리를 오해하여 판단을 누락함으로써 판결에 영향을 미친 위법이 있다.[145)]

5. 예비적·선택적 공동소송인의 추가 10-84

민사소송법은 예비적 선택적 공동소송제도를 신설하면서 필수적 공동소송인의 추가 규정(68조)을 준용함으로써(70조) 소송계속 중에 새로운 당사자를 예비적·선택적으로 추가할 수 있는 길을 열어 놓았다. 이 규정이 도입됨으로써 예비적·선택적 공동소송제도가 훨씬 용이하게 활용될 수 있게 되었다.

(연습문제) 甲은 인천 ㅇㅇㅇ동 소재 장미 아파트 112동의 입주자로서, 자연인 "乙"을 피고로 하여, "乙이 아파트 입주자대표회의 구성원 중 112동 동대표 지위에 있지 아니함을 확인한다."는 내용의 '동대표지위부존재확인'의 소를 법원에 제기하였다. (1) 甲은 그 소송이 1심법원에 계속되어 있던 중에, 비법인사단인 "장미아파트 입주자대표회의"를 피고로 추가하는 '주관적·예비적 피고의 추가' 신청을 하였다. 1심법원은 위와 같은 '주관적·예비적 피고의 추가' 신청이 법률상 허용되지 않는 것으로 판단하여 신청을 기각하는 결정을 하였다. 1심법원의 이러한 결정은 타당한 것인가? 이러한 결정에 대하여 원고는 어떤 절차로 불복할 수 있는가? (2007. 6.26. 2007마515 참조)

2절 소송참가 10-85

소송은 원고가 일방적으로 지정한 피고와의 사이에서만 진행되기 때문에 소송결과에 이해관계가 있는 제3자가 소송관계인에서 제외되는 경우가 있다. 그러한 경우에 제3자로 하여금 능동적으로 원고와 피고 사이에 계속 중인 소송에 참여하여 자신의 이익을 옹호할 수 있는 기회를 부여하고 그에 따른 소송법상 효력을 받도록 할 필요가 있는데, 이러한 필요에 부응하는 것이 소송참가이다.

[소송참가의 유형]

소송참가	보조참가	(통상의)보조참가(71조)－소송고지(84조)
		공동소송적 보조참가(78조)
	당사자참가	독립당사자참가(79조)
		공동소송참가(83조)

* 소송참가에는 이 밖에 승계인 또는 인수인의 소송참가(81조, 82조)도 있으나, 이는 소송의 승계를 전제로 한 것으로써 그 성격이 보조참가나 당사자참가와는 다르므로 뒤의 당사자변경에서 설명한다(⇒ 10-131).

1관 보조참가

(문 1) 乙이 丙으로부터 청자를 매수하였다. 그런데 甲이 그 청자가 자기소유임을 주장하며 乙을 상대로 청자인도청구의 소(제1소)를 제기하였다.

1) 乙이 제1소에서 패소하였다. 그러자, 乙이 丙을 상대로 매도인의 담보책임을 묻는 손해배상청구의 소(제2소)를 제기하였다. 丙은 제2소에서 청자는 자기 소유이던 것을 乙에게 매도한 것으로서 乙이 적법하게 소유권을 취득한 것인데 乙이 소송수행을 부실하게 하였기 때문에 甲과의 소송에서 진 것이라고 주장 한다. 제2소에서 법원은 제1소 판결과 달리 청자가 丙의 소유였으며 매매계약에 아무런 흠이 없다고 인정하여 乙의 丙에 대한 청구를 기각할 수 있는가?

2) 甲과 乙사이의 제1소에서 당사자가 아닌 丙이 적극적으로 그 청자가 甲의 소유가 아니라 丙의 소유였던 것을 적법하게 乙에게 매도한 것이라는 사실을 주장하고 증명할 수 있는 소송법적인 방법으로 어떠한 것을 생각할 수 있는가?

3) 제1소에 丙이 적극적으로 참가하지 않은 경우에 甲이 취할 수 있는 소송법상의 조치로 어떤 것을 생각할 수 있는가?

[1소의 판결의 효력은 甲과 乙 사이에서만 미친다. 1소에서 패소한 乙이 丙을 상대로 2소를 제기하는 경우 기판력의 주관적 범위나 객관적 범위 밖에서 판결이 내려지므로 2소에서도 청자가 甲의 소유라는 점이 반드시 인정되어 丙에게 담보책임이 인정된다는 보장을 할 수 없다. 매도 전 청자의 소유문제는 甲과 丙이 그 내용을 가장 잘 알고 있을 것이므로 丙으로 하여금 1소에 적극적으로 관여하여 乙을 위하여 필요한 소송행위를 할 수 있도록 하는 것이 필요하다. 丙으로 하여금 적극적으로 乙을 보조하여 1소의 소송에서 일정한 범위의 소송행위를 할 수 있도록 하고, 그 결과에 따른 일정한 소송법적 효력을 받도록 하는 것이 합리적이며, 그것이 보조참가제도이다. 1소에 丙이 참가를 하지 않는 경우 일정한 방법으로 丙이 참가할 기회를 보장하고, 그럼에도 참가하지 않는 경우 병도 일정한 소송법적 효력을 받도록 할 필요가 있으며, 그것이 소송고지 제도이다.]

제71조 (보조참가) 소송결과에 이해관계가 있는 제3자는 한 쪽 당사자를 돕기 위하여 법원에 계속 중인 소송에 참가할 수 있다. 다만, 소송절차를 현저하게 지연시키는 경우에는 그러하지 아니하다.

10-86 1. 의 의

보조참가는 다른 사람 사이의 소송계속 중에 그 소송결과에 법률상 이해관계를 가진 제3자가 당사자 일방의 승소를 보조하기 위하여 참가하는 것을 말한다(71조). 보조참가인은 소송의 당사자가 아니면서도 당사자(피참가인)를 보조하기 위하여 일정한 범위 내에서 필요한 소송행위를 독자적으로 할 수 있는 지위를 갖는다.[146] 보조참가인은 독자적으로 소송대리인을 선임할 수 있다. 판결의 효력은 일정한 범위에서 보조참가인에게도 미친다.

2. 요 건

(1) 다른 사람 사이에 소송이 계속 중 10-87

1) 자기가 당사자가 된 소송에서 자기나 상대방을 위하여 보조참가 할 수 없다. 그러므로 참가인이 소송 중에 상속 등으로 인하여 당사자가 되면 보조참가인으로서의 지위는 소멸한다. 통상공동소송에서는 공동소송인은 각자 독립된 지위에서 소송을 수행하는 것이므로 공동소송인중의 한사람이 다른 공동소송인이나 그 상대방을 위하여 보조참가 하는 것도 가능하다.

2) 소송계속중이면 항소심은 물론 상고심에서도 보조참가가 가능하다. 다만 참가할 때의 소송의 진행정도에 따라 참가인이 할 수 있는 소송행위는 제한을 받으므로 상고심에서 보조참가 한 때에는 사실상의 주장이나 증거의 제출 등은 허용되지 않는다(76조 1항 단서). 판결 확정 후에도 추후보완(173조)의 상소나 재심의 소(451조)를 통하여 소멸한 소송계속이 부활하므로 추완상소나 재심의 소 제기와 동시에 참가신청을 할 수 있다.

3) 판결절차가 아닌, 결정절차의 소송이 계속 중에도 보조참가 할 수 있는지가 문제된다. 결정절차의 소송에서도 상대방이 있어서 이해관계가 대립하는 경우로서 변론이 열리는 경우(예, 가압류, 가처분 이의나 취소절차)에는 이해관계가 있는 제3자의 보조참가를 허용하는 것이 타당하며, 대립당사자 구조를 갖지 못하는 경우(예, 부동산매각허가결정에 대한 항고 재항고 사건)에는 보조참가가 허용되지 않는다고 할 것이다. 판례도 대립당사자구조를 가지지 못하는 결정절차인 부동산매각허가결정에 대한 항고, 재항고 사건에서는 보조참가가 허용되지 않는다고 한다.[147]

(2) 소송결과에 대하여 법률상 이해관계가 있을 것 10-88

1) 소송결과

피참가인의 승패 등 판결의 결과에 이해관계가 있어야 한다. 판결주문의 판단결과

---

146) 판결문 작성시 보조참가인은 당사자(피참가인) 아래에 표시하며, 당사자가 아니므로 당사자 표시보다 약간 안쪽으로 들여 쓴다.

147) 1994. 1.20. 93마1701.

에 영향을 받는 관계이어야 하고 판결이유 속에서 판단되는 주요쟁점에 의하여 영향을 받는 것만으로는 참가 할 수 없다는 것이 통설이다. 본소송의 판결의 효력이 직접 참가인에게 미칠 경우도 포함한다고 할 것이나, 그러한 경우의 참가는 그 성질이 공동소송적 보조참가(78조)이고 통상의 보조참가가 아니다.

2) 법률상 이해관계

법조문은 법률상 이해관계라고 한정하여 규정하지 않았으나(71조 참조), 경제적 이해관계나 감정적 이해관계 등 사실상 이해관계가 있다는 이유만으로는 보조참가를 할 수 없으며, 법률상의 이해관계자만이 보조참가를 할 수 있다는 것이 통설, 판례이다. 예컨대, ① 채권자가 연대보증인을 상대로 연대보증채무의 이행을 구하는 소를 제기한 경우에, 그 판결의 기판력이 주채무자에게 미치는 것은 아니나 그 소송에서 연대보증인이 패소하는 경우 주채무자를 상대로 구상권을 행사할 것이므로 주채무자는 채권자가 연대보증인을 상대로 제기한 소송의 결과에 법률상 이해관계가 있고, ② 물건의 매수인 甲이 그 매도인 乙을 상대로 물건에 하자가 있다고 하며 하자담보책임을 묻는 소송을 제기한 경우 乙에게 그 물건을 매도한 매도인 丙은 乙이 패소하면 자신도 乙로부터 손해배상을 당할 염려가 있으므로 乙의 승패에 법률상 이해관계가 있으며, ③ 교통사고 피해자가 가해자인 피보험자를 상대로 제기한 손해배상청구소송에서 피보험자가 패소하는 경우 보험자인 보험회사는 피보험자를 위하여 보험금을 지급하여야 하므로 보험자는 법률상 이해관계가 있고, ④ 불법행위로 인한 손해배상책임을 지는 자는 피해자가 다른 공동불법행위자들을 상대로 제기한 손해배상 청구소송의 결과에 대하여 법률상의 이해관계를 갖는다.[148] 소송결과에 단순한 사실상의 이익이 있는 경우에는 보조참가인이 될 수 없다(예컨대, 소송의 당사자가 본인소송을 할 능력이 되지 못하고 경제형편이 어려워 변호사를 선임할 능력이 되지 못한다고 하여 법대를 졸업하여 민사소송법을 공부한 그의 동생이 소송당사자인 형을 보조하여 소송에 참가할 수 없다). 대학입시 합격자가 사립대학을 경영하는 학교 법인을 상대로 제기한 등록금환불청구소송에서 위 청구가 인용되면 그 간접적 영향으로 다른 사립대학을 경영하는 학교법인에도 중대한 영향을 미친다는 사유만으로 다른 학교법인이 피고 학교법인을 보조참가 할 수는 없다.[149] 회사가 패소하여 회사의 자산이 감소되면 주주들의 이익배당이 줄어들 것이라는 경제적 인과관계만으로는 보조참가 할 수 없다.[150]

---

148) 1999. 7. 9. 99다12796. [297]
149) 1997.12.26. 96다51714.
150) 1961.12.21. 4294민상222.

(3) 소송절차를 현저하게 지연시키지 않을 것(71조 단서) 10-89

예컨대, 재판을 지연하거나 심리를 방해할 목적으로 다수인의 보조참가신청을 하는 경우 또는 절차지연을 위해 뒤늦게 보조참가신청을 하는 경우[151] 등은 현저하게 절차를 지연시키는 경우로서 보조참가신청을 각하한다.

(4) 소송행위로서의 요건을 갖출 것 10-90

보조참가신청은 소송행위이므로 당사자능력을 갖추어야 한다. 당사자능력 및 소송능력이 없는 행정청으로서는 민사소송법상의 보조참가를 할 수는 없고, 다만 행정소송법 제17조 제1항에 의한 소송참가를 할 수 있을 뿐이다.[152]

3. 보조참가의 절차

(1) 참가신청 10-91

1) 참가신청은 서면이나 구술로 참가하려는 소송이 계속 중인 법원에 참가신청을 하여야 한다. 참가신청에는 어느 당사자를 위하여 참가하는지 하는 참가의 취지와 법률상 어떠한 이해관계를 갖는지 하는 참가이유를 밝혀야 한다(72조 1항). 서면으로 참가를 신청한 경우에는 법원은 그 서면을 양쪽 당사자에게 송달하여야 한다(72조 2항).

2) 참가신청은 참가인으로서 할 수 있는 소송행위와 동시에 할 수 있다(72조 3항). 예컨대 참가인으로서의 상소의 제기,[153] 지급명령에 대한 이의신청, 추완상소[154]나 재심의 소제기와 동시에 참가신청을 할 수 있다. 당사자참가와 보조참가는 제도의 취지가 다르므로 당사자참가를 하면서 예비적으로 보조참가를 하는 것은 허용될 수 없다.[155]

(2) 참가의 허부에 대한 재판 10-92

1) 당사자가 참가에 대하여 이의를 신청한 때에는 참가인은 참가의 이유를 소명하여야 하며, 법원은 참가를 허가할 것인지 아닌지를 결정하여야 한다(73조 1항). 당사자가

---

151) 실무제요 I, p.304.

152) 2002. 9.24. 99두1519. 〈행정소송법〉 제17조 (행정청의 소송참가) ① 법원은 다른 행정청을 소송에 참가시킬 필요가 있다고 인정할 때에는 당사자 또는 당해 행정청의 신청 또는 직권에 의하여 결정으로써 그 행정청을 소송에 참가시킬 수 있다.

153) 1999. 7. 9. 99다12796.

154) 1981. 9.22. 81다334. 피고에게 귀책될 수 없는 사유로 피고가 항소기간을 준수하지 못한 경우에 피고 보조참가인이 동 판결이 있은 사실을 비로소 알아 그로부터 2주일 이내에 보조참가신청과 동시에 제기한 추완항소는 적법하다.

155) 1994.12.27. 92다22473,22480. [299]

참가에 대하여 이의를 신청하지 아니한 채 변론하거나 변론준비기일에서 진술을 한 경우에는 이의를 신청할 권리를 잃는다(74조).

2) 법원은 당사자가 이의를 신청하지 않더라도 직권으로 참가인에게 이유를 소명하도록 명할 수 있으며, 참가의 이유가 있다고 인정되지 아니하는 때에는 참가를 허가하지 아니하는 결정을 하여야 한다(73조 2항). 2002년 개정 전에는 이러한 규정이 없어서 당사자가 이의를 제기하지 않은 경우 소송에 아무런 이해관계가 없는 제3자의 보조참가를 방지할 수 없었고, 그 결과 보조참가제도가 변호사 대리의 원칙을 잠탈하는 편법으로 이용되기도 하였다.[156] 조사결과 보조참가신청이 적법하고 참가의 이유도 인정되는 경우 별도의 허가결정을 할 필요는 없다는 것이 실무의 입장이나,[157] 명문으로 참가를 허가하는 결정에 대해서도 독자적인 즉시항고를 할 수 있도록 되어 있는 점(73조 3항, 1항)에 비추어 의문이다.

3) 참가의 허부 결정에 대해서는 즉시항고를 할 수 있다(73조 3항). 즉시항고가 있으면 기본절차에 관한 기록의 등본을 만들어 항고법원에 송부한다.

4) 참가인은 그의 참가에 대한 이의신청이 있는 경우라도 참가를 허가하지 아니하는 결정이 확정될 때까지 소송행위를 할 수 있다(75조 1항). 참가를 허가하지 않는 결정이 확정되면 참가인의 소송행위는 효력을 잃게 되나, 당사자가 참가인의 소송행위를 원용하는 경우에는 참가를 허가하지 않는 결정이 확정되더라도 참가인의 행위는 효력을 가진다(75조 2항).

10-93 (3) **참가의 종료**

참가인은 피참가인이나 상대방의 동의 없이 언제나 참가신청을 취하할 수 있다(*2007-1. 법원직). 참가신청을 취하하더라도 참가인은 참가적 효력을 면하지 못한다는 것이 통설이다. 참가인이 참가신청을 취하한 경우에 참가인이 한 소송행위도 효력을 상실하는 지에 대해서는 견해가 갈린다. 참가신청을 취하해도 참가적 효력을 면치 못하므로 참가인이 취하 전에 한 행위의 효력은 상실되지 않는다는 견해도 있으나,[158] 75조의 규정 취지에 비추어 볼 때 취하 전에 한 소송행위는 소급적으로 효력을 상실하는 것이 원칙이나 이를 당사자가 원용하면 효력이 유지된다고 볼 것이다.[159]

156) 법원행정처, 민사소송법 개정안, p.103.
157) 실무제요 I, p.306.
158) 이시윤, p.791.

4. 보조참가인의 지위

(1) 제3자 - 비당사자 10-94

참가인은 소송에서 당사자가 아니라 제3자의 지위에 있다. 소송비용 재판(103조) 이외에는 자기이름으로 판결을 받지 아니한다. 참가인은 당사자가 아니므로 증인이나 감정인이 될 수 있다. 참가인이 사망하거나 소송능력을 상실하더라도 절차는 중단되지 않는다.

(2) 독립적 지위 10-95

참가인은 자신의 법률상 이해관계가 있어 참가한 것이므로 피참가인과의 관계에서 어느 정도 독자적인 소송수행권을 갖는다. 법원은 참가인에게 당사자와 마찬가지로 기일 통지를 하여야 하며, 판결정본 등 소송서류를 송달하여야 한다. 보조참가인에게 기일통지서를 송달하지 아니한 채 행하여진 기일의 진행은 적법한 것으로 볼 수 없으나, 보조참가인이 변론기일에 직접 출석하여 변론할 기회를 가졌고 위 변론 당시 기일통지서를 송달받지 못한 점에 관하여 이의를 하지 아니하였다면, 절차진행상의 흠이 치유된다.[160] 참가인이 기일에 출석하면 피참가인이 기일을 준수한 효과가 생긴다. 참가인은 공격, 방어, 이의, 상소(*2009. 2010. 법원직) 기타 피참가인의 승소에 필요한 일체의 행위를 자기이름으로 할 수 있다(76조 1항 본문). 참가인은 참가소송비용을 부담한다(103조).

(3) 종속적 지위(소송행위의 제한) 10-96

참가인은 피참가인의 승소를 보조하기 위해 소송에 관여하는 자이므로 피참가인과의 관계에서 종속적 지위에 있다. 따라서 다음과 같은 소송행위는 할 수 없다.

1) 피참가인이 할 수 없는 행위

참가할 때의 소송의 진행정도에 따라 피참가인이 할 수 없는 소송행위는 참가인도 할 수 없다(76조 1항 단서). 따라서, 피참가인이 실기한 공격방어방법을 참가인이 제출할 수 없다. 또한, 피참가인에 대한 상소기간이 경과한 후에는 참가인이 상소를 할 수 없으므로, 보조참가인이 상고장을 제출한 경우에 보조참가인에 대하여 판결정본이 송달된 때로부터 기산한다면 상고기간 내의 상고라 하더라도 이미 피참가인인에 대한 관계에 있어서 상고기간이 경과한 것이라면 보조참가인의 상고 역시 상고기간 경과 후의 것이 되어 그 상고는 부적법하다.[161](*2012. 법원직) 상고심에서 참가인은 새로운 사실을

159) 호문혁, p.914; 한충수, p.738; 송/박, p.660.
160) 2007. 2.22. 2006다75641. [298]

주장할 수 없다. 소송의 진행정도에 따라 할 수 없는 소송행위는 물론, 피참가인이 할 수 없는 소송행위는 모두 보조참가인도 할 수 없다고 할 것이다. 예컨대, 자백의 취소요건을 갖추지 못한 경우 피참가인은 자백을 취소할 수 없으므로 참가인도 자백을 취소할 수 없다.

2) 피참가인의 소송행위와 어긋나는 행위

참가인의 소송행위가 피참가인의 소송행위에 어긋나는 경우에는 그 참가인의 소송행위는 효력을 가지지 아니한다(76조 2항). 따라서, 피참가인이 상소권을 포기한 경우 참가인도 상소를 할 수 없고, 피참가인이 자백한 사실은 참가인이 다툴 수 없다.[162] 어긋나는 경우라 함은 참가인의 소송행위가 피참가인의 행위와 명백히 적극적으로 배치되는 경우를 말하고 소극적으로만 불일치하는 때에는 이에 해당하지 않는 것이므로 피참가인이 상소하지 않은 경우에 참가인이 상소하거나, 피참가인이 명백히 다투지 않는 경우 참가인이 다투는 것은 어긋나는 행위라고 할 수 없으므로 가능하다.[163] 참가인이 먼저 소송행위를 하였으나 피참가인이 나중에 이와 어긋나는 소송행위를 하는 경우 참가인의 소송행위가 효력을 가지지 않는다고 할 것이므로, 참가인이 제기한 항소를 피참가인이 포기, 취하할 수 있다.[164] (*2017. 법원직)

3) 피참가인에게 불리한 행위

참가인은 피참가인을 돕기 위한 것이므로 피참가인에게 불리한 행위는 할 수 없다. 따라서 피참가인에게 불리한 자백, 청구의 포기·인락, 소취하, 상소의 취하 등은 피참가인에게 효력이 없다. 그러나, 보조참가인의 증거신청행위가 피참가인의 소송행위와 어긋나지 아니하고 그 증거물이 적법한 증거조사절차를 거쳐 법원에 현출되었다면 법원이 이들 증거에 터잡아 피참가인에게 불이익한 사실을 인정할 수 있다. (*2013. 법원직)

---

161) 2007. 9. 6. 2007다41966.

162) 2001. 1.19. 2000다59333. "피고로부터 부동산을 매수한 참가인이 소유권이전등기를 미루고 있는 사이에 원고가 피고에 대한 채권이 있다 하여 당시 피고의 소유명의로 남아 있던 위 부동산에 대하여 가압류를 하고 본안소송을 제기하자 참가인이 피고보조참가를 한 사안에서, 원고가 승소하면 위 가압류에 기하여 위 부동산에 대한 강제집행에 나설 것이고 그렇게 되면 참가인은 그 후 소유권이전등기를 마친 위 부동산의 소유권을 상실하게 되는 손해를 입게 되며, 원고가 피고에게 구하는 채권이 허위채권으로 보여지는데도 피고가 원고의 주장사실을 자백하여 원고를 승소시키려 한다는 사유만으로는 참가인의 참가가 이른바 공동소송적 보조참가에 해당하여 참가인이 피참가인인 피고와 저촉되는 소송행위를 할 수 있는 지위에 있다고 할 수 없다."(2010년 28회 법원행시)

163) 2007.11.29. 2007다53310. [300]

164) 1984.12.11. 84다카659.

4) 청구 자체를 변경하거나, 피참가인의 실체법상 권리를 행사하는 행위

참가인은 피참가인이 당사자로 되어있는 기존의 소송을 전제로 피참가인을 보조하기 위하여 참가하는 것이므로, 기존의 소송형태를 변경시키는 청구의 변경, 반소, 중간확인의 소 제기 등은 할 수 없다. 보조참가인은 소의 변경과 같이 기존의 소송형태를 변형시키는 행위는 할 수 없으므로, 별개의 청구원인에 해당하는 별개의 재심사유를 주장하여 재심청구를 추가할 수 없다.[165] 또한 피참가인의 일반적인 실체법상의 권리, 즉 상계권, 취소권, 해제권 등을 보조참가인이 행사하는 행위를 할 수 없다. 피참가인이 소송외에서 그러한 권리행사를 하고도 소송에서 주장하지 않는 경우는 참가인은 피참가인이 소송외에서 권리행사를 한 사실을 주장할 수는 있다.

5. 판결의 참가인에 대한 효력

(문 2) (문 1)과 같은 경우, 제1소에 丙이 乙의 보조참가인으로 참가하여 그 청자가 甲의 소유가 아니라 丙이 소유하던 것을 乙에게 적법히 매도한 것이라고 주장하였으나 乙이 패소하였다. 乙이 제1소에서 패소한 후 丙을 상대로 매도인의 담보책임을 묻는 손해배상청구의 소(제2소)를 제기 하였다. 제1소 판결은 제2소에 아무런 효력도 없다고 할 것인가?

[제1소에서 乙의 보조참가인으로 참가하여 자신의 주장을 하였음에도 패소 한 丙이, 그 후 乙이 원고가 되어 丙을 상대로 제기한 제2소에서 청자가 甲의 소유가 아니라 자신의 소유였다는 주장을 다시 할 수 있도록 하는 것은 형평의 원칙에 반한다. 이러한 형평의 원칙을 실현하기 위해 인정되는 것이 참가적 효력이다.]

(1) 참가적 효력 10-97

1) 민사소송법 제77조는 보조참가가 있는 경우 "재판은 … 참가인에게도 그 효력이 미친다."고 규정한다. 위 조문의 해석상 '참가인에게도 미치는 재판의 효력'이 어떤 것인가가 문제된다. 이에 관해서 한때 기판력이 참가인에게 확장된다고 보는 견해도 있었으나(기판력설), 오늘날은 기판력과는 다른 특수한 효력이 참가인에게 미친다고 보는 견해가 통설과 판례의 입장이며, 그 특수한 효력이 참가적 효력이다(참가적 효력설).

> "보조참가인이 피참가인을 보조하여 공동으로 소송을 수행하였으나 피참가인이 그 소송에서 패소한 경우에는 형평의 원칙상 보조참가인이 피참가인에게 그 패소판결이 부당하다고 주장할 수 없도록 구속력을 미치게 하는 이른바 참가적 효력이 있음에 불과하고 피참가인과 그 소송상대방간의 판결의 기판력을 참가인과 피참가인의 상대방과의 사이에까지 미치게 하는 것은 아니다."[166]

---

165) 1992.10. 9. 92므266.

2) 참가적 효력은 원소송에서 피참가인이 패소한 경우 참가인과 피참가인 사이의 후소송에서 피참가인에 대하여 참가인이 원소송의 내용이 부당하다고 주장할 수 없도록 함으로써 패소판결의 책임을 공평하게 분담하도록 하기 위하여 인정하는 효력이다.

3) 참가적 효력은 기판력과는 다른 것이다. 기판력은 직권조사사항이지만 참가적효력은 주장을 기다려 고려하여야 할 항변사항이다. 또한 보조참가인에 대한 전소 확정판결의 참가적 효력은 전소 확정판결의 결론의 기초가 된 사실상 및 법률상의 판단으로서 보조참가인이 피참가인과 공동이익으로 주장하거나 다툴 수 있었던 사항에 한하여 미치는 것으로(*2016. 법원직)기판력과 효력의 범위가 다르며, 참가적 효력은 일정한 경우 배제된다는 점(77조 각호 사유) 등에 있어서도 다르다.

10-98 (2) **참가적 효력의 범위**

1) 주관적 범위

참가적 효력은 참가인과 피참가인 사이에서만 생기며, 참가인과 피참가인의 상대방 사이에는 생기지 않는다. 또한 피참가인이 패소한 경우에만 생기며, 피참가인이 승소한 경우에는 생기지 않는다.

2) 객관적 범위

참가적 효력은 판결주문뿐만 아니라 판결이유 중 패소이유가 되었던 사실상 및 법률상 판단에도 발생한다. 또한 후소의 주문에만 그 효력이 미치는 것이 아니라, 후소의 판결이유의 판단에 대해서도 미친다. (*2008. 법원직)

10-99 (3) **참가적 효력의 배제**

1) 참가적 효력은 피참가인이 패소함에 따른 불이익을 참가인에게 분담시키는 것이므로 참가인이 책임질 사유가 없는 경우에는 참가적 효력이 배제된다. 참가당시 소송의 진행정도로 인하여 필요한 행위를 할 수 없었거나, 피참가인의 행위와 어긋나서 그 소송행위가 효력을 가지지 아니하는 경우(77조 1호), 피참가인이 참가인의 행위를 방해한 경우(77조 2호), 피참가인이 참가인이 할 수 없는 행위를 고의나 과실로 하지 아니한 경우(77조 3호)에는 참가적 효력이 참가인에게 미치지 않는다. (*2018. 법원직) 따라서, 피참가인과 상대방사이의 소송에서 피참가인이 자신만 아는 사실을 주장하지 않거나 권리행사를 하지 않는 경우, 피참가인과 상대방사이의 소송에 보조참가인으로 참가하여

166) 1988.12.13. 86다카2289.

양도담보약정 사실을 부인하였음에도 불구하고 피참가인이 이를 인낙한 경우 등에는 그 소송에서의 판결의 참가적 효력이 참가인과 피참가인사이의 소송에서 참가인에게 미칠 수 없다.[167]

2) 전소가 확정판결이 아닌 화해권고결정에 의하여 종료된 경우에는 확정판결에서와 같은 법원의 사실상 및 법률상의 판단이 이루어졌다고 할 수 없으므로 참가적 효력이 인정되지 아니한다.[168] (*2016. 법원직)

2관 공동소송적 보조참가

제78조 (공동소송적 보조참가) 재판의 효력이 참가인에게도 미치는 경우에는 그 참가인과 피참가인에 대하여 제67조 및 제69조를 준용한다.

1. 의 의 10-100

재판의 효력이 제3자에게 미치는 경우 그 제3자가 하는 보조참가를 공동소송적 보조참가라고 한다(78조). 재판의 결과에 단순한 법률상의 이해관계가 있는 자가 하는 통상의 보조참가와 구별하여 공동소송적 보조참가제도를 인정하는 이유는 재판의 효력을 받는 제3자에게는 통상의 보조참가인보다 강한, 필수적 공동소송인에 준하는 소송수행권을 부여할 필요가 있기 때문이다.

학설과 판례에 의하여 인정되었으나 명문의 규정이 없었는데 2002년 입법으로 공동소송적 보조참가가 명문화되었다. 보조참가의 일종이라는 점에서 당사자참가로서 소제기의 실질을 갖는 공동소송참가(83조 1항)와 구별된다. 판결의 효력을 받는 제3자가 당사자적격이 없어 당사자참가(공동소송참가)를 할 수 없는 경우에 주로 인정되는 보조참가가 공동소송적 보조참가이다. 통상의 보조참가인가 공동소송적 보조참가인가는 당사자의 신청에 의하여 결정하여서는 아니되고 법원이 법령의 해석에 의하여 결정하여야 한다.[169]

2. 인정되는 경우 10-101

본소재판의 효력이 참가인에게 미치는 경우이어야 하는데, 본소재판의 기판력이 미

---

167) 1988.12.13. 86다카2289.

168) 2015. 5.28. 2012다78184. [301]

169) 2002. 3.15. 2000다9086도 같은 취지.

치는 경우(예, 제3자의 소송담당)와 판결의 효력이 제3자에게 확장되는 경우 (예, 가사소송, 회사관계소송, 행정소송 등)로 나누어 살펴볼 수 있다.

10-102 **(1) 재판의 기판력이 미치는 경우 - 제3자의 소송담당**

1) 제3자가 소송담당자가 되어 받은 재판의 효력은 권리귀속주체에게 미치므로, 권리귀속주체인 자가 보조참가를 하면 공동소송적 보조참가가 된다. 예컨대, 유언집행자(민법 1101조)가 진행하는 소송에 상속인이 참가하는 경우, 파산관재인이나 관리인의 소송에 파산채무자나 회생채무자가 참가하는 경우(회생 78조, 359조), 선정당사자의 소송에 선정자가 참가하는 경우(53조), 집행채권자가 제3채무자를 상대로 제기한 추심의 소(민집 249조)에 채무자가 참가하는 경우 등이 여기에 해당한다.

2) 채권자대위소송에 채무자가 보조참가 하는 경우에 대위소송의 채권자는 채무자의 소송담당이므로 여기에 해당한다고 보는 것이 다수설이나,[170] 채권자대위소송은 채권자가 자기의 채권자대위권을 행사하는 것이므로 소송담당이 아니므로 채무자는 통상의 보조참가라는 견해[171]도 있다.

10-103 **(2) 판결의 효력이 제3자에게 미치는 경우**

1) 가사소송

혼인무효(가류 소송사건)나 재판상 이혼(나류 소송사건)의 경우 청구를 인용하는 확정판결은 제3자에게도 효력이 있고(가사소송법 21조 1항), 청구를 배척한 판결이 확정된 경우에는 다른 제소권자는 사실심의 변론종결 전에 참가하지 못한 데 대하여 정당한 사유가 있지 아니하면 다시 소를 제기할 수 없다(가소 21조 2항). 그러한 소송에 제소권자가 참가를 하면 공동소송참가가 되고 제소권자가 아닌 제3자가 참가를 하면 공동소송적 보조참가로 된다.

2) 회사소송

특정인을 이사로 선임한 주주총회결의의 무효확인소에서 피고적격자는 회사이고 당해 이사는 피고적격이 없으므로 이러한 경우 당해 이사는 회사를 피고로 하는 본 소송에 공동소송적 보조참가를 할 수 있다고 할 것이다.[172] 주주 중의 일부가 원고가 되어 회사를 피고로 하여 주주총회결의의 취소의 소(376조 1항)를 제기한 경우에(유사필수적 공동

170) 이시윤, p.797; 김홍엽, p.1070.
171) 호문혁, p.919.
172) 이시윤, p.799.

소송), 나머지 주주나 이사 또는 감사는 공동소송참가(83조)를 할 수 있으며, 제소기간(결의의 날로부터 2개월)이 지난 경우에는 공동소송적 보조참가(78조)를 할 수 있다. 제소기간이 지났음에도 공동소송참가신청을 한 경우 적절히 석명한 후 공동소송적 보조참가인으로서 지위를 부여하여 심리하면 될 것이다.[173)]

3. 공동소송적 보조참가인의 지위

(1) 필수적 공동소송인에 준하는 소송수행권 10-104

1) 통상의 보조참가인과는 달리 필수적 공동소송인에 준하는 소송수행권이 부여된다(78조, 67조 1항). 참가인이 하는 소송행위는 모두의 이익을 위하여 효력을 가지므로(67조 1항), 참가인의 소송행위가 피참가인의 소송행위에 어긋나는 경우에는 효력을 가지지 아니한다는 76조 2항의 규정에도 불구하고 참가인이 한 유리한 소송행위는 피참가인의 행위와 어긋나는 경우에도 피참가인에게 효력이 생긴다. 따라서 참가인이 상소를 제기한 경우에 피참가인이 상소권포기나 상소취하를 하여도 상소의 효력은 지속된다.[174)] 참가인에 대한 상소기간은 피참가인에 종속됨이 없이 참가인에 대한 판결정본 송달 시로부터 독자적으로 진행된다. 공동소송적 보조참가를 한 참가인이 그 상고이유서 제출기간 내에 상고이유서를 제출하였다면, 피참가인의 상고이유서 제출기간이 도과하였다고 하더라도, 그 상고이유서의 제출은 적법하다.[175)] 참가인에게 소송절차의 중단·중지의 사유가 발생하면 소송절차는 중단·중지된다(67조 3항 참조).

2) 피참가인이 단독으로 소의 취하를 할 수 있는지에 대해서는 견해가 갈린다. 공동소송적 보조참가인과 피참가인의 관계는 유사필수적 공동소송 관계와 가까우며 유사필수적 공동소송의 경우에 원고들 중 일부가 소를 취하하는데 다른 공동소송인의 동의를 받을 필요가 없는 것 처럼 피참가인이 단독으로 소취하를 할 수 있다고 할 것이다. 판례도 피참가인이 공동소송적 보조참가인의 동의 없이 소를 취하하였다 하더라도 이는 유효하다고 한다.[176)] 그러나, 재심의 소에서 공동소송적 보조참가인이 참가한 후에는 피참가인이 재심의 소를 취하하더라도 공동소송적 보조참가인의 동의가 없는 한 효력이 없다.[177)] <u>(*2018. 법원직)</u>

---

173) 헌법소원심판에 공동심판참가신청이 청구기간이 경과한 것으로 부적법한 경우에 위헌결정의 효력이 미치는 범위에 있는 사람들은 보조참가인으로 본다(헌재 2008. 2.28. 2005헌마872,918).

174) 1970. 7.28. 70누35.

175) 2012.11.29. 2011두30069.

176) 2013. 3.28. 2012아43.

177) 2015.10.29. 2014다13044. [<u>302</u>]

"재심의 소를 취하하는 것은 통상의 소를 취하하는 것과는 달리 확정된 종국판결에 대한 불복의 기회를 상실하게 하여 더 이상 확정판결의 효력을 배제할 수 없게 하는 행위이므로, 이는 재판의 효력과 직접적인 관련이 있는 소송행위로서 확정판결의 효력이 미치는 공동소송적 보조참가인에 대하여는 불리한 행위이다. 따라서 재심의 소에 공동소송적 보조참가인이 참가한 후에는 피참가인이 재심의 소를 취하하더라도 공동소송적 보조참가인의 동의가 없는 한 효력이 없다."(2015. 10. 29. 2014다13044)

10-105 (2) 보조참가인으로서의 지위

그러나, 공동소송적 보조참가인은 소송당사자는 아니므로 소의 취하, 청구의 포기·인낙, 화해 등을 할 수는 없다. 공동소송적 보조참가인은 또한, 참가 당시의 소송상태를 전제로 하여 피참가인을 보조하기 위하여 참가하는 것이므로 참가할 때의 소송의 진행 정도에 따라 피참가인이 할 수 없는 행위를 할 수는 없다.[178)]

3관 소송고지

제84조 (소송고지의 요건) ①소송이 법원에 계속된 때에는 당사자는 참가할 수 있는 제3자에게 소송고지(訴訟告知)를 할 수 있다.
②소송고지를 받은 사람은 다시 소송고지를 할 수 있다.

제85조 (소송고지의 방식) ①소송고지를 위하여서는 그 이유와 소송의 진행정도를 적은 서면을 법원에 제출하여야 한다.
②제1항의 서면은 상대방에게 송달하여야 한다.

제86조 (소송고지의 효과) 소송고지를 받은 사람이 참가하지 아니한 경우라도 제77조의 규정을 적용할 때에는 참가할 수 있었을 때에 참가한 것으로 본다.

10-106 **1. 의 의**

소송계속 중에 당사자가 소송참가를 할 이해관계 있는 제3자에 대하여 일정한 방식에 따라서 소송계속의 사실을 통지하는 것을 소송고지라고 한다(84조). 고지를 받은 이해관계인에게 소송에 참가할 기회를 주려는 목적과, 만일 참가하지 않더라도 참가적 효력을 미치도록 하려는 목적을 동시에 갖는 제도이다.

10-107 **2. 소송고지의 요건**

(1) 타인 사이의 소송계속

소송이 계속 중이면 항소심뿐만 아니라 상고심에서도 소송고지가 가능하다(*2010. 법

---

178) 2015.10.29. 2014다13044.

원직).

(2) 소송고지를 할 수 있는 자

계속 중인 소송의 당사자, 당사자 참가인, 보조참가인 또는 이들로부터 고지를 받은 자(*2007-2. 법원직)가 소송고지를 할 수 있다(85조 2항). 소송고지는 원칙적으로 고지자의 권한이다. 예외적으로 추심의 소를 제기한 채권자(민집 28조), 이사의 책임을 추궁하는 대표소송의 제소자인 주주(상법 404조 2항) 등은 법률상 고지의무를 진다. 고지의무가 있는 사람이 고지하지 아니한 경우에 소송진행에는 아무런 영향이 없고, 고지하지 않은 상태에서 판결이 확정되었을 때에 고지를 받을 사람에게 참가적 효력이 미치지 않는다.

(3) 소송고지를 받을 자

그 소송에 참가할 수 있는 제3자가 고지를 받을 자이다. 보조참가(71조)를 할 수 있는 자 뿐만 아니라 공동소송적 보조참가(78조), 당사자참가(79조, 83조) 소송승계(81조, 82조)를 할 수 있는 제3자를 모두 포함하나, 고지를 받고도 참가하지 않은 자에게 참가적 효력을 미치고자 하는 제도이므로(86조), 주로 보조참가를 할 수 있는 자가 고지신청의 피고지인이 된다.

3. 절차와 방식 10-108

(1) 신 청

소송고지를 하고자 하는 사람은 소송고지신청서와 함께 소송고지서를 필요한 부수만큼 첨부하여 제출하여야 한다. 소송고지신청서에는 사건의 표시와 함께 "별첨 소송고지서와 같은 소송고지를 신청한다."는 내용의 문구를 기재하고 신청인이 기명날인 또는 서명한다. 소송고지서에는 그 이유와 소송의 진행정도를 기재하여야 한다(85조 1항). 고지의 이유에는 어떠한 소송이 계속되고 있는지를 청구취지와 청구원인의 요지를 기재하여 명시하고 그 소송의 결과에 관하여 피고지자가 이해관계를 갖게 되는 이유를 구체적으로 표시한다. 소송의 진행정도에는 현재 소송이 변론진행 중인지 여부, 변론준비절차에 들어갔는지 여부, 다음 기일의 일시 등을 표시한다. 상소심에서 고지할 때에는 원심에서 누가 패소하여 상소하였는지를 표시하여야 한다.

[서식 예] 소송고지신청서

소 송 고 지 신 청 서

사 건 20○○가단○○○ 손해배상(자)
원 고 ○○○
피 고 ◇◇◇

위 사건에 관하여, 피고는 별첨 소송고지서와 같이 소송고지를 하여 줄 것을 민사소송법 제84조 제1항에 의하여 신청합니다.

첨 부 서 류

1. 소송고지서 2통

20○○. ○. ○.
위 피고 ◇◇◇ (서명 또는 날인)

○○지방법원 제○○민사단독 귀중

[별 첨]

소 송 고 지 서

고지인(피고) ◇ ◇ ◇
○○시 ○○구 ○○길 ○○ (우편번호 ○○○○○)
피 고 지 인 ◈◈◈ (주민등록번호)
○○시 ○○구 ○○길 ○○ (우편번호 ○○○○○)

고지인(피고)은 다음과 같이 피고지인에게 소송의 고지를 합니다.

1. **고지할 소송의 표시**
 가. 소송이 계류된 법원 : ○○지방법원
 나. 사건번호·사건명 : 20○○가단○○○ 손해배상(자)

다. 당사자 : 원 고 ○ ○ ○

○○시 ○○구 ○○길 ○○

피고(고지인) ◇ ◇ ◇

○○시 ○○구 ○○길 ○○

라. 청구취지

① 피고는 원고에게 금 ○○○원 및 이에 대하여 20○○. ○. ○.부터 이 사건 소장부본 송달일까지는 연 5%, 그 다음날부터 다 갚을 때까지는 연 25%의 각 비율에 의한 돈을 지급하라.

② 소송비용은 피고의 부담으로 한다.

③ 제1항은 가집행 할 수 있다.

마. 청구원인

원고는 20○○. ○. ○. ○○:○○경 ○○시 ○○구 ○○길 ○○소재 노상에서 3차로 중 1차로 진행중 ……… 이하생략.

2. 고지의 이유

고지인(피고)은 원고로부터 위 교통사고와 관련하여 손해배상(자)청구의 소송을 받고 있는데, 고지인과 피고지인은 공동과실에 의하여 원고에게 이 사건 교통사고로 인한 손해를 가한 공동불법행위자이므로, 피고가 이 사건에서 손해배상을 원고에게 하여지게 된다면, 피고가 지급함으로써 공동면책된 부분 중 피고지인의 과실비율에 따른 부담부분에 대하여 피고지인에 대하여 구상을 청구할 사정에 있습니다. 따라서 이 사건 소송을 고지하는 것입니다.

3. 소송의 정도

고지인(피고)은 위 소송에 관하여,

가. 소장부본 및 응소안내서를 20○○. ○. ○. 수령하였으며,

나. 제1회 변론기일에 위 법원 제2호 법정에 출석하여 원고청구의 기각을 구하고, 원고 주장사실 가운데 이 사건 교통사고사실과 원고의 상해사실만 인정하고 나머지 주장사실은 부인하는 답변을 하였다.

다. 다음 제2회 변론기일은 20○○. ○. ○. ○○시로 지정되어 있다.

라. 원고는 증인 ◉◉◉를 신청하였다.

20○○. ○. ○.

위 고지인(피고) ◇ ◇ ◇ (서명 또는 날인)

(법률구조공단 홈페이지 참조)

(2) 심 리

소송고지신청이 있는 경우 법원은 소송고지서의 방식 준수여부를 조사하여 흠이 있으면 보정시켜야 하고 이에 불응하는 경우에는 신청을 각하한다. 이 각하 결정에 대하여는 통상의 항고가 가능하다(439조). 방식에 맞는 고지서는 피고지자 및 상대방 당사자에게 송달해야 한다(85조 2항). 법원명의의 고지서를 따로 작성하는 것이 아니라 고지자가 고지신청서에 첨부한 고지서를 그대로 피고지자에게 송달한다. 피고지자에게 적법한 송달이 있어야 비로소 소송고지의 효과가 생긴다.

4. 효 과

10-109 ### (1) 소송법상 효과

소송고지에 의하여 피고지자는 보조참가할 이해관계가 있는 한 고지를 받고 그 소송에 참가한 경우는 물론이고 참가하지 않아도 참가한 것과 같이 참가적 효력을 받는다(86조, 77조). 그러나 피고지자에게 참가적 효력이 발생한다고 하더라도 판결에는 참가하지 않은 피고지자의 이름을 표시하여서는 안 되고, 변론기일을 피고지자에게 통지할 필요도 없다.[179]

10-110 ### (2) 실체법상 효과

법원에 소송고지 신청을 하는 경우 그것을 민법 174조가 정하는 최고로 보아 시효중단의 효력을 인정할 수 있는가가 문제된다. 이에 대해 대법원은 3개의 중요한 판례를 내놓았다. 즉, 소송고지는 고지자가 패소하면 피고지자에게 청구하기 위한 것이므로 민법상 시효중단 사유인 최고(민법 174조)의 효력을 인정할 수 있다.[180] 소송고지에 의한 최고는 법원의 행위를 통하여 이루어지는 것으로서 법원의 우연한 소송고지서 송달사무 지체로 인하여 고지자가 예상치 못한 불이익을 입어서는 안 되므로, 소송고지로 인한 시효중단의 효력은 소송고지서 법원에 제출한 때에 발생한다고 해석한다.[181]

179) 1962. 4.18. 4294민상1195.
180) 2009. 7. 9. 2009다14340.
181) 2015. 5.14. 2014다16494.

(*2018. 법원직) 소송고지로 인한 시효중단의 효력은 당해 소송이 종료된 때로부터 기산하여 6개월 안에 제소 등 권리행사를 하지 않으면 없어진다.[182]

4관 공동소송참가

제83조(공동소송참가)

① 소송목적이 한 쪽 당사자와 제3자에게 합일적으로 확정되어야 할 경우 그 제3자는 공동소송인으로 소송에 참가할 수 있다.

② 제1항의 경우에는 제72조(*보조참가신청의 방식)의 규정을 준용한다.

1. 의 의 10-111

공동소송참가란 계속 중인 소송에서 당사자 사이에 선고될 판결의 효력을 받을 제3자가 원고나 피고의 공동소송인(필수적 공동소송인)으로 참가하는 형태의 당사자 참가를 말한다. 판결의 효력을 받는 제3자의 참가라는 점에서 공동소송적 보조참가와 같으나 단순히 보조참가인이 아닌 당사자로서 참가한다는 점에서 차이가 있다. 계속 중인 소송의 한쪽 당사자와 공동소송인이 된다는 점에서 독립된 당사자의 지위를 갖는 독립당사자참가와 다르다.

2. 요 건 10-112

(1) 타인사이의 소송계속

1) 항소심에서도 공동소송참가를 할 수 있다.[183] 필수적 공동소송인의 추가(68조)(⇒ 10-140)가 제1심에서만 가능한 것과 구별된다.

2) 법률심인 상고심에서 공동소송참가를 할 수 있는지에 대해서, 판례는 공동소송참가가 신소제기의 실질을 갖는 것으로서 상고심에서는 신소제기가 불가능하므로 공동소송참가가 불가능하다고 한 것이 있으나,[184] 공동소송참가가 신소의 제기는 아니고 참가를 하지 않더라도 판결의 효력을 받는 제3자로 하여금 상고심에서라도 자신의 권리를 주장할 절차를 보장하는 것이 타당하며 그렇게 할 실익도 있다고 할 것이므로 상고심에서의 공동소송참가를 허용하여야 한다는 것이 통설이다.

---

182) 2009. 7. 9. 2009다14340.

183) 2002. 3.15. 2000다9086. [312]

184) 1961. 5. 4. 4292민상853.

(2) 당사자 일방과 참가자 사이에 합일적으로 확정되는 관계이고, 당사자적격이 있을 것

1) 소송이 합일적으로 확정되어야 하는 필수적 공동소송관계(67조)에 있는 사람 중에서 공동당사자가 되지 아니한 사람이 후에 소송에 참가하는 경우가 전형적으로 이에 해당한다. 이러한 사람이 자신이 참가한 소송의 당사자가 될 수 있는 적격이 있어야 하며, 그러한 적격이 없으면, 공동소송적 보조참가를 하는 것은 별론으로, 공동소송참가를 할 수 없다.

2) 추심명령을 받은 채권자에 의한 추심의 소에서 집행력 있는 정본을 가진 모든 채권자는 공동소송인으로 원고 측에 참가할 권리가 있는데(민집 249조 2항), 이때의 참가는 공동소송참가(83조)이다. 제3채무자는 원고 측에 참가하지 아니한 다른 채권자를 공동소송인으로 원고 쪽에 참가하도록 명할 것을 첫 변론기일까지 법원에 신청할 수 있으며, 이러한 명령을 받은 채권자가 소송에 참가하지 않더라도 본래의 소에 대한 판결의 효력(기판력)이 미친다(민집 249조 4항).

3) 양 청구의 소송물이 동일하다면 채권자대위소송이 진행하던 중 다른 채권자가 동일채무자를 대위해서 원고 측에 공동소송참가를 할 수 있다.[185)]

> "채권자대위소송이 계속 중인 상황에서 다른 채권자가 동일한 채무자를 대위하여 채권자대위권을 행사하면서 공동소송참가신청을 할 경우, 양 청구의 소송물이 동일하다면 민사소송법 제83조 제1항이 요구하는 '소송목적이 한쪽 당사자와 제3자에게 합일적으로 확정되어야 할 경우'에 해당하므로 참가신청은 적법하다. 이때 양 청구의 소송물이 동일한지는 채권자들이 각기 대위행사하는 피대위채권이 동일한지에 따라 결정되고, 채권자들이 각기 자신을 이행 상대방으로 하여 금전의 지급을 청구하였더라도 채권자들이 채무자를 대위하여 변제를 수령하게 될 뿐 자신의 채권에 대한 변제로서 수령하게 되는 것이 아니므로 이러한 채권자들의 청구가 서로 소송물이 다르다고 할 수 없다. 여기서 원고가 일부 청구임을 명시하여 피대위채권의 일부만을 청구한 것으로 볼 수 있는 경우에는 참가인의 청구금액이 원고의 청구금액을 초과하지 아니하는 한 참가인의 청구가 원고의 청구와 소송물이 동일하여 중복된다고 할 수 있으므로 소송목적이 원고와 참가인에게 합일적으로 확정되어야 할 필요성을 인정할 수 있어 참가인의 공동소송참가신청을 적법한 것으로 보아야 한다."

4) 주주 한 사람이 원고가 되어 회사를 피고로 하여 주주총회결의취소의 소를 제기한 경우에 취소판결의 효력은 제3자에게도 미치므로(상법 376조, 190조), 그 판결의 효력(대세효)을 받는 다른 주주가 원고 측에 공동원고로 참가하는 것은 공동소송참가이다. 주주의 대표소송(상법 403조 1항)에서 발행주식의 총수의 100분의 1 이상에 해당하는 주

---

185) 2015. 7. 23. 2013다30301,30325. [313]

식을 가진 주주는 회사의 병존형 소송담당자이며, 주주의 대표소송으로 회사의 당사자 적격이 소멸되는 것은 아니므로 회사는 공동소송참가를 할 수 있다는 것이 판례이다.[186](이러한 경우 회사의 참가를 공동소송적 보조참가로 보아야 한다는 견해도 있고,[187] 회사는 공동소송적 보조참가를 할 수도 있고 공동소송참가를 할 수도 있다는 견해도 있다).[188]

> "주주의 대표소송에 있어서 원고 주주가 원고로서 제대로 소송수행을 하지 못하거나 혹은 상대방이 된 이사와 결탁함으로써 회사의 권리보호에 미흡하여 회사의 이익이 침해될 염려가 있는 경우 그 판결의 효력을 받는 권리귀속주체인 회사가 이를 막거나 자신의 권리를 보호하기 위하여 소송수행권한을 가진 정당한 당사자로서 그 소송에 참가할 필요가 있으며, 회사가 대표소송에 당사자로서 참가하는 경우 소송경제가 도모될 뿐만 아니라 판결의 모순·저촉을 유발할 가능성도 없다는 사정과, 상법 제404조 제1항에서 특별히 참가에 관한 규정을 두어 주주의 대표소송의 특성을 살려 회사의 권익을 보호하려한 입법 취지를 함께 고려할 때, 상법 제404조 제1항에서 규정하고 있는 회사의 참가는 공동소송참가를 의미하는 것으로 해석함이 타당하고, 나아가 이러한 해석이 중복제소를 금지하고 있는 민사소송법 제234조에 반하는 것도 아니다."

제403조 (주주의 대표소송) ① 발행주식의 총수의 100분의 1이상에 해당하는 주식을 가진 주주는 회사에 대하여 이사의 책임을 추궁할 소의 제기를 청구할 수 있다.
② 제1항의 청구는 그 이유를 기재한 서면으로 하여야 한다.
③ 회사가 전항의 청구를 받은 날로부터 30일내에 소를 제기하지 아니한 때에는 제1항의 주주는 즉시 회사를 위하여 소를 제기할 수 있다.
④ 제3항의 기간의 경과로 인하여 회사에 회복할 수 없는 손해가 생길 염려가 있는 경우에는 전항의 규정에 불구하고 제1항의 주주는 즉시 소를 제기할 수 있다.
…………

제404조 (대표소송과 소송참가, 소송고지) ① 회사는 전조 제3항과 제4항의 소송에 참가할 수 있다.
② 전조 제3항과 제4항의 소를 제기한 주주는 소를 제기한 후 지체없이 회사에 대하여 그 소송의 고지를 하여야 한다.

5) 그러나, 이사회결의무효확인소송은 일반적인 무효확인소송으로서 판결의 대세적 효력이 없으므로, 그 결과에 법률상 이해관계를 갖는 이사는 보조참가를 할 수 있을 뿐 공동소송참가를 할 수 없다.[189]

6) 필수적 공동소송인의 추가(68조 1항)는 고유필수적 공동소송의 경우에만 가능함에 반하여, 공동소송참가는 유사필수적 공동소송에서 유용하게 활용되는 제도이다. 고유

186) 2002. 3.15. 2000다9086.
187) 이시윤, p.798.
188) 호문혁, p.926.
189) 2001. 7.13. 2001다13013.

필수적 공동소송의 경우에도, 당사자의 추가는 1심 변론종결 시까지만 가능하나(68조 1항) 공동소송참가는 참가시기에 제한이 없는 점(통설) 등에 비추어, 필요한 경우 당사자의 추가 이외에 공동소송참가가 가능하다고 할 것이다(다수설).

10-113 ### 3. 절차 및 심판

1) 참가신청의 방식은 기본적으로 보조참가신청의 방식에 관한 규정이 준용된다(83조 2항, 72조). 참가의 취지와 이유를 밝혀 참가하고자 하는 소송이 계속된 법원에 제기하여야 하며(72조 1항), 서면으로 참가를 신청한 경우에는 법원은 그 서면을 양쪽 당사자에게 송달하여야 하고(2항), 참가신청은 참가인으로서 할 수 있는 소송행위와 동시에 할 수 있다(3항).

2) 공동소송참가는 독립된 소제기의 실질을 가지므로 공동소송참가신청에 대하여 당사자가 이의를 제기할 수 없다(보조참가 신청에 대하여 당사자가 이의를 신청할 수 있는 것과 다름). 법원은 직권으로 참가의 요건을 심사하여 요건을 갖추지 못한 경우 판결로 참가신청을 각하한다.

3) 후발적으로 필수적공동소송이 되므로 필수적 공동소송에 관한 제67조의 규정에 따라 심리 및 재판을 한다.

5관 독립당사자참가

(사례 1) 특정 토지에 대한 매수인 지위를 둘러싸고 甲과 丙 사이에 분쟁이 생겼다. 甲은 자신이 매수인이라고 주장하고 丙은 자신이 토지의 매수인이고 甲은 단지 자신의 대리인 또는 사자에 불과하다고 주장한다. 그런 상황에서 甲이 매도인 乙을 상대로 자신이 토지의 매수인이라고 주장하며 매매에 기한 소유권이전등기 청구의 소를 제기하여 소송 진행 중이다.

1) 이러한 경우 丙은 甲에게는 소유권이전등기 청구권이 없다고 주장하면서 매수인乙의 승소를 보조하기 위하여 乙의 보조참가인으로 참가할 수 있다. 그러나 보조참가 결과 甲이 진정한 매수인이 아니라는 이유로 乙의 승소판결이 내려지더라도, 乙이 丙에게 소유권이전등기를 하지 않으면 丙은 乙을 상대로 다시 소유권이전등기청구의 소를 제기하여야 하고 甲과 乙 사이의 판결의 효력은 丙과 乙사이의 소에 미치지 않으므로 丙은 다시 주장과 입증을 하여야 하고 패소할 위험도 있다. 또한 보조참가인으로서 丙의 소송행위는 일정한 제한을 받으므로 丙의 입장에서는 乙의 보조참가인으로 참가하는 것만으로는 불충분하다.

2) 丙은, 甲과 乙 사이의 소송과 별개로, 乙을 피고로 하여 소유권이전등기청구의 별소를 제기할 수 있다. 이 경우 독립된 두개의 소송이 진행되며, 모순된 두개의 판결이 내려질 수도 있다. 또한 丙으로서는 甲이 乙로부터 먼저 판결을 확정 받아 등기를 경료하는 것을 제지할 방법이 없게 된다.

3) 이러한 경우 丙이 甲과 乙사이의 소송에서 소송의 목적이 된 소유권이전등기청구권이 자신의 권리라고 주장하면서 당사자로 참가하여, 乙을 상대로 매매를 원인으로 한 소유권이전등기청구의 소를 제기할 수 있도록 하고(아울러 甲을 상대로 매수인 지위 확인의소를 제기할 수도 있도록 함), 심리에 있어 일정한 범위에서 필수적 공동소송에 관한 특례를 적용하도록 하면, 당사자 사이에 모순된 판결(예, 甲의 청구도 인용하고 丙의 청구도 인용)이 내려질 위험이 없고 분쟁이 효율적이고 통일적으로 해결될 것이다. 그러한 목적으로 설계된 것이 독립당사자참가 제도이다(79조 1항 권리주장참가).

(사례 2) 丙(종중)은 종중소유의 토지를 乙(종손) 명의로 명의신탁 해두었다. 그런데 甲이 乙(종손)을 상대로 임야를 매수하였다고 주장하며(진정한 매매계약에 기초할 수도 있고, 허위의 매매계약에 기초할 수도 있다) 乙명의의 임야에 대한 소유권이전등기청구의 소를 제기하였다. 이 경우 丙(종중)은 어떤 절차로 토지에 대한 소유권을 확보할 수 있는가?

1) 丙은 별소로 乙을 상대로 명의신탁해지를 원인으로 소유권이전등기절차이행을 구할 수 있다. 그러나 丙이 乙을 상대로 제기한 소송 계속 중에, 甲이 乙을 피고로 한 소송에서 甲과 乙이 통모하여 乙이 소극적으로 소송을 수행함으로써 甲이 乙에 대해 승소판결을 받고 그에 기하여 소유권이전등기를 마치게 되면, 명의신탁 약정은 선의,악의를 불문하고 제3자에게 대항할 수 없으므로,[190] 丙은 소유권을 회복하기가 어렵게 된다. 甲과 乙이 진정한 매매계약에 기하여 乙 명의의 토지를 甲에게 소유권이전등기를 마친 경우 丙은 실체법적으로 소유권을 회복할 수 없다. 甲과 乙이 통정허위표시에 기초하여 소유권이전등기를 마친 경우는 丙은 乙을 대위하여 甲과 乙사이의 통정허위표시의 무효를 주장하여 甲명의의 소유권이전등기의 말소를 구한 후, 乙에 대하여 명의신탁해지에 기한 이전등기를 청구함으로써 소유권을 회복할 수 있으나, 甲과 乙이 소송을 통하여 甲에게 이전등기를 명하는 판결에 따라 소유권이전등기를 마치는 경우는 그 판결의 효력을 부정하기 전에는 절차법적으로 丙이 구제받을 수 없게 된다.

2) 丙의 乙에 대한 명의신탁 해지를 원인으로 한 소유권이전등기청구권은 甲의 乙에 대한 매매를 원인으로 한 소유권이전등기청구권과 양립 가능하므로, 丙은 甲과 乙사이의 소송에서 그 소송의 목적물이 자신의 권리라고 주장하며 79조 1항의 권리주장참가를 할 수는 없다.

3) 甲과 乙이 丙을 해할 의사를 가지고 소송을 통하여 승소판결을 받아 소유권이전등기를 하면 丙은 甲과 乙사이의 소송의 결과로 인하여 '권리의 침해'를 받는다. 이러한 경우 丙은 甲과 乙사이의 소송결과에 따라 자신의 권리가 침해된다고 주장하면서 독립당사자참가(79조 1항 사해방지참가)를 하여, 乙을 상대로 명의신탁해지를 원인으로 소유권이전등기청구(아

울러 甲과 乙을 상대로 甲과 乙사이의 매매계약의 무효확인청구)를 할 수 있다.[191] 독립당사자참가를 통하여 필수적 공동소송에 대한 특별규정을 적용하여(79조 2항) 하나의 소송절차에서 甲의 乙에 대한 청구와 丙의 乙에 대한 청구에 대한 통일적인 판결을 할 수 있게 되는 것이다.

제79조 (독립당사자참가) ①소송목적의 전부나 일부가 자기의 권리라고 주장하거나, 소송결과에 따라 권리가 침해된다고 주장하는 제3자는 당사자의 양 쪽 또는 한 쪽을 상대방으로 하여 당사자로서 소송에 참가할 수 있다.

② 제1항의 경우에는 제67조(*필수적공동소송에 대한 특별규정) 및 제72조(*보조참가에서 참가신청의 방식)의 규정을 준용한다.

10-114 **1. 의 의**

타인 사이에서 계속 중인 소송에 기존의 원고와 피고 또는 그 중 일방을 상대방으로 하여 그 소송의 소송목적의 전부나 일부가 자기의 권리라고 주장하거나, 소송결과에 따라 권리가 침해된다고 주장하면서 기존의 소송물과 관련된 자신의 청구를 하여 참가하는 것을 독립당사자 참가라고 한다(79조 1항). 기존의 소송에 당사자로 참가한다는 점에서 공동소송참가와 공통점이 있으나, 쌍방당사자 모두의 이익과 배치되고 양립하지 않는 주장을 쌍면적(원고와 피고에 대하여) 또는 편면적(원고와 피고 중 일방에 대하여)으로 한다는 점에서 공동소송참가와 다르다. 2002년 개정 전 법조문은 편면적 참가에 대하여는 규정하지 않았고, 판례는 편면적 참가는 허용되지 않는다는 입장을 취하였으나, 편면적 참가를 허용하여야 한다는 학설이 입법으로 채택되었다.

10-115 **2. 소송의 구조**

독립당사자참가의 소송구조에 대해서는, 쌍면적 참가만이 허용되던 당시에는 3면소송설(1개소송설)과 3개소송병합설이 대립되었다. 편면적 참가가 허용되는 현행법 아래에서도 준3면소송설과 병합소송설로 견해가 나뉜다. 뒤에서 보는 것과 같이, 원고가 소를 취하하거나 소가 각하되더라도 참가인의 소송은 그대로 남게 되는 점에 비추어 본래의 소송과 참가인의 소송이 병합된 것으로 보는 것이 타당하다고 생각한다.

190) 2009. 3.12. 2008다36022.

191) 1990. 7.13. 89다카20719,20726(참가).

3. 참가의 요건 10-116

(1) 타인간의 소송이 계속 중일 것

보조참가인은 본소송의 제3자이므로 자신이 보조참가 한 소송에서 독립당사자참가를 할 수 있고, 그 때에는 보조참가가 종료된다.[192] 사실심인 항소심에서도 할 수 있다. 실질에 있어서 소제기의 성질을 가지므로 상고심에서는 할 수 없다.[193] (*2013. 법원직)

(2) 참가의 이유가 있을 것

1) 권리주장참가 10-117

㈎ 타인간의 소송의 목적이 된 권리의 전부 또는 일부가 참가인의 권리임을 주장하는 경우 권리주장참가를 할 수 있다(79조 1항 전단). 기존당사자인 원고의 피고에 대한 청구와 독립당사자참가자의 기존당사자에 대한 청구가 양립할 수 없어야 한다. 예컨대, 원고가 피고를 상대로 특정부동산에 대한 매수인임을 주장하며 소유권이전등기청구의 소를 제기하여 그 소가 소송계속 중에 제3자가 그 부동산의 매수인이라고 주장하면서 피고에 대하여는 소유권이전등기절차의 이행을 구함과 동시에 원고에 대하여 소유권이전등기청구권의 부존재확인을 구하며 소송에 참가하는 경우,[194] 또는 원고가 피고를 상대로 특정물건에 대한 소유권확인의 소를 제기하자 제3자가 원고와 피고를 상대로 그 물건에 대한 소유권확인을 구하며 기존의 소송에 참가하는 경우 등이 이에 해당한다(〔사례 1〕 참조).

㈏ 부동산 2중 매매계약의 경우에 제2매수인과 매도인 사이의 소유권이전등기청구의 소송에 제1매수인이 권리주장참가를 할 수 있는지에 대해서는 학설이 대립한다. 제1매수인과 제2매수인의 청구는 양립할 수 있으므로 제2매수인이 제기하여 계속 중인 소송에 제1매수인은 권리주장참가를 할 수 없다는 것이 판례의 입장이다.[195] 판례의 입장에 따르면 그러한 경우 별소를 제기하여 먼저 승소확정판결을 받는 수밖에 없다. (갑이 을을 상대로 매매를 원인으로 한 소유권이전등기를 구하는 본소가 계속 중, 위 매매 이후 점유취득시효가 완성되었음을 원인으로 병이 을을 상대로 소유권이전등기를 구하는 독립당사자 참가는 적법하다(×)). (*2020 법원직)

㈐ 참가신청에서 주장한 내용자체에서 원고가 주장하는 권리와 참가인이 주장하는

---

192) 1993. 4.27. 93다5727.
193) 1994. 2.22. 93다43682.
194) 1995. 6.16. 95다5905.
195) 1982.12.14. 80다1872,1873.

권리가 양립할 수 없는 관계에 있다면, 본안에 들어가 심리한 결과 참가인의 권리가 인정되지 않더라도 이는 참가인의 청구가 이유 없게 될 뿐 참가신청이 부적법하게 되는 것은 아니다.[196)]

10-118 **2) 사해방지참가**

㈎ 타인간의 소송의 결과로 인하여 자신의 권리를 침해받는 경우에 사해방지참가를 할 수 있다(79조 1항 후단). 구체적으로 어떤 경우가 소송의 결과로 권리침해를 받는 경우인가는 어려운 문제로 이에 대해서는 견해가 나뉜다(판결효설, 이해관계설, 사해의사설). 판례는 "사해방지참가는 본소의 원고와 피고가 당해 소송을 통하여 참가인을 해할 의사를 갖고 있다고 객관적으로 인정되고 그 소송의 결과 참가인의 권리 또는 법률상 지위가 침해될 우려가 있다고 인정되는 경우에 허용된다"고 한다.[197)]

1990. 4.27. 88다카25274,25281(참가)

① 사 안

피고가 참가인으로부터 금 4,000만원을 차용하면서 그 담보로 피고 앞으로 소유권이전이 될 체비지를 매도담보로 제공하거나 1번 근저당권을 설정해 주기로 약정하였는데, 다시 원고와 위 부동산에 관하여 대물변제계약을 체결하여 원고가 피고를 상대로 소유권이전등기청구소송을 제기하자 참가인은 원고와 피고가 참가인을 해할 목적으로 공모하고 가장하여 대물변제계약을 체결하고 본소송을 제기한 것이고, 그 소송결과에 의하여 참가인의 권리를 침해받을 위험이 있다고 주장하여 위 소송에 참가하면서, 주위적으로는 원고와 피고 사이의 대물변제계약의 취소와 피고에 대한 금전지급을, 예비적으로는 위 대물 변제계약의 무효확인과 피고에 대한 금전지급을 구하였다. 원심은 종래의 판례에 따라 사해방지참가의 경우에도 원고의 본소청구와 참가인의 청구는 양립할 수 없는 것이어야 한다는 것을 전제로 하여 참가인의 청구는 모두 원고의 본소청구와 양립할 수 있는 것이고, 또 제3자가 타인 간의 법률 행위의 무효확인을 구할 법률상의 이익도 없다는 이유로 참가인의 참가신청을 각하하였다.

② 판결요지 및 내용

사해방지참가의 경우는 사해소송의 결과로 제3자의 권리나 법률상의 지위가 침해될 염려가 있는 경우에 그 제 3자가 그 사해소송의 결과로 선고·확정될 사해판결을 방지하기 위하여 그 사해소송에 참가할 수 있도록 한 것이므로, 원고와 피고가 당해 소송을 통하여 제3자를 해할 의사를 갖고 있다고 객관적으로 인정되고, 그 소송의 결과 제3자의 권리 또는 법률상의 지위가 침해 될 염려가 있다고 인정되는 경우에는 동 조항전단의 권리주장참가의 경우와는 달리 제3자인 참가인의 청구와 원고의 청구가 논리상 양립할 수 있는 관계에 있다고 하더라도 독립당사자참가를 할 수 있다.

196) 1992.12. 8. 92다26772.
197) 1990. 4.27. 88다카25274,25281(참가); 2009.10.15. 2009다42130,42147,42154,42161.

(나) 원고의 피고에 대한 청구의 원인행위가 사해행위라는 이유로 원고에 대하여 사해행위취소를 청구하면서 독립당사자참가신청을 하는 경우, 그러한 참가신청은 부적법하다는 것이 판례이다.[198)]

"채권자가 사해행위의 취소와 함께 수익자 또는 전득자로부터 책임재산의 회복을 명하는 사해행위취소의 판결을 받은 경우 취소의 효과는 채권자와 수익자 또는 전득자 사이에만 미치므로, 수익자 또는 전득자가 채권자에 대하여 사해행위의 취소로 인한 원상회복 의무를 부담하게 될 뿐, 채권자와 채무자 사이에서 취소로 인한 법률관계가 형성되거나 취소의 효력이 소급하여 채무자의 책임재산으로 복구되는 것은 아니다. 이러한 사해행위취소의 상대적 효력에 의하면, 원고의 피고에 대한 청구의 원인행위가 사해행위라는 이유로 원고에 대하여 사해행위취소를 청구하면서 독립당사자참가신청을 하는 경우, 독립당사자참가인의 청구가 그대로 받아들여진다 하더라도 원고와 피고 사이의 법률관계에는 아무런 영향이 없고, 따라서 그러한 참가신청은 사해방지참가의 목적을 달성할 수 없으므로 부적법하다."

(연습문제)

甲은 주택 신축 등을 목적으로 하는 사업을 하면서 乙 및 친척인 丙에게 각각 1억 원의 대여금채무를 비롯하여 총 합계 3억 원 이상의 채무를 부담하게 되어 채무초과 상태에 이르게 되었다. 甲은 유일한 재산인 X토지를 소유하고 있었는데, 丙에 대한 甲의 대여금 채무를 위한 담보로 제공하는 저당권설정계약(이하 '이 사건 계약'이라 한다)을 丙과 체결하였다. 甲은 丙의 독촉에도 이 사건 계약에 의한 저당권설정등기를 미루고 있었는데, 이에 丙은 甲을 피고로 이 사건 계약을 원인으로 하여 저당권설정등기를 청구하는 소를 제기하였다. 丙의 위 소송에 대하여 甲은 제대로 응소하지 않고 있다.

위와 같은 소식을 들은 乙은 이 사건 계약의 체결 과정을 조사한 결과, 甲은 이 사건계약으로 인하여 책임재산에 부족이 생기거나 이미 부족상태에 있는 책임재산이 한층 더 부족하게 됨으로써 乙의 채권을 완전하여 만족시킬 수 없다는 사실을 인식하였고, 丙도 그러한 점을 알고 있었다는 사실을 알게 되었다. 이에 乙은 원고 丙과 피고 甲 사이의 위 소송에 참가하려고 한다.

乙이 다음과 같은 취지로 독립당사자참가신청을 하는 것은 적법한가?

(1) 丙을 상대로 사해행위를 원인으로 하여 "X토지에 관하여 甲과 丙이 체결한 이 사건 계약을 취소한다"는 취지의 독립당사자참가신청 (2014. 6.12. 2012다47548,47555 판례참조)

(2) 甲과 丙을 상대로 통정허위표시를 원인으로 하여 "X토지에 관하여 甲과 丙이 체결한 이 사건 계약이 무효임을 확인한다."는 취지의 독립당사자참가신청

["원고와 피고가 당해 소송을 통하여 참가인을 해할 의사를 갖고 있다고 객관적으로 인정되

---

198) 2014. 6.12. 2012다47548,47555. [304]

고, 그 소송의 결과 참가인의 권리 또는 법률상 지위가 침해될 우려가 있다고 인정되는 경우" 사해방지 참가가 가능함. 甲은 이 사건계약으로 인하여 책임재산에 부족이 생기거나 이미 부족상태에 있는 책임재산이 한층 더 부족하게 됨으로써 乙의 채권을 완전하여 만족시킬 수 없다는 사실을 인식하였고, 丙도 그러한 점을 알고 있었다는 사실에 비추어 참가인을 해할 의사를 갖고 있다고 객관적으로 인정됨. 통정허위 표시에 기초한 판결이 확정되는 경우, 乙이 甲에 대한 금전채권자로서 채무자를 대위하여 丙을 상대로 근저당등기 말소등기청구의 소를 제기하여 통정허위 표시를 주장하는 것은 甲과 丙 사이의 소송의 기판력에 저촉되는 문제가 생김. 甲과 丙 사이의 판결에 의하여 저당권등기가 완료되면 甲의 책임재산 부족이 커져 乙의 금전채권자로서의 권리 법률상 지위가 침해될 우려가 있음.따라서 사해방지참가가 가능함]

(2017. 변호사시험)

10-119 **(3) 본소송의 원·피고 쌍방이나 일방에 대하여 독립한 자기의 청구를 할 것**

2002년 개정법 이전에는 판례가 일방 당사자에게만 청구하는 이른바 편면적 참가를 허용하지 않았으나, 현행법은 편면적 참가를 허용한다. 따라서 원고·피고 중 한쪽에 대하여만 청구를 하고 다른 쪽에 대하여는 청구를 하지 아니한 경우나, 양쪽에 대하여 청구를 하였지만 그 한쪽에 대한 청구는 다툼이 없어 소의 이익이 없는 경우도 적법한 독립당사자 참가가 될 수 있다.

10-120 **(4) 청구병합의 요건을 갖출 것**

참가인의 청구가 본소와 같은 종류의 소송절차에서 심판될 청구이어야 하고, 참가인의 청구가 본소 청구와 다른 법원의 전속관할에 속하여서는 아니 된다.

10-121 **(5) 일반적 소송요건을 갖출 것**

독립당사자참가신청은 새로운 소제기와 같으므로 일반적인 소송요건을 갖추어야 한다.

〈연구사례〉

甲 소유의 부동산과 채무자인 乙 소유의 부동산을 공동저당의 목적으로 하여 丙 은행 앞으로 선순위근저당권이 설정된 후 甲 소유의 부동산에 관하여 丁 앞으로 후순위근저당권이 설정되었는데, 甲 소유의 부동산에 관하여 먼저 경매절차가 진행되어 丙 은행이 채권 전액을 회수하였고, 이에 丁이 甲 소유의 부동산에 대한 후순위저당권자로서 물상보증인에게

> 이전된 근저당권으로부터 우선하여 변제를 받을 수 있다고 주장하며 丙 은행 등을 상대로 근저당권설정등기의 이전을 구하자, 甲이 乙에 대해 취득한 구상금 채권이 상계로 소멸하였다고 주장하며 乙이 丙 은행을 상대로 근저당권설정등기의 말소를 구하는 독립당사자참가 신청을 하였다. 이러한 경우 乙의 독립당사자신청은 적법한가?[199]
>
> (대법원 2017. 4. 26. 선고 2014다221777, 221784 판결 참조)

4. 참가의 절차 및 심판

(1) 참가신청 10-122

1) 참가인은 참가의 취지와 이유를 밝혀 참가하고자 하는 소송이 계속된 법원에 참가신청을 한다(79조 2항, 72조). 독립당사자 참가신청은 신소제기의 실질을 가지므로, 소액사건의 경우를 제외하면, 서면에 의하여야 한다. 서면으로 참가를 신청한 경우에는 법원은 그 서면을 양쪽 당사자에게 송달하여야 한다(72조 2항).

2) 참가신청서가 접수되면 민사사건으로 전산입력하고, 독립된 사건번호를 부여함과 동시에 사건명을 붙이며, 그 신청서와 관계서류를 본기록에 합철한다.[200]

3) 참가신청은 참가인으로서 할 수 있는 소송행위와 같이 할 수 있다(79조, 72조 3항). 기존 소송의 당사자가 항소하지 않을 때에는 독립당사자참가인은 적법한 항소기간 내에 항소제기와 동시에 참가신청을 할 수 있다.[201] 이 경우 제3자는 판결정본을 송달받지 못했을 것이므로 추완항소도 가능하다고 해석할 수 있을 것이다. 참가신청은 실체법상으로는 시효중단, 소송법상으로 기간준수, 소송계속의 효과가 생긴다. 참가 뒤에 같은 내용의 별소를 제기하면 중복제소가 된다. 본소송의 당사자는 참가인을 상대로 반소를 제기할 수 있다.

(2) 참가요건과 소송요건 대한 조사 10-123

1) 참가요건을 직권으로 조사하여 요건이 흠결되었으면 보정을 명하고, 보정이 불가능하거나 보정에 응하지 않을 때에는 참가신청을 각하하는 판결을 한다. 이 각하판결

---

199) 2017. 4.26. 2014다221777,221784. [303]

200) 실무제요 I, p.314.

201) 1978.11.28. 77다1515. 참가인이 적법한 항소기간 내에 참가신청을 하였으면 항소기간 경과 후라도 추가적 청구를 할 수 있다고 함.

은 종국판결과 함께 하여야 한다.[202] (보조참가신청의 경우 허가여부를 결정으로 재판하고, 그 결정에 대하여 즉시항고로 불복할 수 있는 것과 다름을 유의)

2) 참가신청에 대하여 기존의 당사자들이 이의신청을 할 수 있는지에 대해서는 견해가 갈리나, 참가신청은 소제기와 실질이 같은 것이고, 79조에서 73조와 74조를 준용하지 않는 점 등에 비추어 볼 때 참가신청에 대한 이의신청은 허용되지 않는다고 할 것이다(이의신청 부정설). 참가요건의 흠이 있는 경우 신청을 각하해야 하고,[203] 독립당사자참가를 하면서 예비적으로 보조참가신청을 하는 것은 허용되지 않는다[204]는 것이 판례이다. 그러나, 무조건 참가를 각하하기 보다는 사건을 분리해서 심리하거나 기존의 당사자를 상대로 한 공동소송으로 취급하고,[205] 보조참가로서의 요건을 갖추었으면 보조참가로 전환할 수 있다고 할 것이다.[206]

10-124 (3) 본안심판

관련된 법률관계에 대한 분쟁을 한꺼번에 통일적으로 판결하는 제도이므로 원·피고간의 청구와 독립당사자 참가인의 청구 상호간에 모순 없는 판결을 할 필요가 있다. 그러나 독립당사자 참가인은 원고 또는 피고와 필수적공동소송관계에 있는 것이 아니어서 원고 또는 피고와 합일확정의 필요가 있는 것은 아니므로 소송자료의 통일에 관한 필수적 공동소송의 규정을 준용함에 있어서 주의를 하여야 한다.

(문) 甲이 乙을 상대로 매매를 원인으로 한 소유권이전등기청구의 소를 제기하였다. 위 소송계속 중에 丙이 독립당사자참가신청과 동시에 乙을 상대로 매매를 원인으로 한 소유권이전등기청구를, 甲을 상대로 매수인지위부존재확인청구를 하였다. 소송에서 乙이 丙에 대한 청구를 인락하였다. 효력이 있는가? 丙의 주장사실 자백하였다. 효력이 있는가? 甲과 乙이 소송상 화해를 하였다. 효력이 있는가? 甲이 소취하 할 수 있는가? 丙이 참가신청 취하할 수 있는가? 乙이 소송탈퇴 할 수 있는가?

10-125 1) 소송자료의 통일

어느 한 당사자의 다른 한 당사자에 대한 소송행위가 그 밖의 다른 당사자에게 불이

202) 실무제요 I, p.314.
203) 1993. 3.12. 92다48789,48796.
204) 1994.12.27. 92다22473,22480.
205) 이시윤, p.815; 정/유/김, p.1081.
206) 1994.12.27. 92다22473,22480도 같은 취지.

익이 될 때에는 그 효력이 생기지 않는다(79조 2항, 67조 1항). 예컨대, 어느 두 당사자 사이에서 한 청구의 포기·인낙, 화해,[207] (*2015. 법원직) 상소취하, 자백[208] 등은 나머지 제3당사자에게 불이익한 것이면 무효이다. 본소의 취하나 참가신청의 취하는 나머지 두 당사자 모두의 동의를 받은 경우 유효하다. 이에 반하여 어느 한 당사자가 다른 한 당사자에 대하여 한 유리한 소송행위는 나머지 당사자에 대하여도 효력이 생긴다(79조 2항, 67조 2항). 독립당사자참가인이 화해권고결정에 대하여 이의한 경우, 이의의 효력은 독립당사자참가인과 원고, 독립당사자참가인과 피고 사이뿐만 아니라 원·피고 사이에도 미친다(*2015. 법원직).

2) 소송진행의 통일 10-126

기일은 반드시 공통으로 정하여야 하며, 어느 1인에 생긴 소송절차의 중단 및 중지는 전원에 대하여 효력이 있다(79조 2항, 67조 3항). 변론의 분리는 허용되지 않는다(*2017-1. 법원직). 일부판결은 허용되지 않으며, 잘못하여 일부판결을 한 경우에도 나머지 부분에 대한 추가판결을 할 것이 아니라 위법한 판결에 대한 불복절차를 통하여 다투어야 한다.[209]

3) 상 소 10-127

㈎ 상소기간은 개별적으로 진행된다. 판결정본을 가장 나중에 송달받은 당사자에 대한 상소기간이 만료일을 기준으로 하여 상소기간이 만료할 때 전체에 대한 판결이 확정된다. 당사자 가운데 두 당사자가 패소한 뒤 패소한 당사자 중 한 당사자만이 상소를 한 경우 상소의 효력은 패소한 다른 당사자에도 미쳐 상소하지 아니한 당사자도 상급심으로 이심된다는 것이 통설이자 판례이다(예컨대 甲이 계쟁물에 대하여 乙을 상대로 소유권확인의 소를 제기하자 丙이 독립당사자참가를 하여 甲과 乙을 상대로 계쟁물에 대한 소유권확인의 소를 제기하였으나, 1심에서 甲이 승소하고 乙과 丙이 모두 패소하였고 이에 대하여 乙만이 항소를 하고 丙은 항소를 하지 아니한 경우, 丙도 항소심으로 이심된다). 이러한 경우 항소심의 심판대상은 실제 항소를 제기한 자의 항소 취지에 나타난 불복범위에 한정하되 위 세 당사자 사이의 결론의 합일확정의 필요성을 고려하여 그 심판의 범위를 판단하여야 한다.[210]

---

207) 2005. 5.26. 2004다25901,25918. [307]
208) 2009. 1.30. 2007다9030,9047. [306]
209) 1995.12. 8. 95다44191. [308]
210) 2014.11.13. 2009다71312,71329,71336,71343. [309]

(나) 이 때 패소하고 상소하지 아니한 당사자의 상소심에서의 지위가 어떻게 되는지에 대해서 상소인설, 피상소인설, 상소심당사자설 등 견해가 대립되고 있다. 합일확정의 필요상 패소하고 상소하지 않은 당사자에 대하여도 판결의 확정이 차단되고 상소심으로 이심되는 것이므로 상소인도 피상소인도 아닌 단순한 상소심당사자라고 보는 상소심당사자설이 타당하며, 통설적 견해이다. 따라서 상소하지 아니한 당사자는 상소심에서 상소를 취하할 수 없고, 상소비용을 부담하지 않으며, 부대상소를 할 수도 없다.

(다) 상소심의 심리 결과에 따라, 원심판결을 취소하고 패소하고 상소하지 아니한 당사자에게 유리하게 판결을 할 수도 있다(위 예에서 항소심의 심리결과 丙에게 소유권이 인정되는 경우 丙이 상소하지 않았더라도 합일확정의 필요에 의하여 丙의 승소판결을 할 수 있다).[211] 그러나, 참가인이 참가각하 판결을 받았음에도 불복상소를 하지 않는 경우에는 다른 패소당사자의 상소에도 불구하고 참가인에 대한 판결부분이 분리 확정되고 참가부분은 이탈되어 본소만 남게 된다는 것이 판례이다.[212] 그러한 경우는 상소심에서 본안에 대하여 3당사자 사이에 모순 없는 판결을 할 필요가 없으므로 당사자처분권주의의 원칙으로 돌아가 참가인에 대한 판결부분이 분리확정 된다고 보는 것이 타당하기 때문이다(따라서, 위 예에서 제1심에서 丙의 참가신청이 부적법하다고 각하되었는데 丙은 항소를 하지 않고 패소한 乙만이 항소를 하였다면 항소심의 심리결과 丙의 소유로 인정되더라도 丙의 승소판결을 할 수 없고 乙의 항소를 기각하여야 한다). 원고의 피고에 대한 청구를 인용하고 참가인의 참가신청을 각하한 제1심판결에 대하여 참가인만이 항소하였는데, 참가인의 항소를 기각하면서 제1심판결 중 피고가 항소하지도 않은 본소 부분을 취소하고 원고의 피고에 대한 청구를 기각하는 것은 부적법하다.[213]

5. 2당사자 소송으로의 환원

10-128 (1) 본소의 취하 또는 각하

참가 후에도 원고는 본소송의 소를 취하할 수 있으며, 법원은 본소송의 소가 부적법하면 각하할 수 있다. 본소송의 소 취하의 경우 피고나 참가인이 응소를 하였으면 피고뿐만 아니라 참가인의 동의도 필요하다.[214] 쌍면참가에서 기존의 소가 취하되면 참가인의 원고와 피고에 대한 소가 공동소송형태로 남게 된다.[215] (2007-1. 법원직) 이 때 당

211) 2007.10.26. 2006다86573,86580. [311]
212) 1992. 5.26. 91다4669,4676.
213) 2007.12.14. 2007다37776,37783. [310]
214) 1972.11.30. 72마787. [188]
215) 1991. 1.25. 90다4723.

사자참가인의 신청이 비록 참가신청 당시 당사자참가의 요건을 갖추지 못하였다고 하더라도 이미 본소가 소멸되어 3면소송관계가 해소된 이상 종래의 3면소송 당시에 필요하였던 당사자참가요건의 구비 여부는 더 이상 가려볼 필요가 없다.[216)]

(2) 참가신청의 취하 또는 각하 10-129

참가신청 역시 소제기의 실질을 가지므로 본소송의 당사자들이 본안에 관하여 응소한 경우 참가인이 원고와 피고 쌍방의 동의를 받아야 참가를 취하할 수 있다.[217)] 사실인정의 증거자료가 참가인이 제출한 서증 내지 동인이 신청한 증인의 증언이었다 하여 위법이 없고, 그 증거를 제출한 참가인의 참가신청이 부적법 각하되었다 하여도 이미 법원이 실시한 증거방법에 의하여 법원이 얻은 증거자료의 효력에 아무런 영향이 없다는 내용의 판례(당사자의 원용이 필요한 지에 대해서는 직접적인 판단을 하고 있지 않음)가 있다.[218)]

(3) 본소당사자의 소송탈퇴(80조) 10-130

제80조 (독립당사자참가소송에서의 탈퇴)

제79조의 규정에 따라 자기의 권리를 주장하기 위하여 소송에 참가한 사람이 있는 경우 그가 참가하기 전의 원고나 피고는 상대방의 승낙을 받아 소송에서 탈퇴할 수 있다. 다만, 판결은 탈퇴한 당사자에 대하여도 그 효력이 미친다.

(문) 甲이 乙을 상대로 소유권에 기초한 건물인도청구의 소를 제기하자, 丙이 甲을 상대로 그 건물에 대한 소유권의 확인을 구하고 乙을 상대로 소유권에 기초한 건물인도청구를 하면서 독립당사자참가를 하였다. 乙은 甲이나 丙 누구든지 승소판결을 받는 사람에게 인도해줄 의무가 있음을 자인하고 있다. 이러한 경우에도 乙이 소송의 당사자로 남아 소송을 수행할 필요가 있는가? 乙이 80조에 따라 소송탈퇴를 하였다. 심리결과 丙의 소유임이 인정 된다면 법원은 어떤 판결을 하여야 하는가?

1) 의 의

제3자의 독립당사자참가로 인하여 본소송의 원고나 피고 중에서 더 이상 소송에 남아 있을 필요가 없게 되는 경우가 생길 수 있다. 그 경우 본소송의 원고나 피고는 상대방의 승락을 받아 소송에서 탈퇴할 수 있으며, 남은 당사자와 참가인 사이의 판결의 효력은 탈퇴한 당사자에게도 미친다(80조). 탈퇴로 인하여 남은 당사자와 참가인 사이의 2당사자 대립의 소송구조가 된다.

---

216) 2007. 2. 8. 2006다62188. [305]
217) 1981.12. 8. 80다577.
218) 1971. 3.31. 71다309,310.

2) 요건과 절차

제3자가 참가함으로써 본소송의 원고 또는 피고가 소송에 머물 필요가 없게 된 경우라야 한다(예컨대, 피고가 채무자체는 인정하지만 진정한 채권자가 원고인지 참가인인지 불분명하여 소송에 휘말리게 된 경우 등). 적법하게 탈퇴할 수 있으려면, 참가인의 참가가 적법하고 유효한 상태에서 3당사자 간의 소송이 계속 중이어야 한다. 참가신청이 각하될 상황에서 소송탈퇴를 허용하면 소송계속 전체가 소멸하기 때문이다.[219]

탈퇴는 서면으로 신청하는 것이 원칙이나 변론기일이나 변론준비기일에 말로도 할 수 있다. 탈퇴를 하기 위해서는 상대방의 승락을 받아야 한다(80조). 참가인의 동의까지 받아야 하는 것은 아니라고 해석된다.

3) 효 력

본 소송 당사자중의 일방의 탈퇴가 있더라도 탈퇴자가 한 소송행위는 남은 당사자 사이의 소송에서 그대로 유효하다. 남은 당사자 간의 판결의 효력은 탈퇴자에게도 미친다(80조 단서). 이때의 판결의 효력은 기판력뿐만 아니라 집행력도 포함된다는 것이 통설이다. 남은 당사자 간의 판결의 집행력이 탈퇴자에게 미치게 되는 경우 그 판결이 탈퇴한 당사자에 대한 또는 탈퇴한 당사자를 위한 집행권원이 된다고 할 것이다. 이러한 경우 남은 당사자간의 판결에 탈퇴한 당사자를 표시하고(탈퇴당사자 옆에 괄호하고 "탈퇴"라고 표시한다) 판결의 주문에 탈퇴자에 대한 의무이행의 선언을 한다.[220]

소송탈퇴의 경우 "원고 : 甲, 피고 : 乙(탈퇴), 독립당사자참가인 : 丙"이라고 당사자 표시를 하고, 주문에서도 "① 원고의 피고(탈퇴)에 대한 청구를 기각한다. ② 원고와 독립당사자 참가인 사이에서 건물은 독립당사자참가인 소유임을 확인한다. ③ 피고(탈퇴)는 참가인에게 건물을 인도하라"는 의무이행의 선언을 하여, 남은 당사자간의 판결에 집행문을 받아 탈퇴자에 대한 강제집행을 할 수 있도록 한다.

[소송참가 요약]

참가형태		의의 및 참가이유	참가인의 지위	참가인에 대한 판결의 효력
보조참가	보조참가(71조)	소송결과에 이해관계가 있는 제3자가 한쪽 당사자를 돕기 위해	종된 당사자	피참가인 패소시 참가적 효력

219) 호문혁, p.945.
220) 법원실무제요Ⅰ, p.317.

	공동소송적 보조참가(78조)	재판의 효력을 받는 이해관계인으로서, 당사자적격이 없는 경우	종된 당사자이나 필수적공동소송인에 준하는 지위	당사자와 같은 판결효력
당사자 참가	공동소송참가 (83조)	소송목적이 한쪽 당사자와 제3자에게 합일적으로 확정되어야 할 경우	종전당사자 일방과 필수적 공동소송인	당사자와 같은 판결효력
	독립당사자 참가(79조)	소송목적이 자신의 권리라고 주장하거나, 사해방지를 위한 참가	당사자로서 완전한 소송수행권, 종전당사자와 필수적공동소송인 유사 지위	당사자와 같은 판결효력, 탈퇴시에도 효력이 미침

3절 당사자의 변경

당사자의 변경이란 소송계속 중에 당사자를 다른 당사자로 교체하거나 추가하여 새 10-131
로운 당사자를 소송에 가입 시키는 것을 말한다. 소송계속 중 기존당사자의 임의의 의사에 터잡아 당사자를 교체 또는 추가하는 임의적 당사자변경과, 당사자의 실체법상의 권리 또는 의무에 변동이 생기는 경우 이를 계속 중인 소송에 반영하여 당사자의 소송법상의 지위를 승계하도록 하는 소송승계가 여기에서 논의된다.

<table>
<tr><td rowspan="7">당사자변경</td><td rowspan="4">임의적당사자변경</td><td rowspan="3">법률상 임의적당사자변경</td><td>피고의 경정(260조)</td></tr>
<tr><td>필수적공동소송인의 추가(68조)</td></tr>
<tr><td>예비적·선택적공동소송인추가(70조)</td></tr>
<tr><td colspan="2">해석상 임의적 당사자변경 – 다수설 인정, 판례는 부정</td></tr>
<tr><td rowspan="3">소송승계</td><td colspan="2">당연승계 – 중단 및 수계(233조)</td></tr>
<tr><td rowspan="2">특정승계</td><td>참가승계(81조)</td></tr>
<tr><td>인수승계(82조)</td></tr>
</table>

1관 임의적 당사자변경

1. 총 설

10-132 ### (1) 의 의

기존당사자의 실체법상 지위의 승계 없이 소송계속 중에 기존의 당사자의 임의의 의사에 기하여 당사자를 교체하거나 추가하는 것을 임의적 당사자변경이라고 한다(예컨대, 甲과 乙 사이의 소송에서 원고 甲의 신청에 의하여 피고를 丙으로 교체하거나, 甲 또는 乙의 신청에 의하여 丁을 원고 또는 피고로 추가하는 것 등). 기존 당사자의 의사에 의하여 당사자가 교체 또는 추가되는 것으로서 제3자가 자신의 의사에 따라 기존당사자 사이의 소송에 참가하는 소송참가와 구별된다.

10-133 ### (2) 허용여부

1) 1990년 민사소송법 개정 이전 1963년 법률에는 오늘날과 같은 피고의 경정(260조), 필수적공동소송인의 추가(68조) 등에 관한 규정이 없었다. 1990년 민사소송법 개정 전에 민사소송법의 해석상 임의적 당사자변경을 허용할 것이지 여부를 두고 견해가 대립되었다. 임의적 당사자변경을 허용하는 것은 절차의 안정을 해하는 것이라는 생각에서 판례는 이를 허용하지 않았으나, 탄력적인 소송진행을 위하여 이를 허용하여야 한다는 것이 통설이었다.

2) 이러한 통설의 입장을 부분적으로 받아 들여, 1990년 민사소송법의 개정을 통하여 임의적 당사자변경으로서의 성격을 갖는 피고의 경정과 필수적공동소송인의 추가제도가 도입되었으며, 그 후 선택적·예비적 공동소송인의 추가(70조)가 명문으로 규정되게 되었다. 이 세 가지를 법률상 임의적 당사자변경이라고 한다.

3) 이러한 개정이 이루어진 오늘날에도 판례는 민사소송법에 명문으로 정해진 위의 세 경우에만 임의적 당사자변경을 허용할 수 있다는 입장이다. 판례는, 필수적 공동소송이 아닌 사건에서 소송 도중에 당사자를 추가하는 것은 허용될 수 없고, 회사의 대표이사가 개인 명의로 소를 제기한 후 회사를 당사자로 추가하고 그 개인 명의의 소를 취하함으로써 당사자의 변경을 가져오는 당사자추가신청은 부적법한 것이라고 한다.[221] 학설은 소송진행중에 밝혀진 상황에 맞춘 탄력적인 소송수행을 위하여 그 이외에도 폭 넓게 임의적 당사자변경을 허용하여야 한다는 견해가 다수설이나, 법률상 허용된 임의적 당사자변경의 3가지 경우를 넘어서 일반론으로 임의적 당사자변경을 허용

221) 1998. 1.23. 96다41496. [314]

하는 것이 타당한지는 의문이다.

(3) 임의적 당사자변경의 법적 성격 10-134

1) 명문으로 허용된 법률상의 임의적 당사자변경이나, 그 이외에 해석론상 일반적으로 임의적 당사자변경을 허용하는 경우 그 법적 성질을 어떻게 볼 것인가에 관해서는 견해가 갈린다. 이를 소의 변경과 같이 보아야 한다는 견해(소변경설)와, 신소제기와 구소취하가 복합된 것이라고 보아야 한다는 견해(복합설)도 있으나,[222] 나름대로의 독자적인 요건과 효과를 가진 특수행위로서 기존 당사자의 의사에 따라 당사자를 변경시키는 단일한 행위로 이해하는 것이 타당하다(독자제도설).[223]

2) 따라서 그 요건과 효과는 소변경(262조)과 소제기(248조) 및 소취하(266조)에 관한 규정을 준용할 필요 없이 독자적으로 피고의 경정(260조, 261조)과 필수적공동소송인의 추가(68조), 선택적 예비적 공동소송인의 추가(70조, 68조)에 관한 규정의 해석을 통하여 정하고, 다수설과 같이 명문의 규정이 없는 임의적 당사자변경을 허용하게 되는 경우라도 독자적으로 그 요건과 효과를 정하여야 할 것이다.

2. 피고의 경정(260조)

(1) 의 의 10-135

제260조 (피고의 경정) ① 원고가 피고를 잘못 지정한 것이 분명한 경우에는 제1심 법원은 변론을 종결할 때까지 원고의 신청에 따라 결정으로 피고를 경정하도록 허가할 수 있다. 다만, 피고가 본안에 관하여 준비서면을 제출하거나, 변론준비기일에서 진술하거나 변론을 한 뒤에는 그의 동의를 받아야 한다.

원고가 피고를 잘못 지정한 것이 분명한 경우에 제1심 법원이 원고의 신청에 의하여 피고를 바꾸도록 허가하는 것을 피고의 경정이라고 한다(260조). 명문의 규정에 의하여 당사자를 임의적으로 변경하는 것으로서, 피고의 표시에 명백한 오류가 있을 때 이를 바로 잡는 피고 표시의 정정과 구별된다.

(2) 요 건 10-136

1) 원고가 피고를 잘못 지정한 것이 명백한 경우

소장의 청구취지나 청구원인의 기재내용 자체로 보아 피고가 잘못지정 된 것임을

---

222) 이시윤, p.827; 송상현, p.698.
223) 호문혁, p.951; 정/유/김, p.1109.

판단할 수 있어야 하며, 증거조사를 거쳐 사실을 인정하고 그 인정 사실에 터잡아 법률판단을 하여 보니 피고를 잘못 지정한 것으로 확인된 경우에는 여기에 포함되지 않는다.

"피고를 잘못 지정한 것이 명백한 때라고 함은 청구취지나 청구원인의 기재 내용 자체로 보아 원고가 법률적 평가를 그르치는 등의 이유로 피고의 지정이 잘못된 것이 명백하거나 법인격의 유무에 관하여 착오를 일으킨 것이 명백한 경우 등을 말한다 할 것이고, 이 사건과 같이 원고가 공사도급계약상의 수급인은 그 계약 명의인인 피고라고 하여 피고를 상대로 소송을 제기하였다가 심리 도중 변론에서 피고 측 답변이나 증거에 따라 이를 번복하여 수급인이 피고보조참가인이라고 하면서 피고경정을 구하는 경우에는 계약 명의인이 아닌 실제상의 수급인이 누구인지는 증거조사를 거쳐 사실을 인정하고, 그 인정 사실에 터잡아 법률 판단을 하여야 인정할 수 있는 사항이므로, 위 법규정 소정의 '피고를 잘못 지정한 것이 명백한 때'에 해당한다고 볼 수 없(다)."[224] (*2016. 법원직)

2) 변경 전후의 소송상 청구가 같을 것

당사자를 변경하여 소송상 청구의 내용이 달라지면 전혀 다른 사건이 되므로 이런 경우에도 피고의 경정을 허용하는 것은 원고의 투망식 제소를 허용하는 격이 되며, 피고의 경정 제도의 취지에 비추어 타당하지 않다.

3) 제1심 변론 종결 전의 신청

제1심 법원의 변론 종결할 때까지만 가능하다(260조 1항). 항소심에서 피고의 경정을 허용하는 경우 변경 후 피고의 심급의 이익을 해치기 때문이다. 다만 가사소송법 및 행정소송법에서 피고의 경정은 사실심 변론종결시까지 할 수 있고 제1심에 국한되지 않는다(가소 15조 1항, 행소 14조 1항).

4) 피고의 동의

경정 전 피고에 대해서는 소가 취하되는 것과 같은 효력이 있으므로, 피고가 본안에 관하여 준비서면을 제출하거나, 변론준비기일에서 진술하거나 변론을 한 뒤에는 그의 동의를 받아야 경정할 수 있다(260조 1항 단서). 피고 경정신청의 서면을 피고가 송달받은 날부터 2주 이내(*2007-2 법원직. 1주이내(×))에 이의를 하지 않으면 동의한 것으로 본다(260조 4항).

10-137 (3) 절 차

1) 피고의 경정은 원고가 서면으로 신청하여야 하며(260조 2항), 피고에게 소장부본이

224) 1997.10.17. 97마1632.

송달된 때에는 신청서면을 피고에게 송달하여야 한다(260조 3항). 기존의 절차를 이용하는 것이므로 새로운 소의 제기와 달리 신청서에 인지를 붙일 필요가 없다. 신청서에는 새로 피고가 될 사람의 이름 주소와 경정신청이유를 적어야 한다(규 66조).

2) 경정신청에 대한 허부결정은 피고에게 송달하여야 한다. 다만, 피고에게 소장 부본을 송달하지 아니한 때에는 그러하지 아니하다(261조 1항)

3) 신청을 허가하는 결정을 한때에는 그 결정의 정본과 소장의 부본을 새로운 피고에게 송달하여야 한다(261조 2항). 신청을 허가하는 결정에 대하여는 원칙적으로 독립하여 불복할 수 없으며, 다만 종전피고만이 본안에 대하여 변론을 한 피고의 동의가 없었다는 사유로만 즉시항고를 할 수 있다(261조 3항). 신청을 불허하는 결정에 대해서는 통상항고(439조)를 할 수 있다(항고인이 피고경정신청 기각결정에 대하여 불복하면서 제출한 서면에 '특별항고장', '대법원 귀중'이라고 기재하였더라도 이는 통상항고로 보아야 한다는 내용).[225]

(4) 효 과 10-138

1) 신청을 허가하는 결정을 한 때에는 종전 피고에 대한 소는 취하된 것으로 본다(261조 4항). 법원은 새로운 피고에 대해서만 판결을 한다.

2) 새로운 피고에 대한 시효중단, 기간준수 효과는 경정신청서를 법원에 제출한 때 발생한다(265조, 260조 2항). 이 점에서 참가승계나 인수승계의 경우에는 처음 소를 제기한 때 그 효력이 생기는 것과 다르다. 입법론으로는 피고경정의 경우에도 종전 소제기의 시점으로 소급효를 인정하는 것이 타당하다는 견해가 있다.[226] 가사소송과 행정소송에서는 처음 소가 제기된 때를 기준으로 한다(가소 15조 2항, 행소 14조 4항).

3) 경정 전 피고가 해온 소송수행의 결과는 원칙적으로 새로운 피고의 원용이 없는 한 승계되지 않는다고 할 것이다.

3. 공동소송인의 추가(68조, 70조) 10-139

소송계속 중에 기존의 당사자가 제3자에 대한 소를 추가적으로 병합하여 제3자가 새로 당사자로 추가되어 공동소송의 형태가 되는 것을 말한다. 법은 필수적 공동소송인의 추가(68조)와 예비적·선택적 공동소송인의 추가(70조, 68조)를 명문으로 허용하고

225) 1997. 3. 3. 97으1.
226) 이시윤, p.830.

있다.

10-140 (1) 필수적 공동소송인의 추가

제68조 (필수적 공동소송인의 추가) ① 법원은 제67조제1항의 규정에 따른 공동소송인 가운데 일부가 누락된 경우에는 제1심의 변론을 종결할 때까지 원고의 신청에 따라 결정으로 원고 또는 피고를 추가하도록 허가할 수 있다. 다만, 원고의 추가는 추가될 사람의 동의를 받은 경우에만 허가할 수 있다.
② 제1항의 허가결정을 한 때에는 허가결정의 정본을 당사자 모두에게 송달하여야 하며, 추가될 당사자에게는 소장부본도 송달하여야 한다.
③ 제1항의 규정에 따라 공동소송인이 추가된 경우에는 처음의 소가 제기된 때에 추가된 당사자와의 사이에 소가 제기된 것으로 본다.
④ 제1항의 허가결정에 대하여 이해관계인은 추가될 원고의 동의가 없었다는 것을 사유로 하는 경우에만 즉시항고를 할 수 있다.
⑤ 제4항의 즉시항고는 집행정지의 효력을 가지지 아니한다.
⑥ 제1항의 신청을 기각한 결정에 대하여는 즉시항고를 할 수 있다.

1) 의 의

필수적공동소송에서 공동소송인이 될 당사자가 누락된 경우에 그 소가 부적법한 소로 각하된 후에 새로 소를 제기해야하는 불이익을 방지하기 위하여, 원고의 신청에 따라 결정으로 원고 또는 피고를 추가할 수 있도록 하고 있다(68조). 이를 필수적공동소송인의 추가라고 한다. 임의적 당사자변경의 하나로서 현행법이 명문으로 입법화하여 허용하는 것이다.

2) 요 건

위 조항은 기본적으로 고유필수적 공동소송인이 일부 누락된 경우를 전제로 한 것이다. 유사필수적 공동소송의 경우에도 위 조항이 적용될 수 있는 지에 대해서는 견해가 갈리나, 판례는 고유필수적 공동소송의 경우에만 적용된다고 한다.[227] 통상공동소송의 경우에도 공동소송인의 추가는 허용되지 않는다.[228] 제1심의 변론이 종결될 때까지 추가가 가능하다. 항소심에서는 추가할 수 없다. 원고의 신청이 있어야 하며, 피고나 추가될 제3자는 신청할 수 없다. 제3자가 기존 소송의 당사자와 고유필수적 공동소송의 관계가 있을 때 제3자는 공동소송참가를 할 수도 있다는 것이 통설이다. 피고의 추가뿐만 아니라 원고의 추가도 허용된다. 다만 원고를 추가할 때에는 추가되는 원고의 동의가 있어야 한다(68조 1항 단서).

---

227) 2009. 5.28. 2007후1510.
228) 1993. 9.28. 93다32095.

3) 절 차

추가신청은 소액사건을 제외하고는 서면으로 한다. 서면에는 추가될 당사자의 이름과 주소, 추가신청의 이유를 적어야 한다(규 14조). 추가신청에 대해서 법원은 허가 여부에 대하여 결정으로 재판한다(68조 1항). 허가결정은 모든 당사자에게 송달하고, 추가되는 당사자에 대하여는 소장부본도 송달해야 한다(68조 2항). 허가결정에 대하여는 원칙적으로 독립하여 불복할 수 없으나, 추가될 원고의 동의가 없었음을 이유로 하는 경우에는 즉시항고를 할 수 있다(68조 4항). 이 경우의 즉시항고는 집행정지의 효력을 가지지 아니한다(68조 5항). 추가신청에 대한 기각결정에 대하여는 즉시항고를 할 수 있다(68조 6항). 즉시항고는 집행정지의 효력이 있으므로(447조), 허가신청 기각결정에 대하여 즉시항고가 있는 경우 항고심의 결정이 있기까지는 적법한 당사자로 취급하여야 할 것이다. 고유필수적 공동소송관계가 아님에도 당사자추가신청을 하였으나 그 부적법한 신청이 받아들여져서 판결이 선고되면 그 후에는 당사자추가신청의 적법을 다툴 수 없다.[229)]

4) 효 과

추가결정이 있으면 처음 소제기 시에 추가된 당사자와의 사이에 소가 제기된 것으로 보므로(68조 3항), 시효중단이나 기간준수의 효력이 처음 제소시로 소급한다. 필수적 공동소송인이 추가된 것이므로 종전에 다른 공동소송인이 한 유리한 소송행위는 추가된 당사자에게도 효력이 있고, 불리한 소송행위는 이를 원용하지 않는 한 효력이 없다고 할 것이다(67조 1항).

(2) 예비적·선택적 공동소송인의 추가 10-141

민사소송법은 예비적·선택적 공동소송제도를 신설하면서 필수적 공동소송인의 추가 규정(68조)을 준용함으로써(70조) 소송계속 중에 새로운 당사자를 예비적 선택적으로 추가할 수 있는 길을 열어 놓았다(⇒ 10-84).

2관 소송승계

제81조 (승계인의 소송참가) 소송이 법원에 계속되어 있는 동안에 제3자가 소송목적인 권리 또는 의무의 전부나 일부를 승계하였다고 주장하며 제79조의 규정에 따라 소송에 참가한 경우 그 참가는 소송이 법원에 처음 계속된 때에 소급하여 시효의 중단 또는 법률상 기간준수의 효력이 생긴다.

---

229) 1998. 1.23. 96다41496.

제82조 (승계인의 소송인수) ① 소송이 법원에 계속되어 있는 동안에 제3자가 소송목적인 권리 또는 의무의 전부나 일부를 승계한 때에는 법원은 당사자의 신청에 따라 그 제3자로 하여금 소송을 인수하게 할 수 있다.
② 법원은 제1항의 규정에 따른 결정을 할 때에는 당사자와 제3자를 심문(審問)하여야 한다.
③ 제1항의 소송인수의 경우에는 제80조의 규정 가운데 탈퇴 및 판결의 효력에 관한 것과, 제81조의 규정 가운데 참가의 효력에 관한 것을 준용한다.

10-142 1. 총 설

1) 소송계속 중에 원고나 피고의 실체법적 권리나 의무가 승계되는 경우 그 결과를 소송에 반영하여 새로운 당사자(승계인)가 종전의 당사자(피승계인)의 소송상 지위를 인계받는 것을 소송승계라고 한다. 실체법상의 승계에 따른 당사자변경이라는 점에서 실체법상의 승계 없이 이루어지는 임의적 당사자변경과 구별된다.

2) 소송승계가 되면 승계인은 피승계인의 소송상 지위를 그대로 승계한다. 종전의 변론, 증거조사, 재판이나 종전의 소제기의 소송법적, 실체법적 효과가 모두 승계인에게 미친다(따라서, 피승계인의 자백에 반하는 주장, 피승계인이 실기한 공격방어방법의 제출 등 피승계인이 할 수 없는 소송행위는 승계인도 할 수 없다).

3) 소송승계에는 소송계속 중에 실체법상의 권리 또는 의무가 포괄적으로 승계될 때(사망, 합병 등) 소송상 당사자의 지위가 당연히 승계인에게 승계되는 당연승계와, 권리 또는 의무가 타인에게 특정승계 됨에 따라 당사자의 승계가 이루어지는 특정승계가 있다. 특정승계의 방식에는 기존의 당사자가 승계인으로 하여금 소송을 인수하도록 하는 인수승계와 승계인이 적극적으로 소송에 참가하는 참가승계의 두 가지가 있다.

2. 당연승계(포괄승계)

10-143 (1) 의 의

소송계속 중에 소송물인 실체법상의 권리 또는 법률관계가 소송의 당사자로부터 제3자에게 포괄적으로 승계되면 그에 따라 소송의 당사자도 당연히 승계인인 제3자로 변경된다고 보는 것이 통설과 판례의 입장이다. 당사자의 사망 등으로 상속인등에게 실체법상이 권리 또는 의무가 법률상 당연히 승계되는 것과 마찬가지로, 수계절차를 밟기 전이라도 상속인 등이 당연히 사망자 등의 소송상 지위를 승계하여 소송의 당사자가 되는데 이를 소송법상의 당연승계라고 한다. 이에 대하여 당연승계를 부정하며 실체법상 포괄승계가 있는 경우 당사자가 당연히 승계되는 것이 아니라 수계절차에 따라 실체법상의 승계인에게 수계가 되어야 비로소 당사자의 지위가 승계되는 것이라는 견해도 있다.[230] 여기에서는 통설에 따라 설명하고, 소수설의 입장에 대해서도 간략히 소개하기로 한다.

(2) 원 인 10-144

소송계속 중에 소송물인 실체법상의 권리 또는 법률관계에 포괄적 승계가 발생하는 경우이다. 당사자가 사망하는 경우가 당연승계의 전형적인 예이다(233조). 그 밖에 당사자인 법인의 합병에 의한 소멸(234조), 당사자인 수탁자의 임무종료(236조), 파산관재인, 유언집행자, 선장 등 일정한 자격에 의하여 자기 이름으로 타인의 소송담당자가 된 경우 그 자격의 상실(237조 1항), 동일한 선정자들에 의하여 선정된 선정당사자 모두의 사망 또는 자격 상실(237조 2항), 당사자의 파산(239조) 등에도 당연승계가 이루어진다.

(3) 소송상의 취급 10-145

1) 피승계인에게 소송대리인이 없는 경우

㈎ 소송계속 중에 실체법상 포괄승계가 이루어지면 소송법상 당사자의 지위도 당연히 포괄승계인에게 승계가 되나, 승계인이 수계절차를 밟기 전까지는 소송절차는 중단이 되고, 승계인이 수계절차를 통하여 소송절차를 이어가야 한다. 예컨대, 당사자가 사망하는 순간 상속인이 법률상 당연히 사망한 당사자의 지위를 승계하나, 당사자가 사망하는 순간에 소송절차는 중단되며, 상속인이나 상속재산관리인, 그 밖에 법률에 의하여 소송을 계속하여 수행할 사람이 소송절차를 수계(233조)하여야 소송절차를 진행할 수 있다.

㈏ 당사자지위의 승계와 소송절차의 수계를 개념적으로 명확히 구분해야 한다. 당사자지위의 승계 없는 소송절차의 수계(예컨대, 법정대리인이 죽거나 대리권을 잃은 때는 당사자지위의 승계없이 새로운 법정대리인이 소송절차를 수계(235조))도 있으며, 절차의 중단이나 수계가 없는 당사자지위의 승계(예컨대, 소송대리인이 있는 경우 당사자가 사망하면 절차의 중단과 수계가 없이 당사자지위의 승계가 이루어진다(238조))도 있다.

第233조 (당사자의 사망으로 말미암은 중단)

① 당사자가 죽은 때에 소송절차는 중단된다. 이 경우 상속인·상속재산관리인, 그 밖에 법률에 의하여 소송을 계속하여 수행할 사람이 소송절차를 수계(受繼)하여야 한다.

---

230) 호문혁, p.970.

② 상속인은 상속포기를 할 수 있는 동안 소송절차를 수계하지 못한다.

(다) 통설과 판례에 따르면, 소송 중에 당사자가 대리인 없이 사망하여 소송절차가 중단된 것을 모르고 판결을 선고한 경우에 상속인이 당사자이므로 판결은 유효하지만 수계절차를 밟지 않은 잘못은 있으므로, 이러한 경우에는 그 판결은 대리인에 의하여 적법하게 대리되지 않았던 경우와 마찬가지로 보아 대리권 흠결을 이유로 상소 또는 재심에 의하여 그 취소를 구할 수 있다.[231]

(라) 이에 대하여 당사자의 사망으로 당사자가 당연히 승계되는 것이 아니라 수계절차를 밟아야 비로소 당사자의 지위가 승계되는 것이라는 견해에 따르면, 소송계속중 당사자가 사망한 경우 수계절차를 밟지 않았으면 당사자는 여전히 사망자이므로 당사자가 사망한 것을 모르고 판결을 선고한 경우 사망한 사람(당사자능력이 없음)을 당사자로 한 판결이므로 그러한 판결은 무효라는 결론에 이르게 된다.[232] 실체법상의 권리의무가 포괄적으로 이전하면 당사자가 될 실체법상의 지위 즉 본안적격이 이전하는 것일 뿐이며, 실체법상의 권리자나 의무자가 당연히 기존 소송의 당사자가 되는 것이 아니라 당사자로 표시가 되어야 소송에서 당사자가 되므로 소송에서 상속인등 포괄승계인이 수계절차를 밟아서 당사자로 표시되어야 비로소 당사자가 변경된다는 것이다. 형식적 당사자 원칙에 충실하고, 상속인의 재판받을 권리를 충분히 보장해 줄 수 있다는 장점이 있으나, 피상속인이 선임한 소송대리인이 있는 경우에는 당사자 사망으로 절차가 중단되지 않는 점에 대한 설명이 부족한 단점이 있다.

(마) 소송절차의 수계신청은 상대방도 할 수 있다(241조). 소송절차의 수계신청이 있는 때에는 법원은 상대방에게 이를 통지하여야 한다(242조). 수계신청에 대하여 법원은 승계인의 적격을 직권으로 조사하여 이유가 없다고 인정하는 때에는 결정으로 기각하여야 한다(243조 1항). 적격이 인정되면 명시적 재판 없이 수계를 인정하여 절차를 속행할 수 있다.[233]

10-146 **2) 피승계인에게 소송대리인이 있는 경우**

당연승계가 있는 경우에도 피승계인에게 소송대리인이 있으면 절차가 중단되지 않는다(238조). 당사자가 사망하였으나 소송대리인이 있어 소송절차가 중단되지 아니한

231) 1995. 5.23. 94다28444(전원합의).
232) 호문혁, p.970.
233) 1984. 6.12. 83다카1409.

경우, 원칙적으로 소송수계의 문제는 발생하지 아니하고 소송대리인은 상속인들 전원을 위하여 소송을 수행하게 되는 것이며, 그 사건의 판결의 당사자표시가 망인 명의로 되어 있다 하더라도 그 판결은 상속인들 전원에 대하여 효력이 있다.[234] 사망한 사람 명의의 판결을 집행함에 있어서, 상속인 명의로 승계집행문을 받아야 한다는 견해와 상속인 명의로 판결의 경정(211조) 결정을 받아 집행을 할 수 있다는 견해가 있다. 피승계인에게 소송대리인이 있는 경우 판결 전에 승계사실과 승계인이 판명되었을 때에는 따로 수계절차를 밟을 필요 없이 판결에 승계인(망 ○○○의 상속인)을 당사자로 표시하여야 한다.[235] (⇒ 6-40)

〈연구사례〉

K가 상소제기 특별수권을 부여받은 소송대리인을 선임하여 제1심 소송 계속 중 사망하였다. K의 공동상속인 중 甲만이 수계절차를 밟았을 뿐 나머지 공동상속인은 수계신청을 하지 아니하여 甲만을 망인의 소송수계인으로 표시한 제1심 원고 패소 판결이 선고되었다. 제1심판결에 대하여 상소제기의 특별수권을 부여받은 K의 소송대리인이 항소인을 제1심판결문의 원고 기재와 같이 "K의 소송수계인 甲"으로 기재하여 항소를 제기하였다. 항소심 소송 계속 중에 K의 공동상속인 乙 이 소송수계신청을 하였다.

1) K이 사망으로 소송절차가 중단되나?

2) 1심 판결의 효력은 수계하지 아니한 乙에게도 미치나?

3) K의 소송대리인의 항소는 乙에게도 효력이 미치나?

4) 소송을 수계한 甲과 상의한 끝에 K의 소송대리인이 항소를 포기하거나 항소를 하지 않고 항소기간이 도과한 경우에, 공동상속인인 乙이 독자적으로 항소를 할 수 있는가?

[수계적격자인 망인의 공동상속인들 전원이 아니라 제1심에서 실제로 수계절차를 밟은 甲만을 원고로 표시한 제1심판결의 효력은 그 당사자 표시의 잘못에도 불구하고 당연승계에 따른 수계적격자인 망인의 상속인들 모두에게 미치는 것인데, 위와 같은 제1심판결의 잘못된 당사자 표시를 신뢰한 망인의 소송대리인이 판결에 표시된 소송수계인을 그대로 항소인으로 표시하여 그 판결에 전부 불복하는 위 항소를 제기한 이상, 그 항소 역시 소송수계인으로 표시되지 아니한 나머지 상속인들 모두에게 효력이 미치는 위 제1심판결 전부에 대하여 제기된 것으로 보아야 할 것이므로, 위 항소로 인하여 제1심판결 전부에 대하여 확정이 차단되고 항소심절차가 개시되었으며, 다만 제1심에서 이미 수계한 甲 외에 망인의 나머지 상속인들 모두의 청구 부분과 관련하여서는 항소제기 이후로 소송대리인의 소송대리권이 소멸함에 따라 민사소송법 제233조에

234) 1995. 9.26. 94다54160.
235) 이시윤, p.834.

의하여 그 소송절차는 중단된 상태에 있었다고 보아야 할 것이고, 따라서 항소심으로서는 망인의 정당한 상속인인 乙 등의 위 소송수계신청을 받아들여 그 부분 청구에 대하여도 심리 판단하여야 하고, 乙 등이 망인의 당사자 지위를 당연승계한 부분의 제1심판결이 이미 확정된 것으로 보아 소송수계신청을 기각해서는 안 된다(2010.12.23. 2007다22859 참조).
* 2016. 4.29. 2014다210449. [38] 참조

3. 특정승계

(문) 甲이 자신의 토지상에 무단히 건물을 소유한 乙을 상대로 철거소송을 제기하였다.

1) 현행법상 乙이 소송 중에 건물의 소유권을 丙에게 넘기는 것이 허용되는가? 이를 금지하기 위해 甲은 어떤 조치를 취할 수 있는가?

[우리법은 소송승계주의를 취하고 있으므로, 허용된다. 집행보전을 위하여 乙을 상대로 건물에 대한 처분금지가처분(민집법 300조 참조)을 할 수 있다]

2) 乙이 사실심 변론 종결 후에 丙에게 소유권을 넘긴 경우, 甲이 乙을 피고로 하는 소에서 승소판결 받으면 그 판결에 기해서 丙에 대하여 철거집행이 가능한가? (⇒ 8-58)

3) 乙이 사실심 변론 종결 전에 丙에게 소유권을 넘기는 경우 소송상 어떠한 문제가 발생하는가? 이러한 문제를 막기 위하여 어떠한 소송행위를 하여야 하는가?
[乙을 피고로 한 소송은 의미가 없게 된다. 甲 또는 乙의 신청에 따라 법원이 丙을 기존의 소송에 끌어 들여 인수하게 하거나(82조 1항), 丙이 자발적으로 승계를 주장하며 기존의 소송에 참가해야 한다(81조).]

10-147 (1) 의 의

1) 소송의 대상이 되는 권리 또는 의무가 타인에게 양도되는 경우는 소제기 이전, 소제기 이후 변론종결 전, 변론종결 이후 등 세 가지로 나누어 볼 수 있다. 소제기 이전에 양도한 경우는 소송에 아무런 영향이 없다. 다만, 원고가 양도사실을 모르고 양도인을 피고로 표시하여 소를 제기한 경우에는 피고를 누구로 확정할 것인가가 문제될 뿐이다. 변론종결 이후 양도된 경우에는 종전당사자에 대한 판결의 효력이 승계인에게 미치므로(218조 1항) 소송에 영향을 주지 않는다. 문제는 소제기 이후 변론종결 전, 즉 기존 당사자 사이의 소송이 계속 중에 양도되는 경우이다.

2) 소송계속 중에 소송의 대상이 되는 권리 또는 의무를 양도하는 것에 대하여는, 소송관계가 복잡해지는 것을 방지하기 위하여 이를 금지하거나(양도금지주의), 양도는 허

용하면서 소송에서 당사자의 변경은 허용하지 않음으로써 양도인을 양수인의 소송담당자로 남아있도록 하거나(당사자항정주의),[236] 실체법상의 양도를 허용하면서 아울러 양수인을 기존의 소송에 당사자로서 참가하도록 하는 방법(소송승계주의)이 있을 수 있다. 우리 민사소송법은 위의 세번째 방식인 소송승계주의를 채택하고 있다.

3) 기존 당사자 사이의 소송이 계속 중에 소송의 대상이 되는 권리 또는 의무가 타인에게 양도되는 경우, 이를 양도한 당사자는 소송의 당사자로서 소송을 진행할 실익이 없게 되고, 양수한 제3자가 양도한 당사자의 소송상 지위를 이어받아 소송을 진행할 필요가 있게 된다. 이러한 경우에 당사자를 양도한 당사자(피승계인)에서 양수한 제3자(승계인)로 변경할 수 있도록 허용하는 것이 특정승계제도이다.

4) 소송승계주의에 의하는 경우 소송계속 중 그 소송의 사실심 변론종결 전에 소송의 대상이 되는 권리나 의무에 대한 양도가 있음에도 이를 반영하여 당사자를 변경하지 않으면 양수인에게는 판결의 효력이 미치지 않게 된다. 따라서, 기존 소송의 사실심 변론종결 전에 이를 양도 하였음에도 승계의 절차를 취하지 아니하여 기존의 당사자에 대하여 판결이 나는 경우 그 판결은 양수인에게 효력이 없으므로 무익한 소송을 진행한 결과가 된다.

5) 소송승계주의의 이러한 취약점을 보완하기 위하여 우리 법은 변론종결시까지 승계의 사실을 진술하지 않으면 변론종결 후에 승계한 것으로 추정하는 규정(218조 2항)을 두었다. 그 밖에 다툼의 대상에 대한 가처분(민사집행법 300조 1항)제도를 두어 그러한 가처분의 효력(예컨대, 건물인도청구의 경우에 점유이전금지가처분, 소유권이전등기청구나 소유권이전등기말소청구의 경우에 처분금지가처분)에 의하여 소송진행 중에 다툼의 대상(계쟁물)에 대한 양도가 있는 경우에 양도인에 대한 판결로 양수인에게 대항할 수 있도록 하였다.

(2) 특정승계의 원인 10-148

1) 특정승계의 원인이 되는 실체법상 특정승계의 방식으로는 매매와 같은 임의처분, 매각허가결정과 같은 집행처분, 변제자대위와 같은 법률상의 당연이전을 모두 포함한다. 당연승계의 원인인 실체법상의 포괄승계는 여기에 해당하지 않는다.

2) 민사소송법 제81조와 제82조는 특정승계로서 참가승계와 인수승계를 규정하면서,

---

236) 독일 민사소송법 265조.

그 원인이 되는 실체법상의 승계의 범위를 "소송목적인 권리 또는 의무"의 승계라고 규정한다. 소송법상 특정승계가 허용되는 실체법상 승계인의 범위에 대한 위 규정의 해석은, 확정판결의 효력이 미치는 변론종결 뒤의 승계인(218조 1항)의 범위에 대한 해석과 관련되어 어려운 문제를 야기하며 여러 학설이 대립하고 있다.

3) 소송물인 권리 또는 의무의 승계인이 여기에 해당한다는 점에 대해서는 이론이 없다. 따라서 손해배상청구의 소송에서 손해배상청구권을 양수한 사람은 승계인이 될 수 있으며,[237] 소유권에 기한 이전등기말소등기청구의 소송 계속 중에 당해 부동산을 매수하여 이전등기를 마친 자는 물권적청구권에 기한 소송 중 계쟁물을 양수한 자로서 승계인이 된다.[238] 판례나 다수의 학설은 더 나아가 소송물에 대한 당사자적격의 승계인도 여기에 해당한다고 보아 승계인의 범위를 소송물의 승계인보다는 넓게 해석한다. 예컨대, 판례는 "소송의 목적물인 권리관계의 승계라 함은 소송물인 권리관계의 양도뿐만 아니라 당사자적격 이전의 원인이 되는 실체법상의 권리 이전을 널리 포함하는 것이므로, 신주발행무효의 소 계속 중 그 원고적격의 근거가 되는 주식이 양도된 경우에 그 양수인은 제소기간 등의 요건이 충족된다면 새로운 주주의 지위에서 신소를 제기할 수 있을 뿐만 아니라, 양도인이 이미 제기한 기존의 위 소송을 적법하게 승계할 수도 있다."고 한다.[239]

4) 그러나, 당해 소송의 소송상청구와 관계없는 권리나 의무를 승계한 사람은 특정승계인이 될 수 없으므로, 매수인이 매도인을 상대로 제기한 부동산소유권이전등기청구의 소송계속 중 그 소송목적이 된 부동산에 대한 이전등기이행채무 자체를 승계함이 없이 단순히 같은 부동산에 대한 소유권이전등기(또는 근저당설정등기)를 받은 제3자에 대하여 등기말소를 구하기 위한 소송의 인수는 허용되지 않는다.[240] (*2013. 법원직)

(3) 특정승계의 방식

10-149 **1) 참가승계(81조)**

(가) 의 의

소송이 법원에 계속되어 있는 동안에 제3자가 소송목적인 권리나 의무의 전부나 일부를 승계하였다고 주장하며 피승계인이 당사자가 된 기존 소송에 참가하여 당사자의

237) 1990.11.13. 90다카2304.
238) 1972. 7.25. 72다935.
239) 2003. 2.26. 2000다42786.
240) 1983. 3.22. 80마283.

승계가 이루어지는 것을 참가승계라고 한다(81조). 실체법상 권리승계인이 주로 참가승계인이 될 것이나, 의무승계인도 종전 소송수행과정에서의 유리한 소송상태를 이용하기 위하여 참가승계신청을 할 수 있다.[241)]

(나) 요건 및 절차

제3자가 소송 계속 중에 소송목적인 권리를 승계하였다고 주장하며 소송에 참가한 경우, 참가신청의 이유로 주장하는 사실관계 자체에서 승계적격의 흠이 명백하지 않는 한 승계인에 해당하는지 여부는 승계참가인의 청구의 당부와 관련하여 판단할 사항이므로, 심리 결과 승계사실이 인정되지 않으면 승계참가인의 청구를 기각하는 판결을 하여야지 승계참가신청을 각하하는 판결을 할 것은 아니다.[242)] 그리고 승계참가인의 참가신청이 적법한 이상 피승계참가인과 상대방의 소송관계는 피승계참가인이 상대방의 승낙을 얻어 소송에서 탈퇴함으로써 종료된다고 보아야 하므로, 법원은 탈퇴한 피승계참가인의 청구에 관하여 심리·판단할 수 없다.[243)] 참가승계는 독립당사자참가의 방식(79조)에 의하여 기존소송에 참가하여야 한다(81조). 승계인과 피승계인 사이에 승계사실에 대해서 다툼이 없으면 피승계인에 대해서는 아무런 청구를 하지 않아도 되며(편면적 참가), 피승계인이 다투는 경우 피승계인에 대해서도 확인을 구할 필요가 있다(쌍면적 참가). 상고심에서도 참가승계가 가능한지에 대해서는 학설의 다툼이 있다.[244)] 법률심인 상고심에서는 참가승계를 할 수 없다는 것이 다수설과 판례의 입장이다.[245)] 참가요건은 소송요건이기 때문에 그 요건을 갖추었는지 여부는 직권으로 조사하여야 하며 부적법하면 판결로 참가신청을 각하하여야 한다.[246)]

법원이 승계참가인의 참가신청과 피참가인의 소송 탈퇴가 적법함을 전제로 승계참가인과 상대방 사이의 소송에 대해서만 판결을 하였는데 상소심에서 승계참가인의 참가신청이 부적법하다고 밝혀진 경우, 상소심법원이 탈퇴한 피참가인의 청구에 관하여 심리·판단할 수 없다.[247)]

---

241) 1983. 3.29. 83다카1027.
242) 2003. 3.14. 2002다70211·70228.
243) 2014.10.27. 2013다67105,67112. [315]
244) 강구욱, "소송승계 재론", 민사소송(제22권 1호), 한국민사소송법학회, p.237.
245) 1995.12.12. 94후487.
246) 2007. 8.23. 2006마1171.
247) 2012. 4.26. 2011다85789. [316] (갑이 을을 상대로 제기한 부당이득금반환청구소송 계속 중 병이 갑으로부터 소송목적인 부당이득금반환채권을 양도받았다고 주장하며 승계참가신청을 하였고 갑은 을의 승낙을 받아 소송에서 탈퇴하였는데, 제1심법원이 병의 승계참가가 적법함을 전제로 병의 을에 대한 청구를 기각하는 판결을 선고하자 병이 항소를 제기한 사안에서, 병이 제1심소송 계속 중 소송수행을 위하여 갑의 을에 대한 부당이득금반환채권을 양수한 것은 무효이므로 참가요건을 갖추지 못하였다고 판단하

㈐ 효 과

참가승계를 하면 시효중단, 기간준수의 효과는 처음 소가 제기된 때로 소급하여 참가인에게 미친다(81조). 참가승계 한 승계인은 피승계인의 소송상 지위를 유리한 것이나 불리한 것이나 모두 이어받는다. 양도인이 승계사실을 다투지 않는 경우에는 편면적 참가가 가능하고, 양도인인 종전당사자의 소송대리인이 승계참가인의 소송대리를 하였다고 해도 쌍방대리가 아니다.[248] 그러나 피승계인이 승계인의 승계사실을 다투어 3면소송이 성립할 때에는 승계인에게 참가할 때까지의 소송상태를 승인할 의무가 없다. 소송이 법원에 계속되어 있는 동안에 제3자가 소송목적인 권리의 전부나 일부를 승계하였다고 주장하며 민사소송법 제81조에 따라 소송에 참가한 경우, 원고가 승계참가인의 승계 여부에 대해 다투지 않으면서도 소송탈퇴, 소 취하 등을 하지 않거나 이에 대하여 피고가 부동의하여 원고가 소송에 남아 있다면 승계로 인해 중첩된 원고와 승계참가인의 청구 사이에는 필수적 공동소송에 관한 규정이 적용된다(원고와 승계참가인의 청구는 통상공동소송 관계에 있다'고 판단한 기존 대법원 판례를 변경).[249]

대법원 2019. 10. 23. 선고 2012다46170 전원합의체 판결

……………………………………

나. 통상공동소송으로 본 대법원 판례의 변경 필요성

(1) 2002년 민사소송법 개정 전(2002. 1. 26. 법률 제6626호로 개정되기 전의 것)에는 독립당사자참가소송은 양면참가만 가능하고 편면참가는 허용되지 않았으며, 독립당사자참가소송 외에는 달리 필수적 공동소송에 관한 특별규정을 적용할 만한 소송형태나 근거가 없었다. 따라서 권리승계형 승계참가의 경우에도 원고가 승계 여부를 다투지 않는 경우에는 승계참가인이 원고에게 소송상 청구를 할 수 없어 독립당사자참가소송과 같은 삼면소송 관계가 성립할 여지가 없었으므로 필수적 공동소송에 관한 규정이 적용될 수 없었다.

2002년 개정된 민사소송법은 당사자 한쪽을 상대로 하는 편면적 독립당사자참가소송을 허용하고 예비적·선택적 공동소송을 신설하였으며, 두 소송절차에서 모두 필수적 공동소송에 관한 민사소송법 제67조를 준용하고 있다(제79조 제2항, 제70조 제1항). 이로써 법률상 양립할 수 없는 청구를 하는 공동소송인들 사이에 필수적 공동소송에 관한 특별규정을 적용할 수 있는 법규적 근거가 마련되었다.

여, 제1심판결을 취소하고 병의 승계참가신청을 각하하고, 갑의 청구의 당부에 관하여는 판단하지 아니한 원심법원의 조치가 정당하다고 한 사례)

248) 1991. 1.29. 90다9520,9537.

249) 2019.10.23. 2012다46170(전원합의). [317]

(2) 민사소송법 제70조 제1항에 정하는 '법률상 양립할 수 없다'는 것은, 동일한 사실관계에 대한 법률적인 평가를 달리하여 두 청구 중 어느 한쪽에 대한 법률효과가 인정되면 다른 쪽에 대한 법률효과가 부정됨으로써 두 청구가 모두 인용될 수는 없는 관계에 있는 경우나, 당사자들 사이의 사실관계 여하에 의하여 또는 청구원인을 구성하는 택일적 사실인정에 의하여 어느 일방의 법률효과를 긍정하거나 부정하고 이로써 다른 일방의 법률효과를 부정하거나 긍정하는 반대의 결과가 되는 경우로서, 두 청구들 사이에서 한쪽 청구에 대한 판단 이유가 다른 쪽 청구에 대한 판단 이유에 영향을 주어 각 청구에 대한 판단과정이 필연적으로 상호 결합되어 있는 관계를 의미한다(대법원 2007. 6. 26.자 2007마515 결정 참조). 민사소송법 제79조 제1항에 규정된 독립당사자참가 중 권리주장참가는 다른 사람 사이에 소송이 계속 중일 때 소송대상의 전부나 일부가 자기의 권리라고 주장하는 제3자가 당사자로서 소송에 참가하여 세 당사자 사이에 서로 대립하는 권리 또는 법률관계를 하나의 판결로써 서로 모순 없이 일시에 해결하려는 것으로서, 원고의 본소청구와 독립당사자참가인의 청구가 주장 자체에서 양립할 수 없는 관계에 있는 경우에 허용되고, 편면적 독립당사자참가의 경우에도 이러한 요건을 갖추어야 한다(대법원 2018. 5. 15. 선고 2018다350, 367 판결 참조).

(3) 권리승계형 승계참가에서 피참가인인 원고가 소송탈퇴, 소 취하(일부 취하의 의미를 갖는 청구감축 포함) 등을 하지 않아 승계된 부분에 관한 원고의 청구가 그대로 유지되는 경우 원고의 피고에 대한 청구와 승계참가인의 피고에 대한 청구는 그 주장 자체로 법률상 양립할 수 없는 관계에 있다. 원고의 피고에 대한 채권이 존재하는 경우 승계참가인이 승계 원인으로 주장하는 채권양도나 전부명령에 의하여 채권이 법률상 유효하게 승계되었는지 여부에 따라 원고 또는 승계참가인 중 어느 쪽의 청구는 인용되고 다른 쪽의 청구는 기각되어 두 청구가 모두 인용될 수는 없기 때문이다.

따라서 권리승계형 승계참가의 경우에도 원고의 청구가 그대로 유지되고 있는 한 독립당사자참가소송이나 예비적·선택적 공동소송과 마찬가지로 필수적 공동소송에 관한 규정을 적용하여 같은 소송 절차에서 두 청구에 대한 판단의 모순, 저촉을 방지하고 이를 합일적으로 확정할 필요성이 있다. 민사소송법 제81조는 승계인이 독립당사자참가에 관한 제79조에 따라 소송에 참가할 것을 정하는데, 제79조는 제2항에서 필수적 공동소송에 관한 특칙인 제67조를 준용하고 있으므로 제81조는 승계참가에 관하여도 필수적 공동소송에 관한 특별규정을 준용할 근거가 된다고 할 수 있다.

(4) 이와 같은 승계참가에 관한 민사소송법 규정과 2002년 민사소송법 개정에 따른 다른 다수당사자 소송제도와의 정합성, 앞서 본 승계참가인과 피참가인인 원고의 중첩된 청구를 모순 없이 합일적으로 확정할 필요성 등을 종합적으로 고려하면, 소송이 법원에 계속되어 있는 동안에 제3자가 소송목적인 권리의 전부나 일부를 승계하였다고 주장하며 민사소송법 제81조에 따라 소송에 참가한 경우, 원고가 승계참가인의 승계 여부에 대해 다투지 않으면서도 소송탈퇴, 소 취하 등을 하지 않거나 이에 대하여 피고가 부동의하여

> 원고가 소송에 남아 있다면 승계로 인해 중첩된 원고와 승계참가인의 청구 사이에는 필수적 공동소송에 관한 민사소송법 제67조가 적용된다고 할 것이다.
>
> 그러므로 2002년 민사소송법 개정 후 피참가인인 원고가 승계참가인의 승계 여부에 대하여 다투지 않고 그 소송절차에서 탈퇴하지도 않은 채 남아 있는 경우 원고의 청구와 승계참가인의 청구가 통상공동소송 관계에 있다는 취지로 판단한 대법원 2004. 7. 9. 선고 2002다16729 판결, 대법원 2009. 12. 24. 선고 2009다65850 판결, 대법원 2014. 10. 30. 선고 2011다113455, 113462 판결을 비롯하여 그와 같은 취지의 판결들은 이 판결의 견해에 배치되는 범위 내에서 이를 모두 변경하기로 한다.

10-150 **2) 인수승계**(82조)

(가) 의 의

소송계속 중 소송의 목적인 권리 또는 의무의 일부나 전부에 대하여 실체법적인 승계가 있는 때에 법원이 기존 당사자의 인수신청에 의하여 승계인인 제3자로 하여금 피승계인의 소송상 지위를 인수하여 승계하게 하는 것을 인수승계라고 한다(82조). 채무승계가 있는 경우에 주로 인수승계가 이루어지나, 권리승계가 있는 경우에도 인수승계가 가능하다.

(나) 요 건

소송인수신청이 있는 경우 신청의 이유로서 주장하는 사실관계 자체에서 그 승계적격의 흠결이 명백하지 않는 한 결정으로 그 신청을 인용하여야 하는 것이고, 그 승계인에 해당하는가의 여부는 피인수신청인에 대한 청구의 당부와 관련하여 판단할 사항으로 심리한 결과 승계사실이 인정되지 않으면 청구기각의 본안판결을 하면 되는 것이지 인수참가신청 자체가 부적법하게 되는 것은 아니다.[250] 주택재건축사업 시행자가 조합설립에 동의하지 않은 토지 또는 건축물 소유자를 상대로 매도청구의 소를 제기하여 매도청구권을 행사한 이후 제3자가 매도청구 대상인 토지 또는 건축물을 특정승계한 경우, 토지 또는 건축물에 관한 특정승계를 한 것이 토지 또는 건축물에 관한 소유권이전등기의무를 승계하는 것은 아니므로 원칙적으로 사업시행자가 민사소송법 제82조 제1항에 따라 제3자로 하여금 매도청구소송을 인수하도록 신청할 수 없다.[251]

(다) 절 차

인수신청은 사실심의 변론종결 전에 한하며, 상고심에서는 허용되지 않는다. 사실심

250) 2005.10.27. 2003다66691. [318]
251) 2019. 2.28. 2016다255613.

변론종결 후의 승계인은 기존 당사자사이의 판결의 효력을 받으므로(218조 1항) 인수승계를 인정할 필요가 없다. 기존 당사자가 승계인을 소송으로 끌어들이는 제도이므로 당사자가 소송인수를 신청하여야 한다. 당사자의 인수신청이 있으면 법원은 결정으로 그 허가여부를 재판한다(82조 2항). 결정을 할 때에는 당사자와 제3자를 심문하여야 한다(82조 2항). 심문을 위해서는 별도의 기일을 지정할 수도 있고 변론기일에 그 제3자를 출석시켜 심문할 수도 있다.[252)]

인수를 허가하는 결정은 중간적 재판이므로 독립하여 불복신청을 할 수 없고,[253)] 종국판결에 대한 상소로 다툴 수 있을 뿐이다(392조). 인수를 명하는 결정이 있으면 "피인수신청인"은 호칭이 "인수참가인"이 되며, 기록표지에 "인수참가인"난을 만들어 그 성명과 대리인의 표시를 하여야 한다.[254)] 인수신청을 각하하는 결정에 대해서는 통상의 항고를 할 수 있으므로(439조), 종국판결에 대한 불복으로 상소심에서 그 취소를 구할 수는 없다(민소 392조 단서 참조).[255)] 항고가 있는 경우 기록 중 재판장이 지정하는 필요부분을 등본하여 송부한다.

㈑ 효 과

인수승계한 승계인은 피승계인의 소송상 지위를 유리한 것이나 불리한 것이나 모두 이어받는다. 소의 제기에 의한 시효중단 기간준수의 효과도 당초 당사자의 소 제기시를 기준으로 소급한다(82조 3항, 81조).

(4) 피승계인의 지위와 소송탈퇴

1) 피승계인은 소송에서 탈퇴할 수 있다. 소송에서 탈퇴하려면 상대방 당사자의 동의를 얻어야 한다(80조, 82조 3항). 판결의 효력은 탈퇴한 피승계인에게도 미친다(82조, 80조 단서). (*2014. 법원직) 피승계인이 탈퇴한 후 인수 참가인에 대한 청구기각 또는 소각하 판결이 확정되면, 그 날부터 6개월 내에 탈퇴한 원고가 다시 탈퇴 전과 같은 재판상의 청구 등을 한 때에는, 탈퇴 전에 원고가 제기한 재판상의 청구로 인하여 발생한 시효중단의 효력은 그대로 유지된다(민법 170조 참조).[256)]

2) 특정승계의 신청이 있더라도 기존의 당사자가 효력을 다투거나, 일부승계 또는 추가적 인수를 한 경우에는 피승계인은 소송의 당사자로 남는다. 이 때 기존의 당사자

---

252) 실무제요 I, p.321.
253) 1990. 9.26. 90그30.
254) 실무제요 I, p.324.
255) 1995. 6.30. 95다12927.
256) 2017. 7.18. 2016다35789.

가 승계의 효력을 다투는 경우에는 독립당사자참가와 같은 소송구조가 되고, 그 밖의 경우에는 승계인과 피승계인은 공동소송인이 된다.

(사례연습)

건설업체인 A는 B 등과 서울 강남구 일대에 다세대 주택 12세대를 재건축하는 공사도급계약을 체결했다. 하지만 공사계약에 따른 정산금을 제대로 지급받지 못했고, A는 B 등을 상대로 정산금 청구소송을 냈다. 이 과정에서 C는 A의 정산금 채권 중 일부에 관해 법원으로부터 채권압류 및 전부명령을 받았고, A가 제기한 소의 1심 소송에 승계참가를 했다. A는 채권 일부가 C에게 이전됐음을 인정하면서도 소송탈퇴 또는 소취하 등을 하지 않은 채 청구를 그대로 유지했다. 1심은 "정산금채권 전부가 승계참가인에게 이전됐다"며 원고의 청구를 기각하고, "B 등은 C에게 7억4000여만원을 지급하라"고 판결했다. 승계참가인인 C와 피고 B 등은 1심 판결에 반발해 항소했고, 원고인 A는 항소하지 않았다. 2심에서 B 등은 C가 법원으로부터 받은 전부명령은 무효라 주장(C가 채권압류 및 전부명령을 받기 전에 이미 A의 B 등에 대한 공사대금채권에 대하여 A의 하수급인이 가압류를 하였으므로 C의 압류는 압류의 경합 상태에 있고, 따라서 C가 받은 전부명령은 무효라고 주장)하면서 항소를 했고, 이 과정에서 A는 부대항소를 제기했다. 2심은 A의 부대항소를 받아들여 "C가 법원으로부터 받은 전부명령은 무효"라며 "B 등은 A에게 정산금 7억5700여만원을 지급하라"고 판결했다. 이에 B 등은 상고심에서 "원고 A의 청구와 승계참가인인 C의 청구는 통상 공동소송 관계에 있으므로 A가 1심에서 패소한 뒤 불복하지 않은 이상 1심 판결 중 A에 대한 부분은 분리 확정됐다"며 "A의 부대항소는 부적법하고, 2심이 이를 받아들인 것은 잘못"이라고 주장했다. B의 주장은 타당한가?

4절 다중소송

1관 총 설

10-151

현대사회에서는 다중이 관련된 법률관계를 맺게 되는 경우가 많다. 전통적인 공동소송의 법리만으로 규율하는데 한계가 있으며, 다중이 관련된 집단 분쟁을 해결하기 위한 새로운 법리들이 형성되고 있다. 민사소송법에는 이를 위한 제도로서 선정당사자 제도(53조)를 두고 있다(2관). 그러나 그것만으로는 복잡하고 다양한 형태의 현대형 집단분쟁을 모두 효율적으로 규율하기에 부족하며, 여러 가지의 다양한 대안적 방법들이 모색되고 있다. 현재 특별법으로 증권관련집단소송과 소비자단체소송 등을 규정하고 있다(3관).

2관 선정당사자 소송

(문) 장마로 인한 수재로 5개 마을의 주민 약 500여명이 피해를 입었다. 그 수재는 1년 전 보수공사를 마친 제방의 붕괴로 인한 것으로 제방보수공사를 한 건설회사의 과실로 인한 것일 가능성이 매우 큰 것이다. 이러한 경우 마을 주민들은 법적으로 어떻게 권리를 주장하여 실현할 수 있을까?

1) 주민 각자가 원고가 되어 500개의 소를 제기할 수 있나? 일부 주민들은 피해가 크지 않아 소를 포기 하였다. 일부 주민만이 각자 소를 제기하는 것이 가능한가?

2) 제소를 원하는 100명이 공동원고가 되어 소를 제기할 수 있는가? 권리의무 공통되는가? 사실상, 법률상 동일원인에 의한 권리인가? 합일확정의 필요가 있는가?

3) 100명의 공동소송인이 한 변호사를 공동대리인으로 선임하여 소를 제기하였다. 당사자는 누구인가? 피고는 답변서 부본을 몇 부 만들어야 하는가? 소송 중에 당사자 중의 1명이 사망하였다. 소송상 어떤 문제가 생기는가?
[당사자는 100명, 소송대리인은 1명]

4) 제소를 원하는 100명이 주민들이 모여 그들 중에서 모두를 위해 소송을 수행할 당사자를 선출하여 소송을 수행할 수 있는가? 주민 중에 변호사가 있어 100명이 만장일치로 변호사인 甲을 당사자로 선정하여 소를 제기하였다. 당사자는 누구인가? 이 경우 실체법상의 권리자는 누구인가?
[당사자는 1명(선정당사자). 선정당사자와 선정자들이 관계는 임의적 소송담당이다.]

5) 100명이 의견일치가 되지 않아 1그룹, 2그룹, 3그룹이 따로 소를 제기하였다. 적법한가?

6) 1그룹 70명 중 50명은 주민이자 변호사인 甲을 선정당사자로 선정하자고 하고 20명은 이에 반대하면서 변호사가 아닌 乙을 선정당사자로 선정하자고 주장한다. 다수결로 선정당사자를 선정하여야 하는가? 50명은 甲을, 20명은 을을 각 선정당사자로 선정하여 甲과 乙이 공동으로 당사자가 되어 소를 제기할 수 있는가? 이러한 경우 甲과 乙이 공동으로 제기한 소송은 통상공동소송인가 필수적 공동소송인가?
[구체적인 소송관계에 따라 다르다. 본 사안과 같은 경우는 통상의 공동소송이 될 것이나, 당선무효의 소인 경우에는 유사필수적 공동소송이 될 것이며, 총유관계소송인 경우에는 고유필수적 공동소송이 될 것이다.]

7) 100명이 甲과 乙을 공동 선정당사자로 선정하여 소를 제기할 수 있는가? 이러한 경우 甲과 乙이 공동으로 제기한 소송은 통상공동소송인가 필수적공동소송인가?

[실체법상 합일 확정되어야 하므로 고유필수적 공동소송이 된다.]

8) 다른 주민들이 위 소송에 참가할 수 있는가? 위 판결의 기판력이 소를 제기하지 아니한 다른 주민에게도 미치는가?

10-152 1. 의 의

제53조 (선정당사자) ① 공동의 이해관계를 가진 여러 사람이 제52조의 규정(*법인이 아닌 사단이나 재단은 대표자 또는 관리인이 있는 경우에는 그 사단이나 재단의 이름으로 당사자가 될 수 있다)에 해당되지 아니하는 경우에는, 이들은 그 가운데에서 모두를 위하여 당사자가 될 한 사람 또는 여러 사람을 선정하거나 이를 바꿀 수 있다.

1) 공동의 이해관계를 가진 여러 사람이 공동으로 소송을 하여야 할 경우에 그 가운데서 모두를 위하여 소송을 할 대표를 선정하여 그 대표가 당사자로 나서서 소송을 수행하도록 하고 그 소송결과를 모두에게 귀속시킴으로서 다중이 관련된 소송절차를 간소화하여 효율적으로 규율하기 위한 것이 선정당사자 소송이다. 이 때 대표로서 당사자가 되는 사람을 선정당사자라고 하고, 선정당사자를 선출한 공동의 이해관계를 가진 사람들을 선정자라고 한다.

2) 선정당사자는 선정자들의 소송담당으로서 소송에서 직접 당사자가 되는 것이므로, 당사자의 지위에는 변동이 없이 소송수행의 권한만을 위임 받는 소송대리인과 다르다. 선정당사자는 선정자의 임의적 소송담당으로서, 선정자는 소송의 당사자가 아니며 선정당사자가 수행한 소송의 결과는 선정자에게 귀속된다. 선정당사자는 선정자의 실체법상의 권리를 양수한 것이 아니므로, 선정자들을 대표하여 소송을 수행함에 있어 선정자들과의 관계에 있어 실체법상의 권리자로서 당사자적격을 갖는 것이 아니다.

10-153 2. 선정의 요건

(1) 공동소송을 할 여러 사람이 있을 것

여러 사람의 범위에는 제한이 없다. 이론상 2인 이상이면 여기에 해당하나 그 수가 많을수록 선정당사자 제도의 활용가치가 클 것이다. 여러 사람이 일정한 조직을 갖추고 있어 비법인 사단이 되는 경우에는 그 사단 자체의 이름으로 당사자가 될 수 있으므로(52조) 선정당사자 소송의 필요가 없다. 민법상 조합의 경우 조합에는 당사자능력이 인정되지 않으므로 선정당사자제도를 활용하는 것이 가능하다.

(2) 공동의 이해관계가 있을 것

1) 권리의무가 여러 사람에게 공통되거나, 사실상 또는 법률상 같은 원인으로 말미암아 생긴 경우(65조 전문)에는 공동의 이해관계가 있다고 보는데 무리가 없다(⇒ 10-59).

2) 문제는 소송의 목적이 되는 권리나 의무가 사실상 또는 법률상 동종의 것이고 사실상 법률상 동종의 원인으로 말미암은 것인 경우(65조 후문)이다. 다수자의 권리·의무가 동종이며 그 발생원인이 동종인 관계에 있는 것만으로는 공동의 이해관계가 있다고 할 수 없어 선정당사자가 허용되지 않는다.[257] 그러나, 권리·의무가 동종이며 그 발생원인이 동종인 관계에 있으며 또한 주요한 공격방어방법을 공통으로 행사하는 경우, 예컨대, 여러 사람의 임차인들이 乙을 상대로 각기 보증금의 반환을 구하는 사안에서 사건의 쟁점이 乙이 임대인으로서 계약당사자인지 여부에 있는 경우에는 공동의 이해관계가 있는 것으로 본다.[258]

(3) 공동의 이해관계를 가진 사람 중에서 선정할 것

공동의 이해관계를 가진 여러 사람은 그 가운데에서 선정당사자를 선정하여야 한다(53조 1항). 그렇지 않으면 집단 밖에서 변호사가 아닌 사람을 선정당사자로 선정함으로써 변호사 대리원칙(87조)을 침탈할 우려가 있기 때문이다.

(4) 특정소송에 한정하여 선정할 것

선정당사자의 선정은 구체적으로 특정된 사안에 대한 소송에 관하여 이루어져야 한다. 공동의 이해관계를 가진 여러 사람이 비법인 사단에 해당하는 경우에는 그 사단이 당사자가 될 수 있는바(53조 1항, 52조), 어느 집단에 관한 모든 소송에 있어서 구성원을 대표할 대표자가 정해져 있다면 그 경우 그 단체는 비법인 사단으로서 단체자체가 당사자능력(52조)을 갖게 될 소지가 클 것이다.[259]

3. 선정의 시기와 방법 10-154

(1) 소송계속 전후불문

선정의 시기는 소송계속 전후를 불문한다. 소송계속 후에 선정하면 선정자는 당연히 소송에서 탈퇴한 것으로 본다(53조 2항).

---

257) 2007. 7.12. 2005다10470; 1997. 7.25. 97다362. [296]
258) 1999. 8.24. 99다15474.
259) 호문혁, p.897.

(2) 서면으로 증명

선정은 서면으로 증명하여야 한다(58조 1항 후단). 서면으로 증명할 필요가 있기 때문에 선정은 통상 서면으로 한다. 그 서면은 소송기록에 붙여야 한다(58조 2항).

(3) 개별적 선정

선정행위는 단독소송행위이므로(통설), 다수결로 선정당사자를 정하는 것이 아니며, 개별적으로 선정당사자를 선정할 수 있다. 예컨대, 공동의 이해관계 있는 사람들 중 일부는 A를 선정당사자로 선정하고, 다른 일부는 B를 선정당사자로 선정하고, 다른 일부는 C와 D를 공동선정당사자로 선정하고, 다른 일부 인 E, F는 직접 소송의 당사자가 되는 것도 가능하다.

(4) 심급제한약정 가능

선정은 심급을 한정하여 할 수도 있다. 선정행위시 심급의 제한에 관한 약정 등이 없는 한 선정의 효력은 소송이 종료에 이르기까지 계속된다.[260] 항소심에서 선정당사자를 선정하는 것도 가능하다.

4. 선정자 및 선정당사자의 지위

10-155 #### (1) 선 정 자

1) 소송이 계속된 후에 소송의 당사자가 선정당사자를 선정한 경우 선정자는 당연히 소송에서 탈퇴한 것으로 본다(53조 2항). 이 경우 선정자가 그 소송에 관한 소송수행권을 계속 유지하는가에 대해서는 적격유지설[261]과, 적격상실설[262]로 견해가 갈린다. 선정당사자제도가 소송의 간소화를 위한 것으로 선정당사자의 독주는 선정취소를 통해서 막을 수 있다는 점에서 적격상실설에 동조한다.

2) 선정당사자가 소송을 진행 중에 선정자가 동일한 후소를 제기하는 경우, 선정자는 계속 중인 소의 당사자는 아니라도 그 판결의 효력을 받게 되는 자이므로 선정자가 제기하는 후소는 중복제소가 된다.[263] 선정자는 선정당사자가 수행하는 기존의 소송에 공동소송적 보조참가를 할 수 있다. 선정자는 판결의 당사자가 되지 않는다.

---

260) 2003.11.14. 2003다34038.
261) 이시윤, p.768.
262) 호문혁, p.896; 김홍엽, p.1040.
263) 호문혁, p.896; 김홍엽, p.1040.

3) 선정당사자를 당사자로 하는 판결에 선정자 목록을 첨부한다. 선정당사자가 받은 판결의 기판력은 당연히 선정자에 대하여도 미친다(218조 3항). 선정당사자가 수행한 소송의 이행판결의 집행력도 선정자에게 미친다. 선정자는 집행권원인 판결문상의 당사자가 아니므로 선정자에 대하여 또는 선정자를 위하여 강제집행을 하기 위해서는 승계집행문을 받아 집행한다(218조 3항, 민집 25조, 31조).

(2) 선정당사자 10-156

1) 선정당사자는 선정자의 대리인이 아니라 당사자 본인이므로 소송수행에 있어서 당사자로서의 소송행위를 모두 할 수 있다. 소송대리권의 범위에 관한 90조 2항(특별수권)의 제한을 받지 않는다.

2) 공동의 이해관계 있는 사람들 중 일부는 A를 선정당사자로 선정하고, 다른 일부는 B를 선정당사자로 선정하고, 다른 일부는 C와 D를 공동선정당사자로 선정하고, 다른 일부 인 E, F는 직접 소송의 당사자가 되는 경우, C와 D는 동일한 선정자로부터 공동으로 선정되었으므로 필수적공동소송(소송수행권의 준합유)관계에 있고, A, B, C와 D, E, F 상호 간에는 구체적 소송관계에 따라 통상공동소송 또는 필수적 공동소송관계가 된다(예컨대, 하나의 교통사고로 인하여 손해를 입은 피해자로서 공동의 이해관계가 있는 경우에는 통상공동소송이 되고, 위법한 주주총회결의에 의하여 손해를 입은 회사의 주주들로서 공동의 이해관계가 있는 경우에는 유사필수적 공동소송이 된다).

3) 선정당사자는 사망과 선정의 취소에 의하여 그 자격을 상실한다. 선정당사자는 자신을 상대로 한 소가 취하되거나(*2010. 법원직) 그에 대한 판결이 확정되면 선정당사자는 더 이상 공동의 이해관계를 갖지 않으므로 당사자로서의 자격을 상실한다.[264]

4) 선정당사자는 선정자들로부터 소송수행을 위한 포괄적인 수권을 받은 것이므로 특별수권없이 청구의 포기·인낙, 화해 등을 포함한 모든 소송행위를 할 수 있으며(*2007-1. 법원직), 소송수행에 필요한 사법상의 행위를 할 수 있다. 등기말소소송의 원고 선정당사자가 피고 측으로부터 돈을 받는 것으로 합의하고 당해 소송의 소취하 및 부제소합의까지 한 경우, 이는 선정당사자가 할 수 있는 소송수행에 필요한 사법상의 행위에 해당한다.[265] (*2019. 법원직) 그러나 선정당사자가 선정자들의 개별적인 동의 없이 체결한 변호사인 소송대리인과의 보수에 관한 약정은 소송위임에 필수적으로 수반되

264) 2006. 9.28. 2006다28775.
265) 2003. 5.30. 2001다10748; 2012. 3.15. 2011다105966.

는 것이 아니므로 선정자들에게 그 효력이 미치지 않는다.[266] (*2017. 법원직)

10-157 5. 선정당사자 소송의 한계

선정당사자 소송제도는 공동의 이해관계를 가진 여러 사람들의 집단이 대규모인 경우 선정당사자를 선정하는 선정행위의 현실적 어려움(회의비용, 의사결정 등)으로 인하여 활용도가 떨어진다. 다중소송에 있어서 대안적 소송절차의 설계 및 입법이 요망된다. 이에 대한 대안으로 등장하는 것이 특별법상의 집단소송과 단체소송제도이다.

3관 특별법상 집단소송·단체소송

10-158 1. 증권관련집단소송

(1) 의 의

증권관련집단소송이란 증권의 매매 또는 그 밖의 거래과정에서 다수인에게 피해가 발생한 경우 그 중의 1인 또는 수인이 대표당사자가 되어 수행하는 손해배상청구소송을 말한다(증권관련집단소송법 1조). 증권의 거래과정에서 발생한 집단적인 피해를 효율적으로 구제하고 이를 통하여 기업의 경영투명성을 높이기 위하여 민사소송에 관한 특례를 인정하는 증권관련집단소송법이 제정 시행되고 있다.

(2) 특 색

증권관련집단소송의 대표당사자로서 소를 제기하려면 법원의 허가를 얻어야 한다(7조 1항). 허가를 받기 위해서는 구성원 50인 이상, 구성원보유 증권의 발행증권 총액의 1/10,000일 것, 법률상 사실상 중요쟁점의 공통, 총원의 권리실현이나 이익보호에 적합하고 효율적인 수단일 것 등의 요건을 필요로 한다(12조 1항). 피해집단의 구성원은 제3자의 소송담당의 경우와 마찬가지로 당연히 귀속 주체가 되며, 제외신고 기간 내에 제외신고를 하거나 개별적인 소를 제기하지 않으면 승패 불문하고 기판력의 효력이 미친다(opt-out방식)(28조). 소송절차에 있어서 당사자 처분권의 제한, 변호사 강제주의, 직권증거조사 등의 특례가 적용된다. 일괄승소판결 받으면 대표당사자는 지체 없이 강제집행하여 권리 실현하며(40조), 민사집행법에 따르지 않고 1심 수소법원이 특례에 의하여 분배한다(39조).

---

266) 2010. 5.13. 2009다105246.

2. 소비자단체소송 10-159

(1) 의 의

사업자가 소비자의 권익관련의 지준규정을 위반하여 소비자의 생명 신체 또는 재산에 대한 권익을 직접적으로 침해하고 그 침해가 계속되는 경우 소비자단체가 나서서 그 권리침해행위의 금지·또는 중지를 구하는 소송이다(소비자기본법 70조). 미국법상의 Class action과 달리, 개별 피해자를 위한 손해배상청구의 소가 아니라는 점에서 소비자의 피해구제를 위한 소송으로서 한계를 갖는다.

(2) 특 색

원고적격이 일정한 요건을 갖춘 소비자단체에 한정된다(70조). 제소에 법원의 허가가 필요하다(73조, 74조). 원고는 변호사를 선임하여야 한다(72조) 청구기각판결이 확정되면 다른 단체는 동일한 사안에 관하여 원칙적으로 소송을 할 수 없는 대세효가 인정된다(75조). 피고의 주된 사무소 소재 지방법원 본원 합의부 전속관할이다(71조).

제 11 편 간이절차

제1장 소액사건심판절차

제2장 독촉절차

제3장 배상명령절차

민사소송절차는 엄격성을 특징으로 하며 그 결과 비용이 많이 들고 신속한 재판이 저해되는 문제가 있다. 그러한 문제를 해결하기 위해 일정한 경우 예외적 절차로서 소액사건심판절차(제1장), 독촉절차(제2장), 배상명령절차(제3장) 등 간이절차를 두고 있다.

제1장 소액사건심판절차

1. 의의 및 적용범위 11-1

(1) 의 의

민사소송법이 규정하는 소송절차는 엄격성을 특징으로 한다. 그 결과 소송비용이 많이 들고 신속한 재판이 저해되는 문제가 있다. 지방법원 및 지방법원지원에서 소액의 민사사건을 간이한 절차에 따라 신속히 처리하기 위하여 민사소송법에 대한 특례법으로서 소액사건심판법이 제정되었다. 소액심판법이 적용되는 사건에 대하여는 소액심판법에 특별한 규정이 있는 경우를 제외하고는 민사소송법의 규정을 적용한다(2조 2항).

(2) 적용범위

1) 소액심판법은 지방법원 및 지방법원지원의 관할사건중 대법원규칙으로 정하는 민사사건(이하 "소액사건"이라 한다)에 적용한다(2조 1항). 현행 대법원 규칙이 정하는 소액사건은 3,000만원 이하의 금전 기타 대체물이나 유가증권의 일정수량의 지급을 목적으로 한 제1심 민사사건을 말한다. 따라서 부동산 등 특정물에 관한 청구는 소송목적의 값이 3,000만원 이하이더라도 소액사건이 아니다.

2) 소액사건에 해당하는지 여부는 제소당시를 기준으로 정하여지는 것이므로, 법원의 병합심리로 그 소가의 합산액이 소액사건의 소가를 초과하였다고 하여도 소액사건임에는 변함이 없다.[1] 청구의 확장, 반소, 중간확인의 소 등에 의하여 소가가 3,000만원을 넘어서면 소액사건이 아니게 되며, 그러한 경우 시군법원은 사물관할권이 있는 지방법원으로 이송한다. 채권자는 소액사건심판법의 적용을 받을 목적으로 청구를 분할하여 그 일부만을 청구할 수 없으며, 그러한 경우 소는 판결로 이를 각하하여야 한다(5조의2).

---

1) 1992. 7.24. 91다43176.

2. 1심절차

11-2 ### (1) 소의 제기

1) 구술에 의한 소의 제기

소는 구술로써 제기할 수 있다(4조 1항). 구술로써 소를 제기하는 때에는 법원서기관·법원사무관·법원주사 또는 법원주사보(이하 "법원사무관등"이라 한다)의 면전에서 진술하여야 한다(2항).그러한 경우에 법원사무관등은 제소조서를 작성하고 이에 기명날인하여야 한다(3항).

2) 임의출석에 의한 소의 제기

당사자쌍방은 임의로 법원에 출석하여 소송에 관하여 변론할 수 있다(5조 1항). 그러한 경우에 소의 제기는 구술에 의한 진술로써 행한다(2항).

11-3 ### (2) 심 리

1) 소장의 송달

소장부본이나 제소조서등본은 지체없이 피고에게 송달하여야 한다. 다만, 피고에게 이행권고결정서의 등본이 송달된 때에는 소장부본이나 제소조서등본이 송달된 것으로 본다(6조).

2) 기일지정 등

소의 제기가 있는 경우에 판사는 답변서의 제출이나 준비절차 회부없이 바로 변론기일을 정할 수 있다(7조 1항). 그러한 경우에 판사는 되도록 1회의 변론기일로 심리를 마치도록 하여야 한다(2항). 그러한 목적을 달성하기 위하여 판사는 변론기일전이라도 당사자로 하여금 증거신청을 하게 하는 등 필요한 조치를 취할 수 있다(3항).

3) 공휴일, 야간의 개정

판사는 필요한 경우 근무시간외 또는 공휴일에도 개정할 수 있다(7조의 2).

4) 소송대리에 관한 특칙

당사자의 배우자·직계혈족 또는 형제자매는 법원의 허가없이 소송대리인이 될 수 있다(8조 1항). 그 경우의 소송대리인은 당사자와의 신분관계 및 수권관계를 서면으로 증명하여야 한다. 그러나 수권관계에 대하여는 당사자가 판사의 면전에서 구술로 제1항의 소송대리인을 선임하고 법원사무관등이 조서에 이를 기재한 때에는 그러하지 아니하다(2항).

5) 심리절차상의 특칙

법원은 소장·준비서면 기타 소송기록에 의하여 청구가 이유없음이 명백한 때에는 변론없이 청구를 기각할 수 있다(9조 1항). 판사의 경질이 있는 경우라도 변론의 갱신없이 판결할 수 있다(2항).

6) 증거조사에 관한 특칙

판사는 필요하다고 인정한 때에는 직권으로 증거조사를 할 수 있다. 그러나 그 증거조사의 결과에 관하여는 당사자의 의견을 들어야 한다(10조 1항). 증인은 판사가 신문한다. 그러나 당사자는 판사에게 고하고 신문할 수 있다(2항). 판사는 상당하다고 인정한 때에는 증인 또는 감정인의 신문에 갈음하여 서면을 제출하게 할 수 있다(3항).

7) 조서의 기재생략

조서는 당사자의 이의가 있는 경우를 제외하고 판사의 허가가 있는 때에는 이에 기재할 사항을 생략할 수 있다(11조 1항). 그러나 변론의 방식에 관한 규정의 준수와 화해·인낙·포기·취하 및 자백에 대하여는 그러하지 아니하다(2항).

(3) 판결에 대한 특례 11-4

판결의 선고는 변론종결후 즉시 할 수 있다(11조의2 1항). 판결을 선고함에는 주문을 낭독하고 주문이 정당함을 인정할 수 있는 범위 안에서 그 이유의 요지를 구술로 설명하여야 한다(2항). 판결서에는 판결이유를 기재하지 아니할 수 있다(3항).

3. 상소심절차 11-5

1) 소액사건의 항소심은 지방법원 본원 합의부(항소부)가 담당한다. 소액사건에 대한 지방법원 본원 합의부의 제2심판결이나 결정·명령에 대하여는 ① 법률·명령·규칙 또는 처분의 헌법위반여부와 명령·규칙 또는 처분의 법률위반여부에 대한 판단이 부당한 때, ② 대법원의 판례에 상반되는 판단을 한 때에 한하여 대법원에 상고 또는 재항고를 할 수 있다(3조). (*2017-1. 법원직) 소액사건심판법 제3조는 민사소송법 제423조 중 '헌법·법률·명령 또는 규칙의 위반 부분에 대한 특칙을 규정한 것에 불과하므로 '판결에 영향을 미친 경우'에 한하여 적법한 상고이유가 된다고 한 민사소송법의 규정은 소액사건심판의 경우에도 당연히 적용된다.[2)] 대법원의 판례에 상반되는 판단을 하였어도 그

것이 판결에 영향을 미치지 아니한 경우 적법한 상고이유가 될 수 없다.[3)]

2) 같은 법령의 해석이 쟁점으로 되어 있는 다수의 소액사건들이 하급심에 계속되어 있을 뿐 아니라 재판부에 따라 엇갈리는 판단을 하는 사례가 나타나고 있는 경우와 같은 특별한 사정이 있는 경우에는 아직 그 쟁점에 대한 대법원판례가 없어 '대법원의 판례에 상반되는 판단을 한 때'의 요건을 갖추지 아니하였다고 하더라도 법령해석의 통일이라는 대법원의 본질적 기능을 수행하는 차원에서 실체법 해석적용에 있어서의 잘못에 관하여 직권으로 판단할 수 있다.[4)]

3) 가정적으로 부가설시한 법적 견해가 종전의 대법원판례에 반한다 하더라도 이것은 가정적인 판단에 불과하여 원판결에 영향을 미친 대법원판례위반으로 볼 수 없으므로 소액사건심판법 제3조 소정의 적법한 상고이유가 되지 못한다.[5)] 구체적으로 대법원의 판례를 특정하여 표시하고 상고대상판결에서 어떠한 판단을 한 것이 위 판례에 반한다는 것인지 구체적으로 기재하여야 하며, 막연히 대법원의 여러 판례에 상반되는 것이라는 주장은 적법한 상고이유가 되지 못한다.[6)]

4. 이행권고제도

11-6 (1) 의 의

소액사건의 경우 피고가 다투지 않아 1회 변론기일에 원고승소판결이 선고되는 경우가 많다. 피고가 다투지 않는 경우, 보다 신속하고 간이한 절차의 진행을 위하여 2001. 1. 29. 법 개정을 통해 임의적 전치절차로서 이행권고제도가 도입되었다.

11-7 (2) 절 차

1) 이행권고 결정

법원은 결정으로 소장부본이나 제소조서등본을 첨부하여 청구취지대로 이행할 것을 권고할 수 있다(5조의 3). 다만 독촉절차 또는 조정절차에서 소송절차로 이행된 때(1호), 청구취지나 청구원인이 불명한 때(2호), 그 밖에 이행권고를 하기에 적절하지 아니하다고 인정하는 때(3호)에는 그러하지 아니하다.

---

2) 1977. 9.28. 77다1137(전원합의).
3) 2009. 6.11. 2009다11556.
4) 2004. 8.20. 2003다1878. [367]
5) 1990.12.11. 90다5283.
6) 1988. 2.23. 87다485.

2) 피고에게 결정서 송달

법원은 이행권고결정서 등본을 피고에게 송달하여야 한다. 이 때 공시송달이나 발송송달(*2008. 법원직)의 방법으로는 할 수 없다(5조의3 3항). 법원은 공시송달이나 발송송달의 방법에 의하지 아니하고는 피고에게 이행권고결정서의 등본을 송달할 수 없는 때에는 지체 없이 변론기일을 지정하여야 한다(5조의3 4항).

3) 이의신청

피고는 이행권고결정서 등본 송달일로부터 2주일 이내에 서면으로 이의신청을 할 수 있고, 등본이 송달되기 전에도 이의 신청을 할 수 있다(5조의4 1항). 이의 신청이 있으면 법원은 지체없이 변론기일을 지정하여야 한다(3항). 이의신청을 한 피고는 제1심판결이 선고되기 전까지 이의신청을 취하할 수 있다(4항). 피고가 이의신청을 한 때에는 원고가 주장한 사실을 다툰 것으로 본다(5항).

4) 이행권고결정의 확정

피고가 이행권고결정서 등본을 송달받고 2주 이내에 이의신청하지 않거나, 이의신청에 대한 각하결정이 확정되거나, 이의신청이 취하되면 이행권고결정이 확정된다(5조의 7 1항). 법원사무관등은 이행권고결정이 확정되면 그 정본을 원고에게 송달하여야 한다(2항). 확정되지 아니한 이행권고결정은 제1심법원에서 판결이 선고된 때에는 그 효력을 잃는다(3항).

(3) 확정된 이행권고결정의 효력 11-8

1) 소액심판법 제5조의7 1항은 확정된 이행권고결정은 "확정판결과 같은 효력을 가진다"고 규정하고 있다. 그러나 확정판결과 같이 집행력을 갖으나 기판력은 인정되지 않는다는 것이 통설, 판례이다. 기판력을 가지지 아니하는 확정된 이행권고결정에 설사 재심사유에 해당하는 하자가 있다고 하더라도 이를 이유로 민사소송법 제461조가 정한 준재심의 소를 제기할 수는 없고, 청구이의의 소를 제기하거나 또는 전체로서의 강제집행이 이미 완료된 경우에는 부당이득반환청구의 소 등을 제기할 수 있을 뿐이다.[7] (*2017. 법원직)

2) 확정된 이행권고결정에 기한 강제집행은 집행문을 부여받을 필요 없이 원고에게 송달된 이행권고결정서의 정본에 의하여 행한다(5조의8 2항). 다만, 조건성취집행이나

7) 2009. 5.14. 2006다34190. [368]

승계집행의 경우에는 집행문이 필요하다(위 조항 단서). 이행권고결정 이전의 발생사유도 청구이의의 소 사유가 될 수 있다(5조의8 3항).

제2장 독촉절차

1. 의 의 11-9

금전, 그 밖에 대체물(대체물)이나 유가증권의 일정한 수량의 지급을 목적으로 하는 청구에 대하여 법원은 채권자의 신청에 따라 지급명령을 할 수 있다. 다만, 대한민국에서 공시송달 외의 방법으로 송달할 수 있는 경우에 한한다(462조).

2. 지급명령의 신청 11-10

(1) 관할법원

독촉절차는 채무자의 보통재판적이 있는 곳의 지방법원이나, 근무지(7조), 거소지 또는 의무이행지(8조), 어음수표 지급지(9조), 사무소 또는 영업소(12조) 또는 불법행위지(18조)의 특별재판적 관할법원의 전속관할로 한다(463조).

(2) 지급명령의 신청 및 신청의 각하

지급명령의 신청에는 그 성질에 어긋나지 아니하면 소에 관한 규정을 준용한다(464조). 병합신청이 가능하다.[8] 지급명령의 신청이 지급명령 적용요건에 해당하지 아니하거나, 관할법원이 아닌 곳에 된 경우(*2007-1 법원직. 지급명령신청에 있어서 관할위반이 있는 경우 관할법원으로 이송하여야 한다(×)) 또는 신청의 취지로 보아 청구에 정당한 이유가 없는 것이 명백한 때에는 그 신청을 각하하여야 한다(465조 1항 본문). 청구의 일부에 대하여 지급명령을 할 수 없는 때에 그 일부에 대하여도 또한 같다(465조 1항 후문). 신청을 각하하는 결정에 대하여는 불복할 수 없다(2항). 지급명령신청이 각하된 경우라도 6개월 이내 다시 소를 제기한 경우라면 시효는 당초 지급명령신청이 있었던 때에 중단되었다고 보아야 한다.

3. 지급명령을 하지 아니하는 경우 11-11

채권자는 법원으로부터 채무자의 주소를 보정하라는 명령을 받은 경우에 소제기신

8) 1986.11.27. 86그141.

청을 할 수 있다(466조 1항)(*2007-1 법원직). 지급명령을 공시송달에 의하지 아니하고는 송달할 수 없거나 외국으로 송달하여야 할 때에는 법원은 직권에 의한 결정으로 사건을 소송절차에 부칠 수 있다(2항). 그러한 결정에 대하여는 불복할 수 없다(3항).

11-12 4. 지급명령신청에 대한 심판

(1) 일방적 심문

지급명령은 채무자를 심문하지 아니하고 한다(467조).

(2) 지급명령의 기재사항

지급명령에는 당사자, 법정대리인, 청구의 취지와 원인을 적고, 채무자가 지급명령이 송달된 날부터 2주 이내에 이의신청을 할 수 있다는 것을 덧붙여 적어야 한다(468조).

(3) 지급명령의 송달

지급명령은 당사자에게 송달하여야 한다(469조 1항). 송달받은 날로부터 2주 이내에 이의신청을 할 수 있음을 덧붙여 적는다. 이의신청 안내서를 보내는 것이 실무이다. 공시송달에 의한 지급명령의 송달은 허용되지 않는다(462조 단서). 지급명령을 공시송달에 의하지 아니하고는 송달할 수 없거나 외국으로 송달하여야 할 때에는 법원은 직권에 의한 결정으로 사건을 소송절차에 부칠 수 있다(466조 2항). 채무자의 방어권보장을 위한 규정들이다. 예외적으로, 법률이 정하는 금융기관 등이 그 업무 또는 사업으로 취득하여 행사하는 대여금, 구상금, 보증금 및 그 양수금 채권에 대하여 지급명령을 신청하는 경우에는 민사소송법 제462조 단서 및 같은 법 제466조제2항 중 공시송달에 관한 규정을 적용하지 아니한다(소촉법 20조의2 1항).

11-13 5. 지급명령에 대한 이의신청

(1) 채무자의 이의신청권

채무자는 지급명령에 대하여 이의신청을 할 수 있다(469조 2항). 채무자에게 절차보장을 위한 이의신청권을 인정한 것이다. 적법한 이의신청을 하면 지급명령은 이의의 범위 안에서 실효(470조)되고, 지급명령 신청시 소를 제기한 것으로 보아 통상의 소송절차로 이행된다. 지급명령은 실효된 것이므로 소송물은 원래의 청구의 당부이다.

(2) 이의신청

이의는 서면 또는 말로 지급명령을 발한 법원에 신청한다. 이의신청기간은 불변기간이다(470조 2항). 책임질 수 없는 사유에 의하여 이의신청기간을 놓친 경우에는 추후보완신청이 가능하다(예, 채무자 주소를 동거하지 않는 부모주소로 하여 보충송달이 잘못되어 이의신청기간을 넘기게 한 경우).

(3) 이의의 적법여부 조사

시군법원판사, 사법보좌관은 이의신청의 적법여부를 조사하여 부적법한 때에는 결정으로 각하한다. 사법보좌관의 각하결정에 대하여는 즉시항고에 앞서 이의신청할 수 있고 신청기록을 송부 받은 판사는 이의신청이 이유 없다고 인정되면 각하결정을 인가한 후 이의신청사건을 항고법원에 송부한다(사법보좌관규칙 4조). 이 경우 이의신청을 즉시항고(471조)로 본다.

(4) 이의의 효과

청구목적의 값에 관하여 지급명령신청시 지법 단독 또는 합의부에 소의 제기가 있는 것으로 본다(472조 2항). 지급명령이 송달이 안 될 때에 하는 채권자의 소제기 신청(466조 1항)이나 직권에 의한 소송절차회부결정(466조 2항)의 경우에는 지급명령을 신청한 때 소가 제기된 것으로 본다(472조 1항).

(5) 이의의 취하

이의 각하 결정 전 또는 그에 기한 소송으로 이행하기까지(기일지정 또는 기록송부) 채무자는 임의로 이의를 취하할 수 있다. 그러나, 그 뒤에는 지급명령의 실효가 확정적인 것이 되고 독촉절차가 소멸되었다고 할 것이므로 취하의 여지가 없다.[9)]

6. 소송으로의 이행 11-14

(1) 소송으로의 이행

채권자가 제466조 제1항의 규정에 따라 소제기신청을 한 경우, 또는 법원이 제466조 제2항의 규정에 따라 지급명령신청사건을 소송절차에 부치는 결정을 한 경우에는 지급명령을 신청한 때에 소가 제기된 것으로 본다(472조 1항). 채무자가 지급명령에 대하여 적법한 이의신청을 한 경우에는 지급명령을 신청한 때에 이의신청된 청구목적의 값에 관하여 소가 제기된 것으로 본다(2항).

---

9) 1977. 7.12. 76다2146,2147.

(2) 소송으로의 이행에 따른 처리

제472조의 규정에 따라 소가 제기된 것으로 보는 경우, 지급명령을 발령한 법원은 채권자에게 상당한 기간을 정하여, 소를 제기하는 경우 소장에 붙여야 할 인지액에서 소제기신청 또는 지급명령신청시에 붙인 인지액을 뺀 액수의 인지를 보정하도록 명하여야 한다(473조 1항). 채권자가 위 기간 이내에 인지를 보정하지 아니한 때에는 위 법원은 결정으로 지급명령신청서를 각하하여야 한다. 이 결정에 대하여는 즉시항고를 할 수 있다(2항). 지급명령신청서 기재사항이나 이의사유는 당연히 소송자료가 되는 것이 아니라 변론기일에 이를 주장하지 않으면 효력이 없다.[10)]

11-15 7. 확정된 지급명령의 효력

지급명령에 대하여 이의신청이 없거나, 이의신청을 취하하거나, 각하결정이 확정된 때에는 지급명령은 확정판결과 같은 효력이 있다(474조). 그러나 기판력이 생기는 것은 아니므로, 청구권의 불성립이나 무효 등은 시적한계에 따른 제한을 받지 않고 청구이의의 소로 다툴 수 있다.[11)] (*2010. 법원직) 지급명령에 의하여 소멸시효기간이 10년으로 연장된다.

10) 1970.12.22. 70다2297.
11) 2009. 7. 9. 2006다73966. [369]

제3장 배상명령절차 11-16

1. 의 의

형사사건의 피해자가 형사공판절차를 이용하여 간이한 방법으로 손해배상청구권의 집행권원을 얻을 수 있도록 소송촉진 등에 관한 특례법에 배상명령제도를 두고 있다. 형사소송절차에서 그 범죄행위로 인하여 발생한 손해에 관한 배상청구소송을 병합하여 심리함으로써 피해자로 하여금 간이한 방법으로 손해배상청구권의 집행권원을 얻을 수 있도록 하는데 제도의 의의가 있다.

2. 배상명령의 요건

1) 제1심 또는 제2심의 형사공판절차에서 일정한 범죄에 관하여 유죄판결을 선고할 경우에 법원은 직권 또는 피해자나 그 상속인(이하 "피해자"라 한다)의 신청에 의하여 피고사건의 범죄행위로 인하여 발생한 직접적인 물적 피해, 치료비손해 및 위자료의 배상을 명할 수 있다(소촉법 25조 1항).

2) 배상명령을 할 수 있는 범죄는 상해·중상해, 상해치사·폭행치사상죄(존속폭행치사상의 죄를 제외한다), 과실사상의 죄, 절도와 강도의 죄, 사기와 공갈의 죄, 횡령과 배임이 죄, 손괴의 죄 등이다. 이러한 범죄에 관하여 유죄판결을 선고할 경우에 배상명령을 할 수 있고, 무죄 면소 또는 공소기각 판결을 하는 때에는 배상명령을 할 수 없다.

3) 법원은 위와 같은 죄 및 그 이외의 죄에 대한 피고사건에 있어서 피고인과 피해자 사이에 합의된 손해배상액에 관하여도 배상을 명할 수 있다(2항).

4) 그러나 법원은 ① 피해자의 성명·주소가 분명하지 아니한 때, ② 피해금액이 특정되지 아니한 때, ③ 피고인의 배상책임의 유무 또는 그 범위가 명백하지 아니한 때, ④ 배상명령으로 인하여 공판절차가 현저히 지연될 우려가 있거나 형사소송절차에서 배상명령을 함이 상당하지 아니하다고 인정한 때에는 배상명령을 하여서는 아니된다(3항).

3. 배상신청 및 신청서 부본의 송달

피해자는 제1심 또는 제2심 공판의 변론 종결 시까지 사건이 계속된 법원에 피해배상을 신청할 수 있다. 이 경우 인지의 첩부는 요하지 아니한다(26조 1항). 피해자가 배상신청을 함에는 신청서와 상대방 피고인의 수에 상응한 신청서 부본을 제출하여야 한다(2항). 배상신청은 민사소송에 있어서의 소의 제기와 동일한 효력이 있다(3항). 법원은 서면에 의한 배상신청이 있는 때에는 지체없이 그 신청서 부본을 피고인에게 송달하여야 한다(28조).

4. 대 리 인

피해자는 법원의 허가를 받아 그 배우자·직계혈족 또는 형제자매에게 배상신청에 관하여 소송행위를 대리하게 할 수 있다(27조 1항). 피고인의 변호인은 배상신청에 관하여 피고인의 대리인으로서 소송행위를 할 수 있다(2항).

5. 기일통지 등

배상신청이 있는 때에는 신청인에게 공판기일을 통지하여야 한다(29조 1항). 신청인이 공판기일의 통지를 받고도 출석하지 아니한 때에는 그 진술없이 재판할 수 있다(2항). 신청인 및 그 대리인은 공판절차를 현저히 지연시키지 않는 범위 안에서 재판장의 허가를 받아 소송기록을 열람할 수 있고 공판기일에 피고인 또는 증인을 신문할 수 있으며 기타 필요한 증거를 제출할 수 있다(30조 1항).

6. 배상명령의 선고 등

1) 배상명령은 유죄판결의 선고와 동시에 하여야 한다(31조 1항). 배상명령은 일정액의 금전지급을 명함으로써 하고 배상의 대상과 금액을 유죄판결의 주문에 표시하여야 한다. 배상명령의 이유는 특히 필요하다고 인정되는 경우가 아니면 이를 기재하지 아니한다(2항). 배상명령은 가집행할 수 있음을 선고할 수 있다(3항).

2) 피고인이 유죄판결에 대하여 상소를 제기하였을 때에는 배상명령에 상소를 하지 않더라도 상소의 효력이 배상명령에 미친다(특례법 33조 1항). 피고인은 배상명령에 대해서만 불복할 수 있으며 그 불복방법은 상소제기기간내의 즉시항고이다(특례법 33조 5항). 그러나 신청인은 배상 일부 인용의 재판에 대하여 불복할 수 없다(특례법 32조 3항).

7. 배상명령의 효력과 강제집행

확정된 배상명령 또는 가집행선고있는 배상명령이 기재된 유죄판결서의 정본은 「민사집행법」에 의한 강제집행에 관하여는 집행력있는 민사판결 정본과 동일한 효력이 있다(34조 1항). 이 법에 의한 배상명령이 확정된 때에는 그 인용금액 범위 안에서 피해자는 다른 절차에 의한 손해배상을 청구할 수 없다(2항). 청구에 대한 이의의 주장에 관하여는 민사집행법 제44조 제2항에 규정된 제한에 따르지 아니한다(4항).

8. 민사상 다툼에 관한 형사소송절차에서의 화해

형사피고사건의 피고인과 피해자 사이에 민사상 다툼(해당 피고사건과 관련된 피해에 관한 다툼을 포함하는 경우에 한한다)에 관하여 합의한 경우, 해당 피고사건이 계속 중인 제1심 또는 제2심 법원에 공동하여 그 합의를 공판조서에 기재하여 줄 것을 신청할 수 있다(36조 1항).

판 례 색 인

[대법원 결정]

[대법원 명령]

[대법원 판결]

[서울고등법원]

[서울중앙지방법원]

[헌법재판소]

저 자 약 력

❖ 이 무 상

- 서울대학교 법과대학 졸업
- 서울지방검찰청 등 검사
- 미국 미네소타대학교 LL.M.
- 뉴욕주 변호사자격 취득
- 서도법무법인 변호사
- 서울대학교 법과대학원 박사과정 수료(민사소송법 전공)
- 프랑스 니스법과대학 소송법연구소(CERDP) 방문교수

현재) 단국대학교 법과대학 교수

[제3판] **민사소송법 강의**

저　　자	이 무 상	2020년 3월 23일 초 판 발행
발 행 인	양 진 수	2021년 3월 12일 제2판 발행
발 행 처	진 원 사	2022년 2월 21일 제3판 인쇄
		2022년 3월 10일 제3판 발행

서울시 송파구 법원로 9길 26, C동 1107호 (문정동, H비즈니스파크)
전화 : 02) 916 - 1850 / **팩스** : 02) 916 - 3442
신고번호 제 2018 - 000026호
http://www.jinwonsa.co.kr
http://www.lawbookstore.co.kr
e-mail : hhansin@hanmail.net

저자와의
합의하에
인지생략

ISBN : 978-89-6346-607-1　　93360　　**정가 34,000 원**